Para esta edición / Pour cette édition

CHLOÉ BOURBON MARC CHABRIER
MICHAEL FUSARO MERY MARTINELLI
GIOVANNI PICCI DAVID TARRADAS

Para las ediciones anteriores / Pour les éditions précédentes

JOSÉ MARÍA ÁVILA JIMÉNEZ MARC CHABRIER
ELVIRA DE MORAGAS PABLO FERNÁNDEZ MORIANO
VALÉRIE KATZAROS CARMEN MAGADÁN GARCÍA
ISABELLE NODAR COUTÉ VÉRONIQUE PATARD
NURIA PEREZ SERRANO VIRGINIE POUJADE
MONSERRAT BENITO SANFLEU GABINO ALONSO

ISBN 970-22-1383-5 EDICIONES LAROUSSE, S.A. DE C.V.
978-970-22-1383-3
PRIMERA EDICIÓN – 10ª reimpresión
Renacimiento 180, Col. San Juan Tlihuaca, 02400 México, D.F.

ISBN 84-8332-770-8 LAROUSSE EDITORIAL, S.L.
Mallorca 45, 08029 Barcelona

ISBN 2-03-540245-X LAROUSSE, PARIS
21, rue du Montparnasse, 75283 Paris Cedex 06

Esta obra se terminó de imprimir en julio de 2012
en los talleres de Litográfica Ingramex, S.A. de C.V.
Centeno 162-1, Col. Granjas Esmeralda
C.P. 09810 México, D.F.

LAROUSSE

DICCIONARIO

mini

ESPAÑOL
FRANCÉS

FRANÇAIS
ESPAGNOL

LAROUSSE

ÍNDICE

SOMMAIRE

El diccionario MINI ha sido concebido pensando especialmente en los principiantes y en los viajeros. Con sus más de 30.000 palabras y expresiones y más de 40.000 traducciones, este diccionario presenta no sólo el vocabulario general sino también las palabras de la vida cotidiana.

Se incluyen numerosos ejemplos e indicadores de sentido precisos que permiten aclarar el vocabulario esencial. Y se ha puesto especial cuidado en la presentación de los términos cuyo uso necesita una más amplia precisión.

A lo largo de esta obra, el lector podrá también descubrir varias notas culturales e información práctica que le permitirán tener una idea de conjunto de otro país.

Esperamos que esta obra sea de su agrado y no dude en enviarnos cualquier tipo de observación o sugerencia. "Bon voyage !"

EL EDITOR

La gamme MINI Larousse a été conçue pour répondre aux besoins du débutant et du voyageur.

Avec plus de 30 000 mots et expressions et plus de 40 000 traductions, ce nouveau dictionnaire présente non seulement le vocabulaire général, mais aussi de nombreuses expressions permettant de déchiffrer panneaux de signalisation ou cartes de restaurant.

Le vocabulaire essentiel est éclairé par de nombreux exemples et des indicateurs de sens précis. La présentation est étudiée pour faciliter la consultation.

À la fois pratique et complet, cet ouvrage est une mine d'informations qui vous suivra partout. « Buen viaje », et n'hésitez pas à nous faire part de vos suggestions.

L'ÉDITEUR

Abreviaturas / Abréviations		
abreviatura	abr(ev)	abréviation
adjetivo	adj	adjectif
adverbio	adv	adverbe
español de América Latina	Amér	espagnol d'Amérique latine
anatomía	ANAT	anatomie
español de los Andes	Andes	espagnol des Andes
español de Argentina	Arg	espagnol d'Argentine
artículo	art	article
automóvil	AUTO	automobile
belgicismo	Belgique	belgicisme
español de Bolivia	Bol	espagnol de Bolivie
español de Centroamérica	Amér C	espagnol d'Amérique centrale
español del Caribe	Caribe	espagnol des Caraïbes
español de Chile	Chile	espagnol du Chili
español de Colombia	Col	espagnol de Colombie
comercio	COM(M)	commerce
conjunción	conj	conjonction
español del Cono Sur	C Sur	espagnol du cône sud
español de Cuba	Cuba	espagnol de Cuba
cocina	CULIN	cuisine
deportes	DEP	sports
derecho	DER	droit
despectivo	despec	péjoratif
derecho	DR	droit
español de Ecuador	Ecuad	espagnol d'Équateur
educación	EDUC	domaine scolaire
español de España	Esp	espagnol d'Espagne
exclamación	excl	interjection
femenino	f	féminin
familiar	fam	familier
figurado	fig	figuré

Abreviaturas / Abréviations		
finanzas	FIN	finance
formal	form	soutenu
femenino plural	fpl	féminin pluriel
gramática	GRAM(M)	grammaire
helvetismo	Suisse	helvétisme
informática	INFORM	informatique
exclamación	interj	interjection
invariable	inv	invariable
masculino	m	masculin
sustantivo masculino y femenino	mf	même forme pour le masculin et le féminin
sustantivo masculino y femenino (con una desinencia femenina)	m, f	nom masculin et féminin (avec une désinence fémininine)
sustantivo ambiguo	m o f / m ou f	nom dont le genre est flottant
matemáticas	MAT(H)	mathématiques
medicina	MÉD / MED	médecine
español de México	Méx	espagnol du Mexique
militar	MIL	domaine militaire
masculino plural	mpl	masculin pluriel
música	MÚS / MUS	musique
sustantivo	n	nom
naútica	NAUT	navigation
sustantivo femenino	nf	nom féminin
sustantivo masculino	nm	nom masculin
sustantivo ambiguo	nm ou nf	nom dont le genre est flottant
sustantivo masculino y femenino (con una desinencia femenina)	nm, f	nom masculin et féminin (avec une désinence fémininine)

Abreviaturas / Abréviations		
sustantivo masculino y femenino	nmf	même forme pour le masculin et le féminin
número	núm / num	numéral
participio presente	p prés	participe présent
despectivo	péj	péjoratif
español de Perú	Perú	espagnol du Pérou
plural	pl	pluriel
política	POL	politique
participio pasado	pp	participe passé
prefijo	préf	préfixe
preposición	prep/prép	préposition
pronombre	pron	pronom
pronombre interrogativo	pron interr	pronom interrogatif
pronombre relativo	pron rel	pronom relatif
religión	RELIG	religion
español del Río de la Plata	R Plata	espagnol du Rio de la Plata
sustantivo	s	nom
educación	SCOL	domaine scolaire
singular	sing	singulier
formal	sout	soutenu
tecnología	TEC(H)	technologie
televisión	TV	télévision
verbo	v	verbe
verbo con preposición	v+prep	verbe suivi d'une préposition
verbo auxiliar	v aux	verbe auxiliaire
verbo copulativo	v copulativo	verbe suivi d'un attribut
verbo impersonal	v impers	verbe impersonnel
español de Venezuela	Ven	espagnol du Venezuela
verbo intransitivo	vi	verbe intransitif
verbo pronominal	vp	verbe pronominal
verbo transitivo	vt	verbe transitif
vulgar	vulg	vulgaire

La ordenación alfabética en español

En este diccionario se ha seguido la ordenación alfabética internacional. Esto significa que las entradas con *ch* aparecerán después de *cg* y no al final de *c*; del mismo modo las entradas con *ll* vendrán después de *lk* y no al final de *l*. Observe que la letra *ñ*, grafía particular del español, se ordena como letra independiente a continuación de la *n* antes de la *o*.

L'ordre alphabétique en espagnol

Ce dictionnaire respecte l'ordre alphabétique international. Le lecteur trouvera donc les entrées comprenant les consonnes *ch* dans l'ordre alphabétique strict, c'est-à-dire, après celles comprenant *cg* et non plus à la fin de la lettre *c*. De la même façon, les mots comprenant un *ll*, figurent après ceux comprenant *lk*, et non à la fin de la lettre *l*. Notons cependant, que le *ñ*, bien que lettre à part entière, figure à la fin de la lettre *n*.

	espagnol	français	commentaires
[i]	iris	fini	
[e]	estrella	bébé	
[a]	gato	lac	
[o]	otro	coco	
[u]	uno	coucou	mais ***u*** dans ***que*** ou ***qui*** et ***gue*** ou ***gui*** est muet, comme en français (sauf dans ***güe*** ou ***güi***)
[ei̯]	peine, ley	Mireille	
[ai̯]	aire	pagaille	
[oi̯]	boina, soy	cow-boy	
[au̯]	causa	baobab	
[eu̯]	Europa		se prononce ***éou***
[ɟ]	yeso, hierba	yoga	
[j]	ayer	ailleurs, yoyo	
[w]	huevo	oui, kiwi	
[p]	papá	pipe	
[t]	tiempo, tren	toi	
[k]	caro, cuco, saco, quiosco, que, kilo	cou	
[b]	boda, cambio, vaca, enviar	bon	
[β]	caballo, cavar, curvo		un ***b*** plus léger
[d]	donde	dire	
[ð]	cada, pardo		un ***d*** plus léger (en fin de mot, souvent omis dans la langue parlée)

	espagnol	français	commentaires
[g]	gas, tango, guerra	gaz	
[ɣ]	agosto, águila, agua		un *g* plus léger
[m]	mano, también	amour	
[n]	nada, antes, avión	noir, tenir	
[ɲ]	año	agneau	
[l]	ala, tal	lire	
[ɾ]	pero, tener, padre	roulé	
[r]	rosa, perro		***rr*** est un ***r*** allongé
[s]	solo, casa, cortés	soupe	
[z]	resguardar	rose	
[f]	fiesta, frío	faire	
[tʃ]	ocho, China	atchoum	
[θ]	cerdo, cine, azul, paz		comme le ***th*** anglais dans ***thing***, mais en Andalousie et en Amérique latine ***s*** comme dans ***savon***
[x]	jamón, región		comme le ***ch*** allemand dans ***Bach***
[ʎ]	lluvia, calle		se rapproche du son contenu dans ***million***

	francés	español	comentarios
[i]	fille, île	pipi	
[e]	année, mai	menos	
[ɛ]	bec, aime	cerdo, estable	una ***e*** más abierta
[a]	lac	para	
[o]	drôle, aube	loco	
[ɔ]	sol	cordero	una ***o*** más abierta
[u]	outil, goût	tú	
[y]	usage, lune		no existe en español; sonido intermedio entre la ***i*** y la ***u***
[ø]	aveu, jeu		parecido a una ***e*** muda larga
[œ]	peuple, bœuf		no existe en español; sonido intermedio entre la ***e*** y la ***o***
[ə]	le, je		no existe en español; corresponde a una ***e*** muda
[ɑ̃]	champ, ennui		sonido nasal parecido a ***an*** de ***tango***
[ɛ̃]	timbre, main		sonido nasal parecido a ***ein*** de ***veinte***
[ɔ̃]	ongle, mon		sonido nasal parecido a ***on*** de ***conde***
[œ̃]	parfum, brun		sonido nasal parecido a ***ein*** de ***veinte***
[j]	yeux, lieu	fiesta	
[w]	ouest, oui	muerte	
[ɥ]	lui, nuit	cuidado	no existe en español; sonido intermedio entre la ***i*** y la ***u***

	francés	español	comentarios
[p]	prendre, gippe	poner	
[b]	bateau, rosbif	beber	
[t]	théâtre, temps	toro	
[d]	dalle, ronde	día	
[k]	coq, quatre	cama	
[g]	garder, épilogue	garganta	
[f]	fort, physique	feo	
[v]	voir, rive		sonido entre la ***f*** y la ***b***, como en la pronunciación exagerada de la ***v*** española
[s]	savant, cela, français	así	
[z]	fraise, zoo	resguardar	***s*** sonora, como un zumbido
[ʃ]	charrue, schéma		parecido a la ***ch*** andaluza al pronunciar ***chaval***
[ʒ]	rouge, jeune		sonido parecido a la ***ll*** tal como se pronuncia en Argentina, etc.
[m]	mât, drame	mano	
[n]	nager, trône	nana	
[ŋ]	parking	angustia	
[ɲ]	agneau, peigner	niño	
[l]	halle, lit	pelo	
[r]	arracher, sabre		***r*** pronunciada con la garganta

El símbolo [ʻ] representa la "h aspirada" francesa, por ejemplo *hacher*.	Le symbole [ʻ] représente le « h aspiré » français, dans *hachis* [ʻaʃi], par exemple.
El símbolo [ˈ] indica que la sílaba siguiente lleva el acento tónico.	Le symbole [ˈ] indique que la syllabe suivante porte l'accent tonique.

Marcas registradas El símbolo ® indica que la palabra en cuestión se considera marca registrada. Con todo, ni la presencia ni la ausencia de dicho símbolo afectan a la situación legal de cualquier marca.	**Noms de marque** Les noms de marque sont désignés dans ce dictionnaire par le symbole ®. Néanmoins, ni ce symbole, ni son absence, ne sont représentatifs du statut légal de la marque.

aA

a [a] *prep*
1. à • **a las siete** à sept heures • **a la salida del cine** à la sortie du cinéma • **voy a Sevilla** je vais à Séville • **llegó a África/a Japón** il est arrivé en Afrique/au Japon • **está a cien kilómetros** c'est à cent kilomètres • **su casa está a la derecha/izquierda** sa maison est à droite/gauche • **dáselo a Juan** donne-le à Juan • **¿a cuánto están las peras?** à combien sont les poires ? • **ganaron por tres a cero** ils ont gagné trois à zéro • **lavar a máquina/a mano** laver à la machine/à la main
2. *(período de tiempo)* • **a las pocas semanas** quelques semaines après • **al mes de casados** au bout d'un mois de mariage
3. *(frecuencia, cantidad)* par • **cuarenta horas a la semana** quarante heures par semaine • **a cientos/miles** par centaines/milliers
4. *(con complemento directo)* • **quiere a su hijo/gato** il aime son fils/chat
5. *(modo)* à, en • **a la antigua** à l'ancienne • **a escondidas** en cachette
6. *(finalidad)* pour, à • **entró a pagar** il entra pour payer • **aprender a nadar** apprendre à nager
7. *(mandato)* • **¡a comer!** à table ! • **¡a la cama!** au lit !
8. *(en el momento de)* • **al llegar me encontré la casa vacía** en arrivant j'ai trouvé la maison vide

a/c (*abr escrita de a cuenta*) sur le compte numéro...

abad, esa [a'βað, esa] *m, f* abbé *m*, abbesse *f*

abadía [aβa'ðia] *f* abbaye *f*

abajo [a'βaxo] *adv* **1.** *(de situación)* en dessous **2.** *(de dirección)* en bas ◇ *interj* • **¡abajo la dictatura!** à bas la dictature ! • **más abajo** plus bas • **ir para abajo** descendre • **el piso de abajo** l'appartement du dessous

abalear [aβale'ar] *vt* (*Andes, CAm & Ven*) tirer sur

abandonado, da [aβando'naðo, ða] *adj* abandonné(e)

abandonar [aβando'nar] *vt* **1.** abandonner **2.** *(lugar)* quitter **3.** *(obligaciones)* négliger ◆ **abandonarse** *vp* **1.** *(en las obligaciones)* se laisser aller **2.** *(en el aspecto)* se négliger

abandono [aβan'dono] *m* **1.** *(acción)* abandon *m* **2.** *(dejadez)* laisser-aller *m inv*

abanicarse [aβani'karse] *vp* s'éventer

abanico [aβa'niko] *m* éventail *m*

abarcar [aβar'kar] *vt* **1.** *(incluir)* comprendre **2.** *(ver)* embrasser du regard

abarrotado, da [aβaro'taðo, ða] *adj* plein(e) à craquer

abarrotería [aβarote'ria] *f* (*CAm & Méx*) épicerie *f*

abarrotero, ra [aβaro'tero, ra] *m, f* (*CAm & Méx*) épicier *m*, -ère *f*

abarrotes [aβa'rotes] *mpl* (*CAm & Méx*) épicerie *f*

abastecer [aβaste'θer] *vt* approvisionner ◆ **abastecerse de** *v prep* s'approvisionner en

abatible [aβa'tiβle] *adj* inclinable

abatido, da [aβa'tiðo, ða] *adj (desanimado)* abattu(e)
abatir [aβa'tir] *vt (muro, árbol)* abattre
abdicar [aβði'kar] *vi* abdiquer
abdomen [aβ'ðomen] *m* abdomen *m*
abdominales [aβðomi'nales] *mpl* abdominaux *mpl*
abecedario [aβeθe'ðarjo] *m* alphabet *m*
abeja [a'βexa] *f* abeille *f*
abejorro [aβe'xoro] *m* bourdon *m*
aberración [aβera'θjon] *f (disparate)* aberration *f*
abertura [aβer'tura] *f (agujero)* ouverture *f*
abeto [a'βeto] *m* sapin *m*
abierto, ta [a'βjerto, ta] *adj* ouvert(e) • **estar abierto a** *(cambio, novedad)* être ouvert à
abismo [a'βizmo] *m* abîme *m*
ablandar [aβlan'ðar] *vt* **1.** *(materia)* ramollir **2.** *(persona)* attendrir
abofetear [aβofete'ar] *vt* gifler
abogado, da [aβo'ɣaðo, ða] *m, f* avocat *m*, -e *f*
abolición [aβoli'θjon] *f* abolition *f*
abolir [aβo'lir] *vt* abolir
abollar [aβo'ʎar] *vt* cabosser
abonado, da [aβo'naðo, ða] *adj* **1.** *(a servicio, revista)* abonné(e) **2.** *(a asociación)* inscrit(e) **3.** *(tierra)* fertilisé(e)
abonar [aβo'nar] *vt* **1.** *(tierra)* fertiliser **2.** *(cuenta)* payer ♦ **abonarse a** *v prep* **1.** *(a servicio, revista)* s'abonner à **2.** *(a piscina, teatro)* prendre un abonnement à
abono [a'βono] *m* **1.** *(del metro, autobús)* carte *f* d'abonnement **2.** *(para tierra)* engrais *m*
abordar [aβor'ðar] *vt* aborder
aborrecer [aβore'θer] *vt* avoir en horreur
abortar [aβor'tar] *vi* **1.** *(intencionalmente)* avorter **2.** *(espontáneamente)* faire une fausse couche
aborto [a'βorto] *m* **1.** *(intencional)* avortement *m* **2.** *(espontáneo)* fausse couche *f* **3.** *(fam) (persona fea)* avorton *m*
abrasador, ra [aβrasa'ðor, ra] *adj* **1.** *(sol)* brûlant(e) **2.** *(calor)* torride
abrasar [aβra'sar] *vt* brûler
abrazadera [aβraθa'ðera] *f* anneau *m*
abrazar [aβra'θar] *vt* serrer dans ses bras ♦ **abrazarse** *vp* s'étreindre
abrazo [a'βraθo] *m* accolade *f* • **dar un abrazo a alguien** embrasser qqn
abrebotellas [aβreβo'teʎas] *m inv* ouvre-bouteille *m*
abrecartas [aβre'kartas] *m inv* coupe-papier *m*
abrelatas [aβre'latas] *m inv* ouvre-boîte *m*
abreviar [aβre'βjar] *vt* abréger
abreviatura [aβreβja'tura] *f* abréviation *f*
abridor [aβri'ðor] *m* **1.** *(para botellas)* décapsuleur *m* **2.** *(para latas)* ouvre-boîte *m*
abrigar [aβri'ɣar] *vt* couvrir ♦ **abrigarse** *vp* se couvrir
abrigo [a'βriɣo] *m* manteau *m* • **al abrigo de** à l'abri de
abril [a'βril] *m* avril *m* • **a principios/finales de abril** début/fin avril • **a mediados de abril** à la mi-avril • **el pasado/próximo (mes de) abril** en avril dernier/prochain • **en abril** en avril • **este (mes de) abril** *(pasado)* en avril dernier ; *(próximo)* en avril prochain • **para abril** en

avril • **uno de los abriles más lluviosos** l'un des mois d'avril les plus pluvieux • **el doce de abril** le douze avril

abrillantador [aβriʎanta'ðor] *m produit pour faire briller les sols*

abrillantar [aβriʎan'tar] *vt* faire briller

abrir [a'βrir] *vt* **1.** ouvrir **2.** *(alas)* déployer **3.** *(agujero)* percer ◇ *vi* ouvrir

abrochar [aβro'tʃar] *vt* **1.** fermer **2.** *(cinturón)* attacher ♦ **abrocharse** *vp (camisa, abrigo)* boutonner • **abróchense los cinturones** attachez votre ceinture

abrumador, ra [aβruma'ðor, ra] *adj* accablant(e)

abrumarse [aβru'marse] *vp* être accablé(e)

abrupto, ta [a'βrupto, ta] *adj (camino, terreno)* abrupt(e)

ábside ['aβsiðe] *m* abside *f*

absolución [aβsolu'θi̯on] *f* **1.** *DER* acquittement *m* **2.** *RELIG* absolution *f*

absolutamente [aβso,luta'mente] *adv* absolument

absoluto, ta [aβso'luto, ta] *adj* absolu(e) • **en absoluto** pas du tout

absolver [aβsol'βer] *vt* • **absolver a alguien (de)** *DER* acquitter qqn (de) ; *RELIG* absoudre qqn (de)

absorbente [aβsor'βente] *adj* **1.** *(material)* absorbant(e) **2.** *(actividad)* prenant(e) **3.** *(persona)* envahissant(e)

absorber [aβsor'βer] *vt* **1.** *(líquido)* absorber **2.** *(suj: trabajo, persona)* accaparer

absorto, ta [aβ'sorto, ta] *adj* • **absorto en** plongé dans

abstemio, mia [aβs'temi̯o, mi̯a] *adj* • **es abstemio** il ne boit pas d'alcool

abstención [aβsten'θi̯on] *f* abstention *f*

abstenerse [aβste'nerse] ♦ **abstenerse de** *v prep* s'abstenir de

abstinencia [aβsti'nenθi̯a] *f* abstinence *f* • **hacer abstinencia** faire abstinence

abstracto, ta [aβs'trakto, ta] *adj* abstrait(e)

absurdo, da [aβ'surðo, ða] *adj* absurde

abuelo, la [a'βu̯elo, la] *m, f* **1.** *(familiar)* grand-père *m*, grand-mère *f* **2.** *(fam) (anciano)* pépé *m*, mémé *f* ♦ **abuelos** *mpl* grands-parents *mpl*

abultado, da [aβul'taðo, ða] *adj* volumineux(euse)

abultar [aβul'tar] *vi* prendre de la place

abundancia [aβun'danθi̯a] *f* abondance *f*

abundante [aβun'dante] *adj* abondant(e)

aburrido, da [aβu'riðo, ða] *adj* ennuyeux(euse) • **estar aburrido** *(harto)* en avoir assez

aburrimiento [aβuri'mi̯ento] *m* ennui *m*

aburrir [aβu'rir] *vt* ennuyer ♦ **aburrirse** *vp* s'ennuyer

abusar [aβu'sar] ♦ **abusar de** *v prep* abuser de

abusivo, va [aβu'siβo, βa] *adj* **1.** *(precio)* abusif(ive) **2.** *(Amér) (descarado)* effronté(e) **3.** *(Amér) (que abusa)* • **es abusivo** c'est un profiteur

abuso [a'βuso] *m* abus *m*

acá [a'ka] *adv* ici ◇ *pron (Amér)* • **acá es mi hermana María** voici ma sœur María

acabar [aka'βar] *vt*
1. *(concluir)* finir
2. *(provisiones)* épuiser
◇ *vi*
1. finir • **acabar bien/mal** finir bien/mal

2. *(volverse)* devenir • **acabó loco** il est devenu fou
♦ **acabar con** *v prep* en finir avec • **acabó con mi paciencia** il m'a poussé(e) à bout • **acabar con alguien** *(fig)* achever qqn
♦ **acabar de** *v prep (haber ocurrido recientemente)* • **acabo de llegar** je viens d'arriver
♦ **acabar en** *v prep* finir en • **esta palabra acaba en n** ce mot finit en n
♦ **acabarse** *vp (agotarse)* • **se acabó el petróleo** il n'y a plus de pétrole
academia [aka'ðemja] *f* 1. *(escuela)* école *f* 2. *(de ciencias, arte)* académie *f*
académico, ca [aka'ðemiko, ka] *adj* 1. académique 2. *(curso)* scolaire ◇ *m, f* académicien *m*, -enne *f*
acalorado, da [akalo'raðo, ða] *adj* 1. *(exaltado)* échauffé(e) 2. *(apasionado)* emporté(e) • **estar acalorado** *(por el calor)* avoir chaud
acalorarse [akalo'rarse] *vp* 1. *(por un esfuerzo)* avoir chaud 2. *(excitarse)* s'échauffer
acampada [akam'paða] *f* camping *m* • **ir de acampada** faire du camping
acampanado, da [akampa'naðo, ða] *adj* en forme de cloche
acampar [akam'par] *vi* camper
acantilado [akanti'laðo] *m* falaise *f*
acaparar [akapa'rar] *vt* accaparer
acápite [a'kapite] *m (Amér)* paragraphe *m*
acariciar [akari'θjar] *vt* caresser
acaso [a'kaso] *adv* peut-être • **por si acaso** au cas où
acatarrarse [akata'rarse] *vp* s'enrhumer
acaudalado, da [akauða'laðo, ða] *adj* fortuné(e)
acceder [akθe'ðer] ♦ **acceder a** *v prep* 1. *(lugar)* accéder à 2. *(petición)* consentir à
accesible [akθe'siβle] *adj* accessible
acceso [ak'θeso] *m* 1. *(a un lugar)* INFORM accès *m* 2. *(a poder)* accession *f* ▼ **acceso pasajeros** accès à bord
accesorio [akθe'sorjo] *m* 1. *(de coche)* accessoire *m* 2. *(de cocina)* ustensile *m*
accidentado, da [akθiðen'taðo, ða] *adj* 1. *(viaje, carrera)* mouvementé(e) 2. *(terreno)* accidenté(e)
accidental [akθiðen'tal] *adj* accidentel(elle)
accidente [akθi'ðente] *m* accident *m* • **accidente geográfico** accident de terrain • **accidente laboral** accident du travail • **por accidente** par hasard
acción [ak'θjon] *f* 1. *(acto)* action *f* 2. *(hecho)* acte *m* ♦ **acciones** *fpl (en bolsa)* actions *fpl*
acechar [aθe'tʃar] *vt* guetter
aceite [a'θejte] *m* huile *f* • **aceite de girasol/de oliva** huile de tournesol/d'olive
aceitoso, sa [aθej'toso, sa] *adj* huileux(euse)
aceituna [aθej'tuna] *f* olive *f* • **aceitunas rellenas** olives farcies *(d'anchois ou de poivrons)*
acelerador [aθelera'ðor] *m* accélérateur *m*
acelerar [aθele'rar] *vt & vi* accélérer
acelga [a'θelɣa] *f* bette *f*
acento [a'θento] *m* accent *m*
acentuación [aθentua'θjon] *f* accentuation *f*

acentuar [aθentu'ar] *vt* accentuer
aceptable [aθep'taβle] *adj* acceptable
aceptación [aθepta'θi̯on] *f* acceptation *f*
aceptar [aθep'tar] *vt* accepter
acequia [a'θeki̯a] *f* canal *m* d'irrigation
acera [a'θera] *f* trottoir *m*
acerca [a'θerka] ◆ **acerca de** *prep* au sujet de
acercar [aθer'kar] *vt (aproximar)* approcher ● **acércame la sal** passe-moi le sel ◆ **acercarse** *vp* **1.** *(día, fecha)* approcher **2.** *(persona, animal)* s'approcher ◆ **acercarse a** *v prep* **1.** *(lugar)* approcher de **2.** *(persona, animal)* s'approcher de **3.** *(solución, idea)* être proche de
acero [a'θero] *m* acier *m* ● **acero inoxidable** acier inoxydable
acertado, da [aθer'taðo, ða] *adj* **1.** *(respuesta)* bon (bonne) **2.** *(disparo)* dans le mille
acertar [aθer'tar] *vt (respuesta, solución)* trouver ◆ **acertar con** *v prep* **1.** *(hallar)* trouver **2.** *(elegir bien)* bien choisir ◆ **acertar en** *v prep* **1.** *(dar en)* atteindre **2.** *(elegir bien)* bien choisir
acertijo [aθer'tixo] *m* devinette *f*
achinado, da [atʃi'naðo, ða] *adj (Amér)* d'origine indienne
ácido, da ['aθiðo, ða] *adj* acide ◇ *m* acide *m*
acierto [a'θi̯erto] *m* **1.** *(en respuesta)* bonne réponse *f* **2.** *(habilidad)* discernement *m*
aclamar [akla'mar] *vt* acclamer
aclarar [akla'rar] *vt (ropa, platos)* rincer ◇ *v impers* ● **está aclarando** le temps se lève ◆ **aclararse** *vp (fam)* comprendre
aclimatación [aklimata'θi̯on] *f* acclimatation *f*
aclimatar [aklima'tar] *vt* acclimater ◆ **aclimatarse** *vp* s'acclimater
acogedor, ra [akoxe'ðor, ra] *adj* accueillant(e)
acoger [ako'xer] *vt* accueillir
acogida [ako'xiða] *f* accueil *m*
acomodado, da [akomo'ðaðo, ða] *adj (rico)* aisé(e)
acomodador, ra [akomoða'ðor, ra] *m, f* ouvreur *m*, -euse *f*
acomodarse [akomo'ðarse] *vp (aposentarse)* s'installer
acompañamiento [akompaɲa'mi̯ento] *m* **1.** *(de plato)* garniture *f* **2.** *(en música)* accompagnement *m*
acompañante [akompa'ɲante] *mf* compagnon *m*, compagne *f*
acompañar [akompa'ɲar] *vt* **1.** *(hacer compañía)* accompagner **2.** *(adjuntar)* joindre ● **le acompaño en el sentimiento** je vous présente mes condoléances
acomplejado, da [akomple'xaðo, ða] *adj* complexé(e)
acondicionado, da [akondiθi̯o'naðo, ða] *adj (espacio)* aménagé(e)
acondicionador [akondiθi̯ona'ðor] *m* après-shampoing *m*
acondicionar [akondiθi̯o'nar] *vt* aménager
aconsejable [akonse'xaβle] *adj* recommandé(e)
aconsejar [akonse'xar] *vt* conseiller
acontecer [akonte'θer] *v impers* arriver
acontecimiento [akonteθi'mi̯ento] *m* événement *m*

acoplar [ako'plar] *vt* **1.** *(encajar)* ajuster **2.** *(adaptar)* adapter
acordado, da [akor'ðaðo, ða] *adj* convenu(e)
acordar [akor'ðar] *vt* *(decidir)* décider ◆ **acordarse de** *v prep* *(recordar)* • **acordarse de algo** se souvenir de qqch • **acordarse de hacer algo** penser à faire qqch
acorde [a'korðe] *adj* *(conforme)* en accord ◇ *m* accord *m* • **acorde con** en accord avec
acordeón [akorðe'on] *m* accordéon *m*
acortar [akor'tar] *vt* **1.** *(en tiempo)* écourter **2.** *(en espacio)* raccourcir
acosar [ako'sar] *vt* **1.** *(perseguir)* traquer **2.** *(molestar)* harceler
acoso [a'koso] *m* poursuite *f*
acostar [akos'tar] *vt* coucher ◆ **acostarse** *vp* se coucher • **acostarse con alguien** *(fam)* coucher avec qqn
acostumbrar [akostum'brar] *vt* • **acostumbrar a alguien a** habituer qqn à ◆ **acostumbrar a** *v prep* avoir l'habitude de ◆ **acostumbrarse a** *v prep* s'habituer à
acotamiento [akota'mjento] *m* *(Amér)* bas-côté *m*
acreditado, da [akreði'taðo, ða] *adj* réputé(e)
acreditar [akreði'tar] *vt* *(con documentos)* certifier
acrílico, ca [a'kriliko, ka] *adj* acrylique
acrobacia [akro'βaθja] *f* acrobatie *f*
acróbata [a'kroβata] *mf* acrobate *mf*
acta ['akta] *f* *(de una reunión)* compte-rendu *m*
actitud [akti'tuð] *f* attitude *f*
activar [akti'βar] *vt* activer
actividad [aktiβi'ðað] *f* activité *f* ◆ **actividades** *fpl* *(tareas)* devoirs *mpl*
activo, va [ak'tiβo, βa] *adj* actif(ive)
acto ['akto] *m* acte *m* • **acto seguido** tout de suite après • **en el acto** sur-le-champ
actor, triz [ak'tor, 'triθ] *m, f* acteur *m*, -trice *f*
actuación [aktua'θjon] *f* **1.** *(acto, hecho)* conduite *f* **2.** *(en el cine, teatro)* jeu *m*
actual [aktu'al] *adj* actuel(elle)
actualidad [aktuali'ðað] *f* actualité *f* • **de actualidad** d'actualité • **en la actualidad** à l'heure actuelle
actualización [aktualiθa'θjon] *f* mise *f* à jour
actualizar [aktuali'θar] *vt* actualiser
actualmente [aktu,al'mente] *adv* actuellement
actuar [aktu'ar] *vi* **1.** agir **2.** *(en cine, teatro)* jouer
acuarela [akua'rela] *f* aquarelle *f*
acuario [a'kuarjo] *m* aquarium *m* ◆ **Acuario** *m* Verseau *m*
acuático, ca [a'kuatiko, ka] *adj* aquatique
acudir [aku'ðir] ◆ **acudir a** *vp* *(lugar, cita)* aller à, se rendre à
acueducto [akue'ðukto] *m* aqueduc *m*
acuerdo [a'kuerðo] *m* accord *m* • **de acuerdo** d'accord • **estar de acuerdo** être d'accord • **ponerse de acuerdo** se mettre d'accord
acumulación [akumula'θjon] *f* accumulation *f*
acumular [akumu'lar] *vt* accumuler
acupuntura [akupun'tura] *f* acupuncture *f*
acusación [akusa'θjon] *f* accusation *f*

acusado, da [aku'saðo, ða] *m, f* accusé *m*, -e *f*
acusar [aku'sar] *vt* ● **acusar a alguien de** accuser qqn de
acústica [a'kustika] *f* acoustique *f*
adaptación [aðapta'θjon] *f* adaptation *f*
adaptador [aðapta'ðor] *m* adaptateur *m*
adaptarse [aðap'tarse] ◆ **adaptarse a** *v prep* s'adapter à
adecuado, da [aðe'kuaðo, ða] *adj* adéquat(e)
adecuar [aðe'kuar] *vt* adapter ◆ **adecuarse a** *v prep (acostumbrarse a)* s'adapter à
a. de J.C. (*abr escrita de antes de Jesucristo*) av. J.-C. *(avant Jésus-Christ)*
adelantado, da [aðelan'taðo, ða] *adj* **1.** *(trabajo, tarea)* avancé(e) **2.** *(alumno)* en avance **3.** *(pago)* anticipé(e) ● **ir adelantado** *(reloj)* avancer ● **por adelantado** d'avance
adelantamiento [aðelanta'mjento] *m (de persona, vehículo)* dépassement *m*
adelantar [aðelan'tar] *vt* **1.** avancer **2.** *(sobrepasar)* dépasser ◇ *vi (reloj)* avancer ● **adelantar una reunión** avancer une réunion ◆ **adelantarse** *vp* être en avance
adelante [aðe'lante] *adv* ● **más adelante** *(en tiempo)* plus tard ; *(en espacio)* plus loin ◇ *interj* **1.** *(siga)* en avant ! **2.** *(pase)* entrez ! ● **en adelante** dorénavant
adelanto [aðe'lanto] *m* **1.** *(progreso)* progrès *m* **2.** *(en carretera)* dépassement *m* **3.** *(de dinero)* avance *f*
adelgazante [aðelɣa'θante] *adj* amaigrissant(e)
adelgazar [aðelɣa'θar] *vt (kilos)* perdre ◇ *vi* maigrir
además [aðe'mas] *adv* en plus ● **además de ser caro es malo** non seulement c'est cher, mais en plus c'est mauvais
adentro [a'ðentro] *adv* dedans, à l'intérieur
adherente [aðe'rente] *adj* adhésif(ive)
adherir [aðe'rir] *vt* coller ◆ **adherirse a** *v prep* adhérer à
adhesión [aðe'sjon] *f* adhésion *f*
adhesivo, va [aðe'siβo, βa] *adj* adhésif(ive) ◇ *m* autocollant *m*
adicción [aðik'θjon] *f* dépendance *f*
adición [aði'θjon] *f* **1.** *(incorporación)* ajout *m* **2.** *(suma)* addition *f*
adicional [aðiθjo'nal] *adj* supplémentaire
adicto, ta [a'ðikto, ta] *adj* dépendant(e) ● **adicto a** *(partidario)* partisan de ; *(las drogas)* dépendant de
adiós [a'ðjos] *m* adieu *m* ◇ *interj* au revoir !
adivinanza [aðiβi'nanθa] *f* devinette *f*
adivinar [aðiβi'nar] *vt* deviner
adivino, na [aði'βino, na] *m, f* devin *m*, devineresse *f*
adjetivo [aðxe'tiβo] *m* adjectif *m*
adjuntar [aðxun'tar] *vt* **1.** joindre **2.** *INFORM* attacher ● **adjuntar un archivo** attacher un fichier ● **le adjunto...** vous trouverez ci-joint...
administración [aðministra'θjon] *f* administration *f* ● **la Administración** l'Administration
administrador [aðministra'ðor] *m* ● **administrador de (sitio) web** webmestre *m*
administrar [aðminis'trar] *vt* **1.** administrer **2.** *(organizar)* gérer

administrativo, va [aðministra'tiβo, βa] *adj* administratif(ive) ◇ *m, f* employé *m*, -e *f* de bureau
admiración [aðmira'θjon] *f* admiration *f*
admirar [aðmi'rar] *vt* **1.** admirer **2.** *(provocar sorpresa)* étonner
admisible [aðmi'siβle] *adj* admissible
admitir [aðmi'tir] *vt* admettre
admón. *abr escrita de* **administración**
adobe [a'ðoβe] *m* pisé *m*
adolescencia [aðoles'θenθja] *f* adolescence *f*
adolescente [aðoles'θente] *adj & mf* adolescent(e)
adonde [aðonde] *adv* où ● **la ciudad adonde vamos** la ville où nous allons
adónde [a'ðonde] *adv* où ● **¿adónde vas?** où vas-tu ?
adopción [aðop'θjon] *f* adoption *f*
adoptar [aðop'tar] *vt* adopter
adoptivo, va [aðop'tiβo, βa] *adj* adoptif(ive)
adoquín [aðo'kin] *m* pavé *m*
adorable [aðo'raβle] *adj* adorable
adoración [aðora'θjon] *f* adoration *f*
adorar [aðo'rar] *vt* adorer
adornar [aðor'nar] *vt* décorer
adorno [a'ðorno] *m* décoration *f*
adosado, da [aðo'saðo, ða] *adj* adossé(e) ● **casa adosada, chalé adosado** *maison séparée d'une maison jumelle par un mur mitoyen*
adquirir [aðki'rir] *vt* acquérir
adquisición [aðkisi'θjon] *f* acquisition *f*
adquisitivo, va [aðkisi'tiβo, βa] *adj* ● **poder adquisitivo** pouvoir *m* d'achat
adrede [a'ðreðe] *adv* exprès
ADSL ['a'ðe'ese'ele] (*abr de Asynchronous Digital Subscriber Line*) *m* ADSL *f*
aduana [a'ðwana] *f* douane *f*
aduanero, ra [aðwa'nero, ra] *adj & m, f* douanier(ère)
adulterio [aðul'terjo] *m* adultère *m*
adúltero, ra [a'ðultero, ra] *adj & m, f* adultère
adulto, ta [a'ðulto, ta] *adj & m, f* adulte
adverbio [að'βerβjo] *m* adverbe *m*
adversario, ria [aðβer'sarjo, rja] *m, f* adversaire *mf*
adverso, sa [að'βerso, sa] *adj* adverse
advertencia [aðβer'tenθja] *f* avertissement *m*
advertir [aðβer'tir] *vt* **1.** *(avisar)* avertir **2.** *(notar)* remarquer
aéreo, a [a'ereo, a] *adj* aérien(enne)
aeromodelismo [aeromoðe'lizmo] *m* aéromodélisme *m*
aeromoza [aero'moθa] *f (Amér)* hôtesse *f* de l'air
aeronave [aero'naβe] *f* aéronef *m*
aeropuerto [aero'pwerto] *m* aéroport *m*
aerosol [aero'sol] *m* aérosol *m*
afán [a'fan] *m* **1.** *(deseo)* désir *m* **2.** *(en el trabajo)* ardeur *f*
afear [afe'ar] *vt* enlaidir
afección [afek'θjon] *f (enfermedad)* affection *f*
afectado, da [afek'taðo, ða] *adj* affecté(e) ● **afectado de** o **por** *(enfermedad)* atteint de
afectar [afek'tar] *vt* **1.** affecter **2.** *(concernir)* concerner
afectivo, va [afek'tiβo, βa] *adj* sensible
afecto [a'fekto] *m* affection *f*

afectuoso, sa [afektuo'so, sa] *adj* affectueux(euse)
afeitado, da [afei̯'taðo, ða] *adj* rasé(e) ◇ *m* rasage *m*
afeitarse [afei̯'tarse] *vp* se raser
afeminado, da [afemi'naðo, ða] *adj* efféminé(e)
afiche [a'fitʃe] *m* (*Amér*) affiche *f*
afición [afi'θi̯on] *f* **1.** *(inclinación)* goût *m* **2.** *(partidarios)* supporters *mpl* • **tener afición a algo** aimer qqch
aficionado, da [afiθi̯o'naðo, ða] *adj* • **aficionado a** amateur de
aficionarse [afiθi̯o'narse] ◆ **aficionarse a** *v prep* **1.** *(interesarse por)* se passionner pour **2.** *(habituarse a)* prendre goût à
afilado, da [afi'laðo, ða] *adj* aiguisé(e)
afilar [afi'lar] *vt* aiguiser
afiliado, da [afi'li̯aðo, ða] *adj* affilié(e) • **afiliado a** affilié à
afiliarse [afi'li̯arse] ◆ **afiliarse a** *v prep* s'affilier à
afín [a'fin] *adj (gustos, ideas)* commun(e)
afinar [afi'nar] *vt* **1.** *(instrumento)* accorder **2.** *(tiro, puntería)* ajuster ◇ *vi* **1.** *(cantar)* chanter juste **2.** *(tocar)* jouer juste
afinidad [afini'ðað] *f* affinité *f*
afirmación [afirma'θi̯on] *f* affirmation *f*
afirmar [afir'mar] *vt* affirmer
afirmativo, va [afirma'tiβo, βa] *adj* affirmatif(ive)
afligido, da [afli'xiðo, ða] *adj* affligé(e)
afligir [afli'xir] *vt* affliger ◆ **afligirse** *vp* être affligé(e)
aflojar [aflo'xar] *vt* **1.** *(cinturón, nudo)* desserrer **2.** *(cuerda)* donner du mou ◇ *vi* **1.** *(en esfuerzo)* se relâcher **2.** *(fig) (ceder)* lâcher du lest
afluencia [a'flu̯enθi̯a] *f* affluence *f*
afluente [a'flu̯ente] *m* affluent *m*
afónico, ca [a'foniko, ka] *adj* aphone
aforo [a'foro] *m (de un local)* nombre *m* de places
afortunadamente [afortu,naða'mente] *adv* heureusement
afortunado, da [afortu'naðo, ða] *adj* **1.** *(con suerte)* chanceux(euse) **2.** *(oportuno)* heureux(euse) • **afortunado en** heureux en
África ['afrika] *s* Afrique *f*
africano, na [afri'kano, na] *adj* africain(e) ◇ *m, f* Africain *m*, -e *f*
afrodisíaco [afroði'siako] *m* aphrodisiaque *m*
afrutado, da [afru'taðo, ða] *adj* fruité(e)
afuera [a'fu̯era] *adv* dehors ◆ **afueras** *fpl* • **las afueras** la banlieue
agarrar [aɣa'rar] *vt* **1.** saisir **2.** (*fam*) *(enfermedad)* attraper ◆ **agarrarse a** *v prep* **1.** *(oportunidad)* saisir **2.** *(pretexto)* recourir à
agencia [a'xenθi̯a] *f* agence *f* • **agencia de viajes** agence de voyages
agenda [a'xenda] *f* **1.** agenda *m* **2.** *(actividades)* programme *m* • **apuntar una cita en la agenda** noter un rendez-vous dans son agenda
agente [a'xente] *mf* agent *m* • **agente de policía** agent de police
ágil ['axil] *adj* **1.** *(movimiento)* agile **2.** *(mente)* vif (vive)
agilidad [axili'ðað] *f* **1.** *(del cuerpo)* agilité *f* **2.** *(de la mente)* vivacité *f*
agitación [axita'θi̯on] *f* agitation *f*
agitado, da [axi'taðo, ða] *adj* agité(e)

agitar [axi'tar] *vt* agiter ◆ **agitarse** *vp* **1.** *(removerse)* s'agiter **2.** *(inquietarse)* s'inquiéter
agnóstico, ca [aɣ'nostiko, ka] *adj* agnostique
agobiado, da [aɣo'βjaðo, ða] *adj* • **estar agobiado por el trabajo** être débordé de travail • **estar agobiado por los problemas** être accablé par les problèmes
agobiar [aɣo'βjar] *vt* **1.** *(suj: problema, trabajo)* accabler **2.** *(suj: persona)* angoisser ◆ **agobiarse** *vp* **1.** *(con trabajo)* être débordé(e) **2.** *(con problemas)* se faire du souci
agosto [a'ɣosto] *m* août *m* • **a principios/finales de agosto** début/fin août • **a mediados de agosto** à la mi-août • **el pasado/próximo (mes de) agosto** en août dernier/prochain • **en agosto** en août • **este (mes de) agosto** *(pasado)* en août dernier ; *(próximo)* en août prochain • **para agosto** en août • **uno de los agostos más calurosos** l'un des mois d'août les plus chauds • **el quince de agosto** le quinze août
agotado, da [aɣo'taðo, ða] *adj* épuisé(e)
agotador, ra [aɣota'ðor, ra] *adj* épuisant(e)
agotamiento [aɣota'mjento] *m* épuisement *m*
agotar [aɣo'tar] *vt* épuiser ◆ **agotarse** *vp* **1.** *(suj: persona)* s'épuiser **2.** *(suj: producto)* être épuisé(e)
agradable [aɣra'ðaβle] *adj* agréable
agradar [aɣra'ðar] *vi* plaire
agradecer [aɣraðe'θer] *vt* • **agradecer (algo) a alguien** remercier qqn (de qqch)
agradecido, da [aɣraðe'θiðo, ða] *adj* reconnaissant(e)
agradecimiento [aɣraðeθi'mjento] *m* reconnaissance *f*
agredir [aɣre'ðir] *vt* agresser
agregado, da [aɣre'ɣaðo, ða] *adj* ajouté(e) ◇ *m, f (en embajada)* attaché *m*, -e *f*
agregar [aɣre'ɣar] *vt* ajouter
agresión [aɣre'sjon] *f* agression *f*
agresivo, va [aɣre'siβo, βa] *adj* agressif(ive)
agresor, ra [aɣre'sor, ra] *m, f* agresseur *m*
agreste [a'ɣreste] *adj (paisaje)* sauvage
agrícola [a'ɣrikola] *adj* agricole
agricultor, ra [aɣrikul'tor, ra] *m, f* agriculteur *m*, -trice *f*
agricultura [aɣrikul'tura] *f* agriculture *f*
agridulce [aɣri'ðulθe] *adj* aigre-doux (aigre-douce)
agrio, gria ['aɣrjo, ɣrja] *adj* **1.** *(sabor)* aigre **2.** *(carácter)* âpre
agrupación [aɣrupa'θjon] *f* groupe *m*
agrupar [aɣru'par] *vt* grouper
agua ['aɣwa] *f* **1.** *(líquido)* eau *f* **2.** *(lluvia)* pluie *f* • **agua corriente** eau courante • **agua de colonia** eau de Cologne • **agua mineral** eau minérale • **agua mineral con/sin gas** eau gazeuse/plate • **agua oxigenada** eau oxygénée • **agua potable** eau potable • **agua tónica** ≃ Schweppes® *m* ◆ **aguas** *fpl (mar)* eaux *fpl*
aguacate [aɣwa'kate] *m* avocat *m*
aguacero [aɣwa'θero] *m* averse *f*
aguafiestas [aɣwa'fjestas] *mf inv* rabat-joie *m inv*
aguamiel [aɣwa'mjel] *f (Méx & Carib) eau mélangée à du sucre de canne*
aguanieve [aɣwa'njeβe] *f* neige *f* fondue

aguantar [aɣuan'tar] *vt* supporter ◇ *vi* *(durar)* résister ● **no aguantar a alguien** *(aborrecer)* ne pas supporter qqn ◆ **aguantarse** *vp* **1.** *(contenerse)* se retenir **2.** *(resignarse)* faire avec

aguardar [aɣuar'ðar] *vt* & *vi* attendre

aguardiente [aɣuar'ðjente] *m* eau-de-vie *f*

aguarrás [aɣua'ras] *m* white-spirit *m*

agudeza [aɣu'ðeθa] *f* *(de ingenio)* finesse *f*

agudo, da [a'ɣuðo, ða] *adj* aigu(uë) ● **palabra aguda** *mot accentué sur la dernière syllabe*

águila ['aɣila] *f* aigle *m*

aguinaldo [aɣi'nalðo] *m* étrennes *fpl*

aguja [a'ɣuxa] *f* **1.** aiguille *f* **2.** *(de pelo)* pique *f* ● **aguja hipodérmica** seringue *f* hypodermique

agujerear [aɣuxere'ar] *vt* percer des trous dans

agujero [aɣu'xero] *m* trou *m*

agujetas [aɣu'xetas] *fpl* courbatures *fpl*

ahí [a'i] *adv* là ● **ahí viene** le voilà ● **de ahí que** d'où le fait que ● **por ahí** par là ● **por ahí va la cosa** c'est à peu près ça

ahijado, da [ai'xaðo, ða] *m, f* **1.** *(de un padrino)* filleul *m*, -e *f* **2.** *(en adopción)* protégé *m*, -e *f*

ahogado, da [ao'ɣaðo, ða] *m, f* noyé *m*, -e *f*

ahogarse [ao'ɣarse] *vp* **1.** *(en agua)* se noyer **2.** *(asfixiarse)* s'étouffer **3.** *(sofocarse)* s'étrangler ● **ahogarse en un vaso de agua** se noyer dans un verre d'eau

ahora [a'ora] *adv* maintenant ● **por ahora** pour le moment ● **ahora bien** cela dit ● **ahora mismo** tout de suite

ahorcar [aor'kar] *vt* pendre ◆ **ahorcarse** *vp* se pendre

ahorita [ao'rita] *adv* (*Andes, CAm, Carib & Méx*) tout de suite

ahorrar [ao'rar] *vt* **1.** *(dinero, energía, esfuerzos)* économiser **2.** *(en el banco)* épargner **3.** *(disgustos)* éviter

ahorro [a'oro] *m* **1.** *(de energía)* économie *f* **2.** *(de tiempo)* gain *m* ◆ **ahorros** *mpl* *(cantidad)* économies *fpl*

ahuecar [awe'kar] *vt* **1.** *(lo compacto)* creuser **2.** *(vaciar)* évider

ahumado, da [au'maðo, ða] *adj* fumé(e)

airbag® ['erβaɣ] *m* airbag® *m*

aire ['aire] *m* **1.** air *m* **2.** *(gracia, garbo)* allure *f* ● **aire acondicionado** air conditionné ● **al aire** *(al descubierto)* à l'air ● **al aire libre** *(en el exterior)* en plein air ● **darse aires** (*fig*) se donner de grands airs

airear [aire'ar] *vt* aérer

airoso, sa [ai'roso, sa] *adj* *(garboso)* gracieux(euse) ● **salir airoso de algo** se tirer brillamment de qqch

aislado, da [aiz'laðo, ða] *adj* isolé(e)

aislamiento [aizla'mjento] *m* isolement *m*

aislante [aiz'lante] *adj* isolant(e)

aislar [aiz'lar] *vt* isoler ◆ **aislarse** *vp* s'isoler

ajedrez [axe'ðreθ] *m* échecs *mpl*

ajeno, na [a'xeno, na] *adj* d'autrui ● **ajeno a** étranger à

ajetreo [axe'treo] *m* agitation *f*

ají [a'xi] *m* (*Andes, RP & Ven*) piment *m* ● **ponerse como un ají** (*fam*) piquer un fard

ajiaco [a'xjako] *m* (*Amér*) *ragoût aux piments*

ajillo [a'xiʎo] ♦ **al ajillo** *adv avec une sauce à base d'huile, d'ail et de piment*
ajo ['axo] *m* ail *m* ● **estar en el ajo** *(fam) (de un problema, situación)* être dans le coup
ajuar [a'xu̯ar] *m* trousseau *m*
ajustado, da [axus'taðo, ða] *adj* **1.** *(ropa)* moulant(e) **2.** *(precio)* raisonnable
ajustar [axus'tar] *vt* **1.** *(encajar)* ajuster **2.** *(precios, condiciones)* négocier **3.** *INFORM* régler ♦ **ajustarse a** *v prep* s'adapter à
al [al] ➤ **a, el**
ala ['ala] *f* **1.** aile *f* **2.** *(de sombrero)* bord *m*
alabanza [ala'βanθa] *f* louange *f*
alabar [ala'βar] *vt* vanter
alabastro [ala'βastro] *m* albâtre *m*
alacena [ala'θena] *f* placard *m* à provisions
alambre [a'lambre] *m* **1.** *(de metal)* fil *m* de fer **2.** *(Amér) brochette de viande ou de poisson avec des légumes*
alameda [ala'meða] *f* promenade *f (bordée d'arbres)*
álamo ['alamo] *m* peuplier *m*
alardear [alarðe'ar] ♦ **alardear de** *v prep* se targuer de
alargar [alar'ɣar] *vt* **1.** *(falda, pantalón)* rallonger **2.** *(situación)* prolonger ● **alargar algo a alguien** *(acercar)* passer qqch à qqn ♦ **alagarse** *vp (en discurso, conferencia)* parler longuement
alarma [a'larma] *f* alarme *f* ● **dar la (voz de) alarma** donner l'alerte
alarmante [alar'mante] *adj* alarmant(e)
alarmar [alar'mar] *vt* alarmer ♦ **alarmarse** *vp* s'alarmer
alba ['alβa] *f* aube *f*
albañil [alβa'ɲil] *m* maçon *m*
albarán [alβa'ran] *m* bon *m* de livraison
albaricoque [alβari'koke] *m (Esp)* abricot *m*
albatros [al'βatros] *m inv* albatros *m*
albedrío [alβe'ðrio] *m* ● **a su albedrío** à sa guise
alberca [al'βerka] *f (Méx)* piscine *f*
albergar [alβer'ɣar] *vt* **1.** *(personas)* héberger **2.** *(odio)* nourrir **3.** *(esperanzas)* caresser ♦ **albergarse** *vp* loger
albergue [al'βerɣe] *m (de montaña)* refuge *m* ● **albergue juvenil** auberge *f* de jeunesse
albóndiga [al'βondiɣa] *f* boulette *f* de viande ● **albóndigas a la jardinera** *boulettes de viande en sauce avec des légumes*
albornoz, ces [alβor'noθ, θes] *m* peignoir *m (de bain)*
alborotado, da [alβoro'taðo, ða] *adj* **1.** *(persona)* agité(e) **2.** *(enfant)* turbulent(e) **3.** *(cabello)* ébouriffé(e)
alborotar [alβoro'tar] *vt* **1.** *(perturbar)* troubler **2.** *(amotinar)* soulever **3.** *(desordenar)* mettre en désordre ◇ *vi* chahuter ♦ **alborotarse** *vp* s'affoler
alboroto [alβo'roto] *m* **1.** *(ruido)* vacarme *m* **2.** *(jaleo)* agitation *f* **3.** *(desorden)* désordre *m*
albufera [alβu'fera] *f* marécage *m (du Levant espagnol)*
álbum ['alβum] *m* album *m* ● **álbum de fotos** album photos ● **álbum familiar** album de famille
alcachofa [alka'tʃofa] *f* **1.** *(planta)* artichaut *m* **2.** *(de ducha)* pomme *f* ● **alcachofas con jamón** *cœurs d'artichauts sautés au jambon*

alcalde, sa [al'kalde, sa] *m, f* maire *m*
alcaldía [alkal'dia] *f (cargo)* mairie *f*
alcalino, na [alka'lino, na] *adj* alcalin(e)
alcance [al'kanθe] *m* portée *f* • **al alcance de** à portée de • **dar alcance a alguien** rattraper qqn
alcanfor [alkan'for] *m* camphre *m*
alcantarilla [alkanta'riʎa] *f* égout *m*
alcanzar [alkan'θar] *vt* **1.** *(igualarse con)* rattraper **2.** *(autobús, tren)* attraper **3.** *(meta, cima)* atteindre • **alcanzar a** arriver à • **alcanzar algo a alguien** passer qqch à qqn ◆ **alcanzar para** *v prep* suffire pour
alcaparra [alka'para] *f* câpre *f*
alcázar [al'kaθar] *m* alcazar *m*
alcoba [al'koβa] *f* chambre *f* à coucher
alcohol [alko'ol] *m* alcool *m*
alcohólico, ca [alko'oliko, ka] *adj* **1.** *(bebida)* alcoolisé(e) **2.** *(persona)* alcoolique ◇ *m, f* alcoolique *mf*
alcoholismo [alkoo'lizmo] *m* alcoolisme *m*
alcoholizado, da [alkooli'θaðo, ða] *adj* alcoolique
alcornoque [alkor'noke] *m* chêne-liège *m*
aldea [al'dea] *f* hameau *m*
aldeano, na [alde'ano, na] *m, f* villageois *m*, -e *f*
alebestrarse [aleβes'trarse] *vp (Col, Méx & Ven)* **1.** *(ponerse nervioso)* s'énerver **2.** *(enojarse)* se fâcher
alegrar [ale'ɣrar] *vt* **1.** *(persona)* faire plaisir à **2.** *(fiesta)* égayer ◆ **alegrarse de** *v prep* être content(e) de ◆ **alegrarse por** *v prep* se réjouir de
alegre [a'leɣre] *adj* **1.** gai(e) **2.** *(cara, expresión)* joyeux(euse)
alegremente [a,leɣre'mente] *adv* **1.** *(con alegría)* joyeusement **2.** *(sin pensar)* allègrement
alegría [ale'ɣria] *f* joie *f*
alejar [ale'xar] *vt* éloigner ◆ **alejarse de** *v prep* s'éloigner de
alemán, ana [ale'man, ana] *adj* allemand(e) ◇ *m, f* Allemand *m*, -e *f* ◇ *m (lengua)* allemand *m*
Alemania [ale'manja] *s* Allemagne *f*
alergia [a'lerxja] *f* allergie *f* • **tener alergia a** être allergique à
alérgico, ca [a'lerxiko, ka] *adj* allergique • **ser alérgico a** être allergique à
alero [a'lero] *m* auvent *m*
alerta [a'lerta] *f* alerte *f* ◇ *interj* alerte ! ◇ *adv* • **alerta roja** alerte maximum • **estar alerta** être sur ses gardes
aleta [a'leta] *f* **1.** *(de pez)* nageoire *f* **2.** *(de automóvil, nariz)* aile *f* ◆ **aletas** *fpl (para nadar)* palmes *fpl*
alevín [ale'βin] *m* **1.** *(de pez)* alevin *m* **2.** *(en deportes)* poussin *m*
alfabético, ca [alfa'βetiko, ka] *adj* alphabétique
alfabetización [alfaβetiθa'θjon] *f* alphabétisation *f*
alfabetizar [alfaβeti'θar] *vt* **1.** *(personas)* alphabétiser **2.** *(palabras, letras)* classer par ordre alphabétique
alfabeto [alfa'βeto] *m* alphabet *m*
alfarero, ra [alfa'rero, ra] *m, f* potier *m*, -ère *f*
alférez, ces [al'fereθ, θes] *m* ≃ sous-lieutenant *m*
alfil [al'fil] *m* fou *m (aux échecs)*

alfiler [alfi'ler] *m* épingle *f* • **alfiler de gancho** (*Andes, RP & Ven*) épingle à nourrice
alfombra [al'fombra] *f* tapis *m*
alfombrilla [alfom'briʎa] *f* **1.** (*felpudo*) paillasson *m* **2.** (*de baño*) tapis *m* de bain **3.** (*de coche*) tapis *m* de sol • **alfombrilla de ratón** tapis de souris
alga ['alɣa] *f* algue *f*
álgebra ['alxeβra] *f* algèbre *f*
algo ['alɣo] *pron* quelque chose ◇ *adv* un peu • **¿busca usted algo?** vous cherchez quelque chose ? • **por algo será** il y a certainement une raison • **es algo presumida** elle est un peu prétentieuse.
algodón [alɣo'ðon] *m* coton *m* • **algodón hidrófilo** coton hydrophile • **de algodón** en coton
alguien ['alɣi̯en] *pron* quelqu'un
alguno, na [al'ɣuno, na] *adj* **1.** (*indeterminado*) un (une) **2.** (*ninguno*) aucun(e) ◇ *pron* (*alguien*) quelqu'un • **algún día** un jour • **sin duda alguna** sans aucun doute • **algunos no vinieron** certains ne sont pas venus
alhaja [a'laxa] *f* **1.** (*joya*) bijou *m* **2.** (*objeto*) joyau *m*
aliado, da [ali'aðo, ða] *adj* allié(e)
alianza [ali̯'anθa] *f* alliance *f*
aliarse [ali'arse] • **aliarse con** *v prep* s'allier à o avec
alicates [ali'kates] *mpl* pince *f*
aliciente [ali'θi̯ente] *m* encouragement *m*
aliento [a'li̯ento] *m* haleine *f* • **quedarse sin aliento** (*fig*) avoir le souffle coupé • **tener mal aliento** avoir mauvaise haleine
aligerar [alixe'rar] *vt* **1.** (*peso*) alléger **2.** (*paso*) hâter
alijo [a'lixo] *m* marchandise *f* de contrebande
alimentación [alimenta'θi̯on] *f* alimentation *f*
alimentar [alimen'tar] *vt* **1.** (*persona, animal*) nourrir **2.** (*máquina, motor*) alimenter ◇ *vi* être nourrissant(e) • **alimentarse de** *v prep* se nourrir de
alimenticio, cia [alimen'tiθi̯o, θi̯a] *adj* alimentaire
alimento [ali'mento] *m* aliment *m*
alinear [aline'ar] *vt* aligner • **alinearse** *vp* s'aligner
aliñar [ali'ɲar] *vt* assaisonner
aliño [a'liɲo] *m* assaisonnement *m*
alioli [ali'oli] *m* aïoli *m*
aliviar [ali'βi̯ar] *vt* **1.** (*dolor, enfermedad*) soulager **2.** (*trabajo, peso*) alléger
alivio [a'liβi̯o] *m* soulagement *m*
allá [a'ʎa] *adv* **1.** (*de espacio*) là-bas **2.** (*de tiempo*) autrefois • **allá él** libre à lui
allegado, da [aʎe'ɣaðo, ða] *m, f* (*familiar*) proche *mf*
allí [a'ʎi] *adv* là • **allí nació** c'est là qu'il est né • **está allí** il est là-bas
alma ['alma] *f* âme *f*
almacén [alma'θen] *m* magasin *m* • **almacenes** *mpl* grands magasins *mpl*
almacenar [almaθe'nar] *vt* **1.** (*guardar*) INFORM stocker **2.** (*acumular*) accumuler
almanaque [alma'nake] *m* almanach *m*
almejas [al'mexas] *fpl* palourdes *fpl* • **almejas a la marinera** palourdes (à la) marinière
almendra [al'mendra] *f* amande *f*

almendrado [almen'draðo] *m petit gâteau aux amandes*
almendro [al'mendro] *m* amandier *m*
almíbar [al'miβar] *m* sirop *m* • **en almíbar** au sirop
almidón [almi'ðon] *m* amidon *m*
almidonado, da [almiðo'naðo, ða] *adj* amidonné(e)
almidonar [almiðo'nar] *vt* amidonner
almirante [almi'rante] *m* amiral *m*
almohada [almo'aða] *f* oreiller *m*
almohadilla [almoa'ðiʎa] *f* petit coussin *m*
almorranas [almo'ranas] *fpl* hémorroïdes *fpl*
almorzar [almor'θar] *vt* **1.** *(al mediodía)* manger au déjeuner **2.** *(a media mañana)* • **almorzar un bocadillo** prendre un sandwich ◇ *vi* **1.** *(al mediodía)* déjeuner **2.** *(a media mañana)* prendre un en-cas • **invitar a alguien a almorzar** inviter qqn à déjeuner
almuerzo [al'mu̯erθo] *m* **1.** *(al mediodía)* déjeuner *m* **2.** *(a media mañana) en-cas pris entre le petit déjeuner et le déjeuner* • **almuerzo de negocios** déjeuner d'affaires
aló [a'lo] *interj (Andes, CAm & Carib)* allô !
alocado, da [alo'kaðo, ða] *adj* **1.** *(persona)* étourdi(e) **2.** *(decisión)* irréfléchi(e)
alojamiento [aloxa'mi̯ento] *m* logement *m*
alojar [alo'xar] *vt* loger ◆ **alojarse** *vp* loger
alondra [a'londra] *f* alouette *f*
alpargata [alpar'ɣata] *f* espadrille *f*
Alpes ['alpes] *mpl* • **los Alpes** les Alpes
alpinismo [alpi'nizmo] *m* alpinisme *m*
alpinista [alpi'nista] *mf* alpiniste *mf*
alpino, na [al'pino, na] *adj* alpin(e)
alpiste [al'piste] *m* alpiste *m*
alquilar [alki'lar] *vt* louer ▼ **se alquila** à louer
alquiler [alki'ler] *m* **1.** *(acción)* location *f* **2.** *(precio)* loyer *m* • **alquiler de coches** location de voitures • **de alquiler** *(casa)* en location ; *(coche)* de location
alquitrán [alki'tran] *m* goudron *m*
alrededor [alreðe'ðor] *adv* **1.** • **alrededor (de)** *(en torno a)* autour (de) • **la Tierra gira alrededor del Sol** la Terre tourne autour du Soleil **2.** • **alrededor de 100 euros** *(aproximadamente)* environ 100 euros ◆ **alrededores** *mpl* • **los alrededores** les environs
alta ['alta] *f* **1.** *(de enfermedad) fin de l'arrêt maladie* **2.** *(en asociación)* inscription *f* • **dar de alta** *donner l'autorisation de reprendre le travail*
altar [al'tar] *m* autel *m*
altavoz, ces [alta'βoθ, θes] *m* haut-parleur *m*
alteración [altera'θi̯on] *f* **1.** *(cambio)* modification *f* **2.** *(trastorno)* trouble *m*
alterado, da [alte'raðo, ða] *adj* troublé(e)
alterar [alte'rar] *vt* **1.** *(cambiar)* modifier **2.** *(trastornar)* troubler **3.** *(enojar)* énerver ◆ **alterarse** *vp (enojarse)* s'énerver
altercado [alter'kaðo] *m* altercation *f*
alternar [alter'nar] *vt* alterner ◆ **alternar con** *v prep (relacionarse con)* fréquenter
alternativa [alterna'tiβa] *f* alternative *f*
alterno, na [al'terno, na] *adj* alterné(e)

Alteza [al'teθa] *f* • **Su Alteza** Son Altesse

altibajos [alti'βaxos] *mpl (de terreno)* irrégularités *fpl* • **tener altibajos** *(de humor)* avoir des hauts et des bas

altillo [al'tiʎo] *m* **1.** *(de vivienda)* combles *mpl* **2.** *(de armario) placard situé au-dessus d'une penderie*

altiplano [alti'plano] *m* haut plateau *m*

altitud [alti'tuð] *f* altitude *f*

altivo, va [al'tiβo, βa] *adj* hautain(e)

alto, ta ['alto, ta] *adj* **1.** haut(e) **2.** *(persona, árbol)* grand(e) **3.** *(sonido)* fort(e) **4.** *(valor, precio)* élevé(e) ◇ *m* **1.** *(interrupción)* halte *f* **2.** *(lugar elevado)* hauteur *f* ◇ *adv* **1.** *(arriba)* haut **2.** *(al hablar)* fort ◇ *interj* halte ! • **en lo alto de** tout en haut de • **de alto** de haut • **a altas horas de la noche** à une heure avancée de la nuit

altoparlante [ˌaltopar'lante] *m (Amér)* haut-parleur *m*

altramuz, ces [altra'muθ, θes] *m* graine *f* de lupin

altruismo [altru'izmo] *m* altruisme *m*

altruista [altru'ista] *adj* altruiste

altura [al'tura] *f* **1.** *(dimensión)* hauteur *f* **2.** *(altitud)* altitude *f* • **dos metros de altura** deux mètres de haut • **estar a la altura de** être à la hauteur de ◆ **alturas** *fpl (el cielo)* cieux *mpl* • **a estas alturas** à ce stade

alubias [a'luβjas] *fpl* haricots *mpl* blancs

alucinación [aluθina'θjon] *f* hallucination *f*

alucinar [aluθi'nar] *vi* **1.** *(delirar)* avoir des hallucinations **2.** *(fam) (asombrarse)* être épaté(e)

alud [a'luð] *m* avalanche *f*

aludido, da [alu'ðiðo, ða] *adj* • **darse por aludido** se sentir visé

aludir [alu'ðir] ◆ **aludir a** *v prep* faire allusion à

alumbrado [alum'braðo] *m* éclairage *m*

alumbrar [alum'brar] *vt (iluminar)* éclairer ◇ *vi (dar a luz)* mettre au monde

aluminio [alu'minjo] *m* aluminium *m*

alumno, na [a'lumno, na] *m, f* élève *mf*

alusión [alu'sjon] *f* allusion *f* • **hacer alusión a** faire allusion à

alza ['alθa] *f (de precios)* hausse *f* • **en alza** en hausse

alzar [al'θar] *vt* **1.** *(bandera, telón)* lever **2.** *(precio, voz)* élever ◆ **alzarse** *vp* **1.** *(levantarse)* se lever **2.** *(sublevarse)* se soulever

a.m. *(abr escrita de ante meridiem)* a.m.

amabilidad [amaβili'ðað] *f* amabilité *f*

amable [a'maβle] *adj* aimable

amablemente [aˌmaβle'mente] *adv* aimablement

amaestrado, da [amaes'traðo, ða] *adj* dressé(e)

amaestrar [amaes'trar] *vt* dresser

amamantar [amaman'tar] *vt* allaiter

amanecer [amane'θer] *m* lever *m* du jour ◇ *v impers* • **amanece** le jour se lève ◆ **amanecer en** *v prep (un lugar)* se réveiller à

amanerado, da [amane'raðo, ða] *adj* **1.** *(afectado)* maniéré(e) **2.** *(afeminado)* efféminé(e)

amansar [aman'sar] *vt* **1.** *(animal)* dompter **2.** *(persona)* calmer

amante [a'mante] *mf* amant *m*, maîtresse *f* • **un amante de la música** *(aficionado)* un amoureux de la musique

amapola [ama'pola] *f* coquelicot *m*
amar [a'mar] *vt* aimer
amargado, da [amar'ɣaðo, ða] *adj* aigri(e)
amargar [amar'ɣar] *vt* rendre amer(ère) ◆ **amargarse** *vp* **1.** *(alimento)* devenir aigre **2.** *(persona)* s'aigrir
amargo, ga [a'marɣo, ɣa] *adj* amer(ère)
amarillear [amariʎe'ar] *vi* jaunir
amarillo, lla [ama'riʎo, ʎa] *adj* jaune ◇ *m* jaune *m*
amarilloso, sa [amari'ʎoso, sa] *adj* *(Amér)* jaunâtre
amarrar [ama'rar] *vt* **1.** attacher **2.** *(embarcación)* amarrer **3.** *(Amér)* *(zapato)* nouer
amarre [a'mare] *m* amarrage *m*
amasar [ama'sar] *vt* **1.** *(pan)* pétrir **2.** *(fortuna)* amasser
amateur [ama'ter] *adj* & *mf* amateur(trice)
amazona [ama'θona] *f* *(jinete)* cavalière *f*
Amazonas [ama'θonas] *m* ● **el Amazonas** l'Amazone *f*
amazónico, ca [ama'θoniko, ka] *adj* amazonien(enne)
ámbar ['ambar] *m* ambre *m*
ambición [ambi'θi̯on] *f* ambition *f*
ambicioso, sa [ambi'θi̯oso, sa] *adj* ambitieux(euse)
ambientador [ambi̯enta'ðor] *m* désodorisant *m*
ambiental [ambi̯en'tal] *adj* ambiant(e)
ambiente [am'bi̯ente] *m* **1.** *(aire)* air *m* **2.** *(medio social, personal)* milieu *m* **3.** *(animación)* ambiance *f* **4.** *(CSur)* pièce *f* *(d'un logement)*
ambigüedad [ambiɣu̯e'ðað] *f* ambiguïté *f*
ambiguo, gua [am'biɣu̯o, ɣu̯a] *adj* ambigu(uë)
ámbito ['ambito] *m* cadre *m* *(limites)*
ambos, bas ['ambos, bas] *adj inv* les deux ◇ *pron pl* tous les deux (toutes les deux) ● **ambos aspectos** les deux aspects
ambulancia [ambu'lanθi̯a] *f* ambulance *f*
ambulante [ambu'lante] *adj* ambulant(e)
ambulatorio [ambula'tori̯o] *m* *(Esp)* dispensaire *m*
amén [a'men] *adv* amen ● **decir amén a todo** dire amen à tout
amenaza [ame'naθa] *f* menace *f* ● **amenaza de bomba** alerte *f* à la bombe
amenazar [amena'θar] *vt* menacer ◇ *v impers* ● **amenaza lluvia** la pluie menace ● **los amenazó con denunciarlos** il les a menacés de les dénoncer
amenizar [ameni'θar] *vt* égayer
ameno, na [a'meno, na] *adj* agréable
América [a'merika] *s* Amérique *f*
americana [ameri'kana] *f* veste *f* ➤ **americano**
americanismo [amerika'nizmo] *m* américanisme *m*
americano, na [ameri'kano, na] *adj* américain(e) ◇ *m, f* Américain *m*, -e *f* ◇ *m* *(lengua)* américain *m*
ametralladora [ametraʎa'ðora] *f* mitrailleuse *f*
ametrallar [ametra'ʎar] *vt* mitrailler
amígdalas [a'miɣðalas] *fpl* amygdales *fpl*

amigo, ga [a'miɣo, ɣa] *adj & m, f* ami(e) • **ser amigos** être amis
amistad [amis'tað] *f* amitié *f* ♦ **amistades** *fpl* amis *mpl*
amnesia [am'nesja] *f* amnésie *f*
amnistía [amnis'tia] *f* amnistie *f*
amo, ma ['amo, ma] *m, f* maître *m*, maîtresse *f* • **ama de casa** maîtresse de maison
amodorrado, da [amoðo'raðo, ða] *adj* assoupi(e)
amoldarse [amol'darse] ♦ **amoldarse a** *v prep* s'adapter à
amoníaco [amo'niako] *m* ammoniaque *m*
amontonar [amonto'nar] *vt* entasser ♦ **amontonarse** *vp* s'entasser
amor [a'mor] *m* amour *m* • **amor propio** amour-propre *m* • **hacer el amor** faire l'amour
amordazar [amorða'θar] *vt* bâillonner
amoroso, sa [amo'roso, sa] *adj* amoureux(euse)
amortiguador [amortiɣu̯a'ðor] *m* amortisseur *m*
amortiguar [amorti'ɣu̯ar] *vt* amortir
amparar [ampa'rar] *vt* protéger ♦ **ampararse en** *v prep (ley)* s'abriter derrière
amparo [am'paro] *m* protection *f* • **al amparo de** *(ley, persona)* sous la protection de ; *(lluvia)* à l'abri de
ampliación [amplja'θjon] *f* **1.** *(de local, fotografía)* agrandissement *m* **2.** *(de negocio)* développement *m* **3.** *(de capital)* augmentation *f*
ampliar [ampli'ar] *vt* **1.** *(local, fotografía)* agrandir **2.** *(negocio)* développer **3.** *(capital)* augmenter **4.** *(conocimientos)* élargir **5.** *(estudios)* poursuivre
amplificador [amplifika'ðor] *m* amplificateur *m*
amplio, plia ['ampljo, plja] *adj* **1.** *(sala, casa)* grand(e) **2.** *(ropa)* ample **3.** *(panorama)* large
amplitud [ampli'tuð] *f* **1.** *(dimensión)* largeur *f* **2.** *(de sala, casa)* grandeur *f*
ampolla [am'poʎa] *f* ampoule *f*
amueblado, da [amu̯e'βlaðo, ða] *adj* meublé(e)
amueblar [amu̯e'βlar] *vt* meubler
amuermarse [amu̯er'marse] *vp (Esp) (fam)* s'endormir
amuleto [amu'leto] *m* amulette *f*
amurallar [amura'ʎar] *vt* entourer de murailles
analfabetismo [analfaβe'tizmo] *m* analphabétisme *m*
analfabeto, ta [analfa'βeto, ta] *adj & m, f* analphabète
analgésico [anal'xesiko] *m* analgésique *m*
análisis [a'nalisis] *m inv* analyse *f* • **análisis de sangre** analyse de sang
analítico, ca [ana'litiko, ka] *adj* analytique
analizar [anali'θar] *vt* analyser
analogía [analo'xia] *f* analogie *f*
analógico, ca [ana'loxiko, ka] *adj* analogique
análogo, ga [a'naloɣo, ɣa] *adj* analogue
ananás *(Amér)* [ana'nas] *m inv* ananas *m*
anaranjado, da [anaran'xaðo, ða] *adj* orangé(e)
anarquía [anar'kia] *f* anarchie *f*

anárquico, ca [a'narkiko, ka] *adj* anarchique
anarquista [anar'kista] *adj* anarchiste
anatomía [anato'mia] *f* anatomie *f*
anatómico, ca [ana'tomiko, ka] *adj* anatomique
anca ['anka] *f (de rana)* cuisse *f*
ancho, cha ['antʃo, tʃa] *adj (amplio)* large ◇ *m* largeur *f* • **a sus anchas** à son aise • **quedarse tan ancho** ne pas se gêner • **venir ancho** *(prenda)* être grand
anchoa [an'tʃoa] *f* anchois *m*
anchura [an'tʃura] *f* largeur *f*
anciano, na [an'θjano, na] *adj* âgé(e) ◇ *m, f* personne *f* âgée
ancla ['ankla] *f* ancre *f*
anda ['anda] *interj (sorpresa)* sans blague !
ándale ['andale], **ándele** ['andele] *interj (CAm & Méx) (fam)* • **¡ándale!** allez !
Andalucía [andalu'θia] *s* Andalousie *f*
andaluz, za [anda'luθ, θa] *adj* andalou(se) ◇ *m, f* Andalou *m*, -se *f*
andamio [an'damjo] *m* échafaudage *m*
andar [an'dar] *m (de animal, persona)* démarche *f*, allure *f* • **tener andares de bailarina** avoir une démarche de danseuse, marcher comme une danseuse
◇ *vi*
1. *(caminar, funcionar)* marcher • **el reloj no anda** la montre ne marche pas • **las cosas andan mal en la empresa** les choses vont mal dans l'entreprise
2. *(estar)* être • **creo que anda por el almacén** je crois qu'il est dans le magasin • **el niño anda atareado con sus deberes** l'enfant est occupé par ses devoirs • **andar haciendo algo** être en train de faire qqch
◇ *vt (recorrer)* parcourir
◆ **andar en** *v prep*
1. *(papeleos, negocios)* être dans
2. *(asuntos, líos)* être mêlé(e) à
◆ **andar por** *v prep (alcanzar, rondar)* • **anda por los cuarenta años** il doit avoir dans les quarante ans
◆ **andarse con** *v prep (obrar con)* • **andarse con cuidado** faire attention • **andarse con misterios** faire des mystères
andén [an'den] *m (en la estación)* quai *m*
Andes ['andes] *mpl* • **los Andes** les Andes *fpl*
andinismo [andi'nizmo] *m (Amér)* alpinisme *m (dans les Andes)*
andinista [andi'nista] *mf (Amér)* alpiniste *mf (dans les Andes)*
andino, na [an'dino, na] *adj* andin(e)
anécdota [a'neɣðota] *f* anecdote *f*
anecdótico, ca [aneɣ'ðotiko, ka] *adj* anecdotique
anemia [a'nemja] *f* anémie *f*
anémico, ca [a'nemiko, ka] *adj* anémique
anémona [a'nemona] *f* anémone *f*
anestesia [anes'tesja] *f* anesthésie *f*
anestesista [aneste'sista] *mf* anesthésiste *mf*
anexo, xa [a'nekso, ksa] *adj* annexe ◇ *m* annexe *f* • **como anexo** en pièce jointe
anfetamina [anfeta'mina] *f* amphétamine *f*
anfibios [an'fiβjos] *mpl* amphibiens *mpl*
anfiteatro [anfite'atro] *m* amphithéâtre *m*

anfitrión, ona [anfi'trjon, ona] *m, f* hôte *m*, hôtesse *f*
ángel ['anxel] *m* ange *m*
angelical [anxeli'kal] *adj* angélique
angina [an'xina] *f* angine *f* • **angina de pecho** angine de poitrine • **tener anginas** avoir une angine
anglosajón, ona [ˌanglosa'xon, ona] *adj* anglo-saxon(onne) ◇ *m, f* Anglo-Saxon *m*, -onne *f*
anguila [an'gila] *f* anguille *f*
angula [an'gula] *f* civelle *f*
angular [angu'lar] *adj* angulaire
ángulo ['angulo] *m* angle *m*
angustia [an'gustja] *f* angoisse *f*
angustiado, da [angus'tjaðo, ða] *adj* angoissé(e)
angustiarse [angus'tjarse] *vp* s'angoisser
angustioso, sa [angus'tjoso, sa] *adj* angoissant(e)
anhelar [ane'lar] *vt (ambicionar)* aspirer à
anhelo [a'nelo] *m* aspiration *f*
anidar [ani'ðar] *vi* nicher
anilla [a'niʎa] *f* anneau *m*
anillo [a'niʎo] *m* bague *f*
ánima ['anima] *f* âme *f*
animación [anima'θjon] *f* **1.** animation *f* **2.** *(alegría)* entrain *m*
animado, da [ani'maðo, ða] *adj* **1.** *(con vida)* animé(e) **2.** *(divertido)* amusant(e), divertissant(e)
animal [ani'mal] *m* animal *m* ◇ *adj* animal(e) • **animal de compañía** animal de compagnie • **animal doméstico** animal domestique • **¡qué animal es!** *(ignorante)* qu'il est bête ! ; *(sin refinar)* quelle brute (épaisse) !
animar [ani'mar] *vt* **1.** *(persona)* remonter le moral à **2.** *(reunión)* animer ♦ **animarse** *vp* s'égayer ♦ **animarse a** *v prep* se décider à
ánimo ['animo] *m* **1.** *(valor)* courage *m* **2.** *(talante)* humeur *f* ◇ *interj* courage !
aniñado, da [ani'ɲaðo, ða] *adj* enfantin(e)
aniquilar [aniki'lar] *vt* anéantir
anís [a'nis] *m* anis *m*
aniversario [aniβer'sarjo] *m* anniversaire *m*
ano ['ano] *m* anus *m*
anoche [a'notʃe] *adv* hier soir
anochecer [anotʃe'θer] *m* • **al anochecer** à la tombée de la nuit ◇ *v impers* • **anochece** la nuit tombe
anomalía [anoma'lia] *f* anomalie *f*
anómalo, la [a'nomalo, la] *adj* anormal(e)
anonimato [anoni'mato] *m* anonymat *m*
anónimo, ma [a'nonimo, ma] *adj* anonyme ◇ *m* lettre *f* anonyme
anorak [ano'rak] *m* anorak *m*
anorexia [ano'reksja] *f* anorexie *f*
anotar [ano'tar] *vt* noter
ansia ['ansja] *f* **1.** *(deseo, anhelo)* avidité *f* **2.** *(inquietud)* anxiété *f*
ansiedad [ansje'ðað] *f* anxiété *f*
ansioso, sa [an'sjoso, sa] *adj* anxieux(euse) • **ansioso por** *(deseoso de)* impatient de
Antártico [an'tartiko] *m* • **el Antártico** l'Antartique *f*
[1]**ante** ['ante] *prep* devant
[2]**ante** ['ante] *m (piel)* daim *m*

anteanoche [antea'notʃe] *adv* avant-hier soir
anteayer [antea'jer] *adv* avant-hier
antebrazo [ante'βraθo] *m* avant-bras *m inv*
antecedente [anteθe'ðente] *m* précédent *m* • **tener antecedentes (penales)** avoir un casier judiciaire
anteceder [anteθe'ðer] *vt* précéder
antecesor, ra [anteθe'sor, ra] *m, f* prédécesseur *m*
antelación [antela'θion] *f* • **con antelación** à l'avance
antemano [ante'mano] • **de antemano** *adv* d'avance
antena [an'tena] *f* antenne *f* • **antena parabólica** antenne parabolique • **antena satélite** antenne satellite • **antena de telefonía móvil** antenne-relais *f*
anteojos [ante'oxos] *mpl* (*Amér*) lunettes *fpl*
antepasados [,antepa'saðos] *mpl* ancêtres *mpl*
antepenúltimo, ma [,ntepe'nultimo, ma] *adj* antépénultième
anterior [ante'rior] *adj* précédent(e)
antes ['antes] *adv*
1. avant • **antes se vivía mejor** avant on vivait mieux • **¿quién ha llamado antes?** qui a appelé tout à l'heure ? • **lo antes posible** dès que possible • **llegó antes de las nueve** il est arrivé avant neuf heures • **antes de nada** avant tout • **antes de venir** avant de venir • **antes (de) que llegarais** avant que vous n'arriviez • **el hotel está antes del cruce** l'hôtel est avant le carrefour • **yo la vi antes** c'est moi qui l'ai vu le premier
2. *(expresa preferencia)* • **iría a la cárcel antes que mentir** j'irais en prison plutôt que de mentir
◇ *adj* • **llegó el día antes** il est arrivé la veille • **la noche antes fui a su casa** la nuit précédente, je suis allé chez lui
antesala [ante'sala] *f* antichambre *f*
antiabortista [,antiaβor'tista] *mf* • **es un antiabortista** il est contre l'avortement
antiarrugas [,antia'ruγas] *m inv* antirides *m*
antibiótico [anti'βiotiko] *m* antibiotique *m*
anticaspa [,anti'kaspa] *adj* antipelliculaire
anticiclón [antiθi'klon] *m* anticyclone *m*
anticipado, da [antiθi'paðo, ða] *adj* anticipé(e)
anticipar [antiθi'par] *vt* **1.** *(noticias)* dire à l'avance **2.** *(fecha, pago)* avancer
• **anticiparse a** *v prep (adelantarse)* devancer
anticipo [anti'θipo] *m (de dinero)* avance *f*
anticoncepción [,antikonθep'θion] *f* contraception *f*
anticonceptivo [,antikonθep'tiβo] *m* contraceptif *m*
anticuado, da [anti'kuaðo, ða] *adj* **1.** *(ropa, música)* démodé(e) **2.** *(persona)* vieux jeu
anticuario [anti'kuario] *m* antiquaire *mf*
anticucho [antiku'tʃo] *m* (*Andes*) CULIN brochette *f*
anticuerpos [,anti'kuerpos] *mpl* anticorps *mpl*

antidepresivo [ˌantiðepre'siβo] *m* antidépresseur *m*
antier [an'tjer] *adv* (*Amér*) (*fam*) avant-hier
antifaz, ces [anti'faθ, θes] *m* loup *m* (*masque*)
antigrasa [ˌanti'ɣrasa] *adj* (*producto*) dégraissant(e) • **un champú antigrasa** un shampooing pour cheveux gras
antiguamente [anˌtiɣu̯a'mente] *adv* autrefois
antigüedad [antiɣu̯e'ðað] *f* **1.** (*época*) antiquité *f* **2.** (*en el trabajo*) ancienneté *f* ◆ **antigüedades** *fpl* antiquités *fpl*
antiguo, gua [an'tiɣu̯o, ɣu̯a] *adj* **1.** (*viejo*) ancien(enne) **2.** (*pasado de moda*) démodé(e)
antihistamínico [ˌantiista'miniko] *m* antihistaminique *m*
antiinflamatorio [ˌantiinflama'torjo] *m* anti-inflammatoire *m*
Antillas [an'tiʎas] *fpl* • **las Antillas** les Antilles *fpl*
antílope [an'tilope] *m* antilope *f*
antipatía [antipa'tia] *f* antipathie *f*
antipático, ca [anti'patiko, ka] *adj* antipathique
antirrobo [ˌanti'roβo] *adj* antivol ◇ *m* antivol *m*
antiséptico [ˌanti'septiko] *m* antiseptique *m*
antitérmico [ˌanti'termiko] *m* fébrifuge *m*
antivirus [ˌanti'βirus] *m* antivirus *m*
antojitos [anto'xitos] *mpl* (*Méx*) amuse-gueule(s) *mpl*
antojo [an'toxo] *m* (*capricho*) envie *f* • **tener antojo de** avoir envie de
antología [antolo'xia] *f* anthologie *f*
antónimo [an'tonimo] *m* antonyme *m*
antorcha [an'tortʃa] *f* torche *f*
antro ['antro] *m* (*despec*) (*local*) bouiboui *m*
anual [anu'al] *adj* annuel(elle)
anuario [anu'arjo] *m* annuaire *m*
anulado, da [anu'laðo, ða] *adj* annulé(e)
anular [anu'lar] *m* annulaire *m* ◇ *vt* **1.** (*vuelo, cita*) annuler **2.** (*personalidad*) étouffer
anunciar [anun'θjar] *vt* **1.** annoncer **2.** (*en publicidad*) faire de la publicité pour
anuncio [a'nunθjo] *m* **1.** annonce *f* **2.** (*en publicidad*) publicité *f*
añadidura [aɲaði'ðura] *f* ajout *m* • **por añadidura** en outre
añadir [aɲa'ðir] *vt* ajouter
añicos [a'ɲikos] *mpl* • **hacer añicos** réduire en miettes
año ['aɲo] *m* année *f* • **año nuevo** nouvel an *m* • **hace años** il y a des années • **hace dos años** il y a deux ans • **tiene tres años** elle a trois ans
añoranza [aɲo'ranθa] *f* regret *m*
añorar [aɲo'rar] *vt* regretter
anzuelo [an'θu̯elo] *m* hameçon *m*
aorta [a'orta] *f* aorte *f*
apache [a'patʃe] *adj* apache ◇ *mf* Apache *mf*
apacible [apa'θiβle] *adj* calme
apadrinar [apaðri'nar] *vt* **1.** (*en bautizo*) être le parrain de **2.** (*proteger, ayudar*) parrainer
apagado, da [apa'ɣaðo, ða] *adj* **1.** (*luz, fuego*) éteint(e) **2.** (*persona*) effacé(e) **3.** (*color*) terne **4.** (*sonido*) étouffé(e)

apagar [apa'ɣar] *vt* éteindre ◆ **apagarse** *vp* s'éteindre
apagón [apa'ɣon] *m* coupure *f* de courant
apaisado, da [apai̯'saðo, ða] *adj* **1.** *(libro, dibujo, formato)* à l'italienne *(format)* **2.** *(foto, INFORM)* paysage
apalabrar [apala'βrar] *vt* convenir verbalement de
apalancado, da [apalan'kaðo, ða] *adj* *(fam)* *(en lugar, posición)* installé(e)
apañado, da [apa'ɲaðo, ða] *adj* *(fam)* débrouillard(e)
apañarse [apa'ɲarse] *vp* *(fam)* se débrouiller ● **apañárselas (para hacer algo)** se débrouiller (pour faire qqch)
apapachar [apapa'tʃar] *vt* *(Amér)* câliner
apapacho [apa'patʃo] *m* *(Méx)* câlin *m*
aparador [apara'ðor] *m* buffet *m*
aparato [apa'rato] *m* **1.** appareil *m* **2.** *(de radio, televisión)* poste *m* **3.** *(ostentación)* apparat *m*
aparcamiento [aparka'mi̯ento] *m* **1.** *(lugar)* parking *m* **2.** *(hueco)* place *f* ▾ **aparcamiento público** parking public
aparcar [apar'kar] *vt* **1.** *(Esp)* *(vehículo)* garer **2.** *(problema, decisión)* suspendre ▾ **prohibido aparcar** interdiction de stationner ● **aparcar en batería** se garer en épi
aparecer [apare'θer] *vi* **1.** *(de forma repentina)* apparaître **2.** *(lo perdido)* réapparaître **3.** *(publicación)* paraître
aparejador, ra [aparexa'ðor, ra] *m, f* métreur *m*, -euse *f*
aparejar [apare'xar] *vt* gréer
aparejo [apa'rexo] *m* gréement *m*
aparentar [aparen'tar] *vt* feindre ● **no aparenta los años que tiene** il ne fait pas son âge
aparente [apa'rente] *adj* **1.** *(fingido)* apparent(e) **2.** *(vistoso)* voyant(e)
aparición [apari'θi̯on] *f* **1.** apparition *f* **2.** *(publicación)* parution *f*
apariencia [apa'ri̯enθi̯a] *f* apparence *f* ● **en apariencia** en apparence ● **guardar las apariencias** sauver les apparences
apartado, da [apar'taðo, ða] *adj* écarté(e) ◇ *m* *(de libro, ley)* alinéa *m* ● **apartado de correos** boîte *f* postale
apartamento [aparta'mento] *m* appartement *m* ▾ **apartamentos de alquiler** appartements à louer
apartar [apar'tar] *vt* **1.** *(separar)* séparer **2.** *(alejar)* écarter ◆ **apartarse** *vp* s'écarter ● **apartarse de** s'écarter de
aparte [a'parte] *adv* **1.** à part **2.** *(además)* en plus ◇ *adj* à part ● **aparte de** *(excepto)* mis à part ; *(además de)* en plus de
aparthotel [aparto'tel] *m* appart-hôtel *m*
apasionado, da [apasi̯o'naðo, ða] *adj* passionné(e) ● **apasionado por** passionné de
apasionante [apasi̯o'nante] *adj* passionnant(e)
apasionar [apasi̯o'nar] *vi* passionner ◆ **apasionarse** *vp* *(excitarse)* s'emporter ◆ **apasionarse por** *v prep* *(aficionarse a)* se passionner pour
apdo. (*abr escrita de apartado*) BP *(boîte postale)*
apechugar [apetʃu'ɣar] ◆ **apechugar con** *v prep* *(fam)* se coltiner

apego [a'peɣo] *m* • **tener apego a** être attaché(e) à
apellidarse [apeʎi'ðarse] *vp* s'appeler • **se apellida Gómez** son nom de famille est Gómez
apellido [ape'ʎiðo] *m* nom *m* de famille
apenado, da [ape'naðo, ða] *adj* (*CAm, Carib, Col & Méx*) gêné(e)
apenar [ape'nar] *vt* peiner ◆ **apenarse** *vp* (*CAm, Carib, Col & Méx*) avoir de la peine
apenas [a'penas] *adv* à peine
apéndice [a'pendiθe] *m* appendice *m*
apendicitis [apendi'θitis] *f inv* appendicite *f*
aperitivo [aperi'tiβo] *m* **1.** *(bebida)* apéritif *m* **2.** *(comida)* amuse-gueule *m*
apertura [aper'tura] *f (inauguración)* ouverture *f*
apestar [apes'tar] *vi* puer
apetecer [apete'θer] *vi* • **me apetece un café/salir** j'ai envie d'un café/de sortir
apetecible [apete'θiβle] *adj* **1.** *(comida)* appétissant(e) **2.** *(viaje)* tentant(e)
apetito [ape'tito] *m* appétit *m* • **abrir el apetito** ouvrir l'appétit • **tener apetito** avoir de l'appétit
apetitoso, sa [apeti'toso, sa] *adj* **1.** *(sabroso)* délicieux(euse) **2.** *(deseable)* appétissant(e)
apicultura [apikul'tura] *f* apiculture *f*
apiñado, da [api'ɲaðo, ða] *adj* entassé(e)
apiñarse [api'ɲarse] *vp* s'entasser
apio ['apjo] *m* céleri *m*
apisonadora [apisona'ðora] *f* rouleau *m* compresseur
aplanar [apla'nar] *vt* aplanir
aplastar [aplas'tar] *vt* écraser
aplaudir [aplau'ðir] *vt & vi* applaudir
aplauso [a'plauso] *m* applaudissement *m*
aplazar [apla'θar] *vt* reporter • **aplazar una reunión** repousser une réunion
aplicación [aplika'θjon] *f INFORM* application *f* • **ejecutar una aplicación** lancer une application
aplicado, da [apli'kaðo, ða] *adj* appliqué(e)
aplicar [apli'kar] *vt* appliquer ◆ **aplicarse en** *v prep* s'appliquer à
aplique [a'plike] *m* applique *f*
aplomo [a'plomo] *m* aplomb *m*
apoderarse [apoðe'rarse] ◆ **apoderarse de** *v prep* s'emparer de
apodo [a'poðo] *m* surnom *m*
apogeo [apo'xeo] *m* apogée *m* • **estar en su apogeo** être à son apogée
aportación [aporta'θjon] *f* apport *m*
aportar [apor'tar] *vt* apporter
aposta [a'posta] *adv* exprès
apostar [apos'tar] *vt & vi* parier ◆ **apostar por** *v prep* parier sur
apóstol [a'postol] *m* apôtre *m*
apóstrofo [a'postrofo] *m* apostrophe *f*
apoyar [apo'jar] *vt* **1.** appuyer **2.** *(animar)* soutenir ◆ **apoyarse en** *vp & v prep* s'appuyer sur
apoyo [a'pojo] *m* appui *m*
apreciable [apre'θjaβle] *adj* appréciable
apreciación [apreθja'θjon] *f* appréciation *f*
apreciado, da [apre'θjaðo, ða] *adj* apprécié(e)
apreciar [apre'θjar] *vt* **1.** apprécier **2.** *(percibir)* distinguer

aprecio [a'preθjo] *m* estime *f*
apremiar [apre'mjar] *vt & vi* presser
aprender [apren'der] *vt* apprendre • **aprender a** apprendre à
aprendiz, za [apren'diθ, θa] (*mpl* **-ces** [θes], *fpl* **-zas** [θas]) *m, f* apprenti *m*, -e *f*
aprendizaje [aprendi'θaxe] *m* apprentissage *m*
aprensión [apren'sjon] *f* **1.** (*miedo*) appréhension *f* **2.** (*escrúpulo*) dégoût *m*
aprensivo, va [apren'siβo, βa] *adj* **1.** (*miedoso*) craintif(ive) **2.** (*escrupuloso*) délicat(e) **3.** (*hipocondríaco*) hypocondriaque
apresurado, da [apresu'raðo, ða] *adj* précipité(e)
apresurarse [apresu'rarse] *vp* se dépêcher • **apresurarse a** se dépêcher de
apretado, da [apre'taðo, ða] *adj* **1.** serré(e) **2.** (*agenda*) chargé(e)
apretar [apre'tar] *vt* **1.** serrer **2.** (*presionar*) appuyer sur ◇ *vi* (*calor, hambre*) redoubler ◆ **apretarse** *vp* se serrer • **apretarse el cinturón** se serrer la ceinture
apretujar [apretu'xar] *vt* (*fam*) tasser ◆ **apretujarse** *vp* se tasser
aprisa [a'prisa] *adv* vite
aprobado [apro'βaðo] *m* mention *f* passable
aprobar [apro'βar] *vt* **1.** (*asignatura, examen*) réussir **2.** (*decisión, comportamiento*) approuver **3.** (*ley, norma*) adopter
apropiado, da [apro'pjaðo, ða] *adj* approprié(e)
apropiarse [apro'pjarse] ◆ **apropiarse de** *v prep* s'approprier
aprovechado, da [aproβe'tʃaðo, ða] *adj* **1.** (*tiempo*) bien employé(e) **2.** (*espacio*) bien conçu(e)
aprovechar [aproβe'tʃar] *vt* **1.** (*oferta, tiempo*) profiter de **2.** (*espacio*) gagner **3.** (*lo inservible*) récupérer ◇ *vi* • **¡que aproveche!** bon appétit ! ◆ **aprovecharse de** *v prep* profiter de
aproximación [aproksima'θjon] *f* **1.** (*acercamiento*) rapprochement *m* **2.** (*en cálculo*) approximation *f*
aproximadamente [aproksi,maða'mente] *adv* approximativement
aproximar [aproksi'mar] *vt* approcher ◆ **aproximarse a** *v prep* s'approcher de
apto, ta ['apto, ta] *adj* • **apto para** apte à ▼ **no apto para menores** interdit aux moins de 18 ans
apuesta [a'pwesta] *f* pari *m*
apuesto, ta [a'pwesto, ta] *adj* de belle prestance
apunarse [apu'narse] *vp* (*Andes*) avoir le mal des montagnes
apuntador, ra [apunta'ðor, ra] *m, f* (*de teatro*) souffleur *m*, -euse *f*
apuntar [apun'tar] *vt* **1.** (*escribir*) noter **2.** (*inscribir*) inscrire **3.** (*con el dedo*) montrer **4.** (*con arma*) viser ◆ **apuntarse** *vp* (*inscribirse*) s'inscrire ◆ **apuntarse a** *v prep* (*participar en*) se joindre à
apunte [a'punte] *m* **1.** (*nota*) note *f* **2.** (*boceto*) esquisse *f* • **tomar apuntes** prendre des notes
apuñalar [apuɲa'lar] *vt* poignarder
apurar [apu'rar] *vt* **1.** (*agotar*) épuiser **2.** (*preocupar*) inquiéter ◆ **apurarse** *vp* (*darse prisa*) se dépêcher ◆ **apurarse por** *v prep* (*preocuparse por*) s'inquiéter pour

apuro [a'puro] *m* **1.** *(dificultad)* ennui *m* **2.** *(escasez económica)* gêne *f* • **dar apuro** *(dar vergüenza)* gêner • **estar en apuros** avoir des ennuis
aquel, aquella [a'kel, ʎa] *adj* ce (cette) • **aquella casa** cette maison • **aquel año** cette année-là
aquél, aquélla [a'kel, ʎa] *pron* celui-là (celle-là) • **aquél/aquélla que** celui/celle qui
aquello [a'keʎo] *pron neutro* cela
aquellos, llas [a'keʎos, ʎas] *adj pl* ces
aquéllos, llas [a'keʎos, ʎas] *pron pl* ceux-là (celles-là)
aquí [a'ki] *adv* ici • **aquí arriba** en haut • **aquí dentro** dedans
árabe ['araβe] *adj* arabe ◇ *mf* Arabe *mf* ◇ *m (lengua)* arabe *m*
Arabia Saudí [a'raβjasau̯'ði] *s* Arabie Saoudite *f*
arado [a'raðo] *m* charrue *f*
arandela [aran'dela] *f (de tornillo)* rondelle *f*
araña [a'raɲa] *f* araignée *f*
arañar [ara'ɲar] *vt* griffer
arañazo [ara'ɲaθo] *m* égratignure *f*
arar [a'rar] *vt* labourer
arbitrar [arβi'trar] *vt* arbitrer
árbitro, tra ['arβitro, tra] *m* arbitre *m*
árbol ['arβol] *m* arbre *m* • **árbol de Navidad** sapin *m* o arbre de Noël
arborescencia [arβores'θenθja] *f INFORM* arborescence *f*
arbusto [ar'βusto] *m* arbuste *m*
arca ['arka] *f* coffre *m*
arcada [ar'kaða] *f (en monumentos)* arcade *f* ♦ **arcadas** *fpl (náuseas)* haut-le-cœur *m inv*
arcaico, ca [ar'kai̯ko, ka] *adj* archaïque
arcángel [ar'kanxel] *m* archange *m*
arcén [ar'θen] *m* bas-côté *m*
archipiélago [artʃi'pjelaɣo] *m* archipel *m*
archivador [artʃiβa'ðor] *m (mueble)* classeur *m*
archivar [artʃi'βar] *vt* classer
archivo [ar'tʃiβo] *m* **1.** archives *fpl* **2.** *INFORM* fichier *m* • **archivos temporales** fichiers temporaires • **como archivo adjunto** en pièce jointe
arcilla [ar'θiʎa] *f* argile *f*
arcilloso, sa [arθi'ʎoso, sa] *adj* argileux(euse)
arco ['arko] *m* **1.** arc *m* **2.** *(Amér) (en deporte)* but *m* • **arco iris** arc-en-ciel *m* • **arco de triunfo** arc de triomphe
arder [ar'ðer] *vi* brûler • **está que arde** *(fam) (lugar, reunión)* ça chauffe ; *(persona)* il est furax
ardiente [ar'ðjente] *adj* **1.** *(bebida)* brûlant(e) **2.** *(deseo, brasa)* ardent(e)
ardilla [ar'ðiʎa] *f* écureuil *m*
área ['area] *f* **1.** *(zona)* zone *f* **2.** *(medida)* are *m* **3.** *(en geometría)* surface *f* ▾ **área de descanso** aire de repos ▾ **área de recreo** aire de jeux
arena [a'rena] *f* sable *m* • **arenas movedizas** sables mouvants
arenoso, sa [are'noso, sa] *adj* sablonneux(euse)
arenque [a'renke] *m* hareng *m*
aretes [a'retes] *mpl (Andes & Méx)* boucles *fpl* d'oreille
Argelia [ar'xelja] *s* Algérie *f*
Argentina [arxen'tina] *s* Argentine *f*

argentino, na [arxen'tino, na] *adj* argentin(e). ◇ *m, f* Argentin *m*, -e *f*
argolla [ar'ɣoʎa] *f (Col) (fam)* alliance *f*
argot [ar'ɣot] *m* argot *m*
argumentar [arɣumen'tar] *vt* invoquer
argumento [arɣu'mento] *m* **1.** *(razonamiento)* argument *m* **2.** *(de novela, película)* thème *m*
aria ['aria] *f* aria *f*
árido, da ['ariðo, ða] *adj* aride
Aries ['aries] *m* Bélier *m*
arista [a'rista] *f* arête *f*
aristocracia [aristo'kraθia] *f* aristocratie *f*
aristócrata [aris'tokrata] *mf* aristocrate *mf*
aritmética [arið'metika] *f* arithmétique *f*
arlequín [arle'kin] *m* arlequin *m*
arma ['arma] *f* arme *f* ● **ser de armas tomar** *(tener un carácter fuerte)* ne pas avoir froid aux yeux
armada [ar'maða] *f (escuadra)* flotte *f*
armadura [arma'ðura] *f* **1.** *(coraza)* armure *f* **2.** *(de gafas)* monture *f*
armamento [arma'mento] *m* armement *m*
armar [ar'mar] *vt* **1.** *(ejército, arma)* armer **2.** *(mueble, tienda)* monter **3.** *(alboroto, ruido)* faire ◆ **armarse** *vp* s'armer ◆ **armarse de** *v prep (valor, paciencia)* s'armer de
armario [ar'mario] *m* armoire *f*
armazón [arma'θon] *f* armature *f*
armisticio [armis'tiθio] *m* armistice *m*
armonía [armo'nia] *f* harmonie *f*
armónica [ar'monika] *f* harmonica *m*
armonizar [armoni'θar] *vt* harmoniser
aro ['aro] *m* **1.** *(anilla)* anneau *m* **2.** *(juguete)* cerceau *m*
aroma [a'roma] *m* arôme *m*
arpa ['arpa] *f* harpe *f*
arqueología [arkeolo'xia] *f* archéologie *f*
arqueólogo, ga [arke'oloɣo, ɣa] *m, f* archéologue *mf*
arquero [ar'kero] *m (Amér & Esp)* gardien *m* de but
arquitecto, ta [arki'tekto, ta] *m, f* architecte *mf*
arquitectónico, ca [arkitek'toniko, ka] *adj* architectural(e)
arquitectura [arkitek'tura] *f* architecture *f*
arraigar [arai'ɣar] *vi* **1.** *(planta, árbol)* pousser **2.** *(costumbre, vicio)* s'ancrer
arrancar [aran'kar] *vt* **1.** arracher **2.** *(motor)* faire démarrer ◇ *vi (vehículo)* démarrer ◆ **arrancar de** *v prep (tener origen en)* remonter à
arranque [a'ranke] *m (ímpetu)* accès *m* ● **arranque de generosidad** élan *m* de générosité
arrasador, ra [arasa'ðor, ra] *adj* **1.** *(ciclón, terremoto, incendio)* dévastateur(trice) **2.** *(éxito)* triomphal(e)
arrastrar [aras'trar] *vt* **1.** *(por el suelo)* traîner **2.** *(convencer)* entraîner ◆ **arrastrarse** *vp* **1.** *(reptar)* se traîner **2.** *(humillarse)* ramper
arrastre [a'rastre] *m* déplacement *m* ● **estar para el arrastre** *(fam)* être au bout du rouleau
arrebatar [areβa'tar] *vt (quitar)* arracher
arrebato [are'βato] *m (de ira, locura)* accès *m*
arreglar [are'ɣlar] *vt* **1.** arranger **2.** *(ordenar)* ranger ◆ **arreglarse** *vp* s'arranger ● **arreglárselas** se débrouiller

arreglo [a'reɣlo] *m* **1.** *(reparación)* réparation *f* **2.** *(acuerdo)* arrangement *m*
arrendatario, ria [arenda'tarjo, rja] *m, f* locataire *mf*
arreos [a'reos] *mpl* harnais *m*
arrepentirse [arepen'tirse] ◆ **arrepentirse de** *v prep* se repentir de
arrestar [ares'tar] *vt* arrêter
arriba [a'riβa] *adv* **1.** *(posición)* au-dessus **2.** *(dirección)* en haut ● **más arriba** plus haut ● **de arriba abajo** *(detenidamente)* du début à la fin ; *(con desdén)* de la tête aux pieds ● **ir para arriba** monter ● **calle arriba** en remontant la rue ● **¡arriba las manos!** haut les mains ! ● **la vecina de arriba** la voisine du dessus
arriesgado, da [arjez'ɣaðo, ða] *adj* risqué(e)
arriesgar [arjez'ɣar] *vt* risquer ◆ **arriesgarse a** *v prep* se risquer à
arrimar [ari'mar] *vt* approcher ● **arrimar el hombro** donner un coup de main ◆ **arrimarse a** *v prep* s'approcher de
arroba [a'roβa] *f INFORM* arobase *m o f*
arrodillarse [aroði'ʎarse] *vp* s'agenouiller
arrogancia [aro'ɣanθja] *f* arrogance *f*
arrogante [aro'ɣante] *adj* arrogant(e)
arrojar [aro'xar] *vt* **1.** *(lanzar)* jeter **2.** *(vomitar)* rendre ● **arrojar a alguien de** *(echar)* chasser qqn de ◆ **arrojarse** *vp* se jeter
arroyo [a'rojo] *m* ruisseau *m*
arroz [a'roθ] *m* riz *m* ● **arroz a la cubana** *riz blanc accompagné de sauce tomate et d'un œuf au plat* ● **arroz a la cazuela** *riz avec des légumes et de la viande cuits dans une terrine* ● **arroz chaufa** *(Amér)* ≃ riz cantonnais ● **arroz con leche** riz au lait ● **arroz negro** *riz cuit dans l'encre de seiche*
arruga [a'ruɣa] *f* **1.** *(en piel)* ride *f* **2.** *(en tejido)* pli *m*
arrugado, da [aru'ɣaðo, ða] *adj* **1.** *(piel)* ridé(e) **2.** *(tejido, papel)* froissé(e)
arrugar [aru'ɣar] *vt* froisser ◆ **arrugarse** *vp* se froisser
arruinar [arui'nar] *vt* ruiner ◆ **arruinarse** *vp* être ruiné(e)
arsénico [ar'seniko] *m* arsenic *m*
arte ['arte] *m o f* art *m* ● **por arte de magia** comme par enchantement ◆ **artes** *fpl* arts *mpl* ● **con malas artes** par des procédés malhonnêtes
artefacto [arte'fakto] *m* appareil *m*
arteria [ar'terja] *f* artère *f*
artesanal [artesa'nal] *adj* artisanal(e)
artesanía [artesa'nia] *f* artisanat *m* ● **de artesanía** artisanal(e)
artesano, na [arte'sano, na] *m, f* artisan *m*, -e *f*
ártico ['artiko] *adj* arctique ● **el Ártico** l'Arctique *m*
articulación [artikula'θjon] *f* articulation *f*
articulado, da [artiku'laðo, ða] *adj* articulé(e)
articular [artiku'lar] *vt* articuler ◆ **articularse** *vp* s'articuler
articulista [artiku'lista] *mf* journaliste *mf*
artículo [ar'tikulo] *m* article *m* ● **artículos de consumo** biens *mpl* de consommation ● **artículos de lujo** articles de luxe
artificial [artifi'θjal] *adj* **1.** *(no natural)* artificiel(elle) **2.** *(falso)* affecté(e)

artificio [arti'fiθjo] *m* **1.** *(dispositivo)* dispositif *m* **2.** *(artimaña)* artifice *m*
artista [ar'tista] *mf* artiste *mf*
artístico, ca [ar'tistiko, ka] *adj* artistique
arveja [ar'βexa] *f (Amér)* petit pois *m*
arzobispo [arθo'βispo] *m* archevêque *m*
as ['as] *m* as *m*
asa ['asa] *f* anse *f (poignée)*
asado, da [a'saðo, ða] *adj* grillé(e) ◇ *m* rôti *m* • **carne asada** viande grillée • **pimientos asados** poivrons grillés • **pollo asado** poulet rôti
asador [asa'ðor] *m* **1.** *(varilla)* broche *f* **2.** *(restaurante)* grill *m*
asalariado, da [asala'rjaðo, ða] *adj* & *m, f* salarié(e)
asaltar [asal'tar] *vt* **1.** *(banco, tienda)* attaquer **2.** *(persona)* agresser **3.** *(suj: duda)* assaillir
asalto [a'salto] *m* **1.** *(a banco, tienda)* hold-up *m inv* **2.** *(en boxeo, judo)* round *m*
asamblea [asam'blea] *f* assemblée *f*
asar [a'sar] *vt* rôtir ◆ **asarse** *vp (fig)* cuire
ascendencia [asθen'denθja] *f* ascendance *f*
ascendente [asθen'dente] *adj* ascendant(e)
ascender [asθen'der] *vt (empleado)* promouvoir ◆ **ascender a** *v prep (suj: cantidad)* s'élever à
ascendiente [asθen'djente] *mf* ancêtre *mf*
ascenso [as'θenso] *m* **1.** *(a una montaña)* ascension *m* **2.** *(de puesto)* promotion *f*
ascensor [asθen'sor] *m* ascenseur *m*
asco ['asko] *m* dégoût *m* • **¡qué asco!** c'est dégoûtant ! • **dar asco** dégoûter • **ser un asco** *(fam) (cosa mala)* être nul (nulle) • **estar hecho un asco** *(fam)* être vraiment dégoûtant(e)
ascua ['askua] *f* charbon *m* ardent • **estar en ascuas** être sur des charbons ardents
aseado, da [ase'aðo, ða] *adj* **1.** *(persona)* net (nette) **2.** *(lugar)* propre
asear [ase'ar] *vt* nettoyer ◆ **asearse** *vp* faire sa toilette
asegurado, da [aseɣu'raðo, ða] *adj* & *m, f* assuré(e)
asegurar [aseɣu'rar] *vt* **1.** *(garantizar)* assurer **2.** *(cuerda, nudo)* resserrer ◆ **asegurarse de** *v prep* • **asegurarse de que** s'assurer que
asentir [asen'tir] *vi* acquiescer
aseo [a'seo] *m* **1.** *(acción)* toilette *f* **2.** *(cualidad)* propreté *f* **3.** *(habitación)* cabinet *m* de toilette ◆ **aseos** *mpl* toilettes *fpl*
aséptico, da [a'septiko, ka] *adj* aseptique
asequible [ase'kiβle] *adj* accessible
asesinar [asesi'nar] *vt* assassiner
asesinato [asesi'nato] *m* assassinat *m*
asesino, na [ase'sino, na] *adj* assassin(e) ◇ *m, f* assassin *m*
asesor, ra [ase'sor, ra] *m, f* conseiller *m*, -ère *f*
asesorar [aseso'rar] *vt* conseiller ◆ **asesorarse** *vp* prendre conseil
asesoría [aseso'ria] *f* **1.** *(oficio)* conseil *m* **2.** *(oficina)* cabinet *m*
asfaltado, da [asfal'taðo, ða] *adj* goudronné(e) ◇ *m* chaussée *f*
asfaltar [asfal'tar] *vt* asphalter
asfalto [as'falto] *m* asphalte *m*
asfixia [as'fiksja] *f* asphyxie *f*

asfixiante [asfik'sjante] *adj* **1.** *(gas)* asphyxiant(e) **2.** *(calor)* étouffant(e)
asfixiar [asfik'sjar] *vt* **1.** *(ahogar)* asphyxier **2.** *(fig) (agobiar)* étouffer ◆ **asfixiarse** *vp* **1.** *(ahogarse)* s'asphyxier **2.** *(fig) (agobiarse)* étouffer
así [a'si] *adv* ainsi, comme cela ◇ *adj inv* pareil(eille) ● **así de grande** grand(e) comme ça ● **así como** *(del mismo modo)* comme ● **así es** c'est ça ● **así es como** c'est ainsi que ● **así no más** *(Amér) (fam) (regular)* comme ci comme ça ; *(de repente)* sans prévenir ● **así y todo** malgré tout ● **y así todos los días** et c'est comme ça tous les jours
Asia ['asja] *s* Asie *f*
asiático, ca [a'sjatiko, ka] *adj* asiatique ◇ *m, f* Asiatique *mf*
asiento [a'sjento] *m* **1.** *(mueble)* siège *m* **2.** *(plaza sentada)* place *f*
asignatura [asiɣna'tura] *f (en la escuela)* matière *f*
asilado, da [asi'laðo, ða] *adj* réfugié(e)
asilo [a'silo] *m (para ancianos)* hospice *m* ● **asilo político** asile *m* politique
asimilación [asimila'θjon] *f* assimilation *f*
asimilar [asimi'lar] *vt* **1.** *(conocimientos)* assimiler **2.** *(cambio, situación)* accepter
asistencia [asis'tenθja] *f* **1.** assistance *f* **2.** *(a clase, espectáculo)* présence *f*
asistir [asis'tir] *vt (enfermo)* soigner ◆ **asistir a** *v.prep (clase, espectáculo)* assister à
asma ['azma] *f* asthme *m*
asmático, ca [az'matiko, ka] *adj* asthmatique
asno, na ['azno, na] *m, f* âne *m*, ânesse *f*
asociación [asoθja'θjon] *f* association *f*
asociar [aso'θjar] *vt* associer ◆ **asociarse a** *v prep (club, institución)* s'inscrire à ◆ **asociarse con** *v prep* s'associer avec
asolar [aso'lar] *vt* dévaster
asomar [aso'mar] *vi (mostrarse)* apparaître ◇ *vt* ● **asomar la cabeza por la ventana** passer la tête par la fenêtre ◆ **asomarse a** *v prep (ventana, balcón)* se pencher à
asombrar [asom'brar] *vt* stupéfier ◆ **asombrarse de** *v prep* s'étonner de
asombro [a'sombro] *m* étonnement *m*
asorocharse [asoro'tʃarse] *vp (Chile & Perú)* avoir le mal des montagnes
aspa ['aspa] *f* **1.** *(de molino)* aile *f* **2.** *(de hélice)* pale *f*
aspecto [as'pekto] *m* aspect *m* ● **tener buen/mal aspecto** *(persona)* avoir bonne/mauvaise mine ; *(comida)* être/ne pas être appétissant(e)
aspereza [aspe'reθa] *f* aspérité *f*
áspero, ra ['aspero, ra] *adj* **1.** *(al tacto)* rugueux(euse) **2.** *(fruto, voz)* âpre
aspiradora [aspira'ðora] *f* aspirateur *m*
aspirar [aspi'rar] *vt* aspirer ◆ **aspirar a** *v prep* aspirer à
aspirina® [aspi'rina] *f* aspirine *f*
asqueado, da [aske'aðo, ða] *adj* dégoûté(e)
asquerosidad [askerosi'ðað] *f* ● **¡qué asquerosidad!** c'est répugnant !
asqueroso, sa [aske'roso, sa] *adj* répugnant(e)
asta ['asta] *f* **1.** *(de lanza, bandera)* hampe *f* **2.** *(de toro)* corne *f* **3.** *(de ciervo)* bois *m*
asterisco [aste'risko] *m* astérisque *m*
astillero [asti'ʎero] *m* chantier *m* naval
astro ['astro] *m* astre *m*
astrología [astrolo'xia] *f* astrologie *f*

astrólogo, ga [as'troloɣo, ɣa] *m, f* astrologue *mf*
astronauta [astro'nau̯ta] *mf* astronaute *mf*
astronomía [astrono'mia] *f* astronomie *f*
astronómico, ca [astro'nomiko, ka] *adj* astronomique
astrónomo, ma [as'tronomo, ma] *m, f* astronome *mf*
astuto, ta [as'tuto, ta] *adj* **1.** *(listo)* astucieux(euse) **2.** *(taimado)* rusé(e)
asumir [asu'mir] *vt* assumer
asunto [a'sunto] *m* **1.** *(tema)* sujet *m* **2.** *(negocio)* affaire *f*
asustar [asus'tar] *vt* faire peur à ◆ **asustarse** *vp* avoir peur
atacar [ata'kar] *vt* attaquer
atajo [a'taxo] *m* **1.** *(camino)* raccourci *m* **2.** *(despec)* *(grupo)* bande *f* ● **un atajo de** une bande de
ataque [a'take] *m* attaque *f* ● **ataque al corazón** crise *f* cardiaque ● **ataque de nervios** crise de nerfs ● **ataque de risa** fou rire *m* ● **ataque de tos** quinte *f* de toux
atar [a'tar] *vt* attacher
atardecer [atarðe'θer] *m* ● **al atardecer** à la tombée du jour
atareado, da [atare'aðo, ða] *adj* occupé(e)
atasco [a'tasko] *m* embouteillage *m*
ataúd [ata'uð] *m* cercueil *m*
ate ['ate] *m* *(Amér)* gelée *f* de coing
ateísmo [ate'izmo] *m* athéisme *m*
atención [aten'θi̯on] *f* attention *f* ● **atención al cliente** service *m* clients ● **llamar la atención** attirer l'attention
atender [aten'ðer] *vt* **1.** *(solicitud, petición)* accéder à **2.** *(negocio, clientes)* s'occuper de **3.** *(enfermo)* soigner ◇ *vi* *(escuchar)* être attentif(ive)
atentado [aten'taðo] *m* attentat *m*
atentamente [a,tenta'mente] *adv* **1.** *(con atención)* attentivement **2.** *(en cartas)* ▼ **le saluda muy atentamente** (veuillez agréer, Madame/Monsieur, mes) salutations distinguées
atento, ta [a'tento, ta] *adj* **1.** *(con atención)* attentif(ive) **2.** *(amable)* attentionné(e)
ateo, a [a'teo, a] *m, f* athée *mf*
aterrizaje [ateri'θaxe] *m* atterrissage *m*
aterrizar [ateri'θar] *vi* atterrir
aterrorizar [aterori'θar] *vt* terroriser
atestado, da [ates'taðo, ða] *adj* bondé(e)
atestiguar [atesti'ɣu̯ar] *vt* témoigner
ático ['atiko] *m* *appartement situé au dernier étage d'un immeuble*
atinar [ati'nar] *vi* **1.** *(dar en el blanco)* viser juste **2.** *(acertar)* trouver
atípico, ca [a'tipiko, ka] *adj* atypique
Atlántico [að'lantiko] *m* ● **el Atlántico** l'Atlantique *m*
atlas ['aðlas] *m inv* atlas *m*
atleta [að'leta] *mf* athlète *mf*
atlético, ca [að'letiko, ka] *adj* **1.** *(persona)* athlétique **2.** *(competición, prueba)* d'athlétisme
atletismo [aðle'tizmo] *m* athlétisme *m*
atmósfera [að'mosfera] *f* atmosphère *f*
atmosférico, ca [aðmos'feriko, ka] *adj* atmosphérique
atole [a'tole] *m* *(Amér)* *boisson à base de farine de maïs*
atolondrarse [atolon'drarse] *vp* être étourdi(e)

atómico, ca [a'tomiko, ka] *adj* atomique

átomo ['atomo] *m* atome *m*

atónito, ta [a'tonito, ta] *adj* sans voix

atontado, da [aton'taðo, ða] *adj* **1.** *(aturdido)* étourdi(e) **2.** *(tonto)* abruti(e)

atorado, da [ato'raðo, ða] *adj* **1.** *(Amér)* *(atascado)* bouché(e) **2.** *(agitado, nervioso)* nerveux(euse)

atorar [ato'rar] *vt* *(Amér)* *(bloquear)* boucher ♦ **atorarse** *vp* **1.** *(Amér)* *(atascarse)* se boucher **2.** *(atragantarse)* s'étrangler

atracador, ra [atraka'ðor, ra] *m, f* *(ladrón)* voleur *m*, -euse *f* à main armée

atracar [atra'kar] *vt* **1.** *(banco, tienda)* attaquer **2.** *(persona)* agresser ◇ *vi* *(barco)* accoster ♦ **atracarse de** *v prep* *(fam)* s'empiffrer de

atracción [atrak'θjon] *f* attraction *f*

atraco [a'trako] *m* hold-up *m inv*

atractivo, va [atrak'tiβo, βa] *adj* attrayant(e) ◇ *m* **1.** *(cualidades)* attrait *m* **2.** *(de persona)* charme *m*

atraer [atra'er] *vt* attirer ◇ *vi* *(gustar)* plaire

atragantarse [atraɣan'tarse] *vp* s'étrangler

atrapar [atra'par] *vt* attraper

atrás [a'tras] *adv* **1.** *(en el espacio)* derrière **2.** *(en movimiento)* en arrière **3.** *(en el tiempo)* plus tôt, avant

atrasado, da [atra'saðo, ða] *adj* en retard • **ir atrasado** *(reloj)* retarder

atrasar [atra'sar] *vt* **1.** *(llegada, reloj)* retarder **2.** *(proyecto, cita)* reporter ◇ *vi* retarder ♦ **atrasarse** *vp* **1.** *(persona)* être en retard **2.** *(tren, proyecto)* prendre du retard

atraso [a'traso] *m* retard *m* ♦ **atrasos** *mpl* *(de dinero)* arriérés *mpl*

atravesar [atraβe'sar] *vt* traverser ♦ **atravesarse** *vp* *(interponerse)* se mettre en travers

atreverse [atre'βerse] ♦ **atreverse a** *v prep* oser

atrevido, da [atre'βiðo, ða] *adj* **1.** *(osado)* osé(e) **2.** *(insolente)* effronté(e) **3.** *(valiente)* intrépide

atribución [atriβu'θjon] *f* attribution *f*

atribuir [atriβu'ir] *vt* attribuer

atributo [atri'βuto] *m* attribut *m*

atrio ['atrjo] *m* *(de palacio, convento)* cour *f* intérieure

atropellar [atrope'ʎar] *vt* **1.** *(suj: vehículo)* renverser **2.** *(suj: persona)* bousculer ♦ **atropellarse** *vp* *(hablando)* bredouiller

atropello [atro'peʎo] *m* *(por vehículo)* accident *m*

ATS [ate'ese] *mf* (*abr de ayudante técnico sanitario*) infirmier *m*, -ère *f*

atte *abr escrita de* **atentamente**

atún [a'tun] *m* thon *m* • **atún en aceite** thon à l'huile

audaz, ces [au̯'ðaθ, θes] *adj* audacieux(euse)

audiencia [au̯'ðjenθja] *f* audience *f*

audiovisual [ˌau̯ðjoβi'sual] *adj* audiovisuel(elle) ◇ *m* audiovisuel *m*

auditivo, va [au̯ði'tiβo, βa] *adj* auditif(ive)

auditor, ra [au̯ði'tor, ra] *m, f* FIN audit *m*

auditoría [au̯ðito'ria] *f* **1.** *(trabajo)* audit *m* **2.** *(despacho)* cabinet *m* d'audit

auditorio [au̯ði'torjo] *m* **1.** *(público)* auditoire *m* **2.** *(local)* auditorium *m*

auge ['au̯xe] *m* essor *m* • **en auge** en plein essor

aula ['au̯la] *f* salle *f* de cours

aullar [au̯'ʎar] *vi* hurler

aullido [au̯'ʎiðo] *m* hurlement *m*

aumentar [au̯men'tar] *vt* augmenter

aumento [au̯'mento] *m* **1.** *(de sueldo, peso)* augmentation *f* **2.** *(en óptica)* grossissement *m*

aun [au̯n] *adv (incluso)* même ◇ *conj (aunque)* bien que • **aun así** même ainsi • **aun estando malo...** bien qu'étant malade...

aún [a'un] *adv (todavía)* encore • **aún no ha llamado** il n'a pas encore appelé

aunque [au̯nke] *conj* bien que

aureola [au̯re'ola] *f* auréole *f*

auricular [au̯riku'lar] *m (de teléfono)* écouteur *m* ◆ **auriculares** *mpl (de radio, casete, TV)* casque *m*

ausencia [au̯'senθja] *f* absence *f*

ausente [au̯'sente] *adj* absent(e)

austeridad [au̯steri'ðað] *f* austérité *f*

austero, ra [au̯s'tero, ra] *adj* austère

Australia [au̯s'tralja] *s* Australie *f*

australiano, na [au̯stra'ljano, na] *adj* australien(enne) ◇ *m, f* Australien *m*, -enne *f*

Austria ['au̯strja] *s* Autriche *f*

austríaco, ca [au̯s'triako, ka] *adj* autrichien(enne) ◇ *m, f* Autrichien *m*, -enne *f*

autenticidad [au̯tentiθi'ðað] *f* authenticité *f*

auténtico, ca [au̯'tentiko, ka] *adj* **1.** *(veraz)* authentique **2.** *(verdadero)* vrai(e) **3.** *(piel)* véritable

auto ['au̯to] *m* auto *f*

autoayuda [au̯toa'juða] *f* autodéveloppement *m*

autobiografía [au̯toβjoɣra'fia] *f* autobiographie *f*

autobús [au̯to'βus] *m* autobus *m*

autocar [au̯to'kar] *m* autocar *m* • **autocar de línea** *(Esp)* autocar interurbain

autocaravana [au̯tokara'βana] *f* camping-car *m*

autocontrol [au̯tokon'trol] *m* maîtrise *f* de soi

autocorrección [au̯tokorek'θjon] *f* correction *f* automatique

autóctono, na [au̯'toktono, na] *adj* autochtone

autoedición [au̯toeði'θjon] *f* PAO *f* *(publication assistée par ordinateur)*

autoescuela [au̯toes'ku̯ela] *f* auto-école *f*

autógrafo [au̯'toɣrafo] *m* autographe *m*

automáticamente [au̯to,matika'mente] *adv* automatiquement

automático, ca [au̯to'matiko, ka] *adj* **1.** *(máquina, arma)* automatique **2.** *(gesto, comportamiento)* mécanique

automóvil [au̯to'moβil] *m* automobile *f*

automovilismo [au̯tomoβi'lizmo] *m* automobilisme *m*

automovilista [au̯tomoβi'lista] *mf* automobiliste *mf*

autonomía [au̯tono'mia] *f* **1.** *(autosuficiencia)* *INFORM* autonomie *f* **2.** *(autogobierno)* communauté *f* autonome

autonómico, ca [au̯to'nomiko, ka] *adj* *(ley, región)* d'une communauté autonome

autónomo, ma [au̯'tonomo, ma] *adj* autonome

autopista [au̯to'pista] *f* autoroute *f* • **autopista de peaje** autoroute à péage
autopsia [au̯'topsi̯a] *f* autopsie *f*
autor, ra [au̯'tor, ra] *m, f* auteur *m*
autoridad [au̯tori'ðað] *f* autorité *f* • **la autoridad** *(la policía)* les autorités
autoritario, ria [au̯tori'tari̯o, ri̯a] *adj* autoritaire
autorización [au̯toriθa'θi̯on] *f* autorisation *f*
autorizado, da [au̯tori'θaðo, ða] *adj* autorisé(e)
autorizar [au̯tori'θar] *vt* autoriser
autorretrato [au̯tore'trato] *m* autoportrait *m*
autoservicio [ˌau̯toser'βiθi̯o] *m* self-service *m*
autostop [au̯tos'top] *m* auto(-)stop *m* • **hacer autostop** faire de l'auto(-)stop
autostopista [ˌau̯tosto'pista] *mf* auto-stoppeur *m*, -euse *f*
autosuficiente [ˌau̯tosufi'θi̯ente] *adj* autosuffisant(e)
autovía [au̯to'βia] *f* route *f* à quatre voies
auxiliar [au̯ksi'li̯ar] *adj* auxiliaire ◇ *mf* *(ayudante)* assistant *m*, -e *f* ◇ *vt* *(socorrer)* assister • **auxiliar administrativo** employé *m*, -e *f* de bureau • **auxiliar de vuelo** steward *m*, hôtesse de l'air *f*
auxilio [au̯k'sili̯o] *m* secours *m* ◇ *interj* au secours ! • **primeros auxilios** premiers secours
aval [a'βal] *m* **1.** *(persona)* garant *m* **2.** *(documento)* aval *m*
avalador, ra [aβala'ðor, ra] *m, f* garant *m*, -e *f*
avalancha [aβa'lantʃa] *f* avalanche *f*
avalar [aβa'lar] *vt* **1.** *(crédito)* avaliser **2.** *(propuesta, idea)* donner son aval à
avance [a'βanθe] *m* **1.** *(de tecnología, ciencia)* progrès *m* **2.** *(de película)* bande-annonce *f* • **avance informativo** flash *m* d'information
avanzado, da [a'βanθaðo, ða] *adj* avancé(e)
avanzar [aβan'θar] *vi* avancer
avaricioso, sa [aβari'θi̯oso, sa] *adj* intéressé(e)
avaro, ra [a'βaro, ra] *adj* avare
avda. (*abr escrita de avenida*) av. *(avenue)*
ave ['aβe] *f* oiseau *m*
AVE ['aβe] *m* (*Esp*) (*abr de alta velocidad española*) ≃ TGV *m* *(train à grande vitesse)*
avellana [aβe'ʎana] *f* noisette *f*
avellano [aβe'ʎano] *m* noisetier *m*
avena [a'βena] *f* avoine *f*
avenida [aβe'niða] *f* avenue *f*
aventar [aβen'tar] *vt* (*Andes & Méx*) jeter
aventón [aβen'ton] *m* (*Méx*) • **dar un aventón a alguien** déposer qqn *(en voiture)*
aventura [aβen'tura] *f* aventure *f*
aventurarse [aβen'turarse] ◆ **aventurarse a** *v prep* s'aventurer à
aventurero, ra [aβen'turero, ra] *adj* aventureux(euse) ◇ *m, f* aventurier *m*, -ère *f*
avergonzado, da [aβerɣon'θaðo, ða] *adj* honteux(euse)
avergonzarse [aβerɣon'θarse] ◆ **avergonzarse de** *v prep* avoir honte de
avería [aβe'ria] *f* panne *f*

averiado, da [aβeri'aðo, ða] *adj* en panne
averiarse [aβeri'arse] *vp* tomber en panne
averiguar [aβeri'ɣu̯ar] *vt* **1.** *(indagar)* chercher à savoir **2.** *(enterarse)* découvrir
aversión [aβer'sj̯on] *f* aversion *f*
avestruz, ces [aβes'truθ, θes] *m* autruche *f*
aviación [aβj̯a'θj̯on] *f* aviation *f*
aviador, ra [aβj̯a'ðor, ra] *m, f* aviateur *m*, -trice *f*
avión [a'βj̯on] *m* avion *m*
avioneta [aβj̯o'neta] *f* avion *m* de tourisme
avisar [aβi'sar] *vt* appeler ◆ **avisar de** *v prep* **1.** *(comunicar)* informer de **2.** *(prevenir)* prévenir de ● **avisar a alguien de algo** prévenir qqn de qqch
aviso [a'βiso] *m* **1.** *(noticia)* avis *m* **2.** *(Amér) (prensa)* annonce *f* **3.** *(advertencia)* avertissement *m*
avispa [a'βispa] *f* guêpe *f*
avituallarse [aβi'tu̯aʎarse] *vp* se ravitailler
axila [ak'sila] *f* aisselle *f*
ay ['aj̯] *interj* **1.** *(expresa dolor)* aïe ! **2.** *(expresa pena)* oh !
ayer [a'jer] *adv* hier ● **ayer noche** hier soir ● **ayer por la mañana** hier matin
ayuda [a'juða] *f* aide *f*
ayudante [aju'ðante] *mf* assistant *m*, -e *f*
ayudar [aju'ðar] *vt* aider ● **ayudar a alguien a** o **en algo** aider qqn à faire qqch
ayunar [aju'nar] *vi* jeûner
ayuntamiento [ajunta'mj̯ento] *m* **1.** *(corporación)* municipalité *f* **2.** *(edificio)* mairie *f*
azada [a'θaða] *f* houe *f*
azafata [aθa'fata] *f* hôtesse *f* ● **azafata de vuelo** hôtesse de l'air
azafate [a'θate] *m* *(Andes & CSur)* plateau *m*
azafrán [aθa'fran] *m* safran *m*
azar [a'θar] *m* hasard *m* ● **al azar** au hasard
azotea [aθo'tea] *f* terrasse *f* *(d'un immeuble)*
azúcar [a'θukar] *m* o *f* sucre *m*
azucarado, da [aθu̯ka'raðo, ða] *adj* sucré(e)
azucarero [aθuka'rero] *m* sucrier *m*
azucena [aθu'θena] *f* lis *m*
azufre [a'θufre] *m* soufre *m*
azul [a'θul] *adj* bleu(e) ◇ *m* bleu *m* ● **azul marino** bleu marine
azulado, da [aθu'laðo, ða] *adj* bleuté(e)
azulejo [aθu'lexo] *m* azulejo *m*
azuloso, sa [aθu'loso, sa] *adj* *(Amér)* bleuté(e)

b B

baba ['baβa] *f* bave *f*
babero [ba'βero] *m* bavoir *m*
babor [ba'βor] *m* bâbord *m*
babosa [ba'βosa] *f* limace *f*
babosada [baβo'saða] *f* *(CAm & Méx)* *(fam)* bêtise *f*

baboso, sa [ba'βoso, sa] *adj* **1.** *(caracol, bebé)* baveux(euse) **2.** *(fam) (infantil)* gamin(e) **3.** *(Amér) (tonto)* crétin(e)

baca ['baka] *f* galerie *f (de voiture)*

bacalao [baka'lao] *m* morue *f* • **bacalao al pil-pil** *morue frite avec une sauce à l'ail et au persil* • **bacalao a la llauna** *morue en sauce cuite dans un moule métallique* • **bacalao a la vizcaína** *morue au four avec des tomates, des oignons, des poivrons et du piment* • **bacalao con sanfaina** *morue préparée avec une sorte de ratatouille*

bacán [ba'kan] *adj (RP)* élégant(e) ◇ *m (RP)* dandy *m*

bachillerato [batʃiʎe'rato] *m (estudios) cycle d'études qui précède les études universitaires*

bacinica [baθi'nika] *f (Amér)* pot *m* de chambre

bacon ['bejkon] *m* bacon *m*

bádminton ['baðminton] *m* badminton *m*

bafle ['bafle] *m* baffle *m*

bahía [ba'ia] *f* baie *f*

bailar [baj'lar] *vt* danser ◇ *vi* **1.** *(danzar)* danser **2.** *(prenda)* être trop grand(e) **3.** *(no encajar)* jouer

bailarín, ina [bajla'rin, ina] *m, f* danseur *m*, -euse *f*

baile ['bajle] *m* **1.** *(danza)* danse *f* **2.** *(fiesta)* bal *m*

baja ['baxa] *f* **1.** *(por enfermedad)* arrêt *m* maladie **2.** *(de asociación, club)* renvoi *m* • **dar de baja** renvoyer • **estar de baja** être en arrêt o congé maladie ➤ **bajo**

bajada [ba'xaða] *f* descente *f*

bajar [ba'xar] *vt* **1.** baisser **2.** *(escalera)* descendre **3.** *INFORM* télécharger ◇ *vi (disminuir)* baisser ◆ **bajar de** *v prep (apearse de)* descendre de

bajío [ba'xio] *m (Amér)* basse terre *f*

bajo, ja ['baxo, xa] *adj* **1.** bas (basse) **2.** *(persona)* petit(e) **3.** *(sonido)* grave ◇ *m* **1.** *(instrumento)* basse *f* **2.** *(de una casa)* rez-de-chaussée *m inv* ◇ *adv (hablar)* bas ◇ *prep* sous

bakalao [baka'lao] *m (fam)* techno *f*

bala ['bala] *f* balle *f (d'arme)*

balacear [balaθe'ar] *vt (Amér)* blesser par balle

balacera [bala'θera] *f (Amér)* fusillade *f*

balada [ba'laða] *f* ballade *f*

balance [ba'lanθe] *m* bilan *m* • **hacer balance de** faire le bilan de

balancín [balan'θin] *m* rocking-chair *m*

balanza [ba'lanθa] *f* balance *f*

balar [ba'lar] *vi* bêler

balcón [bal'kon] *m* balcon *m*

balde ['balde] *m* seau *m* • **de balde** gratis • **en balde** en vain

baldosa [bal'dosa] *f* carreau *m* de céramique

Baleares [bale'ares] *fpl* • **las (islas) Baleares** les (îles) Baléares

balido [ba'liðo] *m* bêlement *m*

ballena [ba'ʎena] *f* baleine *f*

ballet [ba'le] *m* ballet *m*

balneario [balne'arjo] *m (Esp)* **1.** station *f* thermale, ville *f* d'eau **2.** *(Méx) (con piscinas)* station thermale

Los balnearios

Au Mexique, le **balneario** est un endroit très fréquenté qui comporte généralement plusieurs piscines. Les gens s'y rendent pour se baigner, prendre des bains de soleil, déjeuner, boire un verre, etc.

balón [ba'lon] *m* ballon *m*
baloncesto [balon'θesto] *m* basket-ball *m*
balonmano [balom'mano] *m* hand-ball *m*
balonvolea [balombo'lea] *m* volley-ball *m*
balsa ['balsa] *f* **1.** *(embarcación)* radeau *m* **2.** *(de agua)* réservoir *m*
bálsamo ['balsamo] *m* baume *m*
bambú [bam'bu] *m* bambou *m*
banana [ba'nana] *f* (*Perú & RP*) banane *f*
banca ['banka] *f* **1.** *(institución)* banque *f* **2.** *(profesión)* secteur *m* bancaire **3.** (*Col, Ven & Méx*) *(para sentarse)* banc *m* **4.** (*Andes & RP*) *(en el parlamento)* siège *m*
banco ['banko] *m* **1.** *(para dinero)* banque *f* **2.** *(para sentarse)* banc *m* • **banco de arena** banc de sable • **banco de peces** banc de poissons • **Banco Central Europeo** Banque centrale européenne
banda ['banda] *f* **1.** *(grupo)* bande *f* **2.** *(de músicos)* fanfare *f* **3.** *(cinta)* ruban *m* • **banda sonora** bande originale
bandeja [ban'dexa] *f* plateau *m*
bandera [ban'deɾa] *f* drapeau *m*
banderilla [bande'riʎa] *f* **1.** *(en toros)* banderille *f* **2.** *(aperitivo)* *petite brochette d'amuse-gueule(s)*
banderín [bande'rin] *m* fanion *m*
bandido [ban'diðo] *m* **1.** *(ladrón, asesino)* bandit *m* **2.** (*fam*) *(pillo)* coquin *m*, -e *f*
bando ['bando] *m* **1.** *(partido)* camp *m* **2.** *(de alcalde)* arrêté *m* (municipal)
banjo ['banxo] *m* banjo *m*
banquero, ra [ban'keɾo, ɾa] *m, f* banquier *m*, -ère *f*
banqueta [ban'keta] *f* **1.** banquette *f* **2.** (*Méx*) *(para peatones)* trottoir *m*
bañadera [baɲa'ðeɾa] *f* (*Arg*) *(bañera)* baignoire *f*
bañador [baɲa'ðoɾ] *m* maillot *m* de bain
bañar [ba'ɲaɾ] *vt* baigner ◆ **bañarse** *vp* **1.** *(en playa, piscina)* se baigner **2.** *(en el baño)* prendre un bain
bañera [ba'ɲeɾa] *f* baignoire *f*
bañista [ba'ɲista] *mf* baigneur *m*, -euse *f*
baño ['baɲo] *m* **1.** bain *m* **2.** *(espacio, habitación)* salle *f* de bains **3.** *(capa)* couche *f* • **al baño maría** au bain-marie ◆ **baños** *mpl (balneario)* eaux *fpl*
bar ['baɾ] *m* bar *m* • **bar musical** *bar avec une ambiance de discothèque*
baraja [ba'ɾaxa] *f* jeu *m* de cartes

La baraja española

Le jeu de cartes espagnol comporte 48 cartes, réparties en quatre couleurs de douze cartes chacune : **oros**, l'or, **bastos**, le bâton, **espadas**, l'épée et **copas**, la coupe. Le dix, le onze et le douze de chaque couleur constituent les figures et portent respectivement les noms de **sota** (valet), **caballo** (cheval) et **rey** (roi).

barajar [baɾa'xaɾ] *vt* **1.** *(naipes)* battre **2.** *(posibilidades)* envisager **3.** *(datos, números)* brasser

baranda [ba'randa] *f* **1.** *(de escalera)* rampe *f* **2.** *(de balcón)* balustrade *f*
barandilla [baran'diʎa] *f* **1.** *(de escalera)* rampe *f* **2.** *(de balcón)* balustrade *f*
baratija [bara'tixa] *f* babiole *f*
barato, ta [ba'rato, ta] *adj* bon marché *(inv)* ◆ **barato** *adv* bon marché
barba ['barβa] *f* barbe *f* ● **por barba** par tête
barbacoa [barβa'koa] *f* barbecue *m* ● **a la barbacoa** au barbecue
barbaridad [barβari'ðað] *f* **1.** *(crueldad)* atrocité *f* **2.** *(disparate)* ineptie *f* ● **¡qué barbaridad!** quelle horreur ! ● **una barbaridad de** des tonnes de
barbarie [bar'βarje] *f* barbarie *f*
bárbaro, ra ['barβaro, ra] *adj* **1.** *(cruel)* barbare **2.** *(fam) (estupendo)* super
barbería [barβe'ria] *f* salon *m* de coiffure pour hommes
barbero [bar'βero] *m* coiffeur *m* pour hommes
barbilla [bar'βiʎa] *f* menton *m*
barbudo, da [bar'βuðo, ða] *adj* barbu(e)
barca ['barka] *f* barque *f* ● **barca de pesca** bateau *m* de pêche
barcaza [bar'kaθa] *f* bac *m*
Barcelona [barθe'lona] *s* Barcelone
barco ['barko] *m* bateau *m* ● **barco de vela** bateau à voile
bareto [ba'reto] *m (fam)* bistrot *m*, *(despec)* boui-boui *m*
barítono [ba'ritono] *m* baryton *m*
barniz, ces [bar'niθ, θes] *m* vernis *m*
barnizado, da [barni'θaðo, ða] *adj* verni(e)
barnizar [barni'θar] *vt* vernir
barómetro [ba'rometro] *m* baromètre *m*
barquillo [bar'kiʎo] *m* gaufre *f*
barra ['bara] *f* **1.** *(listón alargado)* barre *f* **2.** *(de bar, café, restaurante)* comptoir *m* **3.** *(helado, hielo)* bloc *m* **4.** *INFORM* barre *f* ● **barra de desplazamiento** barre de défilement ● **barra de herramientas** barre d'outils ● **barra invertida** antislash *m* ● **barra de labios** rouge *m* à lèvres ▼ **barra libre** *boisson à volonté* ● **barra de menús** barre de menu ● **barra de pan** ≃ baguette *f* ● **barra de tareas** barre des tâches
barraca [ba'raka] *f* **1.** *(chabola)* baraque *f* **2.** *(para feria)* stand *m*
barranco [ba'ranko] *m* précipice *m*
barrendero [baren'dero] *m* balayeur *m*
barreño [ba'reɲo] *m* bassine *f*
barrer [ba'rer] *vt* balayer
barrera [ba'rera] *f* **1.** barrière *f* **2.** *(en toros) barrière qui sépare l'arène des gradins*
barriada [ba'rjaða] *f* quartier *m*
barriga [ba'riɣa] *f* ventre *m*
barril [ba'ril] *m* **1.** *(para bebidas)* tonneau *m* **2.** *(de petróleo)* baril *m*
barrio ['barjo] *m* **1.** *(de población)* quartier *m* **2.** *(Méx)* bidonville *m* ● **barrio chino** quartier chaud ● **barrio comercial** quartier commerçant
barro ['baro] *m* **1.** *(fango)* boue *f* **2.** *(de alfarero)* argile *f*
barroco, ca [ba'roko, ka] *adj* **1.** *(en arte)* baroque **2.** *(recargado)* rococo ◇ *m* baroque *m*
bártulos ['bartulos] *mpl* affaires *fpl*
barullo [ba'ruʎo] *m (fam)* bazar *m*

basarse [ba'sarse] ◆ **basarse en** *v prep* se baser sur
bascas ['baskas] *fpl* mal *m* au cœur
báscula ['baskula] *f* bascule *f*
base ['base] *f* base *f* ● **base de datos** base de données ● **a base de** *(mediante)* à force de
básico, ca ['basiko, ka] *adj* de base
basta ['basta] *interj* ça suffit !
bastante [bas'tante] *adv* assez ◇ *adj* assez de ● **gana bastante dinero** il gagne pas mal d'argent
bastar [bas'tar] *vi* suffire ◆ **bastar con** suffire ● **basta con decirlo** il suffit de le dire ◆ **bastarse** *vp* ● **me basto solo para hacerlo** je peux le faire tout seul
bastardo, da [bas'tarðo, ða] *adj* bâtard(e)
bastidores [basti'ðores] *mpl* coulisses *fpl* ● **entre bastidores** dans les coulisses
basto, ta ['basto, ta] *adj* **1.** *(vulgar, bruto)* grossier(ère) **2.** *(áspero)* rugueux(euse) ◆ **bastos** *mpl l'une des quatre couleurs du jeu de cartes espagnol*
bastón [bas'ton] *m* **1.** *(para andar)* canne *f* **2.** *(de mando)* bâton *m*
basura [ba'sura] *f* ordures *fpl*
basurero, ra [basu'rero, ra] *m, f* éboueur *m* ◇ *m* décharge *f*
bata ['bata] *f* **1.** *(de casa)* robe *f* de chambre **2.** *(de trabajo)* blouse *f*
batalla [ba'taʎa] *f* bataille *f* ● **de batalla** *(para cada día)* de tous les jours
batería [bate'ria] *f* batterie *f* ● **batería de cocina** batterie de cuisine
batido [ba'tiðo] *m* milk-shake *m*
batidora [bati'ðora] *f* batteur *m* (électrique)
batín [ba'tin] *m* veste *f* d'intérieur
batir [ba'tir] *vt* **1.** *(huevos, récord)* battre **2.** *(nata)* fouetter
batuta [ba'tuta] *f* baguette *f* de chef d'orchestre
baúl [ba'ul] *m* **1.** *(caja)* malle *f* **2.** *(Col & CSur)* coffre *m (de voiture)*
bautismo [bau̯'tizmo] *m* baptême *m (sacrement)*
bautizar [bau̯ti'θar] *vt* baptiser
bautizo [bau̯'tiθo] *m* baptême *m*
baya ['baja] *f* baie *f (fruit)*
bayeta [ba'jeta] *f* lavette *f (carré de tissu-éponge)*
bazar [ba'θar] *m* bazar *m*
beato, ta [be'ato, ta] *adj* **1.** *(santo)* bienheureux(euse) **2.** *(piadoso)* dévot(e) **3.** *(fam) (santurrón)* bigot(e)
bebe, ba ['beβe, βa] *m, f (CSur & Méx) (fam)* bébé *m*
bebé [be'βe] *m* bébé *m*
beber [be'βer] *vt & vi* boire
bebida [be'βiða] *f* boisson *f*
bebido, da [be'βiðo, ða] *adj* ivre
bebito, ta [be'βito, ta] *m, f (Amér)* bébé *m*
beca ['beka] *f* bourse *f (d'étudiant)*
becario, ria [be'kari̯o, ri̯a] *m, f* boursier *m*, -ère *f*
becerro, rra [be'θero, ra] *m, f* veau *m*, génisse *f*
bechamel [betʃa'mel] *f* béchamel *f*
bedel [be'ðel] *m* appariteur *m*
begonia [be'ɣoni̯a] *f* bégonia *m*
beige ['bei̯s] *adj inv* beige
béisbol ['bei̯zβol] *m* base-ball *m*
belén [be'len] *m (de Navidad)* crèche *f*
belga ['belɣa] *adj* belge ◇ *mf* Belge *mf*

Bélgica ['belxika] *s* Belgique *f*
bélico, ca ['beliko, ka] *adj* de guerre
belleza [be'ʎeθa] *f* beauté *f*
bello, lla ['beʎo, ʎa] *adj* beau (belle)
bellota [be'ʎota] *f* gland *m*
bencina [ben'θina] *f (Chile)* essence *f*
bendecir [bende'θir] *vt* bénir
bendición [bendi'θjon] *f* bénédiction *f*
bendito, ta [ben'dito, ta] *adj* bénit(e) ◇ *m, f (bobo)* simple *mf* d'esprit
beneficencia [benefi'θenθja] *f (caridad)* bienfaisance *f*
beneficiar [benefi'θjar] *vt* profiter à ◆ **beneficiarse de** *v prep* profiter de
beneficio [bene'fiθjo] *m* **1.** *(bien)* bienfait *m* **2.** *(ganancia)* bénéfice *m* ● **a beneficio de** au profit de
benéfico, ca [be'nefiko, ka] *adj* de bienfaisance
benevolencia [beneβo'lenθja] *f* bienveillance *f*
benévolo, la [be'neβolo, la] *adj* bienveillant(e)
bengala [ben'gala] *f* feu *m* de Bengale
berberechos [berβe'retʃos] *mpl* coques *fpl*
berenjena [beren'xena] *f* aubergine *f* ● **berenjenas rellenas** aubergines farcies
bermudas [ber'muðas] *m o f pl* bermuda *m*
berrinche [be'rintʃe] *m* **1.** *(fam) (llanto infantil)* colère *f* **2.** *(disgusto)* rogne *f*
berza ['berθa] *f* chou *m*
besar [be'sar] *vt* embrasser ◆ **besarse** *vp* s'embrasser
beso ['beso] *m* baiser *m* ● **dar un beso** donner un baiser
bestia ['bestja] *adj* **1.** *(bruto)* brut(e) **2.** *(ignorante)* crétin(e) ◇ *mf* brute *f* ◇ *f (animal)* bête *f*
besugo [be'suɣo] *m* daurade *f*
betún [be'tun] *m (para zapatos)* cirage *m*
biberón [biβe'ron] *m* biberon *m*
Biblia ['biβlja] *f* Bible *f*
bibliografía [biβljoɣra'fia] *f* bibliographie *f*
biblioteca [biβljo'teka] *f* bibliothèque *f*
bibliotecario, ria [biβljote'karjo, rja] *m, f* bibliothécaire *mf*
bicarbonato [bikarβo'nato] *m* bicarbonate *m*
bíceps ['biθeps] *m inv* biceps *m*
bicho ['bitʃo] *m* **1.** *(animal)* bestiole *f* **2.** *(niño)* peste *f*
bici ['biθi] *f (fam)* vélo *m*
bicicleta [biθi'kleta] *f* bicyclette *f*
bicolor [biko'lor] *adj* bicolore
bidé [bi'ðe] *m* bidet *m*
bidón [bi'ðon] *m* bidon *m*
bien ['bjen] *adv*
1. bien ● **habla bien inglés** il parle bien anglais ● **estar bien** *(de aspecto, calidad)* être bien ; *(de salud)* aller bien ● **¡muy bien!** très bien ! ● **quiero un vaso de agua bien fría** je voudrais un verre d'eau bien fraîche
2. *(suficiente)* ● **¡ya está bien!** ça suffit ! ● **está bien de azúcar** il y a assez de sucre
3. *(de manera agradable)* bon ● **oler bien** sentir bon
4. *(vale, de acuerdo)* bon, d'accord ● **¡está bien!** d'accord !
◇ *adj inv* ● **gente bien** des gens bien
◇ *conj* ● **bien... bien** soit... soit ● **entrégalo bien a mi padre, bien a mi madre** donne-le

soit à mon père, soit à ma mère • **más bien** plutôt
◇ *m* bien *m* ; *(calificación)* mention *f* assez bien • **el bien y el mal** le bien et le mal • **hacer el bien** faire le bien
◆ **bienes** *mpl (patrimonio)* biens *mpl* • **bienes de consumo** biens de consommation • **bienes inmuebles** o **raíces** biens immobiliers • **bienes muebles** biens mobiliers
bienal [bi̯e'nal] *adj* biennal(e)
bienestar [bi̯enes'tar] *m* bien-être *m inv*
bienvenida [bi̯embe'niða] *f* bienvenue *f*
bienvenido, da [bi̯embe'niðo, ða] *adj* bienvenu(e) • **¡bienvenido!** soyez le bienvenu !
bife ['bife] *m (Andes & CSur)* bifteck *m*
bifocal [bifo'kal] *adj* bifocal(e)
bigote [bi'ɣote] *m* moustache *f*
bigotudo, da [biɣo'tuðo, ða] *adj* moustachu(e)
bigudí [biɣu'ði] *m* bigoudi *m*
bilingüe [bi'lingu̯e] *adj* bilingue
billar [bi'ʎar] *m* billard *m* • **billar americano** billard américain
billete [bi'ʎete] *m* **1.** billet *m* **2.** *(Esp) (de transporte)* ticket *m* • **billete de ida y vuelta** *(billet)* aller-retour *m* • **billete sencillo** aller *m* simple
billetero [biʎe'tero] *m* portefeuille *m*
billón [bi'ʎon] *m* billion *m*
binario, ria [bi'nari̯o, ri̯a] *adj* binaire
bingo ['bingo] *m* **1.** *(juego)* bingo *m* **2.** *(sala)* salle *f* de bingo
biodegradable [bioðeɣra'ðaβle] *adj* biodégradable
biografía [bioɣra'fia] *f* biographie *f*
biográfico, ca [bio'ɣrafiko, ka] *adj* biographique
biología [biolo'xia] *f* biologie *f*
biopsia [bi'opsi̯a] *f* biopsie *f*
bioquímica [bio'kimika] *f* biochimie *f*
biquini [bi'kini] *m* bikini *m*
birlar [bir'lar] *vt (fam)* faucher
birra ['bira] *f (fam)* mousse *f*
birria ['biri̯a] *f* **1.** *(fam) (cosa sin valor)* camelote *f* **2.** *(persona fea)* boudin *m* **3.** *(Méx) (carne)* viande *f*
birrioso, sa [bi'ri̯oso, sa] *adj (fam)* minable
bisabuelo, la [bisa'βu̯elo, la] *m, f* arrière-grand-père *m*, arrière-grand-mère *f* ◆ **bisabuelos** *mpl* arrière-grands-parents *mpl*
biscuit [bis'ku̯it] *m* petit gâteau *m* • **biscuit con chocolate** gâteau au chocolat • **biscuit glacé** gâteau glacé
bisexual [bisek'sual] *adj* bisexuel(elle)
bisnieto, ta [biz'ni̯eto, ta] *m, f* arrière-petit-fils *m*, arrière-petite-fille *f* ◆ **bisnietos** *mpl* arrière-petits-enfants *mpl*
bisonte [bi'sonte] *m* bison *m*
bistec [bis'tek] *m* bifteck *m* • **bistec de ternera** escalope *f* de veau • **bistec a la plancha** bifteck grillé
bisturí [bistu'ri] *m* bistouri *m*
bisutería [bisute'ria] *f* bijoux *mpl* fantaisie
bit ['bit] *m INFORM* bit *m*
bíter ['biter] *m* bitter *m*
bizco, ca ['biθko, ka] *adj* • **es bizco** il louche
bizcocho [biθ'kotʃo] *m* ≃ génoise *f*
blanca ['blanka] *f* • **estar sin blanca** *(fam)* ne pas avoir un sou
blanco, ca ['blanko, ka] *adj* blanc (blanche) ◇ *m, f* Blanc *m*, Blanche *f* ◇ *m* **1.** *(color)* blanc *m* **2.** *(diana)* cible *f* **3.** *(objetivo)*

but *m* • **dar en el blanco** mettre dans le mille • **pasar la noche en blanco** passer une nuit blanche • **quedarse con la mente en blanco** avoir un trou de mémoire

blando, da ['blando, da] *adj* **1.** *(cama, cera)* mou (molle) **2.** *(carne)* tendre **3.** *(persona, carácter)* faible

blanquear [blanke'ar] *vt* blanchir

blindado, da [blin'daðo, ða] *adj* blindé(e)

blindar [blin'dar] *vt* blinder

bloc ['blok] *m* **1.** *(de notas)* bloc-notes *m* **2.** *(de dibujo)* bloc *m* à dessin

bloque ['bloke] *m* bloc *m* • **bloque de pisos** immeuble *m*

bloquear [bloke'ar] *vt* **1.** bloquer **2.** *INFORM* verrouiller ◆ **bloquearse** *vp* **1.** *(mecanismo, coche)* se bloquer **2.** *(persona)* faire un blocage

bloqueo [blo'keo] *m* **1.** *(mental)* blocage *m* **2.** *(económico, financiero)* embargo *m*

blusa ['blusa] *f* chemisier *m*

bluyines [blu'jines] *mpl* (*Amér*) jean *m*

bobada [bo'βaða] *f* bêtise *f* • **decir bobadas** dire des bêtises

bobina [bo'βina] *f* bobine *f*

bobo, ba ['boβo, βa] *adj* **1.** *(tonto)* idiot(e) **2.** *(ingenuo)* niais(e)

boca ['boka] *f* bouche *f* • **boca de incendios** bouche d'incendie • **boca de metro** bouche de métro • **boca abajo** sur le ventre • **boca arriba** sur le dos • **boca a boca** bouche-à-bouche *m inv*

bocacalle [boka'kaʎe] *f* rue *f*

bocadillería [bokadiʎe'ria] *f* sandwicherie *f*

bocadillo [boka'ðiʎo] *m* sandwich *m*

bocado [bo'kaðo] *m* **1.** *(comida)* bouchée *f* **2.** *(mordisco)* morsure *f*

bocata [bo'kata] *m* (*fam*) sandwich *m*

boceto [bo'θeto] *m* **1.** *(de cuadro, dibujo, edificio)* esquisse *f* **2.** *(de texto)* ébauche *f*

bochorno [bo'tʃorno] *m* **1.** *(calor)* chaleur *f* étouffante **2.** *(vergüenza)* honte *f*

bochornoso, sa [botʃor'noso, sa] *adj* **1.** *(caluroso)* étouffant(e) **2.** *(vergonzoso)* honteux(euse)

bocina [bo'θina] *f* **1.** *(de coche)* Klaxon® *m* **2.** (*Andes & Méx*) *(de teléfono)* écouteur *m*

boda ['boða] *f* mariage *m* • **bodas de oro/de plata** noces *fpl* d'or/d'argent

bodega [bo'ðeɣa] *f* **1.** cave *f* à vin **2.** *(bar)* bar *m* à vin **3.** (*Andes & Méx*) épicerie *f*

bodegón [boðe'ɣon] *m* nature *f* morte

bodrio ['boðrio] *m* **1.** (*despec*) *(porquería)* horreur *f* **2.** *(comida)* • **¡es un bodrio!** c'est infâme !

bofetada [bofe'taða] *f* gifle *f*

bogavante [boɣa'βante] *m* homard *m*

bohemio, mia [bo'emio, mia] *adj* **1.** *(persona)* bohème **2.** *(vida)* de bohème

bohío [bo'io] *m* (*CAm, Col & Ven*) cabane *f*

boicot [boi'kot] (*pl* **boicots** [boi'kots]) *m* boycott *m* • **hacer el boicot a** boycotter

boicotear [boikote'ar] *vt* boycotter

boina ['boina] *f* béret *m*

bola ['bola] *f* **1.** boule *f* **2.** (*fam*) *(mentira)* bobard *m* **3.** (*Amér*) (*fam*) *(rumor)* rumeur *f* **4.** (*Amér*) (*fam*) *(lío)* bazar *m* • **hacerse bolas** (*Amér*) (*fam*) s'embrouiller

bolear [bole'ar] *vt* (*Méx*) *(embetunar)* cirer

bolera [bo'lera] *f* bowling *m*
bolero [bo'lero] *m* boléro *m*
boletería [bolete'ria] *f (Amér)* guichet *m*
boletín [bole'tin] *m* bulletin *m*
boleto [bo'leto] *m (Amér)* billet *m*
boli ['boli] *m (fam)* stylo *m*
bolígrafo [bo'liɣrafo] *m* stylo-bille *m*
bolillo [bo'liʎo] *m (Méx) (panecillo)* petit pain *m*
Bolivia [bo'liβja] *s* Bolivie *f*
boliviano, na [boli'βjano, na] *adj* bolivien(enne) ◇ *m, f* Bolivien *m*, -enne *f*
bollería [boʎe'ria] *f* viennoiserie *f*
bollo ['boʎo] *m* pain *m* au lait • **los bollos** la viennoiserie
bolos ['bolos] *mpl* quilles *fpl*
bolsa ['bolsa] *f* **1.** *(de plástico, papel, tela)* sac *m* **2.** *(en economía)* bourse *f* • **bolsa de basura** sac-poubelle *m* • **bolsa de viaje** sac de voyage
bolsillo [bol'siʎo] *m* poche *f* • **de bolsillo** de poche
bolso ['bolso] *m* sac *m* à main
boludez [bolu'ðeθ] *f (Amér) (vulg)* connerie *f*
boludo, da [bo'luðo, ða] *m, f (Amér) (vulg)* con *m*, conne *f*
bomba ['bomba] *f* **1.** *(explosivo)* bombe *f* **2.** *(máquina)* pompe *f* • **bomba atómica** bombe atomique
bombardear [bombarðe'ar] *vt* bombarder
bombardeo [bombar'ðeo] *m* bombardement *m*
bombero [bom'bero] *m* pompier *m*
bombilla [bom'biʎa] *f* ampoule *f* (électrique)
bombillo [bom'biʎo] *m (CAm, Col & Ven)* ampoule *f* (électrique)
bombo ['bombo] *m* **1.** *(tambor)* grosse caisse *f* **2.** *(de lotería, rifa, sorteo)* sphère *f* • **a bombo y platillo** à grand bruit
bombón [bom'bon] *m* chocolat *m* • **ser un bombón** être joli(e) comme un cœur
bombona [bom'bona] *f* bonbonne *f* • **bombona de butano** bouteille *f* de gaz
bombonería [bombone'ria] *f* confiserie *f*
bonanza [bo'nanθa] *f* **1.** *(de tiempo, mar)* calme *m* **2.** *(prosperidad)* prospérité *f*
bondad [bon'ðað] *f* bonté *f* • **tenga la bondad de** *(formal)* ayez la bonté de
bondadoso, sa [bonða'ðoso, sa] *adj* bon (bonne)
bonificación [bonifika'θjon] *f* ristourne *f*
bonificar [bonifi'kar] *vt* faire une remise à
bonito, ta [bo'nito, ta] *adj* **1.** *(persona, cosa)* joli(e) **2.** *(cantidad)* bon (bonne) ◇ *m* thon *m* • **bonito con tomate** thon à la tomate
bono ['bono] *m (vale)* bon *m* d'achat
bonobús [bono'βus] *m (Esp) ticket de bus valable pour dix trajets*
bonoloto [bono'loto] *f (Esp)* ≃ loto *m*
bonometro [bo'nometro] *m titre de transport valable pour dix trajets en métro ou en bus*
bonsai [bon'sai̯] *m* bonsaï *m*
boñiga [bo'ɲiɣa] *f* bouse *f*
boquerones [boke'rones] *mpl* anchois *mpl (frais)*
boquete [bo'kete] *m* brèche *f*
boquilla [bo'kiʎa] *f* **1.** *(para cigarrillo)* fume-cigarette *m inv* **2.** *(de flauta, trom-*

peta) embouchure *f* • **de boquilla** *(fam)* *(promesas)* en l'air
borda ['borða] *f* bord *m* • **por la borda** par-dessus bord
bordado, da [bor'ðaðo, ða] *adj* brodé(e) ◇ *m* broderie *f* • **salir bordado** être très réussi
bordar [bor'ðar] *vt* **1.** *(en costura)* broder **2.** *(actuación, interpretación)* parfaire
borde ['borðe] *m* bord *m* ◇ *adj* *(Esp)* *(fam)* *(antipático)* emmerdant(e) • **al borde de** au bord de
bordear [borðe'ar] *vt* border
bordillo [bor'ðiʎo] *m* bordure *f*
bordo ['borðo] *m* • **a bordo (de)** à bord (de)
borla ['borla] *f* **1.** *(adorno)* pompon *m* **2.** *(para maquillaje)* houppe *f*
borra ['bora] *f* **1.** *(relleno)* bourre *f* **2.** *(de polvo)* duvet *m*
borrachera [bora'tʃera] *f* • **coger una borrachera** se soûler
borracho, cha [bo'ratʃo, tʃa] *adj* soûl(e) ◇ *m, f* ivrogne *mf*
borrador [bora'ðor] *m* **1.** *(boceto)* brouillon *m* **2.** *(de pizarra)* tampon *m*, brosse *f*
borrar [bo'rar] *vt* **1.** *(hacer desaparecer)* *INFORM* effacer **2.** *(de lista)* rayer
borrasca [bo'raska] *f* tempête *f*
borrón [bo'ron] *m* *(de tinta)* pâté *m* • **hacer borrón y cuenta nueva** *(fig)* tourner la page
borroso, sa [bo'roso, sa] *adj* flou(e)
bosque ['boske] *m* **1.** bois *m* **2.** *(grande)* forêt *f*
bostezar [boste'θar] *vi* bâiller
bostezo [bos'teθo] *m* bâillement *m*
bota ['bota] *f* **1.** *(calzado)* botte *f* **2.** *(de vino)* gourde *f* *(en peau)* • **botas de agua** bottes en caoutchouc • **ponerse las botas** *(fam)* s'en mettre plein la lampe
botana [bo'tana] *f* *(Méx)* amuse-gueule *m*
botánica [bo'tanika] *f* botanique *f*
botar [bo'tar] *vt* **1.** *(pelota)* faire rebondir **2.** *(Amér)* *(tirar)* jeter **3.** *(Amér)* *(echar)* renvoyer ◇ *vi* rebondir
bote ['bote] *m* **1.** *(recipiente)* pot *m* **2.** *(embarcación)* canot *m* **3.** *(salto)* bond *m* • **tener a alguien en el bote** *(fam)* avoir qqn dans la poche
botella [bo'teʎa] *f* bouteille *f*
botellín [bote'ʎin] *m* canette *f*
botellón [bote'ʎon] *m* *(Esp)* *(fam)* *pratique très courante chez les jeunes Espagnols, qui consiste en de grandes beuveries en extérieur dans des lieux publics*
botijo [bo'tixo] *m* cruche *f*
botín [bo'tin] *m* **1.** *(calzado)* bottine *f* **2.** *(de robo, atraco)* butin *m*
botiquín [boti'kin] *m* trousse *f* à pharmacie
botón [bo'ton] *m* bouton *m* • **botones** *m inv* *(en un hotel)* groom *m*
bourbon ['burβon] *m* bourbon *m*
bóveda ['boβeða] *f* voûte *f*
bovino, na [bo'βino, na] *adj* bovin(e)
box [boks] *m* *(Amér)* *DEP* boxe *f*
boxear [bokse'ar] *vi* boxer
boxeo [bok'seo] *m* boxe *f*
boya ['boja] *f* bouée *f*
bragas ['braɣas] *fpl* culotte *f*
bragueta [bra'ɣeta] *f* braguette *f*
brandada [bran'daða] *f* • **brandada de bacalao** brandade *f* de morue

brandy ['brandi] *m* brandy *m*
brasa ['brasa] *f* braise *f* • **a la brasa** au barbecue
brasero [bra'sero] *m* braseró *m*
brasier [bra'sjer] *m* (*Carib, Col & Méx*) soutien-gorge *m*
Brasil [bra'sil] *s* Brésil *m*
brasilero, ra [brasi'lero, ra] *adj* (*Amér*) brésilien(enne) ◇ *m, f* (*Amér*) Brésilien *m*, -enne *f*
bravo, va ['braβo, βa] *adj* **1.** (*toro*) sauvage **2.** (*persona*) brave **3.** (*mar*) démonté(e) ◇ *interj* bravo !
braza ['braθa] *f* brasse *f*
brazalete [braθa'lete] *m* bracelet *m*
brazo ['braθo] *m* bras *m* • **brazo de gitano** ≃ gâteau *m* roulé • **con los brazos abiertos** (*fig*) à bras ouverts • **con los brazos cruzados** les bras croisés
brebaje [bre'βaxe] *m* breuvage *m*
brecha ['bretʃa] *f* **1.** (*abertura*) brèche *f* **2.** (*herida*) blessure *f*
brécol ['brekol] *m* brocoli *m*
breve ['breβe] *adj* bref (brève) • **en breve** d'ici peu
brevedad [breβe'ðað] *f* brièveté *f*
brevemente [ˌbreβe'mente] *adv* brièvement
brevet [breβe] *m* **1.** (*Chile*) (*para avión*) brevet *m* de pilote **2.** (*Ecuad & Perú*) (*para coche*) permis *m* de conduire **3.** (*RP*) (*para velero*) permis *m* nautique
brezo ['breθo] *m* bruyère *f*
bricolaje [briko'laxe] *m* bricolage *m*
brida ['briða] *f* bride *f*
brigada [bri'γaða] *f* **1.** (*de la policía*) brigade *f* **2.** (*de obreros, salvamento*) équipe *f*
brillante [bri'ʎante] *adj* brillant(e) ◇ *m* brillant *m*
brillantina [briʎan'tina] *f* brillantine *f*
brillar [bri'ʎar] *vi* briller
brillo ['briʎo] *m* éclat *m* • **sacar brillo** faire briller
brilloso, sa [bri'ʎoso, sa] *adj* (*Amér*) brillant(e)
brindar [brin'dar] *vi* trinquer ◇ *vt* offrir
◆ **brindar por** *v prep* porter un toast à
◆ **brindarse a** *v prep* • **brindarse a hacer algo** offrir de faire qqch
brindis ['brindis] *m* toast *m*
brío ['brio] *m* entrain *m*
brisa ['brisa] *f* brise *f*
británico, ca [bri'taniko, ka] *adj* britannique ◇ *m, f* Britannique *mf*
brizna ['briθna] *f* brin *m*
broca ['broka] *f* foret *m*
brocha ['brotʃa] *f* **1.** (*para pintar*) brosse *f* **2.** (*para afeitarse*) blaireau *m*
broche ['brotʃe] *m* **1.** (*joya*) broche *f* **2.** (*de vestido*) agrafe *f*
brocheta [bro'tʃeta] *f* brochette *f*
broma ['broma] *f* plaisanterie *f* • **broma pesada** mauvaise plaisanterie • **en broma** pour plaisanter • **tomar a broma** prendre à la plaisanterie
bromear [brome'ar] *vi* plaisanter
bromista [bro'mista] *adj & mf* farceur(euse)
bronca ['bronka] *f* bagarre *f*
bronce ['bronθe] *m* bronze *m*
bronceado [bronθe'aðo] *m* bronzage *m*
bronceador [bronθea'ðor] *m* crème *f* solaire
broncearse [bronθe'arse] *vp* se faire bronzer

bronquios ['bronkjos] *mpl* bronches *fpl*
bronquitis [bron'kitis] *f inv* bronchite *f*
brotar [bro'tar] *vi* **1.** *(plantas)* pousser **2.** *(sangre, agua)* jaillir
brote ['brote] *m* **1.** *(de planta)* pousse *f* **2.** *(de enfermedad)* premiers signes *mpl*
brujería [bruxe'ria] *f* sorcellerie *f*
brujo, ja ['bruxo, xa] *m, f* sorcier *m*, -ère *f*
brújula ['bruxula] *f* boussole *f*
brusco, ca ['brusko, ka] *adj* brusque
brusquedad [bruske'ðað] *f* **1.** *(imprevisión)* soudaineté *f* **2.** *(grosería)* brusquerie *f*
brutal [bru'tal] *adj* **1.** *(violento)* brutal(e) **2.** *(fam) (extraordinario)* énorme
brutalidad [brutali'ðað] *f* **1.** *(brusquedad)* brutalité *f* **2.** *(fam) (estupidez)* bêtise *f*
bruto, ta ['bruto, ta] *adj* **1.** *(violento)* brutal(e) **2.** *(ignorante)* bête **3.** *(sin educación)* rustre **4.** *(peso, precio, sueldo)* brut(e)
bucear [buθe'ar] *vi* faire de la plongée
buche ['butʃe] *m* **1.** *(de ave)* jabot *m* **2.** *(de líquido)* gorgée *f*
bucle ['bukle] *m* boucle *f*
bucólico, ca [bu'koliko, ka] *adj* bucolique
bueno, na, ['bu̯eno, na] *(mejor es el comparativo y el superlativo de bueno) adj* bon (bonne) ◇ *adv* bon, d'accord ◇ *interj (Méx) (al teléfono)* allô ! • **¡buenas!** bonjour ! • **¡buen día!** *(Amér)* bonjour ! • **¡buenas noches!** bonsoir ! • **¡buenas tardes!** bonjour !
buey ['bu̯ei̯] *m* bœuf *m* • **buey de mar** tourteau *m*
búfalo ['bufalo] *m* buffle *m*
bufanda [bu'fanda] *f* écharpe *f*
bufé [bu'fe] *m* • **bufé (libre)** buffet *m* libre
bufete [bu'fete] *m* cabinet *m* d'avocat
buhardilla [buar'ðiʎa] *f* **1.** *(desván)* mansarde *f* **2.** *(ventana)* lucarne *f*
búho ['buo] *m* hibou *m*
buitre ['bu̯itre] *m* vautour *m*
bujía [bu'xia] *f* bougie *f*
bulbo ['bulβo] *m* bulbe *m*
bulerías [bule'rias] *fpl variante de chants et de danses flamenco*
bulevar [bule'βar] *m* boulevard *m*
Bulgaria [bul'ɣari̯a] *s* Bulgarie *f*
búlgaro, ra ['bulɣaro, ra] *adj* bulgare ◇ *m, f* Bulgare *mf*
bulla ['buʎa] *f (jaleo)* raffut *m*
bullicio [bu'ʎiθi̯o] *m (ruido)* brouhaha *m*
bullicioso, sa [buʎi'θi̯oso, sa] *adj* **1.** *(lugar)* animé(e) **2.** *(persona)* turbulent(e)
bulto ['bulto] *m* **1.** *(volumen)* volume *m* **2.** *(paquete)* paquet *m* **3.** *(en superficie, piel)* bosse *f* ▾ **un solo bulto de mano** un seul bagage à main
bumerán, anes [bume'ran, anes] *m* boomerang *m*
bungalow [bunga'lou̯] *m* bungalow *m*
buñuelo [bu'ɲu̯elo] *m* beignet *m* • **buñuelos de viento** pets-de-nonne *mpl* • **buñuelos de bacalao** beignets de morue
buque ['buke] *m* navire *m*
burbuja [bur'βuxa] *f* **1.** *(de gas, aire)* bulle *f* **2.** *(flotador)* flotteur *m*
burdel [bur'ðel] *m* bordel *m*
burgués, esa [bur'ɣes, esa] *adj & m, f* bourgeois(e)
burguesía [burɣe'sia] *f* bourgeoisie *f*
burla ['burla] *f* moquerie *f*
burlar [bur'lar] *vt* déjouer ◆ **burlarse de** *v prep* se moquer de

buró [bu'ro] *m* (*Méx*) table *f* de nuit
burrada [bu'raða] *f* **1.** (*dicho*) ânerie *f* **2.** (*hecho*) bêtise *f*
burrito ['burito] *m* (*Méx*) burrito *m*
burro, rra ['buro, ra] *m, f* **1.** (*animal*) âne *m*, ânesse *f* **2.** (*persona*) âne *m*
buscador [buska'ðor] *m INFORM* moteur *m* de recherche
buscar [bus'kar] *vt* **1.** chercher **2.** *INFORM* rechercher • **ir a buscar** aller chercher
busto ['busto] *m* buste *m*
butaca [bu'taka] *f* fauteuil *m*
butano [bu'tano] *m* butane *m*
butifarra [buti'fara] *f* • **butifarra con judías** *saucisse catalane grillée accompagnée de haricots blancs*
buzo ['buθo] *m* **1.** (*persona*) plongeur *m* **2.** (*traje*) bleu *m* de travail
buzón [bu'θon] *m* boîte *f* aux lettres • **buzón electrónico** boîte aux lettres électronique • **buzón de voz** boîte vocale
byte ['bai̯t] *m INFORM* octet *m*

C c

c/1. (*abr escrita de calle*) r. (*rue*) **2.** *abr escrita de* **cuenta**
c/c (*abr escrita de cuenta corriente*) compte *m* courant
cabales [ka'βales] *mpl* • **no estar en sus cabales** ne pas avoir toute sa tête
cabalgada [kaβal'ɣaða] *f* chevauchée *f*
cabalgar [kaβal'ɣar] *vi* chevaucher
cabalgata [kaβal'ɣata] *f* défilé *m* • **la cabalgata (de los Reyes Magos)** *défilé de chars et de cavaliers déguisés en Rois Mages pour l'Épiphanie*
caballa [ka'βaʎa] *f* maquereau *m*
caballería [kaβaʎe'ria] *f* **1.** (*cuerpo militar*) cavalerie *f* **2.** (*animal*) monture *f*
caballero [kaβa'ʎero] *m* **1.** (*hombre cortés*) gentleman *m* **2.** (*formal*) (*señor*) monsieur *m* ▾ **caballeros** (*en aseos, probadores*) messieurs
caballete [kaβa'ʎete] *m* **1.** (*para mesa, tabla*) tréteau *m* **2.** (*para cuadro, pizarra*) chevalet *m*
caballito [kaβa'ʎito] *m* • **caballito de mar** hippocampe *m* • **caballito de totora** (*Amér*) *petit canoë indien* ◆ **caballitos** *mpl* chevaux *mpl* de bois
caballo [ka'βaʎo] *m* **1.** (*animal*) cheval *m* **2.** (*en ajedrez*) cavalier *m* **3.** (*en la baraja*) *dame dans le jeu de cartes espagnol*
cabaña [ka'βaɲa] *f* cabane *f*
cabaré [kaβa're] *m* cabaret *m*
cabecear [kaβeθe'ar] *vi* **1.** (*afirmando, negando*) hocher la tête **2.** (*durmiéndose*) dodeliner de la tête
cabecera [kaβe'θera] *f* **1.** (*de la cama*) chevet *m* **2.** (*en un periódico*) manchette *f* **3.** (*lugar de preferencia*) place *f* d'honneur
cabecilla [kaβe'θiʎa] *mf* meneur *m*, -euse *f*
cabellera [kaβe'ʎera] *f* chevelure *f*
cabello [ka'βeʎo] *m* **1.** cheveu *m* **2.** (*cabellera*) cheveux *mpl* • **cabello de ángel** cheveu d'ange
caber [ka'βer] *vi* **1.** (*haber espacio para*) rentrer, tenir **2.** (*pasar por, entrar*) rentrer • **la maleta no cabe en el armario** la va-

lise ne rentre pas dans l'armoire • **no me cabe el vestido** cette robe est trop petite pour moi • **cabe preguntarse si...** on peut se demander si... • **no cabe duda** il n'y a pas de doute

cabestrillo [kaβes'triʎo] • **en cabestrillo** *adv* en écharpe

cabeza [ka'βeθa] *f* **1.** tête *f* **2.** *(de grupo, familia)* chef *m* • **cabeza de ajos** tête d'ail • **cabeza de familia** chef *m* de famille • **cabeza rapada** skinhead *mf inv* • **por cabeza** par tête • **ir de cabeza** ne pas savoir où donner de la tête • **perder la cabeza** perdre la tête • **sentar la cabeza** se ranger • **traer de cabeza** rendre fou (folle)

cabezada [kaβe'θaða] *f* • **darse una cabezada** se cogner la tête

cabida [ka'βiða] *f* • **tener cabida para** avoir une capacité de

cabina [ka'βina] *f* cabine *f* • **cabina telefónica** cabine téléphonique

cable ['kaβle] *m* câble *m* • **cable eléctrico** câble électrique • **por cable** par câble

cabo ['kaβo] *m* **1.** *(en geografía)* cap *m* **2.** *(cuerda)* cordage *m* **3.** *(militar)* caporal *m* • **cabo suelto** question *f* en suspens • **al cabo de** au bout de • **atar cabos** faire des recoupements • **de cabo a rabo** d'un bout à l'autre • **llevar algo a cabo** mener qqch à bien

cabra ['kaβra] *f* chèvre *f* • **estar como una cabra** *(fam)* être complètement cinglé(e)

cabrear [kaβre'ar] *vt (fam)* foutre en rogne ♦ **cabrearse** *vp (fam)* se foutre en rogne

cabreo [ka'βreo] *m (fam)* • **coger un cabreo** se foutre en rogne

cabrito [ka'βrito] *m* chevreau *m*

cabrón [ka'βron] *m* **1.** *(vulg) (mala persona)* salaud *m* **2.** *(cornudo)* cocu *m*

cabronada [kaβro'naða] *f (vulg)* coup *m* de pute

caca ['kaka] *f* **1.** *(fam) (excremento)* caca *m* **2.** *(suciedad)* cochonnerie *f*

cacahuate [kaka'wate] *m (Méx)* cacahouète *f*

cacahuete [kaka'wete] *m* cacahouète *f*

cacao [ka'kao] *m* **1.** *(chocolate)* cacao *m* **2.** *(fam) (jaleo)* pagaille *f*

cacarear [kakare'ar] *vi* caqueter

cacería [kaθe'ria] *f* partie *f* de chasse

cacerola [kaθe'rola] *f* fait-tout *m inv*

cachalote [katʃa'lote] *m* cachalot *m*

cacharro [ka'tʃaro] *m* **1.** *(de cocina)* ustensile *m* **2.** *(fam) (trasto)* machin *m* **3.** *(coche)* guimbarde *f*

caché [ka'tʃe] *f* cache *m*

cachear [katʃe'ar] *vt* fouiller *(une personne)*

cachemir [katʃe'mir] *m* cachemire *m*

cachetada [ka'tʃetaða] *f (Amér) (fam)* baffe *f*

cachete [ka'tʃete] *m* **1.** *(moflete)* joue *f* **2.** *(golpe)* gifle *f*

cachivache [katʃi'βatʃe] *m (fam)* truc *m*

cacho ['katʃo] *m* **1.** *(fam) (trozo)* bout *m* **2.** *(Andes & Ven) (cuerno)* corne *f*

cachondearse [katʃonde'arse] ♦ **cachondearse de** *v prep (fam)* se foutre de

cachondeo [katʃon'deo] *m (fam)* rigolade *f*

cachondo, da [ka'tʃondo, da] *adj (fam) (divertido)* marrant(e)

cachorro, rra [ka'tʃoro, ra] *m, f* **1.** *(de perro)* chiot *m* **2.** *(de mamífero)* petit *m*
cacique [ka'θike] *m* cacique *m*
cactus ['kaktus] *m inv* cactus *m*
cada ['kaða] *adj* **1.** *(para distribuir)* chaque **2.** *(en frecuencia)* tous • **cada uno** chacun • **cada dos días** tous les deux jours • **cada vez más** de plus en plus • **cada vez (que)** chaque fois (que)
cadáver [ka'ðaβer] *m* cadavre *m*
cadena [ka'ðena] *f* **1.** chaîne *f* **2.** *(sucesión)* enchaînement *m* • **en cadena** en chaîne
cadencia [ka'ðenθja] *f* cadence *f*
cadera [ka'ðera] *f* hanche *f*
cadete [ka'ðete] *m* cadet *m*
caducar [kaðu'kar] *vi* se périmer
caducidad [kaðuθi'ðað] *f* **1.** *(de producto, alimento)* péremption *f* **2.** *(de documento, ley)* expiration *f*
caduco, ca [ka'ðuko, ka] *adj* **1.** *(hoja)* caduc (caduque) **2.** *(persona)* décati(e)
caer [ka'er] *vi* tomber • **me cae bien** je l'aime bien • **me cae mal** je ne l'aime pas • **¡ya caigo!** j'y suis ! ◆ **caer en** *v prep* • **cae en domingo** ça tombe un dimanche • **caer en la cuenta** comprendre ◆ **caerse** *vp* tomber
café [ka'fe] *m* café *m* • **café solo** café noir • **café con leche** café au lait • **café cortado** café noisette • **café molido** café moulu

El café

Il y a de nombreuses façons de boire le café en Espagne. Pour demander un expresso on dit **un café solo** ou, plus familèrement, **uno solo**. Si on y ajoute un peu de lait, il devient **cortado**. On peut aussi commander un **cortado** en Uruguay, au Chili, au Venezuela ou en Argentine. Un café additionné d'une goutte de cognac, de rhum ou d'anis au lieu de lait est un **carajillo**. Le **carajillo** accompagné d'un peu de lait s'appelle familièrement **trifásico**. Enfin, au petit déjeuner ou au goûter, on boit le **café con leche** (café au lait), une grande tasse contenant autant de café que de lait. En Amérique latine il existe aussi le **café de olla**, très sucré, préparé avec de la cannelle et d'autres épices.

cafebrería [kafeβre'ria] *f (Méx) établissement faisant à la fois fonction de café et de librairie*
cafeína [kafe'ina] *f* caféine *f*
cafetera [kafe'tera] *f* cafetière *f*
cafetería [kafete'ria] *f* café *m (établissement)*
cagar [ka'ɣar] *vi (vulg) (defecar)* chier ◇ *vt (vulg) (estropear)* foutre en l'air • **la has cagado** tu t'es foutu dedans
caída [ka'iða] *f* chute *f*
caído, da [ka'iðo, ða] *adj* abattu(e) ◆ **caídos** *mpl* morts *mpl* pour la patrie
caimán [kai̯'man] *m* caïman *m*
caja ['kaxa] *f* **1.** caisse *f* **2.** *(recipiente)* boîte *f* • **caja de ahorros** caisse d'épargne • **caja fuerte** coffre-fort *m* • **caja de herramientas** boîte à outils • **caja rápida**

caisse express • **caja registradora** caisse enregistreuse
cajero, ra [ka'xero, ra] *m, f* caissier *m*, -ère *f* • **cajero automático** distributeur *m* automatique de billets
cajetilla [kaxe'tiʎa] *f (de cigarrillos)* paquet *m* ◇ *m (Amér) (despec)* dandy *m*
cajón [ka'xon] *m* tiroir *m* • **cajón de sastre** fourre-tout *m inv*
cajonera [kaxo'nera] *f meuble ou partie de meuble à tiroirs*
cajuela [ka'xu̯ela] *f (Méx)* coffre *m*
cal ['kal] *f* chaux *f*
cala ['kala] *f* crique *f*
calabacín [kalaβa'θin] *m* courgette *f* • **calabacín relleno** courgette farcie
calabaza [kala'βaθa] *f* potiron *m*
calabozo [kala'βoθo] *m* cachot *m*
calada [ka'laða] *f (de cigarro)* bouffée *f*
calamar [kala'mar] *m* calmar *m* • **calamares a la plancha** calmars grillés • **calamares a la romana** beignets *mpl* de calmars • **calamares en su tinta** calmars cuits dans leur encre
calambre [ka'lambre] *m* **1.** *(de un músculo)* crampe *f* **2.** *(descarga eléctrica)* décharge *f* (électrique)
calamidad [kalami'ðað] *f* calamité *f* • **ser una calamidad** *(persona)* être une calamité
calar [ka'lar] *vt (suj: lluvia, frío, humedad)* transpercer ◆ **calar en** *v prep (ideas, propuestas, sentimiento)* avoir un impact sur ◆ **calarse** *vp* **1.** *(mojarse)* se faire tremper **2.** *(suj: vehículo)* caler **3.** *(sombrero)* enfoncer
calato, ta [ka'lato, ta] *adj (Andes & CSur)* nu(e)
calaveras [kala'βeras] *fpl (Méx)* feux *mpl* arrière
calcar [kal'kar] *vt* décalquer
calcáreo, a [kal'kareo, a] *adj* calcaire
calcetín [kalθe'tin] *m* chaussette *f*
calcio ['kalθi̯o] *m* calcium *m*
calcomanía [kalkoma'nia] *f* décalcomanie *f*
calculador, ra [kalkula'ðor, ra] *adj* calculateur(trice)
calculadora [kalkula'ðora] *f* calculatrice *f*
calcular [kalku'lar] *vt* **1.** *(cantidad)* calculer **2.** *(suponer)* penser
cálculo ['kalkulo] *m* calcul *m*
caldear [kalde'ar] *vt* **1.** *(local)* chauffer **2.** *(ambiente)* échauffer
caldera [kal'dera] *f* chaudière *f*
calderilla [kalde'riʎa] *f* petite monnaie *f*
caldo ['kaldo] *m* bouillon *m* • **caldo gallego** *soupe à base de haricots, de chou et de pommes de terre*
calefacción [kalefak'θi̯on] *f* chauffage *m* • **calefacción central** chauffage central
calefactor [kalefak'tor] *m* radiateur *m*
calendario [kalen'dari̯o] *m* calendrier *m*
calentador [kalenta'ðor] *m* chauffe-eau *m inv*
calentamiento [kalenta'mi̯ento] *m* échauffement *m*
calentar [kalen'tar] *vt* **1.** *(agua, leche, comida)* faire chauffer **2.** *(fig) (pegar)* frapper **3.** *(fig) (incitar, provocar)* échauffer ◆ **calentarse** *vp* s'échauffer
calesitas [kale'sitas] *fpl (CSur)* manège *m (de chevaux de bois)*
calibrar [kali'βrar] *vt* **1.** *(medir)* calibrer **2.** *(fig) (juzgar)* mesurer

calibre [ka'liβre] *m* **1.** *(diámetro)* calibre *m* **2.** *(importancia)* importance *f*
calidad [kali'ðað] *f* qualité *f* • **de calidad** de qualité • **en calidad de** en qualité de
cálido, da ['kaliðo, ða] *adj* **1.** *(caliente)* chaud(e) **2.** *(afectuoso, acogedor)* chaleureux(euse)
caliente [ka'liente] *adj* chaud(e) • **en caliente** à chaud
calificación [kalifika'θion] *f* **1.** *(de prueba, acto)* qualification *f* **2.** *(de alumno)* note *f*
calificar [kalifi'kar] *vt (trabajo, examen)* noter • **calificar a alguien de** qualifier qqn de
caligrafía [kaliγra'fia] *f* calligraphie *f*
cáliz, ces ['kaliθ, θes] *m* calice *m*
callado, da [ka'ʎaðo, ða] *adj* **1.** *(sin hablar)* silencieux(euse) **2.** *(tímido, reservado)* réservé(e)
callar [ka'ʎar] *vi (no hablar)* se taire ◇ *vt (secreto)* taire ◆ **callarse** *vp* se taire
calle ['kaʎe] *f* **1.** rue *f* **2.** *(en natación)* couloir *m* • **calle abajo/arriba** en remontant/en descendant la rue • **dejar a alguien en la calle** mettre qqn à la porte
calleja [ka'ʎexa] *f* allée *f*
callejero, ra [kaʎe'xero, ra] *adj* de rue ◇ *m* index *m* des rues, répertoire *m* des rues
callejón [kaʎe'xon] *m* **1.** ruelle *f* **2.** *(en toros) couloir circulaire situé entre l'arène et les gradins* • **callejón sin salida** impasse *f*
callejuela [kaʎe'xuela] *f* ruelle *f*
callo ['kaʎo] *m* **1.** *(de manos)* durillon *m* **2.** *(de pies)* cor *m* ◆ **callos** *mpl* tripes *fpl* • **callos a la madrileña** *tripes accommodées dans une sauce à base de tomates, d'oignons, de piment et de chorizo*
calloso, sa [ka'ʎoso, sa] *adj* calleux(euse)
calma ['kalma] *f* calme *m*
calmado, da [kal'maðo, ða] *adj* **1.** *(tranquilo, sosegado)* calmé(e) **2.** *(mar)* calme
calmante [kal'mante] *m* calmant *m*
calmar [kal'mar] *vt* calmer ◆ **calmarse** *vp* se calmer
calor [ka'lor] *m* chaleur *f*
caloría [kalo'ria] *f* calorie *f*
calumnia [ka'lumnia] *f* calomnie *f*
calumniar [kalum'niar] *vt* calomnier
calumnioso, sa [kalum'nioso, sa] *adj* calomnieux(euse)
caluroso, sa [kalu'roso, sa] *adj* **1.** *(día, lugar)* chaud(e) **2.** *(persona, acogida)* chaleureux(euse)
calva ['kalβa] *f (cabeza)* crâne dégarni ➤ **calvo**
calvario [kal'βario] *m* calvaire *m*
calvicie [kal'βiθie] *f* calvitie *f*
calvo, va ['kalβo, βa] *adj* & *m, f* chauve
calzada [kal'θaða] *f* chaussée *f* ▼ **calzada irregular** chaussée déformée
calzado [kal'θaðo] *m* chaussure *f*
calzador [kalθa'ðor] *m* chausse-pied *m inv*
calzar [kal'θar] *vt* chausser • **¿qué número calza?** vous chaussez du combien ? ◆ **calzarse** *vp* se chausser
calzoncillos [kalθon'θiʎos] *mpl* **1.** slip *m* **2.** *(short)* caleçon *m*
calzones [kal'θones] *mpl* *(Amér)* slip *m*
cama ['kama] *f* lit *m* • **cama de matrimonio** lit à deux places • **guardar cama** garder le lit

camaleón [kamale'on] *m* caméléon *m*
[1]**cámara** ['kamara] *f* **1.** *(para filmar)* caméra *f* **2.** *(de diputados, senadores)* chambre *f* **3.** *(de neumático)* chambre *f* à air • **cámara fotográfica** appareil *m* photo • **cámara de usar y tirar** appareil jetable • **cámara de vídeo** Caméscope® *m*
[2]**cámara** ['kamara] *mf* cadreur *m*, -euse *f*
camarada [kama'raða] *mf* camarade *mf*
camarero, ra [kama'rero, ra] *m, f* serveur *m*, -euse *f*
camarón [kama'ron] *m* petite crevette *f*
camarote [kama'rote] *m* cabine *f*
camastro [ka'mastro] *m* mauvais lit *m*
cambiar [kam'bjar] *vt* **1.** *(transformar)* changer **2.** *(intercambiar)* échanger ◇ *vi* changer • **cambiar una reunión/una cita** déplacer une réunion/un rendez-vous ♦ **cambiar de** *v prep* changer de ♦ **cambiarse** *vp* se changer ♦ **cambiarse de** *v prep (ropa)* changer de
cambio ['kambjo] *m* **1.** *(transformación)* changement *m* **2.** *(intercambio)* échange *m* **3.** *(moneda pequeña)* monnaie *f* **4.** *(valor de moneda)* change *m* • **cambio de marchas** changement de vitesse ▼ **cambio (de moneda)** change ▼ **cambio de sentido** *panneau routier signalant qu'il est possible de faire demi-tour* • **en cambio** en revanche
camello [ka'meʎo] *m* chameau *m*
camellón [kame'ʎon] *m (Col & Méx)* terre-plein *m* central
camerino [kame'rino] *m (en teatro)* loge *f*
camilla [ka'miʎa] *f* civière *f*
camillero, ra [kami'ʎero, ra] *m, f* brancardier *m*, -ère *f*
caminante [kami'nante] *mf* marcheur *m*, -euse *f*
caminar [kami'nar] *vi* marcher ◇ *vt* parcourir (à pied)
caminata [kami'nata] *f* longue marche *f*
camino [ka'mino] *m* chemin *m* • **camino de** en direction de • **ir por buen/mal camino** *(fig)* être sur la bonne voie/la mauvaise pente • **ponerse en camino** se mettre en route

El Camino de Santiago

Le **Camino de Santiago** est l'itinéraire de pèlerinage qui relie les Pyrénées à Saint-Jacques-de-Compostelle, en Galice, où, selon la légende, le corps de saint Jacques le Majeur aurait été déposé. Son tombeau se trouve dans la cathédrale. De nos jours, il s'agit à la fois d'une route empruntée par les pèlerins et d'un itinéraire touristique.

camión [ka'mjon] *m* **1.** *(de mercancías)* camion *m* **2.** *(CAm & Méx) (autobús)* bus *m*
camionero, ra [kamjo'nero, ra] *m, f* camionneur *m*
camioneta [kamjo'neta] *f* camionnette *f*
camisa [ka'misa] *f* chemise *f* • **camisa de fuerza** camisole *f* de force
camiseta [kami'seta] *f* **1.** *(ropa interior)* tricot *m* de corps **2.** *(de verano)* tee-shirt *m* **3.** *(de deporte)* maillot *m*
camisola [kami'sola] *f* **1.** *(Amér)* chemisier *m* **2.** *(camisón)* chemise *f* de nuit
camisón [kami'son] *m* chemise *f* de nuit

camomila [kamo'mila] *f* camomille *f*
camorra [ka'mora] *f* bagarre *f*
camote [kamo'te] *m* (*Andes, CAm & Méx*) (*tipo de batata*) patate *f* douce
campamento [kampa'mento] *m* campement *m*
campana [kam'pana] *f* **1.** (*de iglesia*) cloche *f* **2.** (*de chimenea*) hotte *f* • **campana extractora** hotte aspirante
campanario [kampa'nari̯o] *m* clocher *m*
campaña [kam'paɲa] *f* campagne *f*
campechano, na [kampe'tʃano, na] *adj* (*sencillo, sin formulismos*) simple
campeón, ona [kampe'on, ona] *m, f* champion *m*, -onne *f*
campeonato [kampeo'nato] *m* championnat *m* • **de campeonato** (*fam*) d'enfer
campera [kam'pera] *f* (*RP*) blouson *m*
campesino, na [kampe'sino, na] *m, f* paysan *m*, -anne *f*
campestre [kam'pestre] *adj* champêtre
camping ['kampin] *m* camping *m* • **ir de camping** (aller) faire du camping
campista [kam'pista] *mf* campeur *m*, -euse *f*
campo ['kampo] *m* **1.** (*de cultivo*) champ *m* **2.** (*campiña*) campagne *f* **3.** (*ámbito, actividad*) domaine *m* • **campo de deportes** terrain *m* de sport • **campo de texto** zone *f* de texte • **dejar el campo libre** laisser le champ libre
campus ['kampus] *m inv* campus *m*
camuflar [kamu'flar] *vt* camoufler
cana ['kana] *f* cheveu *m* blanc
Canadá [kana'ða] *m* • **(el) Canadá** (le) Canada
canadiense [kana'ði̯ense] *adj* canadien(enne) ◇ *mf* Canadien *m*, -enne *f*
canal [ka'nal] *m* **1.** canal *m* **2.** (*de televisión*) chaîne *f* **3.** (*de desagüe*) conduite *f*
canalla [ka'naʎa] *mf* canaille *f*
canapé [kana'pe] *m* (*aperitivo*) canapé *m*
Canarias [ka'nari̯as] *fpl* • **(las islas) Canarias** les (îles) Canaries
canario, ria [ka'nari̯o, ri̯a] *adj* canarien(enne) ◇ *m, f* Canarien *m*, -enne *f* ◇ *m* (*pájaro*) canari *m*
canasta [ka'nasta] *f* **1.** panier *m* **2.** (*en naipes*) canasta *f*
canastilla [kanas'tiʎa] *f* (*de bebé*) layette *f*
cancela [kan'θela] *f* grille *f*
cancelación [kanθela'θi̯on] *f* annulation *f*
cancelar [kanθe'lar] *vt* **1.** (*reunión, vuelo*) *INFORM* annuler **2.** (*cuenta, deuda*) solder
cáncer ['kanθer] *m* cancer *m* ♦ **Cáncer** *m inv* Cancer *m inv*
cancerígeno, na [kanθe'rixeno, na] *adj* cancérigène
cancha ['kantʃa] *f* **1.** (*de fútbol, golf*) terrain *m* **2.** (*de tenis*) court *m*
canciller [kanθi'ʎer] *m* **1.** chancelier *m* **2.** (*Amér*) ministre *m* des Affaires étrangères
cancillería [kanθiʎe'ria] *f* **1.** chancellerie *f* **2.** (*Amér*) ministère *m* des Affaires étrangères
canción [kan'θi̯on] *f* chanson *f*
cancionero [kanθi̯o'nero] *m* **1.** (*de canciones*) recueil *m* de chansons **2.** (*de poemas*) recueil *m* de poésies
candado [kan'daðo] *m* cadenas *m*
candela [kan'dela] *f* (*Amér*) chandelle *f*

candelabro [kande'laβro] *m* candélabre *m*
candidato, ta [kandi'ðato, ta] *m, f* candidat *m*, -e *f*
candidatura [kandiða'tura] *f* **1.** *(a un cargo, puesto)* candidature *f* **2.** *(en elecciones)* liste *f* de candidats
candil [kan'dil] *m* *(Méx)* lustre *m*
candilejas [kandi'lexas] *fpl* feux *mpl* de la rampe
caneca [ka'neka] *f* *(Col)* poubelle *f*
canela [ka'nela] *f* cannelle *f*
canelones [kane'lones] *mpl* cannellonis *mpl*
cangrejo [kan'grexo] *m* crabe *m*
canguro [kan'guro] *m* *(animal)* kangourou *m* ◇ *mf* *(persona)* baby-sitter *mf*
caníbal [ka'niβal] *mf* cannibale *mf*
canica [ka'nika] *f* bille *f* ◆ **canicas** *fpl* *(juego)* billes *fpl*
canijo, ja [ka'nixo, xa] *adj* malingre
canilla [ka'niʎa] *f* *(CSur)* **1.** *(grifo)* robinet *m* **2.** *(fam)* *(pierna)* quille *f*
canjeable [kanxe'aβle] *adj* échangeable
canjear [kanxe'ar] *vt* échanger ● **canjear algo por algo** échanger qqch contre qqch
canoa [ka'noa] *f* canoë *m*
canon ['kanon] *m* *(norma)* canon *m*
canónico, ca [ka'noniko, ka] *adj* canonique
canoso, sa [ka'noso, sa] *adj* grisonnant(e)
cansado, da [kan'saðo, ða] *adj* **1.** *(fatigado)* fatigué(e) **2.** *(aburrido)* fatigant(e) ● **estar cansado (de)** être fatigué (de)
cansador, ra [kan'saðor, ra] *adj* *(CSur)* **1.** *(que cansa)* fatigant(e) **2.** *(que aburre)* ennuyeux(euse)
cansancio [kan'sanθjo] *m* fatigue *f*
cansar [kan'sar] *vt* fatiguer ◆ **cansarse** *vp* se fatiguer ◆ **cansarse de 1.** *(fatigarse de)* se fatiguer de **2.** *(hartarse de)* se lasser de
cantábrico, ca [kan'taβriko, ka] *adj* cantabrique ● **el Cantábrico** le golfe de Gascogne
cantante [kan'tante] *mf* chanteur *m*, -euse *f*
cantaor, ra [kanta'or, ra] *m, f* chanteur *m*, -euse *f* de flamenco
cantar [kan'tar] *vt* **1.** *(canción)* chanter **2.** *(premio)* annoncer ◇ *vi* **1.** chanter **2.** *(fam)* *(confesar)* cracher le morceau
cántaro ['kantaro] *m* cruche *f* ● **llover a cántaros** pleuvoir des cordes
cantautor, ra [kantau̯'tor, ra] *m, f* auteur *m* compositeur interprète
cante ['kante] *m* ● **cante flamenco** chant *m* flamenco ● **cante jondo** *âme du chant flamenco*
cantera [kan'tera] *f* **1.** *(de piedra)* carrière *f* **2.** *(de profesionales)* vivier *m*
cántico ['kantiko] *m* cantique *m*
cantidad [kanti'ðað] *f* **1.** quantité *f* **2.** *(importe)* somme *f* ◇ *adv* *(fam)* vachement ● **en cantidad** énormément
cantimplora [kantim'plora] *f* gourde *f*
cantina [kan'tina] *f* cafétéria *f*
canto ['kanto] *m* **1.** *(arte, canción)* chant *m* **2.** *(de moneda, libro)* tranche *f* **3.** *(de cuchillo)* dos *m* **4.** *(piedra)* caillou *m* ● **de canto** sur le côté
canturrear [kanture'ar] *vt & vi* chantonner

caña ['kaɲa] *f* **1.** *(de planta)* tige *f* **2.** *(de cerveza)* demi *m* • **caña de azúcar** canne *f* à sucre • **caña de pescar** canne à pêche
cáñamo ['kaɲamo] *m* chanvre *m*
cañaveral [kaɲaβe'ral] *m* **1.** *(de río)* roselière *f* **2.** *(plantación)* plantation *f* de canne à sucre
cañería [kaɲe'ria] *f* canalisation *f*
caño ['kaɲo] *m* **1.** *(de fuente)* jet *m* **2.** *(tubo)* tuyau *m* **3.** *(Perú)* *(grifo)* robinet *m*
cañón [ka'ɲon] *m* **1.** canon *m* **2.** *(entre montañas)* canyon *m*
cañonazo [kaɲo'naθo] *m* coup *m* de canon
caoba [ka'oβa] *f* acajou *m*
caos ['kaos] *m inv* chaos *m*
caótico, ca [ka'otiko, ka] *adj* chaotique
capa ['kapa] *f* **1.** couche *f* **2.** *(prenda)* cape *f* • **capa de ozono** couche d'ozone • **a capa y espada** contre vents et marées • **andar de capa caída** *(persona)* être dans une mauvaise passe ; *(negocio)* battre de l'aile
capacidad [kapaθi'ðað] *f* capacité *f*
capacitado, da [kapaθi'taðo, ða] *adj* • **estar capacitado para** être qualifié pour
caparazón [kapara'θon] *m* carapace *f*
capataz, ces [kapa'taθ, θes] *mf* contremaître *m*
capaz, ces [ka'paθ, θes] *adj* capable • **ser capaz de** être capable de
capazo [ka'paθo] *m* cabas *m*
capellán [kape'ʎan] *m* aumônier *m*
capicúa [kapi'kua] *adj inv* palindrome
capilar [kapi'lar] *adj* capillaire ◇ *m* capillaire *m*
capilla [ka'piʎa] *f* chapelle *f*
capital [kapi'tal] *adj* capital(e) ◇ *m* capital *m* ◇ *f* capitale *f*
capitalismo [kapita'lizmo] *m* capitalisme *m*
capitalista [kapita'lista] *adj* & *mf* capitaliste
capitán, ana [kapi'tan, ana] *m, f* capitaine *m*
capitanía [kapita'nia] *f* *(edificio)* *bureau de l'état-major d'une région militaire*
capitel [kapi'tel] *m* chapiteau *m*
capítulo [ka'pitulo] *m* chapitre *m*
capó [ka'po] *m* capot *m*
capón [ka'pon] *m* **1.** *(animal)* chapon *m* **2.** *(golpe)* pichenette *f*
capota [ka'pota] *f* *(de vehículo)* capote *f*
capote [ka'pote] *m* *(de torero)* cape *f*
capricho [ka'pritʃo] *m* caprice *m* • **darse un capricho** se faire un petit plaisir
caprichoso, sa [kapri'tʃoso, sa] *adj* capricieux(euse)
Capricornio [kapri'kornjo] *m* Capricorne *m inv*
cápsula ['kapsula] *f* **1.** *(medicamento)* gélule *f* **2.** *(de cohete, proyectil)* capsule *f*
captar [kap'tar] *vt* **1.** *(sonido, rumor)* capter **2.** *(explicación, idea)* saisir
captura [kap'tura] *f* • **captura de pantalla** capture *f* d'écran
capturar [kaptu'rar] *vt* capturer
capucha [ka'putʃa] *f* **1.** *(de prenda de vestir)* capuche *f* **2.** *(de pluma, bolígrafo)* capuchon *m*
capuchino, na [kapu'tʃino, na] *adj* & *m, f* capucin(e) ◇ *m* capuccino *m*
capullo [ka'puʎo] *m* **1.** *(de flor)* bouton *m* **2.** *(de gusano)* cocon *m*

cara ['kara] *f* **1.** *(rostro)* visage *m*, figure *f* **2.** *(aspecto)* mine *f* **3.** *(lado)* face *f* • **cara a cara** face à face • **a cara o cruz** à pile ou face • **de cara a** face à • **dar la cara (por algo)** assumer la responsabilité (de qqch) • **echar en cara** jeter à la figure • **plantar cara a** tenir tête a • **tener (mucha) cara** être (très) culotté(e) ➤ **caro**

carabela [kara'βela] *f* caravelle *f*

carabina [kara'βina] *f* **1.** *(arma)* carabine *f* **2.** *(fam) (persona)* chaperon *m*

caracol [kara'kol] *m* **1.** *(animal)* escargot *m* **2.** *(del oído)* limaçon *m* • **caracoles a la llauna** *escargots sautés avec de l'ail et du persil*

caracola [kara'kola] *f* conque *f*

caracolada [karako'laða] *f escargots servis avec plusieurs sauces*

carácter [ka'rakter] *m* caractère *m* • **tener buen/mal carácter** avoir bon/mauvais caractère • **tener mucho/poco carácter** avoir beaucoup/peu de caractère ♦ **caracteres** *mpl* caractères *mpl* • **caracteres especiales** caractères spéciaux

característica [karakte'ristika] *f* caractéristique *f*

característico, ca [karakte'ristiko, ka] *adj* caractéristique

caracterizar [karakteri'θar] *vt* **1.** *(identificar)* caractériser **2.** *(representar)* incarner ♦ **caracterizarse por** *v prep* se caractériser par

caradura [kara'ðura] *adj inv (fam)* gonflé(e)

carajillo [kara'xiʎo] *m café avec du cognac, de l'anis ou du rhum*

caramba [ka'ramba] *interj* **1.** *(expresa sorpresa)* ça alors ! **2.** *(expresa enfado)* zut alors !

carambola [karam'bola] *f (en billar)* carambolage *m* • **de carambola** *(de casualidad)* par hasard ; *(de rebote)* par ricochet

caramelo [kara'melo] *m* **1.** *(golosina)* bonbon *m* **2.** *(azúcar fundido)* caramel *m*

carátula [ka'ratula] *f* **1.** *(de libro, revista)* couverture *f* **2.** *(de disco)* pochette *f*

caravana [kara'βana] *f* **1.** *(en carretera)* bouchon *m* **2.** *(remolque)* caravane *f* • **hacer caravana** rouler à la queue leu leu

caravaning [kara'βanin] *m* caravaning *m*

caray [ka'rai̯] *interj* mince !

carbón [kar'βon] *m* charbon *m*

carboncillo [karβon'θiʎo] *m* fusain *m*

carbono [kar'βono] *m* carbone *m*

carburador [karβura'ðor] *m* carburateur *m*

carburante [karβu'rante] *m* carburant *m*

carcajada [karka'xaða] *f* éclat *m* de rire • **a carcajadas** aux éclats

cárcel ['karθel] *f* prison *f*

carcoma [kar'koma] *f* vrillette *f*

cardenal [karðe'nal] *m* **1.** *(en religión)* cardinal *m* **2.** *(en la piel)* bleu *m*

cardíaco, ca [kar'ðiako, ka] *adj* cardiaque

cardinal [karði'nal] *adj* cardinal(e)

cardiólogo, ga [kar'ðjoloɣo, ɣa] *m, f* cardiologue *mf*

cardo ['karðo] *m* **1.** *(planta)* chardon *m* **2.** *(fam)* • **es un cardo** *(persona arisca)* il est aimable comme une porte de prison ; *(persona fea)* c'est un (vrai) boudin

carecer [kare'θer] ◆ **carecer de** *v prep* manquer de

carencia [ka'renθja] *f* carence *f*

careta [ka'reta] *f* masque *m*

carey [ka'rej] *m* **1.** *(tortuga)* caret *m* **2.** *(material)* écaille *f*

carga ['karɣa] *f* **1.** charge *f* **2.** *(mercancía)* cargaison *f* **3.** *(para bolígrafo, mechero, pluma)* recharge *f* ▼ **carga y descarga** livraisons ● **de carga** *(tren, camión)* de marchandises

cargado, da [kar'ɣaðo, ða] *adj* **1.** *(cielo)* chargé(e) **2.** *(ambiente)* étouffant(e) **3.** *(bebida)* tassé(e) **4.** *(café)* serré(e) ● **cargado de** plein de

cargador, ra [karɣa'ðor, ra] *m, f* *(persona)* débardeur *m* ◇ *m* *(de arma, batería)* chargeur *m*

cargar [kar'ɣar] *vt* **1.** charger **2.** *(tener capacidad para)* avoir une capacité de **3.** *(factura, letra, deudas)* faire payer **4.** *(fam)* *(molestar)* assommer ● **cargar algo de** remplir qqch de ◆ **cargar con** *v prep* **1.** *(paquete)* porter **2.** *(responsabilidad, consecuencias)* assumer **3.** *(persona)* supporter ◆ **cargar contra** *v prep* charger contre ◆ **cargarse** *vp* **1.** *(ambiente)* devenir étouffant(e) **2.** *(fam)* *(estropear)* bousiller **3.** *(fam)* *(matar)* zigouiller **4.** *(fam)* *(suspender)* recaler ◆ **cargarse de** *v prep* se remplir de

cargo ['karɣo] *m* **1.** *(empleo, función)* poste *m* **2.** *(en cuenta)* débit *m* ● **a cargo de** à la charge de ● **hacerse cargo de** *(responsabilizarse)* se charger de ; *(comprender)* se rendre compte de

cargosear [karɣose'ar] *vt* *(Amér)* agacer

cargoso, sa [kar'ɣoso, sa] *adj* *(CSur)* agaçant(e)

cariado, da [ka'rjaðo, ða] *adj* carié(e)

Caribe [ka'riβe] *m* ● **el Caribe** la Caraïbe

caribeño, ña [kari'βeɲo, ɲa] *adj* caribéen(enne) ◇ *m, f* Caribéen *m*, -enne *f*

caricatura [karika'tura] *f* caricature *f*

caricia [ka'riθja] *f* caresse *f*

caridad [kari'ðað] *f* charité *f*

caries ['karjes] *f inv* carie *f*

cariño [ka'riɲo] *m* **1.** *(afecto)* affection *f* **2.** *(cuidado)* soin *m* **3.** *(apelativo)* chéri *m*, -e *f* ● **tomar cariño a alguien** s'attacher à qqn

cariñoso, sa [kari'ɲoso, sa] *adj* affectueux(euse)

carisma [ka'rizma] *m* charisme *m*

caritativo, va [karita'tiβo, βa] *adj* **1.** *(persona)* charitable **2.** *(asociación)* caritatif(ive)

cariz [ka'riθ] *m* tournure *f*

carmín [kar'min] *m* *(para labios)* rouge *m* à lèvres

carnal [kar'nal] *adj* **1.** *(deseo)* charnel(elle) **2.** *(pariente)* au premier degré ● **un primo carnal** un cousin germain

carnaval [karna'βal] *m* carnaval *m*

El carnaval

En Espagne et en Amérique latine, le carnaval est la période de réjouissances qui précède le carême. Les Espagnols, en particulier les enfants, se promènent alors dans les rues en arborant leurs déguisements.

carne ['karne] *f* **1.** *(alimento)* viande *f* **2.** *(de persona, fruta)* chair *f* • **carne de cerdo/de cordero/de ternera** viande de porc/d'agneau/de veau • **carne picada** viande hachée • **carne de gallina** chair de poule

carné [kar'ne] *m (de club, asociación, partido)* carte *f* • **carné de conducir** permis *m* de conduire • **carné de identidad** carte d'identité

carnear [karne'ar] *vt (Amér)* **1.** *(matar a las reses)* abattre **2.** *(fig) (matar)* tuer

carnero [kar'nero] *m* mouton *m*

carnicería [karniθe'ria] *f* **1.** *(tienda)* boucherie *f* **2.** *(matanza)* carnage *m*

carnicero, ra [karni'θero, ra] *m, f* boucher *m*, -ère *f*

carnitas [kar'nitas] *fpl (Méx) viande marinée et grillée qui garnit les "tacos"*

caro, ra ['karo, ra] *adj* cher (chère) ◇ *adv* cher

carpa ['karpa] *f* **1.** *(de circo)* chapiteau *m* **2.** *(para fiestas)* tente *f* **3.** *(pez)* carpe *f*

carpeta [kar'peta] *f* **1.** *(para papeles)* chemise *f (dossier)* **2.** *INFORM* dossier *m*

carpintería [karpinte'ria] *f* menuiserie *f*

carpintero, ra [karpin'tero, ra] *m* menuisier *m*

carrera [ka'rera] *f* **1.** *(competición)* course *f* **2.** *(estudios)* études *fpl* (univertaires) **3.** *(profesión)* carrière *f* **4.** *(en medias, calcetines)* échelle *f* • **a la carrera** en vitesse

carrerilla [kare'riʎa] *f* élan *m* • **de carrerilla** d'une traite

carreta [ka'reta] *f* charrette *f*

carrete [ka'rete] *m* **1.** *(de fotografías)* pellicule *f* **2.** *(de hilo)* bobine *f* **3.** *(para pescar)* moulinet *m*

carretera [kare'tera] *f* route *f* • **carretera de cuota** *(Méx)* autoroute *f*

carretilla [kare'tiʎa] *f* brouette *f*

carril [ka'ril] *m* **1.** *(de carretera, autopista)* voie *f* **2.** *(de tren)* rail *m* • **carril bici** piste *f* cyclable

carrito [ka'rito] *m* **1.** *(de la compra)* Caddie® *m* **2.** *(para bebés)* poussette *f*

carro ['karo] *m* **1.** *(carruaje)* chariot *m* **2.** *(Andes, CAm, Carib & Méx) (coche)* voiture *f* • **carro de la compra** Caddie® *m* • **carro comedor** *(Amér)* wagon-restaurant *m*

carrocería [karoθe'ria] *f* carrosserie *f*

carromato [karo'mato] *m* roulotte *f*

carroña [ka'roɲa] *f* charogne *f*

carroza [ka'roθa] *f* carrosse *m*

carruaje [karua'xe] *m* voiture *f (hippomobile)*

carrusel [karu'sel] *m* manège *m*

carta ['karta] *f* **1.** *(escrito)* lettre *f* **2.** *(de restaurante, de la baraja)* carte *f* • **enviar una carta** adresser o envoyer un courrier • **carta certificada** recommandé *m* • **carta de motivación/de recomendación** lettre de motivation/de recommandation

Empezar una carta

Cuando no conocemos a la persona, empezaremos una carta con *Madame* o *Monsieur* (nunca seguidas del apellido) o con la fórmula *Madame, Monsieur* cuando no sabemos exactamente si nos dirigimos a un hombre o a una mujer. *Cher* o *Chère* y el nombre de pila se emplea en un contexto menos formal. *Ma chère* o *Mon cher* con el nombre de pila sólo se utiliza con familiares o amigos. Todas estas expresiones van seguidas de una coma, y no de dos puntos como en español.

Terminar una carta

Una carta se termina siempre con una despedida. El solemne *Veuillez agréer* (retomando la frase del principio, *Madame, Monsieur,*) *(l'expression de) mes salutations distinguées* es la fórmula de cortesía más corriente. En un contexto formal en el que ya conocemos al destinatario, podemos elegir entre *Salutations distinguées* y el más informal *Cordialement*. Con amigos o familiares finalizaremos con un cordial *Amitiés*, *Amicalement* o *À bientôt*, e incluso los más afectuosos *Je t'embrasse* o *Grosses bises*. A continuación se firma la carta.

cartabón [karta'βon] *m* équerre *f*

cartearse [karte'arse] *vp* s'écrire

cartel [kar'tel] *m* affiche *f*

cartelera [karte'lera] *f* **1.** *(en periódico)* rubrique *f* des spectacles **2.** *(tablón)* porte-affiche *m*

cartera [kar'tera] *f* **1.** *(para dinero)* portefeuille *m* **2.** *(para documentos)* porte-documents *m inv* **3.** *(de colegial)* cartable *m*

carterista [karte'rista] *mf* pickpocket *m*

cartero, ra [kar'tero, ra] *m, f* facteur *m*, -trice *f*

cartilla [kar'tiʎa] *f (de lectura)* abécédaire *m* • **cartilla de ahorros** livret *m* de caisse d'épargne • **cartilla de la Seguridad Social** carte *f* de Sécurité sociale

cartón [kar'ton] *m* **1.** carton *m* **2.** *(de cigarrillos)* cartouche *f*

cartucho [kar'tutʃo] *m* cartouche *f*

cartulina [kartu'lina] *f* bristol *m*

casa ['kasa] *f* maison *f* • **casa de campo** maison de campagne • **casa de huéspedes** pension *f* de famille

La Casa Rosada

C'est la résidence officielle du président de la République d'Argentine et le siège de son gouvernement. Le président y reçoit les ministres, les visiteurs de marque et ses homologues étrangers. La façade rose d'où cet édifice tire son nom donne sur la Plaza de Mayo.

casadero, ra [kasa'ðero, ra] *adj* en âge de se marier

casado, da [ka'saðo, ða] *adj* marié(e)

casamiento [kasa'mi̯ento] *m* mariage *m*

casar [ka'sar] *vt* marier ◆ **casarse** *vp* • **casarse (con)** se marier (avec)

cascabel [kaska'βel] *m* grelot *m*

cascada [kas'kaða] *f* cascade *f*

cascado, da [kas'kaðo, ða] *adj* **1.** *(vaso)* fêlé(e) **2.** *(fam)* *(estropeado)* nase

cascanueces [kaska'nu̯eθes] *m inv* casse-noix *m inv*

cascar [kas'kar] *vt* **1.** *(romper)* casser **2.** *(fam) (golpear)* cogner

cáscara ['kaskara] *f* **1.** *(de huevo, frutos secos)* coquille *f* **2.** *(de plátanos)* peau *f* **3.** *(de naranja)* écorce *f*

casco ['kasko] *m* **1.** *(para la cabeza)* casque *m* **2.** *(envase)* bouteille *f* vide **3.** *(de caballo)* sabot *m* **4.** *(de barco)* coque *f* • **casco antiguo** vieille ville *f* • **casco urbano** centre-ville *m* • **cascos azules** casques bleus *mpl*

caserío [kase'rio] *m* maison *f* de campagne

caserita [kase'rita] *f* (*Amér*) maîtresse *f* de maison

casero, ra [ka'sero, ra] *adj* **1.** *(comida)* maison *(inv)* **2.** *(persona)* casanier(ère) ◇ *m, f* propriétaire *mf*

caseta [ka'seta] *f* **1.** *(de feria) tente installée dans les foires pour danser le flamenco* **2.** *(para perro)* niche *f* **3.** *(en la playa)* cabine *f* • **caseta telefónica** (*Méx*) cabine téléphonique

casete [ka'sete] *m* *(aparato)* magnétophone *m* ◇ *m o f* *(cinta)* cassette *f*

casi ['kasi] *adv* presque

casilla [ka'siʎa] *f* **1.** *(de impreso, tablero)* case *f* **2.** *(de mueble, caja, armario)* casier *m* • **casilla de correos** (*Andes & RP*) boîte *f* postale

casillero [kasi'ʎero] *m* casier *m*

casino [ka'sino] *m* casino *m*

caso ['kaso] *m* **1.** cas *m* **2.** *(en derecho)* affaire *f* • **en caso de que** au cas où • **en todo caso** en tout cas • **en cualquier caso** en tout cas • **hacer caso** prêter attention • **ser un caso** (*fam*) être un cas • **no venir al caso** être hors de propos

caspa ['kaspa] *f* pellicules *fpl (de cheveux)*

casquete [kas'kete] *m (gorra)* calotte *f*

casquillo [kas'kiʎo] *m* **1.** *(de bala)* douille *f* **2.** *(de lámpara)* culot *m*

casta ['kasta] *f* **1.** *(linaje)* lignée *f* **2.** *(raza)* race *f* ➤ **casto**

castaña [kas'taɲa] *f (fruto, golpe)* châtaigne *f*

castaño, ña [kas'taɲo, ɲa] *adj (color)* châtain ◇ *m (árbol)* châtaignier *m*

castañuelas [kasta'ɲu̯elas] *fpl* castagnettes *fpl*

castellano, na [kaste'ʎano, na] *adj* castillan(e) ◇ *m, f* Castillan *m*, -e *f* ◇ *m (lengua)* castillan *m*

El castellano

Le **castellano** (castillan) est la langue officielle du monde hispanophone. Cependant, certaines régions autonomes de l'Espagne, comme les Baléares, le Pays basque, la Catalogne, la Galice, la Navarre et Valence, ont pour langues officielles à la fois leur langue régionale et le castillan. En Amérique latine, la langue espagnole officielle est appelée simplement **español**.

castellanohablante [kasteʎanoa'blante], **castellanoparlante** [kasteʎanopar'lante] *adj & mf* castillanophone

castidad [kasti'ðað] *f* chasteté *f*

castigar [kasti'ɣar] *vt* punir

castigo [kas'tiɣo] *m* punition *f*

castillo [kas'tiʎo] *m* château *m*

castizo, za [kas'tiθo, θa] *adj* pur(e)
casto, ta ['kasto, ta] *adj* chaste
castor [kas'tor] *m* castor *m*
castrar [kas'trar] *vt* castrer
casualidad [ka'sṷaliðað] *f* hasard *m* • **por casualidad** par hasard
catacumbas [kata'kumbas] *fpl* catacombes *fpl*
catalán, ana [kata'lan, ana] *adj* catalan(e) ◇ *m, f* Catalan *m*, -e *f* ◇ *m (lengua)* catalan *m*
catalanohablante [katalanoa'blante], **catalanoparlante** [katalanopar'lante] *adj & mf* catalanophone
catálogo [ka'taloɣo] *m* catalogue *m*
Cataluña [kata'luɲa] *s* Catalogne *f*
catamarán [katama'ran] *m* catamaran *m*
catar [ka'tar] *vt* goûter
cataratas [kata'ratas] *fpl* **1.** *(de agua)* chutes *fpl* **2.** *(en los ojos)* cataracte *f*
catarro [ka'taro] *m* rhume *m*
catástrofe [ka'tastrofe] *f* catastrophe *f*
catastrófico, ca [katas'trofiko, ka] *adj* catastrophique
catear [kate'ar] *vt (fam)* recaler
catecismo [kate'θizmo] *m* catéchisme *m*
cátedra ['kateðra] *f (en enseñanza)* chaire *f*
catedral [kate'ðral] *f* cathédrale *f*
catedrático, ca [kate'ðratiko, ka] *m, f* ≃ professeur *m* agrégé
categoría [kateɣo'ria] *f* catégorie *f* • **de categoría** de classe
catequesis [kate'kesis] *f inv* catéchèse *f*
cateto, ta [ka'teto, ta] *m, f (despec) (palurdo)* plouc *mf* ◇ *m (de triángulo)* côté *m*
catire, ra [ka'tire, ra] *adj (Carib & Col)* blond(e)
catolicismo [katoli'θizmo] *m* catholicisme *m*
católico, ca [ka'toliko, ka] *adj & m, f* catholique
catorce [ka'torθe] *núm* quatorze
catre ['katre] *m (fam)* pieu *m*
cauce ['kaṷθe] *m* **1.** *(de río)* lit *m* **2.** *(de acequia)* canal *m*
caucho ['kaṷtʃo] *m* caoutchouc *m*
caudal [kaṷ'ðal] *m* **1.** *(de un río)* débit *m* **2.** *(dinero)* fortune *f*
caudaloso, sa [kaṷða'loso, sa] *adj* à fort débit
caudillo [kaṷ'ðiʎo] *m* caudillo *m*
causa ['kaṷsa] *f* cause *f* • **a causa de** à cause de
causante [kaṷ'sante] *m (Amér)* contribuable *m*
causar [kaṷ'sar] *vt* **1.** causer **2.** *(placer, víctimas)* faire
cáustico, ca ['kaṷstiko, ka] *adj* caustique
cautela [kaṷ'tela] *f* précaution *f* • **con cautela** avec précaution
cautivador, ra [kaṷtiβa'ðor, ra] *adj* charmeur(euse)
cautivar [kaṷti'βar] *vt* charmer
cautiverio [kaṷti'βerjo] *m* captivité *f* • **en cautiverio** en captivité
cautivo, va [kaṷ'tiβo, βa] *adj & m, f* captif(ive)
cauto, ta ['kaṷto, ta] *adj* prudent(e)
cava ['kaβa] *f (bodega)* cave *f* ◇ *m vin catalan fabriqué selon la méthode champenoise* • **cava brut** "cava" brut • **al cava** au "cava"

cavar [ka'βar] *vt* creuser
caverna [ka'βerna] *f* caverne *f*
cavernícola [kaβer'nikola] *adj* **1.** *(animal)* cavernicole **2.** *(persona)* des cavernes
caviar [ka'βjar] *m* caviar *m*
cavidad [kaβi'ðað] *f* cavité *f*
cavilar [kaβi'lar] *vi* réfléchir
caza ['kaθa] *f* **1.** *(actividad)* chasse *f* **2.** *(presa)* gibier *m* • **andar** o **ir a la caza de** être à la poursuite de • **dar caza a** donner la chasse à
cazador, ra [kaθa'ðor, ra] *m, f (persona)* chasseur *m*, -euse *f*
cazadora [kaθa'ðora] *f (prenda de ropa)* blouson *m*
cazar [ka'θar] *vt* **1.** chasser **2.** *(fam) (captar, entender)* piger **3.** *(fam) (marido, esposa)* dégoter
cazo ['kaθo] *m* **1.** *(cucharón)* louche *f* **2.** *(vasija)* casserole *f*
cazuela [ka'θuela] *f* casserole *f* en terre cuite • **a la cazuela** à la casserole
cazurro, rra [ka'θuro, ra] *adj (bruto)* abruti(e)
CD-ROM [θeðe'rom] (*abr de Compact Disc Read-Only Memory*), **cederrón** [θeðe'ron] *m* **1.** *(disco)* CD-ROM *m inv* **2.** *(dispositivo)* lecteur *m* de CD-ROM
CE [θe'e] *f* (*abr de Comunidad Europea*) CE *f (Communauté européenne)*
cebar [θe'βar] *vt* gaver ♦ **cebarse en** *v prep* s'acharner sur
cebo ['θeβo] *m* appât *m*
cebolla [θe'βoʎa] *f* oignon *m*
cebolleta [θeβo'ʎeta] *f* ciboulette *f*
cebra ['θeβra] *f* zèbre *m*
cecear [θeθe'ar] *vi* zézayer
ceder [θe'ðer] *vt* & *vi* céder ▾ **ceda el paso** cédez le passage
cedilla [θe'ðiʎa] *f* cédille *f*
cedro ['θeðro] *m* cèdre *m*
cédula ['θeðula] *f* certificat *m* • **cédula de identidad** *(Amér)* carte *f* d'identité
cegato, ta [θe'ɣato, ta] *adj (fam)* bigleux(euse)
ceguera [θe'ɣera] *f* cécité *f*
ceja ['θexa] *f* sourcil *m* • **meterse algo entre ceja y ceja** *(fam)* se mettre qqch dans la tête
celda ['θelda] *f* cellule *f (pièce)*
celdilla [θel'diʎa] *f (de panal)* alvéole *f*
celebración [θeleβra'θjon] *f* célébration *f*
celebrar [θele'βrar] *vt* **1.** *(cumpleaños, acontecimiento)* fêter **2.** *(asamblea, reunión)* tenir **3.** *(misa)* célébrer
célebre ['θeleβre] *adj* célèbre
celebridad [θeleβri'ðað] *f* célébrité *f* • **ser una celebridad** être une célébrité
celeste [θe'leste] *adj* céleste
celestial [θeles'tjal] *adj* céleste
celo ['θelo] *m* **1.** *(cinta adhesiva)* Scotch® *m* **2.** *(en el trabajo)* zèle *m* • **estar en celo** *(hembra)* être en chaleur ; *(macho)* être en rut ♦ **celos** *mpl* jalousie *f* • **tener celos** être jaloux(ouse)
celofán® [θelo'fan] *m* Cellophane® *f*
celoso, sa [θe'loso, sa] *adj* jaloux(ouse)
célula ['θelula] *f* cellule *f*
celular [θelu'lar] *adj* cellulaire
celulitis [θelu'litis] *f inv* cellulite *f*
cementerio [θemen'terjo] *m* cimetière *m* • **cementerio de coches** casse *f*
cemento [θe'mento] *m* ciment *m* • **cemento armado** béton *m* armé
cena ['θena] *f* dîner *m*

cenar [θe'naɾ] *vt* manger au dîner ◇ *vi* dîner

cencerro [θen'θero] *m* sonnaille *f* ● **estar como un cencerro** (*fam*) avoir un grain

cenefa [θe'nefa] *f* liseré *m*

cenicero [θeni'θeɾo] *m* cendrier *m*

ceniza [θe'niθa] *f* cendre *f*

censado, da [θen'saðo, ða] *adj* recensé(e)

censar [θen'sar] *vt* recenser

censo ['θenso] *m* recensement *m* ● **censo electoral** listes *fpl* électorales

censor, ra [θen'soɾ, ɾa] *m, f* censeur *m*

censura [θen'suɾa] *f* censure *f*

censurar [θensu'ɾaɾ] *vt* **1.** (*película, libro*) censurer **2.** (*conducta, actitud*) blâmer

cent ['θent] (*pl* **cents** ['θents]) *m* (*de euro*) centime *m*, cent *m*

centena [θen'tena] *f* centaine *f*

centenar [θente'naɾ] *m* centaine *f* ● **un centenar de** une centaine de

centenario, ria [θente'naɾjo, ɾja] *adj* centenaire ◇ *m* centenaire *m*

centeno [θen'teno] *m* seigle *m*

centésimo, ma [θen'tesimo, ma] *adj* centième

centígrado, da [θen'tiɣɾaðo, ða] *adj* centigrade

centímetro [θen'timetɾo] *m* centimètre *m*

céntimo ['θentimo] *m* centime *m* ● **no tener un céntimo** ne pas avoir un sou

centinela [θenti'nela] *mf* sentinelle *f*

centollo [θen'toʎo] *m* araignée *f* de mer

centrado, da [θen'tɾaðo, ða] *adj* **1.** (*cuadro, mueble*) centré(e) **2.** (*persona*) équilibré(e) ● **centrado en** (*trabajo, lectura*) concentré sur

central [θen'tɾal] *adj* **1.** (*posición*) central(e) **2.** (*principal*) principal(e) ◇ *f* **1.** (*oficina*) maison *f* mère **2.** (*de energía*) centrale *f* ● **central eléctrica** centrale électrique

centralismo [θentɾa'lizmo] *m* centralisme *m*

centralita [θentɾa'lita] *f* standard *m* (téléphonique) ● **volver a poner con la centralita** repasser le standard (téléphonique)

centrar [θen'tɾaɾ] *vt* **1.** (*cuadro, mueble*) centrer **2.** (*miradas, atención*) attirer ◆ **centrarse en** *v prep* (*trabajo, lectura*) se concentrer sur

céntrico, ca ['θentɾiko, ka] *adj* central(e)

centrifugar [θentɾifu'ɣaɾ] *vt* centrifuger

centrífugo, ga [θen'tɾifuɣo, ɣa] *adj* centrifuge

centro ['θentɾo] *m* centre *m* ● **centro comercial** centre commercial ● **centro social** *association culturelle de personnes habitant une même région* ● **centro turístico** site *m* touristique ● **centro urbano** centre-ville *m* ● **en el centro de** au centre de ● **ser el centro de** être le centre de

Centroamérica [ˌθentɾoa'meɾika] *s* Amérique *f* centrale

centuria [θen'tuɾja] *f* siècle *m*

ceñido, da [θe'ɲiðo, ða] *adj* (*vestido, falda*) moulant(e)

ceñir [θe'ɲiɾ] *vt* **1.** (*ajustar*) serrer **2.** (*rodear*) entourer ◆ **ceñirse a** *v prep* s'en tenir à

ceño ['θeɲo] *m* ● **fruncir el ceño** froncer les sourcils

CEOE ['θe'o'e] *f* (*Esp*) (*abr de Confederación Española de Organizaciones Em-*

presariales) ≃ Medef *m (Mouvement des entreprises de France)*
cepa ['θepa] *f* cep *m*
cepillar [θepi'ʎar] *vt* brosser ◆ **cepillarse** *vp* *(fam)* **1.** *(trabajo)* expédier **2.** *(comida)* finir **3.** *(matar)* butter
cepillo [θe'piʎo] *m* brosse *f* ● **cepillo de dientes** brosse à dents
cepo ['θepo] *m* **1.** *(de animales)* piège *m* **2.** *(de coches)* sabot *m*
cera ['θera] *f* cire *f*
cerámica [θe'ramika] *f* céramique *f*
ceramista [θera'mista] *mf* céramiste *mf*
cerca ['θerka] *f* clôture *f* ◇ *adv* près ● **la Navidad está cerca** Noël est proche ● **cerca de** près de ● **de cerca** de près
cercanías [θerka'nias] *fpl (alrededores)* environs *mpl*
cercano, na [θer'kano, na] *adj* proche
cercar [θer'kar] *vt* **1.** *(vallar)* clôturer **2.** *(rodear)* encercler
cerco ['θerko] *m (de vallas)* clôture *f*
cerda ['θerða] *f (de cepillo)* soie *f*
cerdo, da ['θerðo, ða] *m, f* **1.** *(animal)* porc *m*, truie *f* **2.** *(despec) (persona)* porc *m* ◇ *adj (despec) (persona)* cochon ◇ *m (carne)* porc *m*
cereal [θere'al] *m* céréale *f*
cerebelo [θere'βelo] *m* cervelet *m*
cerebro [θe'reβro] *m* cerveau *m*
ceremonia [θere'monja] *f* cérémonie *f*
ceremonioso, sa [θeremo'njoso, sa] *adj* solennel(elle)
cereza [θe'reθa] *f* cerise *f*
cerezo [θe'reθo] *m* cerisier *m*
cerilla [θe'riʎa] *f* allumette *f*
cerillo [θe'riʎo] *m (CAm & Méx)* allumette *f*
cero ['θero] *adj inv & m* zéro ● **cinco grados bajo cero** moins cinq (degrés) ● **cinco grados sobre cero** plus cinq (degrés) ● **empatados a cero** zéro partout ● **seis a cero** six à zéro ● **ser un cero a la izquierda** *(fam)* être un zéro
cerquillo [θer'kiʎo] *m (Amér)* frange *f (de cheveux)*
cerrada [θe'raða] *f (Amér)* impasse *f*
cerrado, da [θe'raðo, ða] *adj* **1.** *(espacio, local)* fermé(e) **2.** *(introvertido)* renfermé(e) **3.** *(intransigente)* borné(e) **4.** *(acento, habla)* prononcé(e) ▼ **cerrado por vacaciones** fermé pour congé
cerradura [θera'ðura] *f* serrure *f*
cerrajería [θeraxe'ria] *f* serrurerie *f*
cerrajero, ra [θera'xero, ra] *m* serrurier *m*
cerrar [θe'rar] *vt* **1.** fermer **2.** *(acto, debate)* clore **3.** *(paso, acceso)* barrer **4.** *(pacto, trato)* conclure ◇ *vi* fermer ● **cerrar el desfile** fermer la marche ◆ **cerrarse** *vp (en uno mismo)* se renfermer ◆ **cerrarse a** *v prep* être fermé(e) à
cerro ['θero] *m* colline *f*
cerrojo [θe'roxo] *m* verrou *m*
certamen [θer'tamen] *m* concours *m*
certeza [θer'teθa] *f* certitude *f* ● **tener la certeza de que** avoir la certitude que
certidumbre [θerti'ðumbre] *f* certitude *f*
certificado, da [θertifi'kaðo, ða] *adj (carta, paquete)* recommandé(e) ◇ *m* certificat *m* ● **enviar algo certificado** envoyer qqch en recommandé
certificar [θertifi'kar] *vt* **1.** *(documento)* certifier **2.** *(carta, paquete)* envoyer en recommandé

cervecería [θerβeθe'ria] *f* brasserie *f*
cerveza [θer'βeθa] *f* bière *f* • **cerveza sin alcohol** bière sans alcool • **cerveza de barril** (bière à la) pression *f* • **cerveza negra** bière brune
cesar [θe'sar] *vi* cesser ◇ *vt* • **cesar a alguien de** démettre qqn de • **(no) cesar de** (ne pas) cesser de • **sin cesar** sans cesse
cesárea [θe'sarea] *f* césarienne *f*
cese ['θese] *m* **1.** *(de empleo, cargo)* renvoi *m* **2.** *(de actividad)* cessation *f*
cesión [θe'sjon] *f* cession *f*
césped ['θespeð] *m* pelouse *f*
cesta ['θesta] *f* panier *m* • **cesta de la compra** panier de la ménagère
cesto ['θesto] *m* corbeille *f*
cetro ['θetro] *m* sceptre *m*
cg (*abr escrita de centígramo*) cg *(centigramme)*
chabacano, na [tʃaβa'kano, na] *adj* vulgaire ◇ *m* **1.** *(Méx)* *(fruto)* abricot *m* **2.** *(árbol)* abricotier *m*
chabola [tʃa'βola] *f* baraque *f*
chacarero, ra [tʃaka'rero, ra] *m, f* *(Andes & RP)* **1.** *(agricultor)* fermier *m*, -ère *f* **2.** *(hablador)* bavard *m*, -e *f*
chacha ['tʃatʃa] *f* **1.** *(fam)* *(criada)* bonne *f* **2.** *(niñera)* bonne *f* d'enfants
cháchara ['tʃatʃara] *f* *(fam)* papotage *m*
chacolí [tʃako'li] *m* *vin léger du Pays basque*
chacra ['tʃakra] *f* *(Andes & RP)* ferme *f*
chafar [tʃa'far] *vt* **1.** *(aplastar)* écraser **2.** *(plan, proyecto)* gâcher **3.** *(fam)* *(desmoralizar)* saper le moral à
chal ['tʃal] *m* châle *m*
chalado, da [tʃa'laðo, ða] *adj* *(fam)* dingue • **estar chalado por** être dingue de
chalé [tʃa'le] *m* pavillon *m*
chaleco [tʃa'leko] *m* gilet *m* • **chaleco salvavidas** gilet de sauvetage
chamaco, ca [tʃa'mako, ka] *m, f* *(CAm & Méx)* gamin *m*, -e *f*
chamba ['tʃamba] *f* *(Méx & Ven)* *(fam)* boulot *m*
chambear [tʃambe'ar] *vi* *(Méx & Ven)* *(fam)* bosser
champán [tʃam'pan] *m* champagne *m*
champiñón [tʃampi'ɲon] *m* champignon *m* de Paris • **champiñones con jamón** champignons au jambon
champú [tʃam'pu] *m* shampooing *m*
champurrado [tʃampu'raðo] *m* *(Amér)* *boisson à base de farine de maïs*
chamuscado, da [tʃamus'kaðo, ða] *adj* roussi(e)
chamuscarse [tʃamus'karse] *vp* roussir
chamusquina [tʃamus'kina] *f* roussi *m* • **oler a chamusquina** *(fam)* sentir le roussi
chance ['tʃanθe] *f* *(Amér)* possibilité *f*, occasion *f*
chanchada [tʃan'tʃaða] *f* *(Andes & CSur)* **1.** *(fig)* *(grosería)* grossièreté *f* **2.** *(porquería)* cochonnerie *f*
chancho ['tʃantʃo] *m* *(Andes, CAm & CSur)* cochon *m*
chanclas [tʃan'klas] *fpl* **1.** *(para la playa)* tongs *fpl* **2.** *(pantuflas)* pantoufles *fpl*, chaussons *mpl*
chancletas [tʃan'kletas] *fpl* tongs *fpl*
chanclos ['tʃanklos] *mpl* **1.** *(de madera)* sabots *mpl* **2.** *(de goma)* caoutchoucs *mpl* *(enfilés sur les chaussures)*
chándal ['tʃandal] *m* *(Esp)* survêtement *m*

changarro [tʃan'garo] *m* (*Méx*) petit magasin *m*
chantaje [tʃan'taxe] *m* chantage *m*
chantajista [tʃanta'xista] *mf* maître-chanteur *m*
chapa ['tʃapa] *f* **1.** *(de metal, madera)* plaque *f* **2.** *(de botella)* capsule *f* **3.** (*Amér*) *(cerradura)* serrure *f*
chapado, da [tʃa'paðo, ða] *adj (reloj, pulsera)* plaqué(e) ● **chapado a la antigua** *(anticuado)* vieux jeu
chapapote [tʃapa'pote] *m* galette *f* de pétrole
chapar [tʃa'paɾ] *vt* plaquer
chaparrón [tʃapa'ron] *m* averse *f*
chapopote [tʃa'popote] *m* (*Carib* & *Méx*) goudron *m*
chapucería [tʃapuθe'ria] *f* travail *m* bâclé
chapucero, ra [tʃapu'θero, ra] *adj (trabajo, obra)* bâclé(e) ● **no seas chapucero** ne bâcle pas ton travail
chapulín [tʃa'puθin] *m* (*CAm* & *Méx*) sauterelle *f*
chapuza [tʃa'puθa] *f* **1.** *(trabajo mal hecho)* travail *m* bâclé **2.** *(trabajo ocasional)* bricolage *m*
chaqué [tʃa'ke] *m* jaquette *f*
chaqueta [tʃa'keta] *f* veste *f*
chaquetilla [tʃake'tiʎa] *f* spencer *m*
chaquetón [tʃake'ton] *m* trois-quarts *m*
charca ['tʃarka] *f* mare *f*
charco ['tʃarko] *m* flaque *f* (d'eau)
charcutería [tʃarkute'ria] *f* charcuterie *f (magasin)*
charla ['tʃarla] *f* **1.** *(conversación)* discussion *f* **2.** *(conferencia)* exposé *m* **3.** *INFORM* chat *m*
charlar [tʃar'laɾ] *vi* **1.** bavarder **2.** *INFORM* chatter
charlatán, ana [tʃarla'tan, ana] *adj* bavard(e)
charnego, ga [tʃar'neɣo, ɣa] *m, f* (*despec*) *en Catalogne, immigrant(e) venant d'une autre région d'Espagne*
charola [tʃa'rola] *f* (*Méx*) plateau *m*
charro ['tʃaro] *adj* (*Méx*) typique des cavaliers mexicains ◇ *m* (*Méx*) cavalier *m* mexicain
chárter ['tʃarteɾ] *m inv* charter *m*
chasco ['tʃasko] *m* **1.** *(decepción)* déception *f* **2.** *(broma)* tour *m*
chasis ['tʃasis] *m inv* châssis *m*
chat ['tʃat] (*pl* **chats** ['tʃats]) *m INFORM* chat *m*, forum *m* de discussion ● **un chat de política/gastronomía** un forum de discussion sur la politique/gastronomie
chatarra [tʃa'tara] *f* ferraille *f*
chatarrero, ra [tʃata'rero, ra] *m, f* ferrailleur *m*
chatear [tʃate'ar] *vi INFORM* chatter
chato, ta ['tʃato, ta] *adj* **1.** *(persona)* au nez camus **2.** *(nariz)* aplati(e) ◇ *m, f (apelativo)* mon chou *mf* ◇ *m (de vino)* petit verre *m*
chau ['tʃau̯] *interj* (*Andes* & *RP*) tchao !
chaucha ['tʃau̯tʃa] *f* (*Amér*) **1.** *(patata)* pomme *f* de terre nouvelle **2.** *(vaina)* cosse *f* **3.** *(moneda)* petite monnaie *f*
chavo, va ['tʃaβo, βa] *m, f* (*Méx*) (*fam*) mec *m*, nana *f*
che ['tʃe] *interj* (*RP*) eh !
chef ['tʃef] *m* chef *m*
chele, a ['tʃele, a] *adj* (*CAm*) *(de cabello claro)* blond(e)

cheque ['tʃeke] *m* chèque *m* • **cheque de viaje** chèque de voyage, traveller's cheque *m inv*
chequeo [tʃe'keo] *m (médico)* bilan *m* de santé
chequera [tʃe'kera] *f (Amér)* carnet *m* de chèques
chévere ['tʃeβere] *adj (Andes & Carib) (fam)* super
chic ['tʃik] *adj inv* chic
chica ['tʃika] *f (criada)* bonne *f*, ➤ **chico**
chicha ['tʃitʃa] *f* **1.** *(fam) (para comer)* bidoche *f* **2.** *(fam) (de persona)* graisse *f* **3.** *(Andes) (bebida) boisson alcoolisée à base de maïs*
chícharo ['tʃitʃaro] *m (CAm & Méx)* petit pois *m*
chicharrones [tʃitʃa'rones] *mpl* ≃ rillons *mpl*
chiche ['tʃitʃe] *m (Amér) (chuchería)* bibelot *m* ◇ *f (Amér) (fam) (teta)* néné *m*
chichón [tʃi'tʃon] *m* bosse *f*
chicle ['tʃikle] *m* chewing-gum *m*
chico, ca ['tʃiko, ka] *adj* petit(e) ◇ *m, f* garçon *m*, fille *f*
chicote [tʃi'kote] *m (Amér)* **1.** *(látigo)* fouet *m* **2.** *(colilla)* mégot *m*
chifa ['tʃifa] *m (Perú) restaurant chinois*
chiflado, da [tʃi'flaðo, ða] *adj (fam)* cinglé(e)
chiflar [tʃi'flar] *vt (fam) (encantar)* adorer, raffoler de ◇ *vi (fam) (silbar)* siffler • **me chiflan los pasteles** j'adore les gâteaux ♦ **chiflarse por** *v prep (fam)* **1.** *(algo)* s'emballer pour **2.** *(alguien)* être fou (folle) de
chiflido [tʃi'fliðo] *m (Amér)* sifflement *m*
Chile ['tʃile] *s* Chili *m*
chileno, na [tʃi'leno, na] *adj* chilien(enne) ◇ *m, f* Chilien *m*, -enne *f*
chillar [tʃi'ʎar] *vi* crier
chillido [tʃi'ʎiðo] *m* cri *m*
chillón, ona [tʃi'ʎon, ona] *adj* criard(e)
chimenea [tʃime'nea] *f* cheminée *f*
chimpancé [tʃimpan'θe] *m* chimpanzé *m*
china ['tʃina] *f* **1.** *(piedra)* caillou *m* **2.** *(Amér) (criada)* bonne *f* • **me tocó la china** *(fam)* c'est tombé sur moi ➤ **chino**
China ['tʃina] *f* • **(la) China** (la) Chine
chinche ['tʃintʃe] *f* punaise *f (insecte)* ◇ *adj* enquiquineur(euse)
chincheta [tʃin'tʃeta] *f* punaise *f (clou)*
chinchín [tʃin'tʃin] *m (sonido)* flonflon *m* ◇ *interj* tchin-tchin !
chingado, da [tʃin'gaðo, ða] *adj (Méx) (vulg)* foutu(e)
chingar [tʃin'gar] *vt (Méx) (vulg)* baiser
chino, na ['tʃino, na] *adj* chinois(e) ◇ *m, f* Chinois *m*, -e *f* ◇ *m* **1.** *(lengua)* chinois *m* **2.** *(Méx) (mestizo)* métis *m*, -isse *f*
chip ['tʃip] *m INFORM* puce *f*
chipirón [tʃipi'ron] *m* petit calamar *m* • **chipirones en su tinta** *calamars dans une sauce faite avec leur encre*
chirimoya [tʃiri'moja] *f* annone *f*
chiripá [tʃiri'pa] *m (Bol & CSur) (de gaucho) culotte des gauchos faite d'une couverture*
chirucas [tʃi'rukas] *fpl* bottes *fpl* de toile
chisme ['tʃizme] *m* **1.** *(habladuría)* commérage *m* **2.** *(fam) (objeto, aparato)* truc *m*
chismoso, sa [tʃiz'moso, sa] *adj* cancanier(ère)

chispa ['tʃispa] *f* **1.** *(de fuego, electricidad)* étincelle *f* **2.** *(gracia, ingenio)* esprit *m* **3.** *(pizca)* pincée *f*

chiste ['tʃiste] *m* histoire *f* drôle

chistorra [tʃis'tora] *f saucisson typique d'Aragon et de Navarre*

chistoso, sa [tʃis'toso, sa] *adj* drôle

chivarse [tʃi'βarse] *vp (fam)* moucharder

chivatazo [tʃiβa'taθo] *m (fam)* mouchardage *m*

chivato, ta [tʃi'βato, ta] *m, f (fam)* mouchard *m*, -e *f* ◇ *m (Amér)* **1.** *(hombre)* ponte *m* **2.** *(aprendiz)* apprenti *m*

chocar [tʃo'kar] *vi* **1.** *(coche, camión)* se heurter **2.** *(sorprender)* choquer **3.** *(discrepar)* être incompatible **4.** *(discutir)* s'accrocher **5.** *(copas, vasos)* s'entrechoquer ◇ *vt (la mano)* taper dans

chocho, cha ['tʃotʃo, tʃa] *adj* **1.** *(viejo)* gâteux(euse) **2.** *(fam) (encariñado)* gaga ◇ *m (vulg) (vulva)* chatte *f*

choclo ['tʃoklo] *f (CSur & Perú)* maïs *m*

chocolate [tʃoko'late] *m* chocolat *m*

chocolatería [tʃokolate'ria] *f (establecimiento)* chocolatier *m*

chocolatina [tʃokola'tina] *f* barre *f* chocolatée

chófer ['tʃofer] *m* chauffeur *m*

chollo ['tʃoʎo] *m (fam)* **1.** *(trabajo, situación)* bon plan *m* **2.** *(producto, compra)* occase *f*

chomba ['tʃomba] *f (Andes & Arg)* pull *m*

chompa ['tʃompa] *f (Andes)* pull *m*

chongo ['tʃongo] *m (Méx)* chignon *m*

chopo ['tʃopo] *m* peuplier *m* noir

choque ['tʃoke] *m* **1.** *(colisión)* choc *m* **2.** *(pelea, riña)* accrochage *m*

chorizo [tʃo'riθo] *m* **1.** *(embutido)* chorizo *m* **2.** *(Esp) (fam) (ladrón)* voleur *m*

choro ['tʃoro] *m (Andes)* moule *f*

chorrada [tʃo'raða] *f (fam)* bêtise *f*

chorrear [tʃore'ar] *vi* goutter

chorro ['tʃoro] *m* jet *m* ● **a chorros** à flots

choto, ta ['tʃoto, ta] *m, f* chevreau *m*, chevrette *f*

choza ['tʃoθa] *f* hutte *f*

christmas ['krizmas] *m inv* carte *f* de vœux *(de Noël)*

chubasco [tʃu'βasko] *m* averse *f*

chubasquero [tʃuβas'kero] *m* ciré *m*

chúcaro, ra ['tʃukaro, ra] *adj (Andes & RP)* sauvage

chuchería [tʃutʃe'ria] *f* **1.** *(golosina)* friandise *f* **2.** *(trivialidad)* babiole *f*

chucho, cha ['tʃutʃo, tʃa] *m, f (fam) (perro)* cabot *m*

chueco, ca ['tʃueko, ka] *adj (Amér)* **1.** *(torcido)* tordu(e) **2.** *(patizambo)* qui a les jambes arquées

chufa ['tʃufa] *f* souchet *m (tubercule avec lequel on fait la "horchata")*

chuleta [tʃu'leta] *f (de examen)* antisèche *f* ● **chuleta de cerdo/de ternera** côte *f* de porc/de veau

chuletada [tʃule'taða] *f repas à base de grillades*

chuletón [tʃule'ton] *m* côte *f* de bœuf

chulo, la ['tʃulo, la] *adj* **1.** *(engreído)* crâneur(euse) **2.** *(fam) (bonito)* chouette ◇ *m (de prostituta)* maquereau *m*

chumbera [tʃum'bera] *f* figuier *m* de Barbarie

chupado, da [tʃu'paðo, ða] *adj* **1.** *(fig) (flaco)* squelettique **2.** *(fam) (fácil)* fastoche • **está chupado** *(fam)* c'est du tout cuit

chupar [tʃu'par] *vt* **1.** *(caramelo, fruta)* sucer **2.** *(suj: esponja, papel)* absorber **3.** *(arruinar)* soutirer

chupe ['tʃupe] *m* *(Andes & Arg)* ragoût *m* • **chupe de camarones** *soupe épaisse à base de pommes de terre et de crevettes*

chupete [tʃu'pete] *m* tétine *f*

chupito [tʃu'pito] *m* *(de licor)* gorgée *f*

churrasco [tʃu'rasko] *m* grillade *f*

churrería [tʃure'ria] *f* *commerce de "churros"*

churro ['tʃuro] *m* **1.** *long beignet cylindrique* **2.** *(fam) (cosa mal hecha)* travail *m* bâclé

chusma ['tʃuzma] *f* racaille *f*

chutar [tʃu'tar] *vt* **1.** *(lanzar)* shooter **2.** *(fam) (funcionar)* marcher • **esto va que chuta** *(fam)* ça marche comme sur des roulettes

chute ['tʃute] *m* *(fam) (de heroína)* shoot *m*

Cía ['θia] *(abr de compañía)* Cie *(compagnie)*

cibercafé [θiβerka'fe] *m* cybercafé *m*, webcafé *m*

cibercrimen [θiβer'krimen] *m* cybercrime *m*

ciberespacio [θiβeres'paθio] *m* cyberespace *m*

cibernauta [θiβer'nauta] *mf* cybernaute *mf*

cibersexo [θiβer'sekso] *m* cybersexe *m*

cibertienda [θiβer'tienda] *f* boutique *f* virtuelle

cicatriz, ces [θika'triθ, θes] *f* cicatrice *f*

cicatrizar [θikatri'θar] *vi* cicatriser ◆ **cicatrizarse** *vp* se cicatriser

ciclismo [θi'klizmo] *m* cyclisme *m*

ciclista [θi'klista] *mf* cycliste *mf*

ciclo ['θiklo] *m* cycle *m*

ciclomotor [θiklomo'tor] *m* cyclomoteur *m*

ciclón [θi'klon] *m* cyclone *m*

ciego, ga ['θieγo, γa] *m, f* aveugle *mf* ◇ *adj* • **ciego de** aveuglé par

cielo ['θielo] *m* **1.** ciel *m* **2.** *(de casa, habitación)* plafond *m* • **¡cielo!** *(apelativo)* mon ange ! • **como llovido del cielo** *(fig) (inesperadamente)* à pic ◆ **cielos** *interj* ciel !

ciempiés [θiem'pies] *m inv* mille-pattes *m inv*

cien ['θien] *núm* cent ➤ **ciento**

ciencia ['θienθia] *f* science *f* • **ciencia ficción** science-fiction *f* ◆ **ciencias** *fpl* *(en educación)* sciences *fpl* • **ciencias económicas/naturales** sciences économiques/naturelles

cienciología [θienθiolo'xia] *f* scientologie *f*

científico, ca [θien'tifiko, ka] *adj & m, f* scientifique

ciento ['θiento] *núm* cent • **por ciento** pour cent

cierre ['θiere] *m* **1.** fermeture *f* **2.** *(de negociación, trato)* conclusion *f* **3.** *(de actividad, acto)* clôture *f* • **cierre relámpago** *(Amér)* fermeture *f* Éclair®

cierto, ta ['θierto, ta] *adj* certain(e) • **por cierto** au fait

ciervo, va ['θierβo, βa] *m, f* cerf *m*, biche *f*

CIF ['θif] (*abr de código de identificación fiscal*) *m code d'identification fiscale attribué à toute personne physique ou morale ayant des activités commerciales*

cifra ['θifra] *f* chiffre *m*

cigala [θi'ɣala] *f* langoustine *f*

cigarra [θi'ɣara] *f* cigale *f*

cigarrillo [θiɣa'riʎo] *m* cigarette *f*

cigarro [θi'ɣaro] *m* **1.** *(cigarrillo)* cigarette *f* **2.** *(habano)* cigare *m*

cigüeña [θi'ɣu̯eɲa] *f* cigogne *f*

cilindrada [θilin'draða] *f* cylindrée *f*

cilíndrico, ca [θi'lindriko, ka] *adj* cylindrique

cilindro [θi'lindro] *m* cylindre *m*

cima ['θima] *f* cime *f*

cimientos [θi'mi̯entos] *mpl* **1.** *(de edificio)* fondations *fpl* **2.** *(principio, raíz)* bases *fpl*

cinco ['θinko] *adj inv* & *m* cinq ◇ *mpl* cinq ◇ *fpl* • **las cinco** cinq heures • **doscientos cinco** deux cent cinq • **treinta y cinco** trente-cinq • **de cinco en cinco** cinq par cinq • **empatados a cinco** cinq partout • **los cinco** les cinq • **cinco a cero** cinq à zéro

cincuenta [θin'ku̯enta] *núm* cinquante

cine ['θine] *m* cinéma *m*

cineasta [θine'asta] *mf* cinéaste *mf*

cinematografía [θinematoɣra'fia] *f* cinématographie *f*

cinematográfico, ca [θinemato'ɣrafiko, ka] *adj* cinématographique

cínico, ca ['θiniko, ka] *adj* cynique

cinismo [θi'nizmo] *m* cynisme *m*

cinta ['θinta] *f* **1.** *(de tela)* ruban *m* **2.** *(de imagen, sonido)* cassette *f* **3.** *(para medir)* mètre *m* ruban • **cinta aislante** gaine *f* isolante • **cinta magnética** bande *f* magnétique

cintura [θin'tura] *f* **1.** *(de persona)* taille *f* **2.** *(de vestido)* ceinture *f*

cinturón [θintu'ron] *m* ceinture *f* • **cinturón de seguridad** ceinture de sécurité

cipote, ta [θi'pote, ta] *m, f (Amér) (muchacho)* gamin *m*, -e *f* ◇ *adj (rechoncho)* rondouillard(e)

ciprés [θi'pres] *m* cyprès *m*

circo ['θirko] *m* cirque *m*

circuito [θir'ku̯ito] *m* circuit *m* • **circuito eléctrico** circuit électrique

circulación [θirkula'θi̯on] *f* circulation *f*

circular [θirku'lar] *adj* circulaire ◇ *f* circulaire *f* ◇ *vi* circuler

círculo ['θirkulo] *m* cercle *m* • **círculo polar** cercle polaire

circunferencia [θirkunfe'renθi̯a] *f* circonférence *f*

circunscribir [θirkunskri'βir] *vt* circonscrire • **circunscribir algo a** limiter qqch à

circunstancia [θirkuns'tanθi̯a] *f* circonstance *f*

circunstancial [θirkunstan'θi̯al] *adj* fortuit(e)

cirio ['θiri̯o] *m* cierge *m*

cirrosis [θi'rosis] *f inv* cirrhose *f*

ciruela [θi'ru̯ela] *f* prune *f*

ciruelo [θi'ru̯elo] *m* prunier *m*

cirugía [θiru'xia] *f* chirurgie *f* • **cirugía plástica** chirurgie plastique

cirujano, na [θiru'xano, na] *m, f* chirurgien *m*, -enne *f*

cisma ['θizma] *m* schisme *m*

cisne ['θizne] *m* cygne *m*

cisterna [θis'terna] *f* citerne *f*

cita ['θita] *f* **1.** *(encuentro)* rendez-vous *m* **2.** *(de frase, texto)* citation *f* • **apuntar una cita** noter un rendez-vous • **tener (una) cita** avoir un rendez-vous
citación [θita'θi̯on] *f (de juez)* citation *f*
citar [θi'tar] *vt* citer ◆ **citarse** *vp* se donner rendez-vous
cítrico, ca ['θitriko, ka] *adj* citrique ◆ **cítricos** *mpl* agrumes *mpl*
ciudad [θi̯u'ðað] *f* ville *f*
ciudadanía [θi̯uðaða'nia] *f* citoyenneté *f*
ciudadano, na [θi̯uða'ðano, na] *adj* citadin(e) ◇ *m, f* **1.** *(habitante)* citadin *m*, -e *f* **2.** *(súbdito)* citoyen *m*, -enne *f*
cívico, ca ['θiβiko, ka] *adj* civique
civil [θi'βil] *adj* civil(e)
civilización [θiβiliθa'θi̯on] *f* civilisation *f*
civilizado, da [θiβili'θaðo, ða] *adj* civilisé(e)
civismo [θi'βizmo] *m* **1.** *(cortesía)* civilité *f* **2.** *(urbanidad)* civisme *m*
cl (*abr escrita de centilitro*) cl *(centilitre)*
clan ['klan] *m* clan *m*
clara ['klara] *f (de huevo)* blanc *m* ➤ **claro**
claraboya [klara'βoja] *f* lucarne *f*
clarear [klare'ar] *vt* éclaircir ◇ *vi* **1.** *(día)* poindre **2.** *(cielo)* s'éclaircir • **al clarear el día** au point du jour
claridad [klari'ðað] *f* clarté *f*
clarinete [klari'nete] *m* clarinette *f*
clarividencia [klariβi'ðenθi̯a] *f* clairvoyance *f*
claro, ra ['klaro, ra] *adj* clair(e) ◇ *m* clairière *f* ◇ *adv (hablar)* clairement ◇ *interj* bien sûr ! • **poner** o **sacar en claro** tirer au clair
clase ['klase] *f* **1.** classe *f* **2.** *(variedad, tipo)* sorte *f* **3.** *(enseñanza, lección)* cours *m* • **clase media** classe moyenne • **clase preferente** classe affaires • **clase turista** classe éco(nomique) • **de primera clase** de première catégorie
clásico, ca ['klasiko, ka] *adj* classique
clasificación [klasifika'θi̯on] *f* classement *m*
clasificador, ra [klasifika'ðor, ra] *adj* classificateur(trice) ◇ *m* classeur *m*
clasificar [klasifi'kar] *vt* classer ◆ **clasificarse** *vp (en competición)* se qualifier
claudicar [klau̯ði'kar] *vi* abandonner
claustro ['klau̯stro] *m* cloître *m* • **claustro de profesores** conseil *m* de classe
claustrofobia [klau̯stro'foβi̯a] *f* claustrophobie *f*
cláusula ['klau̯sula] *f* clause *f*
clausura [klau̯'sura] *f* clôture *f*
clausurar [klau̯su'rar] *vt* **1.** *(acto, curso, celebración)* clôturer **2.** *(local, establecimiento)* fermer
clavadista [kla'βaðista] *mf* (*CAm & Méx*) plongeur *m*, -euse *f*
clavado, da [kla'βaðo, ða] *adj (en punto)* sonnant(e) • **ser clavado a alguien** être la copie conforme de qqn
clavar [kla'βar] *vt* **1.** *(clavo, palo)* planter **2.** *(sujetar)* clouer **3.** *(ojos, mirada)* fixer **4.** *(fam) (en el precio)* arnaquer
clave ['klaβe] *f* **1.** *(explicación, solución)* clef *f*, clé *f* **2.** *(de acceso)* code *m* ◇ *adj inv* clef, clé
clavel [kla'βel] *m* œillet *m*
clavícula [kla'βikula] *f* clavicule *f*
clavija [kla'βixa] *f (de enchufe, teléfono)* fiche *f*

clavo ['klaβo] *m* **1.** *(para sujetar)* clou *m* **2.** *(especia)* clou *m* de girofle • **dar en el clavo** mettre dans le mille
claxon® ['klakson] *m* Klaxon® *m*
cleptomanía [kleptoma'nia] *f* kleptomanie *f*
clérigo ['kleriɣo] *m* prêtre *m*
clero ['klero] *m* clergé *m*
clic ['klik] *m* clic *m* • **clic con el botón derecho/izquierdo** clic droit/gauche • **doble clic** double-clic • **hacer clic** cliquer • **hacer doble clic** double-cliquer
clicar [kli'kar], **cliquear** [klike'ar] *vi* cliquer • **para salir del programa, clica en "cerrar"** pour quitter le programme, cliquez sur "fermer"
cliché [kli'tʃe] *m* cliché *m*
cliente ['kljente] *mf* client *m*, -e *f* • **buen cliente** bon client
clima ['klima] *m* climat *m*
climático, ca [kli'matiko, ka] *adj* climatique
climatizado, da [klimati'θaðo, ða] *adj* climatisé(e)
climatología [klimatolo'xia] *f* climatologie *f*
clímax ['klimaks] *m inv* point *m* culminant
clínica ['klinika] *f* clinique *f*
clínico, ca ['kliniko, ka] *adj* clinique
clip ['klip] *m* **1.** *(para papeles)* trombone *m* **2.** *(para pelo)* pince *f* **3.** *(pendiente)* clip *m*
cliquear = **clicar**
cloaca [klo'aka] *f* égout *m*
clonación [klona'θjon] *f* clonage *m* • **clonación terapéutica** clonage thérapeutique
cloro ['kloro] *m* chlore *m*
clorofila [kloro'fila] *f* chlorophylle *f*
club ['kluβ] *m* club *m*
cm (*abr escrita de centímetro*) cm *(centimètre)*
coacción [koak'θjon] *f* pression *f*
coaccionar [koakθjo'nar] *vt* • **coaccionar a alguien a o para que haga algo** faire pression sur quelqu'un pour lui faire faire qqch
coartada [koar'taða] *f* alibi *m*
coba ['koβa] *f* • **dar coba a alguien** *(fam)* lécher les bottes de qqn
cobarde [ko'βarðe] *adj* & *mf* lâche
cobardía [koβar'ðia] *f* lâcheté *f*
cobertizo [koβer'tiθo] *m* auvent *m*
cobija [ko'βixa] *f* *(Amér)* couverture *f*
cobijar [koβi'xar] *vt* **1.** *(albergar)* héberger **2.** *(proteger)* abriter ♦ **cobijarse** *vp* *(resguardarse)* s'abriter
cobra ['koβra] *f* cobra *m*
cobrador, ra [koβra'ðor, ra] *m, f* **1.** *(de autobús)* receveur *m*, -euse *f* **2.** *(de facturas, recibos)* encaisseur *m*
cobrar [ko'βrar] *vt* **1.** *(dinero)* toucher **2.** *(importancia)* prendre • **cobrar fama** devenir célèbre
cobre ['koβre] *m* cuivre *m* • **no tener un cobre** *(Amér)* ne pas avoir un sou
cobro ['koβro] *m* encaissement *m* • **a cobro revertido** en PCV
coca ['koka] *f* **1.** *(planta)* coca *f* **2.** *(fam)* *(cocaína)* coke *f*
cocaína [koka'ina] *f* cocaïne *f*
cocainómano, na [kokai̯'nomano, na] *m, f* cocaïnomane *mf*
cocción [kok'θjon] *f* cuisson *f*
cocear [koθe'ar] *vi* ruer

cocer [ko'θer] *vt* cuire ◇ *vi (hervir)* bouillir ◆ **cocerse** *vp* 1. *(comida)* cuire 2. *(fig) (plan)* se tramer

cochayuyo [kotʃa'jujo] *m (Amér) algue comestible de couleur noire*

coche ['kotʃe] *m* voiture *f* ● **coche de alquiler** voiture de location ● **coche cama** wagon-lit *m* ● **coche restaurante** wagon-restaurant *m*

cochinillo [kotʃi'niʎo] *m* ● **cochinillo asado** cochon *m* de lait rôti

cochino, na [ko'tʃino, na] *adj* dégoûtant(e) ◇ *m, f (animal)* cochon *m*, truie *f*

cocido, da [ko'θiðo, ða] *adj* cuit(e) ◇ *m pot-au-feu aux pois chiches* ● **cocido madrileño** *pot-au-feu aux pois chiches et aux vermicelles*

cocina [ko'θina] *f* 1. cuisine *f* 2. *(aparato)* cuisinière *f* ● **cocina de gas/de butano** cuisinière à gaz/à gaz butane ● **cocina eléctrica** cuisinière électrique

cocinar [koθi'nar] *vt & vi* cuisiner

cocinero, ra [koθi'nero, ra] *m, f* cuisinier *m*, -ère *f*

coco ['koko] *m* 1. *(fruto)* noix *f* de coco 2. *(árbol)* cocotier *m* 3. *(fam) (cabeza)* caboche *f*

cocodrilo [koko'ðrilo] *m* crocodile *m*

cocotero [koko'tero] *m* cocotier *m*

cóctel ['koktel] *m* cocktail *m*

coctelera [kokte'lera] *f* shaker *m*

codazo [ko'ðaθo] *m* coup *m* de coude

codiciar [koði'θjar] *vt* convoiter

codificado, da [koðifi'kaðo, ða] *adj* 1. *(mensaje, texto)* codé(e) 2. *(ley)* codifié(e)

código ['koðiɣo] *m* code *m* ● **código de acceso** code d'accès ● **código de barras** code-barres *m* ● **código penal** code pénal ● **código PIN** code PIN ● **código postal** code postal

codo ['koðo] *m* coude *m* ● **codo a codo** coude à coude

codorniz, ces [koðor'niθ, θes] *f* caille *f*

coeficiente [koefi'θjente] *m* coefficient *m* ● **coeficiente intelectual** quotient *m* intellectuel

coetáneo, a [koe'taneo, a] *adj* contemporain(e)

coexistencia [koeksis'tenθja] *f* coexistence *f*

coexistir [koeksis'tir] ◆ **coexistir con** *v prep* coexister avec

cofia ['kofja] *f* coiffe *f*

cofradía [kofra'ðia] *f* 1. *(no religiosa)* corporation *f* 2. *(religiosa)* confrérie *f*

cofre ['kofre] *m* coffre *m*

coger [ko'xer] *vt* 1. *(objeto, transporte)* prendre 2. *(animal, enfermedad)* attraper 3. *(frutos)* cueillir 4. *(suj: coche)* renverser 5. *(suj: toro)* encorner 6. *(captar, entender)* saisir 7. *(Amér) (vulg) (fornicar)* baiser ◇ *vi* 1. *(planta, árbol)* prendre 2. *(haber espacio para)* rentrer ◆ **cogerse de** *v prep* s'accrocher à

cogida [ko'xiða] *f (de toro)* coup *m* de corne

cogollos [ko'ɣoʎos] *mpl* cœurs *mpl* de laitue

cogote [ko'ɣote] *m* nuque *f*

cohabitar [koaβi'tar] *vi (pareja)* vivre ensemble

coherencia [koe'renθja] *f* cohérence *f*

coherente [koe'rente] *adj* cohérent(e)

cohete [ko'ete] *m* fusée *f*

COI ['koi̯] *m* (*abr de Comité Olímpico Internacional*) CIO *m (Comité International Olympique)*
coima ['koi̯ma] *f* (*Andes & RP*) (*fam*) pot-de-vin *m*
coincidencia [koi̯nθi'ðenθi̯a] *f* coïncidence *f*
coincidir [koi̯nθi'ðir] *vi* coïncider ◆ **coincidir con** *v prep* **1.** *(estar de acuerdo)* être d'accord avec **2.** *(ocurrir en el mismo momento)* coïncider avec
coito ['koi̯to] *m* coït *m*
cojear [koxe'ar] *vi* **1.** *(persona)* boiter **2.** *(mueble)* être bancal(e)
cojín [ko'xin] *m* coussin *m*
cojo, ja ['koxo, xa] *adj* **1.** *(persona)* boiteux(euse) **2.** *(mueble)* bancal(e) ◇ *m, f* boiteux *m*, -euse *f*
cojón [ko'xon] *m* (*vulg*) couille *f* ◆ **cojones** *interj* (*vulg*) (*enfado*) bordel !
cojudear [koxuðe'ar] *vt* (*Amér*) (*fam*) déconner
cojudez [koxu'ðeθ] *f* (*Andes*) (*fam*) connerie *f*
cojudo, da [ko'xuðo, ða] *adj* (*Andes*) (*fam*) con *m*, conne *f*
cojudo, da [ko'xuðo, ða] *adj* (*Andes*) (*fam*) con *m*, conne *f*
col ['kol] *f* chou *m*
cola ['kola] *f* **1.** queue *f* **2.** *(de vestido)* traîne *f* **3.** *(para pegar)* colle *f* **4.** *(bebida)* Coca® *m* ● **cola de caballo** queue-de-cheval *f* ● **hacer cola** faire la queue ● **traer cola** (*fig*) avoir des suites
colaboración [kolaβora'θi̯on] *f* collaboration *f*
colaborador, ra [kolaβora'ðor, ra] *m, f* collaborateur *m*, -trice *f*
colaborar [kolaβo'rar] ◆ **colaborar en** *v prep* collaborer à
colada [ko'laða] *f* lessive *f*
colado, da [ko'laðo, ða] *adj* ● **estar colado por** (*fam*) en pincer pour
colador [kola'ðor] *m* passoire *f*
colar [ko'lar] *vt* **1.** *(líquido)* filtrer **2.** *(lo falso, lo ilegal)* passer ◇ *vi (mentira)* prendre ◆ **colarse** *vp* (*fam*) **1.** *(en una cola)* resquiller **2.** *(en cine, metro)* se faufiler **3.** *(equivocarse)* se planter
colcha ['koltʃa] *f* couvre-lit *m*
colchón [kol'tʃon] *m* matelas *m*
colchoneta [koltʃo'neta] *f* **1.** *(de playa)* matelas *m* pneumatique **2.** *(de gimnasio)* tapis *m* de sol
colección [kolek'θi̯on] *f* collection *f*
coleccionar [kolekθi̯o'nar] *vt* collectionner
coleccionista [kolekθi̯o'nista] *mf* collectionneur *m*, -euse *f*
colecta [ko'lekta] *f* collecte *f*
colectivo, va [kolek'tiβo, βa] *adj* collectif(ive) ◇ *m* **1.** *(grupo)* association *f* **2.** (*Andes*) *(autobús)* microbus *m*
colega [ko'leɣa] *mf* collègue *mf*
colegiado, da [kole'xi̯aðo, ða] *m, f* DEP arbitre *mf*
colegial, la [kole'xi̯al, la] *m, f* collégien *m*, -enne *f*
colegio [ko'lexi̯o] *m* **1.** *(de estudiantes)* école *f* **2.** *(de médicos)* ordre *m* ● **colegio profesional** association *f* professionnelle
cólera ['kolera] *m (enfermedad)* choléra *m* ◇ *f (sentimiento)* colère *f*
colérico, ca [ko'leriko, ka] *adj* colérique
colesterol [koleste'rol] *m* cholestérol *m*
coleta [ko'leta] *f* couette *f*

colgador [kolɣa'ðor] *m* étendoir *m*
colgar [kol'ɣar] *vt* **1.** pendre **2.** *(ropa mojada)* étendre **3.** *(cuadro)* accrocher **4.** *(teléfono)* raccrocher **5.** *(fam) (abandonar)* laisser tomber ◆ **colgarse** *vi INFORM* planter
coliflor [koli'flor] *f* chou-fleur *m*
colilla [ko'liʎa] *f* mégot *m*
colina [ko'lina] *f* colline *f*
colirio [ko'lirjo] *m* collyre *m*
colitis [ko'litis] *f inv* colite *f*
collage [ko'las] *m* collage *m*
collar [ko'ʎar] *m* collier *m*
collarín [koʎa'rin] *m* minerve *f*
colmado [kol'maðo] *m* épicerie *f*
colmar [kol'mar] *vt* remplir à ras bord ● **colmar a alguien de** combler qqn de
colmena [kol'mena] *f* ruche *f*
colmillo [kol'miʎo] *m* **1.** *(de persona)* canine *f* **2.** *(de elefante)* défense *f* **3.** *(de perro)* croc *m*
colmo ['kolmo] *m* comble *m*
colocación [koloka'θjon] *f* **1.** *(situación)* emplacement *m* **2.** *(empleo)* place *f*
colocado, da [kolo'kaðo, ða] *adj (fam)* **1.** *(drogado)* défoncé(e) **2.** *(bebido)* bourré(e)
colocar [kolo'kar] *vt* placer ● **colocar a alguien** *(proporcionar empleo)* placer qqn ◆ **colocarse** *vp (fam)* **1.** *(con drogas)* se défoncer la gueule **2.** *(con alcohol)* se bourrer la gueule
Colombia [ko'lombja] *s* Colombie *f*
colombiano, na [kolom'bjano, na] *adj* colombien(enne) ◇ *m, f* Colombien *m*, -enne *f*
colonia [ko'lonja] *f* **1.** *(grupo de personas, territorio)* colonie *f* **2.** *(perfume)* eau *f* de Cologne **3.** *(para niños)* colonie *f* de vacances **4.** *(Méx) (barrio)* quartier *m* ● **colonia proletaria** *(Méx)* bidonville *m* ● **ir de colonias** partir en colonie de vacances
colonización [koloniθa'θjon] *f* colonisation *f*
colonizar [koloni'θar] *vt* coloniser
colono, na [ko'lono, na] *m* colon *m (personne)*
coloquial [kolo'kjal] *adj* parlé(e) *(langue)*
coloquio [ko'lokjo] *m* colloque *m*
color [ko'lor] *m* **1.** couleur *f* **2.** *(aspecto)* jour *m* ● **en color** en couleurs
colorado, da [kolo'raðo, ða] *adj* rouge ● **ponerse colorado** rougir
colorante [kolo'rante] *m* colorant *m*
colorete [kolo'rete] *m* fard *m* à joues
colorido [kolo'riðo] *m* coloris *m* ● **tener colorido** *(animación)* être animé(e)
colosal [kolo'sal] *adj* colossal(e)
columna [ko'lumna] *f* colonne *f* ● **columna vertebral** colonne vertébrale
columpiarse [kolum'pjarse] *vp* se balancer
columpio [ko'lumpjo] *m* balançoire *f*
coma ['koma] *f* virgule *f* ◇ *m* coma *m* ● **estar en coma** être dans le coma
comadreja [koma'ðrexa] *f* belette *f*
comadrona [koma'ðrona] *f* sage-femme *f*
comandante [koman'dante] *mf* commandant *m*
comando [ko'mando] *m* commando *m*
comarca [ko'marka] *f* région *f*
comba ['komba] *f* corde *f* à sauter
combate [kom'bate] *m* combat *m*
combatir [komba'tir] *vi & vt* combattre

combinación [kombina'θjon] *f* combinaison *f* • **tener buena combinación** *(en el metro)* ne pas avoir beaucoup de changements à faire

combinado [kombi'naðo] *m* cocktail *m*

combinar [kombi'nar] *vt* combiner ◇ *vi* être assorti(e) • **combinar algo con** *(compaginar)* combiner qqch avec ♦ **combinar con** *v prep* être assorti(e) à

combustible [kombus'tiβle] *m* combustible *m*

combustión [kombus'tjon] *f* combustion *f*

comecocos [kome'kokos] *m inv* casse-tête *m inv*

comedia [ko'meðja] *f* comédie *f* • **hacer comedia** *(fam)* jouer la comédie

comediante [kome'ðjante] *mf* comédien *m*, -enne *f*

comedor [kome'ðor] *m* salle *f* à manger

comedura [kome'ðura] *f (fam)* • **comedura de coco** prise *f* de tête

comensal [komen'sal] *mf* convive *mf*

comentar [komen'tar] *vt* commenter

comentario [komen'tarjo] *m* commentaire *m*

comentarista [komenta'rista] *mf* commentateur *m*, -trice *f*

comenzar [komen'θar] *vt & vi* commencer ♦ **comenzar a** *v prep* commencer à

comer [ko'mer] *vt* manger ◇ *vi* **1.** manger **2.** *(al mediodía)* déjeuner • **invitar a alguien a comer** inviter qqn à déjeuner

comercial [komer'θjal] *adj* commercial(e) ◇ *m (Amér) TV* publicité *f* • **trabaja como comercial desde hace cinco años** il est commercial depuis cinq ans

comercializar [komerθjali'θar] *vt* commercialiser

comerciante [komer'θjante] *mf* commerçant *m*, -e *f*

comerciar [komer'θjar] ♦ **comerciar con** *v prep* commercer avec

comercio [ko'merθjo] *m* commerce *m* • **comercio electrónico** commerce électronique

comestible [komes'tiβle] *adj* comestible

cometa [ko'meta] *m* comète *f* ◇ *f* cerf-volant *m*

cometer [kome'ter] *vt* commettre

cometido [kome'tiðo] *m (encargo)* mission *f*

cómic ['komik] *m* bande *f* dessinée

comicios [ko'miθjos] *mpl (formal)* élections *fpl*

cómico, ca ['komiko, ka] *adj & m, f* comique

comida [ko'miða] *f* **1.** *(alimento)* nourriture *f* **2.** *(almuerzo, cena)* repas *m* • **comida casera** cuisine *f* familiale • **comida de negocios** déjeuner *m* d'affaires • **comidas para llevar** plats *mpl* à emporter • **comida rápida** restauration *f* rapide

comienzo [ko'mjenθo] *m* début *m* • **a comienzos del año** au début de l'année

comillas [ko'miʎas] *fpl* guillemets *mpl* • **entre comillas** entre guillemets

comilón, ona [komi'lon, ona] *adj & m, f (CSur & Esp) (fam)* gros mangeur (grosse mangeuse)

comilona [komi'lona] *f (fam)* gueuleton *m*

comino [ko'mino] *m* cumin *m* • **me importa un comino** *(fam)* je m'en fiche complètement

comisaría [komisa'ria] *f* commissariat *m*
comisario, ria [komi'sario, ria] *m, f* commissaire *m*
comisión [komi'sjon] *f* commission *f*
comisura [komi'sura] *f* commissure *f*
comité [komi'te] *m* comité *m*
comitiva [komi'tiβa] *f* cortège *m*
como [komo] *adv* **1.** comme • **haz como quieras** fais comme tu veux • **es tan alto como yo** il est aussi grand que moi • **como si** comme si **2.** *(aproximadamente)* à peu près • **me quedan como cincuenta euros** il me reste à peu près cinquante euros ◇ *conj* **1.** *(ya que)* comme • **como no llegabas nos fuimos** comme tu n'arrivais pas, nous sommes partis **2.** *(si)* si • **¡como vuelvas a hacerlo!** si jamais tu recommences !
cómo ['komo] *adv* **1.** comment • **¿cómo te llamas?** comment t'appelles-tu ? • **¿cómo?** comment ? **2.** *(exclamativo)* comme • **¡cómo pasa el tiempo!** comme le temps passe vite ! • **¡cómo no!** bien sûr ! ◇ *m* • **el cómo y el porqué** le comment et le pourquoi
cómoda ['komoða] *f* commode *f* ➤ **cómodo**
cómodamente [ˌkomoða'mente] *adv* confortablement
comodidad [komoði'ðað] *f* • **con comodidad** confortablement • **un hotel con todas las comodidades** un hôtel tout confort
comodín [komo'ðin] *m* *(en juegos)* joker *m*
cómodo, da ['komoðo, ða] *adj* **1.** *(confortable)* confortable **2.** *(práctico)* commode
comodón, ona [komo'ðon, ona] *adj* *(fam)* flemmard(e)
compa ['kompa] *mf* *(Amér)* *(fam)* copain *m*, copine *f*
compacto, ta [kom'pakto, ta] *adj* compact(e)
compadecer [kompaðe'θer] *vt* avoir pitié de • **te compadezco** je compatis
◆ **compadecerse de** *v prep* • **compadecerse de alguien** plaindre qqn
compadre [kompa'ðre] *m* *(CAm & Méx)* camarade *m*
compadrear [kompaðre'ar] *vi* *(RP)* *(fam)* crâner
compadreo [kompa'ðreo] *m* *(RP)* *(fam)* camaraderie *f*
compaginar [kompaxi'nar] *vt* • **compaginar algo con** concilier qqch avec
compañerismo [kompaɲe'rizmo] *m* camaraderie *f*
compañero, ra [kompa'ɲero, ra] *m, f* **1.** *(de juego, clase)* camarade *mf* **2.** *(de trabajo)* collègue *mf* **3.** *(amigo)* ami *m*, -e *f*
compañía [kompa'ɲia] *f* compagnie *f* • **de compañía** de compagnie • **hacer compañía** tenir compagnie
comparación [kompara'θjon] *f* comparaison *f*
comparar [kompa'rar] *vt* comparer
◆ **compararse con** *v prep* se comparer à
comparsa [kom'parsa] *f* **1.** *(de fiesta)* *groupe de personnes déguisées de la même manière pendant le carnaval et chantant des chansons satiriques* **2.** *(de teatro)* figurants *mpl* ◇ *mf* *(subalterno)* subalterne *mf*
compartimiento [komparti'mjento] *m* compartiment *m*

compartir [kompar'tir] *vt* partager ● **compartir algo con alguien** partager qqch avec qqn

compás [kom'pas] *m* **1.** *(instrumento)* compas *m* **2.** *(ritmo)* mesure *f*

compasión [kompa'sjon] *f* compassion *f*

compasivo, va [kompa'siβo, βa] *adj* compatissant(e)

compatibilidad [kompatiβili'ðað] *f* compatibilité *f*

compatible [kompa'tiβle] *adj* compatible ● **compatible con** compatible avec

compatriota [kompa'trjota] *mf* compatriote *mf*

compenetrarse [kompene'trarse] *vp* bien s'entendre

compensación [kompensa'θjon] *f* compensation *f*

compensar [kompen'sar] *vt* compenser ● **no me compensa ir en coche** ça ne vaut pas la peine que j'y aille en voiture ● **compensar algo con** compenser qqch par

competencia [kompe'tenθja] *f* **1.** *(rivalidad)* concurrence *f* **2.** *(incumbencia)* ressort *m* **3.** *(aptitud)* compétence *f* **4.** *(Amér)* DEP compétition *f*

competente [kompe'tente] *adj* compétent(e)

competición [kompeti'θjon] *f* *(Esp)* compétition *f*

competir [kompe'tir] *vi* *(rivalizar)* être en compétition

competitivo, va [kompeti'tiβo, βa] *adj* **1.** *(precio)* compétitif(ive) **2.** *(mercado)* concurrentiel(elle) **3.** *(deporte)* de compétition

complacer [kompla'θer] *vt* faire plaisir à ◆ **complacerse en** *v prep* avoir plaisir à

complaciente [kompla'θjente] *adj* complaisant(e)

complejidad [komplexi'ðað] *f* complexité *f*

complejo, ja [kom'plexo, xa] *adj* complexe ◇ *m* complexe *m*

complementar [komplemen'tar] *vt* compléter ◆ **complementarse** *vp* se compléter

complementario, ria [komplemen'tarjo, rja] *adj* complémentaire

complemento [komple'mento] *m* complément *m*

completamente [kom,pleta'mente] *adv* complètement

completar [komple'tar] *vt* **1.** *(terminar)* compléter **2.** *(Amér)* *(rechear)* remplir

completo, ta [kom'pleto, ta] *adj* complet(ète) ▼ **completo** complet ● **por completo** complètement

complexión [komplek'sjon] *f* constitution *f* *(physique)*

complicación [komplika'θjon] *f* complication *f*

complicado, da [kompli'kaðo, ða] *adj* compliqué(e)

complicar [kompli'kar] *vt* compliquer ● **complicar a alguien en** impliquer qqn dans ◆ **complicarse** *vp* se compliquer

cómplice ['kompliθe] *mf* complice *mf*

complot [kom'plot] *m* complot *m*

componente [kompo'nente] *m* **1.** composant *m* **2.** *(de un grupo)* membre *m*

componer [kompo'ner] *vt* **1.** *(obra literaria, musical)* composer **2.** *(lo desordenado)* ranger **3.** *(lo roto)* réparer ◆ **componerse**

vp (*Amér*) (*curar*) récupérer • **componérselas** (*fam*) se débrouiller ◆ **componerse de** *v prep* se composer de

comportamiento [komporta'mjento] *m* comportement *m*

comportar [kompor'tar] *vt* impliquer ◆ **comportarse** *vp* se conduire

composición [komposi'θjon] *f* composition *f*

compositor, ra [komposi'tor, ra] *m, f* compositeur *m*, -trice *f*

compostura [kompos'tura] *f* (*buena educación*) tenue *f*

compota [kom'pota] *f* compote *f*

compra ['kompra] *f* achat *m* • **hacer la compra** faire son marché • **ir de compras** faire des courses

comprador, ra [kompra'ðor, ra] *m, f* acheteur *m*, -euse *f*

comprar [kom'prar] *vt* acheter

comprender [kompren'der] *vt* comprendre

comprensible [kompren'siβle] *adj* compréhensible

comprensión [kompren'sjon] *f* compréhension *f*

comprensivo, va [kompren'siβo, βa] *adj* compréhensif(ive)

compresa [kom'presa] *f* **1.** (*para uso médico*) compresse *f* **2.** (*para higiene femenina*) serviette *f* hygiénique

compresión [kompre'sjon] *f* compression *f*

compresor [kompre'sor] *m* (*máquina*) compresseur *m*

comprimido, da [kompri'miðo, ða] *adj* comprimé(e) ◇ *m* comprimé *m*

comprimir [kompri'mir] *vt* **1.** comprimer **2.** *INFORM* compresser, zipper

comprobación [komproβa'θjon] *f* vérification *f*

comprobar [kompro'βar] *vt* vérifier

comprometer [komprome'ter] *vt* **1.** (*poner en peligro*) compromettre **2.** (*hacer responsable*) impliquer ◆ **comprometerse** *vp* (*novios*) se fiancer ◆ **comprometerse a** *v prep* s'engager à ◆ **comprometerse con** *v prep* s'engager envers

comprometido, da [komprome'tiðo, ða] *adj* **1.** (*asunto*) délicat(e) **2.** (*con una idea*) engagé(e)

compromiso [kompro'miso] *m* **1.** (*obligación*) engagement *m* **2.** (*acuerdo*) compromis *m* **3.** (*apuro*) embarras *m* • **sin compromiso** sans engagement

compuerta [kom'pu̯erta] *f* vanne *f*

compuesto, ta [kom'pu̯esto, ta] *adj* **1.** (*por varios elementos*) composé(e) **2.** (*reparado*) arrangé(e) ◇ *m* composé *m*

compungido, da [kompun'xiðo, ða] *adj* contrit(e)

comulgar [komul'ɣar] *vi* communier ◆ **comulgar con** *v prep* (*ideas, sentimientos*) partager

común [ko'mun] *adj* commun(e)

comuna [ko'muna] *f* **1.** communauté *f* **2.** (*CSur & Perú*) (*ayuntamiento*) mairie *f*

comunicación [komunika'θjon] *f* **1.** communication *f* **2.** (*escrito*) avis *m*

comunicado, da [komuni'kaðo, ða] *adj* communiqué(e) ◇ *m* communiqué *m* • **bien/mal comunicado** (*pueblo, ciudad, lugar*) bien/mal desservi

comunicar [komuni'kar] *vt* communiquer ◇ *vi (teléfono)* être occupé(e)

comunicativo, va [komunika'tiβo, βa] *adj* communicatif(ive)

comunidad [komuni'ðað] *f (grupo)* communauté *f* • **comunidad autónoma** *(Esp)* communauté autonome *(nom donné à chacune des 17 régions d'Espagne, dotées d'un gouvernement propre)* • **Comunidad Europea** Communauté Européenne

Las comunidades autónomas

L'Espagne est divisée en 17 communautés autonomes : Andalousie, Aragón, Asturies, Baléares, Canaries, Cantabrique, Castille-la Manche, Castille-León, Catalogne, Estrémadure, Galice, La Rioja, Madrid, Murcie, Navarre, Pays basque et Valence, auxquelles s'ajoutent Ceuta et Melilla, enclaves espagnoles situées sur la côte d'Afrique du Nord. Chaque **comunidad autónoma** est constituée d'une ou plusieurs provinces qui sont autonomes sur le plan administratif.

comunión [komu'njon] *f* communion *f*

comunismo [komu'nizmo] *m* communisme *m*

comunista [komu'nista] *mf* communiste *mf*

comunitario, ria [komuni'tarjo, rja] *adj* communautaire

con [kon] *prep*

1. avec • **clavó el clavo con el martillo** il a enfoncé le clou avec le marteau • **trabaja con su padre** il travaille avec son père • **lo ha conseguido con su esfuerzo** il y est parvenu grâce à ses efforts • **le robaron la cartera con varios documentos** on lui a volé son attaché-case qui contenait plusieurs documents

2. *(a pesar de)* bien que • **con lo aplicado que es lo han suspendido** bien qu'il soit très appliqué, il a été recalé • **con todo iremos a su casa** nous irons chez lui malgré tout

3. *(condición)* si • **con salir a las cinco será suficiente** si nous partons à cinq heures, ça ira

4. *(en locuciones)* • **con (tal) que** du moment que • **con (tal) que llegue a tiempo me conformo** du moment qu'il arrive à l'heure, je ne me plains pas

conato [ko'nato] *m* **1.** *(de agresión)* tentative *f* **2.** *(de incendio)* début *m*

cóncavo, va ['konkaβo, βa] *adj* concave

concebir [konθe'βir] *vt* concevoir • **no concebir** *(no entender)* ne pas arriver à comprendre

conceder [konθe'ðer] *vt* **1.** *(dar)* accorder **2.** *(asentir)* admettre

concejal, la [konθe'xal, la] *m, f* conseiller *m* municipal, conseillère *f* municipale

concentración [konθentra'θjon] *f* **1.** *(de personas)* rassemblement *m* **2.** *(de partículas)* concentration *f*

concentrado, da [konθen'traðo, ða] *adj* concentré(e) ◇ *m* concentré *m*

concentrar [konθen'trar] *vt* **1.** *(interés, atención)* concentrer **2.** *(lo desunido)*

rassembler ◆ **concentrarse en** *v prep* **1.** *(estudio, trabajo)* se concentrer sur **2.** *(lugar)* se rassembler dans
concepción [konθep'θjon] *f* conception *f*
concepto [kon'θepto] *m* concept *m* ● **en concepto de** au titre de ● **bajo ningún concepto** en aucun cas ● **tener en gran concepto a alguien** avoir une haute idée de qqn
concernir [konθer'nir] ◆ **concernir a** *v prep* concerner
concertación [konθerta'θjon] *f* concertation *f*
concertar [konθer'tar] *vt* convenir de
concesión [konθe'sjon] *f* **1.** concession *f* **2.** *(de premio)* remise *f*
concesionario, ria [konθesjo'narjo, rja] *adj* concessionnaire ◆ **concesionario** *m* concessionnaire *m*
concha ['kontʃa] *f* **1.** *(caparazón)* coquille *f* **2.** *(material)* écaille *f*
conchudo, da [kon'tʃuðo, ða] *adj* *(Amér)* *(vulg)* con (conne)
conciencia [kon'θjenθja] *f* conscience *f* ● **a conciencia** consciencieusement ● **tener conciencia de** avoir conscience de
concienzudo, da [konθjen'θuðo, ða] *adj* consciencieux(euse)
concierto [kon'θjerto] *m* **1.** *(actuación musical)* concert *m* **2.** *(composición musical)* concerto *m* **3.** *(convenio)* accord *m*
conciliación [konθilja'θjon] *f* conciliation *f*
conciliar [konθi'ljar] *vt* **1.** *(poner de acuerdo)* réconcilier **2.** *(sueño)* trouver ◆ **conciliarse con** *v prep* se réconcilier avec
concisión [konθi'sjon] *f* concision *f*
conciso, sa [kon'θiso, sa] *adj* concis(e)
concluir [konklu'ir] *vt* **1.** *(acabar)* terminer **2.** *(deducir)* conclure
conclusión [konklu'sjon] *f* conclusion *f*
concordancia [konkor'ðanθja] *f* concordance *f*
concordar [konkor'ðar] *vt* mettre d'accord ◇ *vi* *(género, número)* s'accorder ◆ **concordar con** *v prep* *(coincidir con)* concorder avec
concordia [kon'korðja] *f* entente *f*
concretar [konkre'tar] *vt* **1.** *(especificar)* préciser **2.** *(reducir)* résumer
concreto, ta [kon'kreto, ta] *adj* concret(ète) ◇ *m* ● **concreto armado** *(Amér)* béton *m* armé
concubina [konku'βina] *f* concubine *f*
concurrencia [konku'renθja] *f* **1.** *(público)* assistance *f* **2.** *(de hechos)* coïncidence *f*
concurrente [konku'rente] *mf* participant *m*, -e *f*
concurrido, da [konku'riðo, ða] *adj* fréquenté(e)
concurrir [konku'rir] *vi* *(coincidir)* se rejoindre ◆ **concurrir a** *v prep* assister à
concursante [konkur'sante] *mf* candidat *m*, -e *f*
concursar [konkur'sar] *vi* concourir
concurso [kon'kurso] *m* concours *m*
condado [kon'daðo] *m* *(territorio)* comté *m*
condal [kon'dal] *adj* ● **la Ciudad Condal** Barcelone
conde, desa ['konde, 'desa] *m, f* comte *m*, comtesse *f*
condecoración [kondekora'θjon] *f* **1.** *(insignia)* décoration *f* **2.** *(acto)* remise *f* de décoration

condena [kon'dena] *f* condamnation *f*

condenado, da [konde'naðo, ða] *adj & m, f* condamné(e)

condenar [konde'nar] *vt* condamner

condensación [kondensa'θjon] *f* condensation *f*

condensar [konden'sar] *vt* condenser

condición [kondi'θjon] *f* **1.** condition *f* **2.** *(modo de ser)* naturel *m* • **estar en buenas/malas condiciones** être en bon/mauvais état

condicional [kondiθjo'nal] *adj* conditionnel(elle)

condimentar [kondimen'tar] *vt* assaisonner

condimento [kondi'mento] *m* condiment *m*

condominio [kondo'minjo] *m* (*Méx*) immeuble *m* en copropriété

conducción [konduk'θjon] *f* conduite *f*

conducir [kondu'θir] *vt & vi* conduire

conducta [kon'dukta] *f* conduite *f*

conducto [kon'dukto] *m* **1.** *(tubo)* conduit *m* **2.** *(vía)* voie *f*

conductor, ra [konduk'tor, ra] *m, f (de vehículo)* conducteur *m*, -trice *f* ◇ *m (transmisor)* conducteur *m*

conectar [konek'tar] *vt* **1.** *(cables, piezas)* raccorder **2.** *(radio, televisión)* brancher ◆ **conectar con** *v prep* prendre contact avec • **no conecto (bien) con él** je ne m'entends pas bien avec lui ◆ **conectarse** *vp* se connecter

conejera [kone'xera] *f* terrier *m*

conejo, ja [ko'nexo, xa] *m, f* lapin *m*, -e *f*

conexión [konek'sjon] *f* **1.** liaison *f* **2.** *INFORM* connexion *f*

confección [konfek'θjon] *f* confection *f* ◆ **confecciones** *fpl (tienda)* prêt-à-porter *m*

confederación [konfeðera'θjon] *f* confédération *f*

conferencia [konfe'renθja] *f* **1.** *(disertación)* conférence *f* **2.** *(por teléfono)* communication *f* longue distance

conferenciante [konferen'θjante] *mf* conférencier *m*, -ère *f*

confesar [konfe'sar] *vt* **1.** *(delito, crimen)* avouer **2.** *(pecados)* confesser ◆ **confesarse** *vp* se confesser

confesión [konfe'sjon] *f* **1.** *(de delito, crimen)* aveu *m* **2.** *(de pecados)* confession *f*

confesionario [konfesjo'narjo] *m* confessionnal *m*

confesor [konfe'sor] *m* confesseur *m*

confeti [kon'feti] *m* confetti *m*

confiado, da [kon'fjaðo, ða] *adj* confiant(e)

confianza [kon'fjanθa] *f* confiance *f* • **tener mucha confianza con alguien** bien connaître qqn

confiar [konfi'ar] *vt* confier ◆ **confiar en** *v prep* avoir confiance en • **confiar en que** espérer que ◆ **confiarse** *vp (despreocuparse)* être (trop) sûr(e) de soi

confidencia [konfi'ðenθja] *f* confidence *f*

confidencial [konfiðen'θjal] *adj* confidentiel(elle)

confidente [konfi'ðente] *mf* **1.** *(de un secreto)* confident *m*, -e *f* **2.** *(de la policía)* indicateur *m*, -trice *f*

configuración [konfiɣura'θjon] *f* configuration *f*

configurar [konfiɣu'rar] *vt* configurer

confirmación [konfirma'θi̯on] *f* confirmation *f*
confirmar [konfir'mar] *vt* confirmer
confiscar [konfis'kar] *vt* confisquer
confitado, da [konfi'taðo, ða] *adj* confit(e)
confite [kon'fite] *m* sucrerie *f*
confitería [konfite'ria] *f* **1.** confiserie *f* *(magasin)* **2.** *(CSur) (para tomar café)* café *m*
confitura [konfi'tura] *f* confiture *f*
conflictivo, va [konflik'tiβo, βa] *adj* conflictuel(elle)
conflicto [kon'flikto] *m* conflit *m*
confluencia [kon'flu̯enθi̯a] *f* **1.** *(de ríos)* confluent *m* **2.** *(de calles)* croisement *m*
confluir [konflu'ir] ◆ **confluir en** *v prep* converger vers
conformarse [konfor'marse] ◆ **conformarse con** *v prep* se contenter de
conforme [kon'forme] *adj* d'accord ◇ *adv* **1.** *(como)* tel que (telle que) **2.** *(a medida que)* à mesure que ● **conforme a** conformément à ● **conforme con** en conformité avec
conformidad [konformi'ðað] *f* ● **dar su conformidad** donner son accord
conformismo [konfor'mizmo] *m* conformisme *m*
conformista [konfor'mista] *mf* conformiste *mf*
confort [kon'fort] *m* confort *m*
confortable [konfor'taβle] *adj* confortable
confrontación [konfronta'θi̯on] *f* confrontation *f*
confundir [konfun'dir] *vt* **1.** *(no distinguir)* confondre **2.** *(liar)* embrouiller ● **confundir algo/a alguien con** confondre qqch/qqn avec ◆ **confundirse** *vp (equivocarse)* se tromper ◆ **confundirse con** *v prep (mezclarse con)* se confondre avec
confusión [konfu'si̯on] *f* confusion *f*
confuso, sa [kon'fuso, sa] *adj* confus(e)
congelación [konxela'θi̯on] *f* congélation *f*
congelado, da [konxe'laðo, ða] *adj* **1.** *(alimentos, productos)* surgelé(e) **2.** *(persona)* congelé(e) ◆ **congelados** *mpl* surgelés *mpl*
congelador [konxela'ðor] *m* congélateur *m*
congelar [konxe'lar] *vt* **1.** *(líquido)* congeler **2.** *(alimentos)* surgeler ◆ **congelarse** *vp (persona)* geler
congeniar ◆ **congeniar con** *v prep* sympathiser avec
congénito, ta [kon'xenito, ta] *adj* congénital(e)
congestión [konxes'ti̯on] *f* congestion *f*
conglomerado [konglome'raðo] *m (de madera)* aggloméré *m*
congregar [kongre'ɣar] *vt* rassembler ◆ **congregarse** *vp* se rassembler
congresista [kongre'sista] *mf* congressiste *mf*
congreso [kon'greso] *m* congrès *m* ● **congreso de diputados** ≃ Chambre *f* des Députés
conjetura [konxe'tura] *f* conjecture *f*
conjugación [konxuɣa'θi̯on] *f* **1.** *(de verbos)* conjugaison *f* **2.** *(de colores, estilos)* combinaison *f*
conjugar [konxu'ɣar] *vt* conjuguer
conjunción [konxun'θi̯on] *f* conjonction *f*

conjuntamente [kon,xunta'mente] *adv* conjointement
conjuntivitis [konxunti'βitis] *f inv* conjonctivite *f*
conjunto [kon'xunto] *m* **1.** ensemble *m* **2.** *(de rock)* groupe *m* • **en conjunto** dans l'ensemble
conmemoración [kommemora'θjon] *f* commémoration *f*
conmemorar [kommemo'rar] *vt* commémorer
conmigo [kom'miɣo] *pron* avec moi
conmoción [kommo'θjon] *f (perturbación)* commotion *f* • **conmoción cerebral** commotion cérébrale
conmover [kommo'βer] *vt* émouvoir
conmutador [kommuta'ðor] *m* **1.** *(de electricidad)* commutateur *m* **2.** *(Amér) (de teléfono)* standard *m* téléphonique
cono ['kono] *m* cône *m*
conocer [kono'θer] *vt* **1.** connaître **2.** *(distinguir)* reconnaître ♦ **conocerse** *vp* se connaître
conocido, da [kono'θiðo, ða] *adj* connu(e) ◇ *m, f* connaissance *f*
conocimiento [konoθi'mjento] *m* connaissance *f* ♦ **conocimientos** *mpl (saberes)* connaissances *fpl*
conque [konke] *conj* alors • **no llegaste conque me fui** tu n'es pas venu, alors je suis parti
conquista [kon'kista] *f* conquête *f*
conquistador, ra [konkista'ðor, ra] *m, f* **1.** *(de país)* conquistador *m* **2.** *(persona seductora)* séducteur *m*, -trice *f*
conquistar [konkis'tar] *vt* conquérir
consagrado, da [konsa'ɣraðo, ða] *adj* consacré(e)
consagrar [konsa'ɣrar] *vt* **1.** consacrer **2.** *(obispo, rey)* sacrer
consciente [kons'θjente] *adj* conscient(e) • **ser consciente de** être conscient(e) de
consecuencia [konse'kuenθja] *f* conséquence *f* • **a consecuencia de** à la suite de • **en consecuencia** en conséquence
consecuente [konse'kuente] *adj* **1.** *(persona)* conséquent(e) **2.** *(hecho)* consécutif(ive)
consecutivo, va [konseku'tiβo, βa] *adj* consécutif(ive)
conseguir [konse'ɣir] *vt* obtenir
consejo [kon'sexo] *m* conseil *m*
consenso [kon'senso] *m* consensus *m*
consentido, da [konsen'tiðo, ða] *adj* gâté(e) *(enfant)*
consentir [konsen'tir] *vt* permettre
conserje [kon'serxe] *mf* concierge *mf*
conserjería [konserxe'ria] *f* conciergerie *f*
conserva [kon'serβa] *f* conserve *f* • **en conserva** en conserve
conservador, ra [konserβa'ðor, ra] *adj* conservateur(trice)
conservadurismo [konserβaðu'rizmo] *m* conservatisme *m*
conservante [konser'βante] *m* conservateur *m (produit)*
conservar [konser'βar] *vt* conserver ♦ **conservarse** *vp* **1.** *(alimentos, productos)* se conserver **2.** *(persona)* être bien conservé(e)
conservatorio [konserβa'torjo] *m* conservatoire *m*
considerable [konsiðe'raβle] *adj* considérable

consideración [konsiðera'θjon] *f* considération *f* • **de consideración** important(e)
considerar [konsiðe'rar] *vt* considérer
consigna [kon'siɣna] *f* consigne *f* • **en consigna** à la consigne
consignación [konsiɣna'θjon] *f* **1.** consignation *f* **2.** *(dinero asignado)* crédit *m*
consigo [kon'siɣo] *pron* **1.** *(con él, con ella)* avec lui (avec elle) **2.** *(con usted)* avec vous **3.** *(con uno mismo)* avec soi
consiguiente [konsi'ɣjente] ◆ **por consiguiente** *adv* par conséquent
consistencia [konsis'tenθja] *f* consistance *f*
consistente [konsis'tente] *adj* consistant(e)
consistir [konsis'tir] ◆ **consistir en** *v prep* **1.** *(componerse de)* consister en **2.** *(estar fundado en)* reposer sur
consistorio [konsis'torjo] *m* *(ayuntamiento)* hôtel *m* de ville
consola [kon'sola] *f* console *f*
consolar [konso'lar] *vt* consoler ◆ **consolarse** *vp* se consoler
consolidación [konsoliða'θjon] *f* consolidation *f*
consolidar [konsoli'ðar] *vt* consolider
consomé [konso'me] *m* bouillon *m* de viande • **consomé al jerez** bouillon de viande au Xérès
consonante [konso'nante] *f* consonne *f*
consorcio [kon'sorθjo] *m* consortium *m*
consorte [kon'sorte] *mf* conjoint *m*, -e *f*
conspiración [konspira'θjon] *f* conspiration *f*
conspirar [konspi'rar] *vi* conspirer
constancia [kons'tanθja] *f* constance *f*
constante [kons'tante] *adj* constant(e) ◇ *f* constante *f* • **constante vitales** fonctions *fpl* vitales
constantemente [kons,tante'mente] *adv* constamment
constar [kons'tar] ◆ **constar de** *v prep* être constitué(e) de ◆ **constar en** *v prep* figurer dans • **me consta que** je suis certain(e) que • **que conste que...** notez que...
constelación [konstela'θjon] *f* constellation *f*
constipado [konsti'paðo] *m* rhume *m*
constiparse [konsti'parse] *vp* s'enrhumer
constitución [konstitu'θjon] *f* constitution *f*
constitucional [konstituθjo'nal] *adj* constitutionnel(elle)
constituir [konstitu'ir] *vt* constituer ◆ **constituirse** *vp* se constituer ◆ **constituirse de** *v prep* être constitué(e) de
construcción [konstruk'θjon] *f* construction *f*
constructivo, va [konstruk'tiβo, βa] *adj* constructif(ive)
constructor [konstruk'tor] *m* constructeur *m*
constructora [konstruk'tora] *f* entreprise *f* de bâtiment
construir [konstru'ir] *vt* construire
consuelo [kon'suelo] *m* consolation *f*
cónsul ['konsul] *mf* consul *m*
consulado [konsu'laðo] *m* consulat *m*
consulta [kon'sulta] *f* **1.** consultation *f* **2.** *INFORM* requête *f* • **consulta (médica)** cabinet *m* médical
consultar [konsul'tar] *vt* consulter

consultorio [konsul'torio] *m* **1.** *(de médico)* cabinet *m* médical **2.** *(de revista)* courrier *m* des lecteurs **3.** *(de radio) émission durant laquelle un spécialiste répond aux questions des auditeurs*

consumibles [konsu'miβles] *mpl* consommables *mpl*

consumición [konsumi'θion] *f* *(Esp)* consommation *f* ▾ **consumición obligatoria** consommation obligatoire

consumidor, ra [konsumi'ðor, ra] *m, f* consommateur *m*, -trice *f*

consumir [konsu'mir] *vt* **1.** *(gastar)* consommer **2.** *(acabar totalmente)* dilapider ◇ *vi (gastar)* consommer ♦ **consumirse** *vp* **1.** *(extinguirse)* se consumer **2.** *(alimentos)* se consommer

consumismo [konsu'mizmo] *m* surconsommation *f*

consumo [kon'sumo] *m* consommation *f*

contabilidad [kontaβili'ðað] *f* comptabilité *f*

contable [kon'taβle] *mf (Esp)* comptable *mf*

contactar [kontak'tar] *vi* ● **contactar con alguien** contacter qqn ● **volver a contactar con alguien** recontacter qqn

contacto [kon'takto] *m* contact *m* ● **estar/seguir en contacto con alguien** être/rester en contact avec qqn ● **ponerse en contacto con alguien** prendre contact avec qqn ● **tener contactos (en una empresa/en el extranjero)** avoir des contacts (dans une entreprise/à l'étranger) ● **volveré a ponerme en contacto con usted** je vous recontacterai (ultérieurement)

contador, ra [konta'ðor, ra] *m, f (Amér) (contable)* comptable *mf* ◇ *m (de luz, gas, teléfono)* compteur *m*

contagiar [konta'xiar] *vt* **1.** *(enfermedad)* transmettre **2.** *(risa)* communiquer

contagio [kon'taxio] *m (de enfermedad)* transmission *f* ● **por contagio** par contagion

contagioso, sa [konta'xioso, sa] *adj* contagieux(euse)

container [kontai'ner] *m* **1.** *(de mercancías)* conteneur *m* **2.** *(de basuras)* benne *f* à ordures

contaminación [kontamina'θion] *f* pollution *f*

contaminado, da [kontami'naðo, ða] *adj* pollué(e)

contaminar [kontami'nar] *vt* polluer ♦ **contaminarse** *vp* être pollué(e)

contar [kon'tar] *vt* **1.** compter **2.** *(explicar)* raconter ◇ *vi* compter ♦ **contar con** *v prep* compter sur

contemplaciones [kontempla'θiones] *fpl* ● **sin contemplaciones** sans ménagement

contemplar [kontem'plar] *vt* contempler

contemporáneo, a [kontempo'raneo, a] *adj* contemporain(e)

contenedor [kontene'ðor] *m* conteneur *m* ● **contenedor de basura** benne *f* à ordures

contener [konte'ner] *vt* **1.** contenir **2.** *(respiración, risa)* retenir ♦ **contenerse** *vp* se retenir

contenido, da [konte'niðo, ða] *adj* contenu(e) ◇ *m* contenu *m*

contentar [konten'tar] *vt* faire plaisir à ◆ **contentarse con** *v prep* se contenter de

contento, ta [kon'tento, ta] *adj* content(e)

contestación [kontesta'θjon] *f* réponse *f*

contestador [kontesta'ðor] *m* ● **contestador automático** répondeur *m* (téléphonique)

contestar [kontes'tar] *vt* répondre à ◇ *vi* répondre

contexto [kon'teksto] *m* contexte *m*

contigo [kon'tiɣo] *pron* avec toi

contiguo, gua [kon'tiɣuo, ɣua] *adj* contigu(uë)

continental [kontinen'tal] *adj* continental(e)

continente [konti'nente] *m* continent *m*

continuación [kontinua'θjon] *f* suite *f* ● **a continuación** ensuite

continuamente [kon,tinua'mente] *adv* continuellement

continuar [kontinu'ar] *vt* *(proseguir)* continuer ◇ *vi* **1.** continuer **2.** *(permanecer)* être toujours *(au même endroit)* **3.** *(extenderse)* continuer

continuo, nua [kon'tinuo, nua] *adj* **1.** *(sin interrupción)* continu(e) **2.** *(repetido)* continuel(elle)

contorno [kon'torno] *m* contour *m*

contra ['kontra] *prep* contre ◇ *m* contre *m* ● **en contra** contre ● **estar en contra de algo** être contre qqch ● **los pros y los contras** le pour et le contre

contrabajo [kontra'βaxo] *m* contrebasse *f*

contrabandista [kontraβan'dista] *mf* contrebandier *m*, -ère *f*

contrabando [kontra'βando] *m* contrebande *f*

contracorriente [,kontrako'rjente] ◆ **a contracorriente** *adv* à contre-courant

contradecir [kontraðe'θir] *vt* contredire ◆ **contradecirse** *vp* se contredire

contradicción [kontraðik'θjon] *f* contradiction *f*

contradictorio, ria [kontraðik'torio, ria] *adj* contradictoire

contraer [kontra'er] *vt* contracter ● **contraer matrimonio** contracter mariage

contraindicado, da [,kontraindi'kaðo, ða] *adj* contre-indiqué(e)

contraluz [kontra'luθ] ◆ **a contraluz** *adv* à contre-jour

contrapartida [,kontrapar'tiða] *f* contrepartie *f* ● **en contrapartida** en contrepartie

contrapelo [kontra'pelo] ◆ **a contrapelo** *adv* **1.** *(acariciar)* à rebrousse-poil **2.** *(actuar)* à contrecœur

contrapeso [kontra'peso] *m* contrepoids *m*

contrariar [kontrari'ar] *vt* contrarier

contrario, ria [kon'trario, ria] *adj* **1.** contraire **2.** *(opuesto)* opposé(e) ◇ *m, f* adversaire *mf* ◇ *m* contraire *m* ● **al** o **por el contrario** au contraire ● **llevar la contraria a alguien** contredire qqn

contraseña [kontra'seɲa] *f (palabra, frase) INFORM* mot *m* de passe

contrastar [kontras'tar] *vt* **1.** *(comparar)* comparer **2.** *(comprobar)* éprouver ◇ *vi* contraster

contraste [kon'traste] *m* contraste *m*

contratar [kontra'tar] *vt* **1.** *(persona)* embaucher **2.** *(servicio, obra)* • **contratar algo con alguien** passer un contrat pour qqch avec qqn
contratiempo [kontra'tjempo] *m* contretemps *m*
contrato [kon'trato] *m* contrat *m*
contribuir [kontriβu'ir] ♦ **contribuir a** *v prep* contribuer à ♦ **contribuir con** *v prep (suma)* donner une participation de
contrincante [kontrin'kante] *mf* adversaire *mf*
control [kon'trol] *m* contrôle *m* • **control de pasaportes** contrôle des passeports
controlar [kontro'lar] *vt* contrôler ♦ **controlarse** *vp* se contrôler
contusión [kontu'sjon] *f* contusion *f*
convalidar [kombali'ðar] *vt (estudios)* obtenir une équivalence pour
convencer [komben'θer] *vt* convaincre ♦ **convencerse de** *v prep* se convaincre de
convención [komben'θjon] *f* convention *f*
convencional [kombenθjo'nal] *adj* conventionnel(elle)
conveniente [kombe'njente] *adj* **1.** *(beneficioso, pertinente)* bon (bonne) **2.** *(correcto)* convenable
convenio [kon'benjo] *m* convention *f*
convenir [kombe'nir] *vt* convenir de ◇ *vi* convenir
convento [kon'bento] *m* couvent *m*
conversación [kombersa'θjon] *f* conversation *f* • **dar conversación a alguien** faire la conversation à qqn
conversar [komber'sar] *vi* converser
convertir [komber'tir] *vt* convertir • **convertir algo en** transformer qqch en • **lo convirtió en estrella** il a fait de lui une vedette ♦ **convertirse a** *v prep (religión, ideología)* se convertir à ♦ **convertirse en** *v prep (transformarse en)* devenir
convicción [kombik'θjon] *f* conviction *f*
convidado, da [kombi'ðaðo, ða] *m, f* convive *mf*
convidar [kombi'ðar] *vt* convier
convincente [kombin'θente] *adj* convaincant(e)
convite [kom'bite] *m* banquet *m*
convivencia [kombi'βenθja] *f* vie *f* en commun
convivir [kombi'βir] ♦ **convivir con** *v prep* vivre avec
convocar [kombo'kar] *vt* convoquer
convocatoria [komboka'torja] *f* convocation *f*
convulsión [kombul'sjon] *f* **1.** *(de músculos)* convulsion *f* **2.** *(fig) (política, social)* agitation *f*
cónyuge ['konɟuxe] *mf* conjoint *m*, -e *f*
coña ['koɲa] *f (fam)* • **estar de coña** déconner • **dar la coña** emmerder
coñac [ko'ɲak] *m* cognac *m*
coñazo [ko'ɲaθo] *m (fam)* • **ser un coñazo** être chiant(e)
coño ['koɲo] *m (vulg) (vulva)* chatte *f* ◇ *interj (vulg)* bordel !
cookie ['kuki] *m* cookie *m*
cooperar [koope'rar] *vi* coopérer
cooperativa [koopera'tiβa] *f* coopérative *f*
coordinación [koorðina'θjon] *f* coordination *f*
coordinar [koorði'nar] *vt* coordonner

copa ['kopa] *f* **1.** *(para beber)* verre *m* à pied **2.** *(trofeo)* coupe *f* **3.** *(de árbol)* cime *f* • **invitar a una copa** inviter à prendre un verre • **ir de copas** sortir prendre un verre • **tomar una copa** prendre un verre ♦ **copas** *fpl (de la baraja) l'une des quatre couleurs du jeu de cartes espagnol*
copeo [ko'peo] *m* • **ir de copeo** (*fam*) faire la tournée des bars
copia ['kopja] *f* copie *f* • **copia de seguridad** *INFORM* copie de sauvegarde
copiar [ko'pjar] *vt* copier • **un copiar y pegar** un copier-coller
copiloto [kopi'loto] *m* copilote *mf*
copioso, sa [ko'pjoso, sa] *adj* copieux(euse)
copla ['kopla] *f* **1.** *(estrofa)* couplet *m* **2.** *(canción)* chanson *f*
copo ['kopo] *m* flocon *m*
coquetear [kokete'ar] *vi* flirter
coqueto, ta [ko'keto, ta] *adj* **1.** coquet(ette) **2.** *(frívolo)* aguicheur(euse)
coraje [ko'raxe] *m* *(valor)* courage *m* • **dar coraje** *(enfadar)* mettre en colère
coral [ko'ral] *m* corail *m* ◇ *f* chorale *f*
coraza [ko'raθa] *f* cuirasse *f*
corazón [kora'θon] *m* cœur *m* ♦ **corazones** *mpl (de la baraja)* cœur *m*
corbata [kor'βata] *f* cravate *f*
corchea [kor'tʃea] *f* croche *f*
corchete [kor'tʃete] *m* **1.** *(cierre)* agrafe *f* **2.** *(signo)* crochet *m*
corcho ['kortʃo] *m* **1.** *(material)* liège *m* **2.** *(tapón)* bouchon *m*
cordel [kor'ðel] *m* ficelle *f*
cordero, ra [kor'ðero, ra] *m, f (animal)* agneau *m*, agnelle *f* ◇ *m (carne)* agneau *m* • **cordero asado** agneau rôti
cordial [kor'ðjal] *adj* cordial(e)
cordialmente [kor,ðjal'mente] *adv* cordialement
cordillera [korði'ʎera] *f* cordillère *f* • **la cordillera Cantábrica** les monts Cantabriques
cordón [kor'ðon] *m* **1.** *(de zapato)* lacet *m* **2.** *(cable eléctrico)* fil *m* • **cordón umbilical** cordon *m* ombilical
Corea [ko'rea] *s* Corée *f* • **Corea del Norte/del Sur** Corée du Nord/du Sud
coreografía [koreoɣra'fia] *f* chorégraphie *f*
corista [ko'rista] *mf* choriste *mf*
cornada [kor'naða] *f* coup *m* de corne
cornamenta [korna'menta] *f* cornes *fpl*
córnea ['kornea] *f* cornée *f*
corneja [kor'nexa] *f* corneille *f*
córner ['korner] *m* corner *m*
corneta [kor'neta] *f* (*Ven*) *(de coche)* avertisseur *m*
cornete [kor'nete] *m* *(de helado)* cornet *m*
cornisa [kor'nisa] *f* corniche *f*
coro ['koro] *m* chœur *m* • **a coro** en chœur
corona [ko'rona] *f* **1.** couronne *f* **2.** (*fig*) *(trono)* Couronne *f*
coronar [koro'nar] *vt* couronner
coronel [koro'nel] *m* colonel *m*
coronilla [koro'niʎa] *f* sommet *m* du crâne • **estar hasta la coronilla** en avoir par-dessus la tête
corporal [korpo'ral] *adj* corporel(elle)
corpulento, ta [korpu'lento, ta] *adj* corpulent(e)
Corpus ['korpus] *m* Fête-Dieu *f*

corral [ko'ral] *m* **1.** *(para animales)* cour *f* (de ferme) **2.** *(de aves)* basse-cour *f*

correa [ko'rea] *f* **1.** *(de bolso)* bandoulière *f* **2.** *(de reloj)* courroie *f* **3.** *(de animal)* laisse *f*

corrección [korek'θjon] *f* correction *f*

correctamente [ko,rekta'mente] *adv* correctement

correcto, ta [ko'rekto, ta] *adj* correct(e)

corredor, ra [kore'ðor, ra] *m, f* **1.** *(en deporte)* coureur *m*, -euse *f* **2.** *(intermediario)* courtier *m*, -ère *f* ◇ *m (pasillo)* corridor *m*

corregir [kore'xir] *vt* corriger ◆ **corregirse** *vp* se corriger

correo [ko'reo] *m (correspondencia)* courrier *m* ● **correo aéreo** poste *f* aérienne ● **correo basura** spam *m* ● **correo certificado** courrier recommandé ● **correo electrónico** courrier *m* électronique, e-mail *m* ● **correo urgente** pli *m* urgent ◆ **Correos** *m inv* Poste *f* ▼ **Correos y Telégrafos** ≃ La Poste

Empezar un correo electrónico

En un contexto un poco formal se puede escribir como una carta. En general se pone simplemente *Bonjour*. Entre amigos o compañeros de trabajo se emplea *Cher* o *Bonjour* seguido del nombre de pila y de una coma. Entre amigos o de manera muy relajada se puede encontrar *Salut* pero de hecho todo es posible, desde el *Ave*, *Hugh*, hasta *Hi*. En la respuesta, incluso en el marco profesional, es muy frecuente no emplear ninguna fórmula, para evitar tener que estar poniendo una cada vez.

Terminar un correo electrónico

La despedida en un correo electrónico en general es bastante informal. Se pueden retomar por supuesto las fórmulas que se emplean en una carta, pero lo más corriente es terminar con *Cordialement* o los más informales *À bientôt* o *A+*. Entre amigos y familiares se emplean los afectuosos *Bises*, *Bisous* o *Grosses bises*.

correr [ko'rer] *vi* **1.** courir **2.** *(río)* couler **3.** *(tiempo)* passer ◇ *vt* **1.** *(desplazar)* pousser **2.** *(deslizar)* tirer ● **dejar correr** laisser courir ◆ **correrse** *vp (pintura, colores)* couler

correspondencia [korespon'denθja] *f* correspondance *f*

corresponder [korespon'der] *vi* **1.** correspondre **2.** *(incumbir)* revenir ● **corresponder a algo** remercier de qqch ● **te corresponde hacerlo** c'est à toi de le faire

correspondiente [korespon'djente] *adj* correspondant(e)

corresponsal [korespon'sal] *mf* correspondant *m*, -e *f (d'un journal)*

corrida [ko'riða] *f* corrida *f*

corriente [ko'rjente] *adj* **1.** courant(e) **2.** *(común)* ordinaire ◇ *f* courant *m* ● **corriente (eléctrica)** courant (électrique) ● **estar al corriente de algo** être au courant de qqch • **poner al corriente** mettre au courant • **el 15 del corriente mes** le 15 courant • **mantener a alguien al corriente (de algo)** tenir qqn au courant (de qqch)

corro ['koro] *m* ronde *f*

corromper [korom'per] *vt* **1.** *(sobornar)* corrompre **2.** *(pudrir)* pourrir

corrupción [korup'θjon] *f* corruption *f*

corsé [kor'se] *m* corset *m*

corsetería [korsete'ria] *f* boutique *f* de lingerie

cortacésped [korta'θespeð] *m* tondeuse *f* à gazon

cortado, da [kor'taðo, ða] *adj* **1.** *(salsa)* tourné(e) **2.** *(labios, manos)* gercé(e) **3.** *(fig) (persona)* timide ◇ *m* noisette *f (café)*

cortafuegos [korta'fueɣos] *m inv* pare-feu *m*

cortante [kor'tante] *adj* **1.** *(cuchilla)* tranchant(e) **2.** *(persona)* cassant(e) **3.** *(viento)* cinglant(e) **4.** *(frío)* glacial(e)

cortar [kor'tar] *vt* **1.** couper **2.** *(calle)* barrer **3.** *(conversación)* interrompre **4.** *(labios, piel)* gercer • **cortarse** *vp* **1.** *(herirse)* se couper **2.** *(leche, salsa)* tourner **3.** *(fig) (avergonzarse)* se troubler

cortaúñas [korta'uɲas] *m inv* coupe-ongles *m inv*

corte ['korte] *m* **1.** coupure *f* **2.** *(raja en tela)* déchirure *f* **3.** *(fig) (vergüenza)* honte *f* • **corte de pelo** coupe *f* de cheveux

Cortes ['kortes] *fpl* • **las Cortes** *le Parlement espagnol*

cortés [kor'tes] *adj* courtois(e)

cortesía [korte'sia] *f* politesse *f*

corteza [kor'teθa] *f* **1.** *(de árbol)* écorce *f* **2.** *(de pan, queso)* croûte *f*

cortijo [kor'tixo] *m* ferme *f (andalouse)*

cortina [kor'tina] *f* rideau *m*

corto, ta ['korto, ta] *adj* **1.** *(breve)* court(e) **2.** *(fam) (tonto)* simplet(ette) • **corto de vista** myope • **quedarse corto** calculer trop juste

cortometraje [ˌkortome'traxe] *m* court-métrage *m*

cosa ['kosa] *f* chose *f* • **eso es cosa mía** cela ne regarde que moi • **como si tal cosa** comme si de rien n'était

coscorrón [kosko'ron] *m* coup *m* sur la tête

cosecha [ko'setʃa] *f* récolte *f*

cosechar [kose'tʃar] *vt* récolter ◇ *vi* faire la récolte

coser [ko'ser] *vt & vi* coudre

cosmopolita [kozmopo'lita] *adj* cosmopolite

cosmos ['kozmos] *m inv* cosmos *m*

coso ['koso] *m (CSur) (chisme)* truc *m*

cosquillas [kos'kiʎas] *fpl* chatouilles *fpl* • **hacer cosquillas** chatouiller • **tener cosquillas** être chatouilleux(euse)

cosquilleo [koski'ʎeo] *m* chatouillement *m*

costa ['kosta] *f* côte *f* • **a costa de** aux dépens de

costado [kos'taðo] *m* flanc *m*

costanera [kosta'nera] *f (CSur)* bord *m* de mer

costar [kos'tar] *vi* coûter

Costa Rica ['kosta'rika] *s* Costa Rica *m*

costarriqueño, ña [ˌkostari'keɲo, ɲa] *adj* costaricien(enne) ◇ *m, f* Costaricien *m*, -enne *f*

coste ['koste] *m* (*Esp*) coût *m*

costero, ra [kos'tero, ra] *adj* côtier(ère) ◇ *m* (*Méx*) route *f* côtière

costilla [kos'tiʎa] *f* côte *f* • **costillas de cordero** côtelettes *fpl* d'agneau

costo ['kosto] *m* coût *m*

costoso, sa [kos'toso, sa] *adj* coûteux(euse)

costra ['kostra] *f* croûte *f*

costumbre [kos'tumbre] *f* habitude *f* • **tener la costumbre de** avoir l'habitude de

costura [kos'tura] *f* couture *f*

costurera [kostu'rera] *f* couturière *f*

costurero [kostu'rero] *m* corbeille *f* à ouvrage

cota ['kota] *f* cote *f* (*sur une carte*)

cotejo [ko'texo] *m* confrontation *f*

cotidiano, na [koti'ðjano, na] *adj* quotidien(enne)

cotilla [ko'tiʎa] *mf* (*fam*) commère *f*

cotilleo [koti'ʎeo] *m* (*fam*) potin *m*

cotillón [koti'ʎon] *m* cotillon *m*

cotización [kotiθa'θjon] *f* (*de la moneda*) cours *m*

cotizar [koti'θar] *vt* **1.** (*en Bolsa*) coter **2.** (*cuota*) cotiser

coto ['koto] *m* réserve *f* • **coto (privado) de caza** chasse *f* gardée

cotorra [ko'tora] *f* **1.** perruche *f* **2.** (*fam*) (*charlatán*) pie *f*

coyuntura [kojun'tura] *f* conjoncture *f*

coz ['koθ] *f* ruade *f*

cráneo ['kraneo] *m* crâne *m*

cráter ['krater] *m* cratère *m*

creación [krea'θjon] *f* création *f*

creador, ra [krea'ðor, ra] *m, f* créateur *m*, -trice *f*

crear [kre'ar] *vt* créer

creatividad [kreatiβi'ðað] *f* créativité *f*

creativo, va [krea'tiβo, βa] *adj* créatif(ive)

crecer [kre'θer] *vi* **1.** (*persona*) grandir **2.** (*luna, interés*) croître **3.** (*río*) grossir **4.** (*planta*) pousser

crecimiento [kreθi'mjento] *m* croissance *f*

credencial [kreðen'θjal] *f* laissez-passer *m inv*

crédito ['kreðito] *m* **1.** (*préstamo*) crédit *m* **2.** (*confianza*) confiance *f*

credo ['kreðo] *m* credo *m*

creencia [kre'enθja] *f* **1.** (*en religión*) croyance *f* **2.** (*convicción*) conviction *f*

creer [kre'er] *vt* croire • **¡ya lo creo!** je pense bien ! ♦ **creer en** *v prep* croire en

creído, da [kre'iðo, ða] *adj* prétentieux(euse)

crema ['krema] *f* crème *f* • **crema de belleza** crème de beauté • **crema de ave** velouté *m* de volaille • **crema de cangrejos** velouté de crabe • **crema de espárragos** velouté d'asperges • **crema de marisco** velouté de fruits de mer • **crema catalana** crème renversée • **crema pastelera** crème pâtissière

cremallera [krema'ʎera] *f* fermeture *f* Éclair®

crepe ['krep], **crepa** ['krepa] (*Méx*) *f* crêpe *f*

cresta ['kresta] *f* crête *f*

cretino, na [kre'tino, na] *adj* crétin(e)

creyente [kre'jente] *mf* croyant *m*, -e *f*

cría ['kria] *f* **1.** (*de ganado*) élevage *m* **2.** (*hijo de animal*) petit *m* ➤ **crío**

criadero [krja'ðero] *m* élevage *m*

criadillas [kria'ðiʎas] *fpl testicules d'animal (de taureau par exemple) utilisés en cuisine*
criado, da [kri'aðo, ða] *m, f* domestique *mf*
crianza [kri'anθa] *f* **1.** élevage *m* **2.** *(de hijos)* éducation *f*
criar [kri'ar] *vt* élever ◇ *vi (tener crías)* avoir des petits
criatura [kria'tura] *f* **1.** créature *f* **2.** *(niño)* enfant *m*
crimen ['krimen] *m* crime *m*
criminal [krimi'nal] *mf* criminel *m*, -elle *f*
crío, a ['krio, a] *m, f* gamin *m*, -e *f*
criogenizar [krjoxeni'θar], **crionizar** [krjoní'θar] *vt TEC* cryogéniser
criollo, lla [kri'oʎo, ʎa] *m, f* créole *mf*
crionizar = **criogenizar**
crisis ['krisis] *f inv* crise *f*
cristal [kris'tal] *m* verre *m*
cristalería [kristale'ria] *f* **1.** *(tienda)* vitrerie *f* **2.** *(objetos)* verrerie *f*
cristalino, na [krista'lino, na] *adj* cristallin(e) ◇ *m* cristallin *m*
cristianismo [kristja'nizmo] *m* christianisme *m*
cristiano, na [kris'tjano, na] *adj & m, f* chrétien(enne)
Cristo ['kristo] *m* Christ *m*
criterio [kri'terjo] *m* **1.** *(regla, norma)* critère *m* **2.** *(juicio)* avis *m*
crítica ['kritika] *f* critique *f* ➤ **crítico**
criticar [kriti'kar] *vt* critiquer
crítico, ca ['kritiko, ka] *adj & m, f* critique
croar [kro'ar] *vi* coasser
crol ['krol] *m* crawl *m*
cromo ['kromo] *m (estampa)* image *f*
crónica ['kronika] *f* chronique *f*
cronometrar [kronome'trar] *vt* chronométrer
cronómetro [kro'nometro] *m* chronomètre *m*
croqueta [kro'keta] *f* croquette *f*
croquis ['krokis] *m inv* croquis *m*
cross ['kros] *m inv* cross *m*
cruasán [krua'san] *m* croissant *m*.
cruce ['kruθe] *m* **1.** *(de calles, caminos)* croisement *m* **2.** *(en el teléfono)* interférence *f*
crucero [kru'θero] *m* **1.** *(en barco)* croisière *f* **2.** *(de iglesia)* croisée *f* du transept
crucial [kru'θjal] *adj* crucial(e)
crucifijo [kruθi'fixo] *m* crucifix *m*
crucigrama [kruθi'ɣrama] *m* mots *mpl* croisés
crudo, da ['kruðo, ða] *adj* **1.** *(alimento)* cru(e) **2.** *(novela, película)* dur(e) **3.** *(clima)* rude ◇ *m* brut *m*
cruel [kru'el] *adj* cruel(elle)
crueldad [kruel'dað] *f* cruauté *f*
crujido [kru'xiðo] *m* craquement *m*
crujiente [kru'xjente] *adj* croustillant(e)
crustáceo [krus'taθeo] *m* crustacé *m*
cruz ['kruθ] *f* **1.** croix *f* **2.** *(de moneda)* pile *f* **3.** *(fig) (carga)* calvaire *m*
cruzada [kru'θaða] *f* croisade *f*
cruzar [kru'θar] *vt (calle)* traverser ◆ **cruzarse** *vp* ● **cruzarse de brazos** *(fig)* se croiser les bras ◆ **cruzarse con** *v prep* ● **cruzarse con alguien** croiser qqn
cta. *abr escrita de* **cuenta**
cte. *abr escrita de* **corriente**
cuaderno [kua'ðerno] *m* cahier *m*

cuadra ['kuaðra] *f* **1.** écurie *f* **2.** *(Amér) (esquina)* coin *m* **3.** *(Amér) (de casas)* pâté *m* de maisons

cuadrado, da [kua'ðraðo, ða] *adj* carré(e) ◇ *m* carré *m*

cuadriculado, da [kuaðriku'laðo, ða] *adj* quadrillé(e)

cuadrilla [kua'ðriʎa] *f* **1.** *(de trabajadores)* équipe *f* **2.** *(de maleantes)* bande *f*

cuadro ['kuaðro] *m* **1.** *(cuadrado)* carré *m* **2.** *(pintura)* tableau *m* • **a** o **de cuadros** à carreaux

cuajada [kua'xaða] *f* caillé *m* • **cuajada con miel** caillé avec du miel

cual ['kual] *pron* • **el/la cual** lequel/laquelle • **lo cual** *(sujeto)* ce qui ; *(complemento)* ce que • **sea cual sea** quel (quelle) que soit

cuál ['kual] *pron* **1.** *(interrogativo)* quel (quelle) **2.** *(especificando)* lequel (laquelle) • **¿cuál es la diferencia?** quelle est la différence ? • **no sé cuál es el mejor** je ne sais pas lequel est le meilleur

cualidad [kuali'ðað] *f* qualité *f*

cualificado, da [kualifi'kaðo, ða] *adj* qualifié(e)

cualquier [kual'kjer] ➤ **cualquiera**

cualquiera [kual'kjera] *adj* n'importe quel (n'importe quelle) ◇ *pron* n'importe qui ◇ *mf* moins que rien *mf* • **en cualquier lugar** n'importe où

cuando ['kuando] *adv & prep* quand ◇ *conj (si)* si • **cuando la guerra** pendant la guerre • **de cuando en cuando** o **de vez en cuando** de temps en temps • **cuando tú lo dices será verdad** si c'est toi qui le dis, ça doit être vrai

cuándo ['kuando] *adv* quand • **¿cuándo vendrás?** quand viendras-tu ?

cuantía [kuan'tia] *f* quantité *f*

cuanto, ta ['kuanto, ta] *adj* **1.** *(todo)* tout le (toute la) • **gasta cuanto dinero gana** il dépense tout l'argent qu'il gagne **2.** *(compara cantidades)* • **cuantas más mentiras digas, menos te creerán** plus tu raconteras de mensonges, moins on te croira
◇ *pron*
1. *(de personas)* tous ceux qui (toutes celles qui) • **dio las gracias a todos cuantos lo ayudaron** il a remercié tous ceux qui l'ont aidé
2. *(todo lo que)* tout ce que • **todo cuanto dijo era verdad** tout ce qu'il a dit était vrai
3. *(compara cantidades)* • **cuanto más se tiene, más se quiere** plus on en a, plus on en veut
4. *(en locuciones)* • **cuanto antes** le plus vite possible • **en cuanto** dès que • **en cuanto a** en ce qui concerne

cuánto, ta ['kuanto, ta] *adj* **1.** *(interrogativo)* combien de **2.** *(exclamativo)* que de ◇ *pron (interrogativo)* combien • **¿cuántos quieres?** combien en veux-tu ? • **no sé cuántos serán** je ne sais pas combien ils seront • **¡cuántos problemas!** que de problèmes ! • **¿cuánto hay?** combien y en a-t-il ? • **me pregunto cuánto gana** je me demande combien il gagne • **unos cuántos** quelques-uns

cuarenta [kua'renta] *núm* quarante

cuaresma [kua'rezma] *f* carême *m*

cuartel [kuar'tel] *m* caserne *f* • **cuartel de la Guardia Civil** caserne de la Garde civile
cuartelazo [kuarte'laθo] *m* (*Amér*) putsch *m*.
cuarteto [kuar'teto] *m* quatuor *m*
cuartilla [kuar'tiʎa] *f* feuille *f* (de papier)
cuarto, ta ['kuarto, ta] *adj* quatrième ◇ *m, f* quatrième ◇ *m* **1.** (*habitación*) chambre *f* **2.** (*parte*) quart *m* **3.** (*fracción*) quatrième *m* • **cuarto de baño** salle *f* de bains • **cuarto de hora** quart d'heure • **un cuarto de kilo** une demi-livre • **el cuarto** le quatrième • **la cuarta** la quatrième • **capítulo cuarto** chapitre quatre • **el cuarto día** le quatrième jour • **en cuarto lugar** o **en cuarta posición** en quatrième position • **la cuarta parte** un quatrième
cuarzo ['kuarθo] *m* quartz *m*
cuate, ta ['kuate, ta] *m, f* (*CAm & Méx*) (*fam*) copain *m*, copine *f*
cuatro ['kuatro] *adj inv & m* quatre ◇ *mpl* quatre ◇ *fpl* • **las cuatro** quatre heures • **doscientos cuatro** deux cent quatre • **treinta y cuatro** trente-quatre • **de cuatro en cuatro** quatre par quatre • **empatados a cuatro** quatre partout • **los cuatro** les quatre • **cuatro a cero** quatre à zéro
cuatrocientos, tas [kuatro'θjentos, tas] *núm* quatre cents
Cuba ['kuβa] *s* Cuba
cubalibre [kuβa'liβre] *m* rhum-Coca *m*
cubano, na [ku'βano, na] *adj* cubain(e) ◇ *m, f* Cubain *m*, -e *f*
cubertería [kuβerte'ria] *f* ménagère *f* (*couverts*)
cubeta [ku'βeta] *f* **1.** (*de barómetro*) cuvette *f* **2.** (*Amér*) (*cubo*) seau *m*
cúbico, ca ['kuβiko, ka] *adj* cubique
cubierta [ku'βjerta] *f* **1.** (*de libro*) couverture *f* **2.** (*de barco*) pont *m* **3.** (*de edificio*) toiture *f*
cubierto, ta [ku'βjerto, ta] *adj* couvert(e) ◇ *m* couvert *m* • **a cubierto** à l'abri
cubito [ku'βito] *m* • **cubito de hielo** glaçon *m*
cúbito ['kuβito] *m* cubitus *m*
cubo ['kuβo] *m* **1.** (*recipiente*) seau *m* **2.** (*en geometría, matemáticas*) cube *m* • **cubo de la basura** poubelle *f*
cubrir [ku'βrir] *vt* couvrir ♦ **cubrirse** *vp* se couvrir
cucaracha [kuka'ratʃa] *f* cafard *m*
cuchara [ku'tʃara] *f* cuillère *f*
cucharada [kutʃa'raða] *f* cuillerée *f*
cucharilla [kutʃa'riʎa] *f* petite cuillère *f*
cucharón [kutʃa'ron] *m* louche *f*
cuchilla [ku'tʃiʎa] *f* lame *f* • **cuchilla de afeitar** lame de rasoir
cuchillo [ku'tʃiʎo] *m* couteau *m*
cuclillas [ku'kliʎas] ♦ **en cuclillas** *adv* accroupi(e)
cucurucho [kuku'rutʃo] *m* cornet *m*
cuelgue ['kuelɣe] *m* (*fam*) trip *m* • **¡lleva un buen cuelgue!** il est en plein trip !
cuello ['kueʎo] *m* **1.** cou *m* **2.** (*de camisa*) col *m*
cuenca ['kuenka] *f* bassin *m*
cuenco ['kuenko] *m* terrine *f* (*plat*)
cuenta ['kuenta] *f* **1.** compte *m* **2.** (*factura*) note *f* **3.** (*de collar*) perle *f* • **caer en la**

cuenta comprendre • **darse cuenta de** se rendre compte de • **tener en cuenta algo** tenir compte de qqch
cuentagotas [kuenta'ɣotas] *m inv* compte-gouttes *m inv* • **en cuentagotas** au compte-gouttes
cuentakilómetros [ˌkuentaki'lometros] *m inv* compteur *m* kilométrique
cuento ['kuento] *m* **1.** *(relato)* conte *m* **2.** *(mentira)* histoire *f*
cuerda ['kuerða] *f* **1.** corde *f* **2.** *(del reloj)* ressort *m* • **cuerdas vocales** cordes vocales
cuerno ['kuerno] *m* **1.** *(de animal)* corne *f* **2.** *(instrumento)* cor *m* de chasse
cuero ['kuero] *m* cuir *m* • **en cueros** nu(e) comme un ver • **cuero cabelludo** cuir chevelu
cuerpo ['kuerpo] *m* corps *m*
cuervo ['kuerβo] *m* corbeau *m*
cuesta ['kuesta] *f* côte *f* • **a cuestas** sur le dos • **ir cuesta arriba** monter (la côte) • **ir cuesta abajo** descendre (la pente)
cuestión [kues'tjon] *f* question *f* • **ser cuestión de** être une question de
cuestionario [kuestjo'narjo] *m* questionnaire *m*
cueva ['kueβa] *f* grotte *f*
cuidado [kui'ðaðo] *m* **1.** *(esmero)* soin *m* **2.** *(vigilancia)* attention *f* ◇ *interj* attention ! • **cuidado con** attention à • **estar al cuidado de** s'occuper de • **tener cuidado** faire attention • **un golpe de cuidado** un vilain coup
cuidadosamente [kuiðaˌðosa'mente] *adv* soigneusement
cuidadoso, sa [kuiða'ðoso, sa] *adj* soigneux(euse)
cuidar [kui'ðar] *vt* prendre soin de ◆ **cuidar de** *v prep (asistir)* soigner ◆ **cuidarse** *vp* se ménager ◆ **cuidarse de** *v prep* s'occuper de
culata [ku'lata] *f* culasse *f*
culebra [ku'leβra] *f* couleuvre *f*
culebrón [kule'βron] *m (fam)* feuilleton *m* mélo
culo ['kulo] *m* fesses *fpl*
culpa ['kulpa] *f* faute *f* • **tiene la culpa** c'est de sa faute
culpabilidad [kulpaβili'ðað] *f* culpabilité *f*
culpable [kul'paβle] *adj & mf* coupable • **culpable de** coupable de
culpar [kul'par] *vt* accuser • **culpar a alguien de** accuser qqn de
cultivar [kulti'βár] *vt* cultiver
cultivo [kul'tiβo] *m* culture *f (des terres)*
culto, ta ['kulto, ta] *adj* **1.** *(persona)* cultivé(e) **2.** *(estilo, lenguaje)* soutenu(e) ◇ *m* culte *m*
cultura [kul'tura] *f* culture *f*
cultural [kultu'ral] *adj* culturel(elle)
culturismo [kultu'rizmo] *m* musculation *f*
cumbre ['kumbre] *f* sommet *m*
cumpleaños [kumple'aɲos] *m inv* anniversaire *m*
cumplido [kum'pliðo] *m* compliment *m*
cumplir [kum'plir] *vt* **1.** *(ley, reglamento)* respecter **2.** *(orden)* exécuter **3.** *(años)* avoir **4.** *(promesa)* tenir **5.** *(condena)* purger ◇ *vi (plazo)* expirer ◆ **cumplir con** *v prep* **1.** *(deber)* remplir **2.** *(palabra)* tenir
cúmulo ['kumulo] *m* **1.** *(de cosas)* tas *m* **2.** *(de nubes)* cumulus *m*
cuna ['kuna] *f* berceau *m*

cuneta [ku'neta] *f* **1.** *(de calle)* caniveau *m* **2.** *(de carretera)* fossé *m*
cuña ['kuɲa] *f* **1.** *(calza)* cale *f* **2.** *(en radio, televisión)* message *m* publicitaire
cuñado, da [ku'ɲaðo, ða] *m, f* beau-frère *m*, belle-sœur *f*
cuota ['ku̯ota] *f* **1.** *(a club)* cotisation *f* **2.** *(cupo)* quote-part *f*
cuplé [ku'ple] *m chanson populaire espagnole légèrement satirique et licencieuse*
cupo ['kupo] *m* **1.** *(cantidad máxima)* quota *m* **2.** *(cantidad proporcional)* quote-part *f*
cupón [ku'pon] *m (de sorteo, lotería)* billet *m*
cúpula ['kupula] *f* coupole *f*
cura ['kuɾa] *m (sacerdote)* curé *m* ◇ *f* **1.** *(restablecimiento)* guérison *f* **2.** *(tratamiento)* cure *f* ● **cura de reposo** cure de repos
curandero, ra [kuran'deɾo, ɾa] *m, f* guérisseur *m*, -euse *f*
curar [ku'ɾaɾ] *vt* **1.** *(enfermedad, herida)* soigner **2.** *(carne, pescado)* faire sécher **3.** *(pieles)* tanner ◆ **curarse de** *v prep* guérir de
curiosidad [kuɾi̯osi'ðað] *f* curiosité *f* ● **tener curiosidad por** être curieux(euse) de
curioso, sa [ku'ɾi̯oso, sa] *adj & m, f* curieux(euse)
curita [ku'ɾita] *f (Amér)* pansement *m* adhésif
curry ['kuri] *m* curry *m* ● **al curry** au curry
cursi ['kursi] *adj (fam)* **1.** *(persona, modales)* maniéré(e) **2.** *(vestido)* de mauvais goût
cursillo [kuɾ'siʎo] *m* **1.** *(curso breve)* stage *m* **2.** *(de conferencias)* cycle *m* de conférences
curso ['kurso] *m* **1.** cours *m* **2.** *(año académico)* année *f* scolaire **3.** *(grupo de alumnos)* promotion *f* ● **en curso** en cours
cursor [kuɾ'soɾ] *m INFORM* curseur *m* ● **situar el cursor en...** positionner le curseur sur...
curva ['kuɾβa] *f* **1.** courbe *f* **2.** *(de camino, carretera)* virage *m*
curvado, da [kuɾ'βaðo, ða] *adj* courbe
custodia [kus'toði̯a] *f* garde *f*
cutis ['kutis] *m inv* peau *f* (du visage)
cutre ['kutre] *adj (fam)* **1.** *(lugar)* glauque **2.** *(de mal gusto)* ringard(e) **3.** *(tacaño)* radin(e)
cuy ['kui̯] *m (Amér)* cochon *m* d'Inde
cuyo, ya ['kujo, ja] *adj* dont le (dont la) ● **el señor cuyo hijo viste ayer** le monsieur dont tu as vu le fils hier ● **el libro en cuya portada...** le livre sur la couverture duquel...
CV ['θe'βe] (*abr de currículum vitae*) *m* CV *m* ● **enviar un CV** envoyer un CV

dD

D. *abr escrita de* **don**
dado ['daðo] *m* dé *m*
daga ['daɣa] *f* dague *f*
dalia ['dali̯a] *f* dahlia *m*
dama ['dama] *f* dame *f* ◆ **damas** *fpl (juego)* dames *fpl*

danés, esa [da'nes, esa] *adj* danois(e) ◇ *m, f* Danois *m*, -e *f* ◇ *m (lengua)* danois *m*

danza ['danθa] *f* danse *f*

dañar [da'ɲar] *vt* endommager

danzar [dan'θar] *vt & vi* danser

dañino, na [da'ɲino, na] *adj* **1.** *(sustancia)* nocif(ive) **2.** *(animal)* nuisible

daño ['daɲo] *m* **1.** *(dolor)* mal *m* **2.** *(perjuicio)* dégât *m* • **daños y perjuicios** dommages et intérêts • **hacer daño** faire mal

dar ['dar] *vt*

1. donner • **dame ese libro** donne-moi ce livre • **no le quieren dar trabajo** ils ne veulent pas lui donner de travail • **me dio un consejo de amigo** il m'a donné un conseil d'ami • **el dinero no da la felicidad** l'argent ne fait pas le bonheur • **daba señales de cansancio** il donnait des signes de fatigue • **da clases/conferencias en la universidad** il donne des cours/conférences à l'université • **van a dar una fiesta para su aniversario** ils vont donner une fête pour son anniversaire

2. *(beneficios, intereses)* rapporter • **esta cuenta no da suficiente** ce compte ne rapporte pas assez

3. *(suj: reloj)* sonner • **el reloj ha dado las diez** l'horloge a sonné dix heures

4. *(encender)* allumer • **por favor, da la luz** s'il te plaît, allume la lumière

5. *(provocar)* • **me da vergüenza/pena** cela me fait honte/de la peine • **me da risa** ça me fait rire

6. *(decir)* • **me dio las gracias/los buenos días** il m'a dit merci/bonjour

7. *(expresa acción)* • **dar un grito** pousser un cri • **dar un susto a alguien** faire peur à qqn • **dar un empujón a alguien** bousculer qqn

8. *(fam) (en cine, televisión)* passer • **¿qué dan esta noche en la tele?** qu'est-ce qu'il y a ce soir à la télé ?

9. *(considerar)* • **dar algo/a alguien por** considérer qqch/qqn comme • **lo dieron por muerto** on l'a tenu pour mort

10. *(en locuciones)* • **dar de sí** *(ropa)* se détendre ; *(zapato)* se faire

◇ *vi*

1. *(horas)* sonner • **han dado las tres en el reloj** trois heures viennent de sonner à l'horloge

2. *(golpear en)* • **le dieron en la cabeza** ils l'ont frappé à la tête

3. *(sobrevenir)* • **le dieron varios ataques al corazón** il a eu plusieurs crises cardiaques

4. *(proporcionar)* • **dar de comer a alguien** donner à manger à qqn

5. *(alcanzar)* • **dar en el blanco** mettre dans le mille • **el sol le da en la cara** il a le soleil dans les yeux

6. *(en locuciones)* • **da igual** o **lo mismo** ce n'est pas grave • **dar que pensar** donner à penser • **esta historia dio mucho que hablar** cette histoire a fait beaucoup parler • **¡qué más da!** qu'est-ce que ça peut faire !

◆ **dar a** *v prep*

1. *(estar orientado) (ventana, balcón)* donner sur ; *(puerta)* ouvrir sur

2. *(llave de paso)* ouvrir

◆ **dar con** *v prep (encontrar)* trouver

◆ **darse** *vp*

1. *(suceder)* arriver • **se ha dado el caso de...** il est arrivé que...

2. *(tener aptitud)* • **se me dan bien/mal las matemáticas** je suis bon/mauvais en mathématiques
3. *(en locuciones)* • **darse prisa** se dépêcher • **dárselas de valiente** jouer les durs
◆ **darse a** *v prep (entregarse)* s'adonner à
◆ **dar contra** *v prep (golpearse)* se cogner
◆ **darse por** *v prep (considerarse)* se considérer

dardo ['darðo] *m* dard *m* ◆ **dardos** *mpl (juego)* fléchettes *fpl*

dátil ['datil] *m* datte *f*

dato ['dato] *m* donnée *f* • **datos personales** coordonnées *fpl*

dcha. (*abr escrita de derecha*) dr., dte *(droite)*

d. de J.-C. (*abr escrita de después de Jesucristo*) ap. J.-C. *(après Jésus-Christ)*

de [de] *prep*
1. de • **el coche de mi padre** la voiture de mon père • **bebió un gran vaso de agua** il a bu un grand verre d'eau • **háblame de ti** parle-moi de toi • **una bici de carreras** un vélo de course • **soy de Madrid** je suis de Madrid • **vengo de mi casa** je viens de chez moi • **el mejor de todos** le meilleur de tous • **más/menos de** plus/moins de • **morirse de frío** mourir de froid
2. *(materia)* en • **un reloj de oro** une montre en or
3. *(en descripciones)* • **de fácil manejo** facile à utiliser • **la señora de verde** la dame en vert
4. *(en calidad de)* comme • **trabaja de bombero** il travaille comme pompier
5. *(tiempo)* • **trabaja de noche y duerme de día** il travaille la nuit et dort le jour • **llegamos de madrugada** nous sommes arrivés à l'aube
6. *(condición)* si • **de querer ayudarme, lo haría** s'il voulait m'aider, il le ferait
7. *(después de adj y antes de infinitivo)* à • **fácil de hacer** facile à faire

debajo [de'βaxo] *adv* dessous • **debajo de** sous • **por debajo de** en dessous de

debate [de'βate] *m* débat *m*

debatir [deβa'tir] *vt* • **debatir algo** débattre de qqch

deber [de'βer] *m* devoir *m* • **es mi deber** c'est mon devoir • **hacer los deberes** *(trabajo escolar)* faire ses devoirs
◇ *vt* devoir • **nos debemos ir a casa a las diez** nous devons rentrer à la maison à dix heures • **me debes 60 euros** tu me dois 60 euros
◆ **deber de** *v prep (expresa suposición)* devoir • **debe de tener más de sesenta años** il doit avoir plus de soixante ans
◆ **deberse a** *v prep*
1. *(ser consecuencia de)* être dû (due) à • **el retraso se debe a la huelga** le retard est dû à la grève
2. *(dedicarse a)* se dévouer à • **dice que se debe a sus hijos** elle dit qu'elle se dévoue à ses enfants

debido, da [de'βiðo, ða] *adj* dû (due) • **debido a** à cause de

débil ['deβil] *adj* faible

debilidad [deβili'ðað] *f* faiblesse *f* • **sentir debilidad por** avoir un faible pour

debilitar [deβili'tar] *vt* affaiblir

debut [de'βut] *m (de artista)* débuts *mpl*

década ['dekaða] *f* décennie *f* • **tercera década** troisième décennie

decadencia [deka'ðenθja] *f* décadence *f*

decadente [deka'ðente] *adj* décadent(e)

decaer [deka'er] *vi* **1.** *(fuerza, energía)* décliner **2.** *(ánimos, esperanzas)* faiblir **3.** *(país)* s'affaiblir

decaído, da [deka'iðo, ða] *adj (deprimido)* abattu(e)

decano, na [de'kano, na] *m, f* doyen *m*, -enne *f*

decena [de'θena] *f* dizaine *f*

decente [de'θente] *adj* **1.** *(honesto)* décent(e) **2.** *(adecuado)* convenable **3.** *(limpio)* propre

decepción [deθep'θjon] *f* déception *f*

decepcionar [deθepθjo'nar] *vt* décevoir ◆ **decepcionarse** *vp* être déçu(e)

decidido, da [deθi'ðiðo, ða] *adj* décidé(e)

decidir [deθi'ðir] *vt* **1.** *(acordar)* décider (de) **2.** *(determinar)* décider de • **decidir hacer algo** décider de faire qqch ◆ **decidirse a** *v prep* se décider à

decimal [deθi'mal] *adj* décimal(e)

décimo, ma ['deθimo, ma] *adj & m, f* dixième ◇ *m (fracción, lotería)* dixième *m* • **el décimo** le dixième • **la décima** la dixième • **capítulo décimo** chapitre dix • **el décimo día** le dixième jour • **en décimo lugar** o **en décima posición** en dixième position • **la décima parte** un dixième

decir [de'θir] *vt* dire • **decir que sí** dire oui • **¿diga?** o **¿dígame?** *(al teléfono)* allô ! • **es decir** c'est-à-dire • **se dice que...** on dit que...

decisión [deθi'sjon] *f* décision *f*

declaración [deklara'θjon] *f* **1.** déclaration *f* **2.** *(testimonio)* déposition *f* • **declaración de renta** déclaration de revenus • **prestar declaración** témoigner • **tomar declaración** recueillir une déposition

declarado, da [dekla'raðo, ða] *adj* déclaré(e)

declarar [dekla'rar] *vt* **1.** déclarer **2.** *(testimoniar)* témoigner ◇ *vi (dar testimonio)* témoigner ◆ **declararse** *vp* **1.** se déclarer **2.** *(en el amor)* faire une déclaration (d'amour)

declinar [dekli'nar] *vt & vi* décliner

decoración [dekora'θjon] *f* décoration *f*

decorado [deko'raðo] *m* décor *m*

decorar [deko'rar] *vt* **1.** *(casa, habitación)* décorer **2.** *(escenario)* monter le décor de

decretar [dekre'tar] *vt* décréter

decreto [de'kreto] *m* décret *m*

dedal [de'ðal] *m* dé *m* à coudre

dedicación [deðika'θjon] *f* • **de dedicación exclusiva** *(en el trabajo)* à temps plein

dedicar [deði'kar] *vt* **1.** *(tiempo, dinero, energía)* consacrer **2.** *(obra)* dédier ◆ **dedicarse a** *v prep* se consacrer à • **se dedica a la pintura** il est peintre

dedo ['deðo] *m* doigt *m* • **dedo anular** annulaire *m* • **dedo corazón** majeur *m* • **dedo gordo** pouce *m* • **dedo índice** index *m* • **dedo meñique** petit doigt *m* • **hacer dedo** *(fam)* faire du stop

deducción [deðuk'θjon] *f* déduction *f*

deducir [deðu'θir] *vt* déduire

defecar [defe'kar] *vi* déféquer

defecto [de'fekto] *m* défaut *m*

defender [defen'der] *vt* défendre ◆ **defenderse** *vp* se défendre ◆ **defenderse de** *v prep* se défendre contre

defensa [de'fensa] *f* défense *f*

defensor, ra [defen'sor, ra] *m, f* défenseur *m*

deficiencia [defi'θjenθja] *f* **1.** *(defecto)* défaillance *f* **2.** *(falta, ausencia)* insuffisance *f*

deficiente [defi'θjente] *adj* déficient(e)

déficit ['defiθit] *m inv* **1.** *(en economía)* déficit *m* **2.** *(escasez)* manque *m*

definición [defini'θjon] *f* définition *f*

definir [defi'nir] *vt* définir ♦ **definirse** *vp* *(fig) (en postura, ideas)* prendre position

definitivo, va [defini'tiβo, βa] *adj* définitif(ive) • **en definitiva** en définitive

deformación [deforma'θjon] *f* déformation *f*

deformar [defor'mar] *vt* déformer

defraudar [defrau̯'ðar] *vt* **1.** *(decepcionar)* décevoir **2.** *(estafar)* frauder

defunción [defun'θjon] *f (formal)* décès *m*

degenerado, da [dexene'raðo, ða] *m, f* dégénéré *m*, -e *f*

degenerar [dexene'rar] *vi* dégénérer

degustación [deɣusta'θjon] *f* dégustation *f*

dejadez [dexa'ðeθ] *f* laisser-aller *m inv*

dejar [de'xar] *vt*

1. *(colocar, poner)* laisser • **deja el abrigo en la percha** laisse ton manteau sur le porte-manteau • **le dejaré la llave a la portera** je laisserai la clef à la concierge • **en vacaciones dejo el perro a mi madre** pendant les vacances, je laisse mon chien à ma mère • **deja un poco de café para mí** laisse-moi un peu de café • **déjalo, que se fastidie** laisse tomber, tant pis pour lui • **¡déjame!, que tengo trabajo** laisse-moi (tranquille), j'ai du travail ! ▾ **dejen salir antes de entrar** laissez sortir avant d'entrer

2. *(prestar)* prêter • **me dejó su pluma para firmar** il m'a prêté son stylo pour que je signe

3. *(abandonar)* quitter • **dejó a su familia** il a quitté sa famille • **ha dejado los estudios** il a abandonné ses études

4. *(producir)* • **ha dejado buena impresión** il a fait bonne impression

5. *(omitir)* oublier • **dejar algo por o sin hacer** ne pas faire qqch

6. *(esperar)* • **dejar que** attendre que • **dejó que acabara de llover para salir** il a attendu qu'il cesse de pleuvoir pour sortir

7. *(en locuciones)* • **dejar algo/a alguien aparte** laisser qqch/qqn de côté • **dejar algo/a alguien atrás** laisser qqch/qqn derrière soi • **dejar caer algo** laisser entendre qqch

♦ **dejar de** *v prep*

1. *(parar)* arrêter de • **deja de gritar** arrête de crier

2. *(olvidar)* • **¡no dejes de escribirme!** n'oublie pas de m'écrire !

♦ **dejarse** *vp*

1. *(olvidarse)* • **dejarse algo en algún sitio** laisser o oublier qqch quelque part

2. *(descuidarse, abandonarse)* se laisser aller

3. *(en locuciones)* • **dejarse llevar por** se laisser influencer par • **dejarse ver** se montrer

♦ **dejarse de** *v prep* • **¡déjate de cuentos!** arrête de raconter des histoires !

del [del] ➤ **de, el**

delantal [delan'tal] *m* tablier *m*

delante [de'lante] *adv* devant • **delante de** devant • **por delante de** devant

delantera [delan'tera] *f (de coche, avión)* avant *m* • **coger** o **tomar la delantera** devancer

delantero, ra [delan'tero, ra] *adj* avant *(inv)* ◇ *m, f (en deporte)* avant *m*

delatar [dela'tar] *vt* **1.** *(persona)* dénoncer **2.** *(suj: gesto, acto)* trahir

delco® ['delko] *m* Delco® *m*

delegación [deleɣa'θjon] *f* **1.** *(oficina)* agence *f* **2.** *(representación)* délégation *f*

delegado, da [dele'ɣaðo, ða] *m, f* délégué *m*, -e *f*

delegar [dele'ɣar] *vt* déléguer

deletrear [deletre'ar] *vt* épeler

delfín [del'fin] *m* dauphin *m*

delgado, da [del'ɣaðo, ða] *adj* **1.** *(flaco)* maigre **2.** *(fino)* mince

deliberadamente [deliβe,raða'mente] *adv* délibérément

deliberado, da [deliβe'raðo, ða] *adj* délibéré(e)

deliberar [deliβe'rar] *vt* délibérer

delicadeza [delika'ðeθa] *f* délicatesse *f*

delicado, da [deli'kaðo, ða] *adj* délicat(e)

delicia [de'liθja] *f* délice *m*

delicioso, sa [deli'θjoso, sa] *adj* délicieux(euse)

delincuencia [delin'kwenθja] *f* délinquance *f*

delincuente [delin'kwente] *mf* délinquant *m*, -e *f* • **delincuente común** petit délinquant

delirante [deli'rante] *adj* délirant(e)

delirar [deli'rar] *vi* délirer

delirio [de'lirjo] *m* délire *m*

delito [de'lito] *m* délit *m*

delta ['delta] *m* delta *m*

demanda [de'manda] *f* **1.** demande *f* **2.** *(en un juicio)* action *f* en justice

demandar [deman'dar] *vt* **1.** *(pedir)* demander **2.** *(en un juicio)* poursuivre

demás [de'mas] *adj* • **las demás personas** les autres personnes ◇ *pron* • **los/las demás** les autres • **lo demás** le reste • **por lo demás** à part ça

demasiado, da [dema'sjaðo, ða] *adj* trop de ◇ *adv* trop • **demasiado pan** trop de pain • **come demasiado** il mange trop

demencia [de'menθja] *f* démence *f*

demente [de'mente] *adj* dément(e)

democracia [demo'kraθja] *f* démocratie *f*

demócrata [de'mokrata] *adj* & *mf* démocrate

democráticamente [demo,kratika'mente] *adv* démocratiquement

democrático, ca [demo'kratiko, ka] *adj* démocratique

demoledor, ra [demole'ðor, ra] *adj* **1.** *(máquina, aparato)* de démolition **2.** *(argumento)* écrasant(e) **3.** *(crítica)* virulent(e)

demoler [demo'ler] *vt* démolir

demonio [de'monjo] *m* démon *m* • **¿qué demonios está haciendo?** bon sang, qu'est-ce qu'il fait ?

demora [de'mora] *f* retard *m*

demostración [demostra'θjon] *f* **1.** démonstration *f* **2.** *(de afecto, sentimiento)* preuve *f*

demostrar [demos'trar] *vt* **1.** *(probar)* démontrer **2.** *(indicar)* montrer

denominación [denomina'θjon] *f* dénomination *f* • **denominación de origen** appellation *f* d'origine

La denominación de origen

En Espagne et en Amérique latine, la **denominación de origen** ou **D.O.** est un label de qualité apposé sur certains vins et denrées alimentaires qui ont été produits selon des méthodes approuvées par le syndicat professionnel.

densidad [densi'ðað] *f* densité *f*
denso, sa ['denso, sa] *adj* dense
dentadura [denta'ðura] *f* dentition *f* • **dentadura postiza** dentier *m*
dentífrico [den'tifriko] *m* dentifrice *m*
dentista [den'tista] *mf* dentiste *mf*
dentro ['dentro] *adv* *(en el interior)* dedans, à l'intérieur • **dentro de** dans • **dentro del coche** dans la voiture • **dentro de un año** dans un an
denunciante [denun'θjante] *mf* dénonciateur *m*, -trice *f*
denunciar [denunθi'ar] *vt* dénoncer
departamento [departa'mento] *m* **1.** *(de armario, maleta)* compartiment *m* **2.** *(de empresa, organismo)* département *m*
dependencia [depen'denθja] *f* **1.** *(subordinación)* dépendance *f* **2.** *(sección, departamento)* service *m* ◆ **dependencias** *fpl* *(en edificio)* dépendances *fpl*
depender [depen'der] ◆ **depender de** *v prep* dépendre de
dependiente, ta [depen'djente, ta] *m, f* vendeur *m*, -euse *f*
depilarse [depi'larse] *vp* s'épiler
depilatorio, ria [depila'torjo, rja] *adj* dépilatoire
deporte [de'porte] *m* sport *m* • **deportes de invierno** sports d'hiver • **hacer deporte** faire du sport
deportista [depor'tista] *mf* sportif *m*, -ive *f*
deportivo, va [depor'tiβo, βa] *adj* **1.** *(competición, prueba)* sportif(ive) **2.** *(zapatillas, ropa)* de sport **3.** *(conducta, comportamiento)* fair-play *(inv)* ◇ *m* voiture *f* de sport
depositar [deposi'tar] *vt* déposer
depósito [de'posito] *m* **1.** dépôt *m* **2.** *(recipiente)* réservoir *m* • **depósito de agua** citerne *f* • **depósito de gasolina** réservoir d'essence
depre ['depre] *(fam)* *adj* déprimé(e) ◇ *f* déprime *f*
depresión [depre'sjon] *f* dépression *f*
depresivo, va [depre'siβo, βa] *adj* dépressif(ive)
deprimido, da [depri'miðo, ða] *adj* déprimé(e)
deprimir [depri'mir] *vt* déprimer ◆ **deprimirse** *vp* être déprimé(e)
deprisa [de'prisa] *adv* vite
depuradora [depura'ðora] *f* épurateur *m*
depurar [depu'rar] *vt* épurer
derecha [de'retʃa] *f* droite *f* • **la derecha** *(lado derecho)* la droite ; *(mano derecha)* la main droite • **a la derecha** à droite • **ser de derechas** être de droite
derecho, cha [de'retʃo, tʃa] *adj* droit(e) ◇ *m* **1.** droit *m* **2.** *(de tela, prenda)* endroit *m* ◇ *adv* droit • **todo derecho** tout droit • **del derecho** à l'endroit • **¡no hay derecho!** ce n'est pas juste !

derivar [deɾi'βaɾ] ◆ **derivar de** *v prep (proceder de)* dériver de ◆ **derivar en** *v prep (acabar en)* se terminer par
dermoprotector, ra [ˌdermoprotek'toɾ, ɾa] *adj* dermoprotecteur(trice)
derramar [dera'maɾ] *vt* répandre ◆ **derramarse** *vp* se répandre
derrame [de'rame] *m* écoulement *m* ● **derrame cerebral** hémorragie *f* cérébrale
derrapar [dera'paɾ] *vi* déraper
derretir [dere'tiɾ] *vt* faire fondre ◆ **derretirse** *vp* fondre
derribar [deri'βaɾ] *vt* **1.** *(casa, muro)* abattre **2.** *(fig) (régimen, gobernante)* renverser
derrochar [dero'tʃaɾ] *vt* **1.** *(dinero)* gaspiller **2.** *(esfuerzos)* déployer **3.** *(simpatía, energía)* déborder de
derroche [de'rotʃe] *m* **1.** *(de dinero)* gaspillage *m* **2.** *(de esfuerzos)* déploiement *m* **3.** *(de simpatía, energía)* démonstration *f*
derrota [de'rota] *f* défaite *f*
derrotar [dero'taɾ] *vt* battre
derrumbar [derum'baɾ] *vt* démolir ◆ **derrumbarse** *vp* s'effondrer
desabrochar [desaβro'tʃaɾ] *vt* défaire *(bouton, agrafe)* ◆ **desabrocharse** *vp* se déboutonner
desaconsejable [desakonse'xaβle] *adj* déconseillé(e)
desacreditar [desakreði'taɾ] *vt* discréditer
desacuerdo [desa'kue̯rðo] *m* désaccord *m*
desafiar [desafi'aɾ] *vt* **1.** *(persona)* défier **2.** *(elementos, peligros)* affronter ● **desafiar a alguien a** défier qqn de
desafinar [desafi'naɾ] *vi* **1.** *(persona)* chanter faux **2.** *(instrumento)* être désaccordé(e) ◆ **desafinarse** *vp* **1.** *(instrumento de cuerda)* se désaccorder **2.** *(instrumento de viento)* sonner faux
desafío [desa'fio] *m* défi *m*
desafortunadamente [desafortuˌnaða'mente] *adv* malheureusement
desafortunado, da [desafortu'naðo, ða] *adj* **1.** *(sin suerte)* malchanceux(euse) **2.** *(inoportuno)* malheureux(euse)
desagradable [desaɣra'ðaβle] *adj* désagréable
desagradecido, da [desaɣraðe'θiðo, ða] *adj* ingrat(e)
desagüe [de'saɣu̯e] *m* tuyau *m* d'écoulement
desahogarse [desao'ɣarse] *vp* **1.** *(hablar)* s'épancher **2.** *(aliviarse)* se défouler
desaire [de'sai̯ɾe] *m* affront *m*
desajuste [desa'xuste] *m* **1.** *(de máquina, conducta)* dérèglement *m* **2.** *(económico)* déséquilibre *m* ● **desajuste horario** décalage *m* horaire
desaliñado, da [desali'ɲaðo, ða] *adj* négligé(e)
desalojar [desalo'xaɾ] *vt* (faire) évacuer ● **desalojar a alguien de** déloger qqn de
desamparado, da [desampa'ɾaðo, ða] *adj* abandonné(e)
desangrarse [desan'grarse] *vp* **1.** saigner abondamment **2.** *(totalmente)* perdre tout son sang
desanimar [desani'maɾ] *vt* décourager ◆ **desanimarse** *vp* se décourager
desaparecer [desapaɾe'θeɾ] *vi* disparaître

desaparecido, da [desapaɾe'θiðo, ða] *m, f* disparu *m*, -e *f*
desaparición [desapaɾi'θi̯on] *f* disparition *f*
desapercibido, da [desapeɾθi'βiðo, ða] *adj* • **pasar desapercibido** passer inaperçu
desaprovechar [desaproβe'tʃaɾ] *vt* **1.** *(tiempo, ocasión)* perdre **2.** *(comida, agua)* gaspiller
desarmador [desarma'ðor] *m* *(Méx)* tournevis *m*
desarrollado, da [desaro'ʎaðo, ða] *adj* développé(e)
desarrollador, ra [desaroʎa'ðor, ra] *m, f* développeur *m*
desarrollar [desaro'ʎar] *vt* développer ◆ **desarrollarse** *vp* **1.** se développer **2.** *(suceder, ocurrir)* se dérouler
desarrollo [desa'roʎo] *m* **1.** développement *m* **2.** *(de una persona)* croissance *f*
desasosiego [desaso'si̯eɣo] *m* trouble *m*
desastre [de'sastre] *m* **1.** *(catástrofe, fracaso)* désastre *m* **2.** *(fig)* *(persona inútil)* calamité *f* **3.** *(fig)* *(objeto de mala calidad)* catastrophe *f*
desatar [desa'tar] *vt* **1.** détacher **2.** *(sentimiento)* déchaîner
desatino [desa'tino] *m* bêtise *f*
desavenencia [desaβe'nenθi̯a] *f* *(desacuerdo)* désaccord *m*
desayunar [desaju'nar] *vi* prendre son petit déjeuner ◇ *vt* • **desayunar algo** prendre qqch au petit déjeuner
desayuno [desa'juno] *m* petit déjeuner *m*
desbarajuste [dezβara'xuste] *m* désordre *m*
desbaratar [dezβara'tar] *vt* faire échouer
desbloquear [dezβloke'ar] *vt* déverrouiller
desbordarse [dezβor'ðarse] *vp* **1.** *(río, lago)* déborder **2.** *(sentimiento, pasión)* se déchaîner
descabellado, da [deskaβe'ʎaðo, ða] *adj* insensé(e)
descafeinado [deskafei̯'naðo] *adj m* décaféiné ◇ *m* décaféiné *m*
descalificar [deskalifi'kar] *vt* **1.** *(jugador)* disqualifier **2.** *(desacreditar)* discréditer
descalzarse [deskal'θarse] *vp* se déchausser
descalzo, za [des'kalθo, θa] *adj* pieds nus • **ir descalzo** marcher pieds nus
descampado [deskam'paðo] *m* terrain *m* vague
descansar [deskan'sar] *vi* se reposer
descansillo [deskan'siʎo] *m* palier *m* *(d'escalier)*
descanso [des'kanso] *m* **1.** *(reposo)* repos *m* **2.** *(pausa)* pause *f* **3.** *(alivio)* soulagement *m* **4.** *(en espectáculo)* entracte *m* **5.** *(en competición)* mi-temps *f inv*
descapotable [deskapo'taβle] *m* décapotable *f*
descarado, da [deska'raðo, ða] *adj* effronté(e)
descarga [des'karɣa] *f* **1.** déchargement *m* **2.** *INFORM* téléchargement *m* • **descarga eléctrica** décharge *f* électrique
descargar [deskar'ɣar] *vt* **1.** décharger **2.** *INFORM* télécharger ◆ **descargarse** *vp* **1.** *(batería, encendedor)* se décharger **2.** *(desahogarse)* se défouler
descaro [des'karo] *m* effronterie *f*

descarrilar [deskari'lar] *vi* dérailler
descartar [deskar'tar] *vt* écarter
descendencia [desθen'denθja] *f* descendance *f*
descender [desθen'der] *vi* **1.** *(bajar)* descendre **2.** *(disminuir)* baisser
descendiente [desθen'djente] *mf* descendant *m*, -e *f*
descenso [des'θenso] *m* **1.** descente *f* **2.** *(de índice, temperatura)* baisse *f*
descifrar [desθi'frar] *vt* déchiffrer
descolgar [deskol'γar] *vt & vi* décrocher
descolorido, da [deskolo'riðo, ða] *adj* décoloré(e)
descomponer [deskompo'ner] *vt* **1.** décomposer **2.** *(estropear)* abîmer ◆ **descomponerse** *vp* **1.** se décomposer **2.** (*Méx*) *(averiarse)* tomber en panne
descomposición [deskomposi'θjon] *f* décomposition *f* ● **descomposición (de vientre)** dérangement *m* intestinal
descomprimir [deskompri'mir] *vt* *INFORM* décompresser, dézipper
descompuesto, ta [deskom'pwesto, ta] *pp* ➤ **descomponer** ◇ *adj* (*Méx*) en panne
desconcertante [deskonθer'tante] *adj* déconcertant(e)
desconcertar [deskonθer'tar] *vt* déconcerter
desconectarse [deskonek'tarse] *vp* *INFORM* se déconnecter
desconfianza [deskon'fjanθa] *f* méfiance *f*
desconfiar [deskonfi'ar] ◆ **desconfiar de** *v prep* ne pas avoir confiance en
descongelar [deskonxe'lar] *vt* **1.** *(alimentos, bebidas)* décongeler **2.** *(nevera)* dégivrer ◆ **descongelarse** *vp* décongeler
descongestionarse [deskonxestjo'narse] *vp* **1.** *(tráfico)* se débloquer **2.** *(nariz)* se déboucher
desconocer [deskono'θer] *vt* **1.** *(no conocer)* ne pas connaître **2.** *(no saber)* ignorer
desconocido, da [deskono'θiðo, ða] *m, f* inconnu *m*, -e *f*
desconocimiento [deskonoθi'mjento] *m* méconnaissance *f*
desconsiderado, da [deskonsiðe'raðo, ða] *adj* grossier(ère)
desconsolado, da [deskonso'laðo, ða] *adj* triste
desconsuelo [deskon'swelo] *m* tristesse *f*
descontar [deskon'tar] *vt* déduire
descrédito [des'kreðito] *m* discrédit *m*
describir [deskri'βir] *vt* décrire
descripción [deskrip'θjon] *f* description *f*
descuartizar [deskwarti'θar] *vt* dépecer
descubierto, ta [desku'βjerto, ta] *pp* ➤ **descubrir** ◇ *adj* **1.** *(sin tapar)* découvert(e) **2.** *(sin nubes)* dégagé(e) ● **al descubierto** *(al aire libre)* en plein air ; *(en evidencia)* ouvertement
descubrimiento [deskuβri'mjento] *m* découverte *f*
descubrir [desku'βrir] *vt* **1.** découvrir **2.** *(inventar)* inventer
descuento [des'kwento] *m* *(rebaja)* remise *f*
descuerar [deskwe'rar] *vt* *(Amér)* *(fig)* dénigrer
descuidado, da [deskwi'ðaðo, ða] *adj* **1.** *(persona, aspecto)* négligé(e) **2.** *(lugar)* mal entretenu(e)
descuidar [deskwi'ðar] *vt* négliger ◆ **descuidarse** *vp* ne pas faire attention

descuido [des'kui̯ðo] *m* **1.** *(imprudencia)* inattention *f* **2.** *(error)* négligence *f*
desde ['dezðe] *prep* **1.** *(en el tiempo)* depuis **2.** *(en el espacio)* de • **desde el lunes** depuis lundi • **desde mi casa** de ma maison • **desde luego** bien sûr • **desde que** depuis que • **desde que murió** depuis qu'il est mort
desdén [dez'ðen] *m* dédain *m*
desdentado, da [dezðen'taðo, ða] *adj* édenté(e)
desdicha [dez'ðitʃa] *f* malheur *m*
desdoblar [dezðo'βlar] *vt* déplier
desear [dese'ar] *vt* désirer • **te deseo mucha suerte** je te souhaite bonne chance
desechable [dese'tʃaβle] *adj* jetable
desechar [dese'tʃar] *vt* rejeter
desecho [de'setʃo] *m* déchet *m*
desembarcar [desembar'kar] *vi* débarquer
desembocadura [desemboka'ðura] *f* **1.** *(de río)* embouchure *f* **2.** *(de calle)* débouché *m*
desembocar [desembo'kar] ◆ **desembocar en** *v prep* **1.** *(río)* se jeter dans **2.** *(calle, situación)* déboucher sur
desempeñar [desempe'ɲar] *vt* **1.** *(papel)* jouer **2.** *(funciones)* exercer **3.** *(objeto empeñado)* récupérer
desempleo [desem'pleo] *m* chômage *m*
desencadenar [desenkaðe'nar] *vt (provocar)* déchaîner ◆ **desencadenarse** *vp* se déchaîner
desencajarse [desenka'xarse] *vp* **1.** *(piezas)* se déboîter **2.** *(rostro)* se décomposer
desencanto [desen'kanto] *m* désenchantement *m*
desenchufar [desentʃu'far] *vt* débrancher
desenfadado, da [desenfa'ðaðo, ða] *adj* décontracté(e)
desenfrenado, da [desenfre'naðo, ða] *adj* effréné(e)
desengañar [desenga'ɲar] *vt* détromper ◆ **desengañarse** *vp* se détromper ◆ **desengañarse de** *v prep* être déçu(e) par
desengaño [desen'gaɲo] *m* déception *f*
desenlace [desen'laθe] *m* dénouement *m*
desenmascarar [desemmaska'rar] *vt* démasquer
desenredar [desenre'ðar] *vt* démêler
desentenderse [desenten'derse] ◆ **desentenderse de** *v prep (obligaciones, actividades)* négliger
desenvolver [desembol'βer] *vt (paquete, regalo)* défaire ◆ **desenvolverse** *vp (persona)* se débrouiller
deseo [de'seo] *m* désir *m*
desequilibrado, da [desekili'βraðo, ða] *adj* déséquilibré(e)
desesperación [desespera'θjon] *f* désespoir *m*
desesperarse [desespe'rarse] *vp* se désespérer
desfachatez [desfatʃa'teθ] *f* toupet *m*
desfallecer [desfaʎe'θer] *vi* défaillir
desfigurarse [desfiɣu'rarse] *vp* se décomposer *(visage)*
desfiladero [desfila'ðero] *m* défilé *m (en montagne)*
desfile [des'file] *m* défilé *m*
desfragmentación [desfraɣmenta'θjon] *f* INFORM défragmentation *f*

desfragmentar [desfraymen'tar] *vt INFORM* défragmenter
desgana [dez'yana] *f (falta de apetito)* manque *m* d'appétit • **con desgana** sans entrain
desgastar [dezyas'tar] *vt* user
desgracia [dez'yraθja] *f* **1.** *(suerte contraria)* malchance *f* **2.** *(suceso trágico)* malheur *m* • **por desgracia** malheureusement
desgraciadamente [dezyra,θjaða'mente] *adv* malheureusement
desgraciado, da [dezyra'θjaðo, ða] *m, f* pauvre homme *m*, pauvre femme *f*
desgraciar [dezyra'θjar] *vt* abîmer
desgreñado, da [dezyre'ɲaðo, ða] *adj* échevelé(e) • **ir desgreñado** être échevelé
deshacer [desa'θer] *vt* **1.** défaire **2.** *(destruir)* détruire **3.** *(derretir)* faire fondre ◆ **deshacerse** *vp* **1.** se défaire **2.** *(derretirse)* fondre ◆ **deshacerse de** *v prep* se défaire o se débarrasser de
deshecho, cha [de'setʃo, tʃa] *adj* **1.** *(sin hacer)* défait(e) **2.** *(estropeado)* cassé(e) **3.** *(triste, abatido)* abattu(e)
desheredar [desere'ðar] *vt* déshériter
deshidratarse [desiðra'tarse] *vp* se déshydrater
deshielo [dez'jelo] *m* dégel *m*
deshonesto, ta [deso'nesto, ta] *adj* malhonnête
deshonra [de'sonra] *f* déshonneur *m*
deshuesar [dezwe'sar] *vt* **1.** *(carne)* désosser **2.** *(fruta)* dénoyauter
desierto, ta [de'sjerto, ta] *adj* désert(e) ◇ *m* désert *m*
designar [desiy'nar] *vt* **1.** *(persona)* désigner **2.** *(lugar)* choisir
desigual [desi'ywal] *adj* **1.** *(no uniforme)* inégal(e) **2.** *(irregular)* changeant(e)
desigualdad [desiywal'dað] *f* inégalité *f*
desilusión [desilu'sjon] *f* désillusion *f*
desilusionar [desilusjo'nar] *vt* décevoir
desinfectante [desinfek'tante] *m* désinfectant *m*
desinfectar [desinfek'tar] *vt* désinfecter
desinflar [desin'flar] *vt* dégonfler
desinstalar [desinsta'lar] *vt INFORM* désinstaller
desintegración [desinteyra'θjon] *f* désintégration *f*
desinterés [desinte'res] *m* manque *m* d'intérêt
desinteresado, da [desintere'saðo, ða] *adj* désintéressé(e)
desistir [desis'tir] ◆ **desistir de** *v prep* • **desistir de (hacer) algo** renoncer à (faire) qqch
desliz, ces [dez'liθ, θes] *m* faux pas *m*
deslizar [dezli'θar] *vt (hacer pasar)* glisser ◆ **deslizarse** *vp (resbalar)* glisser
deslumbrar [dezlum'brar] *vt* éblouir
desmadrarse [dezma'ðrarse] *vp (fam) (persona)* délirer
desmaquillador [dezmakiʎa'ðor] *m (producto)* démaquillant *m*
desmaquillarse [dezmaki'ʎarse] *vp* se démaquiller
desmayarse [dezma'jarse] *vp* s'évanouir
desmayo [dez'majo] *m* évanouissement *m*
desmentir [dezmen'tir] *vt* démentir

desmesurado, da [dezmesu'raðo, ða] *adj* démesuré(e)
desmontar [dezmon'tar] *vt (estructura, aparato)* démonter ◆ **desmontar de** *v prep (del caballo)* descendre de
desmoralizar [dezmorali'θar] *vt* démoraliser
desnatado, da [dezna'taðo, ða] *adj (Esp)* écrémé(e)
desnivel [dezni'βel] *m* déséquilibre *m*
desnudar [deznu'ðar] *vt* déshabiller ◆ **desnudarse** *vp* se déshabiller
desnudo, da [dez'nuðo, ða] *adj* nu(e)
desnutrición [deznutri'θjon] *f* malnutrition *f*
desobedecer [desoβeðe'θer] *vt* désobéir
desobediente [desoβe'ðjente] *adj* désobéissant(e)
desodorante [desoðo'rante] *m* déodorant *m*
desorden [de'sorðen] *m* désordre *m* ● **en desorden** en désordre
desordenar [desorðe'nar] *vt* déranger
desorganización [desorɣaniθa'θjon] *f* désorganisation *f*
desorientar [desorjen'tar] *vt* désorienter ◆ **desorientarse** *vp* **1.** *(perderse)* se perdre **2.** *(confundirse)* être désorienté(e)
despachar [despa'tʃar] *vt* **1.** *(vender)* vendre **2.** *(despedir)* congédier
despacho [des'patʃo] *m* bureau *m* ● **despacho de billetes** guichet *m*
despacio [des'paθjo] *adv* lentement ◇ *interj* doucement !
despampanante [despampa'nante] *adj (fam) (chica)* canon *(inv)*
desparpajo [despar'paxo] *m* sans-gêne *m inv*
despecho [des'petʃo] *m* dépit *m*
despectivo, va [despek'tiβo, βa] *adj* méprisant(e)
despedida [despe'ðiða] *f* adieux *mpl*
despedir [despe'ðir] *vt* **1.** *(decir adiós)* dire au revoir à **2.** *(del trabajo)* renvoyer **3.** *(arrojar)* jeter **4.** *(desprender)* dégager **5.** *(suj: volcán)* cracher ◆ **despedirse** *vp* **1.** *(decir adiós)* dire au revoir **2.** *(del trabajo)* quitter son travail
despegar [despe'ɣar] *vt & vi* décoller
despegue [des'peɣe] *m* décollage *m*
despeinarse [despej'narse] *vp* se décoiffer
despejado, da [despe'xaðo, ða] *adj* dégagé(e)
despejar [despe'xar] *vt* **1.** *(lugar)* dégager **2.** *(incógnita)* trouver **3.** *(dudas)* éclaircir ◆ **despejarse** *vp* **1.** *(cielo, día)* se dégager **2.** *(persona)* se réveiller
despensa [des'pensa] *f* garde-manger *m inv*
despeñadero [despeɲa'ðero] *m* précipice *m*
desperdiciar [desperði'θjar] *vt* gaspiller
desperdicio [desper'ðiθjo] *m* gaspillage *m* ◆ **desperdicios** *mpl (basura)* déchets *mpl*
desperezarse [despere'θarse] *vp* s'étirer
desperfecto [desper'fekto] *m* dégât *m*
despertador [desperta'ðor] *m* réveil *m*
despertar [desper'tar] *vt* **1.** *(persona)* réveiller **2.** *(interés, sospecha)* éveiller **3.** *(admiración)* susciter ◆ **despertarse** *vp* se réveiller
despido [des'piðo] *m* licenciement *m*
despierto, ta [des'pjerto, ta] *adj* éveillé(e)

despistado, da [despis'taðo, ða] *adj* tête en l'air

despistarse [despis'tarse] *vp* **1.** *(desorientarse)* s'égarer **2.** *(distraerse)* avoir un moment d'inattention

despiste [des'piste] *m* **1.** *(distracción)* étourderie *f* **2.** *(error)* faute *f* d'étourderie

desplazarse [despla'θarse] *vp* se déplacer

desplegar [desple'ɣar] *vt* **1.** *(mapa, periódico)* déplier **2.** *(cualidad, alas, bandera)* déployer

desplomarse [desplo'marse] *vp* s'effondrer

despojos [des'poxos] *mpl* **1.** *(de animal)* abats *mpl* **2.** *(de persona)* dépouille *f* mortelle **3.** *(sobras)* restes *mpl*

despreciar [despre'θi̯ar] *vt* **1.** *(persona, cosa)* mépriser **2.** *(posibilidad, propuesta)* rejeter

desprecio [des'preθi̯o] *m* mépris *m*

desprender [despren'der] *vt* **1.** *(desenganchar)* détacher **2.** *(olor)* dégager ♦ **desprenderse** *vp* se détacher ♦ **desprenderse de** *v prep* **1.** *(deshacerse de)* se détacher de **2.** *(deducirse de)* se dégager de

desprendimiento [desprendi'mi̯ento] *m* éboulement *m*

despreocuparse [despreoku'parseðe] ♦ **despreocuparse de** *v prep* se désintéresser de

desprevenido, da [despreβe'niðo, ða] *adj* • **coger desprevenido** prendre au dépourvu

desproporcionado, da [desproporθi̯o'naðo, ða] *adj* disproportionné(e)

después [des'pu̯es] *adv*
1. *(en el tiempo)* après • **decídete, después será demasiado tarde** décide-toi, après il sera trop tard
2. *(en espacio, lista)* ensuite • **¿qué calle viene después?** quelle rue y a-t-il ensuite ? • **Juan está primero, después vas tú** Juan est le premier, ensuite c'est toi
3. *(en locuciones)* • **después de comer** après le déjeuner • **después de que te fueras** après que tu es parti • **después de todo** après tout
◇ *adj* • **vino años después** il est venu des années plus tard

destacar [desta'kar] *vt* *(realzar)* souligner ◇ *vi* *(resaltar)* ressortir

destajo [des'taxo] *m* forfait *m* • **a destajo** *(por un tanto)* au forfait ; *(sin descanso)* d'arrache-pied

destapar [desta'par] *vt* *(caja, botella)* ouvrir

destello [des'teʎo] *m* *(de luz)* éclat *m*

destemplado, da [destem'plaðo, ða] *adj* *(persona)* fiévreux(euse)

desteñir [deste'ɲir] *vt* **1.** ternir **2.** *(suj: ropa)* déteindre sur ◇ *vi* déteindre

desternillante [desterni'ʎante] *adj* *(fam)* tordant(e)

desterrar [deste'rar] *vt* **1.** *(persona)* exiler **2.** *(fig)* *(pensamiento, sentimiento)* chasser

destierro [des'ti̯ero] *m* exil *m*

destilación [destila'θi̯on] *f* distillation *f*

destilar [desti'lar] *vt* distiller

destilería [destile'ria] *f* distillerie *f*

destinar [desti'nar] *vt* destiner • **destinar a alguien a** affecter qqn à

destinatario, ria [destina'tarjo, rja] *m, f* destinataire *mf*
destino [des'tino] *m* **1.** *(azar)* destin *m* **2.** *(de viaje)* destination *f* **3.** *(finalidad)* usage *m* **4.** *(trabajo)* affectation *f* • **con destino a** à destination de
destornillador [destorniʎa'ðor] *m* tournevis *m*
destornillar [destorni'ʎar] *vt* dévisser
destrozar [destro'θar] *vt* **1.** *(objeto)* mettre en pièces **2.** *(plan, proyecto)* détruire **3.** *(fig) (persona, carrera)* briser
destrucción [destruk'θjon] *f* destruction *f*
destruir [destru'ir] *vt* **1.** détruire **2.** *(plan, proyecto)* démolir
desuso [de'suso] *m* • **caer en desuso** tomber en désuétude
desvalijar [dezβali'xar] *vt* dévaliser
desván [dez'βan] *m* grenier *m*
desvanecimiento [dezβaneθi'mjento] *m* évanouissement *m*
desvariar [dezβari'ar] *vi* délirer
desvelar [dezβe'lar] *vt* **1.** *(persona)* empêcher de dormir **2.** *(secreto, misterio)* dévoiler ◆ **desvelarse** *vp* ne pas pouvoir dormir
desventaja [dezβen'taxa] *f* désavantage *m*
desvergonzado, da [dezβerɣon'θaðo, ða] *adj* effronté(e)
desvestirse [dezβes'tirse] *vp* se dévêtir
desviar [dezβi'ar] *vt* détourner ◆ **desviarse de** *v prep* **1.** *(camino)* dévier de **2.** *(tema)* s'éloigner de
desvío [dez'βio] *m* déviation *f*
detallar [deta'ʎar] *vt* détailler
detalle [de'taʎe] *m* **1.** *(pormenor, minucia)* détail *m* **2.** *(delicadeza)* attention *f* • **al detalle** *(minuciosamente)* en détail
detallista [deta'ʎista] *adj* méticuleux(euse)
detectar [detek'tar] *vt* détecter
detective [detek'tiβe] *mf* détective *mf*
detener [dete'ner] *vt* arrêter ◆ **detenerse** *vp* s'arrêter
detenido, da [dete'niðo, ða] *m, f* détenu *m*, -e *f*
detergente [deter'xente] *m* **1.** *(para la ropa)* lessive *f* **2.** *(para el suelo)* détergent *m*
determinación [determina'θjon] *f* détermination *f* • **tomar una determinación** prendre une résolution
determinado, da [determi'naðo, ða] *adj* déterminé(e)
determinante [determi'nante] *adj* déterminant(e)
determinar [determi'nar] *vt* **1.** *(fijar)* déterminer **2.** *(causar, motivar)* être à l'origine de • **determinar hacer algo** décider de faire qqch
detestable [detes'taβle] *adj* détestable
detestar [detes'tar] *vt* détester
detrás [de'tras] *adv* **1.** *(en el espacio)* derrière **2.** *(en el orden)* après • **detrás de la puerta** derrière la porte • **por detrás** par derrière
deuda ['deuða] *f* dette *f* • **contraer deudas** avoir des dettes
devaluación [deβalua'θjon] *f* dévaluation *f*
devaluar [deβalu'ar] *vt* dévaluer
devoción [deβo'θjon] *f* dévotion *f*

devolución [deβolu'θjon] *f* **1.** *(de dinero)* remboursement *m* **2.** *(de objetos)* retour *m* à l'expéditeur

devolver [deβol'βer] *vt* & *vi* rendre ▼ **devuelve cambio** cet appareil rend la monnaie

devorar [deβo'rar] *vt* dévorer

devoto, ta [de'βoto, ta] *adj (en religión)* dévot(e) ● **ser devoto de** *(aficionado)* être amateur de

dg (*abr escrita de decigramo*) dg *(décigramme)*

DGT ['de'xe'te] (*abr de Dirección General de Tráfico*) *organisme dépendant du ministère de l'Intérieur espagnol, chargé de la circulation routière*

día ['dia] *m* **1.** jour *m* **2.** *(espacio de tiempo)* journée *f* ● **día del espectador** *jour où le prix des places de cinéma est réduit* ● **día festivo/laborable** jour férié/ouvrable ● **día de los inocentes** *(Esp)* ≃ 1er avril ● **día libre** jour de congé ● **día del santo (patrón)** fête *f* patronale ● **día de los muertos** Toussaint *f* ● **es de día** il fait jour ● **al día siguiente** le lendemain ● **del día** frais (fraîche) *(aliments)* ● **por día** par jour

El Día de los Inocentes

La tradition veut que le jour des saints Innocents, soit le 28 décembre, les enfants et les adultes se fassent des plaisanteries et se jouent des tours appelés **inocentadas**. La plaisanterie la plus courante est d'accrocher un personnage découpé dans du papier dans le dos de quelqu'un sans qu'il s'en rende compte. Les médias diffusent généralement une fausse nouvelle qu'ils démentent le lendemain.

El Día de los Muertos

C'est le nom que porte au Mexique le jour où l'on célèbre les défunts et qui correspond en Espagne à la fête de la Toussaint. Cette fête, l'une des plus importantes du Mexique, qui commence le premier novembre, est surtout célébrée le 2. Aujourd'hui, reprenant l'exemple d'Halloween, les enfants se déguisent en morts, momies, vampires, sorcières, etc. Les pâtissiers vendent des têtes de mort en sucre et en chocolat de toutes tailles qui portent sur le front le nom de la personne à laquelle elles seront offertes ainsi que le **pan de muerto**, une sorte de grand pain au lait rond recouvert de sucre. Dans les maisons et dans les rues, les gens portent des offrandes à leurs morts, des fleurs, des bougies et un assortiment des choses que le défunt aimait de son vivant : par exemple, de la tequila, des cigarettes, du pain.

diabetes [dja'βetes] *f inv* diabète *m*

diabético, ca [dja'βetiko, ka] *m, f* diabétique *mf*

diablo [di'aβlo] *m* diable *m* • **¿qué diablos quieres?** qu'est-ce que tu veux, à la fin ?
diablura [dia'βlura] *f* diablerie *f*
diabólico, ca [dia'βoliko, ka] *adj* diabolique
diadema [dia'ðema] *f* serre-tête *m inv*
diagnosticar [diaɣnosti'kar] *vt* diagnostiquer
diagnóstico [diaɣ'nostiko] *m* diagnostic *m*
dialecto [dia'lekto] *m* dialecte *m*
diálogo [di'aloɣo] *m* dialogue *m*
diamante [dia'mante] *m* diamant *m* ◆ **diamantes** *mpl (palo de la baraja)* carreau *m*
diana ['diana] *f* centre *m* de la cible
diapositiva [diaposi'tiβa] *f* diapositive *f*
diariero, ra [dia'riero, ra] *m, f (Andes & CSur)* journaliste *mf*
diario, ria [di'ario, ria] *adj* quotidien(enne) ◇ *m* journal *m* • **a diario** tous les jours
diarrea [dia'rea] *f* diarrhée *f*
dibujar [diβu'xar] *vt* dessiner
dibujo [di'βuxo] *m* dessin *m* • **dibujos animados** dessins animés
diccionario [dikθio'nario] *m* dictionnaire *m* • **diccionario de bolsillo** dictionnaire de poche
dicha ['ditʃa] *f* bonheur *m*
dicho, cha ['ditʃo] *pp* ➤ **decir** ◇ *m* dicton *m* ◇ *adj* • **dicho y hecho** aussitôt dit aussitôt fait • **mejor dicho** ou plutôt
diciembre [di'θiembre] *m* décembre *m* • **a principios/finales de diciembre** début/fin décembre • **a mediados de diciembre** à la mi-décembre • **el pasado/próximo (mes de) diciembre** en décembre dernier/prochain • **en diciembre** en décembre • **este (mes de) diciembre** *(pasado)* en décembre dernier ; *(próximo)* en décembre prochain • **para diciembre** en décembre • **uno de los diciembres más fríos** l'un des mois de décembre les plus froids • **el cuatro de diciembre** le quatre décembre
dictado [dik'taðo] *m* dictée *f*
dictador [dikta'ðor] *m* dictateur *m*
dictadura [dikta'ðura] *f* dictature *f*
dictamen [dik'tamen] *m* avis *m*
dictar [dik'tar] *vt* **1.** *(texto)* dicter **2.** *(decreto, ley)* promulguer
dictatorial [diktato'rial] *adj* dictatorial(e)
diecinueve [dieθi'nueβe] *núm* dix-neuf
dieciocho [die'θiotʃo] *núm* dix-huit
dieciséis [dieθi'seis] *núm* seize
diecisiete [dieθi'siete] *núm* dix-sept
diente ['diente] *m* dent *f* • **diente de ajo** gousse *f* d'ail • **diente de leche** dent de lait
diéresis ['dieresis] *f inv* tréma *m*
diésel ['diesel] *m* diesel *m*
diestro, tra ['diestro, tra] *adj* **1.** *(de la derecha)* droit(e) **2.** *(experto)* adroit(e) ◇ *m (torero)* torero *m*
dieta ['dieta] *f* régime *m* ◆ **dietas** *fpl* frais *mpl*
dietética [die'tetika] *f* diététique *f*
diez ['dieθ] *adj inv & m* dix ◇ *mpl* dix ◇ *fpl* • **las diez** dix heures • **doscientos diez** deux cent dix • **de diez en diez** dix par dix • **empatados a diez** dix partout • **los diez** les dix • **diez a cero** dix à zéro

diferencia [dife'renθja] *f* **1.** différence *f* **2.** *(discrepancia)* différend *m* • **a diferencia de** à la différence de
diferenciar [diferen'θjar] *vt* différencier
diferente [dife'rente] *adj* différent(e) ◇ *adv* différemment
diferido, da [dife'riðo, ða] *adj* différé(e) • **en diferido** en différé
diferir [dife'rir] *vt (posponer)* différer ♦ **diferir de** *v prep (estar en desacuerdo con)* ne pas être d'accord avec
difícil [di'fiθil] *adj* difficile
dificultad [difikul'tað] *f* difficulté *f*
difundir [difun'dir] *vt* **1.** diffuser **2.** *(noticia)* répandre
difunto, ta [di'funto, ta] *m, f* défunt *m*, -e *f*
difusión [difu'sjon] *f* diffusion *f*
digerir [dixe'rir] *vt* digérer
digestión [dixes'tjon] *f* digestion *f* • **hacer la digestión** digérer
digital [dixi'tal] *adj* **1.** *(de los dedos)* digital(e) **2.** *(en electrónica)* numérique
digitalizar [dixitali'θar] *vt INFORM* numériser
dígito ['dixito] *m* chiffre *m*
dignarse [diɣ'narse] *vp* • **dignarse hacer algo** daigner faire qqch
dignidad [diɣni'ðað] *f* dignité *f*
digno, na ['diɣno, na] *adj* digne
dilema [di'lema] *m* dilemme *m*
diligente [dili'xente] *adj (resuelto)* actif(ive)
diluviar [dilu'βjar] *v impers* pleuvoir à torrents
diluvio [di'luβjo] *m* déluge *m*
dimensión [dimen'sjon] *f* dimension *f*
diminuto, ta [dimi'nuto, ta] *adj* tout petit (toute petite)
dimitir [dimi'tir] *vi* démissionner ♦ **dimitir de** *v prep* démissionner de
Dinamarca [dina'marka] *s* Danemark *m*
dinámico, ca [di'namiko, ka] *adj* dynamique
dinamita [dina'mita] *f* dynamite *f*
dinastía [dinas'tia] *f* dynastie *f*
dinero [di'nero] *m* argent *m* • **dinero de bolsillo** argent de poche • **dinero suelto** monnaie *f*
dinosaurio [dino'saurjo] *m* dinosaure *m*
diócesis ['djoθesis] *f inv* diocèse *m*
dios ['djos] *m* dieu *m* ♦ **Dios** *m* Dieu *m* • **como Dios manda** comme il faut • **¡Dios mío!** mon Dieu ! • **¡por Dios!** je t'en/vous en prie !
diploma [di'ploma] *m* diplôme *m*
diplomacia [diplo'maθja] *f* diplomatie *f*
diplomado, da [diplo'maðo, ða] *m, f* diplômé *m*, -e *f*
diplomarse [diplo'marse] ♦ **diplomarse en** *v prep* • **diplomarse en ingeniería** obtenir son diplôme d'ingénieur
diplomático, ca [diplo'matiko, ka] *adj* diplomatique ◇ *m, f* diplomate *mf*
diplomatura [diploma'tura] *f* ≃ licence *f (diplôme)*
diptongo [dip'tongo] *m* diphtongue *f*
diputación [diputa'θjon] *f (edificio)* chambre *f* des députés • **diputación provincial** *institution chargée du gouvernement des provinces d'une communauté autonome en Espagne*
diputado, da [dipu'taðo, ða] *m, f* député *m*
dique ['dike] *m* digue *f*

dirección [direk'θi̯on] *f* **1.** direction *f* **2.** *(domicilio)* adresse *f* • **dirigirse a la dirección** s'adresser à la direction • **dirección asistida** direction assistée • **dirección de correo electrónico** adresse électronique • **dirección de la empresa** direction de l'entreprise • **dirección IP** adresse IP • **dirección particular** adresse personnelle o perso • **dirección profesional/del trabajo** adresse professionnelle/du bureau • **Dirección General de Tráfico** *organisme dépendant du ministère de l'Intérieur espagnol, chargé de la circulation routière* • **dar la dirección de correo electrónico a alguien** donner son mail à qqn • **tener una dirección de correo electrónico** avoir un mail

direccionales [direkθi̯o'nales] *mpl* *(Amér)* clignotants *mpl*

directa [di'rekta] *f* cinquième vitesse *f*

directo, ta [di'rekto, ta] *adj* direct(e) • **en directo** en direct

director, ra [direk'tor, ra] *m, f* directeur *m*, -trice *f* • **director de recursos humanos/de informática** directeur des ressources humaines/de l'informatique

directorio [direk'tori̯o] *m* *INFORM* répertoire *m* • **directorio telefónico** *(Amér)* annuaire *m* téléphonique

dirigente [diri'xente] *mf* dirigeant *m*, -e *f*

dirigir [diri'xir] *vt* **1.** diriger **2.** *(guiar, orientar)* guider **3.** *(película)* réaliser **4.** *(obra de teatro)* mettre en scène **5.** *(destinar)* adresser • **dirigir la palabra a alguien** adresser la parole à qqn ♦ **dirigirse a** *v prep* **1.** *(ir, marchar hacia)* se diriger vers **2.** *(hablar a)* s'adresser à

discapacidad [diskapaθi'ðað] *f* handicap *m*

discapacitado, da [diskapaθi'taðo, ða] *adj & m, f* handicapé(e)

discar [dis'kar] *vt* *(Andes & RP)* composer *(un numéro de téléphone)*

disciplina [disθi'plina] *f* discipline *f*

discípulo, la [dis'θipulo, la] *m, f* disciple *mf*

disco ['disko] *m* **1.** disque *m* **2.** *(semáforo)* feu *m* • **disco compacto** disque compact • **disco duro** disque dur

disconformidad [diskonformi'ðað] *f* désaccord *m*

discoteca [disko'teka] *f* discothèque *f*

discotequero, ra [diskote'kero, ra] *adj* *(música, ambiente)* de discothèque

discreción [diskre'θi̯on] *f* discrétion *f*

discrepancia [diskre'panθi̯a] *f* divergence *f*

discreto, ta [dis'kreto, ta] *adj* discret(ète)

discriminación [diskrimina'θi̯on] *f* discrimination *f*

discriminar [diskrimi'nar] *vt* discriminer

disculpa [dis'kulpa] *f* excuse *f*

disculpar [diskul'par] *vt* excuser ♦ **disculparse** *vp* s'excuser ♦ **disculparse por** *v prep* s'excuser de

discurrir [disku'rir] *vi* réfléchir

discurso [dis'kurso] *m* discours *m*

discusión [disku'si̯on] *f* discussion *f*

discutible [disku'tiβle] *adj* discutable

discutir [disku'tir] *vt* **1.** *(debatir)* discuter de **2.** *(contradecir)* discuter ◇ *vi* *(reñir)* se disputer

disecar [dise'kar] *vt* disséquer

diseñador, ra [diseɲa'ðoɾ, ɾa] *m, f* **1.** *(de muebles)* designer *mf,* dessinateur *m,* -trice *f* **2.** *(de moda)* créateur *m,* -trice *f,* styliste *mf*
diseñar [dise'ɲar] *vt* **1.** dessiner **2.** *(crear)* créer
diseño [di'seɲo] *m* design *m inv* ● **de diseño** design
disfraz, ces [dis'fraθ, θes] *m* déguisement *m*
disfrazar [disfra'θar] *vt* déguiser ◆ **disfrazarse** *vp* se déguiser ◆ **disfrazarse de** *v prep* se déguiser en
disfrutar [disfru'tar] *vi* s'amuser ◆ **disfrutar de** *v prep* **1.** *(ventajas)* bénéficier de **2.** *(buena salud)* jouir de **3.** *(vacaciones)* profiter de
disgustar [dizɣus'tar] *vt* déplaire ◆ **disgustarse** *vp* se fâcher
disgusto [diz'ɣusto] *m* contrariété *f*
disidente [disi'ðente] *mf* dissident *m,* -e *f*
disimular [disimu'lar] *vt* dissimuler ◇ *vi* faire comme si de rien n'était
disminución [dizminu'θjon] *f* diminution *f*
disminuir [dizminu'ir] *vt* diminuer
disolvente [disol'βente] *m* dissolvant *m*
disolver [disol'βer] *vt* dissoudre
disparar [dispa'rar] *vt (arma)* décharger ◇ *vi* tirer ◆ **dispararse** *vp* **1.** *(persona)* s'emporter **2.** *(precios)* s'envoler
disparate [dispa'rate] *m* bêtise *f*
disparo [dis'paro] *m* coup *m* de feu
dispensar [dispen'sar] *vt* ● **dispensar a alguien de** dispenser qqn de
dispersar [disper'sar] *vt* disperser
disponer [dispo'ner] *vt* **1.** *(colocar)* disposer **2.** *(preparar)* préparer **3.** *(establecer)* établir ◆ **disponer de** *v prep* disposer de ◆ **disponerse a** *v prep* s'apprêter à
disponible [dispo'niβle] *adj* disponible
disposición [disposi'θjon] *f* disposition *f* ● **a disposición de** à la disposition de
dispositivo [disposi'tiβo] *m* dispositif *m*
dispuesto, ta [dis'pwesto, ta] *pp* ➤ **disponer** ◇ *adj* prêt(e) ● **dispuesto a** prêt à
disputa [dis'puta] *f* dispute *f*
disputar [dispu'tar] *vt* disputer ◇ *vi* se disputer ◆ **disputarse** *vp* se disputer
disquete [dis'kete] *m* disquette *f*
disquetera [diske'tera] *f* lecteur *m* de disquettes
distancia [dis'tanθja] *f* distance *f* ● **¿a qué distancia?** à quelle distance ?
distanciarse [distan'θjarse] *vp* **1.** s'éloigner **2.** *(perder afecto)* prendre ses distances
distante [dis'tante] *adj* **1.** *(lugar)* éloigné(e) **2.** *(persona)* distant(e)
distinción [distin'θjon] *f* distinction *f*
distinguido, da [distin'giðo, ða] *adj* distingué(e)
distinguir [distin'gir] *vt* distinguer
distintivo [distin'tiβo] *m* badge *m*
distinto, ta [dis'tinto, ta] *adj* différent(e)
distracción [distrak'θjon] *f* distraction *f*
distraer [distra'er] *vt* distraire ◆ **distraerse** *vp* **1.** *(descuidarse)* se déconcentrer **2.** *(no prestar atención)* être distrait(e) **3.** *(entretenerse)* se distraire
distraído, da [distra'iðo, ða] *adj* **1.** *(despistado)* distrait(e) **2.** *(entretenido)* amusant(e)

distribución [distriβu'θjon] *f* distribution *f*
distribuir [distriβu'ir] *vt* distribuer
distrito [dis'trito] *m* district *m* • **distrito postal** code *m* postal
disturbio [dis'turβjo] *m* troubles *mpl*
diurno, na [di'urno, na] *adj* diurne
diva ['diβa] *f* diva *f*
diván [di'βan] *m* divan *m*
diversidad [diβersi'ðað] *f* diversité *f*
diversión [diβer'sjon] *f* distraction *f*
diverso, sa [di'βerso, sa] *adj* divers(e)
divertido, da [diβer'tiðo, ða] *adj* amusant(e)
divertirse [diβer'tirse] *vp* s'amuser
dividir [diβi'ðir] *vt* **1.** diviser **2.** *(repartir)* partager
divino, na [di'βino, na] *adj* divin(e)
divisar [diβi'sar] *vt* apercevoir
divisas [di'βisas] *fpl* devises *fpl*
división [diβi'sjon] *f* division *f*
divorciado, da [diβor'θjaðo, ða] *adj* & *m, f* divorcé *m*, -e *f*
divorciarse [diβor'θjarse] *vp* divorcer
divorcio [di'βorθjo] *m* divorce *m*
divulgar [diβul'ɣar] *vt* divulguer
DNI ['de'ene'i] *m* *(Esp)* (*abr de documento nacional de identidad*) ≃ carte *f* nationale d'identité
dobladillo [doβla'ðiʎo] *m* ourlet *m*
doblaje [do'βlaxe] *m* doublage *m*
doblar [do'βlar] *vt* **1.** doubler **2.** *(plegar, flexionar)* plier • **doblar la esquina** tourner au coin de la rue
doble ['doβle] *adj* double ◇ *mf* **1.** *(persona idéntica)* double *m* **2.** *(en cine)* doublure *f* ◇ *m* double *m* • **el doble (de)** deux fois plus (que) • **dobles** *mpl (en tenis)* double *m*
doce ['doθe] *adj inv* & *m* douze ◇ *mpl* douze ◇ *fpl* • **las doce** *(de la mañana)* midi ; *(de la noche)* minuit • **doscientos doce** deux cent douze • **de doce en doce** douze par douze • **empatados a doce** douze partout • **los doce** les douze • **doce a cero** douze à zéro
docena [do'θena] *f* douzaine *f*
docente [do'θente] *adj* **1.** *(personal)* enseignant(e) **2.** *(centro)* d'enseignement
dócil ['doθil] *adj* docile
doctor, ra [dok'tor, ra] *m, f* docteur *m*
doctorado [dokto'raðo] *m* doctorat *m*
doctorarse [dokto'rarse] *vp* obtenir son doctorat
doctrina [dok'trina] *f* doctrine *f*
documentación [dokumenta'θjon] *f* papiers *mpl* • **documentación del coche** papiers de la voiture • **tener/enviar documentación** avoir/envoyer de la documentation
documental [dokumen'tal] *m* documentaire *m*
documento [doku'mento] *m* document *m* • **documento nacional de identidad** ≃ carte *f* nationale d'identité
dogma ['doɣma] *m* dogme *m*
dogmático, ca [doɣ'matiko, ka] *adj* dogmatique
dólar ['dolar] *m* dollar *m*
doler [do'ler] *vi* **1.** *(sentir dolor, daño)* faire mal **2.** *(causar pena)* faire de la peine • **me duele la pierna** j'ai mal à la jambe • **me duele verte llorar** ça me fait de la peine de te voir pleurer

dolor [do'lor] *m* **1.** *(daño)* douleur *f* **2.** *(pena)* peine *f* • **dolor de cabeza** mal *m* de tête • **tener dolor de** avoir mal à

doloroso, sa [dolo'roso, sa] *adj* douloureux(euse)

domador, ra [doma'ðor, ra] *m, f* dompteur *m*, -euse *f*

domar [do'mar] *vt* dompter

domesticar [domesti'kar] *vt* domestiquer

doméstico, ca [do'mestiko, ka] *adj* **1.** *(de la casa)* ménager(ère) **2.** *(animal)* domestique

domicilio [domi'θilio] *m* domicile *m* • **a domicilio** à domicile

dominante [domi'nante] *adj* dominant(e)

dominar [domi'nar] *vt* **1.** dominer **2.** *(pasiones, incendio, idioma)* maîtriser ◇ *vi* dominer ◆ **dominarse** *vp* se dominer

domingo [do'mingo] *m* dimanche *m* • **domingo de Pascua** dimanche de Pâques • **domingo de Ramos** dimanche des Rameaux • **cada domingo** o **todos los domingos** tous les dimanches • **caer en domingo** tomber un dimanche • **el próximo domingo** o **el domingo que viene** dimanche prochain • **viene el domingo** il vient dimanche • **el domingo pasado** dimanche dernier • **el domingo por la mañana/tarde/noche** dimanche matin/après-midi/soir • **este domingo** *(pasado)* dimanche dernier ; *(próximo)* dimanche prochain • **los domingos** le dimanche

dominguero, ra [domin'gero, ra] *m, f* *(fam)* conducteur *m*, -trice *f* du dimanche

dominical [domini'kal] *adj* dominical(e)

dominio [do'minio] *m* **1.** *(autoridad)* domination *f* **2.** *(territorio, ámbito)* INFORM domaine *m* **3.** *(de una lengua)* maîtrise *f*

dominó [domi'no] *m* dominos *mpl*

don ['don] *m* don *m* • **don Luis García** monsieur Luis García

donante [do'nante] *mf* donneur *m*, -euse *f*

donativo [dona'tiβo] *m* don *m*

donde ['donde] *adv* où • **el bolso está donde lo dejaste** le sac est là où tu l'as laissé • **de/desde donde** d'où • **por donde** par où ◇ *pron* • **ésta es la casa donde nací** c'est la maison où je suis né • **de/desde donde** d'où • **ése es el camino por donde pasamos** c'est le chemin par lequel nous sommes passés

dónde ['donde] *adv* *(interrogativo)* où • **¿dónde está el niño?** où est le petit ? • **no sé dónde se habrá metido** je ne sais pas où il est • **¿de/desde dónde?** d'où ? • **¿por dónde?** par où ?

donut® ['donut] *m* beignet *m* rond

dopaje [do'paxe] *m* dopage *m*

doparse [do'parse] *vp* se doper

doping ['dopin] *m* dopage *m*

dorado, da [do'raðo, ða] *adj* **1.** *(color)* doré(e) **2.** *(de oro)* d'or

dormir [dor'mir] *vi* dormir ◇ *vt* endormir ◆ **dormirse** *vp* **1.** *(persona)* s'endormir **2.** *(parte del cuerpo)* s'engourdir

dormitorio [dormi'torio] *m* chambre *f* (à coucher)

dorsal [dor'sal] *adj* dorsal(e)

dorso ['dorso] *m* dos *m* • **dorso de la mano** dos de la main

dos ['dos] *adj inv* & *m* deux ◇ *mpl* deux ◇ *fpl* • **las dos** deux heures • **doscientos** dos deux cent deux • **treinta y dos** trente-deux • **de dos en dos** deux par deux • **empatados a dos** deux partout • **los dos** les deux • **dos a cero** deux à zéro • **cada dos por tres** à tout bout de champ
doscientos, tas [dos'θi̯entos, tas] *núm* deux cents
dosis ['dosis] *f inv* dose *f*
dotado, da [do'taðo, ða] *adj* doué(e) • **dotado de** *(persona)* doué de ; *(edificio, instalación)* équipé de
dotar [do'tar] *vt* doter
Dr. (*abr escrita de doctor*) Dr *(docteur)*
Dra. (*abr escrita de doctora*) Dr *(docteur)*
dragón [dra'ɣon] *m* dragon *m*
drama ['drama] *m* drame *m*
dramático, ca [dra'matiko, ka] *adj* dramatique
dramaturgo, ga [drama'turɣo, ɣa] *m, f* dramaturge *mf*
droga ['droɣa] *f* drogue *f*
drogadicción [droɣaðik'θi̯on] *f* toxicomanie *f*
drogadicto, ta [droɣa'ðikto, ta] *m, f* toxicomane *mf*
droguería [droɣe'ria] *f* droguerie *f*
dto. *abr escrita de* **descuento**
ducha ['dutʃa] *f* douche *f* • **darse una ducha** prendre une douche
ducharse [du'tʃarse] *vp* se doucher
duda ['duða] *f* doute *m* • **sin duda** sans doute
dudar [du'ðar] *vi* douter ◆ **dudar de** *v prep* douter de
duelo ['du̯elo] *m* **1.** duel *m* **2.** *(pena)* deuil *m*
duende ['du̯ende] *m* **1.** *(de cuentos infantiles)* lutin *m* **2.** *(gracia, encanto)* charme *m* • **tener duende** avoir du charme
dueño, ña ['du̯eɲo, ɲa] *m, f* propriétaire *mf*
dulce ['dulθe] *adj* **1.** doux (douce) **2.** *(azucarado)* sucré(e) ◇ *m* **1.** *(pastel)* gâteau *m* **2.** *(golosina)* bonbon *m*
dulzura [dul'θura] *f* douceur *f*
duna ['duna] *f* dune *f*
dúo ['duo] *m* duo *m*
dúplex ['dupleks] *m inv* duplex *m*
duplicar [dupli'kar] *vt* *(cantidad)* doubler
duración [dura'θi̯on] *f* durée *f*
durante [du'rante] *prep* pendant
durar [du'rar] *vi* durer
durazno [du'raθno] *m* (*Amér*) pêche *f*
dureza [du'reθa] *f* **1.** dureté *f* **2.** *(callosidad)* durillon *m*
duro, ra ['duro, ra] *adj* dur(e) ◇ *m* *(moneda) ancienne pièce de cinq pesetas* ◇ *adv* dur
DVD ['de'βe'ðe] (*abr de Digital Video Disc* o *Digital Versatile Disc*) *m* **1.** *(disco)* DVD *m* **2.** *(aparato)* lecteur *m* de DVD

eE

ébano ['eβano] *m* ébène *f*
ebrio, bria ['eβri̯o, βri̯a] *adj* ivre
ebullición [eβuʎi'θi̯on] *f* ébullition *f*
echar [e'tʃar] *vt* **1.** *(tirar)* lancer ; *(red, basura)* jeter • **echó la pelota** il a lancé le ballon

2. *(añadir, accionar)* mettre • **echa sal a la sopa, está sosa** mets du sel dans la soupe, elle est fade • **echar la llave/el cerrojo** fermer à clé/le verrou • **echar el freno** mettre le frein à main
3. *(decir)* • **nos echó un discurso al llegar** en arrivant, il nous a fait un discours
4. *(enviar)* poster • **echa esta carta en el buzón** poste cette lettre
5. *(expulsar)* renvoyer • **lo echaron del colegio** il s'est fait renvoyer du collège • **la han echado a la calle** ils l'ont mis à la porte
6. *(vapor, chispas)* faire • **echar humo** fumer
7. *(brotar)* • **los árboles echan hojas** les arbres bourgeonnent • **echar flores** fleurir
8. *(acostar)* allonger • **echa al niño en el sofá para que duerma** allonge le petit sur le canapé pour qu'il dorme
9. *(calcular)* • **¿cuántos años me echas?** quel âge me donnes-tu ?
10. *(fam)* *(en televisión, cine)* passer • **¿qué echan esta noche en la tele?** qu'est-ce qu'il y a ce soir à la télé ?
11. *(en locuciones)* • **echar abajo** *(edificio)* abattre ; *(gobierno)* renverser ; *(proyecto)* faire échouer • **te echo de menos** tu me manques
◆ **echarse** *vp*
1. *(lanzarse)* se jeter
2. *(acostarse)* s'allonger
◆ **echarse a** *v prep*
1. *(empezar a)* se mettre à • **se echó a correr** il s'est mis à courir
2. *(dirigirse)* prendre • **nos echamos a la carretera de buena mañana** nous avons pris la route très tôt

echarpe [e'tʃarpe] *m* écharpe *f*
eclesiástico, ca [ekle'si̯astiko, ka] *adj* ecclésiastique
eclipse [e'klipse] *m* éclipse *f*
eco ['eko] *m* écho *m*
ecología [ekolo'xia] *f* écologie *f*
ecológico, ca [eko'loxiko, ka] *adj* écologique
economía [ekono'mia] *f* économie *f*
económico, ca [eko'nomiko, ka] *adj* économique
economista [ekono'mista] *mf* économiste *mf*
ecosistema [ekosis'tema] *m* écosystème *m*
ecotasa [eko'tasa] *f* écotaxe *f*
ecuación [eku̯a'θi̯on] *f* équation *f*
ecuador [eku̯a'ðor] *m* équateur *m*
◆ **Ecuador** *m* • **(el) Ecuador** l'Équateur *m*
ecuatoriano, na [eku̯ato'ri̯ano, na] *adj* équatorien(enne) ◇ *m, f* Équatorien *m*, -enne *f*
edad [e'ðað] *f* âge *m* • **la Edad Media** le Moyen Âge
edición [eði'θi̯on] *f* édition *f*
edificante [eðifi'kante] *adj* édifiant(e)
edificar [eðifi'kar] *vt* construire
edificio [eði'fiθi̯o] *m* bâtiment *m*
editar [eði'tar] *vt* éditer
editor, ra [eði'tor, ra] *m, f* éditeur *m*, -trice *f* ◇ *m INFORM* éditeur *m*
editorial [eðito'ri̯al] *f* maison *f* d'édition
edredón [eðre'ðon] *m* édredon *m*
educación [eðuka'θi̯on] *f* éducation *f*
educado, da [eðu'kaðo, ða] *adj* poli(e) • **bien/mal educado** bien/mal élevé
educar [eðu'kar] *vt* **1.** éduquer **2.** *(hijos)* élever

educativo, va [eðuka'tiβo, βa] *adj* éducatif(ive)
EE.UU. (*abr escrita de Estados Unidos*) USA *mpl*
efectivo [efek'tiβo] *m* • **en efectivo** en espèces
efecto [e'fekto] *m* effet *m* • **efectos personales** effets personnels • **efectos secundarios** effets secondaires • **en efecto** en effet
efectuar [efektu'ar] *vt* effectuer
eficacia [efi'kaθja] *f* efficacité *f*
eficaz, ces [efi'kaθ, θes] *adj* efficace
eficiente [efi'θjente] *adj* efficace
Egipto [e'xipto] *s* Égypte *f*
egoísmo [eɣo'izmo] *m* égoïsme *m*
egoísta [eɣo'ista] *adj* égoïste
egresado, da [eɣre'saðo, ða] *m, f* (*Amér*) diplômé *m*, -e *f*
egresar [eɣre'sar] *vi* (*Amér*) obtenir son diplôme
egreso [e'ɣreso] *m* (*Amér*) diplôme *m*
ej. (*abr escrita de ejemplo*) ex. (*exemple*)
eje ['exe] *m* axe *m*
ejecución [exeku'θjon] *f* exécution *f*
ejecutar [exeku'tar] *vt* exécuter
ejecutivo, va [exeku'tiβo, βa] *m, f* (*de empresa*) cadre *m*
ejemplar [exem'plar] *adj* exemplaire ◇ *m* exemplaire *m*
ejemplo [e'xemplo] *m* exemple *m* • **poner un ejemplo** donner un exemple • **por ejemplo** par exemple
ejercer [exer'θer] *vt* exercer
ejercicio [exer'θiθjo] *m* exercice *m* • **ejercicio físico** exercice physique
ejército [e'xerθito] *m* armée *f*
ejote [e'xote] *m* (*CAm & Méx*) haricot *m* vert
el, la [el, la] (*mpl* **los** [los], *fpl* **las** [las]) *art*
1. le (la) • **el libro** le livre • **la casa** la maison • **el amor** l'amour • **las niñas** les petites filles • **el agua** l'eau • **el hacha** la hache • **el águila** l'aigle
2. (*indica pertenencia*) • **se rompió la pierna** il s'est cassé la jambe
3. (*con días de la semana*) • **vuelven el sábado** ils reviennent samedi prochain
4. (*en locuciones*) • **el de** celui de • **el que** (*sujeto*) celui qui ; (*complemento*) celui que
él, ella ['el, 'eʎa] *pron* **1.** (*sujeto, predicado*) il (elle) • **ella es una amiga de la familia** c'est une amie de la famille • **mi hermano es él** mon frère, c'est lui
2. (*complemento*) lui (elle) • **voy a ir de vacaciones con él** je vais partir en vacances avec lui **3.** (*posesivo*) • **de él/ella** à lui/elle
elaborar [elaβo'rar] *vt* élaborer
elasticidad [elastiθi'ðað] *f* élasticité *f*
elástico, ca [e'lastiko, ka] *adj* élastique
elección [elek'θjon] *f* **1.** (*de regalo, vestido*) choix *m* **2.** (*de presidente, jefe*) élection *f* ◆ **elecciones** *fpl* élections *fpl*
electricidad [elektriθi'ðað] *f* électricité *f*
electricista [elektri'θista] *mf* électricien *m*, -enne *f*
eléctrico, ca [e'lektriko, ka] *adj* électrique
electrocutar [elektroku'tar] *vt* électrocuter
electrodoméstico [elektroðo'mestiko] *m* appareil *m* électroménager

electrónica [elek'tronika] *f* électronique *f*
electrónico, ca [elek'troniko, ka] *adj* électronique
elefante [ele'fante] *m* éléphant *m*
elegancia [ele'ɣanθja] *f* élégance *f*
elegante [ele'ɣante] *adj* élégant(e)
elegir [ele'xir] *vt* **1.** *(escoger)* choisir **2.** *(en votación)* élire
elemental [elemen'tal] *adj* élémentaire
elemento [ele'mento] *m* élément *m* ♦ **elementos** *mpl (fuerzas de la naturaleza)* éléments *mpl*
elevación [eleβa'θjon] *f* élévation *f*
elevado, da [ele'βaðo, ða] *adj* élevé(e)
elevador [eleβa'ðor] *m* *(Andes, CAm & Méx)* ascenseur *m*
elevadorista [eleβaðo'rista] *mf* *(Andes, CAm & Méx)* garçon *m* d'ascenseur
elevar [ele'βar] *vt* élever ♦ **elevarse** *vp* s'élever
eliminación [elimina'θjon] *f* élimination *f*
eliminar [elimi'nar] *vt* éliminer
élite ['elite] *f* élite *f*
ella ['eʎa] ➤ **él**
ellos, ellas ['eʎos, 'eʎas] *pron pl* **1.** *(sujeto, predicado)* ils, elles • **ellos me han ayudado** ils m'ont aidé • **mi amigos son ellos** mes amis, ce sont o c'est eux **2.** *(complemento)* eux, elles • **voy a ir al cine con ellos** je vais aller au cinéma avec eux • **díselo a ellos** dis-le-leur **3.** *(posesivo)* • **de ellos/ellas** à eux/elles
elocuencia [elo'kwenθja] *f* éloquence *f*
elocuente [elo'kwente] *adj* éloquent(e)
elogiar [elo'xjar] *vt* faire l'éloge de
elogio [e'loxjo] *m* éloge *m*
elote [e'lote] *m* *(Méx & CAm)* épi *m* de maïs
eludir [elu'ðir] *vt* **1.** *(pregunta)* éluder **2.** *(obligaciones, compromisos)* se soustraire à **3.** *(perseguidores)* échapper à
e-mail ['i'mejl] *m* **1.** *(mensaje)* e-mail *m* **2.** *(sistema de correo)* courrier *m* électronique, e-mail *m* • **enviar un e-mail** envoyer un e-mail
emancipado, da [emanθi'paðo, ða] *adj* émancipé(e)
emanciparse [emanθi'parse] *vp* s'émanciper
embajada [emba'xaða] *f* ambassade *f*
embajador, ra [embaxa'ðor, ra] *m, f* ambassadeur *m*, -drice *f*
embalar [emba'lar] *vt* emballer ♦ **embalarse** *vp* s'emballer
embalsamar [embalsa'mar] *vt* embaumer
embalse [em'balse] *m* lac *m* *(de barrage)*
embarazada [embara'θaða] *adj f* • **estar embarazada** être enceinte
embarazo [emba'raθo] *m* **1.** *(de mujer)* grossesse *f* **2.** *(turbación)* embarras *m*
embarcación [embarka'θjon] *f* embarcation *f*
embarcadero [embarka'ðero] *m* embarcadère *m*
embarcar [embar'kar] *vi* embarquer ♦ **embarcarse** *vp (pasajeros)* s'embarquer ♦ **embarcarse en** *v prep (asunto, empresa)* se lancer dans
embargar [embar'ɣar] *vt* saisir
embargo [em'barɣo] *m* *(de bienes)* saisie *f* • **sin embargo** cependant
embarque [em'barke] *m* embarquement *m*

embestir [embes'tir] *vt* charger *(attaquer)*
emblema [em'blema] *m* emblème *m*
emborracharse [embora'tʃarse] *vp* se soûler
emboscada [embos'kaða] *f* embuscade *f*
embotellado, da [embote'ʎaðo, ða] *adj* **1.** *(vino, agua)* en bouteille **2.** *(calle, circulación)* embouteillé(e)
embotellamiento [emboteʎa'mi̯ento] *m* **1.** *(de tráfico)* embouteillage *m* **2.** *(de vino, agua)* mise *f* en bouteille
embotellar [embote'ʎar] *vt* mettre en bouteille
embrague [em'braɣe] *m* embrayage *m*
embrión [embri'on] *m* embryon *m*
embromar [embro'mar] *vt* *(Amér)* casser les pieds à
embrujar [embru'xar] *vt* ensorceler
embudo [em'buðo] *m* entonnoir *m*
embustero, ra [embus'tero, ra] *m, f* menteur *m*, -euse *f*
embutidos [embu'tiðos] *mpl* charcuterie *f*
emergencia [emer'xenθi̯a] *f* urgence *f*
emigración [emiɣra'θi̯on] *f* **1.** *(de persona, pueblo)* émigration *f* **2.** *(de animales)* migration *f*
emigrante [emi'ɣrante] *mf* émigrant *m*, -e *f*
emigrar [emi'ɣrar] *vi* **1.** *(persona, pueblo)* émigrer **2.** *(animales)* migrer
eminente [emi'nente] *adj* éminent(e)
emisión [emi'si̯on] *f* émission *f*
emisor, ra [emi'sor, ra] *adj* émetteur(trice)
emisora [emi'sora] *f* station *f* (de radio)
emitir [emi'tir] *vt* émettre
emoción [emo'θi̯on] *f* émotion *f*
emocionado, da [emoθi̯o'naðo, ða] *adj* ému(e)
emocionante [emoθi̯o'nante] *adj* émouvant(e)
emocionarse [emoθi̯o'narse] *vp* être ému(e)
emoticono [emoti'kono] *m* emoticon *m*
empacho [em'patʃo] *m* indigestion *f*
empanada [empa'naða] *f sorte de tourte à la viande ou au poisson* • **empanada gallega** *tourte au thon*
empanadilla [empana'ðiʎa] *f chausson fourré à la viande ou au thon*
empañarse [empa'ɲarse] *vp* être embué(e)
empapado, da [empa'paðo, ða] *adj* trempé(e)
empapar [empa'par] *vt* tremper ◆ **empaparse** *vp* être trempé(e)
empapelar [empape'lar] *vt* tapisser
empaquetar [empake'tar] *vt* emballer ▾ **empaquetado para regalo** *endroit où l'on fait des paquets-cadeaux dans les grands magasins*
empastar [empas'tar] *vt* plomber
empaste [em'paste] *m* plombage *m*
empatar [empa'tar] *vi* être à égalité ◇ *vt* *(Andes & Ven)* *(empalmar)* emboîter
empate [em'pate] *m* **1.** *(en juego, deporte)* égalité *f* **2.** *(Andes & Ven)* *(empalme)* emboîtement *m* • **empate a dos** deux partout
empeñar [empe'ɲar] *vt* mettre en gage ◆ **empeñarse** *vp* *(endeudarse)* s'endetter ◆ **empeñarse en** *v prep* *(insistir en)* s'obstiner à

empeño [em'peɲo] *m (constancia)* acharnement *m*

empeorar [empeo'rar] *vt* aggraver ◇ *vi* empirer

emperador, triz [empera'ðor, 'triθ] *(fpl* **-ces** [θes]) *m, f* empereur *m*, impératrice *f* ◇ *m (pez)* espadon *m*

empezar [empe'θar] *vt & vi* commencer ◆ **empezar a** *v prep* commencer à

empinado, da [empi'naðo, ða] *adj* escarpé(e)

empleado, da [emple'aðo, ða] *m, f* employé *m*, -e *f*

emplear [emple'ar] *vt* employer

empleo [em'pleo] *m* emploi *m*

emplomadura [emploma'ðura] *f (Amér)* plombage *m*

emplomar [emplo'mar] *vt (Amér)* plomber

empotrado, da [empo'traðo, ða] *adj* encastré(e) ● **armario empotrado** placard *m*

emprender [empren'der] *vt* entreprendre

empresa [em'presa] *f* entreprise *f*

empresario, ria [empre'sario, ria] *m, f* chef *m* d'entreprise

empujar [empu'xar] *vt* pousser ● **empujar a alguien a hacer algo** pousser qqn à faire qqch

empujón [empu'xon] *m* grand coup *m* ● **a empujones** *(bruscamente)* en bousculant ; *(de forma discontinua)* par à-coups

en [en] *prep*

1. *(en el interior)* dans ● **entraron en la habitación** ils sont entrés dans la chambre ● **viven en la capital** ils vivent dans la capitale

2. *(sobre la superficie)* sur ● **en la bandeja/la mesa** sur le plateau/la table

3. *(en un punto concreto)* à ● **en casa** à la maison ● **en el trabajo** au travail

4. *(tiempo)* en, à ● **llegará en mayo/Navidad** il arrivera en mai/à Noël

5. *(medio de transporte)* en ● **ir en coche/tren/avión/barco** aller en voiture/train/avion/bateau

6. *(modo)* en, à ● **lo dijo en inglés** il l'a dit en anglais ● **en voz baja** à voix basse

7. *(precio)* ● **te lo dejo en 100 euros** je te le laisse à 100 euros ● **las ganancias se calculan en millones** les gains se chiffrent en millions

8. *(tema, cualidad)* en ● **es un experto en la materia** c'est un expert en la matière ● **lo supera en inteligencia** il est plus intelligent que lui

enaguas [e'naɣuas] *fpl* jupon *m*

enamorado, da [enamo'raðo, ða] *adj* amoureux(euse) ● **enamorado de** amoureux de

enamorarse [enamo'rarse] ◆ **enamorarse de** *v prep* tomber amoureux(euse) de

enano, na [e'nano, na] *adj & m, f* nain(e)

encabezar [enkaβe'θar] *vt* **1.** *(lista, grupo)* être en tête de **2.** *(carta, escrito)* figurer en en tête de

encadenar [enkaðe'nar] *vt* enchaîner ◆ **encadenarse** *vp* s'enchaîner

encajar [enka'xar] *vt* **1.** *(meter)* emboîter **2.** *(aceptar)* encaisser ◇ *vi (caber)* s'emboîter ◆ **encajar con** *v prep (cuadrar)* cadrer avec

encaje [en'kaxe] *m* dentelle *f*

encalar [enka'lar] *vt* blanchir à la chaux

encamotarse [enkamo'tarse] *vp* (*Amér*) (*fam*) s'amouracher
encantado, da [enkan'taðo, ða] *adj* **1.** (*contento*) enchanté(e) **2.** (*casa, lugar*) hanté(e) **3.** (*persona*) ensorcelé(e) **4.** (*fam*) (*distraído*) distrait(e) ◇ *interj* (*en presentación*) enchanté(e) !
encantador, ra [enkanta'ðor, ra] *adj* charmant(e)
encantar [enkan'tar] *vt* **1.** (*gustar*) ● **encantarle algo a alguien** adorer qqch ● **¡me encanta!** j'adore ! **2.** (*hechizar*) ensorceler ◆ **encantarse** *vp* avoir un moment de distraction
encanto [en'kanto] *m* **1.** (*atractivo*) charme *m* **2.** (*hechizo*) enchantement *m*
encapotado, da [enkapo'taðo, ða] *adj* (*cielo*) couvert(e)
encapricharse [enkapri'tʃarse] ◆ **encapricharse con** *v prep* **1.** (*cosa, persona*) s'enticher de **2.** (*obstinarse en*) se mettre en tête de
encaramarse [enkara'marse] ◆ **encaramarse a** *v prep* se percher sur
encarar [enka'rar] *vt* affronter ◆ **encararse con** *v prep* tenir tête à
encarcelar [enkarθe'lar] *vt* emprisonner
encarecer [enkare'θer] *vt* (*precio*) faire monter
encargado, da [enkar'ɣaðo, ða] *m, f* gérant *m*, -e *f*
encargar [enkar'ɣar] *vt* (*pedir*) commander ● **encargar algo a alguien** (*poner al cuidado*) charger qqn de qqch ◆ **encargarse de** *v prep* se charger de
encargo [en'karɣo] *m* **1.** (*pedido*) commande *f* **2.** (*tarea*) mission *f* **3.** (*recado*) commission *f*
encariñarse [enkari'ɲarse] ◆ **encariñarse con** *v prep* s'attacher à
encarnado, da [enkar'naðo, ða] *adj* **1.** (*rojo*) incarnat(e) **2.** (*personificado*) incarné(e)
encausar [enkau̯'sar] *vt* mettre en accusation
encendedor [enθende'ðor] *m* briquet *m*
encender [enθen'der] *vt* allumer ◆ **encenderse** *vp* s'allumer
encendido [enθen'diðo] *m* allumage *m*
encerado [enθe'raðo] *m* **1.** (*pizarra*) tableau *m* (noir) **2.** (*del suelo*) cirage *m*
encerrar [enθe'rar] *vt* **1.** (*meter dentro*) enfermer **2.** (*contener*) renfermer ◆ **encerrarse** *vp* s'enfermer ● **encerrarse en sí mismo** se renfermer
encestar [enθes'tar] *vi* marquer un panier
enchilarse [entʃi'larse] *vp* (*Méx*) (*fam*) **1.** (*con chile*) avoir la bouche en feu **2.** (*enfadarse*) se fâcher
enchinar [entʃi'nar] *vt* (*Amér*) friser
enchufar [entʃu'far] *vt* **1.** (*aparato eléctrico*) brancher **2.** (*fam*) (*a una persona*) pistonner
enchufe [en'tʃufe] *m* **1.** (*clavija*) prise *f* (de courant) **2.** (*fam*) (*recomendación*) piston *m*
encía [en'θia] *f* gencive *f*
enciclopedia [enθiklo'peðja] *f* encyclopédie *f*
encierro [en'θjero] *m* **1.** (*de personas*) réclusion *f* **2.** (*de toros*) *course de taureaux lâchés dans les rues avant d'être conduits au toril*
encima [en'θima] *adv* **1.** (*arriba*) au-dessus **2.** (*además*) en plus **3.** (*sobre sí*) sur soi

• **encima de** *(sobre)* sur ; *(en lugar superior)* au-dessus de • **por encima** superficiellement • **por encima de** au-dessus de • **por encima de todo** par-dessus tout • **no llevo dinero encima** je n'ai pas d'argent sur moi

encimera [enθi'mera] *f* plan *m* de travail

encina [en'θina] *f* chêne *m* vert

encinta [en'θinta] *adj f* • **estar encinta** être enceinte

encoger [enko'xer] *vt (miembro)* contracter ◇ *vi (tejido)* rétrécir ♦ **encogerse** *vp (tejido, ropa)* rétrécir • **encogerse de hombros** hausser les épaules

encolar [enko'lar] *vt* coller

encolerizarse [enkoleri'θarse] *vp* se mettre en colère

encomienda [enkomien'ða] *f (Amér) (paquete)* colis *m*

encontrar [enkon'trar] *vt* trouver • **encontrar trabajo** trouver du travail ♦ **encontrarse** *vp* **1.** *(coincidir)* se rencontrer **2.** *(hallarse)* se trouver • **encontrarse con alguien** rencontrer qqn • **encontrarse cansado** se sentir fatigué

encrespado, da [enkres'paðo, ða] *adj* **1.** *(pelo)* crépu(e) **2.** *(mar)* agité(e)

encrucijada [enkruθi'xaða] *f* carrefour *m*

encuadernar [enku̯aðer'nar] *vt* relier

encuadre [en'ku̯aðre] *m* cadrage *m*

encubrir [enku'βrir] *vt* **1.** *(persona)* couvrir **2.** *(hecho)* dissimuler

encuentro [en'ku̯entro] *m* rencontre *f*

encuesta [en'ku̯esta] *f* sondage *m* (d'opinion)

encuestador, ra [enku̯esta'ðor, ra] *m, f* enquêteur *m*, -trice *f*

enderezar [endere'θar] *vt* redresser

endeudado, da [endeu̯'ðaðo, ða] *adj* endetté(e)

endivia [en'diβi̯a] *f* endive *f*

enemigo, ga [ene'miɣo, ɣa] *m, f* ennemi *m*, -e *f* • **enemigo de** ennemi de

energía [ener'xia] *f* énergie *f*

enérgico, ca [e'nerxiko, ka] *adj* énergique

enero [e'nero] *m* janvier *m* • **a principios/finales de enero** début/fin janvier • **a mediados de enero** à la mi-janvier • **el pasado/próximo (mes de) enero** en janvier dernier/prochain • **en enero** en janvier • **este (mes de) enero** *(pasado)* en janvier dernier ; *(próximo)* en janvier prochain • **para enero** en janvier • **uno de los eneros más fríos** l'un des mois de janvier les plus froids • **el seis de enero** le six janvier

enfadado, da [enfa'ðaðo, ða] *adj* fâché(e)

enfadarse [enfa'ðarse] *vp* se fâcher

enfado [en'faðo] *m* colère *f*

enfermar [enfer'mar] *vi* tomber malade ♦ **enfermarse** *vp (Amér)* tomber malade

enfermedad [enferme'ðað] *f* maladie *f*

enfermería [enferme'ria] *f* infirmerie *f*

enfermero, ra [enfer'mero, ra] *m, f* infirmier *m*, -ère *f*

enfermizo, za [enfer'miθo, θa] *adj* **1.** *(de poca salud)* maladif(ive) **2.** *(obsesivo)* malsain(e)

enfermo, ma [en'fermo, ma] *adj & m, f* malade • **ponerse enfermo** tomber malade

enfocar [enfo'kar] *vt* **1.** *(luz, foco)* braquer **2.** *(cámara fotográfica, de vídeo)* faire

la mise au point sur **3.** (*fig*) *(asunto, cuestión, problema)* aborder
enfoque [en'foke] *m* **1.** *(de cámara fotográfica, vídeo)* mise *f* au point **2.** (*fig*) *(de asunto, cuestión, problema)* approche *f*
enfrentamiento [enfrenta'mjento] *m* affrontement *m*
enfrentarse [enfren'tarse] *vp* s'affronter ◆ **enfrentarse a** *v prep (oponerse a)* tenir tête à
enfrente [en'frente] *adv* en face ● **enfrente de** en face de
enfriamiento [enfria'mjento] *m* refroidissement *m*
enfriarse [enfri'arse] *vp* **1.** *(comida, bebida)* refroidir **2.** *(relación)* se refroidir **3.** *(resfriarse)* prendre froid
enganchar [engan'tʃar] *vt* **1.** accrocher **2.** *(caballos)* atteler ◆ **engancharse** *vp* s'accrocher
enganche [en'gantʃe] *m* **1.** *(mecanismo, pieza)* crochet *m* **2.** *(trenes, caballos)* attelage *m* **3.** (*Amér*) *(depósito)* acompte *m* ● **de enganche** (*Amér*) en acompte
engañar [enga'ɲar] *vt* tromper ◆ **engañarse** *vp* **1.** *(ilusionarse)* se leurrer **2.** *(equivocarse)* se tromper
engaño [en'gaɲo] *m* tromperie *f*
engañoso, sa [enga'ɲoso, sa] *adj* trompeur(euse)
engendrar [enxen'drar] *vt* engendrer
englobar [englo'βar] *vt* englober
engordar [engor'ðar] *vi* **1.** grossir **2.** *(alimento)* faire grossir
engorde [en'gorðe] *f* (*Amér*) ● **(carne) de engorde** *viande de bêtes qui ont été engraissées*
engranaje [engra'naxe] *m* engrenage *m*
engrasar [engra'sar] *vt* graisser ◆ **engrasarse** *vp (motor)* s'encrasser
engreído, da [engre'iðo, ða] *adj* suffisant(e) *(prétentieux)*
enhorabuena [enora'βwena] *f* félicitations *fpl* ◇ *interj* félicitations ! ● **dar la enhorabuena a alguien** féliciter qqn
enigma [e'niɣma] *m* énigme *f*
enjabonar [enxaβo'nar] *vt* **1.** savonner **2.** (*fig*) *(dar coba)* passer de la pommade à ◆ **enjabonarse** *vp* se savonner
enjuagar [enxwa'ɣar] *vt* rincer ◆ **enjuagarse** *vp* se rincer
enlace [en'laθe] *m* **1.** *(de trenes)* correspondance *f* **2.** *(de carreteras)* échangeur *m* **3.** (*formal*) *(matrimonio)* union *f* ◇ *mf* intermédiaire *mf*
enlazar [enla'θar] *vt* relier
enlosar [enlo'sar] *vt* daller
enmendar [emmen'dar] *vt* corriger ◆ **enmendarse** *vp* se corriger
enmienda [em'mjenda] *f* **1.** *(corrección)* correction *f* **2.** *(de ley)* amendement *m*
enmudecer [emmuðe'θer] *vi* **1.** *(perder el habla)* devenir muet(ette) **2.** *(callarse)* se taire
enojado, da [eno'xaðo, ða] *adj* en colère
enojar [eno'xar] *vt* mettre en colère ◆ **enojarse** *vp* se mettre en colère
enojo [e'noxo] *m* colère *f*
enorme [e'norme] *adj* énorme
enredadera [enreða'ðera] *f* plante *f* grimpante
enredar [enre'ðar] *vt* **1.** *(lana, hilo, pelo)* emmêler **2.** *(engañar)* embrouiller ● **enredar a alguien en** entraîner qqn dans

enredo [en'reðo] *m* 1. *(de lana, hilo)* enchevêtrement *m* 2. *(en el pelo)* nœuds *mpl* 3. *(situación difícil)* imbroglio *m*
enriquecer [enrike'θer] *vt* enrichir ◆ **enriquecerse** *vp* s'enrichir
enrojecer [enroxe'θer] *vt* & *vi* rougir
enrollar [enro'ʎar] *vt* enrouler ◆ **enrollarse** *vp (Esp) (fam)* 1. *(hablar)* avoir la langue bien pendue 2. *(portarse bien)* ● **¡enróllate!** sois sympa ! ◆ **enrollarse con** *v prep (Esp) (fam)* 1. *(hablar)* tenir la jambe à 2. *(ligar)* sortir avec
enrutador [enruta'ðor] *m INFORM* routeur *m*
ensaimada [ensai̯'maða] *f gâteau brioché typique de Majorque*
ensalada [ensa'laða] *f* salade *f* ● **ensalada catalana** *salade verte accompagnée de tomates, d'oignons et de charcuterie* ● **ensalada de lechuga** o **verde** salade verte ● **ensalada mixta** *salade verte accompagnée de tomates* ● **ensalada del tiempo** *salade verte accompagnée de tomates, de carottes et d'oignons* ● **ensalada variada** salade composée
ensaladera [ensala'ðera] *f* saladier *m*
ensaladilla [ensala'ðiʎa] *f* ● **ensaladilla (rusa)** salade *f* russe
ensanchar [ensan'tʃar] *vt* élargir
ensayar [ensa'jar] *vt* 1. *(espectáculo)* répéter 2. *(mecanismo, invento)* tester
ensayo [en'sajo] *m* 1. *(de espectáculo)* répétition *f* 2. *(en técnica, literatura)* essai *m*
enseguida [ense'ɣiða] *adv* tout de suite
ensenada [ense'naða] *f* anse *f (de mer)*
enseñanza [ense'ɲanθa] *f* enseignement *m*
enseñar [ense'ɲar] *vt* 1. *(mostrar, indicar)* montrer 2. *(en escuela, universidad)* enseigner
enseres [en'seres] *mpl* biens *mpl*
ensopar [enso'par] *vt (Amér)* tremper
ensuciar [ensu'θjar] *vt* salir ◆ **ensuciarse** *vp* se salir
ente ['ente] *m* 1. *(ser)* être *m* 2. *(asociación)* organisme *m*
entender [enten'der] *vt* 1. comprendre 2. *(opinar)* penser ◇ *vi* comprendre ◆ **entender de** *v prep* s'y connaître en ◆ **entenderse** *vp* 1. *(comprenderse)* se comprendre 2. *(llegar a un acuerdo)* s'entendre 3. *(fam) (estar liado)* avoir une liaison ● **entenderse bien/mal con alguien** bien/mal s'entendre avec qqn
entendido, da [enten'diðo, ða] *m, f* connaisseur *m*, -euse *f* ● **entendido en** connaisseur en
enterarse [ente'rarse] ◆ **enterarse de** *v prep* 1. *(noticia, suceso)* apprendre 2. *(darse cuenta)* se rendre compte de
entero, ra [en'tero, ra] *adj* 1. entier(ère) 2. *(firme)* fort(e) ● **por entero** entièrement
enterrar [ente'rar] *vt* enterrer
entidad [enti'ðað] *f* 1. *(asociación)* organisme *m* 2. *(en filosofía)* entité *f*
entierro [en'tjero] *m* enterrement *m*
entlo *abr escrita de* **entresuelo**
entonces [en'tonθes] *adv* alors ● **desde entonces** depuis ● **en** o **por aquel entonces** en ce temps-là
entrada [en'traða] *f* 1. *(lugar)* entrée *f* 2. *(billete)* place *f* 3. *(anticipo)* apport *m* initial ▼ **entrada libre** entrée libre

▾ **entrada por la otra puerta** entrez par l'autre porte • **de entrada** d'emblée
entrantes [en'trantes] *mpl (entremeses)* entrées *fpl*
entrañable [entra'ɲaβle] *adj* **1.** *(digno de afecto)* attendrissant(e) **2.** *(recuerdos, amigo)* cher (chère)
entrañas [en'traɲas] *fpl* entrailles *fpl*
entrar [en'trar] *vi*
1. • **la pelota entró por la ventana** le ballon est entré par la fenêtre • **la consumición no entra** la boisson n'est pas comprise
2. *(caber)* • **este anillo no te entra** cette bague est trop petite pour toi
3. *(entender)* • **no le entra la geometría** la géométrie, ça ne rentre pas • **no me entra que aún lo quieras** je n'arrive pas à comprendre que tu l'aimes encore
4. *(estado físico o de ánimo)* • **me está entrando frío** je commence à avoir froid • **me entró mucha pena** ça m'a fait beaucoup de peine • **me entraron ganas de hablar** j'ai eu envie de parler
5. *AUTO* passer • **no entra la quinta** la cinquième ne passe pas
◇ *vt (introducir)* rentrer
◆ **entrar a** *v prep (empezar)* commencer à • **entró a trabajar en la fábrica en mayo** il a commencé à travailler à l'usine en mai
◆ **entrar de** *v prep (empezar a trabajar de)* être embauché(e) comme • **entró de secretaria** elle a été embauchée comme secrétaire
◆ **entrar en** *v prep*
1. • **el clavo ha entrado en la pared** le clou est entré dans le mur • **entró en el partido en abril** il est entré au parti en avril • **esto no entraba en mis cálculos** ceci n'entrait pas dans mes calculs
2. *(caber)* • **en el garaje entran dos coches** dans le garage il y a de la place pour deux voitures
3. *(participar)* participer à
4. *(cantidad)* • **¿cuántas peras entran en un kilo?** il faut combien de poires pour faire un kilo ?
entre ['entre] *prep* **1.** entre • **aparcar entre dos coches** se garer entre deux voitures • **vendré entre las tres y las cuatro** je viendrai entre trois et quatre heures **2.** *(en medio de)* parmi • **estaba entre los asistentes** il était parmi les personnes présentes • **encontré tu carta entre los libros** j'ai trouvé ta lettre parmi les livres **3.** *(participación, cooperación)* • **entre tú y yo lo conseguiremos** à nous deux nous y arriverons • **entre nosotros** *(en confianza)* entre nous
entreabierto, ta [ˌentrea'βjerto, ta] *adj* entrouvert(e)
entreacto [entre'akto] *m* entracte *m*
entrecejo [entre'θexo] *m* • **fruncir el entrecejo** froncer les sourcils
entrecot [entre'kot] *m* entrecôte *f*
entrega [en'treɣa] *f* **1.** *(de premio, llaves)* remise *f* **2.** *(de pedido)* livraison *f* **3.** *(dedicación)* dévouement *m* **4.** *(fascículo)* fascicule *m*
entregar [entre'ɣar] *vt (dar)* remettre
◆ **entregarse a** *v prep* **1.** *(rendirse)* se livrer à **2.** *(abandonarse a)* s'abandonner à **3.** *(dedicarse a)* se consacrer à **4.** *(bebida)* s'adonner à
entrelazar [entrela'θar] *vt* entrelacer

entremeses [entre'meses] *mpl* hors-d'œuvre *m*

entrenador, ra [entrena'ðor, ra] *m, f* entraîneur *m*, -euse *f*

entrenamiento [entrena'mjento] *m* entraînement *m*

entrenar [entre'nar] *vt* entraîner ◆ **entrenarse** *vp* s'entraîner

entrepierna [entre'pjerna] *f* entrejambe *m*

entreplanta [entre'planta] *f* faux étage *m*

entresuelo [entre'suelo] *m* entresol *m*

entretanto [entre'tanto] *adv* entre-temps

entretecho [entre'tetʃo] *m* (*Chile*) grenier *m*

entretener [entrete'ner] *vt* **1.** (*divertir*) distraire **2.** (*hacer retrasar*) retarder ◆ **entretenerse** *vp* **1.** (*divertirse*) se distraire **2.** (*retrasarse*) s'attarder

entretenido, da [entrete'niðo, ða] *adj* **1.** (*divertido*) distrayant(e) **2.** (*que requiere atención*) prenant(e)

entretenimiento [entreteni'mjento] *m* distraction *f*

entretiempo [entre'tjempo] ◆ **de entretiempo** *adj* (*ropa*) de demi-saison

entrever [entre'βer] *vt* entrevoir

entreverar [entreβe'rar] *vt* (*Amér*) entremêler ◆ **entreverarse** *vp* (*Amér*) s'entremêler

entrevero [entre'βero] *m* (*Amér*) confusion *f*

entrevista [entre'βista] *f* **1.** (*reunión*) entretien *m* **2.** (*en radio, TV*) interview *f* ● **tener/pedir una entrevista** avoir/solliciter un entretien ● **entrevista telefónica/de trabajo** entretien téléphonique/d'embauche

entrevistador, ra [entreβista'ðor, ra] *m, f* intervieweur *m*, -euse *f*

entrevistar [entreβis'tar] *vt* interviewer

entristecer [entriste'θer] *vt* attrister ◆ **entristecerse** *vp* s'attrister

entrometerse [entrome'terse] *vp* s'immiscer

entusiasmado, da [entusjaz'maðo, ða] *adj* enthousiasmé(e)

entusiasmar [entusjaz'mar] *vi* enthousiasmer ◆ **entusiasmarse** *vp* s'enthousiasmer

entusiasmo [entu'sjazmo] *m* enthousiasme *m*

entusiasta [entu'sjasta] *adj* enthousiaste

envasar [emba'sar] *vt* conditionner

envase [em'base] *m* (*recipiente*) emballage *m* ● **envase sin retorno** bouteille *f* non consignée

envejecer [embexe'θer] *vi* vieillir

envenenamiento [embenena'mjento] *m* empoisonnement *m*

envenenar [embene'nar] *vt* empoisonner

envergadura [emberɣa'ðura] *f* envergure *f*

enviar [embi'ar] *vt* envoyer ● **enviar algo por correo** envoyer qqch par la poste ● **enviar un mensaje/una carta/un correo electrónico/un fax** envoyer un message/un courrier/un mail/un fax

envidia [em'biðja] *f* envie *f*

envidiar [embi'ðjar] *vt* envier

envidioso, sa [embi'ðjoso, sa] *adj* envieux(euse)

envío [em'bio] *m* **1.** *(acción)* envoi *m* **2.** *(paquete)* colis *m*
enviudar [embi̯u'ðar] *vi* devenir veuf (veuve)
envolver [embol'βer] *vt* envelopper
enyesar [enɟe'sar] *vt* plâtrer
epidemia [epi'ðemi̯a] *f* épidémie *f*
epidermis [epi'ðermis] *f inv* épiderme *m*
epidural [epiðu'ral] *f* *(anestesia)* péridurale *f*
episodio [epi'soði̯o] *m* épisode *m*
época ['epoka] *f* époque *f*
equilibrado, da [ekili'βraðo, ða] *adj* équilibré(e)
equilibrar [ekili'βrar] *vt* équilibrer
equilibrio [eki'liβri̯o] *m* équilibre *m*
equilibrista [ekili'βrista] *mf* équilibriste *mf*
equipaje [eki'paxe] *m* bagages *mpl* • **equipaje de mano** bagage *m* à main
equipar [eki'par] *vt* équiper
equipo [e'kipo] *m* **1.** *(de personas)* équipe *f* **2.** *(de objetos, prendas)* matériel *m* **3.** *(de música)* chaîne *f* (hi-fi)
equitación [ekita'θi̯on] *f* équitation *f*
equivalente [ekiβa'lente] *adj* équivalent(e) ◇ *m* équivalent *m*
equivaler [ekiβa'ler] ◆ **equivaler a** *v prep* équivaloir à
equivocación [ekiβoka'θi̯on] *f* erreur *f*
equivocado, da [ekiβo'kaðo, ða] *adj* • **estar equivocado** se tromper
equivocar [ekiβo'kar] *vt* • **equivocar algo con algo** confondre qqch avec qqch ◆ **equivocarse** *vp* se tromper ◆ **equivocarse de** se tromper de
era ['era] *f* **1.** ère *f* **2.** *(del campo)* aire *f*
erguido, da [er'ɣiðo, ða] *adj* *(cabeza, persona)* dressé(e)
erizo [e'riθo] *m* hérisson *m*
ermita [er'mita] *f* ermitage *m*
erótico, ca [e'rotiko, ka] *adj* érotique
erotismo [ero'tizmo] *m* érotisme *m*
errante [e'rante] *adj* errant(e)
errar [e'rar] *vi* *(equivocarse)* se tromper
erróneo, a [e'roneo, a] *adj* erroné(e)
error [e'ror] *m* **1.** erreur *f* **2.** *INFORM* bogue *m* • **depurar** o **eliminar errores** déboguer
eructar [eruk'tar] *vi* éructer
eructo [e'rukto] *m* rot *m*
erudito, ta [eru'ðito, ta] *m, f* érudit *m*, -e *f*
erupción [erup'θi̯on] *f* éruption *f*
esbelto, ta [ez'βelto, ta] *adj* svelte
esbozo [ez'βoθo] *m* ébauche *f*
escabeche [eska'βetʃe] *m* • **en escabeche** mariné(e)
escala [es'kala] *f* **1.** échelle *f* **2.** *(de barco, avión)* escale *f* • **escala musical** gamme *f* • **a gran escala** à grande échelle
escalador, ra [eskala'ðor, ra] *m, f* alpiniste *mf*
escalar [eska'lar] *vt* **1.** *(montaña, pico)* escalader **2.** *(posiciones)* grimper
escalera [eska'lera] *f* **1.** *(de casa, edificio)* escalier *m* **2.** *(portátil)* échelle *f* • **escalera de caracol** escalier en colimaçon • **escalera mecánica** escalier mécanique • **subir/bajar las escaleras** monter/descendre les escaliers
escalerilla [eskale'riʎa] *f* passerelle *f*
escalibada [eskali'βaða] *f* *spécialité culinaire catalane à base de légumes grillés*
escalofrío [eskalo'frio] *m* frisson *m*

escalón [eska'lon] *m* marche *f*
escalope [eska'lope] *m* escalope *f*
escalopín [eskalo'pin] *m* • **escalopines de ternera** petites escalopes *fpl* de veau
escama [es'kama] *f* écaille *f*
escampar [eskam'par] *v impers* • **salimos cuando escampó** nous sommes sortis quand il a cessé de pleuvoir
escandalizar [eskandali'θar] *vt* scandaliser ◆ **escandalizarse** *vp* se scandaliser
escándalo [es'kandalo] *m* **1.** *(inmoralidad)* scandale *m* **2.** *(alboroto)* tapage *m*
escanear [eskane'ar] *vt* scanner
escáner [es'kaner] *m* scanner *m*, scanneur *m*
escaño [es'kaɲo] *m (de diputado)* siège *m*
escapar [eska'par] *vi* s'échapper ◆ **escapar de** *v prep* **1.** *(encierro)* s'échapper de **2.** *(peligro)* échapper à ◆ **escaparse** *vp* **1.** *(persona)* s'échapper **2.** *(líquido, gas)* fuir
escaparate [eskapa'rate] *m* vitrine *f*
escape [es'kape] *m (de líquido, gas)* fuite *f* • **a escape** à toute vitesse
escarabajo [eskara'βaxo] *m* scarabée *m*
escarbar [eskar'βar] *vt (tierra)* gratter
escarcha [es'kartʃa] *f* givre *m*
escarmentar [eskarmen'tar] *vt* donner une leçon à ◇ *vi* tirer la leçon *(d'une expérience)*
escarola [eska'rola] *f* frisée *f*
escasear [eskase'ar] *vi* manquer
escasez [eska'seθ] *f* **1.** *(insuficiencia)* pénurie *f* **2.** *(pobreza)* indigence *f*
escaso, sa [es'kaso, sa] *adj* **1.** *(poco frecuente)* rare **2.** *(recursos, comida)* maigre • **un metro escaso** à peine un mètre • **andar escaso de dinero** avoir peu d'argent
escayola [eska'jola] *f (Esp)* plâtre *m*
escayolar [eskajo'lar] *vt (Esp)* plâtrer
escena [es'θena] *f* scène *f*
escenario [esθe'narjo] *m* **1.** *(de teatro)* scène *f* **2.** *(fig) (de un suceso)* théâtre *m*
escepticismo [esθepti'θizmo] *m* scepticisme *m*
escéptico, ca [es'θeptiko, ka] *adj* sceptique
esclavitud [esklaβi'tuð] *f* esclavage *m*
esclavo, va [es'klaβo, βa] *m, f* esclave *mf*
esclusa [es'klusa] *f* écluse *f*
escoba [es'koβa] *f* balai *m*
escobilla [esko'βiʎa] *f* **1.** *(escoba)* balayette *f* **2.** *(Andes) (cepillo)* brosse *f*
escocer [esko'θer] *vi (herida, piel)* brûler
Escocia [es'koθja] *s* Écosse *f*
escoger [esko'xer] *vt* choisir
escolar [esko'lar] *adj* scolaire ◇ *mf* écolier *m*, -ère *f*
escolaridad [eskolari'ðað] *f* scolarité *f*
escollo [es'koʎo] *m* écueil *m*
escolta [es'kolta] *f* escorte *f*
escombros [es'kombros] *mpl* gravats *mpl*
esconder [eskon'der] *vt* cacher ◆ **esconderse** *vp* se cacher
escondidas [eskondi'ðas] ◆ **a escondidas** *adv* en cachette
escondido, da [eskon'diðo, ða] *adj* caché(e)
escondite [eskon'dite] *m* **1.** *(lugar)* cachette *f* **2.** *(juego)* cache-cache *m inv*
escopeta [esko'peta] *f* fusil *m (de chasse)*
escorpión [eskor'pjon] *m* scorpion *m* ◆ **Escorpión** *m* Scorpion *m inv*

escotado, da [esko'taðo, ða] *adj* décolleté(e)
escote [es'kote] *m* décolleté *m* • **pagamos a escote** chacun paie sa part
escotilla [esko'tiʎa] *f* écoutille *f*
escribir [eskri'βir] *vt & vi* écrire • **escribir a mano** écrire à la main ♦ **escribirse** *vp* s'écrire
escrito [es'krito] *pp* ➤ **escribir** ◇ *m* écrit *m*
escritor, ra [eskri'tor, ra] *m, f* écrivain *m*
escritorio [eskri'torjo] *m* **1.** *(mueble)* secrétaire *m* **2.** *INFORM* bureau *m*
escritura [eskri'tura] *f* **1.** *(letra)* écriture *f* **2.** *DER* acte *m*
escrúpulo [es'krupulo] *m (duda, recelo)* scrupule *m* • **tener escrúpulos** *(manías)* faire le délicat (la délicate)
escuadra [es'kuaðra] *f* **1.** *(en dibujo)* équerre *f* **2.** *(de barcos)* escadre *f* **3.** *(del ejército)* escouade *f*
escuchar [esku'tʃar] *vt & vi* écouter • **escuchar la radio** écouter la radio
escudella [esku'ðeʎa] *f* • **escudella catalana** *sorte de pot-au-feu avec du vermicelle et de la saucisse catalane*
escudo [es'kuðo] *m* **1.** *(arma defensiva)* bouclier *m* **2.** *(emblema)* blason *m*
escuela [es'kuela] *f* école *f* • **escuela pública/privada** école publique/privée • **escuela universitaria** institut *m* universitaire
esculpir [eskul'pir] *vt* sculpter
escultor, ra [eskul'tor, ra] *m, f* sculpteur *m*
escultura [eskul'tura] *f* sculpture *f*
escupir [esku'pir] *vt & vi* cracher
escurrir [esku'rir] *vt* **1.** *(platos)* égoutter **2.** *(ropa)* essorer ◇ *vi (suelo)* être glissant(e) ♦ **escurrirse** *vp (deslizarse)* glisser
ese, sa ['ese, sa] *adj* ce (cette) • **esa casa** cette maison • **el hombre ese** cet homme-là
ése, sa ['ese, sa] *pron* celui-là (celle-là) • **no cojas este libro, coge ése** ne prends pas ce livre-ci, prends celui-là
esencia [e'senθja] *f* essence *f*
esencial [esen'θjal] *adj* essentiel(elle)
esfera [es'fera] *f* **1.** *(en geometría)* sphère *f* **2.** *(del reloj)* cadran *m* • **las altas esferas de** *(fig)* les hautes sphères de
esférico, ca [es'feriko, ka] *adj* sphérique
esforzarse [esfor'θarse] *vp* faire des efforts ♦ **esforzarse en** o **por** *v prep* s'efforcer de
esfuerzo [es'fuerθo] *m* effort *m*
esfumarse [esfu'marse] *vp* se volatiliser
esgrima [ez'ɣrima] *f* escrime *f*
esguince [ez'ɣinθe] *m* entorse *f*
eslabón [ezla'βon] *m* chaînon *m*
eslalon [ez'lalon] *m* slalom *m*
eslip [ez'lip] (*pl* **eslips** [ez'lips]) *m* slip *m*
esmalte [ez'malte] *m* émail *m* • **esmalte de uñas** vernis *m* à ongles
esmeralda [ezme'ralda] *f* émeraude *f*
esmerarse [ezme'rarse] *vp* s'appliquer
esmero [ez'mero] *m* soin *m*
esmoquin [ez'mokin] *m* smoking *m*
esnob [ez'noβ] (*pl* **esnobs** [ez'noβs]) *mf* snob *mf*
eso ['eso] *pron neutro* cela • **eso me interesa** cela m'intéresse • **a eso de las tres** vers trois heures • **y eso que** et pourtant
ESO ['eso] (*abr de enseñanza secundaria obligatoria*) *f (Esp)* ≃ collège *m*

esos, sas ['esos, sas] ➤ **ese**
ésos, sas ['esos, sas] ➤ **ése**
espaciador [espaθja'ðor] *f INFORM* barre *f* d'espacement
espacial [espa'θjal] *adj* spatial(e)
espacio [es'paθjo] *m* espace *m* • **por un espacio de 2 horas** pendant 2 heures
espacioso, sa [espa'θjoso, sa] *adj* spacieux(euse)
espada [es'paða] *f* épée *f* ◆ **espadas** *fpl (palo de la baraja) l'une des quatre couleurs du jeu de cartes espagnol*
espaguetis [espa'γetis] *mpl* spaghettis *mpl*
espalda [es'palda] *f* **1.** *(de persona, animal)* dos *m* **2.** *(en natación)* dos *m* crawlé • **cubrirse las espaldas** protéger ses arrières • **a espaldas de** à l'insu de
espantapájaros [espanta'paxaros] *m inv* épouvantail *m*
espanto [es'panto] *m* épouvante *f*
espantoso, sa [espan'toso, sa] *adj* **1.** *(aterrador)* épouvantable **2.** *(muy feo)* affreux(euse) **3.** (*fig*) *(enorme)* terrible
España [es'paɲa] *s* Espagne *f*
español, la [espa'ɲol, la] *adj* espagnol(e) ◇ *m, f* Espagnol *m*, -e *f* ◇ *m (lengua)* espagnol *m*
esparadrapo [espara'ðrapo] *m* sparadrap *m*
esparcir [espar'θir] *vt* répandre
espárrago [es'paraγo] *m* asperge *f* • **espárrago triguero** asperge verte
espasmo [es'pazmo] *m* spasme *m*
espátula [es'patula] *f* spatule *f*
especia [es'peθja] *f* épice *f*
especial [espe'θjal] *adj* spécial(e)
especialidad [espeθjali'ðað] *f* spécialité *f*
especialista [espeθja'lista] *mf* spécialiste *mf*
especializado, da [espeθjali'θaðo, ða] *adj* spécialisé(e)
especializarse [espeθjali'θarse] ◆ **especializarse en** *v prep* se spécialiser en
especialmente [espe,θjal'mente] *adv* spécialement
especie [es'peθje] *f* espèce *f* • **especie protegida** espèce protégée • **en especie(s)** en nature
especificar [espeθifi'kar] *vt* spécifier
específico, ca [espe'θifiko, ka] *adj* spécifique
espectáculo [espek'takulo] *m* spectacle *m*
espectador, ra [espekta'ðor, ra] *m, f* spectateur *m*, -trice *f*
especulación [espekula'θjon] *f* spéculation *f*
espejismo [espe'xizmo] *m* mirage *m*
espejo [es'pexo] *m* glace *f*, miroir *m*
espera [es'pera] *f* attente *f* • **en espera de** dans l'attente de
esperanza [espe'ranθa] *f* espoir *m*
esperar [espe'rar] *vt* & *vi* attendre • **¡eso espero!** j'espère bien ! • **¡espera y verás!** attends, tu vas voir ! • **¡puedes esperar sentado!** (*fig*) tu peux toujours attendre ! • **esperar que** *(confiar)* espérer que ◆ **esperarse** *vp* s'attendre
esperma [es'perma] *m* sperme *m*
espeso, sa [es'peso, sa] *adj* épais (épaisse)
espesor [espe'sor] *m* épaisseur *f*
espía [es'pia] *mf* espion *m*, -onne *f*

espiar [espi'ar] *vt* espionner
espiga [es'piɣa] *f* épi *m*
espina [es'pina] *f* **1.** *(de planta)* épine *f* **2.** *(de pez)* arête *f*
espinacas [espi'nakas] *fpl* épinards *mpl*
espinilla [espi'niʎa] *f* **1.** *(de la pierna)* tibia *m* **2.** *(en la piel)* point *m* noir
espionaje [espio'naxe] *m* espionnage *m*
espiral [espi'ral] *f* spirale *f* • **en espiral** en spirale
espirar [espi'rar] *vi* expirer
espiritismo [espiri'tizmo] *m* spiritisme *m*
espíritu [es'piritu] *m* esprit *m*
espiritual [espiritu'al] *adj* spirituel(elle)
espléndido, da [es'plendiðo, ða] *adj* **1.** *(magnífico)* splendide **2.** *(generoso)* prodigue
esplendor [esplen'dor] *m* splendeur *f*
espliego [es'pljeɣo] *m* lavande *f*
esponja [es'ponxa] *f* éponge *f*
esponjoso, sa [espon'xoso, sa] *adj* spongieux(euse)
espontaneidad [espontanei̯'ðað] *f* spontanéité *f*
espontáneo, a [espon'taneo, a] *adj* spontané(e) ◇ *m, f (en toros) spectateur(trice) qui saute dans l'arène pour toréer*
esposas [es'posas] *fpl (para detenido)* menottes *fpl*
esposo, sa [es'poso, sa] *m, f (cónyuge)* époux *m*, épouse *f*
espray [es'prai̯] *m* spray *m*
esprint [es'prin] *m* sprint *m*
esprínter [es'printer] *mf* sprinter *m*
espuma [es'puma] *f* mousse *f* • **espuma para el pelo** mousse coiffante
esqueleto [eske'leto] *m* squelette *m*
esquema [es'kema] *m* schéma *m*
esquematizar [eskemati'θar] *vt* schématiser
esquí [es'ki] *m* ski *m* • **esquí acuático** ski nautique
esquiador, ra [eskia'ðor, ra] *m, f* skieur *m*, -euse *f*
esquiar [eski'ar] *vi* skier
esquilar [eski'lar] *vt* tondre
esquimal [eski'mal] *adj* esquimau(aude) ◇ *mf* Esquimau *m*, -aude *f*
esquina [es'kina] *f* coin *m* • **hacer esquina (con)** faire l'angle (avec)
esquivar [eski'βar] *vt* esquiver
estabilidad [estaβili'ðað] *f* stabilité *f*
estable [es'taβle] *adj* stable
establecer [estaβle'θer] *vt* établir ◆ **establecerse** *vp* s'établir
establecimiento [estaβleθi'mi̯ento] *m* établissement *m*
establo [es'taβlo] *m* étable *f*
estaca [es'taka] *f* pieu *m*
estación [esta'θi̯on] *f* **1.** *(de tren, autobús)* gare *f* **2.** *(del año, temporada)* saison *f* • **estación de servicio** station-service
estacionamiento [estaθi̯ona'mi̯ento] *m* stationnement *m* ▼ **estacionamiento indebido** stationnement interdit ▼ **estacionamiento limitado** stationnement limité
estacionar [estaθi̯o'nar] *vt* stationner ▼ **no estacionar** défense de stationner ◆ **estacionarse** *vp* stationner
estadio [es'taði̯o] *m (de deporte)* stade *m*
estadística [esta'ðistika] *f* statistique *f*
estado [es'taðo] *m* état *m* • **el Estado** l'État • **estado civil** état civil • **estado de**

salud état de santé • **en buen/mal estado** être en bon/mauvais état • **estar en estado** être enceinte

Estados Unidos [es'taðosu'niðos] *mpl* • **(los) Estados Unidos** (les) États-Unis *mpl*

estadounidense [es,taðouni'ðense] *adj* américain(e) ◇ *mf* Américain *m*, -e *f*

estafa [es'tafa] *f* escroquerie *f*

estafador, ra [estafa'ðor, ra] *m, f* escroc *m*

estafar [esta'far] *vt* escroquer

estalactita [estalak'tita] *f* stalactite *f*

estalagmita [estalaɣ'mita] *f* stalagmite *f*

estallar [esta'ʎar] *vi* **1.** *(bomba)* exploser **2.** *(guerra, revolución)* éclater • **estallar en carcajadas** éclater de rire

estallido [esta'ʎiðo] *m* explosion *f*

estambre [es'tambre] *m* étamine *f*

estamento [esta'mento] *m* classe *f (de la société)*

estampado, da [estam'paðo, ða] *adj* imprimé(e) ◇ *m* imprimé *m*

estampida [estam'piða] *f* débandade *f* • **salir de estampida** partir comme une flèche

estampilla [estam'piʎa] *f (Amér)* **1.** *(sello)* timbre *m* **2.** *(cromo)* cachet *m*

estancado, da [estan'kaðo, ða] *adj* **1.** *(agua, río)* stagnant(e) **2.** *(situación, proyecto)* en suspens

estancarse [estan'karse] *vp (agua, situación, proyecto)* stagner

estancia [es'tanθja] *f* **1.** *(cuarto)* pièce *f* **2.** *(tiempo)* séjour *m* **3.** *(CSur) (hacienda)* ferme *f* d'élevage

estanciero, ra [estan'θjero, ra] *m, f (Amér)* propriétaire *mf* de ferme d'élevage

estanco [es'tanko] *m* bureau *m* de tabac

estándar [es'tandar] *adj* standard

estanque [es'tanke] *m* étang *m*

estante [es'tante] *m* étagère *f (planche)*

estantería [estante'ria] *f* étagère *f (meuble)*

estaño [es'taɲo] *m* étain *m*

estar [es'tar] *vi*

1. être • **¿está Juan?** est-ce que Juan est là ? • **hoy estamos a martes 13 de julio** nous sommes le mardi 13 juillet • **estamos a 20 grados** il fait 20 degrés • **para eso están los amigos** les amis sont là pour ça

2. *(quedarse)* rester • **estaré un par de horas y me iré** je resterai une heure ou deux et je m'en irai

3. *(hallarse listo)* être prêt(e) • **la comida estará a las tres** le repas sera prêt à trois heures

4. *(expresa duración)* • **estoy pintando** je suis en train de peindre • **estuvieron trabajando día y noche** ils ont travaillé jour et nuit

◇ *v cop*

1. *(expresa cualidad, estado)* être, aller • **¿cómo estás?** comment vas-tu ? • **esta calle está sucia** cette rue est sale • **estar bien/mal** aller bien/mal • **el cielo está con nubes** le ciel est nuageux • **estoy sin dinero** je suis sans argent • **el jefe está que muerde** le chef n'est pas à prendre avec des pincettes • **está como cajera en un supermercado** elle est caissière dans un supermarché • **están de viaje** ils sont

en voyage • **estar en el paro** être au chômage
2. *(sentar)* • **el traje te está muy bien** le costume te va très bien • **este sombrero me está ancho** ce chapeau est trop grand pour moi
3. *(consistir)* • **el problema está en la fecha** c'est la date qui pose problème
4. *(en locuciones)* • **¿estamos?** prêts ?
◆ **estar por** *v prep*
1. *(faltar)* • **esto está por hacer** ceci est à faire
2. *(hallarse a punto de)* • **estuve por darle una bofetada** j'ai failli le gifler
◆ **estarse** *vp (permanecer)* rester • **estate quieto** reste tranquille
estatal [esta'tal] *adj* d'État • **un organismo estatal** un organisme d'État
estático, ca [es'tatiko, ka] *adj* statique
estatua [es'tatua] *f* statue *f*
estatura [esta'tura] *f* stature *f*
estatus [es'tatus] *m inv* statut *m* social
estatuto [esta'tuto] *m* statut *m*
[1]**este, ta** ['este, ta] *adj* ce (cette) • **me han regalado este reloj** on m'a offert cette montre • **esta mañana ha llovido** ce matin, il a plu • **me gusta más este hotel que ése** cet hôtel me plaît plus que l'autre
[2]**este** ['este] *m* est *m* • **el Este** l'Est *m*
éste, ta ['este, ta] *pron* celui-ci (celle-ci) • **aquella camisa es bonita, pero ésta me gusta más** cette chemise-là est jolie, mais je préfère celle-ci
estera [es'tera] *f* natte *f (en paille)*
estéreo [es'tereo] *adj* stéréo *(inv)* ◇ *m* stéréo *f*
estéril [es'teril] *adj* stérile
esterilizar [esterili'θar] *vt* stériliser
esternón [ester'non] *m* sternum *m*
estética [es'tetika] *f* esthétique *f*
estibador, ra [estiβa'ðor, ra] *m, f* arrimeur *m*
estiércol [es'tjerkol] *m* fumier *m*
estilo [es'tilo] *m* **1.** style *m* **2.** *(de natación)* nage *f* • **algo por el estilo** quelque chose comme ça
estilográfica [estilo'ɣrafika] *f* stylo *m* plume
estima [es'tima] *f* estime *f*
estimación [estima'θjon] *f* estimation *f*
estimado, da [esti'maðo, ða] *adj* estimé(e)
estimulante [estimu'lante] *adj* stimulant(e) ◇ *m* stimulant *m*
estimular [estimu'lar] *vt* stimuler
estímulo [es'timulo] *m* **1.** *(aliciente)* stimulant *m* **2.** *(ánimo)* stimulation *f*
estirado, da [esti'raðo, ða] *adj* hautain(e)
estirar [esti'rar] *vt* **1.** *(cable, cuerda)* tendre **2.** *(brazos, piernas)* étirer ◆ **estirar de** *v prep* tirer sur ◆ **estirarse** *vp* s'étirer
estirpe [es'tirpe] *f* souche *f (lignée)*
esto ['esto] *pron neutro* ceci, ça • **esto es un nuevo producto** ceci est un nouveau produit • **esto no puede ser** ça n'est pas possible
estofado [esto'faðo] *m* ragoût *m*
estoicismo [estoi'θizmo] *m* stoïcisme *m*
estoico, ca [es'toiko, ka] *adj* stoïque
estómago [es'tomaɣo] *m* estomac *m*
estorbar [estor'βar] *vt* gêner ◇ *vi* **1.** *(obstaculizar)* bloquer le passage **2.** *(molestar)* gêner
estorbo [es'torβo] *m (obstáculo)* gêne *f*

estornudar [estornu'ðar] *vi* éternuer

estornudo [estor'nuðo] *m* éternuement *m*

estos, tas ['estos, tas] ➤ **este**

éstos, tas ['estos, tas] ➤ **éste**

estrafalario, ria [estrafa'lario, ria] *adj* saugrenu(e)

estrangulador, ra [estrangula'ðor, ra] *m, f* étrangleur *m*, -euse *f*

estrangular [estrangu'lar] *vt* étrangler

estratega [estra'teɣa] *mf* stratège *m*

estrategia [estra'texia] *f* stratégie *f*

estratégico, ca [estra'texiko, ka] *adj* stratégique

estrechar [estre'tʃar] *vt* **1.** *(calle, ropa)* rétrécir **2.** *(mano)* serrer **3.** *(amistad, relación)* resserrer ◆ **estrecharse** *vp* se serrer

estrecho, cha [es'tretʃo, tʃa] *adj* étroit(e) ◇ *m* détroit *m* ● **estar estrecho** *(en un lugar)* être à l'étroit

estrella [es'treʎa] *f* **1.** *(astro)* étoile *f* **2.** *(de cine)* vedette *f* ● **estrella de mar** étoile de mer ● **estrella fugaz** étoile filante

estrellarse [estre'ʎarse] ◆ **estrellarse contra** *v prep (coche, avión)* s'écraser contre

estremecerse [estreme'θerse] ◆ **estremecerse de** *v prep* trembler de

estrenar [estre'nar] *vt* **1.** *(ropa, coche)* étrenner **2.** *(en el teatro)* donner la première **3.** *(en el cine)* projeter pour la première fois

estreno [es'treno] *m* **1.** *(de espectáculo)* première *f* **2.** *(de película)* sortie *f*

estreñimiento [estreɲi'miento] *m* constipation *f*

estrepitoso, sa [estrepi'toso, sa] *adj* retentissant(e)

estrés [es'tres] *m* stress *m*

estría [es'tria] *f* strie *f*

estribillo [estri'βiʎo] *m* refrain *m*

estribo [es'triβo] *m* **1.** *(del jinete)* étrier *m* **2.** *(del automóvil)* marchepied *m* ● **perder los estribos** *(fig)* perdre les pédales

estribor [estri'βor] *m* tribord *m*

estricto, ta [es'trikto, ta] *adj* strict(e)

estrofa [es'trofa] *f* strophe *f*

estropajo [estro'paxo] *m* tampon *m* à récurer

estropeado, da [estrope'aðo, ða] *adj* **1.** abîmé(e) **2.** *(coche, máquina)* en panne

estropear [estrope'ar] *vt* **1.** *(máquina, aparato, comida)* abîmer **2.** *(proyecto, plan)* faire échouer ◆ **estropearse** *vp* **1.** *(dañarse)* s'abîmer **2.** *(máquina, aparato)* tomber en panne **3.** *(planes, proyecto)* échouer

estructura [estruk'tura] *f* structure *f*

estuario [es'tuario] *m* estuaire *m*

estuche [es'tutʃe] *m* étui *m*

estudiante [estu'ðiante] *mf* étudiant *m*, -e *f*

estudiar [estu'ðiar] *vt* **1.** *(asignatura)* apprendre **2.** *(asunto, problema)* étudier ◇ *vi* étudier ● **estudiar medicina** faire des études de médecine

estudio [es'tuðio] *m* **1.** *(para un examen)* travail *m* **2.** *(análisis, investigación)* étude *f* **3.** *(de artista)* atelier *m* **4.** *(piso)* studio *m* ◆ **estudios** *mpl* **1.** *(de radio, televisión)* studios *mpl* **2.** *(enseñanza)* études *fpl*

estudioso, sa [estu'ðioso, sa] *adj* studieux(euse)

estufa [es'tufa] *f* poêle *m*

estupefacto, ta [estupe'fakto, ta] *adj* stupéfait(e)
estupendo, da [estu'pendo, da] *adj* formidable ◇ *interj* formidable !
estupidez [estupi'ðeθ] *f* **1.** *(calidad)* stupidité *f* **2.** *(acto)* bêtise *f*
estúpido, da [es'tupiðo, ða] *adj* stupide
ETA ['eta] *f* (*abr de Euskadi ta Askatasuna*) ETA *f*
etapa [e'tapa] *f* étape *f*
etarra [e'tara] *mf* membre *m* de l'ETA
etc. (*abr escrita de etcétera*) etc. *(et cetera)*
etcétera [et'θetera] *adv* et cetera
eternidad [eterni'ðað] *f* éternité *f*
eterno, na [e'terno, na] *adj* **1.** *(perpetuo)* éternel(elle) **2.** *(que dura mucho)* interminable **3.** *(que se repite)* sempiternel(elle)
ética ['etika] *f* éthique *f*
ético, ca ['etiko, ka] *adj* éthique
etimología [etimolo'xia] *f* étymologie *f*
etiqueta [eti'keta] *f* **1.** étiquette *f* **2.** *INFORM* balise *f* • **de etiqueta** *(cena)* habillé(e) ; *(traje)* de soirée
étnico, ca ['eðniko, ka] *adj* ethnique
ETS ['e'te'ese] *f* **1.** (*abr de Escuela Técnica Superior*) *école supérieure d'ingénieurs dépendant d'une université* **2.** (*abr de enfermedad de transmisión sexual*) MST *f (maladie sexuellement transmissible)*
eucalipto [eu̯ka'lipto] *m* eucalyptus *m*
eucaristía [eu̯karis'tia] *f* eucharistie *f*
eufemismo [eu̯fe'mizmo] *m* euphémisme *m*
eufórico, ca [eu̯'foriko, ka] *adj* euphorique
euro ['eu̯ro] *m* euro *m*
Europa [eu̯'ropa] *s* Europe *f*
europeo, a [eu̯ro'peo, a] *adj* européen(enne) ◇ *m, f* Européen *m*, -enne *f*
Euskadi [eu̯s'kaði] *s* Euskadi *f (Pays basque)*
euskera [eu̯s'kera] *adj* basque ◇ *m (lengua)* euskera *m*
eutanasia [eu̯ta'nasi̯a] *f* euthanasie *f*
evacuación [eβaku̯a'θi̯on] *f* évacuation *f*
evacuar [eβa'ku̯ar] *vt* évacuer
evadir [eβa'ðir] *vt (problemas, dificultades)* fuir ◆ **evadirse** *vp* s'évader ◆ **evadirse de** *v prep* s'évader de
evaluación [eβalu̯a'θi̯on] *f* évaluation *f*
evaluar [eβalu'ar] *vt* évaluer
evangelio [eβan'xeli̯o] *m* **1.** évangile *m* **2.** (*fam*) *(verdad indiscutible)* parole *f* d'évangile
evangelización [eβanxeliθa'θi̯on] *f* évangélisation *f*
evaporarse [eβapo'rarse] *vp* s'évaporer
evasión [eβa'si̯on] *f* évasion *f* • **evasión de capitales** fuite *f* des capitaux
eventual [eβentu'al] *adj* **1.** éventuel(elle) **2.** *(trabajo, ingresos)* occasionnel(elle)
eventualidad [eβentu̯ali'ðað] *f* **1.** *(posibilidad)* éventualité *f* **2.** *(de situación)* précarité *f*
evidencia [eβi'ðenθi̯a] *f* **1.** *(claridad)* évidence *f* **2.** *(prueba)* preuve *f* • **poner algo en evidencia** mettre qqch en évidence • **poner a alguien en evidencia** tourner qqn en ridicule
evidente [eβi'ðente] *adj* évident(e)
evidentemente [eβi͵ðente'mente] *adv* évidemment
evitar [eβi'tar] *vt* éviter
evocar [eβo'kar] *vt* évoquer

evolución [eβolu'θjon] *f* évolution *f*
evolucionar [eβoluθjo'nar] *vi* évoluer
exactamente [ek,sakta'mente] *adv* exactement
exactitud [eksakti'tuð] *f* exactitude *f*
exacto, ta [e'ksakto, ta] *adj* exact(e)
exageración [eksaxera'θjon] *f* exagération *f*
exagerado, da [eksaxe'raðo, ða] *adj* exagéré(e)
exagerar [eksaxe'rar] *vt & vi* exagérer
exaltarse [eksal'tarse] *vp* s'exalter
examen [ek'samen] *m* examen *m*
examinar [eksami'nar] *vt* **1.** *(alumno)* faire passer un examen à **2.** *(analizar)* examiner ◆ **examinarse** *vp* passer un examen ◆ **examinarse de** *v prep* passer une épreuve de
excavación [ekskaβa'θjon] *f (en arqueología)* fouille *f*
excavadora [ekskaβa'ðora] *f* pelle *f* mécanique
excavar [ekska'βar] *vt* **1.** creuser **2.** *(en arqueología)* fouiller
excedencia [eksθe'ðenθja] *f* **1.** *(de empleado)* congé *m* **2.** *(de funcionario)* mise *f* en disponibilité
exceder [eksθe'ðer] *vt* dépasser ◆ **excederse** *vp* dépasser les bornes
excelencia [eksθe'lenθja] *f* excellence *f* • **Su Excelencia** Son Excellence • **por excelencia** par excellence
excelente [eksθe'lente] *adj* excellent(e)
excentricidad [eksθentriθi'ðað] *f* excentricité *f*
excéntrico, ca [eks'θentriko, ka] *m, f* excentrique *mf*
excepción [eksθep'θjon] *f* exception *f* • **a o con excepción de** à l'exception de • **de excepción** d'exception
excepcional [eksθepθjo'nal] *adj* exceptionnel(elle)
excepto [eks'θepto] *adv* excepté ▼ **excepto festivos** sauf les jours fériés
excesivo, va [eksθe'siβo, βa] *adj* excessif(ive)
exceso [eks'θeso] *m* **1.** *(abuso)* excès *m* **2.** *(excedente)* excédent *m* • **exceso de equipaje** excédent de bagages • **exceso de peso** excès de poids • **exceso de velocidad** excès de vitesse • **en exceso** trop
excitar [eksθi'tar] *vt* exciter ◆ **excitarse** *vp* s'exciter
exclamación [eksklama'θjon] *f* exclamation *f*
excluir [eksklu'ir] *vt* exclure
exclusiva [eksklu'siβa] *f* **1.** *(periódico)* exclusivité *f* **2.** • **en exclusiva** en exclusivité
exclusivo, va [eksklu'siβo, βa] *adj* **1.** *(único)* seul(e) **2.** *(total)* exclusif(ive)
excursión [ekskur'sjon] *f* excursion *f* • **ir de excursión** partir en excursion
excusa [eks'kusa] *f* excuse *f*
excusar [eksku'sar] *vt* excuser ◆ **excusarse** *vp* s'excuser
exento, ta [ek'sento, ta] *adj* • **exento de** exempt de
exhaustivo, va [eksaus'tiβo, βa] *adj* exhaustif(ive)
exhibición [eksiβi'θjon] *f* **1.** *(de cuadros)* exposition *f* **2.** *(de deportes)* exhibition *f* **3.** *(de modelos)* présentation *f*

exhibir [eksi'βir] *vt* **1.** *(documentos, modelos)* présenter **2.** *(cuadros)* exposer **3.** *(película)* projeter
exigencia [eksi'xenθja] *f* exigence *f*
exigente [eksi'xente] *adj* exigeant(e)
exigir [eksi'xir] *vt* exiger
exiliar [eksi'ljar] *vt* exiler ◆ **exiliarse** *vp* s'exiler
exilio [ek'siljo] *m* exil *m*
existencia [eksis'tenθja] *f* existence *f* ◆ **existencias** *fpl (mercancías)* stocks *mpl*
existir [eksis'tir] *vi* exister ● **existen muchas posibilidades** il y a beaucoup de possibilités
éxito ['eksito] *m* **1.** succès *m* **2.** *(canción)* tube *m* ● **tener éxito** avoir du succès
exitoso, sa [eksi'toso, sa] *m, f (Amér)* ● **es un exitoso** il réussit tout ce qu'il fait
exótico, ca [ek'sotiko, ka] *adj* exotique
expedición [ekspeði'θjon] *f* **1.** *(de paquete, mercancía)* expédition *f* **2.** *(de pasaporte, certificado)* délivrance *f*
expediente [ekspe'ðjente] *m* dossier *m*
expedir [ekspe'ðir] *vt* **1.** *(paquete, mercancía)* expédier **2.** *(pasaporte, certificado)* délivrer
expendedor, ra [ekspende'ðor, ra] *m, f* vendeur *m*, -euse *f* ● **expendedor automático** distributeur *m* automatique
expendedora [ekspende'ðora] *f* ● **expendedora de billetes** distributeur automatique de billets
expensas [eks'pensas] ◆ **a expensas de** *loc prep* aux dépens de
experiencia [ekspe'rjenθja] *f* expérience *f*
experimentado, da [eksperimen'taðo, ða] *adj* expérimenté(e)
experimental [eksperimen'tal] *adj* expérimental(e)
experimentar [eksperimen'tar] *vt* **1.** expérimenter **2.** *(sensación, sentimiento)* éprouver
experimento [eksperi'mento] *m* expérience *f (essai)*
experto, ta [eks'perto, ta] *m, f* expert *m* ● **experto en** expert en
expirar [ekspi'rar] *vi (formal)* expirer
explicación [eksplika'θjon] *f* explication *f*
explicar [ekspli'kar] *vt* **1.** expliquer **2.** *(asignatura)* enseigner ◆ **explicarse** *vp* s'expliquer
explícito, ta [eks'pliθito, ta] *adj* explicite
explorador, ra [eksplora'ðor, ra] *m, f* explorateur *m*, -trice *f*
explorar [eksplo'rar] *vt* **1.** *(terreno, lugar)* explorer **2.** *(paciente)* examiner
explosión [eksplo'sjon] *f* explosion *f*
explosivo, va [eksplo'siβo, βa] *adj* explosif(ive) ◇ *m* explosif *m*
explotación [eksplota'θjon] *f* exploitation *f*
explotar [eksplo'tar] *vi* exploser ◇ *vt* exploiter
expo ['ekspo] *f exposition de grande importance, comme l'exposition universelle*
exponente [ekspo'nente] *m* exposant *m*
exponer [ekspo'ner] *vt* **1.** exposer **2.** *(arriesgar)* risquer ◆ **exponerse a** *v prep* s'exposer à
exportación [eksporta'θjon] *f* exportation *f*
exportar [ekspor'tar] *vt* exporter
exposición [eksposi'θjon] *f* **1.** *(de pinturas, objetos)* exposition *f* **2.** *(de tema, asun-*

to) exposé *m* • **exposición de arte** exposition artistique

expositor, ra [eksposi'tor, ra] *m, f (persona)* exposant *m*, -e *f* ◇ *m (mueble)* présentoir *m*

exprés [eks'pres] *adj* express

expresar [ekspre'sar] *vt* exprimer ◆ **expresarse** *vp* s'exprimer

expresión [ekspre'sion] *f* expression *f*

expresivo, va [ekspre'siβo, βa] *adj* **1.** *(mirada)* expressif(ive) **2.** *(abrazo)* affectueux(euse)

expreso, sa [eks'preso, sa] *adj* **1.** *(claro)* express(esse) **2.** *(tren, café)* express ◇ *m (tren)* express *m*

exprimidor [eksprimi'ðor] *m* presse-agrumes *m inv*

exprimir [ekspri'mir] *vt (limón, naranja)* presser

expuesto, ta [eks'puesto, ta] *adj* **1.** exposé(e) **2.** *(arriesgado)* dangereux(euse) • **estar expuesto a** être exposé à

expulsar [ekspul'sar] *vt* expulser

expulsión [ekspul'sion] *f* expulsion *f*

exquisitez [ekskisi'teθ] *f* **1.** *(cualidad)* délicatesse *f* **2.** *(comida)* délice *m*

exquisito, ta [ekski'sito, ta] *adj* exquis(e)

éxtasis ['ekstasis] *m inv* extase *f*

extender [eksten'der] *vt* **1.** étendre **2.** *(certificado, cheque)* établir ◆ **extenderse** *vp* **1.** s'étendre **2.** *(durar)* se prolonger

extensión [eksten'sion] *f* **1.** *(en espacio)* étendue *f* **2.** *(en tiempo)* durée *f* **3.** *(alcance)* portée *f* • **pedir/pasar la extensión (número) 42** demander/passer le poste (numéro) 42

extenso, sa [eks'tenso, sa] *adj* **1.** *(espacio)* étendu(e) **2.** *(duración)* long (longue)

exterior [ekste'rior] *adj* extérieur(e) ◇ *m* extérieur *m*

exterminar [ekstermi'nar] *vt* exterminer

externo, na [eks'terno, na] *adj & m, f* externe

extinguirse [ekstin'girse] *vp* s'éteindre

extintor [ekstin'tor] *m* extincteur *m*

extirpar [ekstir'par] *vt (formal)* **1.** *(quiste)* extirper **2.** *(muela)* extraire

extra ['ekstra] *adj* **1.** *(calidad, producto)* supérieur(e) **2.** *(horas, gastos)* supplémentaire ◇ *m* **1.** *(de dinero)* bonus *m* **2.** *(de menú)* supplément *m* ◇ *mf (en cine)* figurant *m*, -e *f*

extracción [ekstrak'θion] *f* extraction *f*

extracto [eks'trakto] *m* extrait *m* • **extracto de cuentas** relevé *m* de compte

extractor [ekstrak'tor] *m (de humos)* hotte *f* aspirante

extradición [ekstraði'θion] *f* extradition *f*

extraer [ekstra'er] *vt* **1.** *(muela, diente)* arracher **2.** *(petróleo)* extraire

extranjero, ra [ekstran'xero, ra] *adj & m, f* étranger *m*, -ère *f* ◇ *m* étranger *m* • **vivir en el extranjero** vivre à l'étranger

extrañar [ekstra'ɲar] *vt* **1.** *(sorprender)* étonner **2.** *(echar de menos)* • **extraña a sus padres** ses parents lui manquent ◆ **extrañarse de** *v prep* s'étonner de

extrañeza [ekstra'ɲeθa] *f* **1.** *(rareza)* bizarrerie *f* **2.** *(sorpresa)* étonnement *m*

extraño, ña [eks'traɲo, ɲa] *adj* **1.** *(raro)* étrange **2.** *(no propio)* étranger(ère) ◇ *m, f* étranger *m*, -ère *f*

extraordinario, ria [ekstraorði'nario, ria] *adj* extraordinaire
extraterrestre [ekstrate'restre] *mf* extraterrestre *mf*
extravagante [ekstraβa'ɣante] *adj* extravagant(e)
extraviar [ekstraβi'ar] *vt* égarer ◆ **extraviarse** *vp* s'égarer
extremar [ekstre'mar] *vt* redoubler de
extremaunción [ekstremaun'θion] *f* extrême-onction *f*
extremidades [ekstremi'ðaðes] *fpl* extrémités *fpl*
extremista [ekstre'mista] *mf* extrémiste *mf*
extremo, ma [eks'tremo, ma] *adj* **1.** *(último)* extrême **2.** *(ideología)* extrémiste **3.** *(frío, calor)* intense ◇ *m* **1.** *(final)* extrémité *f* **2.** *(punto máximo)* extrême *m* **3.** *(en deporte)* ailier *m* ● **en extremo** extrêmement
extrovertido, da [ekstroβer'tiðo, ða] *adj* extraverti(e)

f F

fabada [fa'βaða] *f* ● **fabada (asturiana)** *plat typique des Asturies comparable au cassoulet*
fábrica ['faβrika] *f* usine *f*
fabricante [faβri'kante] *mf* fabricant *m*, -e *f*
fabricar [faβri'kar] *vt* fabriquer
fábula ['faβula] *f* fable *f*
fabuloso, sa [faβu'loso, sa] *adj* fabuleux(euse)
faceta [fa'θeta] *f* facette *f*
fachada [fa'tʃaða] *f* façade *f*
fácil ['faθil] *adj* **1.** facile **2.** *(persona)* facile à vivre ● **es fácil que vengamos** il est probable que nous venions
facilidad [faθili'ðað] *f* facilité *f* ● **tener facilidad para** avoir la possibilité de
facilitar [faθili'tar] *vt* **1.** *(hacer fácil)* faciliter **2.** *(proporcionar)* fournir
factor [fak'tor] *m* facteur *m*
factura [fak'tura] *f* facture *f*
facturación [faktura'θion] *f* **1.** *(de empresa)* chiffre *m* d'affaires **2.** *(de equipaje)* enregistrement *m*
facturar [faktu'rar] *vt* **1.** *(cobrar)* facturer **2.** *(equipaje)* enregistrer
facultad [fakul'tað] *f* faculté *f* ● **facultad de ciencias/letras** faculté de sciences/lettres
faena [fa'ena] *f* **1.** *(tarea, trabajo)* travail *m* **2.** *(en los toros) série de passes exécutées avec la muleta par le torero*
faisán [fai'san] *m* faisan *m*
faja ['faxa] *f* **1.** *(ropa interior)* gaine *f* **2.** *(para cintura)* ceinture *f*
fajo ['faxo] *m* liasse *f*
falange [fa'lanxe] *f* phalange *f*
falda ['falda] *f* **1.** *(prenda)* jupe *f* **2.** *(de montaña)* flanc *m* ● **ser aficionado a las faldas** être un coureur de jupons
falla ['faʎa] *f* **1.** *(de terreno)* faille *f* **2.** *(defecto)* défaut *m* **3.** *(en Valencia) grande figure en carton-pâte brûlée lors des fêtes de la Saint-Joseph* ● **las Fallas** *fêtes de la Saint-Joseph à Valence*

Las Fallas de San José

Ce sont les fêtes les plus typiques de Valence. Au cours de l'année, les habitants construisent des personnages en carton-pâte, les **ninots**, et le 16 mars a lieu la **plantà**, c'est-à-dire l'exposition dans les rues et sur les places de tous les **ninots** et de leurs monuments illustrant des thèmes satiriques ou **fallas**. Au bout de trois jours, un jury décide lequel de ces **ninots** sera sauvé de la **cremà**, c'est-à-dire de l'embrasement de tous les **ninots** le 19 mars à minuit, jour de la Saint-Joseph. Des fêtes semblables ont lieu dans d'autres villes et villages de la région.

fallar [fa'ʎar] *vi* **1.** *(memoria)* défaillir **2.** *(corazón, motor)* lâcher **3.** *(fracasar)* échouer

fallecer [faʎe'θer] *vi* décéder

fallo ['faʎo] *m* **1.** *(equivocación)* erreur *f* **2.** *(omisión)* défaillance *f* **3.** *(sentencia)* jugement *m*

falsedad [false'ðað] *f* **1.** fausseté *f* **2.** *(mentira)* mensonge *m*

falsificar [falsifi'kar] *vt* falsifier

falso, sa ['falso, sa] *adj* faux (fausse)

falta ['falta] *f* **1.** *(carencia, necesidad)* manque *m* **2.** *(error, infracción)* faute *f* **3.** *(de asistencia, puntualidad)* absence *f* • **falta de educación** manque d'éducation • **echar en falta** *(persona, cosa)* regretter ; *(lo desaparecido)* remarquer l'absence de • **hace falta pan** il faut du pain

faltar [fal'tar] *vi* **1.** manquer **2.** *(estar ausente)* être absent(e) **3.** *(quedar)* rester • **faltar a clase** manquer la classe • **¡no faltaba más!** il ne manquait plus que ça ! • **falta una semana para Navidad** il reste une semaine jusqu'à Noël ◆ **faltar a** *v prep* **1.** manquer à **2.** *(ofender)* manquer de respect à

fama ['fama] *f* **1.** *(popularidad)* célébrité *f* **2.** *(reputación)* réputation *f*

familia [fa'milja] *f* famille *f* • **familia numerosa** famille nombreuse

familiar [fami'ljar] *adj* **1.** *(de familia)* familial(e) **2.** *(conocido, llano)* familier(ère) ◇ *mf* parent *m*, -e *f*

familiarizarse [familjari'θarse] ◆ **familiarizarse con** *v prep* se familiariser avec

famoseo [famo'seo] *m* *(fam)* VIP *mpl* *(Very Important People)*

famoso, sa [fa'moso, sa] *adj* célèbre

fanatismo [fana'tizmo] *m* fanatisme *m*

fandango [fan'dango] *m* **1.** *(baile, danza)* fandango *m* **2.** *(fam)* *(juerga)* raffut *m*

fanfarrón, ona [fanfa'ron, ona] *adj* fanfaron(onne)

fantasía [fanta'sia] *f* **1.** *(imaginación)* fantaisie *f* **2.** *(imagen, ilusión)* chimère *f*

fantasma [fan'tazma] *m* **1.** *(espectro)* fantôme *m* **2.** *(fam)* *(persona presuntuosa)* crâneur *m*, -euse *f*

fantástico, ca [fan'tastiko, ka] *adj* fantastique

farmacéutico, ca [farma'θeutiko, ka] *m, f* pharmacien *m*, -enne *f*

farmacia [far'maθja] *f* pharmacie *f* • **farmacia de guardia** pharmacie de garde

faro ['faro] *m* phare *m*

farol [fa'rol] *m* **1.** *(lámpara)* lanterne *f* **2.** *(en los toros)* passe *f* de cape **3.** *(fam) (mentira)* bluff *m*
farola [fa'rola] *f* réverbère *m*
farolillo [faro'liʎo] *m* lampion *m*
farsa ['farsa] *f* farce *f*
farsante [far'sante] *adj* **1.** *(impostor)* comédien(enne) **2.** *(hipócrita)* hypocrite
fascismo [fas'θizmo] *m* fascisme *m*
fascista [fas'θista] *mf* fasciste *mf*
fase ['fase] *f* phase *f*
fastidiar [fasti'ðjar] *vt* ennuyer ◆ **fastidiarse** *vp (fam) (plan, proyecto)* tomber à l'eau ● **¡te fastidias!** tant pis pour toi !
fastidio [fas'tiðjo] *m* ennui *m*
fatal [fa'tal] *adj* **1.** *(inevitable)* fatal(e) **2.** *(muy malo)* très mauvais(e) ◇ *adv (fam)* très mal
fatalidad [fatali'ðað] *f* **1.** *(desgracia)* malchance *f* **2.** *(destino, suerte)* fatalité *f*
fatiga [fa'tiɣa] *f* fatigue *f*
fatigarse [fati'ɣarse] *vp* se fatiguer
fauna ['fauna] *f* faune *f*
favor [fa'βor] *m* **1.** *(ayuda)* service *m* **2.** *(beneficio, preferencia)* faveur *f* ● **estar a favor de** être en faveur de ● **hacer un favor** rendre un service ● **pedir un favor** demander un service ● **por favor** s'il te plaît, s'il vous plaît
favorable [faβo'raβle] *adj* favorable
favorecer [faβore'θer] *vt* **1.** *(quedar bien)* avantager **2.** *(beneficiar)* favoriser
favorito, ta [faβo'rito, ta] *adj* favori(ite) ◆ **favoritos** *mpl* favoris *mpl*
fax ['faks] *m inv* fax *m* ● **enviar un fax** envoyer un fax
fayuquero [faju'kero] *m (CAm & Méx)* contrebandier *m*
fe ['fe] *f* foi *f* ● **de buena/mala fe** de bonne/mauvaise foi
fealdad [feal'dað] *f* laideur *f*
febrero [fe'βrero] *m* février *m* ● **a principios/finales de febrero** début/fin février ● **a mediados de febrero** à la mi-février ● **el pasado/próximo (mes de) febrero** en février dernier/prochain ● **en febrero** en février ● **este (mes de) febrero** *(pasado)* en février dernier ; *(próximo)* en février prochain ● **para febrero** en février ● **uno de los febreros más secos** l'un des mois de février les plus secs ● **el doce de febrero** le douze février
fecha ['fetʃa] *f* date *f* ● **fecha de caducidad** *(de alimentos)* date limite de consommation ; *(de pasaporte)* date d'expiration ● **fecha de nacimiento** date de naissance ● **por estas fechas** à cette période
fechar [fe'tʃar] *vt* dater
fecundo, da [fe'kundo, da] *adj* fécond(e)
federación [feðera'θjon] *f* fédération *f*
felicidad [feliθi'ðað] *f* bonheur *m* ◆ **felicidades** *interj* **1.** *(para congratular)* félicitations ! **2.** *(en cumpleaños)* joyeux anniversaire ! **3.** *(en santo)* bonne fête ! **4.** *(en boda)* meilleurs vœux !
felicitación [feliθita'θjon] *f (tarjeta)* carte *f* de vœux ◆ **felicitaciones** *fpl* félicitations *fpl*
felicitar [feliθi'tar] *vt* féliciter
feligrés, esa [feli'ɣres, esa] *m, f* paroissien *m*, -enne *f*
feliz [fe'liθ] *adj* heureux(euse) ● **¡felices Pascuas!** joyeux Noël ! ● **¡feliz Año Nuevo!** bonne année ! ● **¡feliz cumpleaños!**

joyeux anniversaire ! • **¡feliz Navidad!** joyeux Noël !

felpudo [fel'puðo] *m* paillasson *m*

femenino, na [feme'nino, na] *adj* féminin(e)

feminismo [femi'nizmo] *m* féminisme *m*

feminista [femi'nista] *mf* féministe *mf*

fémur ['femur] *m* fémur *m*

fenomenal [fenome'nal] *adj* **1.** *(fam) (estupendo)* formidable **2.** *(fam) (muy grande)* phénoménal(e)

fenómeno [fe'nomeno] *m* phénomène *m* ◇ *adv (fam)* vachement bien

feo, a ['feo, a] *adj* **1.** *(rostro, decoración)* laid(e) **2.** *(acción, tiempo, nariz)* vilain(e) **3.** *(asunto)* sale

féretro ['feretro] *m* cercueil *m*

feria ['ferja] *f* **1.** *(mercado)* foire *f* **2.** *(de atracciones)* fête *f* foraine **3.** *(exposición)* salon *m* • **feria del libro** salon du livre • **feria de muestras** foire exposition

La Feria de Abril

La foire de Séville, qui a lieu au mois d'avril, est la plus célèbre d'Espagne. Dans une enceinte à l'air libre sont installées une multitude de **casetas** ou grandes tentes louées par des familles, des groupes d'amis ou des clubs, dans lesquelles les gens se réunissent pour bavarder, boire, manger et danser les **sevillanas**. Si l'entrée à la **feria** est gratuite, il n'en est pas de même pour toutes les **casetas**. Certaines sont en effet réservées à la famille et aux invités, d'autres, en revanche, qui accueillent les représentations d'institutions publiques, sont ouvertes à tous. La **feria** de Séville marque aussi le début de la saison tauromachique en Espagne.

fermentación [fermenta'θjon] *f* fermentation *f*

feroz, ces [fe'roθ, θes] *adj* **1.** *(animal)* féroce **2.** *(mirada, enfermedad)* terrible

ferretería [ferete'ria] *f* quincaillerie *f*

ferrocarril [feroka'ril] *m* chemin *m* de fer

ferroviario, ria [fero'βjarjo, rja] *adj* ferroviaire

ferry ['feri] (*pl* **ferries** ['feris]) *m* ferry-boat *m*

fértil ['fertil] *adj* fertile

fertilidad [fertili'ðað] *f* fertilité *f*

festival [festi'βal] *m* festival *m* • **festival de cine** festival de cinéma

Los festivales

Les festivals de théâtre les plus importants d'Espagne sont le **Festival Internacional de Teatro de Mérida** et le **Fira de Teatre al Carrer de Tàrrega**. Les festivals de cinéma se déroulent entre septembre et octobre : **Festival Internacional de Cine de San Sebastián, Semana Internacional de Cine de Valladolid (SEMINCI), Festival de Cinema Fantàstic de Sitges, Festival de Cine Iberoamericano de Huelva**.

festividad [festiβi'ðað] *f* fête *f*
festivo, va [fes'tiβo, βa] *adj* **1.** *(traje, ambiente)* de fête **2.** *(tono)* badin(e) **3.** *(día)* férié(e)
feto ['feto] *m* fœtus *m*
fiambre ['fjambre] *m* charcuterie *f*
fiambrera [fjam'brera] *f* **1.** *(de metal)* gamelle *f* **2.** *(de plástico)* ≃ Tupperware® *m*
fianza ['fjanθa] *f* caution *f*
fiar [fi'ar] *vt* **1.** *(vender a crédito)* faire crédit à **2.** *(hacerse responsable)* se porter garant(e) de ◆ **fiarse de** *v prep* faire confiance à
fibra ['fiβra] *f* fibre *f* ● **fibra óptica** fibre *f* optique
ficción [fik'θjon] *f* fiction *f*
ficha ['fitʃa] *f* **1.** *(de datos)* *INFORM* fiche *f* **2.** *(de casino, parchís)* jeton *m* **3.** *(de dominó)* domino *m*
fichar [fi'tʃar] *vt* **1.** *(datos)* mettre sur fiche **2.** *(empleado)* engager **3.** *(delincuente)* ficher ◆ **fichar con** *v prep* signer un contrat avec
fichero [fi'tʃero] *m* fichier *m* ● **ficheros temporales** fichiers temporaires
ficticio, cia [fik'tiθjo, θja] *adj* fictif(ive)
fidelidad [fiðeli'ðað] *f* fidélité *f*
fideos [fi'ðeos] *mpl* vermicelle *m*
fideuá [fiðe'wa] *f* *spécialité culinaire du Levant proche de la paella mais à base de vermicelle*
fiebre ['fjeβre] *f* fièvre *f*
fiel ['fjel] *adj* fidèle ◇ *mf* fidèle *mf*
fieltro ['fjeltro] *m* feutre *m* *(tissu)*
fiera ['fjera] *f* **1.** *(animal)* bête *f* féroce **2.** *(persona)* brute *f*
fiero, ra ['fjero, ra] *adj* féroce
fierro ['fjero] *m* *(Amér)* fer *m*
fiesta ['fjesta] *f* **1.** fête *f* **2.** *(día de descanso)* jour *m* férié ● **fiesta patronal** *fête du saint patron dans une localité* ● **fiesta patrias** *fête nationale*

Las fiestas patronales

Toutes les villes d'Espagne, ainsi que les quartiers et les villages, célèbrent les **fiestas patronales**, fêtes du saint patron. Les festivités et les activités culturelles sont très variées : folklore régional, danse, musique, théâtre, processions, feux d'artifice, événements sportifs, courses de taureaux ou fêtes foraines, et elles se déroulent généralement en plein air. À la tombée de la nuit, un bal est organisé dans la rue. Il est d'usage de bien manger et de bien boire lors de ces fêtes, qui peuvent durer de deux jours à une semaine selon les villes.

Las fiestas patrias

C'est le nom donné en Amérique latine à la fête nationale qui commémore l'indépendance vis-à-vis de la Couronne espagnole. C'est la fête la plus importante de chaque pays et elle dure généralement deux jours.

figura [fi'ɣura] *f* **1.** *(forma exterior)* silhouette *f* **2.** *(representación)* figure *f*
figurar [fiɣu'rar] *vt* **1.** *(representar)* représenter **2.** *(simular)* feindre ◇ *vi* **1.** *(constar)*

figurer **2.** *(ser importante)* être en vue ◆ **figurarse** *vp* imaginer
figurativo, va [fiɣura'tiβo, βa] *adj* figuratif(ive)
figurín [fiɣu'rin] *m* dessin *m* de mode
fijador [fixa'ðor] *m* ● **fijador de pelo** *(espray)* spray *m* fixant ; *(crema)* gel *m*
fijar [fi'xar] *vt* fixer ◆ **fijarse** *vp (prestar atención)* faire attention ● **¡fíjate lo que me dijo!** tu te rends compte de ce qu'il m'a dit ! ◆ **fijarse en** *v prep* **1.** *(prestar atención a)* faire attention à **2.** *(darse cuenta de)* remarquer
fijo, ja ['fixo, xa] *adj* fixe ◇ *m (teléfono)* fixe *m* ● **llamar al fijo** appeler sur le fixe
fila ['fila] *f* **1.** *(hilera)* rang *m* **2.** *(cola)* file *f*
filatelia [fila'telja] *f* philatélie *f*
filete [fi'lete] *m* **1.** filet *m* **2.** *(de carne)* bifteck *m* ● **filete de lenguado** filet de sole ● **filete de ternera** escalope *f* de veau
filiación [filja'θjon] *f* **1.** *(datos personales)* renseignements *mpl* personnels **2.** *(procedencia)* filiation *f*
filial [fi'ljal] *adj* filial(e) ◇ *f* filiale *f*
Filipinas [fili'pinas] *fpl* ● **(las) Filipinas** (les) Philippines *fpl*
filipino, na [fili'pino, na] *adj* philipin(e) ◇ *m, f* Philipin *m*, -e *f*
filmar [fil'mar] *vt & vi* filmer
filoso, sa [fi'loso, sa] *adj (Amér)* aiguisé(e)
filosofar [filoso'far] *vi* philosopher
filosofía [filoso'fia] *f* philosophie *f*
filósofo, fa [fi'losofo, fa] *m, f* philosophe *mf*
filtrado [fil'trado] *m* filtrage *m*
filtrar [fil'trar] *vt* filtrer
filtro ['filtro] *m* **1.** filtre *m* **2.** *(pócima)* philtre *m* ● **filtro solar** filtre solaire
fin ['fin] *m* fin *f* ● **fin de semana** week-end *m* ▼ **fin zona de estacionamiento** fin de stationnement autorisé ● **a fines de** à la fin de ● **a fin de que** afin que ● **en fin** *(en resumen)* enfin ● **por fin** *(por último)* enfin
final [fi'nal] *adj* final(e) ◇ *m* fin *f* ◇ *f* finale *f*
finalidad [finali'ðað] *f* finalité *f*
finalista [fina'lista] *mf* finaliste *mf*
finalizar [finali'θar] *vt* terminer, achever ◇ *vi* se terminer
financiación [finanθja'θjon] *f* financement *m*
financiar [finan'θjar] *vt* financer
financista [finan'θista] *mf (Amér)* financier *m*
finanzas [fi'nanθas] *fpl* **1.** *(mundo)* finance *f* **2.** *(dinero)* finances *fpl*
finca ['finka] *f (de campo)* propriété *f*
finde ['finde] *m (fam)* week-end *m*
finger ['finger] *m* passerelle *f (pour les avions)*
fingir [fin'xir] *vt* feindre
finlandés, esa [finlan'des, esa] *adj* finlandais(e) ◇ *m, f* Finlandais *m*, -e *f* ◇ *m (lengua)* finnois *m*
Finlandia [fin'landja] *s* Finlande *f*
fino, na ['fino, na] *adj* **1.** fin(e) **2.** *(refinado)* raffiné(e) ◇ *m (vino)* xérès très sec ● **finas hierbas** fines herbes
firma ['firma] *f* **1.** *(de persona)* signature *f* **2.** *(empresa)* firme *f*
firmar [fir'mar] *vt* signer
firme ['firme] *adj* **1.** ferme **2.** *(bien sujeto)* stable

firmemente [ˌfirme'mente] *adv* fermement
firmeza [fir'meθa] *f* fermeté *f*
fiscal [fis'kal] *adj* **1.** *(inspección, impuesto)* fiscal(e) **2.** *(abogado)* du ministère public ◇ *mf (abogado)* procureur *m* (de la République)
fiscalía [fiska'lia] *f* **1.** *(oficio)* ministère *m* public **2.** *(oficina)* cabinet *m* du procureur
física ['fisika] *f* physique *f*
físico, ca ['fisiko, ka] *adj* physique ◇ *m, f (persona)* physicien *m*, -enne *f* ◇ *m (aspecto exterior)* physique *m*
fisioterapeuta [fisi̯otera'peu̯ta] *mf* physiothérapeute *mf*
fisonomía [fisono'mia] *f* physionomie *f*
fisonomista [fisono'mista] *adj* physionomiste
flaco, ca ['flako, ka] *adj* maigre
flamante [fla'mante] *adj* **1.** *(espléndido)* resplendissant(e) **2.** *(nuevo)* flambant neuf
flamenco, ca [fla'menko, ka] *adj (de Flandes)* flamand(e) ◇ *m, f (de Flandes)* Flamand *m*, -e *f* ◇ *m* **1.** *(cante andaluz)* flamenco *m* **2.** *(ave)* flamant *m* **3.** *(lengua)* flamand *m*
flan ['flan] *m* flan *m* • **flan con nata** *crème renversée servie avec de la chantilly*
flaqueza [fla'keθa] *f* faiblesse *f*
flash ['flas] *m* flash *m*
flauta ['flau̯ta] *f* flûte *f*
flecha ['fletʃa] *f* flèche *f*
fleco ['fleko] *m* frange *f (de tissu)*
flemón [fle'mon] *m* phlegmon *m*
flequillo [fle'kiʎo] *m* frange *f (de cheveux)*
flexibilidad [fleksiβili'ðað] *f* **1.** *(de material)* flexibilité *f* **2.** *(de persona, carácter)* souplesse *f*
flexible [flek'siβle] *adj* **1.** *(material)* flexible **2.** *(persona, carácter)* souple
flexión [flek'si̯on] *f* flexion *f*
flojera [flo'xera] *f (fam)* flemme *f*
flojo, ja ['floxo, xa] *adj* **1.** *(cuerda, nudo)* lâche **2.** *(carácter, persona)* faible **3.** *(trabajo)* médiocre
flor ['flor] *f* fleur *f*
flora ['flora] *f* flore *f*
florecer [flore'θer] *vi* **1.** *(planta)* fleurir **2.** *(prosperar)* être florissant(e)
florero [flo'rero] *m* vase *m*
florido, da [flo'riðo, ða] *adj* fleuri(e)
florista [flo'rista] *mf* fleuriste *mf*
floristería [floriste'ria] *f* fleuriste *m (magasin)*
flota ['flota] *f* flotte *f*
flotador [flota'ðor] *m* **1.** flotteur *m* **2.** *(para nadar)* bouée *f*
flotar [flo'tar] *vi* flotter
flote ['flote] ◆ **a flote** *adv* à flot • **salir a flote** *(fig)* se renflouer
fluido, da [flu̯'iðo, ða] *adj* fluide ◆ **fluido** *m* fluide *m*
fluir [flu'ir] *vi* couler
flúor ['fluor] *m* fluor *m*
foca ['foka] *f* phoque *m*
foco ['foko] *m* **1.** *(lámpara)* projecteur *m* **2.** *(de lente, infección)* foyer *m* **3.** *(Andes & Méx) (bombilla)* ampoule *f*
folclore [fol'klore] *m* folklore *m*
folclórico, ca [fol'kloriko, ka] *adj* folklorique
folio ['foli̯o] *m* feuille *f (de papier)*
follaje [fo'ʎaxe] *m* feuillage *m*

folleto [fo'ʎeto] *m* brochure *f*
fomentar [fomen'tar] *vt* développer
fonda ['fonda] *f* auberge *f*
fondo ['fondo] *m* fond *m* • **a fondo** à fond • **al fondo de** au fond de ◆ **fondos** *mpl* **1.** *(dinero)* fonds *mpl* **2.** *(de archivo, biblioteca)* fonds *m*
fonema [fo'nema] *m* phonème *m*
fono ['fono] *m* (*Amér*) écouteur *m* *(de téléphone)*
fontanero, ra [fonta'nero, ra] *m, f* (*Esp*) plombier *m*
footing ['futin] *m* footing *m*
forastero, ra [foras'tero, ra] *m, f* étranger *m*, -ère *f*
forense [fo'rense] *mf* médecin *m* légiste
forestal [fores'tal] *adj* forestier(ère)
forjar [for'xar] *vt* forger
forma ['forma] *f* **1.** forme *f* **2.** *(modo, manera)* façon *f* • **en forma de** en forme de • **estar en forma** être en forme ◆ **formas** *fpl* *(modales)* formes *fpl*
formación [forma'θjon] *f* formation *f* • **formación profesional** *enseignement technique en Espagne*
formal [for'mal] *adj* **1.** *(análisis)* formel(elle) **2.** *(persona, empresa)* sérieux(euse)
formalidad [formali'ðað] *f* **1.** *(seriedad)* sérieux *m* **2.** *(requisito)* formalité *f*
formar [for'mar] *vt* former ◆ **formarse** *vp* se former
formato [for'mato] *m* formato *m*
formidable [formi'ðaβle] *adj* formidable
fórmula ['formula] *f* formule *f*
formular [formu'lar] *vt* **1.** *(en química)* rédiger la formule de **2.** *(expresar)* formuler
formulario [formu'larjo] *m* formulaire *m* • **rellenar un formulario** remplir un formulaire
foro ['foro] *m* forum *m*
forrar [fo'rar] *vt* **1.** *(libro, mueble)* couvrir **2.** *(ropa)* doubler ◆ **forrarse** *vp* (*fam*) s'en mettre plein les poches
forro ['foro] *m* **1.** *(de prenda de vestir)* doublure *f* **2.** *(de libro)* couverture *f*
fortaleza [forta'leθa] *f* **1.** *(fuerza)* force *f* **2.** *(recinto)* forteresse *f*
fortuna [for'tuna] *f* **1.** *(riqueza)* fortune *f* **2.** *(suerte)* chance *f* • **por fortuna** heureusement
forzado, da [for'θaðo, ða] *adj* forcé(e)
forzar [for'θar] *vt* forcer • **forzar a alguien a** forcer qqn à
forzosamente [for,θosa'mente] *adv* forcément
fósforo ['fosforo] *m* allumette *f*
fósil ['fosil] *m* fossile *m*
foso ['foso] *m* **1.** *(de castillo)* fossé *m* **2.** *(de teatro)* fosse *f* d'orchestre
foto ['foto] *f* (*fam*) photo *f* • **sacar una foto** prendre une photo
fotocopia [foto'kopja] *f* photocopie *f* • **hacer una fotocopia de algo** faire une photocopie de qqch
fotocopiadora [fotokopja'ðora] *f* photocopieuse *f*
fotocopiar [fotoko'pjar] *vt* photocopier
fotografía [fotoγra'fia] *f* photographie *f*
fotografiar [fotoγrafi'ar] *vt* photographier

fotográfico, ca [foto'ɣrafiko, ka] *adj* photographique
fotógrafo, fa [fo'toɣrafo, fa] *m, f* photographe *mf*
FP ['efe'pe] *abr de* **formación profesional**
fra. *abr escrita de* **factura**
fracasar [fraka'sar] *vi* échouer
fracaso [fra'kaso] *m* échec *m*
fracción [frak'θjon] *f* fraction *f*
fractura [frak'tura] *f* fracture *f*
fragancia [fra'ɣanθja] *f* parfum *m*
frágil ['fraxil] *adj* fragile
fragmento [fraɣ'mento] *m* fragment *m*
fraile ['fraile] *m* frère *m (religieux)*
frambuesa [fram'buesa] *f* framboise *f*
francamente [ˌfranka'mente] *adv* franchement
francés, esa [fran'θes, esa] *adj* français(e) ◇ *m, f* Français *m*, -e *f* ◇ *m (lengua)* français *m*
Francia ['franθja] *s* France *f*
franco, ca ['franko, ka] *adj* franc (franche) ◇ *m* franc *m* • **franco suizo** franc suisse
francotirador, ra [ˌfrankotira'ðor, ra] *m, f* franc-tireur *m*
franela [fra'nela] *f* flanelle *f*
franja ['franxa] *f* **1.** *(de adorno)* frange *f* **2.** *(banda)* bande *f*
franqueo [fran'keo] *m* affranchissement *m*
frasco ['frasko] *m* flacon *m*
frase ['frase] *f* phrase *f*
fraternal [frater'nal] *adj* fraternel(elle)
fraternidad [fraterni'ðað] *f* fraternité *f*
fraude ['frauðe] *m* fraude *f*
fray [frai] *m* • **fray Luis** frère Luis
frazada [fra'θaða] *f (Amér)* couverture *f* • **frazada eléctrica** couverture chauffante
frecuencia [fre'kuenθja] *f* fréquence *f*
frecuente [fre'kuente] *adj* fréquent(e)
fregadero [freɣa'ðero] *m* évier *m*
fregado, da [fre'ɣaðo, ða] *adj (Amér) (fam)* enquiquinant(e)
fregar [fre'ɣar] *vt* **1.** *(limpiar)* laver **2.** *(frotar)* frotter **3.** *(Amér) (fam) (molestar)* enquiquiner • **fregar los platos** faire la vaisselle
fregona [fre'ɣona] *f* **1.** *(utensilio)* balai-serpillière *m* **2.** *(despec) (mujer)* bonniche *f*
freír [fre'ir] *vt* faire frire
frenar [fre'nar] *vt* **1.** freiner **2.** *(impulso, ira)* refréner ◇ *vi* freiner
frenazo [fre'naθo] *m* coup *m* de frein
frenético, ca [fre'netiko, ka] *adj* **1.** *(rabioso)* fou furieux (folle furieuse) **2.** *(exaltado)* frénétique
freno ['freno] *m* frein *m* • **freno de mano** frein à main • **freno de urgencia** signal *m* d'alarme *(dans un train)*
frente ['frente] *f (de la cara)* front *m* ◇ *m* **1.** *(en guerra)* front *m* **2.** *(de manifestación, marcha)* tête *f* • **de frente** *(de cara)* de face ; *(con valentía)* de front • **frente a** en face de • **frente a frente** face à face • **estar al frente de** être à la tête de
fresa ['fresa] *f* fraise *f*
fresco, ca ['fresko, ka] *adj* **1.** frais (fraîche) **2.** *(tejido, ropa)* léger(ère) **3.** *(fam) (desvergonzado)* sans-gêne *(inv)* ◇ *m, f (desvergonzado)* • **ser un fresco** *(fam)* être sans-gêne ◇ *m* **1.** *(frío suave)* fraîcheur **2.** *(pintura)* fresque *f*

fresno ['frezno] *m* frêne *m*
fresón [fre'son] *m* fraise *f (de serre)*
fricandó [frikan'do] *m ragoût catalan fait avec du veau, de l'ail, de l'oignon et des tomates*
frigorífico [friɣo'rifiko] *m* (*Esp*) réfrigérateur *m*
frijol [fri'xol] *m* (*Amér*) haricot *m*
frío, a ['frio, a] *adj* froid(e) ◇ *m* froid *m*
fritada [fri'taða] *f* friture *f* ● **fritada de pescado** friture de poissons
frito, ta ['frito, ta] *adj* frit(e) ● **me tiene frito** (*fam*) (*exasperado*) il me tape sur les nerfs
fritura [fri'tura] *f* friture *f*
frívolo, la ['friβolo, la] *adj* frivole
frondoso, sa [fron'doso, sa] *adj* touffu(e)
frontera [fron'tera] *f* frontière *f*
fronterizo, za [fronte'riθo, θa] *adj* frontalier(ère)
frontón [fron'ton] *m* **1.** (*juego*) pelote *f* basque **2.** (*de edificio*) fronton *m*
frotar [fro'tar] *vt* frotter
fruncir [frun'θir] *vt* froncer ● **fruncir el ceño** froncer les sourcils
frustración [frustra'θjon] *f* **1.** frustration *f* **2.** (*decepción*) déception *f* **3.** (*de plan, proyecto*) échec *m*
frustrarse [frus'trarse] *vp* **1.** être frustré(e) **2.** (*desilusionarse*) être déçu(e) **3.** (*plan, proyecto*) échouer
fruta ['fruta] *f* fruit *m* ● **fruta del tiempo** fruits de saison ● **le gusta la fruta** il aime les fruits
frutal [fru'tal] *m* arbre *m* fruitier
frutería [frute'ria] *f* marchand *m* de fruits *(magasin)*
frutero, ra [fru'tero, ra] *m, f (persona)* marchand *m*, -e *f* de fruits ◇ *m (recipiente)* coupe *f* à fruits
frutilla [fru'tiʎa] *f* (*Andes & RP*) fraise *f*
fruto ['fruto] *m* fruit *m* ● **frutos secos** fruits secs
FTP ['efe'te'pe] (*abr de File Transfer Protocol*) *m* ● **servidor FTP** site FTP
fuego ['fu̯eɣo] *m* feu *m* ◇ *interj* **1.** (*incendie*) au feu ! **2.** *MIL* feu ! ● **fuegos artificiales** feu d'artifice ● **¿tienes fuego?** tu as du feu ?
fuente ['fu̯ente] *f* **1.** (*en la calle*) fontaine *f* **2.** (*manantial, origen*) source *f* **3.** (*recipiente*) plat *m*
fuera ['fu̯era] *adv* dehors ◇ *interj* dehors ! ● **fuera de combate** hors de combat ▼ **fuera de servicio** hors service ● **el coche está fuera** la voiture est dehors ● **tu hermano está fuera** ton frère n'est pas là ● **fuera de** en dehors de ● **por fuera** à l'extérieur
fueraborda [fu̯era'βorða] *m* hors-bord *m*
fuerte ['fu̯erte] *adj* **1.** fort(e) **2.** (*resistente*) solide **3.** (*intenso, violento*) violent(e) ◇ *m* **1.** (*fortaleza*) fort *m* **2.** (*afición*) point *m* fort ◇ *adv (con fuerza)* fort
fuerza ['fu̯erθa] *f* force *f* ● **a fuerza de** (*gracias a*) grâce à ; (*insistir en*) à force de ● **a la fuerza** de force ● **por fuerza** (*por obligación*) de force ; (*por necesidad*) forcément
fuga ['fuɣa] *f* fuite *f*
fugarse [fu'ɣarse] *vp* s'évader
fugaz, ces [fu'ɣaθ, θes] *adj* fugace
fugitivo, va [fuxi'tiβo, βa] *m, f* fugitif *m*, -ive *f*

fulana [fu'lana] *f* (*fam*) (*prostituta*) prostituée *f*
fulano, na [fu'lano, na] *m, f* (*nombre desconocido*) Machin *m*, Machine *f* • **un fulano** (*despec*) un type • **fulano y mengano** (*fam*) Machin et Trucmuche
fulminante [fulmi'nante] *adj* foudroyant(e)
fumador, ra [fuma'ðor, ra] *m, f* fumeur *m*, -euse *f* ▼ **no fumadores** non fumeur
fumar [fu'mar] *vt* & *vi* fumer • **fumar en pipa** fumer la pipe ▼ **no fumar** interdiction de fumer
función [fun'θi̯on] *f* **1.** fonction *f* **2.** (*de teatro*) représentation *f* **3.** (*de cine*) séance *f*
funcionar [funθi̯o'nar] *vi* fonctionner
funcionario, ria [funθi̯o'nari̯o, ri̯a] *m, f* fonctionnaire *mf*
funda ['funda] *f* étui *m*
fundación [funda'θi̯on] *f* fondation *f*
fundador, ra [funda'ðor, ra] *m, f* fondateur *m*, -trice *f*
fundamental [fundamen'tal] *adj* fondamental(e)
fundamento [funda'mento] *m* (*base*) fondement *m* ♦ **fundamentos** *mpl* **1.** (*conocimientos*) bases *fpl* **2.** (*cimientos*) fondations *fpl*
fundar [fun'dar] *vt* fonder ♦ **fundarse en** *v prep* se fonder sur
fundición [fundi'θi̯on] *f* **1.** (*de metal*) fonte *f* **2.** (*fábrica*) fonderie *f*
fundir [fun'dir] *vt* **1.** (*derretir*) fondre **2.** (*unir*) unir **3.** (*fam*) (*gastar*) claquer ♦ **fundirse** *vp* fondre
funeral [fune'ral] *m* funérailles *fpl*
fungir [fun'xir] ♦ **fungir de** *v prep* (*Amér*) faire office de
funicular [funiku'lar] *m* **1.** (*por tierra*) funiculaire *m* **2.** (*por aire*) téléphérique *m*
furgón [fur'ɣon] *m* fourgon *m*
furgoneta [furɣo'neta] *f* fourgonnette *f*
furia ['furi̯a] *f* fureur *f*
furioso, sa [fu'ri̯oso, sa] *adj* furieux(euse)
furor [fu'ror] *m* fureur *f* • **hacer furor** faire fureur
fusible [fu'siβle] *m* fusible *m*
fusil [fu'sil] *m* fusil *m* (*de guerre*)
fusilar [fusi'lar] *vt* fusiller
fusión [fu'si̯on] *m* fusion *f*
fustán [fus'tan] *m* (*Perú* & *Ven*) jupon *m*
fútbol ['fuðβol] *m* football *m* • **fútbol sala** football en salle
futbolín [fuðβo'lin] *m* baby-foot *m inv*
futbolista [fuðβo'lista] *mf* footballeur *m*, -euse *f*
futuro, ra [fu'turo, ra] *adj* futur(e) ◇ *m* **1.** (*porvenir*) avenir *m* **2.** *GRAM* futur *m*

g G

g (*abr escrita de gramo*) g (*gramme*)
g/ *abr escrita de* **giro**
gabán [ga'βan] *m* pardessus *m*
gabardina [gaβar'ðina] *f* gabardine *f*
gabinete [gaβi'nete] *m* cabinet *m*
gafas ['gafas] *fpl* lunettes *fpl* • **gafas progresivas** lunettes à verres progressifs • **gafas de sol** lunettes de soleil

gaita ['gaita] *f* cornemuse *f* ● **es una gaita** (*fam*) (*fastidio*) c'est la galère
gala ['gala] *f* gala *m* ● **de gala** de gala ♦ **galas** *fpl* ● **se puso sus mejores galas** elle a mis ses plus beaux atours
galán [ga'lan] *m* **1.** (*hombre atractivo*) bel homme *m* **2.** (*actor*) jeune premier *m*
galaxia [ga'laksja] *f* galaxie *f*
galería [gale'ria] *f* galerie *f* ● **galería de arte** galerie d'art ♦ **galerías** *fpl* (*tiendas*) galerie *f* marchande
Gales ['gales] *s* pays *m* de Galles
Galicia [ga'liθja] *s* Galice *f*
gallego, ga [ga'ʎeɣo, ɣa] *adj* galicien(enne) ◇ *m, f* Galicien *m*, -enne *f* ◇ *m* (*lengua*) galicien *m*
galleta [ga'ʎeta] *f* biscuit *m*
gallina [ga'ʎina] *f* poule *f* ◇ *mf* (*fam*) (*cobarde*) poule *f* mouillée
gallinero [gaʎi'nero] *m* poulailler *m*
gallo ['gaʎo] *m* **1.** (*ave*) coq *m* **2.** (*pescado*) limande *f* **3.** (*nota falsa*) canard *m*
galopar [galo'par] *vi* galoper
galope [ga'lope] *m* galop *m*
gama ['gama] *f* gamme *f*
gamba ['gamba] *f* (*Esp*) crevette *f* ● **gambas al ajillo** crevettes à l'ail ● **gambas a la plancha** crevettes grillées
gamberro, rra [gam'bero, ra] *m, f* voyou *m*
gamonal [gamo'nal] *m* (*Amér*) riche propriétaire *m* terrien
gamuza [ga'muθa] *f* (*para limpiar*) peau *f* de chamois
gana ['gana] *f* ● **gana (de)** envie *f* (de) ● **de buena gana** volontiers ● **de mala gana** à contrecœur ● **no me da la gana de hacerlo** je n'ai pas envie de le faire ♦ **ganas** *fpl* **1.** (*deseo*) envie *f* **2.** (*hambre*) appétit *m* ● **comer con ganas** manger avec appétit ● **tener ganas de** avoir envie de
ganadería [ganaðe'ria] *f* **1.** élevage *m* **2.** (*reses*) cheptel *m*
ganadero, ra [gana'ðero, ra] *m, f* éleveur *m*, -euse *f*
ganado [ga'naðo] *m* bétail *m*
ganador, ra [gana'ðor, ra] *m, f* gagnant *m*, -e *f*
ganancias [ga'nanθjas] *fpl* bénéfices *mpl*
ganar [ga'nar] *vt* & *vi* gagner ● **hemos ganado con el cambio** nous avons gagné au change ♦ **ganarse** *vp* ● **ganarse algo** (*conseguir*) gagner qqch ● **ganarse la vida** gagner sa vie
ganchillo [gan'tʃiʎo] *m* crochet *m*
gancho ['gantʃo] *m* **1.** crochet *m* **2.** (*CAm, Méx & Ven*) (*percha*) cintre *m* ● **tener gancho** (*fam*) avoir du chien
gandul, la [gan'dul, la] *adj* (*fam*) feignant(e)
ganga ['ganga] *f* (*fam*) (*artículo barato*) affaire *f*
ganso, sa ['ganso, sa] *m, f* jars *m*, oie *f*
garabato [gara'βato] *m* gribouillage *m*
garaje [ga'raxe] *m* garage *m*
garantía [garan'tia] *f* garantie *f*
garbanzo [gar'βanθo] *m* pois *m* chiche
garganta [gar'ɣanta] *f* gorge *f*
gargantilla [garɣan'tiʎa] *f* ras-du-cou *m* (*collier*)
gárgaras ['garɣaras] *fpl* gargarismes *mpl*
garra ['gara] *f* griffe *f*
garrafa [ga'rafa] *f* carafe *f*
garrapata [gara'pata] *f* tique *f*
garúa [ga'rua] *f* (*Amér*) bruine *f*

gas ['gas] *m* gaz *m* ◆ **gases** *mpl (del estómago)* gaz *mpl*
gasa ['gasa] *f* gaze *f*
gaseosa [gase'osa] *f* limonade *f*
gaseoso, sa [gase'oso, sa] *adj* gazeux(euse)
gasfitería [gasfite'ria] *f (Chile, Ecuad & Perú)* plomberie *f*
gasfitero, ra [gasfi'tero, ra] *m, f (Chile, Ecuad & Perú)* plombier *m*
gasóleo [ga'soleo] *m* gazole *m*
gasolina [gaso'lina] *f* essence *f* ● **gasolina normal** essence ordinaire ● **gasolina sin plomo** essence sans plomb ● **(gasolina) súper** super *m*
gasolinera [gasoli'nera] *f* pompe *f* à essence
gastar [gas'tar] *vt* **1.** *(dinero)* dépenser **2.** *(colonia, crema)* utiliser **3.** *(provisiones)* finir ◆ **gastarse** *vp (consumirse)* s'user ● **¿qué número gastas?** tu fais du combien ? ● **gastar una broma a alguien** faire une blague à qqn
gasto ['gasto] *m* dépense *f*
gastritis [gas'tritis] *f inv* gastrite *f*
gastronomía [gastrono'mia] *f* gastronomie *f*
gastronómico, ca [gastro'nomiko, ka] *adj* gastronomique
gatear [gate'ar] *vi* marcher à quatre pattes
gatillo [ga'tiʎo] *m* gâchette *f*
gato, ta ['gato, ta] *m, f* chat *m*, chatte *f* ◇ *m (aparato)* cric *m* ● **a gatas** à quatre pattes
gauchada [gau̯'tʃaða] *f (Amér) (fig)* service *m*
gaucho ['gau̯tʃo] *m* gaucho *m*

Los gauchos

Le gaucho est une figure emblématique du continent sud-américain. Installés dans des zones rurales en Argentine, en Uruguay et dans le sud du Brésil, les gauchos travaillaient dans les ranchs. Excellents cavaliers, ils savaient très bien manier les **boleadoras** (armes de jet constituées de trois longues courroies terminées par des boules de pierre) qui permettaient d'immobiliser le bétail. Traditionnellement, ils portaient un chapeau à bord, un pantalon large et un ceinturon étroit. Comme certains d'entre eux menaient une vie de nomade, les gauchos incarnaient un certain esprit de rébellion. Ils ont disparu au début du XXe siècle, lorsque l'on s'est mis à délimiter les ranchs avec des fils de fer barbelés.

gavilán [gaβi'lan] *m* épervier *m*
gaviota [ga'βi̯ota] *f* mouette *f*
gazpacho [gaθ'patʃo] *m* ● **gazpacho (andaluz)** gaspacho *m*
Gb *(abr escrita de gigabyte)* *m* Go *m (gigaoctet)*
gel ['xel] *m* gel *m*
gelatina [xela'tina] *f* **1.** gélatine *f* **2.** *(postre)* gelée *f*
gemelo, la [xe'melo, la] *adj & m, f* jumeau(elle) ◇ *m (músculo)* mollet *m* ◆ **gemelos** *mpl* **1.** *(botones)* boutons *mpl* de manchette **2.** *(para ver)* jumelles *fpl*

gemido [xe'miðo] *m* gémissement *m*
Géminis ['xeminis] *m* Gémeaux *mpl*
gemir [xe'mir] *vi* gémir
generación [xenera'θi̯on] *f* génération *f*
generador [xenera'ðor] *m* générateur *m*
general [xene'ral] *adj* général(e) ◇ *m* général *m* • **en general** en général • **por lo general** en général
generalizar [xenerali'θar] *vt & vi* généraliser
generalmente [xene͵ral'mente] *adv* généralement
generar [xene'rar] *vt* générer
género ['xenero] *m* **1.** genre *m* **2.** *(mercancía)* marchandise *f*
generosidad [xenerosi'ðað] *f* générosité *f*
generoso, sa [xene'roso, sa] *adj* **1.** généreux(euse) **2.** *(comida, ración)* copieux(euse)
genial [xe'ni̯al] *adj* génial(e)
genio ['xeni̯o] *m* **1.** *(carácter)* caractère *m* **2.** *(mal carácter)* mauvais caractère *m* **3.** *(persona inteligente, ser fabuloso)* génie *m* • **tener mal genio** avoir mauvais caractère
genitales [xeni'tales] *mpl* organes *mpl* génitaux
gente ['xente] *f* gens *mpl* • **es buena gente** (*fam*) il/elle est sympa • **mi gente** (*fam*) les miens
gentil [xen'til] *adj* **1.** *(cortés)* courtois(e) **2.** *(gracioso)* gracieux(euse)
gentileza [xenti'leθa] *f* **1.** *(cortesía)* courtoisie *f* **2.** *(gracia)* grâce *f*
genuino, na [xe'nui̯no, na] *adj* **1.** *(auténtico)* authentique **2.** *(piel)* véritable
geografía [xeoɣra'fia] *f* géographie *f*
geográficamente [xeo͵ɣrafika'mente] *adv* geographiquement
geometría [xeome'tria] *f* géométrie *f*
geométrico, ca [xeo'metriko, ka] *adj* géométrique
geranio [xe'rani̯o] *m* géranium *m*
gerente [xe'rente] *mf* gérant *m*, -e *f*
germen ['xermen] *m* germe *m*
gestión [xes'ti̯on] *f* **1.** *(de asunto)* démarche *f* **2.** *(de empresa)* gestion *f*
gestionar [xesti̯o'nar] *vt* **1.** *(tramitar)* faire des démarches pour **2.** *(empresa)* gérer
gesto ['xesto] *m* **1.** geste *m* **2.** *(mueca)* grimace *f*
gestor, ra [xes'tor, ra] *m, f* **1.** *(de gestoría) personne effectuant des démarches administratives pour le compte de tiers ou d'entreprises* **2.** *(de empresa)* gestionnaire *mf*
gestoría [xesto'ria] *f* **1.** *(establecimiento)* cabinet *m* d'affaires **2.** *(actividad)* gestion *f*
GHz (*abr escrita de gigahercio*) *m* GHz *m (gigahertz)*
Gibraltar [xiβral'tar] *s* Gibraltar
gibraltareño, ña [xiβralta'reɲo, ɲa] *m, f* Gibraltarien *m*, -enne *f*
gigabyte [xiɣa'bai̯t] *m* gigaoctet *m*
gigahercio [xiɣa'erθi̯o] *m* gigahertz *m*
gigante, ta [xi'ɣante, ta] *adj & m, f* géant(e) ◇ *m (ser fabuloso)* géant *m*
gigantesco, ca [xiɣan'tesko, ka] *adj* gigantesque
gimnasia [xim'nasi̯a] *f* gymnastique *f*
gimnasio [xim'nasi̯o] *m* gymnase *m*
gimnasta [xim'nasta] *mf* gymnaste *mf*
ginebra [xi'neβra] *f* gin *m*

ginecólogo, ga [xine'koloɣo, ɣa] *m, f* gynécologue *mf*
gin tonic [ɟin'tonik] *m* gin tonic *m*
giñar = **jiñar**
gira ['xira] *f* tournée *f*
girar [xi'rar] *vt* **1.** *(cambiar el sentido de)* tourner **2.** *(dinero)* virer **3.** *(letra)* tirer ◇ *vi* tourner
girasol [xira'sol] *m* tournesol *m*
giro ['xiro] *m* **1.** *(movimiento circular)* tour *m* **2.** *(curva)* virage *m* **3.** *(aspecto, expresión)* tournure *f* **4.** *(de dinero)* virement *m* • **giro postal** ≃ mandat *m* • **giro urgente** mandat en urgent
gis [xis] *m (Méx)* craie *f*
gitano, na [xi'tano, na] *adj* gitan(e) ◇ *m, f* Gitan *m*, -e *f*
glaciar [gla'θjar] *m* glacier *m*
gladiolo [gla'ðjolo] *m* glaïeul *m*
glándula ['glandula] *f* glande *f*
global [glo'βal] *adj* global(e)
globalización [gloβaliθa'θjon] *f* mondialisation *f*, globalisation *f*
globo ['gloβo] *m* **1.** globe *m* **2.** *(para jugar, volar)* ballon *m* • **globo terráqueo** globe terrestre
glóbulo ['gloβulo] *m* globule *m*
gloria ['glorja] *f* **1.** gloire *f* **2.** *(placer)* plaisir *m*
glorieta [glo'rjeta] *f* **1.** *(plaza)* rond-point *m* **2.** *(de jardín)* tonnelle *f*
glorioso, sa [glo'rjoso, sa] *adj* glorieux(euse)
glotón, ona [glo'ton, ona] *adj* glouton(onne)
glucosa [glu'kosa] *f* glucose *m*
glúteos ['gluteos] *m* (muscles *mpl*) fessiers *mpl*
gobernador, ra [goβerna'ðor, ra] *m, f* gouverneur *m*
gobernante [goβer'nante] *mf* gouvernant *m*, -e *f*
gobernar [goβer'nar] *vt* **1.** gouverner **2.** *(vehículo)* conduire
gobierno [go'βjerno] *m* **1.** *(grupo)* gouvernement *m* **2.** *(de nave)* gouvernail *m* • **gobierno civil** ≃ préfecture *f*
goce ['goθe] *m* jouissance *f*
godo, da ['goðo, ða] *m, f* • **los godos** les Goths *mpl*
gol ['gol] *m* but *m (en sport)*
goleador, ra [golea'ðor, ra] *m, f* buteur *m*
golf ['golf] *m* golf *m*
golfa ['golfa] *f (fam) (prostituta)* prostituée *f*
golfo, fa ['golfo, fa] *m, f* voyou *m* ◇ *m (en geografía)* golfe *m*
golondrina [golon'drina] *f* hirondelle *f*
golosina [golo'sina] *f* friandise *f*
goloso, sa [go'loso, sa] *adj* gourmand(e)
golpe ['golpe] *m* **1.** coup *m* **2.** *(con coche)* accrochage *m* **3.** *(fam) (ocurrencia)* repartie *f* • **golpe bajo** coup bas • **de golpe** tout d'un coup
golpear [golpe'ar] *vt & vi* frapper
golpiza [gol'pista] *f (Amér)* volée *f*
goma ['goma] *f* **1.** *(sustancia viscosa)* gomme *f* **2.** *(caucho)* caoutchouc *m* **3.** *(banda elástica)* élastique *m* • **goma (de borrar)** gomme
gomero [go'mero] *m (Amér)* gommier *m*
gomina [go'mina] *f* gomina *f*
góndola ['gondola] *f (Amér)* autobus *m*

gordo, da ['gorðo, ða] *adj & m, f* gros (grosse) ◇ *m* ● **el gordo** *(de la lotería)* le gros lot ● **le tocó el gordo** il a touché le gros lot

El gordo

C'est le gros lot attribué à chaque tirage de la Loterie nationale en Espagne et en Amérique latine, en particulier à Noël où les numéros gagnants sont chantés par des enfants.

gordura [gor'ðura] *f* embonpoint *m*
gorila [go'rila] *m* gorille *m*
gorjeo [gor'xeo] *m* gazouillement *m*
gorra ['gora] *f* casquette *f* ● **de gorra** *(fam)* à l'œil
gorrión [go'ri̯on] *m* moineau *m*
gorro ['goro] *m* bonnet *m*
gota ['gota] *f* goutte *f* ● **no me queda ni gota de harina** il ne me reste pas un gramme de farine ◆ **gotas** *fpl MED* gouttes *fpl*
gotera [go'tera] *f* **1.** *(filtración)* gouttière *f* **2.** *(grieta)* fuite *f* **3.** *(mancha)* tache *f* d'humidité
gótico, ca ['gotiko, ka] *adj* gothique ◇ *m* gothique *m*
gozar [go'θar] *vi* éprouver du plaisir ◆ **gozar de** *v prep* jouir de
gozo ['goθo] *m* réjouissance *f*
GPS ['xe'pe'ese] (*abr de Global Positioning System*) *m* GPS *m*
gr *abr de* **grado**
grabación [graβa'θi̯on] *f* enregistrement *m*
grabado [gra'βaðo] *m* gravure *f*
grabar [gra'βar] *vt* **1.** graver **2.** *(canción, voz, imágenes)* enregistrer
gracia ['graθi̯a] *f* **1.** *(atractivo)* charme *m* **2.** *(humor)* drôlerie *f* **3.** *(elegancia)* grâce *f* **4.** *(don)* talent *m* **5.** *(chiste)* plaisanterie *f* ● **hacer gracia** faire rire ◆ **gracias** *fpl* merci *m* ● **muchas gracias** merci beaucoup ● **gracias a** grâce à ● **gracias por** merci de ● **dar las gracias a** remercier
gracioso, sa [gra'θi̯oso, sa] *adj* **1.** *(que da risa)* drôle **2.** *(con encanto)* gracieux(euse)
grada ['graða] *f* **1.** *(de estadio, plaza de toros)* gradin *m* **2.** *(peldaño)* marche *f*
gradería [graðe'ria] *f (de estadio, plaza de toros)* gradins *mpl*
grado ['graðo] *m* **1.** *(medida, fase)* degré *m* **2.** *(de enseñanza)* niveau *m* **3.** *(del ejército)* grade *m* ● **de buen grado** de bon gré
graduación [graðu̯a'θi̯on] *f* **1.** *(de bebida)* titre *m* **2.** *(de militar)* grade *m* **3.** *(acto)* graduation *f* **4.** *(estudios)* diplôme *m*
graduado, da [gra'ðu̯aðo, ða] *adj* **1.** *(regla, termómetro)* gradué(e) **2.** *(persona)* diplômé(e) ◇ *m, f (persona)* diplômé *m*, -e *f* ◇ *m (título)* diplôme *m* ● **graduado en** diplômé en
gradual [graðu'al] *adj* graduel(elle)
gradualmente [graðu̯al'mente] *adv* graduellement
graduar [graðu'ar] *vt* **1.** *(calefacción, calentador)* régler **2.** *(regla, termómetro)* graduer ◆ **graduarse** *vp* **1.** *(estudiante)* obtenir son diplôme **2.** *(militar)* être promu(e) ◆ **graduarse en** *v prep* obtenir son diplôme de
graffiti [gra'fiti] *m* graffiti *m*
grafía [gra'fia] *f* graphie *f*

gráfica ['grafika] *f (curva)* courbe *f* (graphique)

gráfico, ca ['grafiko, ka] *adj* **1.** *(con dibujos, fotos)* graphique **2.** *(fig) (expresivo)* clair(e) ◇ *m (dibujo)* graphique *m*

gragea [gra'xea] *f* dragée *f*

gramática [gra'matika] *f* grammaire *f*

gramatical [gramati'kal] *adj* grammatical(e)

gramo ['gramo] *m* gramme *m*

gran ['gran] ➤ **grande**

granada [gra'naða] *f* grenade *f*

granadilla [grana'ðiʎa] *f (Amér)* fruit *m* de la passion

granate [gra'nate] *adj inv* & *m* grenat

Gran Bretaña ['grambre'taɲa] *s* Grande-Bretagne *f*

grande ['grande] *adj* grand(e) ◇ *m (noble)* grand *m* ● **grandes almacenes** grands magasins ● **me va grande** *(vestido, zapato)* c'est trop grand

grandeza [gran'deθa] *f* grandeur *f*

grandioso, sa [gran'di̯oso, sa] *adj* grandiose

granel [ɣra'nel] ◆ **a granel** *adv* **1.** *(a peso)* en vrac **2.** *(en abundancia)* à foison

granero [gra'nero] *m* grenier *m (grange)*

granito [gra'nito] *m* granit *m*

granizada [grani'θaða] *f* grêle *f*

granizado [grani'θaðo] *m boisson glacée à base de jus de fruit*

granizar [grani'θar] *v impers* ● **graniza** il grêle

granja ['granxa] *f* ferme *f*

granjero, ra [gran'xero, ra] *m, f* fermier *m*, -ère *f*

grano ['grano] *m* **1.** grain *m* **2.** *(de la piel)* bouton *m* ● **ir al grano** *(fam)* en venir au fait

granuja [gra'nuxa] *mf* **1.** canaille *f* **2.** *(niño)* garnement *m*

grapa ['grapa] *f* agrafe *f*

grapadora [grapa'ðora] *f* agrafeuse *f*

grapar [gra'par] *vt* agrafer

grasa ['grasa] *f* graisse *f* ➤ **graso**

grasiento, ta [gra'si̯ento, ta] *adj* gras (grasse)

graso, sa ['graso, sa] *adj* gras (grasse)

gratificar [gratifi'kar] *vt* gratifier ▼ **se gratificará** récompense promise

gratinado [grati'naðo] *m* gratin *m*

gratinar [grati'nar] *vt* gratiner

gratis ['gratis] *adv* gratis

gratitud [grati'tuð] *f* gratitude *f*

grato, ta ['grato, ta] *adj* agréable

gratuito, ta [gratu'ito, ta] *adj* gratuit(e)

grave ['graβe] *adj* grave

gravedad [graβe'ðað] *f* gravité *f*

gravilla [gra'βiʎa] *f* gravillon *m*

Grecia ['greθi̯a] *s* Grèce *f*

gremio ['gremi̯o] *m* corporation *f*

greña ['greɲa] *f* tignasse *f*

griego, ga ['gri̯eɣo, ɣa] *adj* grec (grecque) ◇ *m, f* Grec *m*, Grecque *f* ◇ *m (lengua)* grec *m*

grieta ['gri̯eta] *f* **1.** *(en la pared, techo)* fissure *f* **2.** *(en la piel)* crevasse *f*

grifero, ra [gri'fero, ra] *m, f (Perú)* pompiste *mf*

grifo ['grifo] *m* **1.** *(llave)* robinet *m* **2.** *(Perú) (gasolinera)* station-service *f*

grill ['gril] *m* gril *m*

grilla ['griʎa] *f (Amér) (fam)* cabale *f*

grillo ['griʎo] *m* grillon *m*

gripa ['gripa] *f (Col & Méx)* grippe *f*
gripe ['gripe] *f* grippe *f*
gris ['gris] *adj* **1.** gris(e) **2.** *(fig) (persona)* terne ◇ *m* gris *m*
gritar [gri'tar] *vi* crier
grito ['grito] *m* cri *m* • **a gritos** à cor et à cri
grosella [gro'seʎa] *f* **1.** groseille *f* **2.** *(bebida)* sirop *m* de groseille
grosería [grose'ria] *f* grossièreté *f*
grosero, ra [gro'sero, ra] *adj* grossier(ère)
grosor [gro'sor] *m* épaisseur *f*
grotesco, ca [gro'tesko, ka] *adj* grotesque
grúa ['grua] *f* **1.** *(para vehículos)* dépanneuse *f* **2.** *(para construir)* grue *f*
grueso, sa ['grueso, sa] *adj* gros (grosse) ◇ *m (espesor, volumen)* épaisseur *f* • **el grueso de** le gros de
grumo ['grumo] *m* grumeau *m*
gruñido [gru'ɲiðo] *m* grognement *m*
gruñir [gru'ɲir] *vi* grogner
grupa ['grupa] *f* croupe *f*
grupo ['grupo] *m* groupe *m* • **grupo de noticias** newsgroup *m* • **grupo de riesgo** groupe à risque • **grupo sanguíneo** groupe sanguin • **en grupo** en groupe
gruta ['gruta] *f* grotte *f*
GSM [xe'ese'eme] (*abr de Global System for Mobile Communications*) *m* GSM *m*
guaca ['guaka] *f (Amér)* tombeau *m* précolombien
guacal [gua'kal] *m (Amér)* calebasse *f*
guacamole [guaka'mole] *m (Méx)* guacamole *m*
guachimán [guatʃi'man] *m (Amér)* gardien *m*
guacho, cha ['guatʃo, tʃa] *adj* **1.** *(Amér) (huérfano)* orphelin(e) **2.** *(solitario)* solitaire ◇ *m, f (Amér)* bâtard *m*, -e *f*
guaco ['guako] *m (Amér)* poterie *f* précolombienne
guagua ['guaɣua] *f* **1.** *(Carib) (autobús)* bus *m* **2.** *(Andes) (bebé)* bébé *m*
guaiño [gua'iɲo] *m (Amér)* *chanson mélancolique indigène*
guajiro, ra [gua'xiro, ra] *m, f (Amér)* paysan *m*, -anne *f (cubain)*
guano ['guano] *m* guano *m*
guante ['guante] *m* gant *m*
guantera [guan'tera] *f* boîte *f* à gants
guapo, pa ['guapo, pa] *adj* **1.** *(persona)* beau (belle) **2.** *(fam) (objeto, ropa)* chouette
guardabarros [guarða'βaros] *m inv* garde-boue *m inv*
guardacoches [guarða'kotʃes] *mf inv* gardien *m*, -enne *f* de parking
guardaespaldas [ˌguarðaes'paldas] *mf inv* garde *m* du corps
guardameta [guarða'meta] *mf* gardien *m*, -enne *f* de but
guardapolvo [guarða'polβo] *m* **1.** *(prenda)* blouse *f* **2.** *(funda)* housse *f*
guardar [guar'ðar] *vt* **1.** *(en un lugar)* ranger **2.** *(conservar, cuidar)* garder **3.** *(cumplir)* observer **4.** INFORM • **guardar (como)** enregistrer (sous) ♦ **guardarse de** *v prep* se garder de
guardarropa [guarða'ropa] *m* **1.** *(de local)* vestiaire *m* **2.** *(armario)* armoire *f*
guardería [guarðe'ria] *f* crèche *f (pour enfants)*

guardia ['guarðja] *mf (policía)* agent *m* ◇ *f* garde *f* • **guardia civil** ≃ gendarme *m* • **guardia municipal** o **urbano** policier *m* municipal • **guardia de seguridad** vigile *m* • **de guardia** de garde ♦ **Guardia Civil** *f* Garde *f* civile ≃ gendarmerie *f*

guardián, ana [guar'ðjan, ana] *m, f* gardien *m*, -enne *f*

guarida [gua'riða] *f* tanière *f*

guarnición [guarni'θjon] *f* **1.** *(de comida)* garniture *f* **2.** *(del ejército)* garnison *f*

guarro, rra ['guaro, ra] *adj (despec)* dégoûtant(e)

guasa ['guasa] *f* • **¡tiene guasa la cosa!** *(fam)* elle est forte, celle-là !

guasca ['guaska] *f (Amér) (látigo)* fouet *m*

Guatemala [guate'mala] *s* Guatemala *m*

guatemalteco, ca [guatemal'teko, ka] *adj* guatémaltèque ◇ *m, f* Guatémaltèque *mf*

guateque [gua'teke] *m* boum *f*

guayaba [gua'jaβa] *f* goyave *f*

guayabo [gua'jaβo] *m* goyavier *m*

güero, ra ['guero, ra] *adj (Méx) (fam)* blond(e)

guerra ['gera] *f* guerre *f* • **guerra civil/mundial** guerre civile/mondiale

guerrera [ge'rera] *f (prenda de vestir)* vareuse *f*

guerrero, ra [ge'rero, ra] *m, f (persona)* guerrier *m*

guerrilla [ge'riʎa] *f* **1.** *(grupo)* groupe *m* de guérilleros **2.** *(estrategia)* guérilla *f*

guerrillero, ra [geri'ʎero, ra] *m, f* guérillero *m*

guía ['gia] *mf (persona)* guide *m* ◇ *f (libro, indicación)* guide *m* • **guía telefónica** annuaire *m* • **guía turística** guide touristique

guiar [gi'ar] *vt* **1.** guider **2.** *(coche, vehículo)* conduire ♦ **guiarse por** *v prep* se guider à

guijarro [gi'xaro] *m* caillou *m*

guillotina [giʎo'tina] *f* **1.** *(para decapitar)* guillotine *f* **2.** *(para papel)* massicot *m*

guinda ['ginda] *f* griotte *f*

guindilla [gin'diʎa] *f* piment *m* rouge

guiñar [gi'ɲar] *vt* • **guiñar un ojo** faire un clin d'œil

guiñol [gi'ɲol] *m* guignol *m*

guión [gi'on] *m* **1.** *(argumento)* scénario *m* **2.** *(esquema)* plan *m* **3.** *(en gramática)* trait *m* d'union

guionista [gio'nista] *mf* scénariste *mf*

guiri ['girj] *mf (Esp) (fam & despec)* étranger *m*, -ère *f*

guirnalda [gir'nalda] *f* guirlande *f*

guisado [gi'saðo] *m* ragoût *m*

guisante [gi'sante] *m* petit pois *m* • **guisantes con jamón** o **salteados** *petits pois cuisinés avec des dés de jambon de pays*

guisar [gi'sar] *vt & vi* cuisiner

guiso ['giso] *m* ragoût *m*

güisqui ['yuiski] *m* whisky *m*

guitarra [gi'tara] *f* guitare *f*

guitarrista [gita'rista] *mf* guitariste *mf*

gusa ['gusa] *f (fam)* dalle *f* • **a estas horas me entra una gusa que no veas** à cette heure-ci, j'ai vraiment la dalle

gusano [gu'sano] *m* ver *m*

gustar [gus'tar] *vi (agradar)* plaire • **me gusta esta chica** cette fille me plaît • **me gusta la pintura** j'aime la peinture

gusto ['gusto] *m* **1.** goût *m* **2.** *(placer)* plaisir *m* • **a gusto** *(cómodamente)* à son aise • **al gusto** *(filete, entrecot)* à votre goût

hH

h. (*abr escrita de hora*) h *(heure)*
ha. (*abr escrita de hectárea*) ha *(hectare)*
haba ['aβa] *f* fève *f* • **habas a la catalana** *fèves cuisinées avec des lardons, des saucisses et du vin*
habano [a'βano] *m* havane *m*
[1]**haber** [a'βeɾ] *m (en cuentas, contabilidad)* crédit *m* • **tiene tres pisos en su haber** il est propriétaire de trois appartements
◆ **haberes** *mpl (bienes)* biens *mpl*
[2]**haber** [a'βeɾ] *v aux*
1. *(en tiempos compuestos)* avoir • **los niños ya han comido** les enfants ont déjà mangé
2. *(antes de verbo de movimiento, estado o permanencia)* • **ha salido** il est sorti • **nos hemos quedado en casa** nous sommes restés à la maison
3. *(expresa reproche)* • **¡haber venido antes!** tu n'avais qu'à arriver plus tôt ! • **¡haberlo dicho!** tu aurais pu le dire !
◇ *v impers*
1. avoir • **¿qué hay hoy para comer?** qu'est-ce qu'on mange aujourd'hui ? • **hubo muchos problemas** il y a eu beaucoup de problèmes • **el jueves no habrá reparto** il n'y aura pas de livraison le jeudi
2. *(expresa obligación)* • **hay que cuidar a los enfermos** il faut soigner les malades
3. *(en locuciones)* • **habérselas con alguien** se bagarrer avec qqn • **¡hay que ver qué malo es!** qu'est-ce qu'il est méchant ! • **no hay de qué** il n'y a pas de quoi
◆ **haber de** *v prep (estar obligado)* devoir • **has de trabajar más** tu dois travailler davantage
habichuela [aβi'tʃu̯ela] *f* haricot *m*
hábil ['aβil] *adj* habile • **día hábil** jour ouvrable
habilidad [aβili'ðað] *f* habileté *f*
habiloso, sa [aβi'loso, sa] *adj (Chile)* intelligent(e)
habitación [aβita'θi̯on] *f* **1.** pièce *f* **2.** *(dormitorio)* chambre *f* • **habitación doble/individual** chambre double/simple
habitante [aβi'tante] *mf* habitant *m*, -e *f*
habitar [aβi'taɾ] *vi & vt* habiter
hábito ['aβito] *m* **1.** *(costumbre)* habitude *f* **2.** *(traje)* habit *m*
habitual [aβitu'al] *adj* habituel(elle)
habitualmente [aβitu,al'mente] *adv* habituellement
hablador, ra [aβla'ðoɾ, ɾa] *adj* bavard(e)
habladurías [aβlaðu'ɾias] *fpl* commérages *mpl*
hablar [a'βlaɾ] *vi & vt* parler • **hablar a alguien** parler à qqn • **hablar por teléfono** parler au téléphone • **hablar por hablar** parler pour parler • **¡ni hablar!** pas question ! ◆ **hablar de** *v prep* parler de
◆ **hablarse** *vp* se parler

hacer [a'θer] *vt*
1. faire • **hacer planes/un vestido** faire des projets/une robe • **hacer el tonto** faire l'idiot • **el árbol hace sombra** l'arbre fait de l'ombre • **el reloj hace tictac** la montre fait tic-tac • **deberías hacer deporte** tu devrais faire du sport • **hicimos muchas fotografías del viaje** nous avons fait beaucoup de photos du voyage • **he hecho la cama** j'ai fait mon lit • **hacer feliz a alguien** rendre qqn heureux • **me hizo daño/reír** il m'a fait mal/rire • **hizo arrancar los árboles** il a fait arracher les arbres
2. *(construir)* construire • **han hecho un edificio nuevo** un nouveau bâtiment a été construit
3. *(dar aspecto)* • **este traje te hace más delgado** ce costume t'amincit
◇ *vi*
1. faire • **déjame hacer a mí** laisse-moi faire
2. *(aparentar)* • **haz como si no lo vieras** fais comme si tu ne le voyais pas
◇ *v impers*
1. *(tiempo meteorológico)* • **hace frío/calor** il fait froid/chaud • **hace buen/mal tiempo** il fait beau/mauvais
2. *(tiempo transcurrido)* • **hace una semana** il y a une semaine • **hace ya una hora que espero** cela fait une heure que j'attends
◆ **hacer de** *v prep*
1. *(trabajar)* • **hace de cajera** elle travaille comme caissière
2. *(en cine y teatro)* • **hace de malo** il joue le rôle du méchant
◆ **hacerse** *vp*
1. *(convertirse)* devenir • **se hizo monja** elle est devenue bonne sœur • **hacerse viejo** se faire vieux
2. *(mostrarse)* • **intenta hacerse el simpático** il essaye de se rendre sympathique • **se hace el atrevido** il joue les courageux
3. *(resultar)* • **se está haciendo tarde** il se fait tard
4. *(formarse)* se former
5. *(desarrollarse, crecer)* pousser
6. *(cocerse)* cuire
◆ **hacerse a** *v prep (acostumbrarse a)* se faire à
◆ **hacerse con** *v prep (apropiarse de)* • **se hizo con el poder** il a pris le pouvoir

hacha ['atʃa] *f* hache *f*

hachís [xa'tʃis] *m* haschisch *m*

hacia ['aθja] *prep* vers • **hacia abajo/arriba** vers le bas/le haut • **hacia aquí/allí** par ici/là • **hacia atrás/adelante** en arrière/avant • **hacia las tres** vers trois heures

hacienda [a'θjenda] *f* 1. *(finca)* exploitation *f* agricole 2. *(bienes)* fortune *f* • **la Hacienda Pública** le Trésor (public)

hacker ['xaker] *mf* hacker *m*, pirate *m* informatique

hada ['aða] *f* fée *f*

Haití [ai'ti] *s* Haïti

hala ['ala] *interj* 1. *(para dar prisa)* allez ! 2. *(expresa contrariedad)* allons donc !

halago [a'laɣo] *m* flatterie *f*

halcón [al'kon] *m* faucon *m*

hall ['xol] *m* hall *m*

hallar [a'ʎar] *vt* trouver ◆ **hallarse** *vp* se trouver

halógeno, na [a'loxeno, na] *adj* halogène

halterofilia [altero'filja] *f* haltérophilie *f*
hamaca [a'maka] *f* hamac *m*
hambre ['ambre] *f* faim *f* • **tener hambre** avoir faim
hambriento, ta [am'briento, ta] *adj* affamé(e)
hamburguesa [ambur'ɣesa] *f* hamburger *m*
hamburguesería [amburɣese'ria] *f* fast-food *m*
hámster ['xamster] *m* hamster *m*
hangar [an'gar] *m* hangar *m*
hardware ['xarwar] *m* *INFORM* hardware *m*, matériel *m*
harina [a'rina] *f* farine *f*
hartar [ar'tar] *vt* **1.** *(atiborrar)* gaver **2.** *(cansar)* fatiguer ♦ **hartarse de** *v prep* **1.** *(cansarse de)* en avoir assez de **2.** *(hacer en exceso)* ne pas arrêter de **3.** *(comiendo)* se gaver de
harto, ta ['arto, ta] *adj* **1.** *(saciado)* repu(e) **2.** *(cansado)* fatigué(e) • **estar harto de** en avoir assez de
hasta ['asta] *prep* jusqu'à ◇ *adv (incluso)* même • **hasta luego** au revoir • **hasta pronto** à bientôt • **hasta que** jusqu'à ce que • **trabaja hasta cuando está enfermo** il travaille même lorsqu'il est malade
haya ['aja] *f* hêtre *m*
haz, ces ['aθ, θes] *m* **1.** *(de luz)* faisceau *m* **2.** *(de leña)* fagot *m* **3.** *(de hierba)* gerbe *f*
hazaña [a'θaɲa] *f* exploit *m*
hebilla [e'βiʎa] *f* boucle *f (de ceinture, chaussure etc)*
hebra ['eβra] *f* **1.** *(de hilo, especias)* brin *m* **2.** *(en legumbres)* fil *m*
hebreo, a [e'βreo, a] *adj* hébreu ◇ *m, f* Israélite *mf* ◇ *m (lengua)* hébreu *m*
hechizar [etʃi'θar] *vt* envoûter
hechizo [e'tʃiθo] *m* envoûtement *m*
hecho, cha ['etʃo, tʃa] *pp* ➤ **hacer** ◇ *adj* cuit(e) ◇ *m* fait *m* • **hecho de** fait de • **de hecho** de fait • **muy hecho** *(filete)* bien cuit • **poco hecho** *(filete)* saignant
hectárea [ek'tarea] *f* hectare *m*
helada [e'laða] *f* gelée *f*
heladería [elaðe'ria] *f* marchand *m* de glaces
helado, da [e'laðo, ða] *adj* glacé(e) ◇ *m* glace *f* • **quedarse helado** *(asombrado)* avoir un choc
helar [e'lar] *v impers & vt* geler ♦ **helarse** *vp* **1.** *(congelarse)* geler **2.** *(pasar frío)* se geler
hélice ['eliθe] *f* hélice *f*
helicóptero [eli'koptero] *m* hélicoptère *m*
hematoma [ema'toma] *m* hématome *m*
hembra ['embra] *f* **1.** *(animal)* femelle *f* **2.** *(de enchufe)* prise *f* femelle
hemorragia [emo'raxja] *f* hémorragie *f*
heno ['eno] *m* foin *m*
hepatitis [epa'titis] *f inv* hépatite *f*
herboristería [erβoriste'ria] *f* herboristerie *f*
heredar [ere'ðar] *vt* hériter de
heredero, ra [ere'ðero, ra] *m, f* héritier *m*, -ère *f*
hereje [e'rexe] *mf* hérétique *mf*
herejía [ere'xia] *f* hérésie *f*
herencia [e'renθja] *f* héritage *m*
herida [e'riða] *f* blessure *f*
herido, da [e'riðo, ða] *adj & m, f* blessé(e)

herir [e'rir] *vt* blesser ◆ **herirse** *vp* se blesser
hermanastro, tra [erma'nastro, tra] *m, f* demi-frère *m*, demi-sœur *f*
hermano, na [er'mano, na] *m, f* frère *m*, sœur *f*
hermético, ca [er'metiko, ka] *adj* hermétique
hermoso, sa [er'moso, sa] *adj* beau (belle)
hermosura [ermo'sura] *f* beauté *f*
héroe ['eroe] *m* héros *m*
heroico, ca [e'roi̯ko, ka] *adj* héroïque
heroína [ero'ina] *f* héroïne *f*
heroinómano, na [eroi̯'nomano, na] *m, f* héroïnomane *mf*
heroísmo [ero'izmo] *m* héroïsme *m*
herradura [era'ðura] *f* fer *m* à cheval
herramienta [era'mi̯enta] *f* outil *m* ◆ **herramientas** *fpl INFORM* outils *mpl*
herrería [ere'ria] *f (taller)* forge *f*
herrero [e'rero] *m* forgeron *m*
hervir [er'βir] *vt* faire bouillir ◇ *vi (líquido)* bouillir
heterosexual [eteroseksu'al] *mf* hétérosexuel *m*, -elle *f*
hidalgo [i'ðalɣo] *m* hidalgo *m*
hidratante [iðra'tante] *adj* hydratant(e)
hidratar [iðra'tar] *vt* hydrater
hiedra ['ʝeðra] *f* lierre *m*
hielo ['ʝelo] *m* glace *f*
hiena ['ʝena] *f* hyène *f*
hierba ['ʝerβa] *f* herbe *f*
hierbabuena [ʝerβa'βu̯ena] *f* menthe *f*
hierro ['ʝero] *m* fer *m*
hígado ['iɣaðo] *m* foie *m*
higiene [i'xi̯ene] *f* hygiène *f*
higiénico, ca [i'xi̯eniko, ka] *adj* hygiénique
higo ['iɣo] *m* figue *f* ● **higo chumbo** figue de Barbarie
higuera [i'ɣera] *f* figuier *m*
hijastro, tra [i'xastro, tra] *m, f* beau-fils *m*, belle-fille *f (d'un premier mariage)*
hijo, ja ['ixo, xa] *m, f* fils *m*, fille *f* ● **hijo político** gendre *m* ● **hija política** belle-fille *f* ● **hijo de puta** *(vulg)* fils de pute ● **hijo de la chingada** *(Amér) (vulg)* fils de pute ◆ **hijos** *mpl* enfants *mpl*
hilera [i'lera] *f* rangée *f*
hilo ['ilo] *m* **1.** fil *m* **2.** *(de voz, agua)* filet *m* ● **hilo musical** fond *m* musical
hilvanar [ilβa'nar] *vt* faufiler
hincapié [inka'pi̯e] *m* ● **hacer hincapié en** mettre l'accent sur
hincha ['intʃa] *mf* supporter *m*
hinchado, da [in'tʃaðo, ða] *adj* **1.** *(globo, colchón)* gonflé(e) **2.** *(parte del cuerpo)* enflé(e)
hinchar [in'tʃar] *vt* **1.** *(inflar)* gonfler **2.** *(exagerar)* grossir ◆ **hincharse** *vp (parte del cuerpo)* enfler ◆ **hincharse de** *v prep (comida)* se gaver de
hinchazón [intʃa'θon] *f* enflure *f*
híper ['iper] *m (fam)* hypermarché *m*
hipermercado [ipermer'kaðo] *m* hypermarché *m*
hipermetropía [ipermetro'pia] *f* hypermétropie *f*
hipertensión [iperten'si̯on] *f* hypertension *f*
hipertenso, sa [iper'tenso, sa] *adj* hypertendu(e)
hipertexto [iper'teksto] *m INFORM* hypertexte *m*

hipervínculo [iper'βinkulo] *m INFORM* lien *m* hypertexte
hípica ['ipika] *f* hippisme *m*
hipnotizar [ipnoti'θar] *vt* hypnotiser
hipo ['ipo] *m* hoquet *m*
hipocresía [ipokre'sia] *f* hypocrisie *f*
hipócrita [i'pokrita] *adj* hypocrite
hipódromo [i'poðromo] *m* hippodrome *m*
hipopótamo [ipo'potamo] *m* hippopotame *m*
hipoteca [ipo'teka] *f* hypothèque *f*
hipótesis [i'potesis] *f inv* hypothèse *f*
hipotético, ca [ipo'tetiko, ka] *adj* hypothétique
hippie ['xipi] *mf* hippie *mf*
hispánico, ca [is'paniko, ka] *adj* hispanique
hispano, na [is'pano, na] *adj* **1.** *(en España)* espagnol(e) **2.** *(en Estados Unidos)* hispanique
Hispanoamérica [is,panoa'merika] *s* Amérique *f* latine
hispanoamericano, na [is,panoameri'kano, na] *adj* hispano-américain(e) ◇ *m, f* Hispano-Américain *m*, -e *f*
hispanohablante [is,panoa'βlante], **hispanoparlante** [is,panopar'lante] *mf* hispanophone *mf*
histeria [is'teria] *f* hystérie *f*
histérico, ca [is'teriko, ka] *adj* hystérique
historia [is'toria] *f* histoire *f*
histórico, ca [is'toriko, ka] *adj* historique
historieta [isto'rjeta] *f* **1.** *(relato)* petite histoire *f* **2.** *(cuento con dibujos)* bande *f* dessinée
hocico [o'θiko] *m* museau *m*
hockey ['xokej] *m* hockey *m*
hogar [o'ɣar] *m* foyer *m*
hogareño, ña [oɣa'reɲo, ɲa] *adj* casanier(ère)
hoguera [o'ɣera] *f* **1.** bûcher *m* **2.** *(de fiesta)* feu *m* de joie
hoja ['oxa] *f* **1.** feuille *f* **2.** *(de cuchillo)* lame *f* • **hoja de afeitar** lame de rasoir • **hoja de cálculo** tableur *m* • **hoja de estilo** feuille de style
hojalata [oxa'lata] *f* fer-blanc *m*
hojaldre [o'xaldre] *m* pâte *f* feuilletée
hola ['ola] *interj* bonjour !
Holanda [o'landa] *s* Hollande *f*
holandés, esa [olan'des, esa] *adj* hollandais(e) ◇ *m, f* Hollandais *m*, -e *f* ◇ *m (lengua)* hollandais *m*
holgado, da [ol'ɣaðo, ða] *adj* **1.** *(ropa)* ample **2.** *(vida, situación)* aisé(e)
holgazán, ana [olɣa'θan, ana] *adj* fainéant(e)
hombre ['ombre] *m* homme *m* ◇ *interj (sorpresa)* tiens ! • **hombre de negocios** homme d'affaires
hombreras [om'breras] *fpl* épaulettes *fpl*
hombro ['ombro] *m* épaule *f*
homenaje [ome'naxe] *m* hommage *m* • **en homenaje a** en hommage à
homeopatía [omeopa'tia] *f* homéopathie *f*
homicida [omi'θiða] *mf* meurtrier *m*, -ère *f*
homicidio [omi'θiðjo] *m* homicide *m*
homosexual [omoseksu'al] *mf* homosexuel *m*, -elle *f*
hondo, da ['ondo, da] *adj* profond(e)

Honduras [on'duras] *s* Honduras *m*
hondureño, ña [ondu'reɲo, ɲa] *adj* hondurien(enne) ◇ *m, f* Hondurien *m*, -enne *f*
honestidad [onesti'ðað] *f* honnêteté *f*
honesto, ta [o'nesto, ta] *adj* honnête
hongo ['ongo] *m* champignon *m*
honor [o'nor] *m* honneur *m* • **en honor de** en l'honneur de
honorario [ono'rarjo] *adj* honoraire ♦ **honorarios** *mpl* honoraires *mpl*
honra ['onra] *f* honneur *m* • **¡soy español, y a mucha honra!** je suis espagnol, et fier de l'être !
honradez [onra'ðeθ] *f* honnêteté *f*
honrado, da [on'raðo, ða] *adj* honnête
honrar [on'rar] *vt* honorer
hora ['ora] *f* heure *f* • **hora punta** heure de pointe ▾ **horas convenidas** sur rendez-vous • **¿a qué hora?** à quelle heure ? • **¿qué hora es?** quelle heure est-il ? • **pedir hora para** prendre rendez-vous pour • **tener hora** avoir l'heure • **a última hora** au dernier moment
horario [o'rarjo] *m* horaire *m* ▾ **horario comercial** heures d'ouverture
horca ['orka] *f* **1.** *(de ejecución)* potence *f* **2.** *(en agricultura)* fourche *f*
horchata [or'tʃata] *f* ≃ sirop *m* d'orgeat
horizontal [oriθon'tal] *adj* horizontal(e)
horizonte [ori'θonte] *m* horizon *m*
horma ['orma] *f* **1.** *(molde)* forme *f* **2.** *(utensilio)* embauchoir *m*
hormiga [or'miɣa] *f* fourmi *f*
hormigón [ormi'ɣon] *m* béton *m* • **hormigón armado** béton armé
hormigonera [ormiɣo'nera] *f* bétonnière *f*
hormiguero [ormi'ɣero] *m* fourmilière *f*
hormona [or'mona] *f* hormone *f*
hornear [orne'ar] *vt* enfourner
horno ['orno] *m* four *m* • **al horno** au four
horóscopo [o'roskopo] *m* horoscope *m*
horquilla [or'kiʎa] *f* épingle *f* à cheveux
hórreo ['oreo] *m silo en granite sur pilotis typique de Galice et des Asturies*
horrible [o'riβle] *adj* horrible
horror [o'ror] *m* horreur *f* • **¡qué horror!** quelle horreur !
horrorizar [orori'θar] *vt* horrifier
horroroso, sa [oro'roso, sa] *adj* horrible
hortaliza [orta'liθa] *f* légume *m*
hortelano, na [orte'lano, na] *m, f* maraîcher *m*, -ère *f*
hortensia [or'tensja] *f* hortensia *m*
hortera [or'tera] *adj (fam & despec) (vulgar, ordinario)* ringard(e) ◇ *mf (fam & despec)* ringard *m*, -e *f*, beauf *m*
hospedarse [ospe'ðarse] *vp* loger
hospital [ospi'tal] *m* hôpital *m*
hospitalario, ria [ospita'larjo, rja] *adj* hospitalier(ère)
hospitalidad [ospitali'ðað] *f* hospitalité *f*
hospitalizar [ospitali'θar] *vt* hospitaliser
hostal [os'tal] *m* hôtel *m*
hostelería [ostele'ria] *f* hôtellerie *f*
hostia ['ostja] *f* **1.** *(en religión)* ostie *f* **2.** *(Esp) (vulg) (golpe, tortazo)* beigne *f* ◇ *interj (Esp) (vulg)* putain ! • **darse una hostia** *(vulg)* se casser la gueule ; *(en coche)* se planter
hostil [os'til] *adj* hostile
hotel [o'tel] *m* hôtel *m* • **hotel de lujo** hôtel de luxe

hotelero, ra [ote'lero, ra] *adj* hôtelier(ère)

hoy ['oj] *adv* aujourd'hui • **hoy en día, hoy por hoy** de nos jours

hoyo ['ojo] *m* trou *m*

hoz ['oθ] *f* faucille *f*

HTML ['atʃe'te'eme'ele] (*abr de HyperText Markup Language*) *m* HTML *m*

HTTP, http ['atʃe'te'te'pe] (*abr de HyperText Transfer Protocol*) *m* HTTP *m*

huachafería [watʃafe'ria] *f* (*Amér*) • **es una huachafería** c'est de mauvais goût

huachafo, fa [wa'tʃafo, fa] *adj* (*Perú*) de mauvais goût

huachinango [watʃi'nango] *m* (*Amér*) pagre *m*

hucha ['utʃa] *f* tirelire *f*

hueco, ca ['weko, ka] *adj* (*vacío*) creux (creuse) ◇ *m* **1.** (*agujero*) place *f* **2.** (*de tiempo*) creux *m*

huelga ['welɣa] *f* grève *f*

huella ['weʎa] *f* trace *f* • **huellas dactilares** empreintes *fpl* digitales

huérfano, na ['werfano, na] *m, f* orphelin *m*, -e *f*

huerta ['werta] *f* **1.** (*huerto grande*) plaine *f* maraîchère **2.** (*de árboles frutales*) verger *m*

huerto ['werto] *m* jardin *m* potager

hueso ['weso] *m* **1.** os *m* **2.** (*de una fruta*) noyau *m*

huésped, da ['wespeð, ða] *m, f* hôte *m*, invité *m*, -e *f*

huevada [we'βaða] *f* (*Andes, Chile & Perú*) (*fam*) bêtise *f*

huevear [weβe'ar] *vi* (*Andes, Chile & Perú*) (*fam*) faire l'imbécile

huevo ['weβo] *m* œuf *m* • **huevo duro** œuf dur • **huevo estrellado** œuf sur le plat • **huevo frito** œuf frit • **huevos al plato** *œufs cuits au four* • **huevos revueltos** œufs brouillés • **huevos a la flamenca** *œufs sur le plat accompagnés de tranches de chorizo et de sauce tomate* • **huevo pasado por agua** œuf à la coque • **huevo tibio** o **de la copa** (*Amér*) œuf à la coque

huevón [we'βon] *m* (*Andes & Ven*) (*vulg*) couillon *m*

huida [u'iða] *f* fuite *f*

huir [u'ir] *vi* s'enfuir ◆ **huir de** *v prep* fuir

humanidad [umani'ðað] *f* humanité *f* ◆ **humanidades** *fpl* sciences *fpl* humaines

humanitario, ria [umani'tarjo, rja] *adj* humanitaire

humano, na [u'mano, na] *adj* humain(e) ◇ *m* humain *m*

humareda [uma'reða] *f* nuage *m* de fumée

humedad [ume'ðað] *f* humidité *f*

humedecer [umeðe'θer] *vt* humecter

húmedo, da ['umeðo, ða] *adj* humide

humilde [u'milde] *adj* humble

humillación [umiʎa'θjon] *f* humiliation *f*

humillante [umi'ʎante] *adj* humiliant(e)

humillar [umi'ʎar] *vt* humilier

humo ['umo] *m* fumée *f* • **tener (unos) humos** prendre de grands airs

humor [u'mor] *m* **1.** humeur *f* **2.** (*gracia*) humour *m* • **mal/buen humor** mauvaise/bonne humeur

humorismo [umo'rizmo] *m* humour *m*

humorista [umo'rista] *mf* comique *m*

humorístico, ca [umo'ristiko, ka] *adj* humoristique
hundir [un'dir] *vt* **1.** *(barco)* couler **2.** *(edificio, techo)* démolir **3.** *(persona)* anéantir **4.** *(cuchillo, mano)* plonger ◆ **hundirse** *vp* **1.** *(barco)* couler **2.** *(edificio, techo, persona)* s'effondrer
húngaro, ra ['ungaro, ra] *adj* hongrois(e) ◇ *m, f* Hongrois *m*, -e *f* ◇ *m (lengua)* hongrois *m*
Hungría [un'gria] *s* Hongrie *f*
huracán [ura'kan] *m* ouragan *m*
hurtadillas [urta'ðiʎas] ◆ **a hurtadillas** *adv* en cachette
hurto ['urto] *m* larcin *m*

iI

ibérico, ca [i'βeriko, ka] *adj* ibérique
Ibiza [i'βiθa] *s* Ibiza
iceberg [iθe'βerɣ] *m* iceberg *m*
ICONA [i'kona] (*abr de Instituto Nacional para la Conservación de la Naturaleza*) *m* ≃ SNPN *f (Société nationale de protection de la nature)*
icono [i'kono] *m* icône *f*
ida ['iða] *f* aller *m* ● **billete de ida y vuelta** billet *m* aller-retour
idea [i'ðea] *f* idée *f* ● **ni idea** aucune idée
ideal [iðe'al] *adj* idéal(e) ◇ *m* idéal *m*
idealismo [iðea'lizmo] *m* idéalisme *m*
idealista [iðea'lista] *mf* idéaliste *mf*
idéntico, ca [i'ðentiko, ka] *adj* identique
identidad [iðenti'ðað] *f* identité *f*
identificación [iðentifika'θjon] *f* identification *f*
identificador [iðentifika'ðor] *m INFORM* identifiant *m*
identificar [iðentifi'kar] *vt* identifier ◆ **identificarse** *vp* montrer ses papiers d'identité ◆ **identificarse con** *v prep* s'identifier à
ideología [iðeolo'xia] *f* idéologie *f*
idilio [i'ðiljo] *m* idylle *f*
idioma [i'ðjoma] *m* langue *f*
idiota [i'ðjota] *adj* idiot(e)
ídolo ['iðolo] *m* idole *f*
idóneo, a [i'ðoneo, a] *adj* adéquat(e)
iglesia [i'ɣlesja] *f* église *f* ● **la Iglesia** l'Église
ignorancia [iɣno'ranθja] *f* ignorance *f*
ignorante [iɣno'rante] *adj* ignorant(e)
ignorar [iɣno'rar] *vt* ignorer
igual [i'ɣual] *adj* **1.** *(idéntico, parecido)* pareil(eille) **2.** *(constante)* égal(e) ◇ *adv* de la même façon ● **es igual** ça ne fait rien ● **me da igual** cela m'est égal ● **al igual que** de la même façon que ● **por igual** à parts égales
igualado, da [iɣua'laðo, ða] *adj* ● **están igualados** ils sont à égalité
igualdad [iɣual'dað] *f* égalité *f*
igualmente [iɣual'mente] *adv* également ● **¡que te diviertas mucho! - igualmente** amuse-toi bien ! - toi aussi !
ilegal [ile'ɣal] *adj* illégal(e)
ilegalizar [ileɣali'θar] *vt* rendre illégal(e)
ilegítimo, ma [ile'xitimo, ma] *adj* illégitime
ileso, sa [i'leso, sa] *adj* indemne

ilimitado, da [ilimi'taðo, ða] *adj* illimité(e)
ilocalizable [ilokali'θaβle] *adj (al teléfono)* non joignable
ilógico, ca [i'loxiko, ka] *adj* illogique
iluminación [ilumina'θjon] *f* **1.** *(alumbrado)* éclairage *m* **2.** *(en las fiestas)* illumination *f*
iluminar [ilumi'nar] *vt* **1.** illuminer **2.** *(dar luz a)* éclairer
ilusión [ilu'sjon] *f* **1.** *(alegría)* plaisir *m* **2.** *(esperanza)* espoir *m* • **hacerse ilusiones** se faire des illusions
ilusionarse [ilusjo'narse] *vp* se faire des illusions
ilustración [ilustra'θjon] *f* illustration *f*
ilustrar [ilus'trar] *vt* illustrer
ilustre [i'lustre] *adj* illustre
imagen [i'maxen] *f* **1.** image *f* **2.** *(escultura)* statue *f* **3.** *(descripción)* portrait *m*
imaginación [imaxina'θjon] *f* imagination *f*
imaginar [imaxi'nar] *vt* imaginer ♦ **imaginarse** *vp* s'imaginer
imaginario, ria [imaxi'narjo, rja] *adj* imaginaire
imaginativo, va [imaxina'tiβo, βa] *adj* imaginatif(ive)
imán [i'man] *m* aimant *m*
imbécil [im'beθil] *adj* imbécile
imitación [imita'θjon] *f* **1.** imitation *f* **2.** *(de obra de arte)* plagiat *m*
imitar [imi'tar] *vt* imiter
impaciencia [impa'θjenθja] *f* impatience *f*
impaciente [impa'θjente] *adj* impatient(e) • **impaciente por** impatient(e) de
impar [im'par] *adj* impair(e)
imparable [impa'raβle] *adj* imparable
imparcial [impar'θjal] *adj* impartial(e)
impasible [impa'siβle] *adj* impassible
impecable [impe'kaβle] *adj* impeccable
impedimento [impeði'mento] *m* empêchement *m*
impedir [impe'ðir] *vt* empêcher
impensable [impen'saβle] *adj* impensable
imperativo [impera'tiβo] *m* impératif *m*
imperceptible [imperθep'tiβle] *adj* imperceptible
imperdible [imper'ðiβle] *m* épingle *f* à nourrice
imperdonable [imperðo'naβle] *adj* impardonnable
imperfecto, ta [imper'fekto, ta] *adj* imparfait(e) ◇ *m* imparfait *m*
imperial [impe'rjal] *adj* impérial(e)
imperio [im'perjo] *m* empire *m*
impermeable [imperme'aβle] *adj* imperméable ◇ *m* imperméable *m*
impersonal [imperso'nal] *adj* impersonnel(elle)
impertinencia [imperti'nenθja] *f* impertinence *f*
impertinente [imperti'nente] *adj* impertinent(e)
ímpetu ['impetu] *m* **1.** *(energía)* énergie *f* **2.** *(rapidez)* force *f*
implicar [impli'kar] *vt* impliquer
implícito, ta [im'pliθito, ta] *adj* implicite
imponer [impo'ner] *vt* imposer ◇ *vi* en imposer
importación [importa'θjon] *f* importation *f*

importancia [impor'tanθja] *f* importance *f*
importante [impor'tante] *adj* important(e)
importar [impor'tar] *vt* & *vi* importer • **no importa** ce n'est pas grave • **¿a ti qué te importa?** qu'est-ce que ça peut te faire ? • **¿te importa que venga con nosotros?** ça t'ennuie s'il vient avec nous ?
importe [im'porte] *m* montant *m* ▾ **importe del billete** prix du billet
imposibilidad [imposiβili'ðað] *f* impossibilité *f*
imposible [impo'siβle] *adj* impossible ◇ *m* impossible *m* ◇ *interj* impossible !
impostor, ra [impos'tor, ra] *m, f* imposteur *m*
impotencia [impo'tenθja] *f* impuissance *f*
impotente [impo'tente] *adj* impuissant(e)
impreciso, sa [impre'θiso, sa] *adj* imprécis(e)
impregnar [impreɣ'nar] *vt* imprégner
imprenta [im'prenta] *f* imprimerie *f*
imprescindible [impresθin'diβle] *adj* indispensable
impresión [impre'sjon] *f* impression *f*
impresionante [impresjo'nante] *adj* impressionnant(e)
impresionar [impresjo'nar] *vi* impressionner
impreso [im'preso] *m* imprimé *m*
impresora [impre'sora] *f* imprimante *f* • **impresora de chorro de tinta** imprimante à jet d'encre • **impresora láser** imprimante laser
imprevisto [impre'βisto] *m* imprévu *m*
imprimir [impri'mir] *vt* imprimer
improvisación [improβisa'θjon] *f* improvisation *f*
improvisado, da [improβi'saðo, ða] *adj* improvisé(e)
improvisar [improβi'sar] *vt* improviser
imprudente [impru'ðente] *adj* imprudent(e)
impuesto [im'pųesto] *m* impôt *m*
impulsar [impul'sar] *vt* pousser • **impulsar a alguien a** pousser qqn à
impulsivo, va [impul'siβo, βa] *adj* impulsif(ive)
impulso [im'pulso] *m* **1.** *(empuje)* impulsion *f* **2.** *(estímulo)* élan *m*
impuro, ra [im'puro, ra] *adj* impur(e)
inaceptable [inaθep'taβle] *adj* inacceptable
inadecuado, da [inaðe'kųaðo, ða] *adj* inadéquat(e)
inadmisible [inaðmi'siβle] *adj* inadmissible
inaguantable [inaɣųan'taβle] *adj* insupportable
inauguración [inaųɣura'θjon] *f* inauguration *f*
inaugurar [inaųɣu'rar] *vt* inaugurer
incapacidad [inkapaθi'ðað] *f* incapacité *f*
incapaz, ces [inka'paθ, θes] *adj* incapable • **ser incapaz de** être incapable de
incendio [in'θendjo] *m* incendie *m* • **contra incendios** contre les incendies
incentivo [inθen'tiβo] *m* incitation *f*
incidente [inθi'ðente] *m* incident *m*
incineradora [inθinera'ðora] *f* incinérateur *m*
incinerar [inθine'rar] *vt* incinérer

incitar [inθi'tar] *vt* inciter
inclinación [inklina'θi̯on] *f* **1.** *(tendencia)* penchant *m* **2.** *(de terreno)* inclinaison *f* **3.** *(saludo, afecto)* inclination *f*
inclinarse [inkli'narse] *vp* se pencher ◆ **inclinarse por** *v prep* **1.** *(preferir)* pencher pour **2.** *(decidirse por)* être tenté(e) de
incluido, da [inklu'iðo, ða] *adj* inclus(e)
incluir [inklu'ir] *vt* inclure
inclusive [inklu'siβe] *adv* y compris
incluso [in'kluso] *adv* même ● **incluso nos invitaron a cenar** ils nous ont même invités à dîner
incógnita [in'koɣnita] *f* **1.** *(enigma)* mystère *m* **2.** *(en matemáticas)* inconnue *f*
incoherente [inkoe'rente] *adj* incohérent(e)
incoloro, ra [inko'loro, ra] *adj* incolore
incómodo, da [in'komoðo, ða] *adj* inconfortable
incomparable [inkompa'raβle] *adj* incomparable
incompatibilidad [inkompatiβili'ðað] *f* incompatibilité *f* ● **incompatibilidad de caracteres** incompatibilité d'humeur
incompetente [inkompe'tente] *adj* incompétent(e)
incomprensible [inkompren'siβle] *adj* incompréhensible
incomunicado, da [inkomuni'kaðo, ða] *adj* isolé(e)
incondicional [inkondiθi̯o'nal] *adj* inconditionnel(elle)
inconfundible [inkonfun'diβle] *adj* reconnaissable entre tous (toutes)
inconsciencia [inkons'θi̯enθi̯a] *f* inconscience *f*
inconsciente [inkons'θi̯ente] *adj* inconscient(e)
incontable [inkon'taβle] *adj* **1.** *(cantidad)* incalculable **2.** *(hecho)* irracontable
inconveniente [inkombe'ni̯ente] *m* inconvénient *m*
incorporación [inkorpora'θi̯on] *f* incorporation *f*
incorporar [inkorpo'rar] *vt* **1.** *(agregar)* incorporer **2.** *(levantar)* redresser ◆ **incorporarse** *vp* *(levantarse)* se redresser ◆ **incorporarse a** *v prep* **1.** *(equipo, grupo)* intégrer **2.** *(trabajo)* commencer
incorrecto, ta [inko'rekto, ta] *adj* incorrect(e)
incorregible [inkore'xiβle] *adj* incorrigible
incrédulo, la [in'kreðulo, la] *adj* incrédule
increíble [inkre'iβle] *adj* incroyable
incremento [inkre'mento] *m* accroissement *m*
incubadora [inkuβa'ðora] *f* couveuse *f*
incubar [inku'βar] *vt* couver
inculpado, da [inkul'paðo, ða] *m, f* inculpé *m*, -e *f*
inculto, ta [in'kulto, ta] *adj* *(persona)* inculte
incumbir [inkum'bir] *vi* incomber
incurable [inku'raβle] *adj* incurable
incurrir [inku'rir] ◆ **incurrir en** *v prep* *(error, falta)* commettre
indecente [inde'θente] *adj* indécent(e)
indeciso, sa [inde'θiso, sa] *adj* indécis(e)
indefenso, sa [inde'fenso, sa] *adj* sans défense
indefinido, da [indefi'niðo, ða] *adj* indéfini(e)

indemnización [indemniθa'θjon] *f* indemnisation *f*
indemnizar [indemni'θar] *vt* indemniser
independencia [indepen'denθja] *f* indépendance *f*
independiente [indepen'djente] *adj* indépendant(e)
independizarse [independi'θarse] ◆ **independizarse de** *v prep* devenir indépendant(e) de
indeterminado, da [indetermi'naðo, ða] *adj* indéterminé(e)
India ['indja] *f* ● **(la) India** l'Inde *f*
indicación [indika'θjon] *f* *(señal)* signe *m* ◆ **indicaciones** *fpl* *(instrucciones)* indications *fpl*
indicador [indika'ðor] *m* indicateur *m* ● **indicador de dirección** clignotant *m*
indicar [indi'kar] *vt* indiquer
indicativo, va [indika'tiβo, βa] *adj* indicatif(ive)
índice ['indiθe] *m* **1.** *(de precios, en matemáticas)* indice *m* **2.** *(de natalidad, mortalidad)* taux *m* **3.** *(de libro)* table *f* des matières **4.** *(dedo)* index *m*
indicio [in'diθjo] *m* indice *m*
indiferencia [indife'renθja] *f* indifférence *f*
indiferente [indife'rente] *adj* indifférent(e)
indígena [in'dixena] *mf* indigène *mf*
indigerible [indixe'riβle] *adj (alimento, libro)* indigeste
indigestión [indixes'tjon] *f* indigestion *f*
indigesto, ta [indi'xesto, ta] *adj* indigeste
indignación [indiγna'θjon] *f* indignation *f*
indignado, da [indiγ'naðo, ða] *adj* indigné(e)
indignante [indiγ'nante] *adj* révoltant(e)
indio, dia ['indjo, dja] *adj* indien(enne) ◇ *m, f* Indien *m*, -enne *f*
indirecta [indi'rekta] *f* sous-entendu *m*
indirecto, ta [indi'rekto, ta] *adj* indirect(e)
indiscreto, ta [indis'kreto, ta] *adj* indiscret(ète)
indiscriminado, da [indiskrimi'naðo, ða] *adj* indistinct(e)
indiscutible [indisku'tiβle] *adj* indiscutable
indispensable [indispen'saβle] *adj* indispensable
indispuesto, ta [indis'pwesto, ta] *adj* indisposé(e)
individual [indiβiðu'al] *adj* individuel(elle)
individuo [indi'βiðwo] *m* **1.** individu *m* **2.** *(despec)* type *m*
índole ['indole] *f* nature *f*
Indonesia [indo'nesja] *s* Indonésie *f*
indudablemente [indu,ðaβle'mente] *adv* indubitablement
indumentaria [indumen'tarja] *f* tenue *f*
industria [in'dustrja] *f* **1.** *(actividad)* industrie *f* **2.** *(fábrica)* usine *f*
industrial [indus'trjal] *adj* industriel(elle) ◇ *mf* industriel *m*
industrializado, da [industrjali'θaðo, ða] *adj* industrialisé(e)
inédito, ta [i'neðito, ta] *adj* inédit(e)
INEM [i'nem] *m* *(Esp)* *(abr de Instituto Nacional de Empleo)* ≃ ANPE *f (Agence nationale pour l'emploi)*

inepto, ta [i'nepto, ta] *adj* inepte
inequívoco, ca [ine'kiβoko, ka] *adj* manifeste
inesperado, da [inespe'raðo, ða] *adj* inespéré(e)
inestable [ines'taβle] *adj* instable
inevitable [ineβi'taβle] *adj* inévitable
inexperto, ta [ineks'perto, ta] *adj* inexpérimenté(e)
infalible [infa'liβle] *adj* infaillible
infancia [in'fanθja] *f* enfance *f*
infanta [in'fanta] *f* infante *f*
infantería [infante'ria] *f* infanterie *f*
infantil [infan'til] *adj* **1.** *(enfermedad, persona, comportamiento)* infantile **2.** *(literatura, juego)* enfantin(e)
infarto [in'farto] *m* infarctus *m*
infección [infek'θjon] *f* infection *f*
infeccioso, sa [infek'θjoso, sa] *adj* infectieux(euse)
infectar [infek'tar] *vt* infecter ◆ **infectarse** *vp* s'infecter
infelicidad [infeliθi'ðað] *f* malheur *m*
infeliz, ces [infe'liθ, θes] *adj & mf* malheureux(euse) ● **¡pobre infeliz!** *(fam)* *(ingenuo)* il est bien brave !
inferior [infe'rjor] *adj* inférieur(e)
inferioridad [inferjori'ðað] *f* infériorité *f*
infidelidad [infiðeli'ðað] *f* infidélité *f*
infiel [in'fjel] *adj & mf* infidèle
infierno [in'fjerno] *m* enfer *m*
ínfimo, ma ['infimo, ma] *adj* infime
infinito, ta [infi'nito, ta] *adj* infini(e) ◇ *m* infini *m*
inflación [infla'θjon] *f* inflation *f*
inflar [in'flar] *vt* gonfler ◆ **inflarse de** *v prep* *(fam)* *(comida)* se gaver de
inflexible [inflek'siβle] *adj* inflexible
influencia [influ'enθja] *f* influence *f* ● **tener influencia** avoir de l'influence
influenciar [influen'θjar] *vt* influencer
influir [influ'ir] ◆ **influir en** *v prep* avoir de l'influence sur
influjo [in'fluxo] *m* influence *f*
influyente [influ'jente] *adj* influent(e)
información [informa'θjon] *f* information *f* ▼ **información** *(en tienda)* accueil
informal [infor'mal] *adj* **1.** *(persona)* peu sérieux(euse) **2.** *(ropa, lenguaje)* décontracté(e) **3.** *(reunión)* informel(elle)
informalidad [informali'ðað] *f* manque *m* de sérieux
informar [infor'mar] *vt* informer ◆ **informarse** *vp* s'informer
informática [infor'matika] *f* informatique *f*
informático, ca [infor'matiko, ka] *adj* informatique ◇ *m, f* informaticien *m*, -enne *f*
informativo [informa'tiβo] *m* informations *fpl*
informe [in'forme] *m* rapport *m* ◆ **informes** *mpl* *(de empleado)* références *fpl*
infracción [infrak'θjon] *f* infraction *f*
infrarrojo [infra'roxo] *m* infrarouge *m*
infundir [infun'dir] *vt* inspirer
infusión [infu'sjon] *f* infusion *f*
ingeniería [inxenje'ria] *f* génie *m* *(science)*
ingeniero, ra [inxe'njero, ra] *m, f* ingénieur *m*
ingenio [in'xenjo] *m* *(agudeza)* ingéniosité *f*
ingenioso, sa [inxe'njoso, sa] *adj* ingénieux(euse)
ingenuidad [inxenui'ðað] *f* ingénuité *f*

ingenuo, **nua** [in'xenu̯o, nu̯a] *adj* naïf (naïve)
Inglaterra [ingla'tera] *s* Angleterre *f*
ingle ['ingle] *f* aine *f*
inglés, **esa** [in'gles, esa] *adj* anglais(e) ◇ *m, f* Anglais *m*, -e *f* ◇ *m (lengua)* anglais *m*
ingrato, **ta** [in'grato, ta] *adj* ingrat(e)
ingrediente [ingre'ði̯ente] *m* ingrédient *m*
ingresar [ingre'sar] *vt (dinero)* déposer ◆ **ingresar en** *v prep* être admis(e) à
ingreso [in'greso] *m* **1.** *(de dinero)* dépôt *m* **2.** *(en hospital, escuela)* admission *f*
inhabitable [inaβi'taβle] *adj* inhabitable
inhalar [ina'lar] *vt* inhaler
inhibición [iniβi'θi̯on] *f* inhibition *f*
inhumano, **na** [inu'mano, na] *adj* inhumain(e)
iniciación [iniθi̯a'θi̯on] *f* initiation *f*
inicial [ini'θi̯al] *adj* initial(e) ◇ *f* initiale *f*
inicialización [iniθi̯aliθa'θi̯on] *f INFORM* initialisation *f*
inicializar [iniθi̯ali'θar] *vt INFORM* initialiser
iniciar [ini'θi̯ar] *vt* **1.** commencer **2.** *INFORM* démarrer ◆ **iniciarse en** *v prep* s'initier à
iniciativa [iniθi̯a'tiβa] *f* initiative *f* ● **tener iniciativa** faire preuve d'initiative
inicio [i'niθi̯o] *m* début *m*
inimaginable [inimaxi'naβle] *adj* inimaginable
injerto [in'xerto] *m* greffe *f*
injusticia [inxus'tiθi̯a] *f* injustice *f*
injusto, **ta** [in'xusto, ta] *adj* injuste
inmaduro, **ra** [imma'ðuro, ra] *adj* **1.** *(fruto)* pas mûr(e) **2.** *(muchacho)* immature
inmediatamente [imme͵ði̯ata'mente] *adv* immédiatement
inmediato, **ta** [imme'ði̯ato, ta] *adj* **1.** *(instantáneo)* immédiat(e) **2.** *(contiguo)* voisin(e) ● **de inmediato** immédiatement
inmejorable [immexo'raβle] *adj* exceptionnel(elle)
inmenso, **sa** [im'menso, sa] *adj* immense
inmigración [immiɣra'θi̯on] *f* immigration *f*
inmigrante [immi'ɣrante] *mf* immigrant *m*, -e *f*
inmigrar [immi'ɣrar] *vi* immigrer
inmobiliaria [immoβi'li̯ari̯a] *f* société *f* immobilière
inmoral [immo'ral] *adj* immoral(e)
inmortal [immor'tal] *adj* immortel(elle)
inmóvil [im'moβil] *adj* immobile
inmovilizar [immoβili'θar] *vt* immobiliser
inmueble [im'mu̯eβle] *m* immeuble *m*
inmune [im'mune] *adj* immunisé(e)
inmunidad [immuni'ðað] *f* immunité *f*
innato, **ta** [in'nato, ta] *adj* inné(e)
innecesario, **ria** [inneθe'sari̯o, ri̯a] *adj* inutile
innovación [innoβa'θi̯on] *f* innovation *f*
inocencia [ino'θenθi̯a] *f* innocence *f*
inocentada [inoθen'taða] *f* ≃ poisson *m* d'avril
inocente [ino'θente] *adj* & *mf* innocent(e)
inofensivo, **va** [inofen'siβo, βa] *adj* inoffensif(ive)

inolvidable [inolβi'ðaβle] *adj* inoubliable
inoportuno, na [inopor'tuno, na] *adj* inopportun(e)
inoxidable [inoksi'ðaβle] *adj* inoxydable
inquietarse [inkie'tarse] *vp* s'inquiéter
inquieto, ta [inki'eto, ta] *adj* **1.** *(preocupado)* inquiet(ète) **2.** *(revoltoso)* agité(e)
inquietud [inkie'tuð] *f* inquiétude *f*
inquilino, na [inki'lino, na] *m, f* locataire *mf*
Inquisición [inkisi'θi̯on] *f* ● **la Inquisición** l'Inquisition
insaciable [insa'θi̯aβle] *adj* insatiable
insalubre [insa'luβre] *adj* insalubre
insatisfacción [insatisfak'θi̯on] *f* insatisfaction *f*
insatisfecho, cha [insatis'fetʃo, tʃa] *adj* insatisfait(e)
inscribirse [inskri'βirse] ◆ **inscribirse en** *v prep* s'inscrire à
inscripción [inskrip'θi̯on] *f* inscription *f*
insecticida [insekti'θiða] *m* insecticide *m*
insecto [in'sekto] *m* insecte *m*
inseguridad [inseɣuri'ðað] *f* **1.** *(falta de confianza)* manque *m* d'assurance **2.** *(peligro)* insécurité *f*
inseguro, ra [inse'ɣuro, ra] *adj* **1.** *(sin confianza)* peu sûr(e) de soi **2.** *(peligroso)* dangereux(euse)
insensato, ta [insen'sato, ta] *adj* stupide
insensible [insen'siβle] *adj* insensible
inseparable [insepa'raβle] *adj* inséparable
inserción [inser'θi̯on] *f* insertion *f*
insertar [inser'tar] *vt* insérer ● **insertar algo en** insérer qqch dans
inservible [inser'βiβle] *adj* inutilisable
insignia [in'siɣni̯a] *f* **1.** insigne *m* **2.** *(bandera)* pavillon *m*
insignificante [insiɣnifi'kante] *adj* insignifiant(e)
insinuar [insinu'ar] *vt* insinuer ◆ **insinuarse** *vp* *(persona)* faire des avances
insípido, da [in'sipiðo, ða] *adj* insipide
insistencia [insis'tenθi̯a] *f* insistance *f*
insistir [insis'tir] *vi* insister ◆ **insistir en** *v prep* insister sur
insolación [insola'θi̯on] *f* insolation *f*
insolencia [inso'lenθi̯a] *f* insolence *f*
insolente [inso'lente] *adj* insolent(e)
insólito, ta [in'solito, ta] *adj* insolite
insolvente [insol'βente] *adj* insolvable
insomnio [in'somni̯o] *m* insomnie *f*
insonorización [insonoriθa'θi̯on] *f* insonorisation *f*
insoportable [insopor'taβle] *adj* insupportable
inspeccionar [inspekθi̯o'nar] *vt* inspecter
inspector, ra [inspek'tor, ra] *m, f* inspecteur *m*, -trice *f*
inspiración [inspira'θi̯on] *f* inspiration *f*
inspirar [inspi'rar] *vt* inspirer ◆ **inspirarse en** *v prep* s'inspirer de
instalación [instala'θi̯on] *f* installation *f* ● **instalación eléctrica** installation électrique ◆ **instalaciones** *fpl* *(edificios)* équipements *mpl* ● **instalaciones deportivas** équipements sportifs
instalar [insta'lar] *vt* installer ◆ **instalarse** *vp* s'installer
instancia [ins'tanθi̯a] *f* *(solicitud)* requête *f*

instantánea [instan'tanea] *f* instantané *m*
instantáneo, a [instan'taneo, a] *adj* instantané(e)
instante [ins'tante] *m* instant *m* • **al instante** à l'instant
instintivo, va [instin'tiβo, βa] *adj* instinctif(ive)
instinto [ins'tinto] *m* instinct *m*
institución [institu'θjon] *f* institution *f*
institucional [instituθjo'nal] *adj* institutionnel(elle)
instituir [institu'ir] *vt* instituer
instituto [insti'tuto] *m* **1.** *(de enseñanza)* lycée *m* **2.** *(cultural, de investigación)* institut *m*
institutriz, ces [institu'triθ, θes] *f* institutrice *f*
instrucción [instruk'θjon] *f* instruction *f* ♦ **instrucciones** *fpl (de uso)* mode *m* d'emploi
instruir [instru'ir] *vt* instruire
instrumental [instrumen'tal] *m* instruments *mpl*
instrumento [instru'mento] *m* instrument *m*
insuficiente [insufi'θjente] *adj* insuffisant(e) ◇ *m (calificación)* mention *f* insuffisante
insufrible [insu'friβle] *adj* insupportable
insultante [insul'tante] *adj* insultant(e)
insultar [insul'tar] *vt* insulter ♦ **insultarse** *vp* s'insulter
insulto [in'sulto] *m* insulte *f*
insuperable [insupe'raβle] *adj* imbattable
intacto, ta [in'takto, ta] *adj* intact(e)
integración [inteɣra'θjon] *f* intégration *f*
integrarse [inte'ɣrarse] ♦ **integrarse en** *v prep* s'intégrer dans
íntegro, gra ['inteɣro, ɣra] *adj* **1.** *(cosa)* intégral(e) **2.** *(persona)* intègre
intelectual [intelektu'al] *mf* intellectuel *m*, -elle *f*
inteligencia [inteli'xenθja] *f* intelligence *f* • **inteligencia artificial** intelligence artificielle
inteligente [inteli'xente] *adj* intelligent(e)
intemperie [intem'perje] *f* • **a la intemperie** à la belle étoile
intención [inten'θjon] *f* intention *f* • **con la intención de** dans l'intention de • **tener la intención de** avoir l'intention de
intencionado, da [intenθjo'naðo, ða] *adj* intentionné(e) • **bien/mal intencionado** bien/mal intentionné
intensivo, va [inten'siβo, βa] *adj* intensif(ive)
intenso, sa [in'tenso, sa] *adj* intense
intentar [inten'tar] *vt* essayer
intento [in'tento] *m* **1.** *(tentativa)* tentative *f* **2.** *(propósito)* intention *f* **3.** *(en deportes)* essai *m*
interactivo, va [interak'tiβo, βa] *adj* interactif(ive)
intercalar [interka'lar] *vt* intercaler
intercambio [inter'kambjo] *m* échange *m*
interceder [interθe'ðer] ♦ **interceder por** *v prep* intercéder en faveur de
interceptar [interθep'tar] *vt* intercepter
interés [inte'res] *m* intérêt *m*
interesado, da [intere'saðo, ða] *adj* intéressé(e)

interesante [intere'sante] *adj* intéressant(e)

interesar [intere'sar] *vi* intéresser ◆ **interesarse en** *v prep* s'intéresser à ◆ **interesarse por** *v prep* **1.** *(tema)* s'intéresser à **2.** *(salud)* s'inquiéter de

interfaz [inter'faθ] *m o f INFORM* interface *f*

interferencia [interfe'renθja] *f* interférence *f*

interino, na [inte'rino, na] *adj & m, f* intérimaire

interior [inte'rjor] *adj* **1.** intérieur(e) **2.** *(piso)* sur cour ◇ *m* **1.** intérieur *m* **2.** *(fig) (conciencia)* for *m* intérieur

interlocutor, ra [interloku'tor, ra] *m, f* interlocuteur *m*, -trice *f*

intermediario, ria [interme'ðjarjo, rja] *m, f* intermédiaire *mf*

intermedio, dia [inter'meðjo, ðja] *adj* intermédiaire ◇ *m (de espectáculo)* intermède *m*

interminable [intermi'naβle] *adj* interminable

intermitente [intermi'tente] *m* clignotant *m*

internacional [internaθjo'nal] *adj* international(e)

internado [inter'naðo] *m* internat *m*

internauta [inter'nauta] *mf* internaute *mf*

Internet [inter'net] *m* Internet *m* • **navegar por Internet** naviguer o surfer sur Internet

interno, na [in'terno, na] *adj & m, f* interne

interponerse [interpo'nerse] *vp* s'interposer

interpretación [interpreta'θjon] *f* interprétation *f*

interpretar [interpre'tar] *vt* interpréter

intérprete [in'terprete] *mf* interprète *mf*

interrogación [interoɣa'θjon] *f* interrogation *f*

interrogante [intero'ɣante] *m* interrogation *f*

interrogar [intero'ɣar] *vt* interroger

interrogatorio [interoɣa'torjo] *m* interrogatoire *m*

interrumpir [interum'pir] *vt* interrompre

interrupción [interup'θjon] *f* interruption *f*

interruptor [interup'tor] *m* interrupteur *m*

interurbano, na [interur'βano, na] *adj* interurbain(e)

intervalo [inter'βalo] *m* intervalle *m*

intervención [interβen'θjon] *f* intervention *f* • **intervención quirúrgica** intervention chirurgicale

intervenir [interβe'nir] *vi* intervenir ◇ *vt* **1.** *(en medicina)* opérer **2.** *(confiscar)* saisir

interviú [inter'βju] *f* interview *m o f*

intestino [intes'tino] *m* intestin *m*

intimidad [intimi'ðað] *f* intimité *f*

íntimo, ma ['intimo, ma] *adj* intime

intocable [into'kaβle] *adj* intouchable

intolerable [intole'raβle] *adj* intolérable

intolerante [intole'rante] *adj* intolérant(e)

intoxicación [intoksika'θjon] *f* intoxication *f* • **intoxicación alimenticia** intoxication alimentaire

intoxicarse [intoksi'karse] *vp* s'intoxiquer

intranet [intra'net] *f* intranet *m*
intranquilo, la [intran'kilo, la] *adj* 1. *(preocupado)* inquiet(ète) 2. *(nervioso)* agité(e)
intransigente [intransi'xente] *adj* intransigeant(e)
intransitable [intransi'taβle] *adj* impraticable
intrépido, da [in'trepiðo, ða] *adj* intrépide
intriga [in'triɣa] *f* curiosité *f*
intrigar [intri'ɣar] *vt* & *vi* intriguer
introducción [introðuk'θi̯on] *f* introduction *f*
introducir [introðu'θir] *vt* introduire ▾ **introducir monedas** insérer la monnaie
introvertido, da [introβer'tiðo, ða] *adj* introverti(e)
intruso, sa [in'truso, sa] *m, f* intrus *m*, -e *f*
intuición [intu̯i'θi̯on] *f* intuition *f*
inundación [inunda'θi̯on] *f* inondation *f*
inundar [inun'dar] *vt* inonder
inusual [inusu'al] *adj* inhabituel(elle)
inútil [i'nutil] *adj* 1. inutile 2. *(torpe)* maladroit(e) 3. *(inválido)* invalide
invadir [imba'ðir] *vt* envahir
inválido, da [im'baliðo, ða] *m, f* invalide *mf*
invasión [imba'si̯on] *f* invasion *f*
invasor, ra [imba'sor, ra] *m, f* envahisseur *m*
invención [imben'θi̯on] *f* invention *f*
inventar [imben'tar] *vt* inventer
inventario [imben'tari̯o] *m* inventaire *m*
invento [im'bento] *m* invention *f*
invernadero [imberna'ðero] *m* serre *f*
inversión [imber'si̯on] *f* 1. *(de dinero)* investissement *m* 2. *(de orden)* inversion *f*
inversionista [imbersi̯o'nista] *mf* *(Amér)* investisseur *m*, -euse *f*
inverso, sa [im'berso, sa] *adj* inverse ● **a la inversa** à l'inverse
invertir [imber'tir] *vt* 1. *(dinero)* investir 2. *(tiempo)* consacrer 3. *(orden)* inverser
investigación [imbestiɣa'θi̯on] *f* 1. *(de delito, crimen)* enquête *f* 2. *(en ciencia)* recherche *f*
investigador, ra [imbestiɣa'ðor, ra] *m, f* chercheur *m*, -euse *f*
investigar [imbesti'ɣar] *vt* 1. *(delito, crimen)* enquêter sur 2. *(en ciencia)* faire des recherches sur
invidente [imbi'ðente] *mf* non-voyant *m*, -e *f*
invierno [im'bi̯erno] *m* hiver *m* ● **en invierno** en hiver
invisible [imbi'siβle] *adj* invisible
invitación [imbita'θi̯on] *f* invitation *f*
invitado, da [imbi'taðo, ða] *m, f* invité *m*, -e *f*
invitar [imbi'tar] *vt* inviter ● **invitar a alguien a** inviter qqn à
involucrar [imbolu'krar] *vt* impliquer ◆ **involucrarse en** *v prep* être impliqué(e) dans
invulnerable [imbulne'raβle] *adj* invulnérable
inyección [inʝek'θi̯on] *f* 1. *(acción)* injection *f* 2. *(medicamento)* piqûre *f*
ir ['ir] *vi*
1. *(desplazarse)* aller ● **iremos en coche/en tren/andando** nous irons en voiture/en train/à pied ● **la carretera va hasta Valencia** la route va jusqu'à Valence ● **los**

negocios van mal les affaires vont mal • **¿cómo te va?** comment ça va ?
2. *(funcionar)* marcher • **tu coche va muy bien** ta voiture marche très bien
3. *(vestir)* être • **ir de azul/en camiseta** être en bleu/en tee-shirt • **ir con corbata** porter une cravate
4. *(tener aspecto físico)* • **iba hecho un pordiosero** on aurait dit un mendiant • **tal como voy no puedo entrar** je ne peux pas entrer habillé comme ça
5. *(expresa duración gradual)* • **voy mejorando mi estilo** j'améliore mon style peu à peu
6. *(sentar, convenir)* aller • **le va fatal el color negro** le noir ne lui va pas du tout • **me irían bien unas vacaciones** des vacances me feraient du bien
7. *(en locuciones)* • **fue y dijo que...** il est allé dire que... • **ni me va ni me viene** *(fam)* je n'en ai rien à faire • **¡qué va!** *(fam)* tu parles ! • **vamos, no te preocupes** allez, ne t'inquiète pas • **¿vamos bien a Madrid?** pour Madrid, c'est la bonne route ?
◆ **ir a** *v prep (expresa intención, opinión)* • **voy a decírselo a mi padre** je vais le dire à mon père
◆ **ir con** *v prep (referirse)* • **ir con alguien** viser qqn
◆ **ir de** *v prep*
1. *(tratar de)* • **la película va de vampiros** c'est un film sur les vampires
2. *(fig) (persona)* • **va de listo** il fait le malin
◆ **ir por** *v prep*
1. *(buscar)* aller chercher
2. *(alcanzar)* en être à • **voy por la mitad del libro** j'en suis à la moitié du livre
3. *(referirse)* • **ir por alguien** viser qqn
◆ **irse** *vp*
1. *(marcharse)* partir • **¡vete!** va-t'en !
2. *(gastarse, desaparecer)* s'en aller • **irse abajo** *(edificio)* s'effondrer ; *(negocio)* péricliter ; *(proyecto)* tomber à l'eau

ira ['iɾa] *f (formal)* colère *f*
Irak [i'ɾak] *s* Irak *m*
Irán [i'ɾan] *s* Iran *m*
Irlanda [iɾ'landa] *s* Irlande *f* • **Irlanda del Norte** Irlande du Nord
irlandés, esa [iɾlan'des, esa] *adj* irlandais(e) ◇ *m, f* Irlandais *m*, -e *f*
ironía [iɾo'nia] *f* ironie *f*
irónico, ca [i'ɾoniko, ka] *adj* ironique
IRPF ['i'ere'pe'efe] *m (Esp)* (*abr de impuesto sobre la renta de las personas físicas*) *impôt sur le revenu des personnes physiques en Espagne*
irracional [iraθjo'nal] *adj* irrationnel(elle)
irrecuperable [irekupe'ɾaβle] *adj* irrécupérable
irregular [ireɣu'laɾ] *adj* irrégulier(ère)
irregularidad [ireɣulaɾi'ðað] *f* irrégularité *f*
irresistible [iresis'tiβle] *adj* irrésistible
irresponsable [irespon'saβle] *adj* irresponsable
irreversible [ireβeɾ'siβle] *adj* irréversible
irrigar [iri'ɣaɾ] *vt* irriguer
irritable [iri'taβle] *adj* irritable
irritación [irita'θjon] *f* irritation *f*
irritante [iri'tante] *adj* irritant(e)
irritar [iri'taɾ] *vt* irriter ◆ **irritarse** *vp* s'irriter
isla ['izla] *f* île *f*
islam [iz'lam] *m* islam *m*

islandés, esa [izlan'des, esa] *adj* islandais(e) ◇ *m, f* Islandais *m*, -e *f*
Islandia [iz'landja] *s* Islande *f*
islote [iz'lote] *m* îlot *m*
Israel [izra'el] *s* Israël
istmo ['izðmo] *m* isthme *m*
Italia [i'talja] *s* Italie *f*
italiano, na [ita'ljano, na] *adj* italien(enne) ◇ *m, f* Italien *m*, -enne *f* ◇ *m* *(lengua)* italien *m*
itinerario [itine'rarjo] *m* itinéraire *m*
IVA ['iβa] *m* **1.** (*Esp*) (*abr de impuesto sobre el valor añadido*) ≃ TVA *f* *(taxe sur la valeur ajoutée)* **2.** (*Amér*) (*abr de impuesto sobre el valor agregado*) ≃ TVA *f*
izda. (*abr escrita de izquierda*) gche *(gauche)*
izquierda [iθ'kjerða] *f* • **la izquierda** *(lado izquierdo)* la gauche ; *(mano izquierda)* la main gauche • **a la izquierda** à gauche • **ser de izquierdas** être de gauche
izquierdo, da [iθ'kjerðo, ða] *adj* gauche

jJ

jabalí [xaβa'li] *m* sanglier *m*
jabalina [xaβa'lina] *f* *(en deporte)* javelot *m*
jabón [xa'βon] *m* savon *m*
jabonera [xaβo'nera] *f* porte-savon *m*
jabugo [xa'βuγo] *m* Jabugo *m* *(jambon espagnol de qualité supérieure)*
jacal [xa'kal] *m* (*Amér*) hutte *f*
jacuzzi® [ʝa'kuðsi] *m* Jacuzzi® *m*
jade ['xaðe] *m* jade *m*
jadear [xaðe'ar] *vi* haleter
jaiba ['xajβa] *f* (*CAm, Carib & Méx*) crabe *m*
jalar [xa'lar] *vt* (*Amér*) *(tirar hacia sí)* tirer
jalea [xa'lea] *f* gelée *f*
jaleo [xa'leo] *m* (*fam*) **1.** *(alboroto)* raffut *m* **2.** *(lío)* histoire *f*
Jamaica [xa'majka] *s* Jamaïque *f*
jamás [xa'mas] *adv* jamais
jamón [xa'mon] *m* jambon *m* • **jamón de bellota** *jambon de pays de qualité supérieure* • **jamón de jabugo** *jambon de pays de qualité supérieure provenant de la région de Huelva* • **jamón serrano** jambon de montagne • **jamón (de) York** jambon blanc
Japón [xa'pon] *m* • **(el) Japón** le Japon *m*
japonés, esa [xapo'nes, esa] *adj* japonais(e) ◇ *m, f* Japonais *m*, -e *f* ◇ *m* *(lengua)* japonais *m*
jarabe [xa'raβe] *m* sirop *m*
jardín [xar'ðin] *m* jardin *m* • **jardín botánico** jardin botanique • **jardín de infancia** jardin d'enfants • **jardín público** jardin public
jardinera [xarði'nera] *f* *(recipiente)* jardinière *f*
jardinero, ra [xarði'nero, ra] *m, f* jardinier *m*, -ère *f* • **ternera a la jardinera** veau jardinière
jarra ['xara] *f* carafe *f* • **en jarras** les poings sur les hanches
jarro ['xaro] *m* pichet *m*
jarrón [xa'ron] *m* vase *m*
jaula ['xaula] *f* cage *f*

jazmín [xaθ'min] *m* jasmin *m*
jazz ['ɟas] *m* jazz *m*
jefatura [xefa'tura] *f* **1.** *(lugar)* direction *f* **2.** *(cargo)* direction *f* ● **jefatura de policía** ≃ commissariat *m* de police
jefe, fa ['xefe, fa] *m, f* chef *m* ● **jefe de gobierno** chef de gouvernement
jerez [xe'reθ] *m* xérès *m*

El jerez

Le xérès, ou jerez, est un vin blanc sec et alcoolisé produit à Jerez de la Frontera, en Andalousie. Il en existe plusieurs sortes : le **fino** et l'**amontillado** sont secs et clairs, tandis que l'**oloroso** est plus foncé et plus parfumé. La variété de **fino** appelée **manzanilla** ne doit pas être confondue avec la tisane à la camomille !

jerga ['xerɣa] *f* jargon *m*
jeringuilla [xerin'giʎa] *f* seringue *f*
jeroglífico [xero'ɣlifiko] *m* **1.** *(signo)* hiéroglyphe *m* **2.** *(pasatiempo)* rébus *m*
jersey [xer'sei̯] *m* *(Esp)* pull(-over) *m* ● **jersey de cuello alto** pull *m* à col roulé
Jesucristo [xesu'kristo] *s* Jésus-Christ
jesús [xe'sus] *interj* **1.** *(después de estornudo)* à tes/vos souhaits ! **2.** *(de asombro)* ça alors !
jícama ['xikama] *f* *(CAm & Méx)* tubercule *m*
jinete [xi'nete] *m* cavalier *m*
jiñar, giñar [xi'ɲar] *vi* *(vulg)* chier
jirafa [xi'rafa] *f* girafe *f*
jirón [xi'ron] *m* *(Perú)* avenue *f*
jitomate [xito'mate] *m* *(CAm & Méx)* tomate *f*
JJ.OO. *(abr escrita de Juegos Olímpicos)* JO *mpl (Jeux olympiques)*
joder [xo'ðer] *vi* *(vulg)* *(copular)* baiser ◇ *vt* *(vulg)* **1.** *(fastidiar)* emmerder **2.** *(estropear)* niquer ◇ *interj* *(vulg)* **1.** *(Esp)* *(expresa queja)* putain ! **2.** *(expresa asombro)* merde alors !
Jordania [xor'ðani̯a] *s* Jordanie *f*
jornada [xor'naða] *f* **1.** *(de obrero, trabajador)* journée *f* o temps *m* de travail **2.** *(de viaje, trayecto)* trajet *m*
jornal [xor'nal] *m* salaire *m* journalier
jornalero, ra [xorna'lero, ra] *m, f* journalier *m*, -ère *f*
jota ['xota] *f* jota *f*
joven ['xoβen] *adj* jeune ◇ *mf* jeune homme *m*, jeune fille *f*
joya ['xoja] *f* **1.** bijou *m* **2.** *(cosa valiosa)* trésor *m* **3.** *(fig)* *(persona)* perle *f*
joyería [xoje'ria] *f* bijouterie *f*, joaillerie *f*
joyero, ra [xo'jero, ra] *m, f* bijoutier *m*, -ère *f*, joaillier *m*, -ère *f* ◇ *m* coffret *m* à bijoux
joystick ['ɟoi̯stik] *m* joystick *m*, manette *f* (de jeux)
jubilación [xuβila'θi̯on] *f* retraite *f*
jubilado, da [xuβi'laðo, ða] *m, f* retraité *m*, -e *f*
jubilarse [xuβi'larse] *vp* prendre sa retraite
judaísmo [xuða'izmo] *m* judaïsme *m*
judía [xu'ðia] *f* *(Esp)* haricot *m* ● **judía tierna** o **verde** haricot vert
judío, a [xu'ðio, a] *adj* juif (juive) ◇ *m, f* Juif *m*, Juive *f*

judo ['xuðo] *m* judo *m*

juego ['xu̯eɣo] *m* **1.** jeu *m* **2.** *(de té, café)* service *m* **3.** *(de cama)* parure *f* • **juego de azar** jeu de hasard • **juego de manos** tour *m* de passe-passe • **juego de sociedad** jeu de société • **Juegos Olímpicos** Jeux olympiques • **hacer juego** être assorti(e)

juerga ['xu̯erɣa] *f* bringue *f*

jueves ['xu̯eβes] *m inv* jeudi *m* • **Jueves Santo** Jeudi Saint • **cada jueves** o **todos los jueves** tous les jeudis • **caer en jueves** tomber un jeudi • **el próximo jueves** o **el jueves que viene** jeudi prochain • **viene el jueves** il vient jeudi • **el jueves pasado** jeudi dernier • **el jueves por la mañana/tarde/noche** jeudi matin/après-midi/soir • **este jueves** *(pasado)* jeudi dernier ; *(próximo)* jeudi prochain • **los jueves** le jeudi

juez, za ['xu̯eθ, θa] *(mpl* **-ces** [θes], *fpl* **-zas** [θas]) *mf* juge *m* • **juez de línea** *(en fútbol)* juge de touche

jugador, ra [xuɣa'ðor, ra] *m, f* joueur *m*, -euse *f*

jugar [xu'ɣar] *vi* jouer ◇ *vt (partido, partida)* faire ◆ **jugar a** *v prep* jouer à ◆ **jugar con** *v prep* jouer avec ◆ **jugarse** *vp* **1.** *(arriesgar)* jouer **2.** *(apostar)* parier

jugo ['xuɣo] *m* **1.** *(líquido)* jus *m* **2.** *(fig)* *(interés)* substance *f*

jugoso, sa [xu'ɣoso, sa] *adj* **1.** *(fruta)* juteux(euse) **2.** *(fig)* *(interesante)* savoureux(euse)

juguete [xu'ɣete] *m* jouet *m*

juguetería [xuɣete'ria] *f* magasin *m* de jouets

juguetón, ona [xuɣe'ton, ona] *adj* joueur(euse)

juicio ['xu̯iθi̯o] *m* jugement *m* • **a mi juicio** à mon sens

julio ['xuli̯o] *m* juillet *m* • **a principios/finales de julio** début/fin juillet • **a mediados de julio** à la mi-juillet • **el pasado/próximo (mes de) julio** en juillet dernier/prochain • **en julio** en septembre • **este (mes de) julio** *(pasado)* en juillet dernier ; *(próximo)* en juillet prochain • **para julió** en juillet • **uno de los julios más calurosos** l'un des mois de juillet les plus chauds • **el ocho de julio** le huit juillet

junco ['xunko] *m* jonc *m*

jungla ['xungla] *f* jungle *f*

junio ['xuni̯o] *m* juin *m* • **a principios/finales de junio** début/fin juin • **a mediados de junio** à la mi-juin • **el pasado/próximo (mes de) junio** en juin dernier/prochain • **en junio** en juin • **este (mes de) junio** *(pasado)* en juin dernier ; *(próximo)* en juin prochain • **para junio** en juin • **uno de los junios más calurosos** l'un des mois de juin les plus chauds • **el dos de junio** le deux juin

junta ['xunta] *f* **1.** *(grupo de personas)* assemblée *f*, conseil *m* **2.** *(sesión)* séance *f*

juntar [xun'tar] *vt* **1.** *(aproximar)* joindre **2.** *(reunir)* réunir **3.** *(acumular)* rassembler ◆ **juntarse** *vp* **1.** *(aproximarse)* se rejoindre **2.** *(reunirse)* s'assembler **3.** *(pareja)* vivre ensemble

junto, ta ['xunto, ta] *adj* ensemble ◇ *adv (a la vez)* en même temps • **junto a** près de • **todo junto** ensemble

jurado [xu'raðo] *m (tribunal)* jury *m*
jurar [xu'rar] *vt & vi* jurer
jurídico, ca [xu'riðiko, ka] *adj* juridique
justicia [xus'tiθja] *f* justice *f*
justificación [xustifika'θjon] *f* justification *f*
justificar [xustifi'kar] *vt* justifier ◆ **justificarse** *vp* se justifier
justo, ta ['xusto, ta] *adj & adv* juste
juvenil [xuβe'nil] *adj* juvénile
juventud [xuβen'tuð] *f* jeunesse *f*
juzgado [xuθ'ɣaðo] *m* **1.** tribunal *m* **2.** *(territorio)* juridiction *f*
juzgar [xuθ'ɣar] *vt* juger

kK

karaoke [kara'oke] *m* karaoké *m*
kárate ['karate] *m* karaté *m*
Kb (*abr escrita de kilobyte*) *m inv* Ko *m (kilo-octet)*
kg (*abr escrita de kilogramo*) kg *(kilogramme)*
kilo ['kilo] *m* kilo *m* • **un cuarto de kilo de** une demi-livre de
kilobyte [kilo'βajt] *m* kilo-octet *m*
kilogramo [kilo'ɣramo] *m* kilogramme *m*
kilómetro [ki'lometro] *m* kilomètre *m* • **kilómetros por hora** kilomètresj à l'heure
kimono [ki'mono] *m* kimono *m*
kínder ['kinder] *m (Andes & Méx)* crèche *f (pour les enfants)*
kit ['kit] *m* kit *m* • **kit manos libres** kit mains libres
kiwi ['kiwi] *m* kiwi *m*
km (*abr escrita de kilómetro*) km *(kilomètre)*

lL

l (*abr escrita de litro*) l *(litre)*
la [la] (*pl* **las** [las]) ➤ **el, lo**
laberinto [laβe'rinto] *m* labyrinthe *m*
labio ['laβjo] *m* lèvre *f*
labor [la'βor] *f* **1.** travail *m* **2.** *(de bordado, ganchillo)* ouvrage *m*
laborable [laβo'raβle] *adj (día)* ouvrable ◇ *m* jour *m* ouvrable ▾ **sólo laborables** fermé les dimanches et jours fériés
laboral [laβo'ral] *adj* de travail
laboratorio [laβora'torjo] *m* laboratoire *m* • **laboratorio fotográfico** labo *m* photo
laborioso, sa [laβo'rjoso, sa] *adj* **1.** *(trabajador)* travailleur(euse) **2.** *(complicado, difícil)* laborieux(euse)
labrador, ra [laβra'ðor, ra] *m, f* cultivateur *m*, -trice *f*
labrar [la'βrar] *vt* **1.** *(tierra)* cultiver **2.** *(madera, piedra)* travailler
laca ['laka] *f* laque *f*
lacio, cia ['laθjo, θja] *adj (cabello)* raide

lacón [la'kon] *m* • **lacón con grelos** *épaule de porc salée accompagnée de feuilles de navet*
lácteo, a ['lakteo, a] *adj* laitier(ère)
ladera [la'ðera] *f* versant *m*
lado ['laðo] *m* **1.** côté *m* **2.** *(de disco, moneda)* face *f* **3.** *(sitio)* endroit *m* • **al lado de** à côté de • **al otro lado de** de l'autre côté de • **de lado** de côté • **en otro lado** ailleurs
ladrar [la'ðrar] *vi* aboyer
ladrido [la'ðriðo] *m* aboiement *m*
ladrillo [la'ðriʎo] *m* brique *f*
ladrón, ona [la'ðron, ona] *m, f* *(persona)* voleur *m*, -euse *f* ◇ *m* *(enchufe)* prise *f* multiple
lagartija [laɣar'tixa] *f* (petit) lézard *m*
lagarto [la'ɣarto] *m* lézard *m*
lago ['laɣo] *m* lac *m*
lágrima ['laɣrima] *f* larme *f*
laguna [la'ɣuna] *f* **1.** *(de agua)* lagune *f* **2.** *(fig)* *(de ley, memoria)* lacune *f*
lamentable [lamen'taβle] *adj* **1.** *(triste, penoso)* regrettable **2.** *(malo)* lamentable
lamentar [lamen'tar] *vt* regretter ◆ **lamentarse** *vp* se lamenter ◆ **lamentarse de** *v prep* se lamenter sur
lamer [la'mer] *vt* lécher
lámina ['lamina] *f* **1.** *(de madera, metal)* lame *f* **2.** *(grabado)* planche *f*
lámpara ['lampara] *f* lampe *f*
lampista [lam'pista] *mf* *(fam)* *(fontanero)* plombier *m*
lana ['lana] *f* **1.** laine *f* **2.** *(Amér)* *(fam)* *(dinero)* fric *m*
lancha ['lantʃa] *f* chaloupe *f* • **lancha motora** vedette *f*
langosta [lan'gosta] *f* **1.** *(crustáceo)* langouste *f* **2.** *(insecto)* sauterelle *f*
langostino [langos'tino] *m* grosse crevette *f* • **langostinos a la plancha** crevettes grillées • **langostinos al ajillo** crevettes à l'ail
lanza ['lanθa] *f* lance *f*
lanzar [lan'θar] *vt* lancer ◆ **lanzarse a** *v prep* *(mar, agua)* se jeter à ◆ **lanzarse sobre** *v prep* *(precipitarse)* se précipiter sur
lapa ['lapa] *f* **1.** *(molusco)* patelle *f* **2.** *(fam)* *(persona)* pot *m* de colle
lapicera [lapiθe'ra] *f* *(CSur)* stylo *m*
lápida ['lapiða] *f* pierre *f* (commémorative)
lápiz, ces ['lapiθ, θes] *m* crayon *m* • **lápiz de labios** rouge *m* à lèvres • **lápiz de ojos** crayon pour les yeux
largavistas [larɣa'βistas] *m inv* *(Amér)* jumelles *fpl*
largo, ga ['larɣo, ɣa] *adj* long (longue) ◇ *m* longueur *f* • **a la larga** à la longue • **a lo largo de** *(playa, carretera)* le long de ; *(en el transcurso de)* tout au long de • **de largo recorrido** *(tren)* grandes lignes
largometraje [larɣome'traxe] *m* long-métrage *m*
laringe [la'rinxe] *f* larynx *m*
láser ['laser] *m* laser *m*
lástima ['lastima] *f* **1.** *(compasión)* peine *f* **2.** *(disgusto, pena)* dommage *m* • **¡qué lástima!** quel dommage !
lata ['lata] *f* **1.** *(envase)* boîte *f* (de conserve) **2.** *(lámina metálica)* fer-blanc *m* • **lata de conserva** boîte de conserve • **ser una lata** *(fam)* *(ser un aburrimiento)* être la barbe ; *(fam)* *(ser un estorbo)* être casse-pieds
latido [la'tiðo] *m* battement *m* *(du cœur)*

látigo ['latiɣo] *m* fouet *m*
latín [la'tin] *m* latin *m*
Latinoamérica [latinoa'merika] *s* Amérique *f* latine
latinoamericano, na [la,tinoameri'kano, na] *adj* latino-américain(e) ◇ *m, f* Latino-Américain *m*, -e *f*
latir [la'tiɾ] *vi (palpitar)* battre
laurel [lau̯'rel] *m* laurier *m*
lava ['laβa] *f* lave *f*
lavabo [la'βaβo] *m* **1.** *(pila)* lavabo *m* **2.** *(habitación)* toilettes *fpl*
lavadero [laβa'ðero] *m* lavoir *m*
lavado [la'βaðo] *m* lavage *m* ● **lavado automático** lavage automatique
lavadora [laβa'ðora] *f* lave-linge *m inv*
lavanda [la'βanda] *f* lavande *f*
lavandería [laβande'ria] *f* blanchisserie *f*
lavaplatos [laβa'platos] *mf inv (persona)* plongeur *m*, -euse *f* ◇ *m inv (máquina)* lave-vaisselle *m inv*
lavar [la'βaɾ] *vt* laver ● **lavar la ropa** faire la lessive ♦ **lavarse** *vp* se laver
lavavajillas [,laβaβa'xiʎas] *m inv* **1.** *(máquina)* lave-vaisselle *m inv* **2.** *(detergente)* liquide *m* vaisselle
laxante [lak'sante] *m* laxatif *m*
lazo ['laθo] *m* **1.** nœud *m* **2.** *(para animales)* lasso *m* **3.** *(fig) (vínculo)* lien *m*
LCD ['ele'θe'ðe] (*abr de Liquid Crystal Display*) *m* LCD *m*
le [le] (*pl* **les** [les]) *pron* **1.** *(a él, ella)* lui **2.** *(a usted, ustedes)* vous ● **le di una manzana** je lui ai donné une pomme ● **le tengo miedo** j'ai peur de lui/d'elle ● **le dije que no** *(a usted)* je vous ai dit non
leal [le'al] *adj* loyal(e)
lealtad [leal'tað] *f* loyauté *f*
lección [lek'θi̯on] *f* leçon *f*
lechal [le'tʃal] *adj* de lait *(agneau, cochon)*
leche ['letʃe] *f* lait *m* ◇ *interj (expresa enfado)* merde ! ● **leche condensada** lait concentré ● **leche desnatada** o **descremada** lait écrémé ● **leche entera** lait entier ● **leche frita** *dessert à base de lait, de Maïzena et de beurre* ● **leche limpiadora** lait démaquillant ● **darse una leche** *(fam)* se prendre une gamelle
lechera [le'tʃera] *f (recipiente)* pot *m* à lait ➤ **lechero**
lechería [letʃe'ria] *f* crémerie *f*
lechero, ra [le'tʃero, ra] *m, f* laitier *m*, -ère *f*
lecho ['letʃo] *m* lit *m*
lechuga [le'tʃuɣa] *f* laitue *f*
lechuza [le'tʃuθa] *f* chouette *f*
lector, ra [lek'tor, ra] *m, f* lecteur *m*, -trice *f* ◇ *m (aparato)* lecteur *m* ● **lector de CD/DVD** lecteur de CD/DVD ● **lector de MP3/WMA** lecteur MP3/WMA
lectura [lek'tura] *f* lecture *f*
leer [le'er] *vt & vi* lire
legal [le'ɣal] *adj* légal(e)
legalidad [leɣali'ðað] *f* légalité *f*
legible [le'xiβle] *adj* lisible
legislación [lexizla'θi̯on] *f* législation *f*
legislatura [lexizla'tura] *f* législature *f*
legítimo, ma [le'xitimo, ma] *adj* **1.** *(legal)* légitime **2.** *(auténtico)* authentique
legumbre [le'ɣumbre] *f* légume *m* sec
lejano, na [le'xano, na] *adj* lointain(e)
lejía [le'xia] *f* eau *f* de Javel
lejos ['lexos] *adv* loin ● **a lo lejos** au loin ● **de lejos** de loin ● **lejos de** loin de

lencería [lenθe'ria] *f* **1.** *(ropa interior)* lingerie *f* **2.** *(tienda)* boutique *f* de lingerie
lengua ['lengua] *f* langue *f* • **lengua materna** langue maternelle • **lengua oficial** langue officielle
lenguado [len'guaðo] *m* sole *f*
lenguaje [len'guaxe] *m* langage *m*
lengüeta [len'gueta] *f* **1.** *(de zapato)* languette *f* **2.** *(de instrumento musical)* anche *f*
lentamente [ˌlenta'mente] *adv* lentement
lente ['lente] *m o f (en óptica)* lentille *f* • **lentes de contacto** verres *mpl* de contact ◆ **lentes** *mpl (gafas)* lunettes *fpl*
lenteja [len'texa] *f* lentille *f* • **lentejas estofadas** lentilles à l'étouffée
lentitud [lenti'tuð] *f* lenteur *f*
lento, ta ['lento, ta] *adj* lent(e) ◇ *adv* lentement
leña ['leɲa] *f (para fuego)* bois *m (de chauffage)*
leñador, ra [leɲa'ðor, ra] *m, f* bûcheron *m*, -onne *f*
leño ['leɲo] *m (de árbol)* bois *m*
Leo ['leo] *m* Lion *m*
león, ona [le'on, 'ona] *m, f* lion *m*, lionne *f*
leopardo [leo'parðo] *m* léopard *m*
leotardos [leo'tarðos] *mpl* collant *m (épais)*
lépero, ra ['lepero, ra] *adj (Amér)* **1.** *(vulgar)* grossier(ère) **2.** *(astuto)* rusé(e)
lesbiana [lez'βiana] *f* lesbienne *f*
lesión [le'sion] *f* lésion *f*
letal [le'tal] *adj* mortel(elle)
letra ['letra] *f* **1.** *(signo)* lettre *f* **2.** *(de persona)* écriture *f* **3.** *(de canción)* paroles *fpl* ◆ **letras** *fpl (en enseñanza)* lettres *fpl*
letrero [le'trero] *m* écriteau *m*
levantamiento [leβanta'miento] *m (sublevación)* soulèvement *m* • **levantamiento de pesos** haltérophilie *f*
levantar [leβan'tar] *vt* **1.** *(mano, brazo, prohibición)* lever **2.** *(caja, peso, persona)* soulever **3.** *(poner derecho)* relever **4.** *(edificar)* élever **5.** *(ánimos, esperanzas)* redonner ◆ **levantarse** *vp* **1.** se lever **2.** *(sublevarse)* se soulever
levante [le'βante] *m* **1.** *(este)* levant *m* **2.** *(viento)* vent *m* d'est • **el Levante** le Levant *(région d'Espagne)*
léxico ['leksiko] *m* lexique *m*
ley ['lei] *f* loi *f*
leyenda [le'jenda] *f* légende *f*
liar [li'ar] *vt* **1.** *(atar)* lier **2.** *(envolver)* envelopper **3.** *(fam) (complicar)* embrouiller ◆ **liarse** *vp (enredarse)* s'embrouiller ◆ **liarse a** *v prep (comenzar a)* se mettre à ◆ **liarse con** *v prep (fam) (sexualmente)* avoir une liaison avec
Líbano ['liβano] *s* Liban *m*
libélula [li'βelula] *f* libellule *f*
liberal [liβe'ral] *adj* libéral(e)
liberar [liβe'rar] *vt* libérer
libertad [liβer'tað] *f* liberté *f*
libertador, ra [liβerta'ðor, ra] *m, f* libérateur *m*, -trice *f*
Libia ['liβia] *s* Libye *f*
libra ['liβra] *f* livre *f* • **libra esterlina** livre sterling ◆ **Libra** *f* Balance *f*
librar [li'βrar] *vi* être en congé ◆ **librarse de** *v prep* **1.** *(peligro)* échapper à **2.** *(obligación)* se dispenser de
libre ['liβre] *adj* libre • **libre de** *(obligación)* dégagé(e) de ; *(impuestos)* exonéré(e) de

librería [liβre'ria] *f* 1. *(establecimiento)* librairie *f* 2. *(mueble)* bibliothèque *f*
librero [li'βrero] *m (CAm & Méx)* bibliothèque *f*
libreta [li'βreta] *f* carnet *m*
libro ['liβro] *m* livre *m* • **libro de bolsillo** livre de poche • **libro de reclamaciones** livre des réclamations • **libro de texto** manuel *m* scolaire
licencia [li'θenθja] *f* permission *f*
licenciado, da [liθen'θjaðo, ða] *m, f titulaire du diplôme de fin du second cycle de l'enseignement supérieur*
licenciarse [liθen'θjarse] *vp* 1. *(en universidad) obtenir le diplôme de fin du second cycle de l'enseignement supérieur* 2. *(de servicio militar)* être libéré(e)
licenciatura [liθenθja'tura] *f (estudios) diplôme sanctionnant le second cycle de l'enseignement supérieur* ≃ DESS *m*
liceo [li'θeo] *m (CSur & Ven)* ≃ lycée *m*
licor [li'kor] *m* liqueur *f*
licorería [likore'ria] *f* marchand *m* de spiritueux
licuadora [likua'ðora] *f* mixer *m*
líder ['liðer] *mf* leader *m*
lidia ['liðja] *f (de toro)* combat *m*
liebre ['ljeβre] *f* lièvre *m*
lienzo ['ljenθo] *m* toile *f*
liga ['liγa] *f* 1. *(de personas, países)* ligue *f* 2. *(en deporte)* championnat *m* 3. *(para medias)* jarretière *f*
ligar [li'γar] *vt* lier ◇ *vi (fam)* draguer
ligeramente [li,xera'mente] *adv* légèrement
ligero, ra [li'xero, ra] *adj* léger(ère) • **a la ligera** à la légère
light ['lajt] *adj* 1. *(comida)* allégé(e) 2. *(bebida, cigarrillo)* light
ligue ['liγe] *m (fam)* 1. *(relación)* aventure *f* 2. *(persona)* petit copain *m*, petite copine *f*
lija ['lixa] *f* papier *m* de verre
lijar [li'xar] *vt* poncer
lila ['lila] *adj inv* lilas ◇ *f* lilas *m*
lima ['lima] *f* lime *f* • **lima para uñas** lime à ongles
límite ['limite] *m* limite *f*
limón [li'mon] *m* citron *m*
limonada [limo'naða] *f* citronnade *f*
limonero [limo'nero] *m* citronnier *m*
limosna [li'mozna] *f* aumône *f*
limpiabotas [limpja'βotas] *mf inv* cireur *m* de chaussures
limpiacristales [,limpjakris'tales] *mf inv (persona)* laveur *m*, -euse *f* de carreaux ◇ *m inv (detergente)* produit *m* pour les vitres
limpiador, ra [limpja'ðor, ra] *m, f* nettoyeur *m*, -euse *f*
limpiaparabrisas [,limpjapara'βrisas] *m inv* essuie-glace *m*
limpiar [lim'pjar] *vt* nettoyer • **limpiar la casa** faire le ménage • **lo limpiaron** *(fam)* ils lui ont tout fauché
limpieza [lim'pjeθa] *f* 1. *(cualidad)* propreté *f* 2. *(acción)* nettoyage *m* 3. *(destreza)* adresse *f* 4. *(honradez)* honnêteté *f* • **hacer la limpieza** faire le ménage
limpio, pia ['limpjo, pja] *adj* 1. *(sin suciedad)* propre 2. *(pulcro)* soigneux(euse) 3. *(puro)* pur(e) 4. *(correcto)* honnête 5. *(dinero)* net (nette) • **poner en limpio** mettre au propre
linaje [li'naxe] *m* lignage *m*

lince ['linθe] *m* lynx *m*
lindo, da ['lindo, da] *adj* joli(e) • **de lo lindo** (*fig*) (*mucho*) joliment
línea ['linea] *f* **1.** ligne *f* **2.** (*hilera*) rangée *f* • **línea directa** ligne directe • **línea telefónica** ligne téléphonique • **líneas aéreas** lignes aériennes
lingote [lin'gote] *m* lingot *m*
lingüística [lin'gu̯istika] *f* linguistique *f*
lingüístico, ca [lin'gu̯istiko, ka] *adj* linguistique
lino ['lino] *m* lin *m*
linterna [lin'terna] *f* lampe *f* de poche
lío ['lio] *m* **1.** (*embrollo*) histoire *f* **2.** (*fam*) (*desorden*) pagaille *f* **3.** (*fam*) (*amorío*) aventure *f* • **hacerse un lío** (*fam*) s'embrouiller • **meterse en un lío** (*fam*) se mettre dans une sale histoire
lionesa [li̯o'nesa] *f* ≃ profiterole *f*
liquidación [likiða'θi̯on] *f* liquidation *f*
liquidar [liki'ðar] *vt* liquider
líquido ['likiðo] *m* liquide *m*
lira ['lira] *f* **1.** (*instrumento musical*) lyre *f* **2.** (*moneda*) lire *f*
lirio ['lirio] *m* iris *m*
liso, sa ['liso, sa] *adj* **1.** (*superficie*) lisse **2.** (*vestido, color*) uni(e) **3.** (*pelo*) raide ◇ *m, f* (*Amér*) effronté *m*, -e *f*
lista ['lista] *f* **1.** (*enumeración*) liste *f* **2.** (*de tela*) bande *f* • **lista de boda** liste de mariage • **lista de correo** liste de mailing • **lista desplegable** liste déroulante • **lista de espera** liste d'attente • **lista de precios** liste des prix • **lista de vinos** carte *f* des vins ➤ **listo**
listín [lis'tin] *m* répertoire *m* • **listín telefónico** annuaire *m* téléphonique

listo, ta ['listo, ta] *adj* **1.** (*inteligente*) intelligent(e) **2.** (*astuto*) malin(igne) ◇ *interj* ça y est ! • **estar listo** être prêt
listón [lis'ton] *m* **1.** (*de madera*) baguette *f* **2.** (*en deporte*) barre *f*
lisura [li'sura] *f* (*Perú*) sans-gêne *m inv*
litera [li'tera] *f* **1.** (*cama*) lit *m* superposé **2.** (*de tren, barco*) couchette *f*
literal [lite'ral] *adj* littéral(e)
literario, ria [lite'rario, ria] *adj* littéraire
literatura [litera'tura] *f* littérature *f*
litro ['litro] *m* litre *m*
llaga ['ʎaɣa] *f* plaie *f*
llama ['ʎama] *f* **1.** (*de fuego*) flamme *f* **2.** (*animal*) lama *m*
llamada [ʎa'maða] *f* appel *m* • **llamada automática** communication *f* automatique • **llamada a cobro revertido** appel en PCV • **llamada interurbana** communication interurbaine • **llamada metropolitana** communication locale • **llamada provincial/interprovincial** *communication à l'intérieur d'une province/d'une province à une autre* • **llamada telefónica** appel téléphonique
llamar [ʎa'mar] *vt* appeler ◇ *vi* **1.** (*a la puerta*) frapper **2.** (*al timbre*) sonner • **llamar por teléfono** téléphoner ♦ **llamarse** *vp* s'appeler
llano, na ['ʎano, na] *adj* **1.** (*superficie, terreno*) plat(e) **2.** (*natural, sencillo*) simple ◇ *m* plaine *f*
llanta ['ʎanta] *f* **1.** jante *f* **2.** (*Amér*) (*rueda*) pneu *m*
llanura [ʎa'nura] *f* plaine *f*
llave ['ʎaβe] *f* **1.** clef *f*, clé *f* **2.** (*signo ortográfico*) accolade *f* • **llave de contacto** clef de contact • **llave de paso** robinet *m* d'ar-

rêt • **llave inglesa** clef anglaise • **llave maestra** passe-partout *m* • **llave USB** clé USB

llegada [ʎe'ɣaða] *f* arrivée *f* ▾ **llegadas internacionales** arrivées internationales

llegar [ʎe'ɣar] *vi* **1.** arriver **2.** *(ser suficiente)* suffire • **con 50 euros me llega** avec 50 euros j'ai assez • **hacer llegar algo** faire parvenir qqch ◆ **llegar a** *v prep* **1.** atteindre **2.** *(posición)* devenir **3.** *(fin)* arriver à • **llegar a ser** devenir • **llegar a conocer** finir par connaître ◆ **llegar de** *v prep* rentrer de

llenar [ʎe'nar] *vt* remplir ◆ **llenarse** *vp* **1.** *(lugar)* se remplir **2.** *(hartarse)* se gaver ◆ **llenarse de** *v prep (cubrirse de)* se couvrir de

lleno, na ['ʎeno, na] *adj* plein(e) ◇ *m* • **hay lleno en el teatro** le théâtre fait salle comble • **de lleno** en plein

llevar [ʎe'βar] *vt* **1.** *(transportar)* transporter • **el barco lleva carga y pasajeros** le navire transporte des marchandises et des passagers **2.** *(acompañar)* emmener • **llevó al niño a casa de la abuela** il a emmené le petit chez sa grand-mère **3.** *(prenda)* porter • **lleva gafas** il porte des lunettes **4.** *(tener)* avoir • **llevar el pelo largo** avoir les cheveux longs • **no llevamos dinero** nous n'avons pas d'argent sur nous **5.** *(pasarse tiempo)* • **lleva tres semanas de viaje** cela fait trois semaines qu'il est en voyage **6.** *(ocupar tiempo)* prendre • **me llevó mucho tiempo hacer el trabajo** le travail m'a pris beaucoup de temps **7.** *(ocuparse, dirigir)* • **lleva la contabilidad** il tient la comptabilité • **lleva muy bien sus estudios** il mène très bien ses études **8.** *(soportar)* supporter • **lleva mal la soledad** il supporte mal la solitude **9.** *(sobrepasar)* • **te llevo seis puntos** j'ai six points de plus que toi ◇ *vi* **1.** *(conducir)* mener • **esta carretera lleva a Madrid** cette route mène à Madrid **2.** *(antes de participio) (haber)* • **llevo leída media novela** j'ai déjà lu la moitié du roman **3.** *(estar)* • **lleva mucho tiempo saliendo con él** ça fait longtemps qu'elle sort avec lui ◆ **llevarse** *vp* **1.** *(coger)* prendre **2.** *(premio)* remporter **3.** *(recibir)* avoir • **¡me llevé un susto!** j'ai eu une de ces peurs ! **4.** *(estar de moda)* se porter **5.** *(en matemáticas)* retenir **6.** *(entenderse)* • **llevarse bien/mal (con)** s'entendre bien/mal (avec)

llorar [ʎo'rar] *vi* & *vt* pleurer

llorón, ona [ʎo'ron, ona] *m, f* pleurnicheur *m*, -euse *f*

llover [ʎo'βer] *v impers* & *vi* pleuvoir • **llueve a cántaros** il pleut des cordes

llovizna [ʎo'βiθna] *f* bruine *f*

lloviznar [ʎoβiθ'nar] *v impers* bruiner

lluvia ['ʎuβja] *f* pluie *f*

lluvioso, sa [ʎu'βjoso, sa] *adj* pluvieux(euse)

lo, la [lo, la] *(mpl* **los** [los], *fpl* **las** [las]) *pron* **1.** *(a él, ella)* le, la, l' *(delante de vocal)* • **lo sabe** il le sait • **la oigo** je l'entends **2.** *(a ellos, ellas)* les • **los vi** je les ai vus **3.** *(a usted, a ustedes)* vous • **lo invito a mi casa** je vous invite chez moi ◇ *art* • **lo mejor** le mieux • **lo peor** le pire ◇ *pron neutro* • **siento lo de ayer** je regrette ce qui s'est passé hier • **acepté lo que me ofrecieron** j'ai accepté ce qu'on m'a offert

lobo, ba ['loβo, βa] *m, f* loup *m*, louve *f*
local [lo'kal] *adj* local(e) ◇ *m* local *m*
localidad [lokali'ðað] *f* **1.** *(pueblo, ciudad)* localité *f* **2.** *(asiento, entrada)* place *f*
localización [lokáliθa'θjon] *f* localisation *f*
localizar [lokali'θar] *vt* localiser ◆ **localizarse** *vp* être localisé(e)
loción [lo'θjon] *f* lotion *f* ● **loción bronceadora** lait *m* solaire
loco, ca ['loko, ka] *adj & m, f* fou (folle) ● **a lo loco** n'importe comment ● **loco por** fou de ● **volver loco a alguien** rendre qqn fou ● **las motos le vuelven loco** c'est un fou de motos
locomotora [lokomo'tora] *f* locomotive *f*
locura [lo'kura] *f* folie *f*
locutor, ra [loku'tor, ra] *m, f* présentateur *m*, -trice *f*
locutorio [loku'torjo] *m* **1.** *(de emisora)* studio *m* **2.** *(de convento, cárcel)* parloir *m* ● **locutorio (telefónico)** cabines *fpl* téléphoniques
lodo ['loðo] *m* boue *f*
lógica ['loxika] *f* logique *f*
lógico, ca ['loxiko, ka] *adj* **1.** *(razonable)* logique **2.** *(natural)* normal(e)
logrado, da [lo'ɣraðo, ða] *adj* réussi(e)
lograr [lo'ɣrar] *vt* obtenir
logro ['loɣro] *m* réussite *f*
lombriz, ces [lom'briθ, θes] *f* ver *m* de terre
lomo ['lomo] *m* **1.** *(de animal)* dos *m* **2.** *(carne)* échine *f* **3.** *(de libro)* tranche *f* ● **lomo de cerdo** échine de porc ● **lomo embuchado** rôti *m* de porc farci ● **lomo ibérico** *gros saucisson d'échine de porc fumée* ● **lomos de merluza** filets *mpl* de colin
lona ['lona] *f* toile *f* de bâche
loncha ['lontʃa] *f* *(de queso, embutido)* tranche *f*
lonche ['lontʃe] *m* *(Col & Méx)* déjeuner *m* léger
Londres ['londres] *s* Londres
longaniza [longa'niθa] *f* saucisse *f*
longitud [lonxi'tuð] *f* longueur *f*
lonja ['lonxa] *f* **1.** *(edificio)* bourse *f* de commerce **2.** *(loncha)* tranche *f*
loro ['loro] *m* perroquet *m*
lote ['lote] *m* lot *m*
lotería [lote'ria] *f* loterie *f* ● *(Esp)* **lotería primitiva** ≃ loto *m*
lotero, ra [lo'tero, ra] *m, f* vendeur *m*, -euse *f* de billets de loterie
loza ['loθa] *f* **1.** *(material)* faïence *f* **2.** *(vajilla)* vaisselle *f*
Ltda. (*abr escrita de limitada*) SARL *f* *(société à responsabilité limitée)*
lubina [lu'βina] *f* loup *m* de mer
lubricante [luβri'kante] *m* lubrifiant *m*
lucha ['lutʃa] *f* lutte *f* ● **lucha libre** lutte libre
luchador, ra [lutʃa'ðor, ra] *m, f* lutteur *m*, -euse *f*
luchar [lu'tʃar] *vi* lutter
luciérnaga [lu'θjernaɣa] *f* ver *m* luisant
lucir [lu'θir] *vi* **1.** *(brillar)* briller **2.** *(trabajo, esfuerzo)* profiter **3.** *(Amér)* *(verse bien)* aller bien ◇ *vt* **1.** *(valor, ingenio)* faire preuve de **2.** *(llevar puesto)* porter ◆ **lucirse** *vp* **1.** *(quedar bien)* briller **2.** *(exhibirse)* se montrer ● **¡te has lucido!** *(fam)* tu as l'air fin !
lucro ['lukro] *m* gain *m*

lúdico, ca ['luðiko, ka] *adj* ludique

luego ['lueɣo] *adv* **1.** *(después)* ensuite **2.** *(Amér) (pronto)* tôt ◇ *conj* donc ● **desde luego** *(sin duda)* bien sûr ; *(para reprochar)* vraiment ● **¡desde luego siempre llegas tarde!** vraiment, tu es toujours en retard ! ● **luego, luego** *(Amér) (inmediatamente después)* tout de suite

lugar [lu'ɣar] *m* **1.** *(sitio)* lieu *m* **2.** *(posición)* place *f* **3.** *(localidad)* endroit *m* ● **en primer lugar** en premier lieu ● **en cualquier lugar** n'importe où ● **en lugar de** au lieu de ● **tener lugar** avoir lieu

lujo ['luxo] *m* luxe *m* ● **de lujo** de luxe

lujoso, sa [lu'xoso, sa] *adj* luxueux(euse)

lujuria [lu'xuria] *f* luxure *f*

lumbago [lum'baɣo] *m* lumbago *m*

luminoso, sa [lumi'noso, sa] *adj* lumineux(euse)

luna ['luna] *f* **1.** lune *f* **2.** *(de cristal)* glace *f*

lunar [lu'nar] *adj* lunaire ◇ *m* grain *m* de beauté ◆ **lunares** *mpl (estampado)* pois *mpl*

lunes ['lunes] *m inv* lundi *m* ● **cada lunes** o **todos los lunes** tous les lundis ● **caer en lunes** tomber un lundi ● **el próximo lunes** o **el lunes que viene** lundi prochain ● **viene el lunes** il vient lundi ● **el lunes pasado** lundi dernier ● **el lunes por la mañana/tarde/noche** lundi matin/après-midi/soir ● **este lunes** *(pasado)* lundi dernier ; *(próximo)* lundi prochain ● **los lunes** le lundi

luneta [lu'neta] *f (de coche)* lunette *f* arrière ● **luneta térmica** dégivreur *m*

lupa ['lupa] *f* loupe *f*

lustrabotas [lustra'βotas] *mf inv (Amér)* cireur *m* de chaussures

lustrador [lustra'ðor] *m (Amér)* cireur *m* de chaussures

luto ['luto] *m* deuil *m* ● **estar de luto** être en deuil

luz, ces ['luθ, θes] *f* **1.** lumière *f* **2.** *(electricidad)* électricité *f* ● **luz solar** rayonnement *m* solaire ● **se ha ido la luz** il y a une panne de courant ● **dar a luz** accoucher, mettre au monde ◆ **luces** *fpl (de coche)* feux *mpl*

lycra® ['likra] *f* Lycra® *m*

mM

m (*abr escrita de metro*) m *(mètre)*

macana [ma'kana] *f (Amér)* **1.** *(garrote)* gourdin *m* **2.** *(fig) (disparate)* bêtise *f*

macanudo [maka'nuðo] *adj (CSur & Perú) (fam)* super

macarrones [maka'rones] *mpl* macaronis *mpl*

macedonia [maθe'ðonia] *f* macédoine *f* ● **macedonia de frutas** salade *f* de fruits

maceta [ma'θeta] *f* pot *m* (de fleurs)

machacar [matʃa'kar] *vt* **1.** *(aplastar)* piler **2.** *(fig) (vencer)* écraser **3.** *(fam) (estudiar)* potasser

machismo [ma'tʃizmo] *m* machisme *m*

machista [ma'tʃista] *mf* machiste *mf*

macho ['matʃo] *adj* **1.** mâle **2.** *(fig) (hombre)* macho ◇ *m* mâle *m*

macizo, za [ma'θiθo, θa] *adj* **1.** *(sólido)* massif(ive) **2.** *(fam & fig)* • **estar macizo** *(atractivo)* être canon ; *(fuerte)* être baraqué ◇ *m* massif *m*
macramé [makra'me] *m* macramé *m*
macro ['makro] *f* macro *f*
macuto [ma'kuto] *m* sac *m* à dos
madeja [ma'ðexa] *f* pelote *f*
madera [ma'ðera] *f* bois *m* • **de madera** en bois
madrastra [ma'ðrastra] *f* belle-mère *f* *(compagne du père)*
madre ['maðre] *f* mère *f* • **madre política** belle-mère *f (mère du conjoint)* • **¡madre mía!** mon Dieu !
madreselva [maðre'selβa] *f*. chèvrefeuille *m*
Madrid [ma'ðrið] *s* Madrid • **Madrid capital** la ville de Madrid
madriguera [maðri'ɣera] *f* tanière *f*
madrileño, ña [maðri'leɲo, ɲa] *adj* madrilène ◇ *m, f* Madrilène *mf*
madrina [ma'ðrina] *f* marraine *f*
madrugada [maðru'ɣaða] *f* **1.** *(noche)* matin *m* **2.** *(amanecer)* aube *f*
madrugador, ra [maðruɣa'ðor, ra] *adj* matinal(e)
madrugar [maðru'ɣar] *vi* se lever tôt
madurar [maðu'rar] *vt & vi* mûrir
madurez [maðu'reθ] *f* **1.** maturité *f* **2.** *(edad adulta)* âge *m* mûr
maduro, ra [ma'ðuro, ra] *adj* **1.** mûr(e) **2.** *(proyecto, plan, idea)* mûrement réfléchi(e)
maestría [maes'tria] *f* maîtrise *f*
maestro, tra [ma'estro, tra] *m, f* *(de escuela)* maître *m*, maîtresse *f* ◇ *m* **1.** maître *m* **2.** *(músico)* maestro *m*
mafia ['mafia] *f* mafia *f*
magdalena [maɣða'lena] *f* madeleine *f*
magia ['maxia] *f* magie *f*
mágico, ca ['maxiko, ka] *adj* magique
magistrado, da [maxis'traðo, ða] *m, f* magistrat *m*
magistratura [maxistra'tura] *f* magistrature *f*
magnate [maɣ'nate] *m* magnat *m*
magnesio [maɣ'nesio] *m* magnésium *m*
magnético, ca [maɣ'netiko, ka] *adj* magnétique
magnetófono [maɣne'tofono] *m* magnétophone *m*
magnífico, ca [maɣ'nifiko, ka] *adj* magnifique
magnitud [maɣni'tuð] *f* **1.** *(dimensión)* grandeur *f* **2.** *(importancia)* ampleur *f*
magnolia [maɣ'nolia] *f* magnolia *m*
mago, ga ['maɣo, ɣa] *m, f* **1.** *(en espectáculo)* magicien *m*, -enne *f* **2.** *(personaje fantástico)* enchanteur *m*, -eresse *f*
magro, gra ['maɣro, ɣra] *adj* maigre *(viande)*
maguey [ma'ɣei] *m* *(Amér)* agave *m*
maicena® [mai'θena] *f* Maïzena® *f*
maíz [ma'iθ] *m* maïs *m*
majestuoso, sa [maxes'tuoso, sa] *adj* majestueux(euse)
majo, ja ['maxo, xa] *adj* *(Esp)* **1.** *(agradable)* sympa(thique) **2.** *(bonito)* mignon(onne)
mal ['mal] *adj* ➤ **malo** ◇ *m* mal *m* • **el mal** le mal ◇ *adv* mal • **encontrarse mal** se sentir mal • **oír/ver mal** entendre/voir mal • **oler mal** sentir mauvais • **saber mal** avoir mauvais goût • **sentar mal** *(ropa)* aller mal ; *(comida)* ne pas réussir à ;

(actitud) ne pas plaire à • **ir de mal en peor** aller de mal en pis
Malasia [ma'lasja] *s* Malaisie *f*
malcriar [malkri'ar] *vt* gâter *(les enfants)*
maldad [mal'dað] *f* méchanceté *f*
maldición [maldi'θjon] *f* malédiction *f*
maldito, ta [mal'dito, ta] *adj* maudit(e) • **¡maldita sea!** *(fam)* bon sang !
maleable [male'aβle] *adj* malléable
malecón [male'kon] *m* jetée *f*
maleducado, da [maleðu'kaðo, ða] *adj* mal élevé(e)
malentendido [ˌmalenten'diðo] *m* malentendu *m*
malestar [males'tar] *m* malaise *m*
maleta [ma'leta] *f* valise *f* • **hacer las maletas** faire ses valises
maletero [male'tero] *m (de coche)* coffre *m*
maletín [male'tin] *m* mallette *f*
malformación [ˌmalforma'θjon] *f* malformation *f*
malgastar [malɣas'tar] *vt* gaspiller
malhablado, da [mala'βlaðo, ða] *adj* grossier(ère)
malhechor, ra [male'tʃor, ra] *adj* malfaisant(e)
malhumorado, da [ˌmalumo'raðo, ða] *adj* de mauvaise humeur
malicia [ma'liθja] *f* **1.** *(maldad)* méchanceté *f* **2.** *(astucia)* malice *f*
malintencionado, da [ˌmalintenθjo'naðo, ða] *adj* malintentionné(e)
malla ['maʎa] *f (tejido)* maille *f* ◆ **mallas** *fpl (prenda)* caleçon *m (pour femme)*
Mallorca [ma'ʎorka] *s* Majorque
malo, la ['malo, la] *(peor es el comparativo y el peor el superlativo de malo)* *adj* **1.** *(no bueno)* mauvais(e) **2.** *(propenso al mal)* méchant(e) **3.** *(travieso)* vilain(e) • **estar malo** *(estar enfermo)* être malade • **estar de malas** être de mauvaise humeur • **por las malas** de force
malograr [malo'ɣrar] *vt (Andes)* abîmer ◆ **malograrse** *vp (Andes)* s'abîmer
malpensado, da [malpen'saðo, ða] *m, f* • **ser un malpensado** avoir l'esprit mal tourné
maltratador, ra [maltrata'ðor, ra] *m, f* auteur *m* de maltraitances
maltratar [maltra'tar] *vt* **1.** *(persona)* maltraiter **2.** *(objeto)* abîmer
mamá [ma'ma] *f (fam)* maman *f* • **mamá grande** *(Amér)* grand-mère *f*
mamadera [mama'ðera] *f (CSur & Perú)* **1.** *(biberón)* biberon *m* **2.** *(tetilla)* tétine *f*
mamar [ma'mar] *vt & vi* téter
mamey [ma'mej] *m (Amér)* **1.** *(árbol)* sapotier *m* **2.** *(fruto)* sapote *f*
mamífero [ma'mifero] *m* mammifère *m*
mamila [ma'mila] *f (Méx)* biberon *m*
mamita [ma'mita] *f (Amér)* maman *f*
mampara [mam'para] *f* **1.** *(de ducha)* pare-douche *m* **2.** *(de habitación)* cloison *f*
manada [ma'naða] *f* troupeau *m*
mánager ['manajer] *mf* manager *mf*
manantial [manan'tjal] *m* source *f*
mancha ['mantʃa] *f* tache *f*
manchar [man'tʃar] *vt* tacher ◆ **mancharse** *vp* se tacher
manco, ca ['manko, ka] *adj* manchot(e)
mancuerna [man'kuerna] *f (CAm & Méx)* bouton *m* de manchette
mandar [man'dar] *vt* **1.** *(dar órdenes)* ordonner **2.** *(enviar)* envoyer **3.** *(dirigir)*

commander • **mandar hacer algo** faire faire qqch • **¿mande?** (*Amér*) pardon ?

mandarina [manda'rina] *f* mandarine *f*

mandíbula [man'diβula] *f* mâchoire *f*

mando ['mando] *m* **1.** (*autoridad*) commandement *m* **2.** (*jefe*) cadre *m* **3.** (*instrumento*) commande *f* • **mando a distancia** télécommande *f*

manecilla [mane'θiʎa] *f* aiguille *f* (*de montre*)

manejable [mane'xaβle] *adj* maniable

manejar [mane'xar] *vt* **1.** (*herramienta, aparato*) manier **2.** (*dinero*) brasser **3.** (*fig*) (*persona*) mener **4.** (*Amér*) conduire

manejo [ma'nexo] *m* **1.** (*de herramienta, aparato*) maniement *m* **2.** (*de dinero*) brassage *m* **3.** (*fig*) (*engaño, astucia*) manigances *fpl*

manera [ma'nera] *f* manière *f* • **de esta manera** comme ça • **de cualquier manera** (*mal*) n'importe comment ; (*de todos modos*) de toute façon • **de manera que** de telle sorte que ◆ **maneras** *fpl* (*comportamiento*) manières *fpl*

manga ['manga] *f* **1.** (*de prenda*) manche *f* **2.** (*para regar*) tuyau *m* **3.** (*cómic*) manga *m*

mango ['mango] *m* **1.** (*asa*) manche *m* **2.** (*fruto*) mangue *f* **3.** (*árbol*) manguier *m*

manguera [man'gera] *f* tuyau *m* d'arrosage

maní [ma'ni] *m* (*Andes, CAm & RP*) cacahouète *f*

manía [ma'nia] *f* manie *f* • **cogerle manía a alguien** prendre qqn en grippe

maniático, ca [mani'atiko, ka] *adj* maniaque

manicomio [mani'komjo] *m* asile *m* (*d'aliénés*)

manicura [mani'kura] *f* manucure *f* • **hacerse la manicura** se faire les ongles

manifestación [manifesta'θjon] *f* manifestation *f*

manifestante [manifes'tante] *mf* manifestant *m*, -e *f*

manifestar [manifes'tar] *vt* manifester ◆ **manifestarse** *vp* se manifester

manifiesto, ta [mani'fjesto, ta] *adj* manifeste ◇ *m* manifeste *m*

manillar [mani'ʎar] *m* guidon *m*

maniobra [ma'njoβra] *f* manœuvre *f*

manipular [manipu'lar] *vt* manipuler

maniquí [mani'ki] *m* & *mf* mannequin *m*

manito [ma'nito] *m* (*Amér*) (*fam*) pote *m*

manivela [mani'βela] *f* manivelle *f*

mano ['mano] *f* **1.** main *f* **2.** (*capa*) couche *f* **3.** (*de juego*) partie *f* ◇ *m* (*CAm & Méx*) (*fam*) pote *m* • **mano de obra** main-d'œuvre *f* • **a mano** (*sin máquina*) à la main ; (*cerca*) sous la main • **a mano derecha/izquierda** à droite/gauche • **de segunda mano** d'occasion • **dar la mano a alguien** serrer la main à qqn • **echar una mano a alguien** donner un coup de main à qqn

manopla [ma'nopla] *f* moufle *f*

manosear [manose'ar] *vt* tripoter

mansión [man'sjon] *f* demeure *f* ≃ hôtel *m* particulier

manso, sa ['manso, sa] *adj* **1.** (*animal*) docile **2.** (*persona*) paisible

manta ['manta] *f* couverture *f*

manteca [man'teka] *f* **1.** (*de animal*) graisse *f* **2.** (*de leche*) beurre *m* • **manteca**

de cacao beurre de cacao • **manteca de cerdo** saindoux *m*

mantecado [mante'kaðo] *m* **1.** *(de Navidad) petit gâteau fait de pâte sablée au saindoux que l'on mange à Noël* **2.** *(helado)* crème *f* glacée

mantel [man'tel] *m* nappe *f*

mantelería [mantele'ria] *f* linge *m* de table

mantener [mante'ner] *vt* **1.** maintenir **2.** *(conservar)* conserver **3.** *(sujetar)* soutenir **4.** *(sustentar, tener)* entretenir **5.** *(promesa, palabra)* tenir ◆ **mantenerse** *vp* • **mantenerse (de** o **con)** vivre (de) • **mantenerse en pie** tenir debout • **mantenerse joven** rester jeune

mantenimiento [manteni'mjento] *m* entretien *m*

mantequería [manteke'ria] *f* crémerie *f*

mantequilla [mante'kiʎa] *f* beurre *m*

mantero, ra [man'tero, ra] *m, f (fam) (vendedor callejero)* vendeur *m*, -euse *f* à la sauvette

mantilla [man'tiʎa] *f* mantille *f*

mantón [man'ton] *m* châle *m*

manual [manu'al] *adj* manuel(elle) ◇ *m* manuel *m*

manualidades [manuali'ðaðes] *fpl* travaux *mpl* manuels

manuscrito [manus'krito] *m* manuscrit *m*

mañana [ma'ɲana] *f* matin *m* ◇ *m (futuro)* lendemain *m* ◇ *adv (día siguiente)* demain • **a las dos de la mañana** à deux heures du matin • **por la mañana** le matin • **mañana por la mañana** demain matin

manzana [man'θana] *f* **1.** *(fruto)* pomme *f* **2.** *(de casas)* pâté *m* de maisons • **manzanas al horno** pommes au four

manzanilla [manθa'niʎa] *f* **1.** *(infusión)* camomille *f* **2.** *(vino)* manzanilla *m*

mañanitas [maɲa'nitas] *fpl (Amér) chant populaire mexicain à l'occasion d'un anniversaire*

manzano [man'θano] *m* pommier *m*

mapa ['mapa] *m* carte *f (plan)* • **mapa de la ciudad** plan *m* de ville

maqueta [ma'keta] *f* maquette *f*

maquetación [maketa'θjon] *f* mise *f* en page

maquillaje [maki'ʎaxe] *m* maquillage *m*

maquillar [maki'ʎar] *vt* maquiller ◆ **maquillarse** *vp* se maquiller

máquina ['makina] *f* **1.** machine *f* **2.** *(locomotora)* locomotive *f* **3.** *(CAm & Cuba) (coche)* voiture *f* • **máquina de afeitar** rasoir *m* électrique • **máquina de coser** machine à coudre • **máquina fotográfica** appareil *m* photo • **a máquina** à la machine

maquinaria [maki'narja] *f* machinerie *f*

maquinilla [maki'niʎa] *f* rasoir *m* (électrique)

maquinista [maki'nista] *mf (de metro, tren)* mécanicien *m*

mar ['mar] *m* o *f* mer *f* • **el mar Cantábrico** le golfe de Gascogne • **el mar Mediterráneo** la mer Méditerranée • **la mar de cosas** *(fam) (gran cantidad)* plein de choses • **la mar de bien** *(fam) (muy)* super o vachement bien

maracas [ma'rakas] *fpl* maracas *fpl*

maratón [mara'ton] *m* o *f* marathon *m*

maravilla [mara'βiʎa] *f* **1.** *(cosa extraordinaria)* merveille *f* **2.** *(impresión)* émerveillement *m*
maravilloso, sa [maraβi'ʎoso, sa] *adj* merveilleux(euse)
marca ['marka] *f* **1.** marque *f* **2.** *(en deporte)* score *m* • **marca registrada** marque déposée • **de marca** *(ropa, producto)* de marque
marcado, da [mar'kaðo, ða] *adj* marqué(e)
marcador [marka'ðor] *m* **1.** *(panel)* tableau *m* d'affichage **2.** *(rotulador)* marqueur *m*
marcapasos [marka'pasos] *m inv* pacemaker *m*
marcar [mar'kar] *vt* **1.** marquer **2.** *(indicar, señalar)* indiquer **3.** *(número de teléfono)* composer **4.** *(pelo)* faire un brushing • **marcar un gol** marquer un but
marcha ['martʃa] *f* **1.** *(partida)* départ *m* **2.** *(de vehículo)* vitesse *f* **3.** *(desarrollo, pieza musical)* marche *f* **4.** (*fam*) *(animación)* ambiance *f* • **ir de marcha** (*fam*) faire la fête • **poner algo en marcha** mettre qqch en route
marchar [mar'tʃar] *vi (soldado)* marcher au pas ◆ **marcharse** *vp* s'en aller
marchitarse [martʃi'tarse] *vp* se faner
marchoso, sa [mar'tʃoso, sa] *adj* (*fam*) **1.** *(persona)* fêtard(e) **2.** *(música)* qui bouge bien **3.** *(sala, ciudad, bar)* animé(e)
marciano, na [mar'θjano, na] *m, f* martien *m*, -enne *f*
marco ['marko] *m* **1.** cadre *m* **2.** *(de puerta, ventana)* encadrement *m*
marea [ma'rea] *f* marée *f* • **marea negra** marée noire
mareado, da [mare'aðo, ða] *adj* • **estar mareado** avoir mal au cœur
marearse [mare'arse] *vp* **1.** *(en coche, avión)* avoir mal au cœur **2.** *(en barco)* avoir le mal de mer
marejada [mare'xaða] *f* houle *f*
marejadilla [marexa'ðiʎa] *f* houle *f* moyenne
maremoto [mare'moto] *m* raz de marée *m*
mareo [ma'reo] *m* **1.** *(malestar)* mal *m* au cœur **2.** *(en barco)* mal *m* de mer
marfil [mar'fil] *m* ivoire *m*
margarina [marɣa'rina] *f* margarine *f*
margarita [marɣa'rita] *f* marguerite *f*
margen ['marxen] *m* **1.** marge *f* **2.** *(de camino, río)* rive *f* **3.** *(para actuar)* marge *f* de manœuvre
marginación [marxina'θjon] *f* marginalisation *f*
marginado, da [marxi'naðo, ða] *m, f* marginal *m*, -e *f*
mariachi [ma'rjatʃi] *m* (*Amér*) mariachi *m*

Los mariachis

Ces musiciens mexicains, qui portent un pantalon noir, un boléro richement orné et un grand sombrero, se réunissent en orchestres pour interpréter des chansons au cours de fêtes populaires, dans les restaurants et dans la rue. On peut les faire venir chez soi à l'occasion d'un anniversaire, d'un mariage, etc.

maricón [mari'kon] *m* (*vulg & despec*) pédé *m*
marido [ma'riðo] *m* mari *m*
marihuana [mari'wana] *f* marijuana *f*
marina [ma'rina] *f* marine *f*
marinero, ra [mari'nero, ra] *adj* (*pueblo*) de marins • **a la marinera** (*almejas, mejillones*) (à la) marinière
marino [ma'rino] *m* marin *m*
marioneta [mario'neta] *f* marionnette *f*
mariposa [mari'posa] *f* papillon *m*
mariquita [mari'kita] *f* coccinelle *f*
mariscada [maris'kaða] *f* ≃ plateau *m* de fruits de mer
marisco [ma'risko] *m* fruits *mpl* de mer
marisma [ma'rizma] *f* marais *m* (*du littoral*)
marítimo, ma [ma'ritimo, ma] *adj* maritime
marmitaco, marmitako [marmi'tako] *m plat typique du Pays basque à base de morue et de pommes de terre*
mármol ['marmol] *m* marbre *m*
marqués, esa [mar'kes, esa] *m, f* marquis *m*, -e *f*
marquesina [marke'sina] *f* marquise *f* (*auvent*)
marrano, na [ma'rano, na] *adj* (*fam*) (*sucio*) cochon(onne) ◇ *m, f* (*animal*) cochon *m*, truie *f* • **¡que tío más marrano!** (*fam*) quel saligaud !
marrón [ma'ron] *adj* marron
marroquí [maro'ki] *adj* marocain(e) ◇ *mf* Marocain *m*, -e *f*
Marruecos [ma'ruekos] *s* Maroc *m*
martes ['martes] *m inv* mardi *m* • **cada martes** o **todos los martes** tous les mardis • **caer en martes** tomber un mardi • **el próximo martes** o **el martes que viene** mardi prochain • **viene el martes** il vient mardi • **el martes pasado** mardi dernier • **el martes por la mañana/tarde/noche** mardi matin/après-midi/soir • **este martes** (*pasado*) mardi dernier ; (*próximo*) mardi prochain • **los martes** le mardi
martillo [mar'tiʎo] *m* marteau *m*
mártir ['martir] *mf* martyr *m*, -e *f*.
marzo ['marθo] *m* mars *m* • **a principios/finales de marzo** début/fin mars • **a mediados de marzo** à la mi-mars • **el pasado/próximo (mes de) marzo** en mars dernier/prochain • **en marzo** en mars • **este (mes de) marzo** (*pasado*) en mars dernier ; (*próximo*) en mars prochain • **para marzo** en mars • **uno de los marzos más lluviosos** l'un des mois de mars les plus pluvieux • **el nueve de marzo** le neuf mars
más ['mas] *adv*
1. plus • **Juan es más alto/ambicioso** Juan est plus grand/ambitieux • **más peras/aire** plus de poires/d'air • **más de/que** plus de/que • **Juan es más joven que tú** Juan est plus jeune que toi • **de más** de o en trop • **el/la más** le/la plus • **dos más dos** deux plus deux
2. (*en frases negativas*) • **no quiero más** je n'en veux plus • **ni un día más** pas un jour de plus
3. (*con pron interrogativo o indefinido*) • **¿quién/qué más?** qui/quoi d'autre ? • **no vino nadie más** personne d'autre n'est venu
4. (*indica intensidad*) • **¡qué día más bonito!** quelle belle journée ! • **¡es más tonto!** qu'est-ce qu'il est bête !

5. *(indica preferencia)* mieux • **más vale que te quedes en casa** il vaut mieux que tu restes à la maison
6. *(en locuciones)* • **más o menos** plus ou moins • **¿qué más da?** qu'est-ce que ça peut faire ? • **dijo poco más al respecto** il n'a pas dit grand-chose à ce sujet • **no está contento, es más, está enfadado** il n'est pas content, je dirais même qu'il est fâché • **por más que lo intente no lo conseguirá** il aura beau essayer, il n'y arrivera pas
◇ *m inv (en matemáticas)* plus *m* • **tuvo sus más y sus menos** il y a eu des hauts et des bas
masa ['masa] *f* **1.** masse *f* **2.** *(de pan, bizcocho)* pâte *f* **3.** *(Amér)* *(pastelillo)* petit gâteau *m*
masaje [ma'saxe] *m* massage *m*
masajista [masa'xista] *mf* masseur *m*, -euse *f*
mascar [mas'kar] *vt* mâcher
máscara ['maskara] *f* masque *m*
mascarilla [maska'riʎa] *f* masque *m*
mascota [mas'kota] *f* mascotte *f*
masculino, na [masku'lino, na] *adj* masculin(e)
masía [ma'sia] *f* ferme *f (en Catalogne)*
masticar [masti'kar] *vt* mastiquer
mástil ['mastil] *m* mât *m*
matadero [mata'ðero] *m* abattoir *m*
matador [mata'ðor] *m* matador *m*
matambre [ma'tambre] *m* *(RP)* plat *m* de côtes
matamoscas [mata'moskas] *m inv (paleta)* tapette *f*
matanza [ma'tanθa] *f* **1.** *(de personas, animales)* tuerie *f* **2.** *(de cerdo)* abattage *m*
matar [ma'tar] *vt* **1.** tuer **2.** *(brillo, color)* ternir ◆ **matarse** *vp* se tuer
matarratas [mata'ratas] *m inv* **1.** *(veneno)* mort-aux-rats *f* **2.** *(fam)* *(bebida)* tord-boyaux *m*
matasellos [mata'seʎos] *m inv* cachet *m*
mate ['mate] *adj* mat(e) ◇ *m* **1.** *(planta, infusión)* maté *m* **2.** *(en ajedrez)* mat *m*
matemáticas [mate'matikas] *fpl* mathématiques *fpl*
matemático, ca [mate'matiko, ka] *adj* mathématique
materia [ma'teria] *f* matière *f* • **materia prima** matière première
material [mate'rial] *adj* **1.** *(de materia)* matériel(elle) **2.** *(verdadero)* réel(elle) ◇ *m* **1.** *(componente)* matériau *m* **2.** *(instrumentos)* matériel *m*
maternidad [materni'ðað] *f* maternité *f*
materno, na [ma'terno, na] *adj* maternel(elle)
matinal [mati'nal] *adj* matinal(e)
matiz, ces [ma'tiθ, θes] *m* nuance *f*
matizar [mati'θar] *vt* nuancer
matón [ma'ton] *m* *(fam)* **1.** *(bravucón)* dur *m* **2.** *(guardaespaldas)* gorille *m* **3.** *(asesino)* homme *m* de main
matorral [mato'ral] *m* **1.** *(lugar)* fourré *m* **2.** *(arbusto)* buisson *m*
matrícula [ma'trikula] *f* **1.** *(de vehículo)* immatriculation *f* **2.** *(de colegio, universidad)* inscription *f* **3.** *(documento)* certificat *m* d'inscription • **matrícula de honor** ≃ félicitations *fpl* du jury
matricular [matriku'lar] *vt (coche)* immatriculer ◆ **matricularse** *vp* s'inscrire
matrimonio [matri'monio] *m* **1.** *(pareja)* couple *m* **2.** *(ceremonia)* mariage *m*

matutino, na [matu'tino, na] *adj* matinal(e)
maullar [maṷ'ʎar] *vi* miauler
maullido [maṷ'ʎiðo] *m* miaulement *m*
máxima ['maksima] *f* **1.** *(frase)* maxime *f* **2.** *(temperatura)* température *f* maximale
máximo, ma ['maksimo, ma] *adj* maximal(e) ◇ *m* maximum *m* • **como máximo** au maximum • **el máximo triunfo** le plus grand triomphe
maya ['maja] *adj* maya ◇ *mf* Maya *mf* ◇ *m (lengua)* maya *m*
mayo ['majo] *m* mai *m* • **a principios/finales de mayo** début/fin mai • **a mediados de mayo** à la mi-mai • **el pasado/próximo (mes de) mayo** en mai dernier/prochain • **en mayo** en mai • **este (mes de) mayo** *(pasado)* en mai dernier ; *(próximo)* en mai prochain • **para mayo** en mai • **uno de los mayos más lluviosos** l'un des mois de mai les plus pluvieux • **el seis de mayo** le six mai
mayonesa [majo'nesa] *f* mayonnaise *f*
mayor [ma'jor] *adj* **1.** *(en edad)* plus âgé(e) **2.** *(en tamaño)* plus grand(e) **3.** *(en importancia, calidad)* supérieur(e) • **al por mayor** en gros • **la mayor parte** la majorité ◇ *m (en el ejército)* major *m* • **mayor de edad** majeur(e) ◇ *mf* • **el/la mayor** *(en edad)* le plus âgé/la plus âgée ; *(en tamaño, importancia)* le plus grand/la plus grande • **los mayores** *(adultos)* les grandes personnes
mayoreo [majo'reo] *m* *(Amér)* vente *f* en gros
mayoría [majo'ria] *f* majorité *f*
mayúscula [ma'juskula] *f* majuscule *f* • **en mayúscula** en majuscules
mazapán [maθa'pan] *m* massepain *m*
mazo ['maθo] *m* **1.** *(de madera)* maillet *m* **2.** *(Amér)* *(de cartas)* paquet *m*
MB (*abr escrita de megabyte*) *m inv* Mo *m (megaoctet)*
me [me] *pron* **1.** me, m' *(delante de vocal)* • **viene a verme** il vient me voir • **me quiere** il m'aime • **me levanto a las siete** je me lève à sept heures **2.** *(en imperativo)* moi, me • **¡mírame!** regarde-moi ! • **¡no me digas que no!** ne me dis pas non !
mear [me'ar] *vi* *(vulg)* pisser
mecánica [me'kanika] *f* mécanique *f*
mecánico, ca [me'kaniko, ka] *adj* mécanique ◇ *m* mécanicien *m*
mecanismo [meka'nizmo] *m* mécanisme *m*
mecedora [meθe'ðora] *f* fauteuil *m* à bascule
mecer [me'θer] *vt* bercer
mecha ['metʃa] *f* mèche *f*
mechero [me'tʃero] *m* briquet *m*
mechón [me'tʃon] *m* mèche *f*
medalla [me'ðaʎa] *f* médaille *f*
medallón [meða'ʎon] *m* médaillon *m* • **medallones de rape** médaillons de lotte • **medallones de solomillo** tournedos *mpl*
media ['meðja] *f (promedio)* moyenne *f* ◆ **medias** ['meðjas] *fpl* **1.** *(de mujer)* bas *mpl* **2.** *(Amér)* *(calcetines)* chaussettes *fpl* ◇ *mpl (de comunicación)* médias *mpl* ➤ **medio**
mediado, da [me'ðjaðo, ða] *adj* • **a mediados de** vers le milieu de
mediana [me'ðjana] *f* **1.** *(en geometría)* médiane *f* **2.** *(de autopista)* ligne *f* blanche

mediano, na [me'ðjano, na] *adj* moyen(enne)
medianoche [meðja'notʃe] *f* minuit *m*
mediante [me'ðjante] *prep* grâce à
mediar [me'ðjar] *vi* **1.** *(transcurrir)* s'écouler **2.** *(interceder)* intercéder • **mediaba el mes de julio** c'était la mi-juillet • **media un kilómetro entre las dos casas** il y a un kilomètre entre les deux maisons
medicamento [meðika'mento] *m* médicament *m* • **medicamento genérico** (médicament) générique *m*
medicina [meði'θina] *f* **1.** *(ciencia)* médecine *f* **2.** *(medicamento)* médicament *m*
medicinal [meðiθi'nal] *adj* médicinal(e)
médico, ca ['meðiko, ka] *m, f* médecin *m* • **médico de guardia** médecin de garde
medida [me'ðiða] *f* mesure *f* • **medidas de seguridad** mesures de sécurité • **a medida que** au fur et à mesure que • **tomar medidas** prendre des mesures
medieval [meðje'βal] *adj* médiéval(e)
medio, dia ['meðjo, ðja] *adj* **1.** *(mitad de)* demi(e) **2.** *(mediano)* moyen(enne) • **medio ambiente** environnement *m* • **media hora** demi-heure *f* • **medio kilo (de)** une livre (de) • **media docena (de)** une demi-douzaine (de) • **media pensión** demi-pension *f* • **a medias** *(sin terminar)* à moitié ; *(partido entre dos)* moitié moitié ◇ *adv (no del todo)* à moitié • **medio loco** à moitié fou • **a medio hacer** à moitié fait ◇ *m* **1.** *(mitad)* moitié *f* **2.** *(centro, ambiente)* milieu *m* **3.** *(manera)* moyen *m* • **en medio de** au milieu de • **por medio de** au moyen de ◆ **medios** *mpl (recursos)* moyens *mpl* • **medios (de comunicación)** médias *mpl*
mediocre [me'ðjokre] *adj* médiocre
mediocridad [meðjokri'ðað] *f* médiocrité *f*
mediodía [meðjo'ðia] *m* midi *m*
mediopensionista [ˌmeðjopensjo'nista] *mf* demi-pensionnaire *mf*
medir [me'ðir] *vt* mesurer
meditar [meði'tar] *vt & vi* méditer
mediterráneo, a [meðite'raneo, a] *adj* méditerranéen(enne) • **el (mar) Mediterráneo** la (mer) Méditerranée
médium ['meðjum] *mf* médium *mf*
medusa [me'ðusa] *f* méduse *f*
megabyte [meɣa'bajt] *m* *INFORM* mégaoctet *m*
megáfono [me'ɣafono] *m* haut-parleur *m*
mejilla [me'xiʎa] *f* joue *f*
mejillón [mexi'ʎon] *m* moule *f* • **mejillones a la marinera** moules (à la) marinière
mejor [me'xor] *adj* meilleur(e) ◇ *adv* mieux ◇ *interj* tant mieux ! • **el/la mejor** le meilleur/la meilleure • **la mejor alumna** la meilleure élève • **es mejor que...** il vaut mieux que... • **a lo mejor** peut-être • **a lo mejor viene** il viendra peut-être
mejora [me'xora] *f* **1.** amélioration *f* **2.** *(de sueldo)* augmentation *f*
mejorar [mexo'rar] *vt* **1.** améliorer **2.** *(superar)* être meilleur(e) **3.** • **este medicamento lo mejoró** *(enfermo)* ce médicament lui a fait du bien ◇ *vi* **1.** *(enfermo)* aller mieux **2.** *(tiempo, clima)* s'améliorer ◆ **mejorarse** *vp* **1.** *(enfermo)* aller mieux **2.** *(tiempo, clima)* s'améliorer
mejoría [mexo'ria] *f* amélioration *f*
melancolía [melanko'lia] *f* mélancolie *f*

melancólico, ca [melan'koliko, ka] *adj* mélancolique
melena [me'lena] *f* **1.** *(de persona)* longue chevelure *f* **2.** *(de león)* crinière *f*
mella ['meʎa] *f* **1.** *(en arma, herramienta)* brèche *f* **2.** *(en dientes)* trou *m* • **hacer mella en alguien** marquer qqn
mellizo, za [me'ʎiθo, θa] *adj* jumeau(elle) ◆ **mellizos** *mpl* jumeaux *mpl*
melocotón [meloko'ton] *m* *(Esp)* pêche *f* • **melocotón en almíbar** pêche au sirop
melocotonero [melokoto'nero] *m* *(Esp)* pêcher *m*
melodía [melo'ðia] *f* mélodie *f*
melodrama [melo'ðrama] *m* mélodrame *m*
melodramático, ca [meloðra'matiko, ka] *adj* mélodramatique
melón [me'lon] *m* melon *m* • **melón con jamón** melon et jambon de pays
membrillo [mem'briʎo] *m* coing *m*
memorable [memo'raβle] *adj* mémorable
memoria [me'moria] *f* **1.** mémoire *f* **2.** *(recuerdo)* souvenir *m* **3.** *(estudio)* mémoire *m* **4.** *(informe)* rapport *m* • **de memoria** par cœur • **escribir sus memorias** écrire ses mémoires • **memoria caché** mémoire cache • **memoria intermedia** mémoire tampon • **memoria de sólo lectura** mémoire morte • **memoria viva** mémoire vive
memorizar [memori'θar] *vt* mémoriser
menaje [me'naxe] *m* *(de cocina)* ustensiles *mpl*
mención [men'θjon] *f* mention *f*
mencionar [menθjo'nar] *vt* mentionner
mendigo, ga [men'diɣo, ɣa] *m, f* mendiant *m*, -e *f*
menestra [me'nestra] *f* • **menestra de verduras** jardinière *f* de légumes
menor [me'nor] *adj* **1.** *(en edad)* plus jeune **2.** *(en tamaño)* plus petit(e) **3.** *(en importancia)* inférieur(e) **4.** *(en calidad)* mineur(e) ◇ *mf (persona)* mineur *m*, -e *f* • **menor de edad** mineur *m*, -e *f* • **el/la menor** *(en edad)* le/la plus jeune ; *(en tamaño)* le plus petit/la plus petite ; *(en importancia)* le/la moindre
Menorca [me'norka] *s* Minorque
menos ['menos] *adv* **1.** *(comparativo)* • **está menos gordo** il est moins gros • **menos manzanas/aire** moins de pommes/d'air • **menos de/que** moins de/que • **tengo menos calor que ayer** j'ai moins chaud qu'hier • **de menos** en moins **2.** *(superlativo)* • **el/la/lo menos** le/la/le moins **3.** *(en matemáticas, horas)* moins • **son las cuatro menos diez** il est quatre heures moins dix • **tres menos dos igual a uno** trois moins deux égale un **4.** *(excepto)* sauf • **acudieron todos menos él** ils sont tous venus sauf lui **5.** *(en locuciones)* • **a menos que** à moins que • **al menos** o **por lo menos** au moins • **un poco menos** un peu moins • **es lo de menos** ce n'est pas le plus important • **¡menos mal!** heureusement ! ◇ *m inv* moins *m* • **el menos es el signo de la resta** le moins est le signe de la soustraction
menospreciar [menospre'θjar] *vt* **1.** *(despreciar)* mépriser **2.** *(apreciar poco)* sous-estimer
menosprecio [menos'preθjo] *m* mépris *m*

mensaje [men'saxe] *m* message *m* • **dejar un mensaje** laisser un message/un mot
mensajero, ra [mensa'xero, ra] *m, f* **1.** *(de mensajes)* messager *m*, -ère *f* **2.** *(de paquetes, cartas)* coursier *m*, -ère *f* • **enviar** o **mandar a un mensajero** envoyer un coursier
menstruación [menstrua'θion] *f* menstruation *f*
mensual [mensu'al] *adj* mensuel(elle)
menta ['menta] *f* menthe *f* • **a la menta** à la menthe
mental [men'tal] *adj* mental(e)
mente ['mente] *f* esprit *m*
mentir [men'tir] *vi* mentir
mentira [men'tira] *f* mensonge *m*
mentiroso, sa [menti'roso, sa] *m, f* menteur *m*, -euse *f*
mentón [men'ton] *m* menton *m*
menú [me'nu] *m* menu *m* • **menú de degustación** menu dégustation • **menú del día** menu du jour • **menú desplegable** *INFORM* menu déroulant • **menú de Inicio** *INFORM* menu Démarrer
menudeo [menu'ðeo] *m* *(Amér)* vente *f* au détail
menudo, da [me'nuðo, ða] *adj* **1.** *(persona)* menu(e) **2.** *(objeto, cosa)* petit(e) **3.** *(antes de sustantivo) (para enfatizar)* • **¡menuda sorpresa!** quelle surprise ! • **¡menudo lío!** tu parles d'une histoire ! • **¡menudo artista!** quel grand artiste ! • **¡menuda suerte he tenido!** j'ai eu une de ces chances ! • **a menudo** souvent
meñique [me'ɲike] *m* petit doigt *m*
mercadillo [merka'ðiʎo] *m* marché *m*
mercado [mer'kaðo] *m* marché *m*
mercancía [merkan'θia] *f* marchandise *f*
mercantil [merkan'til] *adj* commercial(e)
mercería [merθe'ria] *f* mercerie *f*
mercurio [mer'kurio] *m* mercure *m*
merecer [mere'θer] *vt* mériter ♦ **merecerse** *vp* mériter
merendar [meren'dar] *vi* goûter *(l'après-midi)* ◇ *vt* • **merendar algo** prendre qqch au goûter
merendero [meren'dero] *m* buvette *f*
merengue [me'renge] *m* meringue *f*
meridiano, na [meri'ðiano, na] *adj* **1.** *(del mediodía)* de midi **2.** *(fig) (evidente)* éclatant(e) ◇ *m (de la Tierra)* méridien *m*
meridional [meriðio'nal] *adj* méridional(e)
merienda [me'rienda] *f* **1.** *(de media tarde)* goûter *m* **2.** *(para excursión)* pique-nique *m*
mérito ['merito] *m* mérite *m*
merluza [mer'luθa] *f* colin *m* • **merluza a la plancha** colin grillé • **merluza a la romana** colin à la romaine • **merluza a la vasca** *colin en sauce avec un œuf poché*
mermelada [merme'laða] *f* confiture *f*
mero ['mero] *m* mérou *m* • **mero a la plancha** mérou grillé
mes ['mes] *m* mois *m* • **en el mes de** au mois de
mesa ['mesa] *f* table *f* • **poner/quitar la mesa** mettre/débarrasser la table
mesero, ra [me'sero, ra] *m, f* *(Amér)* serveur *m*, -euse *f*
meseta [me'seta] *f* plateau *m (relief)*
mesilla [me'siʎa] *f* • **mesilla de noche** table *f* de nuit
mesón [me'son] *m* auberge *f*

mestizo, za [mes'tiθo, θa] *m, f* métis *m*, -isse *f*

meta ['meta] *f* **1.** but *m* **2.** *(de carrera)* ligne *f* d'arrivée

metáfora [me'tafora] *f* métaphore *f*

metal [me'tal] *m* métal *m*

metálico, ca [me'taliko, ka] *adj* métallique ◇ *m (dinero)* liquide *m* • **en metálico** en liquide

meteorito [meteo'rito] *m* météorite *f*

meteorología [meteorolo'xia] *f* météorologie *f*

meter [me'ter] *vt* **1.** *(introducir)* mettre • **meter algo/a alguien en** mettre qqch/qqn dans • **meter dinero en el banco** mettre de l'argent à la banque • **lo han metido en la cárcel** on l'a mis en prison **2.** *(hacer participar)* • **me ha metido en la asociación** il m'a fait entrer dans l'association **3.** *(causar)* • **meter miedo a alguien** faire peur à qqn • **¡no me metas prisa!** ne me bouscule pas ! • **no metas ruido** ne fais pas de bruit **4.** *(fam) (hacer soportar)* • **nos meterá su discurso** il va nous sortir son discours **5.** *(fam) (imponer)* • **me han metido una multa** on m'a collé une amende **6.** *(fam) (echar)* • **le metieron una bronca por llegar tarde** il s'est fait engueuler parce qu'il était en retard ◆ **meterse** *vp (estar)* • **¿dónde se ha metido?** où est-il passé ? ◆ **meterse a** *v prep* **1.** *(dedicarse a)* devenir **2.** *(empezar)* se mettre à ◆ **meterse con** *v prep* **1.** *(atacar, molestar)* s'en prendre à **2.** *(incordiar)* chercher ◆ **meterse en** *v prep* **1.** *(entrar)* entrer dans • **se metió en el cine** il est entré dans le cinéma **2.** *(entrometerse)* se mêler de **3.** *(mezclarse con)* être mêlé(e) à

método ['metoðo] *m* méthode *f*

metralla [me'traʎa] *f* mitraille *f*

metro ['metro] *m* **1.** mètre *m* **2.** *(transporte)* métro *m*

metrópoli [me'tropoli] *f* métropole *f*

mexicano, na [mexi'kano, na] *adj* mexicain(e) ◇ *m, f* Mexicain *m*, -e *f*

México ['mexiko] *s* Mexique *m*

mezcla ['meθkla] *f* mélange *m*

mezclar [meθ'klar] *vt* **1.** mélanger **2.** *(en negocio, asunto)* mêler ◆ **mezclarse en** *v prep (asunto)* se mêler de

mezquino, na [meθ'kino, na] *adj* mesquin(e)

mezquita [meθ'kita] *f* mosquée *f*

mg (*abr escrita de miligramo*) mg *(milligramme)*

mi [mi] (*pl* **mis** [mis]) *adj* mon (ma) • **mis libros** mes livres

mí ['mi] *pron* moi • **piensa en mí** pense à moi • **¿te acuerdas de mí?** tu te souviens de moi ? • **¡a mí qué!** et alors ! • **por mí...** en ce qui me concerne...

mico ['miko] *m* ouistiti *m*

microbio [mi'kroβio] *m* microbe *m*

micrófono [mi'krofono] *m* microphone *m*

microondas [mikro'ondas] *m inv* micro-ondes *m inv*

microordenador [mikroorðena'ðor] *m* microordinateur *m*

microprocesador [mikroproθesa'ðor] *m* microprocesseur *m*

microscopio [mikros'kopio] *m* microscope *m*

miedo ['mieðo] *m* peur *f* • **tener miedo de** avoir peur de

miedoso, sa [mje'ðoso, sa] *adj* peureux(euse)
miel ['mjel] *f* miel *m*
miembro ['mjembro] *m* membre *m*
mientras ['mjentras] *conj* **1.** *(hasta que)* tant que **2.** *(al tiempo que)* pendant que • **mientras que** *(por el contrario)* alors que • **mientras (tanto)** pendant ce temps • **mientras esté aquí** tant que je serai là
miércoles ['mjerkoles] *m inv* mercredi *m* • **cada miércoles** o **todos los miércoles** tous les mercredis • **caer en miércoles** tomber un mercredi • **el próximo miércoles** o **el miércoles que viene** mercredi prochain • **viene el miércoles** il vient mercredi • **el miércoles pasado** mercredi dernier • **el miércoles por la mañana/tarde/noche** mercredi matin/après-midi/soir • **este miércoles** *(pasado)* mercredi dernier ; *(próximo)* mercredi prochain • **los miércoles** le mercredi
mierda ['mjerða] *f* merde *f* ◇ *interj (vulg)* merde !
mies ['mjes] *f* **1.** *(cereal)* blé *m* mûr **2.** *(siega)* moisson *f*
miga ['miɣa] *f* **1.** *(de pan)* mie *f* **2.** *(trocito)* miette *f* • **el tema tiene miga** *(fig)* le sujet est plein d'intérêt ◆ **migas** *fpl (guiso) pain émietté, imbibé de lait et frit*
migaja [mi'ɣaxa] *f* miette *f*
migra ['miɣra] *f (Amér) (fam) police de l'immigration au Sud des États-Unis*
mil ['mil] *núm* mille
milagro [mi'laɣro] *m* miracle *m* • **de milagro** par miracle
milanesa [mila'nesa] *f* • **a la milanesa** à la milanaise
milenario, ria [mile'narjo, rja] *adj* millénaire ◇ *m* millénaire *m*
milenio [mi'lenjo] *m* millénaire *m*
milésimo, ma [mi'lesimo, ma] *adj* millième
mili ['mili] *f (fam)* service *m* (militaire) • **hacer la mili** faire son service
miligramo [mili'ɣramo] *m* milligramme *m*
mililitro [mili'litro] *m* millilitre *m*
milímetro [mi'limetro] *m* millimètre *m*
militante [mili'tante] *mf* militant *m*, -e *f*
militar [mili'tar] *adj* & *mf* militaire
milla ['miʎa] *f* **1.** *(en tierra)* mile *m* **2.** *(en mar)* mille *m* (marin)
millar [mi'ʎar] *m* millier *m*
millón [mi'ʎon] *núm* million *m*
millonario, ria [miʎo'narjo, rja] *m, f* millionnaire *mf*
mimado, da [mi'maðo, ða] *adj* gâté(e)
mimar [mi'mar] *vt* gâter
mímica ['mimika] *f* • **expresarse con mímica** s'exprimer par gestes
mimosa [mi'mosa] *f* mimosa *m*
min (*abr escrita de minuto*) min *(minute)*
mina ['mina] *f* mine *f*
mineral [mine'ral] *adj* minéral(e) ◇ *m (sustancia)* minerai *m*
minero, ra [mi'nero, ra] *m, f* mineur *m*
miniatura [minja'tura] *f* miniature *f*
minidisco [mini'ðisko] *m* minidisque *m*
minifalda [mini'falda] *f* minijupe *f*
minimizar [minimi'θar] *vt INFORM* réduire
mínimo, ma ['minimo, ma] *adj* minime ◇ *m* minimum *m* • **como mínimo** au minimum • **la temperatura mínima** la tem-

pérature minimale • **no tengo la más mínima idea** je n'en ai pas la moindre idée
ministerio [minis'terjo] *m* ministère *m*
ministro, tra [mi'nistro, tra] *m, f* ministre *m*
minoría [mino'ria] *f* minorité *f*
minoritario, ria [minori'tarjo, rja] *adj* minoritaire
minucioso, sa [minu'θjoso, sa] *adj* minutieux(euse)
minúscula [mi'nuskula] *f* minuscule *f* • **en minúscula** en minuscules
minúsculo, la [mi'nuskulo, la] *adj* minuscule
minusválido, da [minuz'βaliðo, ða] *m, f* handicapé *m*, -e *f*
minutero [minu'tero] *m* aiguille *f* des minutes
minuto [mi'nuto] *m* minute *f*
mío, mía ['mio, 'mia] *adj* à moi ◇ *pron* • **el mío** le mien • **la mía** la mienne • **este libro es mío** ce livre est à moi • **lo mío es la poesía** (*fam*) mon truc c'est la poésie • **un amigo mío** un de mes amis • **los míos** (*mi familia*) les miens *mpl*
miope [mi'ope] *adj* myope
miopía [mio'pia] *f* myopie *f*
mirada [mi'raða] *f* regard *m*
mirador [mira'ðor] *m* **1.** (*para ver un paisaje*) belvédère *m* **2.** (*balcón*) bow-window *m*
mirar [mi'rar] *vt* **1.** regarder **2.** (*vigilar*) faire attention à **3.** (*considerar*) prendre en considération ◇ *vi* (*estar orientado*) donner sur ◆ **mirarse** *vp* se regarder
mirilla [mi'riʎa] *f* judas *m* (*de porte*)
mirlo ['mirlo] *m* merle *m*
mirón, ona [mi'ron, ona] *m, f* (*fam*) **1.** (*curioso*) curieux *m*, -euse *f* **2.** (*que espía*) voyeur *m*, -euse *f*
misa ['misa] *f* messe *f* • **misa del gallo** messe de minuit
miserable [mise'raβle] *adj* **1.** misérable **2.** (*mezquino*) avare
miseria [mi'serja] *f* misère *f*
misericordia [miseri'korðja] *f* miséricorde *f*
misil [mi'sil] *m* missile *m*
misión [mi'sjon] *f* mission *f*
misionero, ra [misjo'nero, ra] *m, f* missionnaire *mf*
mismo, ma ['mizmo, ma] *adj* & *pron* même • **el/la mismo** le/la même • **ahora mismo** tout de suite • **lo mismo (que)** la même chose (que) • **me da lo mismo** ça m'est égal
misterio [mis'terjo] *m* mystère *m*
misterioso, sa [miste'rjoso, sa] *adj* mystérieux(euse)
mitad [mi'tað] *f* **1.** (*parte*) moitié *f* **2.** (*centro, medio*) milieu *m*
mitin ['mitin] *m* meeting *m*
mito ['mito] *m* mythe *m*
mitología [mitolo'xia] *f* mythologie *f*
mitote [mi'tote] *m* (*Amér*) (*fam*) grabuge *m* • **armar un mitote** ficher la pagaille
mixto, ta ['miksto, ta] *adj* mixte ◇ *m* *sandwich de pain de mie au jambon et au fromage*
ml (*abr escrita de mililitro*) ml (*millilitre*)
mm (*abr escrita de milímetro*) mm (*millimètre*)
mobiliario [moβi'ljarjo] *m* mobilier *m*

mocasines [moka'sines] *mpl* mocassins *mpl*
mochila [mo'tʃila] *f* sac *m* à dos
mocho ['motʃo] *m* balai *m* espagnol
mochuelo [mo'tʃuelo] *m* hibou *m*
moco ['moko] *m* morve *f*
moda ['moða] *f* mode *f* • **a la moda** à la mode • **estar de moda** être à la mode
modalidad [moðali'ðað] *f* **1.** modalité *f* **2.** *(en deporte)* catégorie *f*
modelo [mo'ðelo] *m* modèle *m* ◇ *mf* **1.** *(de artista)* modèle *m* **2.** *(de moda)* mannequin *m*
módem ['moðem] (*pl* **módems** ['moðems]) *m* modem *m*
modernismo [moðer'nizmo] *m (en arte)* art *m* nouveau
modernista [moðer'nista] *adj (en arte)* art nouveau
moderno, na [mo'ðerno, na] *adj* moderne
modestia [mo'ðestja] *f* modestie *f*
modesto, ta [mo'ðesto, ta] *adj* modeste
modificación [moðifika'θjon] *f* modification *f*
modificar [moðifi'kar] *vt* modifier
modisto, ta [mo'ðisto, ta] *m, f* grand couturier *m*
modo ['moðo] *m* **1.** façon *f* **2.** *GRAM & INFORM* mode *m* • **de modo que** alors • **no podía aguantarlo, de modo que me fui** je ne pouvais pas le supporter, alors je suis partie • **de ningún modo** en aucune façon • **de todos modos** de toute façon • **en cierto modo** d'une certaine façon
moflete [mo'flete] *m* bonne joue *f*
mogollón [moɣo'ʎon] *m (fam)* • **un mogollón de** un tas de
moho ['moo] *m* moisissure *f*
mojado, da [mo'xaðo, ða] *adj* mouillé(e)
mojar [mo'xar] *vt* **1.** mouiller **2.** *(pan)* tremper ◆ **mojarse** *vp* se mouiller
molde ['molde] *m* moule *m*
moldeado [molde'aðo] *m* mise *f* en plis
moldear [molde'ar] *vt* **1.** *(fundir)* mouler **2.** *(dar forma)* modeler • **moldear el pelo** faire une mise en plis
mole ['mole] *m* (*Méx*) *sauce épicée à base de tomates, d'ail, d'épices et parfois de chocolat, qui accompagne le poulet ou le riz*
molestar [moles'tar] *vt* **1.** *(incordiar)* déranger **2.** *(disgustar)* ennuyer **3.** *(doler)* faire mal ◆ **molestarse** *vp* **1.** *(enfadarse, ofenderse)* se vexer **2.** *(darse trabajo)* se déranger
molestia [mo'lestja] *f* **1.** *(fastidio)* gêne *f* **2.** *(dolor)* douleur *f* légère
molesto, ta [mo'lesto, ta] *adj* • **ser molesto** être gênant • **estar molesto** *(estar enfadado)* être fâché ; *(estar incómodo)* être gêné
molino [mo'lino] *m* moulin *m* • **molino de viento** moulin à vent
molusco [mo'lusko] *m* mollusque *m*
momento [mo'mento] *m* moment *m* • **al momento** à l'instant • **de momento, por el momento** pour le moment • **de un momento a otro** d'un moment à l'autre • **hace un momento** il y a un moment • **¡un momento!** un instant ! • **espérame, será un momento** attends-moi, j'en ai pour une minute
momia ['momja] *f* momie *f*

mona ['mona] ◆ **mona de Pascua** *f gâteau vendu à Pâques* ➤ **mono**
monada [mo'naða] *f* ● **es una monada** *(persona)* elle est mignonne ; *(cosa)* c'est mignon
monaguillo [mona'ɣiʎo] *m* enfant *m* de chœur
monarca [mo'narka] *m* monarque *m*
monarquía [monar'kia] *f* monarchie *f*
monasterio [monas'terio] *m* monastère *m*
Moncloa [mon'kloa] *f* ● **la Moncloa** *siège de la présidence du gouvernement espagnol*

La Moncloa

C'est, depuis 1977, la résidence officielle du chef du gouvernement espagnol et le siège de ce gouvernement. Situé au nord-ouest de Madrid, ce palais fait partie d'un ensemble de bâtiments officiels et a été l'objet de nombreux remaniements, en particulier après la guerre civile.

moneda [mo'neða] *f* pièce *f* (de monnaie)
monedero [mone'ðero] *m* porte-monnaie *m inv*
monitor, ra [moni'tor, ra] *m, f* moniteur *m*, -trice *f* ◇ *m (pantalla)* moniteur *m*
monja ['monxa] *f* religieuse *f*
monje ['monxe] *m* moine *m*
mono, na ['mono, na] *adj* mignon(onne) ● **¡qué mono!** comme c'est mignon ! ◇ *m, f* singe *m*, guenon *f* ◇ *m* **1.** *(prenda)* salopette *f* **2.** *(para trabajar)* bleu *m* de travail
monólogo [mo'noloɣo] *m* monologue *m*
monopatín [ˌmonopa'tin] *m* planche *f* à roulettes
monopolio [mono'polio] *m* monopole *m*
monótono, na [mo'notono, na] *adj* monotone
monovolumen [ˌmonoβo'lumen] *m* monospace *m*
monstruo ['monstruo] *m* monstre *m*
montacargas [monta'karɣas] *m inv* monte-charge *m*
montaje [mon'taxe] *m* **1.** *(de máquina, película)* montage *m* **2.** *(de espectáculo)* mise *f* en scène **3.** *(para engañar)* coup *m* monté
montaña [mon'taɲa] *f* montagne *f* ● **montaña rusa** montagnes russes
montañismo [monta'ɲizmo] *m* alpinisme *m*
montañoso, sa [monta'ɲoso, sa] *adj* montagneux(euse)
montar [mon'tar] *vt* **1.** monter **2.** *(nata)* fouetter ◇ *vi* monter ● **montar a caballo** monter à cheval ● **montar en bicicleta** faire du vélo
monte ['monte] *m* montagne *f*
montera [mon'tera] *f (de torero)* toque *f*
montón [mon'ton] *m* tas *m*
montura [mon'tura] *f* monture *f*
monumental [monumen'tal] *adj* monumental(e)
monumento [monu'mento] *m* monument *m*
moño ['moɲo] *m* chignon *m*
moqueta [mo'keta] *f* moquette *f*
mora ['mora] *f (fruto)* mûre *f* ➤ **moro**

… (fam) bak-

…] m 1. (acto, herida) … bouchée f

…[mo'reno, na] adj 1. (pelo) …(e) 2. (por el sol) bronzé(e)

moribundo, da [mori'βundo, da] adj moribond(e)

morir [mo'rir] vi mourir ◆ **morirse** vp mourir ◆ **morirse por** v prep ● **me muero por ir a esa fiesta** (fig) je meurs d'envie d'aller à cette fête

moro, ra ['moro, ra] adj 1. (en la Edad Media) maure mf 2. (despec) arabe ◇ m, f 1. (en la Edad Media) Maure mf 2. (despec) Arabe mf

morocho, cha [mo'rotʃo, tʃa] adj (Andes & RP) (fam) 1. (robusto) costaud(e) 2. (moreno) brun(e)

moroso, sa [mo'roso, sa] m, f mauvais payeur m

morralla [mo'raʎa] f (Méx) petite monnaie f

…] m (de animal) museau m …) gratis ◆ **morros** mpl

…ðela] f mortadelle f

… adj mortel(elle)

…tero] m mortier m

…o'saiko] m mosaïque f

…moska] f mouche f ● **por si las** …s (fam) au cas où

…**scatel** [moska'tel] m muscat m (vin doux)

mosquito [mos'kito] m moustique m

mostaza [mos'taθa] f moutarde f

mostrador [mostra'ðor] m comptoir m ● **mostrador de ayuda** INFORM assistance f ▼ **mostrador de facturación** (en aeropuerto) enregistrement

mostrar [mos'trar] vt montrer ◆ **mostrarse** vp se montrer

motel [mo'tel] m motel m

motivación [motiβa'θjon] f motivation f

motivar [moti'βar] vt motiver

motivo [mo'tiβo] m motif m ● **con motivo de** (a causa de) en raison de ; (para celebrar) à l'occasion de

moto ['moto] f moto f ● **moto acuática** scooter m des mers

motocicleta [motoθi'kleta] f motocyclette f

motociclismo [ˌmotoθi'klizmo] m motocyclisme m

motociclista [ˌmotoθi'klista] mf motocycliste mf

motocross [moto'kros] m inv motocross m

motoneta [moto'neta] f (Amér) scooter m

motor [mo'tor] m moteur m

motora [mo'tora] *f* bateau *m* à moteur

motorista [moto'rista] *mf* motocycliste *mf*

mountain bike ['moụntaịm'baịk] *f* VTT *m (vélo tout terrain)*

mousse ['mus] *f* mousse *f* • **mousse de chocolate/de limón** mousse au chocolat/au citron

mover [mo'βer] *vt* **1.** déplacer **2.** *(hacer funcionar)* faire marcher ◆ **moverse** *vp* **1.** *(agitarse)* bouger **2.** *(trasladarse)* se déplacer

movida [mo'βiða] *f (fam)* ambiance *f*

movido, da [mo'βiðo, ða] *adj* **1.** *(día)* chargé(e) **2.** *(conversación, viaje)* mouvementé(e) **3.** *(foto, imagen)* flou(e)

móvil ['moβil] *adj* mobile ◇ *m* mobile *m*

movimiento [moβi'mịento] *m* **1.** mouvement *m* **2.** *(circulación)* passage *m* **3.** *(de cuenta corriente)* opération *f*

mozárabe [mo'θaraβe] *adj* mozarabe ◇ *m (lengua)* mozarabe *m*

mozo, za ['moθo, θa] *m, f* jeune homme *m*, jeune fille *f* ◇ *m* **1.** *(de estación)* porteur *m* **2.** *(recluta)* appelé *m* **3.** *(Esp, Perú & RP) (camarero)* serveur *m*

MP3 ['eme'pe'tres] *m (INFORM)* **1.** *(formato)* MP3 *m* **2.** *(archivo)* fichier *m* MP3

mucamo, ma [mu'kamo, ma] *m, f (Amér)* domestique *mf*

muchacha [mu'tʃatʃa] *f (fam) (criada)* bonne *f* ➤ **muchacho**

muchachada [mutʃa'tʃaða] *f (Amér)* bande *f* d'enfants

muchacho, cha [mu'tʃatʃo, tʃa] *m, f* garçon *m*, fille *f*

muchedumbre [mutʃe'ðumbre] *f* foule *f*

mucho, c
de ◇ *adv* **1.**
cia) souvent
que... beaucou
• **mucho más/**
moins • **much**
avant/après • **muc**
bruit • **mucho gus**
té(e) • **como muc**
• **¡con mucho gusto!**
mucho menos loin de là
lo intente il a beau essay

mudanza [mu'ðanθa] *f* d
m

mudar [mu'ðar] *vi* • **muc**
plumas muer ◆ **mudarse** *vp*
déménager **2.** *(de ropa)* se chan

mudéjar [mu'ðexar] *adj* & *m*
jar(e)

mudo, da ['muðo, ða] *adj* &
muet(ette)

mueble ['mụeβle] *m* meuble *m*

mueca ['mụeka] *f* grimace *f*

muela ['mụela] *f* **1.** dent *f* **2.** *(diente molar)* molaire *f*

muelle ['mụeʎe] *m* **1.** ressort *m* **2.** *(de puerto)* quai *m*

muerte ['mụerte] *f* mort *f*

muerto, ta ['mụerto, ta] *adj* & *m, f* mort(e) • **muerto de miedo** mort de peur

muestra ['mụestra] *f* **1.** *(de mercancía)* échantillon *m* **2.** *(de cariño, simpatía)* marque *f* **3.** *(exposición)* exposition *f* **4.** *(de cansancio)* signe *m*

mugido [mu'xiðo] *m* mugissement *m*

mugir [mu'xir] *vi* mugir

mujer [mu'xer] *f* femme *f*

morado, da [mo'raðo, ða] *adj* violet(ette) ◇ *m* **1.** *(color)* violet *m* **2.** *(herida)* bleu *m*

moral [mo'ral] *adj* moral(e) ◇ *f* **1.** *(principios, conducta)* morale *f* **2.** *(ánimo)* moral *m*

moraleja [mora'lexa] *f* morale *f (d'une fable)*

moralista [mora'lista] *mf* moraliste *mf*

morcilla [mor'θiʎa] *f* boudin *m* (noir)

mordaza [mor'ðaθa] *f* bâillon *m*

mordedura [morðe'ðura] *f* morsure *f*

morder [mor'ðer] *vt* mordre

mordida [mor'ðiða] *f* (*Méx*) (*fam*) bakchich *m*

mordisco [mor'ðisko] *m* **1.** *(acto, herida)* morsure *f* **2.** *(trozo)* bouchée *f*

moreno, na [mo'reno, na] *adj* **1.** *(pelo, piel)* brun(e) **2.** *(por el sol)* bronzé(e)

moribundo, da [mori'βundo, da] *adj* moribond(e)

morir [mo'rir] *vi* mourir ◆ **morirse** *vp* mourir ◆ **morirse por** *v prep* ● **me muero por ir a esa fiesta** (*fig*) je meurs d'envie d'aller à cette fête

moro, ra ['moro, ra] *adj* **1.** *(en la Edad Media)* maure *mf* **2.** (*despec*) arabe ◇ *m, f* **1.** *(en la Edad Media)* Maure *mf* **2.** (*despec*) Arabe *mf*

morocho, cha [mo'rotʃo, tʃa] *adj* (*Andes & RP*) (*fam*) **1.** *(robusto)* costaud(e) **2.** *(moreno)* brun(e)

moroso, sa [mo'roso, sa] *m, f* mauvais payeur *m*

morralla [mo'raʎa] *f* (*Méx*) petite monnaie *f*

morro ['moro] *m (de animal)* museau *m* ● **por el morro** (*fam*) gratis ◆ **morros** *mpl* (*fam*) lèvres *fpl*

mortadela [morta'ðela] *f* mortadelle *f*

mortal [mor'tal] *adj* mortel(elle)

mortero [mor'tero] *m* mortier *m*

mosaico [mo'saiko] *m* mosaïque *f*

mosca ['moska] *f* mouche *f* ● **por si las moscas** (*fam*) au cas où

moscatel [moska'tel] *m* muscat *m (vin doux)*

mosquito [mos'kito] *m* moustique *m*

mostaza [mos'taθa] *f* moutarde *f*

mostrador [mostra'ðor] *m* comptoir *m* ● **mostrador de ayuda** *INFORM* assistance *f* ▼ **mostrador de facturación** *(en aeropuerto)* enregistrement

mostrar [mos'trar] *vt* montrer ◆ **mostrarse** *vp* se montrer

motel [mo'tel] *m* motel *m*

motivación [motiβa'θion] *f* motivation *f*

motivar [moti'βar] *vt* motiver

motivo [mo'tiβo] *m* motif *m* ● **con motivo de** *(a causa de)* en raison de ; *(para celebrar)* à l'occasion de

moto ['moto] *f* moto *f* ● **moto acuática** scooter *m* des mers

motocicleta [motoθi'kleta] *f* motocyclette *f*

motociclismo [ˌmotoθi'klizmo] *m* motocyclisme *m*

motociclista [ˌmotoθi'klista] *mf* motocycliste *mf*

motocross [moto'kros] *m inv* motocross *m*

motoneta [moto'neta] *f* (*Amér*) scooter *m*

motor [mo'tor] *m* moteur *m*

motora [mo'tora] *f* bateau *m* à moteur
motorista [moto'rista] *mf* motocycliste *mf*
mountain bike ['mountajm'bajk] *f* VTT *m (vélo tout terrain)*
mousse ['mus] *f* mousse *f* • **mousse de chocolate/de limón** mousse au chocolat/ au citron
mover [mo'βer] *vt* **1.** déplacer **2.** *(hacer funcionar)* faire marcher ♦ **moverse** *vp* **1.** *(agitarse)* bouger **2.** *(trasladarse)* se déplacer
movida [mo'βiða] *f (fam)* ambiance *f*
movido, da [mo'βiðo, ða] *adj* **1.** *(día)* chargé(e) **2.** *(conversación, viaje)* mouvementé(e) **3.** *(foto, imagen)* flou(e)
móvil ['moβil] *adj* mobile ◇ *m* mobile *m*
movimiento [moβi'miento] *m* **1.** mouvement *m* **2.** *(circulación)* passage *m* **3.** *(de cuenta corriente)* opération *f*
mozárabe [mo'θaraβe] *adj* mozarabe ◇ *m (lengua)* mozarabe *m*
mozo, za ['moθo, θa] *m, f* jeune homme *m*, jeune fille *f* ◇ *m* **1.** *(de estación)* porteur *m* **2.** *(recluta)* appelé *m* **3.** *(Esp, Perú & RP) (camarero)* serveur *m*
MP3 ['eme'pe'tres] *m (INFORM)* **1.** *(formato)* MP3 *m* **2.** *(archivo)* fichier *m* MP3
mucamo, ma [mu'kamo, ma] *m, f (Amér)* domestique *mf*
muchacha [mu'tʃatʃa] *f (fam) (criada)* bonne *f* ➤ **muchacho**
muchachada [mutʃa'tʃaða] *f (Amér)* bande *f* d'enfants
muchacho, cha [mu'tʃatʃo, tʃa] *m, f* garçon *m*, fille *f*
muchedumbre [mutʃe'ðumbre] *f* foule *f*
mucho, cha ['mutʃo, tʃa] *adj* beaucoup de ◇ *adv* **1.** beaucoup **2.** *(indica frecuencia)* souvent ◇ *pron* • **muchos piensan que...** beaucoup de gens pensent que... • **mucho más/menos** beaucoup plus/ moins • **mucho antes/después** bien avant/après • **mucho ruido** beaucoup de bruit • **mucho gusto** *(saludo)* enchanté(e) • **como mucho** (tout) au plus • **¡con mucho gusto!** avec plaisir ! • **ni mucho menos** loin de là • **por mucho que lo intente** il a beau essayer
mudanza [mu'ðanθa] *f* déménagement *m*
mudar [mu'ðar] *vi* • **mudar de piel/ plumas** muer ♦ **mudarse** *vp* **1.** *(de casa)* déménager **2.** *(de ropa)* se changer
mudéjar [mu'ðexar] *adj & mf* mudéjar(e)
mudo, da ['muðo, ða] *adj & m, f* muet(ette)
mueble ['mueβle] *m* meuble *m*
mueca ['mueka] *f* grimace *f*
muela ['muela] *f* **1.** dent *f* **2.** *(diente molar)* molaire *f*
muelle ['mueʎe] *m* **1.** ressort *m* **2.** *(de puerto)* quai *m*
muerte ['muerte] *f* mort *f*
muerto, ta ['muerto, ta] *adj & m, f* mort(e) • **muerto de miedo** mort de peur
muestra ['muestra] *f* **1.** *(de mercancía)* échantillon *m* **2.** *(de cariño, simpatía)* marque *f* **3.** *(exposición)* exposition *f* **4.** *(de cansancio)* signe *m*
mugido [mu'xiðo] *m* mugissement *m*
mugir [mu'xir] *vi* mugir
mujer [mu'xer] *f* femme *f*

mulato, ta [mu'lato, ta] *m, f* mulâtre *mf*
muleta [mu'leta] *f* **1.** béquille *f* **2.** *(de torero)* muleta *f*
mulo, la ['mulo, la] *m, f* mulet *m*, mule *f*
multa ['multa] *f* amende *f*
multar [mul'tar] *vt* condamner à une amende
multicine [multi'θine] *m* cinéma *m* multisalles
multinacional [multinaθjo'nal] *f* multinationale *f*
múltiple ['multiple] *adj* multiple
multiplicación [multiplika'θjon] *f* multiplication *f*
multiplicar [multipli'kar] *vt & vi* multiplier ◆ **multiplicarse** *vp* se multiplier
multitud [multi'tuð] *f* multitude *f*
mundial [mundi'al] *adj* mondial(e)
mundo ['mundo] *m* monde *m* • **todo el mundo** tout le monde • **un hombre de mundo** un homme qui a vécu
munición [muni'θjon] *f* munition *f*
municipal [muniθi'pal] *adj* *(del municipio)* municipal(e) ◇ *mf* *(guardia)* policier *m* municipal
municipio [muni'θipjo] *m* **1.** *(territorio)* commune *f* **2.** *(organismo)* municipalité *f*
muñeca [mu'ɲeka] *f* *(de la mano)* poignet *m*
muñeco, ca [mu'ɲeko, ka] *m, f* *(juguete)* poupée *f*
muñeira [mu'ɲeira] *f* *danse populaire de Galice*
muñequera [muɲe'kera] *f* poignet *m*
mural [mu'ral] *m* peinture *f* murale
muralla [mu'raʎa] *f* muraille *f*
murciélago [mur'θjelaɣo] *m* chauve-souris *f*
muro ['muro] *m* mur *m*
musa ['musa] *f* muse *f*
músculo ['muskulo] *m* muscle *m*
museo [mu'seo] *m* musée *m*
musgo ['muzɣo] *m* mousse *f*
música ['musika] *f* musique *f* • **música ambiental** musique d'ambiance • **música clásica/pop** musique classique/pop ➤ **músico**
musical [musi'kal] *adj* musical(e)
músico, ca ['musiko, ka] *m, f* musicien *m*, -enne *f*
muslo ['muzlo] *m* cuisse *f* • **muslo de pollo** cuisse de poulet
musulmán, ana [musul'man, ana] *adj & m, f* musulman(e)
mutilado, da [muti'laðo, ða] *m, f* mutilé *m*, -e *f*
mutua ['mutwa] *f* mutuelle *f*
mutuo, tua ['mutwo, twa] *adj* mutuel(elle)
muy ['muj] *adv* très

nN

nabo ['naβo] *m* navet *m*
nacer [na'θer] *vi* **1.** naître **2.** *(río)* prendre sa source
nacimiento [naθi'mjento] *m* **1.** naissance *f* **2.** *(de río)* source *f* **3.** *(belén)* crèche *f*
nación [na'θjon] *f* nation *f*
nacional [naθjo'nal] *adj* national(e)

nacionalidad [naθjonali'ðað] *f* nationalité *f*
nada ['naða] *pron* rien ◇ *adv (en absoluto)* pas du tout • **de nada** de rien • **no me gusta nada** ça ne me plaît pas du tout • **no quiero nada más** je ne veux rien d'autre • **como si nada** comme si de rien n'était
nadador, ra [naða'ðor, ra] *m, f* nageur *m*, -euse *f*
nadar [na'ðar] *vi* nager
nadie ['naðje] *pron* personne • **no llamó nadie** personne n'a appelé • **nadie me lo dijo** personne ne me l'a dit
nailon® ['najlon] *m* Nylon® *m*
naipe ['najpe] *m* carte *f (à jouer)*
nalga ['nalɣa] *f* fesse *f*
nana ['nana] *f* berceuse *f*
naranja [na'ranxa] *adj inv* orange ◇ *m (color)* orange *m* ◇ *f (fruto)* orange *f* • **naranja exprimida** orange *f* pressée
naranjada [naran'xaða] *f* orangeade *f*
naranjo [na'ranxo] *m* oranger *m*
narco ['narko] *mf* • **una red de narcos** un réseau de narcos
narcotraficante [ˌnarkotrafi'kante] *mf* trafiquant *m*, -e *f* de drogue
narcotráfico [narko'trafiko] *m* trafic *m* de stupéfiants
nariz, ces [na'riθ, θes] *f* nez *m*
narración [nara'θjon] *f* narration *f*
narrador, ra [nara'ðor, ra] *m, f* narrateur *m*, -trice *f*
narrar [na'rar] *vt* narrer
narrativa [nara'tiβa] *f* roman *m*
nata ['nata] *f (Esp)* crème *f* • **nata montada** crème fouettée
natación [nata'θjon] *f* natation *f*
natillas [na'tiʎas] *fpl* crème *f (entremets)*
nativo, va [na'tiβo, βa] *m, f* natif *m*, -ive *f*
natural [natu'ral] *adj* naturel(elle) • **natural de** originaire de
naturaleza [natura'leθa] *f* nature *f* • **por naturaleza** par nature
naufragar [naufra'ɣar] *vi* faire naufrage
naufragio [nau'fraxjo] *m* naufrage *m*
náuseas ['nauseas] *fpl* nausées *fpl* • **tener náuseas** avoir des nausées
náutico, ca ['nautiko, ka] *adj* nautique
navaja [na'βaxa] *f* couteau *m (à lame pliante)*
naval [na'βal] *adj* naval(e)
nave ['naβe] *f* **1.** *(barco)* vaisseau *m* **2.** *(de iglesia)* nef *f* **3.** *(en una fábrica)* hangar *m* • **nave espacial** vaisseau spatial
navegable [naβe'ɣaβle] *adj* navigable
navegación [naβeɣa'θjon] *f* navigation *f*
navegador [naβeɣa'ðor] *m INFORM* navigateur *m*, browser *m*
navegar [naβe'ɣar] *vi* naviguer
Navidad [naβi'ðað] *s* Noël • **¡Feliz Navidad!** joyeux Noël ! ◆ **Navidades** *fpl* **1.** *(vacaciones)* vacances *fpl* **2.** *(fiestas)* fêtes *fpl* de Noël
nazareno [naθa'reno] *m (en Semana Santa)* pénitent *m*
neblina [ne'βlina] *f* brume *f*
necedad [neθe'ðað] *f* sottise *f*
necesario, ria [neθe'sarjo, rja] *adj* nécessaire
neceser [neθe'ser] *m* nécessaire *m (de toilette)*
necesidad [neθesi'ðað] *f* besoin *m* • **de primera necesidad** de première nécessité • **hacer sus necesidades** *(fisiológicas)* faire

ses besoins • **pasar necesidades** *(estreche-ces)* être dans le besoin
necesitar [neθesi'tar] *vt* avoir besoin de ▼ **se necesita camarero** cherche serveur
necio, cia ['neθio, θia] *adj* idiot(e)
nécora ['nekora] *f* étrille *f*
necrológicas [nekro'loxikas] *fpl* rubrique *f* nécrologique
negación [neɣa'θion] *f* négation *f*
negado, da [ne'ɣaðo, ða] *adj (despec)* incapable
negar [ne'ɣar] *vt* **1.** *(desmentir)* nier **2.** *(denegar)* refuser ♦ **negarse (a)** *v prep* refuser (de)
negativa [neɣa'tiβa] *f* refus *m*
negativo, va [neɣa'tiβo, βa] *adj* négatif(ive) ◇ *m* négatif *m*
negociable [neɣo'θiaβle] *adj* négociable
negociación [neɣoθia'θion] *f* négociation *f*
negociador, ra [neɣoθia'ðor, ra] *m, f* négociateur *m*, -trice *f*
negociar [neɣo'θiar] *vt* négocier ◇ *vi (comerciar)* faire du commerce
negocio [ne'ɣoθio] *m* **1.** affaire *f* **2.** *(local)* commerce *m* • **hacer negocio** gagner de l'argent
negro, gra ['neɣro, ɣra] *adj* **1.** noir(e) **2.** *(fig)* sombre ◇ *m, f (persona)* Noir *m*, -e *f* ◇ *m (color)* noir *m*
nene, na ['nene, na] *m, f (fam)* bébé *m*
nenúfar [ne'nufar] *m* nénuphar *m*
nervio ['nerβio] *m* **1.** nerf *m* **2.** *(de planta)* nervure *f* • **tener los nervios de punta** avoir les nerfs à vif
nerviosismo [nerβio'sizmo] *m* nervosité *f*
nervioso, sa [ner'βioso, sa] *adj* **1.** nerveux(euse) **2.** *(irritado)* énervé(e)
neto, ta ['neto, ta] *adj* net (nette)
neumático [neu'matiko] *m* pneu *m*
neura ['neura] *(fam) f* **1.** *(obsesión)* obsession *f* **2.** *(depresión)* déprime *f*
neurosis [neu'rosis] *f* névrose *f*
neutral [neu'tral] *adj* neutre
neutro, tra ['neutro, tra] *adj* neutre
nevada [ne'βaða] *f* chute *f* de neige
nevado, da [ne'βaðo, ða] *adj* enneigé(e)
nevar [ne'βar] *v impers* neiger
nevera [ne'βera] *f* réfrigérateur *m*
ni [ni] *conj* ni • **no es alto ni bajo** il n'est ni grand ni petit • **ni... ni ni...** ni • **ni mañana ni pasado** ni demain ni après-demain ◇ *adv* même pas • **no he comido ni una manzana** je n'ai même pas mangé une pomme • **no me quedaré ni un minuto más** je ne resterai pas une minute de plus • **ni siquiera lo ha probado** il n'y a même pas goûté • **¡ni que lo conocieras!** quand bien même tu le connaîtrais ! • **está tan atareado que ni come** il est tellement occupé qu'il ne mange même pas • **no quiero ni pensarlo** je ne veux même pas y penser
Nicaragua [nika'raɣua] *s* Nicaragua *m*
nicaragüense [nikara'ɣuense] *adj* nicaraguayen(enne) ◇ *mf* Nicaraguayen *m*, -enne *f*
nicho ['nitʃo] *m (en cementerio)* niche *f*
nido ['niðo] *m* nid *m*
niebla ['nieβla] *f* brouillard *m*
nieto, ta ['nieto, ta] *m, f* petit-fils *m*, petite-fille *f* ♦ **nietos** *mpl* petits-enfants *mpl*
nieve ['nieβe] *f* neige *f*
NIF ['nif] *m* (*abr de número de identificación fiscal*) *numéro d'identification at-*

tribué à toute personne physique en Espagne

ningún [nin'gun] ➤ **ninguno**

ninguno, na [nin'guno, na] *adj & pron* aucun(e) • **ningún libro** aucun livre • **en ninguna parte** nulle part • **ninguno funciona** aucun ne marche • **ninguno de ellos lo vio** aucun d'eux ne l'a vu

niña ['niɲa] *f (del ojo)* pupille *f* ➤ **niño**

niñera [ni'ɲera] *f* nourrice *f*

niñez [ni'ɲeθ] *f* enfance *f*

niño, ña ['niɲo, ɲa] *m, f* petit garçon *m*, petite fille *f*

níquel ['nikel] *m* nickel *m*

níspero ['nispero] *m* **1.** *(árbol)* néflier *m* **2.** *(fruto)* nèfle *f*

nítido, da ['nitiðo, ða] *adj* net (nette)

nitrógeno [ni'troxeno] *m* azote *m*

nivel [ni'βel] *m* niveau *m* • **nivel de vida** niveau de vie • **al nivel de** au niveau de

no ['no] *adv* non • **no tengo hambre** je n'ai pas faim • **no quiero ir** je ne veux pas y aller • **¿te gusta? - no** ça te plaît ? - non • **¡cómo no!** bien sûr ! • **¡eso sí que no!** certainement pas ! • **¡que no!** certainement pas !

nº (*abr escrita de número*) nº *(numéro)*

noble ['noβle] *adj & mf* noble

nobleza [no'βleθa] *f* noblesse *f*

noche ['notʃe] *f* **1.** nuit *f* **2.** *(atardecer)* soir *m* • **esta noche no ceno en casa** ce soir je ne dîne pas à la maison • **de noche** la nuit • **es de noche** il fait nuit • **por la noche** la nuit, le soir • **ayer por la noche** hier soir • **de la noche** du soir

Nochebuena [notʃe'βu̯ena] *f* nuit *f* de Noël

nochero [no'tʃero] *m (Amér)* **1.** *(vigilante nocturno)* veilleur *m* de nuit **2.** *(trasnochador)* noctambule *mf* **3.** *(mueble)* table *f* de nuit

Nochevieja [ˌnotʃe'βi̯exa] *f* nuit *f* de la Saint-Sylvestre

La Nochevieja

La nuit du 31 décembre, on fête par un bal l'année qui s'achève. On y distribue des **bolsas de cotillón**, qui contiennent des confettis, des chapeaux en carton ou des langues de belle-mère. Selon la tradition des **uvas de la suerte**, le fait de manger un grain de raisin au son de chacun des douze coups de minuit porte chance toute l'année à venir.

noción [no'θi̯on] *f* notion *f* • **tener nociones de...** avoir des notions de...

nocivo, va [no'θiβo, βa] *adj* nocif(ive)

noctámbulo, la [nok'tambulo, la] *m, f* noctambule *mf*

nocturno, na [nok'turno, na] *adj* nocturne

nogal [no'ɣal] *m* noyer *m*

nómada ['nomaða] *mf* nomade *mf*

nombrar [nom'brar] *vt* nommer

nombre ['nombre] *m* nom *m* • **nombre de pila** nom de baptême • **¿nombre y apellidos?** nom, prénom ? • **en nombre de** au nom de

nomeolvides [ˌnomeol'βiðes] *m inv* **1.** *(planta)* myosotis *m inv* **2.** *(pulsera)* gourmette *f*

nómina ['nomina] *f* **1.** *(lista de empleados)* registre *m* du personnel **2.** *(sueldo)* paie *f* **3.** *(documento)* fiche *f* de paie
nopal [no'pal] *m* *(Amér)* nopal *m*
nórdico, ca ['norðiko, ka] *adj* **1.** *(del norte)* du nord **2.** *(escandinavo)* nordique
noreste [no'reste] *m* nord-est *m*
noria ['noria] *f* **1.** *(para agua)* noria *f* **2.** *(de feria)* grande roue *f*
norma ['norma] *f* **1.** *(reglamento)* règle *f* **2.** *(de industria)* *INFORM* norme *f*
normal [nor'mal] *adj* normal(e)
normalmente [nor,mal'mente] *adv* normalement
noroeste [noro'este] *m* nord-ouest *m*
norte ['norte] *m* nord *m*
Norteamérica [,nortea'merika] *s* Amérique *f* du Nord
norteamericano, na [,norteameri'kano, na] *adj* nord-américain(e) ◇ *m, f* Nord-Américain *m*, -e *f*
Noruega [no'rueɣa] *s* Norvège *f*
noruego, ga [no'rueɣo, ɣa] *adj* norvégien(enne) ◇ *m, f* Norvégien *m*, -enne *f* ◇ *m* *(lengua)* norvégien *m*
nos [nos] *pron* nous • **viene a vernos** il vient nous voir • **nos lo dijo** elle nous l'a dit • **nos queremos** nous nous aimons • **¡vayámonos!** allons-nous en !
nosotros, tras [no'sotros, tras] *pron* nous • **entre nosotros** entre nous
nostalgia [nos'talxia] *f* nostalgie *f*
nostálgico, ca [nos'talxiko, ka] *adj* nostalgique
nota ['nota] *f* note *f* • **tomar nota** prendre note
notable [no'taβle] *adj* remarquable ◇ *m* *(calificación)* mention *f* bien
notar [no'tar] *vt* **1.** *(darse cuenta de)* remarquer **2.** *(percibir)* sentir
notario, ria [no'tario, ria] *m, f* notaire *m*
noticia [no'tiθia] *f* nouvelle *f* ♦ **noticias** *fpl* *(en radio y televisión)* informations *fpl*
novatada [noβa'taða] *f* bizutage *m*
novato, ta [no'βato, ta] *m, f* novice *mf*
novecientos, tas [noβe'θientos, tas] *núm* neuf cents
novedad [noβe'ðað] *f* nouveauté *f* ▼ **novedades** *(en tienda)* nouveautés
novela [no'βela] *f* roman *m* • **novela de aventuras** roman d'aventures • **novela policíaca** roman policier • **novela rosa** roman à l'eau de rose
novelesco, ca [noβe'lesko, ka] *adj* romanesque
novelista [noβe'lista] *mf* romancier *m*, -ère *f*
noveno, na [no'βeno, na] *adj* & *m, f* neuvième ◇ *m* *(fracción)* neuvième *m* • **el noveno** le neuvième • **la novena** la neuvième • **capítulo noveno** chapitre neuf • **el noveno día** le neuvième jour • **en noveno lugar** o **en novena posición** en neuvième position • **la novena parte** un neuvième
noventa [no'βenta] *núm* quatre-vingt-dix
noviazgo [no'βiaθɣo] *m* *(relaciones)* fiançailles *fpl*
noviembre [no'βiembre] *m* novembre *m* • **a principios/finales de noviembre** début/fin novembre • **a mediados de noviembre** à la mi-novembre • **el pasado/próximo (mes de) noviembre** en novembre dernier/prochain • **en noviembre** en novembre • **este (mes de) noviembre** *(pasado)* en novembre dernier ;

(próximo) en novembre prochain • **para noviembre** en novembre • **uno de los noviembres más fríos** l'un des mois de novembre les plus froids • **el cinco de noviembre** le cinq novembre

novillada [noβi'ʎaða] *f course de jeunes taureaux*

novillero, ra [noβi'ʎero, ra] *m, f torero combattant de jeunes taureaux*

novillo, lla [no'βiʎo, ʎa] *m, f* jeune taureau *m*, génisse *f*

novio, via ['noβi̯o, βi̯a] *m, f* **1.** *(prometido)* fiancé *m*, -e *f* **2.** *(compañero)* copain *m*, copine *f* ◆ **novios** *mpl (recién casados)* jeunes mariés *mpl*

nubarrón [nuβa'ron] *m* gros nuage *m*

nube ['nuβe] *f* nuage *m*

nublado, da [nu'βlaðo, ða] *adj* nuageux(euse)

nublarse [nu'βlarse] *v impers* se couvrir *(ciel)*

nubosidad [nuβosi'ðað] *f* nébulosité *f*

nuboso, sa [nu'βoso, sa] *adj* nuageux(euse)

nuca ['nuka] *f* nuque *f*

nuclear [nukle'ar] *adj* nucléaire

núcleo ['nukleo] *m* noyau *m*

nudillos [nu'ðiʎos] *mpl* jointures *fpl (des doigts)*

nudismo [nu'ðizmo] *m* nudisme *m*

nudista [nu'ðista] *mf* nudiste *mf*

nudo ['nuðo] *m* nœud *m*

nuera ['nu̯era] *f* belle-fille *f*

nuestro, tra ['nu̯estro, tra] *adj* notre ◇ *pron* • **el nuestro** le nôtre • **la nuestra** la nôtre • **nuestro piso** notre appartement • **nuestros libros** nos livres • **lo nuestro es el cine** notre truc c'est le cinéma • **un amigo nuestro** un de nos amis

nuevamente [ˌnu̯eβa'mente] *adv* de o à nouveau

Nueva Zelanda ['nu̯eβaθe'landa] *s* Nouvelle-Zélande *f*

nueve ['nu̯eβe] *adj inv* & *m* neuf ◇ *mpl* neuf ◇ *fpl* • **las nueve** neuf heures • **doscientos nueve** deux cent neuf • **treinta y nueve** trente-neuf • **de nueve en nueve** neuf par neuf • **empatados a nueve** neuf partout • **los nueve** les neuf • **nueve a cero** neuf à zéro

nuevo, va ['nu̯eβo, βa] *adj* **1.** *(reciente)* nouveau(elle) **2.** *(poco usado)* neuf (neuve) • **de nuevo** de o à nouveau

nuez, ces ['nu̯eθ, θes] *f* **1.** noix *f* **2.** *(del cuello)* pomme *f* d'Adam

nulidad [nuli'ðað] *f* nullité *f*

nulo, la ['nulo, la] *adj* nul (nulle)

núm. (*abr escrita de número*) n° *(numéro)*

numerado, da [nume'raðo, ða] *adj* numéroté(e)

número ['numero] *m* **1.** numéro *m* **2.** *(cifra, cantidad)* nombre *m* **3.** *(ropa)* taille *f* **4.** *(zapatos)* pointure *f* • **número de teléfono/de móvil/de fax** numéro de téléphone/de portable/de fax • **número equivocado** faux numéro • **equivocarse de número** faire un faux numéro

numeroso, sa [nume'roso, sa] *adj* nombreux(euse)

numismática [numiz'matika] *f* numismatique *f*

nunca ['nunka] *adv* jamais • **no llama nunca** il n'appelle jamais • **nunca jamás o más** jamais plus

nupcial [nup'θi̯al] *adj* nuptial(e)
nupcias ['nupθi̯as] *fpl* noces *fpl*
nutria ['nutri̯a] *f* loutre *f*
nutrición [nutri'θi̯on] *f* nutrition *f*
nutritivo, va [nutri'tiβo, βa] *adj* nutritif(ive)
ñato, ta ['ɲato, ta] *adj* (*Amér*) aplati(e)
ñoñería [ɲoɲe'ria] *f* niaiserie *f*
ñoño, ña ['ɲoɲo, ɲa] *adj* **1.** (*remilgado*) cucul **2.** (*quejica*) geignard(e) **3.** (*soso*) mièvre
ñoqui ['ɲoki] *m* gnocchi *m*
ñudo [al'ɲuðo] ♦ **al ñudo** *adv* (*Amér*) pour rien

oO

o [o] *conj* ou ● **rojo o verde** rouge ou vert ● **o sea** autrement dit
oasis [o'asis] *m inv* oasis *f*
obedecer [oβeðe'θer] *vt* obéir à ♦ **obedecer a** *v prep* obéir à
obediencia [oβe'ði̯enθi̯a] *f* obéissance *f*
obediente [oβe'ði̯ente] *adj* obéissant(e)
obesidad [oβesi'ðað] *f* obésité *f*
obeso, sa [o'βeso, sa] *adj* obèse
obispo [o'βispo] *m* évêque *m*
objeción [oβxe'θi̯on] *f* objection *f*
objetividad [oβxetiβi'ðað] *f* objectivité *f*
objetivo, va [oβxe'tiβo, βa] *adj* objectif(ive) ◇ *m* objectif *m*
objeto [oβ'xeto] *m* objet *m* ▼ **objetos perdidos** objets trouvés ● **con objeto de** dans le but de
obligación [oβliɣa'θi̯on] *f* obligation *f*
obligar [oβli'ɣar] *vt* obliger ♦ **obligarse a** *v prep* **1.** (*forzarse a*) s'obliger à **2.** (*moralmente*) s'engager à
obligatorio, ria [oβliɣa'tori̯o, ri̯a] *adj* obligatoire
obra ['oβra] *f* **1.** œuvre *f* **2.** (*edificio en construcción*) chantier *m* ● **obra de caridad** œuvre de charité ● **obra de teatro** pièce *f* de théâtre ♦ **obras** *fpl* (*reformas*) travaux *mpl*
obrador [oβra'ðor] *m* atelier *m*
obrero, ra [o'βrero, ra] *m, f* ouvrier *m*, -ère *f*
obsequiar [oβse'ki̯ar] *vt* offrir
obsequio [oβ'seki̯o] *m* cadeau *m*
observación [oβserβa'θi̯on] *f* observation *f*
observador, ra [oβserβa'ðor, ra] *adj* observateur(trice)
observar [oβser'βar] *vt* observer ◇ *vi* (*comentar*) remarquer
observatorio [oβserβa'tori̯o] *m* observatoire *m*
obsesión [oβse'si̯on] *f* obsession *f*
obsesionar [oβsesi̯o'nar] *vt* obséder ♦ **obsesionarse con** *v prep* être obsédé(e) par
obstáculo [oβs'takulo] *m* obstacle *m*
obstante [oβs'tante] ♦ **no obstante** *conj* néanmoins
obstinado, da [oβsti'naðo, ða] *adj* obstiné(e)
obstruir [oβs'truir] *vt* **1.** obstruer **2.** (*dificultar*) empêcher ♦ **obstruirse** *vp* se boucher
obtener [oβte'ner] *vt* obtenir
obvio, via ['oββi̯o, βi̯a] *adj* évident(e)

oca ['oka] *f* **1.** oie *f* **2.** *(juego)* jeu *m* de l'oie
ocasión [oka'sjon] *f* occasion *f* ● **de ocasión** d'occasion
ocasional [okasjo'nal] *adj* occasionnel(elle)
ocaso [o'kaso] *m* **1.** *(anochecer)* crépuscule *m* **2.** *(fig)* *(decadencia)* déclin *m*
occidental [okθiðen'tal] *adj* occidental(e)
occidente [okθi'ðente] *m* occident *m* ● **(el) Occidente** (l')Occident
océano [o'θeano] *m* océan *m*
ochenta [o'tʃenta] *núm* quatre-vingts
ocho ['otʃo] *adj inv* & *m* huit ◇ *mpl* huit ◇ *fpl* ● **las ocho** huit heures ● **doscientos ocho** deux cent huit ● **treinta y ocho** trente-huit ● **de ocho en ocho** huit par huit ● **empatados a ocho** huit partout ● **los ocho** les huit ● **ocho a cero** huit à zéro
ochocientos, tas [otʃo'θjentos, tas] *núm* huit cents
ocio ['oθjo] *m* loisirs *mpl*
ocioso, sa [o'θjoso, sa] *adj* oisif(ive)
ocre ['okre] *adj inv* ocre
octavo, va [ok'taβo, βa] *adj* & *m, f* huitième ◇ *m* *(fracción)* huitième *m* ● **el octavo** le huitième ● **la octava** la huitième ● **capítulo octavo** chapitre huit ● **el octavo día** le huitième jour ● **en octavo lugar** o **en octava posición** en huitième position ● **la octava parte** un huitième
octubre [ok'tuβre] *m* octobre *m* ● **a principios/finales de octubre** début/fin octobre ● **a mediados de octubre** à la mi-octobre ● **el pasado/próximo (mes de) octubre** en octobre dernier/prochain ● **en octubre** en octobre ● **este (mes de) octubre** *(pasado)* en octobre dernier ; *(próximo)* en octobre prochain ● **para octubre** en octobre ● **uno de los octubres más templados** l'un des mois d'octobre les plus doux ● **el siete de octubre** le sept octobre
oculista [oku'lista] *mf* oculiste *mf*
ocultar [okul'tar] *vt* cacher
oculto, ta [o'kulto, ta] *adj* caché(e)
ocupación [okupa'θjon] *f* **1.** occupation *f* **2.** *(oficio)* profession *f*
ocupado, da [oku'paðo, ða] *adj* occupé(e)
ocupar [oku'par] *vt* **1.** occuper **2.** *(dar empleo)* employer ◆ **ocuparse de** *v prep* s'occuper de
ocurrir [oku'rir] *vi* arriver ◆ **ocurrirse** *vp* ● **no se me ocurre ninguna solución** je ne vois aucune solution ● **¡ni se te ocurra!** tu n'y penses même pas !
odiar [o'ðjar] *vt* haïr
odio ['oðjo] *m* haine *f*
oeste [o'este] *m* ouest *m*
ofensiva [ofen'siβa] *f* offensive *f*
oferta [o'ferta] *f* **1.** offre *f* **2.** *(rebaja)* promotion *f*
oficial [ofi'θjal] *adj* officiel(elle) ◇ *mf* officier *m*
oficina [ofi'θina] *f* bureau *m* ● **oficina de correos** bureau de poste ● **oficina de objetos perdidos** bureau des objets trouvés ● **oficina de turismo** office *m* du tourisme
oficinista [ofiθi'nista] *mf* employé *m*, -e *f* de bureau
oficio [o'fiθjo] *m* **1.** métier *m* **2.** *(misa)* office *m*
ofimática [ofi'matika] *f* bureautique *f*

ofrecer [ofre'θer] *vt* offrir ◆ **ofrecerse a** *v prep* ● **se ofreció a ayudarme** il s'est offert pour m'aider
oftalmología [oftalmolo'xia] *f* ophtalmologie *f*
ogro ['oɣro] *m* ogre *m*
oído [o'iðo] *m* **1.** *(sentido)* ouïe *f* **2.** *(órgano)* oreille *f* ● **al oído** à l'oreille
oír [o'ir] *vt* **1.** entendre **2.** *(atender)* écouter ● **¡oiga!** allô !
ojal [o'xal] *m* boutonnière *f*
ojalá [oxa'la] *interj* ● **¡ojalá lo haga!** *(esperanza)* pourvu qu'il le fasse ! ● **¡ojalá estuviera aquí!** *(añoranza)* si seulement il était là !
ojeras [o'xeras] *fpl* cernes *mpl*
ojo ['oxo] *m* **1.** œil *m* **2.** *(de aguja)* chas *m* **3.** *(de cerradura)* trou *m* ◇ *interj (expresa advertencia)* attention ! ● **ojo de buey** œil-de-bœuf *m* ● **a ojo** *(fig)* à vue de nez
OK [o'kei̯] *interj* OK !
okupa [o'kupa] *mf (fam)* squatter *m*
ola ['ola] *f* **1.** vague *f* **2.** *(de enfermedad)* épidémie *f* ● **ola de calor/de frío** vague de chaleur/de froid
ole ['ole] *interj* olé !
oleaje [ole'axe] *m* houle *f*
óleo ['oleo] *m* huile *f*
oler [o'ler] *vt* & *vi* sentir ● **oler bien/mal** sentir bon/mauvais ◆ **olerse** *vp* ● **olerse algo** flairer qqch
olfato [ol'fato] *m* **1.** odorat *m* **2.** *(fig) (astucia)* flair *m*
olimpiadas [olim'pi̯aðas] *fpl* Jeux olympiques *mpl*
olímpico, ca [o'limpiko, ka] *adj* olympique
oliva [o'liβa] *f* olive *f*
olivo [o'liβo] *m* olivier *m*
olla ['oʎa] *f* marmite *f* ● **olla a presión** Cocotte-Minute® *f*
olmo ['olmo] *m* orme *m*
olor [o'lor] *m* odeur *f* ● **olor a** odeur de
olvidar [olβi'ðar] *vt* oublier ◆ **olvidarse de** *v prep* ● **se olvidó de cerrar la puerta** il a oublié de fermer la porte
olvido [ol'βiðo] *m* oubli *m*
ombligo [om'bliɣo] *m* nombril *m*
omitir [omi'tir] *vt* omettre
once ['onθe] *adj inv* & *m* onze ◇ *mpl* onze ◇ *fpl* ● **las once** onze heures ● **doscientos once** deux cent onze ● **de once en once** onze par onze ● **empatados a once** onze partout ● **los once** les onze ● **once a cero** onze à zéro
ONCE ['onθe] (*abr de Organización Nacional de Ciegos Españoles*) *f (Esp) association espagnole d'aide aux aveugles et aux handicapés, qui organise une loterie*

La ONCE

Cette organisation espagnole indépendante, fondée à l'origine pour venir en aide aux aveugles, couvre actuellement d'autres infirmités. Son but principal est de fournir du travail à ses membres. Une loterie nationale quotidienne a été créée et les membres de l'association se chargent d'en vendre les billets; c'est là leur principale source de revenus.

onda ['onda] *f* **1.** onde *f* **2.** *(de pelo, tela)* ondulation *f*

ondulado, da [ondu'laðo, ða] *adj* ondulé(e)
ONU ['onu] (*abr de Organización de las Naciones Unidas*) *f* ONU *f* (*Organisation des Nations Unies*)
opaco, ca [o'pako, ka] *adj* opaque
opción [op'θjon] *f* choix *m* • **tener opción a** (*tener derecho a*) avoir droit à
ópera ['opera] *f* opéra *m*
operación [opera'θjon] *f* opération *f* • **operación retorno/salida** opération retours/grands départs
operador, ra [opera'ðor, ra] *m, f* (*de teléfonos*) opérateur *m*, -trice *f*
operar [ope'rar] *vt* opérer
operario, ria [ope'rarjo, rja] *m, f* ouvrier *m*, -ère *f*
opinar [opi'nar] *vt* penser ◇ *vi* donner son opinion
opinión [opi'njon] *f* opinion *f* • **la opinión pública** l'opinion publique
oponer [opo'ner] *vt* opposer ◆ **oponerse (a)** *v prep* s'opposer (à)
oportunidad [oportuni'ðað] *f* occasion *f* ▼ **oportunidades** (*en tienda*) bonnes affaires
oportuno, na [opor'tuno, na] *adj* opportun(e)
oposición [oposi'θjon] *f* **1.** opposition *f* **2.** (*resistencia*) résistance *f* • **la oposición** (*en política*) l'opposition ◆ **oposiciones** *fpl* (*para empleo*) concours *m* (*généralement administratif*)
oprimir [opri'mir] *vt* **1.** (*apretar*) appuyer sur **2.** (*reprimir*) opprimer
optar [op'tar] ◆ **optar a** *v prep* (*aspirar a*) aspirer à ◆ **optar por** *v prep* (*escoger*) opter pour
optativo, va [opta'tiβo, βa] *adj* optionnel(elle)
óptica ['optika] *f* (*ciencia*) optique *f* • **ir a la óptica** aller chez l'opticien
optimismo [opti'mizmo] *m* optimisme *m*
optimista [opti'mista] *adj* optimiste
opuesto, ta [o'pu̯esto, ta] *adj* opposé(e) • **opuesto a** opposé à
oración [ora'θjon] *f* **1.** (*rezo*) prière *f* **2.** (*frase*) phrase *f*
orador, ra [ora'ðor, ra] *m, f* orateur *m*, -trice *f*
oral [o'ral] *adj* oral(e)
órale ['orale] *interj* (*Amér*) **1.** (*ánimo*) allez ! **2.** (*consentimiento*) d'accord !
orangután [orangu'tan] *m* orang-outan *m*
oratoria [ora'torja] *f* oratoire *m*
órbita ['orβita] *f* **1.** orbite *f* **2.** (*ámbito*) sphère *f* d'influence
orca ['orka] *f* orque *f*
orden ['orðen] *m* (*de lugar, objetos*) ordre *m* • **en orden** en ordre ◇ *f* (*mandato*) ordre *m*
ordenación [orðena'θjon] *f* (*de sacerdote*) ordination *f*
ordenado, da [orðe'naðo, ða] *adj* ordonné(e)
ordenador [orðena'ðor] *m* (*Esp*) ordinateur *m* • **ordenador de bolsillo** ordinateur de poche • **ordenador portátil** ordinateur portable
ordenar [orðe'nar] *vt* **1.** ordonner **2.** (*habitación, armario*) ranger
ordeñar [orðe'ɲar] *vt* traire
ordinario, ria [orði'narjo, rja] *adj* **1.** (*habitual*) ordinaire **2.** (*vulgar*) grossier(ère)

orégano [o'reɣano] *m* origan *m*
oreja [o'rexa] *f* oreille *f*
orgánico, ca [or'ɣaniko, ka] *adj* organique
organismo [orɣa'nizmo] *m* organisme *m*
organización [orɣaniθa'θi̯on] *f* **1.** organisation *f* **2.** *(conjunto de personas)* organisateurs *mpl*
organizador, ra [orɣaniθa'ðor, ra] *m, f* organisateur *m*, -trice *f*
organizar [orɣani'θar] *vt* organiser
órgano ['orɣano] *m* **1.** *(parte del cuerpo)* organe *m* **2.** *(instrumento musical)* orgue *m*
orgullo [or'ɣuʎo] *m* **1.** *(vanidad)* orgueil *m* **2.** *(satisfacción)* fierté *f*
orgulloso, sa [orɣu'ʎoso, sa] *adj (vanidoso)* orgueilleux(euse) ● **orgulloso de** *(satisfecho de)* fier de
oriental [ori̯en'tal] *adj* oriental(e) ◇ *mf* Oriental *m*, -e *f*
orientar [ori̯en'tar] *vt* orienter
orientativo, va [ori̯enta'tiβo, βa] *adj* indicatif(ive)
oriente [o'ri̯ente] *m* est *m* ● **(el) Oriente** *(países asiáticos)* (l')Orient
orificio [ori'fiθi̯o] *m* orifice *m*
origen [o'rixen] *m* origine *f*
original [orixi'nal] *adj* **1.** *(único, extraño)* original(e) **2.** *(inicial)* originel(elle)
originario, ria [orixi'nari̯o, ri̯a] *adj* **1.** *(país, ciudad)* d'origine **2.** *(inicial)* originel(elle) ● **originario de** originaire de
orilla [o'riʎa] *f* **1.** *(de río, lago)* rive *f* **2.** *(de mar)* rivage *m* **3.** *(de camino, tela)* bord *m* **4.** *(de bosque)* lisière *f*
orillarse [ori'ʎarse] *vp* (*Col, Méx & Ven*) s'écarter
orina [o'rina] *f* urine *f*
orinal [ori'nal] *m* pot *m* de chambre
orinar [ori'nar] *vi* uriner
oro ['oro] *m* or *m* ◆ **oros** *mpl (de la baraja) l'une des quatre couleurs du jeu de cartes espagnol*
orquesta [or'kesta] *f* **1.** orchestre *m* **2.** *(lugar en teatro)* fosse *f* d'orchestre
orquestar [orkes'tar] *vt* orchestrer
orquídea [or'kiðea] *f* orchidée *f*
ortiga [or'tiɣa] *f* ortie *f*
ortodoxo, xa [orto'ðokso, sa] *adj* orthodoxe
oruga [o'ruɣa] *f* chenille *f*
os [os] *pron* vous ● **no os vi** je ne vous ai pas vus ● **os lo dijo** il vous l'a dit ● **¿os vais?** vous partez ? ● **¡lavaos las manos!** lavez-vous les mains ! ● **¡no os peleéis!** ne vous disputez pas !
oscilar [osθi'lar] *vi* osciller
oscuridad [oskuri'ðað] *f* obscurité *f*
oscuro, ra [os'kuro, ra] *adj* **1.** sombre **2.** *(color)* foncé(e) **3.** *(fig) (confuso)* obscur(e) ● **a oscuras** dans le noir
oso, sa ['oso, sa] *m, f* ours *m*, ourse *f*
ossobuco [oso'βuko] *m* osso-buco *m inv*
ostra ['ostra] *f* huître *f* ● **aburrirse como una ostra** (*fam*) s'ennuyer comme un rat mort ◆ **ostras** *interj* (*fam*) la vache !
OTAN ['otan] *f* OTAN *f*
otoño [o'toɲo] *m* automne *m* ● **en otoño** en automne
otorrino, na [oto'rino, na] *m, f* (*fam*) oto-rhino *mf*

otorrinolaringólogo, ga [oto͵rrinolarin'goloɣo, ɣa] *m, f* oto-rhino-laryngologiste *mf*

otro, tra ['otro, tra] *adj* autre • **el otro día** l'autre jour ◇ *pron* **1.** un autre (une autre) **2.** • **el otro/la otra** l'autre • **dame otro** donne-m'en un autre • **otros prefieren la playa** d'autres préfèrent la plage

ovalado, da [oβa'laðo, ða] *adj* ovale

ovario [o'βari̯o] *m* ovaire *m*

oveja [o'βexa] *f* brebis *f*

ovni ['oβni] *m* ovni *m*

óxido ['oksiðo] *m* **1.** *(en química)* oxyde *m* **2.** *(de metales)* rouille *f*

oxígeno [ok'sixeno] *m* oxygène *m*

oyente [o'jente] *mf* auditeur *m*, -trice *f*

ozono [o'θono] *m* ozone *m*

pP

p. (*abr escrita de página*) p. *(page)*

pabellón [paβe'ʎon] *m* **1.** pavillon *m* **2.** *(tienda de campaña)* tente *f*

pacer [pa'θer] *vi* paître

pachamama [patʃa'mama] *f* (*Amér*) terre *f* (nourricière)

pacharán [patʃa'ran] *m liqueur à base d'airelles*

paciencia [pa'θi̯enθi̯a] *f* patience *f* • **perder la paciencia** perdre patience • **tener paciencia** avoir de la patience

paciente [pa'θi̯ente] *adj & mf* patient(e)

pacificación [paθifika'θi̯on] *f* pacification *f*

pacífico, ca [pa'θifiko, ka] *adj* pacifique • **el Pacífico** le Pacifique

pacifismo [paθi'fizmo] *m* pacifisme *m*

pacifista [paθi'fista] *mf* pacifiste *mf*

pack ['pak] *m* pack *m*

pacto ['pakto] *m* pacte *m*

padecer [paðe'θer] *vt* **1.** *(enfermedad)* souffrir de **2.** *(soportar)* subir ◇ *vi* souffrir ♦ **padecer de** *v prep* souffrir de

padrastro [pa'ðrastro] *m* beau-père *m* *(compagnon de la mère)*

padre ['paðre] *m* père *m* ◇ *adj* (*Méx*) (*fam*) super • **estar padre** (*Méx*) (*fam*) être super ♦ **padres** *mpl* parents *mpl*

padrino [pa'ðrino] *m* **1.** *(de boda)* témoin *m* **2.** *(de bautizo)* parrain *m* ♦ **padrinos** *mpl* parrains *mpl*

padrísimo [pa'ðrisimo] *adj* (*Méx*) (*fam*) génial(e)

padrote [pa'ðrote] *m* (*Amér*) (*fam*) maquereau *m*

paella [pa'eʎa] *f* paella *f*

pág. (*abr escrita de página*) p. *(page)*

paga ['paɣa] *f* paie *f*

La paga extraordinaria

En Espagne, la plupart des salaires pour des postes en C.D.I. sont calculés sur la base de 14 paiements d'un même montant, ce qui permet aux salariés de toucher une double paye ou **paga extraordinaria** deux fois par an, en juin et en décembre.

pagadero, ra [paɣa'ðero, ra] *adj* • **pagadero a** payable à

pagado, da [pa'ɣaðo, ða] *adj (deuda, cuenta)* payé(e)

pagano, na [pa'ɣano, na] *m, f* païen *m*, -enne *f*

pagar [pa'ɣar] *vt* **1.** payer **2.** *(corresponder)* payer de retour ◇ *vi* payer ▼ **pague en caja antes de retirar su vehículo** payez à la caisse avant de reprendre votre véhicule

página ['paxina] *f* page *f* • **página personal/profesional** site *m* personnel/professionnel • **página web** site web o internet

pago ['paɣo] *m* paiement *m* • **como pago de** en remerciement de

paila ['pai̯la] *f (Amér)* **1.** *(sartén)* poêle *f* **2.** *(charco pequeño) bassin naturel dans une rivière*

país [pa'is] *m* pays *m*

paisaje [pai̯'saxe] *m* paysage *m*

paisano, na [pai̯'sano, na] *m, f (de país, ciudad)* compatriote *mf* ◇ *m (persona civil)* civil *m* • **de paisano** en civil

Países Bajos [pa'isez'βaxos] *mpl* • **los Países Bajos** les Pays-Bas *mpl*

País Vasco [pa'iz'βasko] *m* • **el País Vasco** le Pays basque

paja ['paxa] *f* **1.** paille *f* **2.** *(fig) (relleno)* remplissage *m*

pajarita [paxa'rita] *f (de tela)* nœud *m* papillon

pájaro ['paxaro] *m* oiseau *m*

paje ['paxe] *m* page *m*

pala ['pala] *f* **1.** pelle *f* **2.** *(raqueta)* raquette *f* **3.** *(de remo)* pale *f*

palabra [pa'laβra] *f* **1.** *(vocablo)* mot *m* **2.** *(aptitud, promesa)* parole *f* • **de palabra** *(hablando)* de vive voix • **palabra clave** mot-clé *m* ◆ **palabras** *fpl (palabrería)* discours *m*

palacio [pa'laθi̯o] *m* palais *m* • **palacio municipal** *(Amér)* hôtel *m* de ville

El Palacio de la Moneda

C'est la résidence officielle du président de la République du Chili et le siège de son gouvernement. C'est là que le président reçoit les ministres, les visiteurs de marque et ses homologues étrangers. Construit à la fin du XIXe siècle, l'édifice est de style néoclassique.

El Palacio de la Zarzuela

Résidence actuelle du roi d'Espagne, le palais de la Zarzuela est situé sur les collines du Pardo, au nord-ouest de Madrid. Construit entre 1634 et 1638 par Juan Gómez de Mora et Alonso Carbonell, sous le règne de Philippe IV, c'était à l'origine une maison de campagne et un pavillon de chasse. Édifice de style néoclassique à un seul étage avec une cour intérieure rectangulaire, il a été reconstruit au XVIIIe siècle en style rococo.

paladar [pala'ðar] *m* **1.** *(en la boca)* palais *m* **2.** *(gusto)* goût *m*

paladear [palaðe'ar] *vt* savourer

palanca [pa'lanka] *f* levier *m* • **palanca de cambios** levier (de changement) de vitesse • **palanca de juegos** joystick *m*

palangana [palan'gana] *f* bassine *f*

palco ['palko] *m* loge *f (de théâtre)*

paletilla [pale'tiʎa] *f (omóplato)* omoplate *f* • **paletilla de cordero** épaule *f* d'agneau

pálido, da ['paliðo, ða] *adj* pâle

palillo [pa'liʎo] *m* **1.** *(para dientes)* cure-dents *m inv* **2.** *(para tambor)* baguette *f*

paliza [pa'liθa] *f* raclée *f* • **darse una (buena) paliza** *(fam) (esforzarse)* en mettre un coup • **dar la paliza** *(fam) (hablando)* saoûler • **el viaje ha sido una paliza** *(fam)* le voyage a été crevant

palma ['palma] *f* **1.** *(de mano)* paume *f* **2.** *(palmera)* palmier *m* **3.** *(hoja de palmera)* palme *f* ◆ **palmas** *fpl (aplausos)* applaudissements *mpl* • **dar palmas** frapper dans ses mains *(au rythme de la musique)*

palmada [pal'maða] *f* tape *f* • **dar palmadas** frapper dans ses mains

palmera [pal'mera] *f* palmier *m*

palmitos [pal'mitos] *mpl* cœurs *mpl* de palmier • **palmitos en vinagreta** cœurs de palmier à la vinaigrette

palo ['palo] *m* **1.** bâton *m* **2.** *(golpe)* coup *m* de bâton **3.** *(de barco)* mât *m* **4.** *(en naipes)* couleur *f*

paloma [pa'loma] *f* **1.** pigeon *m* **2.** *(blanca)* colombe *f*

palomar [palo'mar] *m* pigeonnier *m*

palomitas [palo'mitas] *fpl* pop-corn *m inv*

palpitar [palpi'tar] *vi* palpiter • **en sus palabras palpitaba su emoción** ses paroles trahissaient son émotion

palta ['palta] *f (Andes & RP)* avocat *m (fruit)*

pamela [pa'mela] *f* capeline *f*

pampa ['pampa] *f* pampa *f*

pan ['pan] *m* pain *m* • **pan dulce** *(Amér)* viennoiserie *f* • **pan de molde** pain de mie • **pan de muerto** *(Méx) sorte de grand pain au lait que l'on mange à la Toussaint* • **pan rallado** chapelure *f* • **pan con tomate** *tranche de pain frottée d'ail et de tomate et arrosée d'huile d'olive* • **pan tostado** pain grillé

panadería [panaðe'ria] *f* boulangerie *f*

panadero, ra [pana'ðero, ra] *m, f* boulanger *m*, -ère *f*

panal [pa'nal] *m (de colmena)* rayon *m*

Panamá [pana'ma] *s* Panamá *m*

panameño, ña [pana'meɲo, ɲa] *adj* panaméen(enne) ◇ *m, f* Panaméen *m*, -enne *f*

pancarta [pan'karta] *f* pancarte *f*

pandereta [pande'reta] *f* tambour *m* de basque

pandilla [pan'diʎa] *f* bande *f (d'amis)*

panecillo [pane'θiʎo] *m* petit pain *m*

panel [pa'nel] *m* panneau *m*

panera [pa'nera] *f* **1.** *(cesta)* corbeille *f* à pain **2.** *(caja)* huche *f* à pain

pánico ['paniko] *m* panique *f*

panorama [pano'rama] *m* **1.** *(paisaje)* panorama *m* **2.** *(situación)* situation *f*

panorámica [pano'ramika] *f* vue *f* panoramique

panorámico, ca [pano'ramiko, ka] *adj* panoramique

pantaletas [panta'letas] *fpl* (*CAm* & *Ven*) culotte *f*
pantalla [pan'taʎa] *f* **1.** (*de cine, televisión*) *INFORM* écran *m* **2.** (*de lámpara*) abat-jour *m*
pantalones [panta'lones] *mpl* pantalon *m* • **pantalones cortos** culottes *fpl* courtes • **pantalones vaqueros** jean *m*
pantano [pan'tano] *m* **1.** (*embalse*) retenue *f* d'eau **2.** (*ciénaga*) marais *m*
pantanoso, sa [panta'noso, sa] *adj* **1.** marécageux(euse) **2.** (*fig*) (*difícil*) épineux(euse)
pantera [pan'tera] *f* panthère *f*
pantimedias [panti'meðias] *fpl* (*Méx*) collants *mpl*
pantorrilla [panto'riʎa] *f* mollet *m*
pantys ['pantis] *mpl* collant *m*
pañal [pa'ɲal] *m* couche *f* (culotte)
paño ['paɲo] *m* **1.** (*trapo*) chiffon *m* **2.** (*tejido*) drap *m* • **paño de cocina** torchon *m* (*de cuisine*)
pañuelo [pa'ɲuelo] *m* **1.** (*para limpiarse*) mouchoir *m* **2.** (*de adorno*) foulard *m*
papa ['papa] *f* (*Amér*) pomme *m* de terre
Papa ['papa] *m* • **el Papa** le Pape
papá [pa'pa] *m* (*fam*) papa *m* • **papá grande** (*Amér*) grand-père *m* ◆ **papás** *mpl* (*fam*) parents *mpl*
papachador, ra [papatʃa'ðor, ra] *adj* (*Amér*) caressant(e)
papachar [papa'tʃar] *vt* (*Amér*) cajoler
papagayo [papa'ɣajo] *m* perroquet *m*
papalote [papa'lote] *m* (*Amér*) cerf-volant *m*
papel [pa'pel] *m* **1.** papier *m* **2.** (*de actor, función*) rôle *m* • **papel higiénico** papier toilette • **papel pintado** papier peint • **hacer el papel de** (*en cine, teatro*) jouer le rôle de ◆ **papeles** *mpl* (*documentos*) papiers *mpl*
papeleo [pape'leo] *m* paperasserie *f*
papelera [pape'lera] *f* **1.** corbeille *f* à papier **2.** (*fábrica*) papeterie *f*
papelería [papele'ria] *f* papeterie *f*
papeleta [pape'leta] *f* **1.** (*de votación*) bulletin *m* de vote **2.** (*de sorteo*) billet *m* **3.** (*de examen*) bulletin *m* de notes **4.** (*fig*) (*asunto difícil*) • **¡vaya papeleta!** quelle tuile !
paperas [pa'peras] *fpl* oreillons *mpl*
papilla [pa'piʎa] *f* (*alimento*) bouillie *f*
paquete [pa'kete] *m* paquet *m*
Paquistán [pakis'tan] *s* Pakistan *m*
paquistaní [pakista'ni] *adj* pakistanais(e) ◇ *mf* Pakistanais *m*, -e *f*
par ['par] *adj* pair(e) ◇ *m* paire *f* • **abierto de par en par** grand ouvert • **sin par** hors pair • **un par de...** quelques...
para [para] *prep* **1.** pour • **este agua no es buena para beber** cette eau n'est pas bonne à boire • **lo he comprado para ti** je l'ai acheté pour toi • **te lo repetiré para que te enteres** je te le répéterai pour que tu comprennes • **lo he hecho para agradarte** je l'ai fait pour te faire plaisir • **está muy espabilado para su edad** il est très éveillé pour son âge **2.** (*dirección*) • **vete para casa** rentre à la maison • **salir para Sevilla** partir pour Séville **3.** (*tiempo*) • **lo tendré acabado para mañana** je l'aurai fini (d'ici) demain • **la ceremonia se ha fijado para el día cinco** la cérémonie a été fixée au cinq **4.** (*inminencia, propósito*) • **la comida está lista para servir** le repas est prêt à être servi

parabólica [para'βolika] *f* antenne *f* parabolique
parabrisas [para'βrisas] *m inv* pare-brise *m inv*
paracaídas [paraka'iðas] *m inv* parachute *m*
parachoques [para'tʃokes] *m inv* pare-chocs *m inv*
parada [pa'raða] *f* arrêt *m* • **parada de autobús** arrêt d'autobus • **parada de taxis** station *f* de taxis ➤ **parado**
paradero [pa'raðero] *m* (*Andes*) arrêt *m* (d'autobus)
parado, da [pa'raðo, ða] *adj* **1.** (*coche, máquina*) arrêté(e) **2.** (*desempleado*) au chômage **3.** (*tímido*) indolent(e) ◇ *m, f* chômeur *m*, -euse *f*
paradoja [para'ðoxa] *f* paradoxe *m*
paradójico, ca [para'ðoxiko, ka] *adj* paradoxal(e)
parador [para'ðor] *m* (*mesón*) relais *m* • **parador nacional** (*Esp*) *hôtels de luxe gérés par le ministère du Tourisme espagnol, installés dans des monuments historiques, des bâtiments d'intérêt artistique ou dans des sites exceptionnels éloignés des centres urbains ; leurs restaurants proposent des spécialités locales ou régionales.*
paraguas [pa'raɣu̯as] *m inv* parapluie *m*
Paraguay [para'ɣu̯ai] *s* Paraguay *m*
paraguayo, ya [para'ɣu̯ajo, ja] *adj* paraguayen(enne) ◇ *m, f* Paraguayen *m*, -enne *f*
paraíso [para'iso] *m* paradis *m*
paraje [pa'raxe] *m* contrée *f*
paralelo, la [para'lelo, la] *adj* parallèle ◇ *m* parallèle *m*
parálisis [pa'ralisis] *f inv* paralysie *f*
paralítico, ca [para'litiko, ka] *m, f* paralytique *mf*
paralizar [parali'θar] *vt* paralyser
parapente [para'pente] *m* parapente *m*
parar [pa'rar] *vt* arrêter ◇ *vi* **1.** (*detenerse*) s'arrêter **2.** (*hacer huelga*) faire grève **3.** (*Amér*) (*levantar*) lever ▾ **para en todas las estaciones** s'arrête dans toutes les gares • **sin parar** sans arrêt ♦ **pararse** *vp* **1.** (*detenerse*) s'arrêter **2.** (*Amér*) (*ponerse de pie*) se lever
pararrayos [para'rajos] *m inv* paratonnerre *m*
parasol [para'sol] *m* parasol *m*
parche ['partʃe] *m* patch *m*
parchís [par'tʃis] *m inv* ≃ petits chevaux *mpl*
parcial [par'θi̯al] *adj* **1.** partiel(elle) **2.** (*injusto*) partial(e) ◇ *m* partiel *m*
pardo, da ['parðo, ða] *adj* brun(e)
parecer [pare'θer] *m* **1.** (*opinión*) avis *m* **2.** (*aspecto*) apparence *f* ◇ *v cop* (*tener aspecto de*) avoir l'air ◇ *v impers* sembler • **un perro que parece un lobo** un chien qui ressemble à un loup • **pareces cansado** tu as l'air fatigué • **me parece que...** il me semble que... • **parece que se está nublando el cielo** le ciel semble se couvrir ♦ **parecerse** *vp* se ressembler ♦ **parecerse a** *v prep* ressembler à
parecido, da [pare'θiðo, ða] *adj* • **parecido (a)** (*semejante*) semblable (à) ◇ *m* ressemblance *f*
pared [pa'reð] *f* mur *m*
pareja [pa'rexa] *f* **1.** (*par*) paire *f* **2.** (*de novios, casados*) couple *m* **3.** (*compañero*) partenaire *mf*

parentesco [paren'tesko] *m* **1.** *(en familia)* lien *m* de parenté **2.** *(relación)* parenté *f*
paréntesis [pa'rentesis] *m inv* parenthèse *f* • **entre paréntesis** entre parenthèses
pareo [pa'reo] *m* paréo *m*
pariente, ta [pa'ri̯ente, ta] *m, f* parent *m*, -e *f*
parking ['parkin] *m* (*Esp*) parking *m*
parlamentario, ria [parlamen'tari̯o, ri̯a] *m, f* parlementaire *mf*
parlamento [parla'mento] *m* **1.** parlement *m* **2.** *(monólogo)* tirade *f*
parlanchín, ina [parlan'tʃin, ina] *adj* bavard(e)
paro ['paro] *m* **1.** *(desempleo)* chômage *m* **2.** *(parada)* arrêt *m* **3.** *(huelga)* arrêt *m* de travail • **estar en paro** être au chômage
parpadear [parpaðe'ar] *vi* **1.** cligner des yeux **2.** *INFORM* clignoter
párpado ['parpaðo] *m* paupière *f*
parque ['parke] *m* parc *m* • **parque acuático** parc aquatique • **parque de atracciones** parc d'attractions • **parque de bomberos** (*Esp*) caserne *f* de pompiers • **parque infantil** terrain *m* de jeux • **parque nacional** parc national • **parque zoológico** parc zoologique

Los parques naturales

Les parcs naturels sont protégés par l'État en raison de leur beauté. Leur accès est libre, mais il est soumis à des règles qui impliquent le respect de la faune et de la flore locales. Les principaux parcs d'Espagne sont les parcs naturels du **Coto de Doñana** (province de Huelva), d'**Ordesa** (province de Huesca), le parc naturel **Delta del Ebro** (province de Tarragone), le parc national **los Glaciares** en Argentine, celui d'**Isla Cocos** au Costa Rica, du **Darién** au Panama et de **Canaima** au Venezuela.

parqué [par'ke] *m* parquet *m*
parquear [parke'ar] *vt* (*Col*) garer
parquímetro [par'kimetro] *m* parcmètre *m*
parra ['para] *f* treille *f*
párrafo ['parafo] *m* paragraphe *m*
parrilla [pa'riʎa] *f* **1.** gril *m* **2.** (*Amér*) *(del coche)* galerie *f* • **a la parrilla** au gril
parrillada [pari'ʎaða] *f* grillade *f* • **parrillada de carne/pescado** *assortiment de viandes grillées ou de poissons grillés*
parroquia [pa'roki̯a] *f* **1.** paroisse *f* **2.** (*fig*) *(clientes)* clientèle *f*
parte ['parte] *f* **1.** *(de conjunto)* partie *f*. **2.** *(sitio)* part *f* **3.** *(lado, cara)* côté *m* ◇ *m* rapport *m* • **dar parte de algo** informer de qqch • **de parte de alguien** de la part de qqn • **¿de parte de quién?** c'est de la part de qui ? • **en alguna parte** quelque part • **en otra parte** autre part, ailleurs • **en parte** en partie • **en** o **por todas partes** partout • **por otra parte** d'autre part
participación [partiθipa'θi̯on] *f* **1.** *(colaboración)* participation *f* **2.** *(de boda, bautizo)* faire-part *m* **3.** *(en lotería)* billet *m*
participar [partiθi'par] *vi* participer ◇ *vt* • **participar algo a alguien** faire part de qqch à qqn ◆ **participar en** *v prep* participer à

partícula [par'tikula] *f* particule *f*
particular [partiku'lar] *adj* **1.** particulier **2.** *(privado)* privé(e) ● **en particular** en particulier
partida [par'tiða] *f* **1.** *(en el juego)* partie *f* **2.** *(marcha)* départ *m* **3.** *(certificado)* acte *m* **4.** *(de género, mercancías)* lot *m* ● **partida de nacimiento** extrait *m* d'acte de naissance
partidario, ria [parti'ðarjo, rja] *m, f* partisan *m* ● **partidario de** partisan de
partidista [parti'ðista] *adj* partisan(e)
partido [par'tiðo] *m* **1.** *(en política)* parti *m* **2.** *(en deporte)* match *m* ● **partido de ida/vuelta** match aller/retour ● **sacar partido** tirer parti
partir [par'tir] *vt* **1.** *(dividir)* partager **2.** *(romper)* casser **3.** *(repartir)* répartir **4.** *(cortar)* couper ◇ *vi (ponerse en camino)* partir ◆ **partir de** *v prep (tomar como base)* partir de ● **a partir de** à partir de
partitura [parti'tura] *f* partition *f*
parto ['parto] *m* accouchement *m*
parvulario [parβu'larjo] *m* école *f* maternelle
pasa ['pasa] *f* raisin *m* sec
pasable [pa'saβle] *adj* passable
pasada [pa'saða] *f* **1.** *(con escoba, de pintura)* coup *m* **2.** (*fam*) *(cosa extraordinaria)* ● **tu coche nuevo es una pasada** ta nouvelle voiture est vraiment géniale ● **de pasada** *(de paso)* en passant
pasado, da [pa'saðo, ða] *adj* **1.** *(semana, mes)* dernier(ère) **2.** *(viejo)* vieux (vieille) **3.** *(deteriorado)* périmé(e) **4.** *(fruta)* blet (blette) ◇ *m* passé *m* ● **pasado de moda** démodé(e) ● **pasado mañana** après-demain
pasaje [pa'saxe] *m* **1.** *(de avión, barco)* billet *m* **2.** *(pasajeros)* passagers *mpl* **3.** *(calle, parte)* passage *m* ▼ **pasaje particular** passage privé
pasajero, ra [pasa'xero, ra] *adj & m, f* passager(ère) ▼ **pasajeros sin equipaje** passagers sans bagages
pasamanos [pasa'manos] *m inv* main *f* courante
pasaporte [pasa'porte] *m* passeport *m*
pasar [pa'sar] *vt* **1.** passer ● **¿me pasas la sal?** tu me passes le sel ? ● **pasar la harina por el tamiz** passer la farine au tamis ● **no pases el semáforo en rojo** ne passe pas au rouge ● **pasó dos años en Roma** il a passé deux ans à Rome ● **ya ha pasado los cuarenta** il a passé la quarantaine ● **pasar una película** passer un film ● **me has pasado el catarro** tu m'as passé ton rhume **2.** *(cruzar)* traverser ● **ayúdame a pasar la calle** aide-moi à traverser la rue **3.** *(trasladar)* ● **pasar algo de un sitio a otro** déménager qqch d'un endroit à un autre **4.** *(llevar adentro)* ● **pasar a alguien** faire entrer qqn **5.** *(admitir)* tolérer ● **no podemos pasar esta actitud** nous ne pouvons tolérer cette attitude ● **le pasa todos sus caprichos** elle lui passe tous ses caprices **6.** *(rebasar, adelantar)* dépasser **7.** *(padecer)* ● **está pasando una depresión** elle fait une dépression **8.** *(aprobar)* réussir ● **ya he pasado el examen** j'ai réussi mon examen **9.** *(en locuciones)* ● **pasar lista** faire l'appel ● **pasar visita** examiner (les malades) ◇ *vi* **1.** *(ir)* passer ● **déjame más sitio que no paso** pousse-toi, je ne peux pas passer ● **pasaré por mi oficina/por tu casa** je passerai à mon bu-

reau/chez toi • **pasó el frío** le froid est passé • **el tiempo pasa muy deprisa** le temps passe très vite • **pasar de... a...** passer de... à... • **el autobús pasa por mi casa** l'autobus passe devant chez moi • **pasó por mi lado** il est passé à côté de moi • **el Manzanares pasa por Madrid** le Manzanares passe à Madrid • **me ha visto pero ha pasado de largo** il m'a vu mais est passé sans s'arrêter **2.** *(entrar)* entrer ▾ **no pasar** entrée interdite • **¡pase!** entrez ! **3.** *(suceder)* se passer, arriver • **¿qué te pasa?** qu'est-ce qui t'arrive ? • **¿qué pasa aquí?** qu'est-ce qui se passe ici ? • **pase lo que pase** quoi qu'il arrive **4.** *(divertirse)* • **pasarlo bien** bien s'amuser ♦ **pasar a** *v prep (cambiar de acción, tema)* passer à ♦ **pasar de** *v prep (fam) (prescindir)* • **paso de ir al cine** je n'ai aucune envie d'aller au cinéma • **paso de política** la politique ne m'intéresse pas ♦ **pasar por** *v prep (tolerar)* supporter ♦ **pasarse** *vp* **1.** passer • **se pasaron el día hablando** ils ont passé la journée à parler • **pasarse a** *(cambiar de bando)* passer à **2.** *(comida)* se gâter **3.** *(medicamentos)* être périmé(e) **4.** *(olvidarse)* • **se me pasó decírtelo** j'ai oublié de te le dire **5.** *(no fijarse)* • **no se le pasa nada** rien ne lui échappe **6.** *(fam) (propasarse)* • **te estás pasando** tu pousses un peu

pasarela [pasa'rela] *f* **1.** *(de barco)* passerelle *f* **2.** *(para modelos)* podium *m*

pasatiempo [pasa'tiempo] *m* passe-temps *m*

Pascua ['paskua] *f* **1.** *(fiesta cristiana)* Pâques *m* **2.** *(fiesta judía)* Pâque *f* ♦ **Pascuas** *fpl (Navidad)* Noël *m*

pase ['pase] *m* **1.** *(permiso)* laissez-passer *m* **2.** *(en fútbol, toros)* passe *f*

pasear [pase'ar] *vt* promener ◇ *vi* se promener ♦ **pasearse** *vp* se promener

paseíllo [pase'iʎo] *m tour d'honneur du torero et de ses assistants avant de commencer à toréer*

paseo [pa'seo] *m* promenade *f* • **dar un paseo** faire une promenade • **ir de paseo** aller se promener • **de mi casa a la oficina hay un paseo** mon bureau est à deux pas de chez moi

pasillo [pa'siʎo] *m* couloir *m*

pasión [pa'sjon] *f* passion *f*

pasiva [pa'siβa] *f* voie *f* passive ➤ **pasivo**

pasividad [pasiβi'ðað] *f* passivité *f*

pasivo, va [pa'siβo, βa] *adj* passif(ive) ◇ *m (deudas)* passif *m*

paso ['paso] *m* **1.** pas *m* **2.** *(acción de pasar, camino)* passage *m* **3.** *(gestión)* démarche *f* • **paso de cebra** passage clouté • **paso a nivel** passage à niveau • **paso de peatones** passage (pour) piétons • **paso subterráneo** passage souterrain • **a dos pasos** à deux pas • **de paso** au passage

pasodoble [paso'ðoβle] *m* paso doble *m inv*

pasta ['pasta] *f* **1.** *(macarrones, espaguetis)* pâtes *fpl* **2.** *(para pastelería)* pâte *f* **3.** *(Esp) (pastelillo)* petit gâteau *m* sec **4.** *(Esp) (fam) (dinero)* fric *m* • **pasta de dientes** dentifrice *m*

pastel [pas'tel] *m* **1.** *(tarta)* gâteau *m* **2.** *(en pintura)* pastel *m*

pastelería [pastele'ria] *f* pâtisserie *f*

pastelero, ra [paste'lero, ra] *m, f* pâtissier *m*, -ère *f*

pastilla [pas'tiʎa] *f* **1.** *(medicamento)* pilule *f* **2.** *(caramelo)* bonbon *m* • **pastilla de jabón** savonnette *f*
pastor, ra [pas'tor, ra] *m, f* berger *m*, -ère *f* ◇ *m (sacerdote)* pasteur *m*
pastoreo [pasto'reo] *m* pâturage *m*
pata ['pata] *f* **1.** *(de animal)* patte *f* **2.** *(de mueble)* pied *m* ◇ *m* (*Perú*) *(amigo)* pote *m* • **pata negra** *jambon de pays de qualité supérieure* • **estar patas arriba** (*fig*) *(estar desordenado)* être sens dessus dessous • **meter la pata** (*fam*) faire une gaffe • **tener mala pata** (*fam*) avoir la poisse ➤ **pato**
patada [pa'taða] *f* coup *m* de pied
patata [pa'tata] *f* (*Esp*) pomme *f* de terre • **patatas fritas** frites *fpl* ; *(de bolsa)* chips *fpl*
paté [pa'te] *m* pâté *m*
patente [pa'tente] *adj* *(evidente)* patent(e) ◇ *f* **1.** *(autorización)* patente *f* **2.** *(de invento)* brevet *m* **3.** (*Amér*) *(matrícula de coche)* plaque *f* d'immatriculation
patera [pa'tera] *f* *embarcation de fortune utilisée par les clandestins partis d'Afrique du Nord pour traverser la Méditerranée*
paterno, na [pa'terno, na] *adj* paternel(elle)
patilla [pa'tiʎa] *f* **1.** *(de barba)* favori *m* **2.** *(de gafas)* branche *f*
patín [pa'tin] *m* **1.** patin *m* **2.** *(juguete)* trottinette *f* • **patín de pedales** pédalo *m* • **patín de vela** catamaran *m*
patinaje [pati'naxe] *m* patinage *m* • **patinaje sobre hielo** patinage sur glace
patinar [pati'nar] *vi* **1.** patiner **2.** (*fam*) *(equivocarse)* gaffer
patinazo [pati'naθo] *m* **1.** *(resbalón)* glissade *f* **2.** (*fam*) *(equivocación)* bourde *f*
patinete [pati'nete] *m* trottinette *f*
patio ['patio] *m* **1.** *(de casa)* cour *f* **2.** *(de escuela)* cour *f* (de récréation) • **patio de butacas** orchestre *m (au théâtre)* • **patio interior** cour intérieure
pato, ta ['pato, ta] *m, f* canard *m*, cane *f* • **pato a la naranja** canard à l'orange • **pato confitado** confit *m* de canard
patoso, sa [pa'toso, sa] *adj* (*Esp*) (*fam*) pataud(e)
patria ['patria] *f* patrie *f*
patriota [pa'triota] *mf* patriote *mf*
patriótico, ca [pa'triotiko, ka] *adj* patriotique
patrocinador, ra [patroθina'ðor, ra] *m, f* sponsor *m*
patrón, ona [pa'tron, ona] *m, f* patron *m*, -onne *f* ◇ *m (en costura)* patron *m*
patronal [patro'nal] *f* patronat *m*
patrono, na [pa'trono, na] *m, f* patron *m*, -onne *f*
patrulla [pa'truʎa] *f* patrouille *f* • **patrulla urbana** îlotiers *mpl*
pausa ['pausa] *f* pause *f*
pauta ['pauta] *f* règle *f*
pavimento [paβi'mento] *m* revêtement *m*
pavo, va ['paβo, βa] *m, f* dindon *m*, dinde *f* • **pavo real** paon *m*
payaso, sa [pa'jaso, sa] *m, f* clown *m*
paz, ces ['paθ, θes] *f* paix *f* • **dejar en paz** laisser tranquille • **hacer las paces** faire la paix • **que en paz descanse** qu'il/qu'elle repose en paix
pazo ['paθo] *m* maison *f* de famille *m (en Galice)*

PC ['pe'θe] *m* (*abr de personal computer*) PC *m*
PD (*abr escrita de posdata*) PS *(postscriptum)*
PDA ['pe'ðe'a] (*abr de Personal Digital Assistant*) *m* PDA *m*
PDF ['pe'ðe'efe] (*abr de Portable Document Format*) *m* PDF *m*
peaje [pe'axe] *m* péage *m*
peatón [pea'ton] *m* piéton *m*, -onne *f*
peatonal [peato'nal] *adj* piétonnier(ère)
peca ['peka] *f* tache *f* de rousseur
pecado [pe'kaðo] *m* péché *m*
pecador, ra [peka'ðor, ra] *m, f* pécheur *m*, -eresse *f*
pecar [pe'kar] *vi* pécher
pecera [pe'θera] *f* aquarium *m*
pecho ['petʃo] *m* **1.** *(en anatomía)* poitrine *f* **2.** *(de animal)* poitrail *m* **3.** *(mama)* sein *m*
pechuga [pe'tʃuɣa] *f (de ave)* blanc *m*
pecoso, sa [pe'koso, sa] *adj* • **ser pecoso** avoir des taches de rousseur
peculiar [peku'li̯ar] *adj* particulier(ère)
pedagogía [peðaɣo'xia] *f* pédagogie *f*
pedagogo, ga [peða'ɣoɣo, ɣa] *m, f* pédagogue *mf*
pedal [pe'ðal] *m* pédale *f*
pedalear [peðale'ar] *vi* pédaler
pedante [pe'ðante] *adj* pédant(e)
pedazo [pe'ðaθo] *m* morceau *m* • **hacer pedazos** mettre en morceaux
pedestal [peðes'tal] *m* piédestal *m*
pediatra [pe'ði̯atra] *mf* pédiatre *mf*
pedido [pe'ðiðo] *m* commande *f*
pedir [pe'ðir] *vt* **1.** demander **2.** *(en restaurante, bar)* commander **3.** *(necesitar)* avoir besoin de ◇ *vi (mendigar)* mendier • **pedir disculpas** faire des excuses • **pedir un crédito** demander un prêt • **pedir prestado** emprunter • **pedir un taxi** appeler un taxi
pedo ['peðo] *m* pet *m*
pedófilo, la [pe'ðofilo, la] *m, f* pédophile *mf*
pedregoso, sa [peðre'ɣoso, sa] *adj* pierreux(euse)
pedrisco [pe'ðrisko] *m* grêle *f*
pega ['peɣa] *f* **1.** *(para pegar)* colle *f* **2.** *(inconveniente)* difficulté *f* • **poner pegas (a)** faire obstacle (à)
pegajoso, sa [peɣa'xoso, sa] *adj* collant(e)
pegamento [peɣa'mento] *m* colle *f*
pegar [pe'ɣar] *vt* **1.** *(adherir, arrimar)* coller **2.** *(golpear)* frapper **3.** *(grito)* pousser **4.** *(contagiar)* passer ◇ *vi (suj: sol)* taper • **pegar un salto** faire un bond ♦ **pegar con** *v prep (armonizar)* • **el verde y el rosa no pegan** le vert et le rose ne vont pas (bien) ensemble ♦ **pegarse** *vp* **1.** *(chocar)* se cogner **2.** *(adherirse)* coller **3.** *(pelearse)* se battre **4.** (*despec*) *(a una persona)* coller
pegatina [peɣa'tina] *f* autocollant *m*
peinado [pei̯'naðo] *m* coiffure *f*
peinador, ra [pei̯'naðor, ra] *m, f* (*Méx & RP*) coiffeur *m*, -euse *f*
peinar [pei̯'nar] *vt* peigner ♦ **peinarse** *vp* se coiffer
peine ['pei̯ne] *m* peigne *m*
peineta [pei̯'neta] *f* peigne *m (de mantille)*
p.ej. (*abr escrita de por ejemplo*) p. ex. *(par exemple)*
peladilla [pela'ðiʎa] *f* dragée *f*

pelar [pe'lar] *vt* **1.** *(patatas)* éplucher **2.** *(fruta)* peler **3.** *(ave)* plumer **4.** *(pelo)* tondre ◆ **pelarse** *vp* ● **pelarse de frío** peler de froid

peldaño [pel'daɲo] *m* marche *f (d'escalier)*

pelea [pe'lea] *f* bagarre *f*

pelear [pele'ar] *vi* se battre ◆ **pelearse** *vp* se disputer

peletería [pelete'ria] *f* fourreur *m*

peli ['peli] *f (fam)* film *m*

pelícano [pe'likano] *m* pélican *m*

película [pe'likula] *f* **1.** *(en cine)* film *m* **2.** *(capa fina)* pellicule *f*

peligro [pe'liɣro] *m* danger *m* ● **correr peligro** être en danger

peligroso, sa [peli'ɣroso, sa] *adj* dangereux(euse)

pelirrojo, ja [peli'roxo, xa] *adj* roux (rousse)

pellejo [pe'ʎexo] *m* peau *f*

pellizcar [peʎiθ'kar] *vt* pincer

pellizco [pe'ʎiθko] *m* pincement *m*

pelma ['pelma] *mf (fam)* casse-pieds *mf inv*

pelo ['pelo] *m* **1.** poil *m* **2.** *(cabello)* cheveux *mpl* ● **pelo rizado** cheveux frisés ● **tomar el pelo a alguien** *(fam)* se payer la tête de qqn ● **con pelos y señales** dans les moindres détails ● **no se mató por un pelo** il s'en est fallu d'un cheveu qu'il ne se tue

pelota [pe'lota] *f* **1.** *(balón)* ballon *m* **2.** *(pequeña)* balle *f* ◇ *mf (fam) (persona)* lèche-bottes *mf inv* ● **pelota vasca** pelote *f* basque ● **jugar a la pelota** jouer au ballon ● **hacer la pelota** *(fam)* cirer les bottes

pelotari [pelo'tari] *mf* joueur *m*, -euse *f* de pelote basque

pelotón [pelo'ton] *m* **1.** *(de gente)* foule *f* **2.** *(de soldados)* peloton *m*

pelotudo, da [pelo'tuðo, ða] *adj (RP) (fam)* crétin(e)

peluca [pe'luka] *f* perruque *f*

peludo, da [pe'luðo, ða] *adj* poilu(e)

peluquería [peluke'ria] *f* **1.** *(local)* salon *m* de coiffure **2.** *(oficio)* coiffure *f* ▼ **peluquería-estética** salon de coiffure et de beauté

peluquero, ra [pelu'kero, ra] *m, f* coiffeur *m*, -euse *f*

pelvis ['pelβis] *f inv* bassin *m (os)*

pena ['pena] *f* **1.** peine *f* **2.** *(CAm, Carib, Col, Méx & Ven) (vergüenza)* honte *f* ● **¡qué pena!** quel dommage ! ● **a duras penas** à grand-peine ● **valer la pena** valoir la peine

penalti [pe'nalti] *m* penalty *m*

pendiente [pen'djente] *adj (por hacer)* en suspens ◇ *m (Esp) (adorno)* boucle *f* d'oreille ◇ *f (cuesta)* pente *f*

péndulo ['pendulo] *m* pendule *m*

pene ['pene] *m* pénis *m*

penetrar [pene'trar] ◆ **penetrar en** *v prep* **1.** pénétrer dans **2.** *(perforar)* pénétrer

penicilina [peniθi'lina] *f* pénicilline *f*

península [pe'ninsula] *f* péninsule *f*

peninsular [peninsu'lar] *adj* péninsulaire

penitencia [peni'tenθja] *f* pénitence *f* ● **hacer penitencia** faire pénitence

penitente [peni'tente] *m* pénitent *m*

penoso, sa [pe'noso, sa] *adj* **1.** *(espectáculo)* affligeant(e) **2.** *(trabajo)* pénible

3. *(CAm, Carib, Col, Méx & Ven)* *(vergonzoso)* honteux(euse)

pensador, ra [pensa'ðor, ra] *m, f* penseur *m*, -euse *f*

pensamiento [pensa'mjento] *m* pensée *f*

pensar [pen'sar] *vt* **1.** *(meditar)* penser à **2.** *(opinar, tener la intención de)* penser **3.** *(idear)* réfléchir à ◇ *vi* penser ◆ **pensar en** *v prep* penser à ◆ **pensar sobre** *v prep* réfléchir sur

pensativo, va [pensa'tiβo, βa] *adj* pensif(ive)

pensión [pen'sjon] *f* **1.** *(establecimiento)* pension *f* **2.** *(dinero)* retraite *f* ● **media pensión** demi-pension *f* ● **pensión completa** pension complète

peña ['peɲa] *f* **1.** *(piedra)* rocher *m* **2.** *(de amigos)* bande *f* **3.** *(asociación)* club *m*

peñasco [pe'ɲasko] *m* rocher *m*

peón [pe'on] *m* **1.** *(obrero)* manœuvre *m* **2.** *(en el campo)* ouvrier *m* agricole **3.** *(en ajedrez)* pion *m*

peonza [pe'onθa] *f* toupie *f*

peor [pe'or] *adj* ● **peor (que)** pire (que) ● **es peor alumno que su hermano** il est plus mauvais élève que son frère ◇ *adv* ● **es cada vez peor** c'est de pire en pire ● **es todavía peor** c'est encore pire ◇ *mf* ● **el/la peor** le/la pire

pepino [pe'pino] *m* concombre *m*

pepita [pe'pita] *f* **1.** *(de fruta)* pépin *m* **2.** *(de metal)* pépite *f*

pepito [pe'pito] *m* *(de carne)* *petit sandwich chaud à la viande*

pequeño, ña [pe'keɲo, ɲa] *adj* petit(e)

pera ['pera] *f* poire *f*

peral [pe'ral] *m* poirier *m*

percebe [per'θeβe] *m* pouce-pied *m*

percha ['pertʃa] *f* cintre *m*

perchero [per'tʃero] *m* portemanteau *m*

percibir [perθi'βir] *vt* percevoir

perdedor, ra [perðe'ðor, ra] *m, f* perdant *m*, -e *f*

perder [per'ðer] *vt* **1.** perdre **2.** *(tren, oportunidad)* rater ◇ *vi* perdre ● **la película ha perdido mucho con los cortes** le film a perdu beaucoup de son intérêt à cause des coupures ● **echarse a perder** *(fam)* s'abîmer ◆ **perderse** *vp* se perdre

pérdida ['perðiða] *f* perte *f*

perdigón [perði'ɣon] *m* plomb *m* *(de chasse)*

perdiz, ces [per'ðiθ, θes] *f* perdrix *f*

perdón [per'ðon] *m* pardon *m* ◇ *interj* pardon !

perdonar [perðo'nar] *vt* **1.** *(obligación, castigo)* faire grâce (de) **2.** *(ofensa)* pardonner ● **perdonar una deuda a alguien** libérer qqn d'une dette

peregrinación [pereɣrina'θjon] *f* pèlerinage *m*

peregrino, na [pere'ɣrino, na] *m, f* pèlerin *m*

perejil [pere'xil] *m* persil *m*

pereza [pe'reθa] *f* paresse *f* ● **me da pereza salir** je n'ai pas envie de sortir

perezoso, sa [pere'θoso, sa] *adj* paresseux(euse)

perfección [perfek'θjon] *f* perfection *f*

perfeccionista [perfekθjo'nista] *mf* perfectionniste *mf*

perfectamente [per,fekta'mente] *adv* parfaitement

perfecto, ta [per'fekto, ta] *adj* parfait(e)

perfil [per'fil] *m* profil *m* • **de perfil** de profil

perforación [perfora'θjon] *f* perforation *f*

perforar [perfo'rar] *vt* perforer

perfumar [perfu'mar] *vt* parfumer ◆ **perfumarse** *vp* se parfumer

perfume [per'fume] *m* parfum *m*

perfumería [perfume'ria] *f* parfumerie *f* ▼ **perfumería-cosmética** parfums et produits de beauté

pergamino [perɣa'mino] *m* parchemin *m*

pérgola ['perɣola] *f* pergola *f*

periferia [peri'ferja] *f* périphérie *f*

periódico, ca [pe'rjoðiko, ka] *adj* périodique ◇ *m* journal *m*

periodismo [perjo'ðizmo] *m* journalisme *m*

periodista [perjo'ðista] *mf* journaliste *mf*

periodo [pe'rjoðo] *m* **1.** *(espacio de tiempo)* période *f* **2.** *(menstruación)* règles *fpl*

periquito [peri'kito] *m* perruche *f*

peritaje [peri'taxe] *m* expertise *f*

perito, ta [pe'rito, ta] *m, f* **1.** *(experto)* expert *m* **2.** *(ingeniero técnico)* ingénieur *m* technique

perjudicar [perxuði'kar] *vt* nuire à

perjuicio [per'xuiθjo] *m* **1.** *(material)* dégât *m* **2.** *(moral)* préjudice *m*

perla ['perla] *f* perle *f* • **ir de perlas** *(fig)* tomber à point nommé

permanecer [permane'θer] *vi* rester ◆ **permanecer en** *v prep* rester à

permanencia [perma'nenθja] *f* permanence *f*

permanente [perma'nente] *adj* permanent(e) ◇ *f* permanente *f*

permiso [per'miso] *m* permission *f* • **permiso de conducir** permis *m* de conduire

permitir [permi'tir] *vt* permettre

pernoctar [pernok'tar] *vi* passer la nuit

pero [pero] *conj* mais

perpendicular [perpendiku'lar] *adj* perpendiculaire ◇ *f* perpendiculaire *f* • **perpendicular a** perpendiculaire à

perpetuo, tua [per'petuo, tua] *adj* perpétuel(elle)

perplejo, ja [per'plexo, xa] *adj* perplexe

perra ['pera] *f* *(fam)* • **coger una perra** piquer une colère • **no tengo ni una perra** je n'ai pas un rond ➤ **perro**

perrito [pe'rito] *m* • **perrito caliente** hot dog *m*

perro, rra ['pero, ra] *m, f* chien *m*, chienne *f*

persa ['persa] *adj* persan(e) ◇ *mf* Persan *m*, -e *f*

persecución [perseku'θjon] *f* poursuite *f*

perseguir [perse'ɣir] *vt* **1.** *(seguir)* poursuivre **2.** *(querer lograr)* rechercher

persiana [per'sjana] *f* persienne *f*

persona [per'sona] *f* personne *f* • **en persona** en personne

personaje [perso'naxe] *m* personnage *m*

personal [perso'nal] *adj* personnel(elle) ◇ *m* *(empleados)* personnel *m* • **hay mucho personal** *(fam)* il y a du peuple ▼ **sólo personal autorizado** réservé aux personnes autorisées

personalidad [personali'ðað] *f* personnalité *f*

personalizar [personali'θar] *vt* personnaliser
perspectiva [perspek'tiβa] *f* **1.** perspective *f* **2.** *(punto de vista)* point *m* de vue
persuadir [persua'ðir] *vt* persuader
persuasión [persua'sion] *f* persuasion *f*
pertenecer [pertene'θer] *vi* appartenir ◆ **pertenecer a** *v prep* **1.** *(ser parte de)* faire partie de **2.** *(ser miembro de)* être membre de **3.** *(corresponder a)* appartenir à
perteneciente [pertene'θiente] *adj* ● **perteneciente a** appartenant à
pertenencias [perte'nenθias] *fpl* biens *mpl*
pértiga ['pertiγa] *f* perche *f*
Perú [pe'ru] *m* ● **(el) Perú** (le) Pérou
peruano, na [pe'ruano, na] *adj* péruvien(enne) ◇ *m, f* Péruvien *m*, -enne *f*
pesa ['pesa] *f* poids *m* ◆ **pesas** *fpl (en gimnasia)* haltères *mpl*
pesadez [pesa'ðeθ] *f* **1.** lourdeur *f* **2.** *(aburrimiento)* ennui *m*
pesadilla [pesa'ðiʎa] *f* cauchemar *m*
pesado, da [pe'saðo, ða] *adj* **1.** lourd(e) **2.** *(agotador)* pénible **3.** *(aburrido)* ennuyeux(euse)
pesadumbre [pesa'ðumbre] *f* chagrin *m*
pésame ['pesame] *m* ● **dar el pésame** présenter ses condoléances
pesar [pe'sar] *m* chagrin *m* ◇ *vi* & *vt* peser ● **a pesar de** malgré ● **me pesa decírtelo pero...** je suis désolé de te dire que...
pesca ['peska] *f* pêche *f*
pescadería [peskaðe'ria] *f* poissonnerie *f*
pescadero, ra [peska'ðero, ra] *m, f* poissonnier *m*, -ère *f*
pescadilla [peska'ðiʎa] *f* merlan *m*
pescadito [peska'ðito] *m* ● **pescadito frito** petite friture *f*
pescado [pes'kaðo] *m* poisson *m*
pescador, ra [peska'ðor, ra] *m, f* pêcheur *m*, -euse *f*
pescar [pes'kar] *vt* **1.** pêcher **2.** *(fam) (pillar)* attraper
pesebre [pe'seβre] *m* **1.** *(para animales)* mangeoire *f* **2.** *(belén)* crèche *f*
pesero [pe'sero] *m* *(Amér)* minibus *m* *(pour le transport en commun)*
peseta [pe'seta] *f* peseta *f*
pesimismo [pesi'mizmo] *m* pessimisme *m*
pesimista [pesi'mista] *adj* pessimiste
pésimo, ma ['pesimo, ma] *adj* très mauvais(e)
peso ['peso] *m* **1.** poids *m* **2.** *(moneda)* peso *m*
pesquero, ra [pes'kero, ra] *adj* de pêche ◇ *m* bateau *m* de pêche
pestañas [pes'taɲas] *fpl* cils *mpl*
peste ['peste] *f* **1.** *(enfermedad)* peste *f* **2.** *(fam) (mal olor)* puanteur *f*
pesticida [pesti'θiða] *m* pesticide *m*
pestillo [pes'tiʎo] *m* verrou *m*
petaca [pe'taka] *f* **1.** *(para tabaco)* blague *f* **2.** *(para bebidas)* flasque *f*
pétalo ['petalo] *m* pétale *m*
petanca [pe'tanka] *f* pétanque *f*
petardo [pe'tarðo] *m* pétard *m*
petición [peti'θion] *f (solicitud)* demande *f*
peto ['peto] *m* salopette *f*
petróleo [pe'troleo] *m* pétrole *m*

petrolero, ra [petro'lero, ra] *adj* pétrolier(ère) ◇ *m* pétrolier *m*
petrolífero, ra [petro'lifero, ra] *adj* pétrolifère
petulancia [petu'lanθja] *f* arrogance *f*
petulante [petu'lante] *adj* arrogant(e)
petunia [pe'tunja] *f* pétunia *m*
peúco [pe'uko] *m* chausson *m (de bébé)*
pez, ces ['peθ, θes] *m* poisson *m* • **pez espada** espadon *m*
pezón [pe'θon] *m* mamelon *m*
pezuña [pe'θuɲa] *f* sabot *m (d'animal)*
pianista [pja'nista] *mf* pianiste *mf*
piano ['pjano] *m* piano *m* • **piano bar** piano-bar *m*
piar [pi'ar] *vi* piailler
pibe, ba ['piβe, βa] *m, f* (*Amér*) (*fam*) **1.** (*hombre*) mec *m*, nana *f* **2.** (*niño*) gamin *m*, -e *f*
picador, ra [pika'ðor, ra] *m, f* picador *m*
picadora [pika'ðora] *f* hachoir *m*
picadura [pika'ðura] *f* **1.** (*de insecto, aguja*) piqûre *f* **2.** (*de reptil*) morsure *f*
picante [pi'kante] *adj* **1.** (*comida*) piquant(e) **2.** (*fig*) (*broma, chiste*) grivois(e)
picantería [pikante'ria] *f* (*Amér*) *petit restaurant où l'on sert des amuse-gueule piquants*
picar [pi'kar] *vt* **1.** piquer **2.** (*suj: réptil, pez*) mordre **3.** (*piedra*) concasser **4.** (*comida*) hacher **5.** (*billete*) poinçonner ◇ *vi* **1.** (*comer un poco*) grignoter **2.** (*suj: sal, pimienta, pimiento*) piquer **3.** (*suj: piel*) démanger **4.** (*suj: sol*) taper ◆ **picarse** *vp* **1.** (*ropa*) se miter **2.** (*vino*) se piquer **3.** (*muela*) se carier **4.** (*fam*) (*enfadarse*) se vexer
pícaro, ra ['pikaro, ra] *adj* (*astuto*) malin(igne)
picas ['pikas] *fpl* (*palo de la baraja*) pique *m*
pichincha [pi'tʃintʃa] *f* (*Amér*) (*fam*) occase *f*
pichón [pi'tʃon] *m* pigeonneau *m*
picnic ['piɣnik] *m* pique-nique *m*
pico ['piko] *m* **1.** pic *m* **2.** (*de ave*) bec *m* • **y pico** et quelques
picor [pi'kor] *m* démangeaison *f*
picoso, sa [pi'koso, sa] *adj* (*Méx*) piquant(e)
pie ['pje] *m* **1.** pied *m* **2.** (*de un escrito*) bas *m* • **pies de cerdo** pieds de cochon • **a pie** à pied • **en pie** debout • **estar de pie** être debout • **hacer pie** (*en el agua*) avoir pied
piedad [pje'ðað] *f* pitié *f*
piedra ['pjeðra] *f* **1.** pierre *f* **2.** (*en el riñón*) calcul *m* • **piedra preciosa** pierre précieuse
piel ['pjel] *f* **1.** peau *f* **2.** (*cuero*) cuir *m* **3.** (*pelo*) fourrure *f*
pierna ['pjerna] *f* **1.** jambe *f* **2.** (*de animal*) patte *f* • **pierna de cordero** gigot *m* d'agneau • **estirar las piernas** se dégourdir les jambes
pieza ['pjeθa] *f* pièce *f* • **pieza de recambio** pièce détachée
pijama [pi'xama] *m* pyjama *m*
pijo, ja [pi'xo, xa] *adj* (*fam*) BCBG (*inv*) *(bon chic bon genre)* ◇ *m, f* (*fam*) minet *m*, -ette *f*
pila ['pila] *f* **1.** pile *f* **2.** (*fregadero*) évier *m* • **pila alcalina** pile alcaline
pilar [pi'lar] *m* pilier *m*
píldora ['pildora] *f* pilule *f*

pillar [pi'ʎar] *vt* **1.** *(agarrar)* attraper **2.** *(atropellar)* renverser **3.** *(fam) (sorprender)* surprendre • **pillar una insolación/un resfriado** *(fam)* attraper une insolation/un rhume ◆ **pillarse** *vp* se coincer

pilotar [pilo'tar] *vt* piloter

piloto [pi'loto] *mf* pilote *m* ◇ *m* **1.** *(indicador)* voyant *m* lumineux **2.** *(de coche)* feu *m* **3.** *INFORM* pilote *m* • **piloto automático** pilote automatique

pimentón [pimen'ton] *m* piment *m* rouge moulu

pimienta [pi'mi̯enta] *f* poivre *m* • **a la pimienta verde** au poivre vert

pimiento [pi'mi̯ento] *m* piment *m* • **pimientos del piquillo** *poivrons rouges que l'on mange grillés*

PIN ['pin] *(abr de Personal Identification Number)* *m* PIN *m*

pincel [pin'θel] *m* pinceau *m*

pincha ['pintʃa] *mf (fam)* DJ *mf inv (disc-jockey)*

pinchar [pin'tʃar] *vt* **1.** piquer **2.** *(fam) (provocar)* asticoter ◆ **pincharse** *vp* se piquer

pinchazo [pin'tʃaθo] *m* **1.** *(en la piel)* piqûre *f* **2.** *(de rueda)* crevaison *f*

pinche ['pintʃe] *adj (Méx) (fam)* satané(e)

pincho ['pintʃo] *m* **1.** *(de planta)* épine *f* **2.** *(varilla)* brochette *f* • **pincho moruno** brochette de viande

pinga ['pinga] *f (Amér) (vulg)* quéquette *f*

ping-pong® ['pim'pon] *m* ping-pong *m*

pingüino [pin'gu̯ino] *m* pingouin *m*

pino ['pino] *m* pin *m*

Los Pinos

C'est la résidence officielle du président du Mexique et le siège de son gouvernement. C'est là que le président reçoit les ministres, les visiteurs de marque et ses homologues étrangers.

pintada [pin'taða] *f* **1.** *(escrito)* graffiti *m* **2.** *(ave)* pintade *f*

pintado, da [pin'taðo, ða] *adj* **1.** *(coloreado)* peint(e) **2.** *(maquillado)* maquillé(e) ▼ **recién pintado** peinture fraîche

pintalabios [pinta'laβi̯os] *m inv* rouge *m* à lèvres

pintar [pin'tar] *vt* **1.** *(con colores)* peindre **2.** *(fig) (describir)* dépeindre ◆ **pintarse** *vp* *(maquillarse)* se maquiller

pintor, ra [pin'tor, ra] *m, f* peintre *m*

pintoresco, ca [pinto'resko, ka] *adj* pittoresque

pintura [pin'tura] *f* peinture *f*

pinzas ['pinθas] *fpl* **1.** *(para tender la ropa)* pinces *fpl* à linge **2.** *(instrumento, de crustáceo)* pinces *fpl*

piña ['piɲa] *f* **1.** *(tropical)* ananas *m* **2.** *(del pino)* pomme *f* de pin **3.** *(fam) (de gente)* troupeau *m* • **piña en almíbar** ananas au sirop • **piña natural** ananas au naturel

piñata [pi'ɲata] *f récipient que les enfants brisent à coups de bâton pour récupérer les friandises qui sont à l'intérieur*

piñón [pi'ɲon] *m* pignon *m*

piojo ['pi̯oxo] *m* pou *m*

pipa ['pipa] *f* **1.** *(de fumar)* pipe *f* **2.** *(semilla)* pépin *m* **3.** *(de girasol)* graine *f* de tournesol

pipí [pi'pi] *m (fam)* pipi *m*
pipiolo, la [pi'pjolo, la] *m, f (fam & despec)* petit jeune *m*, jeunette *f*
pique ['pike] *m (fam)* dispute *f* • **irse a pique** *(barco)* couler
piragua [pi'raɣu̯a] *f* pirogue *f*
piragüismo [pira'ɣu̯izmo] *m* canoë-kayak *m (discipline)*
pirámide [pi'ramiðe] *f* pyramide *f*
piraña [pi'raɲa] *f* piranha *m*
pirata [pi'rata] *adj & mf* pirate
piratear [pirate'ar] *vt* pirater
Pirineos [piri'neos] *mpl* • **los Pirineos** les Pyrénées *fpl*
pirómano, na [pi'romano, na] *m, f* pyromane *mf*
piropo [pi'ropo] *m* compliment *m*
pirueta [pi'ru̯eta] *f* pirouette *f*
pisada [pi'saða] *f* pas *m*
pisar [pi'sar] *vt* **1.** marcher sur **2.** *(acelerador, freno)* appuyer sur
piscina [pis'θina] *f* piscine *f*
Piscis ['pisθis] *m inv* Poissons *mpl*
pisco ['pisko] *m (Chile & Perú) eau-de-vie fabriquée à Pisco, au Pérou* • **pisco sour** *(Amér) cocktail à base d'eau-de-vie de Pisco et de citron vert*
piso ['piso] *m* **1.** *(Esp)* appartement *m* **2.** *(suelo)* sol *m* **3.** *(de un edificio)* étage *m* • **piso piloto** appartement témoin
pisotón [piso'ton] *m* • **me dieron un pisotón** quelqu'un m'a marché sur le pied
pista ['pista] *f* piste *f* • **pista de baile** piste de danse • **pista de tenis** court *m* de tennis
pistacho [pis'tatʃo] *m* pistache *f*
pistola [pis'tola] *f* pistolet *m*
pistolero [pisto'lero] *m* bandit *m*
pitar [pi'tar] *vi* **1.** *(tocar el pito)* siffler **2.** *(del coche)* klaxonner • **salir pitando** *(fig)* partir en quatrième vitesse
pitillera [piti'ʎera] *f* étui *m* à cigarettes
pitillo [pi'tiʎo] *m* cigarette *f*
pito ['pito] *m* sifflet *m*
pitón [pi'ton] *m* **1.** *(del toro)* corne *f* **2.** *(de vasija)* bec *m* (verseur) **3.** *(serpiente)* python *m*
píxel ['piksel] *m* pixel *m*
pixelización [pikseliθa'θi̯on] *f* pixellisation *f*
pizarra [pi'θara] *f* **1.** *(encerado)* tableau *m* **2.** *(roca)* ardoise *f*
pizza ['piðsa] *f* pizza *f*
pizzería [piðse'ria] *f* pizzeria *f*
pizzero, ra [pið'sero, ra] *m, f* **1.** *(repartidor)* livreur(euse) de pizzas **2.** *(cocinero)* pizzaïolo *m*
placa ['plaka] *f* plaque *f* • **placa madre** *INFORM* carte *f* mère • **placa de memoria** *INFORM* barrette *f* mémoire
placer [pla'θer] *m* plaisir *m* • **es un placer** c'est un plaisir
plan ['plan] *m* plan *m* • **hacer planes** faire des projets
plancha ['plantʃa] *f* **1.** *(para planchar)* fer *m* à repasser **2.** *(para cocinar)* gril *m* **3.** *(de madera)* planche *f* **4.** *(fam) (metedura de pata)* gaffe *f* • **a la plancha** grillé(e)
planchar [plan'tʃar] *vt* repasser
planeta [pla'neta] *m* planète *f*
planilla [pla'niʎa] *f (Amér)* formulaire *m*
plano, na ['plano, na] *adj* plat(e) ◇ *m* plan *m*
planta ['planta] *f* **1.** *(vegetal, del pie)* plante *f* **2.** *(en arquitectura)* plan *m* **3.** *(piso)* étage *m* **4.** *(fábrica)* usine *f* • **planta baja** rez-

de-chaussée *m inv* • **segunda planta** deuxième étage

plantar [plan'tar] *vt* planter ◆ **plantarse** *vp* **1.** se planter **2.** *(aparecer)* se présenter • **me planto** *(en naipes)* servi(e)

planteamiento [plantea'mjento] *m* **1.** *(explicación)* présentation *f* **2.** *(exposición)* approche *f*

plantear [plante'ar] *vt* **1.** *(plan, proyecto)* présenter **2.** *(problema, cuestión)* poser ◆ **plantearse** *vp* **1.** *(problema, cuestión)* se poser **2.** *(posibilidad, cambio)* envisager

plantilla [plan'tiʎa] *f* **1.** *(de una empresa)* personnel *m* **2.** *(de zapato)* semelle *f* **3.** *(modelo)* patron *m*

plasma ['plazma] *m* • **pantalla de plasma** écran *m* (à) plasma

plástico, ca ['plastiko] *adj* plastique ◇ *m* plastique *m* • **de plástico** en plastique

plastificar [plastifi'kar] *vt* plastifier

plastilina [plasti'lina] *f* pâte *f* à modeler

plata ['plata] *f* **1.** *(metal)* argent *m* **2.** *(Amér)* *(fam)* *(dinero)* argent *m* • **de plata** en argent

plataforma [plata'forma] *f* plate-forme *f*

plátano ['platano] *m* **1.** *(fruta)* banane *f* **2.** *(árbol)* bananier *m*

platea [pla'tea] *f* parterre *m (au théâtre)*

plateresco, ca [plate'resko, ka] *adj* plateresque

plática ['platika] *f* *(CAm & Méx)* conversation *f*

platicar [plati'kar] *vi* *(CAm & Méx)* converser

platillo [pla'tiʎo] *m* **1.** *(plato pequeño)* soucoupe *f* **2.** *(de balanza)* plateau *m* ◆ **platillos** *mpl (en música)* cymbales *fpl*

plato ['plato] *m* **1.** *(recipiente)* assiette *f* **2.** *(comida)* plat *m* • **plato combinado** plat garni • **plato del día** plat du jour • **plato principal** plat principal • **platos caseros** plats maison

platudo, da [pla'tuðo, ða] *adj* *(Amér)* *(fam)* friqué(e)

playa ['plaja] *f* plage *f* • **playa de estacionamiento** *(CSur & Perú)* parking *m*

play-back ['plejβak] *m* play-back *m*

playeras [pla'jeras] *fpl* tennis *fpl*

plaza ['plaθa] *f* **1.** place *f* **2.** *(puesto, vacante)* poste *m* • **plaza de toros** *(Esp)* arènes *fpl*

plazo ['plaθo] *m* **1.** délai *m* **2.** *(pago)* versement *m* • **a plazos** à crédit • **a corto/largo plazo** à court/long terme

plegable [ple'ɣaβle] *adj* pliant(e)

pleito ['plejto] *m* procès *m*

plenamente [ˌplena'mente] *adv* pleinement

plenitud [pleni'tuð] *f* plénitude *f*

pleno, na ['pleno, na] *adj* plein(e) ◇ *m* séance *f* plénière

pliegue ['pljeɣe] *m* pli *m*

plomería [plome'ria] *f* *(Amér)* plomberie *f*

plomero, ra [plo'mero, ra] *m, f* *(Amér)* plombier *m*

plomo ['plomo] *m* **1.** plomb *m* **2.** *(fam)* *(persona pesada)* casse-pieds *mf inv*

pluma ['pluma] *f* plume *f* • **pluma estilográfica** o **fuente** *(Amér)* stylo *m* (à) plume

plumaje [plu'maxe] *m* **1.** *(de ave)* plumage *m* **2.** *(adorno)* plumet *m*
plumero [plu'mero] *m* **1.** *(para el polvo)* plumeau *m* **2.** *(adorno)* plumet *m*
plumier [plu'mjer] (*pl* **plumiers** [plu'mjers]) *m* plumier *m*
plumilla [plu'miʎa] *f* plume *f (de stylo)*
plumón [plu'mon] *m* **1.** *(de ave)* duvet *m* **2.** *(anorak)* doudoune *f*
plural [plu'ral] *adj* pluriel(elle) ◇ *m* pluriel *m*
pluralidad [plurali'ðað] *f* pluralité *f*
plusmarca [pluz'marka] *f* record *m*
plusmarquista [pluzmar'kista] *mf* recordman *m*, recordwoman *f*
p.m. (*abr escrita de post meridiem*) p.m.
p.n. (*abr escrita de peso neto*) poids *m* net
p.o. (*abr escrita de por orden*) pour *(dans un contrat)*
población [poβla'θjon] *f* **1.** *(habitantes)* population *f* **2.** *(ciudad)* localité *f*
poblado, da [po'βlaðo, ða] *adj* peuplé(e) ◇ *m* village *m*
poblar [po'βlar] *vt* peupler
pobre ['poβre] *adj* **1.** pauvre **2.** *(escaso)* faible ◇ *mf* pauvre *mf*
pobreza [po'βreθa] *f* **1.** *(miseria)* pauvreté *f* **2.** *(escasez)* manque *m*
pochismo [po'tʃizmo] *m* (*Amér*) (*fam*) *espagnol parlé par les Mexicains vivant en Californie*
pocho, cha ['potʃo, tʃa] *adj* **1.** *(fruta)* blet (blette) **2.** (*fam*) *(enfermo)* patraque **3.** (*Amér*) (*fam*) américanisé(e) *(se dit des Mexicains)*
pocilga [po'θilγa] *f* porcherie *f*
poco, ca ['poko, ka] *adj* peu de • **tiene pocos amigos** il a peu d'amis ◇ *pron* peu • **un poco (de)** un peu (de) ◇ *adv* **1.** *(con escasez)* peu **2.** *(tiempo corto)* • **dentro de poco** bientôt • **hace poco** il y a peu de temps • **poco a poco** peu à peu • **por poco me caigo** j'ai failli tomber
poda ['poða] *f* élagage *m*
podar [po'ðar] *vt* **1.** *(árboles)* élaguer **2.** *(vides, rosales)* tailler
poder [po'ðer] *m* **1.** pouvoir *m* • **poder adquisitivo** pouvoir d'achat • **poderes públicos** pouvoirs publics • **estar en el poder** être au pouvoir • **hacerse con el poder** prendre le pouvoir **2.** *(posesión)* possession *f* • **estar en poder de alguien** être entre les mains de qqn ◇ *v aux* pouvoir • **puedo levantar esta piedra** je peux soulever ce rocher • **¿se puede fumar aquí?** on peut fumer ici ? • **no podemos abandonarlo** nous ne pouvons pas l'abandonner • **puedo ir en barco o en avión** je peux y aller en bateau ou en avion • **podría ser más discreto** il pourrait être plus discret • **es tonto a más no poder** il est complètement idiot • **disfrutamos a más no poder** on en a profité à fond • **no poder más** n'en plus pouvoir • **¿se puede?** je peux ? ◇ *v impers (ser posible)* • **puede ser que llueva** il se peut qu'il pleuve • **¿vendrás mañana? - puede** tu viens demain ? - peut-être ◇ *vt (tener más fuerza)* battre • **no hay quien me pueda** je suis le plus fort • **tú puedes a Ricardo** tu peux battre Ricardo ♦ **poder con** *v prep* **1.** *(enfermedad, rival)* vaincre **2.** *(tarea, problema)* • **no podré con el problema de mates** je n'arriverai pas à faire le problè-

me de maths **3.** *(soportar)* • **no poder con algo/alguien** ne pas supporter qqch/qqn
poderoso, sa [poðe'roso, sa] *adj* puissant(e)
podio ['poðio] *m* podium *m*
podrido, da [po'ðriðo, ða] *adj* pourri(e)
poema [po'ema] *m* poème *m*
poesía [poe'sia] *f* poésie *f*
poeta [po'eta] *m* poète *m*
poético, ca [po'etiko, ka] *adj* poétique
polar [po'lar] *adj* polaire
polaroid® [pola'roið] *f* Polaroid® *m*
polea [po'lea] *f* poulie *f*
polémica [po'lemika] *f* polémique *f*
polémico, ca [po'lemiko, ka] *adj* polémique
polen ['polen] *m* pollen *m*
policía [poli'θia] *f* police *f* ◇ *mf* policier *m*, femme *f* policier • **policía municipal** o **urbana** police municipale • **policía nacional** police nationale
policíaco, ca [poli'θiako, ka] *adj* policier(ère)
polideportivo [poliðepor'tiβo] *m* club *m* omnisports
poliéster [po'liester] *m* polyester *m*
políglota [po'liγlota] *mf* polyglotte *mf*
polígono [po'liγono] *m* polygone *m*
politécnica [poli'teγnika] *f* ≃ école *f* d'ingénieurs
política [po'litika] *f* politique *f*
político, ca [po'litiko, ka] *adj* politique ◇ *m, f* homme *m* politique, femme *f* politique • **padre político** beau-père *m* *(père du conjoint)* • **hermano político** beau-frère *m*
póliza ['poliθa] *f* **1.** *(de seguros)* police *f* **2.** *(sello)* timbre *m* fiscal
pollera [po'ʎera] *f* *(Amér)* jupe *f*
pollito [po'ʎito] *m* poussin *m*
pollo ['poʎo] *m* poulet *m* • **pollo asado** poulet rôti • **pollo a la plancha** poulet grillé • **pollo al ajillo/al curry** poulet à l'ail/au curry
polo ['polo] *m* **1.** *(de una pila)* pôle *m* **2.** *(helado)* glace *f* **3.** *(jersey, juego)* polo *m* • **el Polo Norte/Sur** le pôle Nord/Sud
pololo, la [po'lolo, la] *m, f* *(Amér)* *(persona pesada)* casse-pieds *m inv* ◇ *m* *(Amér)* *(galán)* séducteur *m*
Polonia [po'lonia] *s* Pologne *f*
polución [polu'θion] *f* pollution *f*
polvera [pol'βera] *f* poudrier *m*
polvo ['polβo] *m* poussière *f* ♦ **polvos** *mpl* *(en cosmética, medicina)* poudre *f* • **polvos de talco** talc *m*
pólvora ['polβora] *f* poudre *f*
polvoriento, ta [polβo'riento, ta] *adj* poussiéreux(euse)
polvorón [polβo'ron] *m* *petit gâteau fait de pâte sablée que l'on mange à Noël*
pomada [po'maða] *f* pommade *f*
pomelo [po'melo] *m* pamplemousse *m*
pomo ['pomo] *m* *(de puerta, cajón)* bouton *m*
pómulo ['pomulo] *m* pommette *f*
ponchar [pon'tʃar] *vt* *(CAm & Méx)* crever *(pneu)* ♦ **poncharse** *vp* *(CAm & Méx)* crever
poner [po'ner] *vt* **1.** mettre • **¿dónde has puesto el libro?** où as-tu mis le livre ? • **pon más azúcar en el café** mets plus de sucre dans le café • **le he puesto un pantalón corto** je lui ai mis un short • **pon la radio** mets la radio • **poner en marcha** mettre en marche • **pongamos que...**

mettons o admettons que... **2.** *(hacer estar de cierta manera)* • **me has puesto colorado** tu m'as fait rougir • **lo puso triste** ça l'a rendu triste **3.** *(telegrama, fax)* envoyer • **poner una conferencia** faire un appel à l'étranger • **¿me pones con Juan?** tu me passes Juan ? **4.** *(llamar)* appeler • **le han puesto Mario** ils l'ont appelé Mario **5.** *(abrir)* • **han puesto una tienda nueva** ils ont ouvert un nouveau magasin **6.** *(instalar)* installer • **han puesto su casa con mucho gusto** ils ont arrangé leur maison avec beaucoup de goût **7.** *(asignar)* donner • **ya no ponen deberes** on ne donne plus de devoirs à la maison **8.** *(aplicar facultad)* • **no pone ningún interés en el trabajo** il ne s'intéresse pas du tout au travail **9.** *(escribir, decir)* • **no sé qué pone ahí** je ne sais pas ce qui est écrit là • **pon tu firma en la factura** signe la facture **10.** *(en cine, teatro)* passer • **¿qué ponen en la tele?** qu'est-ce qu'il y a à la télé ? **11.** *(dar trabajo)* • **lo han puesto de recepcionista** il a été embauché comme réceptionniste ◇ *vi (ave)* pondre • **esta gallina ya no pone** cette poule ne pond plus ◆ **ponerse** *vp* **1.** *(colocarse)* se mettre **2.** *(ropa, gafas, maquillaje)* mettre **3.** *(estar de cierta manera)* • **me puse muy contenta** j'étais toute contente • **se puso rojo** il est devenu tout rouge **4.** *(de salud)* • **ponerse malo** o **enfermo** tomber malade • **ponerse bien** se rétablir **5.** *(suj: astro)* se coucher

poniente [po'njente] *m* **1.** *(oeste)* ouest *m* **2.** *(viento)* vent *m* d'ouest

popa ['popa] *f* poupe *f*

popote [popo'te] *m* *(Méx)* paille *f (pour boire)*

popular [popu'lar] *adj* populaire

popularidad [populari'ðað] *f* popularité *f*

póquer ['poker] *m* poker *m*

por [por] *prep*

1. *(causa)* à cause de • **se enfadó por tu culpa** elle s'est fâchée à cause de toi

2. *(finalidad)* pour • **lo hizo por complacerte** il l'a fait pour te faire plaisir • **lo hizo por ella** il l'a fait pour elle

3. *(medio, agente)* par • **por mensajero/fax** par coursier/fax • **el récord fue batido por el atleta** le record a été battu par l'athlète • **entramos en España por Irún** nous sommes entrés en Espagne par Irún

4. *(tiempo concreto)* • **por la mañana/tarde/noche** le matin/l'après-midi/la nuit

5. *(tiempo aproximado)* • **por abril** en avril

6. *(lugar aproximado)* • **está por ahí** il est quelque part par là • **¿por dónde vive?** il habite dans quel coin ?

7. *(a cambio)* • **cambió el coche por la moto** il a échangé sa voiture contre une moto

8. *(en lugar de)* • **él lo hará por mí** il le fera à ma place

9. *(distribución)* • **cien euros por unidad** cinq euros pièce • **20 km por hora** 20 km à l'heure

10. *(en matemáticas)* fois • **dos por dos** deux fois deux

porcelana [porθe'lana] *f* porcelaine *f*

porcentaje [porθen'taxe] *m* pourcentage *m*

porche ['portʃe] *m* porche *m*

porción [por'θjon] *f* portion *f*

porno ['porno] *adj (fam)* porno

pornografía [pornoɣra'fia] *f* pornographie *f*
pornográfico, ca [porno'ɣrafiko, ka] *adj* pornographique
porque ['porke] *conj* parce que
porqué [por'ke] *m* • **el porqué de...** le pourquoi de...
porrón [po'ron] *m récipient en verre dans lequel on boit le vin à la régalade*
portaaviones [portaaβi'ones] *m inv* porte-avion *m*
portada [por'taða] *f* couverture *f*
portador, ra [porta'ðor, ra] *m, f* porteur *m*, -euse *f* • **al portador** au porteur
portaequipajes [ˌportaeki'paxes] *m inv* coffre *m* à bagages
portafolios [porta'foljos] *m inv* porte-documents *m*
portal [por'tal] *m* **1.** entrée *f* **2.** *INFORM* portail *m*
portalámparas [porta'lamparas] *m inv* douille *f*
portamaletas [portama'letas] *m inv* (*Amér*) coffre *m* (à bagages)
portarse [por'tarse] *vp* se comporter • **los niños se portaron bien** les enfants ont été sages • **¡pórtate bien!** sois sage ! • **si te portas mal...** si tu ne te tiens pas bien...
portátil [por'tatil] *adj* portable
portavoz, ces [porta'βoθ, θes] *mf* porte-parole *mf inv*
portazo [por'taθo] *m* • **dar un portazo** claquer la porte
portería [porte'ria] *f* **1.** *(conserjería)* loge *f (de concierge)* **2.** *(en deporte)* buts *mpl*
portero, ra [por'tero, ra] *m, f* **1.** *(conserje)* gardien *m*, -enne *f* **2.** *(en deporte)* gardien *m* de but • **portero electrónico** interphone *m*
Portugal [portu'ɣal] *s* Portugal *m*
portugués, esa [portu'ɣes, esa] *adj* portugais(e) ◇ *m, f* Portugais *m*, -e *f* ◇ *m (lengua)* portugais *m*
porvenir [porβe'nir] *m* avenir *m*
posada [po'saða] *f* auberge *f* • **dar posada a alguien** héberger qqn
posarse [po'sarse] *vp* se poser
posavasos [posa'βasos] *m inv* dessous *m* de verre
posdata [poz'ðata] *f* post-scriptum *m inv*
pose ['pose] *f* pose *f*
poseedor, ra [posee'ðor, ra] *m, f* possesseur *m*
poseer [pose'er] *vt* posséder
posesión [pose'sjon] *f* possession *f*
posesivo, va [pose'siβo, βa] *adj* possessif(ive) ◇ *m* possessif *m*
posgrado [poz'ɣraðo] *m* ≃ troisième cycle *m*
posibilidad [posiβili'ðað] *f* • **hay posibilidades de que...** il est possible que...
posible [po'siβle] *adj* possible
posición [posi'θjon] *f* **1.** position *f* **2.** *(condición social, económica)* situation *f*
positivamente [posiˌtiβa'mente] *adv* positivement
positivo, va [posi'tiβo, βa] *adj* positif(ive) ◇ *m (en fotografía)* positif *m*
posmoderno, na [pozmo'ðerno, na] *adj* postmoderne
poso ['poso] *m* dépôt *m (d'un liquide)*
postal [pos'tal] *f* carte *f* postale
poste ['poste] *m* poteau *m*
póster ['poster] *m* poster *m*

posterior [poste'rior] *adj* **1.** *(en el espacio)* de derrière **2.** *(en el tiempo)* postérieur(e) **3.** *(en el orden)* suivant(e)
postre ['postre] *m* dessert *m* • **postre de la casa** dessert maison
póstumo, ma ['postumo, ma] *adj* posthume
postura [pos'tura] *f* **1.** *(colocación, posición)* posture *f* **2.** *(actitud)* attitude *f*
potable [po'taβle] *adj* potable
potaje [po'taxe] *m plat de légumes secs* • **potaje de garbanzos** *ragoût de pois chiches*
potencia [po'tenθja] *f* puissance *f*
potenciar [poten'θjar] *vt (fig)* favoriser
potrero [po'trero] *m (Amér)* herbage *m*
potrillo [po'triʎo] *m (Amér)* coupe *f*
potro, tra ['potro] *m, f (caballo)* poulain *m* ◇ *m (en gimnasia)* cheval-d'arçons *m inv*
pozo ['poθo] *m* puits *m*
p.p. (*abr escrita de por poder*) par procuration
práctica ['praktika] *adj* ➤ **práctico** ◇ *f* **1.** pratique *f* **2.** *(experiencia)* expérience *f* • **prácticas** *fpl* **1.** *(en clase)* travaux *mpl* pratiques **2.** *(en empresa)* stage *m* • **buscar unas prácticas** chercher un stage • **hacer unas prácticas** faire un stage, être en stage
practicante [prakti'kante] *mf* **1.** *(en religión)* pratiquant *m*, -e *f* **2.** *(auxiliar médico)* aide-soignant *m*, -e *f*
practicar [prakti'kar] *vt* **1.** *(profesión)* exercer **2.** *(deporte)* pratiquer ◇ *vi (con un maestro)* s'exercer • **practicar la natación** faire de la natation
práctico, ca ['praktiko, ka] *adj* pratique
pradera [pra'ðera] *f* prairie *f*
prado ['praðo] *m* pré *m*
pral. *abr escrita de* **principal**
precario, ria [pre'karjo, rja] *adj* précaire
precaución [prekau̯'θjon] *f* précaution *f*
precintado, da [preθin'taðo, ða] *adj* scellé(e)
precio ['preθjo] *m* prix *m* • **precio fijo** prix fixe • **precio de coste** prix de revient • **¿que precio tiene?** combien ça coûte ?
preciosidad [preθjosi'ðað] *f* **1.** *(cualidad)* beauté *f* **2.** *(cosa preciosa)* merveille *f*
precioso, sa [pre'θjoso, sa] *adj* **1.** *(valioso)* précieux(euse) **2.** *(bonito)* ravissant(e)
precipicio [preθi'piθjo] *m* précipice *m*
precipitación [preθipita'θjon] *f* précipitation *f*
precipitado, da [preθipi'taðo, ða] *adj* précipité(e)
precipitarse [preθipi'tarse] *vp* se précipiter
precisamente [pre͵θisa'mente] *adv* précisément
precisar [preθi'sar] *vt* **1.** *(especificar)* préciser **2.** *(necesitar)* avoir besoin de
preciso, sa [pre'θiso, sa] *adj* précis(e) • **es preciso que...** il faut que...
precoz [pre'koθ] *adj* précoce
predicar [preði'kar] *vt* prêcher
predilecto, ta [preði'lekto, ta] *adj* préféré(e)
predominar [preðomi'nar] *vi* prédominer
preeminente [preemi'nente] *adj* prééminent(e)
preescolar [preesko'lar] *adj* préscolaire
preferencia [prefe'renθja] *f* **1.** *(inclinación)* préférence *f* **2.** *(prioridad)* priorité *f*

preferible [prefe'riβle] *adj* préférable
preferir [prefe'rir] *vt* préférer
prefijo [pre'fixo] *m* **1.** *(de teléfono)* indicatif *m* **2.** *GRAM* préfixe *m*
pregón [pre'ɣon] *m* discours *m*
pregonar [preɣo'nar] *vt* **1.** *(noticia)* rendre public **2.** *(fig) (secreto)* crier sur tous les toits
pregonero [preɣo'nero] *m* crieur *m* public
pregunta [pre'ɣunta] *f* question *f* • **hacer una pregunta** poser une question • **preguntas más frecuentes** foire *f* aux questions
preguntar [preɣun'tar] *vt* **1.** demander **2.** *(lección)* interroger sur ◆ **preguntar por** *v prep* **1.** *(solicitar)* demander **2.** *(interesarse por)* demander des nouvelles de ◆ **preguntarse** *vp* se demander
prehistórico, ca [preis'toriko, ka] *adj* préhistorique
prejuicio [pre'xuiθio] *m* préjugé *m*
premamá [prema'ma] *adj inv* pour femme enceinte
prematuro, ra [prema'turo, ra] *adj* prématuré(e)
premeditación [premeðita'θion] *f* préméditation *f*
premiar [pre'miar] *vt* récompenser
premio ['premio] *m* **1.** prix *m* **2.** *(en lotería, rifa)* lot *m* • **premio gordo** gros lot
premisa [pre'misa] *f* hypothèse *f*
prenatal [prena'tal] *adj* prénatal(e)
prenda ['prenda] *f* **1.** *(vestido)* vêtement *m* **2.** *(garantía)* gage *m*
prensa ['prensa] *f* presse *f*
preocupación [preokupa'θion] *f* souci *m*
preocupado, da [preoku'paðo, ða] *adj* • **estar preocupado** être inquiet
preocupar [preoku'par] *vt* inquiéter ◆ **preocuparse de** *v prep (encargarse de)* veiller à ◆ **preocuparse por** *v prep* s'inquiéter de
prepago [pre'paɣo] *m* pré-paiement *m* • **tarjeta de prepago** carte pré-payée
preparación [prepara'θion] *f* **1.** préparation *f* **2.** *(formación)* bagage *m*
preparar [prepa'rar] *vt* préparer ◆ **prepararse** *vp* se préparer
preparativos [prepara'tiβos] *mpl* préparatifs *mpl*
preparatoria [prepara'toria] *f (Méx) fin du second cycle des études secondaires*
preponderante [preponde'rante] *adj* prépondérant(e)
preposición [preposi'θion] *f* préposition *f*
prepotente [prepo'tente] *adj* arrogant(e)
presa ['presa] *f* **1.** *(de un animal)* proie *f* **2.** *(embalse)* barrage *m* ➤ **preso**
presbiterio [prezβi'terio] *m* chœur *m (d'une église)*
prescindir [presθin'dir] ◆ **prescindir de** *v prep* se passer de
presencia [pre'senθia] *f* **1.** présence *f* **2.** *(aspecto)* allure *f*
presenciar [presen'θiar] *vt* assister à
presentable [presen'taβle] *adj* présentable
presentación [presenta'θion] *f* **1.** présentation *f* **2.** *(aspecto)* aspect *m* • **hacer una presentación de algo** faire une présentation de qqch • **hacer las presentaciones** faire les présentations

presentador, ra [presenta'ðor, ,ra] *m, f* présentateur *m*, -trice *f*
presentar [presen'tar] *vt* présenter • **presentar alguien a alguien** présenter qqn à qqn ◆ **presentarse (a)** *v prep* se présenter (à)
presente [pre'sente] *adj* présent(e) ◇ *m* présent *m* • **en el presente** de nos jours • **tener algo presente** se rappeler qqch
presentimiento [presenti'mjento] *m* pressentiment *m*
preservar [preser'βar] *vt* préserver
preservativo [preserβa'tiβo] *m* préservatif *m*
presidencia [presi'ðenθja] *f* **1.** *(cargo, lugar)* présidence *f* **2.** *(persona)* président *m*
presidencial [presiðen'θjal] *adj* présidentiel(elle)
presidente, ta [presi'ðente, ta] *m, f* président *m*, -e *f*
presidiario, ria [presi'ðjarjo, rja] *m, f* prisonnier *m*, -ère *f*
presidir [presi'ðir] *vt* **1.** présider **2.** *(predominar)* présider à
presión [pre'sjon] *f* pression *f* • **presión sanguínea** tension o pression artérielle
preso, sa ['preso, sa] *m, f* prisonnier *m*, -ère *f*
préstamo ['prestamo] *m* prêt *m*
prestar [pres'tar] *vt* **1.** prêter **2.** *(declaración)* faire ◆ **prestarse a** *v prep* **1.** *(ofrecerse a)* offrir de **2.** *(dar motivo a)* prêter à
prestigio [pres'tixjo] *m* prestige *m*
presumido, da [presu'miðo, ða] *adj* prétentieux(euse)
presumir [presu'mir] *vt* présumer ◆ **presumir de** *v prep* • **presume de listo** il se croit intelligent
presunción [presun'θjon] *f* présomption *f*
presunto, ta [pre'sunto, ta] *adj* présumé(e)
presuntuoso, sa [presuntu'oso, sa] *adj* présomptueux(euse)
presupuesto [presu'pwesto] *m* budget *m*
pretencioso, sa [preten'θjoso, sa] *adj* prétentieux(euse)
pretender [preten'der] *vt* **1.** *(intentar)* vouloir **2.** *(hacer creer)* prétendre ◆ **pretender a** *v prep* aspirer à
pretendiente [preten'djente] *mf* **1.** *(aspirante)* candidat *m*, -e *f* **2.** *(al trono)* prétendant *m*, -e *f* ◇ *m (de una mujer)* prétendant *m*
pretensión [preten'sjon] *f* **1.** *(intención)* intention *f* **2.** *(aspiración)* prétention *f*
pretexto [pre'teksto] *m* prétexte *m*
prever [pre'βer] *vt* prévoir
previo, via ['preβjo, βja] *adj* préalable
previsor, ra [preβi'sor, ra] *adj* prévoyant(e)
previsto, ta [pre'βisto, ta] *pp* ➤ **prever** ◇ *adj* prévu(e)
primaria [pri'marja] *f (enseñanza)* primaire *m*
primario, ria [pri'marjo, rja] *adj* primaire
primavera [prima'βera] *f* printemps *m* • **en primavera** au printemps
primer [pri'mer] ➤ **primero**
primera [pri'mera] *f* **1.** *(categoría)* première catégorie *f* **2.** *(velocidad)* première *f*
primero, ra [pri'mero, ra] *adj & m, f* premier(ère) ◇ *adv* d'abord • **primeros auxilios** premiers soins • **primera clase** première classe • **el primero** le premier • **la primera** la première • **lo primero** le plus important • **capítulo primero** chapitre un

• **el primer día** le premier jour • **en primer lugar** o **en primera posición** en première position • **a primeros de** au début de
primo, ma ['primo, ma] *m, f* **1.** cousin *m*, -e *f* **2.** *(fam) (bobo)* poire *f* • **hacer el primo** *(fam)* se faire avoir
primogénito, ta [primo'xenito, 'ta] *m, f* aîné *m*, -e *f*
princesa [prin'θesa] *f* princesse *f*
principado [prinθi'paðo] *m* principauté *f*
principal [prinθi'pal] *adj (más importante)* principal(e) ◇ *m (piso) étage situé entre l'entresol et le premier étage*
príncipe ['prinθipe] *m* prince *m*
principiante, ta [prinθi'pjante, ta] *m, f* débutant *m*, -e *f*
principio [prin'θipjo] *m* **1.** début *m* **2.** *(causa, origen)* origine *f* **3.** *(norma)* principe *m* • **al principio** au début • **a principios de** au début de • **en principio** en principe • **por principio** par principe
pringoso, sa [prin'goso, sa] *adj* graisseux(euse)
prioridad [prjori'ðað] *f* priorité *f*
prisa ['prisa] *f* hâte *f* • **darse prisa** se dépêcher • **tener prisa** être pressé(e)
prisión [pri'sjon] *f* prison *f*
prisionero, ra [prisjo'nero, ra] *m, f* prisonnier *m*, -ère *f*
prisma ['prizma] *m* prisme *m*
prismáticos [priz'matikos] *mpl* jumelles *fpl*
privado, da [pri'βaðo, ða] *adj* privé(e)
privar [pri'βar] *vt* priver ◆ **privarse de** *v prep* se priver de
privilegiado, da [priβile'xjaðo, ða] *adj* privilégié(e)
privilegio [priβi'lexjo] *m* privilège *m*
proa ['proa] *f* proue *f*
probabilidad [proβaβili'ðað] *f* probabilité *f*
probable [pro'βaβle] *adj* probable
probador [proβa'ðor] *m* cabine *f* d'essayage
probar [pro'βar] *vt* **1.** prouver **2.** *(ensayar)* essayer **3.** *(comida, bebida)* goûter ◇ *vi (intentar)* essayer ◆ **probarse** *vp* essayer
probeta [pro'βeta] *f* éprouvette *f*
problema [pro'βlema] *m* problème *m*
problemático, ca [proβle'matiko, ka] *adj* problématique
procedencia [proθe'ðenθja] *f* **1.** *(origen, fuente)* origine *f* **2.** *(de un tren, barco)* provenance *f*
procedente [proθe'ðente] *adj (oportuno)* pertinent(e) • **procedente de** *(persona)* originaire de ; *(tren, barco)* en provenance de
proceder [proθe'ðer] *m (comportamiento)* comportement *m* ◇ *vi* **1.** *(actuar)* agir **2.** *(ser oportuno)* convenir ◆ **proceder de** *v prep* **1.** *(provenir de)* provenir de **2.** *(de un lugar)* venir de
procedimiento [proθeði'mjento] *m* procédé *m*
procesado, da [proθe'saðo, ða] *m, f* accusé *m*, -e *f*
procesamiento [proθesa'mjento] *m* • **procesamiento de textos** traitement *m* de texte
procesar [proθe'sar] *vt (enjuiciar)* poursuivre
procesión [proθe'sjon] *f* procession *f*
proceso [pro'θeso] *m* **1.** *(desarrollo)* processus *m* **2.** *(método)* procédé *m* **3.** DER procédure *f*

proclamación [proklama'θjon] *f* proclamation *f*
proclamar [prokla'mar] *vt* proclamer ◆ **proclamarse** *vp* se proclamer
procurar [proku'rar] *vt* s'efforcer de
prodigarse [proði'ɣarse] *vp* se montrer • **prodigarse en atenciones** se répandre en attentions
producción [proðuk'θjon] *f* production *f*
producir [proðu'θir] *vt* produire ◆ **producirse** *vp* se produire
productividad [proðuktiβi'ðað] *f* productivité *f*
productivo, va [proðuk'tiβo, βa] *adj* productif(ive)
producto [pro'ðukto] *m* **1.** produit *m* **2.** *(resultado)* fruit *m*
productor, ra [proðuk'tor, ra] *m, f* producteur *m*, -trice *f*
productora [proðuk'tora] *f* *(en cine)* maison *f* de production
profecía [profe'θia] *f* prophétie *f*
profesión [profe'sjon] *f* profession *f*
profesional [profesjo'nal] *adj & mf* professionnel(elle)
profesionista [profesjo'nista] *mf (Méx)* professionnel *m*, -elle *f*
profesor, ra [profe'sor, ra] *m, f* professeur *m*
profeta [pro'feta] *m* prophète *m*
profiteroles [profite'roles] *mpl* profiteroles *fpl*
profundidad [profundi'ðað] *f* profondeur *f*
profundo, da [pro'fundo, da] *adj* profond(e)
programa [pro'ɣrama] *m* **1.** programme *m* **2.** *(en televisión, radio)* émission *f* • **programa espía** spyware *m*
programación [proɣrama'θjon] *f* **1.** *(en televisión, radio)* programme *m* **2.** *INFORM* programmation *f*
programador, ra [proɣrama'ðor, ra] *m, f* **1.** *(en televisión, radio)* programmateur *m*, -trice *f* **2.** *INFORM* programmeur *m*, -euse *f*
programar [proɣra'mar] *vt* programmer
progresar [proɣre'sar] *vi* progresser
progresivo, va [proɣre'siβo, βa] *adj* progressif(ive)
progreso [pro'ɣreso] *m* progrès *m*
prohibición [proiβi'θjon] *f* interdiction *f*
prohibido, da [proi'βiðo, ða] *adj* interdit(e) ▼ **prohibido aparcar** stationnement interdit ▼ **prohibido el paso** interdiction dentrer ▼ **prohibido el paso a personas ajenas a la obra** chantier interdit au public ▼ **prohibido fijar carteles** défense d'afficher ▼ **prohibido fumar** défense de fumer ▼ **prohibida la entrada** entrée interdite ▼ **prohibida la entrada a menores** entrée interdite aux moins de 18 ans
prohibir [proi'βir] *vt* interdire
prójimo ['proximo] *m* prochain *m*
proliferación [prolifera'θjon] *f* prolifération *f*
prólogo ['proloɣo] *m* préface *f*
prolongar [prolon'gar] *vt* prolonger ◆ **prolongarse** *vp* se prolonger
promedio [pro'meðjo] *m* moyenne *f*
promesa [pro'mesa] *f* promesse *f*
prometer [prome'ter] *vt & vi* promettre ◆ **prometerse** *vp (para casarse)* se fiancer
prometido, da [prome'tiðo, ða] *m, f* fiancé *m*, -e *f*

promoción [promo'θi̯on] *f* promotion *f*
promocionar [promoθi̯o'nar] *vt* promouvoir ◆ **promocionarse** *vp (persona)* se faire valoir
promotor, ra [promo'tor, ra] *m, f* promoteur *m*, -trice *f*
pronóstico [pro'nostiko] *m* pronostic *m* ● **pronóstico del tiempo** prévisions *fpl* météorologiques
pronto ['pronto] *adv* **1.** *(temprano)* tôt **2.** *(rápidamente)* vite ● **de pronto** soudain ● **tan pronto como** dès que
pronunciación [pronunθi̯a'θi̯on] *f* prononciation *f*
pronunciar [pronun'θi̯ar] *vt* prononcer
propaganda [propa'ɣanda] *f* propagande *f*
propensión [propen'si̯on] *f* ● **tener propensión a** avoir tendance à
propenso, sa [pro'penso, sa] *adj* ● **ser propenso a** être sujet à
propicio, cia [pro'piθi̯o, θi̯a] *adj* propice
propiedad [propi̯e'ðað] *f* propriété *f*
propietario, ria [propi̯e'tari̯o, ri̯a] *m, f* propriétaire *mf*
propina [pro'pina] *f* pourboire *f*

La propina

En Espagne, les pourboires ne font pas l'objet d'une réglementation, en particulier dans les bars et les restaurants de quartier. Si on laisse quelque chose après un repas ou une boisson, c'est le plus souvent une partie de la monnaie.

propio, pia ['propi̯o, pi̯a] *adj* **1.** *(de propiedad, peculiar)* propre **2.** *(apropiado)* approprié(e) **3.** *(natural)* naturel(elle) ● **tiene coche propio** il a sa propre voiture ● **el propio director** le directeur lui-même
proponer [propo'ner] *vt* proposer ◆ **proponerse** *vp* se proposer
proporcionado, da [proporθi̯o'naðo, ða] *adj* proportionné(e)
proporcionar [proporθi̯o'nar] *vt* **1.** *(información, datos)* fournir **2.** *(satisfacción, tristeza)* causer
proposición [proposi'θi̯on] *f* proposition *f*
propósito [pro'posito] *m* **1.** *(intención)* intention *f* **2.** *(objetivo)* but *m* ● **a propósito** exprès ● **a propósito de** à propos de
propuesta [pro'pu̯esta] *f* proposition *f*
prórroga ['proroɣa] *f* **1.** prorogation *f* **2.** *(en deporte)* prolongation *f*
prorrogar [proro'ɣar] *vt* **1.** *(prolongar)* prolonger **2.** *(aplazar)* reporter
prosa ['prosa] *f* prose *f*
proscrito, ta [pros'krito, ta] *m, f* proscrit *m*, -e *f*
prospecto [pros'pekto] *m* **1.** prospectus *m* **2.** *(de medicamento)* notice *f*
próspero, ra ['prospero, ra] *adj* prospère
prostíbulo [pros'tiβulo] *m* maison *f* close
prostitución [prostitu'θi̯on] *f* prostitution *f*
prostituto, ta [prosti'tuto, ta] *m, f* prostitué *m*, -e *f*
prota ['prota] *mf* (*fam*) personnage *m* principal
protagonista [protaɣo'nista] *mf* protagoniste *mf*

protección [protek'θion] *f* protection *f*
proteger [prote'xer] *vt* protéger ◆ **protegerse** *vp* se protéger
protegido, da [prote'xiðo, ða] *m, f* protégé *m*, -e *f*
proteína [prote'ina] *f* protéine *f*
protesta [pro'testa] *f* protestation *f*
protestante [protes'tante] *mf* protestant *m*, -e *f*
protestar [protes'tar] *vi* protester
protocolo [proto'kolo] *m* protocole *m*
provecho [pro'βetʃo] *m* profit *m* ● **¡buen provecho!** bon appétit !
provechoso, sa [proβe'tʃoso, sa] *adj* profitable
proveedor [proβee'ðor] *m* ● **proveedor de acceso** fournisseur *m* d'accès
provenir [proβe'nir] ◆ **provenir de** *v prep* provenir de
proverbio [pro'βerβio] *m* proverbe *m*
provincia [pro'βinθia] *f* province *f*
provisional [proβisio'nal] *adj* provisoire
provocación [proβoka'θion] *f* provocation *f*
provocar [proβo'kar] *vt* **1.** provoquer **2.** *(incitar)* inciter ● **¿te provoca ir al cine?** *(Amér)* ça te dit d'aller au ciné ?
provocativo, va [proβoka'tiβo, βa] *adj* provocant(e)
próximo, ma ['proksimo, ma] *adj* **1.** *(cercano)* proche **2.** *(siguiente)* prochain(e) ▼ **próximas llegadas** prochaines arrivées
proxy ['proksi] *m INFORM* proxy *m*
proyección [projek'θion] *f* projection *f*
proyectar [projek'tar] *vt* projeter
proyecto [pro'jekto] *m* projet *m*
proyector [projek'tor] *m* projecteur *m*
prudencia [pru'ðenθia] *f* prudence *f*
prudente [pru'ðente] *adj* prudent(e)
prueba ['prueβa] *f* **1.** *(demostración, manifestación)* preuve *f* **2.** *(ensayo)* essai *m* **3.** *(examen, competición)* épreuve *f*
psicoanálisis [sikoa'nalisis] *m inv* psychanalyse *f*
psicología [sikolo'xia] *f* psychologie *f*
psicológico, ca [siko'loxiko, ka] *adj* psychologique
psicólogo, ga [si'koloγo, γa] *m, f* psychologue *mf*
psicópata [si'kopata] *mf* psychopathe *mf*
psiquiatra [si'kiatra] *mf* psychiatre *mf*
psiquiátrico [si'kiatriko] *m* hôpital *m* psychiatrique
psíquico, ca ['sikiko, ka] *adj* psychique
pta. (*abr escrita de peseta*) PTA
púa ['pua] *f* **1.** *(pincho)* piquant *m* **2.** *(de peine)* dent *f*
pub ['paβ] *m* bar *m*
pubertad [puβer'tað] *f* puberté *f*
pubis ['puβis] *m inv* pubis *m*
publicación [puβlika'θion] *f* publication *f*
públicamente [ˌpuβlika'mente] *adv* publiquement
publicar [puβli'kar] *vt* publier
publicidad [puβliθi'ðað] *f* publicité *f*
publicitario, ria [puβliθi'tario, ria] *adj* publicitaire
público, ca ['puβliko, ka] *adj* public(ique) ◇ *m* public *m* ● **en público** en public
pucha ['putʃa] *interj* (*Andes & RP*) punaise !
pucho ['putʃo] *m* (*Amér*) mégot *m*
pudin ['puðin] *m* pudding *m*

pudor [pu'ðor] *m* **1.** *(recato)* pudeur *f* **2.** *(timidez)* timidité *f*
pudrir [pu'ðrir] *vt* pourrir ◆ **pudrirse** *vp* pourrir
pueblo ['pu̯eβlo] *m* **1.** *(localidad)* village *m* **2.** *(nación, proletariado)* peuple *m*
puente ['pu̯ente] *m* **1.** pont *m* **2.** *(en los dientes)* bridge *m* ● **puente aéreo** *(Esp)* *liaison aérienne quasi ininterrompue entre Madrid et Barcelone* ● **hacer puente** faire le pont
puerco, ca ['pu̯erko, ka] *adj* dégoûtant(e) ◇ *m, f* **1.** *(animal)* porc *m*, truie *f* **2.** *(Méx)* *(carne)* porc *m* **3.** *(fam)* *(persona)* cochon *m*, -onne *f*
puerro ['pu̯ero] *m* poireau *m*
puerta ['pu̯erta] *f* **1.** porte *f* **2.** *DEP* buts *mpl* ● **puerta de embarque** porte d'embarquement ● **puerta principal** entrée *f* principale
puerto ['pu̯erto] *m* **1.** *(de mar, INFORM)* port *m* **2.** *(de montaña)* col *m* ● **puerto deportivo** port de plaisance ● **puerto Ethernet** port Ethernet ● **puerto paralelo** port parallèle ● **puerto serie** port série ● **puerto USB** port USB
Puerto Rico ['pu̯erto'riko] *m* Porto Rico *m*
pues ['pu̯es] *conj* **1.** *(indica causa)* car **2.** *(indica continuación)* eh bien ● **¿pues sabes qué pasó?** eh bien, tu sais ce qui est arrivé ? ● **¡pues claro!** mais bien sûr !
puesta ['pu̯esta] *f* ● **puesta de sol** coucher *m* de soleil
puesto, ta ['pu̯esto, ta] *pp* ➤ **poner** ◇ *adj* *(elegante)* bien habillé(e) ◇ *m* **1.** poste *m* **2.** *(posición)* place *f* **3.** *(en mercado)* étal *m* ● **puesto que** puisque
pulga ['pulɣa] *f* puce *f*
pulgar [pul'ɣar] *m* pouce *m*
pulidora [puli'ðora] *f* ponceuse *f*
pulir [pu'lir] *vt* **1.** polir **2.** *(perfeccionar)* peaufiner
pulmón [pul'mon] *m* poumon *m*
pulmonía [pulmo'nia] *f* pneumonie *f*
pulóver [pul'oβer] *m* *(Amér)* pull-over *m*
pulpa ['pulpa] *f* **1.** *(de fruta, planta)* pulpe *f* **2.** *(carne)* chair *f*
pulpo ['pulpo] *m* poulpe *m* ● **pulpo a la gallega** *poulpe préparé avec une sauce piquante*
pulque ['pulke] *m* *(CAm & Méx)* pulque *m*
pulquería [pulke'ria] *f* *(CAm & Méx)* *débit de boissons où l'on vend du pulque*
pulsar [pul'sar] *vt* appuyer sur
pulsera [pul'sera] *f* bracelet *m*
pulso ['pulso] *m* pouls *m* ● **tener pulso** avoir la main sûre
puma ['puma] *m* puma *m*
puna ['puna] *f* *(Andes & Arg)* mal *m* des montagnes
punk ['pank] *mf* punk *mf*
punta ['punta] *f* **1.** pointe *f* **2.** *(extremo)* bout *m* ● **en la punta de la lengua** sur le bout de la langue
puntapié [punta'pje] *m* coup *m* de pied
puntera [pun'tera] *f* bout *m* *(d'une chaussure)*
puntería [punte'ria] *f* adresse *f* *(au tir)*
puntero [pun'tero] *m* ● **puntero (del ratón)** *INFORM* pointeur *m* (de la souris)
puntiagudo, da [puntja'ɣuðo, ða] *adj* pointu(e)
puntilla [pun'tiʎa] *f* dentelle *f* rapportée

punto ['punto] *m* point *m* • **punto de encuentro** point de rencontre • **punto de vista** point de vue • **punto y aparte** point à la ligne • **punto y coma** point-virgule *m* • **punto y seguido** point • **puntos suspensivos** points de suspension • **a punto de** sur le point de • **en punto** *(hora)* pile • **llegar en el punto justo** arriver à point nommé

puntuación [puntu̯a'θjon] *f* **1.** *(en competición)* classement *m* **2.** *(en examen)* note *f* **3.** GRAM ponctuation *f*

puntual [puntu'al] *adj* **1.** ponctuel(elle) **2.** *(detallado)* précis(e)

puntualidad [puntu̯ali'ðað] *f* ponctualité *f*

puntualización [puntu̯aliθa'θjon] *f* précision *f*

puntualizar [puntu̯ali'θar] *vt* préciser

puntuar [puntu'ar] *vt* **1.** *(examen)* noter **2.** *(texto)* ponctuer

puñado [pu'ɲaðo] *m* poignée *f*

puñal [pu'ɲal] *m* poignard *m*

puñalada [puɲa'laða] *f* coup *m* de poignard

puñeta [pu'ɲeta] *interj* *(fam)* mince !

puñetazo [puɲe'taθo] *m* coup *m* de poing

puñetero, ra [puɲe'tero, ra] *adj* *(fam)* • **tu puñetero marido** ton fichu mari

puño ['puɲo] *m* **1.** *(mano cerrada)* poing *m* **2.** *(de camisa)* poignet *m* **3.** *(de arma)* crosse *f* **4.** *(de paraguas)* poignée *f*

punzón [pun'θon] *m* poinçon *m*

pupa ['pupa] *f* **1.** *(en el labio)* bouton *m* de fièvre **2.** *(fam)* *(daño)* bobo *m*

pupitre [pu'pitre] *m* pupitre *m*

puré [pu're] *m* purée *f* • **puré de patatas** o **papas** *(Amér)* purée de pommes de terre • **estar hecho puré** *(fam)* être vanné

puritano, na [puri'tano, na] *adj* puritain(e)

puro, ra ['puro, ra] *adj* pur(e) ◇ *m* cigare *m*

puto, ta ['puto, ta] *adj* *(vulg)* • **este puto...** ce putain de... ◇ *m, f* *(vulg)* pute *f*

puzle ['puθle] *m* puzzle *m*

PVP *m* (*abr escrita de precio de venta al público*) ppv *(prix public de vente)*

PYME ['pime] *f* (*abr de pequeña y mediana empresa*) ≃ PME *f* *(petite et moyenne entreprise)*

pza. (*abr escrita de plaza*) Pl., pl. *(place)*

q Q

que [ke] *pron* **1.** *(sujeto)* qui • **ése es el hombre que me lo compró** c'est cet homme qui me l'a acheté **2.** *(complemento directo)* que • **el hombre que conociste ayer** l'homme que tu as rencontré hier **3.** *(complemento indirecto)* • **ése es el chico al que hablé** c'est le jeune homme à qui j'ai parlé • **la persona de la que te hablo es médico** la personne dont je te parle est médecin **4.** *(complemento circunstancial)* • **la playa a la que fui es preciosa** la plage où je suis allé est très belle • **la mujer con la que hablas es mi novia** la femme avec laquelle tu parles est ma fiancée • **el día en que fui llovía** il pleuvait le jour où j'y suis allé ◇ *conj* **1.** que • **es impor-**

tante que me escuches il est important que tu m'écoutes • **me ha confesado que me quiere** il m'a avoué qu'il m'aimait • **es más rápido que tú** il est plus rapide que toi • **antes morir que ir a verle** plutôt mourir que d'aller le voir • **me lo pidió tantas veces que se lo di** il me l'a demandé tellement de fois que je le lui ai donné • **ven aquí que te vea** viens ici que je te voie • **espero que te diviertas** j'espère que tu t'amuseras **2.** *(expresa causa)* • **hemos de esperar, que todavía no es la hora** il faut attendre, ce n'est pas encore l'heure **3.** *(expresa disyunción)* • **quieras que no, harás lo que yo te mande** que tu le veuilles ou non, tu feras ce que je dis **4.** *(expresa hipótesis)* • **que no quieres, pues no pasa nada** si tu ne veux pas, ce n'est pas grave **5.** *(en oraciones exclamativas)* • **¡que sí/no!** mais si/non ! • **¡que te diviertas!** amuse-toi bien !

qué ['ke] *adj (interrogativo)* quel (quelle) • **¿qué hora es?** quelle heure est-il ? ◇ *pron (interrogativo)* que • **¿qué te dijo?** qu'est-ce qu'il t'a dit ? • **no sé qué hacer** je ne sais pas quoi faire • **¿qué?** quoi ? • **¿por qué (...)?** pourquoi (...) ? ◇ *adv (exclamativo)* que • **¡qué tonto eres!** que tu es bête !

quebrado [ke'βraðo] *m MAT* fraction *f*

quebrar [ke'βrar] *vt* casser ◇ *vi (empresa)* faire faillite

quedar [ke'ðar] *vi* **1.** rester **2.** *(sentar)* aller **3.** *(estar situado)* se trouver • **el trabajo ha quedado perfecto** le travail est parfait • **quedar bien/mal con alguien** faire bonne/mauvaise impression à qqn ◆ **quedar con** *v prep (citarse)* prendre rendez-vous avec ◆ **quedar en** *v prep (acordar)* convenir de • **quedar en ridículo** se ridiculiser • **quedar en nada** ne rien donner ◆ **quedar por** *v prep* • **¿qué queda por hacer?** que reste-t-il à faire ? ◆ **quedarse** *vp* **1.** *(permanecer)* rester **2.** *(llegar a ser)* devenir **3.** *(retener)* garder **4.** *(adquirir)* prendre ◆ **quedarse con** *v prep* **1.** *(preferir)* choisir **2.** *(fam) (burlarse de)* faire marcher

quehacer [kea'θer] *m* travail *m*

quejarse [ke'xarse] ◆ **quejarse (por** o **de)** *v prep* se plaindre (de)

quejido [ke'xiðo] *m* gémissement *m*

quemadura [kema'ðura] *f* brûlure *f*

quemar [ke'mar] *vt & vi* brûler ◆ **quemarse** *vp* **1.** se brûler **2.** *(por el sol)* prendre un coup de soleil

queque ['keke] *m (Andes & CAm)* biscuit *m*

querer [ke'rer] *m* amour *m* ◇ *vt* **1.** *(desear)* vouloir • **el niño quiere una bicicleta** le petit veut un vélo • **queremos que las cosas vayan bien** nous voulons que tout aille bien • **¿quiere pasar?** vous voulez entrer ? • **¿cuánto quiere por el coche?** combien voulez-vous pour la voiture ? • **tal vez él quiera acompañarte** peut-être qu'il voudra t'accompagner • **quisiera hacer obras en verano** je voudrais faire des travaux en été **2.** *(amar)* aimer • **te quiero** je t'aime **3.** *(requerir)* avoir besoin de ◇ *vi* **1.** *(apetecer)* vouloir • **ven cuando quieras** viens quand tu voudras **2.** *(en locuciones)* • **lo hizo queriendo/sin querer** il l'a fait exprès/sans faire exprès ◇ *v impers (haber atisbos)* • **parece que quiere llover** on dirait qu'il va pleuvoir ◆ **quererse** *vp* s'aimer

querido, da [ke'riðo, ða] *adj (en una carta)* cher (chère)
queso ['keso] *m* fromage *m* • **queso de bola** fromage de Hollande • **queso manchego** *fromage de brebis de la Manche* • **queso rallado** fromage râpé
quiebra ['kjeβra] *f* faillite *f*
quien [kjen] *pron* **1.** *(sujeto)* qui **2.** *(complemento)* que ◇ *pron* **1.** *(sujeto)* celui qui (celle qui) **2.** *(complemento)* celui que (celle que) • **fue mi hermano quien me lo explicó** c'est mon frère qui me l'a expliqué • **es Pepe de quien no me fío** c'est à Pepe que je ne fais pas confiance • **quien lo quiera que venga** que celui qui veut vienne • **apoyaré a quien considere oportuno** je soutiendrai celui que je jugerai bon de soutenir
quién ['kjen] *pron* qui • **¿quién es ese hombre?** qui est cet homme ? • **¿a quiénes has invitado?** qui as-tu invité ? • **¿quién es?** *(en la puerta)* qui est là ? ; *(al teléfono)* qui est à l'appareil ? • **¡quién pudiera verlo!** si seulement je pouvais le voir !
quieto, ta ['kjeto, ta] *adj* **1.** tranquille **2.** *(inactivo)* calme
quilla ['kiʎa] *f* quille *f*
quilo ['kilo] *m* kilo *m* • **un cuarto de quilo de** une demi-livre de
química ['kimika] *f* chimie *f*
químico, ca ['kimiko, ka] *m, f* chimiste *mf*
quince ['kinθe] *núm* quinze • **quince días** quinze jours • **dentro de quince días** dans quinze jours
quincena [kin'θena] *f* quinzaine *f*
quiniela [ki'njela] *f* ≃ loto *m* sportif
quinientos, tas [ki'njentos, tas] *núm* cinq cents
quinqué [kin'ke] *m* quinquet *m*
quinteto [kin'teto] *m* **1.** *(estrofa) strophe de cinq vers* **2.** *MÚS* quintette *m*
quinto, ta ['kinto, ta] *adj & m, f* cinquième ◇ *m* **1.** *(fracción)* cinquième *m* **2.** *(recluta)* appelé *m* • **el quinto** le cinquième • **la quinta** la cinquième • **capítulo quinto** chapitre cinq • **el quinto día** le cinquième jour • **en quinto lugar** o **en quinta posición** en cinquième position • **la quinta parte** un cinquième
quiosco [ki'osko] *m* kiosque *m*
quirófano [ki'rofano] *m* bloc *m* opératoire
quisquilloso, sa [kiski'ʎoso, sa] *adj* pointilleux(euse)
quitamanchas [kita'mantʃas] *m inv* détachant *m*
quitar [ki'tar] *vt* **1.** enlever **2.** *(robar)* prendre ◆ **quitarse** *vp* *(apartarse)* se pousser • **quitarse la ropa** se déshabiller
quizá(s) [ki'θa(s)] *adv* peut-être • **quizás no lo sepa** il ne le sait peut-être pas

rR

rábano ['raβano] *m* radis *m*
rabia ['raβja] *f* rage *f*
rabieta [ra'βjeta] *f* colère *f*
rabioso, sa [ra'βjoso, sa] *adj* **1.** *(perro)* enragé(e) **2.** *(fig)* *(violento)* furieux(euse)
rabo ['raβo] *m* queue *f*

racha ['ratʃa] *f (de viento, aire)* rafale *f* • **mala racha** *(fam)* mauvaise passe *f* • **tener una buena racha** *(fam)* être en veine
racial [ra'θjal] *adj* racial(e)
racimo [ra'θimo] *m* **1.** *(de uvas)* grappe *f* **2.** *(de dátiles, plátanos)* régime *m*
ración [ra'θjon] *f* **1.** *(porción)* part *f* **2.** *(de comida)* ration *f*
racismo [ra'θizmo] *m* racisme *m*
racista [ra'θista] *mf* raciste *mf*
radar [ra'ðar] *m* radar *m*
radiación [raðja'θjon] *f* radiation *f*
radiador [raðja'ðor] *m* radiateur *m*
radiante [ra'ðjante] *adj* radieux(euse)
radical [raði'kal] *adj* radical(e)
radio ['raðjo] *f* radio *f* ◇ *m* **1.** rayon *m* **2.** *(hueso)* radius *m*
radioaficionado, da [ˌraðjoafiθjo'naðo, ða] *m, f* radioamateur *m*
radiocasete [ˌraðjoka'sete] *m* radiocassette *f*
radiodespertador [ˌraðjoðesperta'ðor] *m* radioréveil *m*
radiodifusión [ˌraðjoðifu'sjon] *f* radiodiffusion *f*
radiodifusora [ˌraðjoðifu'sora] *f (Amér)* *TV* station *f* émettrice
radiografía [raðjoɣra'fia] *f* radiographie *f*
radiólogo, ga [ra'ðjoloɣo, ɣa] *m, f* radiologue *mf*
radionovela [ˌraðjono'βela] *f* feuilleton *m* radiodiffusé
radiorreloj [ˌraðjore'lox] *m* radioréveil *m*
radiotaxi [raðjo'taksi] *m* radio-taxi *m*
radioyente [raðjo'jente] *mf* auditeur *m*, -trice *f*
ráfaga ['rafaɣa] *f* **1.** rafale *f* **2.** *(de luces)* appel *m* de phares
rafia ['rafja] *f* raphia *m*
rafting ['raftin] *m* raft *m*
raíl [ra'il] *m* rail *m*
raíz [ra'iθ] *f* **1.** racine *f* **2.** *(causa)* origine *f* • **raíz cuadrada** racine carrée • **a raíz de** à la suite de
raja ['raxa] *f* **1.** *(de melón, sandía)* tranche *f* **2.** *(en madera, pared)* fissure *f*
rajatabla [raxa'taβla] ◆ **a rajatabla** *adv* à la lettre
rallador [raʎa'ðor] *m* râpe *f*
rallar [ra'ʎar] *vt* râper
rally, rallies ['rali, 'ralis] *m* rallye *m*
RAM ['ram] (*abr de Random-Access Memory*) *f* RAM *f*
rama ['rama] *f* branche *f*
ramada [ra'maða] *f (Amér)* auvent *m*
rambla ['rambla] *f (paseo)* promenade *f*
ramo ['ramo] *m* **1.** *(de flores)* bouquet *m* **2.** *(de una actividad)* branche *f*
rampa ['rampa] *f* **1.** *(para subir y bajar)* rampe *f* **2.** *(pendiente)* côte *f*
rana ['rana] *f* grenouille *f*
ranchera [ran'tʃera] *f (Méx)* *chanson populaire mexicaine*
rancho ['rantʃo] *m* **1.** *(granja)* ranch *m* **2.** *(comida)* gamelle *f*
rancio, cia ['ranθjo, θja] *adj* **1.** *(pasado)* rance **2.** *(vino)* aigre
rango ['rango] *m* rang *m*
ranura [ra'nura] *f* rainure *f*
rape ['rape] *m* lotte *f* • **rape a la marinera** lotte marinière • **rape a la plancha** lotte grillée
rápidamente [ˌrapiða'mente] *adv* rapidement

rapidez [rapi'ðeθ] *f* rapidité *f*

rápido, da ['rapiðo, ða] *adj* rapide ◆ **rápido** *m* rapide *m* ◇ *adv* rapidement ◆ **rápidos** *mpl (de río)* rapides *mpl*

raptar [rap'tar] *vt* enlever

raqueta [ra'keta] *f* raquette *f*

raramente [ˌrara'mente] *adv* rarement

raro, ra ['raro, ra] *adj* **1.** *(extraño)* bizarre **2.** *(poco frecuente, escaso)* rare ● **rara vez** rarement

rascacielos [raska'θi̯elos] *m inv* gratte-ciel *m inv*

rascar [ras'kar] *vt* gratter

rasgar [raz'ɣar] *vt* déchirer

rasgo ['razɣo] *m* trait *m*

raso, sa ['raso, sa] *adj* **1.** *(superficie)* plat(e) **2.** *(cucharada)* ras(e) ◇ *m* satin *m* ● **al raso** *(al aire libre)* à la belle étoile

rastrillo [ras'triʎo] *m* râteau *m*

rastro ['rastro] *m* **1.** trace *f* **2.** *(mercadillo)* marché *m* aux puces

Los rastros

Marché de rue où l'on vend toutes sortes d'objets anciens, d'occasion et neufs. Ce nom vient du Rastro de Madrid, mais on trouve ce genre de marché dans de nombreuses villes d'Espagne.

rata ['rata] *f* rat *m*

ratero, ra [ra'tero, ra] *m, f* voleur *m,* -euse *f*

rato ['rato] *m* moment *m* ● **ratos libres** moments perdus ● **a ratos** par moments ● **pasar un buen/mal rato** passer un bon/mauvais moment

ratón [ra'ton] *m* souris *f* ● **ratón óptico/con rueda** *INFORM* souris optique/à roulette

raya ['raja] *f* **1.** raie *f* **2.** *(estampado)* rayure *f* **3.** *(de pantalón)* pli *m* ● **a** o **de rayas** à rayures

rayo ['rajo] *m* **1.** rayon *m* **2.** *(de tormenta)* foudre *f* ● **rayos X** rayons X

rayuela [ra'ju̯ela] *f* marelle *f*

raza ['raθa] *f* race *f* ● **de raza** de race

razón [ra'θon] *f* **1.** raison *f* **2.** *(argumento)* argument *m* ● **dar la razón a alguien** donner raison à qqn ● **entrar en razón** se raisonner ● **tener razón** avoir raison ▼ **se vende piso: razón portería** appartement à vendre : renseignements chez le gardien

razonable [raθo'naβle] *adj* raisonnable

razonamiento [raθona'mi̯ento] *m* raisonnement *m*

razonar [raθo'nar] *vt (exponer)* justifier ◇ *vi (pensar)* raisonner

reacción [reak'θi̯on] *f* réaction *f*

reaccionar [reakθi̯o'nar] *vi* réagir

reactor [reak'tor] *m* **1.** réacteur *m* **2.** *(avión)* avion *m* à réaction

real [re'al] *adj* **1.** *(verdadero)* réel(elle) **2.** *(de rey)* royal(e)

realeza [rea'leθa] *f* royauté *f*

realidad [reali'ðað] *f* réalité *f* ● **en realidad** en réalité

realismo [rea'lizmo] *m* réalisme *m*

realización [realiθa'θi̯on] *f* réalisation *f*

realizar [reali'θar] *vt* réaliser

realmente [reˌal'mente] *adv* réellement

realquilado, da [realki'laðo, ða] *m, f* sous-locataire *mf*

realquilar [realki'lar] *vt* sous-louer

reanimación [reanima'θjon] *f* **1.** *(de fuerzas, energía)* regain *m* **2.** *(de enfermo)* réanimation *f* **3.** *(del ánimo)* réconfort *m*
rebaja [re'βaxa] *f* **1.** *(de precio)* réduction *f* **2.** *(de altura, nivel)* baisse *f* ▼ **rebajas** *(en tienda)* soldes
rebajado, da [reβa'xaðo, ða] *adj* réduit(e)
rebajar [reβa'xar] *vt* **1.** *(precio)* réduire **2.** *(altura, nivel)* abaisser **3.** *(fig) (humillar)* rabaisser
rebanada [reβa'naða] *f* tranche *f* de pain
rebanar [reβa'nar] *vt* couper (en tranches)
rebaño [re'βaɲo] *m* troupeau *m*
rebelarse [reβe'larse] *vp* se rebeller
rebelde [re'βelde] *adj & mf* rebelle
rebeldía [reβel'dia] *f* révolte *f*
rebelión [reβe'ljon] *f* rébellion *f*
rebozado, da [reβo'θaðo, ða] *adj (carne, pescado) enrobé(e) de pâte à frire*
recado [re'kaðo] *m (mensaje)* message *m* • **dejar un recado** laisser un message/un mot
recaer [reka'er] *vi* **1.** *(en enfermedad)* faire une rechute **2.** *(en vicio, error)* retomber
recalcar [rekal'kar] *vt* insister sur
recalentar [rekalen'tar] *vt* **1.** *(volver a calentar)* réchauffer **2.** *(calentar demasiado)* surchauffer ♦ **recalentarse** *vp (calentarse demasiado)* surchauffer
recámara [re'kamara] *f* **1.** *(de arma)* magasin *m* **2.** *(CAm, Col & Méx) (dormitorio)* chambre *f*
recamarera [rekama'rera] *f (CAm, Col & Méx)* femme *f* de ménage
recambio [re'kambjo] *m* pièce *f* de rechange
recargar [rekar'γar] *vt* **1.** recharger **2.** *(cargar demasiado)* surcharger **3.** *(impuesto)* majorer
recato [re'kato] *m* **1.** *(pudor)* pudeur *f* **2.** *(miramiento)* prudence *f*
recepción [reθep'θjon] *f* réception *f* • **a la recepción del paquete** à réception du colis • **dirigirse a la recepción** s'adresser à l'accueil o à la réception • **dejar algo en la recepción** laisser qqch à l'accueil o à la réception

Presentarse en la recepción

Si se llega solo a la recepción de una empresa, uno da su apellido precedido de *Monsieur* o *Madame* y, a continuación, se dice de qué empresa se viene y a la persona a la que se desea ver *Je suis de* (nombre de su empresa), *j'ai rendez-vous avec Monsieur* (o *Madame*) *X* o *Pourriez-vous, s'il vous plaît, avertir Monsieur* (o *Madame*) *X que je suis arrivé(e) ?* En grupo, uno puede decir simplemente qué empresa representa y preguntar por la persona a quien se desea ver *Bonjour, nous sommes de* (nombre de su empresa), *nous avons rendez-vous avec Monsieur X, pourriez-vous lui dire que nous sommes arrivés ?*
En un hotel se suele dar el nombre y apellido(s): *J'ai réservé une chambre au nom de Monsieur X.*

recepcionista [reθepθjo'nista] *mf* réceptionniste *mf*
receptor [reθep'tor] *m* récepteur *m*
recesión [reθe'sjon] *f* récession *f*
receta [re'θeta] *f* recette *f* • **receta (médica)** ordonnance *f*
recetar [reθe'tar] *vt* prescrire
rechazar [retʃa'θar] *vt* **1.** rejeter **2.** *(repeler)* repousser
rechazo [re'tʃaθo] *m* rejet *m*
recibidor [reθiβi'ðor] *m* entrée *f*
recibimiento [reθiβi'mjento] *m* accueil *m*
recibir [reθi'βir] *vt* **1.** *(tomar)* recevoir **2.** *(dar la bienvenida a)* accueillir
recibo [re'θiβo] *m* reçu *m*
reciclado, da [reθi'klaðo, ða] *adj* recyclé(e)
reciclar [reθi'klar] *vt* recycler ◆ **reciclarse** *vp* se recycler
recién [re'θjen] *adv* • **recién hecho** fait récemment • **recién nacido** nouveau-né ▼ **recién pintado** peinture fraîche
reciente [re'θjente] *adj* récent(e)
recientemente [re,θjente'mente] *adv* récemment
recinto [re'θinto] *m* enceinte *f*
recipiente [reθi'pjente] *m* récipient *m*
recital [reθi'tal] *m* récital *m*
recitar [reθi'tar] *vt* réciter
reclamación [reklama'θjon] *f* réclamation *f* ▼ **reclamaciones y quejas** réclamations
reclamar [rekla'mar] *vt* réclamer
recluir [reklu'ir] *vt* enfermer
reclusión [reklu'sjon] *f* **1.** *(encierro)* réclusion *f* **2.** *(lugar)* prison *f*
recobrar [reko'βrar] *vt* **1.** *(joya, cartera)* récupérer **2.** *(salud)* recouvrer **3.** *(alegría, esperanza)* retrouver • **recobrar el conocimiento** reprendre connaissance ◆ **recobrarse de** *v prep* **1.** *(enfermedad)* se remettre de **2.** *(pena, sufrimiento)* se consoler de
recogedor [rekoxe'ðor] *m* pelle *f* (à poussière)
recoger [reko'xer] *vt* **1.** *(del suelo)* ramasser **2.** *(poner en orden)* ranger **3.** *(reunir)* réunir **4.** *(recolectar)* récolter • **recoger a alguien** *(ir a buscar)* passer prendre qqn ; *(acoger)* recueillir qqn ◆ **recogerse** *vp* **1.** *(retirarse)* se retirer **2.** *(acostarse)* aller se coucher
recogida [reko'xiða] *f* **1.** *(de objetos, basura)* ramassage *m* **2.** *(de frutos)* récolte *f*
recolección [rekolek'θjon] *f* récolte *f*
recomendar [rekomen'dar] *vt* recommander
recompensa [rekom'pensa] *f* récompense *f*
recompensar [rekompen'sar] *vt* récompenser
reconocer [rekono'θer] *vt* **1.** reconnaître **2.** *(agradecer)* être reconnaissant(e) de **3.** *(en medicina)* examiner
reconocimiento [rekonoθi'mjento] *m* **1.** reconnaissance *f* **2.** *(en medicina)* examen *m* médical
reconquista [rekon'kista] *f* • **la Reconquista** la Reconquista
récord ['rekor] *m* record *m*
recordar [rekor'ðar] *vt* se rappeler • **me recuerda a su padre** il me rappelle son père
recorrer [reko'rer] *vt* parcourir

recorrido [reko'riðo] *m* parcours *m* • **trenes de largo recorrido** grandes lignes
recortar [rekor'tar] *vt* **1.** *(tela, pelo)* couper **2.** *(papel)* découper **3.** *(fig) (gastos, presupuesto)* réduire
recostarse [rekos'tarse] *vp* s'allonger
recreo [re'kreo] *m* **1.** *(diversión)* loisir *m* **2.** *(de escolares)* récréation *f*
recta ['rekta] *f* droite *f* ➤ **recto**
rectangular [rektangu'lar] *adj* rectangulaire
rectángulo [rek'tangulo] *m* rectangle *m*
rectitud [rekti'tuð] *f* droiture *f*
recto, ta ['rekto, ta] *adj* droit(e) ◇ *adv* • **todo recto** tout droit
rector, ra [rek'tor, ra] *m, f* recteur *m*
recuerdo [re'kuerðo] *m* souvenir *m* • **dale recuerdos** salue-le de ma part
recuperación [rekupera'θion] *f* **1.** récupération *f* **2.** *(de enfermedad)* guérison *f* **3.** *(después de accidente)* rééducation *f* **4.** *(de examen)* rattrapage *m*
recuperar [rekupe'rar] *vt* **1.** récupérer **2.** *(tiempo)* rattraper ◆ **recuperarse (de)** *vp prep* se remettre (de)
recurrir [reku'rir] *vi (en juicio)* faire appel ◆ **recurrir a** *v prep* avoir recours à
recurso [re'kurso] *m* **1.** *(medio)* recours *m* **2.** *(reclamación)* pourvoi *m* ◆ **recursos** *mpl* ressources *fpl* • **recursos humanos** ressources humaines
red ['reð] *f* **1.** *(de carreteras, Internet)* réseau *m* **2.** *(para pescar, en deporte)* filet *m* **3.** *(de tiendas)* chaîne *f* • **red local** réseau local • **red Wi-fi** réseau Wi-fi
redacción [reðak'θion] *f* rédaction *f*
redactar [reðak'tar] *vt* rédiger
redactor, ra [reðak'tor, ra] *m, f* rédacteur *m*, -trice *f*
redil [re'ðil] *m* enclos *m*
redondeado, da [reðonde'aðo, ða] *adj* arrondi(e)
redondel [reðon'del] *m* rond *m*
redondo, da [re'ðondo, da] *adj* **1.** rond(e) **2.** *(trabajo)* parfait(e) **3.** *(negocio)* bon (bonne)
reducción [reðuk'θion] *f* réduction *f*
reducir [reðu'θir] *vt* **1.** réduire **2.** *(tropas, rebeldes)* soumettre ◆ **reducirse a** *v prep* se réduire à
reembolsar [reembol'sar] *vt* rembourser
reembolso [reem'bolso] *m* remboursement *m* • **contra reembolso** contre remboursement
reemplazar [reempla'θar] *vt* remplacer
reestrenar [reestre'nar] *vt* reprendre *(film, pièce)*
reestreno [rees'treno] *m* reprise *f*
reestructurar [reestruktu'rar] *vt* restructurer
refacción [refak'θion] *f (Chile & Méx)* réparation *f*
refaccionar [refakθio'nar] *vt (Amér)* réparer
referencia [refe'renθia] *f* **1.** référence *f* **2.** *(nota)* renvoi *m* ◆ **referencias** *fpl (informes)* références *fpl*
referéndum [refe'rendum] *m* référendum *m*
referente [refe'rente] *adj* • **referente a algo** concernant qqch
referirse [refe'rirse] ◆ **referirse a** *v prep (aludir a)* parler de
refinería [refine'ria] *f* raffinerie *f*

reflector [reflek'tor] *m* réflecteur *m*
reflejar [refle'xar] *vt* refléter ◆ **reflejarse** *vp* se refléter
reflejo, ja [re'flexo, xa] *adj* réflexe ◇ *m* **1.** reflet *m* **2.** *(del organismo)* réflexe *m* ● **hacerse reflejos** *(en peluquería)* (se faire) faire un balayage ● **tener reflejos** avoir des réflexes
reflexión [reflek'sjon] *f* réflexion *f*
reflexionar [refleksjo'nar] *vi* réfléchir
reforma [re'forma] *f* **1.** *(de ley, proyecto)* réforme *f* **2.** *(de casa, edificio)* rénovation *f*
reformar [refor'mar] *vt* **1.** *(ley, proyecto)* réformer **2.** *(casa, edificio)* rénover ◆ **reformarse** *vp (corregirse)* changer *(de comportement)*
reforzar [refor'θar] *vt* renforcer
refrán [re'fran] *m* proverbe *m*
refrescante [refres'kante] *adj* rafraîchissant(e)
refresco [re'fresko] *m* rafraîchissement *m*
refrigerado, da [refrixe'raðo, ða] *adj* climatisé(e)
refrigerador [refrixera'ðor] *m* réfrigérateur *m*
refugiado, da [refu'xjaðo, ða] *m, f* réfugié *m*, -e *f*
refugiar [refu'xjar] *vt* donner refuge à ◆ **refugiarse** *vp* se réfugier
refugio [re'fuxjo] *m* **1.** refuge *m* **2.** *(de guerra)* abri *m*
regadera [reɣa'ðera] *f* **1.** *(para plantas)* arrosoir *m* **2.** *(Col, Méx & Ven) (ducha)* douche *f*
regadío [reɣa'ðio] *m* terres *fpl* irrigables
regalar [reɣa'lar] *vt* offrir
regaliz, ces [reɣa'liθ, θes] *m* réglisse *m*
regalo [re'ɣalo] *m* cadeau *m*
regañar [reɣa'ɲar] *vt (reñir)* gronder ◇ *vi (pelearse)* se disputer
regar [re'ɣar] *vt* arroser
regata [re'ɣata] *f* **1.** régate *f* **2.** *(canal)* rigole *f*
regatear [reɣate'ar] *vt* **1.** *(precio)* marchander **2.** *(en fútbol)* dribbler
regazo [re'ɣaθo] *m* giron *m*
regenerar [rexene'rar] *vt* **1.** *(cosa)* régénérer **2.** *(persona)* transformer ◆ **regenerarse** *vp (persona)* se transformer
regente [re'xente] *m (Amér)* maire *m*
régimen ['reximen] *m* **1.** régime *m* **2.** *(conjunto de normas)* règlement *m*
región [re'xjon] *f* région *f*
regional [rexjo'nal] *adj* régional(e)
regir [re'xir] *vt* diriger ◇ *vi (estar vigente)* être en vigueur
registrar [rexis'trar] *vt* **1.** *(inspeccionar, cachear)* fouiller **2.** *(en lista, registro)* enregistrer **3.** *(grabar)* enregistrer ◆ **registrarse** *vp (ocurrir)* se produire
registro [re'xistro] *m* **1.** registre *m* **2.** *(inspección)* fouille *f* ● **registro civil** état *m* civil
regla ['reɣla] *f* **1.** règle *f* **2.** *(menstruación)* règles *fpl* ● **en regla** en règle ● **por regla general** en règle générale
reglamento [reɣla'mento] *m* règlement *m*
regrabable [reɣra'βaβle] *adj INFORM* réinscriptible
regrabadora [reɣraβa'ðora] *f INFORM* graveur *m*

regresar [reɣre'sar] *vt* (*Amér*) rendre ◇ *vi* revenir ◆ **regresarse** *vp* (*Amér*) revenir

regreso [re'ɣreso] *m* retour *m*

regular [reɣu'lar] *adj* **1.** régulier(ère) **2.** (*mediocre*) moyen(enne) **3.** (*moderado*) raisonnable ◇ *vt* réglementer ◇ *adv* comme ci comme ça

regularidad [reɣulari'ðað] *f* régularité *f*

rehabilitar [reaβili'tar] *vt* **1.** (*local, casa*) réhabiliter **2.** (*enfermo*) rééduquer

rehén [re'en] *mf* otage *m*

rehogar [reo'ɣar] *vt* faire revenir

reina ['rei̯na] *f* **1.** reine *f* **2.** (*en naipes*) ≃ dame *f*

reinado [rei̯'naðo] *m* règne *m*

reinar [rei̯'nar] *vi* régner

reincorporar [rei̯nkorpo'rar] *vt* réintégrer ◆ **reincorporarse a** *v prep* (*trabajo*) reprendre

reiniciar [rei̯ni'θi̯ar] *vt INFORM* réinitialiser

reino ['rei̯no] *m* **1.** (*territorio*) royaume *m* **2.** (*en biología*) règne *m*

Reino Unido ['rei̯nou̯'niðo] *m* ● **el Reino Unido** le Royaume-Uni

reintegro [rei̯n'teɣro] *m* **1.** (*pago*) remboursement *m* **2.** (*en lotería*) remboursement *m* du billet

reír [re'ir] *vi* rire ◇ *vt* (*chistes*) rire de ◆ **reírse de** *v prep* **1.** rire de **2.** (*burlarse de*) se moquer de

reivindicación [rei̯βindika'θi̯on] *f* revendication *f*

reivindicar [rei̯βindi'kar] *vt* revendiquer

reja ['rexa] *f* grille *f*

rejilla [re'xiʎa] *f* **1.** (*de ventana*) grillage *m* **2.** (*de cocina, horno*) grille *f* **3.** (*de silla*) cannage *m*

rejuvenecer [rexuβene'θer] *vt* & *vi* rajeunir

relación [rela'θi̯on] *f* **1.** (*conexión*) rapport *m* **2.** (*trato*) relation *f* **3.** (*enumeración*) liste *f* **4.** (*descripción*) récit *m* ● **con relación a** o **en relación con** en ce qui concerne ◆ **relaciones** *fpl* **1.** (*contactos*) relations *fpl* **2.** (*noviazgo*) relation *f* amoureuse

relacionar [relaθi̯o'nar] *vt* relier ◆ **relacionarse** *vp* être lié(e) ◆ **relacionarse con** *v prep* (*tratar con frecuencia a*) fréquenter

relajación [relaxa'θi̯on] *f* relaxation *f*

relajar [rela'xar] *vt* **1.** (*piernas, músculos*) décontracter **2.** (*persona*) détendre ◆ **relajarse** *vp* se détendre

relajo [re'laxo] *m* (*Amér*) (*fam*) raffut *m*

relámpago [re'lampaɣo] *m* éclair *m*

relampaguear [relampaɣe'ar] *v impers* ● **relampaguea** il y a des éclairs

relatar [rela'tar] *vt* **1.** (*historia*) raconter **2.** (*suceso*) relater

relativo, va [rela'tiβo, βa] *adj* relatif(ive) ● **relativo a** (*referente a*) concernant

relato [re'lato] *m* **1.** (*exposición*) rapport *m* **2.** (*narración*) récit *m*

relevo [re'leβo] *m* **1.** (*sustitución*) relève *f* **2.** *DEP* relais *m* ◆ **relevos** *mpl* (*carrera*) course *f* de relais

relieve [re'li̯eβe] *m* relief *m*

religión [reli'xi̯on] *f* religion *f*

religioso, sa [reli'xjoso, sa] *adj & m, f* religieux(euse)
relinchar [relin'tʃar] *vi* hennir
relincho [re'lintʃo] *m* hennissement *m*
rellano [re'ʎano] *m* palier *m*
rellenar [reʎe'nar] *vt* **1.** remplir **2.** *(pollo)* farcir
relleno, na [re'ʎeno, na] *adj* **1.** *(muy lleno)* rempli(e) **2.** *(persona)* enveloppé(e) ◇ *m* **1.** *(de pollo)* farce *f* **2.** *(de pastel)* garniture *f*
reloj [re'lox] *m* **1.** *(de campanario, estación)* horloge *f* **2.** *(de pared, chimenea)* pendule *f* **3.** *(para persona)* montre *f* ● **reloj de arena** sablier *m* ● **reloj de pulsera** montre-bracelet *f*
relojería [reloxe'ria] *f* horlogerie *f*
relojero, ra [relo'xero, ra] *m, f* horloger *m*, -ère *f*
remar [re'mar] *vi* ramer
remediar [reme'ðjar] *vt (solucionar)* remédier à
remedio [re'meðjo] *m* **1.** *(solución)* solution *f* **2.** *(auxilio)* aide *f* **3.** *(para enfermedad)* remède *m* ● **no queda más remedio** il n'y a pas d'autre solution ● **no tiene más remedio que...** il ne peut pas faire autrement que de... ● **sin remedio** *(inevitablemente)* forcément
remendar [remen'dar] *vt* rapiécer
remezón [reme'θon] *m (Amér)* tremblement *m* de terre
remite [re'mite] *m nom et adresse de l'expéditeur*
remitente [remi'tente] *mf* expéditeur *m*, -trice *f*
remitir [remi'tir] *vt* expédier ◆ **remitir a** *v prep (hacer referencia a)* renvoyer à
remo ['remo] *m* rame *f*
remojar [remo'xar] *vt* faire tremper
remojo [re'moxo] *m* ● **poner en remojo** faire tremper
remolacha [remo'latʃa] *f* betterave *f*
remolcador [remolka'ðor] *m* **1.** *(embarcación)* remorqueur *m* **2.** *(camión)* dépanneuse *f*
remolcar [remol'kar] *vt* remorquer
remolque [re'molke] *m* **1.** *(acción)* remorquage *m* **2.** *(vehículo)* remorque *f*
remontar [remon'tar] *vt* **1.** *(pendiente, cuesta)* gravir **2.** *(río)* remonter ◆ **remontarse a** *v prep* remonter à
remordimiento [remorði'mjento] *m* remords *m*
remoto, ta [re'moto, ta] *adj* **1.** *(lejano)* lointain(e) **2.** *(fig) (improbable)* minime
remover [remo'βer] *vt* remuer
remuneración [remunera'θjon] *f* rémunération *f*
renacuajo [rena'kwaxo] *m* têtard *m*
rencor [ren'kor] *m* rancune *f*
rendición [rendi'θjon] *f* reddition *f*
rendimiento [rendi'mjento] *m* rendement *m*
rendir [ren'dir] *vt (homenaje, culto)* rendre ◇ *vi* **1.** *(máquina, empleado)* être performant(e) **2.** *(negocio)* être rentable **3.** *(dinero)* rapporter ◆ **rendirse** *vp* se rendre
RENFE ['renfe] *(abr de Red Nacional de Ferrocarriles Españoles) f (Esp) chemins de fer espagnols* ≃ SNCF *f (Société nationale des chemins de fer)*

renovación [renoβa'θjon] *f* **1.** *(de contrato, carné)* renouvellement *m* **2.** *(de decoración, local)* rénovation *f*
renovar [reno'βar] *vt* **1.** *(contrato, vestuario)* renouveler **2.** *(carné, pasaporte)* faire renouveler **3.** *(decoración, local)* rénover
renta ['renta] *f* **1.** *(alquiler)* loyer *m* **2.** *(ingresos)* revenu *m* **3.** *(beneficio)* rente *f*
rentable [ren'taβle] *adj* rentable
rentar [ren'tar] *vt* (*Amér*) louer
renunciar [renun'θjar] ◆ **renunciar a** *v prep* **1.** *(prescindir de)* renoncer à **2.** *(declinar)* refuser
reñir [re'ɲir] *vt* *(reprender)* gronder ◇ *vi* **1.** *(enfadarse)* se disputer **2.** *(romper relaciones)* rompre
reo, a ['reo, a] *m, f* inculpé *m*, -e *f*
reparación [repara'θjon] *f* réparation *f*
reparar [repa'rar] *vt* réparer ◆ **reparar en** *v prep (advertir)* remarquer ● **no reparar en gastos** ne pas regarder à la dépense
repartidor, ra [reparti'ðor, ra] *m, f* livreur *m*, -euse *f*
repartir [repar'tir] *vt* **1.** *(dividir)* partager **2.** *(distribuir)* distribuer
reparto [re'parto] *m* **1.** *(de bienes, dinero)* partage *m* **2.** *(de mercancías, periódicos)* livraison *f* **3.** *(de actores)* distribution *f*
repasar [repa'sar] *vt* **1.** *(revisar)* passer en revue **2.** *(releer)* réviser **3.** *(remendar)* recoudre ● **repasar apuntes** relire des notes
repaso [re'paso] *m* **1.** *(de lección, trabajo)* révision *f* **2.** (*fam*) *(reprensión)* savon *m*
repelente [repe'lente] *adj (repugnante)* repoussant(e)
repente [re'pente] ◆ **de repente** *adv* tout à coup
repentino, na [repen'tino, na] *adj* soudain(e)
repercusión [reperku'sjon] *f* répercussion *f*
repertorio [reper'torjo] *m* répertoire *m*
repetición [repeti'θjon] *f* répétition *f*
repetidor, ra [repeti'ðor, ra] *m, f (alumno)* redoublant *m*, -e *f* ◇ *m (en telecomunicaciones)* relais *m*
repetir [repe'tir] *vt* **1.** *(hacer de nuevo)* refaire **2.** *(decir de nuevo)* répéter **3.** *(comida, bebida)* reprendre **4.** *(curso)* redoubler ◇ *vi (sabor)* donner des renvois
réplica ['replika] *f* réplique *f*
replicar [repli'kar] *vt* & *vi* répliquer
repoblación [repoβla'θjon] *f* repeuplement *m* ● **repoblación forestal** reboisement *m*
repoblar [repo'βlar] *vt* repeupler
reponer [repo'ner] *vt* **1.** *(colocar de nuevo)* remettre **2.** *(sustituir)* remplacer **3.** *(película, obra de teatro)* reprendre ◆ **reponerse** *vp (recuperarse)* se remettre
reportaje [repor'taxe] *m* reportage *m*
reportar [repor'tar] *vt* (*Méx*) informer de ◆ **reportarse** *vp* (*Andes, CAm & Méx*) se présenter
reporte [re'porte] *m* (*Méx*) information *f*
reportero, ra [repor'tero, ra] *m, f* reporter *m*
reposamuñecas [reposamu'ɲekas] *m inv* repose-poignets *m*
reposera [repo'sera] *f* (*Amér*) chaise *f* longue

reposo [re'poso] *m* repos *m*
repostería [reposte'ria] *f* pâtisserie *f*
representación [representa'θjon] *f* **1.** représentation *f* **2.** *(grupo de personas)* délégation *f* • **en representación de** en tant que représentant(e) de
representante [represen'tante] *mf* **1.** *(vendedor)* représentant *m*, -e *f* **2.** *(de artista)* agent *m*
representar [represen'tar] *vt* **1.** représenter **2.** *(obra de teatro)* jouer **3.** *(edad)* faire
representativo, va [representa'tiβo, βa] *adj* représentatif(ive)
represión [repre'sjon] *f* répression *f*
reprimir [repri'mir] *vt* **1.** *(sublevación, huelga)* réprimer **2.** *(lágrimas, risa)* retenir ◆ **reprimirse** *vp* se retenir
reprochar [repro'tʃar] *vt* reprocher
reproche [re'protʃe] *m* reproche *m*
reproducción [reproðuk'θjon] *f* reproduction *f*
reproducir [reproðu'θir] *vt* reproduire ◆ **reproducirse** *vp* se reproduire
reptar [rep'tar] *vi* ramper
reptil [rep'til] *m* reptile *m*
república [re'puβlika] *f* république *f*
República Dominicana [re'puβlikaðomini'kana] *f* • **la República Dominicana** la République Dominicaine
republicano, na [repuβli'kano, na] *adj* républicain(e)
repuesto [re'pwesto] *m* pièce *f* de rechange • **de repuesto** de rechange
repugnar [repuɣ'nar] *vi* répugner
reputación [reputa'θjon] *f* réputation *f*
requerir [reke'rir] *vt* exiger
requesón [reke'son] *m* fromage *m* frais
res ['res] *f* **1.** *(animal)* tête *f* de bétail **2.** *(Col, Méx & Ven)* *(bovino)* (viande *f* de) vache *f*
resaca [re'saka] *f* **1.** *(fam)* *(de borrachera)* gueule *f* de bois **2.** *(del mar)* ressac *m*
resbalada [rezβa'laða] *f* *(Amér)* glissade *f*
resbaladizo, za [rezβala'ðiθo, θa] *adj* glissant(e)
resbalar [rezβa'lar] *vi* **1.** glisser **2.** *(fam)* *(equivocarse)* se tromper • **eso me resbala** *(fam)* j'en ai rien à faire o cirer ◆ **resbalarse** *vp* glisser
rescatar [reska'tar] *vt* délivrer
rescate [res'kate] *m* **1.** sauvetage *m* **2.** *(dinero)* rançon *f*
resentimiento [resenti'mjento] *m* ressentiment *m*
reserva [re'serβa] *f* **1.** réserve *f* **2.** *(de hotel, tren)* réservation *f* **3.** *(discreción)* discrétion *f* • **reserva natural** réserve naturelle • **de reserva** en réserve ▼ **reservas hoteles y pensiones** réservations d'hôtels ◇ *m* *(vino)* • **un reserva del 91** un millésime 91
reservación [reserβa'θjon] *f* *(Amér)* réservation *f*
reservado, da [reser'βaðo, ða] *adj* réservé(e) ◇ *m* compartiment *m* réservé
reservar [reser'βar] *vt* réserver
resfriado, da [resfri'aðo, ða] *adj* enrhumé(e) ◇ *m* rhume *m*
resfriarse [resfri'arse] *vp* s'enrhumer
resfrío [res'frio] *m* *(Amér)* rhume *m*

resguardar [rezɣuar'ðar] ◆ **resguardar de** *v prep* protéger de ◆ **resguardarse de** *v prep* se mettre à l'abri de

resguardo [rez'ɣuarðo] *m* reçu *m*

residencia [resi'ðenθja] *f* **1.** *(casa)* résidence *f* **2.** *(lugar)* lieu *m* de résidence **3.** *(pensión)* hôtel *m*

residuo [re'siðuo] *m* résidu *m* ◆ **residuos** *mpl (desperdicios)* déchets *mpl*

resignarse [resiɣ'narse] *vp* se résigner

resistencia [resis'tenθja] *f* résistance *f*

resistente [resis'tente] *adj* résistant(e)

resistir [resis'tir] *vt* **1.** résister à **2.** *(dolor, enfermedad)* supporter ◇ *vi* résister ◆ **resistirse a** *v prep* se refuser à

resolución [resolu'θjon] *f* ● **alta resolución** haute résolution *f*

resolver [resol'βer] *vt* résoudre

resonancia [reso'nanθja] *f* **1.** résonance *f* **2.** *(fig) (repercusión)* retentissement *m*

resorte [re'sorte] *m* ressort *m*

respaldo [res'paldo] *m (de asiento)* dossier *m*

respectivo, va [respek'tiβo, βa] *adj* respectif(ive)

respecto [res'pekto] *m* ● **al respecto** à ce sujet ● **con respecto a** en ce qui concerne ● **respecto a** au sujet de

respetable [respe'taβle] *adj* respectable

respetar [respe'tar] *vt* respecter

respeto [res'peto] *m* respect *m*

respiración [respira'θjon] *f* respiration *f*

respirar [respi'rar] *vi* respirer

respiro [res'piro] *m* répit *m* ● **darse un respiro** souffler

resplandor [resplan'dor] *m* éclat *m*

responder [respon'der] *vt* répondre à ◇ *vi* **1.** répondre **2.** *(reaccionar)* réagir ◆ **responder a** *v prep* **1.** *(contestar, corresponder)* répondre **2.** *(deberse a)* être dû (due) à ◆ **responder de** *v prep (responsabilizarse de)* répondre de ◆ **responder por** *v prep (avalar a)* répondre de

responsabilidad [responsaβili'ðað] *f* responsabilité *f*

responsable [respon'saβle] *adj* responsable ● **responsable de** responsable de

respuesta [res'puesta] *f* réponse *f*

resta ['resta] *f* soustraction *f*

restar [res'tar] *vt* **1.** *(quitar)* enlever **2.** *MAT* soustraire

restauración [restaura'θjon] *f* restauration *f*

restaurado, da [restau'raðo, ða] *adj* restauré(e)

restaurador, ra [restaura'ðor, ra] *m, f* restaurateur *m*, -trice *f*

restaurante [restau'rante] *m* restaurant *m*

restaurar [restau'rar] *vt* restaurer

resto ['resto] *m* reste *m* ● **restos mortales** dépouille *f* mortelle

restricción [restrik'θjon] *f* restriction *f*

resucitar [resuθi'tar] *vt* & *vi* ressusciter

resuelto, ta [re'suelto, ta] *pp* ➤ **resolver** ◇ *adj* résolu(e)

resultado [resul'taðo] *m* résultat *m*

resultar [resul'tar] *vi* **1.** *(ser, acabar en)* être **2.** *(tener éxito)* réussir ● **el viaje resultó largo** le voyage a été long ◆ **resultar de** *v prep (originarse de)* ressortir de ● **¿qué**

resultará de todo esto? que ressortira-t-il de tout cela ?

resumen [re'sumen] *m* résumé *m*

resumir [resu'mir] *vt* résumer

retablo [re'taβlo] *m* retable *m*

retal [re'tal] *m* coupon *m (de tissu)*

retención [reten'θjon] *f* **1.** *(en sueldo)* retenue *f* **2.** *(de tráfico)* embouteillage *m* **3.** *(de líquidos, grasas)* rétention *f*

retirado, da [reti'raðo, ða] *adj* **1.** *(apartado)* retiré(e) **2.** *(jubilado)* retraité(e)

retirar [reti'rar] *vt* retirer ◆ **retirarse** *vp (jubilarse)* prendre sa retraite

reto ['reto] *m* défi *m*

retocar [reto'kar] *vt* **1.** *(fotografía, pintura)* retoucher **2.** *(trabajo)* mettre la dernière main à

retorcer [retor'θer] *vt* tordre ◆ **retorcerse de** *v prep (dolor, risa)* se tordre de

retórica [re'torika] *f* rhétorique *f*

retornable [retor'naβle] *adj* consigné(e)

retorno [re'torno] *m* retour *m*

retransmisión [retranzmi'sjon] *f* retransmission *f*

retransmitir [retranzmi'tir] *vt* retransmettre

retrasado, da [retra'saðo, ða] *adj* **1.** *(trabajo)* en retard **2.** *(no actual)* vieux (vieille) **3.** *(despec)* *(persona)* attardé(e)

retrasar [retra'sar] *vt* **1.** *(cita, reloj)* retarder **2.** *(viaje, proyecto)* repousser ◆ **retrasarse** *vp* **1.** être en retard **2.** *(reloj)* retarder

retraso [re'traso] *m* retard *m* ● **con retraso** en retard ● **llevar retraso** être en retard

retratar [retra'tar] *vt* **1.** *(fotografiar)* photographier **2.** *(dibujar, pintar)* faire le portrait de **3.** *(fig)* *(describir)* dépeindre

retrato [re'trato] *m* portrait *m*

retrete [re'trete] *m* toilettes *fpl*

retroceder [retroθe'ðer] *vi* reculer

retroproyector [retropro'jektor] *m* rétroprojecteur *m*

retrospectivo, va [retrospek'tiβo, βa] *adj* rétrospectif(ive)

retrovisor [retroβi'sor] *m* rétroviseur *m*

reuma ['reuma] *m o f* rhumatisme *m*

reunión [reu'njon] *f* réunion *f*

reunir [reu'nir] *vt* réunir ◆ **reunirse** *vp* se réunir

revancha [re'βantʃa] *f* revanche *f*

revelado [reβe'laðo] *m* développement *m (en photographie)* ● **revelado en color/blanco y negro** tirage *m* couleur/noir et blanc

revelar [reβe'lar] *vt* **1.** *(secreto, noticia)* révéler **2.** *(fotografía)* développer

reventar [reβen'tar] *vt* **1.** *(romper)* faire éclater **2.** *(fam)* *(fastidiar)* tuer ◇ *vi* **1.** *(cansarse)* être crevé(e) **2.** *(estallar)* éclater **3.** *(fam)* *(morir)* crever ◆ **reventarse** *vp (romperse)* éclater

reventón [reβen'ton] *m (de rueda)* éclatement *m*

reverencia [reβe'renθja] *f* révérence *f*

reversa [reβe'sa] *f (Méx)* *(de coche)* marche *f* arrière

reversible [reβer'siβle] *adj* réversible

reverso [re'βerso] *m* revers *m*

revés [re'βes] *m* revers *m* • **al revés** *(en orden contrario)* à l'envers ; *(al contrario)* au contraire

revestimiento [reβesti'mi̯ento] *m* revêtement *m*

revisar [reβi'sar] *vt* **1.** *(texto, trabajo)* réviser **2.** *(cuentas)* vérifier **3.** *(coche)* faire réviser

revisión [reβi'si̯on] *f* **1.** *(de texto, trabajo)* révision *f* **2.** *(de cuentas)* vérification *f*

revisor, ra [reβi'sor, ra] *m, f (en tren, autobús)* contrôleur *m*, -euse *f*

revista [re'βista] *f* revue *f*

revistero [reβis'tero] *m* porte-revues *m inv*

revolcarse [reβol'karse] *vp* se rouler

revoltillo [reβol'tiʎo] *m* **1.** *(desorden)* fouillis *m* **2.** *(plato) œufs brouillés aux champignons, à l'ail, etc.*

revoltoso, sa [reβol'toso, sa] *adj* turbulent(e)

revolución [reβolu'θi̯on] *f* **1.** révolution *f* **2.** *(en mecánica)* tour *m*

revolucionario, ria [reβoluθi̯o'nari̯o, ri̯a] *m, f* révolutionnaire *mf*

revolver [reβol'βer] *vt* **1.** *(mezclar)* remuer **2.** *(desordenar)* mettre sens dessus dessous

revólver [re'βolβer] *m* revolver *m*

revuelta [re'βu̯elta] *f* révolte *f*

revuelto, ta [re'βu̯elto, ta] *pp* ➤ **revolver** ◇ *adj* **1.** *(desordenado)* sens dessus dessous **2.** *(alborotado)* troublé(e) **3.** *(turbio)* trouble **4.** *(tiempo)* instable **5.** *(mar)* agité(e) ◇ *m œufs brouillés accompagnés d'un autre ingrédient*

rey ['rei̯] *m* roi *m* ◆ **Reyes** *mpl (fiestas)* Épiphanie *f* • **los Reyes Magos** les Rois mages

Los Reyes Magos

Selon la tradition espagnole, ce sont les Rois mages qui apportent les cadeaux aux enfants le 6 janvier (**el día de Reyes** ou **Reyes**). Ce jour-là, le dessert traditionnel est le **roscón de reyes**, qui contient une figurine. La personne qui la trouve doit offrir le gâteau.

rezar [re'θar] *vi* prier ◇ *vt* • **rezar una oración** faire une prière

rezo ['reθo] *m* prière *f*

ría ['ria] *f* ria *f*

riachuelo [ria'tʃu̯elo] *m* ruisseau *m*

riada [ri'aða] *f* inondation *f*

ribera [ri'βera] *f* **1.** rive *f* **2.** *(de mar)* rivage *m*

ribete [ri'βete] *m* **1.** *(de vestido, zapato)* liseré *m* **2.** *(fig) (atisbo)* touche *f*

rico, ca ['riko, ka] *adj* **1.** riche **2.** *(sabroso)* délicieux(euse) **3.** *(fam) (simpático)* adorable **4.** *(Amér) (día, casa)* agréable

ridículo, la [ri̯'ðikulo, la] *adj* ridicule ◇ *m* ridicule *m* • **hacer el ridículo** se ridiculiser

riego ['ri̯eɣo] *m* **1.** *(de tierra)* arrosage *m* **2.** *(de campos)* irrigation *f*

rienda ['ri̯enda] *f* rêne *f*

riesgo ['ri̯ezɣo] *m* risque *m* • **a todo riesgo** tous risques

rifar [ri'far] *vt* tirer au sort

rigidez [rixi'ðeθ] *f* **1.** *(de palo, tela)* rigidité *f* **2.** *(de carácter, norma)* rigueur *f*
rígido, da ['rixiðo, ða] *adj* **1.** rigide **2.** *(norma, regla)* rigoureux(euse)
rigor [ri'ɣor] *m* rigueur *f* • **de rigor** de rigueur
riguroso, sa [riɣu'roso, sa] *adj* **1.** rigoureux(euse) **2.** *(severo)* rigide
rima ['rima] *f* **1.** *(entre versos)* rime *f* **2.** *(poema)* poème *m* lyrique
rímel® ['rimel] *m* Rimmel® *m*
rincón [rin'kon] *m* **1.** coin *m* **2.** *(lugar apartado)* recoin *m*
ring ['rin] *m* ring *m*
rinoceronte [rinoθe'ronte] *m* rhinocéros *m*
riña ['riɲa] *f* **1.** *(discusión)* dispute *f* **2.** *(pelea)* bagarre *f*
riñón [ri'ɲon] *m* **1.** *(parte del cuerpo)* rein *m* **2.** *(en cocina)* rognon *m* • **riñónes al jerez** *(guiso)* rognons au xérès
riñonera [riɲo'nera] *f* banane *f (sac)*
río ['rio] *m* **1.** *(con desembocadura en mar)* fleuve *m* **2.** *(con desembocadura en río)* rivière *f*
rioja [ri'oxa] *m vin de la région espagnole de la Rioja*
RIP (*abr escrita de requiescat in pace*) RIP
riqueza [ri'keθa] *f* richesse *f*
risa ['risa] *f* rire *m* • **¡qué risa!** comme c'est drôle !
ristra ['ristra] *f* chapelet *m*
ritmo ['riðmo] *m* rythme *m*
rito ['rito] *m* rite *m*
ritual [ritu'al] *m* rituel *m*
rival [ri'βal] *mf* rival *m*, -e *f*
rizado, da [ri'θaðo, ða] *adj* **1.** *(pelo)* frisé(e) **2.** *(papel, tela)* crêpé(e) **3.** *(mar)* moutonneux(euse)
rizo ['riθo] *m* boucle *f*
robar [ro'βar] *vt* **1.** voler **2.** *(en naipes, dominó)* piocher
roble ['roβle] *m* chêne *m*
robo ['roβo] *m* vol *m*
robot [ro'βot] *m* robot *m*
robusto, ta [ro'βusto, ta] *adj* robuste
roca ['roka] *f* roche *f*
roce ['roθe] *m* **1.** frottement *m* **2.** *(trato)* fréquentation *f* **3.** *(desavenencia)* heurt *m*
rociar [roθi'ar] *vt* asperger
rocío [ro'θio] *m* rosée *f*
rock ['rok] *m* rock *m*
rocoso, sa [ro'koso, sa] *adj* rocheux(euse)
rodaballo [roða'βaʎo] *m* turbot *m*
rodaje [ro'ðaxe] *m* **1.** *(de película)* tournage *m* **2.** *(de vehículo)* rodage *m*
rodar [ro'ðar] *vt* **1.** *(película)* tourner **2.** *(vehículo)* roder ◇ *vi* **1.** rouler **2.** *(caer)* dégringoler **3.** *(deambular)* errer
rodeado, da [roðe'aðo, ða] *adj* entouré(e) • **rodeado de** entouré de
rodear [roðe'ar] *vt* **1.** entourer **2.** *(con tropas, policías)* cerner **3.** *(dar la vuelta a)* faire le tour de ♦ **rodearse de** *v prep* s'entourer de
rodeo [ro'ðeo] *m* **1.** détour *m* **2.** *(espectáculo)* rodéo *m* • **dar rodeos** *(fig)* tergiverser • **déjate de rodeos** arrête de tourner autour du pot • **no andar o ir con rodeos** ne pas y aller par quatre chemins

rodilla [ro'ðiʎa] *f* genou *m* • **de rodillas** à genoux
rodillo [ro'ðiʎo] *m* rouleau *m*
roedor [roe'ðor] *m* rongeur *m*
roer [ro'er] *vt* ronger • **los remordimientos le roen la conciencia** (*fig*) il est rongé par le remords
rogar [ro'ɣar] *vt* • **rogar a alguien que haga algo** prier qqn de faire qqch
rojo, ja ['roxo, xa] *adj* rouge ◇ *m, f POL* rouge *mf* ◇ *m (color)* rouge *m*
rollito [ro'ʎito] *m* rouleau *m* de printemps
rollo ['roʎo] *m* **1.** *(cilindro)* rouleau *m* **2.** *(película fotográfica)* pellicule *f* **3.** (*fam*) *(cosa aburrida)* • **¡qué rollo!** quelle barbe ! • **ser un rollo** être gonflant(e) **4.** (*fam*) *(lío sentimental)* • **tiene un rollo con su secretaria** il a une aventure avec sa secrétaire **5.** • **soltar un rollo a alguien** (*fam*) *(discurso)* sortir un blabla à qqn **6.** (*fam*) *(tipo de vida)* • **no me va su rollo** il est fourré dans des histoires qui ne me branchent pas
romana [ro'mana] *f* • **a la romana** à la romaine ➤ **romano**
románico, ca [ro'maniko, ka] *adj* roman(e) ◇ *m* roman *m*
romano, na [ro'mano, na] *adj* romain(e)
romántico, ca [ro'mantiko, ka] *adj* romantique
rombo ['rombo] *m* losange *m*
romería [rome'ria] *f* **1.** pèlerinage *m* **2.** *(fiesta popular)* fête *f* patronale
romero [ro'mero] *m* romarin *m*
romo, ma ['romo, ma] *adj* émoussé(e)
rompecabezas [ˌrompeka'βeθas] *m inv* **1.** *(juego)* puzzle *m* **2.** (*fig*) *(asunto complicado)* casse-tête *m inv*
rompedor, ra [rompe'ðor, ra] *adj* révolutionnaire
rompeolas [rompe'olas] *m inv* briselames *m inv*
romper [rom'per] *vt* **1.** *(partir)* casser **2.** *(papel, tela)* déchirer **3.** *(hábito, relación, silencio)* rompre **4.** *(monotonía, amistad)* briser ◇ *vi (olas)* se briser ◆ **romper a** *v prep (empezar a)* se mettre à ◆ **romper con** *v prep (terminar relación)* rompre avec ◆ **romperse** *vp* **1.** *(partirse)* se casser **2.** *(desgarrarse)* s'user
ron ['ron] *m* rhum *m*
roncar [ron'kar] *vi* ronfler
ronco, ca ['ronko, ka] *adj* enroué(e)
ronda ['ronda] *f* **1.** *(paseo)* promenade *f* **2.** *(calle)* boulevard *m* périphérique **3.** *(grupo de personas)* orchestre *m* d'étudiants **4.** *(de vigilancia)* ronde *f* **5.** (*fam*) *(de copas, tapas)* tournée *f*
rondín [ron'din] *m* (*Amér*) **1.** *(vigilante)* gardien *m* **2.** *(instrumento)* harmonica *m*
ronquido [ron'kiðo] *m* ronflement *m*
ronronear [ronrone'ar] *vi* ronronner
ronroneo [ronro'neo] *m* ronronnement *m*
ropa ['ropa] *f* vêtements *mpl* • **ropa blanca** linge *m* blanc • **ropa interior** sous-vêtements *mpl* • **ropa sucia** linge *m* sale
roquefort [roke'for] *m* roquefort *m* • **al roquefort** au roquefort
rosa ['rosa] *f* rose *f* ◇ *adj inv* rose • **rosa de los vientos** rose des vents

rosado, da [ro'saðo, ða] *adj* rosé(e) ◇ *m (vino)* rosé
rosal [ro'sal] *m* rosier *m*
rosario [ro'sario] *m* **1.** *(objeto)* chapelet *m* **2.** *(oración)* rosaire *m*
roscón [ros'kon] *m* ● **roscón (de Reyes)** *brioche aux fruits que l'on mange à l'occasion de la fête des Rois*
rosetón [rose'ton] *m* rosace *f*
rosquilla [ros'kiʎa] *f petite pâtisserie sèche en forme d'anneau*
rostro ['rostro] *m* visage *m*
rotativo [rota'tiβo] *m* journal *m*
roto, ta ['roto, ta] *pp* ➤ **romper** ◇ *adj* cassé(e) ◇ *m (en tela)* accroc *m*
rotonda [ro'tonda] *f* **1.** *(plaza)* rond-point *m* **2.** *(edificio)* rotonde *f*
rotulador [rotula'ðor] *m (Esp)* feutre *m*
rótulo ['rotulo] *m* écriteau *m*
rotundo, da [ro'tundo, da] *adj* catégorique
rozar [ro'θar] *vt* frôler ◆ **rozarse** *vp (desgastarse)* s'user
r.p.m. (*abr escrita de revoluciones por minuto*) tr/min *(tour par minute)*
Rte. (*abr escrita de remitente*) exp *(expéditeur)*
RTVE ['ere'te'uβe'e] *f* (*abr de Radiotelevisión Española*) *organisme public espagnol de radiodiffusion et de télévision*
rubí [ru'βi] *m* rubis *m*
rubio, bia ['ruβio, βia] *adj* blond(e)
rubor [ru'βor] *m* **1.** *(enrojecimiento)* rougeur *f* **2.** *(vergüenza)* honte *f*
ruborizarse [ruβori'θarse] *vp* rougir
rudimentario, ria [ruðimen'tario, ria] *adj* rudimentaire
rudo, da ['ruðo, ða] *adj* **1.** *(sin refinar)* rude **2.** *(descortés)* grossier(ère)
rueda ['rueða] *f* **1.** roue *f* **2.** *(corro)* cercle *m* ● **rueda de prensa** conférence *f* de presse ● **rueda de repuesto** o **de recambio** roue de secours
ruedo ['rueðo] *m* **1.** *(plaza de toros)* arène *f* **2.** *(límite exterior)* bord *m (circulaire)*
ruego ['rueγo] *m* prière *f (demande)*
rugby ['ruγβi] *m* rugby *m*
rugido [ru'xiðo] *m* rugissement *m*
rugir [ru'xir] *vi* rugir
rugoso, sa [ru'γoso, sa] *adj* **1.** *(áspero)* rugueux(euse) **2.** *(con arrugas)* fripé(e)
ruido ['ruiðo] *m* bruit *m*
ruidoso, sa [rui'ðoso, sa] *adj* bruyant(e)
ruin ['ruin] *adj* **1.** *(malo)* vil(e) **2.** *(avaro)* pingre
ruina ['ruina] *f* ruine *f* ● **ser la ruina de alguien** causer la perte de qqn
ruinoso, sa [rui'noso, sa] *adj* **1.** *(edificio)* en ruine **2.** *(negocio, trabajo)* ruineux(euse)
ruiseñor [ruise'ɲor] *m* rossignol *m*
ruleta [ru'leta] *f* roulette *f*
rulo ['rulo] *m (para el pelo)* bigoudi *m*
ruma ['ruma] *f (Andes)* tas *m*
rumba ['rumba] *f (baile)* rumba *f*
rumbo ['rumbo] *m* cap *m* ● **rumbo a** en direction de
rumiante [ru'miante] *m* ruminant *m*
rumiar [ru'miar] *vt* ruminer
rumor [ru'mor] *m* **1.** *(chisme)* rumeur *f* **2.** *(ruido de voces)* brouhaha *m*
rumorearse [rumore'arse] *vp* ● **se rumorea que...** le bruit court que...
ruptura [rup'tura] *f* rupture *f*

rural [ru'ral] *adj* rural(e)
Rusia ['rusja] *s* Russie *f*
ruso, sa ['ruso, sa] *adj* russe ◇ *m, f* Russe *mf* ◇ *m (lengua)* russe *m*
ruta ['ruta] *f (itinerario)* route *f*
rutina [ru'tina] *f* routine *f*

Ss

s (*abr escrita de segundo*) s *(seconde)*
S (*abr escrita de San*) St *(Saint)*
s/n (*abr escrita de sin número*) *dans le libellé d'une adresse, symbole indiquant qu'il n'y a pas de numéro*
SA ['ese'a] *f* (*abr de sociedad anónima*) SA *f (société anonyme)*
sábado ['saβaðo] *m* samedi *m* • **cada sábado** o **todos los sábados** tous les samedis • **caer en sábado** tomber un samedi • **el próximo sábado** o **el sábado que viene** samedi prochain • **viene el sábado** il vient samedi • **el sábado pasado** samedi dernier • **el sábado por la mañana/tarde/noche** samedi matin/après-midi/soir • **este sábado** *(pasado)* samedi dernier ; *(próximo)* samedi prochain • **los sábados** le samedi
sábana ['saβana] *f* drap *m*
sabañón [saβa'ɲon] *m* engelure *f*
saber [sa'βer] *m* savoir *m* ◇ *vt* **1.** savoir **2.** *(entender de)* s'y connaître en ◇ *vi (Amér) (soler)* avoir l'habitude de • **saber algo de** *(tener noticias de)* avoir des nouvelles de • **saber bien/mal** *(alimento, bebida)* avoir bon/mauvais goût • **saber mal a alguien** *(disgustar)* ne pas plaire à qqn ◆ **saber a** *v prep (tener sabor de)* avoir un goût de
sabiduría [saβiðu'ria] *f* **1.** *(conocimientos)* savoir *m* **2.** *(prudencia)* sagesse *f*
sabio, bia ['saβio, βia] *adj* **1.** *(con conocimientos)* savant(e) **2.** *(prudente)* sage ◇ *m, f* savant *m*, -e *f*
sable ['saβle] *m* sabre *m*
sabor [sa'βor] *m* goût *m* • **un sabor a** un goût de
saborear [saβore'ar] *vt* savourer
sabotaje [saβo'taxe] *m* sabotage *m*
sabroso, sa [sa'βroso, sa] *adj* **1.** *(comida)* délicieux(euse) **2.** *(fig) (propuesta, negocio)* intéressant(e) **3.** *(fig) (cantidad)* substantiel(elle) **4.** *(fig) (comentario, noticia)* savoureux(euse)
sacacorchos [saka'kortʃos] *m inv* tire-bouchon *m*
sacapuntas [saka'puntas] *m inv* taille-crayon *m*
sacar [sa'kar] *vt* **1.** *(poner fuera)* sortir **2.** *(conseguir, obtener)* obtenir **3.** *(ganar)* gagner **4.** *(sonsacar)* soutirer **5.** *(extraer)* tirer **6.** *(resolver)* résoudre **7.** *(en los naipes, dominó)* piocher **8.** *(copia, foto)* faire ◇ *vi (en tenis)* servir • **sacar billetes/entradas** prendre des billets • **sacar brillo** faire briller • **sacar dinero** retirer de l'argent • **sacar la lengua** tirer la langue • **sacar buenas/malas notas** avoir de bonnes/mauvaises notes ◆ **sacarse** *vp (carné, permiso)* passer
sacarina [saka'rina] *f* saccharine *f*

sacerdote [saθer'ðote] *m* prêtre *m*
saciar [sa'θjar] *vt* assouvir • **saciar la sed** étancher sa soif
saco ['sako] *m* **1.** sac *m* **2.** *(Amér) (chaqueta)* veste *f* • **saco de dormir** sac de couchage
sacramento [sakra'mento] *m* sacrement *m*
sacrificar [sakrifi'kar] *vt* **1.** sacrifier **2.** *(animal para el consumo)* abattre ◆ **sacrificarse (por)** *v prep* se sacrifier (pour)
sacrificio [sakri'fiθjo] *m* **1.** sacrifice *m* **2.** *(de animal para el consumo)* abattage *m*
sacristán [sakris'tan] *m* sacristain *m*
sacudida [saku'ðiða] *f* secousse *f*
sacudir [saku'ðir] *vt* **1.** secouer **2.** *(fam) (pegar)* flanquer une raclée à
safari [sa'fari] *m* **1.** *(expedición)* safari *m* **2.** *(parque)* parc *m* animalier
Sagitario [saxi'tarjo] *m* Sagittaire *m*
sagrado, da [sa'ɣraðo, ða] *adj* sacré(e)
sal ['sal] *f* **1.** sel *m* **2.** *(fig) (en el habla)* piquant *m* ◆ **sales** *fpl (de baño)* sels *mpl*
sala ['sala] *f* salle *f* • **sala climatizada** salle climatisée • **sala de espera** salle d'attente • **sala de estar** salle de séjour • **sala de fiestas** salle de bal • **sala de juegos** salle de jeux • **sala de reuniones** salle de réunion
salado, da [sa'laðo, ða] *adj* **1.** *(alimento, comida)* salé(e) **2.** *(fig) (chistoso)* drôle **3.** *(Amér) (desgraciado)* malchanceux(euse)
salamandra [sala'mandra] *f* salamandre *f*
salar [sa'lar] *vt* saler
salario [sa'larjo] *m* salaire *m*
salchicha [sal'tʃitʃa] *f* saucisse *f*
salchichón [saltʃi'tʃon] *m* saucisson *m*
saldo ['saldo] *m* solde *m*
salero [sa'lero] *m* **1.** salière *f* **2.** *(fig) (gracia)* charme *m*
salida [sa'liða] *f* **1.** sortie *f* **2.** *(de tren, avión, en deporte)* départ *m* **3.** *(solución)* issue *f* **4.** *(pretexto)* échappatoire *f* **5.** *(ocurrencia)* trait *m* d'esprit **6.** *(de productos)* débouchés *mpl* ▾ **salida sin compra** sortie sans achat ▾ **salida de emergencia** o **de incendios** sortie de secours ▾ **salidas internacionales** *(de trenes, aviones)* départs internationaux
salina [sa'lina] *f* salin *m*
salir [sa'lir] *vi* **1.** sortir • **salió a la calle** il est sorti dans la rue • **Pedro sale mucho con sus amigos** Pedro sort beaucoup avec ses amis • **Juan y María salen juntos** Juan et María sortent ensemble • **el tapón sale poco a poco** le bouchon sort petit à petit **2.** *(marcharse)* partir • **el tren sale muy temprano** le train part très tôt • **ha salido para Madrid** il est parti pour Madrid **3.** *(resultar)* • **ha salido muy estudioso** il est très studieux • **salió elegida mejor actriz del año** elle a été élue meilleure actrice de l'année • **me ha salido bien el examen** j'ai réussi l'examen • **les ha salido mal el plan** leur plan a échoué **4.** *(resolver)* • **este problema no me sale** je n'arrive pas à résoudre ce problème • **me ha salido la división** j'ai résolu la division **5.** *(sol)* se lever **6.** *(dientes, plantas)* pousser **7.** *(publicación)* paraître **8.** *(en imagen, prensa)* • **¡qué bien sales en la foto!** tu es très bien sur la photo ! • **mi vecina salió en la tele** ma voisine est pas-

sée à la télé **9.** *(ocasión)* se présenter **10.** *(sobresalir)* ressortir **11.** *INFORM* quitter **12.** *(en locuciones)* • **salir adelante** *(persona, empresa)* s'en sortir ; *(proyecto, propuesta)* se réaliser ◆ **salir de** *v prep* **1.** *(de dentro a fuera)* sortir de **2.** *(proceder)* • **el vino sale de la uva** le raisin donne le vin ◆ **salir por** *v prep (costar)* • **la comida le ha salido por 20 euros** le repas lui est revenu à 20 euros ◆ **salirse de** *v prep* **1.** *(de lugar)* sortir de **2.** *(de asociación, partido)* quitter **3.** *(de vía)* dérailler **4.** *(de carretera)* quitter **5.** *(de tema)* s'écarter de

saliva [sa'liβa] *f* salive *f*

salmón [sal'mon] *m* saumon *m* • **salmón ahumado/fresco** saumon fumé/frais

salmonete [salmo'nete] *m* rouget *m*

salón [sa'lon] *m* **1.** salon *m* **2.** *(de edificio público)* salle *f* • **salón del automóvil** salon de l'automobile • **salón recreativo** salle de jeux

salpicadera [salpika'ðera] *f* *(Méx)* garde-boue *m inv*

salpicadero [salpika'ðero] *m* tableau *m* de bord

salpicar [salpi'kar] *vt* éclabousser

salpicón [salpi'kon] *m morceaux de viande ou de poisson assaisonnés d'oignon, d'huile et de vinaigre* • **salpicón de marisco** *"salpicón" de fruits de mer*

salpimentar [salpimen'tar] *vt* saupoudrer de sel et de poivre

salsa ['salsa] *f* **1.** sauce *f* **2.** *(baile, música)* salsa *f* **3.** *(fig) (gracia)* attrait *m* • **salsa bechamel** o **besamel** sauce béchamel • **salsa rosa** sauce cocktail • **salsa de tomate** sauce tomate • **salsa verde** ≃ sauce tartare

salsera [sal'sera] *f* saucière *f*

saltamontes [salta'montes] *m inv* sauterelle *f*

saltar [sal'tar] *vi* **1.** sauter **2.** *(levantarse)* bondir **3.** *(estallar)* exploser ◇ *vt (obstáculo)* sauter ◆ **saltarse** *vp* **1.** *(omitir)* sauter **2.** *(no respetar)* ignorer **3.** *(semáforo, stop)* brûler • **se me ha saltado un botón** j'ai perdu un bouton

salteado, da [salte'aðo, ða] *adj CULIN* sauté(e)

saltear [salte'ar] *vt* **1.** *(asaltar)* attaquer **2.** *CULIN* faire sauter

salto ['salto] *m* **1.** saut *m* **2.** *(en el tiempo)* bond *m* • **salto de agua** chute *f* d'eau • **dar saltos de un tema a otro** passer d'un sujet à l'autre • **dar saltos de alegría** o **contento** sauter de joie • **salto de página** saut de page

salud [sa'luð] *f* santé *f* ◇ *interj (para brindar)* santé ! • **estar bien/mal de salud** être en bonne/mauvaise santé • **tener buena/mala salud** avoir une bonne/mauvaise santé

saludable [salu'ðaβle] *adj* **1.** sain(e) **2.** *(fig) (provechoso)* salutaire

saludar [salu'ðar] *vt* saluer ▼ **le saluda atentamente** *(en cartas)* meilleures salutations ◆ **saludarse** *vp* se saluer

saludo [sa'luðo] *m* salut *m* • **Ana te manda saludos** tu as le bonjour d'Ana ▼ **(muchos) saludos** *(en cartas)* sincères salutations ▾ **un saludo afectuoso** *(en cartas)* affectueusement

salvación [salβa'θi̯on] *f RELIG* salut *m* • **no tener salvación** *(enfermo)* être perdu(e)

Salvador [salβa'ðor] *m* • **El Salvador** le Salvador

salvadoreño, ña [salβaðo'reɲo, ɲa] *adj* salvadorien(enne) ◇ *m, f* Salvadorien *m*, -enne *f*

salvaje [sal'βaxe] *adj* sauvage

salvamanteles [ˌsalβaman'teles] *m inv* dessous-de-plat *m inv*

salvar [sal'βar] *vt* **1.** sauver **2.** *(peligro)* échapper à **3.** *(obstáculo)* franchir **4.** *(dificultad)* surmonter **5.** *(distancia)* parcourir **6.** *(fichero)* sauvegarder, enregistrer ♦ **salvarse** *vp RELIG* sauver son âme ♦ **salvarse de** *v prep (persona)* réchapper de

salvaslip [salβaz'lip] *m* protège-slip *m*

salvavidas [salβa'βiðas] *m inv* bouée *f* de sauvetage

salvo ['salβo] *adv* sauf • **a salvo** à l'abri

san [san] ➤ **santo**

sanatorio [sana'tori̯o] *m* clinique *f*

sanción [san'θi̯on] *f* sanction *f*

sancochado [sanko'tʃaðo] *m (Amér) plat à base de viande, de banane plantain et de manioc*

sancochar [sanko'tʃar] *vt (Amér) faire une cuisine peu relevée*

sandalia [san'dali̯a] *f* sandale *f*

sandía [san'dia] *f* pastèque *f*

sándwich ['sanwitʃ] *m* sandwich *m (de pain de mie)*

sanfermines [sanfer'mines] *mpl* Sanfermines *fpl*

Los sanfermines

Les fêtes les plus populaires de Pampelune, capitale de la Navarre, sont les **sanfermines** en l'honneur de **San Fermín**, le saint patron de la ville. Le coup d'envoi des festivités, qui durent une semaine, est donné le 7 juillet (jour de la fête du saint) sur la place de la mairie par le **chupinazo**, un tir de pétards. Ensuite, des groupes d'amis ou **cuadrillas** parcourent bras dessus bras dessous les rues de la ville au son des fanfares : c'est ce qu'on appelle le **pasacalles**. Les courses de taureaux quotidiennes sont précédées de l'**encierro**, qui constitue la particularité de ces fêtes : les jeunes gens libèrent les troupeaux de taureaux du toril et courent devant eux jusqu'aux arènes où la corrida aura lieu l'après-midi.

sangrar [san'grar] *vi* saigner ◇ *vt* **1.** saigner **2.** *(árbol)* gemmer **3.** *(línea, párrafo)* commencer en retrait

sangre ['sangre] *f* sang *m* • **sangre fría** sang-froid *m*

sangría [san'gria] *f (bebida)* sangria *f*

sangriento, ta [san'gri̯ento, ta] *adj* **1.** *(con sangre)* sanglant(e) **2.** *(cruel)* sanguinaire

sanidad [sani'ðað] *f* **1.** *(servicio)* santé *f* **2.** *(higiene)* hygiène *f*
sanitario, ria [sani'tario, ria] *adj* sanitaire ◇ *m, f (persona)* professionnel *m*, -elle *f* de la santé ◆ **sanitarios** *mpl (instalación)* sanitaires *mpl*
sano, na ['sano, na] *adj* **1.** sain(e) **2.** *(sin daño)* intact(e) ● **sano y salvo** sain et sauf
santiguarse [santi'ɣuarse] *vp* se signer
santo, ta ['santo, ta] *adj* & *m, f* saint(e) ◇ *m (onomástica)* fête *f*

El santo

La fête du saint dont on porte le nom est très célébrée en Espagne, pays de tradition catholique. Les personnes dont c'est la fête invitent leurs parents, leurs amis et leurs collègues de travail à prendre un verre. En retour, ils reçoivent de menus cadeaux.

santuario [santu'ario] *m* sanctuaire *m*
sapo ['sapo] *m* crapaud *m*
saque ['sake] *m* **1.** *(en fútbol)* coup *m* d'envoi **2.** *(en tenis)* service *m*
saquear [sake'ar] *vt* **1.** *(ciudad, casa)* mettre à sac **2.** *(fam) (nevera, tienda)* faire une razzia sur
sarampión [saram'pion] *m* rougeole *f*
sarcástico, ca [sar'kastiko, ka] *adj* sarcastique
sardana [sar'ðana] *f* sardane *f*
sardina [sar'ðina] *f* sardine *f* ● **sardinas a la plancha** sardines grillées
sargento [sar'xento] *m* sergent *m*
sarna ['sarna] *f* gale *f*
sarpullido [sarpu'ʎiðo] *m* éruption *f* cutanée
sarro ['saro] *m* tartre *m*
sartén [sar'ten] *f* poêle *f*
sastre ['sastre] *m* tailleur *m*
sastrería [sastre'ria] *f* ● **en la sastrería** chez le tailleur
satélite [sa'telite] *m* satellite *m*
sátira ['satira] *f* satire *f*
satírico, ca [sa'tiriko, ka] *adj* satirique
satisfacción [satisfak'θion] *f* satisfaction *f*
satisfacer [satisfa'θer] *vt* **1.** satisfaire **2.** *(deuda)* honorer **3.** *(pregunta)* répondre à **4.** *(requisitos)* remplir ◆ **satisfacerse con** *v prep (conformarse)* se contenter de
satisfecho, cha [satis'fetʃo, tʃa] *pp* ➤ **satisfacer** ◇ *adj* **1.** *(complacido)* satisfait(e) **2.** *(al comer)* repu(e)
sauce ['sauθe] *m* saule *m*
sauna ['sauna] *f* sauna *m*
saxofón [sakso'fon] *m* saxophone *m*
sazonar [saθo'nar] *vt* assaisonner
se [se] *pron*
1. *(reflexivo, recíproco)* se, s' *(delante de vocal)* ● **el niño se lava los dientes** le petit se lave les dents ● **se quieren** ils s'aiment
2. *(en imperativo)* vous ● **¡siéntese!** asseyez-vous ! ● **¡cálmense!** calmez-vous ! ● **¡no se ponga nervioso!** ne vous énervez pas !
3. *(en construcción pasiva)* ● **las cosas se guardan en su sitio** il faut ranger les choses à leur place ● **se ha suspendido la reunión** la réunion a été suspendue

4. *(en construcción impersonal)* on ▾ **se habla inglés** on parle anglais ▾ **se prohíbe fumar** interdiction de fumer
5. *(a él, ella)* lui • **yo se lo daré** je le lui donnerai
6. *(a ellos, ellas)* leur • **se lo dije pero no me creyeron** je le leur ai dit mais ils ne m'ont pas cru
7. *(a usted, ustedes)* vous • **si usted quiere, yo se las mandaré** si vous voulez, je vous les enverrai

secador [seka'ðor] *m* séchoir *m* • **secador de pelo** sèche-cheveux *m inv*

secadora [seka'ðora] *f (de ropa)* sèche-linge *m inv*

secano [se'kano] *m* terrain *m* non irrigué

secar [se'kar] *vt* **1.** *(dejar seco)* sécher **2.** *(enjugar)* essuyer ♦ **secarse** *vp* **1.** *(río, fuente)* s'assécher **2.** *(planta, árbol, piel)* se dessécher **3.** *(ropa, cabello, superficie)* sécher

sección [sek'θi̯on] *f* **1.** section *f* **2.** *(en almacén)* rayon *m* **3.** *(en empresa, oficina)* service *m*

seco, ca ['seko, ka] *adj* **1.** sec (sèche) **2.** *(río, fuente)* à sec • **a secas** tout court • **lavar en seco** nettoyer à sec • **parar en seco** s'arrêter net

secretaría [sekreta'ria] *f* secrétariat *m*

secretariado [sekreta'ri̯aðo] *m* secrétariat *m*

secretario, ria [sekre'tari̯o, ri̯a] *m, f* secrétaire *mf*

secreto, ta [se'kreto, ta] *adj* secret(ète) ◇ *m* secret *m* • **en secreto** en secret

secta ['sekta] *f* secte *f*

sector [sek'tor] *m* secteur *m*

secuestrador, ra [seku̯estra'ðor, ra] *m, f* ravisseur *m*, -euse *f*

secuestrar [seku̯es'trar] *vt* **1.** *(persona)* enlever **2.** *(avión)* détourner

secuestro [se'ku̯estro] *m* **1.** *(de persona)* enlèvement *m* **2.** *(de avión)* détournement *m*

secundario, ria [sekun'dari̯o, ri̯a] *adj* secondaire

sed ['seð] *f* soif *f* • **dar sed** donner soif • **tener sed** avoir soif

seda ['seða] *f* soie *f*

sedante [se'ðante] *m* sédatif *m*

sede ['seðe] *f* siège *m*

sedentario, ria [seðen'tari̯o, ri̯a] *adj* sédentaire

sediento, ta [se'ði̯ento, ta] *adj* assoiffé(e)

seductor, ra [seðuk'tor, ra] *adj* séduisant(e) ◇ *m, f* séducteur *m*, -trice *f*

segador, ra [seɣa'ðor, ra] *m, f* moissonneur *m*, -euse *f*

segadora [seɣa'ðora] *f (máquina)* moissonneuse *f*

segar [se'ɣar] *vt* **1.** *(cereal)* moissonner **2.** *(hierba)* faucher

segmento [seɣ'mento] *m* segment *m*

seguido, da [se'ɣiðo, ða] *adj* **1.** *(continuo)* continu(e) **2.** *(consecutivo)* de suite, d'affilée ◇ *adv (en línea recta)* tout droit • **en seguida** tout de suite • **todo seguido** tout droit

seguir [se'ɣir] *vt* **1.** suivre **2.** *(reanudar)* poursuivre ◇ *vi* continuer • **sigue soltero/enfermo** il est toujours célibataire/

malade • **seguir a algo** *(sucederse)* suivre qqch

según [se'ɣun] *prep* selon ◇ *adv* **1.** *(como)* comme **2.** *(a medida que)* (au fur et) à mesure que • **según yo/tú** selon moi/toi • **según lo que me han dicho** d'après ce qu'on m'a dit

segunda [se'ɣunda] *f* **1.** *(categoría)* deuxième catégorie *f* **2.** *(velocidad)* seconde *f* ➤ **segundo**

segundero [seɣun'dero] *m* trotteuse *f* *(d'une montre)*

segundo, da [se'ɣundo, da] *adj* deuxième, second(e) ◇ *m, f* **1.** deuxième *mf*, second *m*, -e *f* **2.** *(persona)* second *m*, -e *f* ◇ *m* **1.** *(de tiempo)* seconde *f* **2.** *(fracción)* demi *m* • **el segundo** le deuxième • **la segunda** la deuxième • **capítulo segundo** chapitre deux • **el segundo día** le deuxième jour • **en segundo lugar** o **en segunda posición** en deuxième position • **la segunda parte** un deuxième • **con segundas** *(fig)* avec des arrière-pensées

seguramente [seˌɣura'mente] *adv* **1.** *(con seguridad)* sûrement **2.** *(probablemente)* probablement

seguridad [seɣuri'ðað] *f* sécurité *f* • **Seguridad Social** Sécurité sociale

seguro, ra [se'ɣuro, ra] *adj* sûr(e) ◇ *m* **1.** *(de coche, vida, casa)* assurance *f* **2.** *(de arma, máquina)* cran *m* de sûreté **3.** *(fam)* *(Seguridad Social)* Sécu *f* **4.** • **Seguro Social** *(Amér)* ≃ Sécurité sociale ◇ *adv* sûrement • **estar seguro** *(cierto, confiado)* être sûr ; *(sin temor)* être tranquille

seis ['sei̯s] *adj inv* & *m* six ◇ *mpl* six ◇ *fpl* • **las seis** six heures • **doscientos seis** deux cent six • **treinta y seis** trente-six • **de seis en seis** six par six • **empatados a seis** six partout • **los seis** les six • **seis a cero** six à zéro

seiscientos, tas [sei̯s'θi̯entos, tas] *núm* six cents

selección [selek'θi̯on] *f* **1.** sélection *f* **2.** *(equipo nacional)* équipe *f* nationale

seleccionador, ra [selekθi̯ona'ðor, ra] *m, f* sélectionneur *m*, -euse *f*

seleccionar [selekθi̯o'nar] *vt* sélectionner

selectividad [selektiβi'ðað] *f* *examen d'entrée à l'université* ≃ baccalauréat *m*

La selectividad

La **selectividad** est une série d'examens sanctionnant la fin des études secondaires et permettant l'entrée à l'université. Ces examens durent deux jours et portent sur toutes les matières étudiées. La moyenne obtenue détermine l'admission de l'étudiant dans l'une ou l'autre des facultés.

selecto, ta [se'lekto, ta] *adj* de choix

selector [selek'tor] *m* sélecteur *m*

self-service [self'serβis] *m* self-service *m*

sello ['seʎo] *m* **1.** *(de correos)* timbre *m* **2.** *(tampón)* tampon *m*

selva ['selβa] *f* forêt *f* vierge

semáforo [se'maforo] *m* feu *m* (de signalisation)

semana [se'mana] *f* semaine *f* ● **Semana Santa** Semaine Sainte

La Semana Santa

En Espagne et en Amérique latine, à l'occasion de la Semaine Sainte, de nombreuses cérémonies commémorent la passion et la résurrection de Jésus-Christ. Les célébrations les plus spectaculaires sont les processions au cours desquelles des statues religieuses sont transportées à dos d'homme. Des pénitents entièrement masqués appartenant à différentes confréries suivent les porteurs, tandis que la foule se joint à eux pour prier. Les plus célèbres sont celles de Séville en Espagne, de Taxco au Mexique et de Lima au Pérou. La procession de la Vierge de la Macarena à Séville est l'une des plus importantes et donne parfois lieu à des **saetas**, brefs poèmes religieux chantés du haut d'un balcon.

semanal [sema'nal] *adj* hebdomadaire

semanario [sema'nario] *m* hebdomadaire *m*

sembrar [sem'brar] *vt* semer

semejante [seme'xante] *adj* **1.** *(parecido)* semblable **2.** *(tal)* pareil(eille) ◇ *m* semblable *m*

semejanza [seme'xanθa] *f* ressemblance *f*

semen ['semen] *m* sperme *m*

semestre [se'mestre] *m* semestre *m*

semidesnatado, da [semiðezna'taðo, ða] *adj* **1.** *(leche)* demi-écrémé(e) **2.** *(yogur)* à 50% de matières grasses

semidirecto, ta [semiði'rekto, ta] *adj* semi-direct(e)

semifinal [semifi'nal] *f* demi-finale *f*

semilla [se'miʎa] *f* graine *f*

sémola ['semola] *f* semoule *f*

Senado [se'naðo] *m* ● **el Senado** le Sénat

senador, ra [sena'ðor, ra] *m, f* sénateur *m*

sencillo, lla [sen'θiʎo, ʎa] *adj* simple ◇ *m* *(Amér)* *(monedas)* petite monnaie *f*

sendero [sen'dero] *m* sentier *m*

seno ['seno] *m* sein *m*

sensación [sensa'θion] *f* sensation *f* ● **causar sensación** faire sensation

sensacional [sensaθio'nal] *adj* sensationnel(elle)

sensacionalismo [sensaθiona'lizmo] *m* sensationnalisme *m*

sensacionalista [sensaθiona'lista] *adj* à sensation

sensato, ta [sen'sato, ta] *adj* sensé(e)

sensibilidad [sensiβili'ðað] *f* sensibilité *f*

sensible [sen'siβle] *adj* sensible

sensual [sensu'al] *adj* sensuel(elle)

sentado, da [sen'taðo, ða] *adj* réfléchi(e) ● **dar por sentado** considérer comme acquis

sentar [sen'tar] *vt* asseoir ◇ *vi* ● **sentar bien/mal a alguien** *(comida, bebida)* réussir/ne pas réussir à qqn ; *(ropa, zapatos, joyas)* aller bien/mal à qqn ; *(comentario, broma)* plaire/déplaire à qqn ◆ **sentarse** *vp* s'asseoir

sentencia [sen'tenθja] *f* sentence *f*

sentenciar [senten'θjar] *vt* condamner

sentido [sen'tiðo] *m* **1.** sens *m* **2.** *(entendimiento)* raison *f* • **sentido común** sens commun • **un sin sentido** un non-sens

sentimental [sentimen'tal] *adj* sentimental(e)

sentimiento [senti'mjento] *m* **1.** sentiment *m* **2.** *(pena)* douleur *f*

sentir [sen'tir] *m* sentiment *m* ◇ *vt* **1.** *(percibir, apreciar)* sentir **2.** *(alegría, tristeza)* éprouver **3.** *(miedo, dolor)* avoir **4.** *(lamentar)* regretter • **lo siento** *(disculpa)* je suis désolé(e) ; *(pésame)* toutes mes condoléances ◆ **sentirse** *vp* se sentir • **sentirse bien/mal** se sentir bien/mal

seña ['seɲa] *f* signe *m* ◆ **señas** *fpl* **1.** *(dirección)* adresse *f*, coordonnées *fpl* **2.** *(características)* signes *mpl* • **señas personales** *(rasgos físicos)* signes particuliers • **dar las señas a alguien** donner o laisser ses coordonnées à qqn • **pedir las señas a alguien** prendre les coordonnées de qqn

Dar las señas oralmente

Al dar oralmente las señas, primero se indica el número y luego el nombre de la calle, plaza o tipo de vía, el código postal y la ciudad. El teléfono se da por grupos de dos cifras (los ceros aparte), por ejemplo *01 44 39 70 51* se dirá *zéro un - quarante-quatre - trente-neuf - soixante-dix - cinquante et un.*

Los franceses precisan a menudo el código que permite entrar en el edificio; una vez dentro, es frecuente que haya un segundo código o bien un interfono. En París es también usual dar el nombre de la estación de metro más cercana.

Dar las señas por escrito

Al dar las señas por escrito, primero se indica el nombre y apellido(s); en un contexto profesional se precisará la función en la empresa, el nombre de la empresa y el departamento. A continuación, la dirección completa, como en un sobre: el número, el nombre de la calle, plaza o tipo de vía, el código postal precedido de F y luego la ciudad (por ejemplo, F-75000 PARIS); las empresas tienen a veces un *Cedex*, un código de correo de empresa con reparto especial. Luego vienen el número de teléfono y de fax. Por último, el correo electrónico; a veces también se da la dirección de la página web de la empresa o de la página personal.

señal [se'ɲal] *f* **1.** *(signo, indicio)* signe *m* **2.** *(aviso, orden)* signal *m* **3.** *(de teléfono)* tonalité *f* **4.** *(huella)* trace *f* **5.** *(cicatriz)* marque *f* **6.** *(fianza)* acompte *m* • **señal de tráfico** panneau *m* de signalisation

señalado, da [seɲa'laðo, ða] *adj* important(e)

señalar [seɲa'lar] *vt* **1.** *(poner marca, nombrar)* signaler **2.** *(con la mano, dedo)* montrer **3.** *(ser indicio de)* indiquer **4.** *(lugar, precio, fecha)* fixer

señor, ra [se'ɲor, ra] *adj (fam) (gran)* beau (belle) ◇ *m* **1.** monsieur *m* **2.** *(caballero)* gentleman *m* **3.** *(dueño)* maître *m* ▾ **Muy señor mío:** *(en carta)* Cher Monsieur,

señora [se'ɲora] *f* **1.** dame *f* **2.** *(tratamiento)* madame *f* **3.** *(esposa)* femme *f* **4.** *(dueña)* maîtresse *f* ▾ **Muy señora mía:** *(en carta)* Chère Madame,

señorita [seɲo'rita] *f* **1.** *(tratamiento)* mademoiselle *f* **2.** *(mujer soltera)* demoiselle *f* **3.** *(maestra)* maîtresse *f*

señorito, ta [seɲo'rito, ta] *adj (despec)* • **es muy señorito** *(refinado)* il aime bien se faire servir ◇ *m (hijo del amo)* fils *m* de la famille

separación [separa'θjon] *f* **1.** séparation *f* **2.** *(espacio, distancia)* écart *m*

separado, da [sepa'raðo, ða] *adj* séparé(e)

separar [sepa'rar] *vt* **1.** séparer **2.** *(apartar)* éloigner **3.** *(reservar)* mettre de côté **4.** *(distinguir)* distinguer ◆ **separarse** *vp* se séparer

sepia ['sepja] *f* seiche *f* • **sepia a la plancha** seiche grillée

septentrional [septentrjo'nal] *adj* septentrional(e)

septiembre [sep'tjembre] = **setiembre**

séptimo, ma ['septimo, ma] *adj & m, f* septième ◇ *m (fracción)* septième *m* • **el séptimo** le septième • **la séptima** la septième • **capítulo séptimo** chapitre sept • **el séptimo día** le septième jour • **en séptimo lugar** o **en séptima posición** en septième position • **la séptima parte** un septième

sepulcro [se'pulkro] *m* tombeau *m*

sequía [se'kia] *f* sécheresse *f*

ser ['ser] *m* être *m* • **ser humano/vivo** être humain/vivant
◇ *v aux (forma la voz pasiva)* être • **fue visto por un testigo** il a été vu par un témoin
◇ *v cop* être • **mi abrigo es rojo** mon manteau est rouge • **son estudiantes** ils sont étudiants • **el gato es un mamífero** le chat est un mammifère • **eres como tu padre** tu es comme ton père
◇ *vi*
1. *(haber, existir)* être • **ser o no ser** être ou ne pas être • **¿cuánto es?** c'est combien ? • **hoy es martes** aujourd'hui on est mardi • **hoy es San José** aujourd'hui c'est la Saint-Joseph • **¿qué hora es?** quelle heure est-il ? • **son las tres de la tarde** il est trois heures de l'après-midi
2. *(suceder, ocurrir)* avoir lieu • **el eclipse fue ayer** l'éclipse a eu lieu hier
3. *(causar)* • **el negocio fue su ruina** cette affaire a causé sa perte
4. *(en locuciones)* • **a no ser que** à moins que • **como sea** coûte que coûte • **o sea** c'est-à-dire
◇ *v impers (expresión de tiempo)* • **es de día/de noche** il fait jour/nuit • **es muy tarde** il est très tard
◆ **ser de** *v prep*
1. *(estar hecho de)* être en
2. *(ser originario de)* être de
3. *(pertenecer a)* être à
4. *(formar parte de)* être membre de

◆ **ser para** *v prep (servir para, ser adecuado para)* ● **este trapo es para limpiar los cristales** ce chiffon sert à nettoyer les vitres ● **este libro no es para los niños** ce n'est pas un livre pour les enfants

serenar [sere'nar] *vt* apaiser ◆ **serenarse** *vp* **1.** se calmer **2.** *(tiempo)* s'améliorer

serenidad [sereni'ðað] *f* sérénité *f*

sereno, na [se'reno, na] *adj* **1.** *(persona)* serein(e) **2.** *(tiempo)* clair(e) **3.** *(mar)* calme

serie ['serie] *f* série *f*

seriedad [serie'ðað] *f* sérieux *m*

serio, ria ['serio, ria] *adj* **1.** sérieux(euse) **2.** *(sin adornos)* strict(e) ● **en serio** sérieusement ● **ir en serio** *(asunto, declaración)* être sérieux(euse) ; *(suj: novios)* entretenir une relation sérieuse ● **tomar en serio** prendre au sérieux

sermón [ser'mon] *m* sermon *m*

serpentina [serpen'tina] *f* serpentin *m*

serpiente [ser'piente] *f* serpent *m*

serrar [se'rar] *vt* scier

serrín [se'rin] *m* sciure *f*

servicio [ser'βiθio] *m* **1.** service *m* **2.** *(criados)* domestiques *mpl* ● **servicio a domicilio** (service de) livraison *f* à domicile ● **servicio militar** service militaire ● **servicio posventa** service après-vente ● **servicio público** service public ● **servicio de urgencias** service des urgences ● **estar de servicio** être de service ◆ **servicios** *mpl (aseos)* toilettes *fpl*

servidor [serβi'ðor] *m INFORM* serveur *m*

servidumbre [serβi'ðumbre] *f (criados)* domestiques *mpl*

servilleta [serβi'ʎeta] *f* serviette *f* (de table)

servir [ser'βir] *vt* **1.** servir **2.** *(ser útil a)* être utile à ◇ *vi* servir ◆ **servir de** *v prep* servir à ◆ **servirse** *vp* se servir ▼ **sírvase usted mismo** servez-vous ◆ **servirse de** *v prep* se servir de

sesenta [se'senta] *núm* soixante

sesión [se'sion] *f* **1.** séance *f* **2.** *(de teatro)* représentation *f*

sesos ['sesos] *mpl* **1.** *(de animal)* cervelle *f* **2.** *(fam) (de persona)* jugeote *f*

seta ['seta] *f* champignon *m* ● **setas al ajillo/con gambas** champignons à l'ail/aux crevettes

setecientos, tas [sete'θientos, tas] *núm* sept cents

setenta [se'tenta] *núm* soixante-dix

setiembre [se'tiembre] *m* septembre *m* ● **a principios/finales de setiembre** début/fin septembre ● **a mediados de setiembre** à la mi-septembre ● **el pasado/próximo (mes de) setiembre** en septembre dernier/prochain ● **en setiembre** en septembre ● **este (mes de) setiembre** *(pasado)* en septembre dernier ; *(próximo)* en septembre prochain ● **para setiembre** en septembre ● **uno de los setiembres más lluviosos** l'un des mois de septembre les plus pluvieux ● **el nueve de setiembre** le neuf septembre

seto ['seto] *m* haie *f*

severidad [seβeri'ðað] *f* sévérité *f*

severo, ra [se'βero, ra] *adj* sévère

Sevilla [se'βiʎa] *s* Séville

sevillanas [seβi'ʎanas] *fpl* 1. *(baile) danse populaire andalouse* 2. *(música) musique populaire andalouse*
sexismo [sek'sizmo] *m* sexisme *m*
sexista [sek'sista] *mf* sexiste *mf*
sexo ['sekso] *m* sexe *m*
sexto, ta ['seksto, ta] *adj & m, f* sixième ◇ *m (fracción)* sixième *m* • **el sexto** le sixième • **la sexta** la sixième • **capítulo sexto** chapitre six • **el sexto día** le sixième jour • **en sexto lugar** o **en sexta posición** en sixième position • **la sexta parte** un sixième
sexual [seksu'al] *adj* sexuel(elle)
sexualidad [seksu̯ali'ðað] *f* sexualité *f*
shorts ['tʃors] *mpl* short *m*
show ['tʃow] *m* show *m*
si [si] *conj* si • **si viene él yo me voy** s'il vient je m'en vais • **me pregunto si lo sabe** je me demande s'il le sait
sí ['si] (*pl* **síes** ['sies]) *adv* 1. *(afirmación)* oui 2. *(tras pregunta negativa)* si ◇ *pron* 1. *(él)* lui 2. *(ella)* elle 3. *(ellos)* eux 4. *(ellas)* elles 5. *(usted, ustedes)* vous ◇ *m* oui *m* • **¿vendrás? - sí** tu viendras ? - oui • **¿no vendrás? - sí** tu ne viendras pas ? - si • **cuándo uno piensa en sí mismo** quand on pense à soi • **dar el sí** donner son approbation
sida ['siða] *m* sida *m*
sidra ['siðra] *f* cidre *m*
siega ['si̯eɣa] *f* moisson *f*
siembra ['si̯embra] *f* semailles *fpl*
siempre ['si̯empre] *adv* 1. toujours 2. *(Amér) (con toda seguridad)* vraiment • **desde siempre** depuis toujours
sien ['si̯en] *f* tempe *f*
sierra ['si̯era] *f* 1. *(herramienta)* scie *f* 2. *(de montañas)* chaîne *f*
siesta ['si̯esta] *f* sieste *f* • **echar una siesta** faire la sieste
siete ['si̯ete] *adj inv & m* sept ◇ *mpl* sept ◇ *fpl* • **las siete** sept heures • **doscientos siete** deux cent sept • **treinta y siete** trente-sept • **de siete en siete** sept par sept • **empatados a siete** sept partout • **los siete** les sept • **siete a cero** sept à zéro ◇ *f* • **¡la gran siete!** *(Amér) (fam) (admiración)* ouah ! ; *(enfado)* purée !
sifón [si'fon] *m* 1. *(botella)* siphon *m* 2. *(agua con gas)* eau *f* de Seltz
sigla ['siɣla] *f* sigle *f*
siglo ['siɣlo] *m* siècle *m* • **hace un siglo que no la he visto** *(fam)* ça fait des siècles que je ne l'ai pas vue
significado [siɣnifi'kaðo] *m* signification *f*
significar [siɣnifi'kar] *vt* signifier
significativo, va [siɣnifika'tiβo, βa] *adj* 1. *(con significado)* significatif(ive) 2. *(importante, destacado)* important(e)
signo ['siɣno] *m* signe *m* • **signo de admiración/de interrogación** point *m* d'exclamation/d'interrogation
siguiente [si'ɣi̯ente] *adj & mf* suivant(e) • **¡el siguiente!** au suivant !
sílaba ['silaβa] *f* syllabe *f*
silbar [sil'βar] *vi & vt* siffler
silbato [sil'βato] *m* sifflet *m*
silbido [sil'βiðo] *m* sifflement *m*
silenciador [silenθi̯a'ðor] *m* silencieux *m*
silencio [si'lenθi̯o] *m* silence *m*

silenciosamente [silen̦θi̯osa'mente] *adv* silencieusement
silencioso, sa [silen'θi̯oso, sa] *adj* silencieux(euse)
silicona [sili'kona] *f* silicone *f*
silla ['siʎa] *f* chaise *f* • **silla de ruedas** fauteuil *m* roulant
sillín [si'ʎin] *m* selle *f (de bicyclette etc)*
sillón [si'ʎon] *m* fauteuil *m*
silueta [si'lu̯eta] *f* silhouette *f*
silvestre [sil'βestre] *adj (planta)* sauvage
símbolo ['simbolo] *m* symbole *m*
simétrico, ca [si'metriko, ka] *adj* symétrique
similar [simi'lar] *adj* semblable
similitud [simili'tuð] *f* similitude *f*
simpatía [simpa'tia] *f* sympathie *f*
simpático, ca [sim'patiko, ka] *adj* sympathique
simpatizante [simpati'θante] *mf* sympathisant *m*, -e *f*
simpatizar [simpati'θar] *vi* sympathiser ◆ **simpatizar con** *v prep* sympathiser avec
simple ['simple] *adj* **1.** simple **2.** *(ingenuo)* simplet(ette) ◇ *m (en tenis, ping-pong)* simple *m*
simplicidad [simpliθi'ðað] *f* **1.** *(sencillez)* simplicité *f* **2.** *(ingenuidad)* naïveté *f*
simular [simu'lar] *vt* simuler
simultáneo, a [simul'taneo, a] *adj* simultané(e)
sin [sin] *prep* sans
sinagoga [sina'ɣoɣa] *f* synagogue *f*
sinceridad [sinθeri'ðað] *f* sincérité *f*
sincero, ra [sin'θero, ra] *adj* sincère
sincronizar [sinkroni'θar] *vt* synchroniser
sindicato [sindi'kato] *m* syndicat *m*
sinfonía [sinfo'nia] *f* symphonie *f*
sinfónico, ca [sin'foniko, ka] *adj* symphonique
singular [singu'lar] *adj* **1.** singulier(ère) **2.** *(único)* unique ◇ *m* singulier *m*
siniestro, tra [si'ni̯estro, tra] *adj* sinistre
sinnúmero [sin'numero] *m* • **un sinnúmero de** une foule de
sino [sino] *conj* **1.** *(para contraponer)* mais **2.** *(excepto)* sauf • **no es azul, sino verde** ce n'est pas bleu, mais vert • **nadie lo sabe sino él** personne ne le sait sauf lui • **no quiero sino que se haga justicia** je veux seulement que justice soit faite
sinónimo [si'nonimo] *m* synonyme *m*
síntesis ['sintesis] *f inv* synthèse *f*
sintético, ca [sin'tetiko, ka] *adj* synthétique
sintetizador [sintetiθa'ðor] *m* synthétiseur *m*
síntoma ['sintoma] *m* symptôme *m*
sintonía [sinto'nia] *f* **1.** *(música)* indicatif *m* **2.** *(de estación de radio)* fréquence *f*
sintonizar [sintoni'θar] *vt* • **sintoniza Radio Joven** *(busca)* mets Radio Joven ; *(escucha)* vous écoutez Radio Joven
sinvergüenza [simber'ɣu̯enθa] *mf* **1.** *(descarado)* effronté *m*, -e *f* **2.** *(estafador)* crapule *f*
siquiera [si'ki̯era] *adv* au moins • **dime siquiera su nombre** dis-moi au moins son nom • **ni siquiera** même pas • **ni siquiera me saludó** il ne m'a même pas dit bonjour

sirena [si'rena] *f* sirène *f*

sirviente, ta [sir'βjente, ta] *m, f* domestique *mf*

sistema [sis'tema] *m* système *m* • **por sistema** systématiquement • **sistema operativo** système d'exploitation

El sistema educativo

Le système éducatif espagnol comprend deux niveaux : le primaire et le secondaire. Les enfants entrent à l'école primaire ou **educación primaria** à l'âge de 6 ans puis suivent le cursus secondaire, **educación secundaria obligatoria**, à partir de l'âge de 12 ans. En Espagne, les élèves qui optent pour un cycle long choisissent à 16 ans le **bachillerato**, qui dure deux ans. Ensuite, pour pouvoir entrer à l'université, il leur faut passer une série d'examens. Au Mexique, les trois années précédant l'entrée à l'université sont appelées **preparatoria**.

sitiar [si'tjar] *vt* assiéger

sitio ['sitjo] *m* **1.** *(lugar)* endroit *m* **2.** *(asiento, espacio)* place *f* **3.** *(de ciudad, pueblo)* siège *m* **4.** *INFORM* site *m* **5.** *(Méx) (de taxis)* station *f* • **en otro sitio** ailleurs • **hacer sitio** faire de la place

situación [situa'θjon] *f* situation *f*

situar [situ'ar] *vt* **1.** *(colocar)* placer **2.** *(localizar)* situer • **situarse** *vp* **1.** se placer **2.** *(enriquecerse)* se faire une situation

SL ['ese'ele] *f* (*abr de sociedad limitada*) SARL *f (société à responsabilité limitée)*

SM (*abr escrita de Su Majestad*) SM *(Sa Majesté)*

SMS ['ese'eme'ese] (*abr de Short Message System*) *m* SMS *m* • **enviar un SMS** envoyer un SMS

sobaco [so'βako] *m* aisselle *f*

sobado, da [so'βaðo, ða] *adj* **1.** *(ropa, tejido)* élimé(e) **2.** *(fig)* *(tema, argumento)* éculé(e)

soberbia [so'βerβja] *f* orgueil *m*

soberbio, bia [so'βerβjo, βja] *adj* **1.** *(arrogante)* orgueilleux(euse) **2.** *(fig)* *(magnífico)* superbe

soborno [so'βorno] *m* corruption *f*

sobrar [so'βrar] *vi* **1.** rester **2.** *(estar de más)* être de trop • **nos sobra comida** il nous reste à manger

sobras ['soβras] *fpl (de comida)* restes *mpl*

sobrasada [soβra'saða] *f saucisson pimenté typique de Majorque*

[1]**sobre** ['soβre] *m* enveloppe *f*

Las señas en un sobre

Al escribir a una empresa o en un contexto formal, el apellido va precedido de *Monsieur* o *Madame*; entre amigos o familiares se ponen simplemente el nombre y el apellido. A continuación se indica el nombre de la empresa y la dirección completa: primero el número y luego el nombre de la calle, plaza o tipo de vía, que a menudo se suele abreviar *bd (boulevard)* y *av.* (*avenue*). El nombre de la ciudad se escribe preferentemente en mayúsculas y sin acentos. Las empresas dan también a veces un *Cedex*, un código de correo de empresa con reparto especial. Si el destinatario vive en casa de alguien, después de su nombre y apellido(s) se indica *c/o* seguido del nombre y apellido(s) de la persona en casa de la cual esta persona se aloja.

[2]**sobre** ['soβre] *prep* **1.** sur • **el libro estaba sobre la mesa** le livre était sur la table • **un libro sobre el amor** un livre sur l'amour • **sobre todo** surtout **2.** *(por encima de)* au-dessus de • **el pato vuela sobre el lago** le canard vole au-dessus du lac **3.** *(superioridad)* • **su opinión está sobre la de los demás** son opinion fait autorité sur celle des autres **4.** *(alrededor)* vers • **llegaron sobre las diez** ils sont arrivés vers dix heures

sobreático [soβre'atiko] *m* *(piso)* ≃ chambre *f* de bonne

sobrecarga [soβre'karɣa] *f* surcharge *f*

sobredosis [soβre'ðosis] *f inv* overdose *f*

sobrehumano, na [soβreu̯'mano, na] *adj* surhumain(e)

sobremesa [soβre'mesa] *f* *temps passé à bavarder à table après le repas* • **de sobremesa** *(programación)* de l'après-midi

sobrenombre [soβre'nombre] *m* surnom *m*

sobrepasar [soβrepa'sar] *vt* dépasser

sobreponer [soβrepo'ner] *vt* superposer ◆ **sobreponerse a** *v prep (no dejarse abatir por)* surmonter

sobrepuesto, ta [soβre'pu̯esto, ta] *pp* ➤ **sobreponer**

sobresaliente [soβresa'li̯ente] *adj* remarquable ◇ *m (calificación)* mention *f* très bien

sobresalir [soβresa'lir] *vi* **1.** *(en tamaño)* dépasser **2.** *(en importancia)* se distinguer

sobresalto [soβre'salto] *m* sursaut *m*

sobrevivir [soβreβi'βir] *vi* survivre

sobrevolar [soβreβo'lar] *vt* survoler

sobrino, na [so'βrino, na] *m, f* neveu *m*, nièce *f*

sobrio, bria ['soβri̯o, βri̯a] *adj* sobre

sociable [so'θi̯aβle] *adj* sociable

social [so'θi̯al] *adj* social(e)

socialista [soθi̯a'lista] *mf* socialiste *mf*

sociedad [soθi̯e'ðað] *f* société *f*

socio, cia ['soθi̯o, θi̯a] *m, f* **1.** *(de club, asociación)* membre *m* **2.** *(de negocio)* associé *m*, -e *f*

sociología [soθi̯olo'xia] *f* sociologie *f*

sociólogo, ga [so'θi̯oloɣo, ɣa] *m, f* sociologue *mf*

socorrer [soko'rer] *vt* secourir

socorrismo [soko'rizmo] *m* secourisme *m*

socorrista [soko'rista] *mf* secouriste *mf*

socorro [so'koro] *m* secours *m* ◇ *interj* au secours !

soda ['soða] *f* soda *m*

sofá [so'fa] *m* canapé *m*

sofisticado, da [sofisti'kaðo, ða] *adj* sophistiqué(e)

sofocante [sofo'kante] *adj (calor, ambiente)* étouffant(e)

sofoco [so'foko] *m* **1.** *(ahogo)* étouffement *m* **2.** *(fig) (vergüenza)* honte *f* • **llevarse un sofoco** être vert(e) de rage

sofrito [so'frito] *m friture d'oignons et de tomates*

software ['softgu̯er] *m* logiciel *m*

sol ['sol] *m* **1.** soleil *m* **2.** *(de plaza de toros) place côté soleil dans l'arène*

solamente [ˌsola'mente] *adv* seulement • **lo hizo solamente para ayudarme** il ne l'a fait que pour m'aider

solapa [so'lapa] *f* **1.** *(de vestido, chaqueta)* revers *m* **2.** *(de libro)* rabat *m*

solar [so'lar] *adj (del sol)* solaire ◇ *m (terreno)* terrain *m* vague

solárium [so'lari̯um] *m* solarium *m*

soldado [sol'daðo] *m* soldat *m*

soldador, ra [solda'ðor, ra] *m (herramienta)* fer *m* à souder

soldar [sol'dar] *vt* souder

soleado, da [sole'aðo, ða] *adj* ensoleillé(e)

soledad [sole'ðað] *f* solitude *f*

solemne [so'lemne] *adj* **1.** solennel(elle) **2.** *(fig) (grande)* grandiose

solemnidad [solemni'ðað] *f* solennité *f*

soler [so'ler] *vi* • **suele cenar tarde** en général il dîne tard • **aquí suele hacer mucho frío** il fait généralement très froid ici

solfeo [sol'feo] *m* solfège *m*

solicitar [soliθi'tar] *vt* demander

solicitud [soliθi'tuð] *f* demande *f*

solidaridad [soliðari'ðað] *f* solidarité *f*

sólido, da ['soliðo, ða] *adj* solide ◇ *m* solide *m*

solista [so'lista] *mf* soliste *mf*

solitario, ria [soli'tari̯o, ri̯a] *adj & m, f* solitaire ◇ *m* **1.** *(joya)* solitaire *m* **2.** *(juego)* réussite *f*

sollozar [soʎo'θar] *vi* sangloter

sollozo [so'ʎoθo] *m* sanglot *m*

solo, la ['solo, la] *adj* seul(e) • **un café solo** un café noir • **a solas** tout seul (toute seule)

sólo ['solo] *adv* seulement

solomillo [solo'miʎo] *m* filet *m* • **solomillo a la parrilla** filet grillé

soltar [sol'tar] *vt* **1.** lâcher **2.** *(dejar libre)* libérer **3.** *(aflojar)* desserrer **4.** *(lanzar)* lancer • **soltar un estornudo** éternuer

soltero, ra [sol'tero, ra] *adj & m, f* célibataire

solterón, ona [solte'ron, ona] *m, f* vieux garçon *m*, vieille fille *f*

soltura [sol'tura] *f* aisance *f* • **con soltura** avec aisance

solución [solu'θi̯on] *f* solution *f*

solucionar [soluθi̯o'nar] *vt* résoudre

solvente [sol'βente] *adj* solvable

sombra ['sombra] *f* **1.** ombre *f* **2.** *(de plaza de toros) place côté ombre dans l'arène* • **a la sombra** à l'ombre • **dar sombra** donner de l'ombre

sombrero [som'brero] *m* chapeau *m*

sombrilla [som'briʎa] *f* parasol *m*

someter [some'ter] *vt* soumettre • **someter a alguien a algo** soumettre qqn à qqch • **someterse** *vp* se soumettre

somier [so'mi̯er] *m* sommier *m*

somnífero [som'nifero] *m* somnifère *m*

sonajero [sona'xero] *m* hochet *m*

sonar [so'nar] *vi* **1.** *(teléfono, timbre)* sonner **2.** *(ser conocido)* dire quelque chose **3.** *(letra)* se prononcer • **su nombre me suena** son nom me dit quelque chose ◆ **sonar a** *v prep (parecer)* avoir l'air • **suena a verdad** cela a l'air d'être vrai ◆ **sonarse** *vp (nariz)* se moucher

sonido [so'niðo] *m* son *m*

sonoro, ra [so'noro, ra] *adj* sonore

sonreír [sonre'ir] *vi* sourire ◆ **sonreírse** *vp* sourire

sonriente [sonri'ente] *adj* souriant(e)

sonrisa [son'risa] *f* sourire *m*

sonrojarse [sonro'xarse] *vp* rougir

sonso, sa [sonso, sa] *adj (Amér) (fam)* crétin(e)

soñar [so'ɲar] *vi & vt* rêver ◆ **soñar con** *v prep* rêver de

sopa ['sopa] *f* soupe *f* • **sopa de ajo** potage *m* à l'ail • **sopa de cebolla** soupe à l'oignon • **sopa de marisco/de pescado** soupe de fruits de mer/de poisson

sopera [so'pera] *f* soupière *f*

soplar [so'plar] *vi* souffler ◇ *vt* **1.** *(aire, polvo, migas)* souffler sur **2.** *(fig) (respuesta)* souffler

soplete [so'plete] *m* chalumeau *m*

soplido [so'pliðo] *m* souffle *m*

soplo ['soplo] *m* **1.** souffle *m* **2.** *(fam) (chivatazo)* tuyau *m*

soportal [sopor'tal] *m* porche *m* ◆ **soportales** *mpl* arcades *fpl*

soportar [sopor'tar] *vt* supporter

soporte [so'porte] *m* support *m*

soprano [so'prano] *mf* soprano *mf*

sorber [sor'βer] *vt* **1.** *(beber)* boire **2.** *(haciendo ruido)* boire en aspirant **3.** *(tragar)* absorber

sorbete [sor'βete] *m* sorbet *m* • **sorbete de frambuesa/de limón** sorbet à la framboise/au citron

sordo, da ['sorðo, ða] *adj & m, f* sourd(e)

sordomudo, da [sorðo'muðo, ða] *m, f* sourd-muet *m*, sourde-muette *f*

soroche [so'rotʃe] *m (Andes)* mal *m* des montagnes

sorprendente [sorpren'dente] *adj* surprenant(e)

sorprender [sorpren'der] *vt* surprendre ◆ **sorprenderse** *vp* être surpris(e)

sorpresa [sor'presa] *f* surprise *f* • **por sorpresa** par surprise

sorpresivo, va [sorpre'siβo, βa] *adj (Amér)* inattendu(e)

sortear [sorte'ar] *vt* **1.** *(rifar)* tirer au sort **2.** *(fig) (obstáculo)* éviter **3.** *(fig) (dificultad)* esquiver

sorteo [sor'teo] *m* tirage *m* au sort

sortija [sor'tixa] *f* bague *f*

SOS ['ese'o'ese] *m* SOS *m*

sosiego [so'sjeγo] *m* calme *m*

soso, sa ['soso, sa] *adj* **1.** *(comida, alimento)* fade **2.** *(persona)* insipide

sospechar [sospe'tʃar] *vt* soupçonner ◆ **sospechar de** *v prep* • **sospechan de él** ils le soupçonnent

sospechoso, sa [sospe'tʃoso, sa] *adj & m, f* suspect(e)

sostén [sos'ten] *m* **1.** *(apoyo)* soutien *m* **2.** *(prenda femenina)* soutien-gorge *m*

sostener [soste'ner] *vt* **1.** soutenir **2.** *(mantener, alimentar)* entretenir ◆ **sostenerse** *vp* **1.** *(sujetarse)* se tenir **2.** *(tenerse en pie)* tenir debout

sostenible [soste'niβle] *adj* **1.** *(crecimiento, desarrollo)* durable ● **el desarrollo sostenible** le développement durable **2.** *(teoría, razonamiento)* soutenable

sota ['sota] *f (en naipes)* ≃ valet *m*

sotana [so'tana] *f* soutane *f*

sótano ['sotano] *m* sous-sol *m*

squash [es'kuaʃ] *m* squash *m*

Sr. (*abr escrita de señor*) M *(Monsieur)*

Sra. (*abr escrita de señora*) Mme *(Madame)*

Sres. (*abr escrita de señores*) MM *(Messieurs)*

Srta. (*abr escrita de señorita*) Mlle *(Mademoiselle)*

SSMM (*abr escrita de Sus Majestades*) Leurs Majestés

Sta. (*abr escrita de santa*) Ste *(sainte)*

Sto. (*abr escrita de santo*) St *(saint)*

stop [es'top] *m* stop *m*

su [su] (*pl* **sus** [sus]) *adj* **1.** *(de él, ella)* son, sa **2.** *(de ellos, ellas)* leur **3.** *(de usted, ustedes)* votre ● **sus libros** *(de él, ella)* ses livres ; *(de ellos, ellas)* leurs livres ; *(de usted, ustedes)* vos livres

suave ['suaβe] *adj* doux (douce)

suavidad [suaβi'ðað] *f* douceur *f*

suavizante [suaβi'θante] *m* adoucissant *m*

subasta [su'βasta] *f* vente *f* aux enchères

subcampeón, ona [suβkampe'on, 'ona] *m, f* second *m*, -e *f*

subconsciente [suβkons'θjente] *m* subconscient *m*

subdesarrollado, da [suβðesaro'ʎaðo, ða] *adj* sous-développé(e)

subdesarrollo [suβðesa'roʎo] *m* sous-développement *m*

subdirector, ra [suβðirek'tor, ra] *m, f* sous-directeur *m*, -trice *f*

subdirectorio [suβðirek'torjo] *m INFORM* sous-répertoire *m*

súbdito, ta ['suβðito, ta] *m, f* **1.** *(de rey)* sujet *m*, -ette *f* **2.** *(de país)* ressortissant *m*, -e *f*

subida [su'βiða] *f* **1.** *(ascensión)* ascension *f* **2.** *(pendiente, cuesta)* montée *f* **3.** *(de precios, temperatura)* hausse *f*

subir [su'βir] *vt* **1.** monter **2.** *(precio)* augmenter **3.** *(voz)* élever **4.** *(persiana, ventanilla)* remonter ◇ *vi* monter ● **subió de subdirector a director** il est passé de sous-directeur à directeur ◆ **subir a** *v prep* **1.** *(piso)* monter à **2.** *(montaña)* faire l'ascension de **3.** *(avión, coche)* monter dans **4.** *(cuenta, factura)* s'élever à

súbito, ta ['suβito, ta] *adj* soudain(e)

subjetivo, va [suβxe'tiβo, βa] *adj* subjectif(ive)

subjuntivo [suβxun'tiβo] *m* subjonctif *m*

sublevar [suβle'βar] *vt* révolter ◆ **sublevarse** *vp (contra la autoridad)* se soulever

sublime [su'βlime] *adj* sublime

submarinismo [suβmari'nizmo] *m* plongée *f* sous-marine

submarinista [suβmari'nista] *mf* plongeur *m*, -euse *f*

submarino [suβma'rino] *m* sous-marin *m*
subrayar [suβra'jar] *vt* souligner
subsidio [suβ'siðjo] *m* subvention *f*
subsistencia [suβsis'tenθja] *f* subsistance *f*
subsuelo [suβ'suelo] *m* sous-sol *m*
subterráneo, a [suβte'raneo, a] *adj* souterrain(e) ◇ *m* souterrain *m*
subtitulado, da [suβtitu'laðo, ða] *adj* sous-titré(e)
subtítulo [suβ'titulo] *m* sous-titre *m*
suburbio [su'βurβjo] *m* banlieue *f* défavorisée
subvención [suββen'θjon] *f* subvention *f*
sucedáneo [suθe'ðaneo] *m* succédané *m*
suceder [suθe'ðer] *v impers* arriver • **¿qué le sucede?** qu'est-ce qu'il vous arrive ? ◆ **suceder a** *v prep* succéder à
sucesión [suθe'sjon] *f* **1.** succession *f* **2.** *(descendencia)* descendance *f*
sucesivo, va [suθe'siβo, βa] *adj* **1.** *(consecutivo)* successif(ive) **2.** *(siguiente)* suivant(e) • **en lo sucesivo** à l'avenir
suceso [su'θeso] *m* événement *m*
sucesor, ra [suθe'sor, ra] *m, f* successeur *m*
suciedad [suθje'ðað] *f* saleté *f*
sucio, cia ['suθjo, θja] *adj* **1.** sale **2.** *(que puede ensuciarse)* salissant(e) ◇ *adv* • **jugar sucio** tricher
suculento, ta [suku'lento, ta] *adj* succulent(e)
sucumbir [sukum'bir] *vi* succomber
sucursal [sukur'sal] *f* succursale *f*
sudaca [su'ðaka] *mf (despec)* latino *mf*
sudadera [suða'ðera] *f* sweat-shirt *m*
sudado [su'ðaðo] *m (Amér)* ragoût *m*
Sudáfrica [su'ðafrika] *s* Afrique *f* du Sud
Sudamérica [suða'merika] *s* Amérique *f* du Sud
sudamericano, na [suðameri'kano, na] *adj* sud-américain(e) ◇ *m, f* Sud-Américain *m*, -e *f*
sudar [su'ðar] *vi* **1.** *(persona)* suer, transpirer **2.** *(pared, recipiente)* suinter **3.** *(fam) (trabajar mucho)* en baver
sudeste [su'ðeste] *m* sud-est *m*
sudoeste [suðo'este] *m* sud-ouest *m*
sudor [su'ðor] *m* sueur *f*, transpiration *f*
Suecia ['sueθja] *s* Suède *f*
sueco, ca ['sueko, ka] *adj* suédois(e) ◇ *m, f* Suédois *m*, -e *f* ◇ *m (lengua)* suédois *m*
suegro, gra ['sueɣro, ɣra] *m, f* beau-père *m (père du conjoint)*, belle-mère *f (mère du conjoint)* ◆ **suegros** *mpl* beaux-parents *mpl*
suela ['suela] *f* semelle *f*
sueldo ['sueldo] *m* salaire *m*
suelo ['suelo] *m* **1.** *(piso)* sol *m* **2.** *(terreno)* terrain *m* • **en el suelo** par terre
suelto, ta ['suelto, ta] *adj* **1.** détaché(e) **2.** *(ropa)* ample ◇ *m (dinero)* monnaie *f* • **la chaqueta y la falda se venden sueltas** la veste et la jupe sont vendues séparément
sueño ['sueɲo] *m* **1.** sommeil *m* **2.** *(fantasía, deseo)* rêve *m* • **coger el sueño** s'endormir
suero ['suero] *m* sérum *m*

suerte ['su̯erte] *f* **1.** *(fortuna)* chance *f* **2.** *(azar, casualidad)* hasard *m* **3.** *(destino)* sort *m* **4.** *(en el toreo) nom donné aux actions exécutées au cours des "tercios" ou étapes de la corrida* ◇ *interj* bonne chance ! ● **por suerte** par chance ● **tener suerte** avoir de la chance

suéter ['su̯eter] *m* pull *m*

suficiente [sufi'θi̯ente] *adj* suffisant(e) ◇ *m (calificación)* mention *f* passable

sufragio [su'fraxi̯o] *m* suffrage *m*

sufrido, da [su'friðo, ða] *adj* **1.** *(persona)* résigné(e) **2.** *(color)* peu salissant(e)

sufrimiento [sufri'mi̯ento] *m* souffrance *f*

sufrir [su'frir] *vt* **1.** *(accidente, caída)* être victime de **2.** *(persona)* supporter ◇ *vi* souffrir ◆ **sufrir de** *v prep* souffrir de

sugerencia [suxe'renθi̯a] *f* suggestion *f*

sugerir [suxe'rir] *vt* suggérer

suicidio [su̯i'θiðjo] *m* suicide *m*

suite ['su̯it] *f (de hotel)* suite *f*

Suiza ['su̯iθa] *s* Suisse *f*

suizo, za ['su̯iθo, θa] *adj* suisse ◇ *m, f* Suisse *mf* ◇ *m (bollo) sorte de petit pain au lait*

sujetador [suxeta'ðor] *m* (*Esp*) soutien-gorge *m*

sujetar [suxe'tar] *vt* **1.** *(agarrar)* tenir **2.** *(asegurar, aguantar)* maintenir ◆ **sujetarse a** o **de** *v prep (agarrarse)* se tenir à

sujeto, ta [su'xeto, ta] *adj (agarrado)* fixé(e) ◇ *m* **1.** sujet *m* **2.** (*despec*) *(individuo)* individu *m*

suma ['suma] *f* **1.** somme *f* **2.** *(operación matemática)* addition *f*

sumar [su'mar] *vt* additionner

sumario [su'mari̯o] *m* **1.** *(resumen)* sommaire *m* **2.** *(de juicio)* instruction *f*

sumergible [sumer'xiβle] *adj (reloj)* étanche

sumergirse [sumer'xirse] *vp* plonger

suministrar [suminis'trar] *vt* fournir

suministro [sumi'nistro] *m* **1.** *(acción)* fourniture *f* **2.** *(de agua, electricidad)* distribution *f* **3.** *(de víveres)* approvisionnement *m*

sumiso, sa [su'miso, sa] *adj* soumis(e)

súper ['super] *adj* (*fam*) super ◇ *m* (*fam*) supermarché *m* ◇ *f (gasolina)* super *m*

superación [supera'θi̯on] *f* dépassement *m*

superar [supe'rar] *vt* **1.** *(aventajar)* surpasser **2.** *(límite)* dépasser **3.** *(prueba, obstáculo)* surmonter ◆ **superarse** *vp* se surpasser

superficial [superfi'θi̯al] *adj* superficiel(elle)

superficie [super'fiθi̯e] *f* surface *f*

superfluo, flua [su'perflu̯o, flu̯a] *adj* superflu(e)

superior [supe'ri̯or] *adj* supérieur(e) ◇ *m (jefe)* supérieur *m* (hiérarchique) ● **superior a** supérieur(e) à

supermercado [supermer'kaðo] *m* supermarché *m*

superponer [superpo'ner] *vt* superposer

superstición [supersti'θi̯on] *f* superstition *f*

supersticioso, sa [supersti'θi̯oso, sa] *adj* superstitieux(euse)

superviviente [superβi'βi̯ente] *mf* survivant *m*, -e *f*

suplemento [suple'mento] *m* supplément *m*

suplente [su'plente] *adj* ● **un jugador suplente** un remplaçant ● **un médico suplente** un médecin remplaçant

supletorio, ria [suple'torjo] *adj* ● **cama supletoria** lit *m* supplémentaire ◇ *m (teléfono)* poste *m* supplémentaire

súplica ['suplika] *f (petición)* requête *f*

suplir [su'plir] *vt* **1.** *(falta, carencia)* compenser **2.** *(substituir)* remplacer

suponer [supo'ner] *vt* **1.** supposer **2.** *(conjeturar)* imaginer

suposición [suposi'θjon] *f* supposition *f*

supositorio [suposi'torjo] *m* suppositoire *m*

suprimir [supri'mir] *vt* supprimer

supuesto, ta [su'pwesto, ta] *pp* ➤ **suponer** ◇ *adj* **1.** *(falso)* prétendu(e) **2.** *(presunto)* présumé(e) ◇ *m* hypothèse *f* ● **por supuesto** bien sûr

sur ['sur] *m* sud *m*

surco ['surko] *m* **1.** sillon *m* **2.** *(en piel)* ride *f*

sureño, ña [su'reɲo, ɲa] *adj* du sud

surf ['surf] *m* surf *m*

surfear [surfe'ar] *vi* surfer

surfista [sur'fista] *mf* surfeur *m*, -euse *f*

surgir [sur'xir] *vi* **1.** surgir **2.** *(brotar)* jaillir

surtido, da [sur'tiðo, ða] *adj* approvisionné(e) ◇ *m* **1.** *(de prendas)* choix *m* **2.** *(de pastas)* assortiment *m*

surtidor [surti'ðor] *m* **1.** *(de agua)* jet *m* **2.** *(de gasolina)* pompe *f*

susceptible [susθep'tiβle] *adj* susceptible ● **susceptible de** susceptible de

suscribir [suskri'βir] *vt* **1.** *(escrito)* souscrire **2.** *(opinión)* souscrire à ◆ **suscribirse a** *v prep (publicación)* s'abonner à

suscripción [suskrip'θjon] *f* **1.** *(a una publicación)* abonnement *m* **2.** *(pago)* souscription *f*

suspender [suspen'der] *vt* **1.** suspendre **2.** *(examen)* rater ● **lo suspendieron en setiembre** il s'est fait recaler en septembre

suspense [sus'pense] *m (Esp)* suspense *m*

suspenso [sus'penso] *m note inférieure à la moyenne*

suspensores [suspen'sores] *mpl (Amér)* bretelles *fpl*

suspirar [suspi'rar] *vi* soupirer ◆ **suspirar por** *v prep* **1.** *(persona)* soupirer après **2.** *(coche, viaje)* avoir une folle envie de

suspiro [sus'piro] *m* soupir *m*

sustancia [sus'tanθja] *f* **1.** substance *f* **2.** *(de alimento)* consistance *f*

sustancial [sustan'θjal] *adj* substantiel(elle)

sustantivo [sustan'tiβo] *m* substantif *m*

sustituir [sustitu'ir] *vt* remplacer ● **sustituir algo/a alguien por** remplacer qqch/qqn par

susto ['susto] *m* peur *f* ● **¡qué susto!** quelle peur !

sustracción [sustrak'θjon] *f* **1.** *(robo)* vol *m* **2.** *(resta)* soustraction *f*

sustraer [sustra'er] *vt* **1.** *(robar)* subtiliser **2.** *(restar)* soustraire

susurrar [susu'rar] *vi & vt (persona)* chuchoter

suyo, ya ['sujo, ja] *adj* **1.** *(de él)* à lui **2.** *(de ella)* à elle **3.** *(de ellos)* à eux **4.** *(de ellas)* à elles **5.** *(de usted, ustedes)* à vous ◇ *pron* • **el suyo** *(de él, ella)* le sien ; *(de ellos, ellas)* le leur ; *(de usted, ustedes)* le vôtre • **la suya** *(de él, ella)* la sienne ; *(de ellos, ellas)* la leur ; *(de usted, ustedes)* la vôtre • **los suyos** *(de él, ella)* les siens ; *(de ellos, ellas)* les leurs ; *(de usted, ustedes)* les vôtres • **las suyas** *(de él, ella)* les siennes ; *(de ellos, ellas)* les leurs ; *(de usted, ustedes)* les vôtres • **lo suyo es la literatura** son truc, c'est la littérature • **un amigo suyo** *(de él, ella)* un de ses amis ; *(de ellos, ellas)* un de leurs amis ; *(de usted, ustedes)* un de vos amis • **los suyos** *(su familia)* les siens

tT

t (*abr escrita de tonelada*) t *(tonne)*
tabaco [ta'βako] *m* tabac *m* • **¿tienes tabaco?** tu as une cigarette ?
tábano ['taβano] *m* taon *m*
tabasco [ta'βasko] *m* tabasco *m*
taberna [ta'βerna] *f* bistrot *m*
tabique [ta'βike] *m* cloison *f*
tabla ['taβla] *f* **1.** planche *f* **2.** *(de metal)* plaque *f* **3.** *(esquema, gráfico) INFORM* tableau *m* **4.** *(lista, catálogo)* table *f* **5.** *(en arte)* panneau *m* • **tabla de multiplicar** table de multiplication • **tabla de planchar** planche à repasser ◆ **tablas** *fpl (escenario)* planches *fpl* • **quedar en tablas** o **hacer tablas** *(en ajedrez)* faire partie nulle
tablao [ta'βlao] *m* • **tablao flamenco** *représentation de flamenco dans un bar*
tablero [ta'βlero] *m* **1.** *(tabla)* panneau *m* **2.** *(de ajedrez)* échiquier *m* **3.** *(de damas)* damier *m*
tableta [ta'βleta] *f* **1.** *(de chocolate)* tablette *f* **2.** *(medicamento)* comprimé *m*
tablón [ta'βlon] *m* planche *f* • **tablón de anuncios** tableau *m* d'affichage
tabú [ta'βu] *m* tabou *m*
taburete [taβu'rete] *m* tabouret *m*
tacaño, ña [ta'kaɲo, ɲa] *adj* radin(e)
tachar [ta'tʃar] *vt (palabra, frase, número)* barrer
tacho ['tatʃo] *m (CSur)* poubelle *f*
tácito, ta ['taθito, ta] *adj* tacite
taco ['tako] *m* **1.** *(para pared)* taquet *m* **2.** *(de billar)* queue *f* **3.** *(de jamón, queso)* dé *m* **4.** *(de papel)* bloc *m* **5.** *(fam) (palabrota)* gros mot *m* **6.** *(fam) (lío)* embrouille *f* **7.** *(CAm & Méx) (tortilla)* taco *m*
tacón [ta'kon] *m* talon *m (de chaussure)*
tacto ['takto] *m* **1.** toucher *m* **2.** *(en el trato)* tact *m*
taekwondo [tae'kuondo] *m* taekwondo *m*
Taiwán [tai'wan] *s* Taiwan
tajada [ta'xaða] *f* **1.** *(de melón, sandía)* tranche *f* **2.** *(fam) (borrachera)* cuite *f*
tal ['tal] *adj* tel (telle) ◇ *pron* ceci, cela • **tal vez** peut-être • **me repitió lo mismo que ayer, y tal y cual...** il m'a répété la même chose qu'hier, ceci, cela...
taladradora [talaðra'ðora] *f* perceuse *f*

taladrar [tala'ðrar] *vt* percer
taladro [ta'laðro] *m* perceuse *f*
talco ['talko] *m* talc *m*
talento [ta'lento] *m* talent *m*
Talgo ['talɣo] *m* *train articulé doté d'essieux à écartement variable*
talla ['taʎa] *f* taille *f*
tallarines [taʎa'rines] *mpl* tagliatelles *fpl*
taller [ta'ʎer] *m* **1.** (*de trabajo manual*) atelier *m* **2.** (*de coches*) garage *m* (*de réparation de voitures*)
tallo ['taʎo] *m* (*de flor, planta*) tige *f*
talón [ta'lon] *m* **1.** (*de pie, calcetín*) talon *m* **2.** (*cheque*) chèque *m*
talonario [talo'narjo] *m* chéquier *m*
tamal [ta'mal] *m* (*CAm & Méx*) *petit pâté à base de viande et de farine de maïs enveloppé dans une feuille de bananier ou de maïs*
tamaño [ta'maɲo] *m* taille *f*
también [tam'bjen] *adv* aussi • **yo también** moi aussi • **también dijo que...** il a dit aussi que...
tambor [tam'bor] *m* **1.** tambour *m* **2.** (*de detergente*) baril *m*
tampoco [tam'poko] *adv* non plus • **yo tampoco** moi non plus • **si a ti no te gusta a mí tampoco** si ça ne te plaît pas, alors ça ne me plaît pas non plus
tampón [tam'pon] *m* tampon *m*
tan [tan] ➤ tanto
tanda ['tanda] *f* **1.** (*grupo*) groupe *m* **2.** (*serie*) série *f* **3.** (*turno*) tour *m*
tándem ['tandem] *m* (*bicicleta*) tandem *m*
tanga ['tanga] *m* string *m*
tango ['tango] *m* tango *m*
tanque ['tanke] *m* **1.** (*de guerra*) tank *m* **2.** (*vehículo cisterna*) citerne *f*
tanto, ta ['tanto, ta] (*delante de adj tan*) *adj* **1.** tant de, tellement de • **¡hay tantos libros!** il y a tant de livres ! • **tiene tantas ganas de irse que...** il a tellement envie de s'en aller que... • **es muy rico, ¡tiene tanto dinero!** il est très riche, il a tellement d'argent ! • **nos daban tantos euros al día** on nous donnait tant d'euros par jour • **tiene cincuenta y tantos años** elle a cinquante ans et quelques **2.** (*en comparaciones*) • **hay tantas peras como manzanas** il y a autant de poires que de pommes ◇ *pron* **1.** autant • **yo tengo muchas posibilidades, él no tantas** j'ai beaucoup de possibilités, il n'en a pas autant • **había mucha gente allí, aquí no tanta** il y avait beaucoup de monde là-bas, il n'y en avait pas autant ici **2.** (*cantidad indeterminada*) tant • **supongamos que vengan tantos** supposons qu'il en vienne tant • **a tantos de** (*mes*) le tant • **ser uno de tantos** être un parmi tant d'autres **3.** (*en locuciones*) • **eran las tantas** il était très tard • **llegaron a las tantas** ils sont arrivés très tard ◇ *adv* **1.** (*gran cantidad*) autant • **no me sirvas tanto** ne m'en sers pas autant • **come tanto que va a reventar** il mange tellement qu'il va éclater • **de eso hace tanto que...** il y a si longtemps de cela que... **2.** (*en comparaciones*) • **es tan alto como su padre** il est aussi grand que son père • **sabe tanto como yo** elle en sait autant que moi **3.** (*en locuciones*) • **por (lo) tanto**

par conséquent • **tanto (es así) que** tant et si bien que ◇ *m* **1.** *(punto)* point *m* • **consiguieron el tanto de la victoria** ils ont obtenu le point de la victoire • **marcar un tanto** marquer un point ; *(gol)* marquer un but **2.** *(cantidad indeterminada)* • **un tanto por hoja** tant par page • **tanto por ciento** pourcentage *m*

tapa ['tapa] *f* **1.** *(de recipiente)* couvercle *m* **2.** *(de libro)* couverture *f* **3.** *(de zapato)* talon *m* **4.** (*Esp*) *(de comida)* tapas *fpl* ▾ **tapas variadas** tapas variées

Las tapas

Les **tapas**, qui varient selon les régions, sont des amuse-gueule (olives, fromage, charcuterie, poulpe, poisson frit, **tortilla**, etc.) servis en apéritif le midi ou le soir. Dans la plupart des villes espagnoles, il existe des rues où abondent les bars spécialisés en **tapas**, les plus célèbres se trouvant dans les villes du nord (Pampelune, Saint-Sébastien) et en Andalousie. En Amérique-latine, on les appelle **botanas**.

tapabarro [tapa'βaro] *m* (*Amér*) garde-boue *m inv*

tapadera [tapa'ðeɾa] *f* **1.** *(de recipiente)* couvercle *m* **2.** (*fig*) *(para encubrir)* couverture *f*

tapar [ta'paɾ] *vt* **1.** couvrir **2.** *(botella)* boucher **3.** *(cofre, caja, boca)* fermer **4.** *(ocultar)* cacher • **taparse** *vp* se couvrir

tapete [ta'pete] *m* **1.** napperon *m* **2.** *(de juego)* tapis *m*

tapia ['tapja] *f* mur *m (de clôture)*

tapicería [tapiθe'ria] *f* **1.** *(tela)* tapisserie *f* **2.** *(tienda)* tapissier *m*

tapiz, ces [ta'piθ, θes] *m* tapisserie *f*

tapizado [tapi'θaðo] *m (de mueble)* tapisserie *f*

tapizar [tapi'θaɾ] *vt* **1.** *(mueble)* recouvrir **2.** *(pared)* tapisser

tapón [ta'pon] *m* **1.** bouchon *m* **2.** *(en el oído)* bouchon *m (de cire)*

taquería [take'ria] *f* (*Méx*) *magasin ou restaurant où l'on sert des "tacos"*

Las taquerías

Au Mexique, la **taquería** est un restaurant populaire où l'on sert une cuisine traditionnelle, en particulier les **tacos**, galettes de maïs, ou **tortillas**, fourrées de viande hachée, de fromage et de légumes. Depuis les années 80, les **taquerías** sont devenues à la mode en Europe, dans d'autres pays d'Amérique et en particulier aux États-Unis, mais beaucoup de ces restaurants n'ont qu'un lointain rapport avec leur modèle mexicain.

taquigrafía [takiɣra'fia] *f* sténographie *f*

taquilla [ta'kiʎa] *f* **1.** *(de cine, teatro, tren)* guichet *m* **2.** *(de gimnasio)* vestiaire *m* **3.** *(recaudación)* recette *f*

taquillero, ra [taki'ʎero, ra] *adj* **1.** *(actor, espectáculo)* qui fait recette **2.** *(película)* qui fait beaucoup d'entrées ◇ *m, f* guichetier *m*, -ère *f*

tara ['tara] *f* tare *f*

tardar [tar'ðar] *vi* • **el tren tarda tres horas en ir hasta París** le train met trois heures pour aller jusqu'à Paris ◆ **tardar en** *v prep* **1.** *(llevar tiempo)* • **tardó un año en hacerlo** il a mis un an à le faire **2.** *(retrasarse)* • **no tardarán en llegar** ils ne vont pas tarder à arriver

tarde ['tarðe] *f* **1.** *(antes de anochecer)* après-midi *m* **2.** *(después de anochecer)* soir *m* ◇ *adv* **1.** *(a hora avanzada)* tard **2.** *(con retraso)* en retard • **a las tres de la tarde** à trois heures de l'après-midi • **trabaja por la tarde** elle travaille l'après-midi • **¡buenas tardes!** *(antes de anochecer)* bonjour ! ; *(después de anochecer)* bonsoir !

tarea [ta'rea] *f* **1.** *(trabajo)* travail *m* **2.** *(misión)* tâche *f* **3.** *(deberes escolares)* devoirs *mpl*

tarifa [ta'rifa] *f* tarif *m* ▼ **tarifas de metro** tarifs du métro • **tarifa nocturna** tarif de nuit

tarima [ta'rima] *f* estrade *f*

tarjeta [tar'xeta] *f* carte *f* ▼ **tarjetas admitidas** cartes de crédit acceptées • **tarjeta de crédito** carte de crédit • **tarjeta de embarque** carte d'embarquement • **tarjeta gráfica** carte graphique • **tarjeta de memoria** carte mémoire • **tarjeta multiviaje** *coupon valable pour dix voyages en métro ou en bus* • **tarjeta postal** carte postale • **tarjeta de sonido** carte son • **tarjeta de visita** carte (de visite)

tarro ['taro] *m* pot *m*

tarta ['tarta] *f* **1.** gâteau *m* **2.** *(plana)* tarte *f* • **tarta de la casa** tarte maison • **tarta de chocolate** gâteau au chocolat • **tarta helada** gâteau glacé • **tarta de Santiago** *gâteau à base d'amandes typique de Galice* • **tarta al whisky** *gâteau glacé au whisky*

tartamudo, da [tarta'muðo, ða] *m, f* bègue *mf*

tasa ['tasa] *f* taxe *f*

tasca ['taska] *f* bistrot *m*

tatuaje [tatu'axe] *m* tatouage *m*

taurino, na [tau̯'rino, na] *adj* taurin(e)

Tauro ['tau̯ro] *m* Taureau *m inv*

tauromaquia [tau̯ro'makja] *f* tauromachie *f*

La tauromaquia

La tauromachie est l'art de combattre les taureaux dans l'arène. La corrida s'ouvre par le défilé des toreros vêtus du costume traditionnel brodé de paillettes, appelé **traje de luces**, précédés de deux cavaliers ou **alguacilillos**. Chacun des trois toreros principaux, les **matadores** ou **espadas**, est suivi de ses assistants ou **subalternos**, puis des **picadores** à cheval qui forment ensemble la **cuadrilla**. La corrida proprement dite, ou **lidia**, est divisée en trois parties. Au cours de chaque corrida, six taureaux sont lâchés chacun à leur tour dans l'arène, **el ruedo**. Le **matador** reçoit le taureau et effectue une série de passes avec une grande cape rose, **el capote**. Dans la troisième et dernière partie de la **lidia**, le matador saisit son épée et la **muleta**, rectangle de serge rouge replié sur un bâton, et exécute la **faena**, une série de passes destinées à trouver le moment propice pour frapper le taureau de son épée.

taxi ['taksi] *m* taxi *m*

taxímetro [tak'simetɾo] *m* compteur *m* *(de taxi)*

taxista [tak'sista] *mf* chauffeur *m* de taxi

taza ['taθa] *f* **1.** tasse *f* **2.** *(de retrete)* cuvette *f*

tazón [ta'θon] *m* bol *m*

te [te] *pron* **1.** te, t' *(delante de vocal)* • **no te mira nadie** personne ne te regarde • **ya te lo he dado** je te l'ai déjà donné • **¿a qué hora te levantas?** à quelle heure tu te lèves ? **2.** *(en imperativo)* toi, te • **¡lávate!** lave-toi ! • **¡no te vayas!** ne t'en va pas !

té ['te] *m* thé *m*

teatral [tea'tɾal] *adj* théâtral(e)

teatro [te'atɾo] *m* théâtre *m*

tebeo® [te'βeo] *m* bande *f* dessinée

techo ['tetʃo] *m* **1.** *(interior)* plafond *m* **2.** *(tejado)* toit *m*

tecla ['tekla] *f* touche *f* • **tecla de anulación** touche d'annulation • **tecla de borrado** touche de suppression • **tecla de control** touche de contrôle • **tecla de entrada** touche entrée • **tecla de escape** touche escape • **tecla de mayúsculas** touche majuscule

teclado [te'klaðo] *m* clavier *m* • **teclado numérico** pavé *m* numérique

teclear [tekle'aɾ] *vi* *(en ordenador)* taper *(sur le clavier)*

técnica ['teɣnika] *f* technique *f*

técnico, ca ['teɣniko, ka] *adj* technique

tecnología [teɣnolo'xia] *f* technologie *f*

tecnológico, ca [teɣno'loxiko, ka] *adj* technologique

teja ['texa] *f* tuile *f*

tejado [te'xaðo] *m* toit *m*

tejanos [te'xanos] *mpl* jean *m*

tejer [te'xeɾ] *vt* **1.** *(tela)* tisser **2.** *(jersey, labor)* tricoter

tejido [te'xiðo] *m* tissu *m*

tejo ['texo] *m* *(juego)* palet *m*

tel. *(abr escrita de teléfono)* tél. *(téléphone)*

tela ['tela] *f* **1.** tissu *m* **2.** *(tejido basto, cuadro)* toile *f* **3.** *(fam)* *(dinero)* fric *m* • **esto tiene (mucha) tela** *(fam)* ce n'est pas de la tarte

telaraña [tela'raɲa] *f* toile *f* d'araignée

tele ['tele] *f* *(fam)* télé *f*

telearrastre [telea'rastɾe] *m* remonte-pente *m*

telebasura [teleβa'sura] *f* *TV* télé-poubelle *f*

telecabina [teleka'βina] *f* télécabine *f*

telecomunicación [telekomunika'θjon] *f* télécommunication *f*

teleconferencia [telekonfe'renθja] *f* téléconférence *f*

telediario [tele'ðjarjo] *m* journal *m* télévisé
teledirigido, da [teleðiri'xiðo, ða] *adj* téléguidé(e)
telefax [tele'faks] *m inv* télécopieur *m*
teleférico [tele'feriko] *m* téléphérique *m*
telefonazo [telefo'naθo] *m* (*fam*) coup *m* de fil
telefonear [telefone'ar] *vt* téléphoner
Telefónica [tele'fonika] *f opérateur téléphonique historique espagnol* ≃ France Télécom
telefónico, ca [tele'foniko, ka] *adj* téléphonique
telefonillo [telefo'niʎo] *m* (*fam*) interphone *m*
telefonista [telefo'nista] *mf* standardiste *mf*
teléfono [te'lefono] *m* téléphone *m* • **teléfono fijo** téléphone fixe • **teléfono móvil** téléphone portable

Los números de teléfono

Los números de teléfono franceses tienen diez cifras. Las dos primeras indican la zona geográfica del interlocutor: 01 para París y alrededores, 02 el noroeste, 03 el noreste, 04 el sureste y 05 el suroeste; 06 indica que se trata de un teléfono móvil. La red de cabinas públicas está muy extendida en Francia; la mayoría sólo funcionan con tarjetas telefónicas que pueden comprarse en quioscos, estancos y estafetas de correos. Para hacer una llamada internacional, marcar 00 y a continuación, sin esperar tono, el prefijo del país de destino y el número al que se quiere llamar.

Descolgar el teléfono

Al descolgar el teléfono se dice simplemente *Allô*. La persona que llama se presenta diciendo *Bonjour, c'est Catherine, je souhaiterais parler à Charles*. Si se trata de la persona que ha descolgado, ésta responderá *c'est moi* o *c'est moi-même; lui-même* de manera más formal. Si no es el caso, entonces dirá *Un moment, je te/vous le passe*. Si la persona en cuestión no puede ponerse al teléfono porque no está se dice *Désolé(e), mais Charles n'est pas là* o *Desolé(e), il ne peut pas vous répondre pour le moment* si está ocupada. Y, en general, se añade *Vous voulez que je lui dise que vous avez appelé ?* o *Voulez-vous lui laisser un message ?* para preguntar si la persona que llama quiere dejar un recado o *Il sera là vers 18 heures* para indicar en qué momento se podrá localizar a esta persona.

Terminar una conversación telefónica

Lo más educado es que sea la persona que ha llamado quien ponga fin a la conversación. En un contexto formal la conversación se termina con un simple *au revoir* y con amigos se dice *grosses bises* o *bisous*.

telenovela [teleno'βela] *f* feuilleton *m* télévisé
teleobjetivo [teleoβxe'tiβo] *m* téléobjectif *m*
telepatía [telepa'tia] *f* télépathie *f*
telerrealidad [telereali'ðað] *f* *TV* téléréalité *f*
telescopio [teles'kopjo] *m* télescope *m*
telesilla [tele'siʎa] *f* télésiège *m*
telespectador, ra [telespekta'ðor, ra] *m, f* téléspectateur *m*, -trice *f*
telesquí [teles'ki] *m* téléski *m*
teletaquilla [teleta'kiʎa] *f* kiosque *m* interactif
teletexto [tele'teksto] *m* télétexte *m*
teletienda [tele'tjenda] *f* téléachat *m*
teletipo® [tele'tipo] *m* Télétype® *m*
teletrabajador, ra [teletraβaxa'ðor, ra] *m* & *f* télétravailleur *m*, -euse *f*
televidente [teleβi'ðente] *mf* téléspectateur *m*, -trice *f*
televisado, da [teleβi'saðo, ða] *adj* télévisé(e)
televisión [teleβi'sjon] *f* télévision *f*
televisor [teleβi'sor] *m* téléviseur *m*
telón [te'lon] *m* rideau *m (de scène)*
tema ['tema] *m* **1.** sujet *m* **2.** *(melodía, canción)* thème *m*
temática [te'matika] *f* thématique *f*
temático, ca [te'matiko, ka] *adj* thématique
temblar [tem'blar] *vi* trembler
temblor [tem'blor] *m* tremblement *m*
temer [te'mer] *vt* craindre ♦ **temer por** *v prep* avoir peur pour ♦ **temerse** *vp (sospechar)* craindre
temor [te'mor] *m* crainte *f*
temperamento [tempera'mento] *m* tempérament *m*
temperatura [tempera'tura] *f* température *f*
tempestad [tempes'tað] *f* tempête *f*
templado, da [tem'plaðo, ða] *adj* **1.** *(temperatura, clima)* tempéré(e) **2.** *(agua, comida)* tiède
templo ['templo] *m* temple *m*
temporada [tempo'raða] *f* **1.** *(periodo concreto)* saison *f* **2.** *(de una actividad)* période *f* ● **temporada alta/baja** haute/basse saison ● **una temporada** *(periodo indefinido)* un certain temps, quelque temps ● **de temporada** *(fruta)* de saison ; *(trabajo, actividad)* saisonnier(ère)
temporal [tempo'ral] *adj* temporaire ◇ *m* tempête *f*
temprano, na [tem'prano, na] *adj* précoce ◇ *adv* tôt ● **frutas/verduras tempranas** primeurs *fpl*
tenazas [te'naθas] *fpl* tenailles *fpl*
tendedero [tende'ðero] *m* étendoir *m*
tendencia [ten'denθja] *f* tendance *f*
tender [ten'der] *vt* **1.** étendre **2.** *(extender, entregar)* tendre ♦ **tender a** *v prep* tendre à ♦ **tenderse** *vp* s'étendre
tenderete [tende'rete] *m* étalage *m*
tendero, ra [ten'dero, ra] *m, f* petit commerçant *m*, petite commerçante *f*

tendón [ten'don] *m* tendon *m*
tenedor [tene'ðor] *m* fourchette *f*
tener [te'ner] *vt* **1.** *(poseer)* avoir • **tiene mucho dinero** il a beaucoup d'argent • **el piso tiene cuatro habitaciones** l'appartement a quatre pièces • **tengo dos hijos** j'ai deux fils • **¿cuántos años tienes?** quel âge as-tu ? • **tiene los ojos azules** il a les yeux bleus • **ya tiene diez años** il a déjà dix ans • **tener un niño** avoir un enfant • **tener frío/calor** avoir froid/chaud • **tener fiebre/dolor de muelas** avoir de la fièvre/mal aux dents • **le tiene lástima** il a pitié de lui • **tiene algo que decirnos** il a quelque chose à nous dire • **tener lugar** avoir lieu • **hoy tengo clase** j'ai cours aujourd'hui **2.** *(medir)* faire • **la sala tiene cuatro metros de largo** le salon fait quatre mètres de long **3.** *(sujetar, coger)* tenir • **ten el libro que me pediste** tiens, voici le livre que tu m'as demandé **4.** *(mantener)* • **hemos tenido una discusión** nous nous sommes disputés • **tuvieron una pelea en la calle** ils se sont bagarrés dans la rue **5.** *(para desear)* • **¡que tengas un buen viaje!** bon voyage ! • **¡que tengan unas felices fiestas!** joyeuses fêtes ! **6.** *(valorar, considerar)* • **tener algo/a alguien por** o **como** considérer qqch/qqn comme • **ten por seguro que lloverá** tu peux être sûr qu'il pleuvra • **le tienen por informal** ils ne le considèrent pas comme quelqu'un de sérieux ◇ *v aux* **1.** *(haber)* avoir • **teníamos pensado ir al teatro** nous avions pensé aller au théâtre **2.** *(obligación)* • **tener que hacer algo** devoir faire qqch • **tenemos que estar a las ocho** nous devons y être à huit heures **3.** *(hacer estar)* • **me tienes loca con tus tonterías** tu me rends folle avec tes bêtises
teniente [te'njente] *m* lieutenant *m*
tenis ['tenis] *m* tennis *m* • **tenis de mesa** tennis de table
tenista [te'nista] *mf* joueur *m*, -euse *f* de tennis
tenor [te'nor] *m* ténor *m*
tensión [ten'sjon] *f* tension *f*
tenso, sa ['tenso, sa] *adj* tendu(e)
tentación [tenta'θjon] *f* tentation *f*
tentáculo [ten'takulo] *m* tentacule *m*
tentempié [tentem'pje] *m (bebida, comida)* en-cas *m inv*
tenue ['tenue] *adj* **1.** *(tela, cortina)* fin(e) **2.** *(color, luz)* ténu(e) **3.** *(voz)* faible
teñir [te'ɲir] *vt* teindre
teología [teolo'xia] *f* théologie *f*
teoría [teo'ria] *f* théorie *f* • **en teoría** en théorie
terapeuta [tera'peuta] *mf* thérapeute *mf*
tercer [ter'θer] ➤ **tercero**
tercera [ra] *f* **1.** *(categoría)* troisième catégorie *f* **2.** *(velocidad)* troisième *f*
tercermundista [ter,θermun'dista] *adj* **1.** du tiers-monde **2.** *(política)* tiers-mondiste
tercero, ra [ter'θero, ra] *adj & m, f* troisième ◇ *m (fracción)* troisième *m* • **el tercero** le troisième • **la tercera** la troisième • **capítulo tercero** chapitre trois • **el tercer día** le troisième jour • **en tercer lugar** o **en tercera posición** en troisième position • **la tercera parte** un troisième • **tercera edad** troisième âge

tercio ['terθjo] *m* **1.** *(tercera parte)* tiers *m* **2.** *(de corrida de toros) nom donné à chacune des trois phases de la corrida*
terciopelo [terθjo'pelo] *m* velours *m*
terco, ca ['terko, ka] *adj (persona)* entêté(e)
tergal® [ter'ɣal] *m* Tergal® *m*
termas ['termas] *fpl* thermes *mpl*
terminado, da [termi'naðo, ða] *adj* terminé(e)
terminal [termi'nal] *adj* final(e) ◇ *m (de ordenador)* terminal *m* ◇ *f* **1.** *(de tren, autobús)* terminus *m* **2.** *(de aeropuerto)* terminal *m*
terminar [termi'nar] *vt* terminer ◇ *vi* se terminer ◆ **terminar en** *v prep (objeto)* finir en ◆ **terminar por** *v prep* finir par
término ['termino] *m* **1.** terme *m* **2.** *(límite)* limite *f* **3.** *(plazo)* délai *m* ● **término municipal** ≃ commune *f* ◆ **términos** *mpl (de contrato)* termes *mpl*
terminología [terminolo'xia] *f* terminologie *f*
termita [ter'mita] *f* termite *m*
termo® ['termo] *m* Thermos® *f*
termómetro [ter'mometro] *m* thermomètre *m*
termostato [termos'tato] *m* thermostat *m*
ternera [ter'nera] *f (carne)* veau *m* ● **ternera asada** viande *f* de veau rôtie
ternero, ra [ter'nero, ra] *m, f* veau *m*, génisse *f*
terno ['terno] *m* **1.** *(grupo)* trio *m* **2.** *(Amér) (traje)* costume *m* trois pièces
ternura [ter'nura] *f* tendresse *f*
terraplén [tera'plen] *m* terre-plein *m*
terrateniente [terate'njente] *mf* propriétaire terrien *m*, propriétaire terrienne *f*
terraza [te'raθa] *f* terrasse *f*
terremoto [tere'moto] *m* tremblement *m* de terre
terreno [te'reno] *m* **1.** terrain *m* **2.** *(fig) (ámbito)* domaine *m*
terrestre [te'restre] *adj* terrestre
terrible [te'riβle] *adj* terrible
territorio [teri'torjo] *m* territoire *m*
terrón [te'ron] *m* **1.** *(de tierra)* motte *f* **2.** *(de azúcar)* morceau *m*
terror [te'ror] *m* terreur *f*
terrorismo [tero'rizmo] *m* terrorisme *m*
terrorista [tero'rista] *mf* terroriste *mf*
tertulia [ter'tulja] *f* **1.** *(personas) réunion informelle au cours de laquelle on débat d'un sujet particulier* **2.** *(lugar) lieu où se tiennent ces réunions*
tesis ['tesis] *f inv* thèse *f*
tesoro [te'soro] *m* trésor *m* ● **el Tesoro Público** le Trésor Public
test ['tes] *m inv* test *m*
testamento [testa'mento] *m* testament *m*
testarudo, da [testa'ruðo, ða] *adj* têtu(e)
testículo [tes'tikulo] *m* testicule *m*
testigo [tes'tiɣo] *mf* témoin *m*
testimonio [testi'monjo] *m* témoignage *m*
teta ['teta] *f (fam)* nichon *m*
tetera [te'tera] *f* théière *f*
tetra brick® [tetra'βrik] *m* Tétrabrick® *m*

textil [teks'til] *adj* textile
texto ['teksto] *m* texte *m*
textura [teks'tura] *f* texture *f*
ti [ti] *pron* toi • **pienso en ti** je pense à toi • **me acordaré de ti** je me souviendrai de toi
tianguis ['tjangis] *m* (*Méx*) marché *m*
tibia ['tiβja] *f* tibia *m*
tibio, bia ['tiβjo, βja] *adj* tiède
tiburón [tiβu'ron] *m* requin *m*
ticket ['tiket] *m* ticket *m*
tiempo ['tjempo] *m* temps *m* • **tiempo libre** temps libre • **a tiempo** à temps • **al mismo tiempo que** en même temps que • **con tiempo** à l'avance • **del tiempo** *(fruta)* de saison ; *(bebida)* à température ambiante • **en otros tiempos** en d'autres temps • **hace tiempo** il y a longtemps • **tener tiempo** avoir le temps • **todo el tiempo** tout le temps • **¿cuánto tiempo tiene tu hijo?** quel âge a ton fils ?
tienda ['tjenda] *f* **1.** *(establecimiento)* magasin *m* **2.** *(para acampar)* tente *f* • **tienda de campaña** tente • **tienda de comestibles** magasin d'alimentation • **tienda de confecciones** magasin de prêt-à-porter
tierno, na ['tjerno, na] *adj* tendre
tierra ['tjera] *f* **1.** terre *f* **2.** *(territorio, patria)* pays *m* • **la Tierra** la Terre • **tierra adentro** à l'intérieur des terres
tieso, sa ['tjeso, sa] *adj* **1.** raide **2.** (*fig*) *(engreído)* guindé(e)
tiesto ['tjesto] *m* **1.** *(maceta)* pot *m* (de fleurs) **2.** *(trasto)* vieillerie *f*
tigre, esa ['tiɣre, esa] *m, f* tigre *m*, tigresse *f*
tijeras [ti'xeras] *fpl* ciseaux *mpl*
tila ['tila] *f (infusión)* tilleul *m*
tilde ['tilde] *f* **1.** *(signo ortográfico)* tilde *m* **2.** *(acento gráfico)* accent *m* écrit
tiliches [ti'litʃes] *mpl* (*Amér*) attirail *m*
timbal [tim'bal] *m (instrumento)* timbale *f*
timbre ['timbre] *m* **1.** *(aparato)* sonnette *f* **2.** *(de voz, sello)* timbre *m*
tímido, da ['timiðo, ða] *adj* timide
timo ['timo] *m* escroquerie *f*
timón [ti'mon] *m* **1.** gouvernail *m* **2.** (*Andes*) *(volante)* volant *m* • **llevar el timón de** *(negocio, proyecto)* diriger
tímpano ['timpano] *m* tympan *m*
tina ['tina] *f* **1.** *(vasija)* jarre *f* **2.** (*Amér*) *(bañera)* baignoire *f*
tino ['tino] *m* **1.** *(acierto)* adresse *f* **2.** *(moderación)* modération *f*
tinta ['tinta] *f* encre *f*
tintero [tin'tero] *m* encrier *m*
tinto ['tinto] *m (vino)* rouge *m*
tintorería [tintore'ria] *f* teinturerie *f*
tío, a ['tio, a] *m, f* **1.** *(pariente)* oncle *m*, tante *f* **2.** (*fam*) *(individuo)* mec *m*, nana *f*
tiovivo [ˌtio'βiβo] *m* manège *m*
típico, ca ['tipiko, ka] *adj* typique
tipo, pa ['tipo] *m, f* (*fam*) *(individuo)* type *m*, nana *f* ◇ *m (clase)* type *m* • **tipo de cambio** taux *m* de change • **tipo de letra** police *f* • **tener buen tipo** être bien fait(e)
tipografía [tipoɣra'fia] *f* typographie *f*
tira ['tira] *f (de papel, tela)* bande *f*
tirada [ti'raða] *f* tirage *m* • **hay una tirada hasta allí** il y a un bout de chemin jusqu'à là-bas
tiradero [tira'ðero] *m* (*Méx*) pagaille *f*
tirador [tira'ðor] *m* poignée *f*

tiranía [tira'nia] *f* tyrannie *f*

tirano, na [ti'rano, na] *m, f* tyran *m*

tirante [ti'rante] *adj* tendu(e) ◆ **tirantes** *mpl* bretelles *fpl*

tirar [ti'rar] *vt* **1.** jeter **2.** *(malgastar)* dilapider **3.** *(derribar)* abattre **4.** *(volcar, derramar)* renverser **5.** *(disparar)* tirer ◇ *vi* **1.** tirer **2.** *(atraer)* attirer **3.** *(desviarse)* tourner **4.** *(fam)* *(funcionar)* marcher **5.** *(fam)* *(durar)* tenir le coup ● **tirar de algo** tirer sur qqch ● **ir tirando** faire aller ▼ **tirar** *(en puertas)* tirez ◆ **tirar a** *v prep (parecerse a)* ressembler à ● **este vestido es azul tirando a verde** cette robe est d'un bleu qui tire sur le vert ◆ **tirarse** *vp* **1.** *(lanzarse, arrojarse)* se jeter **2.** *(tumbarse)* s'étendre **3.** *(tiempo)* passer

tirita® [ti'rita] *f* pansement *m*

tiritar [tiri'tar] *vi* grelotter

tiro ['tiro] *m* **1.** *(disparo)* coup *m* de feu **2.** *(en deporte)* tir *m* **3.** *(herida)* balle *f* **4.** *(de chimenea)* tirage *m* **5.** *(de carruaje)* attelage *m*

tirón [ti'ron] *m (robo)* vol *m* à l'arraché ● **de un tirón** d'un trait

tisú [ti'su] *m* brocart *m*

títere ['titere] *m* pantin *m* ◆ **títeres** *mpl* spectacle *m* de marionnettes

titular [titu'lar] *adj* titulaire ◇ *m (de periódico)* gros titre *m* ◇ *vt* intituler ◆ **titularse** *vp* **1.** *(llamarse)* s'intituler **2.** *(en estudios)* obtenir un diplôme

título ['titulo] *m* **1.** titre *m* **2.** *(diploma)* diplôme *m*

tiza ['tiθa] *f* **1.** craie *f* **2.** *(para billar)* bleu *m*

tlapalería [tlapale'ria] *f (Méx)* quincaillerie *f*

toalla [to'aʎa] *f* serviette *f* ● **toalla de ducha** serviette de bain ● **toalla de manos** essuie-mains *m inv*

tobillo [to'βiʎo] *m* cheville *f*

tobogán [toβo'ɣan] *m* toboggan *m*

tocadiscos [toka'ðiskos] *m inv* tourne-disque *m*

tocador [toka'ðor] *m* **1.** *(mueble)* coiffeuse *f* **2.** *(habitación)* cabinet *m* de toilette

tocar [to'kar] *vt* **1.** toucher ▼ **no tocar el género** ne pas toucher **2.** *(instrumento musical)* jouer de **3.** *(timbre, campana)* sonner **4.** *(asunto, tema)* aborder ◇ *vi* **1.** *(corresponder en reparto)* revenir ● **te toca hacerlo** c'est à toi de le faire ● **ahora te toca a ti** maintenant, c'est ton tour ● **esta es la parte que te toca** c'est la part qui te revient **2.** *(caer en suerte)* ● **le ha tocado la lotería** il a gagné à la loterie ◆ **tocar a** *v prep (estar próximo)* toucher

tocino [to'θino] *m* lard *m* ● **tocino de cielo** *(dulce) flan riche en jaunes d'œufs*

todavía [toða'βia] *adv* **1.** *(aún)* encore **2.** *(con todo)* en plus ● **todavía no lo sabe** il ne le sait pas encore

todo, da ['toðo, ða] *adj* tout(e) ● **todo el día** toute la journée ● **todos los días/los lunes** tous les jours/les lundis ◇ *pron* **1.** *(todas las cosas)* tout(e) ● **lo he vendido todo** j'ai tout vendu **2.** *(todas las personas)* ● **han venido todos** ils sont tous venus ● **todas me lo dicen** elles me le disent toutes ◇ *m* tout *m* ● **ante todo** avant tout ● **sobre todo** surtout

toga ['toɣa] *f* toge *f*

toldo ['toldo] *m* store *m*
tolerancia [tole'ranθja] *f* tolérance *f*
tolerante [tole'rante] *adj* tolérant(e)
tolerar [tole'rar] *vt* tolérer
toma ['toma] *f* prise *f*
tomar [to'mar] *vt* prendre • **tomó a mi madre por mi hermana** il a pris ma mère pour ma sœur • **tomar (algo) a mal** mal prendre (qqch) • **tomar el fresco** prendre le frais • **tomar el sol** prendre un bain de soleil • **tomar parte en** prendre part à • **tomar prestado** emprunter • **tomar cariño a alguien** prendre qqn en affection
tomate [to'mate] *m* tomate *f*
tómbola ['tombola] *f* tombola *f*
tomillo [to'miʎo] *m* thym *m*
tomo ['tomo] *m* tome *m*
tonel [to'nel] *m* tonneau *m*
tonelada [tone'laða] *f* tonne *f*
tóner ['toner] *m* toner *m*
tongo ['tongo] *m* (*Amér*) *chapeau rond que portent les Indiens boliviens*
tónica ['tonika] *f* ≃ Schweppes® *m*
tónico, ca ['toniko, ka] *adj* tonique ◇ *m* tonique *m*
tono ['tono] *m* ton *m*
tontería [tonte'ria] *f* **1.** *(estupidez)* bêtise *f* **2.** *(cosa sin valor)* bricole *f*
tonto, ta ['tonto, ta] *adj* bête
tope ['tope] *m* **1.** *(pieza)* butoir *m* **2.** *(punto máximo)* limite *f*
tópico, ca ['topiko, ka] *adj* **1.** *(tema, expresión)* banal(e) **2.** *(medicamento)* à usage local ◇ *m* cliché *m (lieu commun)*
topo ['topo] *m* taupe *f*
tórax ['toraks] *m* thorax *m*
torbellino [torβe'ʎino] *m* tourbillon *m*
torcer [tor'θer] *vt* **1.** *(doblar)* tordre **2.** *(girar, inclinar)* tourner ◇ *vi* tourner
♦ **torcerse** *vp* **1.** *(tobillo, brazo)* se tordre **2.** *(negocio)* mal tourner **3.** *(plan, proyecto)* tomber à l'eau
torcido, da [tor'θiðo, ða] *adj* **1.** *(doblado)* tordu(e) **2.** *(inclinado)* de travers
torear [tore'ar] *vt* **1.** *(toro, vaquilla)* combattre **2.** *(fig) (evitar)* éviter **3.** *(fig) (burlarse de)* taquiner ◇ *vi (suj: torero)* toréer
torera [to'rera] *f (prenda)* boléro *m*
torero, ra [to'rero, ra] *m, f* torero *m*
tormenta [tor'menta] *f* orage *m*
tormentoso, sa [tormen'toso, sa] *adj* orageux(euse)
torneo [tor'neo] *m* tournoi *m*
tornillo [tor'niʎo] *m* vis *f*
torniquete [torni'kete] *m* garrot *m*
toro ['toro] *m* taureau *m* ♦ **toros** *mpl* corrida *f*
torpe ['torpe] *adj* **1.** *(poco hábil)* maladroit(e) **2.** *(en comprender)* lent(e)
torpedo [tor'peðo] *m* torpille *f*
torpeza [tor'peθa] *f* **1.** *(falta de habilidad)* maladresse *f* **2.** *(en comprender)* lenteur *f* **3.** *(necedad)* bêtise *f*
torre ['tore] *f* **1.** tour *f* **2.** *(de iglesia)* clocher *m*
torrente [to'rente] *m* torrent *m*
torrija [to'rixa] *f* pain *m* perdu
torta ['torta] *f* **1.** *(de harina)* galette *f* **2.** *(fam) (bofetada)* baffe *f* **3.** *(Méx) (de pan)* sandwich *m* • **ni torta** *(fam)* que

dalle • **se dio** o **se pegó una torta con el coche** (*fam*) il s'est planté en voiture

tortazo [tor'taθo] *m* (*fam*) (*bofetada*) baffe *f* • **se dio** o **se pegó un tortazo con el coche** (*fam*) il s'est planté en voiture

tortilla [tor'tiʎa] *f* **1.** omelette *f* **2.** (*Méx*) (*de harina*) galette *f* (*de maïs*) • **tortilla (a la) francesa** omelette nature • **tortilla de atún/de champiñón** omelette au thon/aux champignons de Paris • **tortilla de gambas/de jamón** omelette aux crevettes/au jambon • **tortilla de patatas** o **española** omelette aux pommes de terre

tortuga [tor'tuɣa] *f* tortue *f*

torturar [tortu'rar] *vt* torturer

tos ['tos] *f* toux *f*

toser [to'ser] *vi* tousser

tostada [tos'taða] *f* toast *m* (*tranche de pain*)

tostador [tosta'ðor] *m* grille-pain *m inv*

tostar [tos'tar] *vt* faire griller • **tostarse** *vp* (*al sol*) se faire bronzer

total [to'tal] *adj* total(e) ◇ *m* total *m* ◇ *adv* bref • **total que me fui** bref, je suis parti

totalidad [totali'ðað] *f* totalité *f* • **la totalidad de los alumnos** tous les élèves

totora [to'tora] *f* (*Amér*) roseau *m*

tóxico, ca ['toksiko, ka] *adj* toxique

toxicomanía [toksikoma'nia] *f* toxicomanie *f*

toxicómano, na [toksi'komano, na] *m, f* toxicomane *mf*

trabajador, ra [traβaxa'ðor, ra] *adj* & *m, f* travailleur(euse)

trabajar [traβa'xar] *vi* & *vt* travailler • **trabaja de** o **como camarero** il est garçon de café

trabajo [tra'βaxo] *m* **1.** travail *m* **2.** (*empleo*) emploi *m* • **trabajos manuales** travaux manuels • **costar mucho trabajo** demander beaucoup d'efforts

trabalenguas [traβa'lenguas] *m inv mot ou phrase difficile à prononcer*

traca ['traka] *f* chapelet *m* de pétards

tractor [trak'tor] *m* tracteur *m*

tradición [traði'θjon] *f* tradition *f*

tradicional [traðiθjo'nal] *adj* traditionnel(elle)

tradicionalmente [traðiθjoˌnal'mente] *adv* traditionnellement

traducción [traðuk'θjon] *f* traduction *f*

traducir [traðu'θir] *vt* traduire

traductor, ra [traðuk'tor, ra] *m, f* traducteur *m*, -trice *f*

traer [tra'er] *vt* **1.** (*trasladar una cosa*) apporter • **tráeme un vaso de agua** apporte-moi un verre d'eau • **¿qué traes ahí?** qu'est-ce que tu as là ? ; (*de un sitio*) rapporter • **me trajo un regalo de Cuba** il m'a rapporté un cadeau de Cuba **2.** (*trasladar a una persona*) amener • **trae a tu amiga a la fiesta** viens avec ton amie à la fête ; (*de un sitio*) ramener • **nos trajo a casa** il nous a ramenés à la maison **3.** (*provocar, ocasionar*) • **este asunto le trajo graves problemas** cette histoire lui a causé de graves ennuis **4.** (*contener*) • **el periódico trae una gran noticia** il y a une grande nouvelle dans le journal **5.** (*llevar puesto*) porter • **hoy trae un abrigo muy bonito** elle porte un très joli manteau aujourd'hui ◆ **traerse** *vp* ● **traérselas** *(fam)* être coton

traficante [trafi'kante] *mf* trafiquant *m*, -e *f*

traficar [trafi'kar] *vi* ● **traficar (con algo)** faire du trafic (de qqch)

tráfico ['trafiko] *m* **1.** *(de vehículos)* circulation *f* **2.** *(de drogas)* trafic *m*

tragar [tra'ɣar] *vt* **1.** *(ingerir, creer)* avaler **2.** *(fam)* *(soportar)* supporter **3.** *(fam)* *(engullir)* engloutir ◇ *vi* avaler ● **no tragar a alguien** *(fam)* ne pas pouvoir sentir qqn ◆ **tragarse** *vp* **1.** *(ingerir)* avaler **2.** *(orgullo, lágrimas)* ravaler **3.** *(creer)* gober

tragedia [tra'xeðja] *f* tragédie *f*

trágico, ca ['traxiko, ka] *adj* tragique

tragicomedia [traxiko'meðja] *f* tragicomédie *f*

trago ['traɣo] *m* **1.** gorgée *f* **2.** *(fam)* *(copa)* verre *m* ● **pasar un mal trago** *(fam)* passer un mauvais moment

traición [trai'θjon] *f* trahison *f*

traje ['traxe] *m* **1.** *(vestido)* robe *f* **2.** *(de región, época)* costume *m* ● **traje (de chaqueta)** *(de hombre)* costume ; *(de mujer)* tailleur *m* ● **traje de baño** maillot *m* de bain ● **traje de luces** habit *m* de lumière *(du torero)*

trama ['trama] *f* **1.** trame *f* **2.** *(de obra)* intrigue *f* **3.** *(fig)* *(confabulación)* machination *f*

tramar [tra'mar] *vt* tramer

tramitar [trami'tar] *vt* ● **tramitar algo** faire des démarches pour obtenir qqch

tramo ['tramo] *m* **1.** *(de camino, calle)* tronçon *m* **2.** *(de escalera)* volée *f*

tramontana [tramon'tana] *f* tramontane *f*

tramoya [tra'moja] *f* *(en teatro)* machinerie *f*

tramoyista [tramo'jista] *mf* machiniste *mf*

trampa ['trampa] *f* **1.** piège *m* **2.** *(en juego, competición)* triche *f* **3.** *(puerta)* trappe *f* ● **hacer trampa** tricher

trampolín [trampo'lin] *m* **1.** *(en gimnasia)* trampoline *m* **2.** *(en piscina)* plongeoir *m* **3.** *(en esquí)* tremplin *m*

trance ['tranθe] *m* **1.** *(apuro)* mauvais pas *m* **2.** *(estado hipnótico)* transe *f*

tranquilidad [trankili'ðað] *f* tranquillité *f*

tranquilo, la [tran'kilo, la] *adj* **1.** tranquille **2.** *(mar, tiempo)* calme **3.** *(libre de preocupaciones)* insouciant(e)

transbordador [tranzβorða'ðor] *m* ferry *m*

transbordar [tranzβor'ðar] *vt* transborder

transbordo [tranz'βorðo] *m* changement *m* *(de train etc)* ● **hacer transbordo** changer

transcurrir [transku'rir] *vi* *(tiempo)* s'écouler

transeúnte [transe'unte] *mf* passant *m*, -e *f*

transferencia [transfe'renθja] *f* virement *m* ● **transferencia de archivos** transfert *m* de fichiers

transferir [transfe'rir] *vt* transférer ● **transferir un mensaje** transférer un message

transformación [transforma'θjon] *f* transformation *f*

transformador [transforma'ðor] *m* transformateur *m*

transformar [transfor'mar] *vt* transformer • **transformar algo/a alguien en** transformer qqch/qqn en ◆ **transformarse** *vp* se transformer ◆ **transformarse en** *v prep* se transformer en

transfusión [transfu'sjon] *f* transfusion *f*

transición [transi'θjon] *f* transition *f*

transigir [transi'xir] *vi* transiger ◆ **transigir con** *v prep* transiger sur

transistor [transis'tor] *m* transistor *m*

tránsito ['transito] *m* *(de vehículos)* circulation *f*

translúcido, da [tranz'luθiðo, ða] *adj* translucide

transmitir [tranzmi'tir] *vt* transmettre • **transmitir un mensaje** transmettre un message

transparente [transpa'rente] *adj* transparent(e)

transportar [transpor'tar] *vt* transporter

transporte [trans'porte] *m* transport *m* • **transporte privado** moyen *m* de transport privé • **transporte público** transports en commun

transversal [tranzβer'sal] *adj* transversal(e)

tranvía [tram'bia] *m* tramway *m*

trapear [trape'ar] *vt* *(Amér)* *(habitación)* passer la serpillière dans

trapecio [tra'peθjo] *m* trapèze *m*

trapecista [trape'θista] *mf* trapéziste *mf*

trapo ['trapo] *m* chiffon *m* • **trapo de cocina** torchon *m*

tráquea ['trakea] *f* trachée *f*

tras [tras] *prep* **1.** *(después de)* après **2.** *(detrás de)* derrière

trasero, ra [tra'sero, ra] *adj* arrière ◇ *m* *(fam)* derrière *m*

trasladar [trazla'ðar] *vt* **1.** *(desplazar)* déplacer **2.** *(viajeros, herido)* transporter **3.** *(empleado, trabajador)* muter **4.** *(reunión, fecha)* reporter ◆ **trasladarse** *vp* **1.** *(desplazarse)* se déplacer **2.** *(mudarse)* déménager

traslado [traz'laðo] *m* **1.** *(de muebles, libros)* déplacement *m* **2.** *(de puesto, cargo)* mutation *f*

traspasar [traspa'sar] *vt* **1.** *(atravesar)* transpercer **2.** *(camino, materia)* traverser **3.** *(puerta, límite)* franchir **4.** *(negocio)* céder

traspié [tras'pje] *m* faux pas *m*

trasplantar [trasplan'tar] *vt* **1.** *(planta)* transplanter **2.** *(órgano)* greffer

trasplante [tras'plante] *m* greffe *f*

traste ['traste] *m* *(CSur)* *(trasero)* derrière *m* ◆ **trastes** *mpl* (*Andes, CAm & Méx*) affaires *fpl* • **fregar los trastes** faire la vaisselle

trasto ['trasto] *m* **1.** *(objeto inútil)* vieillerie *f* **2.** (*fig*) *(persona)* bon *m*, bonne *f* à rien ◆ **trastos** *mpl* **1.** *(pertenencias)* affaires *fpl* **2.** *(equipo)* matériel *m*

tratado [tra'taðo] *m* traité *m*

tratamiento [trata'mjento] *m* **1.** traitement *m* **2.** *(título)* titre *m* • **tratamiento de textos** traitement de texte

tratar [tra'tar] *vt* **1.** traiter **2.** *(conocer)* fréquenter ◆ **tratar de** *v prep* **1.** *(hablar sobre)* traiter de **2.** *(intentar)* essayer de
tratativas [trata'tiβas] *fpl* (*CSur*) formalités *fpl*
trato ['trato] *m* **1.** traitement *m* **2.** *(relación)* fréquentation *f* **3.** *(acuerdo)* marché *m*
trauma ['trauma] *m* traumatisme *m*
través [tra'βes] ◆ **a través de** *loc prep* à travers
travesaño [traβe'saɲo] *m* **1.** *(pieza)* traverse *f* **2.** DEP *(de portería)* barre *f* transversale
travesía [traβe'sia] *f* **1.** *(viaje)* traversée *f* **2.** *(calle)* passage *m*
travestí [traβes'ti] *m* travesti *m*
travieso, sa [tra'βjeso, sa] *adj* **1.** *(vivo, malicioso)* espiègle **2.** *(revoltoso)* turbulent(e)
trayecto [tra'jekto] *m* trajet *m*
trayectoria [trajek'toria] *f* trajectoire *f*
trazado [tra'θaðo] *m* tracé *m*
trazar [tra'θar] *vt* **1.** *(línea, dibujo)* tracer **2.** *(proyecto, plan)* concevoir
trazo ['traθo] *m* trait *m*
trébol ['treβol] *m* trèfle *m* ◆ **tréboles** *fpl* *(palo de la baraja)* trèfles *mpl*
trece ['treθe] *núm* treize
tregua ['treɣua] *f* trêve *f*
treinta ['treinta] *núm* trente
tremendo, da [tre'mendo, da] *adj* terrible
tren ['tren] *m* train *m* • **tren de cercanías** train de banlieue • **tren de lavado** portique *m* de lavage automatique
trenza ['trenθa] *f* tresse *f*
trepar [tre'par] *vi* grimper
tres ['tres] *adj inv* & *m* trois ◇ *mpl* trois ◇ *fpl* • **las tres** trois heures • **doscientos tres** deux cent trois • **treinta y tres** trente-trois • **de tres en tres** trois par trois • **empatados a tres** trois partout • **los tres** les trois • **tres a cero** trois à zéro • **cada dos por tres** à tout bout de champ
trescientos, tas [tres'θjentos, tas] *núm* trois cent(s)
tresillo [tre'siʎo] *m* **1.** *(sofá)* *salon comportant un canapé et deux fauteuils assortis* **2.** *(juego)* hombre *m*
trial [tri'al] *m* trial *m*
triangular [triangu'lar] *adj* triangulaire
triángulo [tri'angulo] *m* triangle *m*
tribu ['triβu] *f* tribu *f*
tribuna [tri'βuna] *f* tribune *f*
tribunal [triβu'nal] *m* **1.** tribunal *m* **2.** *(en examen, oposición)* jury *m*
triciclo [tri'θiklo] *m* tricycle *m*
trigo ['triɣo] *m* blé *m*
trilladora [triʎa'ðora] *f* batteuse *f*
trillar [tri'ʎar] *vt* battre *(le blé)*
trillizos, zas [tri'ʎiθos, θas] *m, fpl* triplés *mpl* -es *fpl*
trimestral [trimes'tral] *adj* trimestriel(elle)
trimestre [tri'mestre] *m* trimestre *m*
trinchante [trin'tʃante] *m* **1.** *(cuchillo)* couteau *m* à découper **2.** *(tenedor)* fourchette *f* à découper
trineo [tri'neo] *m* **1.** *(pequeño)* luge *f* **2.** *(grande)* traîneau *m*
trío ['trio] *m* trio *m*

tripa ['tripa] *f* **1.** *(intestino)* tripes *fpl* **2.** *(barriga)* ventre *m* ♦ **tripas** *fpl (de máquina, objeto)* intérieur *m*

triple ['triple] *adj* triple ◇ *m (en baloncesto) panier valant trois points* • **el triple de** trois fois plus de

trípode ['tripoðe] *m* trépied *m*

tripulación [tripula'θjon] *f* équipage *m*

tripulante [tripu'lante] *mf* membre *m* de l'équipage

triste ['triste] *adj* **1.** triste **2.** *(antes de sustantivo) (persona)* pauvre ; *(salario, recompensa)* maigre

tristeza [tris'teθa] *f* tristesse *f*

triturar [tritu'rar] *vt* **1.** *(desmenuzar)* broyer **2.** *(mascar)* triturer

triunfal [trjun'fal] *adj* triomphal(e)

triunfar [trjun'far] *vi* **1.** *(vencer)* triompher **2.** *(tener éxito)* réussir

triunfo ['trjunfo] *m* triomphe *m*

trivial [tri'βjal] *adj* banal(e)

trizas ['triθas] *fpl* • **hacer trizas algo** réduire qqch en miettes

trocha ['trotʃa] *f (Amér)* écartement *m (des voies de chemin de fer)*

trofeo [tro'feo] *m* trophée *m*

trombón [trom'bon] *m* trombone *m*

trombosis [trom'bosis] *f inv* thrombose *f*

trompa ['trompa] *f* **1.** trompe *f* **2.** *(fam) (borrachera)* cuite *f*

trompazo [trom'paθo] *m* coup *m*

trompeta [trom'peta] *f* trompette *f*

tronar [tro'nar] *v impers* tonner

tronco ['tronko] *m* tronc *m*

trono ['trono] *m* trône *m*

tropa ['tropa] *f* **1.** *(de soldados)* troupe *f* **2.** *(fam) (de personas)* armée *f*

tropecientos, tas [trope'θjentos, tas] *adj pl (fam)* • **he recibido tropecientos mensajes** j'ai reçu trente six mille messages

tropezar [trope'θar] *vi* trébucher ♦ **tropezar con** *v prep* **1.** *(obstáculo, estorbo)* buter sur **2.** *(fig) (persona)* tomber sur

tropezón [trope'θon] *m* faux pas *m* ♦ **tropezones** *mpl (de jamón, pan) morceaux de viande, de jambon, de pain, de fromage, etc. ajoutés à une soupe*

tropical [tropi'kal] *adj* tropical(e)

trópico ['tropiko] *m* tropique *m*

tropiezo [tro'pjeθo] *m* **1.** faux pas *m* **2.** *(fig) (dificultad)* embûche *f*

trotar [tro'tar] *vi* **1.** *(caballo)* trotter **2.** *(fam) (persona)* cavaler

trote ['trote] *m* trot *m* • **¡ya no estoy para esos trotes!** *(fam)* j'ai passé l'âge !

trozo ['troθo] *m* morceau *m* • **a trozos** en morceaux • **un trozo de** un morceau de

trucaje [tru'kaxe] *m* trucage *m*

trucha ['trutʃa] *f* truite *f* • **trucha a la navarra** *truite farcie d'une tranche de poitrine fumée et servie grillée*

truco ['truko] *m* **1.** *(trampa, engaño)* truc *m* **2.** *(en cine)* trucage *m*

trueno ['trweno] *m* **1.** tonnerre *m* **2.** *(estampido)* coup *m* de tonnerre **3.** *(de arma)* détonation *f*

trufa ['trufa] *f* truffe *f* • **trufas heladas** *truffes glacées au chocolat*

trusa ['trusa] *f (Perú)* **1.** *(traje de baño)* slip *m* de bain **2.** *(calzoncillos)* slip *m*

tu [tu] (*pl* **tus** [tus]) *adj* ton (ta) • **tus libros** tes livres

tú ['tu] *pron* **1.** *(sujeto)* tu **2.** *(predicado)* toi • **tú te llamas Juan** tu t'appelles Juan • **el culpable eres tú** c'est toi le coupable • **hablar** o **tratar de tú** tutoyer

tuberculosis [tuβerku'losis] *f inv* tuberculose *f*

tubería [tuβe'ria] *f* tuyauterie *f*

tubo ['tuβo] *m* **1.** *(de agua, gas)* tuyau *m* **2.** *(recipiente)* tube *m* • **tubo de escape** pot *m* d'échappement

tuerca ['tu̯erka] *f* écrou *m*

tuerto, ta ['tu̯erto, ta] *adj* borgne

tul ['tul] *m* tulle *m*

tulipán [tuli'pan] *m* tulipe *f*

tullido, da [tu'ʎiðo, ða] *adj* infirme

tumba ['tumba] *f* tombe *f*

tumbar [tum'bar] *vt* **1.** *(derribar)* faire tomber **2.** *(fam)* *(en examen)* coller ◆ **tumbarse** *vp* s'allonger

tumbona [tum'bona] *f* chaise *f* longue

tumor [tu'mor] *m* tumeur *f*

tumulto [tu'multo] *m* **1.** *(disturbio)* tumulte *m* **2.** *(confusión)* cohue *f*

tuna ['tuna] *f orchestre d'étudiants vêtus de capes noires ornées de rubans multicolores. Ils parcourent les rues en chantant des chansons et en jouant des airs de leur répertoire*

túnel ['tunel] *m* tunnel *m*

Túnez ['tuneθ] *s* **1.** *(país)* Tunisie *f* **2.** *(ciudad)* Tunis

túnica ['tunika] *f* tunique *f*

tupido, da [tu'piðo, ða] *adj* *(tejido)* serré(e)

turbina [tur'βina] *f* turbine *f*

turbio, bia ['turβi̯o, βi̯a] *adj* **1.** *(líquido, agua)* trouble **2.** *(fig)* *(asunto, negocio)* louche

turbulencia [turβu'lenθi̯a] *f* **1.** turbulence *f* **2.** *(confusión)* tumulte *m*

turco, ca ['turko, ka] *adj* turc (turque) ◇ *m, f* Turc *m*, Turque *f* ◇ *m* *(lengua)* turc *m*

turismo [tu'rizmo] *m* **1.** tourisme *m* **2.** *(coche)* voiture *f* de tourisme

turista [tu'rista] *mf* touriste *mf*

turistear [turist'ear] *vi* *(Andes & Méx)* faire du tourisme

turístico, ca [tu'ristiko, ka] *adj* touristique

túrmix® ['turmiks] *m* mixer *m*

turno ['turno] *m* **1.** tour *m* **2.** *(sucesión)* roulement *m* ▼ **espere su turno** attendez votre tour

Turquía [tur'kia] *s* Turquie *f*

turrón [tu'ron] *m* touron *m (confiserie de Noël semblable au nougat)*

tute ['tute] *m jeu semblable au whist*

tutear [tute'ar] *vt* tutoyer ◆ **tutearse** *vp* se tutoyer

tuteo [tute'eo] *m* tutoiement *m*

El tuteo

Le **tuteo** est employé par les personnes qui préfèrent utiliser le **tú** au lieu de **usted**, qui est beaucoup plus formel. Aujourd'hui en Espagne, l'usage du **tú** est devenu plus répandu, tandis que celui d'**usted** est devenu moins fréquent et réservé à certaines occasions formelles ou aux relations professionnelles, pour marquer le respect. Beaucoup de gens, surtout parmi les jeunes, apprécient d'être tutoyés, même par des inconnus.

tutor, ra [tu'tor, ra] *m, f* **1.** *(de bienes, menor)* tuteur *m*, -trice *f* **2.** *(profesor particular)* précepteur *m*, -trice *f* **3.** *(de curso)* professeur *m* principal

tuyo, ya ['tujo, ja] *adj* à toi ◇ *pron* ● **el tuyo** le tien ● **la tuya** la tienne ● **este libro es tuyo** ce livre est à toi ● **lo tuyo es el teatro** ton truc c'est le théâtre ● **un vecino tuyo** un de tes voisins ● **los tuyos** *(tu familia)* les tiens *mpl*

TV *f* (*abr escrita de* **televisión**) TV *f (télévision)*

u U

UCI ['uθi] *f* (*abr de unidad de cuidados intensivos*) unité *f* de soins intensifs

Ud. *abr escrita de* **usted**

Uds. *abr escrita de* **ustedes**

UE (*abr escrita de Unión Europea*) *f* UE *f (Union européenne)*

úlcera ['ulθera] *f* ulcère *m*

ultimar [ulti'mar] *vt* **1.** *(terminar)* mettre la dernière main à **2.** *(Amér) (matar)* tuer

último, ma ['ultimo, 'ma] *adj* dernier(ère) ● **a últimos de** *(mes, año)* à la fin de ● **por último** enfin ● **en el último rincón del desván** dans le coin le plus caché du grenier ● **última llamada** *(en aeropuerto)* dernier appel *m*

ultramarinos [ultrama'rinos] *m inv* *(tienda)* épicerie *f*

ultravioleta [ultraβjo'leta] *adj* ultraviolet(ette)

umbral [um'bral] *m* seuil *m*

un, una ['un, 'una] *art* un (une) ● **un hombre** un homme ● **una mujer** une femme ● **un águila** un aigle ● **unos niños** des enfants ● **unos meses** quelques mois ● **unas cartas** des lettres ● **un día volveré** je reviendrai un jour = **uno**

unánime [u'nanime] *adj* unanime

UNED [u'neð] *f* (*abr de Universidad Nacional de Educación a Distancia*) ≃ CNED *m (Centre national d'enseignement à distance)*

únicamente [ˌunika'mente] *adv* uniquement

único, ca ['uniko, ka] *adj* **1.** *(solo)* seul(e) **2.** *(excepcional)* unique

unidad [uni'ðað] *f* unité *f* ● **unidad central** unité centrale

unido, da [u'niðo, ða] *adj* uni(e)

unifamiliar [unifami'ljar] *adj* **1.** *(vivienda, casa)* individuel(elle) **2.** *(empresa)* familial(e)

unificación [unifika'θjon] *f* unification *f*

uniforme [uni'forme] *m* uniforme *m*

unión [u'njon] *f* union *f*

unir [u'nir] *vt* **1.** unir **2.** *(juntar)* joindre **3.** *(piezas)* assembler **4.** *(comunicar)* relier **5.** *(mezclar)* lier ◆ **unirse** *vp* s'unir

unisex [uni'seks] *adj inv* unisexe

universal [uniβer'sal] *adj* universel(elle)

universidad [uniβersi'ðað] *f* université *f*

universitario, ria [uniβersi'tarjo, rja] *m, f* diplômé *m*, -e *f* de l'université

universo [uni'βerso] *m* univers *m*

uno, na ['uno, na] *art*

1. un (une) • **tienen una gran piscina** ils ont une grande piscine • **había unos coches mal aparcados** il y avait des voitures mal garées • **he conocido a unas chicas muy simpáticas** j'ai fait la connaissance de filles très sympathiques

2. *(aproximadamente)* • **había unas doce personas** il y avait une douzaine de personnes • **me voy unos días** je pars quelques jours

◇ *adj inv* un (une) • **había cincuenta y una mujeres** il y avait cinquante et une femmes

◇ *pron*

1. *(indefinido)* un (une) • **los bombones están muy buenos, coge uno** les chocolats sont délicieux, prends-en un • **tienes muchas manzanas, dame unas** tu as beaucoup de pommes, donne-m'en quelques-unes • **uno/una de** l'un/l'une de • **uno... otro** l'un... l'autre • **uno habla, otro calla** l'un parle, l'autre se tait

2. (*fam*) *(cierta persona)* • **ayer hablé con uno que te conoce** hier, j'ai parlé à un type qui te connaît

3. (*yo*) on • **entonces es cuando se da uno cuenta de...** c'est alors qu'on se rend compte de... • **una ya está acostumbrada a eso** j'y suis habituée

4. *(en locuciones)* • **como uno más** comme tout le monde • **uno a uno** un à un • **de uno en uno** un par un • **uno por uno** un par un • **más de uno** plus d'un

◇ *m* un • **doscientos uno** deux cent un • **treinta y uno** trente et un • **empatados a uno** un partout • **uno a cero** un à zéro

◇ *f (hora)* • **la una** une heure

untar [un'tar] *vt* **1.** *(pan, tostada)* tartiner **2.** *(manchar)* tacher **3.** *(con crema, pomada)* enduire ◆ **untarse** *vp* **1.** *(mancharse)* se tacher **2.** *(con crema, pomada)* s'enduire

uña ['uɲa] *f* **1.** *(de persona)* ongle *m* **2.** *(de animal)* griffe *f* **3.** *(de caballo, vaca)* sabot *m* • **hacerse las uñas** se faire les ongles

uralita® [ura'lita] *f tôle ondulée de Fibrociment*®

uranio [u'ranjo] *m* uranium *m*

urbanización [urβaniθa'θjon] *f* **1.** *(acción)* urbanisation *f* **2.** *(lugar)* lotissement *m*

urbano, na [ur'βano, na] *adj* urbain(e) ◇ *m, f* agent *m* de police

urgencia [ur'xenθja] *f* urgence *f* • **con urgencia** d'urgence o en urgence ◆ **urgencias** *fpl (en hospital)* urgences *fpl*

urgente [ur'xente] *adj* urgent(e)

urgentemente [urˌxente'mente] *adv* d'urgence

urinario [uri'narjo] *m* urinoir *m*

URL ['u'ere'ele] (*abr de Uniform Resource Locator*) *m* URL *f*

urna ['urna] *f* **1.** urne *f* **2.** *(de exposición)* vitrine *f*

urticaria [urti'karja] *f* urticaire *f*

Uruguay [uru'ɣuaj] *s* Uruguay *m*

uruguayo, ya [uru'ɣuajo, ja] *adj* uruguayen(enne) ◇ *m, f* Uruguayen *m*, -enne *f*

usado, da [u'saðo, ða] *adj* **1.** *(utilizado)* usagé(e) **2.** *(coche)* d'occasion **3.** *(palabra)* usité(e) **4.** *(gastado)* usé(e)

usar [u'sar] *vt* **1.** utiliser **2.** *(llevar)* porter

USB ['u'ese'be] (*abr de Universal Serial Bus*) *m* • **llave USB** clé USB • **puerto USB** port USB

uso ['uso] *m* **1.** utilisation *f* **2.** *(empleo)* usage *m* • **usos y costumbres** les us et coutumes

usted, des [us'teð, ðes] *pron* vous • **¿usted es español?** vous êtes espagnol ? • **¿cómo están ustedes?** comment allez-vous ? • **me gustaría hablar con usted** j'aimerais vous parler • **tratar a alguien de usted** vouvoyer qqn

usual [usu'al] *adj* habituel(elle)

usuario, ria [u'suario, ria] *m, f* **1.** *(de transportes, servicios)* usager *m* **2.** *(de máquina, INFORM)* utilisateur *m*, -trice *f*

utensilio [uten'silio] *m* ustensile *m*

útero ['utero] *m* utérus *m*

útil ['util] *adj* utile ◇ *m* outil *m*

utilidad [utili'ðað] *f* **1.** utilité *f* **2.** *(provecho)* profit *m*

utilitario [utili'tario] *m* petite voiture *f*

utilizar [utili'θar] *vt* utiliser

uva ['uβa] *f* raisin *m* • **uvas de la suerte** *tradition selon laquelle avaler 12 grains de raisin au rythme des 12 coups de minuit le 31 décembre porte chance*

V

vaca ['baka] *f* **1.** *(animal)* vache *f* **2.** *(carne)* bœuf *m*

vacaciones [baka'θiones] *fpl* vacances *fpl* • **estar/ir de vacaciones** être/partir en vacances

vacante [ba'kante] *f* poste *m* vacant

vaciar [baθi'ar] *vt* **1.** vider **2.** *(dejar hueco)* évider

vacilar [baθi'lar] *vi* **1.** *(dudar)* hésiter **2.** *(tambalearse)* chanceler

vacilón [baθi'lon] *m* *(Amér)* fête *f*

vacío, a [ba'θio, a] *adj* **1.** vide **2.** *(no ocupado)* libre **3.** *(superficial)* creux (creuse) ◇ *m* vide *m* • **al vacío** *(envasado)* sous vide

vacuna [ba'kuna] *f* vaccin *m*

vacunación [bakuna'θion] *f* vaccination *f*

vacunar [baku'nar] *vt* vacciner

vado ['baðo] *m* **1.** *(en la calle)* bateau *m* **2.** *(de río)* gué *m* ▼ **vado permanente** sortie de voitures

vagabundo, da [baɣa'βundo, da] *m, f* vagabond *m*, -e *f*

vagamente [ˌbaɣa'mente] *adv* vaguement

vagina [ba'xina] *f* vagin *m*

vago, ga ['baɣo, ɣa] *adj* **1.** *(perezoso)* feignant(e) **2.** *(impreciso)* vague

vagón [ba'ɣon] *m* wagon *m*

vagoneta [baɣo'neta] *f* wagonnet *m*

vaho ['bao] *m* **1.** *(vapor)* vapeur *f* **2.** *(aliento, en cristales)* buée *f* ◆ **vahos** *mpl* *(de hierbas)* inhalation *f*

vaina ['baina] *f* **1.** *(funda)* étui *m* **2.** *(de guisantes, habas)* cosse *f*

vainilla [bai'niʎa] *f* vanille *f*

vajilla [ba'xiʎa] *f* vaisselle *f*

vale ['bale] *m* **1.** *(papel)* bon *m* **2.** *(Ven)* *(fam)* *(amigo)* copain *m* ◇ *interj* • **¿vale?** d'accord ? • **¡vale!** d'accord ! • **¡vale (ya)!** ça suffit !

Valencia [ba'lenθja] *s* Valence
valenciana [balen'θjana] *f (Amér)* revers *m (de pantalon)*
valentía [balen'tia] *f (cualidad)* courage *m*
valer [ba'ler] *m* valeur *f* ◇ *vt* valoir ◇ *vi* **1.** *(ser eficaz)* valoir **2.** *(servir)* aller **3.** *(ser válido)* être valable **4.** *(estar permitido)* être permis(e) ● **este chico vale** c'est un garçon bien ● **estos zapatos ya no me valen** ces chaussures ne me vont plus ● **valer la pena** valoir la peine ● **más vale que no le digas nada** il vaut mieux que tu ne lui dises rien ◆ **valerse de** *v prep* se servir de
valeriana [bale'rjana] *f* valériane *f*
validez [bali'ðeθ] *f* validité *f*
válido, da ['baliðo, ða] *adj* valable
valiente [ba'ljente] *adj* courageux(euse)
valija [ba'lixa] *f (RP)* valise *f*
valioso, sa [ba'ljoso, sa] *adj* précieux(euse)
valla ['baʎa] *f* **1.** clôture *f* **2.** *(de publicidad)* panneau *m* publicitaire **3.** *DEP* haie *f*
valle ['baʎe] *m* vallée *f*
valor [ba'lor] *m* **1.** valeur *f* **2.** *(valentía)* courage *m*
valoración [balora'θjon] *f* évaluation *f*
valorar [balo'rar] *vt* évaluer
válvula ['balβula] *f* **1.** *(eléctrica)* valve *f* **2.** *(de coche)* soupape *f*
vanguardista [banguar'ðista] *adj* avant-gardiste
vanidad [bani'ðað] *f* vanité *f*
vanidoso, sa [bani'ðoso, sa] *adj* vaniteux(euse)
vano, na ['bano, na] *adj* vain(e) ● **en vano** *(inútilmente)* en vain
vapor [ba'por] *m* vapeur *f* ● **al vapor** à la vapeur
vaporizador [baporiθa'ðor] *m* vaporisateur *m*
vaquero, ra [ba'kero, ra] *adj (ropa, chaqueta, pantalón)* en jean ◆ **vaqueros** *mpl* jean *m*
vara ['bara] *f* bâton *m*
variable [bari'aβle] *adj* **1.** *(opinión, clima)* variable **2.** *(carácter)* changeant(e)
variado, da [bari'aðo, ða] *adj* varié(e)
variar [bari'ar] *vt* **1.** *(cambiar)* changer **2.** *(dar variedad)* varier ◆ **variar de** *v prep* changer de
varicela [bari'θela] *f* varicelle *f*
varices [ba'riθes] *fpl* varices *fpl*
variedad [barje'ðað] *f* variété *f* ● **teatro de variedades** théâtre de variétés
varios, rias ['barjos, rjas] *adj pl* **1.** *(algunos)* plusieurs **2.** *(diferentes)* divers(es) ▼ varios divers
varón [ba'ron] *m* **1.** *(hombre)* homme *m* **2.** *(niño)* garçon *m*
varonil [baro'nil] *adj* **1.** *(valiente, fuerte)* viril(e) **2.** *(prenda, colonia)* pour homme
vasallo, lla [ba'saʎo, ʎa] *m, f* vassal *m*, -e *f*
vasco, ca ['basko, ka] *adj* basque ◇ *m, f* Basque *mf* ◇ *m (lengua)* basque *m* ● **a la vasca** (à la) basquaise
vascohablante [baskoa'βlante], **vascoparlante** [baskopar'lante] *adj* & *mf* bascophone
vasija [ba'sixa] *f* pot *m*
vaso ['baso] *m* verre *m*

vasto, ta ['basto, ta] *adj* vaste

váter ['bater] *m* W-C *mpl*

Vaticano [bati'kano] *m* • **el Vaticano** le Vatican

vaya ['baja] *interj* **1.** *(sorpresa)* ça alors ! **2.** *(admiración)* ouah ! • **¡vaya moto!** quelle moto !

Vda. (*abr escrita de viuda*) vve *(veuve)*

Vdo. (*abr escrita de viudo*) vf *(veuf)*

vecindad [beθin'dað] *f* voisinage *m*

vecindario [beθin'dario] *m* **1.** *(de una casa, un barrio)* voisins *mpl* **2.** *(de un pueblo, una ciudad)* habitants *mpl*

vecino, na [be'θino, na] *adj* voisin(e) ◇ *m, f* **1.** *(de una casa, un barrio)* voisin *m*, -e *f* **2.** *(de un pueblo, una ciudad)* habitant *m*, -e *f*

vegetación [bexeta'θion] *f* végétation *f*

vegetal [bexe'tal] *adj* végétal(e) ◇ *m* **1.** végétal *m* **2.** *(sándwich)* sandwich *m* crudités

vegetariano, na [bexeta'riano, na] *m, f* végétarien *m*, -enne *f*

vehículo [be'ikulo] *m* véhicule *m*

veinte ['beinte] *núm* vingt

vejez [be'xeθ] *f* vieillesse *f*

vejiga [be'xiɣa] *f* vessie *f*

vela ['bela] *f* **1.** *(para dar luz)* bougie *f* **2.** *(de barco)* voile *f* **3.** *(vigilia)* veille *f* • **estar en vela** veiller

velero [be'lero] *m* voilier *m*

veleta [be'leta] *f* girouette *f*

vello ['beʎo] *m* *(de persona)* duvet *m*

velo ['belo] *m* voile *m*

velocidad [beloθi'ðað] *f* vitesse *f* • **la baja/alta velocidad** le bas/haut débit ▼ **velocidad controlada por radar** contrôle radar

velódromo [be'loðromo] *m* vélodrome *m*

velomotor [belomo'tor] *m* vélomoteur *m*

velorio [be'lorio] *m* veillée *f* funèbre

veloz, ces [be'loθ, θes] *adj* rapide

vena ['bena] *f* veine *f*

venado [be'naðo] *m* gibier *m*

vencedor, ra [benθe'ðor, ra] *m, f* vainqueur *m*

vencer [ben'θer] *vt* **1.** vaincre **2.** *(dificultad, obstáculo)* surmonter **3.** *(suj: suceso, cansancio)* abattre ◇ *vi* **1.** *(ganar)* gagner **2.** *(contrato, plazo)* expirer **3.** *(pago, deuda)* échoir

vencido, da [ben'θiðo, ða] *adj (derrotado)* vaincu(e) • **darse por vencido** s'avouer vaincu

vencimiento [benθi'miento] *m* **1.** *(de contrato, plazo)* expiration *f* **2.** *(de pago, deuda)* échéance *f*

venda ['benda] *f* bande *f (pansement)*

vendaje [ben'daxe] *m* bandage *m*

vendar [ben'dar] *vt* bander

vendaval [benda'βal] *m* grand vent *m*

vendedor, ra [bende'ðor, ra] *m, f* vendeur *m*, -euse *f*

vender [ben'der] *vt* vendre

vendimia [ben'dimia] *f* vendange *f*

vendimiador, ra [bendimia'ðor, ra] *m, f* vendangeur *m*, -euse *f*

vendimiar [bendi'miar] *vt* vendanger

veneno [be'neno] *m* **1.** poison *m* **2.** *(de animales)* venin *m*

venenoso, sa [bene'noso, sa] *adj* **1.** *(seta)* vénéneux(euse) **2.** *(serpiente)* venimeux(euse)

venezolano, na [beneθo'lano, na] *adj* vénézuélien(enne) ◇ *m, f* Vénézuélien *m*, -enne *f*

Venezuela [bene'θu̯ela] *s* Venezuela *m*

venganza [ben'ganθa] *f* vengeance *f*

vengarse [ben'garse] *vp* se venger

venida [be'niða] *f* venue *f*

venir [be'nir] *vi* **1.** venir • **vino ayer por la tarde** il est venu hier après-midi **2.** *(llegar, suceder)* arriver • **ya vienen los turistas** les touristes arrivent • **le vino una desgracia inesperada** il lui est arrivé un malheur inattendu **3.** *(seguir en el tiempo)* • **el año/la semana que viene** l'année/la semaine prochaine • **ahora viene la escena más divertida** maintenant c'est la scène la plus drôle **4.** *(hallarse, estar)* être • **su foto viene en la primera página** sa photo est en première page • **el texto viene en inglés** le texte est en anglais **5.** *(ropa, zapatos)* aller • **el abrigo le viene pequeño** ce manteau est trop petit pour lui • **tus zapatos no me vienen** tes chaussures ne me vont pas **6.** *(en locuciones)* • **¿a qué viene esto?** pourquoi dis-tu ça ? ◆ **venir de** *v prep (proceder)* venir de ◆ **venirse** *vp (llegar)* venir • **venirse abajo** *(edificio, persona)* s'effondrer ; *(proyecto)* tomber à l'eau

venta ['benta] *f* **1.** vente *f* **2.** *(hostal)* auberge *f* ▾ **venta de billetes** vente des billets • **venta al detalle** vente au détail • **venta al por mayor** vente en gros ▾ **en venta** à vendre

ventaja [ben'taxa] *f* avantage *m*

ventana [ben'tana] *f* fenêtre *f* • **ventana emergente** pop-up *m*

ventanilla [benta'niʎa] *f* **1.** *(de tren)* fenêtre *f* **2.** *(de coche)* vitre *f* **3.** *(de avión)* hublot *m* **4.** *(de oficina, cine)* guichet *m*

ventilación [bentila'θi̯on] *f* ventilation *f*

ventilador [bentila'ðor] *m* ventilateur *m*

ventisca [ben'tiska] *f* tempête *f* de neige

ventosa [ben'tosa] *f* ventouse *f*

ventoso, sa [ben'toso, sa] *adj* venteux(euse)

ver ['ber] *vt*

1. voir • **desde casa vemos el mar** de chez nous on voit la mer • **fui a ver a unos amigos** je suis allé voir des amis • **ayer lo vi en el parque** hier je l'ai vu au parc • **esta es tu manera de ver las cosas** c'est ta façon de voir les choses • **ya veo que estás de mal humor** je vois bien que tu es de mauvaise humeur • **ya veo lo que quieres decir** je vois ce que tu veux dire • **voy a ver si han venido ya** je vais voir s'ils sont arrivés • **yo no lo veo tan mal** ce n'est pas si mal

2. *(televisión)* regarder

3. *(en locuciones)* • **¡hay que ver lo tonto que es!** qu'est-ce qu'il peut être bête ! • **por lo visto** o **que se ve** apparemment • **ver mundo** voyager • **volver a ver** revoir

◇ *vi* voir • **los ciegos no ven** les aveugles ne voient pas • **ver bien/mal** voir bien/mal • **¿a ver? creo que ese lápiz es mío** fais voir ? je crois que ce crayon est à moi • **a ver qué pasa** voyons ce qui se passe ◆ **verse con** *v prep (tratarse)* voir

veraneante [berane'ante] *mf* estivant *m*, -e *f*

veranear [berane'ar] *vi* passer ses vacances d'été

veraneo [bera'neo] *m* vacances *fpl* d'été

veraniego, ga [bera'njeɣo, ɣa] *adj* estival(e)

verano [be'rano] *m* été *m* • **en verano** en été

veras ['beras] ♦ **de veras** *loc adv* 1. *(realmente)* vraiment 2. *(en serio)* sérieusement

verbena [ber'βena] *f* 1. *(fiesta)* *fête populaire nocturne* 2. *(planta)* verveine *f*

verbo ['berβo] *m* verbe *m* • **verbo auxiliar** verbe auxiliaire

verdad [ber'ðað] *f* vérité *f* • **de verdad** *(realmente)* vraiment ; *(en serio)* sérieusement • **¿verdad?** n'est-ce pas ?

verdadero, ra [berða'ðero, ra] *adj* 1. *(cierto, real)* vrai(e) 2. *(no falso)* véritable

verde ['berðe] *adj* 1. *(color)* vert(e) 2. *(fig)* *(sin experiencia)* jeune 3. *(fig)* *(obsceno)* osé(e) ◇ *m* vert *m*

verdulería [berðule'ria] *f* • **ir a la verdulería** aller chez le marchand de légumes

verdulero, ra [berðu'lero, ra] *m, f* marchand *m*, -e *f* de légumes

verdura [ber'ðura] *f* légume *m* • **verdura con patatas** *légumes cuits à l'eau avec des pommes de terre*

vereda [be'reða] *f* 1. *(camino)* sentier *m* 2. *(CSur & Perú)* *(acera)* trottoir *m*

veredicto [bere'ðikto] *m* verdict *m*

vergonzoso, sa [berɣon'θoso, sa] *adj* 1. *(deshonroso)* honteux(euse) 2. *(tímido)* timide

vergüenza [ber'ɣwenθa] *f* 1. honte *f* 2. *(pudor)* pudeur *f* 3. *(dignidad)* amour-propre *m*

verificar [berifi'kar] *vt* vérifier

verja ['berxa] *f* grille *f*

vermú [ber'mu] *m* 1. *(licor)* vermouth *m* 2. *(aperitivo)* apéritif *m*

verosímil [bero'simil] *adj* vraisemblable

verruga [be'ruɣa] *f* verrue *f*

versión [ber'sjon] *f* version *f* • **versión original** version originale

verso ['berso] *m* 1. *(género)* vers *m* 2. *(poema)* poème *m*

vertedero [berte'ðero] *m* 1. *(de basuras)* décharge *f* 2. *(de aguas)* déversoir *m*

verter [ber'ter] *vt* renverser

vertical [berti'kal] *adj* vertical(e)

vértice ['bertiθe] *m* sommet *m*

vertido [ber'tiðo] *m* déchet *m*

vertiente [ber'tjente] *f* 1. *(de montaña)* versant *m* 2. *(de tejado)* pente *f*

vértigo ['bertiɣo] *m* vertige *m*

vestíbulo [bes'tiβulo] *m* hall *m*

vestido [bes'tiðo] *m* 1. *(prenda de vestir)* vêtement *m* 2. *(de mujer)* robe *f*

vestimenta [besti'menta] *f* vêtements *mpl*

vestir [bes'tir] *vt* 1. habiller 2. *(llevar puesto)* porter ◇ *vi* être habillé(e) ♦ **vestirse** *vp* s'habiller

vestuario [bestu'arjo] *m* 1. *(ropa de persona)* garde-robe *f* 2. *(de actores)* costumes *mpl* 3. *(en gimnasio, piscina)* vestiaire *m* 4. *(en teatro)* loge *f*

veterano, na [bete'rano, na] *m, f* vétéran *m*

veterinario, ria [beteri'narjo, rja] *m, f* vétérinaire *mf*

vez, ces ['beθ, θes] *f* **1.** fois *f* **2.** *(turno)* tour *m* • **a veces** parfois • **¿has estado en París alguna vez?** tu es déjà allé à Paris ? • **una vez** une fois • **dos veces** deux fois • **de vez en cuando** de temps en temps • **pocas veces** rarement • **muchas veces** souvent • **otra vez** encore une fois • **tres veces al día** trois fois par jour • **unas veces** parfois • **en vez de** au lieu de • **pedir la vez** demander son tour

VHF ['uβe'atʃe'efe] *m* (*abr de very high frequency*) VHF *f*

vía ['bia] *f* voie *f* • **por vía aérea** par avion

viaducto [bja'ðukto] *m* viaduc *m*

viajar [bja'xar] *vi* voyager

viaje ['bjaxe] *m* voyage *m* • **viaje de novios** voyage de noces • **ir de viaje** partir en voyage • **¡buen viaje!** bon voyage !

viajero, ra [bja'xero, ra] *m, f* voyageur *m*, -euse *f*

víbora ['biβora] *f* vipère *f*

vibrar [bi'βrar] *vi* vibrer

vicepresidente, ta [ˌbiθepresi'ðente, ta] *m, f* vice-président *m*, -e *f*

viciarse [bi'θjarse] *vp* • **viciarse (con algo)** *(persona)* devenir dépendant(e) (de qqch)

vicio ['biθjo] *m* **1.** *(mala costumbre)* manie *f* **2.** *(inmoralidad)* vice *m*

vicioso, sa [bi'θjoso, sa] *adj* vicieux(euse)

víctima ['biktima] *f* victime *f* • **ser víctima de** être victime de

victoria [bik'torja] *f* victoire *f*

vid ['bið] *f* vigne *f*

vida ['biða] *f* **1.** vie *f* **2.** *(duración)* durée *f* de vie • **vida familiar** vie de famille • **buena vida** belle vie • **mala vida** mauvaise vie • **de toda la vida** depuis toujours • **amargarle la vida a alguien** rendre la vie impossible à qqn

vidente [bi'ðente] *mf* voyant *m*, -e *f*

vídeo ['biðeo] *m* **1.** *(técnica)* vidéo *f* **2.** *(aparato)* magnétoscope *m*

videocámara [ˌbiðeo'kamara] *f* Caméscope® *m*

videocasete [ˌbiðeoka'sete] *m* cassette *f* vidéo

videoconferencia [ˌbiðeokonfe'renθja] *f* visioconférence *f*

videojuego [ˌbiðeo'xweɣo] *m* jeu *m* vidéo

videovigilancia [ˌbideoβixi'lanθja] *f* vidéosurveillance *f*

vidriera [bi'ðrjera] *f* vitrail *m*

vidrio ['biðrjo] *m* *(material)* verre *m*

vieira ['bjeira] *f* coquille *f* Saint-Jacques

viejo, ja ['bjexo, xa] *adj* vieux (vieille) • **un hombre viejo** un vieil homme • **hacerse viejo** vieillir ◇ *m, f* **1.** *(anciano)* vieux *m*, vieille *f* **2.** (*RP & Ven*) *(compañero, amigo)* pote *m*

viento ['bjento] *m* vent *m*

vientre ['bjentre] *m* ventre *m*

viernes ['bjernes] *m inv* vendredi *m* • **Viernes Santo** Vendredi Saint • **cada viernes** o **todos los viernes** tous les vendredis • **caer en viernes** tomber un vendredi • **el próximo viernes** o **el viernes que viene** vendredi prochain • **viene el viernes** il vient vendredi • **el viernes pasado** vendredi dernier • **el viernes por la**

mañana/tarde/noche vendredi matin/après-midi/soir • **este viernes** *(pasado)* vendredi dernier ; *(próximo)* vendredi prochain • **los viernes** le vendredi
Vietnam [bjeð'nam] *s* Vietnam *m*
viga ['biɣa] *f* poutre *f*
vigencia [bi'xenθja] *f* validité *f*
vigente [bi'xente] *adj* en vigueur
vigilante [bixi'lante] *mf* surveillant *m*, -e *f*
vigilar [bixi'lar] *vt* surveiller
vigor [bi'ɣor] *m* vigueur *f* • **en vigor** en vigueur
vigoroso, sa [biɣo'roso, sa] *adj* vigoureux(euse)
vil ['bil] *adj* **1.** *(persona)* méprisable **2.** *(acto, conducta)* vil(e)
villancico [biʎan'θiko] *m* chant *m* de Noël
vinagre [bi'naɣre] *m* vinaigre *m*
vinagreras [bina'ɣreras] *fpl* huilier *m*
vinagreta [bina'ɣreta] *f* vinaigrette *f* • **salsa vinagreta** vinaigrette • **a la vinagreta** à la vinaigrette
vinculación [binkula'θjon] *f* lien *m*
vincular [binku'lar] *vt* lier
vino ['bino] *m* vin *m* • **vino blanco/rosado/tinto** vin blanc/rosé/rouge • **vino de la casa** vin de la maison • **vino corriente** vin ordinaire • **vino de mesa** vin de table
viña ['biɲa] *f (terreno)* vigne *f*
violación [biola'θjon] *f* **1.** *(de ley)* violation *f* **2.** *(abuso sexual)* viol *m*
violador, ra [biola'ðor, ra] *m, f* violeur *m*, -euse *f*
violar [bio'lar] *vt* violer
violencia [bio'lenθja] *f* violence *f* • **me causa violencia preguntárselo** ça me gêne de le lui demander
violento, ta [bio'lento, ta] *adj* violent(e) • **estar violento** être gêné • **ser violento** être gênant
violeta [bio'leta] *f* violette *f*
violín [bio'lin] *m* violon *m*
violinista [bioli'nista] *mf* violoniste *mf*
violoncelo [bjolon'tʃelo] *m* violoncelle *m*
virgen ['birxen] *adj* vierge • **la Virgen** la Vierge
Virgo ['birɣo] *m* Vierge *f inv*
virtud [bir'tuð] *f* vertu *f* • **en virtud de** en vertu de
viruela [bi'rwela] *f* variole *f*
virus ['birus] *m inv* virus *m*
viruta [bi'ruta] *f (de madera)* copeau *m* • **virutas de jamón** *petites tranches fines de jambon de pays*
visa ['bisa] *f (Amér)* visa *m*
visado [bi'saðo] *m* visa *m*
víscera ['bisθera] *f* viscère *m*
viscosa [bis'kosa] *f* viscose *f*
visera [bi'sera] *f* visière *f*
visible [bi'siβle] *adj* visible
visillos [bi'siʎos] *mpl* voilages *mpl*
visita [bi'sita] *f* **1.** *(acción)* visite *f* **2.** *(persona)* visiteur *m*, -euse *f* • **hacer una visita** rendre une visite
visitante [bisi'tante] *mf* visiteur *m*, -euse *f*
visitar [bisi'tar] *vt* **1.** *(amigo, pariente)* rendre visite **2.** *(ciudad, museo, cliente)* visiter **3.** *(suj: médico)* examiner

vislumbrar [bizlum'brar] *vt* entrevoir

víspera ['bispera] *f (día anterior)* veille *f*

vista ['bista] *f* **1.** vue *f* **2.** *(ojos)* yeux *mpl* **3.** *(perspicacia, astucia)* flair *m* **4.** *(juicio)* audience *f* • **a primera** o **simple vista** à première vue • **con vistas a** dans l'intention de • **en vista de** vu, compte tenu de • **en vista de que** étant donné que • **¡hasta la vista!** à la prochaine ! • **vista previa** aperçu *m* avant impression

vistazo [bis'taθo] *m* coup *m* d'œil • **echar un vistazo** jeter un coup d'œil

visto, ta ['bisto, ta] *adj* • **estar bien/mal visto** *(hecho, conducta)* être bien/mal vu • **está muy visto** *(ropa)* c'est démodé ; *(truco, chiste)* c'est du déjà-vu • **por lo visto** apparemment • **visto que** vu que, puisque

vistoso, sa [bis'toso, sa] *adj* voyant(e)

visualización [bisu̯aliθa'θi̯on] *f* affichage *m*

visualizar [bisu̯ali'θar] *vt* afficher

vital [bi'tal] *adj* **1.** vital(e) **2.** *(con vitalidad)* plein(e) de vitalité

vitalidad [bitali'ðað] *f* vitalité *f*

vitamina [bita'mina] *f* vitamine *f*

vitrina [bi'trina] *f* vitrine *f (meuble)*

viudo, da ['bi̯uðo, ða] *m, f* veuf *m*, veuve *f*

viva ['biβa] *interj* • **¡viva los novios!** vive les mariés !

víveres ['biβeres] *mpl* vivres *mpl*

vivienda [bi'βi̯enda] *f* logement *m*

vivir [bi'βir] *vi* **1.** vivre **2.** *(residir)* habiter ◇ *vt* vivre ◆ **vivir de** *v prep* vivre de

vivo, va ['biβo, βa] *adj* **1.** vif (vive) **2.** *(existente, expresivo)* vivant(e) • **estar vivo** être en vie • **en vivo** *(programa, emisión)* en direct ; *(en persona)* en chair et en os

vizcaíno, na [biθka'ino, na] *adj* • **a la vizcaína** (à la) basquaise

vocabulario [bokaβu'lari̯o] *m* vocabulaire *m*

vocación [boka'θi̯on] *f* vocation *f*

vocal [bo'kal] *f* voyelle *f*

vodka ['boðka] *m* vodka *f*

vol. (*abr escrita de volumen*) vol. *(volume)*

volador, ra [bola'ðor, ra] *adj* volant(e)

volante [bo'lante] *adj* volant(e) ◇ *m* volant *m*

volar [bo'lar] *vi* **1.** *(avión, pájaro)* voler **2.** (*fam*) *(tiempo)* passer vite **3.** (*fam*) *(desaparecer)* s'envoler **4.** (*fam*) *(correr)* se dépêcher ◇ *vt (hacer explotar)* faire sauter

volcán [bol'kan] *m* volcan *m*

volcánico, ca [bol'kaniko, ka] *adj* volcanique

volcar [bol'kar] *vt* renverser ◇ *vi* **1.** se renverser **2.** *(barco)* se retourner

voleibol [bolei̯'βol] *m* volley-ball *m*

voley ['bolei̯] *m* (*fam*) volley *m* • **voley-playa** beach-volley *m*

volquete [bol'kete] *m* camion *m* à benne

voltaje [bol'taxe] *m* voltage *m*

voltear [bolte'ar] *vt* **1.** (*Andes & Méx*) *(volverse)* tourner **2.** (*Amér*) *(derribar)* renverser ◆ **voltearse** *vp* (*Andes, CAm, Carib & Méx*) *(volverse)* se retourner

voltereta [bolte'reta] *f* culbute *f*

volumen [bo'lumen] *m* volume *m* • **ajuste del volumen** réglage du volume

voluntad [bolun'tað] *f* volonté *f*

voluntario, ria [bolun'tari̯o, ri̯a] *adj* & *m, f* volontaire ◇ *m (soldado)* engagé *m* volontaire

voluntarioso, sa [bolunta'ri̯oso, sa] *adj* • **ser voluntarioso** avoir de la volonté

volver [bol'βer] *vt* **1.** *(cabeza, ojos, vista)* tourner • **he vuelto los ojos hacia donde estabas** j'ai tourné les yeux vers toi **2.** *(dar la vuelta a)* retourner • **vuelve la tortilla** retourner l'omelette **3.** *(convertir)* rendre • **la desgracia lo volvió un delincuente** le malheur a fait de lui un délinquant • **vas a volverme loco** tu vas me rendre fou ◇ *vi* **1.** *(regresar)* revenir • **vuelve, no te vayas** reviens, ne t'en va pas • **no volveré esta noche** je ne rentrerai pas cette nuit • **volvamos a nuestro tema** revenons à notre sujet **2.** *(ir de nuevo)* retourner • **no pienso volver a este hotel** je n'ai pas l'intention de retourner dans cet hôtel ◆ **volver a** *v prep (hacer otra vez)* • **volver a hacer/leer** refaire/relire • **vuelve a llover** il recommence à pleuvoir ◆ **volverse** *vp* **1.** *(darse la vuelta)* se retourner • **volverse atrás** *(desdecirse)* faire machine arrière **2.** *(convertirse)* devenir • **se volvió insomne** il est devenu insomniaque ◆ **volverse a** *v prep (ir de vuelta)* retourner à ◆ **volverse de** *v prep (volver de vuelta)* revenir de

vomitar [bomi'tar] *vt* vomir

vos ['bos] *pron (Andes, CAm, Carib & RP)* tu

VOSE *f* (*abr escrita de versión original subtitulada en español*) ≃ VOST *f (version originale sous-titrée)*

vosotros, tras [bo'sotros, tras] *pron* vous

votación [bota'θi̯on] *f* vote *m*

votante [bo'tante] *mf* votant *m*, -e *f*

votar [bo'tar] *vt* & *vi* voter

voto ['boto] *m* **1.** *(en elecciones)* voix *f* **2.** *(derecho a votar)* droit *m* de vote **3.** *RELIG* vœu *m*

voz, ces ['boθ, θes] *f* **1.** voix *f* **2.** *(grito)* cri *m* **3.** *(rumor)* rumeur *f* • **en voz alta/baja** à voix haute/basse • **dar una voz** crier

VPO ['uβe'pe'o] (*abr de vivienda de protección oficial*) *f* ≃ HLM *m ou f*

vuelo ['bu̯elo] *m* vol *m* • **vuelo chárter/regular** vol charter/régulier ▾ **vuelos nacionales** vols nationaux • **una falda con mucho vuelo** une jupe très ample

vuelta ['bu̯elta] *f* **1.** tour *m* **2.** *(regreso)* retour *m* **3.** *(de monedas)* monnaie *f* • **vuelta de campana** *(de coche)* tonneau *m* • **vuelta al cole(gio)** rentrée *f* des classes • **dar la vuelta** rendre la monnaie • **dar la vuelta al colchón** retourner le matelas • **dar una vuelta** faire un tour • **dar vueltas** tourner • **darse la vuelta** se retourner *(personne)* • **estar de vuelta** être de retour • **a la vuelta** au retour • **a la vuelta de la esquina** au coin de la rue • **a vuelta de correo** par retour du courrier

vuelto ['bu̯elto] *pp* ➤ **volver** ◇ *m (Amér)* monnaie *f*

vuestro, tra ['bu̯estro, tra] *adj* votre ◇ *pron* • **el vuestro** le vôtre • **la vuestra** la vôtre • **vuestros libros** vos livres • **lo**

vuestro es el deporte votre truc c'est le sport • **un amigo vuestro** un de vos amis

vulgar [bul'ɣar] *adj* **1.** vulgaire **2.** *(común)* courant(e)

wW

walkman® ['wolman] *m* Walkman® *m*

wáter ['bater] *m* W-C *mpl*

waterpolo [water'polo] *m* water-polo *m*

WC (*abr escrita de water closet*) W-C *mpl*

web ['weβ] *f* web *m* • **la web** le Web • **una (página) web** un site web

webmaster [weβ'master] *mf* webmestre *mf*

whisky ['wiski] *m* whisky *m*

Wi-Fi ['wifi] (*abr de Wireless Fidelity*) *m* Wi-Fi *m*

windsurf ['winsurf] *m* • **hacer windsurf** faire de la planche à voile

xX

xenofobia [seno'foβja] *f* xénophobie *f*

xilófono [si'lofono] *m* xylophone *m*

xml, XML ['ekis'eme'ele] (*abr de Extensible Markup Language*) *m* XML *m*

yY

y [i] *conj* **1.** et • **tú y yo** toi et moi • **¿y tu mujer?** et ta femme ? **2.** *(pero)* et pourtant • **sabía que no lo conseguiría y seguía intentándolo** il savait qu'il n'y parviendrait pas et pourtant il continuait à essayer

ya ['ʝa] *adv* **1.** *(denota pasado)* déjà • **ya me lo has dicho** tu me l'as déjà dit • **ya no vive aquí** il n'habite plus ici **2.** *(inmediatamente)* tout de suite • **hay que hacerlo ya** il faut le faire tout de suite • **ya te llamaré** je t'appellerai **3.** *(refuerza al verbo)* bien • **ya lo sé, pero...** je sais bien, mais... ◇ *interj* **1.** *(expresa asentimiento)* oui, c'est ça ! **2.** *(expresa comprensión)* oui, j'ai compris ! ◇ *conj* • **ya llegue tarde, ya llegue temprano...** que j'arrive tôt ou que j'arrive tard... • **ya que** puisque

yacimiento [ʝaθi'mi̯ento] *m* gisement *m*

yanqui ['ʝanki] *mf* (*despec*) Amerloque *mf*

yate ['ʝate] *m* yacht *m*

yegua ['ʝeɣu̯a] *f* jument *f*

yema ['ʝema] *f* **1.** *(de huevo)* jaune *m* **2.** *(de dedo)* bout *m* **3.** *(de planta)* bourgeon *m* **4.** *(dulce) confiserie à base de jaune d'œuf et de sucre*

yerbatero [ʝerβa'tero] *m* (*Andes*) guérisseur *m*

yerno ['ʝerno] *m* gendre *m*

yeso ['ʝeso] *m* **1.** *(mineral)* gypse *m* **2.** *(material)* plâtre *m*

yo ['ɟo] *pron* **1.** *(sujeto)* je **2.** *(predicado)* moi ● **yo me llamo Juan** je m'appelle Juan ● **yo animo a todos** j'encourage tout le monde ● **yo que tú/él** moi, à ta/sa place ● **el culpable soy yo** c'est moi le coupable

yodo ['ɟoðo] *m* iode *m*

yoga ['ɟoɣa] *m* yoga *m*

yogur [ɟo'ɣur] *m* yaourt *m*

yunque ['ɟunke] *m* enclume *f*

yunta ['ɟunta] *f* (*Amér*) boutons *mpl* de manchette

Z

zafacón [θafa'kon] *m* (*Amér*) poubelle *f (en métal)*

zafiro [θa'firo] *m* saphir *m*

zaguán [θa'ɣuan] *m* entrée *f*

zambullida [θambu'ʎiða] *f* plongeon *m*

zambullirse [θambu'ʎirse] *vp* plonger

zanahoria [θana'oria] *f* carotte *f*

zancadilla [θanka'ðiʎa] *f* ● **poner la zancadilla a alguien** faire un croche-pied à qqn

zancudo [θan'kuðo] *m* (*Amér*) moustique *m*

zanja ['θanxa] *f* tranchée *f*

zapallo [θa'paʎo] *m* (*Amér*) courgette *f*

zapateado [θapate'aðo] *m danse espagnole rythmée par des coups de talons*

zapatería [θapate'ria] *f* **1.** *(tienda)* magasin *m* de chaussures **2.** *(taller)* cordonnerie *f*

zapatero, ra [θapa'tero, ra] *m, f* **1.** *(vendedor)* chausseur *m* **2.** *(reparador)* cordonnier *m*, -ère *f* ◇ *m (mueble)* armoire *f* à chaussures

zapatillas [θapa'tiʎas] *fpl (para estar en casa)* chaussons *mpl* ● **zapatillas de deporte** tennis *fpl*

zapatos [θa'patos] *m* chaussures *fpl* ● **zapatos de caballero/señora** chaussure pour homme/femme

zapeo [θa'peo] *m* zapping *m*

zapping ['θapin] *m* zapping *m* ● **hacer zapping** zapper

zarandear [θarande'ar] *vt* secouer *(personne)*

zarpar [θar'par] *vi* appareiller

zarpazo [θar'paθo] *m* coup *m* de griffe

zarza ['θarθa] *f* ronce *f*

zarzamora [θarθa'mora] *f* mûre *f*

zarzuela [θar'θuela] *f* **1.** *(guiso) plat de poisson et de coquillages en sauce* **2.** *(obra musical)* zarzuela *f (genre d'opérette typiquement espagnole)*

zenit [θe'nit] *m* zénith *m* ● **en el zenit de** (*fig*) au sommet de

zinc ['θink] *m* zinc *m*

zip, ZIP ['θip] *m* zip, ZIP *m* ● **archivo zip** fichier zip

zíper ['θiper] *m* (*CAm, Carib & Méx*) fermeture *f* Éclair®

zipizape [ˌθipi'θape] *m* (*fam*) grabuge *m*

zócalo ['θokalo] *m* **1.** *(de edificio)* soubassement *m* **2.** *(de muro, pared)* plinthe *f*

zodíaco [θo'ðiako] *m* zodiaque *m*

zona ['θona] *f* zone *f* ▼ **zona de estacionamiento limitado y vigilado** zone de stationnement limité ● **zona euro** zone euro ● **zona verde** *(con árboles)* espace *m* vert

La zona azul

Il s'agit d'une zone de stationnement payant. Dans la plupart des villes, le paiement s'effectue au moyen d'un horodateur. Le ticket délivré par l'appareil doit être placé en évidence derrière le pare-brise. Dans ces zones, le stationnement est gratuit certains jours et à certaines heures indiqués sur l'horodateur.

zonzo, za ['θonθo, θa] *adj* *(Amér)* crétin(e)

zoo ['θoo] *m* zoo *m*

zoológico, ca [θoo'loxiko, ka] *adj* zoologique ◇ *m* parc *m* zoologique

zopenco, ca [θo'penko, ka] *adj* *(fam)* idiot(e)

zorra ['θora] *f* *(vulg)* *(prostituta)* pute *f*

zorro, rra ['θoro, ra] *m, f* *(animal)* renard *m*, -e *f* ◇ *m* *(piel)* renard *m* ● **un zorro** *(fig)* *(persona astuta)* un vieux renard

zuecos ['θu̯ekos] *mpl* **1.** *(de madera)* sabots *mpl* **2.** *(de piel)* galoches *fpl*

zumbar [θum'bar] *vi* bourdonner ◇ *vt* ● **zumbar a alguien** *(fam)* ficher une raclée à qqn

zumbido [θum'biðo] *m* bourdonnement *m*

zumo ['θumo] *m* *(Esp)* jus *m* ● **zumo de fruta/de naranja** jus de fruits/d'orange

zurcir [θur'θir] *vt* repriser

zurdo, da ['θurðo, ða] *adj* **1.** *(mano, ojo)* gauche **2.** *(persona)* gaucher(ère)

zurrar [θu'rar] *vt* *(fam)* ● **zurrar a alguien** ficher une raclée à qqn

CONJUGACIÓN
DE LOS
VERBOS ESPAÑOLES

acertar :
pres ind : acierto, acertamos, etc. • *pres subj* : acierte, acertemos, etc. • *imperat* : acierta, acertemos, acertad, etc.

adquirir :
pres ind : adquiero, adquirimos, etc. • *pres subj* : adquiera, adquiramos, etc. • *imperat* : adquiere, adquiramos, adquirid, etc.

amar :
pres ind : amo, amas, ama, amamos, amáis, aman • *imperf ind* : amaba, amabas, amaba, amábamos, amabais, amaban • *pret indef* : amé, amaste, amó, amamos,amasteis,amaron • *fut* : amaré, amarás, amará, amaremos,amaréis, amarán • *cond* : amaría, amarías, amaría, amaríamos, amaríais, amarían • *pres subj* : ame, ames, ame, amemos, améis, amen • *imperf subj* : amara, amaras, amara, amáramos, amarais, amaran • *imperat* : ama, ame, amemos, amad, amen • *ger* : amando • *partic* : amado, -da

andar :
pret indef : anduve, anduvimos, etc. • *imperf subj* : anduviera, anduviéramos, etc.

avergonzar :
pres ind : avergüenzo, avergonzamos, etc. • *pret indef* : avergoncé, avergonzó, avergonzamos, etc. • *pres subj* : avergüence, avergoncemos, etc. • *imperat* : avergüenza, avergüence, avergoncemos, avergonzad, etc.

caber :
pres ind : quepo, cabe, cabemos, etc. • *pret indef* : cupe, cupimos, etc. • *fut* : cabré, cabremos, etc. • *cond* : cabría, cabríamos, etc. • *pres subj* : quepa, quepamos, etc. • *imperf subj* : cupiera, cupiéramos, etc. • *imperat* : cabe, quepa, quepamos, cabed, etc.

caer :
pres ind : caigo, cae, caemos, etc. • *pret indef* : cayó, caímos, cayeron, etc. • *pres subj* : caiga, caigamos, etc. • *imperf subj* : cayera, cayéramos, etc. • *imperat* : cae, caiga, caigamos, caed, etc. • *ger* : cayendo

conducir :
pres ind : conduzco, conduce, conducimos, etc. • *pret indef* : conduje, condujimos, etc. • *pres subj* : conduzca, conduzca-

mos, etc. • *imperf subj:* condujera, condujéramos, etc. • *imperat:* conduce, conduzca, conduzcamos, conducid, etc.

conocer:
pres ind: conozco, conoce, conocemos, etc. • *pres subj:* conozca, conozcamos, etc. • *imperat:* conoce, conozca, conozcamos, etc.

dar:
pres ind: doy, da, damos, etc. • *pret indef:* di, dio, dimos, etc. • *pres subj:* dé, demos, etc. • *imperf subj:* diera, diéramos, etc. • *imperat:* da, dé, demos, dad, etc.

decir:
pres ind: digo, dice, decimos, etc. • *pret indef:* dije, dijimos, etc. • *fut:* diré, diremos, etc. • *cond:* diría, diríamos, etc. • *pres subj:* diga, digamos, etc. • *imperf subj:* dijera, dijéramos, etc. • *imperat:* di, diga, digamos, decid, etc. • *ger:* diciendo • *partic:* dicho, -cha

discernir:
pres ind: discierno, discernimos, etc. • *pres subj:* discierna, discernamos, etc. • *imperat:* discierne, discierna, discernamos, discernid, etc.

dormir:
pres ind: duermo, dormimos, etc. • *pret indef:* durmió, dormimos, durmieron, etc. • *pres subj:* duerma, durmamos, etc. • *imperf subj:* durmiera, durmiéramos, etc. • *imperat:* duerme, duerma, durmamos, dormid, etc. • *ger:* durmiendo

errar:
pres ind: yerro, erramos, etc. • *pres subj:* yerre, erremos, etc. • *imperat:* yerra, yerre, erremos, errad, etc.

estar:
pres ind: estoy, estás, está, estamos, estáis, están • *imperf ind:* estaba, estabas, estaba, estábamos, estabais, estaban • *pret indef:* estuve, estuviste, estuvo, estuvimos, estuvisteis, estuvieron • *fut:* estaré, estarás, estará, estaremos, estaréis, estarán • *cond:* estaría, estarías, estaría, estaríamos, estaríais, estarían • *pres subj:* esté, estés, esté, estemos, estéis, estén • *imperf subj:* estuviera, estuvieras, estuviera, estuviéramos, estuvierais, estuvieran • *imperat:* está, esté, estemos,

estad, estén • *ger*: estando • *partic*: estado

haber:
pres ind: he, has, ha, hemos, habéis, han • *imperf ind*: había, habías, había, habíamos, habíais, habían • *pret indef*: hube, hubiste, hubo, hubimos, hubisteis, hubieron • *fut*: habré, habrás, habrá, habremos, habréis, habrán • *cond*: habría, habrías, habría, habríamos, habríais, habrían • *pres subj*: haya, hayas, haya, hayamos, hayáis, hayan • *imperf subj*: hubiera, hubieras, hubiera, hubiéramos, hubierais, hubieran • *imperat*: he, haya, hayamos, habed, hayan • *ger*: habiendo • *partic*: habido, -da

hacer:
pres ind: hago, hace, hacemos, etc. • *pret indef*: hice, hizo, hicimos, etc. • *fut*: haré, haremos, etc. • *cond*: haría, haríamos, etc. • *pres subj*: haga, hagamos, etc. • *imperf subj*: hiciera, hiciéramos, etc. • *imperat*: haz, haga, hagamos, haced, etc. • *partic*: hecho, -cha

huir:
pres ind: huyo, huimos, etc. • *pret indef*: huyó, huimos, huyeron, etc. • *pres subj*: huya, huyamos, etc. • *imperf subj*: huyera, huyéramos, etc. • *imperat*: huye, huya, huyamos, huid, etc. • *ger*: huyendo

ir:
pres ind: voy, va, vamos, etc. • *pret indef*: fui, fue, fuimos, etc. • *pres subj*: vaya, vayamos, etc. • *imperf subj*: fuera, fuéramos, etc. • *imperat*: ve, vaya, vayamos, id, etc. • *ger*: yendo

leer:
pret indef: leyó, leímos, leyeron, etc. • *imperf subj*: leyera, leyéramos • *ger*: leyendo

lucir:
pres ind: luzco, luce, lucimos, etc. • *pres subj*: luzca, luzcamos, etc. • *imperat*: luce, luzca, luzcamos, lucid, etc.

mover:
pres ind: muevo, movemos, etc. • *pres subj*: mueva, movamos, etc. • *imperat*: mueve, mueva, movamos, moved, etc.

nacer:
pres ind: nazco, nace, nacemos, etc. • *pres subj*: nazca, nazcamos, etc.

• *imperat:* nace, nazca, nazcamos, naced, etc.

oír:
pres ind: oigo, oye, oímos, etc. • *pret indef:* oyó, oímos, oyeron, etc. • *pres subj:* oiga, oigamos, etc. • *imperf subj:* oyera, oyéramos, etc. • *imperat:* oye, oiga, oigamos, oíd, etc. • *ger:* oyendo

oler:
pres ind: huelo, olemos, etc. • *pres subj:* huela, olamos, etc. • *imperat:* huele, huela, olamos, oled, etc.

parecer:
pres ind: parezco, parece, parecemos, etc. • *pres subj:* parezca, parezcamos, etc. • *imperat:* parece, parezca, parezcamos, pareced, etc.

partir:
pres ind: parto, partes, parte, partimos, partís, parten • *imperf ind:* partía, partías, partía, partíamos, partíais, partían • *pret indef:* partí, partiste, partió, partimos, partisteis, partieron • *fut:* partiré, partirás, partirá, partiremos, partiréis, partirán • *cond:* partiría, partirías, partiría, partiríamos, partiríais, partirían • *pres subj:* parta, partas, parta, partamos, partáis, partan • *imperf subj:* partiera, partieras, partiera, partiéramos, partierais, partieran • *imperat:* parte, parta, partamos, partid, partan • *ger:* partiendo • *partic:* partido, -da

pedir:
pres ind: pido, pedimos, etc. • *pret indef:* pidió, pedimos, pidieron, etc. • *pres subj:* pida, pidamos, etc. • *imperf subj:* pidiera, pidiéramos, etc. • *imperat:* pide, pida, pidamos, pedid, etc. • *ger:* pidiendo

poder:
pres ind: puedo, podemos, etc. • *pret indef:* pude, pudimos, etc. • *fut:* podré, podremos, etc. • *cond:* podría, podríamos, etc. • *pres subj:* pueda, podamos, etc. • *imperf subj:* pudiera, pudiéramos, etc. • *imperat:* puede, pueda, podamos, poded, etc. • *ger:* pudiendo

poner:
pres ind: pongo, pone, ponemos, etc. • *pret indef:* puse, pusimos, etc. • *fut:* pondré, pondremos, etc. • *cond:* pondría,

pondríamos, etc. • *pres subj:* ponga, pongamos, etc. • *imperf subj:* pusiera, pusiéramos, etc. • *imperat:* pon, ponga, pongamos, poned, etc. • *partic:* puesto, -ta

querer:
pres ind: quiero, queremos, etc. • *pret indef:* quise, quisimos, etc. • *fut:* querré, querremos, etc. • *cond:* querría, querríamos, etc. • *pres subj:* quiera, queramos, etc. • *imperf subj:* quisiera, quisiéramos, etc. • *imperat:* quiere, quiera, queramos, quered, etc.

reír:
pres ind: río, reímos, etc. • *pret indef:* rio, reímos, rieron, etc. • *pres subj:* ría, riamos, etc. • *imperf subj:* riera, riéramos, etc. • *imperat:* ríe, ría, riamos, reíd, etc. • *ger:* riendo

saber:
pres ind: sé, sabe, sabemos, etc. • *pret indef:* supe, supimos, etc. • *fut:* sabré, sabremos, etc. • *cond:* sabría, sabríamos, etc. • *pres subj:* sepa, sepamos, etc. • *imperf subj:* supiera, supiéramos, etc. • *imperat:* sabe, sepa, sepamos, sabed, etc.

salir:
pres ind: salgo, sale, salimos, etc. • *fut:* saldré, saldremos, etc. • *cond:* saldría, saldríamos, etc. • *pres subj:* salga, salgamos, etc. • *imperat:* sal, salga, salgamos, salid, etc.

sentir:
pres ind: siento, sentimos, etc. • *pret indef:* sintió, sintimos, sintieron, etc. • *pres subj:* sienta, sintamos, etc. • *imperf subj:* sintiera, sintiéramos, etc. • *imperat:* siente, sienta, sintamos, sentid, etc. • *ger:* sintiendo

ser:
pres ind: soy, eres, es, somos, sois, son • *imperf ind:* era, eras, era, éramos, erais, eran • *pret indef:* fui, fuiste, fue, fuimos, fuisteis, fueron • *fut:* seré, serás, será, seremos, seréis, serán • *cond:* sería, serías, sería, seríamos, seríais, serían • *pres subj:* sea, seas, sea, seamos, seáis, sean • *imperf subj:* fuera, fueras, fuera, fuéramos, fuerais, fueran • *imperat:* sé, sea, seamos, sed, sean • *ger:* siendo • *partic:* sido, -da

sonar:
pres ind: sueno, sonamos, etc. • *pres subj:* suene, sonemos, etc. • *imperat:* suena, suene, sonemos, sonad, etc.

temer :
pres ind: temo, temes, teme, tememos, teméis, temen • *imperf ind:* temía, temías, temía, temíamos, temíais, temían • *pret indef:* temí, temiste, temió, temimos, temisteis, temieron • *fut:* temeré, temerás, temerá, temeremos, temeréis, temerán • *cond:* temería, temerías, temería, temeríamos, temeríais, temerían • *pres subj:* tema, temas, tema, temamos, temáis, teman • *imperf subj:* temiera, temieras, temiera, temiéramos, temierais, temieran • *imperat:* teme, tema, temamos, temed, teman • *ger:* temiendo • *partic:* temido, -da

tender :
pres ind: tiendo, tendemos, etc. • *pres subj:* tienda, tendamos, etc. • *imperat:* tiende, tendamos, etc.

tener :
pres ind: tengo, tiene, tenemos, etc. • *pret indef:* tuve, tuvimos, etc. • *fut:* tendré, tendremos, etc. • *cond:* tendría, tendríamos, etc. • *pres subj:* tenga, tengamos, etc. • *imperf subj:* tuviera, tuviéramos, etc. • *imperat:* ten, tenga, tengamos, tened, etc.

traer :
pres ind: traigo, trae, traemos, etc. • *pret indef:* traje, trajimos, etc. • *pres subj:* traiga, traigamos, etc. • *imperf subj:* trajera, trajéramos, etc. • *imperat:* trae, traiga, traigamos, traed, etc. • *ger:* trayendo

valer :
pres ind: valgo, vale, valemos, etc. • *fut:* valdré, valdremos, etc. • *cond:* valdría, valdríamos, etc. • *pres subj:* valga, valgamos, etc. • *imperat:* vale, valga, valgamos, valed, etc.

venir :
pres ind: vengo, viene, venimos, etc. • *pret indef:* vine, vinimos, etc. • *fut:* vendré, vendremos, etc. • *cond:* vendría, vendríamos, etc. • *pres subj:* venga, vengamos, etc. • *imperf subj:* viniera, viniéramos, etc. • *imperat:* ven, venga, vengamos, venid, etc. • *ger:* viniendo

ver :
pres ind: veo, ve, vemos, etc. • *pret indef:* vi, vio, vimos, etc. • *imperf subj:* viera, viéramos, etc. • *imperat:* ve, vea, veamos, ved, etc. • *ger:* viendo, etc. • *partic:* visto, -ta

CONJUGAISON
DES
VERBES FRANÇAIS

avoir :
ind prés : j'ai, tu as, il a, nous avons, vous avez, ils ont • *imparfait :* j'avais, tu avais, il avait, nous avions, vous aviez, ils avaient • *ind futur :* j'aurai, tu auras, il aura, nous aurons, vous aurez, ils auront • *subj prés :* que j'aie, que tu aies, qu'il aie, que nous ayons, que vous ayez, qu'ils aient • *imp :* aie, ayons • *pprés :* ayant • *pp :* eu

être :
ind prés : je suis, tu es, il est, nous sommes, vous êtes, ils sont • *imparfait :* j'étais, tu étais, il était, nous étions, vous étiez, ils étaient • *ind fut :* je serai, tu seras, il sera, nous serons, vous serez, ils seront • *subj prés :* que je sois, que tu sois, qu'il soit, que nous soyons, que vous soyez, qu'ils soient • *imp :* sois, soyons • *pprés :* étant • *pp :* été

chanter :
ind prés : je chante, tu chantes, il chante, nous chantons, vous chantez, ils chantent • *imparfait :* je chantais, tu chantais, il chantait, nous chantions, vous chantiez, ils chantaient • *ind fut :* je chanterai, tu chanteras, il chantera, nous chanterons, vous chanterez, ils chanteront • *subj prés :* que je chante, que tu chantes, qu'il chante, que nous chantions, que vous chantiez, qu'ils chantent • *imp :* chante, chantons • *pprés :* chantant • *pp :* chanté

baisser :
ind prés : je baisse, nous baissons • *imparfait :* je baissais • *ind fut :* je baisserai • *subj prés :* que je baisse • *imp :* baisse, baissons • *pprés :* baissant • *pp :* baissé

pleurer :
ind prés : je pleure, nous pleurons • *imparfait :* je pleurais • *ind fut :* je pleurerai • *subj prés :* que je pleure • *imp :* pleure, pleurons • *pprés :* pleurant • *pp :* pleuré

jouer :
ind prés : je joue, nous jouons • *imparfait :* je jouais • *ind fut :* je jouerai • *subj prés :* que je joue • *imp :* joue, jouons • *pprés :* jouant • *pp :* joué

saluer :
ind prés : je salue, nous saluons • *imparfait :* je saluais • *ind fut :* je saluerai • *subj prés :* que je salue • *imp :* salue, saluons • *pprés :* saluant • *pp :* salué

arguer :
ind prés : j'argue, nous arguons • *imparfait :* j'arguais • *ind fut :* j'arguerai • *subj prés :* que j'argue • *imp :* argue, arguons • *pprés :* arguant • *pp :* argué

copier :
ind prés : je copie, nous copions • *imparfait :* je copiais • *ind fut :* je copierai • *subj prés :* que je copie • *imp :* copie, copions • *pprés :* copiant • *pp :* copié

prier :
ind prés : je prie, nous prions • *imparfait :* je priais • *ind fut :* je prierai • *subj prés :* que je prie • *imp :* prie, prions • *pprés :* priant • *pp :* prié

payer :
ind prés : je paie, nous payons, ils paient • *imparfait :* je payais • *ind fut :* je paierai • *subj prés :* que je paie • *imp :* paie, payons • *pprés :* payant • *pp :* payé

grasseyer :
ind prés : je grasseye, nous grasseyons • *imparfait :* je grasseyais • *ind fut :* je grasseyerai • *subj prés :* que je grasseye • *imp :* grasseye, grasseyons • *pprés :* grasseyant • *pp :* grasseyé

ployer :
ind prés : je ploie, nous ployons, ils ploient • *imparfait :* je ployais • *ind fut :* je ploierai • *subj prés :* que je ploie • *imp :* ploie, ployons • *pprés :* ployant • *pp :* ployé

essuyer :
ind prés : j'essuie, nous essuyons • *imparfait :* j'essuyais • *ind fut :* j'essuierai • *subj prés :* que j'essuie • *imp :* essuie, essuyons • *pprés :* essuyant • *pp :* essuyé

créer :
ind prés : je crée, nous créons • *imparfait :* je créais • *ind fut :* je créerai • *subj prés :* que je crée • *imp :* crée, créons • *pprés :* créant • *pp :* créé

avancer :
ind prés : j'avance, nous avançons, ils avancent • *imparfait :* j'avançais • *ind fut :* j'avancerai • *subj prés :* que j'avance • *imp :* avance, avançons • *pprés :* avançant • *pp :* avancé

manger :
ind prés : je mange, nous mangeons • *imparfait :* je mangeais • *ind fut :* je mangerai • *subj prés :* que je mange

• *imp* : mange, mangeons • *pprés* : mangeant • *pp* : mangé

céder :
ind prés : je cède, nous cédons, ils cèdent • *imparfait* : je cédais • *ind fut* : je céderai • *subj prés* : que je cède • *imp* : cède, cédons • *pprés* : cédant • *pp* : cédé

semer :
ind prés : je sème, nous semons • *imparfait* : je semais • *ind fut* : je sèmerai • *subj prés* : que je sème • *imp* : sème, semons • *pprés* : semant • *pp* : semé

rapiécer :
ind prés : je rapièce, nous rapiéçons, ils rapiècent • *imparfait* : je rapiéçais • *ind fut* : je rapiécerai • *subj prés* : que je rapièce • *imp* : rapièce, rapiéçons • *pprés* : rapiéçant • *pp* : rapiécé

acquiescer :
ind prés : j'acquiesce, nous acquiesçons, ils acquiescent • *imparfait* : j'acquiesçais • *ind fut* : j'acquiescerai • *subj prés* : que j'acquiesce • *imp* : acquiesce, acquiesçons • *pprés* : acquiesçant • *pp* : acquiescé

siéger :
ind prés : je siège, nous siégeons, ils siègent • *imparfait* : je siégeais • *ind fut* : je siégerai • *subj prés* : que je siège • *imp* : siège, siégeons • *pprés* : siégeant • *pp* : siégé

23. déneiger :
ind prés : je déneige, nous déneigeons • *imparfait* : je déneigeais • *ind fut* : je déneigerai • *subj prés* : que je déneige • *imp* : déneige, déneigeons • *pprés* : déneigeant • *pp* : déneigé

appeler :
ind prés : j'appelle, nous appelons, ils appellent • *imparfait* : j'appelais • *ind fut* : j'appellerai • *subj prés* : que j'appelle • *imp* : appelle, appelons • *pprés* : appelant • *pp* : appelé

peler :
ind prés : je pèle, nous pelons, ils pèlent • *imparfait* : je pelais • *ind fut* : je pèlerai • *subj prés* : que je pèle • *imp* : pèle, pelons • *pprés* : pelant • *pp* : pelé

interpeller :
ind prés : j'interpelle, nous interpellons • *imparfait* : j'interpellais • *ind fut* : j'interpellerai • *subj prés* : que j'interpelle • *imp* : interpelle, interpellons • *pprés* : interpellant • *pp* : interpellé

jeter :
ind prés : je jette,

nous jetons, ils jettent • *imparfait :* je jetais • *ind fut :* je jetterai • *subj prés :* que je jette • *imp :* jette, jetons • *pprés :* jetant • *pp :* jeté

acheter :
ind prés : j'achète, nous achetons, ils achètent • *imparfait :* j'achetais • *ind fut :* j'achèterai • *subj prés :* que j'achète • *imp :* achète, achetons • *pprés :* achetant • *pp :* acheté

dépecer :
ind prés : je dépèce, nous dépeçons, ils dépècent • *imparfait :* je dépeçais • *ind fut :* je dépècerai • *subj prés :* que je dépèce • *imp :* dépèce, dépeçons • *pprés :* dépeçant • *pp :* dépecé

envoyer :
ind prés : j'envoie, nous envoyons, ils envoient • *imparfait :* j'envoyais • *ind fut :* j'enverrai • *subj prés :* que j'envoie • *imp :* envoie, envoyons • *pprés :* envoyant • *pp :* envoyé

aller :
ind prés : je vais, nous allons, ils vont • *imparfait :* j'allais • *ind fut :* j'irai • *subj prés :* que j'aille • *imp :* va, allons • *pprés :* allant • *pp :* allé

finir :
ind prés : je finis, tu finis, il finit, nous finissons, vous finissez, ils finissent • *imparfait :* je finissais, tu finissais, il finissait, nous finissions, vous finissiez, ils finissaient • *ind fut :* je finirai, tu finiras, il finira, nous finirons, vous finirez, ils finiront • *subj prés :* que je finisse, que tu finisses, qu'il finisse, que nous finissions, que vous finissiez, qu'ils finissent • *imp :* finis, finissons • *pprés :* finissant • *pp :* fini

haïr :
ind prés : je hais, nous haïssons • *imparfait :* je haïssais • *ind fut :* je haïrai • *subj prés :* que je haïsse • *imp :* hais, haïssons • *pprés :* haïssant • *pp :* haï

ouvrir :
ind prés : j'ouvre, nous ouvrons • *imparfait :* j'ouvrais • *ind fut :* j'ouvrirai • *subj prés :* que j'ouvre • *imp :* ouvre, ouvrons • *pprés :* ouvrant • *pp :* ouvert

fuir :
ind prés : je fuis, nous fuyons, ils fuient • *imparfait :* je fuyais • *ind fut :* je fuirai • *subj prés :* que je fuie • *imp :* fuis, fuyons • *pprés :* fuyant • *pp :* fui

dormir :
ind prés : je dors, nous dormons • *imparfait :* je dormais • *ind fut :* je dormirai • *subj prés :* que je dorme • *imp :* dors, dormons • *pprés :* dormant • *pp :* dormi

mentir :
ind prés : je mens, nous mentons • *imparfait :* je mentais • *ind fut :* je mentirai • *subj prés :* que je mente • *imp :* mens, mentons • *pprés :* mentant • *pp :* menti

servir :
ind prés : je sers, nous servons • *imparfait :* je servais • *ind fut :* je servirai • *subj prés :* que je serve • *imp :* sers, servons • *pprés :* servant • *pp :* servi

acquérir :
ind prés : j'acquiers, nous acquérons, ils acquièrent • *imparfait :* j'acquérais • *ind fut :* j'acquerrai • *subj prés :* que j'acquière • *imp :* acquiers, acquérons • *pprés :* acquérant • *pp :* acquis

venir :
ind prés : je viens, nous venons, ils viennent • *imparfait :* je venais • *ind fut :* je viendrai • *subj prés :* que je vienne • *imp :* viens, venons • *pprés :* venant • *pp :* venu

cueillir :
ind prés : je cueille, nous cueillons • *imparfait :* je cueillais • *ind fut :* je cueillerai • *subj prés :* que je cueille • *imp :* cueille, cueillons • *pprés :* cueillant • *pp :* cueilli

mourir :
ind prés : je meurs, nous mourons, ils meurent • *imparfait :* je mourais • *ind fut :* je mourrai • *subj prés :* que je meure • *imp :* meurs, mourons • *pprés :* mourant • *pp :* mort

partir :
ind prés : je pars, nous partons • *imparfait :* je partais • *ind fut :* je partirai • *subj prés :* que je parte • *imp :* pars, partons • *pprés :* partant • *pp :* parti

revêtir :
ind prés : je revêts, nous revêtons • *imparfait :* je revêtais • *ind fut :* je revêtirai • *subj prés :* que je revête • *imp :* revêts, revêtons • *pprés :* revêtant • *pp :* revêtu

courir :
ind prés : je cours, nous courons • *imparfait :* je courais • *ind fut :* je courrai • *subj prés :* que je coure • *imp :* cours, courons • *pprés :* courant • *pp :* couru

faillir :
ind prés : je faillis, nous faillissons • *imparfait :* je faillissais • *ind fut :* je faillirai • *subj prés :* que je faillisse • *pprés :* faillissant • *pp :* failli

défaillir :
ind prés : je défaille, nous défaillons • *imparfait :* je défaillais • *ind fut :* je défaillirai • *subj prés :* que je défaille • *imp :* défaille, défaillons • *pprés :* défaillant • *pp :* défailli

bouillir :
ind prés : je bous, nous bouillons • *imparfait :* je bouillais • *ind fut :* je bouillirai • *subj prés :* que je bouille • *imp :* bous, bouillons • *pprés :* bouillant • *pp :* bouilli

gésir :
ind prés : je gis, nous gisons • *imparfait :* je gisais • *pprés :* gisant • *pp :* gît

saillir :
ind prés : il saille, ils saillent • *imparfait :* il saillait • *ind fut :* je saillerai • *subj prés :* qu'il saille, qu'ils saillent • *pprés :* saillant • *pp :* sailli

ouïr :
ind prés : j'ouïs, nous ouïssons • *imparfait :* j'ouïssais • *ind fut :* j'ouïrai • *subj prés :* que j'ouïsse • *imp :* ouïs, ouïssons • *pprés :* oyant • *pp :* ouï

recevoir :
ind prés : je reçois, nous recevons, ils reçoivent • *imparfait :* je recevais • *ind fut :* je recevrai • *subj prés :* que je reçoive • *imp :* reçois, recevons • *pprés :* recevant • *pp :* reçu

devoir :
ind prés : je dois, nous devons, ils doivent • *imparfait :* je devais • *ind fut :* je devrai • *subj prés :* que je doive • *pprés :* devant • *pp :* dû

mouvoir :
ind prés : je meus, nous mouvons, ils meuvent • *imparfait :* je mouvais • *ind fut :* je mouvrai • *subj prés :* que je meuve, que nous mouvions, qu'ils meuvent • *imp :* meus, mouvons • *pprés :* mouvant • *pp :* mû

émouvoir :
ind prés : j'émeus, nous émouvons, ils émeuvent • *imparfait :* j'émouvais • *ind fut :* j'émouvrai • *subj prés :* que j'émeuve • *imp :* émeus, émouvons • *pprés :* émouvant • *pp :* ému

promouvoir :
ind prés : je promeus, nous promouvons, ils promeuvent • *imparfait :*

je promouvais • *ind fut* : je promouvrai • *subj prés* : que je promeuve • *imp* : promeus, promouvons • *pprés* : promouvant • *pp* : promu

vouloir :
ind prés : je veux, nous voulons, ils veulent • *imparfait* : je voulais • *ind fut* : je voudrai • *subj prés* : que je veuille, que nous voulions, qu'ils veuillent • *imp* : veuille, veuillons • *pprés* : voulant • *pp* : voulu

pouvoir :
ind prés : je peux, nous pouvons, ils peuvent • *imparfait* : je pouvais • *ind fut* : je pourrai • *subj prés* : que je puisse • *pprés* : pouvant • *pp* : pu

savoir :
ind prés : je sais, nous savons, ils savent • *imparfait* : je savais • *ind fut* : je saurai • *subj prés* : que je sache • *imp* : sache, sachons • *pprés* : sachant • *pp* : su

valoir :
ind prés : je vaux, nous valons • *imparfait* : je valais • *ind fut* : je vaudrai • *subj prés* : que je vaille • *imp* : vaux, valons • *pprés* : valant • *pp* : valu

prévaloir :
ind prés : je prévaux, nous prévalons • *imparfait* : je prévalais • *ind fut* : je prévaudrai • *subj prés* : que je prévale • *imp* : prévaux, prévalons • *pprés* : prévalant • *pp* : prévalu

voir :
ind prés : je vois, nous voyons, ils voient • *imparfait* : je voyais • *ind fut* : je verrai • *subj prés* : que je voie • *imp* : vois, voyons • *pprés* : voyant • *pp* : vu

prévoir :
ind prés : je prévois, nous prévoyons, ils prévoient • *imparfait* : je prévoyais • *ind fut* : je prévoirai • *subj prés* : que je prévoie • *imp* : prévois, prévoyons • *pprés* : prévoyant • *pp* : prévu

pourvoir :
ind prés : je pourvois, nous pourvoyons, ils pourvoient • *imparfait* : je pourvoyais • *ind fut* : je pourvoirai • *subj prés* : que je pourvoie • *imp* : pourvois, pourvoyons • *pprés* : pourvoyant • *pp* : pourvu

asseoir :
ind prés : j'assieds, nous asseyons, ils assoient • *imparfait* : j'asseyais • *ind fut* : j'assiérai • *subj prés* : que j'asseye • *imp* : assieds, as-

seyons • *pprés :* asseyant • *pp :* assis

surseoir :
ind prés : je sursois, nous sursoyons, ils sursoient • *imparfait :* je sursoyais • *ind fut :* je surseoirai • *subj prés :* que je surseoie • *imp :* sursois, sursoyons • *pprés :* sursoyant • *pp :* sursis

seoir :
ind prés : il sied, ils siéent • *imparfait :* il seyait • *ind fut :* il siéra • *subj prés :* qu'il siée, qu'ils siéent • *pprés :* seyant

pleuvoir :
ind prés : il pleut • *imparfait :* il pleuvait • *ind fut :* il pleuvra • *subj prés :* qu'il pleuve • *pprés :* pleuvant • *pp :* plu

falloir :
ind prés : il faut • *imparfait :* il fallait • *ind fut :* il faudra • *subj prés :* qu'il faille • *pp :* fallu

échoir :
ind prés : il échoit, ils échoient • *imparfait :* il échoyait • *ind fut :* il échoira • *subj prés :* qu'il échoie • *pprés :* échéant • *pp :* échu

déchoir :
ind prés : je déchois, nous déchoyons, ils déchoient • *ind fut :* je déchoirai • *subj prés :* que je déchoie, qu'ils déchoient • *pp :* déchu

choir :
ind prés : je chois, ils choient • *ind fut :* je choirai • *pp :* chu

vendre :
ind prés : je vends, tu vends, il vend, nous vendons, vous vendez, ils vendent • *imparfait :* je vendais, tu vendais, il vendait, nous vendions, vous vendiez, ils vendaient • *ind fut :* je vendrai, tu vendras, il vendra, nous vendrons, vous vendrez, ils vendront • *subj prés :* que je vende, que tu vendes, qu'il vende, que nous vendions, que vous vendiez, qu'ils vendent • *imp :* vends, vendons • *pprés :* vendant • *pp :* vendu

répandre :
ind prés : je répands, nous répandons • *imparfait :* je répandais • *ind fut :* je répandrai • *subj prés :* que je répande • *imp :* répands, répandons • *pprés :* répandant • *pp :* répandu

répondre :
ind prés : je réponds, nous répondons • *imparfait :* je répondais • *ind fut :* je répondrai • *subj prés :* que je réponde • *imp :* réponds, répondons • *pprés :*

répondant • *pp :* répondu

mordre :
ind prés : je mords, nous mordons • *imparfait :* je mordais • *ind fut :* je mordrai • *subj prés :* que je morde • *imp :* mords, mordons • *pprés :* mordant • *pp :* mordu

perdre :
ind prés : je perds, nous perdons • *imparfait :* je perdais • *ind fut :* je perdrai • *subj prés :* que je perde • *imp :* perds, perdons • *pprés :* perdant • *pp :* perdu

rompre :
ind prés : je romps, nous rompons • *imparfait :* je rompais • *ind fut :* je romprai • *subj prés :* que je rompe • *imp :* romps, rompons • *pprés :* rompant • *pp :* rompu

prendre :
ind prés : je prends, nous prenons, ils prennent • *imparfait :* je prenais • *ind fut :* je prendrai • *subj prés :* que je prenne • *imp :* prends, prenons • *pprés :* prenant • *pp :* pris

craindre :
ind prés : je crains, nous craignons • *imparfait :* je craignais • *ind fut :* je craindrai • *subj prés :* que je craigne • *imp :* crains, craignons • *pprés :* craignant • *pp :* craint

peindre :
ind prés : je peins, nous peignons • *imparfait :* je peignais • *ind fut :* je peindrai • *subj prés :* que je peigne • *imp :* peins, peignons • *pprés :* peignant • *pp :* peint

joindre :
ind prés : je joins, nous joignons • *imparfait :* je joignais • *ind fut :* je joindrai • *subj prés :* que je joigne • *imp :* joins, joignons • *pprés :* joignant • *pp :* joint

battre :
ind prés : je bats, nous battons • *imparfait :* je battais • *ind fut :* je battrai • *subj prés :* que je batte • *imp :* bats, battons • *pprés :* battant • *pp :* battu

mettre :
ind prés : je mets, nous mettons • *imparfait :* je mettais • *ind fut :* je mettrai • *subj prés :* que je mette • *imp :* mets, mettons • *pprés :* mettant • *pp :* mis

moudre :
ind prés : je mouds, nous moulons • *imparfait :* je moulais • *ind fut :* je moudrai • *subj prés :* que je moule • *imp :* mouds, moulons

• *pprés :* moulant • *pp :* moulu

coudre :
ind prés : je couds, nous cousons • *imparfait :* il cousait • *ind fut :* je coudrai • *subj prés :* que je couse • *imp :* couds, cousons • *pprés :* cousant • *pp :* cousu

absoudre :
ind prés : j'absous, nous absolvons • *imparfait :* j'absolvais • *ind fut :* j'absoudrai • *subj prés :* que j'absolve • *imp :* absous, absolvons • *pprés :* absolvant • *pp :* absous

résoudre :
ind prés : je résous, nous résolvons • *imparfait :* je résolvais • *ind fut :* je résoudrai • *subj prés :* que je résolve • *imp :* résous, résolvons • *pprés :* résolvant • *pp :* résolu

suivre :
ind prés : je suis, nous suivons • *imparfait :* je suivais • *ind fut :* je suivrai • *subj prés :* que je suive • *imp :* suis, suivons • *pprés :* suivant • *pp :* suivi

vivre :
ind prés : je vis, nous vivons • *imparfait :* je vivais • *ind fut :* je vivrai • *subj prés :* que je vive, que nous vivions • *imp :* vis, vivons • *pprés :* vivant • *pp :* vécu

paraître :
ind prés : je parais, nous paraissons • *imparfait :* je paraissais • *ind fut :* je paraîtrai • *subj prés :* que je paraisse • *imp :* parais, paraissons • *pprés :* paraissant • *pp :* paru

naître :
ind prés : je nais, nous naissons • *imparfait :* je naissais • *ind fut :* je naîtrai • *subj prés :* que je naisse • *imp :* nais, naissons • *pprés :* naissant • *pp :* né

croître :
ind prés : je croîs, nous croissons • *imparfait :* il croissait • *ind fut :* je croîtrai • *subj prés :* que je croisse • *imp :* croîs, croissons • *pprés :* croissant • *pp :* crû

accroître :
ind prés : j'accrois, nous accroissons • *imparfait :* il accroissait • *ind fut :* j'accroîtrai • *subj prés :* que j'accroisse • *imp :* accrois, accroissons • *pprés :* accroissant • *pp :* accru

rire :
ind prés : je ris, nous rions • *imparfait :* je riais • *ind fut :* je rirai • *subj prés :* que je rie • *imp :* ris, rions • *pprés :* riant • *pp :* ri

conclure :
ind prés : je conclus, nous concluons • *imparfait :* je concluais • *ind fut :* je conclurai • *subj prés :* que je conclue • *imp :* conclus, concluons • *pprés :* concluant • *pp :* conclu

nuire :
ind prés : je nuis, nous nuisons • *imparfait :* je nuisais • *ind fut :* je nuirai • *subj prés :* que je nuise • *imp :* nuis, nuisons • *pprés :* nuisant • *pp :* nui

conduire :
ind prés : je conduis, nous conduisons • *imparfait :* je conduisais • *ind fut :* je conduirai • *subj prés :* que je conduise • *imp :* conduis, conduisons • *pprés :* conduisant • *pp :* conduit

écrire :
ind prés : j'écris, nous écrivons • *imparfait :* j'écrivais • *ind fut :* j'écrirai • *subj prés :* que j'écrive • *imp :* écris, écrivons • *pprés :* écrivant • *pp :* écrit

suffire :
ind prés : je suffis, nous suffisons • *imparfait :* je suffisais • *ind fut :* je suffirai • *subj prés :* que je suffise • *pprés :* suffisant • *pp :* suffi

confire :
ind prés : je confis, nous confisons • *imparfait :* je confisais • *ind fut :* je confirai • *subj prés :* que je confise • *imp :* confis, confisons • *pprés :* confisant • *pp :* confit

dire :
ind prés : je dis, nous disons • *imparfait :* je disais • *ind fut :* je dirai • *subj prés :* que je dise • *imp :* dis, disons • *pprés :* disant • *pp :* dit

contredire :
ind prés : je contredis, nous contredisons • *imparfait :* je contredisais • *ind fut :* je contredirai • *subj prés :* que je contredise • *imp :* contredis, contredisons • *pprés :* contredisant • *pp :* contredit

maudire :
ind prés : je maudis, nous maudissons • *imparfait :* je maudissais • *ind fut :* je maudirai • *subj prés :* que je maudisse • *imp :* maudis, maudissons • *pprés :* maudissant • *pp :* maudit

bruire :
ind prés : je bruis • *imparfait :* je bruyais • *ind fut :* je bruirai • *pp :* bruit

lire :
ind prés : je lis, nous lisons • *imparfait :* je lisais • *ind fut :*

je lirai • *subj prés :* que je lise, que nous lisions • *imp :* lis, lisons • *pprés :* lisant • *pp :* lu

croire :
ind prés : je crois, nous croyons, ils croient • *imparfait :* je croyais • *ind fut :* je croirai • *subj prés :* que je croie • *imp :* crois, croyons • *pprés :* croyant • *pp :* cru

boire :
ind prés : je bois, nous buvons, ils boivent • *imparfait :* je buvais • *ind fut :* je boirai • *subj prés :* que je boive • *imp :* bois, buvons • *pprés :* buvant • *pp :* bu

faire :
ind prés : je fais, nous faisons, ils font • *imparfait :* je faisais • *ind fut :* je ferai • *subj prés :* que je fasse • *imp :* fais, faisons, faites • *pprés :* faisant • *pp :* fait

plaire :
ind prés : je plais, nous plaisons • *imparfait :* je plaisais • *ind fut :* je plairai • *subj prés :* que je plaise • *imp :* plais, plaisons • *pprés :* plaisant • *pp :* plu

taire :
ind prés : je tais, nous taisons • *imparfait :* je taisais • *ind fut :* je tairai • *subj prés :* que je taise • *imp :* tais, taisons • *pprés :* taisant • *pp :* tu

extraire :
ind prés : j'extrais, nous extrayons, ils extraient • *imparfait :* j'extrayais • *ind fut :* j'extrairai • *subj prés :* que j'extraie • *imp :* extrais, extrayons • *pprés :* extrayant • *pp :* extrait

clore :
ind prés : je clos, nous closons • *ind fut :* je clorai • *subj prés :* que je close • *pprés :* closant • *pp :* clos

vaincre :
ind prés : je vaincs, nous vainquons • *imparfait :* je vainquais • *ind fut :* je vaincrai • *subj prés :* que je vainque • *imp :* vaincs, vainquons • *pprés :* vainquant • *pp :* vaincu

frire :
ind prés : je fris • *ind fut :* je frirai • *imp :* fris • *pp :* frit

foutre :
ind prés : je fous, nous foutons • *imparfait :* je foutais • *ind fut :* je foutrai • *subj prés :* que je foute • *imp :* fous, foutons • *pprés :* foutant • *pp :* foutu

a A

a [a] ➤ **avoir**

A [a] (*abr de autoroute*) A *(autopista)*

à [a] *prép*

1. *(indique un complément d'objet direct)* a • **penser à qqch/qqn** pensar en algo/alguien • **donner qqch à qqn** dar algo a alguien

2. *(indique le lieu où l'on est)* en • **j'habite à Paris** vivo en París • **rester à la maison** quedarse en casa • **à la sortie de la ville** a la salida de la ciudad • **à la campagne/montagne** en el campo/la montaña • **nous sommes à deux kilomètres du village** estamos a dos kilómetros del pueblo

3. *(indique le lieu où l'on va)* a • **allons au théâtre** vayamos al teatro • **il est parti à la pêche** se ha ido a pescar • **aller au Portugal** ir a Portugal • **aller à Paris** ir a París

4. *(introduit un complément de temps)* a • **embarquement à 21 h 30** embarque a las 21:30 h • **au mois d'août** en el mes de agosto • **le musée est à cinq minutes d'ici** el museo está a cinco minutos de aquí • **à jeudi !** ¡hasta el jueves!

5. *(indique la manière, le moyen)* a • **à pied** a pie • **écrire au crayon** escribir con lápiz • **à la française** a la francesa • **ils vivent à deux dans une pièce** viven dos en una habitación • **fait à la main** hecho a mano

6. *(indique l'appartenance)* de • **à qui sont ces lunettes ?** ¿de quién son estas gafas? • **cet argent est à moi/à lui /à Isabelle** ese dinero es mío/suyo/de Isabel • **une amie à moi** una amiga mía

7. *(indique un prix)* • **une place à 15 euros** une entrada a 15 euros

8. *(indique une caractéristique)* de • **le garçon aux yeux bleus** el chico de los ojos azules • **un bateau à vapeur** un barco de vapor • **une chemise à manches courtes** una camisa de manga corta

9. *(indique un rapport)* por • **100 km à l'heure** 100 km por hora

10. *(indique le but)* ▼ **maison à vendre** casa en venta • **le courrier à poster** la correspondencia que hay que enviar

AB (*abr écrite de assez bien*) ≃ B *(bien)*

abaisser [abese] *vt (levier)* bajar

abandon [abɑ̃dɔ̃] *nm* • **à l'abandon** descuidado(da) • **laisser qqch à l'abandon** descuidar algo

abandonné, e [abɑ̃dɔne] *adj* abandonado(da)

abandonner [abɑ̃dɔne] *vt* abandonar ◇ *vi* rendirse

abat-jour [abaʒuʀ] *nm inv* pantalla *f*

abats [aba] *nmpl* **1.** *(de bétail)* asaduras *fpl* **2.** *(de volaille)* menudillos *mpl*

abattoir [abatwaʀ] *nm* matadero *m*

abattre [abatʀ] *vt* **1.** *(arbre)* talar **2.** *(mur)* derribar **3.** *(tuer)* matar • **ne te laisse pas abattre !** ¡no te dejes vencer!

abattu, e [abaty] *adj (découragé)* abatido(da)

abbaye [abei] *nf* abadía *f*

abcès [apsɛ] *nm* absceso *m*

abeille [abɛj] *nf* abeja *f*

aberrant, e [abeʀɑ̃, ɑ̃t] *adj* aberrante

abîmer [abime] *vt* estropear ◆ **s'abîmer** *vp* estropearse ● **s'abîmer les yeux** estropearse los ojos
aboiements [abwamɑ̃] *nmpl* ladridos *mpl*
abolir [abɔliʀ] *vt* abolir
abominable [abɔminabl] *adj* abominable
abondant, e [abɔ̃dɑ̃, ɑ̃t] *adj* abundante
abonné, e [abɔne] *nm, f* **1.** abonado *m*, -da *f* **2.** *(à un journal)* suscriptor *m*, -ra *f* **3.** *(à une bibliothèque, à un club)* socio *m*, -cia *f* ◇ *adj (à un service, au théâtre)* abonado(da) ● **être abonné à un journal** estar suscrito a un periódico
abonnement [abɔnmɑ̃] *nm* **1.** *(à un journal)* suscripción *f* **2.** *(à un service, au théâtre)* abono *m* **3.** *(à une bibliothèque, à un club)* carné *m* de socio **4.** *(de bus, de métro)* bono *m*
abonner [abɔne] ◆ **s'abonner à** *vp + prep* ● **s'abonner à un journal** suscribirse a un periódico
abord [abɔʀ] ◆ **d'abord** *adv* primero ◆ **abords** *nmpl* inmediaciones *fpl* ● **aux abords de Paris** en las inmediaciones de París
abordable [abɔʀdabl] *adj (prix)* asequible
aborder [abɔʀde] *vt* abordar ◇ *vi* NAUT atracar
aboutir [abutiʀ] *vi (réussir)* dar resultado ● **les négociations ont abouti** las negociaciones han llegado a un resultado ● **aboutir à** *(arriver à)* llegar a
aboyer [abwaje] *vi* ladrar
abrégé [abʀeʒe] *nm* ● **en abrégé** en resumen
abréger [abʀeʒe] *vt* abreviar ● **abrège !** *(fam)* ¡(ve) al grano!
abreuvoir [abʀœvwaʀ] *nm* abrevadero *m*
abréviation [abʀevjasjɔ̃] *nf* abreviatura *f*
abri [abʀi] *nm* refugio *m* ● **être à l'abri de qqch** *(des intempéries)* estar al abrigo de algo ; *(fig) (de menaces, de soupçons)* estar libre de algo ● **se mettre à l'abri (de)** ponerse a cubierto (de) ● **abri antiatomique** refugio atómico
abricot [abʀiko] *nm* albaricoque *m*
abriter [abʀite] ◆ **s'abriter (de)** *vp + prep* resguardarse (de)
abrupt, e [abʀypt] *adj* abrupto(ta)
abruti, e [abʀyti] *adj* **1.** *(fam) (bête)* estúpido(da) **2.** *(assommé)* aturdido(da) ◇ *nm, f (fam)* estúpido *m*, -da *f*
abrutissant, e [abʀytisɑ̃, ɑ̃t] *adj* embrutecedor(ra)
ABS [abe'ɛs] (*abr de Antiblockiersystem*) *nm* ABS *m*
absence [apsɑ̃s] *nf* **1.** ausencia *f* **2.** SCOL falta *f* ● **en l'absence de qqn** en ausencia de alguien ● **en mon/ton absence** en mi/tu ausencia
absent, e [apsɑ̃, ɑ̃t] *adj & nm, f (personne)* ausente
absenter [apsɑ̃te] ◆ **s'absenter** *vp* ausentarse
absolu, e [apsɔly] *adj* absoluto(ta)
absolument [apsɔlymɑ̃] *adv* **1.** *(à tout prix)* sin falta **2.** *(bien sûr)* por supuesto
absorbant, e [apsɔʀbɑ̃, ɑ̃t] *adj (papier, tissu)* absorbente
absorber [apsɔʀbe] *vt* **1.** absorber **2.** *(nourriture)* ingerir

abstenir [apstəniʀ] ♦ **s'abstenir** *vp (de voter)* abstenerse • **s'abstenir de faire qqch** abstenerse de hacer algo
abstention [apstɑ̃sjɔ̃] *nf* abstención *f*
abstenu, e [apstəny] *pp* ➤ **abstenir**
abstrait, e [apstʀɛ, ɛt] *adj* abstracto(ta)
absurde [apsyʀd] *adj* absurdo(da)
abus [aby] *nm* abuso *m* ▼ **attention à l'abus d'alcool** el abuso de alcohol perjudica la salud
abuser [abyze] *vi* abusar • **abuser de** abusar de • **il abuse !** *(fam)* ¡exagera!
académie [akademi] *nf (zone administrative) distrito educativo en Francia* • **l'Académie française** *sociedad oficial de literatos para la defensa del idioma* ≃ Real Academia *f*
acajou [akaʒu] *nm* caoba *f*
accaparer [akapaʀe] *vt (conversation, personne)* acaparar
accéder [aksede] ♦ **accéder à** *v + prep* **1.** *(lieu)* entrar en **2.** *(poste, pouvoir)* acceder a
accélérateur [akseleʀatœʀ] *nm* acelerador *m*
accélération [akseleʀasjɔ̃] *nf* aceleración *f*
accélérer [akseleʀe] *vi* **1.** *AUTO* acelerar **2.** *(se dépêcher)* apresurarse
accent [aksɑ̃] *nm* acento *m* • **mettre l'accent sur** hacer hincapié en • **accent aigu/grave** acento agudo/grave • **accent circonflexe** acento circunflejo
accentuer [aksɑ̃tɥe] *vt (mot)* acentuar ♦ **s'accentuer** *vp (s'intesifier)* acentuarse
acceptable [aksɛptabl] *adj* aceptable
accepter [aksɛpte] *vt* **1.** aceptar **2.** *(supporter)* admitir • **il a accepté de m'aider** aceptó ayudarme ▼ **l'établissement n'accepte pas les chèques** no se aceptan cheques
accès [aksɛ] *nm* acceso *m* • **donner accès à** *(suj : ticket)* permitir la entrada a • **cette porte donne accès au jardin** esta puerta da al jardín ▼ **accès interdit** prohibida la entrada ▼ **accès aux trains** acceso a los andenes
accessible [aksesibl] *adj* accesible
accessoire [akseswaʀ] *nm* **1.** *(bijou, écharpe)* complemento *m* **2.** *(outil)* accesorio *m*
accident [aksidɑ̃] *nm* accidente *m* • **accident de la route** accidente de circulación • **accident du travail** accidente laboral • **accident de voiture** accidente de coche
accidenté, e [aksidɑ̃te] *adj* **1.** *(voiture)* siniestrado(da) **2.** *(terrain)* accidentado(da)
accidentel, elle [aksidɑ̃tɛl] *adj* **1.** *(mort)* por accidente **2.** *(rencontre, découverte)* accidental
accolade [akɔlad] *nf (signe graphique)* llave *f*
accompagnateur, trice [akɔ̃paɲatœʀ, tʀis] *nm, f* acompañante *mf*
accompagnement [akɔ̃paɲmɑ̃] *nm* **1.** *CULIN* guarnición *f* **2.** *MUS* acompañamiento *m*
accompagner [akɔ̃paɲe] *vt* acompañar
accomplir [akɔ̃pliʀ] *vt* cumplir
accord [akɔʀ] *nm* **1.** acuerdo *m* **2.** *MUS* acorde *m* **3.** *GRAMM* concordancia *f* • **d'accord !** ¡de acuerdo! • **se mettre d'accord** ponerse de acuerdo • **être d'accord avec** estar de acuerdo con • **être**

d'accord pour faire qqch estar de acuerdo para hacer algo
accordéon [akɔʀdeɔ̃] *nm* acordeón *m*
accorder [akɔʀde] *vt MUS* afinar ● **accorder qqch à qqn** conceder algo a alguien ◆ **s'accorder** *vp* **1.** concordar **2.** *(s'octroyer)* otorgarse ● **je me suis accordé une journée de repos** he decidido tomarme un día de descanso
accoster [akɔste] *vt (personne)* abordar ◇ *vi NAUT* atracar
accotement [akɔtmɑ̃] *nm* arcén *m* ▼ **accotements non stabilisés** arcén sin pavimentar
accouchement [akuʃmɑ̃] *nm* parto *m*
accoucher [akuʃe] *vi* ● **accoucher (de)** dar a luz (a) ● **accoucher de jumeaux** dar a luz mellizos
accouder [akude] ◆ **s'accouder** *vp* ● **s'accouder au comptoir/à la fenêtre** apoyar los codos en la barra/la ventana
accoudoir [akudwaʀ] *nm* brazo *m (de un sillón)*
accourir [akuʀiʀ] *vi* acudir
accouru, e [akuʀy] *pp* ➤ **accourir**
accoutumer [akutyme] ◆ **s'accoutumer à** *vp + prep* acostumbrarse a
accroc [akʀo] *nm (déchirure)* desgarrón *m*
accrochage [akʀɔʃaʒ] *nm* **1.** *(accident)* choque *m* **2.** *(fam) (dispute)* agarrada *f*
accrocher [akʀɔʃe] *vt* **1.** *(remorque, caravane)* enganchar **2.** *(tableau)* colgar **3.** *(déchirer)* engancharse **4.** *(heurter)* chocar con ◆ **s'accrocher** *vp (fam) (persévérer)* luchar ● **s'accrocher à** *(se tenir à)* agarrarse a
accroupir [akʀupiʀ] ◆ **s'accroupir** *vp* agacharse
accueil [akœj] *nm* **1.** *(bienvenue)* acogida *f* **2.** *(bureau)* recepción *f* ● **s'adresser à l'accueil** dirigirse a la recepción ● **laisser qqch à l'accueil** dejar algo en la recepción
accueillant, e [akœjɑ̃, ɑ̃t] *adj* acogedor(ra)
accueillir [akœjiʀ] *vt* acoger ● **comment a-t-il accueilli la nouvelle ?** ¿cómo se tomó la noticia?
accumuler [akymyle] *vt* acumular ◆ **s'accumuler** *vp* acumularse
accusation [akyzasjɔ̃] *nf* acusación *f*
accusé, e [akyze] *nm, f* acusado *m*, -da *f* ◆ **accusé** *nm* ● **accusé de réception** acuse *m* de recibo
accuser [akyze] *vt* ● **il est accusé de vol/de négligence** se le acusa de robo/de negligencia ● **on l'a accusé de voler dans la caisse** lo acusan de haber robado dinero de la caja
acéré, e [aseʀe] *adj* afilado(da)
acharnement [aʃaʀnəmɑ̃] *nm* empeño *m* ● **avec acharnement** con empeño
acharner [aʃaʀne] ◆ **s'acharner** *vp* ● **s'acharner à faire qqch** empeñarse en hacer algo ● **s'acharner sur qqn** *(verbalement, physiquement)* ensañarse con alguien ● **s'acharner sur qqch** poner empeño en algo
achat [aʃa] *nm* compra *f* ● **faire des achats** ir de compras
acheter [aʃte] *vt* **1.** comprar **2.** *(corrompre)* sobornar ● **je lui ai acheté sa collection de timbres** le he comprado su colección de sellos ● **j'ai acheté un manteau à ma fille** he comprado un abrigo a mi hija

acheteur, euse [aʃtœʀ, øz] *nm, f* comprador *m*, -ra *f*
achever [aʃve] *vt* **1.** *(terminer)* acabar **2.** *(tuer)* rematar ◆ **s'achever** *vp* acabarse ● **les travaux s'achèvent cette semaine** las obras se terminan esta semana
acide [asid] *adj* ácido(da) ◇ *nm* ácido *m*
acidulé [asidyle] *adj m* ➤ **bonbon**
acier [asje] *nm* acero *m* ● **acier inoxydable** acero inoxidable ● **en acier** de acero
acné [akne] *nf* acné *m*
acompte [akɔ̃t] *nm* anticipo *m*
à-coup, s [aku] *nm* sacudida *f* ● **par à-coups** a trompicones
acoustique [akustik] *nf* acústica *f*
acquérir [akeʀiʀ] *vt* adquirir
acquis, e [aki, iz] *pp* ➤ **acquérir**
acquisition [akizisjɔ̃] *nf* adquisición *f* ● **faire l'acquisition de qqch** adquirir algo
acquitter [akite] *vt DR* absolver ◆ **s'acquitter de** *vp + prep* **1.** *(dette)* saldar **2.** *(tâche, devoir)* cumplir con
âcre [akʀ] *adj (odeur)* acre
acrobate [akʀɔbat] *nmf* acróbata *mf*
acrobatie [akʀɔbasi] *nf* acrobacia *f*
acrylique [akʀilik] *nm* acrílico *m*
acte [akt] *nm* **1.** acto *m* **2.** *(document)* acta *f* ● **acte de naissance** partida *f* de nacimiento
acteur, trice [aktœʀ, tʀis] *nm, f* actor *m*, -triz *f*
actif, ive [aktif, iv] *adj* activo(va)
action [aksjɔ̃] *nf* acción *f*
actionnaire [aksjɔnɛʀ] *nmf* accionista *mf*
actionner [aksjɔne] *vt* accionar
active ➤ **actif**
activer [aktive] *vt* **1.** *(feu)* avivar **2.** *INFORM* activar ◆ **s'activer** *vp (se dépêcher)* apresurarse
activité [aktivite] *nf* actividad *f* ● **activité physique/sportive** actividad física/deportiva ● **activité professionnelle** actividad profesional ● **en activité** *(travailleur)* en activo ; *(volcan)* en actividad
actrice ➤ **acteur**
actualité [aktɥalite] *nf* ● **l'actualité** la actualidad ● **d'actualité** de actualidad ◆ **actualités** *nfpl* noticias *fpl*
actuel, elle [aktɥɛl] *adj* actual
actuellement [aktɥɛlmɑ̃] *adv* actualmente
acupuncture [akypɔ̃ktyʀ] *nf* acupuntura *f*
adaptateur [adaptatœʀ] *nm (pour prise de courant)* adaptador *m*
adaptation [adaptasjɔ̃] *nf* adaptación *f* ● **temps d'adaptation** tiempo *m* de adaptación
adapter [adapte] *vt* adaptar ● **adapter qqch à** adaptar algo a ◆ **s'adapter** *vp* ● **s'adapter (à)** adaptarse (a)
additif [aditif] *nm* aditivo *m* ▼ **sans additif** sin aditivos
addition [adisjɔ̃] *nf* **1.** *(calcul)* suma *f* **2.** *(note)* cuenta *f* ● **faire une addition** sumar ● **demander/payer l'addition** pedir/pagar la cuenta ● **l'addition, s'il vous plaît !** ¡la cuenta, por favor!
additionner [adisjɔne] *vt* añadir
adepte [adɛpt] *nmf* **1.** *(d'une secte)* adepto *m*, -ta *f* **2.** *(amateur)* ● **je suis un adepte du ski/du rock** soy un amante del esquí/del rock

adéquat, e [adekwa, at] *adj* adecuado(da)
adhérent, e [adeʀɑ̃, ɑ̃t] *nm, f* socio *m*, -cia *f*
adhérer [adeʀe] *vi* • **adhérer à** *(coller)* adherir a ; *(être membre de)* afiliarse a
adhésif, ive [adezif, iv] *adj (pansement, ruban)* adhesivo(va)
adieu, x [adjø] *nm* adiós *m* • **adieu !** ¡adiós! • **faire ses adieux à qqn** despedirse de alguien
adjectif [adʒɛktif] *nm* adjetivo *m*
adjoint, e [adʒwɛ̃, ɛ̃t] *nm, f* adjunto *m*, -ta *f*
admettre [admɛtʀ] *vt* admitir • **être admis à un examen** aprobar un examen
administration [administʀasjɔ̃] *nf* administración *f* • **l'Administration** la Administración
admirable [admiʀabl] *adj* admirable
admirateur, trice [admiʀatœʀ, tʀis] *nm, f* admirador *m*, -ra *f*
admiration [admiʀasjɔ̃] *nf* admiración *f*
admirer [admiʀe] *vt* admirar
admis, e [admi, iz] *pp* ➤ **admettre**
admissible [admisibl] *adj* **1.** *(tolérable)* admisible **2.** *SCOL apto para presentarse a las últimas pruebas de un examen*
ADN [adeɛn] (*abr de acide désoxyribonucléique*) *nm inv* ADN *m (ácido desoxirribonucleico)*
adolescence [adɔlesɑ̃s] *nf* adolescencia *f*
adolescent, e [adɔlesɑ̃, ɑ̃t] *nm, f* adolescente *mf*
adopter [adɔpte] *vt* adoptar
adoptif, ive [adɔptif, iv] *adj* adoptivo(va)
adoption [adɔpsjɔ̃] *nf (d'un enfant)* adopción *f*
adorable [adɔʀabl] *adj* encantador(ra)
adorer [adɔʀe] *vt* adorar • **j'adore le chocolat** me encanta el chocolate
adosser [adose] ◆ **s'adosser** *vp* • **s'adosser à** ou **contre** apoyarse en ou contra
adoucir [adusiʀ] *vt* suavizar
adresse [adʀɛs] *nf* **1.** *(domicile)* dirección *f* **2.** *(habileté)* destreza *f* **3.** • **adresse personnelle** ou **perso** dirección particular • **adresse professionnelle/au bureau** dirección profesional/del trabajo • **adresse électronique** dirección de correo electrónico • **adresse IP** dirección IP
adresser [adʀese] *vt* **1.** *(courrier, message)* remitir **2.** *(remarque)* hacer ◆ **s'adresser à** *vp + prep* **1.** *(parler à)* dirigirse a **2.** *(concerner)* estar destinado a
Adriatique [adʀijatik] *nf* • **l'Adriatique** el Adriático
adroit, e [adʀwa, at] *adj* diestro(tra) *(hábil)*
ADSL [adeɛsɛl] (*abr de Asynchronous Digital Subscriber Line*) *nf* ADSL *m*
adulte [adylt] *nmf* adulto *m*, -ta *f*
adverbe [advɛʀb] *nm* adverbio *m*
adversaire [advɛʀsɛʀ] *nmf* adversario *m*, -ria *f*
adverse [advɛʀs] *adj* • **dans le camp adverse** en el campo contrario • **la partie adverse** la parte contraria
aération [aeʀasjɔ̃] *nf* ventilación *f*
aérer [aeʀe] *vt* ventilar
aérien, enne [aeʀjɛ̃, ɛn] *adj* aéreo(a)
aérodrome [aeʀɔdʀom] *nm* aeródromo *m*

aérodynamique [aeʀɔdinamik] *adj* aerodinámico(ca)
aérogare [aeʀɔgaʀ] *nf* terminal *f (de aeropuerto)*
aéroglisseur [aeʀɔglisœʀ] *nm* aerodeslizador *m*
aérophagie [aeʀɔfaʒi] *nf* aerofagia *f*
aéroport [aeʀɔpɔʀ] *nm* aeropuerto *m*
aérosol [aeʀɔsɔl] *nm* aerosol *m*
affaiblir [afebliʀ] *vt* debilitar ◆ **s'affaiblir** *vp* debilitarse
affaire [afɛʀ] *nf* **1.** *(entreprise)* negocio *m* **2.** *(problème)* asunto *m* **3.** *(scandale)* caso *m* **4.** *(marché)* trato *m* **5.** *(procès)* causa *f*, caso *m* ● **avoir affaire à qqn** tener que tratar con alguien ● **faire l'affaire** convenir ● **une sale affaire** un asunto feo ● **l'affaire Dreyfus** el caso Dreyfus ● **c'est une (bonne) affaire !** ¡es una ganga! ◆ **affaires** *nfpl (objets)* cosas *fpl* ● **les affaires** *FIN* los negocios ● **occupe-toi de tes affaires !** ¡ocúpate de tus asuntos!
affaisser [afese] ◆ **s'affaisser** *vp* **1.** *(personne)* desplomarse **2.** *(plancher)* hundirse
affamé, e [afame] *adj* hambriento(ta)
affecter [afɛkte] *vt* **1.** *(toucher)* afectar **2.** *(fonds)* destinar **3.** *(personne)* asignar
affection [afɛksjɔ̃] *nf (sentiment)* afecto *m*
affectueusement [afɛktɥøzmɑ̃] *adv* con cariño ▾ **bien affectueusement** *(dans une lettre)* afectuosamente
affectueux, euse [afɛktɥø, øz] *adj* cariñoso(sa)
affichage [afiʃaʒ] *nm INFORM* visualización *f* ▾ **affichage interdit** prohibido fijar carteles
affiche [afiʃ] *nf* cartel *m*
afficher [afiʃe] *vt* **1.** *(placarder)* pegar **2.** *INFORM* visualizar
affilée [afile] ◆ **d'affilée** *adv* ● **deux heures d'affilée** dos horas seguidas ● **il a mangé quatre hamburgers d'affilée** se ha comido cuatro hamburguesas una tras otra
affirmation [afiʀmasjɔ̃] *nf* afirmación *f*
affirmer [afiʀme] *vt* afirmar ◆ **s'affirmer** *vp (personnalité, talent)* afianzarse
affligeant, e [afliʒɑ̃, ɑ̃t] *adj* lamentable
affluence [aflyɑ̃s] *nf* afluencia *f* ● **aux heures d'affluence** en las horas de afluencia
affluent [aflyɑ̃] *nm* afluente *m*
affolement [afɔlmɑ̃] *nm* pánico *m*
affoler [afɔle] *vt* alarmar ◆ **s'affoler** *vp* perder la calma ● **ne t'affole pas !** ¡no pierdas la calma!
affranchir [afʀɑ̃ʃiʀ] *vt (timbrer)* franquear
affranchissement [afʀɑ̃ʃismɑ̃] *nm (d'une lettre, d'un colis)* franqueo *m*
affreusement [afʀøzmɑ̃] *adv (extrêmement)* ● **il est affreusement tard !** ¡es tardísimo!
affreux, euse [afʀø, øz] *adj* horrendo(da)
affronter [afʀɔ̃te] *vt* **1.** *(ennemi, danger)* afrontar **2.** *SPORT* enfrentarse con ◆ **s'affronter** *vp* enfrentarse
affût [afy] *nm* ● **être à l'affût (de)** estar al acecho (de)
affûter [afyte] *vt* afilar
afin [afɛ̃] ◆ **afin de** *prép* a fin de ◆ **afin que** *conj* a fin de que

africain, e [afʀikɛ̃, ɛn] *adj* africano(na) ◆ **Africain, e** *nm, f* africano *m*, -na *f*

Afrique [afʀik] *nf* ● **l'Afrique** África *f* ● **l'Afrique du Nord** África del Norte ● **l'Afrique du Sud** Sudáfrica *f*

agaçant, e [agasɑ̃, ɑ̃t] *adj* irritante

agacer [agase] *vt* irritar

âge [aʒ] *nm* edad *f* ● **quel âge as-tu ?** ¿cuántos años tienes? ● **une personne d'un certain âge** una persona mayor ● **le troisième âge** la tercera edad

âgé, e [aʒe] *adj* mayor ● **cet enfant est âgé de cinq ans** este niño tiene cinco años ● **les personnes âgées** la gente mayor

agence [aʒɑ̃s] *nf* agencia *f* ● **agence de voyages** agencia de viajes

agenda [aʒɛ̃da] *nm* agenda *f* ● **agenda électronique** agenda electrónica ● **noter un rendez-vous sur son agenda** apuntar una cita en la agenda

agenouiller [aʒnuje] ◆ **s'agenouiller** *vp* arrodillarse

agent [aʒɑ̃] *nm* ● **agent (de police)** agente *mf* (de policía) ● **agent de change** agente de cambio y bolsa

agglomération [aglɔmeʀasjɔ̃] *nf* **1.** *(amas)* aglomeración *f* **2.** *(ville)* población *f* ● **l'agglomération parisienne** París y sus alrededores

aggraver [agʀave] *vt* agravar ◆ **s'aggraver** *vp* agravarse

agile [aʒil] *adj* ágil

agilité [aʒilite] *nf* agilidad *f*

agir [aʒiʀ] *vi* **1.** actuar **2.** *(avoir un effet)* surtir efecto ◆ **s'agir** *v impers* ● **il s'agit de** se trata de ● **de quoi s'agit-il ?** ¿de qué se trata? ● **il s'agit de faire des efforts** hay que esforzarse

agitation [aʒitasjɔ̃] *nf* agitación *f*

agité, e [aʒite] *adj* **1.** *(personne, sommeil)* agitado(da) **2.** *(mer)* embravecido(da)

agiter [aʒite] *vt* agitar ◆ **s'agiter** *vp* moverse

agneau, x [aɲo] *nm* cordero *m*

agonie [agɔni] *nf* agonía *f* ● **être à l'agonie** agonizar

agrafe [agʀaf] *nf* **1.** *(de bureau)* grapa *f* **2.** *(de vêtement)* corchete *m*

agrafer [agʀafe] *vt* grapar

agrafeuse [agʀaføz] *nf* grapadora *f*

agrandir [agʀɑ̃diʀ] *vt* **1.** ampliar **2.** *(trou)* ensanchar ◆ **s'agrandir** *vp* ampliarse

agrandissement [agʀɑ̃dismɑ̃] *nm (photo)* ampliación *f*

agréable [agʀeabl] *adj* agradable

agrès [agʀɛ] *nmpl* aparatos *mpl* de gimnasia

agresser [agʀese] *vt* agredir

agresseur [agʀɛsœʀ] *nm* agresor *m*

agressif, ive [agʀɛsif, iv] *adj* agresivo(va)

agression [agʀɛsjɔ̃] *nf* agresión *f*

agricole [agʀikɔl] *adj* agrícola

agriculteur, trice [agʀikyltœʀ, tʀis] *nm, f* agricultor *m*, -ra *f*

agriculture [agʀikyltyʀ] *nf* agricultura *f*

agripper [agʀipe] *vt* agarrar ◆ **s'agripper à** *vp + prep* agarrarse a

agroalimentaire [agʀoalimɑ̃tɛʀ] *adj (industrie, produit)* agroalimentario(ria) ◇ *nm* ● **l'agroalimentaire** la industria agroalimentaria

agrumes [agʀym] *nmpl* cítricos *mpl*

ahuri, e [ayʀi] *adj* pasmado(da)

ahurissant, e [ayʀisɑ̃, ɑ̃t] *adj* asombroso(sa)

ai [ɛ] ➤ **avoir**

aide [ɛd] *nf* ayuda *f* • **appeler à l'aide** pedir auxilio • **à l'aide !** ¡auxilio! • **à l'aide de** *(personne)* con la ayuda de ; *(outil)* mediante

aider [ede] *vt* ayudar • **il m'a aidé à transporter ces cartons** me ayudó a llevar estas cajas de cartón ◆ **s'aider** *vp* ayudarse

aie [ɛ] ➤ **avoir**

aïe [aj] *interj* ¡ay!

aigle [ɛgl] *nm* águila *f*

aigre [ɛgʀ] *adj* agrio (agria)

aigre-doux, douce [ɛgʀədu, dus] *(mpl* **aigres-doux,** *fpl* **aigres-douces)** *adj* agridulce • **porc à l'aigre-douce** cerdo *m* agridulce

aigri, e [egʀi] *adj* amargado(da)

aigu, uë [egy] *adj* agudo(da)

aiguillage [egɥijaʒ] *nm (manœuvre)* cambio *m* de agujas

aiguille [egɥij] *nf* **1.** aguja *f* **2.** *(de montre)* manecilla *f* • **aiguille de pin** aguja de pino • **aiguille à tricoter** aguja de hacer punto

aiguillette [egyijɛt] *nf* • **aiguillette de canard** *pechuga de pato asada y cortada en lonchas*

aiguiser [egize] *vt* afilar

ail [aj] *nm* ajo *m*

aile [ɛl] *nf* **1.** ala *f* **2.** *(de voiture)* aleta *f*

ailier, ère [elje, ɛʀ] *nm, f SPORT* extremo *m*

aille [aj] ➤ **aller**

ailleurs [ajœʀ] *adv* en otra parte • **d'ailleurs** *(du reste)* además ; *(à propos)* por cierto

aimable [ɛmabl] *adj* amable

aimant [ɛmɑ̃] *nm* imán *m*

aimer [eme] *vt* querer • **j'aime (bien) le chocolat** me gusta el chocolate • **j'aime (bien) nager** me gusta nadar • **j'aime bien Paul** Paul me cae bien • **j'aimerais visiter l'Espagne** me gustaría visitar España • **j'aimerais mieux partir** preferiría irme • **je t'aime** te quiero

aine [ɛn] *nf* ingle *f*

aîné, e [ene] *adj & nm, f* mayor • **elle est mon aînée de deux ans** es dos años mayor que yo

ainsi [ɛ̃si] *adv* así • **ainsi que** así como • **et ainsi de suite** y así sucesivamente

aïoli [ajɔli] *nm* alioli *m*

air [ɛʀ] *nm* **1.** aire *m* **2.** *(apparence)* aspecto *f* • **il a l'air (d'être) malade** parece enfermo • **il a l'air d'un clown** parece un payaso • **il a l'air de faire beau** parece que hace bueno • **en l'air** *(en haut)* hacia arriba • **les mains en l'air** ¡arriba las manos! • **il a fichu notre projet en l'air** echó a perder nuestro proyecto • **prendre l'air** tomar el aire • **air conditionné** aire acondicionado

Airbag® [ɛʀbag] *nm* airbag® *m*

aire [ɛʀ] *nf* área *f* • **aire de jeu** área de juego • **aire de repos** área de descanso • **aire de stationnement** zona *f* de aparcamiento

airelle [ɛʀɛl] *nf* arándano *m*

aisance [ɛzɑ̃s] *nf* **1.** *(facilité)* soltura *f* **2.** *(richesse)* holgura *f*

aise [ɛz] *nf* • **à l'aise** a gusto • **mal à l'aise** incómodo(da)
aisé, e [eze] *adj (riche)* acomodado(da)
aisselle [ɛsɛl] *nf* axila *f*
ajouter [aʒute] *vt* • **ajouter qqch (à)** añadir algo (a) • **j'ajoute qu'il est arrivé en retard** y además llegó tarde
ajuster [aʒyste] *vt* ajustar
alarmant, e [alaʀmɑ̃, ɑ̃t] *adj* alarmante
alarme [alaʀm] *nf* alarma *f* • **donner l'alarme** dar la alarma
albanais, e [albanɛ, ɛz] *adj* albanés(esa) ◆ **albanais** *nm (langue)* albanés *m* ◆ **Albanais, e** *nm, f* albanés *m*, -esa *f*
Albanie [albani] *nf* • **l'Albanie** Albania *f*
album [albɔm] *nm* **1.** *(livre)* álbum *m* **2.** *(disque)* elepé *m* • **album (de) photos** álbum de fotos
alcool [alkɔl] *nm* alcohol *m* • **sans alcool** sin alcohol • **alcool à 90°** alcohol de 90° • **alcool à brûler** alcohol de quemar
alcoolique [alkɔlik] *nmf* alcohólico *m*, -ca *f*
alcoolisé, e [alkɔlize] *adj* alcohólico(ca) • **non alcoolisé** sin alcohol
Alcootest® [alkotɛst] *nm* alcoholímetro *m*
aléatoire [aleatwaʀ] *adj (risqué)* aleatorio(ria)
alentours [alɑ̃tuʀ] *nmpl* alrededores *mpl* • **aux alentours** *(près)* en los alrededores • **aux alentours de** *(environ)* cerca de
alerte [alɛʀt] *nf* alerta • **donner l'alerte** dar la alerta
alerter [alɛʀte] *vt* **1.** *(d'un danger)* alertar **2.** *(police, pompiers)* avisar
algèbre [alʒɛbʀ] *nf* álgebra *f*
Alger [alʒe] *n* Argel
Algérie [alʒeʀi] *nf* • **l'Algérie** Argelia *f*
algérien, enne [alʒeʀjɛ̃, ɛn] *adj* argelino(na) ◆ **Algérien, enne** *nm, f* argelino *m*, -na *f*
algues [alg] *nfpl* algas *fpl*
alibi [alibi] *nm* coartada *f*
alignement [aliɲmɑ̃] *nm* alineación *f*
aligner [aliɲe] *vt* alinear ◆ **s'aligner** *vp* alinearse
aliment [alimɑ̃] *nm* alimento *m*
alimentation [alimɑ̃tasjɔ̃] *nf* **1.** alimentación *f* **2.** *(épicerie)* comestibles *mpl*
alimenter [alimɑ̃te] *vt* **1.** *(nourrir)* alimentar **2.** *(approvisionner)* suministrar
Allah [ala] *nm* Alá *m*
allaiter [alete] *vt* amamantar
alléchant, e [aleʃɑ̃, ɑ̃t] *adj* tentador(ra)
allée [ale] *nf (chemin)* paseo *m* • **allées et venues** ajetreo *m* • **faire des allées et venues** ir de un lado para otro
allégé, e [aleʒe] *adj (aliment)* bajo(ja) en calorías
Allemagne [almaɲ] *nf* • **l'Allemagne** Alemania *f*
allemand, e [almɑ̃, ɑ̃d] *adj* alemán(ana) ◆ **allemand** *nm (langue)* alemán *m* ◆ **Allemand, e** *nm, f* alemán *m*, -ana *f*
aller [ale] *nm* ida *f* • **à l'aller** a la ida • **un aller (simple)** un billete de ida • **un aller et retour** un billete de ida y vuelta
◇ *vi*
1. *(se déplacer)* ir • **aller au Portugal** ir a Portugal • **pour aller à la cathédrale, s'il vous plaît ?** por favor, ¿para ir a la catedral? • **aller en vacances** irse de vacaciones • **aller à l'école** ir a la escuela • **aller au supermarché** ir al supermercado

2. *(exprime un état)* estar • **comment allez-vous ?** ¿cómo está usted? • **(comment) ça va ? - ça va** ¿qué tal? - bien • **aller bien/mal** *(personne)* estar bien/mal ; *(situation)* ir bien/mal
3. *(convenir)* • **aller à qqn** quedar bien • **ça te va d'aller au cinéma ?** ¿te apetece ir al cine? • **ça te va lundi prochain ?** ¿te va bien el lunes que viene? • **le vert ne va pas avec le rose** el verde no pega con el rosa
4. *(suivi d'un infinitif, exprime le but)* • **aller faire qqch** ir a hacer algo • **j'irai le chercher à la gare** ire a buscarle a la estación • **va voir si tout se passe bien** va a ver si todo va bien • **aller voir qqch** ir a ver algo • **aller voir qqn** ir a visitar a alguien
5. *(suivi d'un infinitif, exprime le futur proche)* • **quand vas-tu te décider ?** ¿cuándo vas a decidirte? • **le film va commencer** la película está a punto de empezar
6. *(dans des expressions)* • **allez !** ¡venga! • **allons !** ¡vamos! • **y aller** *(partir)* irse ; *(s'y rendre)* ir • **vas-y !** ¡venga! • **bon, j'y vais** *(je pars)* bueno, me voy • **on y va ?** ¿vamos?
◆ **s'en aller** *vp (personne, tache)* irse • **allez-vous en !** ¡váyase!

allergie [alɛʀʒi] *nf* alergia *f*

allergique [alɛʀʒik] *adj* • **être allergique à** ser alergico(ca) a

aller-retour [aleʀ(ə)tuʀ] (*pl* **allers-retours**) *nm (billet)* billete *m* de ida y vuelta

alliage [aljaʒ] *nm* aleación *f*

alliance [aljɑ̃s] *nf* alianza *f*

allié, e [alje] *nm, f* aliado *m*, -da *f*

allô [alo] *interj* ¿diga?

allocation [alɔkasjɔ̃] *nf* subsidio *m* • **allocations familiales** prestaciones *m* familiares

allonger [alɔ̃ʒe] *vt* 1. *(bras, jambes)* estirar 2. *(vêtement)* alargar ◆ **s'allonger** *vp* 1. *(s'étendre)* tumbarse 2. *(devenir plus long)* alargarse

allumage [alymaʒ] *nm AUTO* encendido *m*

allume-cigares [alymsigaʀ] *nm inv* encendedor *m (de coche)*

allumer [alyme] *vt* encender ◆ **s'allumer** *vp* encenderse

allumette [alymɛt] *nf* cerilla *f*

allure [alyʀ] *nf* 1. *(apparence)* aspecto *m* 2. *(vitesse)* velocidad *f* • **à toute allure** a toda pastilla

allusion [alyzjɔ̃] *nf* alusión *f* • **faire allusion à** aludir a

alors [alɔʀ] *adv* entonces • **alors, tu viens ?** ¿vienes, o qué? • **ça alors !** ¡vaya! • **et alors ?** *(et ensuite)* ¿y? • **alors que** *(tandis que)* mientras que ; *(pendant que)* cuando

alourdir [aluʀdiʀ] *vt* 1. volver más pesado(da) 2. *(phrase, style)* recargar

aloyau, x [alwajo] *nm* solomillo *m*

Alpes [alp] *nfpl* • **les Alpes** los Alpes

alphabet [alfabɛ] *nm* alfabeto *m*

alphabétique [alfabetik] *adj* alfabético(ca) • **par ordre alphabétique** por orden alfabético

alpin [alpɛ̃] *adj m* ➤ **ski**

alpinisme [alpinism] *nm* alpinismo *m*

alpiniste [alpinist] *nmf* alpinista *mf*

Alsace [alzas] *nf* • **l'Alsace** Alsacia *f*

altermondialisation [altɛʀmɔ̃djalizasjɔ̃] *nf* altermundialización *f*

altermondialiste [altɛʀmɔ̃djalist] *adj & nmf* altermundialista *mf*
alternatif [altɛʀnatif] *adj m* ➤ **courant**
alternativement [altɛʀnativmɑ̃] *adv* alternativamente
alterner [altɛʀne] *vi* alternar
altitude [altityd] *nf* altitud *f*, altura *f* • **à 2 000 m d'altitude** a 2.000 m de altitud
alu [aly] (*fam*) *adj* • **papier alu** papel *m* de aluminio
aluminium [alyminjɔm] *nm* aluminio *m*
amabilité [amabilite] *nf* amabilidad *f*
amadouer [amadwe] *vt* engatusar
amaigrissant, e [amegʀisɑ̃, ɑ̃t] *adj* adelgazante
amande [amɑ̃d] *nf* almendra *f* • **pâte d'amandes** mazapán *m*
amant [amɑ̃] *nm* amante *m*
amarrer [amaʀe] *vt (bateau)* amarrar
amasser [amase] *vt* amontonar
amateur, trice [amatœʀ, tʀis] *adj (musicien, sportif)* aficionado(da) ◇ *nm, f* **1.** *(non professionnel)* aficionado *m*, -da *f* **2.** *(péj) (peu sérieux)* diletante *mf* • **être amateur de bon vin** ser aficionado al buen vino
Amazone [amazɔn] *nm* • **l'Amazone** el Amazonas
Amazonie [amazɔni] *nf* • **l'Amazonie** Amazonia *f*
ambassade [ɑ̃basad] *nf* embajada *f*
ambassadeur, drice [ɑ̃basadœʀ, dʀis] *nm, f* embajador *m*, -ra *f*
ambiance [ɑ̃bjɑ̃s] *nf* ambiente *m* • **d'ambiance** *(musique, éclairage)* ambiental • **il y a de l'ambiance !** ¡hay mucho ambiente! • **bonne/mauvaise ambiance** buen/mal ambiente
ambigu, uë [ɑ̃bigy] *adj* ambiguo(gua)
ambitieux, euse [ɑ̃bisjø, øz] *adj* **1.** *(personne)* ambicioso(sa) **2.** *(projet)* de gran envergadura
ambition [ɑ̃bisjɔ̃] *nf* **1.** *(but)* anhelo *m* **2.** *(désir de réussite)* ambición *f*
ambulance [ɑ̃bylɑ̃s] *nf* ambulancia *f*
ambulant [ɑ̃bylɑ̃] *adj m* ➤ **marchand**
âme [am] *nf* alma *f*
amélioration [ameljɔʀasjɔ̃] *nf* mejora *f*
améliorer [ameljɔʀe] *vt* mejorar ◆ **s'améliorer** *vp* **1.** *(santé, situation)* mejorar **2.** *(élève)* progresar
aménagé, e [amenaʒe] *adj (cuisine, camping)* acondicionado(da)
aménager [amenaʒe] *vt (pièce, appartement)* acondicionar
amende [amɑ̃d] *nf* multa *f*
amener [amne] *vt* **1.** *(emmener)* llevar **2.** *(faire venir avec soi)* traerse **3.** *(causer)* acarrear
amer, ère [amɛʀ] *adj* **1.** *(goût)* amargo(ga) **2.** *(personne)* amargado(da)
américain, e [ameʀikɛ̃, ɛn] *adj* americano(na), norteamericano(na) ◆ **Américain, e** *nm, f* americano *m*, -na *f*, norteamericano *m*, -na *f*
Amérique [ameʀik] *nf* • **l'Amérique** América *f* • **l'Amérique centrale** América Central, Centroamérica *f* • **l' Amérique latine** América Latina, Latinoamérica *f* • **l'Amérique du Nord** América del Norte, Norteamérica *f* • **l'Amérique du Sud** América del Sur, Sudamérica *f*
amertume [amɛʀtym] *nf* **1.** *(d'un aliment)* amargor *m* **2.** *(tristesse)* amargura *f*
ameublement [amœbləmɑ̃] *nm* mobiliario *m*

ami, e [ami] *nm, f* **1.** *(camarade)* amigo *m*, -ga *f* **2.** *(fiancé)* novio *m*, -via *f* • **être (très) amis** ser (muy) amigos
amiable [amjabl] *adj* • **à l'amiable** *(arrangement, divorce)* amistoso(sa) • **le problème a été réglé à l'amiable** el problema se ha solventado amistosamente
amiante [amjɑ̃t] *nm* amianto *m*
amical, e, aux [amikal, o] *adj* cordial
amicalement [amikalmɑ̃] *adv* cordialmente
amitié [amitje] *nf* amistad *f* ▼ **amitiés** *(dans une lettre)* recuerdos
amnésique [amnezik] *adj* amnésico(ca)
amont [amɔ̃] *nm* • **en amont** río arriba ; *(fig)* antes
amorcer [amɔʀse] *vt* iniciar
amortir [amɔʀtiʀ] *vt* **1.** *(choc, son)* amortiguar **2.** *(rentabiliser)* amortizar
amortisseur [amɔʀtisœʀ] *nm* amortiguador *m*
amour [amuʀ] *nm* amor *m* • **faire l'amour** hacer el amor
amoureux, euse [amuʀø, øz] *adj* enamorado(da) • **être amoureux de qqn** estar enamorado de alguien ◆ **amoureux** *nmpl* enamorados *mpl* • **les amoureux de la nature** los amantes de la naturaleza
amour-propre [amuʀpʀɔpʀ] *(pl* **amours-propres***)* *nm* amor *m* propio
amovible [amɔvibl] *adj* amovible
amphithéâtre [ɑ̃fiteatʀ] *nm* anfiteatro *m*
ample [ɑ̃pl] *adj* amplio(plia)
amplement [ɑ̃pləmɑ̃] *adv* ampliamente
ampli [ɑ̃pli] *(abr de amplificateur)* *nm* *(fam)* amplificador *m*
amplificateur [ɑ̃plifikatœʀ] *nm* amplificador *m*
amplifier [ɑ̃plifje] *vt* amplificar
ampoule [ɑ̃pul] *nf* **1.** *(de lampe)* bombilla *f* **2.** *(de médicament, sur la peau)* ampolla *f*
amputer [ɑ̃pyte] *vt* amputar
amusant, e [amyzɑ̃, ɑ̃t] *adj* divertido(da)
amuse-gueule [amyzgœl] *nm inv* aperitivo *m*
amuser [amyze] *vt* • **amuser qqn** divertir a alguien ◆ **s'amuser** *vp* **1.** *(se distraire)* divertirse **2.** *(jouer)* jugar • **s'amuser à faire qqch** dedicarse a hacer algo • **ça l'amuse de m'embêter** se divierte molestándome • **ça ne m'amuse pas de faire ça** no me hace ninguna gracia hacer esto
amygdales [amidal] *nfpl* amígdalas *fpl*
an [ɑ̃] *nm* año *m* • **il a neuf ans** tiene nueve años • **en l'an 2010** en el año 2010
anachronique [anakʀɔnik] *adj* anacrónico(ca)
analogique [analɔʒik] *adj* analógico(ca)
analogue [analɔg] *adj* análogo(ga)
analphabète [analfabɛt] *adj* & *nmf* analfabeto(ta)
analyse [analiz] *nf* **1.** análisis *m inv* **2.** *(psychanalyse)* psicoanálisis *m inv* • **analyse (de sang)** análisis (de sangre)
analyser [analize] *vt* analizar
ananas [anana(s)] *nm* piña *f*
anarchie [anaʀʃi] *nf* anarquía *f*
anatomie [anatɔmi] *nf* anatomía *f*
ancêtre [ɑ̃sɛtʀ] *nmf* **1.** *(parent)* antepasado *m*, -da *f* **2.** *(première version)* • **l'ancêtre de l'ordinateur** el predecesor del ordenador

anchois [ɑ̃ʃwa] *nm* **1.** *(frais)* boquerón *m* **2.** *(en conserve)* anchoa *f*
ancien, enne [ɑ̃sjɛ̃, ɛn] *adj* antiguo(gua) ◆ **ancien** *nm* *(Afrique)* *(aîné)* anciano *m*
ancienneté [ɑ̃sjɛnte] *nf (dans une entreprise)* antigüedad *f*
ancre [ɑ̃kʀ] *nf* ancla *m* ● **jeter/lever l'ancre** echar/levar anclas
Andalousie [ɑ̃daluzi] *nf* ● **l'Andalousie** Andalucía *f*
Andes [ɑ̃d] *nfpl* ● **les Andes** los Andes ● **la Cordillère des Andes** la Cordillera de los Andes
Andorre [ɑ̃dɔʀ] *nf* ● **l'Andorre** Andorra *f*
andouille [ɑ̃duj] *nf* **1.** CULIN *especie de salchicha a base de tripas de cerdo* **2.** *(fam)* *(imbécile)* imbécil *mf*
andouillette [ɑ̃dujɛt] *nf embutido a base de tripas de cerdo o de ternera*
âne [an] *nm* burro *m*
anéantir [aneɑ̃tiʀ] *vt (ville, espoirs)* aniquilar
anecdote [anɛkdɔt] *nf* anécdota *f*
anémie [anemi] *nf* anemia *f*
ânerie [anʀi] *nf* burrada *f* ● **faire/dire des âneries** hacer/decir burradas
anesthésie [anɛstezi] *nf* anestesia *f* ● **être sous anesthésie** estar bajo anestesia ● **anesthésie générale/locale** anestesia general/local
ange [ɑ̃ʒ] *nm* ángel *m*
angine [ɑ̃ʒin] *nf* angina *f* ● **angine de poitrine** angina de pecho
anglais, e [ɑ̃glɛ, ɛz] *adj* inglés(esa) ◆ **anglais** *nm (langue)* inglés *m* ◆ **Anglais, e** *nm, f* inglés *m*, -esa *f*
angle [ɑ̃gl] *nm* **1.** *(coin)* esquina *f* **2.** *(géométrique)* ángulo *m* ● **angle droit** ángulo recto
Angleterre [ɑ̃glətɛʀ] *nf* ● **l'Angleterre** Inglaterra *f*
angoisse [ɑ̃gwas] *nf* angustia *f*
angoissé, e [ɑ̃gwase] *adj* angustiado(da)
angora [ɑ̃gɔʀa] *nm* angora *f*
anguille [ɑ̃gij] *nf* anguila *f* ● **anguille au vert** *anguilas cocinadas con vino blanco, nata, espinacas y hierbas aromáticas; especialidad belga*
animal, aux [animal, o] *nm* animal *m* ● **animal domestique** animal doméstico
animateur, trice [animatœʀ, tʀis] *nm, f* **1.** *(de club, de groupe)* animador *m*, -ra *f* **2.** *(à la radio, à la télévision)* presentador *m*, -ra *f*
animation [animasjɔ̃] *nf* animación *f* ◆ **animations** *nfpl* actividades *fpl*
animé, e [anime] *adj* animado(da)
animer [anime] *vt* **1.** animar **2.** *(jeu, émission)* presentar ◆ **s'animer** *vp* animarse
anis [ani(s)] *nm* anís *m*
ankyloser [ɑ̃kiloze] ◆ **s'ankyloser** *vp* anquilosarse
anneau, x [ano] *nm* **1.** *(bague)* anillo *m* **2.** *(maillon)* eslabón *m* ◆ **anneaux** *nmpl* SPORT anillas *fpl*
année [ane] *nf* año *m* ● **année bissextile** año bisiesto ● **année scolaire** curso *m* escolar
annexe [anɛks] *nf* **1.** *(document)* documento *m* adjunto **2.** *(bâtiment)* dependencia *f*
anniversaire [anivɛʀsɛʀ] *nm* cumpleaños *m inv* ● **bon** ou **joyeux anniversaire !**

¡feliz cumpleaños! • **anniversaire de mariage** aniversario *m* de boda

annonce [anɔ̃s] *nf* **1.** anuncio *m* **2.** *(message parlé)* aviso *m* • **(petites) annonces** anuncios por palabras

annoncer [anɔ̃se] *vt* anunciar ♦ **s'annoncer** *vp* • **s'annoncer bien** presentarse bien

annuaire [anɥɛʀ] *nm* anuario *m* • **annuaire (téléphonique)** guía *f* de teléfonos

annuel, elle [anɥɛl] *adj* anual

annulaire [anylɛʀ] *nm* anular *m*

annulation [anylasjɔ̃] *nf* anulación *f*

annuler [anyle] *vt* **1.** anular **2.** *INFORM* cancelar

anomalie [anɔmali] *nf* anomalía *f*

anonyme [anɔnim] *adj* anónimo(ma)

anorak [anɔʀak] *nm* anorak *m*

anormal, e, aux [anɔʀmal, o] *adj* anormal

ANPE [aɛnpeə] *nf* (*abr de Agence nationale pour l'emploi*) ≃ INEM *m (Instituto Nacional de Empleo)*

anse [ɑ̃s] *nf* **1.** *(poignée)* asa *f* **2.** *(crique)* ensenada *f*

Antarctique [ɑ̃taʀktik] *nm* Antártida *f* • **l'(océan) Antarctique** el (océano) Antártico

antenne [ɑ̃tɛn] *nf* antena *f* • **antenne parabolique** antena parabólica • **antenne-relais** antena (base) de telefonía móvil • **antenne satellite** antena satélite

antérieur, e [ɑ̃teʀjœʀ] *adj* **1.** *(précédent)* anterior **2.** *(de devant)* delantero(ra)

anthrax [ɑ̃tʀaks] *nm* ántrax *m inv*

antibiotique [ɑ̃tibjɔtik] *nm* antibiótico *m*

antibrouillards [ɑ̃tibʀujaʀ] *nmpl* faros *mpl* antiniebla

anticiper [ɑ̃tisipe] *vt* anticipar

antidopage [ɑ̃tidɔpaʒ], **antidoping** [ɑ̃tidɔpiŋ] *adj inv* • **contrôle antidopage** control antidoping

antidote [ɑ̃tidɔt] *nm* antídoto *m*

antigel [ɑ̃tiʒɛl] *nm* anticongelante *m*

antillais, e [ɑ̃tijɛ, ɛz] *adj* antillano(na) ♦ **Antillais, e** *nm, f* antillano *m*, -na *f*

Antilles [ɑ̃tij] *nfpl* • **les Antilles** las Antillas

antimite [ɑ̃timit] *nm* antipolillas *m inv*

antimondialisation [timɔ̃djalizasjɔ̃] *nf* antiglobalización *f*

antimondialiste [timɔ̃djalist] *nmf* antiglobalista *mf*

antipathique [ɑ̃tipatik] *adj* antipático(ca)

antiquaire [ɑ̃tikɛʀ] *nmf* anticuario *m*, -ria *f*

antique [ɑ̃tik] *adj* antiguo(gua)

antiquité [ɑ̃tikite] *nf* antigüedad *f* • **magasin d'antiquités** tienda *f* de antigüedades • **l'Antiquité** la Antigüedad

antiseptique [ɑ̃tisɛptik] *adj* antiséptico(ca)

antislash [ɑ̃tislaʃ] *nm* barra *f* invertida

antivirus [ɑ̃tiviʀys] *nm inv INFORM* antivirus *m inv*

antivol [ɑ̃tivɔl] *nm* antirrobo *m*

anxiété [ɑ̃ksjete] *nf* ansiedad *f*

anxieux, euse [ɑ̃ksjø, øz] *adj* ansioso(sa)

AOC [aɔse] *nf* (*abr de appellation d'origine contrôlée*) ≃ DO *f (denominación de origen)*

août [u(t)] *nm* agosto *m* • **en août** ou **au mois d'août** en (el mes de) agosto • **début août** a principios de agosto • **fin août** a finales de agosto • **le deux août** el dos de agosto

apaiser [apeze] *vt* aplacar

apercevoir [apɛʀsəvwaʀ] *vt* divisar ♦ **s'apercevoir** *vp* • **s'apercevoir de** darse cuenta de • **s'apercevoir que** darse cuenta de que

[1]**aperçu, e** [apɛʀsy] *pp* ➤ **apercevoir**

[2]**aperçu** [apɛʀsy] *nm* • **avoir/donner un aperçu de qqch** tener/dar una visión de conjunto de algo • **aperçu avant impression** *INFORM* vista *f* previa

apéritif [apeʀitif] *nm* aperitivo *m*

aphone [afɔn] *adj* afónico(ca)

aphte [aft] *nm* afta *f*

apitoyer [apitwaje] ♦ **s'apitoyer sur** *vp + prep* apiadarse de

ap. J.-C. (*abr écrite de après Jésus-Christ*) d. J.C (*después de Jesucristo*)

aplanir [aplaniʀ] *vt* allanar

aplatir [aplatiʀ] *vt* aplanar

aplomb [aplɔ̃] *nm* (*culot*) desfachatez *f* • **d'aplomb** (*vertical*) derecho(cha)

apostrophe [apɔstʀɔf] *nf* (*signe graphique*) apóstrofo *m* • **"s" apostrophe** "s" apóstrofo

apôtre [apotʀ] *nm* apóstol *m*

apparaître [apaʀɛtʀ] *vi* aparecer • **il apparaît évident que...** resulta evidente que...

appareil [apaʀɛj] *nm* **1.** (*dispositif*) aparato *m* **2.** (*poste téléphonique*) teléfono *m* • **qui est à l'appareil ?** ¿con quién hablo? • **appareil digestif** aparato digestivo • **appareil jetable** cámara *f* de usar y tirar • **appareil ménager** electrodoméstico *m* • **appareil photo** cámara fotográfica • **appareil photo numérique** cámara digital

apparemment [apaʀamɑ̃] *adv* al parecer

apparence [apaʀɑ̃s] *nf* apariencia *f* • **en apparence** en apariencia

apparent, e [apaʀɑ̃, ɑ̃t] *adj* **1.** aparente **2.** (*couture, poutre, brique*) a la vista

apparition [apaʀisjɔ̃] *nf* aparición *f* • **faire son apparition** aparecer

appartement [apaʀtəmɑ̃] *nm* apartamento *m*

appartenir [apaʀtəniʀ] *vi* • **appartenir à** pertenecer a

appartenu [apaʀtəny] *pp* ➤ **appartenir**

apparu, e [apaʀy] *pp* ➤ **apparaître**

appât [apa] *nm* cebo *m*

appel [apɛl] *nm* llamada *f* • **faire l'appel** *SCOL* pasar lista • **faire appel à** recurrir a • **faire un appel de phares** dar luces • **appel au secours** llamada de socorro

appeler [aple] *vt* llamar • **appeler à l'aide** pedir socorro • **appeler un taxi** pedir un taxi ♦ **s'appeler** *vp* llamarse • **comment t'appelles-tu ?** ¿cómo te llamas? • **je m'appelle...** me llamo...

appendicite [apɛ̃disit] *nf* apendicitis *f inv*

appétissant, e [apetisɑ̃, ɑ̃t] *adj* apetitoso(sa)

appétit [apeti] *nm* apetito *m* • **avoir de l'appétit** tener apetito • **bon appétit !** ¡buen provecho!

applaudir [aplodiʀ] *vt & vi* aplaudir

applaudissements [aplodismɑ̃] *nmpl* aplausos *mpl*

application [aplikasjɔ̃] *nf* aplicación *f* • **lancer une application** ejecutar una aplicación
applique [aplik] *nf* aplique *m*
appliqué, e [aplike] *adj* aplicado(da)
appliquer [aplike] *vt* aplicar ◆ **s'appliquer** *vp* aplicarse
appoint [apwɛ̃] *nm* • **faire l'appoint** dar el importe exacto • **d'appoint** *(chauffage, lit)* adicional
apporter [apɔʀte] *vt* **1.** traer **2.** *(fournir)* aportar
appréciation [apʀesjasjɔ̃] *nf* **1.** apreciación *f* **2.** *SCOL* observación *f*
apprécier [apʀesje] *vt* apreciar
appréhension [apʀeɑ̃sjɔ̃] *nf* aprensión *f*
apprendre [apʀɑ̃dʀ] *vt* **1.** aprender **2.** *(nouvelle)* enterarse de • **apprendre qqch à qqn** *(discipline)* enseñar algo a alguien ; *(nouvelle)* comunicar algo a alguien • **apprendre à faire qqch** aprender a hacer algo
apprenti, e [apʀɑ̃ti] *nm, f* aprendiz *m*, -za *f*
apprentissage [apʀɑ̃tisaʒ] *nm* aprendizaje *m*
apprêter [apʀete] ◆ **s'apprêter à** *vp + prep (être sur le point de)* • **s'apprêter à faire qqch** disponerse a hacer algo
appris, e [apʀi, iz] *pp* ➤ **apprendre**
apprivoiser [apʀivwaze] *vt* amansar
approcher [apʀɔʃe] *vt* acercar ◇ *vi* acercarse • **approcher qqch de** acercar algo a • **approcher de** acercarse a ◆ **s'approcher** *vp* acercarse • **s'approcher de** acercarse a
approfondir [apʀɔfɔ̃diʀ] *vt* profundizar
approprié, e [apʀɔpʀije] *adj* apropiado(da)
approuver [apʀuve] *vt* aprobar
approvisionner [apʀɔvizjɔne] ◆ **s'approvisionner** *vp* • **s'approvisionner (en)** abastecerse (de)
approximatif, ive [apʀɔksimatif, iv] *adj* aproximado(da)
appui-tête [apɥitɛt] (*pl* **appuis-tête**) *nm* reposacabezas *m inv*
appuyer [apɥije] *vt* apoyar ◇ *vi* • **appuyer sur** apretar ◆ **s'appuyer** *vp* • **s'appuyer à** apoyarse en
après [apʀɛ] *prép* después de ◇ *adv* después • **après avoir fait le ménage** después de haber hecho la limpieza • **après tout** después de todo • **l'année d'après** el año siguiente • **d'après moi** para mí
après-demain [apʀɛdəmɛ̃] *adv* pasado mañana
après-midi [apʀɛmidi] *nm ou nf inv* tarde *f* • **je travaille l'après-midi** *(tous les jours)* trabajo por la tarde • **dans l'après-midi** por la tarde
après-rasage, s [apʀɛʀazaʒ] *nm* loción *f* para después del afeitado
après-shampooing [apʀɛʃɑ̃pwɛ̃] *nm inv* suavizante *m (para el pelo)*
après-ski, s [apʀɛski] *nm* descansos *mpl*, après-ski *m inv*
a priori [apʀiɔʀi] *adv* a priori ◇ *nm inv* prejuicio *m*
apte [apt] *adj* • **apte à (faire) qqch** apto(ta) para (hacer) algo
aptitudes [aptityd] *nfpl* aptitudes *fpl*
aquarelle [akwaʀɛl] *nf* acuarela *f*
aquarium [akwaʀjɔm] *nm* acuario *m*
aquatique [akwatik] *adj* acuático(ca)

aqueduc [akdyk] *nm* acueducto *m*
Aquitaine [akitɛn] *nf* • **l'Aquitaine** Aquitania *f*
AR **1.** (*abr écrite de aller-retour*) ida y vuelta *f* **2.** (*abr écrite de accusé de réception*) acuse *m* de recibo
arabe [aʀab] *adj* árabe ◇ *nm (langue)* árabe *m* ◆ **Arabe** *nmf* árabe *mf*
arachide [aʀaʃid] *nf* cacahuete *m*
araignée [aʀeɲe] *nf* araña *f*
arbitraire [aʀbitʀɛʀ] *adj* arbitrario(ria)
arbitre [aʀbitʀ] *nm* árbitro *m*, -tra *f*
arbitrer [aʀbitʀe] *vt* arbitrar
arborescence [aʀbɔʀesɑ̃s] *nf INFORM* arborescencia *f*
arbre [aʀbʀ] *nm* árbol *m* • **arbre fruitier** árbol frutal • **arbre généalogique** árbol genealógico
arbuste [aʀbyst] *nm* arbusto *m*
arc [aʀk] *nm* arco *m*
arcade [aʀkad] *nf* arcada *f* • **arcade sourcilière** arco *m* de la ceja
arc-bouter [aʀkbute] ◆ **s'arc-bouter** *vp* apoyarse
arc-en-ciel [aʀkɑ̃sjɛl] (*pl* **arcs-en-ciel**) *nm* arco iris *m inv*
archaïque [aʀkaik] *adj* arcaico(ca)
arche [aʀʃ] *nf (voûte)* arco *m* • **l'Arche de Noé** el Arca de Noé
archéologie [aʀkeɔlɔʒi] *nf* arqueología *f*
archéologue [aʀkeɔlɔg] *nmf* arqueólogo *m*, -ga *f*
archet [aʀʃɛ] *nm* arco *m*
archipel [aʀʃipɛl] *nm* archipiélago *m*
architecte [aʀʃitɛkt] *nmf* arquitecto *m*, -ta *f*
architecture [aʀʃitɛktyʀ] *nf* arquitectura *f*
archives [aʀʃiv] *nfpl* archivos *mpl*
Arctique [aʀktik] *nm* • **l'(océan) Arctique** el (océano) Ártico
ardent, e [aʀdɑ̃, ɑ̃t] *adj* ardiente
ardeur [aʀdœʀ] *nf* ardor *m*
ardoise [aʀdwaz] *nf* pizarra *f*
ardu, e [aʀdy] *adj* arduo(a)
arènes [aʀɛn] *nfpl* **1.** (*romaines*) circo *m* **2.** (*pour corridas*) plaza *f* de toros
arête [aʀɛt] *nf* **1.** (*de poisson*) espina *f* **2.** (*angle*) arista *f*
argent [aʀʒɑ̃] *nm* **1.** (*métal*) plata *f* **2.** (*monnaie*) dinero *m*, plata (*Amér*) • **argent liquide** dinero en metálico • **argent de poche** dinero para gastos menudos
argenté, e [aʀʒɑ̃te] *adj* plateado(da)
argenterie [aʀʒɑ̃tʀi] *nf* plata *f (vajilla y cubertería de)*
argentin, e [aʀʒɑ̃tɛ̃, in] *adj* argentino(na) ◆ **Argentin, e** *nm, f* argentino *m*, -na *f*
Argentine [aʀʒɑ̃tin] *nf* • **l'Argentine** Argentina *f*
argile [aʀʒil] *nf* arcilla *f*
argot [aʀgo] *nm* argot *m*
argument [aʀgymɑ̃] *nm* argumento *m*
aride [aʀid] *adj* árido(da)
aristocratie [aʀistɔkʀasi] *nf* aristocracia *f*
arithmétique [aʀitmetik] *nf* aritmética *f*
armature [aʀmatyʀ] *nf* **1.** (*charpente*) armazón *m* **2.** (*d'un soutien-gorge*) aros *mpl*
arme [aʀm] *nf* arma *f* • **arme à feu** arma de fuego • **arme blanche** arma blanca
armé, e [aʀme] *adj* armado(da) • **être armé de** ir armado con
armée [aʀme] *nf* ejército *m*
armement [aʀməmɑ̃] *nm* armamento *m*

armer [aʀme] *vt* **1.** armar **2.** *(appareil photo)* cargar
armistice [aʀmistis] *nm* armisticio *m*
armoire [aʀmwaʀ] *nf* armario *m* • **armoire à pharmacie** botiquín *m*
armoiries [aʀmwaʀi] *nfpl* escudo *m* de armas
armure [aʀmyʀ] *nf* armadura *f*
aromate [aʀɔmat] *nm* especia *f*
aromatique [aʀɔmatik] *adj* aromático(ca)
aromatisé, e [aʀɔmatize] *adj* aromatizado(da) • **un yaourt aromatisé à la vanille** un yogur con sabor a vainilla
arôme [aʀom] *nm* **1.** *(d'un plat)* olor *m* ; *(du café)* aroma *m* ; *(du vin)* buqué *m* ; *(d'une fleur)* fragancia *f* **2.** *(goût)* aroma *m*
arqué, e [aʀke] *adj* arqueado(da) • **(avoir) les jambes arquées** (tener) las piernas arqueadas
arracher [aʀaʃe] *vt* arrancar • **le voleur lui arracha son sac** el ladrón le arrebató el bolso
arrangement [aʀɑ̃ʒmɑ̃] *nm* arreglo *m*
arranger [aʀɑ̃ʒe] *vt* arreglar • **cela m'arrange** me viene bien • **cela ne m'arrange pas du tout** no me viene nada bien ◆ **s'arranger** *vp* **1.** *(se mettre d'accord)* ponerse de acuerdo **2.** *(s'améliorer)* arreglarse • **tout finira par s'arranger** todo terminará por arreglarse • **arrangez-vous pour être à l'heure** procurad llegar puntuales
arrestation [aʀɛstasjɔ̃] *nf* arresto *m* • **être en état d'arrestation** estar detenido(da)
arrêt [aʀɛ] *nm* **1.** *(interruption)* interrupción *f* **2.** *(immobilisation)* inmovilización *f* **3.** *(station)* parada *f* ▼ **arrêt interdit** prohibido parar ou estacionar ▼ **ne pas descendre avant l'arrêt complet du train** no apearse del tren hasta que se detenga por completo • **arrêt d'autobus** parada de autobús • **arrêt de travail** baja *f* (laboral) • **bouton arrêt** botón *m* parar • **sans arrêt** sin cesar
arrêter [aʀete] *vt* **1.** parar **2.** *(suspect)* detener ◇ *vi* parar • **arrête !** ¡ya está bien! • **j'ai arrêté de fumer l'an dernier** dejé de fumar el año pasado ◆ **s'arrêter** *vp* pararse • **il s'est arrêté de travailler en juin** dejó de trabajar en junio
arrhes [aʀ] *nfpl* señal *f* • **verser des arrhes** dejar una señal
arrière [aʀjɛʀ] *adj inv* trasero(ra) ◇ *nm* parte *f* trasera • **à l'arrière** en la parte trasera, detrás • **à l'arrière de** en la parte trasera de, detrás de • **en arrière** *(regarder, tomber)* hacia atrás ; *(rester)* atrás
arriéré, e [aʀjeʀe] *adj* *(péj)* atrasado(da)
arrière-boutique, s [aʀjɛʀbutik] *nf* trastienda *f*
arrière-grand-mère [aʀjɛʀgʀɑ̃mɛʀ] (*pl* **arrière-grands-mères**) *nf* bisabuela *f*
arrière-grand-père [aʀjɛʀgʀɑ̃pɛʀ] (*pl* **arrière-grands-pères**) *nm* bisabuelo *m*
arrière-grands-parents [aʀjɛʀgʀɑ̃paʀɑ̃] *nmpl* bisabuelos *mpl*
arrière-pensée, s [aʀjɛʀpɑ̃se] *nf* segunda intención *f*
arrère-plan, s [aʀjɛʀplɑ̃] *nm* • **à l'arrière-plan** en segundo plano
arrière-saison, s [aʀjɛʀsɛzɔ̃] *nf* final *m* del otoño
arrivée [aʀive] *nf* llegada *f* ▼ **arrivées** llegadas

arriver [aʀive] *vi* **1.** *(train, personne)* llegar **2.** *(se produire)* ocurrir ◇ *v impers* • **il arrive qu'il pleuve en été** puede ocurrir que llueva en verano • **il m'arrive d'aller au cinéma** a veces voy al cine • **que t'est-il arrivé ?** ¿que te ha pasado? • **arriver à qqch** conseguir algo • **je n'arrive pas à ouvrir la porte** no consigo abrir la puerta

arriviste [aʀivist] *nmf* arribista *mf*

ar(r)obas, arobase [aʀɔbaz] *nf INFORM* arroba *f*

arrogant, e [aʀɔgɑ̃, ɑ̃t] *adj* arrogante

arrondir [aʀɔ̃diʀ] *vt* redondear • **arrondir ses fins de mois** redondear los fines de mes

arrondissement [aʀɔ̃dismɑ̃] *nm* distrito *m*

arrosage [aʀozaʒ] *nm* riego *m*

arroser [aʀoze] *vt* regar

arrosoir [aʀozwaʀ] *nm* regadera *f*

Arrt *abr abr écrite de* **arrondissement**

art [aʀ] *nm* arte *m ou f* • **art roman/gothique** arte *m* románico/gótico • **arts plastiques** artes *fpl* plásticas • **le septième art** el séptimo arte

Arte [aʀte] *n canal de televisión cultural franco-alemán*

artère [aʀtɛʀ] *nf* arteria *f*

artichaut [aʀtiʃo] *nm* alcachofa *f*

article [aʀtikl] *nm* artículo *m*

articulation [aʀtikylasjɔ̃] *nf* articulación *f*

articulé, e [aʀtikyle] *adj* **1.** *(objet, langage)* articulado(da) **2.** *(lampe)* flexible

articuler [aʀtikyle] *vt & vi* articular

artifice [aʀtifis] *nm* ➤ **feu**

artificiel, elle [aʀtifisjɛl] *adj* artificial

artisan, e [aʀtizɑ̃, an] *nm, f* artesano *m*, -na *f*

artisanal, e, aux [aʀtizanal, o] *adj* artesanal

artisanat [aʀtizana] *nm* artesanía *f*

artiste [aʀtist] *nmf* artista *mf*

artistique [aʀtistik] *adj* artístico(ca)

[1]**as** [a] ➤ **avoir**

[2]**as** [as] *nm* as *m* • **l'as de pique** el as de picas

asc. *abr écrite de* **ascenseur**

ascendant [asɑ̃dɑ̃] *nm* ascendente *m*

ascenseur [asɑ̃sœʀ] *nm* ascensor *m*

ascension [asɑ̃sjɔ̃] *nf* ascenso *m* ◆ **Ascension** *nf* • **l'Ascension** la Ascensión

asiatique [azjatik] *adj* asiático(ca) ◆ **Asiatique** *nmf* asiático *m*, -ca *f*

Asie [azi] *nf* • **l'Asie** Asia *f*

asile [azil] *nm* **1.** *(psychiatrique)* manicomio *m* **2.** *(refuge, politique)* asilo *m*

aspect [aspɛ] *nm* aspecto *m*

asperge [aspɛʀʒ] *nf* espárrago *m* • **asperges à la flamande** *espárragos acompañados de huevo duro picado, mantequilla y perejil; especialidad belga*

asperger [aspɛʀʒe] *vt* rociar

aspérités [aspeʀite] *nfpl* asperezas *fpl*

asphyxier [asfiksje] *vt* asfixiar ◆ **s'asphyxier** *vp* asfixiarse

aspirante [aspiʀɑ̃t] *adj f* ➤ **hotte**

aspirateur [aspiʀatœʀ] *nm* aspirador *m*

aspirer [aspiʀe] *vt* aspirar

aspirine® [aspiʀin] *nf* aspirina® *f*

assaillant, e [asajɑ̃, ɑ̃t] *nm, f* asaltante *mf*

assaillir [asajiʀ] *vt* asaltar • **il fut assailli de questions** lo acosaron con preguntas

assaisonnement [asɛzɔnmɑ̃] *nm* aliño *m*
assassin [asasɛ̃] *nm* asesino *m*, -na *f*
assassiner [asasine] *vt* asesinar
assaut [aso] *nm* asalto *m* ● **donner l'assaut** asaltar
assemblage [asɑ̃blaʒ] *nm* montaje *m*
assemblée [asɑ̃ble] *nf* asamblea *f* ● **l'Assemblée (nationale)** *el parlamento francés* ≃ el Congreso de los Diputados
assembler [asɑ̃ble] *vt* montar
asseoir [aswaʀ] ◆ **s'asseoir** *vp* sentarse
assez [ase] *adv* bastante ● **il y a assez de pommes pour faire une tarte** hay bastantes manzanas para hacer una tarta ● **nous n'avons pas assez de temps** no tenemos bastante tiempo ● **en avoir assez (de)** estar harto(ta) (de)
assidu, e [asidy] *adj* **1.** *(élève)* asiduo(dua) **2.** *(travail)* constante
assiéger [asjeʒe] *vt* asediar
assiette [asjɛt] *nf* plato *m* ● **assiette de crudités** *entremés de hortalizas crudas aliñadas* ● **assiette creuse** OU **à soupe** plato hondo OU sopero ● **assiette à dessert** plato de postre ● **assiette plate** plato llano ● **assiette valaisanne** *plato a base de jamón, carne curada, queso y pepinillos, típico de la región de Valais en Suiza*
assimiler [asimile] *vt* asimilar
assis, e [asi, iz] *pp* ➤ **asseoir** ◇ *adj* ● **être assis** estar sentado
assises [asiz] *nfpl* ● **(cour d')assises** ≃ sala *f* de lo penal
assistance [asistɑ̃s] *nf* asistencia *f*
assistant, e [asistɑ̃, ɑ̃t] *nm, f* **1.** *(aide)* ayudante *mf* **2.** *(en langues étrangères)* auxiliar *mf* de conversación ● **assistante sociale** asistente *f* social
assister [asiste] *vt* asistir ● **assister à** *(concert)* asistir a ; *(meurtre)* presenciar
association [asɔsjasjɔ̃] *nf* asociación *f*
associer [asɔsje] *vt* asociar ◆ **s'associer** *vp* ● **s'associer (à** OU **avec qqn)** asociarse (con alguien)
assombrir [asɔ̃bʀiʀ] *vt* ensombrecer ◆ **s'assombrir** *vp* ensombrecerse
assommer [asɔme] *vt* tumbar
assorti, e [asɔʀti] *adj* **1.** *(vêtements, couleurs)* conjuntado(da), a juego **2.** *(varié)* surtido(da) ● **être assorti à** hacer juego con
assortiment [asɔʀtimɑ̃] *nm* surtido *m*
assoupir [asupiʀ] ◆ **s'assoupir** *vp* adormilarse
assouplir [asupliʀ] *vt* dar flexibilidad a
assouplissant [asuplisɑ̃] *nm* suavizante *m*
assouplissement [asuplismɑ̃] *nm* flexibilidad *f*
assouplisseur [asuplisœʀ] = **assouplissant**
assourdissant, e [asuʀdisɑ̃, ɑ̃t] *adj* ensordecedor(ra)
assumer [asyme] *vt* asumir
assurance [asyʀɑ̃s] *nf* **1.** *(contrat)* seguro *m* **2.** *(aisance)* seguridad *f* ● **assurance automobile** seguro del coche ● **assurance tous risques** seguro a todo riesgo
assuré, e [asyʀe] *adj* **1.** *(certain)* seguro(ra) **2.** *(résolu)* firme
assurer [asyʀe] *vt* **1.** *(maison, voiture)* asegurar **2.** *(fonction, tâche)* hacerse cargo de ● **je t'assure que c'est vrai** te aseguro que es verdad ● **il est fou, je t'assure !** ¡te ase-

guro que está loco! ◆ **s'assurer** *vp* asegurarse ● **s'assurer contre le vol** asegurarse contra el robo ● **s'assurer de** asegurarse de ● **s'assurer que** asegurarse de que
astérisque [asteʀisk] *nm* asterisco *m*
asthmatique [asmatik] *adj* asmático(ca)
asthme [asm] *nm* asma *f* ● **avoir de l'asthme** padecer asma
asticot [astiko] *nm* gusano *m*
astiquer [astike] *vt* sacar brillo a
astre [astʀ] *nm* astro *m*
astrologie [astʀɔlɔʒi] *nf* astrología *f*
astronaute [astʀɔnot] *nmf* astronauta *mf*
astronomie [astʀɔnɔmi] *nf* astronomía *f*
astuce [astys] *nf* **1.** *(ingéniosité)* astucia *f* **2.** *(truc)* truco *m*
astucieux, euse [astysjø, øz] *adj* astuto(ta)
Asturies [astuʀi] *nfpl* ● **les Asturies** Asturias *f*
atelier [atəlje] *nm* **1.** taller *m* **2.** *(de peintre)* estudio *m* ● **un atelier d'écriture** *(groupe de travail)* un taller de escritura
athée [ate] *adj* ateo(a)
athénée [atene] *nm* (*Belg*) *instituto de enseñanza secundaria en Bélgica*
athlète [atlɛt] *nmf* atleta *mf*
athlétisme [atletism] *nm* atletismo *m*
Atlantique [atlɑ̃tik] *nm* ● **l'(océan) Atlantique** el (océano) Atlántico
atlas [atlas] *nm* atlas *m inv*
atmosphère [atmɔsfɛʀ] *nf* atmósfera *f*
atome [atom] *nm* átomo *m*
atomique [atɔmik] *adj* atómico(ca)
atomiseur [atɔmizœʀ] *nm* atomizador *m*
atout [atu] *nm* **1.** *(carte)* triunfo *m* **2.** *(avantage)* baza *f* ● **atout pique** triunfo de picas
atroce [atʀɔs] *adj* atroz
atrocité [atʀɔsite] *nf* atrocidad *f*
attachant, e [ataʃɑ̃, ɑ̃t] *adj* entrañable ● **un garçon attachant** un chico encantador
attaché-case [ataʃekɛz] (*pl* **attachés-cases**) *nm* maletín *m*
attachement [ataʃmɑ̃] *nm* apego *m*
attacher [ataʃe] *vt* **1.** atar **2.** *INFORM* adjuntar ◇ *vi* pegar ● **attachez vos ceintures** abróchense los cinturones ● **attacher un fichier** adjuntar un archivo ◆ **s'attacher** *vp* abrocharse ● **s'attacher à qqn** encariñarse con alguien
attaquant, e [atakɑ̃, ɑ̃t] *nm, f SPORT* atacante *mf*
attaque [atak] *nf* **1.** *(agression)* asalto *m* **2.** *MÉD* ataque *m*
attaquer [atake] *vt* atacar ◆ **s'attaquer à** *vp + prep* **1.** enfrentarse a **2.** *(devoirs, vaisselle)* liarse con
attarder [ataʀde] ◆ **s'attarder** *vp* retrasarse
atteindre [atɛ̃dʀ] *vt* **1.** *(toucher, attraper)* alcanzar **2.** *(émouvoir)* afectar
atteint, e [atɛ̃, ɛ̃t] *pp* = **atteindre** ◇ *adj* ● **être atteint de** *(maladie)* sufrir de, tener
atteinte [atɛ̃t] *nf* ➤ **hors**
atteler [atle] *vt* **1.** *(chevaux)* uncir **2.** *(remorque)* enganchar
attelle [atɛl] *nf* tablilla *f*
attendre [atɑ̃dʀ] *vt & vi* esperar ● **attendre un enfant** esperar un hijo ● **attendre que** esperar que ● **attendre qqch de** es-

perar algo de ◆ **s'attendre à** *vp + prep* esperarse que
attendrir [atɑ̃dʀiʀ] *vt* enternecer
attentat [atɑ̃ta] *nm* atentado *m* ● **attentat à la bombe** atentado con bomba
attente [atɑ̃t] *nf* espera *f* ● **en attente** esperando ▼ **dans l'attente de recevoir de vos nouvelles...** *(dans une lettre)* quedo a la espera de sus noticias...
attentif, ive [atɑ̃tif, iv] *adj* atento(ta)
attention [atɑ̃sjɔ̃] *nf* atención *f* ● **attention !** ¡cuidado! ● **faire attention (à)** *(se concentrer)* prestar atención (a) ; *(être prudent)* tener cuidado (con)
atténuer [atenɥe] *vt* atenuar
atterrir [ateʀiʀ] *vi* aterrizar
atterrissage [ateʀisaʒ] *nm* aterrizaje *m* ● **à l'atterrissage** al aterrizaje
attestation [atɛstasjɔ̃] *nf* certificado *m*
attirant, e [atiʀɑ̃, ɑ̃t] *adj* atractivo(va)
attirer [atiʀe] *vt* atraer ● **attirer l'attention de qqn** llamar la atención de alguien ◆ **s'attirer** *vp* ● **s'attirer des ennuis** crearse problemas
attiser [atize] *vt (feu)* atizar
attitude [atityd] *nf (comportement)* actitud *f*
attraction [atʀaksjɔ̃] *nf* atracción *f*
attrait [atʀɛ] *nm* atractivo *m*
attraper [atʀape] *vt* **1.** coger **2.** *(surprendre)* pillar
attrayant, e [atʀɛjɑ̃, ɑ̃t] *adj* atractivo(va)
attribuer [atʀibɥe] *vt* ● **attribuer qqch à qqn** atribuir algo a alguien
attroupement [atʀupmɑ̃] *nm* aglomeración *f (de gente)*
atypique [atipik] *adj* atípico(ca)

au [o] = **à** + **le** ; ➤ **à**
aube [ob] *nf* alba *f* ● **à l'aube** al alba
auberge [obɛʀʒ] *nf* hostal *m* ● **auberge de jeunesse** albergue *m* juvenil
aubergine [obɛʀʒin] *nf* berenjena *f*
aucun, e [okœ̃, yn] *adj & pron* ninguno(na) *(ningún devant nom masculin)* ● **je n'ai vu aucun restaurant** no he visto ningún restaurante ● **sans aucun doute** sin duda alguna ● **aucune idée !** ¡ni idea! ● **aucun des deux** ninguno de los dos ● **aucun d'entre nous** ninguno de nosotros
audace [odas] *nf* atrevimiento *m*
audacieux, euse [odasjø, øz] *adj* atrevido(da)
au-delà [od(ə)la] *adv* más allá ● **au-delà de** más allá de
au-dessous [od(ə)su] *adv* debajo ● **les enfants de 12 ans et au-dessous** los niños de 12 años o menos ● **au-dessous de** debajo de
au-dessus [od(ə)sy] *adv* encima ● **les personnes de 50 ans et au-dessus** las personas de 50 años y más ● **au-dessus de** encima de ● **au-dessus de 200 euros** de más de 200 euros
audience [odjɑ̃s] *nf* audiencia *f*
audiovisuel, elle [odjɔvizɥɛl] *adj* audiovisual
auditeur, trice [oditœʀ, tʀis] *nm, f* oyente *mf*
audition [odisjɔ̃] *nf* **1.** *(examen)* prueba *f* **2.** *(sens)* audición *f*
auditoire [oditwaʀ] *nm* auditorio *m (conjunto de oyentes)*
auditorium [oditɔʀjɔm] *nm* auditorio *m (local)*

augmentation [ogmɑ̃tasjɔ̃] *nf* aumento *m* • **augmentation (de salaire)** aumento (de sueldo) • **en augmentation** en aumento

augmenter [ogmɑ̃te] *vt & vi* aumentar

aujourd'hui [oʒuʀdɥi] *adv* **1.** hoy **2.** *(à notre époque)* hoy en día • **d'aujourd'hui** de hoy

auparavant [opaʀavɑ̃] *adv* antes

auprès [opʀɛ] ◆ **auprès de** *prép* **1.** *(se trouver)* junto a **2.** *(en s'adressant à)* ante

auquel [okɛl] = **à** + **lequel, lequel**

[1]**aura etc** ➤ **avoir**

[2]**aura** [ɔʀa] *nf* aura *f*

auréole [oʀeɔl] *nf (tache)* cerco *m*

aurore [ɔʀɔʀ] *nf* aurora *f*

ausculter [oskylte] *vt* auscultar

aussi [osi] *adv*
1. *(également)* también • **j'ai faim - moi aussi !** tengo hambre - ¡yo también!
2. *(introduit une comparaison)* • **il fait aussi chaud qu'à Bayonne** hace tanto calor como en Bayona • **il est aussi intelligent que son frère** es tan inteligente como su hermano • **je n'ai jamais rien vu d'aussi beau** nunca he visto nada tan bonito
◇ *conj (par conséquent)* así que

aussitôt [osito] *adv* en seguida • **aussitôt que nous serons partis** tan pronto como nos hayamos ido

austère [ostɛʀ] *adj* austero(ra)

Australie [ostʀali] *nf* • **l'Australie** Australia *f*

australien, enne [ostʀaljɛ̃, ɛn] *adj* australiano(na) ◆ **Australien, enne** *nm, f* australiano *m*, -na *f*

autant [otɑ̃] *adv*
1. *(exprime la comparaison)* • **autant que** tanto como • **l'aller simple coûte presque autant que l'aller-retour** el billete de ida cuesta casi tanto como el de ida y vuelta • **je n'ai pas autant d'amis que lui** no tengo tantos amigos como él • **il y a autant de femmes que d'hommes** hay tantos hombres como mujeres
2. *(exprime l'intensité)* • **je ne savais pas qu'il pleuvait autant ici** no sabía que aquí llovía tanto • **autant de** tanto(ta) • **si j'avais autant de temps/autant de vacances** si tuviera tanto tiempo/tantas vacaciones • **autant de choses** tantas cosas
3. *(il vaut mieux)* • **autant partir demain** más vale salir mañana
4. *(dans des expressions)* • **j'aime autant rester ici** prefiero quedarme aquí • **d'autant que** puesto que • **d'autant plus que** tanto más cuanto que • **d'autant mieux que** tanto mejor cuanto que • **pour autant que je sache** que yo sepa

autel [otɛl] *nm* altar *m*

auteur, e [otœʀ] *nm, f* autor *m*, -ra *f*

authentique [otɑ̃tik] *adj* auténtico(ca)

auto [oto] *nf* coche *m*, carro *m (Amér)* • **autos tamponneuses** autos *mpl* de choque

autobiographie [otɔbjɔgʀafi] *nf* autobiografía *f*

autobus [otɔbys] *nm* autobús *m*

autocar [otɔkaʀ] *nm* autocar *m*

autocollant [otɔkɔlɑ̃] *nm* pegatina *f*

autocouchette(s) [otɔkuʃɛt] *adj inv* • **train autocouchettes** *tren con literas y transporte de coches*

autocuiseur [otɔkɥizœʀ] *nm* olla *f* a presión ou exprés
auto-école, s [otɔekɔl] *nf* autoescuela *f*
autographe [otɔgʀaf] *nm* autógrafo *m*
automate [otɔmat] *nm* autómata *m*
automatique [otɔmatik] *adj* automático(ca)
automne [otɔn] *nm* otoño *m* • **en automne** en otoño
automobile [otɔmɔbil] *adj* automovilístico(ca)
automobiliste [otɔmɔbilist] *nmf* automovilista *mf*
autonome [otɔnɔm] *adj* autónomo(ma)
autonomie [otɔnɔmi] *nf* autonomía *f*
autopsie [otɔpsi] *nf* autopsia *f*
autoradio [otɔʀadjo] *nm* radio *f (del coche)*
autorisation [otɔʀizasjɔ̃] *nf* autorización *f*
autoriser [otɔʀize] *vt* autorizar • **je vous autorise à partir plus tôt** le autorizo a marcharse ou que se marche más temprano
autoritaire [otɔʀitɛʀ] *adj* autoritario(ria)
autorité [otɔʀite] *nf* autoridad *f* • **les autorités** las autoridades
autoroute [otɔʀut] *nf* autopista *f* • **autoroute à péage** autopista de peaje • **autoroute de l'information** *INFORM* autopista de la información
auto(-)stop [otɔstɔp] *nm sing* auto(e)stop *m* • **faire de l'auto(-)stop** hacer auto(e)stop
autour [otuʀ] *adv* alrededor • **tout autour** alrededor • **autour de** alrededor de
autre [otʀ] *adj*
1. *(différent)* otro(tra) • **j'aimerais essayer une autre robe** me gustaría probarme otro vestido
2. *(supplémentaire)* • **une autre bouteille d'eau minérale, s'il vous plaît !** ¡otra botella de agua mineral por favor! • **il n'y a rien d'autre à voir ici** no hay nada más que ver aquí • **veux-tu quelque chose d'autre ?** ¿quieres algo más?
3. *(restant)* • **les autres passagers sont priés d'embarquer** se ruega a los demás pasajeros que embarquen
4. *(dans des expressions)* • **autre part** en otro lugar • **d'autre part** por otra parte • **rien d'autre** nada más
◇ *pron* • **l'autre** el otro, la otra • **un autre** otro • **les deux autres** los otros dos • **il ne se soucie pas des autres** no le preocupan los demás • **d'une minute à l'autre** de un momento a otro • **entre autres** entre otros/otras
autrefois [otʀəfwa] *adv* antaño
autrement [otʀəmɑ̃] *adv* **1.** *(différemment)* de otro modo **2.** *(sinon)* si no • **autrement dit** dicho de otro modo
Autriche [otʀiʃ] *nf* • **l'Autriche** Austria *f*
autrichien, enne [otʀiʃjɛ̃, ɛn] *adj* austriaco(ca) ◆ **Autrichien, enne** *nm, f* austriaco *m*, -ca *f*
autruche [otʀyʃ] *nf* avestruz *m*
auvent [ovɑ̃] *nm* tejadillo *m*
Auvergne [ovɛʀɲ] *nf* ➤ **bleu**
aux [o] = **à + les, à**
auxiliaire [oksiljɛʀ] *nmf* auxiliar *mf*
◇ *nm GRAMM* auxiliar *m*
auxquelles [okɛl] = **à + lesquelles ;** ➤ **lequel**

auxquels [okɛl] = **à** + **lesquels** ; ➤ **lequel**
av. (*abr écrite de avenue*) Avda. *(avenida)*
avachi, e [avaʃi] *adj* **1.** *(personne)* apalancado(da) **2.** *(canapé, chaussures)* deformado(da)
aval [aval] *nm* • **en aval** río abajo ; *(fig)* después
avalanche [avalɑ̃ʃ] *nf* alud *m*
avaler [avale] *vt* tragar
avance [avɑ̃s] *nf* adelanto *m* • **à l'avance** con antelación • **d'avance** *(payer)* por adelantado ; *(remercier)* de antemano • **arriver en avance** llegar con anticipación • **être en avance** ir adelantado(da)
avancer [avɑ̃se] *vt* **1.** *(objet)* acercar **2.** *(bras, main)* alargar **3.** *(anticiper, prêter)* adelantar ◇ *vi* **1.** *(se déplacer)* avanzar **2.** *(progresser)* ir adelante **3.** *(montre)* adelantar • **avancer une réunion** adelantar una reunión • **avance !** ¡ven para aquí! • **avancer de cinq minutes** adelantar cinco minutos ◆ **s'avancer** *vp* **1.** *(se rapprocher)* acercarse **2.** *(partir devant)* ir delante • **s'avancer dans son travail** adelantar en el trabajo
avant [avɑ̃] *adv* antes • **l'année d'avant** el año anterior ◇ *nm* **1.** *(partie antérieure)* parte *f* delantera • **à l'avant** en la parte delantera, delante • **à l'avant de** en la parte delantera de, delante de • **en avant** *(regarder, tomber)* hacia delante ; *(partir)* delante **2.** *SPORT* delantero *m* ◇ *adj inv* delantero(ra) ◇ *prép* • **tournez avant l'église** gire antes de la iglesia • **avant de partir, ferme bien la porte** antes de irte, cierra bien la puerta • **il est parti avant moi** se fue antes que yo • **avant que** antes de que • **avant tout** *(surtout)* ante todo ; *(d'abord)* antes que nada
avantage [avɑ̃taʒ] *nm* ventaja *f* • **avoir l'avantage** llevar ventaja
avantager [avɑ̃taʒe] *vt* favorecer
avantageux, euse [avɑ̃taʒø, øz] *adj* ventajoso(sa)
avant-bras [avɑ̃bʀa] *nm inv* antebrazo *m*
avant-dernier, ère, s [avɑ̃dɛʀnje, ɛʀ] *adj & nm, f* penúltimo(ma)
avant-hier [avɑ̃tjɛʀ] *adv* anteayer
avant-première, s [avɑ̃pʀəmjɛʀ] *nf* preestreno *m* • **en avant-première** de preestreno
avant-propos [avɑ̃pʀɔpo] *nm inv* prólogo *m*
avare [avaʀ] *adj & nmf* avaro(ra)
avarice [avaʀis] *nf* avaricia *f*
avarié, e [avaʀje] *adj* podrido(da)
avec [avɛk] *prép* con • **avec élégance** con elegancia • **et avec ça ?** ¿algo más? • **faire avec** conformarse
avenir [avniʀ] *nm* futuro *m* • **à l'avenir** en lo sucesivo • **d'avenir** con futuro
aventure [avɑ̃tyʀ] *nf* aventura *f*
aventurer [avɑ̃tyʀe] ◆ **s'aventurer** *vp* aventurarse
aventurier, ère [avɑ̃tyʀje, ɛʀ] *nm, f* aventurero *m*, -ra *f*
avenue [avny] *nf* avenida *f*
avérer [aveʀe] ◆ **s'avérer** *vp* revelarse • **ses prédictions se sont avérées** sus predicciones resultaron ciertas
averse [avɛʀs] *nf* chaparrón *m*
avertir [avɛʀtiʀ] *vt* avisar • **il faut l'avertir du danger** hay que avisarlo del peligro

avertissement [avɛʀtismɑ̃] *nm* aviso *m*

aveu, x [avø] *nm* confesión *f*

aveugle [avœgl] *adj & nmf* ciego(ga)

aveugler [avœgle] *vt* cegar

aveuglette [avœglɛt] ◆ **à l'aveuglette** *adv* a ciegas

aviateur, trice [avjatœʀ, tʀis] *nm, f* aviador *m*, -ra *f*

aviation [avjasjɔ̃] *nf* aviación *f*

avide [avid] *adj* ávido(da) ● **avide de** ávido(da) de

avion [avjɔ̃] *nm* avión *m* ▼ **par avion** por vía aérea ● **en avion** en avión ● **prendre l'avion** coger el avión

aviron [aviʀɔ̃] *nm* remo *m*

avis [avi] *nm* **1.** *(opinion)* parecer *m*, opinión *f* **2.** *(information)* aviso *m* ● **changer d'avis** cambiar de opinión ● **à mon avis** a mi parecer ● **avis de réception** acuse *m* de recibo

av. J.-C. (*abr écrite de avant Jésus-Christ*) a. de JC. *(antes de Jesucristo)*

[1]**avocat, e** [avɔka, at] *nm, f* abogado *m*, -da *f*

[2]**avocat** [avɔka] *nm (fruit)* aguacate *m*

avoine [avwan] *nf* avena *f*

avoir [avwaʀ] *vt*

1. *(posséder)* tener ● **j'ai deux frères et une sœur** tengo dos hermanos y una hermana ● **je n'ai pas d'ordinateur** no tengo ordenador

2. *(comme caractéristique)* tener ● **avoir les cheveux bruns** tener el pelo castaño ● **avoir de l'ambition** tener ambición

3. *(être âgé de)* tener ● **quel âge as-tu ?** ¿qué edad tienes? ● **j'ai 13 ans** tengo 13 años

4. *(examen)* aprobar ● **j'ai eu mon permis le mois dernier** me saqué el carné de conducir el mes pasado

5. *(note)* sacar

6. *(éprouver)* ● **avoir des remords** tener remordimiento ● **avoir de la sympathie pour qqn** sentir simpatía por alguien

7. *(fam) (duper)* ● **se faire avoir** dejarse engañar ● **je t'ai bien eu !** ¡te la he dado con queso!

8. *(exprime l'obligation)* tener ● **avoir à faire qqch** tener que hacer algo ● **vous n'avez qu'à remplir ce formulaire** sólo tiene que rellenar este impreso

9. *(dans des expressions)* ● **vous en avez encore pour longtemps ?** ¿le queda mucho? ● **nous en avons eu pour 30 euros** nos ha salido por 30 euros

◇ *v aux* haber ● **j'ai terminé** he terminado ● **hier, nous avons fait 500 km** ayer hicimos 500 km ● **elle a été malade** ha estado enferma

◆ **il y a** *v impers*

1. *(il existe)* hay ● **il y a un problème** hay un problema ● **y a-t-il un cinéma par ici ?** ¿hay algún cine por aquí? ● **qu'est-ce-qu'il y a ?** ¿qué pasa? ● **il n'y a qu'à revenir demain** habrá que volver mañana

2. *(temporel)* ● **il y a trois ans** hace tres años ● **il y a plusieurs années que nous venons en vacances ici** hace ya varios años que venimos aquí de vacaciones

3. *(exprime l'obligation)* ● **il n'y a plus qu'à tout recommencer** hay que volver a empezar todo

avortement [avɔʀtəmɑ̃] *nm* aborto *m*

avorter [avɔʀte] *vi* abortar

avouer [avwe] *vt* confesar • **il faut avouer que** hay que reconocer que

avril [avʀil] *nm* abril *m* • **le premier avril** ≃ el día de los (Santos) Inocentes • **en avril** ou **au mois d'avril** en (el mes de) abril • **début avril** a principios de abril • **fin avril** a finales de abril • **le deux avril** el dos de abril

axe [aks] *nm* **1.** eje *m* **2.** *(routier, ferroviaire) importante vía de comunicación* • **axe rouge** *zona donde está prohibido parar o estacionar para evitar atascos*

ayant [ejɑ̃] *p prés* ➤ **avoir**

ayons [ejɔ̃] ➤ **avoir**

azote [azɔt] *nm* nitrógeno *m*

Azur [azyʀ] *nm* ➤ **côte**

*b*B

B (*abr écrite de bien*) ≃ N *(notable)*

baba [baba] *nm* • **baba au rhum** ≃ borracho *m*

babines [babin] *nfpl* belfos *mpl*

babiole [babjɔl] *nf* **1.** chuchería *f* **2.** *(broutille)* tontería *f*

bâbord [babɔʀ] *nm* babor *m* • **à bâbord** a babor

baby-foot [babifut] *nm inv* futbolín *m*

baby-sitter, s [bebisitœʀ] *nmf* canguro *mf*

bac [bak] *nm* **1.** *(d'un évier)* pila *f* **2.** *(récipient)* recipiente *m* **3.** *(bateau)* transbordador *m* **4.** *(fam)* (*abr de baccalauréat*) ≃ bachillerato *m* • **bac à légumes** verdulero *m* • **passer son bac** ≃ examinarse de selectividad • **avoir son bac** ≃ aprobar la selectividad

baccalauréat [bakalɔʀea] *nm* ≃ bachillerato *m*

Le baccalauréat

Al final de la *terminale*, el último curso del *lycée*, los alumnos franceses deben examinarse del *baccalauréat*, llamado familiarmente *bac*, para poder acceder a la universidad o a otros estudios superiores. Existen tres tipos de *bac général*: el *bac ES* (economía y sociales), el *bac L* (letras) y el *bac S* (ciencias). Además, existen los *bacs techniques* y los *bacs professionels*. En un currículum o en una oferta de trabajo se utiliza una fórmula del tipo *Bac+2* para indicar el nivel de estudios o número de cursos superados después del *bac*.

bâche [baʃ] *nf* lona *f*

bacille [basil] *nm MÉD* bacillo *m*

bâcler [bakle] *vt* (*fam*) hacer deprisa y corriendo

bacon [bekɔn] *nm* beicon *m*

bactérie [bakteʀi] *nf* bacteria *f*

badge [badʒ] *nm* **1.** *(pour vêtement)* chapa *f* **2.** *(d'identité)* credencial *f*

badigeonner [badiʒɔne] *vt (mur)* encalar

badminton [badmintɔn] *nm* bádminton *m*

baffe [baf] *nf* (*fam*) tortazo *m*

baffle [bafl] *nm* bafle *m*

bafouiller [bafuje] *vt & vi* farfullar
bagage [bagaʒ] *nm* **1.** *(sac, valise)* bulto *m* **2.** *(connaissances)* bagaje *m* • **bagages** equipaje *m* • **bagage à main** equipaje de mano • **bagage cabine** equipaje de cabina
bagarre [bagaʀ] *nf* pelea *f*
bagarrer [bagaʀe] ♦ **se bagarrer** *vp* pelearse
bagarreur, euse [bagaʀœʀ, øz] *adj* peleón(ona)
bagnes [baɲ] *nm queso de vaca suizo de consistencia firme que se utiliza sobre todo para la raclette*
bagnole [baɲɔl] *nf (fam)* coche *m*
bague [bag] *nf* **1.** *(bijou)* sortija *f* **2.** *(anneau)* anillo *m*
baguette [bagɛt] *nf* **1.** *(tige)* vara *f* **2.** *(de chef d'orchestre)* batuta *f* **3.** *(chinoise)* palillo *m* **4.** *(pain)* barra *f* (de pan) • **baguette magique** varita *f* mágica
baie [bɛ] *nf* **1.** *(fruit)* baya *f* **2.** *(golfe)* bahía *f* **3.** *(fenêtre)* vano *m* • **baie vitrée** ventanal *m*
baignade [bɛɲad] *nf* baño *m* ▾ **baignade interdite** prohibido bañarse
baigner [beɲe] *vt* bañar ◇ *vi* • **baigner dans** nadar en • **baigné de larmes** bañado en lágrimas ♦ **se baigner** *vp* bañarse
baignoire [bɛɲwaʀ] *nf* bañera *f*
bail [baj] (*pl* **baux** [bo]) *nm* contrato *m* de arrendamiento
bâiller [baje] *vi* **1.** bostezar **2.** *(vêtement)* dar de sí
bâillonner [bajɔne] *vt* amordazar
bain [bɛ̃] *nm* baño *m* • **prendre un bain** tomar un baño • **prendre un bain de soleil** tomar el sol • **grand bain** *parte de la piscina que cubre* • **petit bain** *parte de la piscina que no cubre* • **bain à remous** baño de burbujas
bain-marie [bɛ̃maʀi] (*pl* **bains-maries**) *nm* baño *m* (de) María • **au bain-marie** al baño María
baïonnette [bajɔnɛt] *nf (arme)* bayoneta *f*
baiser [beze] *nm* beso *m*
baisse [bɛs] *nf* baja *f* • **les prix sont en baisse** los precios están bajando
baisser [bese] *vt & vi* bajar ♦ **se baisser** *vp* agacharse
bal [bal] *nm* baile *m*
balade [balad] *nf* paseo *m*
balader [balade] ♦ **se balader** *vp* pasearse
balai [balɛ] *nm* **1.** *(pour nettoyer)* escoba *f* **2.** *(d'essuie-glace)* escobilla *f* **3.** *(fam)* *(an)* taco *m*
balance [balɑ̃s] *nf* balanza *f* ♦ **Balance** *nf* Libra *f*
balancer [balɑ̃se] *vt* **1.** balancear **2.** *(fam)* *(jeter)* tirar ♦ **se balancer** *vp* **1.** balancearse **2.** *(sur une balançoire)* columpiarse
balancier [balɑ̃sje] *nm* péndulo *m*
balançoire [balɑ̃swaʀ] *nf* columpio *m*
balayer [baleje] *vt* barrer • **le vent balaie les nuages** el viento barre las nubes
balayeur, euse [balejœʀ, øz] *nm, f* barrendero *m*, -ra *f*
balbutier [balbysje] *vt & vi* balbucear
balcon [balkɔ̃] *nm* **1.** balcón *m* **2.** *(au théâtre)* palco *m*
Baléares [baleaʀ] *nfpl* • **les (îles) Baléares** las (islas) Baleares

baleine [balɛn] *nf* **1.** *(animal)* ballena *f* **2.** *(de parapluie)* varilla *f*
balise [baliz] *nf* **1.** baliza *f* **2.** *INFORM* etiqueta *f*
ballant, e [balɑ̃, ɑ̃t] *adj* • **les bras ballants** con los brazos colgando
balle [bal] *nf* **1.** *SPORT* pelota *f* **2.** *(d'arme à feu)* bala *f* **3.** *(fam) (franc)* ≃ pela *f* • **balle à blanc** bala de fogueo
ballerine [balʀin] *nf* **1.** *(chaussure)* torera *f* **2.** *(danseuse)* bailarina *f*
ballet [balɛ] *nm* ballet *m*
ballon [balɔ̃] *nm* **1.** *SPORT* balón *m* **2.** *(jouet, montgolfière)* globo *m* **3.** *(verre)* vaso *m*
ballonné, e [balɔne] *adj* hinchado(da)
ballotter [balɔte] *vi* sacudir • **être ballotté** debatirse
balnéaire [balneɛʀ] *adj* ➤ **station**
balustrade [balystʀad] *nf* barandilla *f*
bambin [bɑ̃bɛ̃] *nm* chiquillo *m*, -lla *f*
bambou [bɑ̃bu] *nm* bambú *m*
banal, e [banal] *adj* banal
banane [banan] *nf* **1.** *(fruit)* plátano *m*, banana *f* *(Amér)* **2.** *(porte-monnaie)* riñonera *f*
bananier, ère [bananje, ɛʀ] *adj* • **république bananière** república *f* bananera
banc [bɑ̃] *nm* banco *m* • **banc de poissons** banco de peces • **banc public** banco • **banc de sable** banco de arena
bancaire [bɑ̃kɛʀ] *adj* bancario(ria)
bancal, e [bɑ̃kal] *adj* cojo(ja)
bancassurance [bɑ̃kasyʀɑ̃s] *nf* bancaseguro *f*
bandage [bɑ̃daʒ] *nm* vendaje *m*
bande [bɑ̃d] *nf* **1.** *(de tissu, de papier)* tira *f* **2.** *(pansement)* venda *f* **3.** *(groupe)* pandilla *f* • **bande d'arrêt d'urgence** carril *m* de emergencia • **bande blanche** *línea blanca de señalización horizontal* • **bande dessinée** cómic *m* • **bande magnétique** cinta *f* magnética • **bande originale** banda *f* sonora
bandeau, x [bɑ̃do] *nm* **1.** *(dans les cheveux)* cinta *f* **2.** *(sur les yeux)* venda *f*
bander [bɑ̃de] *vt* vendar
banderole [bɑ̃dʀɔl] *nf* pancarta *f*
bandit [bɑ̃di] *nm* bandido *m*, -da *f*
bandoulière [bɑ̃duljɛʀ] *nf* bandolera *f* • **en bandoulière** en bandolera
banjo [bɑ̃dʒo] *nm* banjo *m*
banlieue [bɑ̃ljø] *nf* afueras *fpl* • **les banlieues défavorisées** los suburbios
banlieusard, e [bɑ̃ljøzaʀ, aʀd] *nm, f habitante de las afueras de una gran ciudad, en particular de París*
banque [bɑ̃k] *nf* banco *m* • **Banque centrale européenne** *nf* Banco Central Europeo
banquet [bɑ̃kɛ] *nm* banquete *m*
banquette [bɑ̃kɛt] *nf* asiento *m*
banquier, ère [bɑ̃kje, ɛʀ] *nm, f* banquero *m*, -ra *f*
banquise [bɑ̃kiz] *nf* banco *m* de hielo
baptême [batɛm] *nm* **1.** *(sacrement)* bautismo *m* **2.** *(cérémonie)* bautizo *m* • **baptême de l'air** bautismo *m* del aire
bar [baʀ] *nm* **1.** *(café)* bar *m* **2.** *(comptoir)* barra *f* • **bar à café** *(Helv) bar en donde no se sirven bebidas alcohólicas*
baraque [baʀak] *nf* **1.** barraca *f* **2.** *(de fête foraine)* caseta *f* **3.** *(fam) (maison)* casa *f*
baratin [baʀatɛ̃] *nm (fam)* camelo *m*
barbare [baʀbaʀ] *adj* bárbaro(ra)
Barbarie [baʀbaʀi] *n* ➤ **orgue**

barbe [baʀb] *nf* barba *f* • **barbe à papa** algodón *m* (de azúcar)
barbecue [baʀbəkju] *nm* barbacoa *f*
barbelé [baʀbəle] *nm* • **(fil de fer) barbelé** alambre *m* de espino
barboter [baʀbɔte] *vi* chapotear
barbouillé, e [baʀbuje] *adj (malade)* • **être barbouillé(e)** tener el estómago revuelto
barbouiller [baʀbuje] *vt* **1.** *(écrire)* garabatear **2.** *(salir)* embadurnar
barbu [baʀby] *adj m* barbudo
Barcelone [baʀsəlɔn] *n* Barcelona
Barco® [baʀko] *nm* barco® *m (videoproyector)*
barème [baʀɛm] *nm* baremo *m*
baril [baʀil] *nm* barril *m*
bariolé, e [baʀjɔle] *adj* abigarrado(da)
barmaid [baʀmɛd] *nf* camarera *f*
barman [baʀman] *nm* camarero *m*
baromètre [baʀɔmɛtʀ] *nm* barómetro *m*
baron, onne [baʀɔ̃, ɔn] *nm, f* barón *m*, -onesa *f*
barque [baʀk] *nf* barca *f*
barrage [baʀaʒ] *nm* presa *f* • **barrage de police** cordón *m* policial
barre [baʀ] *nf* **1.** barra *f* **2.** *(chocolatée)* chocolatina *f* **3.** *NAUT* timón *m* • **barre de défilement** barra de desplazamiento • **barre d'espace** espaciador *m* • **barre de menu** barra de menús • **barre d'outils** barra de herramientas • **barre des tâches** barra de tareas
barreau, x [baʀo] *nm* barrote *m*
barrer [baʀe] *vt* **1.** *(route)* cortar **2.** *(mot, phrase)* tachar **3.** *NAUT* llevar el timón de
barrette [baʀɛt] *nf* **1.** *(à cheveux)* pasador *m* **2.** *INFORM* • **barrette mémoire** placa *f* de memoria
barricade [baʀikad] *nf* barricada *f*
barricader [baʀikade] *vt* **1.** *(porte)* bloquear **2.** *(rue)* bloquear con barricadas ♦ **se barricader** *vp (dans une pièce)* atrincherarse
barrière [baʀjɛʀ] *nf* barrera *f*
bar-tabac [baʀtaba] (*pl* **bars-tabacs**) *nm bar con estanco*
bas, basse [ba, bas] *adj* bajo(ja) ◇ *nm* **1.** *(partie inférieure)* parte *f* inferior **2.** *(vêtement)* media *f* ◇ *adv* • **parler/voler bas** hablar/volar bajo • **en bas (de)** abajo (de)
bas-côté, s [bakote] *nm (de la route)* arcén *m*
bascule [baskyl] *nf* **1.** *(pour peser)* báscula *f* **2.** *(jeu)* balancín *m*
basculer [baskyle] *vt* & *vi* volcar
base [baz] *nf* base *f* • **à base de** a base de • **de base** básico(ca) • **base de données** base de datos
baser [baze] *vt* • **baser qqch sur** basar algo en ♦ **se baser sur** *vp + prep* basarse en
basilic [bazilik] *nm* albahaca *f*
basilique [bazilik] *nf* basílica *f*
basket [baskɛt] *nf (chaussure)* zapatilla *f* de deporte
basket(-ball) [baskɛt(bol)] *nm* baloncesto *m*
basquaise [baskɛz] *adj* ➤ **poulet**
basque [bask] *adj* vasco(ca) ◇ *nm (langue)* vasco *m*, euskera *m* • **le Pays basque** el País Vasco ♦ **Basque** *nmf* vasco *m*, -ca *f*
basse ➤ **bas**

basse-cour [baskuʀ] (*pl* **basses-cours**) *nf* **1.** *(cour)* corral *m* **2.** *(animaux)* aves *fpl* de corral

bassin [basɛ̃] *nm* **1.** *(plan d'eau)* estanque *m* **2.** *ANAT* pelvis *f inv* • **le Bassin parisien** la depresión parisina • **grand/petit bassin** *piscina para adultos/niños*

bassine [basin] *nf* barreño *m*

Bastille [bastij] *nf* Bastilla • **l'Opéra Bastille** la Ópera Bastilla

bataille [bataj] *nf* batalla *f*

bâtard, e [bataʀ, aʀd] *nm, f (chien)* chucho *m*, -cha *f*

bateau, x [bato] *nm* **1.** barco *m* **2.** *(sur le trottoir)* vado *m* • **bateau de pêche** pesquero *m* • **bateau à voiles** velero *m*

bateau-mouche [batomuʃ] (*pl* **bateaux-mouches**) *nm barco para visitar París por el Sena*

bâtiment [batimɑ̃] *nm* edificio *m* • **le bâtiment** *(secteur d'activité)* la construcción

bâtir [batiʀ] *vt* construir

bâton [batɔ̃] *nm* palo *m* • **bâton de craie** barra *f* de tiza • **bâton de rouge à lèvres** lápiz *m* de labios

bâtonnet [batɔnɛ] *nm* bastoncillo *m*

battant [batɑ̃] *nm (d'une porte)* batiente *m*

battement [batmɑ̃] *nm* **1.** *(coup)* golpeteo *m* **2.** *(du cœur)* latido *m* **3.** *(intervalle)* tiempo *m* libre

batterie [batʀi] *nf* batería *f* • **batterie de cuisine** batería de cocina

batteur, euse [batœʀ, øz] *nm, f MUS* batería *mf* ♦ **batteur** *nm (mélangeur)* batidora *f*

battre [batʀ] *vt* **1.** *(frapper)* pegar **2.** *(tapis)* sacudir **3.** *(vaincre)* ganar ◊ *vi* **1.** *(cœur)* latir **2.** *(porte, volet)* golpear • **battre des œufs en neige** batir las claras a punto de nieve • **battre la mesure** marcar el compás • **battre des mains** tocar palmas ♦ **se battre** *vp* • **se battre (avec qqn)** pelearse (con alguien)

baume [bom] *nm* bálsamo *m*

baux ➤ **bail**

bavard, e [bavaʀ, aʀd] *adj & nm, f* charlatán(ana)

bavardage [bavaʀdaʒ] *nm* charloteo *m*

bavarder [bavaʀde] *vi* charlar

bavarois [bavaʀwa] *nm CULIN pastel compuesto de crema inglesa con gelatina y frutas*

bave [bav] *nf* baba *f*

baver [bave] *vi* babear • **en baver** *(fam)* pasarlas canutas • **j'en ai bavé** las he pasado canutas

bavette [bavɛt] *nf (viande)* lomo *m* bajo

baveux, euse [bavø, øz] *adj (omelette)* poco hecho(cha)

bavoir [bavwaʀ] *nm* babero *m*

bavure [bavyʀ] *nf* **1.** *(tache)* tinta *f* corrida **2.** *(erreur)* error *m*

bayou [baju] *nm río que transcurre muy lentamente*

bazar [bazaʀ] *nm* **1.** *(magasin)* bazar *m* **2.** *(fam) (désordre)* follón *m*

BCBG [besebeʒe] *adj (abr de bon chic bon genre)* pijo(ja)

BCE [beseə] *nf abr de* **Banque Centrale Européenne**

BD [bede] *nf (fam) (abr de bande dessinée)* cómic *m*

Bd *abr écrite de* **boulevard**

beau, belle [bo, bɛl] (*mpl* **beaux** [bo]) (bel [bɛl] *devant voyelle ou h muet*) *adj* **1.** *(personne)* guapo(pa) **2.** *(chose)* bonito(ta) **3.** *(temps, cadeau)* bueno(na) ◊ *adv*

• **il fait beau** hace bueno • **j'ai beau essayer...** por más que lo intento... • **beau match !** ¡vaya partidazo! • **un beau jour** un buen día

Beaubourg [bobuʀ] *n Centro nacional de arte y de cultura Georges-Pompidou*

Beaubourg

El Centro Nacional de Arte y de Cultura Georges Pompidou, más comúnmente conocido como *Centro Beaubourg* o *Centro Pompidou*, es uno de los monumentos más visitados de París. Inaugurado en 1977 y situado en el barrio de *Les Halles*, el edificio fue objeto de gran controversia por su atrevido diseño arquitectónico, con una estructura vista de acero y conducciones exteriores de colores atrevidos. El edificio alberga el Museo Nacional de Arte Moderno y una biblioteca pública con una rica colección audiovisual.

beaucoup [boku] *adv* mucho • **il a lu beaucoup de livres** ha leído muchos libros • **je travaille beaucoup plus maintenant** ahora trabajo mucho más • **beaucoup plus cher** mucho más caro • **elle fait beaucoup plus de fautes qu'avant** hace muchas más faltas que antes • **des pays, j'en ai visité beaucoup** he visitado muchos países

beau-fils [bofis] (*pl* **beaux-fils**) *nm* **1.** *(fils du conjoint)* hijastro *m* **2.** *(gendre)* yerno *m*

beau-frère [bofʀɛʀ] (*pl* **beaux-frères**) *nm* cuñado *m*

beau-père [bopɛʀ] (*pl* **beaux-pères**) *nm* **1.** *(père du conjoint)* suegro *m* **2.** *(compagnon de la mère)* padrastro *m*

beauté [bote] *nf* belleza *f*

beaux-parents [boparɑ̃] *nmpl* suegros *mpl*

bébé [bebe] *nm* bebé *m*

bec [bɛk] *nm* pico *m* • **bec verseur** pitorro *m*

béchamel [beʃamɛl] *nf* • **(sauce) béchamel** (salsa) besamel *f*

bêche [bɛʃ] *nf* laya *f*

bêcher [beʃe] *vt* layar

bée [be] *adj f* • **bouche bée** boquiabierto(ta)

bégayer [begeje] *vi* tartamudear

bégonia [begɔnja] *nm* begonia *f*

beige [bɛʒ] *adj* beis ◇ *nm* beis *m*

beigne [bɛɲ] *nm* **1.** (*Québec*) *buñuelo redondeado cubierto de azúcar glas* **2.** *(gifle)* • **donner** ou **filer une beigne à qqn** dar un sopapo a alguien

beignet [bɛɲɛ] *nm* buñuelo *m* • **beignet de courgette** calabacín *m* rebozado

bel ➤ **beau**

bêler [bele] *vi* balar

belge [bɛlʒ] *adj* belga ◆ **Belge** *nmf* belga *mf*

Belgique [bɛlʒik] *nf* • **la Belgique** Bélgica *f*

bélier [belje] *nm* carnero *m* ◆ **Bélier** *nm* Aries *m*

belle-fille [bɛlfij] (*pl* **belles-filles**) *nf* **1.** *(fille du conjoint)* hijastra *f* **2.** *(conjointe du fils)* nuera *f*

Belle-Hélène [bɛlelɛn] *adj* ➤ **poire**

belle-mère [bɛlmɛʀ] (*pl* **belles-mères**) *nf* **1.** *(mère du conjoint)* suegra *f* **2.** *(compagne du père)* madrastra *f*
belle-sœur [bɛlsœʀ] (*pl* **belles-sœurs**) *nf* cuñada *f*
belote [bəlɔt] *nf juego de naipes*
bénéfice [benefis] *nm* beneficio *m*
bénéficier [benefisje] ◆ **bénéficier de** *v + prep* beneficiarse de
bénéfique [benefik] *adj* benéfico(ca)
bénévole [benevɔl] *adj* benévolo(la)
bénin, igne [benɛ̃, iɲ] *adj* benigno(na)
bénir [beniʀ] *vt* bendecir
bénite [benit] *adj f* ➤ **eau**
bénitier [benitje] *nm* pila *f* de agua bendita
benne [bɛn] *nf* volquete *m*
BEP [beəpe] (*abr de brevet d'études professionnelles*) *nm diploma de estudios profesionales*
béquille [bekij] *nf* **1.** *MÉD* muleta *f* **2.** *(de vélo, de moto)* pie *m*
berceau, x [bɛʀso] *nm* cuna *f*
bercer [bɛʀse] *vt* acunar
berceuse [bɛʀsøz] *nf* nana *f*
Bercy [bɛʀsi] *n (ministère) ministerio de Hacienda francés* ● **(le Palais omnisports de Paris-)Bercy** *gran sala parisina para espectáculos artísticos y deportivos*
béret [beʀɛ] *nm* boina *f*
berge [bɛʀʒ] *nf* ribera *f*
berger, ère [bɛʀʒe, ɛʀ] *nm, f* pastor *m*, -ra *f* ● **berger allemand** pastor alemán
bergerie [bɛʀʒəʀi] *nf* aprisco *m*
berlingot [bɛʀlɛ̃go] *nm* **1.** *(bonbon) caramelo en forma de rombo* **2.** *(de lait, de Javel) envase de plástico blando*
bermuda [bɛʀmyda] *nm* bermudas *fpl*
berner [bɛʀne] *vt* engañar
besoin [bəzwɛ̃] *nm* necesidad *f* ● **j'ai besoin d'un marteau** necesito un martillo ● **j'ai besoin de me reposer** necesito descansar ● **nous avons besoin de temps** necesitamos tiempo ● **faire ses besoins** hacer sus necesidades
bestiole [bɛstjɔl] *nf* bicho *m*
best-seller, s [bɛstselœʀ] *nm* best seller *m*
bétail [betaj] *nm* ganado *m*
bête [bɛt] *adj* tonto(ta) ◇ *nf* bestia *f*
bêtement [bɛtmɑ̃] *adv* tontamente
bêtise [betiz] *nf* tontería *f*
béton [betɔ̃] *nm* hormigón *m*
bette [bɛt] *nf* acelga *f*
betterave [bɛtʀav] *nf* remolacha *f*
beurre [bœʀ] *nm* mantequilla *f*
beurrer [bœʀe] *vt* untar con mantequilla
biais [bjɛ] *nm* ● **par le biais de** por medio de ● **en biais** en diagonal
bibelot [biblo] *nm* figurilla *f*
biberon [bibʀɔ̃] *nm* biberón *m* ● **donner le biberon à** dar el biberón a
Bible [bibl] *nf* ● **la Bible** la Biblia
bibliothécaire [biblijɔtekɛʀ] *nmf* bibliotecario *m*, -ria *f*
bibliothèque [biblijɔtɛk] *nf* biblioteca *f* ● **la Bibliothèque nationale de France** *la biblioteca nacional francesa*
biceps [bisɛps] *nm* bíceps *m inv*
biche [biʃ] *nf* cierva *f*
bicyclette [bisiklɛt] *nf* bicicleta *f*
bidet [bidɛ] *nm* bidé *m*
bidon [bidɔ̃] *nm* bidón *m* ◇ *adj inv* (*fam*) ● **c'est bidon** es mentira ● **une excuse bidon** una excusa barata

bidonville [bidɔ̃vil] *nm* barrio *m* de chabolas

Biélorussie [bjelɔʀysi] *nf* • **la Biélorussie** Bielorrusia *f*

bien [bjɛ̃] (mieux *est le comparatif et le superlatif de* bien) *adv*
1. *(de façon satisfaisante)* bien • **avez-vous bien dormi ?** ¿ha dormido bien?
2. *(beaucoup, très)* muy • **je me suis bien amusé pendant ces vacances** me he divertido mucho durante estas vacaciones • **une personne bien sympathique** una persona muy simpática • **bien mieux/plus** mucho mejor/más • **j'espère bien que...** espero que...
3. *(au moins)* por lo menos • **cela fait bien deux mois qu'il n'a pas plu** hace por lo menos dos meses que no llueve
4. *(effectivement)* • **c'est bien ce qu'il me semblait** justo lo que yo pensaba • **c'est bien lui !** ¡sí, sí, es él!
5. *(dans des expressions)* • **bien des gens** mucha gente • **il a bien de la chance** tiene mucha suerte • **(c'est) bien fait (pour toi) !** ¡te lo mereces! • **nous ferions bien de réserver à l'avance** deberíamos reservar con antelación
◇ *adj inv*
1. *(satisfaisant, de bonne qualité)* bien • **il est bien, ton ordinateur ?** ¿qué tal tu ordenador?
2. *(moralement)* bien • **c'est une fille bien** es una chica formal • **des gens bien** gente bien
3. *(convenable)* • **ça fait bien** está bien visto • **bien comme il faut** como es debido, como Dios manda
4. *(en bonne santé)* bien • **être/se sentir bien** estar/sentirse bien
5. *(à l'aise)* a gusto • **on est bien dans ce fauteuil** en esta butaca se está a gusto
6. *(beau)* • **elle est bien avec cet ensemble** este conjunto le queda bien
◇ *interj* ¡bien!
◇ *nm* bien *m* • **c'est pour ton bien** es por tu bien • **dire du bien de** hablar bien de • **faire du bien à qqn** sentar bien a alguien
◆ **biens** *nmpl (richesse)* bienes *mpl*

bien-être [bjɛ̃nɛtʀ] *nm inv* bienestar *m*

bienfaisant, e [bjɛ̃fəzɑ̃, ɑ̃t] *adj* benéfico(ca)

bientôt [bjɛ̃to] *adv* pronto • **à bientôt !** ¡hasta pronto!

bienveillant, e [bjɛ̃vejɑ̃, ɑ̃t] *adj* bondadoso(sa)

bienvenu, e [bjɛ̃v(ə)ny] *adj* bienvenido(da)

bienvenue [bjɛ̃v(ə)ny] *nf* • **bienvenue !** ¡bienvenido(da)! • **souhaiter la bienvenue à qqn** dar la bienvenida a alguien

bière [bjɛʀ] *nf* cerveza *f* • **bière (à la) pression** cerveza de barril

bifteck [biftɛk] *nm* bistec *m*

bifurquer [bifyʀke] *vi* **1.** *(route)* bifurcarse **2.** *(voiture)* torcer

Bige® [biʒ] *adj inv* • **billet Bige** *tarjeta de reducción en la red ferroviaria internacional para los menores de 26 años*

bigorneau, x [bigɔʀno] *nm* bígaro *m*

bigoudi [bigudi] *nm* bigudí *m*

bijou, x [biʒu] *nm* joya *f*

bijouterie [biʒutʀi] *nf* joyería *f*

Bikini® [bikini] *nm* biquini *m*

bilan [bilɑ̃] *nm* balance *m* • **faire le bilan (de)** hacer (el) balance (de)
bilingue [bilɛ̃g] *adj* bilingüe
billard [bijaʀ] *nm* **1.** *(jeu)* billar *m* **2.** *(table)* mesa *f* de billar
bille [bij] *nf* **1.** bola *f* **2.** *(d'enfant)* canica *f*
billet [bijɛ] *nm* billete *m* • **billet (de banque)** billete • **billet aller et retour** billete de ida y vuelta
billetterie [bijɛtʀi] *nf* taquilla *f* • **billetterie automatique** *(de billets de train) máquina expendedora de billetes de tren* ; *(de billets de banque)* cajero *m* automático
bimensuel, elle [bimɑ̃sɥɛl] *adj* bimensual
binaire [binɛʀ] *adj* binario(ria)
biographie [bjɔgʀafi] *nf* biografía *f*
biologie [bjɔlɔʒi] *nf* biología *f*
biologique [bjɔlɔʒik] *adj* biológico(ca)
bioterrorisme [bjoteʀɔʀism] *nm* bioterrorismo *m*
bis [bis] *interj* ¡otra! ◇ *adv* bis • **j'habite au 6 bis** vivo en el 6 bis
biscornu, e [biskɔʀny] *adj (objet, maison)* de forma irregular
biscotte [biskɔt] *nf* biscote *m*
biscuit [biskɥi] *nm* galleta *f* • **biscuit salé** galleta salada
bise [biz] *nf* **1.** *(baiser)* beso *m* **2.** *(vent)* cierzo *m* • **faire une bise à qqn** dar un beso a alguien ▼ **grosses bises** *(dans une lettre)* muchos besos • **on se fait la bise ?** ¡ale, venga, un beso!
bison [bizɔ̃] *nm* bisonte *m* • **Bison Futé** *organismo de información sobre el estado del tráfico*
bisou [bizu] *nm (fam)* besito *m*
bisque [bisk] *nf* • **bisque de homard** sopa *f* de bogavante
bissextile [bisɛkstil] *adj* ➤ **année**
bistro(t) [bistʀo] *nm* **1.** *(bar)* bar *m* **2.** *(restaurant)* restaurante *m*
bit [bit] *nm INFORM* bit *m*
bitmap [bitmap] *adj inv INFORM* en mapa de bits
bitume [bitym] *nm* asfalto *m*
bizarre [bizaʀ] *adj* raro(ra)
blafard, e [blafaʀ, aʀd] *adj* **1.** *(visage)* demacrado(da) **2.** *(lumière)* mortecino(na)
blague [blag] *nf* **1.** *(histoire drôle)* chiste *m* **2.** *(mensonge, farce)* broma *f* • **sans blague !** ¡venga ya!
blaguer [blage] *vi* bromear
blaireau [blɛʀo] *nm (fam) (personne obtuse)* cateto *m*, -ta *f*
blanc, blanche [blɑ̃, blɑ̃ʃ] *adj* **1.** blanco(ca) **2.** *(vierge)* en blanco • **rendre copie blanche** entregar el examen en blanco ◆ **blanc** *nm* **1.** *(couleur)* blanco *m* **2.** *(espace)* espacio *m* en blanco **3.** *(vin)* vino *m* blanco • **à blanc** *(chauffer)* al rojo vivo ; *(tirer)* sin bala • **blanc cassé** color *m* hueso • **blanc d'œuf** clara *f* (de huevo) • **blanc de poulet** pechuga *f* de pollo ◆ **Blanc, Blanche** *nm, f* blanco *m*, -ca *f*
blancheur [blɑ̃ʃœʀ] *nf* blancura *f*
blanchir [blɑ̃ʃiʀ] *vt* blanquear ◇ *vi* ponerse blanco(ca)
blanchisserie [blɑ̃ʃisʀi] *nf* lavandería *f*
blanquette [blɑ̃kɛt] *nf* **1.** *(plat) guiso de ternera, cordero o pollo con vino blanco* **2.** *(vin) vino espumoso del Sur de Francia* • **blanquette de veau** *guiso de ternera con vino blanco*
blasé, e [blaze] *adj* de vuelta de todo

blazer [blazɛʀ] *nm* americana *f*
blé [ble] *nm* **1.** trigo *m* **2.** (*fam*) (*argent*) pasta *f* • **blé d'Inde** (*Québec*) maíz *m*
blême [blɛm] *adj* lívido(da)
blessant, e [blɛsɑ̃, ɑ̃t] *adj* hiriente
blessé, e [blese] *nm, f* herido *m*, -da *f*
blesser [blese] *vt* herir ◆ **se blesser** *vp* herirse • **se blesser à la main** herirse en la mano
blessure [blesyʀ] *nf* herida *f*
blette [blɛt] = **bette**
bleu, e [blø] *adj* **1.** azul **2.** (*steak*) poco hecho(cha) ◆ **bleu** *nm* **1.** (*couleur*) azul *m* **2.** (*hématome*) cardenal *m* • **bleu (d'Auvergne)** *queso azul elaborado en Auvernia* • **bleu ciel** azul celeste • **bleu marine** azul marino • **bleu de travail** mono *m*
bleuet [bløɛ] *nm* **1.** aciano *m* **2.** (*Québec*) arándano *m*
blindé, e [blɛ̃de] *adj* blindado(da)
blizzard [blizaʀ] *nm* ventisca *f* (*en América del Norte*)
bloc [blɔk] *nm* **1.** bloque *m* **2.** (*de papier*) bloc *m* • **à bloc** a fondo • **en bloc** en bloque
blocage [blɔkaʒ] *nm* **1.** (*des prix, des salaires*) congelación *f* **2.** (*psychologique*) bloqueo *m*
bloc-notes [blɔknɔt] (*pl* **blocs-notes**) *nm* bloc *m* de notas
blocus [blɔkys] *nm* bloqueo *m*
blond, e [blɔ̃, blɔ̃d] *adj* rubio(bia) • **blond platine** rubio platino
blonde [blɔ̃d] *nf* (*cigarette*) tabaco *m* rubio • **(bière) blonde** cerveza *f* rubia
bloquer [blɔke] *vt* **1.** bloquear **2.** (*prix, salaires*) congelar
blottir [blɔtiʀ] ◆ **se blottir** *vp* acurrucarse
blouse [bluz] *nf* (*d'élève, de médecin*) bata *f*
blouson [bluzɔ̃] *nm* cazadora *f*
blues [bluz] *nm* blues *m inv* • **avoir le blues** (*fig*) estar depre
BNF [beɛnɛf] *nf abr de* **Bibliothèque nationale de France**
bob [bɔb] *nm* gorro *m* de tela
bobine [bɔbin] *nf* carrete *m*
bobo [bobo] (*abr de bourgeois bohème*) *nmf* bo-bo *mf*
bobsleigh [bɔbslɛg] *nm* bobsleigh *m*
bocal, aux [bɔkal, o] *nm* **1.** (*de conserves*) tarro *m* **2.** (*à poissons*) pecera *f*
body [bɔdi] *nm* body *m*
body-building, s [bɔdibildiŋ] *nm* body building *m*
bœuf [bœf] (*pl* **bœufs** [bø]) *nm* **1.** (*animal*) buey *m* **2.** (*viande*) vaca *f* • **bœuf bourguignon** *estofado de vaca con vino tinto*
bof [bɔf] *interj* ¡bah! • **comment tu as trouvé le film ? - bof !** ¿qué te pareció la película? - ¡bah!, regular
bogue [bɔg], **bug** [bʌg] *nm INFORM* error *m*
bohémien, enne [bɔemjɛ̃, ɛn] *nm, f* bohemio *m*, -mia *f*
boire [bwaʀ] *vt* **1.** (*avaler*) beber **2.** (*absorber*) absorber ◇ *vi* beber • **boire un coup** echar un trago
bois [bwa] *nm* **1.** (*matière*) madera *f* **2.** (*de chauffage*) leña *f* **3.** (*forêt*) bosque *m* ◇ *nmpl* (*d'un cerf*) cornamenta *f*
boisé, e [bwaze] *adj* poblado(da) de árboles

boiseries [bwazʀi] *nfpl* revestimientos *mpl* de madera
boisson [bwasɔ̃] *nf* bebida *f* • **la boisson** *(alcool)* la bebida
boîte [bwat] *nf* caja *f* • **boîte d'allumettes** caja de cerillas • **boîte de conserve** lata *f* (de conserva) • **boîte aux lettres** buzón *m* • **boîte e-mail** ou **aux lettres électronique** *INFORM* buzón de correo electrónico • **boîte (de nuit)** discoteca *f* • **boîte à outils** caja de herramientas • **boîte postale** apartado *m* de correos • **boîte de vitesses** caja de cambios • **boîte vocale** buzón de voz
boiter [bwate] *vi* cojear
boiteux, euse [bwatø, øz] *adj* cojo(ja)
boîtier [bwatje] *nm* **1.** caja *f* **2.** *(d'appareil photo)* cuerpo *m*
bol [bɔl] *nm* tazón *m*
bolide [bɔlid] *nm* bólido *m*
Bolivie [bolivi] *nf* • **la Bolivie** Bolivia *f*
bolivien, enne [bɔlivjɛ̃, ɛn] *adj* boliviano(na) ◆ **Bolivien, enne** *nm, f* boliviano *m*, -na *f*
bombardement [bɔ̃baʀdəmɑ̃] *nm* bombardeo *m*
bombarder [bɔ̃baʀde] *vt* bombardear • **bombarder qqn de questions** acribillar a alguien a preguntas
bombe [bɔ̃b] *nf* **1.** *(arme)* bomba *f* **2.** *(vaporisateur)* espray *m* • **bombe atomique** bomba atómica
bon, bonne [bɔ̃, bɔn] *(meilleur* [mɛjœʀ] *est le comparatif et le superlatif de* bon*)* *adj*
1. *(agréable)* bueno(na) *(*buen *devant nom masculin)* • **nous avons passé de très bonnes vacances** hemos pasado unas muy buenas vacaciones
2. *(de qualité)* bueno(na) • **une bonne voiture** un buen coche
3. *(doué)* bueno(na) • **être bon en qqch** ser bueno en algo
4. *(correct)* correcto(ta) • **est-ce le bon numéro ?** ¿es el número correcto?
5. *(utile)* bueno(na) • **c'est bon pour la santé** es bueno para la salud • **il n'est bon à rien** no sirve para nada • **c'est bon à savoir** es bueno saberlo
6. *(généreux)* generoso(sa)
7. *(document, titre de transport)* • **(ne plus) être bon** (no) valer • **votre carte de bus n'est plus bonne** su bonobús ya no vale
8. *(en intensif)* • **ça fait une bonne heure que j'attends** hace una hora larga que estoy esperando
9. *(dans l'expression des souhaits)* • **bonne année !** ¡feliz año nuevo! • **bonnes vacances !** ¡buenas vacaciones!
10. *(dans des expressions)* • **bon !** ¡bueno!, ¡bien! • **ah bon ?** ¿sí? • **c'est bon !** ¡está bien! • **pour de bon** de una vez por todas
◆ **bon** *adv* • **il fait bon** hace buen tiempo • **sentir bon** oler bien • **tenir bon** aguantar
◇ *nm (de commande)* orden *f*; *(en cadeau)* vale *m*
bonbon [bɔ̃bɔ̃] *nm* caramelo *m*
bond [bɔ̃] *nm* brinco *m*
bondé, e [bɔ̃de] *adj* abarrotado(da)
bondir [bɔ̃diʀ] *vi (sauter)* brincar
bonheur [bɔnœʀ] *nm* **1.** *(état)* felicidad *f* **2.** *(chance)* suerte *f* • **j'ai le bonheur de le connaître** tengo el placer de conocerlo • **quel bonheur !** ¡qué bien!

bonhomme [bɔnɔm] (*pl* **bonshommes** [bɔ̃zɔm]) *nm* *(fam)* *(homme)* tipo *m* • **bonhomme de neige** muñeco *m* de nieve

bonjour [bɔ̃ʒuʀ] *interj* ¡buenos días! • **dire bonjour à qqn** saludar a alguien

bonne [bɔn] *adj* ➤ **bon** ◇ *nf* criada *f*

bonnet [bɔnɛ] *nm* gorro *m* • **bonnet de bain** gorro de baño

bonsoir [bɔ̃swaʀ] *interj* **1.** *(avant le coucher du soleil)* ¡buenas tardes! **2.** *(après le coucher du soleil)* ¡buenas noches! • **dire bonsoir à qqn** dar las buenas tardes/las buenas noches a alguien

bonté [bɔ̃te] *nf* bondad *f*

bord [bɔʀ] *nm* **1.** borde *m* **2.** *(d'une jupe, d'une nappe)* ribete *m* **3.** *(de la route)* cuneta *f* **4.** *(d'un cours d'eau)* orilla *f* • **à bord (de)** a bordo (de) • **au bord (de)** en la orilla (de) • **au bord de la mer** a orillas del mar ; *(vacances)* en la playa ou costa

Bordeaux [bɔʀdo] *n* Burdeos

bordelaise [bɔʀdəlɛz] *adj f* ➤ **entrecôte**

border [bɔʀde] *vt* **1.** *(longer, entourer)* bordear **2.** *(enfant)* arropar • **bordé de** bordeado de

bordure [bɔʀdyʀ] *nf* **1.** *(bord)* borde *m* **2.** *(d'un vêtement)* ribete *m* • **en bordure de** *(mer, rivière, forêt)* al borde de

borgne [bɔʀɲ] *adj* tuerto(ta)

borne [bɔʀn] *nf* • **borne (kilométrique)** hito *m* kilométrico • **dépasser les bornes** pasarse de la raya • **borne interactive** *INFORM* terminal *m* interactivo

borné, e [bɔʀne] *adj* de pocos alcances

Bosnie-Herzégovine [bɔsniɛʀzegɔvin] *nf* • **la Bosnie-Herzégovine** Bosnia-Herzegovina *f*

bosquet [bɔskɛ] *nm* bosquecillo *m*

bosse [bɔs] *nf* **1.** *(saillie)* bulto *m* **2.** *(au front)* chichón *m* **3.** *(sur le dos)* joroba *f*

bossu, e [bɔsy] *adj* jorobado(da)

botanique [bɔtanik] *adj* botánico(ca) ◇ *nf* botánica *f*

botte [bɔt] *nf* **1.** *(chaussure)* bota *f* **2.** *(de fleurs, de radis, d'asperges)* manojo *m* **3.** *(de foin)* gavilla *f*, haz *m*

Bottin® [bɔtɛ̃] *nm* listín *m*

bottine [bɔtin] *nf* botín *m*

bouc [buk] *nm* **1.** *(animal)* chivo *m* **2.** *(barbe)* perilla *f* • **bouc émissaire** chivo expiatorio

bouche [buʃ] *nf* boca *f* • **bouche d'égout** alcantarilla *f* • **bouche de métro** boca de metro

bouchée [buʃe] *nf* **1.** *(morceau)* bocado *m* **2.** *(au chocolat)* bombón *m* relleno • **bouchée à la reine** volován *m*

[1]**boucher** [buʃe] *vt* **1.** tapar **2.** *(bloquer)* obstruir

[2]**boucher, ère** [buʃe, ɛʀ] *nm, f* carnicero *m*, -ra *f*

boucherie [buʃʀi] *nf* carnicería *f*

bouchon [buʃɔ̃] *nm* **1.** *(couvercle)* tapón *m* **2.** *(embouteillage)* atasco *m* **3.** *(de pêche)* corcho *m* **4.** *(restaurant)* tasca *f*

boucle [bukl] *nf* **1.** *(de ceinture, de chaussure)* hebilla *f* **2.** *(de cheveux)* rizo *m* **3.** *(de lacet)* lazada *f* **4.** *(de fleuve)* meandro *m* **5.** *INFORM* bucle *m* • **boucle d'oreille** pendiente *m*

bouclé, e [bukle] *adj* rizado(da)

boucler [bukle] *vt* **1.** *(valise)* cerrar **2.** *(ceinture)* abrochar **3.** *(fam)* *(enfermer)* encerrar ◇ *vi* *(cheveux)* rizar • **boucle-la !** *(fam)* ¡cierra el pico!

bouclier [buklije] *nm* escudo *m*
bouddhiste [budist] *adj & nmf* budista
bouder [bude] *vi* estar de morros
boudin [budɛ̃] *nm* **1.** CULIN morcilla *f* **2.** (*fam*) (*personne laide*) feto *m* • **boudin blanc** morcilla *f* blanca • **boudin noir** morcilla *f*
boue [bu] *nf* barro *m*
bouée [bwe] *nf* **1.** (*pour nager*) flotador *m* **2.** (*balise*) boya *f* • **bouée de sauvetage** salvavidas *m inv*
boueux, euse [buø, øz] *adj* fangoso(sa)
bouffant, e [bufɑ̃, ɑ̃t] *adj* ahuecado(da) • **un pantalon bouffant** unos bombachos
bouffée [bufe] *nf* **1.** (*d'air, de tabac*) bocanada *f* **2.** (*de chaleur, d'angoisse*) sofoco *m*
bouffi, e [bufi] *adj* abotargado(da)
bougeotte [buʒɔt] *nf* • **avoir la bougeotte** (*fam*) ser culo de mal asiento
bouger [buʒe] *vt* mover ◇ *vi* **1.** moverse **2.** (*situation*) cambiar
bougie [buʒi] *nf* **1.** (*cierge*) vela *f* **2.** TECH bujía *f*
bouillabaisse [bujabɛs] *nf* bullabesa *f*
bouillant, e [bujɑ̃, ɑ̃t] *adj* hirviente
bouillie [buji] *nf* papilla *f*
bouillir [bujiʀ] *vi* (*liquide, aliment*) hervir
bouilloire [bujwaʀ] *nf* hervidor *m*
bouillon [bujɔ̃] *nm* caldo *m*
bouillonner [bujɔne] *vi* borbotear
bouillotte [bujɔt] *nf* bolsa *f* de agua caliente
boulanger, ère [bulɑ̃ʒe, ɛʀ] *nm, f* panadero *m*, -ra *f*
boulangerie [bulɑ̃ʒʀi] *nf* panadería *f*
boule [bul] *nf* bola *f* • **jouer aux boules** jugar a la petanca • **boule de Bâle** (*Helv*) *salchicha gruesa que se toma acompañada de salsa vinagreta* ♦ **boules** *nfpl* • **avoir les boules** (*fam*) (*avoir peur*) tener canguelo ; (*être énervé*) estar cabreado(da)
bouledogue [buldɔg] *nm* buldog *m*
boulet [bulɛ] *nm* bala *f*
boulette [bulɛt] *nf* bolita *f* • **boulette de viande** albóndiga *f*
boulevard [bulvaʀ] *nm* bulevar *m* • **les Grands Boulevards** *en París, bulevares que van de la plaza de la Madeleine a la République*
bouleversement [bulvɛʀsəmɑ̃] *nm* trastorno *m*
bouleverser [bulvɛʀse] *vt* trastornar
boulon [bulɔ̃] *nm* perno *m*
boulot [bulo] *nm* (*fam*) curro *m*
bouquet [bukɛ] *nm* **1.** (*de fleurs*) ramo *m* **2.** (*crevette*) gamba *f* **3.** (*d'un vin*) buqué *m* • **bouquet de programmes** TV paquete *m* de programas
bouquin [bukɛ̃] *nm* (*fam*) libro *m*
bourbeux, euse [buʀbø, øz] *adj* fangoso(sa)
bourdon [buʀdɔ̃] *nm* abejorro *m*
bourdonner [buʀdɔne] *vi* zumbar
bourgeois, e [buʀʒwa, az] *adj & nm, f* burgués(esa)
bourgeoisie [buʀʒwazi] *nf* burguesía *f*
bourgeon [buʀʒɔ̃] *nm* brote *m*
bourgeonner [buʀʒɔne] *vi* brotar
Bourgogne [buʀgɔɲ] *nf* • **la Bourgogne** Borgoña *f*
bourguignon, onne [buʀgiɲɔ̃, ɔn] *adj* ➤ **bœuf, fondue**
bourrasque [buʀask] *nf* borrasca *f*
bourratif, ive [buʀatif, iv] *adj* (*aliment*) empachoso(sa)

bourré, e [buʀe] *adj* 1. *(plein)* abarrotado(da) 2. *(fam) (ivre)* trompa • **bourré de** repleto de
bourreau, x [buʀo] *nm* verdugo *m*
bourrelet [buʀlɛ] *nm* 1. *(de graisse)* michelín *m* 2. *(de porte)* burlete *m*
bourse [buʀs] *nf* 1. *(d'études)* beca *f* 2. *(porte-monnaie)* monedero *m* • **la Bourse** la Bolsa
boursier, ère [buʀsje, ɛʀ] *adj* 1. *(étudiant)* becario(ria) 2. *(transaction)* bursátil
boursouflé, e [buʀsufle] *adj* hinchado(da)
bousculade [buskylad] *nf* tumulto *m*
bousculer [buskyle] *vt* 1. *(heurter)* empujar 2. *(fig) (presser)* meter prisa
boussole [busɔl] *nf* brújula *f*
bout [bu] *nm* 1. *(extrémité)* punta *f* 2. *(morceau)* trozo *m* • **au bout de** al cabo de • **arriver au bout de qqch** llegar al final de algo • **être à bout de forces** quedarse sin fuerzas • **être à bout (de nerfs)** estar al borde de un ataque de nervios
boute-en-train [butɑ̃tʀɛ̃] *nm inv* • **le boute-en-train de la soirée** el alma de la fiesta
bouteille [butɛj] *nf* botella *f* • **bouteille de gaz** bombona *f* de gas • **bouteille d'oxygène** botella de oxígeno
boutique [butik] *nf* tienda *f* • **boutique franche** ou **hors taxe** tienda libre de impuestos
bouton [butɔ̃] *nm* 1. *(de vêtement, de machine)* botón *m* 2. *(sur la peau)* grano *m* 3. *(de fleur)* capullo *m*
bouton-d'or [butɔ̃dɔʀ] (*pl* **boutons-d'or**) *nm* botón *m* de oro
boutonner [butɔne] *vt* abotonar
boutonnière [butɔnjɛʀ] *nf* ojal *m*
bowling [buliŋ] *nm* 1. *(jeu)* bolos *mpl* 2. *(salle)* bolera *f*
box [bɔks] *nm inv* 1. *(garage)* garaje *m* individual 2. *(d'écurie)* box *m*
boxe [bɔks] *nf* boxeo *m*
boxer [bɔksɛʀ] *nm (chien)* bóxer *m*
boxeur, euse [bɔksœʀ, øz] *nm, f* boxeador *m*, -ra *f*
boyau, x [bwajo] *nm (de roue)* tubular *m* ◆ **boyaux** *nmpl ANAT* tripas *fpl*
boycotter [bɔjkɔte] *vt* boicotear
BP (*abr écrite de boîte postale*) apdo *(apartado)*
bracelet [bʀaslɛ] *nm* pulsera *f*
bracelet-montre [bʀaslɛmɔ̃tʀ] (*pl* **bracelets-montres**) *nm* reloj *m* de pulsera
braconnier, ère [bʀakɔnje, ɛʀ] *nm, f* cazador *m* furtivo, cazadora furtiva *f*
brader [bʀade] *vt* liquidar ▼ **on brade !** ¡rebajamos las rebajas
braderie [bʀadʀi] *nf* liquidación *f*
braguette [bʀagɛt] *nf* bragueta *f*
braille [bʀaj] *nm* braille *m*
brailler [bʀaje] *vi (fam)* berrear
braise [bʀɛz] *nf* brasa *f* • **à la braise** a la brasa
brancard [bʀɑ̃kaʀ] *nm* camilla *f*
branchages [bʀɑ̃ʃaʒ] *nmpl* ramaje *m*
branche [bʀɑ̃ʃ] *nf* 1. *(d'arbre)* rama *f* 2. *(de lunettes)* patilla *f* 3. *(d'une discipline)* ramo *m*
branchement [bʀɑ̃ʃmɑ̃] *nm* conexión *f* • **faire les branchements** conectar
brancher [bʀɑ̃ʃe] *vt* enchufar
brandade [bʀɑ̃dad] *nf* • **brandade (de morue)** *puré de bacalao y patatas*
brandir [bʀɑ̃diʀ] *vt* blandir

branlant, e [bʀɑ̃lɑ̃, ɑ̃t] *adj* tambaleante

braquer [bʀake] *vt (diriger)* apuntar ◊ *vi (automobiliste)* girar ● **braquer une arme sur qqn** apuntar a alguien con un arma ◆ **se braquer** *vp (s'entêter)* cerrarse en banda

bras [bʀa] *nm* brazo *m* ● **bras de mer** brazo de mar

brassard [bʀasaʀ] *nm* brazal *m*

brasse [bʀas] *nf* braza *f*

brasser [bʀase] *vt* **1.** *(remuer)* remover **2.** *(affaires, argent)* manejar **3.** *(bière)* fabricar

brasserie [bʀasʀi] *nf* cervecería *f*

brassière [bʀasjɛʀ] *nf* **1.** *(pour bébé)* camisita *f* **2.** *(Québec) (soutien-gorge)* sujetador *m*

brave [bʀav] *adj* **1.** *(courageux)* valiente **2.** *(gentil)* buenazo(za) ● **un brave homme** *(honnête)* un buen hombre

bravo [bʀavo] *interj* ¡bravo!

bravoure [bʀavuʀ] *nf* valentía *f*

break [bʀɛk] *nm* break *m*

brebis [bʀəbi] *nf* oveja *f*

brèche [bʀɛʃ] *nf* brecha *f*

bredouiller [bʀəduje] *vi* balbucear

bref, brève [bʀɛf, bʀɛv] *adj* breve ◆ **bref** *adv* total ● **bref, il vaut mieux rester ici** total, que lo mejor será quedarse aquí

Brésil [bʀezil] *nm* ● **le Brésil** Brasil *m*

brésilien, enne [bʀeziljɛ̃, ɛn] *adj* brasileño(ña) ◆ **Brésilien, enne** *nm, f* brasileño *m*, -ña *f*

Bretagne [bʀətaɲ] *nf* ● **la Bretagne** Bretaña *f*

bretelle [bʀətɛl] *nf* **1.** *(de vêtement)* tirante *m* **2.** *(d'autoroute)* enlace *m* ◆ **bretelles** *nfpl* tirantes *mpl*

breton, onne [bʀətɔ̃, ɔn] *adj* bretón(ona) ◆ **breton** *nm (langue)* bretón *m* ◆ **Breton, onne** *nm, f* bretón *m*, -ona *f*

brève ➤ **bref**

brevet [bʀəvɛ] *nm* **1.** *(diplôme)* diploma *m* **2.** *(d'invention)* patente *f* ● **brevet (des collèges)** *título que se obtiene en Francia al final de la enseñanza primaria*

bribes [bʀib] *nfpl (de conversation)* fragmentos *mpl*

bricolage [bʀikɔlaʒ] *nm* bricolaje *m* ● **faire du bricolage** hacer bricolaje

bricole [bʀikɔl] *nf* menudencia *f*

bricoler [bʀikɔle] *vt* arreglar ◊ *vi* hacer bricolaje

bricoleur, euse [bʀikɔlœʀ, øz] *nm, f* manitas *mf inv*

bride [bʀid] *nf (harnais)* brida *f*

bridé, e [bʀide] *adj* ● **avoir les yeux bridés** tener los ojos rasgados

bridge [bʀidʒ] *nm* **1.** *(jeu)* bridge *m* **2.** *(appareil dentaire)* puente *m*

brie [bʀi] *nm* brie *m*

brièvement [bʀijɛvmɑ̃] *adv* brevemente

brigade [bʀigad] *nf* brigada *f*

brigand [bʀigɑ̃] *nm* bandolero *m*, -ra *f*

brillamment [bʀijamɑ̃] *adv* con brillantez

brillant, e [bʀijɑ̃, ɑ̃t] *adj* brillante ◆ **brillant** *nm (diamant)* brillante *m*

briller [bʀije] *vi* **1.** *(luire)* brillar **2.** *(réussir)* destacar

brin [bʀɛ̃] *nm (de laine)* hebra *f* ● **brin d'herbe** brizna *f* de hierba ● **brin de muguet** ramito *m* de muguete

brindille [bʀɛ̃dij] *nf* ramilla *f*

brioche [bʀijɔʃ] *nf* brioche *m*, bollo *m*

brique [bʀik] *nf* **1.** ladrillo *m* **2.** *(de lait, de jus de fruits)* tetra brik® *m*
briquet [bʀikɛ] *nm* mechero *m*
brise [bʀiz] *nf* brisa *f*
briser [bʀize] *vt* **1.** romper **2.** *(carrière, espoir, cœur)* destrozar ● **briser les rêves de qqn** destrozar los sueños de alguien
britannique [bʀitanik] *adj* británico(ca) ◆ **Britannique** *nmf* británico *m*, -ca *f*
brocante [bʀɔkɑ̃t] *nf (magasin)* tienda *f* de antigüedades
brocanteur, euse [bʀɔkɑ̃tœʀ, øz] *nm, f* anticuario *m*, -ria *f*
broche [bʀɔʃ] *nf* **1.** *(bijou)* broche *m* **2.** *CULIN* pincho *m*
brochet [bʀɔʃɛ] *nm* lucio *m*
brochette [bʀɔʃɛt] *nf* pincho *m*
brochure [bʀɔʃyʀ] *nf* folleto *m*
brocoli [bʀɔkɔli] *nm* brécol *m*
broder [bʀɔde] *vt* bordar
broderie [bʀɔdʀi] *nf* bordado *m*
bronches [bʀɔ̃ʃ] *nfpl* bronquios *mpl*
bronchite [bʀɔ̃ʃit] *nf* bronquitis *f inv*
bronzage [bʀɔ̃zaʒ] *nm* bronceado *m*
bronze [bʀɔ̃z] *nm* bronce *m*
bronzer [bʀɔ̃ze] *vi* broncear ● **se faire bronzer** broncearse
brosse [bʀɔs] *nf* cepillo *m* ● **en brosse** *(cheveux)* al cepillo ● **brosse à cheveux/à dents** cepillo para el pelo/de dientes
brosser [bʀɔse] *vt* cepillar ◆ **se brosser** *vp* ● **se brosser les dents** cepillarse los dientes
brouette [bʀuɛt] *nf* carretilla *f*
brouhaha [bʀuaa] *nm* guirigay *m*
brouillard [bʀujaʀ] *nm* niebla *f*
brouillé [bʀuje] *adj m* ➤ œuf
brouiller [bʀuje] *vt* **1.** enturbiar **2.** *(vue)* nublar ◆ **se brouiller** *vp* **1.** *(se fâcher)* enfadarse **2.** *(idées)* enturbiarse **3.** *(vue)* nublarse
brouillon [bʀujɔ̃] *nm* borrador *m*
broussailles [bʀusaj] *nfpl* maleza *f*
brousse [bʀus] *nf* sabana *f*
brouter [bʀute] *vt* pacer
browser [bʀozœʀ] *nm* navegador *m*
broyer [bʀwaje] *vt* triturar
brucelles [bʀysɛl] *nfpl (Helv)* pinzas *fpl* de depilar
brugnon [bʀyɲɔ̃] *nm* griñón *m*
bruine [bʀɥin] *nf* llovizna *f*
bruit [bʀɥi] *nm* ruido *m* ● **faire du bruit** hacer ruido ● **cette affaire a fait du bruit** este asunto ha dado mucho de que hablar
brûlant, e [bʀylɑ̃, ɑ̃t] *adj* **1.** *(liquide, aliment)* muy caliente **2.** *(soleil)* abrasador(ra)
brûlé [bʀyle] *nm* ● **ça sent le brûlé** huele a quemado
brûle-pourpoint [bʀylpuʀpwɛ̃] ◆ **à brûle-pourpoint** *adv* a quemarropa
brûler [bʀyle] *vt* **1.** quemar **2.** *(irriter)* escocer ◇ *vi* quemar ● **brûler un feu rouge** saltarse un semáforo ◆ **se brûler** *vp* quemarse ● **se brûler la main** quemarse la mano
brûlure [bʀylyʀ] *nf* **1.** *(blessure)* quemadura *f* **2.** *(sensation)* escozor *m* ● **brûlures d'estomac** ardor *m* de estómago
brume [bʀym] *nf* bruma *f*
brumeux, euse [bʀymø, øz] *adj* brumoso(sa)
brun, e [bʀœ̃, bʀyn] *adj* **1.** *(personne, cheveux)* moreno(na) **2.** *(tabac)* negro(gra)

brune [bʀyn] *nf (cigarette)* tabaco *m* negro • **(bière) brune** cerveza *f* negra

Brushing® [bʀœʃiŋ] *nm* • **un shampooing et un Brushing** lavar y marcar • **faire un Brushing** marcar

brusque [bʀysk] *adj* brusco(ca)

brut, e [bʀyt] *adj* **1.** *(matière, pétrole)* crudo(da) **2.** *(poids, salaire)* bruto(ta) **3.** *(cidre, champagne)* seco(ca)

brutal, e, aux [bʀytal, o] *adj* brutal

brutaliser [bʀytalize] *vt* maltratar

brute [bʀyt] *nf* bruto *m*, -ta *f*

Bruxelles [bʀy(k)sɛl] *n* Bruselas

bruyant, e [bʀɥijɑ̃, ɑ̃t] *adj* ruidoso(sa)

bruyère [bʀyjɛʀ] *nf* brezo *m*

BTS [beteɛs] *nm* (*abr de brevet de technicien supérieur*) *título de técnico superior que sanciona dos años de estudios después del bachillerato*

bu, e [by] *pp* ➤ **boire**

buanderie [byɑ̃dʀi] *nf* (*Québec*) lavandería *f*

bûche [byʃ] *nf* leño *m* • **bûche de Noël** *brazo de gitano que se sirve de postre en Navidad*

bûcheron [byʃʀɔ̃] *nm* leñador *m*

budget [bydʒɛ] *nm* presupuesto *m*

buée [bɥe] *nf* vaho *m*

buffet [byfɛ] *nm* **1.** *(meuble)* aparador *m* **2.** *(repas)* bufé *m* • **buffet froid** bufé frío

bug [bʌg] *nm* = **bogue**

building [bildiŋ] *nm* rascacielos *m inv*

buisson [bɥisɔ̃] *nm* matorral *m*

buissonnière [bɥisɔnjɛʀ] *adj f* ➤ **école**

bulgare [bylgaʀ] *adj* búlgaro(ra) ◇ *nm (langue)* búlgaro *m* • **Bulgare** *nmf* búlgaro *m*, -ra *f*

Bulgarie [bylgaʀi] *nf* • **la Bulgarie** Bulgaria *f*

bulldozer [byldɔzɛʀ] *nm* buldozer *m*

bulle [byl] *nf* **1.** *(de gaz)* burbuja *f* **2.** *(de savon)* pompa *f* • **faire des bulles** *(savon)* hacer pompas ; *(avec un chewing-gum)* hacer globos

bulletin [byltɛ̃] *nm* **1.** boletín *m* **2.** *(d'informations)* parte *m* • **bulletin météorologique** parte meteorológico • **bulletin de salaire** nómina *f* • **bulletin de vote** papeleta *f* (de voto)

bungalow [bœ̃galo] *nm* bungalow *m*

bureau [byʀo] *nm* **1.** *(pièce)* despacho *m* **2.** *(lieu de travail)* oficina *f* **3.** *(meuble)* INFORM escritorio *m* • **bureau de change** agencia *f* de cambio • **bureau de poste** oficina de correos • **bureau de tabac** estanco *m*

bureautique [byʀotik] *adj* ofimático(ca) ◇ *nf* ofimática *f*

burlesque [byʀlɛsk] *adj* burlesco(ca)

bus [bys] *nm* bus *m*

buste [byst] *nm* busto *m*

but [byt] *nm* **1.** *(intention)* objetivo *m* **2.** *(destination)* meta *f* **3.** SPORT *(point)* gol *m* • **les buts** SPORT *(zone)* la portería • **dans le but de** con el fin de

butane [bytan] *nm* butano *m*

buté, e [byte] *adj* terco(ca)

buter [byte] *vi* • **buter sur** ou **contre** *(objet)* tropezar con ; *(difficulté)* toparse con

butin [bytɛ̃] *nm* botín *m*

butte [byt] *nf* colina *f*

buvard [byvaʀ] *nm* papel *m* secante

buvette [byvɛt] *nf* bar *m*

C

c' ➤ ce
ça [sa] *pron* **1.** eso **2.** *(objet proche)* esto **3.** *(objet lointain)* aquello • **ça, c'est la gare centrale** esto es la estación central • **et ça là-bas, c'est quoi ?** ¿qué es aquello? • **ça n'est pas facile** no es cosa fácil • **ça va ? - ça va !** ¿qué tal? - ¡bien! • **comment ça ?** ¿cómo es eso? • **c'est ça** eso es
cabane [kaban] *nf* cabaña *f*
cabaret [kabaʀɛ] *nm* cabaré *m*
cabillaud [kabijo] *nm* bacalao *m* fresco
cabine [kabin] *nf* **1.** cabina *f* **2.** *(de bateau)* camarote *m* **3.** *(sur la plage)* caseta *f* • **cabine de douche** ducha *f* • **cabine d'essayage** probador *m* • **cabine (de pilotage)** cabina (de pilotaje) • **cabine (téléphonique)** cabina (telefónica)
cabinet [kabinɛ] *nm* **1.** *(d'avocat)* bufete *m* **2.** *(de médecin)* consulta *f* • **cabinet de toilette** cuarto *m* de aseo ◆ **cabinets** *nmpl* retrete *m*
câble [kabl] *nm* cable *m* • **(télévision par) câble** (televisión por) cable
cabosser [kabɔse] *vt* abollar
caca [kaka] *nm* • **faire caca** *(fam)* hacer caca
cacah(o)uète [kakawɛt] *nf* cacahuete *m*
cacao [kakao] *nm* cacao *m*
cache [kaʃ] *nm INFORM* caché *f*
cache-cache [kaʃkaʃ] *nm inv* • **jouer à cache-cache** jugar al escondite
cachemire [kaʃmiʀ] *nm* cachemir *m*
cache-nez [kaʃne] *nm inv* bufanda *f*
cacher [kaʃe] *vt* **1.** *(objet, personne)* esconder **2.** *(vue, soleil)* tapar **3.** *(vérité, sentiment)* disimular ◆ **se cacher** *vp* esconderse
cachet [kaʃɛ] *nm* **1.** *(comprimé)* tableta *f* **2.** *(tampon)* sello *m*
cachette [kaʃɛt] *nf* escondite *m* • **en cachette** a escondidas
cachot [kaʃo] *nm* calabozo *m*
cacophonie [kakɔfɔni] *nf* cacofonía *f*
cactus [kaktys] *nm* cactus *m inv*
cadavre [kadavʀ] *nm* cadáver *m*
Caddie® [kadi] *nm* carrito *m* (de la compra)
cadeau, x [kado] *nm* regalo *m* • **faire un cadeau à qqn** hacer un regalo a alguien • **je lui ai fait cadeau de mon téléviseur** le regalé mi televisor
cadenas [kadna] *nm* candado *m*
cadence [kadɑ̃s] *nf* cadencia *f* • **en cadence** al compás
cadet, ette [kadɛ, ɛt] *adj & nm, f* menor
Cadix [kadiks] *n* Cádiz
cadran [kadʀɑ̃] *nm* *(de montre, de tableau de bord)* esfera *f* • **cadran solaire** reloj *m* de sol
cadre [kadʀ] *nm* **1.** *(bordure, décor)* marco *m* **2.** *(de tableau, de vélo)* cuadro *m* **3.** *(d'une entreprise)* ejecutivo *m* • **dans le cadre de mon travail/de mes recherches** en el marco de mi trabajo/de mis investigaciones
cafard [kafaʀ] *nm* cucaracha *f* • **avoir le cafard** *(fam)* tener la depre
café [kafe] *nm* **1.** café *m* **2.** *(établissement)* bar *m*, cafetería *f* • **café crème** ou **au lait** café con leche • **café épicé** *(Helv)* *café*

solo al que se le añade canela y clavo • **café internet** cibercafé *m* • **café liégeois** *helado de café con nata montada* • **café noir** café solo

Les cafés

En estos establecimientos (también llamados *bistrots*) se despacha todo tipo de bebidas y, en determinados casos, bocadillos o comidas ligeras. Algunos, especialmente en París, han tenido una estrecha vinculación con la vida política, intelectual, artística o literaria de una época determinada. En los cafés franceses si pedimos simplemente un *café*, nos servirán un café solo. Si queremos un café fuerte, tendremos que pedir un *café serré* o un *expresso*, y si lo queremos largo de agua, un *léger* o *allongé*. El término *café au lait* no se utiliza casi nunca para un café con leche, sino que se dice un *(café) crème*. El cortado es un *noisette*.

cafétéria [kafeteʀja] *nf* cafetería *f*
café-théâtre [kafeteatʀ] (*pl* **cafés-théâtres**) *nm* café-teatro *m*
cafetière [kaftjɛʀ] *nf* cafetera *f* • **cafetière électrique** cafetera eléctrica
cage [kaʒ] *nf* **1.** *(pour animaux)* jaula *f* **2.** *SPORT* portería *f* • **cage d'escalier** hueco *m* de la escalera
cagoule [kagul] *nf* pasamontañas *m inv*
cahier [kaje] *nm* cuaderno *m* • **cahier de brouillon/de texte** cuaderno de sucio/de ejercicios
caille [kaj] *nf* codorniz *f*
cailler [kaje] *vi* **1.** *(lait)* cuajar **2.** *(sang)* coagular
caillot [kajo] *nm* coágulo *m*
caillou, x [kaju] *nm* piedra *f*
caisse [kɛs] *nf* caja *f* • **caisse d'épargne** caja de ahorros • **caisse rapide** caja rápida
caissier, ère [kesje, ɛʀ] *nm, f* cajero *m*, -ra *f*
cajou [kaʒu] *nm* ➤ **noix**
cake [kɛk] *nm* plumcake *m*
calamars [kalamaʀ] *nmpl* calamares *mpl*
calcaire [kalkɛʀ] *nm* caliza *f* ◇ *adj* calcáreo(rea)
calciné, e [kalsine] *adj* calcinado(da)
calcium [kalsjɔm] *nm* calcio *m*
calcul [kalkyl] *nm* **1.** cálculo *m* **2.** *MÉD* • **calcul rénal** cálculo renal • **calcul mental** cálculo mental
calculatrice [kalkylatʀis] *nf* calculadora *f*
calculer [kalkyle] *vt* calcular
cale [kal] *nf (pour stabiliser)* calce *m*
calé, e [kale] *adj (fam) (doué)* empollado(da)
caleçon [kalsɔ̃] *nm* **1.** *(sous-vêtement)* calzoncillos *mpl* **2.** *(pantalon)* mallas *fpl*
calembour [kalɑ̃buʀ] *nm* retruécano *m*
calendrier [kalɑ̃dʀije] *nm* calendario *m*

Le calendrier scolaire

La vuelta a la escuela tiene lugar a principios de septiembre y las clases terminan a finales de junio. Además de los días festivos, distintos períodos vacacionales cortan el curso escolar: unos tienen lugar en la misma época para todos (una semana o diez días en noviembre para *la Toussaint* y en diciembre para Navidad), pero existen unas vacaciones de invierno (en febrero-marzo) y otras de primavera (en abril-mayo) que cambian según 3 zonas geográficas distintas (zona A, B y C) para evitar los atascos masivos y la paralización del país. La influencia del calendario lectivo va mucho más allá del sistema escolar: en los períodos de vacaciones, la actividad de empresas e instituciones disminuye significativamente.

cale-pied, s [kalpje] *nm* calapié *m*

caler [kale] *vt (stabiliser)* calzar ◇ *vi* **1.** *(voiture, moteur)* calar **2.** *(fam) (à table)* estar lleno(na)

califourchon [kalifuʀʃɔ̃] ◆ **à califourchon sur** *adv* a horcajadas en ou sobre

câlin [kalɛ̃] *nm* mimo *m* ● **faire un câlin à qqn** hacer un mimo a alguien

calmant [kalmɑ̃] *nm* calmante *m*

calmars [kalmaʀ] = **calamars**

calme [kalm] *adj* tranquilo(la) ◇ *nm* tranquilidad *f* ● **du calme !** ¡tranquilo!

calmer [kalme] *vt* calmar ◆ **se calmer** *vp* calmarse

calorie [kalɔʀi] *nf* caloría *f*

calque [kalk] *nm* ● **(papier-)calque** papel *m* de calco

calvados [kalvados] *nm* aguardiente *m* de sidra

camarade [kamaʀad] *nmf* camarada *mf* ● **camarade de classe** compañero *m*, -ra *f* de clase

cambouis [kɑ̃bwi] *nm* grasa *f (de motor)*

cambré, e [kɑ̃bʀe] *adj (dos, reins)* arqueado(da)

cambriolage [kɑ̃bʀijɔlaʒ] *nm* robo *m*

cambrioler [kɑ̃bʀijɔle] *vt* robar

cambrioleur, euse [kɑ̃bʀijɔlœʀ, øz] *nm, f* ladrón *m*, -ona *f*

camembert [kamɑ̃bɛʀ] *nm* camembert *m*

caméra [kameʀa] *nf* cámara *f*

Caméscope® [kameskɔp] *nm* cámara *f* de vídeo

camion [kamjɔ̃] *nm* camión *m*

camion-citerne [kamjɔ̃sitɛʀn] (*pl* **camions-citernes**) *nm* camión *m* cisterna

camionnette [kamjɔnɛt] *nf* camioneta *f*

camionneur [kamjɔnœʀ] *nm (chauffeur)* camionero *m*

camp [kɑ̃] *nm* **1.** campamento *m* **2.** *(de joueurs, de sportifs)* campo *m* ● **camp de vacances** colonia *f* de vacaciones ● **faire un camp** irse de acampada ● **le camp adverse** el bando opuesto

campagne [kɑ̃paɲ] *nf* **1.** campo *m* **2.** *(électorale, publicitaire)* campaña *f*

camper [kɑ̃pe] *vi* acampar

campeur, euse [kɑ̃pœʀ, øz] *nm, f* campista *mf*

camping [kɑ̃piŋ] *nm* camping *m* ● **faire du camping** hacer camping ● **camping sauvage** acampada *f* libre

camping-car, s [kɑ̃piŋkaʀ] *nm* caravana *m*

Camping-Gaz® [kɑ̃pɪŋgaz] *nm inv* camping gas® *m inv*

Canada [kanada] *nm* • **le Canada** Canadá *m*
canadien, enne [kanadjɛ̃, ɛn] *adj* canadiense ♦ **Canadien, enne** *nm, f* canadiense *mf*
canadienne [kanadjɛn] *nf* **1.** *(veste) chaqueta forrada de piel* **2.** *(tente) pequeña tienda de campaña*
canal, aux [kanal, o] *nm* canal *m* • **Canal +** ≃ Canal Plus
canalisation [kanalizasjɔ̃] *nf* cañería *f*
canapé [kanape] *nm* **1.** *(siège)* sofá *m* **2.** *(toast)* canapé *m* • **canapé convertible** sofá cama
canapé-lit [kanapeli] (*pl* **canapés-lits**) *nm* sofá cama *m*
canard [kanaʀ] *nm* pato *m* • **canard à l'orange** *pato a la naranja* • **canard laqué** *plato chino que consiste en pato macerado en miel y asado*
canari [kanaʀi] *nm* canario *m*
Canaries [kanaʀi] *nfpl* • **les (îles) Canaries** las (Islas) Canarias
cancer [kɑ̃sɛʀ] *nm* cáncer *m* ♦ **Cancer** *nm* Cáncer *m inv*
cancéreux, euse [kɑ̃seʀø, øz] *adj* canceroso(sa)
candidat, e [kɑ̃dida, at] *nm, f* candidato *m*, -ta *f*
candidature [kɑ̃didatyʀ] *nf* candidatura *f* • **poser sa candidature (à)** presentar una candidatura (para)
caneton [kantɔ̃] *nm* patito *m*
canette [kanɛt] *nf (de boisson)* botellín *m*
caniche [kaniʃ] *nm* caniche *m*
canicule [kanikyl] *nf* canícula *f*
canif [kanif] *nm* navaja *f*
canine [kanin] *nf* colmillo *m*
caniveau [kanivo] *nm* arroyo *m*
canne [kan] *nf* bastón *m* • **canne à pêche** caña *f* de pescar • **canne à sucre** caña de azúcar
cannelle [kanɛl] *nf* canela *f*
cannelloni(s) [kanelɔni] *nmpl* canelones *mpl*
cannette [kanɛt] = **canette**
canoë [kanɔe] *nm* canoa *f* • **faire du canoë** practicar piragüismo
canoë-kayak [kanɔekajak] (*pl* **canoës-kayaks**) *nm* kayak *m* • **faire du canoë-kayak** practicar piragüismo
canon [kanɔ̃] *nm* **1.** cañón *m* **2.** *(personne belle)* • **quel canon !** ¡está como un tren!
canot [kano] *nm* bote *m* • **canot pneumatique** lancha *f* neumática • **canot de sauvetage** bote salvavidas
Cantabrique [kɑ̃tabʀik] *n* • **la Cantabrique** Cantabria *f*
cantal [kɑ̃tal] *nm queso de vaca fabricado en Auvernia*
cantatrice [kɑ̃tatʀis] *nf* cantante *f (de ópera)*
cantine [kɑ̃tin] *nf (restaurant)* comedor *m*
cantique [kɑ̃tik] *nm* cántico *m*
canton [kɑ̃tɔ̃] *nm* **1.** *(en France) división administrativa de un distrito* **2.** *(en Suisse)* cantón *m*

Les cantons

Suiza, cuyo nombre oficial es Confederación Helvética, es un estado federal compuesto por 26 estados denominados cantones, aunque 6 de ellos son considerados semicantones. La extensión territorial, estructura y características de los cantones son muy variadas. Cada uno posee un poder ejecutivo y legislativo autónomos, salvo en lo que se refiere a determinados ámbitos como política exterior, aduanas, moneda o servicio de correos, reservados al gobierno federal.

cantonais [kɑ̃tɔnɛ] *adj m* ➤ **riz**

canyon [kanjɔn], **cañon** [kanjɔ̃] *nm* cañón *m*

canyoning [kaɲɔniŋ] *nm* barranquismo *m*

caoutchouc [kautʃu] *nm* goma *f*

cap [kap] *nm* **1.** *(pointe de terre)* cabo *m* **2.** *NAUT* rumbo *m* • **mettre le cap sur** poner rumbo a

CAP [seape] *nm* (*abr de Certificat d'aptitude professionnelle*) *diploma técnico obtenido tras dos años de formación profesional*

capable [kapabl] *adj* capaz • **être capable de faire qqch** ser capaz de hacer algo

capacités [kapasite] *nfpl* capacidades *fpl*

cape [kap] *nf* capa *f*

capitaine [kapitɛn] *nm* capitán *m*

capital, e, aux [kapital, o] *adj* capital ♦ **capital** *nm* capital *m*

capitale [kapital] *nf* **1.** *(ville)* capital *f* **2.** *(lettre)* mayúscula *f*

capot [kapo] *nm* capó *m*

capote [kapɔt] *nf AUTO* capota *f*

capoter [kapɔte] *vi* **1.** *(projet, entreprise)* irse a pique **2.** (*Québec*) (*fam*) estar chiflado(da)

câpre [kapʀ] *nf* alcaparra *f*

caprice [kapʀis] *nm* capricho *m* • **faire un caprice** hacer una rabieta

capricieux, euse [kapʀisjø, øz] *adj* caprichoso(sa)

Capricorne [kapʀikɔʀn] *nm* Capricornio *m inv*

capsule [kapsyl] *nf (de bouteille)* chapa *f* • **capsule spatiale** cápsula *f* espacial

capter [kapte] *vt (station de radio)* sintonizar • **mon portable ne capte pas ici** aquí el móvil no tiene cobertura

captivité [kaptivite] *nf* **1.** *(d'une personne)* cautiverio *m* **2.** *(d'un animal)* cautividad *f* • **en captivité** *(animal)* en cautividad

capture [kaptyʀ] *nf* captura *f* • **capture d'écran** captura de pantalla

capturer [kaptyʀe] *vt* capturar

capuche [kapyʃ] *nf* capucha *f*

capuchon [kapyʃɔ̃] *nm* **1.** *(d'un vêtement)* capucha *f* **2.** *(d'un stylo)* capuchón *m*

caquelon [kaklɔ̃] *nm* (*Helv*) *recipiente de barro destinado a preparar fondues*

[1]**car** [kaʀ] *conj* porque

[2]**car** [kaʀ] *nm* autocar *m*

carabine [kaʀabin] *nf* carabina *f*

caractère [kaʀaktɛʀ] *nm* carácter *m* • **avoir du caractère** *(personne)* tener (mucho) carácter ; *(maison)* tener estilo • **avoir bon/mauvais caractère** tener buen/mal carácter • **en caractères d'imprimerie** en letra de imprenta • **caractères spéciaux** caracteres especiales

caractéristique [kaʀakteʀistik] *nf* característica *f* ◇ *adj* • **caractéristique de** característico(ca) de

carafe [kaʀaf] *nf* jarra *f*

Caraïbes [kaʀaib] *nfpl* • **les Caraïbes** el Caribe
carambolage [kaʀɑ̃bɔlaʒ] *nm* choque *m* en cadena
caramel [kaʀamɛl] *nm* **1.** *(sucre brûlé)* caramelo *m* **2.** *(bonbon)* tofe *m*
carapace [kaʀapas] *nf* caparazón *m*
caravane [kaʀavan] *nf* caravana *f*
carbonade [kaʀbɔnad] *nf* • **carbonade flamande** *guiso de carne de buey preparado con cebolla, hierbas aromáticas y cerveza*
carbone [kaʀbɔn] *nm* carbono *m* • **(papier) carbone** papel *m* carbón
carburant [kaʀbyʀɑ̃] *nm* carburante *m*
carburateur [kaʀbyʀatœʀ] *nm* carburador *m*
carcasse [kaʀkas] *nf* **1.** *(d'animal)* huesos *mpl* **2.** *(de voiture)* carcasa *f*
cardiaque [kaʀdjak] *adj* cardíaco(ca)
cardigan [kaʀdigɑ̃] *nm* cárdigan *m*
cardinaux [kaʀdino] *adj m pl* ➤ **point**
cardiologue [kaʀdjɔlɔg] *nmf* cardiólogo *m*, -ga *f*
caresse [kaʀɛs] *nf* caricia *f*
caresser [kaʀese] *vt* acariciar
cargaison [kaʀgɛzɔ̃] *nf* cargamento *m*
cargo [kaʀgo] *nm* carguero *m*
caricature [kaʀikatyʀ] *nf (dessin)* caricatura *f*
carie [kaʀi] *nf* caries *f inv*
carillon [kaʀijɔ̃] *nm* repique *m*
carnage [kaʀnaʒ] *nm* matanza *f* • **faire un carnage** *(fig)* hacer una matanza
carnaval [kaʀnaval] *nm* carnaval *m*
carnet [kaʀnɛ] *nm* **1.** *(cahier)* libreta *f* **2.** *(de tickets, de timbres)* taco *m* • **carnet d'adresses** agenda *f* de direcciones • **carnet de chèques** talonario *m* de cheques • **carnet de notes** *SCOL* boletín *m* (escolar)
carnotzet [kaʀnɔtze] *nm (Helv) zona de un restaurante en la que se comen los platos preparados con queso, como la raclette*
carotte [kaʀɔt] *nf* zanahoria *f*
carpe [kaʀp] *nf* carpa *f*
carpette [kaʀpɛt] *nf* alfombrilla *f*
carré, e [kaʀe] *adj* cuadrado(da) ◆ **carré** *nm* **1.** *(forme géométrique)* cuadrado *m* **2.** *(de chocolat)* onza *f* **3.** *(d'agneau, de porc)* costillar *m* • **deux mètres carrés** dos metros cuadrados • **deux au carré** dos al cuadrado
carreau, x [kaʀo] *nm* **1.** *(vitre)* cristal *f* **2.** *(sur le sol)* baldosa *f* **3.** *(sur les murs)* azulejo *m* **4.** *(sur un tissu)* cuadro *m* **5.** *(aux cartes)* diamante *m* • **à carreaux** *(tissu, jupe)* de cuadros
carrefour [kaʀfuʀ] *nm* cruce *m*
carrelage [kaʀlaʒ] *nm* **1.** *(sur le mur)* azulejos *mpl* **2.** *(par terre)* embaldosado *m*
carrément [kaʀemɑ̃] *adv* **1.** *(franchement)* claramente **2.** *(très)* totalmente
carrière [kaʀjɛʀ] *nf* **1.** *(de pierre)* cantera *f* **2.** *(profession)* carrera *f* • **faire carrière dans** hacer carrera en
carrosse [kaʀɔs] *nm* carroza *f*
carrosserie [kaʀɔsʀi] *nf* carrocería *f*
carrure [kaʀyʀ] *nf* **1.** *(de personne)* anchura *f* de espaldas **2.** *(fig) (envergure)* envergadura *f*
cartable [kaʀtabl] *nm* cartera *f*
carte [kaʀt] *nf* **1.** *(à jouer)* carta *f*, naipe *m* **2.** *(document officiel)* tarjeta *f* **3.** *(plan)* mapa *m* **4.** *(de restaurant)* carta *f* • **à la carte** *(menu)* a la carta • **carte bancaire/de cré-**

dit tarjeta bancaria/de crédito • **Carte Bleue**® *tarjeta de crédito francesa* • **carte d'embarquement** tarjeta de embarque • **carte de fidélité** tarjeta de fidelidad • **carte graphique** tarjeta gráfica • **carte grise** ≃ permiso *m* de circulación • **carte mémoire** tarjeta de memoria • **carte mère** placa *f* madre • **carte (nationale) d'identité** carné *m* de identidad • **carte orange** ≃ abono *m* mensual • **carte postale** postal *f* • **carte son** tarjeta de sonido • **carte téléphonique** ou **de téléphone** tarjeta telefónica • **carte des vins** carta de vinos • **carte (de visite)** tarjeta de visita

La Carte Bleue

Esta tarjeta, que depende de la red interbancaria francesa, permite realizar todo tipo de pagos, retirar dinero de los cajeros automáticos e incluso llamar por teléfono. Lleva incorporado un chip, por lo que al pagar o sacar dinero hay que teclear un código. Algunas llevan integrado el sistema de monedero electrónico *Monéo* para abonar pequeñas cantidades. La mayoría de los comercios franceses aceptan las tarjetas de crédito, generalmente por una suma superior a quince euros.

cartilage [kartilaʒ] *nm* cartílago *m*

carton [kartɔ̃] *nm* **1.** *(matière)* cartón *m* **2.** *(emballage)* caja *f* de cartón **3.** *(d'invitation, de sanction)* tarjeta *f*

cartouche [kartuʃ] *nf* **1.** cartucho *m* **2.** *(de cigarettes)* cartón *m (de tabaco)*

cas [ka] *nm* caso *m* • **au cas où** en caso de que • **dans ce cas** en ese caso • **en cas de besoin** en caso de necesidad • **en tout cas** en todo caso

cascade [kaskad] *nf* **1.** *(chute d'eau)* cascada *f* **2.** *(au cinéma)* escena *f* peligrosa

cascadeur, euse [kaskadœr, øz] *nm, f* especialista *mf*

case [kaz] *nf* **1.** *(de damier, de meuble)* casilla *f* **2.** *(hutte)* cabaña *f* ▾ **cochez la case choisie** marcar con una cruz la casilla correspondiente

caserne [kazɛrn] *nf* cuartel *m* • **caserne des pompiers** cuartel de bomberos

casier [kazje] *nm* casillero *m* • **casier à bouteilles** botellero *m* • **casier judiciaire** antecedentes *mpl* penales

casino [kazino] *nm* casino *m*

casque [kask] *nm* casco *m*

casquette [kaskɛt] *nf* gorra *f*

casse-cou [kasku] *nmf inv* persona *f* temeraria

casse-croûte [kaskrut] *nm inv* tentempié *m*

casse-noix [kasnwa] *nm inv* cascanueces *m inv*

casser [kase] *vt* romper • **casser les oreilles à qqn** romper los tímpanos a alguien • **casser les pieds à qqn** *(fam)* dar la lata a alguien ◆ **se casser** *vp* romperse • **se casser le bras** romperse el brazo • **se casser la figure** *(fam) (tomber)* romperse la crisma

casserole [kasrɔl] *nf* cacerola *f*

casse-tête [kastɛt] *nm inv* rompecabezas *m inv*

cassette [kasɛt] *nf* casete *f* • **cassette vidéo** cinta *f* de vídeo
cassis [kasis] *nm* grosella *f* negra
cassoulet [kasulɛ] *nm especie de fabada con carne de pato o de cerdo*
Castille [kastij] *nf* • **la Castille** Castilla *f*
Catalogne [katalɔɲ] *nf* • **la Catalogne** Cataluña *f*
catalogue [katalɔg] *nm* catálogo *m*
catastrophe [katastʀɔf] *nf* catástrofe *f*
catastrophique [katastʀɔfik] *adj* catastrófico(ca)
catch [katʃ] *nm* lucha *f* libre
catéchisme [kateʃism] *nm* catequesis *f inv*
catégorie [kategɔʀi] *nf* categoría *f*
catégorique [kategɔʀik] *adj* categórico(ca)
cathédrale [katedʀal] *nf* catedral *f*
catholique [katɔlik] *adj & nmf* católico(ca)
cauchemar [kɔʃmaʀ] *nm* pesadilla *f*
cause [koz] *nf* causa *f* ▾ **fermé pour cause de...** cerrado por... • **à cause de** por culpa de
causer [koze] *vt (provoquer)* causar ◇ *vi (parler)* charlar
caution [kosjɔ̃] *nf* **1.** *(pour une location)* fianza *f* **2.** *(personne)* fiador *m*, -ra *f* • **se porter caution (pour qqn)** salir fiador(ra) (de alguien)
cavalier, ère [kavalje, ɛʀ] *nm, f* **1.** *(à cheval)* jinete *m* **2.** *(partenaire)* pareja *f* ◆ **cavalier** *nm (aux échecs)* caballo *m*
cave [kav] *nf* **1.** *(sous-sol)* sótano *m* **2.** *(réserve de vin)* bodega *f* • **cave à cigares** *(boîte)* cigarrera *f*
caverne [kavɛʀn] *nf* caverna *f*
caviar [kavjaʀ] *nm* caviar *m*
CB *abr écrite de* **Carte Bleue**®
CD [sede] *nm* (*abr de Compact Disc*) CD *m*
CDD [sedede] *nm* (*abr de contrat à durée déterminée*) contrato *m* temporal
CDI [sedei] *nm* **1.** (*abr de centre de documentation et d'information*) *biblioteca de un centro de enseñanza secundaria* **2.** (*abr de contrat à durée indéterminée*) contrato *m* indefinido
CD-ROM, Cédérom [sedeʀɔm] (*abr de Compact Disc Read-Only Memory*) *nm inv* CD-ROM *m*, cederrón *m*
ce, cette [sə, sɛt] (*mpl* **ces** [sɛ]) (*cet* [sɛt] *devant voyelle ou h muet) adj*
1. *(proche dans l'espace ou dans le temps)* este (esta) • **cette nuit** esta noche
2. *(éloigné dans l'espace ou dans le temps)* ese (esa) • **donne-moi ce livre-là** dame ese libro
3. *(très éloigné dans l'espace ou dans le temps)* aquel (aquella) • **cette année-là** aquel año
◇ *pron*
1. *(pour mettre en valeur)* • **c'est mon frère** es mi hermano • **c'est moi** soy yo • **ce sont mes chaussettes** son mis calcetines • **c'est votre collègue qui m'a renseigné** fue su colega quien me informó
2. *(dans des interrogations)* • **est-ce bien là ?** ¿seguro que es ahí? • **qui est-ce ?** ¿quién es?
3. *(avec un relatif)* • **ce que tu voudras** lo que quieras • **ce qui nous intéresse** lo que nos interesa • **ce dont vous aurez besoin en camping** lo que necesitaréis cuando vayáis de camping

4. *(en intensif)* • **ce qu'il fait chaud !** ¡qué calor hace! • **ce qu'elle est belle !** ¡qué guapa es!

CE [seə] *nm* **1.** (*abr de cours élémentaire*) • **CE1** ≃ segundo *m* de EP *(educación primaria)* • **CE2** ≃ tercero *m* de EP *(educación primaria)* **2.** (*abr de comité d'entreprise*) comité *m* de empresa

ceci [səsi] *pron* esto • **ceci veut dire que...** esto quiere decir que...

céder [sede] *vt* & *vi* ceder ▼ **cédez le passage** ceda el paso • **céder à** *(personne)* ceder ante ; *(tentation, pression)* sucumbir a

CEDEX [sedɛks] *nm* (*abr de courrier d'entreprise à distribution exceptionnelle*) *correo de empresa con reparto especial*

cédille [sedij] *nf* cedilla *f* • **c cédille** *la c con cedilla*

CEI [seəi] *nf* (*abr de Communauté des États indépendants*) CEI *f (Confederación de Estados Independientes)*

ceinture [sɛ̃tyʀ] *nf* **1.** *(taille)* cintura *f* **2.** *(accessoire)* cinturón *m* • **ceinture de sécurité** cinturón de seguridad

cela [səla] *pron* eso • **cela ne fait rien** no importa • **comment cela ?** ¿y eso? • **c'est cela** eso es

célèbre [selɛbʀ] *adj* famoso(sa)

célébrer [selebʀe] *vt* celebrar

célébrité [selebʀite] *nf* **1.** *(gloire)* fama *f* **2.** *(star)* celebridad *f*

céleri [sɛlʀi] *nm* apio *m* • **céleri rémoulade** *ensalada de apio rallado con un aliño a base de mostaza y aceite*

célibataire [selibatɛʀ] *adj* & *nmf* soltero(ra) • **mère célibataire** madre soltera • **père célibataire** padre soltero

celle ➤ **celui**

celle-ci ➤ **celui-ci**

celle-là ➤ **celui-là**

cellule [selyl] *nf* **1.** célula *f* **2.** *(cachot)* celda *f*

cellulite [selylit] *nf* celulitis *f inv*

celui, **celle** [səlɥi, sɛl] (*mpl* **ceux** [sø]) *pron* el (la) • **celui de devant** el de delante • **celle de Pierre** la de Pierre • **celui qui part à 13 h 30** el que sale a las 13:30h • **ceux dont je t'ai parlé** aquéllos de los que te hablé

celui-ci, **celle-ci** [səlɥisi, sɛlsi] (*mpl* **ceux-ci** [søsi], *fpl* **celles-ci** [sɛlsi]) *pron* éste (ésta)

celui-là, **celle-là** [səlɥila, sɛlla] (*mpl* **ceux-là** [søla], *fpl* **celles-là** [sɛlla]) *pron* aquél (aquélla)

cendre [sɑ̃dʀ] *nf* ceniza *f*

cendrier [sɑ̃dʀije] *nm* cenicero *m*

censurer [sɑ̃syʀe] *vt* censurar

cent [sɑ̃] *adj num* ciento (cien *devant substantif)* ◇ *pron num* cien ◇ *nm* cien *m inv* • **cent pour cent** cien por cien • **cent euros** cien euros • **cent deux euros** ciento dos euros • **deux cents euros** doscientos euros • **deux cent douze euros** doscientos doce euros • **il a cent ans** hace cien años • **page cent** página cien • **ils étaient cent** eran cien • **(au) cent rue Lepic** (en la) calle Lepic número cien

centaine [sɑ̃tɛn] *nf* • **une centaine (de)** un centenar (de)

centième [sɑ̃tjɛm] *adj num* & *pron num* centésimo(ma) ◇ *nm (fraction)* centésima parte *f*

centime [sɑ̃tim] *nm* • **centime (d'euro)** céntimo *m* (di euro)

centimètre [sɑ̃timɛtʀ] *nm* centímetro *m*
central, e, aux [sɑ̃tʀal, o] *adj* central
centrale [sɑ̃tʀal] *nf* central *f* • **centrale nucléaire** central nuclear
centre [sɑ̃tʀ] *nm* centro *m* • **aller dans le centre** ir al centro • **habiter dans le centre** vivir en el centro • **centre aéré** *centro recreativo para niños* • **centre commercial** centro comercial
centre-ville [sɑ̃tʀəvil] (*pl* **centres-villes**) *nm* casco *m* urbano
cèpe [sɛp] *nm* seta *f*
cependant [səpɑ̃dɑ̃] *conj* sin embargo
céramique [seʀamik] *nf* cerámica *f*
cercle [sɛʀkl] *nm* círculo *m*
cercueil [sɛʀkœj] *nm* ataúd *m*
céréale [seʀeal] *nf* cereal *m*
cérémonie [seʀemɔni] *nf* ceremonia *f*
cerf [sɛʀ] *nm* ciervo *m*
cerf-volant [sɛʀvɔlɑ̃] (*pl* **cerfs-volants**) *nm* cometa *f*
cerise [səʀiz] *nf* cereza *f*
cerisier [səʀizje] *nm* cerezo *m*
cerner [sɛʀne] *vt* cercar
cernes [sɛʀn] *nmpl* ojeras *fpl*
certain, e [sɛʀtɛ̃, ɛn] *adj* seguro(ra) • **être certain de (faire) qqch** estar seguro de (hacer) algo • **être certain que** estar seguro de que • **un certain temps** cierto tiempo • **un certain Jean** un tal Jean ◆ **certains, certaines** *adj & pron* algunos(nas)
certainement [sɛʀtɛnmɑ̃] *adv* **1.** *(probablement)* seguramente **2.** *(bien sûr)* por supuesto
certes [sɛʀt] *adv* **1.** *(bien sûr)* por supuesto **2.** *(il est vrai que)* desde luego
certificat [sɛʀtifika] *nm* certificado *m* • **certificat médical** certificado médico • **certificat de scolarité** *certificado con el que se acredita estar matriculado en un centro de enseñanza*
certifier [sɛʀtifje] *vt* certificar ▼ **certifié conforme** compulsado
certitude [sɛʀtityd] *nf* certeza *f*
cerveau, x [sɛʀvo] *nm* cerebro *m*
cervelas [sɛʀvəla] *nm salchicha corta y gruesa de carne y sesos de cerdo*
cervelle [sɛʀvɛl] *nf* sesos *mpl*
ces ➤ ce
Césars [sezaʀ] *nmpl premio cinematográfico francés*

Les Césars

Desde 1976, la Academia de las Artes y Técnicas del Cine de Francia concede cada año estos galardones en el transcurso de una gala destinada a promover el cine nacional. Los César comprenden categorías tales como mejor actor, mejor director, mejor guión o mejor película. El nombre de los premios proviene del escultor que diseñó la estatuilla.

cesse [sɛs] ◆ **sans cesse** *adv* sin cesar
cesser [sese] *vi* cesar • **cesser de faire qqch** dejar de hacer algo
c'est-à-dire [setadiʀ] *adv* es decir
cet ➤ ce
cette ➤ ce
ceux ➤ celui
ceux-ci ➤ celui-ci
ceux-là ➤ celui-là

cf. (*abr écrite de confer*) cf. *(confróntese)*
chacun, e [ʃakœ̃, yn] *pron* cada uno (cada una) • **chacun d'entre vous/nous/eux** cada uno de nosotros/vosotros/ellos • **chacun pour soi** cada uno a lo suyo
chagrin [ʃagʀɛ̃] *nm* pena *f* • **avoir du chagrin** estar triste
chahut [ʃay] *nm* jaleo *m* • **faire du chahut** armar jaleo
chaîne [ʃɛn] *nf* **1.** cadena *f* **2.** *(de télévision)* canal *m* • **à la chaîne** en cadena • **chaîne (hi-fi)** equipo *m* de alta fidelidad • **chaîne laser** cadena láser • **chaîne de montagnes** cordillera *f* • **chaîne à péage** canal de pago • **chaîne thématique** canal temático ◆ **chaînes** *nfpl (de voiture)* cadenas *fpl*
chair [ʃɛʀ] *nf* carne ◇ *adj inv (couleur)* carne *(inv)* • **chair à saucisse** carne picada • **en chair et en os** en carne y hueso • **avoir la chair de poule** tener la carne de gallina
chaise [ʃɛz] *nf* silla *f* • **chaise longue** tumbona *f* • **chaise roulante** silla de ruedas
châle [ʃal] *nm* chal *m*
chalet [ʃalɛ] *nm* **1.** chalé *m* **2.** *(Québec) (maison de campagne)* casa *f* de campo
chaleur [ʃalœʀ] *nf (d'un feu, du soleil)* calor *m*
chaleureux, euse [ʃalœʀø, øz] *adj* caluroso(sa)
chaloupe [ʃalup] *nf* chalupa *f*
chalumeau, x [ʃalymo] *nm* soplete *m*
chalutier [ʃalytje] *nm* barco *m* pesquero
chamailler [ʃamaje] ◆ **se chamailler** *vp* pelearse
chambre [ʃɑ̃bʀ] *nf* habitación *f* • **chambre (à coucher)** dormitorio *m* • **chambre à air** cámara *f* de aire • **chambre d'amis** cuarto *m* de los invitados • **chambre d'hôte** *estancia en casa de una familia, con alojamiento y desayuno, y en ocasiones también con comida principal* • **chambre double/simple** habitación doble/individual • **Chambre des députés** ≃ Cámara *f* de Diputados
chameau, x [ʃamo] *nm* camello *m*
chamois [ʃamwa] *nm* ➤ **peau**
champ [ʃɑ̃] *nm* campo *m* • **champ de bataille** campo de batalla • **champ de courses** hipódromo *m*
champagne [ʃɑ̃paɲ] *nm* champán *m*

Le champagne

En la región de Champaña, en el norte de Francia, se produce este vino espumoso blanco, o en ocasiones rosado, con denominación de origen y elaborado conforme al *méthode champenoise*. El champán se elabora a partir muchos tipos de uva, pero tres dominan la producción: el *pinot noir* y el *pinot meunier* (uvas tintas de pulpa blanca), y el *chardonnay* (uva blanca). Su consumo se asocia a acontecimientos familiares de importancia o a celebraciones. También se toma como aperitivo, solo o con licor de casis, cóctel conocido como *kir royal*.

champignon [ʃɑ̃piɲɔ̃] *nm* seta *f* • **champignons à la grecque** *champiñones en*

salsa con aceite de oliva, limón y especias • **champignon de Paris** champiñón *m*
champion, onne [ʃɑ̃pjɔ̃, ɔn] *nm, f* campeón *m*, -ona *f*
championnat [ʃɑ̃pjɔna] *nm* campeonato *m*
chance [ʃɑ̃s] *nf* **1.** *(sort favorable)* suerte *f* **2.** *(probabilité)* posibilidad *f* • **avoir de la chance** tener suerte • **avoir des chances de faire qqch** tener posibilidades de hacer algo • **bonne chance !** ¡buena suerte!
chanceler [ʃɑ̃sle] *vi* tambalearse
Chandeleur [ʃɑ̃dlœʀ] *nf* • **la Chandeleur** la Candelaria
chandelier [ʃɑ̃dəlje] *nm* candelabro *m*
chandelle [ʃɑ̃dɛl] *nf* candela *f* • **un dîner aux chandelles** una cena a la luz de las velas
change [ʃɑ̃ʒ] *nm (taux)* cambio *m*
changement [ʃɑ̃ʒmɑ̃] *nm* cambio *m* • **changement de vitesse** cambio de velocidades
changer [ʃɑ̃ʒe] *vt & vi* cambiar • **changer des euros en dollars** cambiar euros en dólares • **changer d'avis** cambiar de opinión • **changer de chemise** cambiar de camisa ♦ **se changer** *vp (s'habiller)* cambiarse • **se changer en** transformarse en
chanson [ʃɑ̃sɔ̃] *nf* canción *f*
chant [ʃɑ̃] *nm* canto *m*
chantage [ʃɑ̃taʒ] *nm* chantaje *m*
chanter [ʃɑ̃te] *vt & vi* cantar
chanteur, euse [ʃɑ̃tœʀ, øz] *nm, f* cantante *mf*
chantier [ʃɑ̃tje] *nm* obra *f*
chantilly [ʃɑ̃tiji] *nf* • **(crème) chantilly** nata *f* montada
chantonner [ʃɑ̃tɔne] *vi* canturrear
chapeau, x [ʃapo] *nm* sombrero *m* • **chapeau de paille** sombrero de paja
chapelet [ʃaplɛ] *nm* rosario *m*
chapelle [ʃapɛl] *nf* capilla *f*
chapelure [ʃaplyʀ] *nf* pan *m* rallado
chapiteau, x [ʃapito] *nm (de cirque)* carpa *f*
chapitre [ʃapitʀ] *nm* capítulo *m*
chapon [ʃapɔ̃] *nm* capón *m*
chaque [ʃak] *adj* cada • **chaque jour** cada día
char [ʃaʀ] *nm* **1.** *(de carnaval)* carroza *f* **2.** *(Québec) (voiture)* coche *m* • **char (d'assaut)** carro *m* (de combate) • **char à voile** *tabla con ruedas propulsada por una vela*
charabia [ʃaʀabja] *nm (fam)* galimatías *m inv*
charade [ʃaʀad] *nf* charada *f*
charbon [ʃaʀbɔ̃] *nm* **1.** carbón *m* **2.** *MÉD* • **le charbon** el carbunco
charcuterie [ʃaʀkytʀi] *nf* **1.** *(aliments)* embutidos *mpl* **2.** *(magasin)* charcutería *f*
chardon [ʃaʀdɔ̃] *nm* cardo *m*
charge [ʃaʀʒ] *nf* **1.** carga *f* **2.** *(responsabilité)* responsabilidad *f* • **être en charge** *(portable)* estar cargándose • **prendre qqch en charge** hacerse cargo de algo • **les frais sont à votre charge** los gastos corren a su cargo ♦ **charges** *nfpl (d'un appartement)* ≃ gastos *mpl* de comunidad
chargement [ʃaʀʒəmɑ̃] *nm (cargaison)* cargamento *m*
charger [ʃaʀʒe] *vt* cargar • **il m'a chargé de vous avertir** me encargó de que lo avisara ♦ **se charger de** *vp + prep* encargarse de

chariot [ʃaʀjo] *nm* 1. *(de supermarché)* carrito *m* 2. *(charrette)* carretilla *f*
charité [ʃaʀite] *nf* caridad *f* • **demander la charité** pedir limosna
charlotte [ʃaʀlɔt] *nf pastel hecho con una crema rodeada de soletillas*
charmant, e [ʃaʀmɑ̃, ɑ̃t] *adj* encantador(ra)
charme [ʃaʀm] *nm* encanto *m*
charmer [ʃaʀme] *vt* encantar
charnière [ʃaʀnjɛʀ] *nf* bisagra *f*
charpente [ʃaʀpɑ̃t] *nf* armazón *m*
charpentier [ʃaʀpɑ̃tje] *nm* carpintero *m*
charrette [ʃaʀɛt] *nf* carreta *f*
charrue [ʃaʀy] *nf* arado *m*
charter [ʃaʀtɛʀ] *nm* • **(vol) charter** (vuelo) chárter *m*
chas [ʃa] *nm* ojo *m (de aguja)*
chasse [ʃas] *nf* caza *f* • **aller à la chasse** ir de caza • **tirer la chasse (d'eau)** tirar de la cadena
chasselas [ʃasla] *nm variedad de cepa muy extendida en Suiza*
chasse-neige [ʃasnɛʒ] *nm inv* 1. quitanieves *m inv* 2. *(au ski)* cuña *f*
chasser [ʃase] *vt* 1. *(animal)* cazar 2. *(personne)* ahuyentar ◇ *vi* cazar • **chasser qqn de** echar a alguien de
chasseur, euse [ʃasœʀ, øz] *nm, f* cazador *m*, -ra *f*
châssis [ʃasi] *nm* 1. *(de voiture)* chasis *m inv* 2. *(de fenêtre)* marco *m*
[1]**chat** [ʃa] *nm* charla *f*, chat *m*
[2]**chat, chatte** [ʃa, ʃat] *nm, f* gato *m*, -ta *f* • **avoir un chat dans la gorge** tener carraspera
châtaigne [ʃatɛɲ] *nf* castaña *f*
châtaignier [ʃateɲe] *nm* castaño *m*
châtain [ʃatɛ̃] *adj* castaño(ña)
château, x [ʃato] *nm* • **château (fort)** castillo *m* • **château d'eau** arca *f* de agua
chaton [ʃatɔ̃] *nm* gatito *m*
chatouiller [ʃatuje] *vt* hacer cosquillas
chatouilleux, euse [ʃatujø, øz] *adj* cosquilloso(sa)
chatte [ʃat] ➤ **chat**
chatter [tʃate] *vi* *INFORM.* charlar, chatear
chaud, e [ʃo, ʃod] *adj* 1. caliente 2. *(vêtement)* que abriga ♦ **chaud** *adv* • **il fait chaud** hace calor • **avoir chaud** tener calor • **tenir chaud** abrigar ◇ *nm* • **rester au chaud** quedarse calentito
chaudière [ʃodjɛʀ] *nf* caldera *f*
chaudronnée [ʃodʀɔne] *nf* *(Québec)* *plato elaborado cociendo un caldo con distintos tipos de pescado, cebolla y plantas aromáticas*
chauffage [ʃofaʒ] *nm* calefacción *f* • **chauffage central** calefacción central • **chauffage électrique/au gaz** calefacción eléctrica/de gas
chauffante [ʃofɑ̃t] *adj f* ➤ **plaque**
chauffard [ʃofaʀ] *nm* • **c'est un chauffard** conduce como un loco • **après l'accident, le chauffard a pris la fuite** tras el accidente, el conductor culpable del atropello se dio a la fuga
chauffe-eau [ʃofo] *nm inv* calentador *m* de agua
chauffer [ʃofe] *vt* calentar ◇ *vi* 1. *(eau, aliment, moteur)* calentarse 2. *(radiateur, soleil)* calentar
chauffeur [ʃofœʀ] *nm* chófer *m* • **chauffeur de taxi** taxista *mf*
chaumière [ʃomjɛʀ] *nf* choza *f*

chaussée [ʃose] *nf* calzada *f* ▾ **chaussée déformée** firme irregular
chausse-pied, s [ʃospje] *nm* calzador *m*
chausser [ʃose] *vi* • **chausser du 38** calzar un 38
chaussette [ʃosɛt] *nf* calcetín *m*
chausson [ʃosɔ̃] *nm* zapatilla *f* • **chausson aux pommes** tarta *f* de manzana • **chaussons de danse** zapatillas de ballet
chaussure [ʃosyʀ] *nf* zapato *m* • **une paire de chaussures** un par de zapatos • **chaussures à scratch** zapatos con velcro • **chaussures de marche** botas *fpl* de marcha
chauve [ʃov] *adj* calvo(va)
chauve-souris [ʃovsuʀi] (*pl* **chauves-souris**) *nf* murciélago *m*
chauvin, e [ʃovɛ̃, in] *adj* chovinista
chavirer [ʃaviʀe] *vi* volcar
chef [ʃɛf] *nm* **1.** jefe *m*, -fa *f* **2.** *(cuisinier)* chef *m* • **chef d'entreprise** empresario *m*, -ria *f* • **chef d'État** jefe de Estado • **chef de gare** jefe de estación • **chef d'orchestre** director *m*, -ra *f* de orquesta
chef-d'œuvre [ʃɛdœvʀ] (*pl* **chefs-d'œuvre**) *nm* obra *f* maestra
chef-lieu [ʃɛfljø] (*pl* **chefs-lieux**) *nm* *capital de una división administrativa*
chemin [ʃəmɛ̃] *nm* camino *m* • **en chemin** de camino
chemin de fer [ʃəmɛ̃dfɛʀ] (*pl* **chemins de fer**) *nm* ferrocarril *m*
cheminée [ʃəmine] *nf* chimenea *f*
chemise [ʃəmiz] *nf* **1.** *(vêtement)* camisa *f* **2.** *(en carton)* carpeta *f* • **chemise de nuit** camisón *m*
chemisier [ʃəmizje] *nm* blusa *f*
chêne [ʃɛn] *nm* roble *m*
chenil [ʃənil] *nm* **1.** perrera *f* **2.** (*Helv*) *(objet sans valeur)* leonera *f*
chenille [ʃənij] *nf* oruga *f*
chèque [ʃɛk] *nm* cheque *m* • **chèque barré/en blanc/sans provision** cheque cruzado/en blanco/sin fondos • **chèque de voyage** cheque de viaje
Chèque-Restaurant® [ʃɛkʀɛstɔʀɑ̃] (*pl* **Chèques-Restaurant**) *nm* cheque *m* de restaurante
chéquier [ʃekje] *nm* talonario *m* de cheques
cher, chère [ʃɛʀ] *adj* caro(ra) ◇ *adv* • **coûter cher** costar caro ▾ **Cher Monsieur,** *(dans une lettre)* Estimado señor: ▾ **Cher Laurent,** Querido Laurent:
chercher [ʃɛʀʃe] *vt* buscar • **aller chercher qqch/qqn** ir a buscar algo/a alguien ◆ **chercher à** *v + prep* • **chercher à faire qqch** intentar hacer algo
chercheur, euse [ʃɛʀʃœʀ, øz] *nm, f* investigador *m*, -ra *f*
chéri, e [ʃeʀi] *adj* querido(da) ◇ *nm, f* • **mon chéri/ma chérie** cariño
cheval, aux [ʃəval, o] *nm* caballo *m* • **monter à cheval** montar a caballo • **faire du cheval** hacer equitación • **à cheval sur** *(chaise, branche)* a horcajadas en ; *(lieux, périodes)* a caballo entre
chevalier [ʃəvalje] *nm* caballero *m*
chevelure [ʃəvlyʀ] *nf* cabellera *f*
chevet [ʃəvɛ] *nm* ➤ **lampe, table**
cheveu, x [ʃəvø] *nm* pelo *m* ◆ **cheveux** *nmpl* pelo *m*, cabello *m* • **avoir les cheveux blonds/bruns** tener el pelo rubio/castaño • **avoir les cheveux longs/courts** tener el pelo largo/corto

cheville [ʃəvij] *nf* **1.** *ANAT* tobillo *m* **2.** *(en plastique)* clavija *f*
chèvre [ʃɛvʀ] *nf* cabra *f*
chevreuil [ʃəvʀœj] *nm* corzo *m*
chewing-gum, s [ʃwiŋgɔm] *nm* chicle *m*
chez [ʃe] *prép* **1.** • **il est chez lui** está en su casa • **je reste chez moi** me quedo en casa **2.** *(commerçant)* • **aller chez le coiffeur/chez le dentiste** ir a la peluquería/al dentista **3.** *(en ce qui concerne)* • **ce que j'aime chez toi** lo que me gusta de ou en ti
chic [ʃik] *adj inv* elegante
chiche [ʃiʃ] *adj m* ➤ **pois**
chicon [ʃikɔ̃] *nm (Belg)* endivia *f*
chicorée [ʃikɔʀe] *nf* **1.** *(salade)* escarola *f* **2.** *(boisson)* achicoria *f*
chien, chienne [ʃjɛ̃, ʃjɛn] *nm, f* perro *m*, -rra *f*
chiffon [ʃifɔ̃] *nm* trapo *m* • **chiffon (à poussière)** trapo (del polvo)
chiffonner [ʃifɔne] *vt* arrugar
chiffre [ʃifʀ] *nm* **1.** *MATH* cifra *f* **2.** *(montant)* importe *m*
chignon [ʃiɲɔ̃] *nm* moño *m*
Chili [ʃili] *nm* • **le Chili** Chile *m*
chilien, enne [ʃiljɛ̃, ɛn] *adj* chileno(na) ◆ **Chilien, enne** *nm, f* chileno *m*, -na *f*
chimie [ʃimi] *nf* química *f*
chimique [ʃimik] *adj* químico(ca)
Chine [ʃin] *nf* • **la Chine** China *f*
chinois, e [ʃinwa, az] *adj* chino(na) ◆ **chinois** *nm (langue)* chino *m* ◆ **Chinois, e** *nm, f* chino *m*, -na *f*
chiot [ʃjo] *nm* cachorro *m*
chipolata [ʃipɔlata] *nf salchicha pequeña de cerdo*
chips [ʃips] *nfpl* patatas *fpl* fritas *(de bolsa)*
chirurgie [ʃiʀyʀʒi] *nf* cirugía *f* • **chirurgie esthétique** cirugía estética
chirurgien, enne [ʃiʀyʀʒjɛ̃, ɛn] *nm, f* cirujano *m*, -na *f*
chlore [klɔʀ] *nm* cloro *m*
choc [ʃɔk] *nm* choque *m*
chocolat [ʃɔkɔla] *nm* chocolate *m* • **chocolat blanc/noir/au lait** chocolate blanco/negro/con leche • **chocolat liégeois** *helado de chocolate con nata*
chocolatier [ʃɔkɔlatje] *nm* • **aller chez le chocolatier** ir a la chocolatería
chœsels [tʃuzœl] *nmpl (Belg) guiso de carne y despojos cocinado con cerveza*
chœur [kœʀ] *nm* coro *m* • **en chœur** a coro
choisir [ʃwaziʀ] *vt* escoger, elegir
choix [ʃwa] *nm* elección *f* • **avoir le choix** poder elegir • **au choix** a elegir • **de premier/second choix** de primera/segunda calidad
cholestérol [kɔlɛsteʀɔl] *nm* colesterol *m*
chômage [ʃomaʒ] *nm* paro *m* • **être au chômage** estar en paro
chômeur, euse [ʃomœʀ, øz] *nm, f* parado *m*, -da *f*
choquant, e [ʃɔkɑ̃, ɑ̃t] *adj* chocante
choquer [ʃɔke] *vt* chocar
chorale [kɔʀal] *nf* coral *f*
chose [ʃoz] *nf* cosa *f* • **autre chose** otra cosa • **quelque chose** algo
chou, x [ʃu] *nm* col *f* • **chou de Bruxelles** col de Bruselas • **chou à la crème** bocadito *m* de crema • **chou rouge** lombarda *f*

chouchou, oute [ʃuʃu, ut] *nm, f* (*fam*) ojito *m* derecho ◆ **chouchou** *nm* coletero *m*
choucroute [ʃukʀut] *nf* ● **choucroute (garnie)** *choucroute con carne de cerdo y patatas*
chouette [ʃwɛt] *nf* lechuza *f* ◇ *adj* (*fam*) guay
chou-fleur [ʃuflœʀ] (*pl* **choux-fleurs**) *nm* coliflor *f*
chrétien, enne [kʀetjɛ̃, ɛn] *adj & nm, f* cristiano(na)
chromé, e [kʀome] *adj* cromado(da)
chromes [kʀom] *nmpl accesorios cromados de un vehículo*
chronique [kʀɔnik] *adj* crónico(ca) ◇ *nf* crónica *f*
chronologique [kʀɔnɔlɔʒik] *adj* cronológico(ca)
chronomètre [kʀɔnɔmɛtʀ] *nm* cronómetro *m*
chronométrer [kʀɔnɔmetʀe] *vt* cronometrar
CHU [seaʃy] (*abr de centre hospitalo-universitaire*) *nm* ≃ hospital *m* clínico
chuchotement [ʃyʃɔtmɑ̃] *nm* cuchicheo *m*
chuchoter [ʃyʃɔte] *vt & vi* cuchichear
chut [ʃyt] *interj* ¡chitón!
chute [ʃyt] *nf* caída *f* ● **chute d'eau** salto *m* de agua ● **chute de neige** nevada *f*
Chypre [ʃipʀ] *nf* Chipre *m*
chypriote [ʃipʀijɔt], **cypriote** [sipʀijɔt] *adj* chipriota ◆ **Chypriote, Cypriote** *nmf* chipriota *mf*
ci [si] *adv* ● **ce livre-ci** este libro ● **ces jours-ci** estos días
cible [sibl] *nf* blanco *m*
ciboulette [sibulɛt] *nf* cebolleta *f*
cicatrice [sikatʀis] *nf* cicatriz *f*
cicatriser [sikatʀize] *vi* cicatrizar
cidre [sidʀ] *nm* sidra *f*
Cie (*abr écrite de compagnie*) Cía (*compañía*)
ciel [sjɛl] (*pl* **cieux** [sjø] ou ciels [sjɛl]) *nm* cielo *m* ● **les cieux** (*le paradis*) los cielos
cierge [sjɛʀʒ] *nm* cirio *m*
cieux [sjø] *nmpl* ➤ **ciel**
cigale [sigal] *nf* cigarra *f*
cigare [sigaʀ] *nm* puro *m*
cigarette [sigaʀɛt] *nf* cigarillo *m* ● **cigarette filtre** cigarillo con filtro ● **cigarette russe** barquillo *m*
cigogne [sigɔɲ] *nf* cigüeña *f*
ci-joint, e [siʒwɛ̃, ɛ̃t] *adj* adjunto(ta) ◇ *adv* adjunto ● **vous trouverez ci-joint...** le adjunto...
cil [sil] *nm* pestaña *f*
cime [sim] *nf* cima *f*
ciment [simɑ̃] *nm* cemento *m*
cimetière [simtjɛʀ] *nm* cementerio *m*
cinéaste [sineast] *nmf* cineasta *mf*
ciné-club, s [sineklœb] *nm* cineclub *m*
cinéma [sinema] *nm* cine *m*
cinémathèque [sinematɛk] *nf* cinemateca *f*
cinéphile [sinefil] *nmf* cinéfilo *m*, -la *f*
cinq [sɛ̃k] *adj num & pron num* cinco ◇ *nm* cinco *m* ● **il a cinq ans** hace cinco años ● **il est cinq heures** son las cinco ● **le cinq janvier** el cinco de enero ● **page cinq** página cinco ● **ils étaient cinq** eran cinco ● **le cinq de pique** el cinco de picas ● **(au) cinq rue Lepic** (en la) calle Lepic número cinco

cinquantaine [sɛ̃kɑ̃tɛn] *nf* cincuentena *f* • **une cinquantaine (de)** unos cincuenta • **avoir la cinquantaine** tener los cincuenta
cinquante [sɛ̃kɑ̃t] *adj num & pron num* cincuenta ◇ *nm* cincuenta *m* • **il a cinquante ans** tiene cincuenta años • **page cinquante** página cincuenta • **ils étaient cinquante** eran cincuenta • **(au) cinquante rue Lepic** (en la) calle Lepic número cincuenta
cinquantième [sɛ̃kɑ̃tjɛm] *adj num & pron num* quincuagésimo ◇ *nm* **1.** *(fraction)* quincuagésima parte *f* **2.** *(étage)* quincuagésimo *m* (piso)
cinquième [sɛ̃kjɛm] *adj num & pron num* quinto ◇ *nf* **1.** *SCOL* ≃ primero *m* de ESO *(educación secundaria obligatoria)* **2.** *(vitesse)* quinta *f* ◇ *nm* **1.** *(fraction)* quinta parte *f* **2.** *(étage)* quinto *m* (piso) **3.** *(arrondissement)* distrito *m* cinco ou quinto
cintre [sɛ̃tʀ] *nm* percha *f*
cintré, e [sɛ̃tʀe] *adj* entallado
cipâte [sipat] *nm* (*Québec*) *pastel elaborado con masa flora que se rellena con capas alternas de patatas, cebolla y carne*
cirage [siʀaʒ] *nm* betún *m*
circonflexe [siʀkɔ̃flɛks] *adj* ➤ **accent**
circonstances [siʀkɔ̃stɑ̃s] *nfpl* circunstancias *fpl*
circuit [siʀkɥi] *nm* circuito *m* • **circuit touristique** circuito turístico
circulaire [siʀkylɛʀ] *adj* circular ◇ *nf* circular *f*
circulation [siʀkylasjɔ̃] *nf* circulación *f*
circuler [siʀkyle] *vi* circular
cire [siʀ] *nf* cera *f*
ciré [siʀe] *nm* impermeable *m*
cirer [siʀe] *vt* **1.** *(chaussures)* lustrar **2.** *(parquet)* encerar • **j'en ai rien à cirer** (*vulg*) me la suda
cirque [siʀk] *nm* circo *m*
ciseaux [sizo] *nmpl* • **(une paire de) ciseaux** (un par de) tijeras *fpl*
citadin, e [sitadɛ̃, in] *nm, f* habitante *mf* de una ciudad
citation [sitasjɔ̃] *nf* cita *f*
cité [site] *nf* **1.** *(ville)* ciudad *f* **2.** *(groupe d'immeubles)* residencia *f* • **cité universitaire** ciudad universitaria
citer [site] *vt* citar
citerne [sitɛʀn] *nf* cisterna *f*
citoyen, enne [sitwajɛ̃, ɛn] *nm, f* ciudadano *m*, -na *f*
citron [sitʀɔ̃] *nm* limón *m* • **citron vert** limón verde • **citron pressé** zumo *m* de limón natural
citronnade [sitʀɔnad] *nf* limonada *f*
citrouille [sitʀuj] *nf* calabaza *f*
civet [sivɛ] *nm estofado de carne de caza marinada en vino tinto*
civière [sivjɛʀ] *nf* camilla *f*
civil, e [sivil] *adj* civil ◆ **civil** *nm* civil *m* • **en civil** de paisano
civilisation [sivilizasjɔ̃] *nf* civilización *f*
cl (*abr écrite de centilitre*) cl *(centilitro)*
clafoutis [klafuti] *nm pastel de cerezas*
clair, e [klɛʀ] *adj* claro ◆ **clair** *adv* claro ◇ *nm* • **clair de lune** claro *m* de luna • **c'est clair ?** ¿está claro?
clairement [klɛʀmɑ̃] *adv* claramente
clairière [klɛʀjɛʀ] *nf* claro *m* *(del bosque)*
clairon [klɛʀɔ̃] *nm* corneta *f*
clairsemé, e [klɛʀsəme] *adj* ralo(la)

clandestin, e [klɑ̃dɛstɛ̃, in] *adj & nm, f* clandestino(na)

claque [klak] *nf* bofetada *f*

claquement [klakmɑ̃] *nm* chasquido *m*

claquer [klake] *vt* • **claquer la porte** dar un portazo ◇ *vi (volet, porte)* chasquear • **claquer des dents** castañear • **claquer des doigts** chasquear los dedos ◆ **se claquer** *vp* • **se claquer un muscle** distenderse un músculo

claquettes [klakɛt] *nfpl* **1.** *(danse)* claqué *m* **2.** *(chaussures de plage)* sandalias *fpl* playeras

clarifier [klaʀifje] *vt* aclarar

clarinette [klaʀinɛt] *nf* clarinete *m*

clarté [klaʀte] *nf* claridad *f*

classe [klas] *nf* clase *f* • **aller en classe** ir a clase • **classe affaires** clase preferente • **classe éco(nomique)** clase económica • **première classe** primera clase • **classe de mer** *colonia escolar en la playa* • **classe de neige** *colonia escolar en la montaña en la que se esquía* • **classe verte** *colonia escolar en el campo*

Les classes préparatoires

Las *classes préparatoires*, o *prépas*, preparan para los exámenes de acceso a las *grandes écoles*. Se dividen en tres ramas: *scientifiques* (ciencias), *littéraires* (letras) y *commerciales* (economía). Dado el prestigio de las *grandes écoles* y su duro proceso de selección, estos cursos requieren un ritmo intensivo de trabajo y un programa particularmente denso en comparación con las carreras universitarias. Los dos o tres años de *prépas* pueden convalidarse por el *DEUG* (diploma de dos cursos universitarios).

classement [klasmɑ̃] *nm* clasificación *f*

classer [klase] *vt* clasificar ◆ **se classer** *vp* • **se classer premier** quedar primero

classeur [klasœʀ] *nm* carpeta *f* de anillas

classique [klasik] *adj* clásico(ca)

clavicule [klavikyl] *nf* clavícula *f*

clavier [klavje] *nm* teclado *m*

clé [kle] *nf* llave *f* • **fermer qqch à clé** cerrar algo con llave • **clé à molette** llave ajustable • **clé anglaise** llave inglesa • **clé de contact** llave de contacto • **clé USB** llave USB

clef [kle] = **clé**

clémentine [klemɑ̃tin] *nf* clementina *f*

clic [klik] *nm INFORM* clic *m* • **clic droit/gauche** clic con el botón derecho/izquierdo • **double-clic** doble clic

Clic-Clac® [klikklac] *nm (sofá)* Clic-Clac® *m*

cliché [kliʃe] *nm* cliché *m*

client, e [klijɑ̃, ɑ̃t] *nm, f* cliente *m*, -ta *f* • **bon client** buen cliente

clientèle [klijɑ̃tɛl] *nf* clientela *f*

cligner [kliɲe] *vi* • **cligner des yeux** parpadear

clignotant [kliɲɔtɑ̃] *nm* intermitente *m*

clignoter [kliɲɔte] *vi* parpadear

clim [klim] (*abr de climatisation*) *nf* (*fam*) climatización *f*

climat [klima] *nm* clima *m*

climatisation [klimatizasjɔ̃] *nf* climatización *f*
climatisé, e [klimatize] *adj* climatizado(da)
clin d'œil [klɛ̃dœj] *nm* • **faire un clin d'œil à qqn** guiñar el ojo a alguien • **en un clin d'œil** en un abrir y cerrar de ojos
clinique [klinik] *nf* clínica *f*
clip [klip] *nm* **1.** *(boucle d'oreille)* pendiente *m* de clip **2.** *(film)* clip *m*
cliquable [klikabl] *adj INFORM* interactivo(va)
cliquer [klike] *vi INFORM* hacer clic
clochard, e [klɔʃaʀ, aʀd] *nm, f* vagabundo *m*, -da *f*
cloche [klɔʃ] *nf* campana *f* • **cloche à fromage** quesera *f*
cloche-pied [klɔʃpje] ◆ **à cloche-pied** *adv* a la pata coja
clocher [klɔʃe] *nm* campanario *m*
clochette [klɔʃɛt] *nf* campanilla *f*
cloison [klwazɔ̃] *nf* tabique *m*
cloître [klwatʀ] *nm* claustro *m*
cloque [klɔk] *nf (sur la peau)* ampolla *f*
clôture [klotyʀ] *nf (barrière)* valla *f*
clôturer [klotyʀe] *vt (champ, jardin)* vallar
clou [klu] *nm* clavo *m* • **clou de girofle** clavo ◆ **clous** *nmpl (passage piétons)* paso *m* de peatones
clouer [klue] *vt* clavar
clouté [klute] *adj m* ➤ **passage**
clown [klun] *nm* payaso *m*
club [klœb] *nm* club *m*
cm (*abr écrite de centimètre*) cm *(centímetro)*
CM [seɛm] *nm* (*abr de cours moyen*) • **CM1** ≃ cuarto *m* de EP *(educación primaria)* • **CM2** ≃ quinto *m* EP *(educación primaria)*
coaguler [kɔagyle] *vi* coagular
cobaye [kɔbaj] *nm* conejillo *m* de Indias
Coca(-Cola)® [kɔka(kɔla)] *nm inv* Coca-Cola® *f*
coccinelle [kɔksinɛl] *nf* mariquita *f*
cocher [kɔʃe] *vt* marcar con una cruz
cochon, onne [kɔʃɔ̃, ɔn] *nm, f (fam) (personne sale)* guarro *m*, -rra *f* ◆ **cochon** *nm* cerdo *m* • **cochon d'Inde** conejillo *m* de Indias
cocktail [kɔktɛl] *nm* cóctel *m*
coco [koko] *nm* ➤ **noix**
cocotier [kɔkɔtje] *nm* cocotero *m*
cocotte [kɔkɔt] *nf* olla *f* • **cocotte en papier** pajarita *f* (de papel)
Cocotte-Minute® [kɔkɔtminyt] (*pl* **Cocottes-Minute**) *nf* olla *f* a presión
code [kɔd] *nm* código *m* • **code d'accès** código de acceso • **code confidentiel** código secreto • **code PIN** código PIN • **code postal** código postal • **code de la route** código de circulación ▼ **veillez taper** ou **saisir votre code** escriba ou entre su código ◆ **codes** *nmpl AUTO* luces *fpl* de cruce
codé, e [kɔde] *adj* codificado(da)
code-barres [kɔdbaʀ] (*pl* **codes-barres**) *nm* código *m* de barras
cœur [kœʀ] *nm* **1.** corazón *m* **2.** *(centre)* centro *m* **3.** *(aux cartes)* corazones *mpl* • **avoir bon cœur** tener buen corazón • **de bon cœur** de buena gana • **par cœur** de memoria • **cœur d'artichaut** corazón de alcachofa • **cœur de palmier** palmito *m*

coffre [kɔfʀ] *nm* **1.** *(de voiture)* maletero *m* **2.** *(malle)* baúl *m*
coffre-fort [kɔfʀəfɔʀ] (*pl* **coffres-forts**) *nm* caja *f* fuerte
coffret [kɔfʀɛ] *nm* estuche *m*
cogénération [koʒeneʀasjɔ̃] *nf* cogeneración *f*
cognac [kɔɲak] *nm* coñac *m*
cogner [kɔɲe] *vi* **1.** *(frapper)* pegar **2.** *(faire du bruit)* golpear ◆ **se cogner** *vp* darse un golpe ● **se cogner la tête** darse un golpe en la cabeza
cohabitation [kɔabitasjɔ̃] *nf POL* cohabitación *f*

La cohabitation

Este término hace referencia a la existencia de una mayoría gubernamental y parlamentaria de tendencia política opuesta a la del *président*, el jefe del Estado. Fue utilizado por primera vez entre 1986 y 1988, cuando Francia tenía un presidente de la República socialista (François Mitterrand) y un primer ministro gaullista (Jacques Chirac).

cohabiter [kɔabite] *vi* cohabitar
cohérent, e [kɔeʀɑ̃, ɑ̃t] *adj* coherente
cohue [kɔy] *nf* gentío *m*
coiffer [kwafe] *vt* peinar ● **coiffé d'un chapeau** tocado con un sombrero ◆ **se coiffer** *vp* peinarse
coiffeur, euse [kwafœʀ, øz] *nm, f* peluquero *m*, -ra *f*
coiffure [kwafyʀ] *nf* peinado *m*
coin [kwɛ̃] *nm* **1.** *(rentrant)* rincón *m* **2.** *(saillant)* esquina *f* ● **au coin de** en la esquina de ● **dans le coin** *(dans les environs)* por aquí
coincer [kwɛ̃se] *vt* atascar ◆ **se coincer** *vp* atascarse ● **se coincer le doigt** pillarse el dedo
coïncidence [kɔɛ̃sidɑ̃s] *nf* coincidencia *f*
coïncider [kɔɛ̃side] *vi* coincidir
col [kɔl] *nm* **1.** *(de vêtement)* cuello *m* **2.** *(en montagne)* puerto *m* ● **col roulé** cuello vuelto ● **col en V** cuello de pico
colère [kɔlɛʀ] *nf* rabia *f* ● **être en colère (contre qqn)** estar enfadado(da) (con alguien) ● **se mettre en colère** enfadarse
colin [kɔlɛ̃] *nm* merluza *f*
colique [kɔlik] *nf* cólico *m*
colis [kɔli] *nm* ● **colis (postal)** paquete *m* postal
collaborer [kɔlabɔʀe] *vi* colaborar ● **collaborer à** colaborar en
collant, e [kɔlɑ̃, ɑ̃t] *adj* **1.** *(adhésif)* adhesivo(va) **2.** *(étroit)* ceñido(da) ◆ **collant** *nm* medias *fpl*
colle [kɔl] *nf* **1.** *(pâte)* pegamento *m* **2.** *(devinette)* pregunta *f* difícil **3.** *SCOL (retenue)* castigo *m*
collecte [kɔlɛkt] *nf* colecta *f*
collectif, ive [kɔlɛktif, iv] *adj* colectivo(va)
collection [kɔlɛksjɔ̃] *nf* colección *f*
collectionner [kɔlɛksjɔne] *vt* coleccionar
collège [kɔlɛʒ] *nm* **1.** colegio *m* **2.** *(établissement scolaire) colegio donde se imparten los cursos equivalentes a la segunda ESO (educación secundaria obligatoria)*

Le collège

En Francia, el *collège* es el establecimiento escolar de primer ciclo de enseñanza secundaria, destinado a alumnos de entre 11 y 15 años. El *collège* imparte los cursos de *sixième, cinquième, quatrième* y *troisième*. Al final del cuarto curso, los alumnos deben pasar un examen para obtener el *brevet des collèges*.

collégien, enne [kɔleʒjɛ̃, ɛn] *nm, f* colegial *m*, -la *f*

collègue [kɔlɛg] *nmf* colega *mf*

coller [kɔle] *vt* **1.** pegar **2.** *SCOL (punir)* castigar

collier [kɔlje] *nm* collar *m*

colline [kɔlin] *nf* colina *f*

collision [kɔlizjɔ̃] *nf* colisión *f*

colo [kɔlo] (*abr de colonie de vacances*) *nf (fam)* colonia *f* de vacaciones

Cologne [kɔlɔɲ] *n* ➤ **eau**

colombe [kɔlɔ̃b] *nf* paloma *f*

Colombie [kɔlɔ̃bi] *nf* • **la Colombie** Colombia *f*

colombien, enne [kɔlɔ̃bjɛ̃, ɛn] *adj* colombiano(na) ◆ **Colombien, enne** *nm, f* colombiano *m*, -na *f*

colonie [kɔlɔni] *nf* colonia *f* • **colonie de vacances** colonia de vacaciones

colonne [kɔlɔn] *nf* columna *f* • **colonne vertébrale** columna vertebral

colorant [kɔlɔʀɑ̃] *nm* colorante *m* ▼ **sans colorants** sin colorantes

colorier [kɔlɔʀje] *vt* colorear

coloris [kɔlɔʀi] *nm* colorido *m*

COM [kɔm] (*abr de Collectivité d'outre-mer*) *nf ente territorial francés de ultramar: se consideran COM la Polinesia Francesa, la isla de Mayote (en el océano Índico), el grupo de islotes San Pedro y Miquelón (en el océano Atlántico) y el archipiélago de Wallis y Futuna (en el océano Pacífico)*

coma [kɔma] *nm* coma *m* • **être dans le coma** estar en coma

combat [kɔ̃ba] *nm* **1.** *(lutte)* combate *m* **2.** *(fig) (contre la maladie, contre des idées)* lucha *f*

combattant, e [kɔ̃batɑ̃, ɑ̃t] *nm, f* combatiente *mf* • **ancien combattant** ex combatiente

combattre [kɔ̃batʀ] *vt & vi* combatir

combien [kɔ̃bjɛ̃] *adv* • **combien de temps faut-il ?** ¿cuánto tiempo se necesita? • **combien de valises avez-vous ?** ¿cuántas maletas tiene? • **combien ça coûte ?** ¿cuánto cuesta?

combinaison [kɔ̃binɛzɔ̃] *nf* **1.** combinación *f* **2.** *(de motard, de skieur)* mono *m* • **combinaison de plongée** traje *m* de submarinismo

combiné [kɔ̃bine] *nm* • **combiné (téléphonique)** auricular *m*

combiner [kɔ̃bine] *vt* **1.** combinar **2.** *(fam) (préparer)* montar

comble [kɔ̃bl] *nm* • **c'est un comble !** ¡es el colmo! • **le comble de la stupidité** el colmo de la estupidez

combler [kɔ̃ble] *vt* colmar

combustible [kɔ̃bystibl] *nm* combustible *m*

comédie [kɔmedi] *nf* comedia *f* • **jouer la comédie** *(faire semblant)* hacer teatro • **comédie musicale** comedia musical

comédien, enne [kɔmedjɛ̃, ɛn] *nm, f* **1.** *(acteur)* actor *m*, -triz *f* **2.** *(hypocrite)* comediante *mf*

comestible [kɔmɛstibl] *adj* comestible

comique [kɔmik] *adj* cómico(ca)

comité [kɔmite] *nm* comité *m* • **comité d'entreprise** comité de empresa

commandant [kɔmɑ̃dɑ̃] *nm* **1.** *(MIL, d'un avion)* comandante *m* **2.** *(d'un bateau)* capitán *m*

commande [kɔmɑ̃d] *nf* **1.** *(achat)* pedido *m* **2.** *TECH* mando *m* **3.** *INFORM* comando *m* • **les commandes** *(d'un avion)* los mandos

commander [kɔmɑ̃de] *vt* **1.** *(diriger)* mandar **2.** *(dans un restaurant)* pedir **3.** *(acheter)* encargar **4.** *TECH* accionar • **commander un taxi** pedir un taxi

comme [kɔm] *conj*

1. *(introduit une comparaison)* como • **elle est blonde, comme sa mère** es rubia como su madre • **comme si rien ne s'était passé** como si no hubiese pasado nada

2. *(de la manière que)* como • **comme vous voudrez** como quiera • **comme il faut** como es debido

3. *(par exemple)* como • **les villes fortifiées comme Carcassonne** las ciudades fortificadas como Carcassonne

4. *(en tant que)* • **qu'est-ce que vous avez comme desserts ?** ¿qué tienen de postre?

5. *(étant donné que)* como • **comme vous n'arriviez pas, nous sommes passés à table** como no llegabais, nos hemos sentado a la mesa

6. *(dans des expressions)* • **comme ça** así • **comme ci comme ça** *(fam)* así así • **sympa comme tout** *(fam)* muy majo(ja)

◇ *adv (marque l'intensité)* qué • **comme c'est grand !** ¡qué grande! • **vous savez comme il est difficile de se loger ici** ya sabe cuán difícil resulta encontrar vivienda aquí

commencement [kɔmɑ̃smɑ̃] *nm* comienzo *m*

commencer [kɔmɑ̃se] *vt & vi* empezar, comenzar • **commencer à faire qqch** empezar a hacer algo • **commencer par (faire) qqch** empezar por (hacer) algo

comment [kɔmɑ̃] *adv* cómo • **comment ?** *(pour faire répéter)* ¿cómo? • **comment tu t'appelles ?** ¿cómo te llamas? • **comment allez-vous ?** ¿cómo está usted?

commentaire [kɔmɑ̃tɛʀ] *nm* comentario *m*

commerçant, e [kɔmɛʀsɑ̃, ɑ̃t] *adj* comercial ◇ *nm, f* comerciante *mf*

commerce [kɔmɛʀs] *nm* comercio *m* • **dans le commerce** a la venta • **commerce électronique** comercio electrónico

commercial, e, aux [kɔmɛʀsjal, o] *adj* comercial • **commercial** *nm* comercial *mf* • **il est commercial depuis cinq ans** trabaja como comercial desde hace cinco años

commettre [kɔmɛtʀ] *vt* cometer • **commettre un crime** cometer un crimen
commis, e [kɔmi, iz] *pp* ➤ **commettre**
commissaire [kɔmisɛʀ] *nm* • **commissaire (de police)** comisario *m* (de policía)
commissariat [kɔmisaʀja] *nm* • **commissariat (de police)** comisaría *f* (de policía)
commission [kɔmisjɔ̃] *nf* **1.** comisión *f* **2.** *(message)* recado *m* ♦ **commissions** *nfpl (courses)* compra *f* • **faire les commissions** hacer la compra
commode [kɔmɔd] *adj* cómodo(da) ◇ *nf* cómoda *f*
commun, e [kɔmœ̃, yn] *adj* **1.** común **2.** *(banal)* corriente • **avoir qqch en commun** tener algo en común • **mettre qqch en commun** compartir algo
communauté [kɔmynote] *nf* comunidad *f*
commune [kɔmun] *nf* municipio *m*
communication [kɔmynikasjɔ̃] *nf* comunicación *f* • **communication (téléphonique)** comunicación (telefónica)
communion [kɔmynjɔ̃] *nf* comunión *f* • **faire sa première communion** hacer la primera comunión
communiqué [kɔmynike] *nm* comunicado *m*
communiquer [kɔmynike] *vt* comunicar ◇ *vi* **1.** *(dialoguer)* comunicarse **2.** *(être relié)* comunicar
communisme [kɔmynism] *nm* comunismo *m*
communiste [kɔmynist] *adj* & *nmf* comunista
compact, e [kɔ̃pakt] *adj* compacto • **(disque) compact** disco *m* compacto
Compact Disc®, s [kɔ̃paktdisk] *nm* disco *m* compacto
compagne [kɔ̃paɲ] *nf* compañera *f*
compagnie [kɔ̃paɲi] *nf* compañía *f* • **en compagnie de** en compañía de • **tenir compagnie à** hacer compañía a • **compagnie aérienne** compañía aérea
compagnon [kɔ̃paɲɔ̃] *nm* compañero *m*
comparable [kɔ̃paʀabl] *adj* comparable • **comparable à** comparable a
comparaison [kɔ̃paʀɛzɔ̃] *nf* comparación *f*
comparer [kɔ̃paʀe] *vt* comparar • **comparer qqch à** ou **avec** comparar algo a ou con
compartiment [kɔ̃paʀtimɑ̃] *nm* compartimento *m* • **compartiment fumeurs/non-fumeurs** compartimento para fumadores/para no fumadores
compas [kɔ̃pa] *nm* compás *m*
compatibilité [kɔ̃patibilite] *nf* compatibilidad *f*
compatible [kɔ̃patibl] *adj* compatible
compatriote [kɔ̃patʀijɔt] *nmf* compatriota *mf*
compensation [kɔ̃pɑ̃sasjɔ̃] *nf* compensación *f*
compenser [kɔ̃pɑ̃se] *vt* compensar
compétence [kɔ̃petɑ̃s] *nf* competencia *f*
compétent, e [kɔ̃petɑ̃, ɑ̃t] *adj* competente
compétitif, ive [kɔ̃petitif, iv] *adj* competitivo(va)
compétition [kɔ̃petisjɔ̃] *nf* competición *f* • **faire de la compétition** competir

compil [kɔ̃pil] (*abr de compilation*) *nf* (*fam*) grandes éxitos *mpl*
complément [kɔ̃plemɑ̃] *nm* complemento *m*
complémentaire [kɔ̃plemɑ̃tɛʀ] *adj* complementario(ria)
complet, ète [kɔ̃plɛ, ɛt] *adj* **1.** completo(ta) **2.** (*aliment*) integral ▾ **complet** completo
complètement [kɔ̃plɛtmɑ̃] *adv* completamente
compléter [kɔ̃plete] *vt* completar ◆ **se compléter** *vp* completarse
complexe [kɔ̃plɛks] *adj* complejo(ja) ◇ *nm* complejo *m* ● **complexe multisalle** multicine *m*
complice [kɔ̃plis] *adj & nmf* cómplice
compliment [kɔ̃plimɑ̃] *nm* cumplido *m* ● **faire un compliment à qqn** hacer un cumplido a alguien
compliqué, e [kɔ̃plike] *adj* complicado(da)
compliquer [kɔ̃plike] *vt* complicar ◆ **se compliquer** *vp* complicarse
complot [kɔ̃plo] *nm* conspiración *f*
comportement [kɔ̃pɔʀtəmɑ̃] *nm* comportamiento *m*
comporter [kɔ̃pɔʀte] *vt* comprender ◆ **se comporter** *vp* comportarse
composer [kɔ̃poze] *vt* **1.** componer **2.** (*code, numéro*) marcar ● **composé de** constituido de
compositeur, trice [kɔ̃pozitœʀ, tʀis] *nm, f* compositor *m*, -ra *f*
composition [kɔ̃pozisjɔ̃] *nf* **1.** (*structure*) composición *f* **2.** SCOL redacción *f*
composter [kɔ̃pɔste] *vt* picar ▾ **compostez vos billets** *pique su billete*

Composter

En Francia, los títulos de transporte sólo se consideran válidos si el viajero los ha validado en un *composteur*, aparato que imprime una marca o perfora el billete. Sólo en las nuevas tarjetas de transporte no es necesario porque llevan un chip incorporado y se pasan delante de un lector óptico. Hay que guardar el billete debidamente picado hasta la salida del transporte o del recinto: si falta la marca de validación, se considerará que el viajero está en situación irregular y deberá pagar una multa.

compote [kɔ̃pɔt] *nf* compota *f* ● **compote de pommes** compota de manzana
compréhensible [kɔ̃pʀeɑ̃sibl] *adj* comprensible
compréhensif, ive [kɔ̃pʀeɑ̃sif, iv] *adj* comprensivo(va)
comprendre [kɔ̃pʀɑ̃dʀ] *vt* **1.** (*explication*) entender, comprender **2.** (*comporter*) comprender ◆ **se comprendre** *vp* (*personnes*) entenderse, comprenderse ● **ça se comprend** se entiende
compresse [kɔ̃pʀɛs] *nf* compresa *f*
compresser [kɔ̃pʀese] *vt* comprimir
compression [kɔ̃pʀɛsjɔ̃] *nf* compresión *f*
comprimé [kɔ̃pʀime] *nm* comprimido *m*
compris, e [kɔ̃pʀi, iz] *pp* ➤ **comprendre** ◇ *adj* incluido(da) ● **non compris** no in-

cluido • **tout compris** todo incluido • **y compris** incluido
compromettre [kɔ̃pʀɔmɛtʀ] *vt* comprometer
compromis, e [kɔ̃pʀɔmi, iz] *pp* ➤ **compromettre** ◇ *nm* compromiso *m*
comptabilité [kɔ̃tabilite] *nf* **1.** contabilidad *f* **2.** *(département)* departamento *m* de contabilidad
comptable [kɔ̃tabl] *nmf* contable *mf*
comptant [kɔ̃tɑ̃] *adv* • **payer comptant** pagar al contado
compte [kɔ̃t] *nm* cuenta *f* • **se rendre compte de** darse cuenta de • **se rendre compte que** darse cuenta de que • **compte bancaire** cuenta bancaria • **compte postal** cuenta de la caja postal • **en fin de compte** ou **tout compte fait** a fin de cuentas ♦ **comptes** *nmpl* cuentas *fpl* • **faire ses comptes** hacer cuentas
compte-gouttes [kɔ̃tgut] *nm inv* cuentagotas *m inv*
compter [kɔ̃te] *vt & vi* contar • **compter faire qqch** pensar hacer algo ♦ **compter sur** *v + prep* contar con
compte-rendu [kɔ̃tʀɑ̃dy] (*pl* **comptes-rendus**) *nm* informe *m*
compteur [kɔ̃tœʀ] *nm* contador *m* • **compteur (kilométrique)** cuentakilómetros *m inv* • **compteur (de vitesse)** velocímetro *m*
comptoir [kɔ̃twaʀ] *nm* **1.** *(de bar)* barra *f* **2.** *(de magasin)* mostrador *m*
comte, esse [kɔ̃t, kɔ̃tɛs] *nm, f* conde *m*, -desa *f*
con, conne [kɔ̃, kɔn] *adj & nm, f* *(vulg)* gilipollas *(inv)*
concentration [kɔ̃sɑ̃tʀasjɔ̃] *nf* concentración *f*
concentré, e [kɔ̃sɑ̃tʀe] *adj* concentrado(da) ◇ *nm* concentrado *m* • **concentré de tomate** concentrado de tomate
concentrer [kɔ̃sɑ̃tʀe] *vt* concentrar ♦ **se concentrer (sur)** *vp + prep* concentrarse (en)
conception [kɔ̃sɛpsjɔ̃] *nf* **1.** *(création)* concepción *f* **2.** *(notion)* concepto *m*
concerner [kɔ̃sɛʀne] *vt* concernir • **en ce qui concerne...** por lo que respecta a...
concert [kɔ̃sɛʀ] *nm* concierto *m*
concessionnaire [kɔ̃sesjɔnɛʀ] *nm* concesionario *m*, -ria *f*
concevoir [kɔ̃səvwaʀ] *vt* **1.** *(projet, idée)* concebir **2.** *(objet)* diseñar
concierge [kɔ̃sjɛʀʒ] *nmf* conserje *mf*, portero *m*, -ra *f*
concis, e [kɔ̃si, iz] *adj* conciso(sa)
conclure [kɔ̃klyʀ] *vt* **1.** *(terminer)* concluir **2.** *(déduire)* deducir
conclusion [kɔ̃klyzjɔ̃] *nf* conclusión *f* • **en conclusion** en conclusión
concombre [kɔ̃kɔ̃bʀ] *nm* pepino *m*
concours [kɔ̃kuʀ] *nm* **1.** *(examen)* oposición *f* **2.** *(jeu)* concurso *m* • **concours de circonstances** cúmulo *m* de circunstancias
concret, ète [kɔ̃kʀɛ, ɛt] *adj* concreto(ta)
concrétiser [kɔ̃kʀetize] ♦ **se concrétiser** *vp* concretizarse
concurrence [kɔ̃kyʀɑ̃s] *nf* competencia *f*
concurrent, e [kɔ̃kyʀɑ̃, ɑ̃t] *nm, f* **1.** *(d'une entreprise)* competidor *m*, -ra *f* **2.** *(dans une compétition, un jeu)* participante *mf*

condamnation [kɔ̃danasjɔ̃] *nf* condena *f*

condamner [kɔ̃dane] *vt* condenar • **condamner qqn à** condenar a alguien a

condensation [kɔ̃dɑ̃sasjɔ̃] *nf* condensación *f*

condensé, e [kɔ̃dɑ̃se] *adj* condensado(da)

condiment [kɔ̃dimɑ̃] *nm* condimento *m*

condition [kɔ̃disjɔ̃] *nf* condición *f* • **à condition de/que** a condición de/de que

conditionné [kɔ̃disjɔne] *adj m* ➤ **air**

conditionnel [kɔ̃disjɔnɛl] *nm* condicional *m*

condoléances [kɔ̃dɔleɑ̃s] *nfpl* pésame *m* • **présenter ses condoléances à qqn** dar el pésame a alguien

conducteur, trice [kɔ̃dyktœʀ, tʀis] *nm, f* conductor *m*, -ra *f*

conduire [kɔ̃dɥiʀ] *vt* **1.** conducir **2.** *(guider)* llevar ◇ *vi* conducir • **conduire à** *(chemin, couloir)* llevar a ◆ **se conduire** *vp* portarse

conduit, e [kɔ̃dɥi, it] *pp* ➤ **conduire**

conduite [kɔ̃dɥit] *nf* **1.** *(attitude)* conducta *f* **2.** *(tuyau)* conducto *m*

cône [kon] *nm* **1.** cono *m* **2.** *(glace)* cucurucho *m*

confection [kɔ̃fɛksjɔ̃] *nf* confección *f*

confectionner [kɔ̃fɛksjɔne] *vt* confeccionar

conférence [kɔ̃feʀɑ̃s] *nf* conferencia *f*

confesser [kɔ̃fese] ◆ **se confesser** *vp* confesarse

confession [kɔ̃fesjɔ̃] *nf* confesión *f*

confettis [kɔ̃feti] *nmpl* confeti *m*

confiance [kɔ̃fjɑ̃s] *nf* confianza *f* • **avoir confiance en** tener confianza en • **faire confiance à** confiar en

confiant, e [kɔ̃fjɑ̃, ɑ̃t] *adj* confiado(da)

confidence [kɔ̃fidɑ̃s] *nf* confidencia *f* • **faire des confidences à qqn** hacer confidencias a alguien

confidentiel, elle [kɔ̃fidɑ̃sjɛl] *adj* confidencial

confier [kɔ̃fje] *vt* • **confier qqch à qqn** confiar algo a alguien ◆ **se confier à** *vp + prep* confiarse a

configuration [kɔ̃figyʀasjɔ̃] *nf* configuración *f*

configurer [kɔ̃figyʀe] *vt* configurar

confirmation [kɔ̃fiʀmasjɔ̃] *nf* confirmación *f* • **confirmation de réservation** confirmación de reserva

confirmer [kɔ̃fiʀme] *vt* confirmar

confiserie [kɔ̃fizʀi] *nf* **1.** *(sucreries)* dulce *m*, golosina *f* **2.** *(magasin)* confitería *f*

confisquer [kɔ̃fiske] *vt* confiscar

confit [kɔ̃fi] *adj m* ➤ **fruit** ◇ *nm* • **confit de canard/d'oie** *muslos de pato o de oca cocinados y conservados en su propia grasa*

confiture [kɔ̃fityʀ] *nf* mermelada *f*

conflit [kɔ̃fli] *nm* conflicto *m*

confondre [kɔ̃fɔ̃dʀ] *vt* confundir

conforme [kɔ̃fɔʀm] *adj* • **conforme à** conforme con

conformément [kɔ̃fɔʀmemɑ̃] ◆ **conformément à** *prép* • **conformément à ses souhaits** conforme a sus deseos

confort [kɔ̃fɔʀ] *nm* comodidad *f* ▼ **tout confort** con todas las comodidades

confortable [kɔ̃fɔʀtabl] *adj* cómodo(da)
confrère [kɔ̃fʀɛʀ] *nm* colega *mf*
confronter [kɔ̃fʀɔ̃te] *vt* confrontar
confus, e [kɔ̃fy, yz] *adj* **1.** *(compliqué)* confuso(sa) **2.** *(embarrassé)* avergonzado(da)
confusion [kɔ̃fyzjɔ̃] *nf* **1.** *(erreur, désordre)* confusión *f* **2.** *(honte)* vergüenza *f*
congé [kɔ̃ʒe] *nm* vacaciones *fpl* • **être en congé** estar de vacaciones • **avoir un jour de congé** tener un día libre ou de descanso • **congé (de) maladie** baja *f* por enfermedad • **congés payés** vacaciones pagadas
congélateur [kɔ̃ʒelatœʀ] *nm* congelador *m*
congeler [kɔ̃ʒle] *vt* congelar
congestion [kɔ̃ʒɛstjɔ̃] *nf MÉD* congestión *f*
congolais [kɔ̃gɔlɛ] *nm* ≈ sultana *f*
congrès [kɔ̃gʀɛ] *nm* congreso *m*
conjoint, e [kɔ̃ʒwɛ̃, ɛ̃t] *nm, f* cónyuge *mf*
conjonction [kɔ̃ʒɔ̃ksjɔ̃] *nf* • **conjonction de coordination/subordination** conjunción *f* coordinada/subordinada
conjonctivite [kɔ̃ʒɔ̃ktivit] *nf* conjuntivitis *f inv*
conjoncture [kɔ̃ʒɔ̃ktyʀ] *nf* coyuntura *f*
conjugaison [kɔ̃ʒygezɔ̃] *nf* conjugación *f*
conjuguer [kɔ̃ʒyge] *vt (verbe)* conjugar
connaissance [kɔnɛsɑ̃s] *nf* **1.** *(savoir)* conocimiento *m* **2.** *(relation)* conocido *m*, -da *f* • **avoir des connaissances en** tener conocimientos de • **faire la connaissance de qqn** conocerse con alguien • **perdre connaissance** perder el conocimiento
connaisseur, euse [kɔnɛsœʀ, øz] *nm, f* conocedor *m*, -ra *f*
connaître [kɔnɛtʀ] *vt* conocer ◆ **s'y connaître (en)** *vp + prep* saber (de)
conne ➤ **con**
connecter [kɔnɛkte] *vt* conectar ◆ **se connecter** *vp* conectarse • **se connecter à Internet** conectarse a Internet
connexion [kɔnɛksjɔ̃] *nf INFORM* conexión *f*
connu, e [kɔny] *pp* ➤ **connaître** ◇ *adj* conocido(da)
conquérir [kɔ̃keʀiʀ] *vt* conquistar
conquête [kɔ̃kɛt] *nf* conquista *f*
conquis, e [kɔ̃ki, iz] *pp* ➤ **conquérir**
consacrer [kɔ̃sakʀe] *vt* • **consacrer qqch à** dedicar algo a ◆ **se consacrer à** *vp + prep* dedicarse a
consciemment [kɔ̃sjamɑ̃] *adv* conscientemente
conscience [kɔ̃sjɑ̃s] *nf* conciencia *f* • **avoir conscience de qqch** tener conciencia de algo • **prendre conscience de qqch** tomar conciencia de algo • **avoir mauvaise conscience** tener mala conciencia
consciencieux, euse [kɔ̃sjɑ̃sjø, øz] *adj* concienzudo(da)
conscient, e [kɔ̃sjɑ̃, ɑ̃t] *adj* consciente • **être conscient de** ser consciente de
consécutif, ive [kɔ̃sekytif, iv] *adj* consecutivo(va)
conseil [kɔ̃sɛj] *nm* consejo *m* • **demander conseil à qqn** pedir consejo a alguien
[1]**conseiller** [kɔ̃seje] *vt* aconsejar • **conseiller qqch à qqn** aconsejar algo a alguien • **conseiller à qqn de faire qqch** aconsejar a alguien que haga algo

[2]**conseiller, ère** [kɔ̃seje, ɛʀ] *nm, f* consejero *m*, -ra *f* • **conseiller d'orientation** consejero de orientación pedagógica
conséquence [kɔ̃sekɑ̃s] *nf* consecuencia *f*
conséquent [kɔ̃sekɑ̃] • **par conséquent** *adv* por consiguiente
conservateur, trice [kɔ̃sɛʀvatœʀ, tʀis] *adj & nm, f* conservador(ra) • **conservateur** *nm (alimentaire)* conservante *m*
conservatoire [kɔ̃sɛʀvatwaʀ] *nm* conservatorio *m*
conserve [kɔ̃sɛʀv] *nf (boîte)* conserva *f* • **en conserve** en conserva
conserver [kɔ̃sɛʀve] *vt* conservar
considérable [kɔ̃sideʀabl] *adj* considerable
considération [kɔ̃sideʀasjɔ̃] *nf* • **prendre qqn/qqch en considération** tomar a alguien/algo en consideración
considérer [kɔ̃sideʀe] *vt* • **considérer que** considerar que • **considérer qqn/qqch comme** considerar a alguien/algo como
consigne [kɔ̃siɲ] *nf* consigna *f* • **consigne automatique** consigna automática
consistance [kɔ̃sistɑ̃s] *nf* consistencia *f*
consistant, e [kɔ̃sistɑ̃, ɑ̃t] *adj* consistente
consister [kɔ̃siste] *vi* • **consister à faire qqch** consistir en hacer algo • **en quoi consiste votre projet ?** ¿en qué consiste vuestro proyecto?
consœur [kɔ̃sœʀ] *nf* colega *f*
consolation [kɔ̃sɔlasjɔ̃] *nf* consuelo *m*
console [kɔ̃sɔl] *nf* consola *f* • **console de jeux** consola de juegos
consoler [kɔ̃sɔle] *vt* consolar
consommable [kɔ̃sɔmabl] *adj* • **matériel consommable** consumibles *mpl*
consommateur, trice [kɔ̃sɔmatœʀ, tʀis] *nm, f* consumidor *m*, -ra *f*
consommation [kɔ̃sɔmasjɔ̃] *nf* **1.** *(d'alcool, de carburant)* consumo *m* **2.** *(dans un bar)* consumición *f*
consommé [kɔ̃sɔme] *nm* consomé *m*
consommer [kɔ̃sɔme] *vt* consumir ▼ **à consommer avant le...** consumir antes de...
consonne [kɔ̃sɔn] *nf* consonante *f*
constamment [kɔ̃stamɑ̃] *adv* constantemente
constant, e [kɔ̃stɑ̃, ɑ̃t] *adj* constante
constat [kɔ̃sta] *nm (d'accident)* atestado *m* • **(faire un) constat à l'amiable** (hacer una) declaración *f* amistosa
constater [kɔ̃state] *vt* constatar
consterné, e [kɔ̃stɛʀne] *adj* consternado(da)
constipé, e [kɔ̃stipe] *adj* estreñido(da)
constituer [kɔ̃stitɥe] *vt* constituir • **constitué de** constituido de
construction [kɔ̃stʀyksjɔ̃] *nf* construcción *f*
construire [kɔ̃stʀɥiʀ] *vt* construir
construit, e [kɔ̃stʀɥi, it] *pp* ➤ **construire**
consulat [kɔ̃syla] *nm* consulado *m*
consultation [kɔ̃syltasjɔ̃] *nf* consulta *f*
consulter [kɔ̃sylte] *vt* consultar
contact [kɔ̃takt] *nm* contacto *m* • **mettre/couper le contact** poner/quitar el contacto • **entrer en contact avec qqn** tomar contacto con alguien • **être/rester en contact avec qqn** estar/seguir en contacto con alguien • **prendre contact avec qqn** ponerse en contacto con al-

guien • **avoir des contacts (dans une entreprise/à l'étranger)** tener contactos (en una empresa/en el extranjero)
contacter [kɔ̃takte] *vt* • **contacter qqn** ponerse en contacto con alguien
contagieux, euse [kɔ̃taʒjø, øz] *adj* contagioso(sa)
contaminer [kɔ̃tamine] *vt* **1.** *(rivière, air)* contaminar **2.** *(personne)* contagiar
conte [kɔ̃t] *nm* cuento *m* • **conte de fées** cuento de hadas
contempler [kɔ̃tɑ̃ple] *vt* contemplar
contemporain, e [kɔ̃tɑ̃pɔʀɛ̃, ɛn] *adj* contemporáneo(a)
contenir [kɔ̃tniʀ] *vt* contener
content, e [kɔ̃tɑ̃, ɑ̃t] *adj* contento(ta) • **être content de (faire) qqch** estar contento de (hacer) algo
contenter [kɔ̃tɑ̃te] *vt* contentar ♦ **se contenter de** *vp + prep* contentarse con • **elle s'est contentée de sourire** se contentó con sonreír
contenu, e [kɔ̃tny] *pp* ➤ **contenir** ◇ *nm* contenido *m*
contester [kɔ̃tɛste] *vt* discutir
contexte [kɔ̃tɛkst] *nm* contexto *m*
continent [kɔ̃tinɑ̃] *nm* continente *m*
continu, e [kɔ̃tiny] *adj* continuo(nua)
continuel, elle [kɔ̃tinɥɛl] *adj* continuo(nua)
continuellement [kɔ̃tinɥɛlmɑ̃] *adv* continuamente
continuer [kɔ̃tinɥe] *vt* continuar ◇ *vi* seguir • **continuer à** ou **de faire qqch** seguir haciendo algo
contour [kɔ̃tuʀ] *nm* contorno *m*
contourner [kɔ̃tuʀne] *vt* **1.** *(ville, montagne)* rodear **2.** *(obstacle)* esquivar
contraceptif, ive [kɔ̃tʀasɛptif, iv] *adj* anticonceptivo(va) ◇ *nm* anticonceptivo *m*
contraception [kɔ̃tʀasɛpsjɔ̃] *nf* anticoncepción *f* • **moyen de contraception** medio *m* anticonceptivo
contracter [kɔ̃tʀakte] *vt* **1.** contraer **2.** *(assurance)* contratar
contradictoire [kɔ̃tʀadiktwaʀ] *adj* contradictorio(ria)
contraindre [kɔ̃tʀɛ̃dʀ] *vt* obligar • **contraindre qqn à faire qqch** obligar a alguien a hacer algo
contraire [kɔ̃tʀɛʀ] *nm* contrario *m* ◇ *adj* contrario(ria) • **contraire à** contrario(ria) a • **au contraire** al contrario
contrairement [kɔ̃tʀɛʀmɑ̃] ♦ **contrairement à** *prép* al contrario de
contrarier [kɔ̃tʀaʀje] *vt* contrariar
contraste [kɔ̃tʀast] *nm* contraste *m*
contrat [kɔ̃tʀa] *nm* contrato *m* • **contrat de travail** contrato de trabajo • **rupture de contrat** ruptura *f* de contrato • **contrat d'apprentissage** contrato en prácticas
contravention [kɔ̃tʀavɑ̃sjɔ̃] *nf (amende)* multa *f*
contre [kɔ̃tʀ] *prép* **1.** *(en opposition avec)* contra **2.** *(en contact avec)* junto a **3.** *(en échange de)* por • **un sirop contre la toux** un jarabe para la tos • **par contre** en cambio
contre-attaque, s [kɔ̃tʀatak] *nf* contraataque *m*
contrebande [kɔ̃tʀəbɑ̃d] *nf* contrabando *m* • **passer qqch en contrebande** introducir algo de contrabando • **des ciga-**

rettes de contrebande cigarrillos *mpl* de contrabando

contrebasse [kɔ̃tʀəbas] *nf* contrabajo *m*

contrecœur [kɔ̃tʀəkœʀ] ◆ **à contrecœur** *adv* a regañadientes

contrecoup [kɔ̃tʀəku] *nm* repercusión *f*

contredire [kɔ̃tʀədiʀ] *vt* contradecir

contre-indication, s [kɔ̃tʀɛ̃dikasjɔ̃] *nf* contraindicación *f*

contre-jour [kɔ̃tʀəʒuʀ] ◆ **à contre-jour** *adv* a contraluz

contrepartie [kɔ̃tʀəpaʀti] *nf* contrapartida *f* • **en contrepartie** en contrapartida

contreplaqué [kɔ̃tʀəplake] *nm* contrachapado *m*

contrepoison [kɔ̃tʀəpwazɔ̃] *nm* contraveneno *m*

contresens [kɔ̃tʀəsɑ̃s] *nm* contrasentido *m* • **(rouler) à contresens** (circular) en sentido contrario

contretemps [kɔ̃tʀətɑ̃] *nm* contratiempo *m*

contribuer [kɔ̃tʀibɥe] ◆ **contribuer à** *v + prep* contribuir a

contrôle [kɔ̃tʀol] *nm* control *m* • **contrôle aérien** control aéreo • **contrôle d'identité** control de identidad • **perdre le contrôle de son véhicule** perder el control del vehículo

contrôler [kɔ̃tʀole] *vt* 1. *(vérifier)* comprobar 2. *(billets, papiers)* controlar

contrôleur, euse [kɔ̃tʀolœʀ, øz] *nm, f* revisor *m*, -ra *f*, interventor *m*, -ra *f* • **contrôleur aérien** controlador *m* aéreo

contrordre [kɔ̃tʀɔʀdʀ] *nm* contraorden *f*

convaincre [kɔ̃vɛ̃kʀ] *vt* convencer

convalescence [kɔ̃valesɑ̃s] *nf* convalecencia *f*

convenable [kɔ̃vnabl] *adj* 1. *(adapté)* conveniente 2. *(décent)* decente

convenir [kɔ̃vniʀ] ◆ **convenir à** *v + prep* 1. *(satisfaire)* convenir a 2. *(être adapté à)* ser adecuado(da) para • **ça me convient** eso me conviene • **non, cette robe ne convient pas à l'occasion** no, este vestido no es adecuado para esta ocasión

convenu, e [kɔ̃vny] *pp* ➤ **convenir**

conversation [kɔ̃vɛʀsasjɔ̃] *nf* conversación *f*

convertible [kɔ̃vɛʀtibl] *adj* ➤ **canapé**

convocation [kɔ̃vɔkasjɔ̃] *nf* convocatoria *f*

convoi [kɔ̃vwa] *nm* convoy *m* • **convoi exceptionnel** transporte *m* especial

convoquer [kɔ̃vɔke] *vt* convocar

cookie [kuki] *nm* cookie *m*

coopération [kɔɔpeʀasjɔ̃] *nf* cooperación *f*

coopérer [kɔɔpeʀe] *vi* cooperar • **coopérer à qqch** cooperar en algo

coordonné, e [kɔɔʀdɔne] *adj* coordenado(da)

coordonnées [kɔɔʀdɔne] *nfpl* señas *fpl* • **laissez-moi vos coordonnées** déme sus señas • **prendre les coordonnées de qqn** pedir las señas a alguien

coordonner [kɔɔʀdɔne] *vt* coordinar

copain, copine [kɔpɛ̃, kɔpin] *nm, f (fam)* 1. *(ami)* amigo *m*, -ga *f* 2. *(petit ami)* novio *m*, -via *f*

coparentalité [kopaʀɑ̃talite] *nf* coparentalidad *f*

copie [kɔpi] *nf* **1.** *(reproduction)* copia *f* **2.** *(devoir)* ejercicio *m* • **copie de sauvegarde** copia de seguridad
copier [kɔpje] *vt* copiar • **copier qqch sur qqn** copiar algo de alguien
copier-coller [kɔpjekɔle] *nm inv INFORM* copiar y pegar *m*
copieux, euse [kɔpjø, øz] *adj* copioso(sa)
copilote [kɔpilɔt] *nm* copiloto *m*
copine ➤ **copain**
coq [kɔk] *nm* gallo *m* • **coq au vin** *estofado de gallo con vino tinto*
coque [kɔk] *nf* **1.** *(de bateau)* casco *m* **2.** *(coquillage)* berberecho *m* **3.** *(de noix, d'œuf)* cáscara *f*
coquelet [kɔklɛ] *nm* gallo *m* joven
coquelicot [kɔkliko] *nm* amapola *f*
coqueluche [kɔklyʃ] *nf MÉD* tos *f* ferina
coquet, ette [kɔkɛ, ɛt] *adj* coqueto(ta)
coquetier [kɔktje] *nm* huevera *f*
coquillage [kɔkijaʒ] *nm* **1.** *(crustacé)* marisco *m* **2.** *(coquille)* concha *f*
coquille [kɔkij] *nf* **1.** *(d'œuf, de noix)* cáscara *f* **2.** *(de mollusque)* concha *f* • **coquille Saint-Jacques** vieira *f*
coquillettes [kɔkijɛt] *nfpl* coditos *mpl*
coquin, e [kɔkɛ̃, in] *adj (enfant)* pillo(lla)
cor [kɔʀ] *nm* **1.** *(instrument)* trompa *f* **2.** *MÉD* callo *m*
corail, aux [kɔʀaj, o] *nm* coral *m* • **(train) Corail** ≃ (tren) Estrella
Coran [kɔʀɑ̃] *nm* Corán *m*
corbeau, x [kɔʀbo] *nm* cuervo *m*
corbeille [kɔʀbɛj] *nf* **1.** cesta *f* **2.** *INFORM* papelera *f* • **corbeille à papiers** papelera
corbillard [kɔʀbijaʀ] *nm* coche *m* fúnebre
corde [kɔʀd] *nf* cuerda *f* • **corde à linge** cordel *m* para tender la ropa • **corde à sauter** comba *f* • **cordes vocales** cuerdas vocales
cordialement [kɔʀdjalmɑ̃] *adv* cordialmente
cordon [kɔʀdɔ̃] *nm* cordón *m* • **cordon d'alimentation** cable *m* de alimentación
cordonnerie [kɔʀdɔnʀi] *nf* zapatería *f*
cordonnier [kɔʀdɔnje] *nm* zapatero *m*
Cordoue [kɔʀdu] *n* Córdoba
Corée [kɔʀe] *nf* Corea *f* • **la Corée du Nord/Sud** Corea del Norte/del Sur
coréen, enne [kɔʀeɛ̃, ɛn] *adj* coreano(na) ◆ **coréen** *nm (langue)* coreano *m* ◆ **Coréen, enne** *nm, f* coreano *m*, -na *f*
coriandre [kɔʀjɑ̃dʀ] *nf* cilantro *m*
corne [kɔʀn] *nf* cuerno *m*
cornet [kɔʀnɛ] *nm* cucurucho *m*
cornettes [kɔʀnɛt] *nfpl (Helv) pequeños macarrones*
cornichon [kɔʀniʃɔ̃] *nm* pepinillo *m*
Corogne [kɔʀɔɲ] *nf* • **La Corogne** La Coruña
corps [kɔʀ] *nm* cuerpo *m*
correct, e [kɔʀɛkt] *adj* correcto(ta)
correcteur, trice [kɔʀɛktœʀ, tʀis] *nm, f* corrector *m*, -ra *f* ◆ **correcteur** *nm* • **correcteur orthographique** corrector ortográfico
correction [kɔʀɛksjɔ̃] *nf* **1.** corrección *f* **2.** *(punition)* correctivo *m* • **correction automatique** autocorrección *f*
correspondance [kɔʀɛspɔ̃dɑ̃s] *nf* **1.** *(courrier)* correspondencia *f* **2.** *(transport)* enlace *m*, transbordo *m* **3.** *(train, métro)* cambio *m* • **par correspondance** a distancia

correspondant, e [kɔrɛspɔ̃dɑ̃, ɑ̃t] *adj* correspondiente ◇ *nm, f* **1.** *(à qui on écrit)* corresponsal *mf* **2.** *(au téléphone)* interlocutor(ra)

correspondre [kɔrɛspɔ̃dr] *vi* **1.** *(coïncider)* corresponder **2.** *(écrire)* cartearse • **correspondre à** corresponder con

corrida [kɔrida] *nf* corrida *f*

corridor [kɔridɔr] *nm* corredor *m*

corriger [kɔriʒe] *vt* corregir ◆ **se corriger** *vp (s'améliorer)* enmendarse

corrosif, ive [kɔrozif, iv] *adj* corrosivo(va)

corse [kɔrs] *adj* corso(sa) ◆ **Corse** *nmf* corso *m*, -sa *f* ◇ *nf* • **la Corse** Córcega *f*

cortège [kɔrtɛʒ] *nm* séquito *m*

corvée [kɔrve] *nf* faena *f*

Costa Rica [kɔstarika] *nm* • **le Costa Rica** Costa Rica *f*

costaricain, e [kɔstarikɛ̃, ɛn] *adj* costarricense ◆ **Costaricain, e** *nm, f* costarricense *mf*

costaud [kɔsto] (*f* costaud ou costaude [kɔstod]) *adj* (*fam*) **1.** *(musclé)* fortachón(ona) **2.** *(objet)* recio(cia)

costume [kɔstym] *nm* **1.** *(d'homme)* traje *m*, terno *m* (*Amér*) **2.** *(de théâtre, de déguisement)* traje *m*

côte [kot] *nf* **1.** *(pente)* cuesta *f* **2.** *ANAT* costilla *f* **3.** *(d'agneau, de porc)* chuleta *f* **4.** *(bord de mer)* costa *f* • **côte à côte** uno al lado del otro • **la Côte d'Azur** la Costa Azul

côté [kote] *nm* lado *m* • **à côté** al lado • **à côté de** al lado de • **de l'autre côté (de)** al otro lado (de) • **mettre qqch de côté** apartar algo • **de quel côté dois-je aller ?** ¿por dónde tengo que ir? • **sur le côté** *(sur le flanc)* de costado, de lado

Côte d'Ivoire [kotdivwar] *nf* • **la Côte d'Ivoire** Costa de Marfil *f*

côtelé [kotle] *adj m* ➤ **velours**

côtelette [kotlɛt] *nf* chuleta *f*

cotisation [kɔtizasjɔ̃] *nf* cuota *f* ◆ **cotisations** *nfpl (sociales)* cotizaciones *fpl*

coton [kɔtɔ̃] *nm* algodón *m* • **coton (hydrophile)** algodón (hidrófilo)

Coton-Tige® [kɔtɔ̃tiʒ] (*pl* **Cotons-Tiges**) *nm* bastoncillo *m* (de algodón)

cou [ku] *nm* cuello *m*

couchage [kuʃaʒ] *nm* ➤ **sac**

couchant [kuʃɑ̃] *adj m* ➤ **soleil**

couche [kuʃ] *nf* **1.** *(épaisseur)* capa *f* **2.** *(de bébé)* pañal *m*

couche-culotte [kuʃkylɔt] (*pl* **couches-culottes**) *nf* pañal *m*

coucher [kuʃe] *vt* **1.** *(mettre au lit)* acostar **2.** *(étendre)* tumbar ◇ *vi (dormir)* dormir • **être couché** *(être étendu)* estar tumbado ; *(être au lit)* estar acostado • **coucher avec qqn** (*fam*) acostarse con alguien ◆ **se coucher** *vp* **1.** *(personne)* acostarse **2.** *(soleil)* ponerse

couchette [kuʃɛt] *nf* litera *f*

coucou [kuku] *nm* **1.** *(oiseau)* cuco *m* **2.** *(horloge)* reloj *m* de cuco ◇ *interj* ¡hola!

coude [kud] *nm* **1.** *ANAT* codo *m* **2.** *(courbe)* recodo *m*

coudre [kudr] *vt* & *vi* coser

couette [kwɛt] *nf (édredon)* funda *f* nórdica ◆ **couettes** *nfpl (coiffure)* coletas *fpl*

cougnou [kuɲu] *nm* (*Belg*) *brioche plano con forma de niño Jesús que se come en Navidad*

couler [kule] *vi* **1.** *(liquide, rivière)* correr **2.** *(bateau)* hundirse ◇ *vt (bateau)* hundir
couleur [kulœʀ] *nf* **1.** *(teinte)* color *m* **2.** *(de cartes)* ≃ palo *m* **3.** • **de quelle couleur est... ?** ¿de qué color es...?
couleuvre [kulœvʀ] *nf* culebra *f*
coulis [kuli] *nm salsa espesa de verdura, marisco o fruta*
coulisses [kulis] *nfpl* bastidores *mpl*
couloir [kulwaʀ] *nm* **1.** *(d'appartement)* pasillo *m* **2.** *(de bus)* carril *m*
coup [ku] *nm*
1. *(choc, mouvement)* golpe *m* • **donner un coup à qqn** darle un golpe a alguien • **donner un coup de coude à qqn** darle un codazo a alguien • **coup au cœur** vuelco *m* al corazón • **coup de pied** patada *f* • **coup de poing** puñetazo *m* • **coup de sonnette** timbrazo *m* • **les douze coups de minuit** las doce campanadas (de medianoche)
2. *(avec un instrument)* • **passer un coup de balai** dar un barrido • **coup de couteau** cuchillada *f* • **coup de feu** disparo *m* • **coup de marteau** martillazo *m* • **se donner un coup de peigne** pasarse el peine
3. *(choc moral)* • **coup dur** *(fam)* duro golpe
4. *(à la porte)* llamada *f* (a la puerta)
5. *(aux échecs)* movimiento *m* ; *(au football)* • **coup franc** golpe *m* franco ; *(au tennis)* golpe *m*
6. *(action malhonnête)* • **faire un coup à qqn** hacerle una mala jugada a alguien
7. *(fam) (fois)* vez *f* • **du premier coup** a la primera • **d'un (seul) coup** *(en une fois)* de una vez ; *(soudainement)* de repente
8. *(dans des expressions)* • **coup de chance** golpe *m* de suerte • **coup de fil** ou **de téléphone** llamada *f* (telefónica) • **coup de foudre** flechazo *m* • **donner un coup de main à qqn** echar una mano a alguien • **jeter un coup d'œil (à)** echar un vistazo (a) • **j'ai attrapé un coup de soleil** he pillado una insolación • **coup de vent** ráfaga *f* • **passer en coup de vent** hacer una visita de médico • **boire un coup** *(fam)* echar un trago • **du coup** por esto • **tenir le coup** aguantar (el tipo) • **valoir le coup** *(fam)* merecer la pena
coupable [kupabl] *adj & nmf* culpable • **coupable de** culpable de
coupe [kup] *nf* **1.** SPORT *(récipient)* copa *f* **2.** *(de cheveux, de vêtements)* corte *m* • **à la coupe** *(fromage etc)* al peso
coupe-papier [kuppapje] *nm inv* cortapapeles *m inv*
couper [kupe] *vt* cortar ◇ *vi* **1.** cortar **2.** *(prendre un raccourci)* atajar • **couper la parole à qqn** interrumpir a alguien • **couper la route à qqn** ponerse en el camino de alguien ◆ **se couper** *vp* cortarse • **se couper le doigt** cortarse el dedo
couper-coller [kupekɔle] *nm inv* INFORM • **faire un couper-coller** hacer un cortar y pegar
couple [kupl] *nm* pareja *f*
couplet [kuplɛ] *nm* cuplé *m*
coupure [kupyʀ] *nf* corte *m* • **coupure de courant** apagón *m* • **coupure de journal** recorte *m* de periódico
couque [kuk] *nf* (*Belg*) **1.** *(biscuit)* galleta *f* **2.** *(pain d'épices) especie de pan que contiene gran variedad de especias* **3.** *(brioche)* brioche *m*

cour [kuʀ] *nf* **1.** *(d'immeuble, de ferme)* patio *m* **2.** *(tribunal)* tribunal *m*, corte *f* *(Amér)* **3.** *(d'un roi)* corte *f* • **cour (de récréation)** patio (de recreo)

courage [kuʀaʒ] *nm* valor *m* • **bon courage !** ¡ánimo!

courageux, euse [kuʀaʒø, øz] *adj* valiente

couramment [kuʀamɑ̃] *adv* **1.** *(fréquemment)* corrientemente **2.** *(parler)* con fluidez

courant, e [kuʀɑ̃, ɑ̃t] *adj* corriente ◇ *nm* corriente *f* • **être au courant (de)** estar al corriente (de) • **tenir qqn au courant (de qqch)** mantener a alguien al corriente (de algo) • **le 15 courant** el 15 del corriente mes • **courant mai/septembre** mayo/septiembre corriente • **courant d'air** corriente de aire • **courant alternatif/continu** corriente alterna/continua

courbatures [kuʀbatyʀ] *nfpl* agujetas *fpl*

courbe [kuʀb] *adj* curvo(va) ◇ *nf* curva *f*

courber [kuʀbe] *vt* **1.** *(la tête)* agachar **2.** *(plier)* doblar

coureur, euse [kuʀœʀ, øz] *nm, f* • **coureur automobile** piloto *m* de carreras • **coureur cycliste** ciclista *m* • **coureur à pied** corredor *m*

courgette [kuʀʒɛt] *nf* calabacín *m*

courir [kuʀiʀ] *vt & vi* correr

couronne [kuʀɔn] *nf* corona *f*

courriel [kuʀjɛl] *nm* correo *m* electrónico

courrier [kuʀje] *nm* correo *m* • **par courrier** por correo • **adresser/envoyer un courrier** enviar una carta • **courrier électronique** correo electrónico

courroie [kuʀwa] *nf* correa *f*

cours [kuʀ] *nm* **1.** *(leçon)* clase *f* **2.** *(d'une monnaie)* curso *m* • **au cours de** en el transcurso de • **en cours** en curso • **cours d'eau** río *m*

course [kuʀs] *nf* carrera *f* ♦ **courses** *nfpl* *(achats)* compras *fpl* • **faire les courses** hacer la compra

coursier [kuʀsje] *nm* mensajero *m*, -ra *f* • **envoyer un coursier** enviar o mandar a un mensajero

court, e [kuʀ, kuʀt] *adj* corto(ta) ◇ *nm* *(de tennis)* pista *f* ◇ *adv* • **être à court de** andar corto(ta) de • **ses cheveux sont coupés court** lleva el pelo cortado muy corto

court-bouillon [kuʀbujɔ̃] (*pl* **courts-bouillons**) *nm* caldo *m* corto

court-circuit [kuʀsiʀkɥi] (*pl* **courts-circuits**) *nm* cortocircuito *m*

court-métrage [kuʀmetʀaʒ] (*pl* **courts-métrages**) *nm* cortometraje *m*

courtois, e [kuʀtwa, az] *adj* cortés

couru, e [kuʀy] *pp* ➤ **courir**

couscous [kuskus] *nm* cuscús *m*

cousin, e [kuzɛ̃, in] *nm, f* primo *m*, -ma *f* • **cousin germain** primo hermano o carnal

coussin [kusɛ̃] *nm* cojín *m*

cousu, e [kuzy] *pp* ➤ **coudre**

coût [ku] *nm* coste *m*

couteau, x [kuto] *nm* cuchillo *m*

coûter [kute] *vt & vi* costar • **combien ça coûte ?** ¿cuánto cuesta?

coutume [kutym] *nf* costumbre *f*

couture [kutyʀ] *nf* costura *f*

couturier, ère [kutyʀje, ɛʀ] *nm, f* costurero *m*, -ra *f* • **grand couturier** modisto *m*

couvent [kuvɑ̃] *nm* convento *m*

couver [kuve] *vt & vi* empollar
couvercle [kuvɛʀkl] *nm* tapa *f*
couvert, e [kuvɛʀ, ɛʀt] *pp* ➤ **couvrir** ◇ *nm* cubierto *m* ◇ *adj* **1.** *(ciel)* nublado(da) **2.** *(marché, parking)* cubierto(ta) ● **mettre le couvert** poner la mesa ● **couvert de** cubierto de o con ● **bien couvert** bien abrigado
couverture [kuvɛʀtyʀ] *nf* **1.** *(de lit)* manta *f* **2.** *(de livre)* tapa *f*
couvrir [kuvʀiʀ] *vt* **1.** *(mettre un couvercle sur)* tapar **2.** *(livre, cahier)* forrar ● **couvrir qqch de** cubrir algo con ◆ **se couvrir** *vp* **1.** *(ciel)* nublarse **2.** *(s'habiller)* abrigarse ● **se couvrir de** cubrirse de
cow-boy, s [kobɔj] *nm* vaquero *m*
CP [sepe] *nm* (*abr de cours préparatoire*) ≃ primero *m* de EP *(educación primaria)*
crabe [kʀab] *nm* cangrejo *m*
cracher [kʀaʃe] *vt & vi* escupir
craie [kʀɛ] *nf* **1.** *(matière)* creta *f* **2.** *(pour écrire au tableau)* tiza *f*
craindre [kʀɛ̃dʀ] *vt* **1.** *(redouter)* temer **2.** *(être sensible à)* alterarse con
craint, e [kʀɛ̃, ɛ̃t] *pp* ➤ **craindre**
crainte [kʀɛ̃t] *nf* temor *m* ● **de crainte que** por temor a que
craintif, ive [kʀɛ̃tif, iv] *adj* temeroso(sa)
cramique [kʀamik] *nm* (*Belg*) *caracola con pasas*
crampe [kʀɑ̃p] *nf* calambre *m*
cramponner [kʀɑ̃pɔne] ◆ **se cramponner (à)** *vp + prep* aferrarse (a)
crampons [kʀɑ̃pɔ̃] *nmpl (de foot, de rugby)* tacos *mpl*
cran [kʀɑ̃] *nm* **1.** *(de ceinture)* agujero *m* **2.** *(entaille)* muesca *f* **3.** (*fam*) *(courage)* agallas *fpl* ● **(couteau à) cran d'arrêt** (navaja con) golpetillo *m*
crâne [kʀan] *nm* cráneo *m*
crapaud [kʀapo] *nm* sapo *m*
craquement [kʀakmɑ̃] *nm* crujido *m*
craquer [kʀake] *vi* **1.** *(faire un bruit)* crujir **2.** *(casser)* reventar **3.** *(nerveusement)* derrumbarse ◇ *vt (allumette)* frotar
crasse [kʀas] *nf* mugre *f*
cravate [kʀavat] *nf* corbata *f*
crawl [kʀol] *nm* crol *m* ● **nager le crawl** nadar crol
crayon [kʀɛjɔ̃] *nm* lápiz *m* ● **crayon de couleur** lápiz de color
création [kʀeasjɔ̃] *nf* creación *f*
crèche [kʀɛʃ] *nf* **1.** *(garderie)* guardería *f* **2.** *RELIG* belén *m*
crédit [kʀedi] *nm* crédito *m* ● **acheter qqch à crédit** comprar algo a crédito
créditer [kʀedite] *vt* abonar
créer [kʀee] *vt* crear
crémaillère [kʀemajɛʀ] *nf* ● **pendre la crémaillère** inaugurar *(una casa con una fiesta)*
crème [kʀɛm] *nf* crema *f* ● **crème anglaise/pâtissière** crema inglesa/pastelera ● **crème caramel** *natillas con sabor a caramelo* ● **crème fraîche** nata *f* ● **crème glacée** helado *m*
crémerie [kʀɛmʀi] *nf* lechería *f*
crémeux, euse [kʀemø, øz] *adj* cremoso(sa)
créneau, x [kʀeno] *nm* **1.** *(de château)* almena *f* **2.** *(pour se garer)* aparcamiento *m* ● **faire un créneau** aparcar
créole [kʀeɔl] *adj* ➤ **riz**
crêpe [kʀɛp] *nf* crepe *f*
crêperie [kʀɛpʀi] *nf* crepería *f*

crépi [kʀepi] *nm* enlucido *m*
crépu, e [kʀepy] *adj* encrespado(da)
cresson [kʀesɔ̃] *nm* berro *m*
crête [kʀɛt] *nf* cresta *f*
cretons [kʀətɔ̃] *nmpl* (*Québec*) *plato frío de carne de cerdo deshilachada cocinada con grasa*
creuser [kʀøze] *vt* cavar • **ça creuse !** ¡esto abre el apetito! ◆ **se creuser** *vp* • **se creuser la tête** ou **la cervelle** devanarse los sesos
creux, creuse [kʀø, kʀøz] *adj* hueco(ca) ◆ **creux** *nm* hueco *m*
crevaison [kʀəvɛzɔ̃] *nf* pinchazo *m*
crevant, e [kʀəvɑ̃, ɑ̃t] *adj* (*fam*) agotador(ra)
crevasse [kʀəvas] *nf* grieta *f*
crevé, e [kʀəve] *adj* (*fam*) reventado(da)
crever [kʀəve] *vt* **1.** (*percer*) pinchar **2.** (*fam*) (*fatiguer*) reventar ◇ *vi* **1.** (*exploser*) reventar **2.** (*avoir une crevaison*) pinchar **3.** (*fam*) (*mourir*) palmarla
crevette [kʀəvɛt] *nf* gamba *f* • **crevette grise** camarón *m* • **crevette rose** gamba
cri [kʀi] *nm* **1.** grito *m* **2.** (*d'animal*) aullido *m* • **pousser un cri** pegar un grito
cric [kʀik] *nm* gato *m* (*herramienta*)
cricket [kʀikɛt] *nm* críquet *m*
crier [kʀije] *vi* **1.** gritar **2.** (*parler fort*) chillar ◇ *vt* gritar
crime [kʀim] *nm* crimen *m* • **crimes contre l'humanité** crímenes *mpl* contra la humanidad
criminel, elle [kʀiminɛl] *nm, f* criminal *mf*
crinière [kʀinjɛʀ] *nf* (*de lion*) melena *f*
crise [kʀiz] *nf* **1.** (*économique*) crisis *f inv* **2.** (*de rire, de larmes*) ataque *m* • **crise cardiaque** ataque cardíaco • **crise de foie** empacho *m* • **crise de nerfs** ataque de nervios
crispé, e [kʀispe] *adj* crispado(da)
cristal, aux [kʀistal, o] *nm* cristal *m*
critère [kʀitɛʀ] *nm* criterio *m*
critique [kʀitik] *adj* & *nmf* crítico(ca) ◇ *nf* crítica *f*
critiquer [kʀitike] *vt* criticar
croate [kʀɔat] *adj* croata ◇ *nm* (*langue*) croata *m* ◆ **Croate** *nmf* croata *mf*
Croatie [kʀɔasi] *n* • **la Croatie** Croacia *f*
croc [kʀo] *nm* colmillo *m*
croche-pied, s [kʀɔʃpje] *nm* • **faire un croche-pied à qqn** ponerle la zancadilla a alguien
crochet [kʀɔʃɛ] *nm* **1.** (*pour accrocher*) gancho *m* **2.** (*tricot*) ganchillo *m*
crocodile [kʀɔkɔdil] *nm* cocodrilo *m*
croire [kʀwaʀ] *vt* creer ◇ *vi* • **croire à** creer en • **croire en** creer en • **croire que** creer que • **il croit avoir raison** ou **qu'il a raison** cree tener razón ou que tiene razón ◆ **se croire** *vp* • **il se croit intelligent** se cree muy listo • **on se croirait au Moyen Âge** como si estuviéramos en la Edad Media
croisement [kʀwazmɑ̃] *nm* cruce *m*
croiser [kʀwaze] *vt* **1.** cruzar **2.** (*personne*) cruzarse con ◆ **se croiser** *vp* cruzarse
croisière [kʀwazjɛʀ] *nf* crucero *m*
croissance [kʀwasɑ̃s] *nf* crecimiento *m*
croissant [kʀwasɑ̃] *nm* **1.** (*pâtisserie*) cruasán *m* **2.** (*lune*) media luna *f*
croix [kʀwa] *nf* cruz *f* • **en croix** en cruz

Croix-Rouge [kRwaRuʒ] *nf* • **la Croix-Rouge** la Cruz Roja
croque-madame [kRɔkmadam] *nm inv sándwich caliente de jamón y queso con un huevo frito encima*
croque-monsieur [kRɔkməsjø] *nm inv sándwich caliente de jamón y queso*
croquer [kRɔke] *vt (manger)* morder ◇ *vi (craquer)* crujir
croquette [kRɔket] *nf* croqueta *f* • **croquettes pour chiens** galletas *fpl* para perro
cross [kRɔs] *nm inv* cross *m inv*
crotte [kRɔt] *nf* caca *f*
crottin [kRɔtɛ̃] *nm* **1.** *(d'animal)* cagajón *m* **2.** *(fromage) queso de cabra pequeño*
croustade [kRustad] *nf pastelillo de hojaldre relleno*
croustillant, e [kRustijɑ̃, ɑ̃t] *adj* crujiente
croûte [kRut] *nf* **1.** *(de pain, de fromage)* corteza *f* **2.** *MÉD* costra *f* • **croûte au fromage** *(Helv) rebanada de pan cubierta de queso y rociada de vino que se gratina*
croûton [kRutɔ̃] *nm* cuscurro *m*
croyant, e [kRwajɑ̃, ɑ̃t] *adj* creyente
CRS [seeRes] *(abr de compagnie républicaine de sécurité) nm* ≃ antidisturbios *mpl*
cru, e [kRy] *pp* ➤ **croire** ◇ *adj* crudo(da) ◆ **cru** *nm vino de una región vitivinícola específica* • **un grand cru** un gran vino
crudités [kRydite] *nfpl entremés de hortalizas crudas con salsa vinagreta*
crue [kRy] *nf* crecida *f* • **être en crue** desbordarse
cruel, elle [kRyel] *adj* cruel
crustacés [kRystase] *nmpl* crustáceos *mpl*
crypter [kRipte] *vt* codificar • **chaîne cryptée** canal codificado
Cuba [kyba] *n* Cuba *f*
cubain, e [kybɛ̃, ɛn] *adj* cubano(na) ◆ **Cubain, e** *nm, f* cubano *m*, -na *f*
cube [kyb] *nm* cubo *m* • **mètre cube** metro cúbico
cueillir [kœjiR] *vt* coger
cuiller [kɥijɛR] = **cuillère**
cuillère [kɥijɛR] *nf* cuchara *f* • **cuillère à café** ou **petite cuillère** cuchara de café ou cucharilla *f* • **cuillère à soupe** cuchara (sopera)
cuillerée [kɥijeRe] *nf* cucharada *f*
cuir [kɥiR] *nm* cuero *m*, piel *f*
cuire [kɥiR] *vt & vi* cocer • **faire cuire** cocer
cuisine [kɥizin] *nf* cocina *f* • **faire la cuisine** cocinar
cuisiner [kɥizine] *vt & vi* cocinar
cuisinier, ère [kɥizinje, ɛR] *nm, f* cocinero *m*, -ra *f*
cuisinière [kɥizinjɛR] *nf* cocina *f*
cuisse [kɥis] *nf* muslo *m* • **cuisses de grenouilles** ancas *fpl* de rana
cuisson [kɥisɔ̃] *nf* cocción *f*
cuit, e [kɥi, kɥit] *adj* cocido(da) • **bien cuit** bien hecho
cuivre [kɥivR] *nm (métal)* cobre *m*
culasse [kylas] *nf* ➤ **joint**
culotte [kylɔt] *nf* braga *f* • **culotte de cheval** *(vêtement)* pantalones *mpl* de montar ; *(cellulite)* pistoleras *fpl*
culte [kylt] *nm* culto *m*
cultivateur, trice [kyltivatœR, tRis] *nm, f* cultivador *m*, -ra *f*

cultiver [kyltive] *vt* cultivar ◆ **se cultiver** *vp (personne)* instruirse
culture [kyltyʀ] *nf* **1.** *(agricole)* cultivo *m* **2.** *(savoir, civilisation)* cultura *f* ◆ **cultures** *nfpl (terres cultivées)* cultivos *mpl*
culturel, elle [kyltyʀɛl] *adj* cultural
cumin [kymɛ̃] *nm* comino *m*
curé [kyʀe] *nm* cura *m*
cure-dents [kyʀdɑ̃] *nm inv* palillo *m* (de dientes)
curieux, euse [kyʀjø, øz] *adj* curioso(sa) ◆ **curieux** *nmpl* mirones *mpl*
curiosité [kyʀjozite] *nf* **1.** *(indiscrétion)* curiosidad *f* **2.** *(touristique) lugar o monumento de interés turístico*
curry [kyʀi] *nm* curry *m*
curseur [kyʀsœʀ] *nm INFORM* cursor *m* • **positionner le curseur sur...** situar el cursor en...
cutanée [kytane] *adj f* ➤ **éruption**
cuvette [kyvɛt] *nf* **1.** *(bassine)* balde *m* **2.** *(vallée)* depresión *f*
CV [seve] (*abr de curriculum vitae*) *nm* CV *m (currículum vitae)* • **envoyer un CV** enviar un CV • **faire un envoi de CV** enviar CV
cybercafé [sibɛʀkafe] *nm* cibercafé *m*
cybercommerce [sibɛʀkɔmɛʀs] *nm* comercio *m* eletrónico
cybercrime [sibɛʀkʀim] *nm* cibercrimen *m*
cybernaute [sibɛʀnot] *nmf* cibernauta *mf*
cybersexe [sibɛʀsɛks] *nm* cibersexo *m*
cyclable [siklabl] *adj* ➤ **piste**
cycle [sikl] *nm* ciclo *m*
cyclisme [siklism] *nm* ciclismo *m*
cycliste [siklist] *adj & nmf* ciclista ◇ *nm (short)* pantalones *mpl* de ciclista
cyclone [siklon] *nm* ciclón *m*
cygne [siɲ] *nm* cisne *m*
cylindre [silɛ̃dʀ] *nm* cilindro *m*
cynique [sinik] *adj* cínico(ca)
cyprès [sipʀɛ] *nm* ciprés *m*

dD

d' ➤ **de**
DAB [dab] *nm* ➤ **distributeur automatique de billets**
daim [dɛ̃] *nm* **1.** *(animal)* gamo *m* **2.** *(peau)* ante *m*
dalle [dal] *nf* losa *f* • **avoir la dalle** (*fam*) *(avoir faim)* tener gusa
dame [dam] *nf* **1.** señora *f* **2.** *(aux cartes)* ≃ reina *f* ◆ **dames** *nfpl (jeu)* damas *fpl*
damier [damje] *nm (de dames)* damero *m*
Danemark [danmaʀk] *nm* • **le Danemark** Dinamarca *f*
danger [dɑ̃ʒe] *nm* peligro *m* • **être en danger** estar en peligro
dangereux, euse [dɑ̃ʒʀø, øz] *adj* peligroso(sa)
danois, e [danwa, az] *adj* danés(esa) ◆ **danois** *nm (langue)* danés *m* ◆ **Danois, e** *nm, f* danés *m*, -esa *f*
dans [dɑ̃] *prép*
1. *(indique la situation)* en • **je vis dans le sud de la France** vivo en el sur de Francia • **vous travaillez dans quel secteur ?** ¿en qué sector trabaja usted? • **ils sont en**

vacances dans les Alpes están de vacaciones en los Alpes
2. *(indique la direction)* • **vous allez dans la mauvaise direction** va en dirección equivocada • **nous allons en Espagne** vamos a España
3. *(indique le moment)* • **dans ma jeunesse** en mi juventud • **dans combien de temps arrivons-nous ?** ¿dentro de cuánto tiempo llegamos? • **le spectacle commence dans cinq minutes** el espectáculo comienza dentro de cinco minutos
4. *(indique la provenance)* de • **choisissez un dessert dans notre sélection du jour** elija un postre de nuestra selección del día
5. *(indique une approximation)* • **ça doit coûter dans les 30 euros** debe (de) costar unos 30 euros

danse [dɑ̃s] *nf* • **la danse** la danza • **une danse** un baile • **danse classique/moderne** danza clásica/moderna
danser [dɑ̃se] *vt & vi* bailar
danseur, euse [dɑ̃sœʀ, øz] *nm, f* bailarín *m*, -ina *f*
darne [daʀn] *nf* rodaja *f*
date [dat] *nf* fecha *f* • **date limite** fecha límite ▼ **date limite de consommation** fecha de caducidad ▼ **date limite de vente** fecha límite de venta • **date de naissance** fecha de nacimiento
dater [date] *vt (chèque, lettre)* fechar ◇ *vi (être vieux)* estar anticuado(da) • **dater de** *(remonter à)* datar de
datte [dat] *nf* dátil *m*
daube [dob] *nf* • **bœuf en daube** *estofado de vaca con vino tinto*
dauphin [dofɛ̃] *nm (animal)* delfín *m*
dauphine [dofin] *nf* ➤ **pomme**
dauphinois [dofinwa] *adj m* ➤ **gratin**
daurade [dɔʀad] *nf* dorada *f*
davantage [davɑ̃taʒ] *adv* (aún) más • **davantage de temps/d'argent** (aún) más tiempo/dinero
de [də] *prép*
1. *(indique l'appartenance)* de • **la porte du salon** la puerta del salón • **le frère de Pierre** el hermano de Pierre
2. *(indique la provenance)* de • **d'où êtes-vous ? - de Bordeaux** ¿de dónde es usted? - de Burdeos • **j'arrive de Lille** llego de Lille
3. *(avec "à")* • **de Paris à Tokyo** de París a Tokio • **de la mi-août à début septembre** desde mediados de agosto hasta primeros de setiembre
4. *(indique une caractéristique)* de • **une statue de pierre** una estatua de piedra • **des billets de 100 euros** billetes de 100 euros • **l'avion de 7 h 20** el avión de las 7:20 • **un jeune homme de 25 ans** un joven de 25 años
5. *(introduit un complément)* • **parler de qqch** hablar de algo • **arrêter de faire qqch** dejar de hacer algo
6. *(désigne le contenu)* de • **un verre de vin** un vaso de vino
7. *(parmi)* • **plusieurs de ces œuvres sont des copies** varias de estas obras son copias • **la moitié du temps/de nos clients** la mitad del tiempo /de nuestros clientes
8. *(indique le moyen, la manière)* con • **saluer qqn d'un mouvement de tête** saludar a alguien haciendo un gesto con la cabeza • **de bon cœur** de buena gana • **d'un air distrait** con aire distraído

9. *(indique la cause)* de • **je meurs de faim !** ¡me muero de hambre!
◇ *art* • **je voudrais du vin/du lait** quiero vino/leche • **achète des yaourts/des pommes/des journaux** compra yogures/manzanas/periódicos • **ils n'ont pas d'enfants** no tienen hijos
dé [de] *nm* dado *m* • **dé (à coudre)** dedal *m*
déballer [debale] *vt* desenvolver
débarbouiller [debaʀbuje] ◆ **se débarbouiller** *vp* lavarse la cara
débardeur [debaʀdœʀ] *nm* camiseta *f* sin mangas
débarquer [debaʀke] *vt & vi* desembarcar
débarras [debaʀa] *nm* trastero *m* • **bon débarras !** ¡adiós, muy buenas!
débarrasser [debaʀase] *vt* 1. *(désencombrer)* despejar 2. *(table)* quitar • **débarrasser qqn de qqch** *(vêtement, paquets)* ayudar a alguien a quitarse algo ◆ **se débarrasser de** *vp + prep* 1. *(vêtement, paquets)* quitarse 2. *(personne)* quitarse de encima a
débat [deba] *nm* debate *m*
débattre [debatʀ] *vt* debatir ◇ *vi* discutir • **débattre de qqch** discutir de algo ▼ **(prix) à débattre** (precio) a convenir ◆ **se débattre** *vp* forcejear
débit [debi] *nm* 1. *(d'eau)* caudal *m* 2. *(bancaire)* debe *m* • **le bas/haut débit** *INFORM* la baja/alta velocidad
débiter [debite] *vt* 1. *(compte)* cargar 2. *(péj) (dire)* soltar
déblayer [debleje] *vt* despejar
débloquer [deblɔke] *vt* desbloquear ◇ *vi* *(fam)* • **il débloque !** ¡desvaría!
déboguer [debɔge] *vt* depurar, eliminar errores en
déboîter [debwate] *vt* 1. *(objet)* desencajar 2. *(os)* dislocar ◇ *vi (voiture)* desviarse ◆ **se déboîter** *vp* • **se déboîter l'épaule** dislocarse el hombro
débordé, e [debɔʀde] *adj* • **être débordé (de travail)** estar muy agobiado (de trabajo), no dar abasto
déborder [debɔʀde] *vi* 1. *(lait, casserole)* rebosar 2. *(rivière)* desbordarse
débouché [debuʃe] *nm* salida *f*
déboucher [debuʃe] *vt* 1. *(bouteille)* descorchar 2. *(nez)* despejar 3. *(tuyau)* desatascar ◆ **déboucher sur** *v + prep* desembocar en
débourser [debuʀse] *vt* desembolsar
debout [dəbu] *adv* 1. *(sur ses pieds)* de pie 2. *(verticalement)* derecho(cha) 3. *(réveillé)* levantado(da) • **se mettre debout** ponerse en pie • **tenir debout** tenerse en pie
déboutonner [debutɔne] *vt* desabrochar
débraillé, e [debʀaje] *adj* desaliñado(da)
débrancher [debʀɑ̃ʃe] *vt* desenchufar
débrayer [debʀeje] *vi* desembragar
débriefing [debʀifiŋ] *nm* • **faire un débriefing** rendir cuentas sobre una misión
débris [debʀi] *nmpl* pedazos *mpl*
débrouiller [debʀuje] ◆ **se débrouiller** *vp* apañárselas • **se débrouiller pour faire qqch** apañárselas para hacer algo • **débrouille-toi pour être à l'heure !** ¡apáñatelas para llegar puntual!
début [deby] *nm* principio *m* • **au début (de)** al principio (de)

débutant, e [debytɑ̃, ɑ̃t] *nm, f* principiante *mf*
débuter [debyte] *vi* empezar
déca [deka] (*abr de décaféiné*) *nm* (*fam*) descafeinado *m*
décade [dekad] *nf* década *f* • **troisième décade** tercera década
décaféiné, e [dekafeine] *adj* descafeinado(da)
décalage [dekalaʒ] *nm* desfase *m* • **décalage horaire** diferencia *f* horaria
décalcomanie [dekalkɔmani] *nf* calcomanía *f*
décaler [dekale] *vt* **1.** (*déplacer*) desplazar **2.** (*avancer dans le temps*) aplazar
décalquer [dekalke] *vt* calcar
décapant [dekapɑ̃] *nm* decapante *m*
décaper [dekape] *vt* decapar
décapiter [dekapite] *vt* decapitar
décapotable [dekapɔtabl] *adj* descapotable ◇ *nf* descapotable *m*
décapsuler [dekapsyle] *vt* abrir
décapsuleur [dekapsylœʀ] *nm* abridor *m*
décéder [desede] *vi* fallecer
décembre [desɑ̃bʀ] *nm* diciembre *m* • **en décembre** ou **au mois de décembre** en (el mes de) diciembre • **début décembre** a principios de diciembre • **fin décembre** a finales de diciembre • **le deux décembre** el dos de diciembre
décent, e [desɑ̃, ɑ̃t] *adj* decente
déception [desɛpsjɔ̃] *nf* decepción *f*
décerner [desɛʀne] *vt* (*prix*) otorgar
décès [desɛ] *nm* fallecimiento *m*
décevant, e [desəvɑ̃, ɑ̃t] *adj* decepcionante
décevoir [desəvwaʀ] *vt* decepcionar
déchaîner [deʃene] *vt* desatar ♦ **se déchaîner** *vp* **1.** (*personne*) desmadrarse **2.** (*colère, tempête*) desatarse
décharge [deʃaʀʒ] *nf* **1.** (*d'ordures*) vertedero *m* **2.** (*électrique*) descarga *f*
décharger [deʃaʀʒe] *vt* descargar
déchausser [deʃose] ♦ **se déchausser** *vp* descalzarse
déchèterie, déchetterie [deʃɛtʀi] *nf* planta *f* de reciclaje
déchets [deʃɛ] *nmpl* residuos *mpl*
déchiffrer [deʃifʀe] *vt* descifrar
déchiqueter [deʃikte] *vt* desmenuzar
déchirer [deʃiʀe] *vt* desgarrar ♦ **se déchirer** *vp* desgarrarse
déchirure [deʃiʀyʀ] *nf* desgarrón *m* • **déchirure musculaire** desgarro *m* muscular
déci [desi] *nm* (*Helv*) *vaso de vino de 10 centilitros*
décidé, e [deside] *adj* decidido(da) • **c'est décidé** está decidido
décidément [desidemɑ̃] *adv* realmente
décider [deside] *vt* decidir • **décider qqn (à faire qqch)** convencer a alguien (de que haga algo) • **décider de faire qqch** decidir hacer algo ♦ **se décider** *vp* decidirse • **se décider à faire qqch** decidirse a hacer algo
décideur, euse [desidœʀ, øz] *nm, f* responsable *mf*
décimal, e, aux [desimal, o] *adj* decimal
décisif, ive [desizif, iv] *adj* decisivo(va)
décision [desizjɔ̃] *nf* decisión *f*
déclaration [deklaʀasjɔ̃] *nf* **1.** declaración *f* **2.** (*de vol, de perte*) parte *m* • **déclaration d'impôts** declaración de la renta

déclarer [deklaʀe] *vt* declarar • **rien à déclarer** nada que declarar ♦ **se déclarer** *vp (épidémie, incendie)* declararse
déclencher [deklɑ̃ʃe] *vt* **1.** *(mécanisme)* accionar **2.** *(guerre)* desencadenar
déclic [deklik] *nm (bruit)* chasquido *m* • **avoir un déclic** *(comprendre)* comprender (por fin)
déco [dekɔ] *(abr de décoration)* *(fam) nf* decoración *f*
décoiffer [dekwafe] *vt* despeinar
décollage [dekɔlaʒ] *nm* despegue *m*
décoller [dekɔle] *vt & vi* despegar ♦ **se décoller** *vp* despegarse
décolleté, e [dekɔlte] *adj* escotado(da) ♦ **décolleté** *nm* escote *m*
décolorer [dekɔlɔʀe] *vt* decolorar
décombres [dekɔ̃bʀ] *nmpl* escombros *mpl*
décommander [dekɔmɑ̃de] *vt* cancelar ♦ **se décommander** *vp* cancelar *(una cita, una invitación)*
décomposer [dekɔ̃poze] ♦ **se décomposer** *vp (pourrir)* descomponerse
décompresser [dekɔ̃pʀese] *vt INFORM* descomprimir
déconcentrer [dekɔ̃sɑ̃tʀe] ♦ **se déconcentrer** *vp* desconcentrarse
déconcerter [dekɔ̃sɛʀte] *vt* desconcertar
déconnecter [dekɔnɛkte] ♦ **se déconnecter** *vp INFORM* desconectarse
déconseiller [dekɔ̃seje] *vt* • **je vous déconseille ce vin** no le recomiendo este vino • **je te déconseille de le lui dire** te aconsejo que no se lo digas
décontracté, e [dekɔ̃tʀakte] *adj* relajado(da)
décor [dekɔʀ] *nm* **1.** *(paysage)* entorno *m* **2.** *(de théâtre)* decorado *m* **3.** *(d'une pièce)* decoración *f*
décorateur, trice [dekɔʀatœʀ, tʀis] *nm, f* decorador *m*, -ra *f*
décoration [dekɔʀasjɔ̃] *nf* **1.** *(d'une pièce)* decoración *f* **2.** *(médaille)* condecoración *f*
décorer [dekɔʀe] *vt* **1.** *(pièce, objet)* decorar **2.** *(soldat)* condecorar
décortiquer [dekɔʀtike] *vt* desmenuzar
découdre [dekudʀ] *vt* descoser ♦ **se découdre** *vp* descoserse
découler [dekule] ♦ **découler de** *v + prep* derivar de
découper [dekupe] *vt* **1.** *(gâteau)* partir **2.** *(viande)* trinchar **3.** *(images, photos)* recortar
découragé, e [dekuʀaʒe] *adj* desalentado(da)
décourager [dekuʀaʒe] *vt* desalentar ♦ **se décourager** *vp* desalentarse
décousu, e [dekuzy] *adj* **1.** *(vêtement, ourlet)* descosido(da) **2.** *(raisonnement, conversation)* deshilvanado(da)
découvert, e [dekuvɛʀ, ɛʀt] *pp* ➤ **découvrir** ♦ **découvert** *nm (bancaire)* descubierto *m* • **être à découvert** estar en números rojos
découverte [dekuvɛʀt] *nf* descubrimiento *m*
découvrir [dekuvʀiʀ] *vt* **1.** descubrir **2.** *(ôter ce qui couvre)* destapar
décrire [dekʀiʀ] *vt* describir
décrocher [dekʀɔʃe] *vt* descolgar • **décrocher (le téléphone)** descolgar (el teléfono) ♦ **se décrocher** *vp* descolgarse

déçu, e [desy] *pp* ➤ **décevoir** ◇ *adj* decepcionado(da)

dédaigneux, euse [dedɛɲø, øz] *adj* desdeñoso(sa)

dédain [dedɛ̃] *nm* desdén *m*

dedans [dədɑ̃] *adv* dentro ◇ *nm* interior *m* ● **là-dedans** ahí dentro

dédicacer [dedikase] *vt* ● **dédicacer un livre à qqn** dedicar un libro a alguien

dédier [dedje] *vt* ● **dédier une chanson à qqn** dedicar una canción a alguien

dédommagement [dedɔmaʒmɑ̃] *nm* **1.** indemnización *f* **2.** *(moral)* compensación *f*

dédommager [dedɔmaʒe] *vt* **1.** indemnizar **2.** *(moralement)* compensar

déduction [dedyksjɔ̃] *nf* deducción *f*

déduire [dedɥiʀ] *vt* ● **déduire qqch (de)** deducir algo (de) ● **j'en déduis que...** (de ello) deduzco que...

déduit, e [dedɥi, it] *pp* ➤ **déduire**

déesse [deɛs] *nf* diosa *f*

défaire [defɛʀ] *vt* deshacer ◆ **se défaire** *vp* deshacerse

défait, e [defɛ, ɛt] *pp* ➤ **défaire**

défaite [defɛt] *nf* derrota *f*

défaut [defo] *nm* defecto *m* ● **à défaut de** a falta de ● **par défaut** *INFORM* por defecto

défavorable [defavɔʀabl] *adj* desfavorable

défavoriser [defavɔʀize] *vt* desfavorecer

défectueux, euse [defɛktɥø, øz] *adj* defectuoso(sa)

défendre [defɑ̃dʀ] *vt* defender ● **défendre à qqn de faire qqch** prohibir a alguien que haga algo ◆ **se défendre** *vp* defenderse

défense [defɑ̃s] *nf* **1.** *(d'une ville, d'un accusé)* defensa *f* **2.** *(d'éléphant)* colmillo *m* ● **prendre la défense de qqn** defender a alguien ▼ **défense de déposer des ordures** prohibido verter basura ▼ **défense d'entrer** prohibida la entrada

défi [defi] *nm* desafío *m*, reto *m*

déficit [defisit] *nm* déficit *m*

déficitaire [defisitɛʀ] *adj* deficitario(ria)

défier [defje] *vt* desafiar

défigurer [defigyʀe] *vt* desfigurar

défilé [defile] *nm* **1.** *(militaire)* desfile *m* **2.** *(gorges)* desfiladero *m* ● **défilé de mode** desfile de modelos

défiler [defile] *vi* desfilar ● **faire défiler** *INFORM* desplazar (por la pantalla)

définir [definiʀ] *vt* definir

définitif, ive [definitif, iv] *adj* definitivo(va) ● **en définitive** en definitiva

définition [definisjɔ̃] *nf* definición *f*

définitivement [definitivmɑ̃] *adv* definitivamente

défoncer [defɔ̃se] *vt* echar abajo

déformé, e [defɔʀme] *adj* deforme

déformer [defɔʀme] *vt* **1.** deformar **2.** *(fig)* *(réalité)* desfigurar

défouler [defule] ◆ **se défouler** *vp* desahogarse

défragmentation [defʀagmɑ̃tasjɔ̃] *nf* *INFORM* desfragmentación *f*

défragmenter [defʀagmɑ̃te] *vt* *INFORM* desfragmentar

défricher [defʀiʃe] *vt* desbrozar

dégager [degaʒe] *vt* **1.** *(déblayer)* despejar **2.** *(fumée, odeur)* desprender ● **dégager qqch/qqn de** *(libérer)* sacar algo/a

alguien de ◆ **se dégager** *vp* **1.** *(se libérer)* liberarse **2.** *(ciel)* despejarse ● **se dégager de** *(se libérer de)* librarse de ; *(suj : fumée, odeur)* desprenderse de
dégainer [degene] *vt* desenfundar
dégarni, e [degaʀni] *adj (crâne, personne)* pelón(ona)
dégâts [dega] *nmpl* daños *mpl* ● **faire des dégâts** causar daños
dégel [deʒɛl] *nm* deshielo *m*
dégeler [deʒle] *vt* **1.** deshelar **2.** *(atmosphère)* caldear ◇ *vi* **1.** *(lac)* deshelarse **2.** *(surgelé)* descongelarse
dégénérer [deʒeneʀe] *vi* degenerar
dégivrage [deʒivʀaʒ] *nm* descongelación *f*
dégivrer [deʒivʀe] *vt* **1.** *(réfrigérateur)* descongelar **2.** *(pare-brise)* deshelar
dégonfler [degɔ̃fle] *vt* deshinchar ◆ **se dégonfler** *vp* **1.** deshincharse **2.** *(fam) (avoir peur, renoncer)* rajarse
dégouliner [deguline] *vi* chorrear
dégourdi, e [deguʀdi] *adj* espabilado(da)
dégourdir [deguʀdiʀ] ◆ **se dégourdir** *vp* ● **se dégourdir les jambes** estirar las piernas
dégoût [degu] *nm* asco *m*
dégoûtant, e [degutɑ̃, ɑ̃t] *adj* asqueroso(sa)
dégoûter [degute] *vt* asquear ● **cette expérience m'a dégoûté des voyages** esta experiencia me ha quitado las ganas de viajar
dégrafer [degʀafe] *vt (vêtement)* desabrochar
degré [dəgʀe] *nm* grado *m*
dégressif, ive [degʀesif, iv] *adj* decreciente
dégringoler [degʀɛ̃gɔle] *vi* rodar
dégueulasse [degœlas] *adj (fam)* asqueroso(sa)
déguisement [degizmɑ̃] *nm* disfraz *m*
déguiser [degize] *vt* disfrazar ◆ **se déguiser** *vp* disfrazarse ● **se déguiser en** disfrazarse de
dégustation [degystasjɔ̃] *nf* degustación *f*
déguster [degyste] *vt (goûter)* degustar
dehors [dəɔʀ] *adv* fuera ◇ *nm* exterior *m* ● **jeter** ou **mettre qqn dehors** echar a alguien fuera ● **en dehors de** *(à l'extérieur de)* fuera de ; *(sauf)* excepto ● **en dehors de la ville** fuera de la ciudad
déjà [deʒa] *adv* ya
déjeuner [deʒœne] *nm* **1.** *(à midi)* almuerzo *m* **2.** *(petit déjeuner)* desayuno *m* ◇ *vi* **1.** *(à midi)* almorzar **2.** *(le matin)* desayunar ● **déjeuner d'affaires** almuerzo ou comida *f* de negocios ● **inviter qqn à déjeuner** invitar a alguien a almorzar
délabré, e [delabʀe] *adj* destartalado(da)
délacer [delase] *vt* desatar
délai [delɛ] *nm* **1.** *(durée)* plazo *m* **2.** *(temps supplémentaire)* prórroga *f*
délavé, e [delave] *adj* descolorido(da)
délayer [deleje] *vt* desleír
Delco® [dɛlko] *nm* delco® *m*
délégué, e [delege] *nm, f* delegado *m*, -da *f*
délibérément [delibeʀemɑ̃] *adv* deliberadamente
délicat, e [delika, at] *adj* delicado(da)

délicatement [delikatmɑ̃] *adv* con delicadeza
délicieux, euse [delisjø, øz] *adj* delicioso(sa)
délimiter [delimite] *vt* delimitar
délinquance [delɛ̃kɑ̃s] *nf* delincuencia *f* ● **délinquance informatique** delincuencia informática
délinquant, e [delɛ̃kɑ̃, ɑ̃t] *nm, f* delincuente *mf*
délirer [deliʀe] *vi* delirar
délit [deli] *nm* delito *m* ● **(en) flagrant délit** (en) flagrante delito
délivrer [delivʀe] *vt* **1.** *(prisonnier)* liberar **2.** *(autorisation, reçu)* expedir
déloyal, e, aux [delwajal, o] *adj* desleal
delta [dɛlta] *nm (de rivière)* delta *m*
deltaplane [dɛltaplan] *nm* ala *f* delta
déluge [delyʒ] *nm* diluvio *m*
demain [dəmɛ̃] *adv* mañana ● **à demain !** ¡hasta mañana! ● **demain matin/soir** mañana por la mañana/por la noche
demande [dəmɑ̃d] *nf* **1.** *(réclamation)* petición *f* **2.** *(formulaire)* solicitud *f* ● **demandes d'emploi** solicitudes de empleo ● **sur demande** por encargo
demander [dəmɑ̃de] *vt* **1.** *(interroger sur)* preguntar **2.** *(exiger)* pedir **3.** *(nécessiter)* requerir ● **demander qqch à qqn** *(interroger)* preguntar algo a alguien ; *(silence, faveur, objet)* pedir algo a alguien ● **demander à qqn de faire qqch** pedir a alguien que haga algo ◆ **se demander** *vp* preguntarse
demandeur, euse [dəmɑ̃dœʀ, øz] *nm, f* ● **demandeur(euse) d'emploi** desempleado *m*, -da *f*
démangeaison [demɑ̃ʒezɔ̃] *nf* comezón *f* ● **avoir des démangeaisons** tener picores
démanger [demɑ̃ʒe] *vt* picar
démaquillant, e [demakijɑ̃, ɑ̃t] *adj* desmaquillador(ra) ● **lait démaquillant** leche *f* desmaquilladora ◆ **démaquillant** *nm* desmaquillador *m*
démarche [demaʀʃ] *nf* **1.** *(allure)* andares *mpl* **2.** *(administrative)* gestión *f* ● **faire des démarches pour obtenir qqch** hacer gestiones para obtener algo
démarrage [demaʀaʒ] *nm* arranque *m*
démarrer [demaʀe] *vt* ● **démarrer la voiture** arrancar el coche ◇ *vi* **1.** *(partir)* arrancar **2.** *(commencer)* *INFORM* iniciar
démarreur [demaʀœʀ] *nm* arranque *m* *(mecanismo)*
démasquer [demaske] *vt* desenmascarar
démêler [demele] *vt* desenredar
déménagement [demenaʒmɑ̃] *nm* mudanza *f*
déménager [demenaʒe] *vi* mudarse ◇ *vt* trasladar
démener [demne] ◆ **se démener** *vp* **1.** *(bouger)* agitarse **2.** *(faire des efforts)* afanarse
dément, e [demɑ̃, ɑ̃t] *adj* **1.** *(fou)* demente **2.** (*fam*) *(incroyable)* demencial
démentir [demɑ̃tiʀ] *vt* desmentir
démesuré, e [deməzyʀe] *adj* desmesurado(da)
démettre [demɛtʀ] ◆ **se démettre** *vp* ● **se démettre l'épaule** dislocarse un hombro
demeure [dəmœʀ] *nf* mansión *f*

demeurer [dəmœʀe] *vi (sout)* **1.** *(habiter)* residir **2.** *(rester)* quedar
demi, e [dəmi] *adj* medio(dia) ◆ **demi** *nm* caña *f* • **cinq heures et demie** las cinco y media • **un demi-kilo de** medio kilo de • **à demi fermé** medio cerrado
demi-finale, s [dəmifinal] *nf* semifinal *f*
demi-frère, s [dəmifʀɛʀ] *nm* hermanastro *m*
demi-heure, s [dəmijœʀ] *nf* media hora *f*
demi-pension, s [dəmipɑ̃sjɔ̃] *nf* media pensión *f*
demi-pensionnaire, s [dəmipɑ̃sjɔnɛʀ] *nmf* mediopensionista *mf*
démis, e [demi, iz] *pp* ➤ **démettre**
demi-saison, s [dəmisɛzɔ̃] *nf* • **de demi-saison** de entretiempo
demi-sœur, s [dəmisœʀ] *nf* hermanastra *f*
démission [demisjɔ̃] *nf* dimisión *f* • **donner sa démission** presentar su dimisión
démissionner [demisjɔne] *vi* dimitir
demi-tarif, s [dəmitaʀif] *nm* medio billete *m*
demi-tour, s [dəmituʀ] *nm* media vuelta *f* • **faire demi-tour** dar media vuelta
démocratie [demɔkʀasi] *nf* democracia *f*
démocratique [demɔkʀatik] *adj* democrático(ca)
démodé, e [demɔde] *adj* pasado(da) de moda
demoiselle [dəmwazɛl] *nf* señorita *f* • **demoiselle d'honneur** dama *f* de honor
démolir [demɔliʀ] *vt* derribar
démon [demɔ̃] *nm* demonio *m*
démonstratif, ive [demɔ̃stʀatif, iv] *adj* efusivo(va)
démonstration [demɔ̃stʀasjɔ̃] *nf* **1.** demostración *f* **2.** *(d'une machine)* muestra *f*
démonter [demɔ̃te] *vt* desmontar
démontrer [demɔ̃tʀe] *vt* demostrar
démoraliser [demɔʀalize] *vt* desmoralizar
démouler [demule] *vt (gâteau)* sacar del molde
démuni, e [demyni] *adj (pauvre)* despojado(da)
dénicher [deniʃe] *vt (trouver)* topar con
dénivellation [denivɛlasjɔ̃] *nf* desnivel *m*
dénoncer [denɔ̃se] *vt (coupable)* denunciar
dénouement [denumɑ̃] *nm* desenlace *m*
dénouer [denwe] *vt* desatar
dénoyauter [denwajote] *vt* deshuesar
denrée [dɑ̃ʀe] *nf* comestible *m* • **denrée alimentaire/périssable** producto *m* alimenticio/perecedero
dense [dɑ̃s] *adj* denso(sa)
dent [dɑ̃] *nf* diente *m* • **dent de lait** diente de leche • **dent de sagesse** muela *f* del juicio
dentelle [dɑ̃tɛl] *nf* encaje *m*
dentier [dɑ̃tje] *nm* dentadura *f* postiza
dentifrice [dɑ̃tifʀis] *nm* dentífrico *m*
dentiste [dɑ̃tist] *nmf* dentista *mf*
Denver [dɑ̃vɛʀ] *n* ➤ **sabot**
déodorant [deɔdɔʀɑ̃] *nm* desodorante *m*
dépannage [depanaʒ] *nm* reparación *f* • **service de dépannage** *AUTO* servicio *m* de asistencia en carretera
dépanner [depane] *vt* **1.** reparar **2.** *(fig) (aider)* echar una mano a

dépanneur [depanœʀ] *nm* **1.** *(de voitures)* mecánico *m* **2.** *(d'appareils ménagers)* técnico *m* **3.** *(Québec) (épicerie) ultramarinos abierto fuera del horario comercial habitual*

dépanneuse [depanøz] *nf* grúa *f* (remolque)

dépareillé, e [depaʀeje] *adj (gant, chaussette)* desparejado(da)

départ [depaʀ] *nm* **1.** salida *f* **2.** *(d'une personne)* marcha *f* ● **au départ** *(au début)* en un principio ▼ **départs** salidas

départager [depaʀtaʒe] *vt* desempatar

département [depaʀtəmɑ̃] *nm* **1.** *(division administrative)* ≃ provincia *f* **2.** *(service)* departamento *m*

départementale [depaʀtəmɑ̃tal] *nf* ● **(route) départementale** ≃ comarcal *f*

dépassement [depasmɑ̃] *nm (sur la route)* adelantamiento *m*

dépasser [depase] *vt* **1.** *(passer devant)* pasar delante de **2.** *(voiture)* adelantar **3.** *(limite)* rebasar **4.** *(somme)* superar ◇ *vi (déborder)* sobresalir ● **il dépasse son père d'une tête** le saca una cabeza a su padre

dépaysement [depeizmɑ̃] *nm* **1.** *(lors d'un voyage) sensación de sentirse desambientado* **2.** *(changement)* cambio *m* de aires

dépêcher [depeʃe] ◆ **se dépêcher** *vp* darse prisa ● **se dépêcher de faire qqch** darse prisa en hacer algo

dépendre [depɑ̃dʀ] *vi* ● **dépendre de** depender de ● **ça dépend** depende

dépens [depɑ̃] ◆ **aux dépens de** *prép* a costa de

dépense [depɑ̃s] *nf* gasto *m*

dépenser [depɑ̃se] *vt* gastar ◆ **se dépenser** *vp (physiquement)* cansarse

dépensier, ère [depɑ̃sje, ɛʀ] *adj* derrochador(ra)

dépit [depi] *nm* despecho *m* ● **en dépit de** a pesar de

déplacement [deplasmɑ̃] *nm* **1.** desplazamiento *m* **2.** *(voyage)* viaje *m* ● **en déplacement** de viaje

déplacer [deplase] *vt* **1.** *(objet)* desplazar **2.** *(rendez-vous)* cambiar. ● **déplacer une réunion/un rendez-vous** cambiar una reunión/una cita ◆ **se déplacer** *vp* **1.** *(bouger)* desplazarse **2.** *(voyager)* viajar

déplaire [deplɛʀ] ◆ **déplaire à** *v + prep* ● **ça me déplaît** *(livre, tableau)* no me gusta ; *(attitude)* me desagrada

déplaisant, e [deplɛzɑ̃, ɑ̃t] *adj* desagradable

dépliant [deplijɑ̃] *nm* folleto *m*

déplier [deplije] *vt* **1.** *(papier)* desdoblar **2.** *(chaise)* abrir ◆ **se déplier** *vp* abrirse

déplorable [deplɔʀabl] *adj* deplorable

déployer [deplwaje] *vt (ailes, carte)* desplegar

déporter [depɔʀte] *vt (prisonnier)* deportar ◆ **se déporter** *vp (véhicule)* desviarse

déposer [depoze] *vt* **1.** dejar en **2.** *(argent)* depositar ◆ **se déposer** *vp* depositarse

dépôt [depo] *nm* **1.** *(de marchandises)* depósito *m* **2.** *(à la banque)* ingreso *m* **3.** *(de poussière, tartre)* acumulación *f* **4.** *(de bus)* cochera *f*

dépotoir [depɔtwaʀ] *nm* vertedero *m*

dépouiller [depuje] *vt (voler)* despojar

dépourvu, e [depuʀvy] *adj* ● **dépourvu de** desprovisto de ● **prendre qqn au**

dépourvu pillar a alguien desprevenido(da)

dépression [depʀesjɔ̃] *nf* depresión *f* • **dépression (nerveuse)** depresión (nerviosa)

déprimer [depʀime] *vt* deprimir ◇ *vi* estar depre

depuis [dəpɥi] *prép* desde ◇ *adv* desde entonces • **il n'est jamais revenu depuis** no ha vuelto desde entonces • **je travaille ici depuis trois ans** trabajo aquí desde hace tres años • **depuis quand est-il marié ?** ¿desde cuándo está casado? • **depuis que** desde que

député, e [depyte] *nm, f* diputado *m*, -da *f*

déraciner [deʀasine] *vt* arrancar de raíz

dérailler [deʀaje] *vi (train)* descarrilar

dérailleur [deʀajœʀ] *nm* cambio *m* de velocidades *(de bicicleta)*

dérangement [deʀɑ̃ʒmɑ̃] *nm (gêne)* trastorno *m* • **en dérangement** averiado(da)

déranger [deʀɑ̃ʒe] *vt* **1.** *(gêner)* molestar **2.** *(objets, affaires)* desordenar • **ça vous dérange si je fume ?** ¿le molesta si fumo? ◆ **se déranger** *vp (se déplacer)* desplazarse

dérapage [deʀapaʒ] *nm (glissade)* derrape *m*, patinazo *m*

déraper [deʀape] *vi* **1.** *(personne)* resbalar **2.** *(voiture)* derrapar, patinar

dérégler [deʀegle] *vt* estropear ◆ **se dérégler** *vp* estropearse

dérive [deʀiv] *nf NAUT* orza *f* • **aller à la dérive** ir a la deriva

dériver [deʀive] *vi (bateau)* derivar

dermatologue [dɛʀmatɔlɔg] *nmf* dermatólogo *m*, -ga *f*

dernier, ère [dɛʀnje, ɛʀ] *adj & nm, f* último(ma) • **la semaine dernière** la semana pasada • **en dernier** *(arriver, passer)* en último lugar

dernièrement [dɛʀnjɛʀmɑ̃] *adv* últimamente

dérouler [deʀule] *vt* desenrollar ◆ **se dérouler** *vp* desarrollarse

dérouter [deʀute] *vt* **1.** *(surprendre)* desconcertar **2.** *(avion, navire)* desviar

derrière [dɛʀjɛʀ] *prép* detrás de ◇ *adv* detrás ◇ *nm (fesses)* trasero *m*

des [de] = **de + les ;** ➤ **de, un**

dès [dɛ] *prép (à partir de)* desde • **dès que** tan pronto como • **dès qu'il arrivera** tan pronto como llegue

désaccord [dezakɔʀ] *nm* desacuerdo *m* • **être en désaccord avec** estar en desacuerdo con

désaffecté, e [dezafɛkte] *adj* abandonado(da)

désagréable [dezagʀeabl] *adj* desagradable

désaltérer [dezalteʀe] ◆ **se désaltérer** *vp* beber

désapprouver [dezapʀuve] *vt* **1.** *(personne)* reprobar **2.** *(décision)* desaprobar

désarçonner [dezaʀsɔne] *vt* desarzonar

désarmer [dezaʀme] *vt (malfaiteur)* desarmar

désastre [dezastʀ] *nm* desastre *m*

désastreux, euse [dezastʀø, øz] *adj* desastroso(sa)

désavantage [dezavɑ̃taʒ] *nm* desventaja *f*

désavantager [dezavɑ̃taʒe] *vt* perjudicar
descendant, e [desɑ̃dɑ̃, ɑ̃t] *nm, f* descendiente *mf*
descendre [desɑ̃dʀ] *vt* bajar ◇ *vi* **1.** *(aller en bas)* bajar **2.** *(être en pente)* estar cuesta abajo **3.** *(baisser)* descender ● **descendre de** *(voiture, vélo)* bajar de ; *(ancêtres)* descender de
descente [desɑ̃t] *nf* **1.** *(à ski, en avion)* descenso *m* **2.** *(pente)* bajada *f* ● **descente de lit** alfombrilla *f* de cama
description [dɛskʀipsjɔ̃] *nf* descripción *f*
désemparé, e [dezɑ̃paʀe] *adj* desamparado(da)
déséquilibre [dezekilibʀ] *nm* desequilibrio *m* ● **en déséquilibre** en desequilibrio
déséquilibré, e [dezekilibʀe] *nm, f* desequilibrado *m*, -da *f*
déséquilibrer [dezekilibʀe] *vt* desequilibrar
désert, e [dezɛʀ, ɛʀt] *adj* desierto(ta) ◆ **désert** *nm* desierto *m*
déserter [dezɛʀte] *vi* desertar
désertique [dezɛʀtik] *adj* desértico(ca)
désespéré, e [dezɛspeʀe] *adj* **1.** desesperado(da) **2.** *(regard)* de desesperación
désespoir [dezɛspwaʀ] *nm* desesperación *f*
déshabiller [dezabije] *vt* desnudar ◆ **se déshabiller** *vp* desnudarse
désherbant [dezɛʀbɑ̃] *nm* herbicida *m*
désherber [dezɛʀbe] *vt* desherbar
déshonorer [dezɔnɔʀe] *vt* deshonrar
déshydraté, e [dezidʀate] *adj* deshidratado(da)
déshydrater [dezidʀate] *vt* deshidratar ◆ **se déshydrater** *vp* deshidratarse
désigner [deziɲe] *vt* **1.** *(montrer)* señalar **2.** *(choisir)* designar
désillusion [dezilyzjɔ̃] *nf* desilusión *f*
désinfectant [dezɛ̃fɛktɑ̃] *nm* desinfectante *m*
désinfecter [dezɛ̃fɛkte] *vt* desinfectar
désinstaller [dezɛ̃stale] *vt* desinstalar
désintéressé, e [dezɛ̃teʀese] *adj* desinteresado(da)
désintéresser [dezɛ̃teʀese] ◆ **se désintéresser de** *vp + prep* desentenderse de
désinvolte [dezɛ̃vɔlt] *adj* **1.** *(personne)* desenvuelto(ta) **2.** *(geste)* atrevido(da)
désir [deziʀ] *nm* deseo *m*
désirer [deziʀe] *vt* desear ● **vous désirez ?** ¿qué desea? ● **laisser à désirer** dejar que desear
désobéir [dezɔbeiʀ] *vi* desobedecer ● **désobéir à** *(personne)* desobedecer a ; *(loi, règle)* quebrantar
désobéissant, e [dezɔbeisɑ̃, ɑ̃t] *adj* desobediente
désodorisant [dezɔdɔʀizɑ̃] *nm* ambientador *m*
désolant, e [dezɔlɑ̃, ɑ̃t] *adj* desolador(ra)
désolé, e [dezɔle] *adj* **1.** *(personne)* desconsolado(da) **2.** *(paysage)* desolador(ra) ● **je suis désolé de ne pas pouvoir venir** siento no poder venir ● **je suis désolé** lo siento
désordonné, e [dezɔʀdɔne] *adj* *(chambre, personne)* desordenado(da)
désordre [dezɔʀdʀ] *nm* desorden *m* ● **être en désordre** estar desordenado(da)

désorienté, e [dezɔʀjɑ̃te] *adj (déconcerté)* desorientado(da)
désormais [dezɔʀmɛ] *adv* en adelante
desquelles [dekɛl] ➤ **de + lesquelles ; = lequel**
desquels [dekɛl] ➤ **de + lesquels ; = lequel**
dessécher [deseʃe] *vt* secar ◆ **se dessécher** *vp* **1.** *(peau)* resecarse **2.** *(plante)* secarse
desserrer [deseʀe] *vt* **1.** *(vis)* desatornillar **2.** *(dents, poing)* abrir **3.** *(frein)* soltar **4.** *(ceinture)* aflojar
dessert [desɛʀ] *nm* postre *m*
desservir [desɛʀviʀ] *vt* **1.** *(ville, gare)* tener parada en **2.** *(table)* quitar
dessin [desɛ̃] *nm* **1.** *(image)* dibujo *m* **2.** *(art)* diseño *m* ● **dessin animé** dibujos *mpl* animados
dessinateur, trice [desinatœʀ, tʀis] *nm, f* dibujante *mf*
dessiner [desine] *vt* **1.** dibujar **2.** *(vêtement, voiture)* diseñar
dessous [dəsu] *adv* debajo ◇ *nm (d'une table)* parte *f* inferior ● **les voisins du dessous** los vecinos de abajo ● **en dessous** debajo ● **en dessous de zéro** bajo cero ● **en dessous de la moyenne** por debajo de la media
dessous-de-plat [dəsudpla] *nm inv* salvamanteles *m inv*
dessus [dəsy] *adv* encima ◇ *nm (d'une cheminée, table)* parte *f* superior ● **les voisins du dessus** los vecinos de arriba ● **avoir le dessus** salirse con la suya
dessus-de-lit [dəsydli] *nm inv* colcha *f*
destin [dɛstɛ̃] *nm* destino *m*
destinataire [dɛstinatɛʀ] *nmf* destinatario *m*, -ria *f*
destination [dɛstinasjɔ̃] *nf* destino *m* ● **arriver à destination** llegar a su destino ● **à destination de** con destino a
destiné, e [dɛstine] *adj* ● **être destiné à qqn** *(adressé à)* ir dirigido a ● **être destiné à qqn/qqch** *(conçu pour)* estar pensado para alguien/algo ● **être destiné à faire qqch** *(conçu pour)* estar destinado a hacer algo
destruction [dɛstʀyksjɔ̃] *nf* destrucción *f*
détachant [detaʃɑ̃] *nm* quitamanchas *m inv*
détacher [detaʃe] *vt* **1.** soltar **2.** *(découper)* separar **3.** *(nettoyer)* quitar las manchas de **4.** *(ceinture)* desabrochar ◆ **se détacher** *vp* destacarse ● **se détacher de qqn** desapegarse de alguien
détail [detaj] *nm* detalle *m* ● **au détail** al por menor ● **en détail** con todo detalle
détaillant, e [detajɑ̃, ɑ̃t] *nm, f* minorista *mf*
détaillé, e [detaje] *adj* detallado(da)
détartrant [detaʀtʀɑ̃] *nm* desincrustante *m (antical)*
détaxé, e [detakse] *adj* libre de impuestos
détecter [detɛkte] *vt* detectar
détective [detɛktiv] *nm* detective *mf*
déteindre [detɛ̃dʀ] *vi* desteñir ● **déteindre sur** desteñir
déteint, e [detɛ̃, ɛ̃t] *pp* ➤ **déteindre**
détendre [detɑ̃dʀ] *vt* **1.** *(corde)* aflojar **2.** *(personne)* relajar **3.** *(atmosphère)* distendir ◆ **se détendre** *vp* **1.** *(corde)* aflojarse **2.** *(se décontracter)* relajarse

détendu, e [detɑ̃dy] *adj (décontracté)* relajado(da)

détenir [detniʀ] *vt* **1.** *(fortune, record)* poseer **2.** *(prisonnier)* retener **3.** *(pouvoir)* ostentar **4.** *(secret)* guardar

détenu, e [detny] *pp* ➤ **détenir** ◇ *nm, f* detenido *m*, -da *f*

détergent [detɛʀʒɑ̃] *nm* detergente *m*

détériorer [deteʀjɔʀe] *vt* deteriorar ♦ **se détériorer** *vp* deteriorarse

déterminé, e [detɛʀmine] *adj* determinado(da)

déterminer [detɛʀmine] *vt* determinar

déterrer [deteʀe] *vt* desenterrar

détester [deteste] *vt* detestar

détonation [detɔnasjɔ̃] *nf* detonación *f*

détour [detuʀ] *nm (crochet)* ● **faire un détour** dar un rodeo

détourner [detuʀne] *vt* **1.** *(regard)* apartar **2.** *(argent)* malversar **3.** *(circulation)* desviar **4.** *(attention)* distraer ● **détourner qqn de** distraer a alguien de ♦ **se détourner** *vp* apartar la vista ● **se détourner de** *(se désintéresser de)* desinteresarse de

détraqué, e [detʀake] *adj* **1.** *(déréglé)* estropeado(da) **2.** *(fam) (fou)* chiflado(da)

détritus [detʀity(s)] *nmpl* detritus *m inv*

détroit [detʀwa] *nm* estrecho *m*

détruire [detʀɥiʀ] *vt* destruir

détruit, e [detʀɥi, it] *pp* ➤ **détruire**

dette [dɛt] *nf* deuda *f*

DEUG [dœg] *(abr de diplôme d'enseignement universitaire) nm diploma francés que se obtiene tras dos años de estudios universitarios*

deuil [dœj] *nm (décès)* defunción *f* ● **être en deuil** estar de luto

deux [dø] *num* dos *m* ● **à deux** entre dos ● **deux points** *(signe de ponctuation)* dos puntos *mpl* ● **il a deux ans** hace dos años ● **il est deux heures** son las dos ● **le deux janvier** el dos de enero ● **page deux** página dos ● **ils étaient deux** eran dos ● **le deux de carreau** el dos de diamantes ● **(au) deux rue Lepic** (en la) calle Lepic número dos

deuxième [døzjɛm] *adj num & pron num* segundo(da) ◇ *nm* **1.** *(étage)* segundo *m* (piso) **2.** *(arrondissement)* distrito *m* dos o segundo

deux-pièces [døpjɛs] *nm* **1.** *(maillot de bain)* biquini *m* **2.** *(appartement) piso con salón y un dormitorio*

deux-roues [døʀu] *nm* vehículo *m* de dos ruedas

dévaliser [devalize] *vt* desvalijar

devancer [dəvɑ̃se] *vt* tomar la delantera

devant [dəvɑ̃] *prép* delante de ◇ *adv* **1.** *(en face)* delante **2.** *(en avant)* antes ◇ *nm* **1.** *(d'une maison)* fachada *f* **2.** *(d'un vêtement)* delantero *m* ● **de devant** de delante

devanture [dəvɑ̃tyʀ] *nf* escaparate *m*

dévaster [devaste] *vt* devastar

développement [devlɔpmɑ̃] *nm* **1.** *(physique, économique)* desarrollo *m* **2.** *(de photos)* revelado *m* ● **développement durable** desarrollo sostenible

développer [devlɔpe] *vt* **1.** desarrollar **2.** *(photo)* revelar ● **faire développer des photos** revelar fotos ♦ **se développer** *vp* desarrollarse

développeur [devlɔpœʀ] *nm* desarrollador *m*, -ra *f*

devenir [dəvniʀ] *vi* • **il est devenu fou** se volvió loco • **il est devenu avocat** ha llegado a ser abogado • **ça devient inquiétant** esto empieza a ponerse inquietante • **et alors, qu'est-ce que tu deviens ?** y, ¿qué es de tu vida?
devenu, e [dəvny] *pp* ➤ **devenir**
déverrouiller [deveʀuje] *vt INFORM* desbloquear
déviation [devjasjɔ̃] *nf* desvío *m*
dévier [devje] *vt* desviar
deviner [dəvine] *vt* adivinar
devinette [dəvinɛt] *nf* adivinanza *f* • **jouer aux devinettes** jugar a las adivinanzas
devis [dəvi] *nm* presupuesto *m*
dévisager [devizaʒe] *vt* mirar descaradamente
devise [dəviz] *nf* divisa *f*
deviser [dəvize] *vt* (*Helv*) presupuestar
dévisser [devise] *vt* **1.** (*vis*) desatornillar **2.** (*couvercle*) desenroscar
dévoiler [devwale] *vt* (*secret, intentions*) revelar
devoir [dəvwaʀ] *vt*
1. (*argent, explications*) • **devoir qqch à qqn** deber algo a alguien
2. (*exprime l'obligation*) • **je dois partir tôt demain** mañana tengo que marcharme temprano
3. (*pour suggérer*) deber • **vous devriez essayer le rafting** debería probar el rafting
4. (*exprime le regret*) • **j'aurais dû/je n'aurais pas dû l'écouter** tendría/no tendría que haberlo escuchado
5. (*exprime la probabilité*) deber de • **ça doit coûter cher** debe de costar mucho • **le temps devrait s'améliorer cette semaine** parece el tiempo va a mejorar esta semana
6. (*exprime l'intention*) tener que • **nous devions partir hier, mais...** teníamos que salir ayer pero...
◇ *nm*
1. (*obligation*) deber *m*
2. *SCOL* • **devoir (à la maison)** deber *m* • **devoir (sur table)** examen *m*
◆ **devoirs** *nmpl* deberes *mpl* • **faire ses devoirs** hacer los deberes • **devoirs de vacances** deberes para las vacaciones
dévorer [devɔʀe] *vt* devorar
dévoué, e [devwe] *adj* abnegado(da)
dévouer [devwe] ◆ **se dévouer** *vp* consagrarse • **se dévouer pour faire qqch** sacrificarse por hacer algo
devra [dəvʀa] ➤ **devoir**
devrai [dəvʀɛ] ➤ **devoir**
dézipper [dezipe] *vt INFORM* descomprimir
diabète [djabɛt] *nm* diabetes *f inv*
diabétique [djabetik] *adj* diabético(ca)
diable [djabl] *nm* diablo *m*
diabolo [djabɔlo] *nm* (*boisson*) • **diabolo menthe** *bebida a base de gaseosa y jarabe de menta*
diagnostic [djagnɔstik] *nm* diagnóstico *m*
diagonale [djagɔnal] *nf* diagonal *f* • **lire en diagonale** leer por encima
dialecte [djalɛkt] *nm* dialecto *m*
dialogue [djalɔg] *nm* diálogo *m*
diamant [djamɑ̃] *nm* diamante *m*
diamètre [djamɛtʀ] *nm* diámetro *m*
diapositive [djapozitiv] *nf* diapositiva *f*
diarrhée [djaʀe] *nf* diarrea *f*

dictateur [diktatœʀ] *nm* dictador *m*, -ra *f*
dictature [diktatyʀ] *nf* dictadura *f*
dictée [dikte] *nf* dictado *m*
dicter [dikte] *vt* dictar
dictionnaire [diksjɔnɛʀ] *nm* diccionario *m*
dicton [diktɔ̃] *nm* refrán *m*
dièse [djɛz] *nm inv* • **appuyez sur (la touche) dièse** pulsar la (tecla) almohadilla
diesel [djezɛl] *nm* diésel *m* ◇ *adj* diésel
diététique [djetetik] *adj* dietético(ca)
dieu, x [djø] *nm* dios *m* ◆ **Dieu** *nm* Dios *m* • **mon Dieu !** ¡Dios mío!
différence [difeʀɑ̃s] *nf* diferencia *f*
différent, e [difeʀɑ̃, ɑ̃t] *adj (distinct)* diferente • **différent de** diferente de
différer [difeʀe] *vt & vi* diferir • **différer de** diferir de
difficile [difisil] *adj* difícil
difficulté [difikylte] *nf* dificultad *f* • **avoir des difficultés à faire qqch** tener dificultades para hacer algo • **en difficulté** en apuros
diffuser [difyze] *vt* **1.** *RADIO* difundir **2.** *(chaleur, lumière)* emitir **3.** *(parfum)* exhalar
digérer [diʒeʀe] *vt* **1.** *(aliment)* digerir **2.** *(fig) (supporter)* tragar
digeste [diʒɛst] *adj* digestible
digestif, ive [diʒɛstif, iv] *adj* digestivo(va) ◆ **digestif** *nm* licor *m*
digestion [diʒɛstjɔ̃] *nf* digestión *f*
Digicode® [diʒikɔd] *nm código numérico con el que se accede a un edificio*
digital, e, aux [diʒital, o] *adj* digital
digne [diɲ] *adj* digno(na) • **digne de** digno(na) de
digue [dig] *nf* dique *m*
dilater [dilate] *vt* dilatar ◆ **se dilater** *vp* dilatarse
diluer [dilɥe] *vt* diluir
dimanche [dimɑ̃ʃ] *nm* domingo *m* • **nous sommes dimanche** estamos a OU hoy es domingo • **dimanche 13 septembre** domingo 13 de septiembre • **nous sommes partis dimanche** nos fuimos el domingo • **dimanche dernier** el domingo pasado • **dimanche prochain** el domingo próximo OU que viene • **dimanche matin** el domingo por la mañana • **le dimanche** los domingos • **à dimanche !** ¡hasta el domingo!
dimension [dimɑ̃sjɔ̃] *nf* dimensión *f*
diminuer [diminɥe] *vt* **1.** *(chiffre, mesure)* reducir **2.** *(courage, mérite)* restar **3.** *(physiquement)* debilitar ◇ *vi* disminuir
diminutif [diminytif] *nm* diminutivo *m*
dinde [dɛ̃d] *nf (animal)* pava *f* • **dinde aux marrons** pavo *m* con castañas
dîner [dine] *nm* cena *f* ◇ *vi* cenar
diplomate [diplɔmat] *adj & nmf* diplomático(ca) ◇ *nm pudin a base de galletas, fruta escarchada y natillas*
diplomatie [diplɔmasi] *nf* diplomacia *f*
diplôme [diplom] *nm* diploma *m*, título *m*
dire [diʀ] *vt*
1. *(prononcer, exprimer)* decir • **dire la vérité** decir la verdad • **dire à qqn que/pourquoi/comment** decir a alguien que/por qué/cómo • **comment dit-on "de rien" en espagnol ?** ¿cómo se dice "de rien" en español? • **on ne dit pas..., on dit...** no se dice... se dice...
2. *(prétendre)* • **on dit que...** dicen que...

3. *(ordonner)* • **dire à qqn de faire qqch** decir a alguien que haga algo
4. *(penser)* • **qu'est-ce que vous en dites ?** ¿qué le parece? • **que dirais-tu de... ?** ¿qué te parecería...? • **dire que j'étais à deux mètres du président !** ¡y pensar que he estado a dos metros del presidente!
5. *(dans des expressions)* • **on dirait un champ de bataille** parece una leonera • **à vrai dire...** la verdad es que... • **ça ne me dit rien** no me apetece nada • **cela dit...** dicho esto... • **dis donc !** *(surprise, reproche)* ¡oye! ; *(au fait)* por cierto,... • **disons...** digamos...
◆ **se dire** *vp* decirse

direct, e [diʀɛkt] *adj* directo(ta) ◆ **direct** *nm (train)* directo *m* • **en direct (de)** en directo (desde)

directement [diʀɛktəmɑ̃] *adv* directamente

directeur, trice [diʀɛktœʀ, tʀis] *nm, f* director *m*, -ra *f* • **directeur des ressources humaines/de l'informatique** director de recursos humanos/de informática

direction [diʀɛksjɔ̃] *nf* dirección *f* • **direction de l'entreprise** dirección de la empresa • **en direction de Paris** con destino a París ▼ **toutes directions** todas direcciones ▼ **s'adresser à la direction** dirigirse a la dirección

dirigeant, e [diʀiʒɑ̃, ɑ̃t] *nm, f* **1.** *POL* dirigente *mf* **2.** *(d'une entreprise, d'un club)* directivo *m*, -va *f*

diriger [diʀiʒe] *vt* dirigir • **diriger qqch sur** dirigir algo hacia ◆ **se diriger vers** *vp + prep* dirigirse haca

dis [di] ➤ **dire**

discipline [disiplin] *nf* disciplina *f*

discipliné, e [disipline] *adj* disciplinado(da)

disc-jockey, s [diskʒɔkɛ] *nm* pinchadiscos *mf inv*

discothèque [diskɔtɛk] *nf* discoteca *f*

discours [diskuʀ] *nm* discurso *m*

discret, ète [diskʀɛ, ɛt] *adj* discreto(ta)

discrétion [diskʀesjɔ̃] *nf* discreción *f*

discrimination [diskʀiminasjɔ̃] *nf* discriminación *f*

discussion [diskysjɔ̃] *nf* charla *f*

discuter [diskyte] *vi* **1.** *(parler)* hablar **2.** *(protester)* protestar • **discuter de qqch (avec qqn)** hablar de algo (con alguien)

dise [diz] ➤ **dire**

disjoncter [disʒɔ̃kte] *vi (en électricité)* saltar (los plomos) • **ça a disjoncté** han saltado los plomos

disjoncteur [disʒɔ̃ktœʀ] *nm* disyuntor *m*

disons [dizɔ̃] ➤ **dire**

disparaître [dispaʀɛtʀ] *vi* desaparecer

disparition [dispaʀisjɔ̃] *nf* **1.** desaparición *f* **2.** *(d'une espèce)* extinción *f*

disparu, e [dispaʀy] *pp* ➤ **disparaître** ◇ *nm, f* desaparecido *m*, -da *f*

dispensaire [dispɑ̃sɛʀ] *nm* dispensario *m*

dispenser [dispɑ̃se] *vt* • **dispenser qqn de qqch** dispensar a alguien de algo

disperser [dispɛʀse] *vt* dispersar

disponible [dispɔnibl] *adj* disponible

disposé, e [dispoze] *adj* • **être disposé à faire qqch** estar dispuesto a hacer algo

disposer [dispoze] *vt* disponer ◆ **disposer de** *v + prep* disponer de

dispositif [dispozitif] *nm* dispositivo *m*

disposition [dispozisjɔ̃] *nf* disposición *f* • **prendre ses dispositions** tomar sus disposiciones • **à la disposition de qqn** a disposición de alguien
disproportionné, e [dispʀɔpɔʀsjɔne] *adj* desproporcionado(da)
dispute [dispyt] *nf* disputa *f*
disputer [dispyte] *vt* disputar ♦ **se disputer** *vp* pelearse
disquaire [diskɛʀ] *nmf* vendedor *m*, -ra *f* de discos
disqualifier [diskalifje] *vt* descalificar
disque [disk] *nm* disco *m* • **disque laser** disco láser • **disque dur** disco duro
disquette [diskɛt] *nf* disquete *m*
dissertation [disɛʀtasjɔ̃] *nf* disertación *f*
dissimuler [disimyle] *vt* disimular
dissipé, e [disipe] *adj* indisciplinado(da)
dissiper [disipe] ♦ **se dissiper** *vp (brouillard)* disiparse
dissolvant [disɔlvɑ̃] *nm* **1.** *(à peinture)* disolvente *m* **2.** *(à ongles)* quitaesmalte *m*
dissoudre [disudʀ] *vt* disolver
dissous, oute [disu, ut] *pp* ➤ **dissoudre**
dissuader [disɥade] *vt* • **dissuader qqn de faire qqch** disuadir a alguien de hacer algo
distance [distɑ̃s] *nf* distancia *f* • **à une distance de 20 km** ou **à 20 km de distance** a una distancia de 20 km o a 20 km de distancia • **à distance** a distancia
distancer [distɑ̃se] *vt (concurrent, sportif)* tomar ventaja a • **distancer la concurrence** tomar ventaja a la competencia
distinct, e [distɛ̃, ɛ̃kt] *adj* **1.** *(différent)* distinto(ta) **2.** *(clair)* claro(ra)
distinction [distɛ̃ksjɔ̃] *nf* • **faire une distinction entre** hacer una distinción entre • **sans distinction** sin distinción
distingué, e [distɛ̃ge] *adj* distinguido(da) ▼ **salutations distinguées** *(dans une lettre)* le saluda atentamente
distinguer [distɛ̃ge] *vt* distinguir ♦ **se distinguer de** *vp + prep* distinguirse de
distraction [distʀaksjɔ̃] *nf* distracción *f*
distraire [distʀɛʀ] *vt* distraer ♦ **se distraire** *vp* distraerse
distrait, e [distʀɛ, ɛt] *pp* ➤ **distraire** ◇ *adj* distraído(da)
distribuer [distʀibɥe] *vt* distribuir
distributeur [distʀibytœʀ] *nm* máquina *f* expendedora • **distributeur (automatique) de billets** cajero *m* automático
distribution [distʀibysjɔ̃] *nf* **1.** distribución *f* **2.** *(du courrier, des rôles)* reparto *m*
dit, e [di, dit] *pp* ➤ **dire**
dites [dit] ➤ **dire**
divan [divɑ̃] *nm* diván *m*
divers, es [divɛʀ, ɛʀs] *adj* diversos(sas) • **les divers droite/gauche** *POL candidatos y representantes elegidos de derecha/izquierda que no pertenecen a los grandes partidos tradicionales*
divertir [divɛʀtiʀ] *vt* divertir ♦ **se divertir** *vp* divertirse
divertissement [divɛʀtismɑ̃] *nm* diversión *f*
divin, e [divɛ̃, in] *adj* divino(na)
diviser [divize] *vt* dividir
division [divizjɔ̃] *nf* división *f*
divorce [divɔʀs] *nm* divorcio *m* • **demander/obtenir le divorce** pedir/obtener el divorcio

divorcé, e [divɔʀse] *adj & nm, f* divorciado(da)

divorcer [divɔʀse] *vi* divorciarse

dix [dis] *adj num & pron num* diez ◇ *nm* diez *m* • **il a dix ans** hace diez años • **il est dix heures** son las diez • **le dix janvier** el diez de enero • **page dix** página diez • **ils étaient dix** eran diez • **le dix de pique** el diez de picas • **(au) dix rue Lepic** (en la) calle Lepic número diez

dix-huit [dizɥit] *adj num & pron num* dieciocho ◇ *nm* dieciocho *m* • **il a dix-huit ans** tiene dieciocho años • **il est dix-huit heures** son las seis de la tarde • **le dix-huit janvier** es el dieciocho de enero • **page dix-huit** página dieciocho • **ils étaient dix-huit** eran dieciocho • **(au) dix-huit rue Lepic** (en la) calle Lepic número dieciocho

dix-huitième [dizɥitjɛm] *adj num & pron num* decimoctavo(va) ◇ *nm* **1.** *(fraction)* decimoctava parte *f* **2.** *(étage)* decimoctavo *m* (piso) **3.** *(arrondissement)* distrito *m* dieciocho ou decimoctavo

dixième [dizjɛm] *adj num & pron num* décimo(ma) ◇ *nm* **1.** *(fraction)* décima parte *f* **2.** *(étage)* décimo *m* (piso) **3.** *(arrondissement)* distrito *m* diez ou décimo

dix-neuf [diznœf] *adj num & pron num* diecinueve ◇ *nm* diecinueve *m* • **il a dix-neuf ans** tiene diecinueve años • **il est dix-neuf heures** son las siete de la tarde • **le dix-neuf janvier** el diecinueve de enero • **page dix-neuf** página diecinueve • **ils étaient dix-neuf** eran diecinueve • **(au) dix-neuf rue Lepic** (en la) calle Lepic número diecinueve

dix-neuvième [diznœvjɛm] *adj num & pron num* decimonoveno(na) ◇ *nm* **1.** *(fraction)* decimonovena parte *f* **2.** *(étage)* decimonoveno *m* (piso) **3.** *(arrondissement)* distrito *m* diecinueve ou decimonoveno

dix-sept [dissɛt] *adj num & pron num* diecisiete ◇ *nm* diecisiete *m* • **il a dix-sept ans** tiene diecisiete años • **il est dix-sept heures** son las cinco de la tarde • **le dix-sept janvier** el diecisiete de enero • **page dix-sept** página diecisiete • **ils étaient dix-sept** eran diecisiete • **(au) dix-sept rue Lepic** (en la) calle Lepic número diecisiete

dix-septième [dissɛtjɛm] *adj num & pron num* decimoséptimo(ma) ◇ *nm* **1.** *(fraction)* decimoséptima parte *f* **2.** *(étage)* decimoséptimo *m* (piso) **3.** *(arrondissement)* distrito *m* diecisiete ou decimoséptimo

dizaine [dizɛn] *nf* • **une dizaine (de)** una decena (de)

DJ [didʒe] *nm* (*abr de disc-jockey*) pinchadiscos *mf inv*

docile [dɔsil] *adj* dócil

docks [dɔk] *nmpl* dársena *f*

docteur [dɔktœʀ] *nm* doctor *m*, -ra *f*

document [dɔkymɑ̃] *nm* documento *m*

documentaire [dɔkymɑ̃tɛʀ] *nm* documental *m*

documentaliste [dɔkymɑ̃talist] *nmf* SCOL documentalista *mf*

documentation [dɔkymɑ̃tasjɔ̃] *nf* documentación *f* • **avoir/envoyer de la documentation** tener/enviar documentación • **demander de la documentation** pedir documentación

documenter [dɔkymɑ̃te] ◆ **se documenter** *vp* documentarse
doigt [dwa] *nm* dedo *m* ● **doigt de pied** dedo del pie ● **à deux doigts de** a dos dedos de ● **un doigt de** *(petite quantité)* un dedo de
dois [dwa] ➤ **devoir**
doive [dwav] ➤ **devoir**
dollar [dɔlaʀ] *nm* dólar *m*
domaine [dɔmɛn] *nm* **1.** *(propriété)* propiedad *f* **2.** *(secteur)* ámbito *m* **3.** *INFORM* dominio *m* ● **travailler dans le domaine de la finance** trabajar en el ámbito de las finanzas
dôme [dom] *nm* cúpula *f*
domestique [dɔmɛstik] *adj* doméstico(ca) ◇ *nmf* criado *m*, -da *f*
domicile [dɔmisil] *nm* domicilio *m* ● **à domicile** a domicilio
dominer [dɔmine] *vt* & *vi* dominar
dominos [dɔmino] *nmpl* dominó *m* ● **jouer aux dominos** jugar al dominó
dommage [dɔmaʒ] *nm* ● **(quel) dommage !** ¡qué pena! ● **c'est dommage de partir si tôt** es una pena tener que irse tan pronto ● **c'est dommage que** es una pena que ◆ **dommages** *nmpl* daños *mpl*
dompter [dɔ̃te] *vt* domar
dompteur, euse [dɔ̃tœʀ, øz] *nm, f* domador *m*, -ra *f*
DOM-TOM [dɔmtɔm] *nmpl antiguas provincias y territorios franceses de ultramar*

DOM-TOM

Los territorios franceses de ultramar ya no se denominan *DOM (Départements d'Outre-Mer)* y *TOM (Territoires d'Outre-Mer)*, sino que se subdividen en *DROM (Départements et Régions d'Outre-Mer)* y *COM (Collectivités d'Outre-Mer)*. Además, la UE los ha reconocido como *PTOM (Pays et Territoires d'Outre-Mer)*.

don [dɔ̃] *nm* don *m* ● **don de sang/d'organes** donación *f* de sangre/de órganos
donc [dɔ̃k] *conj* **1.** *(par conséquent)* así que **2.** *(pour reprendre)* pues
donjon [dɔ̃ʒɔ̃] *nm* torreón *m*
données [dɔne] *nfpl* datos *mpl*
donner [dɔne] *vt* dar ● **donner un livre à un ami** dar un libro a un amigo ● **donner à manger à qqn** dar de comer a alguien ● **donner chaud** dar calor ● **donner soif** dar sed ● **donner son sang** donar sangre ◆ **donner sur** *v + prep* dar a
dont [dɔ̃] *pron rel*
1. *(complément du verbe ou de l'adjectif)* del que (de la que) ● **la région dont je viens est très montagneuse** la región de donde vengo es muy montañosa ● **c'est le camping dont on nous a parlé** es el camping del que nos han hablado ● **l'établissement dont ils sont responsables** el establecimiento del que son responsables ● **la façon dont ça s'est passé** la manera como ocurrió
2. *(complément d'un nom de personne)* de quien ● **un homme dont on m'a parlé** un hombre de quien me han hablado
3. *(complément du nom, exprime l'appartenance)* cuyo(ya) ● **ton ami dont les parents sont divorcés** ese amigo tuyo cuyos padres están divorciados ● **c'est un pays**

dont la principale industrie est le tourisme es un país cuya principal industria es el turismo • **pour ceux dont la passion est le sport** para aquellos cuya pasión es el deporte
4. *(parmi lesquels)* • **nous avons passé plusieurs jours au Portugal, dont trois à la plage** pasamos varios días en Portugal, tres de ellos en la playa • **certaines personnes, dont moi, pensent que...** algunas personas, yo entre ellos, piensan que...

dopage [dɔpaʒ] *nm* doping *m*, dopaje *m*

doré, e [dɔʀe] *adj* dorado(da)

dorénavant [dɔʀenavɑ̃] *adv* en adelante

dorin [dɔʀɛ̃] *nm (Helv.) denominación genérica de los vinos blancos procedentes del cantón de Vaud*

dormir [dɔʀmiʀ] *vi* dormir

dortoir [dɔʀtwaʀ] *nm* dormitorio *m* común

dos [do] *nm* **1.** espalda *f* **2.** *(d'un siège)* respaldo *m* **3.** *(d'un livre, d'une feuille)* dorso *m* **4.** *(natation)* • **dos crawlé** espalda *f* • **au dos (de)** en el dorso (de) • **de dos (à)** de espaldas (a) • **avoir mal au dos** tener dolor de espalda

dose [doz] *nf* dosis *f inv*

dossier [dosje] *nm* **1.** *(d'un siège)* respaldo *m* **2.** *(documents)* informe *m*, dossier *m* **3.** *INFORM* carpeta *f* • **dossier d'inscription** expediente *m* de inscripción

douane [dwan] *nf* aduana *f*

douanier, ère [dwanje, ɛʀ] *nm, f* aduanero *m*, -ra *f*

doublage [dublaʒ] *nm* doblaje *m*

double [dubl] *adj & adv* doble ◇ *nm* **1.** *(copie)* copia *f* **2.** *(partie de tennis)* dobles *mpl* • **le double (de)** el doble (de) • **avoir qqch en double** tener algo repetido

double-clic [dubləklik] (*pl* **doubles-clics**) *nm INFORM* doble clic *m* • **faire un double-clic** hacer doble clic (en)

double-cliquer [dubləklike] *vi INFORM* hacer doble clic ◇ *vt* hacer doble clic en

doubler [duble] *vt* **1.** doblar **2.** *AUTO* adelantar ◇ *vi* **1.** *(augmenter)* duplicarse **2.** *AUTO* adelantar • **mes revenus ont doublé en un an** mis ingresos se han multiplicado por dos en un año

doublure [dublyʀ] *nf (d'un vêtement)* forro *m*

douce ➤ **doux**

doucement [dusmɑ̃] *adv* **1.** *(bas)* bajo **2.** *(lentement)* lentamente

douceur [dusœʀ] *nf* **1.** *(sensation)* suavidad *f* **2.** *(gentillesse)* dulzura *f* • **avec douceur** suavemente • **en douceur** despacio

douche [duʃ] *nf* ducha *f* • **prendre une douche** tomar ou darse una ducha

doucher [duʃe] ◆ **se doucher** *vp* ducharse

doué, e [dwe] *adj* dotado(da) • **être doué pour** ou **en qqch** tener facilidad para algo

douillet, ette [dujɛ, ɛt] *adj* **1.** *(personne)* delicado(da) **2.** *(lit)* mullido(da)

douleur [dulœʀ] *nf* dolor *m* • **j'ai une douleur au ventre** tengo dolor de barriga • **j'ai une douleur au bras** me duele el brazo

douloureux, euse [duluʀø, øz] *adj* **1.** *(opération, souvenir)* doloroso(sa) **2.** *(partie du corps)* dolorido(da)

doute [dut] *nm* duda *f* • **avoir un doute (sur)** tener una duda (sobre) • **sans doute** sin duda

douter [dute] *vt* dudar • **douter que** dudar que • **douter de** *v + prep* dudar de • **se douter** *vp* • **se douter de** sospechar • **se douter que** sospechar que
doux, douce [du, dus] *adj* **1.** suave **2.** *(gentil)* dulce • **il fait doux, aujourd'hui** hoy hace una temperatura agradable
douzaine [duzɛn] *nf* • **une douzaine (de)** una docena (de)
douze [duz] *adj num & pron num* doce ◇ *nm* doce *m* • **il a douze ans** tiene doce años • **le douze janvier** el doce de enero • **page douze** página doce • **ils étaient douze** eran doce • **(au) douze rue Lepic** (en la) calle Lepic número doce
douzième [duzjɛm] *adj num & pron num* duodécimo(ma) ◇ *nm* **1.** *(fraction)* duodécima parte *f* **2.** *(étage)* duodécimo *m* (piso) **3.** *(arrondissement)* distrito *m* doce ou duodécimo
dragée [dʀaʒe] *nf* peladilla *f*
dragon [dʀagɔ̃] *nm* dragón *m*
draguer [dʀage] *vt* *(fam)* *(personne)* ligar con
dramatique [dʀamatik] *adj* dramático(ca)
drame [dʀam] *nm* drama *m*
drap [dʀa] *nm* sábana *f* • **changer les draps** cambiar las sábanas
drapeau, x [dʀapo] *nm* bandera *f*
drap-housse [dʀaus] (*pl* **draps-housses**) *nm* sábana *f* bajera (ajustable)
dresser [dʀese] *vt* **1.** *(lever)* levantar **2.** *(animal)* adiestrar • **se dresser** *vp* **1.** *(se mettre debout)* levantarse **2.** *(s'élever)* erguirse
drogue [dʀɔg] *nf* droga *f* • **drogue douce/dure** droga blanda/dura
drogué, e [dʀɔge] *nm, f* drogadicto *m*, -ta *f*
droguer [dʀɔge] • **se droguer** *vp* drogarse
droguerie [dʀɔgʀi] *nf* droguería *f*
droit, e [dʀwa, dʀwat] *adj* **1.** derecho(cha) **2.** *(sans détour)* recto(ta) • **droit** *adv* recto ◇ *nm* derecho *m* • **le Droit** *DR* el derecho • **droit de vote** derecho al voto • **avoir le droit de faire qqch** tener derecho a hacer algo • **avoir droit à qqch** tener derecho a algo • **payer les droits d'inscription** pagar los derechos de inscripción
droite [dʀwat] *nf* derecha *f* • **à droite (de)** a la derecha (de) • **la droite** la derecha • **de droite** *(du côté droit)* de la derecha ; *POL* de derechas
droitier, ère [dʀwatje, ɛʀ] *adj & nm, f* diestro(tra) *(que usa la mano derecha)*
drôle [dʀol] *adj* **1.** *(amusant)* divertido(da) **2.** *(bizarre)* raro(ra)
DROM [dʀɔm] (*abr de Départements et régions d'outre-mer*) *nmpl territorios franceses de ultramar que son al mismo tiempo un departamento y una región: lo son Guadalupe, la Guyana Francesa, Martinica y la isla de la Reunión*
drugstore [dʀœgstɔʀ] *nm* drugstore *m*
du [dy] ➤ **de + le** ; = **de**
dû, due [dy] *pp* ➤ **devoir**
duc, duchesse [dyk, dyʃɛs] *nm, f* duque *m*, -quesa *f*
duel [dɥɛl] *nm* duelo *m* • **se battre en duel** batirse en duelo
duffle-coat, s [dœfəlkot] *nm* trenca *f*
dune [dyn] *nf* duna *f*
duo [dɥo] *nm* dúo *m*

duplex [dyplɛks] *nm* dúplex *m*
duplicata [dyplikata] *nm* duplicado *m*
duquel [dykɛl] ➤ **de + lequel ; = lequel**
dur, e [dyʀ] *adj* **1.** duro(ra) **2.** *(difficile)* difícil ◆ **dur** *adv* **1.** *(travailler)* mucho **2.** *(frapper)* fuerte
durant [dyʀɑ̃] *prép* durante
durcir [dyʀsiʀ] *vi* endurecer
durée [dyʀe] *nf* duración *f*
durer [dyʀe] *vi* durar
dureté [dyʀte] *nf* dureza *f*
duvet [dyvɛ] *nm* **1.** *(plumes)* plumón *m* **2.** *(sac de couchage)* saco *m* de dormir *(de plumón)*
DVD [devede] (*abr de Digital Video Disc* ou *Digital Versatile Disc*) *m inv* DVD *m*
DVD-ROM [devedeʀɔm] (*abr de Digital Video ou Versatile Disc Read Only Memory*) *nm* DVD-ROM *m*
dynamique [dinamik] *adj* dinámico(ca)
dynamite [dinamit] *nf* dinamita *f*
dynamo [dinamo] *nf* dinamo *f*
dyslexique [dislɛksik] *adj* disléxico(ca)

*e*E

E (*abr écrite de est*) E *(este)*
eau, x [o] *nf* agua *f* ● **eau bénite** agua bendita ● **eau de Cologne** colonia *f* ● **eau douce** agua dulce ● **eau gazeuse/plate** agua con gas/sin gas ● **eau minérale** agua mineral ● **eau oxygénée** agua oxigenada ● **eau potable/non potable** agua potable/no potable ● **eau du robinet** agua del grifo ● **eau de toilette** colonia ● **eau de mer** agua salada ● **elle a perdu les eaux** ha roto aguas ● **tomber à l'eau** *(fig)* irse a pique
eau-de-vie [odəvi] (*pl* **eaux-de-vie**) *nf* aguardiente *m*
ébéniste [ebenist] *nmf* ebanista *mf*
éblouir [ebluiʀ] *vt* deslumbrar
éblouissant, e [ebluisɑ̃, ɑ̃t] *adj* deslumbrante
éborgner [ebɔʀɲe] *vt* ● **éborgner qqn** dejar a alguien tuerto(ta)
éboueur [ebwœʀ] *nm* basurero *m*, -ra *f*
ébouillanter [ebujɑ̃te] *vt* escaldar ◆ **s'ébouillanter** *vp* escaldarse
éboulement [ebulmɑ̃] *nm* desprendimiento *m*
ébouriffé, e [ebuʀife] *adj* desgreñado(da)
ébrécher [ebʀeʃe] *vt* mellar
ébrouer [ebʀue] ◆ **s'ébrouer** *vp* sacudirse
ébruiter [ebʀɥite] *vt* divulgar
ébullition [ebylisjɔ̃] *nf* ebullición *f* ● **porter qqch à ébullition** llevar algo a ebullición
écaille [ekaj] *nf* **1.** *(de poisson)* escama *f* **2.** *(matière)* concha *f* ● **en écaille** de concha
écailler [ekaje] *vt (poisson)* escamar
écarlate [ekaʀlat] *adj* escarlata
écarquiller [ekaʀkije] *vt* ● **écarquiller les yeux** abrir los ojos de par en par
écart [ekaʀ] *nm* **1.** *(distance)* distancia *f* **2.** *(différence)* diferencia *f* ● **faire un écart** echarse a un lado ● **à l'écart (de)** al margen (de) ● **faire le grand écart** abrirse de piernas

écarter [ekaʀte] *vt* **1.** *(éloigner)* alejar **2.** *(ouvrir)* abrir
échafaudage [eʃafodaʒ] *nm* andamio *m*
échalote [eʃalɔt] *nf* chalote *m*
échancré, e [eʃɑ̃kʀe] *adj (vêtement)* escotado(da)
échange [eʃɑ̃ʒ] *nm* **1.** *(troc)* cambio *m* **2.** *SCOL* intercambio *m* **3.** *(au tennis)* peloteo *m* • **en échange (de)** a cambio (de)
échanger [eʃɑ̃ʒe] *vt* intercambiar • **échanger qqch contre** cambiar algo por
échangeur [eʃɑ̃ʒœʀ] *nm (d'autoroute)* cruce *m* a diferentes niveles
échantillon [eʃɑ̃tijɔ̃] *nm* muestra *f*
échappement [eʃapmɑ̃] *nm* ➤ **pot, tuyau**
échapper [eʃape] ◆ **échapper à** *v + prep* escapar de • **ça m'a échappé** *(nom, détail)* se me ha ido de la memoria ; *(paroles)* se me han escapado ◆ **s'échapper** *vp* escaparse • **s'échapper de** escaparse de
écharde [eʃaʀd] *nf* astilla *f*
écharpe [eʃaʀp] *nf* bufanda *f* • **le bras en écharpe** el brazo en cabestrillo
échauffement [eʃofmɑ̃] *nm (sportif)* calentamiento *m*
échauffer [eʃofe] ◆ **s'échauffer** *vp (sportif)* calentarse
échec [eʃɛk] *nm* fracaso *m* • **échec !** ¡jaque! • **échec et mat !** ¡jaque mate! • **échec scolaire** fracaso escolar ◆ **échecs** *nmpl* ajedrez *m* • **jouer aux échecs** jugar al ajedrez
échelle [eʃɛl] *nf* **1.** escalera *f* **2.** *(sur une carte)* escala *f* • **faire la courte échelle à qqn** aupar a alguien • **échelle de Richter** escala de Richter
échelon [eʃlɔ̃] *nm* **1.** *(d'échelle)* peldaño *m* **2.** *(grade)* escalón *m*
échine [eʃin] *nf CULIN* lomo *m*
échiquier [eʃikje] *nm* tablero *m* de ajedrez
écho [eko] *nm* eco *m*
échographie [ekogʀafi] *nf* ecografía *f* • **faire** ou **passer une échographie** hacerse una ecografía
échouer [eʃwe] *vi* fracasar
éclabousser [eklabuse] *vt* salpicar
éclaboussure [eklabusyʀ] *nf* salpicadura *f*
éclair [eklɛʀ] *nm* **1.** relámpago *m* **2.** *(gâteau) pastelito alargado relleno de crema de chocolate o de café*
éclairage [eklɛʀaʒ] *nm* iluminación *f*
éclaircie [eklɛʀsi] *nf* claro *m (entre nubes)*
éclaircir [eklɛʀsiʀ] *vt* aclarar ◆ **s'éclaircir** *vp (ciel)* despejarse
éclaircissement [eklɛʀsismɑ̃] *nm (explication)* aclaración *f*
éclairer [ekleʀe] *vt* **1.** *(illuminer)* iluminar **2.** *(expliquer)* aclarar ◆ **s'éclairer** *vp (visage)* iluminarse
éclaireur, euse [eklɛʀœʀ, øz] *nm, f* explorador *m*, -ra *f* • **partir en éclaireur** ir a reconocer el terreno
éclat [ekla] *nm* **1.** *(de verre)* trozo *m* **2.** *(d'une lumière)* resplandor *m* • **éclats de rire** carcajadas *fpl* • **éclats de voix** gritos *mpl*
éclatant, e [eklatɑ̃, ɑ̃t] *adj* **1.** *(lumière, blancheur, sourire)* resplandeciente **2.** *(succès)* brillante

éclater [eklate] *vi* estallar • **éclater de rire** echarse a reír • **éclater en sanglots** romper a llorar
éclipse [eklips] *nf* eclipse *m*
éclosion [eklozjɔ̃] *nf* eclosión *f*
écluse [eklyz] *nf* esclusa *f*
écobilan [ekɔbilɑ̃] *nm* ecobalance *m*
écœurant, e [ekœʀɑ̃, ɑ̃t] *adj* **1.** *(aliment)* asqueroso(sa) **2.** *(spectacle, comportement)* repugnante
écœurer [ekœʀe] *vt* dar asco
école [ekɔl] *nf* escuela *f*, colegio *m* • **école publique/privée** enseñanza *f* pública/privada • **je vais à l'école** voy al colegio

L'école

En Francia, la *école* es el establecimiento escolar de enseñanza primaria. Se divide en dos ciclos: *école maternelle*, para alumnos de entre 3 y 6 años, y que incluye los cursos *petite, moyenne* y *grande section*; y *école primaire*, destinada a alumnos de entre 6 y 11 años, y que comprende los cursos *CP* (o *cours préparatoire*), *CE1* (o *cours élémentaire 1*), *CE2*, *CM1* (o *cours moyen 1*) y *CM2*.

écolier, ère [ekɔlje, ɛʀ] *nm, f* colegial *m*, -la *f*
écologie [ekɔlɔʒi] *nf* ecología *f*
écologique [ekɔlɔʒik] *adj* ecológico(ca)
économie [ekɔnɔmi] *nf* economía *f* ◆ **économies** *nfpl* ahorros *mpl* • **faire des économies** ahorrar
économique [ekɔnɔmik] *adj* económico(ca)
économiser [ekɔnɔmize] *vt* ahorrar
écorce [ekɔʀs] *nf* corteza *f*
écorcher [ekɔʀʃe] ◆ **s'écorcher** *vp* • **s'écorcher le genou** arañarse la rodilla
écorchure [ekɔʀʃyʀ] *nf* arañazo *m*
écossais, e [ekɔsɛ, ɛz] *adj* escocés(esa) ◆ **Écossais, e** *nm, f* escocés *m*, -esa *f*
Écosse [ekɔs] *nf* • **l'Écosse** Escocia *f*
écotourisme [ekɔtuʀism] *nm* ecoturismo *m*
écouler [ekule] ◆ **s'écouler** *vp* **1.** *(temps)* pasar **2.** *(liquide)* fluir
écouter [ekute] *vt* escuchar
écouteur [ekutœʀ] *nm (de téléphone)* auricular *m* • **écouteurs** *(casque)* cascos *mpl*
écran [ekʀɑ̃] *nm* pantalla *f* • **(crème) écran total** (crema solar de) protección *f* total • **le grand écran** *(le cinéma)* la pantalla grande • **le petit écran** *(la télévision)* la pequeña pantalla • **écran plat** pantalla *f* plana
écrasant, e [ekʀazɑ̃, ɑ̃t] *adj* aplastante
écraser [ekʀaze] *vt* **1.** aplastar **2.** *(en voiture)* atropellar • **se faire écraser** *(par une voiture)* ser atropellado(da) ◆ **s'écraser** *vp (avion)* estrellarse
écrémé, e [ekʀeme] *adj* desnatado(da) • **demi-écrémé** semidesnatado(da)
écrevisse [ekʀəvis] *nf* cangrejo *m* de río
écrier [ekʀije] ◆ **s'écrier** *vp* exclamar
écrin [ekʀɛ̃] *nm* joyero *m*
écrire [ekʀiʀ] *vt* & *vi* escribir • **écrire à qqn** escribir a alguien ◆ **s'écrire** *vp* escribirse
écrit, e [ekʀi, it] *pp* ➤ **écrire** ◇ *nm* • **par écrit** por escrito • **à l'écrit** *(examen)* en el examen escrito
écriteau, x [ekʀito] *nm* letrero *m*

écriture [ekʀityʀ] *nf* escritura *f*
écrivain, e [ekʀivɛ̃, ɛn] *nm, f* escritor *m*, -ra *f*
écrou [ekʀu] *nm* tuerca *f*
écrouler [ekʀule] ◆ **s'écrouler** *vp* derrumbarse
écru, e [ekʀy] *adj (couleur)* crudo(da)
ecsta [ɛksta] (*abr de ecstasy*) (*fam*) *nm* éxtasis *m inv (droga)*
écume [ekym] *nf* espuma *f*
écureuil [ekyʀœj] *nm* ardilla *f*
écurie [ekyʀi] *nf* cuadra *f*
écusson [ekysɔ̃] *nm* escudo *m*
eczéma [ɛgzema] *nm* eccema *m* ● **j'ai de l'eczéma** tengo eccema
édenté, e [edɑ̃te] *adj* desdentado(da), mellado(da)
édifice [edifis] *nm* edificio *m*
éditer [edite] *vt* editar
éditeur, trice [editœʀ, tʀis] *nm, f* editor *m*, -ra *f*
édition [edisjɔ̃] *nf* edición *f*
édredon [edʀədɔ̃] *nm* edredón *m*
éducatif, ive [edykatif, iv] *adj* educativo(va)
éducation [edykasjɔ̃] *nf* educación *f* ● **éducation physique** educación física ● **l'Éducation nationale** ≃ la Educacion Nacional
éduquer [edyke] *vt* educar
E.E.G. (*abr écrite de électroencéphalogramme*) *nm MÉD* EEG *m (electroencefalograma)*
effacer [efase] *vt* borrar ◆ **s'effacer** *vp* borrarse
effaceur [efasœʀ] *nm* borrador *m* de tinta
effectif [efɛktif] *nm* plantilla *f*
effectivement [efɛktivmɑ̃] *adv* efectivamente
effectuer [efɛktɥe] *vt* efectuar
efféminé, e [efemine] *adj* afeminado(da)
effervescent, e [efɛʀvesɑ̃, ɑ̃t] *adj* efervescente
effet [efɛ] *nm* efecto *m* ● **effet secondaire** efecto secundario ● **effets spéciaux** efectos especiales ● **faire de l'effet** causar efecto ● **en effet** en efecto
efficace [efikas] *adj* eficaz
efficacité [efikasite] *nf* eficacia *f*
effilé, e [efile] *adj* afilado(da)
effilocher [efilɔʃe] ◆ **s'effilocher** *vp* deshilacharse
effleurer [eflœʀe] *vt* rozar
effondrer [efɔ̃dʀe] ◆ **s'effondrer** *vp* derrumbarse
efforcer [efɔʀse] ◆ **s'efforcer de** *vp + prep* esforzarse por
effort [efɔʀ] *nm* esfuerzo *m* ● **faire des efforts (pour)** hacer esfuerzos (por)
effrayant, e [efʀɛjɑ̃, ɑ̃t] *adj* espantoso(sa)
effrayer [efʀeje] *vt* asustar
effriter [efʀite] ◆ **s'effriter** *vp* desmoronarse
effroyable [efʀwajabl] *adj* espantoso(sa)
égal, e, aux [egal, o] *adj (identique)* igual ● **ça m'est égal** me da igual
également [egalmɑ̃] *adv (aussi)* igualmente
égaliser [egalize] *vt* igualar ◇ *vi SPORT* empatar
égalité [egalite] *nf* igualdad *f* ● **être à égalité** *SPORT* estar empatados(das)

• **égalité des chances** igualdad de oportunidades

égard [egaʀ] *nm* • **à l'égard de** respecto a

égarer [egaʀe] *vt* extraviar ♦ **s'égarer** *vp (se perdre)* extraviarse

égayer [egeje] *vt* alegrar

église [egliz] *nf* iglesia *f* • **l'Église** la Iglesia • **un homme d'église** un eclesiástico

égoïste [egɔist] *adj & nmf* egoísta

égorger [egɔʀʒe] *vt* degollar

égouts [egu] *nmpl* alcantarillado *m*

égoutter [egute] *vt* escurrir

égouttoir [egutwaʀ] *nm* escurreplatos *m inv*

égratigner [egʀatiɲe] *vt* arañar ♦ **s'égratigner** *vp* arañarse • **s'égratigner le genou** arañarse la rodilla

égratignure [egʀatiɲyʀ] *nf* arañazo *m*

égrener [egʀəne] *vt* desgranar

Égypte [eʒipt] *nf* • **l'Égypte** Egipto *m*

égyptien, enne [eʒipsjɛ̃, ɛn] *adj* egipcio(cia) ♦ **Égyptien, enne** *nm, f* egipcio *m*, -cia *f*

eh [e] *interj* ¡eh! • **eh bien !** ¡bueno!

éjection [eʒɛksjɔ̃] *nf* expulsión *f* • **bouton d'éjection du CD-ROM** botón *m* de expulsión de la unidad de CD-ROM

élan [elɑ̃] *nm* **1.** *(pour sauter)* impulso *m* **2.** *(de tendresse)* arrebato *m* • **prendre son élan** coger impulso

élancer [elɑ̃se] ♦ **s'élancer** *vp* lanzarse

élargir [elaʀʒiʀ] *vt* **1.** *(route, vêtement)* ensanchar **2.** *(débat, connaissances)* ampliar ♦ **s'élargir** *vp (route, vêtement)* ensancharse

élastique [elastik] *adj* elástico(ca) ◇ *nm* elástico *m*

électeur, trice [elɛktœʀ, tʀis] *nm, f* elector *m*, -ra *f* • **carte d'électeur** *credencial para votar*

élections [elɛksjɔ̃] *nfpl* elecciones *fpl* • **élections législatives** elecciones legislativas • **élections présidentielles** elecciones presidenciales • **se présenter aux élections** presentarse a las elecciones

électricien, enne [elɛktʀisjɛ̃, ɛn] *nm, f* electricista *mf*

électricité [elɛktʀisite] *nf* electricidad *f* • **électricité statique** electricidad estática

électrique [elɛktʀik] *adj* eléctrico(ca)

électrocuter [elɛktʀɔkyte] ♦ **s'électrocuter** *vp* electrocutarse

électroménager [elɛktʀɔmenaʒe] *nm* electrodoméstico *m*

électronique [elɛktʀɔnik] *adj* electrónico(ca) ◇ *nf* electrónica *f*

électuaire [elɛktyɛʀ] *nm (Helv) crema para untar parecida a la mermelada*

élégance [elegɑ̃s] *nf* elegancia *f*

élégant, e [elegɑ̃, ɑ̃t] *adj* elegante

élément [elemɑ̃] *nm* **1.** elemento *m* **2.** *(de meuble, de cuisine)* módulo *m*

élémentaire [elemɑ̃tɛʀ] *adj* elemental

éléphant [elefɑ̃] *nm* elefante *m*

élevage [ɛlvaʒ] *nm (activité)* ganadería *f* • **l'élevage du bétail** la cría de ganado

élève [elɛv] *nmf* alumno *m*, -na *f*

élevé, e [ɛlve] *adj* elevado(da) • **bien/mal élevé** bien/mal educado

élever [ɛlve] *vt* **1.** *(enfant, animaux)* criar **2.** *(niveau, voix)* elevar ♦ **s'élever** *vp* elevarse • **les frais s'élèvent à 200 euros** los gastos ascienden a 200 euros

éleveur, euse [ɛlvœʀ, øz] *nm, f* ganadero *m*, -ra *f*, criador *m*, -ra *f*

éliminatoire [eliminatwaʀ] *adj* eliminatorio(ria) ◇ *nf* eliminatoria *f*

éliminer [elimine] *vt* & *vi* eliminar ● **il faut boire pour éliminer** hay que beber para eliminar

élire [eliʀ] *vt* elegir

elle [ɛl] *pron* ella ● **elle-même** ella misma ◆ **elles** *pron* ellas ● **elles sont arrivées** han llegado ● **elles-mêmes** ellas mismas

éloigné, e [elwaɲe] *adj* alejado(da) ● **éloigné de** *(loin de)* alejado de ; *(différent de)* diferente de

éloigner [elwaɲe] *vt* alejar ◆ **s'éloigner (de)** *vp + prep* alejarse (de)

élongation [elɔ̃gasjɔ̃] *nf* elongación *f*

élu, e [ely] *pp* ➤ **élire** ◇ *nm, f* representante *mf* del pueblo

Élysée [elize] *nm* ● **(le palais de) l'Élysée** *residencia del presidente de la República Francesa*

L'Élysée

Este palacio del siglo XVIII, situado cerca de la avenida de los Campos Elíseos, es desde 1873 la residencia oficial del presidente de la República. A menudo se habla del *Élysée* para referirse a la presidencia.

e-mail [imɛl] (*pl* **e-mails**) *nm* correo *m* electrónico ● **envoyer/recevoir un e-mail** enviar/recibir un correo electrónico ● **tu me donnes ton e-mail ?** *(adresse)* ¿me das tu dirección de correo electrónico?

L'e-mail

Les espagnols utilisent le clavier international (QWERTY), qui est différent du clavier que l'on utilise en France (AZERTY). Contrairement à la lettre papier, les courriers électroniques se passent aisément d'introduction et de conclusion. En revanche, les formules de politesse en début et fin de courrier sont les mêmes que pour les lettres.

émail, aux [emaj, o] *nm* esmalte *m*

emballage [ɑ̃balaʒ] *nm* embalaje *m*

emballer [ɑ̃bale] *vt* **1.** empaquetar **2.** *(fam)* *(enthousiasmer)* entusiasmar

embarcadère [ɑ̃baʀkadɛʀ] *nm* embarcadero *m*

embarcation [ɑ̃baʀkasjɔ̃] *nf* embarcación *f*

embarquement [ɑ̃baʀkəmɑ̃] *nm* embarque *m* ▼ **embarquement immédiat** embarque inmediato

embarquer [ɑ̃baʀke] *vt* **1.** *(marchandises, passagers)* embarcar **2.** *(fam)* *(prendre)* llevarse ◇ *vi* embarcar ◆ **s'embarquer** *vp* embarcarse ● **s'embarquer dans** embarcarse en

embarras [ɑ̃baʀa] *nm* apuro *m* ● **mettre qqn dans l'embarras** poner a alguien en un aprieto

embarrassant, e [ɑ̃baʀasɑ̃, ɑ̃t] *adj* embarazoso(sa)

embarrasser [ɑ̃baʀase] *vt* **1.** *(encombrer)* atestar **2.** *(gêner)* poner en un compromiso ◆ **s'embarrasser de** *vp + prep*

(s'encombrer de) cargarse de • **il ne s'embarrasse pas de scrupules** no tiene ningún escrúpulo
embaucher [ɑ̃boʃe] *vt* contratar
embellir [ɑ̃beliʀ] *vt* **1.** embellecer **2.** *(histoire, vérité)* adornar ◇ *vi* embellecerse
embêtant, e [ɑ̃bɛtɑ̃, ɑ̃t] *adj* molesto(ta)
embêter [ɑ̃bɛte] *vt* **1.** *(taquiner)* fastidiar **2.** *(contrarier)* molestar ♦ **s'embêter** *vp* aburrirse
emblème [ɑ̃blɛm] *nm* emblema *m*
emboîter [ɑ̃bwate] *vt* encajar ♦ **s'emboîter** *vp* encajar
embouchure [ɑ̃buʃyʀ] *nf* desembocadura *f*
embourber [ɑ̃buʀbe] ♦ **s'embourber** *vp* atascarse
embout [ɑ̃bu] *nm* contera *f*
embouteillage [ɑ̃butɛjaʒ] *nm* atasco *m* • **être coincé dans les embouteillages** estar atrapado en un atasco
embranchement [ɑ̃bʀɑ̃ʃmɑ̃] *nm (carrefour)* cruce *m*
embrasser [ɑ̃bʀase] *vt* besar ♦ **s'embrasser** *vp* besarse
embrayage [ɑ̃bʀɛjaʒ] *nm* embrague *m*
embrayer [ɑ̃bʀeje] *vi* embragar
embrouiller [ɑ̃bʀuje] *vt* enredar ♦ **s'embrouiller** *vp* enredarse
embruns [ɑ̃bʀœ̃] *nmpl* salpicaduras *fpl (de las olas)*
embuscade [ɑ̃byskad] *nf* emboscada *f*
éméché, e [emeʃe] *adj* piripi
émeraude [emʀod] *adj* esmeralda ◇ *nf* esmeralda *f*
émerveillé, e [emɛʀveje] *adj* maravillado(da)
émetteur [emetœʀ] *nm* emisor *m*
émettre [emɛtʀ] *vt* emitir
émeute [emøt] *nf* motín *m*
émigré, e [emigʀe] *adj* & *nm, f* emigrado(da)
émigrer [emigʀe] *vi* emigrar
émincé [emɛ̃se] *nm lonchas finas de carne en salsa* • **émincé de veau à la zurichoise** *carne y riñones de ternera preparados con nata, champiñones y vino blanco; especialidad suiza*
émis, e [emi, iz] *pp* ➤ **émettre**
émission [emisjɔ̃] *nf* programa *m*
emmagasiner [ɑ̃magazine] *vt* almacenar
emmanchure [ɑ̃mɑ̃ʃyʀ] *nf* sisa *f*
emmêler [ɑ̃mele] *vt* enredar ♦ **s'emmêler** *vp* **1.** *(fils, cheveux)* enredarse **2.** *(souvenirs, dates)* embrollarse
emménager [ɑ̃menaʒe] *vi* instalarse
emmener [ɑ̃mne] *vt* llevar
emmental [emɛ̃tal] *nm* emmental *m*
emmitoufler [ɑ̃mitufle] ♦ **s'emmitoufler** *vp* abrigarse
emoticon [emɔtikɔ] *nm INFORM* emoticono *m*
émotif, ive [emɔtif, iv] *adj* emotivo(va)
émotion [emosjɔ̃] *nf* emoción *f*
émouvant, e [emuvɑ̃, ɑ̃t] *adj* conmovedor(ra)
émouvoir [emuvwaʀ] *vt* conmover
empaillé, e [ɑ̃paje] *adj* disecado(da)
empaqueter [ɑ̃pakte] *vt* empaquetar
emparer [ɑ̃paʀe] ♦ **s'emparer de** *vp + prep* apoderarse de
empêchement [ɑ̃pɛʃmɑ̃] *nm* impedimiento *m* • **avoir un empêchement** tener un contratiempo

empêcher [ɑ̃peʃe] *vt* impedir • **empêcher qqn de faire qqch** impedir a alguien que haga algo • **empêcher qqch d'arriver** impedir que algo ocurra • **(il) n'empêche que** eso no quita que ♦ **s'empêcher de** *vp + prep* evitar, dejar de

empereur [ɑ̃prœʀ] *nm* emperador *m*

empester [ɑ̃pɛste] *vt & vi* apestar

empêtrer [ɑ̃petʀe] ♦ **s'empêtrer dans** *vp + prep* **1.** *(fils)* enredarse con **2.** *(mensonges)* liarse con

empiffrer [ɑ̃pifʀe] ♦ **s'empiffrer (de)** *vp + prep (fam)* atiborrarse (de)

empiler [ɑ̃pile] *vt* apilar ♦ **s'empiler** *vp* apilarse

empire [ɑ̃piʀ] *nm* imperio *m*

empirer [ɑ̃piʀe] *vi* empeorar

emplacement [ɑ̃plasmɑ̃] *nm* **1.** ubicación *f* **2.** *(de parking)* plaza *f* ▼ **emplacement réservé** aparcamiento reservado

emploi [ɑ̃plwa] *nm* **1.** *(poste)* empleo *m* **2.** *(d'un objet, d'un mot)* uso *m* • **l'emploi** *(en économie)* el empleo • **chercher/trouver un emploi** buscar/encontrar un empleo • **offre/demande d'emploi** oferta/solicitud de empleo • **emploi du temps** horario *m* • **mode d'emploi** instrucciones *fpl* para el uso

employé, e [ɑ̃plwaje] *nm, f* empleado *m*, -da *f* • **employé de bureau** oficinista *m*

employer [ɑ̃plwaje] *vt* emplear

employeur, euse [ɑ̃plwajœʀ, øz] *nm, f* **1.** patrono *m*, -na *f* **2.** *(entreprise)* empresa *f*

empoigner [ɑ̃pwaɲe] *vt* empuñar

empoisonnement [ɑ̃pwazɔnmɑ̃] *nm* envenenamiento *m*

empoisonner [ɑ̃pwazɔne] *vt* envenenar

emporter [ɑ̃pɔʀte] *vt* **1.** *(prendre avec soi)* llevarse **2.** *(suj : vent, rivière)* arrancar • **à emporter** *(plats)* para llevar • **l'emporter sur** vencer ♦ **s'emporter** *vp* enfurecerse

empreinte [ɑ̃pʀɛ̃t] *nf* huella *f* • **empreintes digitales** huellas digitales • **empreinte génétique** huella genética

empresser [ɑ̃pʀese] ♦ **s'empresser de** *vp + prep* apresurarse en • **s'empresser de faire qqch** apresurarse en hacer algo

emprisonner [ɑ̃pʀizɔne] *vt* encarcelar

emprunt [ɑ̃pʀœ̃] *nm* préstamo *m* • **faire un emprunt** pedir un préstamo

emprunter [ɑ̃pʀœ̃te] *vt* **1.** *(argent, objet)* pedir prestado(da) **2.** *(itinéraire)* tomar • **emprunter de l'argent à qqn** tomar dinero prestado a alguien • **je lui ai emprunté son livre** le he tomado prestado el libro • **je peux t'emprunter ton stylo ?** ¿me prestas el bolígrafo?

ému, e [emy] *pp* ➤ **émouvoir** ◇ *adj* emocionado(da)

en [ɑ̃] *prép*

1. *(indique le moment)* en • **en 1789** en 1789 • **en août/été** en agosto/verano

2. *(indique le lieu où l'on est)* en • **être en classe** estar en clase • **habiter en Angleterre** vivir en Inglaterra

3. *(indique le lieu où l'on va)* a • **aller en ville/en Normandie** ir a la ciudad/a Normandía

4. *(désigne la matière)* de • **un pull en laine** un jersey de lana

5. *(indique la durée)* en • **en dix minutes** en diez minutos

6. *(indique l'état)* • **être en vacances** estar de vacaciones • **s'habiller en noir** vestirse de negro • **combien ça fait en euros ?**

¿cuánto es en euros? • **on dit "hola" en espagnol** se dice "hola" en español

7. *(indique le moyen)* en • **voyager en avion/voiture** viajar en avión/coche

8. *(pour désigner la taille, la pointure)* • **auriez-vous celle-ci en 38 ?** ¿tiene usted la (talla) 38? • **ce modèle existe-t-il en plus petit ?** ¿este modelo lo hacen en más pequeño?

9. *(devant un participe présent)* • **il est arrivé en courant** llegó corriendo • **en arrivant à Paris** al llegar a París

◇ *pron*

1. *(object indirect)* • **j'en rêve la nuit** de noche sueño con ello • **n'en parlons plus** no se hable más (de ello) • **je vous en remercie** se lo agradezco

2. *(avec un indéfini)* • **en reprendrez-vous ?** ¿tomará más?

3. *(indique la provenance)* de • **j'en viens** vengo de allí • **il est entré dans le magasin au moment où j'en sortais** entró en la tienda en el momento en que yo salía

4. *(complément du nom)* • **j'en garde un excellent souvenir** guardo un excelente recuerdo de ello

5. *(complément de l'adjectif)* • **elle est super, ta maison ! - ma foi, j'en suis assez fier** ¡que casa más guay! - pues sí, estoy bastante orgulloso de ella • **les escargots ? il en est fou !** ¿los caracoles? ¡le encantan!

encadrer [ɑ̃kadʀe] *vt* enmarcar

encaisser [ɑ̃kese] *vt* **1.** *(argent)* cobrar **2.** *SPORT (but)* encajar

encastrer [ɑ̃kastʀe] *vt* empotrar

enceinte [ɑ̃sɛ̃t] *adj f* embarazada ◇ *nf* **1.** *(haut-parleur)* altavoz *m* **2.** *(d'une ville)* murallas *fpl* • **être enceinte** estar embarazada • **tomber enceinte** quedarse embarazada • **je suis enceinte de six mois** estoy (embarazada) de seis meses

encens [ɑ̃sɑ̃] *nm* incienso *m*

encercler [ɑ̃sɛʀkle] *vt (personne, ville)* cercar

enchaîner [ɑ̃ʃene] *vt* encadenar ◆ **s'enchaîner** *vp* encadenarse

enchanté, e [ɑ̃ʃɑ̃te] *adj* encantado(da) • **enchanté (de faire votre connaissance) !** ¡encantado (de conocerlo)! • **je suis enchanté du résultat** estoy encantado con el resultado

enchères [ɑ̃ʃɛʀ] *nfpl* subasta *f* • **vendre qqch aux enchères** subastar algo

enclencher [ɑ̃klɑ̃ʃe] *vt (mécanisme)* activar

enclos [ɑ̃klo] *nm* cercado *m*

encoche [ɑ̃kɔʃ] *nf* muesca *f*

encolure [ɑ̃kɔlyʀ] *nf (de vêtement)* cuello *m*

encombrant, e [ɑ̃kɔ̃bʀɑ̃, ɑ̃t] *adj* que estorba

encombrements [ɑ̃kɔ̃bʀəmɑ̃] *nmpl* atascos *mpl*

encombrer [ɑ̃kɔ̃bʀe] *vt* estorbar • **encombré de** *(suj : pièce, table)* atestado de

encore [ɑ̃kɔʀ] *adv*

1. *(toujours)* todavía, aún • **il reste encore une centaine de kilomètres** todavía quedan unos cien kilómetros • **pas encore** todavía no

2. *(de nouveau)* otra vez • **j'ai encore oublié mes clefs !** me he vuelto a olvidar las llaves • **encore une fois** una vez más

3. *(en plus)* más • **encore un peu de légumes ?** ¿un poco más de verdura? • **reste encore un peu** quédate un poco más 4. *(en intensif)* todavía • **c'est encore plus cher ici** aquí es todavía más caro

encourager [ãkuʀaʒe] *vt* animar • **encourager qqn à faire qqch** animar a alguien que haga algo

encre [ãkʀ] *nf* tinta *f* • **encre de Chine** tinta china

encyclopédie [ãsiklɔpedi] *nf* enciclopedia *f*

endetter [ãdete] ◆ **s'endetter** *vp* endeudarse

endive [ãdiv] *nf* endibia *f*

endommager [ãdɔmaʒe] *vt* deteriorar

endormi, e [ãdɔʀmi] *adj* dormido(da)

endormir [ãdɔʀmiʀ] *vt* 1. dormir 2. *(douleur, soupçons)* adormecer ◆ **s'endormir** *vp* dormirse

endroit [ãdʀwa] *nm* 1. sitio *m* 2. *(côté)* derecho *m* • **à l'endroit** del derecho • **je connais un endroit sympa** conozco un lugar agradable

endurance [ãdyʀãs] *nf* resistencia *f*

endurant, e [ãdyʀã, ãt] *adj* resistente

endurcir [ãdyʀsiʀ] ◆ **s'endurcir** *vp* endurecerse

énergie [enɛʀʒi] *nf* energía *f* • **énergie renouvelable** energía renovable

énergique [enɛʀʒik] *adj* enérgico(ca)

énerver [enɛʀve] *vt* poner nervioso(sa) ◆ **s'énerver** *vp* ponerse nervioso(sa)

enfance [ãfãs] *nf* infancia *f* • **souvenirs d'enfance** recuerdos de infancia

enfant [ãfã] *nmf* 1. *(jeune)* niño *m*, -ña *f* 2. *(descendant)* hijo *m*, -ja *f* • **enfant de chœur** monaguillo *m* • **attendre un enfant** esperar un hijo

enfantin, e [ãfãtɛ̃, in] *adj* infantil

enfer [ãfɛʀ] *nm* infierno *m*

enfermer [ãfɛʀme] *vt* encerrar

enfiler [ãfile] *vt* 1. *(aiguille)* enhebrar 2. *(perles)* ensartar 3. *(fam)* *(vêtement)* ponerse

enfin [ãfɛ̃] *adv* 1. *(finalement)* por fin 2. *(en dernier)* por último • **nous sommes enfin arrivés !** ¡por fin hemos llegado!

enflammer [ãflame] ◆ **s'enflammer** *vp* inflamarse

enfler [ãfle] *vi* hincharse • **ma cheville a enflé** se me ha hinchado el tobillo

enfoncer [ãfɔ̃se] *vt* 1. *(clou)* clavar 2. *(porte)* derribar 3. *(aile de voiture)* hundir ◆ **s'enfoncer** *vp* • **s'enfoncer dans** *(eau, boue)* hundirse en ; *(forêt, ville)* adentrarse en

enfouir [ãfwiʀ] *vt* enterrar

enfreindre [ãfʀɛ̃dʀ] *vt* infringir • **enfreindre la loi** infringir la ley

enfreint, e [ãfʀɛ̃, ɛ̃t] *pp* ➤ **enfreindre**

enfuir [ãfɥiʀ] ◆ **s'enfuir** *vp* huir

enfumé, e [ãfume] *adj* lleno(na) de humo

engagement [ãgaʒmã] *nm* 1. *(promesse)* compromiso *m* 2. *SPORT* saque *m*

engager [ãgaʒe] *vt* 1. *(salarié, personnel)* contratar 2. *(conversation, négociations)* entablar ◆ **s'engager** *vp* *(dans l'armée)* alistarse • **s'engager à faire qqch** comprometerse a hacer algo • **s'engager sur l'autoroute** entrar en la autopista

engelure [ãʒlyʀ] *nf* sabañón *m*

engin [ãʒɛ̃] *nm* artefacto *m*

engloutir [ɑ̃glutiʀ] *vt* **1.** *(nourriture)* engullir **2.** *(submerger)* tragar

engouffrer [ɑ̃gufʀe] ◆ **s'engouffrer dans** *vp + prep* meterse en

engourdi, e [ɑ̃guʀdi] *adj* entumecido(da)

engrais [ɑ̃gʀɛ] *nm* abono *m*

engraisser [ɑ̃gʀese] *vt* cebar ◇ *vi* engordar

engrenage [ɑ̃gʀənaʒ] *nm* engranaje *m*

énigmatique [enigmatik] *adj* enigmático(ca)

énigme [enigm] *nf* **1.** *(devinette)* acertijo *m* **2.** *(mystère)* enigma *m*

enjamber [ɑ̃ʒɑ̃be] *vt* **1.** *(flaque, fossé)* salvar **2.** *(suj : pont)* atravesar

enjoliveur [ɑ̃ʒɔlivœʀ] *nm* embellecedor *m*

enlaidir [ɑ̃lediʀ] *vt* afear

enlèvement [ɑ̃lɛvmɑ̃] *nm* **1.** rapto *m* **2.** *(de voiture)* ▼ **enlèvement demandé** se avisa grúa

enlever [ɑ̃lve] *vt* **1.** quitar **2.** *(kidnapper)* raptar **3.** *(voiture)* llevarse ◆ **s'enlever** *vp (tache)* quitarse

enliser [ɑ̃lize] ◆ **s'enliser** *vp* atascarse

enneigé, e [ɑ̃neʒe] *adj* nevado(da)

ennemi, e [ɛnmi] *nm, f* enemigo *m*, -ga *f*

ennui [ɑ̃nɥi] *nm* **1.** *(lassitude)* aburrimiento *m* **2.** *(problème)* problema *m* ● **avoir des ennuis** tener problemas ● **des ennuis de santé** problemas de salud

ennuyé, e [ɑ̃nɥije] *adj (contrarié)* apurado(da)

ennuyer [ɑ̃nɥije] *vt* **1.** *(lasser)* aburrir **2.** *(contrarier)* apurar ◆ **s'ennuyer** *vp* aburrirse

ennuyeux, euse [ɑ̃nɥijø, øz] *adj* **1.** *(lassant)* aburrido(da) **2.** *(contrariant)* fastidioso(sa)

énorme [enɔʀm] *adj* enorme

énormément [enɔʀmemɑ̃] *adv* muchísimo ● **énormément d'argent** muchísimo dinero ● **énormément de gens** muchísima gente

enquête [ɑ̃kɛt] *nf* **1.** *(policière)* investigación *f* **2.** *(sondage)* encuesta *f*

enquêter [ɑ̃kete] *vi* ● **enquêter (sur)** investigar (sobre)

enragé, e [ɑ̃ʀaʒe] *adj (chien)* rabioso(sa)

enrayer [ɑ̃ʀɛje] *vt* detener ◆ **s'enrayer** *vp (arme)* encasquillarse

enregistrement [ɑ̃ʀəʒistʀəmɑ̃] *nm* grabación *f* ● **enregistrement des bagages** facturación *f* de equipaje

enregistrer [ɑ̃ʀəʒistʀe] *vt* **1.** *(disque, cassette)* grabar **2.** *INFORM* ● **enregistrer (sous)** guardar (como) **3.** *(bagages)* facturar

enrhumé, e [ɑ̃ʀyme] *adj* acatarrado(da)

enrhumer [ɑ̃ʀyme] ◆ **s'enrhumer** *vp* acatarrarse

enrichir [ɑ̃ʀiʃiʀ] *vt* enriquecer ◆ **s'enrichir** *vp* enriquecerse

enrobé, e [ɑ̃ʀɔbe] *adj* ● **enrobé de** bañado(da) de OU con

enroué, e [ɑ̃ʀwe] *adj* ronco(ca)

enrouler [ɑ̃ʀule] *vt* enrollar ◆ **s'enrouler** *vp* enroscarse ● **s'enrouler autour de** enroscarse alrededor de

enseignant, e [ɑ̃sɛɲɑ̃, ɑ̃t] *nm, f* profesor *m*, -ra *f*

enseigne [ɑ̃sɛɲ] *nf* letrero *m* ● **enseigne lumineuse** letrero luminoso

enseignement [ɑ̃sɛɲmɑ̃] *nm* enseñanza *f* • **enseignement primaire/secondaire/supérieur** enseñanza primaria/secundaria/superior

enseigner [ɑ̃seɲe] *vt & vi* enseñar • **enseigner qqch à qqn** enseñar algo a alguien

ensemble [ɑ̃sɑ̃bl] *adv* • **ils travaillent ensemble** trabajan juntos • **elles jouent ensemble** juegan juntas ◇ *nm* conjunto *m* • **l'ensemble de** todo el (toda la) • **dans l'ensemble** en conjunto

ensevelir [ɑ̃səvliʀ] *vt* sepultar

ensoleillé, e [ɑ̃sɔleje] *adj* soleado(da)

ensuite [ɑ̃sɥit] *adv* después

entaille [ɑ̃taj] *nf* **1.** *(fente)* muesca *f* **2.** *(blessure)* corte *m*

entamer [ɑ̃tame] *vt* **1.** *(pain, bouteille)* empezar **2.** *(discussion)* entablar

entasser [ɑ̃tase] *vt (mettre en tas)* amontonar ♦ **s'entasser** *vp (voyageurs)* apiñarse

entendre [ɑ̃tɑ̃dʀ] *vt* oír • **j'ai entendu dire que** he oído decir que • **entendre parler de** oír hablar de ♦ **s'entendre** *vp (sympathiser)* entenderse • **s'entendre bien avec qqn** llevarse bien con alguien

entendu, e [ɑ̃tɑ̃dy] *adj* • **(c'est) entendu !** ¡de acuerdo! • **bien entendu** por supuesto

enterrement [ɑ̃tɛʀmɑ̃] *nm* entierro *m* • **enterrement de vie de garçon/jeune fille** despedida *f* de soltero/soltera

enterrer [ɑ̃teʀe] *vt* enterrar

en-tête, s [ɑ̃tɛt] *nm* membrete *m* • **papier à en-tête** papel con membrete

entêter [ɑ̃tete] ♦ **s'entêter** *vp* empeñarse • **s'entêter à faire qqch** empeñarse en hacer algo

enthousiasme [ɑ̃tuzjasm] *nm* entusiasmo *m*

enthousiasmer [ɑ̃tuzjasme] *vt* entusiasmar ♦ **s'enthousiasmer pour** *vp + prep* entusiasmarse por

enthousiaste [ɑ̃tuzjast] *adj* entusiasta

entier, ère [ɑ̃tje, ɛʀ] *adj* **1.** entero(ra) **2.** *(total)* completo(ta) • **dans le monde entier** en el mundo entero • **pendant des journées entières** durante días y días • **en entier** por entero

entièrement [ɑ̃tjɛʀmɑ̃] *adv* completamente

entonnoir [ɑ̃tɔnwaʀ] *nm* embudo *m*

entorse [ɑ̃tɔʀs] *nf* esguince *m* • **se faire une entorse** hacerse un esguince

entortiller [ɑ̃tɔʀtije] *vt* enroscar

entourage [ɑ̃tuʀaʒ] *nm* entorno *m*

entourer [ɑ̃tuʀe] *vt* rodear • **entouré de** rodeado de

entracte [ɑ̃tʀakt] *nm* entreacto *m*

entraider [ɑ̃tʀede] ♦ **s'entraider** *vp* ayudarse mutuamente

entrain [ɑ̃tʀɛ̃] *nm* • **avec entrain** con ánimo • **plein d'entrain** muy animado(da)

entraînant, e [ɑ̃tʀɛnɑ̃, ɑ̃t] *adj (musique)* alegre, animado(da)

entraînement [ɑ̃tʀɛnmɑ̃] *nm* entrenamiento *m* • **il manque d'entraînement** le falta entrenamiento

entraîner [ɑ̃tʀene] *vt* **1.** *(emporter, emmener)* llevar **2.** *(provoquer)* acarrear **3.** *SPORT* entrenar • **entraîner des complications** acarrear complicaciones ♦ **s'entraîner** *vp*

(sportif) entrenarse • **s'entraîner à (faire) qqch** entrenarse a (hacer) algo
entraîneur, euse [ɑ̃tʀɛnœʀ, øz] *nm, f* *SPORT* entrenador *m*, -ra *f*
entraver [ɑ̃tʀave] *vt* entorpecer
entre [ɑ̃tʀ] *prép* entre • **entre l'église et la mairie** entre la iglesia y el ayuntamiento • **choisir entre deux choses** escoger entre dos cosas • **entre amis** entre amigos • **l'un d'entre nous** uno de nosotros
entrebâiller [ɑ̃tʀəbaje] *vt* entornar
entrechoquer [ɑ̃tʀəʃɔke] ◆ **s'entrechoquer** *vp* chocar entre sí
entrecôte [ɑ̃tʀəkot] *nf* entrecot *m* • **entrecôte à la bordelaise** *entrecot a la plancha servido con salsa de vino tinto y cebolla*
entrée [ɑ̃tʀe] *nf* entrada *f* ▼ **entrée gratuite** entrada gratuita ▼ **entrée interdite** prohibida la entrada ▼ **entrée libre** entrada libre • **vous prendrez une entrée ?** *(au restaurant)* ¿tomará un entrante?
entreposer [ɑ̃tʀəpoze] *vt* almacenar
entrepôt [ɑ̃tʀəpo] *nm* almacén *m*
entreprendre [ɑ̃tʀəpʀɑ̃dʀ] *vt* emprender
entrepreneur, euse [ɑ̃tʀəpʀənœʀ, øz] *nm, f* **1.** *(chef d'entreprise)* empresario *m*, -ria *f* **2.** *(en bâtiment)* contratista *mf*
entrepris, e [ɑ̃tʀəpʀi, iz] *pp* ➤ **entreprendre**
entreprise [ɑ̃tʀəpʀiz] *nf* empresa *f*
entrer [ɑ̃tʀe] *vi* entrar ◇ *vt INFORM* introducir • **entrez !** ¡pasen! • **entrer dans** *(pièce)* entrar en
entre-temps [ɑ̃tʀətɑ̃] *adv* mientras tanto
entretenir [ɑ̃tʀətniʀ] *vt (maison, plante)* mantener ◆ **s'entretenir** *vp* • **s'entretenir (de qqch) avec qqn** entrevistarse con alguien (a propósito de algo)
entretenu, e [ɑ̃tʀətny] *pp* ➤ **entretenir**
entretien [ɑ̃tʀətjɛ̃] *nm* **1.** *(d'un vêtement, d'une machine)* mantenimiento *m* **2.** *(conversation)* entrevista *f* • **avoir/solliciter un entretien** tener/pedir una entrevista • **entretien téléphonique** entrevista telefónica ou por teléfono • **entretien d'embauche** entrevista de trabajo
entrevue [ɑ̃tʀəvy] *nf* entrevista *f*
entrouvert, e [ɑ̃tʀuvɛʀ, ɛʀt] *adj* entreabierto(ta) ◇ *pp* ➤ **entrouvrir**
entrouvrir [ɑ̃tʀuvʀiʀ] *vt* entreabrir
énumération [enymeʀasjɔ̃] *nf* enumeración *f*
énumérer [enymeʀe] *vt* enumerar
envahir [ɑ̃vaiʀ] *vt* invadir
envahissant, e [ɑ̃vaisɑ̃, ɑ̃t] *adj* avasallador(ra)
enveloppe [ɑ̃vlɔp] *nf* sobre *m*

Libeller une enveloppe

Comme en France, il existe en Espagne des usages pour libeller une enveloppe. L'adresse du destinataire doit obligatoirement être écrite à droite, sous le timbre. En revanche, s'agissant de l'adresse de l'expéditeur, il faut distinguer, selon que l'on se trouve dans un contexte formel ou informel. Si le courrier est destiné à une administration ou à une entreprise, l'adresse de l'expéditeur devra figurer sur le devant de l'enveloppe, en haut à gauche. Si, à l'inverse, le courrier est adressé à un parent ou à un ami, les coordonnées de l'expéditeur pourront figurer au dos de l'enveloppe.

envelopper [ɑ̃vlɔpe] *vt* envolver

envers [ɑ̃vɛʀ] *prép* (para) con ◇ *nm* revés *m* ● **à l'envers** del revés ● **envers mon frère** (para) con mi hermano ● **envers lui** (para) con él

envie [ɑ̃vi] *nf* **1.** *(désir)* ganas *fpl* **2.** *(jalousie)* envidia *f* ● **avoir envie de (faire) qqch** tener ganas de (hacer) algo

envier [ɑ̃vje] *vt* envidiar

environ [ɑ̃viʀɔ̃] *adv* aproximadamente ● **il y a environ 20 personnes** hay unas 20 personas ♦ **environs** *nmpl* ● **aux environs de** *(heure)* a eso de ; *(lieu)* cerca de ● **dans les environs** en los alrededores

environnant, e [ɑ̃viʀɔnɑ̃, ɑ̃t] *adj* circundante

environnement [ɑ̃viʀɔnmɑ̃] *nm* **1.** *(milieu)* entorno *m* **2.** *(nature)* medio ambiente *m* ● **protection de l'environnement** protección del medio ambiente ● **travailler dans l'environnement** trabajar en el medio ambiente

environnemental, e, aux [ɑ̃viʀɔnmɑ̃tal, o] *adj* medioambiental

envisager [ɑ̃vizaʒe] *vt* considerar ● **j'envisage de m'installer à Rome** tengo previsto instalarme en Roma

envoi [ɑ̃vwa] *nm (colis)* envío *m*

envoler [ɑ̃vɔle] ♦ **s'envoler** *vp* **1.** *(oiseau)* echar a volar **2.** *(feuilles)* volar

envoyé, e [ɑ̃vwaje] *nm, f* enviado *m*, -da *f* ● **envoyé spécial** enviado especial

envoyer [ɑ̃vwaje] *vt* **1.** *(lettre, SMS)* mandar, enviar **2.** *(balle, objet)* lanzar **3.** *(personne)* mandar ● **envoyer un message/un courrier/un mail/un fax** enviar un mensaje/una carta/un correo electrónico/un fax

épagneul [epaɲœl] *nm* podenco *m*

épais, épaisse [epɛ, epɛs] *adj* **1.** *(large)* grueso(sa) **2.** *(dense)* espeso(sa)

épaisseur [epɛsœʀ] *nf* grosor *m*

épaissir [epesiʀ] *vi* espesarse ♦ **s'épaissir** *vp* espesarse

épanouir [epanwiʀ] ♦ **s'épanouir** *vp* **1.** *(fleur)* abrirse **2.** *(visage)* iluminarse **3.** *(personne)* ● **s'épanouir dans son travail** realizarse en el trabajo

épargne [epaʀɲ] *nf* ahorro *m*

épargner [epaʀɲe] *vt* **1.** *(argent)* ahorrar **2.** *(ennemi)* perdonar la vida a

éparpiller [epaʀpije] *vt* dispersar ♦ **s'éparpiller** *vp* dispersarse

épatant, e [epatɑ̃, ɑ̃t] *adj* asombroso(sa)

épater [epate] *vt* asombrar

épaule [epol] *nf* hombro *m* ● **épaule d'agneau** paletilla *f* de cordero

épaulette [epolɛt] *nf* **1.** *(décoration)* galón *m* **2.** *(rembourrage)* hombrera *f*

épave [epav] *nf* **1.** *(bateau)* restos *mpl* **2.** *(voiture)* chatarra *f*

épée [epe] *nf* espada *f*

épeler [eple] *vt* deletrear

éperon [epʀɔ̃] *nm* espuela *f*

épi [epi] *nm* **1.** *(de blé)* espiga *f* **2.** *(de maïs)* mazorca *f* **3.** *(de cheveux)* remolino *m* ● **stationnement en épi** estacionamiento *m* en batería

épice [epis] *nf* especia *f* ➤ **pain**
épicé, e [epise] *adj* picante
épicerie [episʀi] *nf* **1.** *(magasin)* tienda *f* de comestibles **2.** *(denrées)* comestibles *mpl* • **épicerie fine** *tienda de productos selectos*
épicier, ère [episje, ɛʀ] *nm, f* tendero *m*, -ra *f*
épidémie [epidemi] *nf* epidemia *f*
épier [epje] *vt* espiar
épilepsie [epilɛpsi] *nf* epilepsia *f* • **crise d'épilepsie** ataque *m* de epilepsia
épiler [epile] *vt* depilar • **se faire épiler** depilarse ◆ **s'épiler** *vp* depilarse
épinards [epinaʀ] *nmpl* espinacas *fpl*
épine [epin] *nf* espina *f* • **épine dorsale** espina dorsal
épingle [epɛ̃gl] *nf* alfiler *m* • **épingle à cheveux** horquilla *f* • **épingle à nourrice** imperdible *m*
épisode [epizɔd] *nm* episodio *m*
éplucher [eplyʃe] *vt* mondar
épluchures [eplyʃyʀ] *nfpl* mondas *fpl*
éponge [epɔ̃ʒ] *nf* **1.** esponja *f* **2.** *(tissu)* rizo *m*
éponger [epɔ̃ʒe] *vt* enjugar
époque [epɔk] *nf* época *f* • **à l'époque (de)** en la época (de)
épouse ➤ **époux**
épouser [epuze] *vt* casarse con
épousseter [epuste] *vt* quitar el polvo de
épouvantable [epuvɑ̃tabl] *adj* espantoso(sa)
épouvantail [epuvɑ̃taj] *nm* espantapájaros *m inv*
épouvante [epuvɑ̃t] *nf* ➤ **film**
épouvanter [epuvɑ̃te] *vt* espantar
époux, épouse [epu, epuz] *nm, f* esposo *m*, -sa *f*
épreuve [epʀœv] *nf* prueba *f*
éprouvant, e [epʀuvɑ̃, ɑ̃t] *adj* penoso(sa)
éprouver [epʀuve] *vt* **1.** *(ressentir)* sentir **2.** *(faire souffrir)* afectar
éprouvette [epʀuvɛt] *nf* probeta *f*
EPS [əpeɛs] *nf* (*abr de éducation physique et sportive*) ≃ educación *f* física
épuisant, e [epɥizɑ̃, ɑ̃t] *adj* agotador(ra)
épuisé, e [epɥize] *adj* agotado(da)
épuiser [epɥize] *vt* agotar
épuisette [epɥizɛt] *nf* salabre *m*
équateur [ekwatœʀ] *nm* ecuador *m*
Équateur [ekwatœʀ] *nm* • **l'Équateur** Ecuador *m*
équation [ekwasjɔ̃] *nf* ecuación *f*
équerre [ekɛʀ] *nf* escuadra *f*
équilibre [ekilibʀ] *nm* equilibrio *m* • **en équilibre** en equilibrio • **perdre l'équilibre** perder el equilibrio
équilibré, e [ekilibʀe] *adj* equilibrado(da)
équilibriste [ekilibʀist] *nmf* equilibrista *mf*
équipage [ekipaʒ] *nm* tripulación *f* • **membre d'équipage** miembro *m* de la tripulación
équipe [ekip] *nf* equipo *m (grupo de personas)*
équipement [ekipmɑ̃] *nm* equipo *m (material)*
équiper [ekipe] *vt* equipar ◆ **s'équiper (de)** *vp + prep* equiparse (con ou de)
équipier, ère [ekipje, ɛʀ] *nm, f* compañero *m*, -ra *f* de equipo

équitable [ekitabl] *adj* equitativo(va) • **commerce équitable** comercio *m* justo
équitation [ekitasjõ] *nf* equitación *f* • **faire de l'équitation** practicar equitación
équivalent, e [ekivalɑ̃, ɑ̃t] *adj* equivalente ♦ **équivalent** *nm* equivalente *m*
équivaloir [ekivalwaʀ] *vi* • **ça équivaut à (faire)...** equivale a (hacer)... • **une tonne équivaut à 1 000 kilos** una tonelada equivale a 1.000 kilos
érable [eʀabl] *nm* arce *m* • **sirop d'érable** jarabe *m* de arce
érafler [eʀafle] *vt* **1.** *(peau)* arañar **2.** *(peinture)* rozar
éraflure [eʀaflyʀ] *nf* arañazo *m*
érémiste [eʀemist] = **RMiste**
érotique [eʀɔtik] *adj* erótico(ca)
erreur [ɛʀœʀ] *nf* error *m* • **faire une erreur** cometer un error
éruption [eʀypsjõ] *nf* erupción *f* • **éruption cutanée** erupción cutánea
es [ɛ] ➤ **être**
ESB [əɛsbe] (*abr de encéphalite spongiforme bovine*) *nf* ESB *f (encefalitis espongiforme bovina)*
escabeau, x [ɛskabo] *nm* escalerilla *f*
escalade [ɛskalad] *nf* escalada *f*
escalader [ɛskalade] *vt* escalar
Escalator® [ɛskalatɔʀ] *nm* escalera *f* mecánica
escale [ɛskal] *nf* escala *f* • **faire escale (à)** hacer escala (en) • **vol sans escale** vuelo sin escala
escalier [ɛskalje] *nm* escalera *f* • **les escaliers** la escalera • **tomber dans les escaliers** caer por las escaleras • **escalier roulant** escalera mecánica
escalope [ɛskalɔp] *nf* filete *m*
escargot [ɛskaʀgo] *nm* caracol *m*
escarpé, e [ɛskaʀpe] *adj* escarpado(da)
escarpin [ɛskaʀpɛ̃] *nm* zapato *m* de tacón
escavèche [ɛskavɛʃ] *nf* (*Belg*) *pescado frito en escabeche*
esclaffer [ɛsklafe] ♦ **s'esclaffer** *vp* partirse de risa
esclavage [ɛsklavaʒ] *nm* esclavitud *f*
esclave [ɛsklav] *nmf* esclavo *m*, -va *f*
escorte [ɛskɔʀt] *nf* escolta *f* • **sous escorte policière** con escolta policial
escrime [ɛskʀim] *nf* esgrima *f*
escroc [ɛskʀo] *nm* estafador *m*
escroquerie [ɛskʀɔkʀi] *nf* estafa *f*
espace [ɛspas] *nm* espacio *m* • **en l'espace de trois jours** en el espacio de tres días • **espaces verts** zonas verdes • **espace fumeurs/non-fumeurs** área *f* para fumadores/para no fumadores
espacement [ɛspasmɑ̃] *nm* • **barre d'espacement** *INFORM* espaciador *m*
espacer [ɛspase] *vt* espaciar
espadrille [ɛspadʀij] *nf* alpargata *f*
Espagne [ɛspaɲ] *nf* • **l'Espagne** España *f*
espagnol, e [ɛspaɲɔl] *adj* español(la) ♦ **espagnol** *nm (langue)* español *m* ♦ **Espagnol, e** *nm, f* español *m*, -la *f*
espèce [ɛspɛs] *nf* especie *f* • **espèce en voie d'extinction** especie en vías de extinción • **une espèce de** una especie de • **espèce d'imbécile !** ¡so imbécil! ♦ **espèces** *nfpl* efectivo *m* • **(payer) en espèces** (pagar) en efectivo
espérer [ɛspeʀe] *vt* esperar • **espérer (faire) qqch** esperar (hacer) algo • **j'espère (bien) !** ¡eso espero!

espion, onne [ɛspjɔ̃, ɔn] *nm, f* espía *mf*
espionnage [ɛspjɔnaʒ] *nm* espionaje *m* • **espionnage industriel** espionaje industrial • **film/roman d'espionnage** película/novela de espías
espionner [ɛspjɔne] *vt* espiar
esplanade [ɛsplanad] *nf* explanada *f*
espoir [ɛspwaʀ] *nm* esperanza *f*
esprit [ɛspʀi] *nm* **1.** espíritu *m* **2.** *(humour)* ingenio *m*
Esquimau, aude, x [ɛskimo, od] *nm, f* esquimal *mf* ◆ **Esquimau**® *nm* bombón *m* helado
esquisser [ɛskise] *vt* esbozar
esquiver [ɛskive] *vt* esquivar ◆ **s'esquiver** *vp* escabullirse
essai [esɛ] *nm* **1.** SPORT *(tentative)* intento *m* **2.** *(test)* prueba *f* **3.** *(littéraire)* ensayo *m* • **à l'essai** *(objet)* a prueba • **être à l'essai** *(employé)* estar a prueba
essaim [esɛ̃] *nm* enjambre *m*
essayage [esɛjaʒ] *nm* ➤ **cabine**
essayer [eseje] *vt* **1.** probar **2.** *(tenter)* intentar • **essayer de faire qqch** intentar hacer algo
essence [esɑ̃s] *nf* gasolina *f* • **essence sans plomb** gasolina sin plomo
essentiel, elle [esɑ̃sjɛl] *adj* esencial ◆ **essentiel** *nm* • **l'essentiel** lo esencial
essieu, x [esjø] *nm* eje *m*
essorage [esɔʀaʒ] *nm* centrifugado *m*
essorer [esɔʀe] *vt* **1.** escurrir **2.** *(dans un lave-linge)* centrifugar
essoufflé, e [esufle] *adj* jadeante (de manos)
essuie-glace, s [esɥiglas] *nm* limpiaparabrisas *m inv*
essuie-mains [esɥimɛ̃] *nm inv* toalla *f*
essuie-tout [esɥitu] *nm inv* bayeta *f*
essuyer [esɥije] *vt* secar • **essuie tes pieds avant d'entrer !** ¡límpiate los pies (en el felupdo) antes de entrar! ◆ **s'essuyer** *vp* secarse • **s'essuyer les mains** secarse las manos
[1]**est** [ɛ] ➤ **être**
[2]**est** [ɛst] *adj inv & nm inv* este • **à l'est (de)** al este (de) • **l'Est** *(les pays de l'Est)* los países del Este ; *(l'Est de la France) región situada al noreste de Francia que incluye Alsacia y Lorena*
est-ce que [ɛskə] *adv* • **est-ce qu'il est là ?** ¿está aquí? • **est-ce que tu as mangé ?** ¿has comido? • **comment est-ce que ça c'est passé ?** ¿cómo ocurrió?
esthéticien, enne [estetisjɛ̃, ɛn] *nm, f* esteticista *mf*
esthétique [ɛstetik] *adj* estético(ca)
estimation [ɛstimasjɔ̃] *nf* estimación *f*
estimer [ɛstime] *vt* estimar • **estimer que** considerar que
estival, e [ɛstival] *adj* veraniego(ga)
estivant, e [ɛstivɑ̃, ɑ̃t] *nm, f* veraneante *mf*
estomac [ɛstɔma] *nm* estómago *m*
Estonie [ɛstɔni] *nf* • **l'Estonie** Estonia *f*
estrade [ɛstʀad] *nf* **1.** estrado *m* **2.** *(à l'école)* tarima *f*
estragon [ɛstʀagɔ̃] *nm* estragón *m*
Estrémadure [ɛstʀemadyʀ] *n* • **l'Estrémadure** Extremadura *f*
estuaire [ɛstɥɛʀ] *nm* estuario *m*
et [e] *conj* y • **et après ?** ¿y qué? • **je l'aime bien, et toi ?** me gusta, ¿y a ti? • **vingt et un** veintiuno
étable [etabl] *nf* establo *m*
établi [etabli] *nm* banco *m*

établir [etabliʀ] *vt* establecer ◆ **s'établir** *vp* establecerse
établissement [etablismɑ̃] *nm* establecimiento *m* ● **établissement scolaire** establecimiento escolar ou docente
étage [etaʒ] *nm* piso *m* ● **au premier étage** en el primer piso ● **à l'étage** en el piso de arriba
étagère [etaʒɛʀ] *nf* **1.** *(planche)* estante *m* **2.** *(meuble)* estantería *f*
étain [etɛ̃] *nm* estaño *m*
étais [etɛ] ➤ **être**
étal [etal] *nm (sur les marchés)* puesto *m*
étalage [etalaʒ] *nm (vitrine)* escaparate *m*
étaler [etale] *vt* **1.** *(nappe, carte)* extender **2.** *(beurre, confiture)* untar **3.** *(paiements)* escalonar ◆ **s'étaler** *vp* **1.** *(s'étendre)* extenderse **2.** *(dans le temps)* ● **mon stage s'étale sur six mois** mis prácticas se escalonan a lo largo de seis meses
étanche [etɑ̃ʃ] *adj* estanco(ca)
étang [etɑ̃] *nm* estanque *m*
étant [etɑ̃] *p prés* ➤ **être**
étape [etap] *nf* **1.** *(période)* etapa *f* **2.** *(lieu)* parada *f* ● **faire étape à** parar en
état [eta] *nm* estado *m* ● **en état (de marche)** en condiciones ● **en bon/mauvais état** en buen/mal estado ● **état civil** *(d'une personne)* estado civil ● **état d'esprit** estado de ánimo ● **état de santé** estado de salud ◆ **État** *nm* Estado *m*
États-Unis [etazyni] *nmpl* ● **les États-Unis** (los) Estados Unidos
etc. (*abr écrite de et cetera*) etc. *(etcétera)*
et cetera [ɛtseteʀa] *adv* etcétera
[1]**été** [ete] *pp* ➤ **être**
[2]**été** [ete] *nm* verano *m* ● **en été** en verano
éteindre [etɛ̃dʀ] *vt* apagar ◆ **s'éteindre** *vp* apagarse
éteint, e [etɛ̃, ɛ̃t] *pp* ➤ **éteindre**
étendre [etɑ̃dʀ] *vt* **1.** *(nappe, bras)* tumbarse **2.** *(linge, blessé)* tender ◆ **s'étendre** *vp* **1.** *(se coucher)* tenderse **2.** *(plaine, épidémie)* extenderse
étendu, e [etɑ̃dy] *adj* **1.** *(grand)* extenso(sa) **2.** *(couché)* tumbado(da)
étendue [etɑ̃dy] *nf* **1.** *(surface)* extensión *f* **2.** *(fig) (importance)* ● **l'étendue des dégâts** la magnitud de los daños
éternel, elle [etɛʀnɛl] *adj* eterno(na)
éternité [etɛʀnite] *nf* eternidad *f* ● **cela fait une éternité que...** hace una eternidad que...
éternuement [etɛʀnymɑ̃] *nm* estornudo *m*
éternuer [etɛʀnɥe] *vi* estornudar
êtes [ɛt] ➤ **être**
étinceler [etɛ̃sle] *vi* centellear
étincelle [etɛ̃sɛl] *nf* chispa *f*
étiquette [etikɛt] *nf* etiqueta *f*
étirer [etiʀe] *vt* estirar ◆ **s'étirer** *vp* estirarse
étoffe [etɔf] *nf* tela *f*
étoile [etwal] *nf* estrella *f* ● **hôtel deux/trois étoiles** hotel de dos/tres estrellas ● **dormir à la belle étoile** dormir al raso ● **étoile de mer** estrella de mar
étonnant, e [etɔnɑ̃, ɑ̃t] *adj* asombroso(sa)
étonné, e [etɔne] *adj* asombrado(da)
étonner [etɔne] *vt* asombrar ● **ça m'étonnerait (que)** me extrañaría (que) ● **tu m'étonnes !** (*fam*) ¡ni que lo digas!

◆ **s'étonner** *vp* ● **s'étonner que** extrañarse que

étouffant, e [etufɑ̃, ɑ̃t] *adj* sofocante

étouffer [etufe] *vt* **1.** *(personne, animal)* ahogar **2.** *(bruit)* amortiguar ◇ *vi* **1.** *(manquer d'air)* sofocar **2.** *(avoir chaud)* asarse ◆ **s'étouffer** *vp (manquer d'air)* ahogarse

étourderie [etuʀdəʀi] *nf* despiste *m* ● **par étourderie** por despiste ● **faire une étourderie** tener un despiste

étourdi, e [etuʀdi] *adj (distrait)* despistado(da)

étourdir [etuʀdiʀ] *vt* aturdir

étourdissement [etuʀdismɑ̃] *nm* mareo *m*

étrange [etʀɑ̃ʒ] *adj* extraño(ña)

étranger, ère [etʀɑ̃ʒe, ɛʀ] *adj & nm, f* **1.** *(d'un autre pays)* extranjero(ra) **2.** *(inconnu)* extraño(ña) ◇ *nm* ● **à l'étranger** en el extranjero ● **les Affaires étrangères** los Asuntos Exteriores

étrangler [etʀɑ̃gle] *vt* estrangular ◆ **s'étrangler** *vp* atragantarse

être [ɛtʀ] *vi*

1. *(pour décrire)* ser ● **je suis architecte** soy arquitecto ● **il est très sympa** es muy majo

2. *(pour désigner le lieu, l'origine)* ser ● **d'où êtes-vous ?** ¿de dónde es usted? ● **nous serons à Naples/à la maison à partir de demain** estaremos en Nápoles/en casa a partir de mañana

3. *(pour désigner une situation, un état)* estar ● **être content** estar contento ● **être en forme** estar en forma

4. *(pour donner la date, l'heure)* estar a ● **quel jour sommes-nous ? – nous sommes jeudi** ¿a qué día estamos? – estamos a jueves ● **quelle heure est-il ? – il est seize heures** ¿qué hora es? – son las cuatro de la tarde

5. *(aller)* ● **j'ai été trois fois en Écosse** he ido tres veces a Escocia

6. *(pour exprimer l'appartenance)* ● **être à qqn** ser de alguien ● **c'est à Daniel** es de Daniel ● **cette voiture est à vous ?** ¿este coche es suyo?

◇ *v impers* ● **il est tard** es tarde ● **il est difficile de savoir si...** es difícil saber si... ● **il serait bon de réserver à l'avance** sería conveniente reservar con antelación

◇ *v aux*

1. *(pour former les temps composés)* haber ● **nous sommes partis ensemble** nos hemos ido juntos ● **elle est née ce matin** ha nacido esta mañana ● **tu t'es coiffé ?** ¿te has peinado?

2. *(pour former le passif)* ser ● **les blessés ont été évacués** los heridos han sido evacuados

◇ *nm* ser *m* ● **être humain** ser humano

étrennes [etʀɛn] *nfpl* aguinaldo *m*

étrier [etʀije] *nm* estribo *m*

étroit, e [etʀwa, at] *adj* estrecho(cha) ● **être à l'étroit** estar apiñados(das)

étude [etyd] *nf* **1.** estudio *m* **2.** *(salle d'école)* sala *f* de estudio **3.** *(de notaire)* notaría *f* ◆ **études** *nfpl* estudios *mpl* ● **faire des études (de)** estudiar ● **arrêter/poursuivre ses études** dejar/retomar los estudios

étudiant, e [etydjɑ̃, ɑ̃t] *adj & nm, f* estudiante

étudier [etydje] *vt & vi* estudiar

étui [etɥi] *nm* estuche *m*

eu, e [y] *pp* ➤ **avoir**

euh [ø] *interj* ¡pues!
euro [øʀɔ] *nm* euro *m* • **trois euros cinquante** tres euros (y) cincuenta • **zone euro** zona euro
eurochèque [øʀɔʃɛk] *nm* eurocheque *m*
Europe [øʀɔp] *nf* • **l'Europe** Europa *f* • **l'Europe de l'Est** Europa del Este
européen, enne [øʀɔpeɛ̃, ɛn] *adj* europeo(a) ◆ **européennes** *nfpl POL* las (elecciones) europeas ◆ **Européen, enne** *nm, f* europeo *m*, -a *f*
eux [ø] *pron* ellos • **eux-mêmes** ellos mismos • **par eux-mêmes** por ellos mismos
évacuer [evakɥe] *vt* **1.** evacuar **2.** *(liquide)* verter
évader [evade] ◆ **s'évader** *vp* evadirse
évaluer [evalɥe] *vt* evaluar
Évangile [evɑ̃ʒil] *nm (livre)* Evangelio *m* • **l'Évangile selon Saint Jean** el Evangelio según San Juan
évanouir [evanwiʀ] ◆ **s'évanouir** *vp (avoir un malaise)* desmayarse
évaporer [evapɔʀe] ◆ **s'évaporer** *vp* evaporarse
évasé, e [evaze] *adj (vêtement)* acampanado(da)
évasion [evazjɔ̃] *nf* evasión *f*
éveillé, e [eveje] *adj (vif)* despierto(ta)
éveiller [eveje] *vt* despertar ◆ **s'éveiller** *vp* despertarse
événement [evɛnmɑ̃] *nm* acontecimiento *m*
éventail [evɑ̃taj] *nm* abanico *m*
éventrer [evɑ̃tʀe] *vt* destripar
éventuel, elle [evɑ̃tɥɛl] *adj* eventual
éventuellement [evɑ̃tɥɛlmɑ̃] *adv* eventualmente
évêque [evɛk] *nm* obispo *m*
évidemment [evidamɑ̃] *adv* evidentemente
évident, e [evidɑ̃, ɑ̃t] *adj* evidente • **c'est pas évident !** *(pas facile)* ¡no es nada fácil!
évier [evje] *nm* fregadero *m*
évitement [evitmɑ̃] *nm (Belg)* desvío *m*
éviter [evite] *vt* evitar • **je voudrais éviter cette fatigue à ma mère** quisiera evitarle este esfuerzo a mi madre • **éviter de faire qqch** evitar hacer algo
évolué, e [evɔlɥe] *adj* evolucionado(da)
évoluer [evɔlɥe] *vi* evolucionar
évolution [evɔlysjɔ̃] *nf* evolución *f*
évoquer [evɔke] *vt* **1.** *(faire penser à)* evocar **2.** *(mentionner)* mencionar
ex [ɛks] *nmf (fam)* ex *mf*
ex- [ɛks] *préf (ancien)* ex
exact, e [ɛgzakt] *adj* **1.** exacto(ta) **2.** *(ponctuel)* puntual • **c'est exact** eso es
exactement [ɛgzaktəmɑ̃] *adv* exactamente
exactitude [ɛgzaktityd] *nf* **1.** *(précision)* exactitud *f* **2.** *(ponctualité)* puntualidad *f*
ex aequo [ɛgzeko] *adj inv* • **ils ont terminé ex aequo** quedaron empatados
exagérer [ɛgzaʒeʀe] *vt & vi* exagerar
examen [ɛgzamɛ̃] *nm* **1.** examen *m* **2.** *(médical)* reconocimiento *m* • **examen blanc** *examen de entrenamiento cuya nota no entra en la evaluación* • **mise en examen** *DR acto del procedimiento en el que el juez de instrucción da a conocer a alguien las imputaciones de las que se le acusan*
examinateur, trice [ɛgzaminatœʀ, tʀis] *nm, f* examinador *m*, -ra *f*

examiner [ɛgzamine] *vt* **1.** examinar **2.** *(malade)* reconocer
exaspérer [ɛgzaspeʀe] *vt* exasperar
excédent [ɛksedɑ̃] *nm* excedente *m* • **excédent de bagages** exceso *m* de equipaje
excéder [ɛksede] *vt (dépasser)* exceder
excellent, e [ɛkselɑ̃, ɑ̃t] *adj* excelente
excentrique [ɛksɑ̃tʀik] *adj* excéntrico(ca)
excepté [ɛksɛpte] *prép* excepto
exception [ɛksɛpsjɔ̃] *nf* excepción *f* • **faire une exception** hacer una excepción • **à l'exception de** con excepción de • **sans exception** sin excepción
exceptionnel, elle [ɛksɛpsjɔnɛl] *adj* excepcional
excès [ɛksɛ] *nm* exceso *m* • **excès de vitesse** exceso de velocidad ◇ *nmpl* • **faire des excès** cometer excesos
excessif, ive [ɛksesif, iv] *adj* excesivo(va)
excitant, e [ɛksitɑ̃, ɑ̃t] *adj* excitante ◆ **excitant** *nm* excitante *m*
excitation [ɛksitasjɔ̃] *nf* excitación *f*
exciter [ɛksite] *vt* excitar
exclamation [ɛksklamasjɔ̃] *nf* exclamación *f*
exclamer [ɛksklame] ◆ **s'exclamer** *vp* exclamar
exclure [ɛksklyʀ] *vt* **1.** excluir **2.** *(élève)* expulsar
exclusif, ive [ɛksklyzif, iv] *adj* exclusivo(va)
exclusivité [ɛksklyzivite] *nf* exclusiva *f* • **en exclusivité** en exclusiva
excursion [ɛkskyʀsjɔ̃] *nf* excursión *f*
excuse [ɛkskyz] *nf* excusa *f* ◆ **excuses** *nfpl* • **faire des excuses à qqn** disculparse ante alguien • **je vous présente mes excuses** le ruego me disculpe
excuser [ɛkskyze] *vt* disculpar • **excusez-moi** disculpe, perdone ◆ **s'excuser** *vp* disculparse • **s'excuser de faire qqch** disculparse por hacer algo
exécuter [ɛgzekyte] *vt* ejecutar
exécution [ɛgzekysjɔ̃] *nf (mise à mort)* ejecución *f*
exemplaire [ɛgzɑ̃plɛʀ] *adj* ejemplar ◇ *nm* ejemplar *m*
exemple [ɛgzɑ̃pl] *nm* ejemplo *m* • **par exemple** por ejemplo • **donner un exemple** dar un ejemplo
exercer [ɛgzɛʀse] *vt* **1.** *(métier, autorité)* ejercer **2.** *(voix, mémoire)* ejercitar ◆ **s'exercer** *vp* ejercitarse • **s'exercer à faire qqch** ejercitarse a hacer algo
exercice [ɛgzɛʀsis] *nm* ejercicio *m* • **faire de l'exercice** hacer ejercicio
exigeant, e [ɛgziʒɑ̃, ɑ̃t] *adj* exigente
exigence [ɛgziʒɑ̃s] *nf* exigencia *f*
exiger [ɛgziʒe] *vt* exigir
exiler [ɛgzile] ◆ **s'exiler** *vp* exiliarse
existence [ɛgzistɑ̃s] *nf* existencia *f*
exister [ɛgziste] *vi* existir • **il existe plusieurs possibilités** existen varias posibilidades
exorbitant, e [ɛgzɔʀbitɑ̃, ɑ̃t] *adj* exorbitante
exotique [ɛgzɔtik] *adj* exótico(ca)
expatrier [ɛkspatʀije] ◆ **s'expatrier** *vp* expatriarse
expédier [ɛkspedje] *vt (envoyer)* expedir
expéditeur, trice [ɛkspeditœʀ, tʀis] *nm, f* remitente *mf*
expédition [ɛkspedisjɔ̃] *nf* expedición *f*

expérience [ɛkspeʀjɑ̃s] *nf* experiencia *f* • **expérience (professionnelle)** experiencia (profesional) • **avoir de l'expérience** tener experiencia

expérimenté, e [ɛkspeʀimɑ̃te] *adj* experimentado(da)

expert [ɛkspɛʀ] *nm* **1.** *(technicien)* perito *m* **2.** *(connaisseur)* experto *m* • **expert en** experto en

expertiser [ɛkspɛʀtize] *vt* peritar

expiration [ɛkspiʀasjɔ̃] *nf* • **arriver à expiration** vencer

expirer [ɛkspiʀe] *vt (de l'air)* espirar ◇ *vi* **1.** *(mourir)* expirar **2.** *(suj : délai, contrat)* vencer

explication [ɛksplikasjɔ̃] *nf* explicación *f* • **explication de texte** comentario *m* de texto

expliquer [ɛksplike] *vt* explicar • **expliquer qqch à qqn** explicar algo a alguien ◆ **s'expliquer** *vp* explicarse

exploit [ɛksplwa] *nm* hazaña *f*

exploitation [ɛksplwatasjɔ̃] *nf* explotación *f* • **exploitation (agricole)** explotación agraria

exploiter [ɛksplwate] *vt* explotar

exploration [ɛksplɔʀasjɔ̃] *nf* exploración *f*

explorer [ɛksplɔʀe] *vt* explorar

exploser [ɛksploze] *vi* explotar

explosif, ive [ɛksplozif, iv] *adj* explosivo(va) ◆ **explosif** *nm* explosivo *m*

explosion [ɛksplozjɔ̃] *nf* explosión *f*

expo [ɛkspo] (*abr de exposition*) *nf* (*fam*) exposición *f*

exportation [ɛkspɔʀtasjɔ̃] *nf* exportación *f*

exporter [ɛkspɔʀte] *vt* exportar

exposé, e [ɛkspoze] *adj (en danger)* expuesto(ta) • **exposé au sud** orientado al sur • **bien exposé** bien orientado ◆ **exposé** *nm* exposición *f*

exposer [ɛkspoze] *vt* exponer • **exposer qqn/qqch à** exponer a alguien/algo a ◆ **s'exposer à** *vp + prep* **1.** exponerse a **2.** *(au soleil)* • **ne vous exposez pas entre midi et deux** no se exponga al sol entre las doce y las dos del mediodía

exposition [ɛkspozisjɔ̃] *nf* **1.** *(d'art)* exposición *f* **2.** *(d'une maison)* orientación *f*

[1] **exprès** [ɛkspʀɛs] *adj inv* urgente ◇ *nm* • **par exprès** por correo urgente

[2] **exprès** [ɛkspʀɛ] *adv* aposta • **faire exprès de faire qqch** hacer algo aposta • **je n'ai pas fait exprès** lo hice sin querer

express [ɛkspʀɛs] *nm (café)* = **expresso** • **(train) express** (tren) expreso *m*

expression [ɛkspʀɛsjɔ̃] *nf* expresión *f* • **expression écrite/orale** expresión escrita/oral

expresso [ɛkspʀeso] *nm* exprés *m inv*

exprimer [ɛkspʀime] *vt* expresar ◆ **s'exprimer** *vp* expresarse

expulser [ɛkspylse] *vt* expulsar

expulsion [ɛkspylsjɔ̃] *nf* expulsión *f*

exquis, e [ɛkski, iz] *adj* exquisito(ta)

extensible [ɛkstɑ̃sibl] *adj* **1.** extensible **2.** *INFORM* • **mémoire extensible à 1 Go** memoria expandible a 1 GB

exténué, e [ɛkstenye] *adj* agotado(da)

extérieur, e [ɛksteʀjœʀ] *adj* exterior ◆ **extérieur** *nm* • **à l'extérieur** *(dehors)* afuera ; *SPORT* fuera • **à l'extérieur de** fuera de

exterminer [ɛkstɛʀmine] *vt* exterminar

externe [ɛkstɛʀn] *adj & nmf* externo(na)

extincteur [ɛkstɛ̃ktœʀ] *nm* extintor *m*
extinction [ɛkstɛ̃ksjɔ̃] *nf* • **extinction de voix** afonía *f* • **en voie d'extinction** en vías de extinción
extra [ɛkstʀa] *adj inv* **1.** extra **2.** (*fam*) (*formidable*) guay ◇ *préf* extra ◇ *nm* (*chose, dépense inhabituelle*) extra *m*
extraire [ɛkstʀɛʀ] *vt* extraer • **extraire qqch de** extraer algo de • **extraire qqn de** sacar a alguien de • **se faire extraire une dent** hacerse sacar un diente o una muela
extrait [ɛkstʀɛ] *nm* extracto *m*
extraordinaire [ɛkstʀaɔʀdinɛʀ] *adj* extraordinario(ria)
extravagant, e [ɛkstʀavagɑ̃, ɑ̃t] *adj* extravagante
extrême [ɛkstʀɛm] *adj* extremo(ma) ◇ *nm* extremo *m* • **l'Extrême-Orient** Extremo Oriente *m* • **les sports extrêmes** los deportes extremos
extrêmement [ɛkstʀɛmmɑ̃] *adv* extremadamente
extrémité [ɛkstʀemite] *nf* extremidad *f*

F

F (*abr écrite de Fahrenheit*) F
fable [fabl] *nf* fábula *f*
fabricant, e [fabʀikɑ̃, ɑ̃t] *nm, f* fabricante *mf*
fabrication [fabʀikasjɔ̃] *nf* fabricación *f* • **fabrication artisanale** fabricación artesanal
fabriquer [fabʀike] *vt* fabricar • **mais qu'est-ce que tu fabriques ?** (*fam*) pero ¿qué estás haciendo?
fabuleux, euse [fabylø, øz] *adj* fabuloso(sa)
fac [fak] (*abr de faculté*) *nf* (*fam*) facu *f*, facul *f* • **je suis en deuxième année de fac** estoy en segundo en la facu
façade [fasad] *nf* fachada *f*
face [fas] *nf* cara *f* • **faire face à** (*être devant*) estar frente a ; (*affronter*) hacer frente a • **de face** de frente • **en face (de)** enfrente (de) • **face à face** cara a cara
fâché, e [faʃe] *adj* enfadado(da)
fâcher [faʃe] ◆ **se fâcher** *vp* enfadarse
facile [fasil] *adj* fácil
facilement [fasilmɑ̃] *adv* **1.** (*aisément*) fácilmente **2.** (*au moins*) por lo menos
facilité [fasilite] *nf* facilidad *f*
faciliter [fasilite] *vt* facilitar
façon [fasɔ̃] *nf* manera *f* • **de façon (à ce) que** de manera que • **de toute façon** de todas maneras • **non merci, sans façon** gracias, pero no
facteur, trice [faktœʀ, tʀis] *nm, f* cartero *m*, -ra *f* ◆ **facteur** *nm* factor *m* • **le facteur chance** el factor suerte
facture [faktyʀ] *nf* factura *f*
facturer [faktyʀe] *vt* facturar
facturette [faktyʀɛt] *nf recibo que uno guarda cuando realiza un pago mediante tarjeta de crédito*
facultatif, ive [fakyltatif, iv] *adj* facultativo(va)
faculté [fakylte] *nf* facultad *f*
fade [fad] *adj* **1.** soso(sa) **2.** (*couleur*) apagado(da)
fagot [fago] *nm* gavilla *f* (*de leña*)

faible [fɛbl] *adj* **1.** débil **2.** *(son, lumière, revenus)* bajo(ja) **3.** *(élève)* flojo(ja) ◇ *nm* • **j'ai un faible pour le chocolat** mi punto flaco es el chocolate
faiblement [fɛbləmɑ̃] *adv* débilmente
faiblesse [fɛblɛs] *nf* **1.** flojedad *f* **2.** *(indulgence)* flaqueza *f*
faiblir [febliʀ] *vi* flaquear
faïence [fajɑ̃s] *nf* loza *f*
faille [faj] *nf* **1.** *(du terrain)* falla *f* **2.** *(défaut)* fallo *m*
faillir [fajiʀ] *vi* • **il a failli tomber** por poco se cae • **j'ai failli rater mon train** he estado a punto de perder el tren
faillite [fajit] *nf* quiebra *f* • **faire faillite** quebrar
faim [fɛ̃] *nf* hambre *f* • **avoir faim** tener hambre
fainéant, e [feneɑ̃, ɑ̃t] *adj & nm, f* holgazán(ana)
faire [fɛʀ] *vt*
1. *(fabriquer, préparer)* hacer • **faire un gâteau** hacer un pastel
2. *(effectuer)* • **faire les comptes** hacer cuentas • **faire une promenade** dar un paseo
3. *(arranger, nettoyer)* hacer • **faire le ménage** hacer la limpieza • **faire son lit** hacer la cama • **faire la vaisselle** fregar los platos • **faire ses valises** hacer las maletas
4. *(s'occuper à)* • **que faites-vous comme métier ?** ¿a qué se dedica usted?
5. *(sport, discipline)* hacer • **faire du piano** tocar el piano • **faire des études** estudiar
6. *(provoquer)* • **je lui ai fait mal sans le faire exprès** sin querer le he hecho daño • **ma jambe me fait horriblement mal** me duele muchísimo la pierna • **faire de la peine à qqn** entristecer a alguien
7. *(imiter)* • **faire l'imbécile** hacer el imbécil
8. *(parcourir)* recorrer • **nous avons fait 150 km en deux heures** hemos recorrido 150 km en dos horas • **faire du 130 (à l'heure)** ir a unos 130 km (por hora)
9. *(avec des mesures)* • **les pièces font 3 m de haut** las habitaciones tienen 3 m de altura • **je fais 1,68 m** mido 1.68 m • **je fais du 40** uso la (talla) 40
10. *MATH* • **10 et 3 font 13** 10 más 3 son 13
11. *(dans des expressions)* • **ça ne fait rien** no importa • **il ne fait que pleuvoir** no para de llover • **je ne fais que passer** no hago más que pasar • **il ne fait que s'amuser** no hace más que divertirse • **qu'est-ce que ça peut te faire ?** ¿qué más te da? • **qu'est-ce que j'ai fait de mes clefs ?** ¿qué he hecho con mis llaves?
◇ *vi*
1. *(agir)* hacer • **vas-y, mais fais vite** ve pero date prisa • **vous feriez mieux de...** más valdría que... • **faites comme chez vous** está usted en su casa
2. *(avoir l'air)* • **faire jeune/vieux** parecer joven/mayor
◇ *v impers*
1. *(climat, température)* • **il fait chaud** hace calor • **il fait moins 2°C** hace 2 bajo cero
2. *(exprime la durée)* • **ça fait trois jours que nous avons quitté Rouen** hace tres días que nos fuimos de Rouen • **ça fait longtemps que je n'ai pas eu de ses nouvelles** hace tiempo que no tengo noticias

suyas • **ça fait dix ans que j'habite ici** vivo aquí desde hace diez años
◇ *v aux*
1. *(indique que l'on provoque une action)* hacer • **faire tomber qqch** hacer caer algo • **faire cuire qqch** cocer algo
2. *(indique que l'on commande une action)* • **faire nettoyer un vêtement** llevar a limpiar una prenda
♦ **se faire** *vp*
1. *(être convenable, à la mode)* hacerse • **ça ne se fait pas d'arriver en retard** llegar tarde, eso no se hace • **ça se fait** se lleva • **ça ne se fait plus de nos jours** hoy en día esto ya no se lleva
2. *(avoir, provoquer)* • **se faire des amis** hacerse amigos • **se faire mal** hacerse daño • **se faire du souci** preocuparse
3. *(devenir)* • **se faire beau** ponerse guapo • **se faire vieux** hacerse viejo • **il se fait tard** se hace tarde
4. *(avec un infinitif)* • **il se fait opérer de l'appendicite mardi** el martes lo operan de apendicitis • **il s'est fait arrêter par la police** la policía lo detuvo • **je me suis fait aider par mon frère** mi hermano me ha ayudado • **il s'est fait couper les cheveux** se ha cortado el pelo
5. *(dans des expressions)* • **comment se fait-il que... ?** ¿cómo es que...? • **ne pas s'en faire** no preocuparse
♦ **faire suivre** *vt* remitir
♦ **se faire à** *vp + prep (s'habituer à)* acostumbrase a

faire-part [fɛʀpaʀ] *nm inv* participación *f (de boda)*
fais [fɛ] ➤ faire
faisable [fəzabl] *adj* factible
faisan [fəzɑ̃] *nm* faisán *m*
faisant [fəzɑ̃] *p prés* ➤ faire
faisons [fəzɔ̃] ➤ faire
fait, e [fɛ, fɛt] *pp* ➤ faire ◇ *adj* hecho(cha) • **(c'est) bien fait pour toi !** ¡te está bien empleado! ♦ **fait** *nm* hecho *m* • **faits divers** sucesos *mpl* • **au fait** a propósito • **en fait** de hecho • **prendre qqn sur le fait** coger a alguien con las manos en la masa
faites [fɛt] ➤ faire
fait-tout [fɛtu] *nm inv* cacerola *f*
falaise [falɛz] *nf* acantilado *m*
falloir [falwaʀ] *v impers* • **il faut du courage pour faire ça** hace falta valor para hacer eso • **il faut du temps** hace falta tiempo • **il faut y aller** ou **que nous y allions** tenemos que irnos • **il me faut deux kilos d'oranges** necesito dos kilos de naranjas • **il me faut y retourner** tengo que volver
fallu [faly] *pp* ➤ falloir
falsifier [falsifje] *vt* falsificar
fameux, euse [famø, øz] *adj (célèbre)* famoso(sa)
familial, e, aux [familjal, o] *adj* familiar
familiarité [familjaʀite] *nf* familiaridad *f*
familier, ère [familje, ɛʀ] *adj* familiar
famille [famij] *nf* familia *f* • **famille d'accueil** familia de acogida • **famille monoparentale** familia monoparental • **famille recomposée** familia ensamblada • **en famille** en familia • **un membre de la famille** un miembro de la familia
fan [fan] *nmf (fam)* fan *mf*
fanatique [fanatik] *adj & nmf* fanático(ca)

fané, e [fane] *adj (fleur)* marchitado(da)
faner [fane] ◆ **se faner** *vp* marchitarse
fanfare [fɑ̃faʀ] *nf* fanfarria *f*
fantaisie [fɑ̃tezi] *nf* **1.** *(imagination)* fantasía *f* **2.** *(caprice)* antojo *m* ● **bijoux fantaisie** bisutería *f* de fantasía
fantastique [fɑ̃tastik] *adj* fantástico(ca)
fantôme [fɑ̃tom] *nm* fantasma *m*
far [faʀ] *nm* ● **far breton** *flan con ciruelas pasas*
farce [faʀs] *nf* **1.** *(plaisanterie)* broma *f* **2.** *CULIN* relleno *m* ● **faire une farce à qqn** gastar una broma a alguien
farceur, euse [faʀsœʀ, øz] *nm, f* bromista *mf*
farci, e [faʀsi] *adj* relleno(na)
fard [faʀ] *nm* ● **fard à joues** colorete *m* ● **fard à paupières** sombra *f* de ojos
farfelu, e [faʀfəly] *adj* estrafalario(ria)
farine [faʀin] *nf* harina *f* ● **farine animale** harina animal
farouche [faʀuʃ] *adj* salvaje
fascinant, e [fasinɑ̃, ɑ̃t] *adj* fascinante
fasciner [fasine] *vt* fascinar
fasse etc ➤ **faire**
fatal, e [fatal] *adj* fatal
fatalement [fatalmɑ̃] *adv* fatalmente
fataliste [fatalist] *adj* fatalista
fatigant, e [fatigɑ̃, ɑ̃t] *adj* **1.** *(épuisant)* cansado(da) **2.** *(agaçant)* pesado(da)
fatigue [fatig] *nf* cansancio *m* ● **je suis mort de fatigue** estoy muerto de cansancio
fatigué, e [fatige] *adj* cansado(da) ● **être fatigué de (faire) qqch** estar harto de (hacer) algo
fatiguer [fatige] *vt* cansar ◆ **se fatiguer** *vp* cansarse
faubourg [fobuʀ] *nm* **1.** arrabal *m* **2.** ● **les faubourgs** las inmediaciones
faucher [foʃe] *vt* **1.** *(blé)* segar **2.** *(piéton, cycliste)* atropellar **3.** *(fam) (voler)* birlar
faudra [fodʀa] ➤ **falloir**
faufiler [fofile] ◆ **se faufiler** *vp* colarse
faune [fon] *nf* fauna *f*
fausse ➤ **faux**
fausser [fose] *vt (résultat)* falsear
faut [fo] ➤ **falloir**
faute [fot] *nf* **1.** falta *f* **2.** *(responsabilité)* culpa *f* ● **c'est (de) ma faute** es culpa mía ● **faute de** a falta de
fauteuil [fotœj] *nm* **1.** sillón *m* **2.** *(de cinéma, de théâtre)* butaca *f* ● **fauteuil à bascule** mecedora *f* ● **fauteuil roulant** silla *f* de ruedas
fauve [fov] *nm* fiera *f*
faux, fausse [fo, fos] *adj* **1.** falso(sa) **2.** *(barbe, dent)* postizo(za) ◇ *adv* ● **chanter faux** desafinar ● **fausse note** *MUS* nota *f* falsa ● **faux numéro** número *m* equivocado
faux-filet, s [fofilɛ] *nm* solomillo *m* bajo
faveur [favœʀ] *nf* favor *m* ● **en faveur de** a favor de
favorable [favɔʀabl] *adj* favorable ● **être favorable à** estar a favor de
favori, ite [favɔʀi, it] *adj* favorito(ta)
favoris [favɔʀi] *nmpl INFORM* favoritos *mpl*
favoriser [favɔʀize] *vt* favorecer
fax [faks] *nm* fax *m* ● **envoyer un fax** enviar un fax
faxer [fakse] *vt* enviar por fax
féculent [fekylɑ̃] *nm* ● **les féculents** las féculas
fédéral, e, aux [fedeʀal, o] *adj* federal

fédération [federasjɔ̃] *nf* federación *f*
fée [fe] *nf* hada *f*
feignant, e [fɛɲɑ̃, ɑ̃t] *adj (fam)* holgazán(ana)
feinte [fɛ̃t] *nf* finta *f*
fêler [fele] ♦ **se fêler** *vp* resquebrajarse
félicitations [felisitasjɔ̃] *nfpl* felicidades *fpl* ● **(avec) toutes nos félicitations !** ¡enhorabuena!
féliciter [felisite] *vt* ● **féliciter qqn** felicitar a alguien
félin [felɛ̃] *nm* felino *m*
femelle [fəmɛl] *nf* hembra *f*
féminin, e [feminɛ̃, in] *adj* femenino(na) ♦ **féminin** *nm* femenino *m*
femme [fam] *nf* mujer *f* ● **femme de chambre** camarera *f* ● **femme de ménage** asistenta *f* ● **bonne femme** *(fam)* tía *f*
fendant [fɑ̃dɑ̃] *nm variedad de vino blanco de la región de Valais en Suiza*
fendre [fɑ̃dʀ] *vt* rajar
fenêtre [fənɛtʀ] *nf* ventana *f*
fenouil [fənuj] *nm* hinojo *m*
fente [fɑ̃t] *nf* **1.** *(fissure)* grieta *f* **2.** *(de tirelire, de distributeur)* ranura *f*
fer [fɛʀ] *nm* hierro *m* ● **fer à cheval** herradura *f* ● **fer forgé** hierro forjado ● **fer à repasser** plancha *f (para la ropa)*
féra [feʀa] *nf variedad de pescado del lago Lemán*
fera etc ➤ **faire**
fer-blanc [fɛʀblɑ̃] *(pl* **fers-blancs***)* *nm* hojalata *f*
férié [feʀje] *adj m* ➤ **jour**
ferme [fɛʀm] *adj* **1.** *(dur)* firme **2.** *(strict)* severo(ra) ◇ *nf* granja *f* ● **ferme auberge** *granja restaurante*
fermé, e [fɛʀme] *adj* **1.** cerrado(da) **2.** *(visage)* impenetrable
fermement [fɛʀməmɑ̃] *adv* **1.** *(appuyer)* con fuerza **2.** *(refuser)* con firmeza
fermenter [fɛʀmɑ̃te] *vi* fermentar
fermer [fɛʀme] *vt* **1.** cerrar **2.** *(rideau)* correr ◇ *vi* cerrar ● **fermer qqch à clef** cerrar algo con llave ● **ça ne ferme pas** no cierra ♦ **se fermer** *vp* cerrarse
fermeté [fɛʀməte] *nf* **1.** *(dureté)* dureza *f* **2.** *(autorité)* firmeza *f*
fermeture [fɛʀmətyʀ] *nf* cierre *m* ▼ **fermeture annuelle** cierre anual ● **fermeture Éclair®** cremallera *f*
fermier, ère [fɛʀmje, ɛʀ] *nm, f* granjero *m*, -ra *f*
fermoir [fɛʀmwaʀ] *nm* cierre *m*
féroce [feʀɔs] *adj* feroz
ferraille [fɛʀaj] *nf* chatarra *f*
ferrée [fɛʀe] *adj f* ➤ **voie**
ferroviaire [fɛʀɔvjɛʀ] *adj* ferroviario(ria)
ferry [fɛʀi] *(pl* **ferrys** OU **ferries***)* *nm* transbordador *m*
fertile [fɛʀtil] *adj* fértil
fesse [fɛs] *nf* nalga *f* ♦ **fesses** *nfpl* culo *m*
fessée [fese] *nf* azotaina *f*
festin [fɛstɛ̃] *nm* festín *m*
festival [fɛstival] *nm* festival *m*

Le festival d'Avignon

Fundado por Jean Vilar en 1947, este festival de las artes del espectáculo celebrado cada verano en Aviñón y sus alrededores es un escaparate para las nuevas obras de teatro, danza y música. Al margen del festival oficial, el llamado *festival off* es un espacio teatral más espontáneo, en el que compañías independientes de todo el mundo presentan espectáculos alternativos y que ha adquirido un gran renombre con el transcurso de los años.

Le festival de Cannes

Este festival internacional de cine creado en 1938 se celebra anualmente en Cannes en el mes de mayo. El jurado, formado por profesionales y personalidades del mundo del espectáculo, adjudica diversos premios, el más prestigioso de los cuales es la palma de oro, que recompensa la mejor película. La entrega de premios tiene lugar en el *Palais des festivals*, situado en el paseo marítimo conocido como *la Croisette*.

fête [fɛt] *nf* **1.** fiesta *f* **2.** *(jour du saint)* santo *m* • **faire la fête** estar de juerga • **bonne fête !** ¡felicidades! • **fête foraine** feria *f* • **la fête des Mères/des Pères** el día de la madre/del padre • **la fête de la Musique** la Fiesta de la Música • **fête nationale** fiesta nacional ♦ **fêtes** *nfpl* • **les fêtes (de fin d'année)** las fiestas de fin de año

La fête

Los franceses desean *bonne fête* a la persona cuyo nombre coincide con el del santo celebrado esa fecha. El día de Santo Tomás, por ejemplo, se dice que es *la Saint Thomas* o *la fête des Thomas* y para felicitar a los Thomas que conozcamos diremos *bonne fête, Thomas !* Asimismo se desea *bonne fête* a las madres por *la fête des Mères* (el último domingo de mayo), a los padres por *la fête des Pères* (el tercer domingo de junio) y a las abuelas por *la fête des Grand-mères* (el primer domingo de marzo).

La fête de la musique

La *Fête de la musique* se creó en Francia en 1982 con el objetivo de poner la música al alcance de todo el mundo. El 21 de junio, coincidiendo con la noche más larga del año, las calles se llenan de músicos de todos los estilos tanto profesionales como aficionados. Además, se organizan conciertos gratuitos al aire libre. Su éxito ha sido tal que el concepto ha atravesado fronteras y se ha exportado a más de cien países en los cinco continentes.

fêter [fete] *vt* celebrar

feu, x [fø] *nm* fuego *m* • **avez-vous du feu ?** ¿tiene fuego? • **faire du feu** hacer fuego • **mettre le feu à** prender fuego a • **à feu doux** a fuego lento • **feu d'artifice** fuegos artificiales • **feu de camp** fuego de campamento • **feu rouge/vert** semáforo *m* en rojo/en verde • **feu de signa-**

lisation ou **feu tricolore** semáforo • **feux arrière/de croisement/de recul** luces *fpl* traseras/de cruce/de marcha atrás • **au feu !** ¡fuego! • **en feu** ardiendo

feuillage [fœjaʒ] *nm* follaje *m*

feuille [fœj] *nf* hoja *f* • **feuille morte** hoja seca • **feuille de style** hoja de estilo

feuilleté, e [fœjte] *adj* ➤ **pâte** ◆ **feuilleté** *nm* hojaldre *m*

feuilleter [fœjte] *vt* hojear

feuilleton [fœjtɔ̃] *nm* **1.** • **feuilleton télévisé** telenovela *f* **2.** *(à la radio)* serial *m*

feutre [føtʀ] *nm* **1.** *(stylo)* rotulador *m* **2.** *(matière)* fieltro *m* **3.** *(chapeau)* sombrero *m* de fieltro

fève [fɛv] *nf* **1.** *(haricot)* haba *f* **2.** *(de galette) figurita que designa rey al que la encuentra en su porción del roscón de Reyes*

février [fevʀije] *nm* febrero *m* • **en février** ou **au mois de février** en (el mes de) febrero • **début février** a principios de febrero • **fin février** a finales de febrero • **le deux février** el dos de febrero

fiable [fjabl] *adj* fiable

fiançailles [fjɑ̃saj] *nfpl* **1.** *(cérémonie)* pedida *f* **2.** *(période)* noviazgo *m*

fiancé, e [fjɑ̃se] *nm, f* novio *m*, -via *f*

fiancer [fjɑ̃se] ◆ **se fiancer** *vp* prometerse

fibre [fibʀ] *nf* fibra *f* • **fibre optique** fibra óptica

ficeler [fisle] *vt* atar

ficelle [fisɛl] *nf* **1.** cordel *m* **2.** *(pain) barra de pan muy fina*

fiche [fiʃ] *nf* ficha *f* • **fiche de paie** nómina *f (documento)*

ficher [fiʃe] *vt* **1.** *(renseignement, suspect)* fichar **2.** *(planter)* clavar **3.** *(fam)* *(faire)* hacer • **mais qu'est-ce qu'il fiche ?** *(fam)* ¿pero qué hace? • **fiche-moi la paix !** *(fam)* ¡déjame en paz! • **fiche le camp !** *(fam)* ¡lárgarte! ◆ **se ficher de** *vp + prep* *(fam)* *(ridiculiser)* burlarse de • **je m'en fiche** *(fam)* *(ça m'est égal)* me importa un bledo

fichier [fiʃje] *nm* **1.** fichero *m* **2.** *INFORM* archivo *m* • **fichiers temporaires** archivos temporales

fichu, e [fiʃy] *adj* *(fam)* • **c'est fichu** *(raté)* se jorobó la cosa ; *(cassé)* está escacharrado • **être bien fichu** *(fabrication)* estar bien hecho • **être mal fichu** *(santé)* estar pachucho

fidèle [fidɛl] *adj* fiel

fidélité [fidelite] *nf* fidelidad *f*

¹fier [fje] ◆ **se fier** *vp* • **se fier à** fiarse de

²fier, fière [fjɛʀ] *adj* orgulloso(sa) • **être fier de** estar orgulloso de

fierté [fjɛʀte] *nf* orgullo *m*

fièvre [fjɛvʀ] *nf* fiebre *f* • **fièvre aphteuse** fiebre aftosa • **avoir de la fièvre** tener fiebre • **avoir 39 de fièvre** tener 39 de fiebre

fiévreux, euse [fjevʀø, øz] *adj* febril

fig. *(abr de figure)* fig. *(figura)*

figé, e [fiʒe] *adj* **1.** *(personne)* petrificado(da) **2.** *(sauce)* cuajado(da)

figer [fiʒe] ◆ **se figer** *vp* **1.** *(personne)* quedarse petrificado(da) **2.** *(sauce)* cuajarse

figue [fig] *nf* higo *m* • **figue de Barbarie** higo chumbo

figure [figyʀ] *nf* **1.** *(visage)* cara *f* **2.** *(schéma)* figura *f*

figurer [figyʀe] *vi* figurar • **il m'a menti, figure-toi !** ¡me ha mentido, fíjate!

fil [fil] *nm* hilo *m* • **fil de fer** alambre *m* • **passer un coup de fil** llamar (por teléfono)

file [fil] *nf* fila *f* • **file (d'attente)** cola *f* • **à la file** en fila • **en file (indienne)** en fila (india)

filer [file] *vt* *(collant)* hacerse una carrera en ◇ *vi* **1.** *(aller vite)* volar **2.** *(fam) (partir)* salir pitando • **filer un livre à qqn** *(fam)* pasar un libro a alguien • **filer un coup de pied à qqn** *(fam)* dar una patada a alguien

filet [filɛ] *nm* **1.** *(de pêche, au tennis)* red *f* **2.** *(d'eau)* hilo *m* **3.** *(de poisson)* filete *m* **4.** *(de bœuf)* solomillo *m* • **filet américain** *(Belg)* bistec *m* tartaro • **filet à bagages** rejilla *f* • **filet mignon** solomillo

filiale [filjal] *nf* filial *f*

filière [filjɛʀ] *nf SCOL* carrera *f* • **filière scientifique/littéraire** carrera científica/literaria

fille [fij] *nf* **1.** chica *f* **2.** *(descendante)* hija *f*

fillette [fijɛt] *nf* chiquilla *f*

filleul, e [fijœl] *nm, f* ahijado *m*, -da *f*

film [film] *nm* **1.** película *f* **2.** *(plastique)* film *m* • **film d'horreur** ou **d'épouvante** película de terror • **film vidéo** película de vídeo

filmer [filme] *vt* filmar

fils [fis] *nm* hijo *m*

filtrage [filtʀaʒ] *nm* filtrado *m*

filtre [filtʀ] *nm* filtro *m* • **filtre parental** *INFORM* filtro parental

filtrer [filtʀe] *vt* filtrar

fin, e [fɛ̃, fin] *adj* **1.** fino(na) **2.** *(subtil)* agudo(da) ◆ **fin** *nf* final *m* • **fin juillet** a finales de julio • **à la fin (de)** al final (de)

final, e, als ou **aux** [final, o] *adj* final

finale [final] *nf* final *f*

finalement [finalmɑ̃] *adv* finalmente

finaliste [finalist] *nmf* finalista *mf*

finance [finɑ̃s] *nf* • **la finance** las finanzas • **les finances** *(publiques)* las finanzas ; *(fam) (d'un particulier)* los fondos

financement [finɑ̃smɑ̃] *nm* financiación *f*

financer [finɑ̃se] *vt* financiar

financier, ère [finɑ̃sje, ɛʀ] *adj* financiero(ra) • **sauce financière** *salsa a base de vino de madera y esencia de trufas* ◆ **financier** *nm (gâteau) pastel de almendras y fruta confitada*

finesse [finɛs] *nf* **1.** finura *f* **2.** *(d'esprit)* sutileza *f*

finir [finiʀ] *vt* & *vi* acabar • **finir bien/mal** acabar bien/mal • **finir de faire qqch** acabar de hacer algo • **il a fini par accepter** acabo aceptando ou por aceptar

finlandais, e [fɛ̃lɑ̃dɛ, ɛz] *adj* finlandés(esa) ◆ **finlandais** *nm (langue)* = **finnois** ◆ **Finlandais, e** *nm, f* finlandés *m*, -esa *f*

Finlande [fɛ̃lɑ̃d] *nf* • **la Finlande** Finlandia *f*

finnois [finwa] *nm* finlandés *m*

fioul [fjul] *nm* fuel *m*

firewall [fajəʀwol] *nm INFORM* cortafuego *m*

fisc [fisk] *nm* fisco *m*

fiscal, e, aux [fiskal, o] *adj* fiscal • **contrôle fiscal** inspección *f* fiscal

fissure [fisyʀ] *nf* grieta *f*

fissurer [fisyʀe] ♦ **se fissurer** *vp* agrietarse
fixation [fiksasjɔ̃] *nf (de ski)* fijación *f*
fixe [fiks] *adj* fijo(ja) ◇ *nm (téléphone)* fijo *m* • **appeler sur le fixe** llamar al fijo
fixer [fikse] *vt* **1.** fijar **2.** *(regarder)* mirar fijamente
flacon [flakɔ̃] *nm* frasco *m*
flageolet [flaʒɔlɛ] *nm* alubia *f* verde
flagrant, **e** [flagʀɑ̃, ɑ̃t] *adj* flagrante • **(en) flagrant délit** (en) flagrante delito
flair [flɛʀ] *nm* olfato *m* • **avoir du flair** *(fig)* tener olfato
flairer [flɛʀe] *vt* **1.** olfatear **2.** *(fig)* presentir
flamand, **e** [flamɑ̃, ɑ̃d] *adj* flamenco(ca) ♦ **flamand** *nm (langue)* flamenco *m*
flambé, **e** [flɑ̃be] *adj* flameado(da)
flamber [flɑ̃be] *vi* arder
flamiche [flamiʃ] *nf pastel que se suele rellenar con puerros o queso, típico del norte de Francia y de Bélgica*
flamme [flam] *nf* llama *f* • **en flammes** en llamas
flan [flɑ̃] *nm* flan *m*
flanc [flɑ̃] *nm* **1.** *(de personne, d'animal)* costado *m* **2.** *(de montagne)* ladera *f* • **couché sur le flanc** acostado
flâner [flane] *vi* callejear
flanquer [flɑ̃ke] *vt* rodear • **flanquer une gifle à qqn** *(fam)* soltar un bofetón a alguien • **flanquer qqn à la porte** *(fam)* poner a alguien de patitas en la calle
flaque [flak] *nf* charco *m*
flash [flaʃ] (*pl* **flashs** OU **flashes**) *nm* **1.** flash *m* **2.** *(d'information)* avance *m* informativo
flasher [flaʃe] *vi (fam)* • **se faire flasher (par un radar)** hacerse sacar una foto (por un radar)
flatter [flate] *vt* halagar
fléau, **x** [fleo] *nm* plaga *f*
flèche [flɛʃ] *nf* flecha *f*
fléchette [fleʃɛt] *nf* dardo *m*
fléchir [fleʃiʀ] *vt* doblar ◇ *vi* flojear
flemme [flɛm] *nf (fam)* • **avoir la flemme (de faire qqch)** darle pereza a alguien (hacer algo)
flétri, **e** [fletʀi] *adj (fleur)* marchito(ta)
fleur [flœʀ] *nf* flor *f* • **fleur d'oranger** CULIN (flor de) azahar *m* • **à fleurs** de flores • **en fleur(s)** en flor
fleuri, **e** [flœʀi] *adj* **1.** *(jardin)* florido(da) **2.** *(tissu)* floreado(da)
fleurir [flœʀiʀ] *vi* florecer
fleuriste [flœʀist] *nmf* florista *mf*
fleuve [flœv] *nm* río *m*
flexible [flɛksibl] *adj* flexible
flic [flik] *nm (fam)* poli *m*
[1]**flipper** [flipœʀ] *nm* flipper *m*
[2]**flipper** [flipe] *vi (fam) (avoir peur)* estar acojonado(da)
flirter [flœʀte] *vi* flirtear
flocon [flɔkɔ̃] *nm* • **flocon de neige** copo *m* de nieve • **flocons d'avoine** copos de avena
flore [flɔʀ] *nf* flora *f* • **flore intestinale** flora intestinal
flot [flo] *nm* **1.** *(vagues)* • **les flots** oleaje *m* **2.** *(fig) (grande quantité)* raudal *m*
flottante [flɔtɑ̃t] *adj f* ➤ **île**
flotte [flɔt] *nf* **1.** flota *f* **2.** *(fam) (eau)* agua *f* **3.** *(fam) (pluie)* lluvia *f*
flotter [flɔte] *vi* flotar

flotteur [flɔtœʀ] *nm* **1.** *(de pêche)* corcho *m* **2.** *(de bateau)* boya *f*
flou, e [flu] *adj* **1.** *(photo)* borroso(sa) **2.** *(idée, souvenir)* confuso(sa)
fluide [flɥid] *adj* fluido(da) ◇ *nm* fluido *m*
fluo [flyo] *adj inv* fluorescente
fluor [flyɔʀ] *nm* flúor *m*
fluorescent, e [flyɔʀesɑ̃, ɑ̃t] *adj* fluorescente
flûte [flyt] *nf* **1.** *(instrument)* flauta *f* **2.** *(pain) barra fina de pan* **3.** *(verre)* copa *f* de champán ◇ *interj* ¡vaya! • **flûte à bec** flauta dulce
flux [fly] *nm* flujo *m* • **flux migratoire** flujo migratorio
FM [ɛfɛm] (*abr de frequency modulation*) *nf* FM *f (frecuencia modulada)*
foi [fwa] *nf* fe *f* • **(de) bonne/mauvaise foi** (de) buena/mala fe
foie [fwa] *nm* hígado *m* • **foie gras** foie-gras *m* • **foie de veau** hígado de ternera
foin [fwɛ̃] *nm* heno *m*
foire [fwaʀ] *nf* feria *f* • **foire aux questions** preguntas *fpl* más frecuentes
fois [fwa] *nf* vez *f* • **une/deux/trois fois (par jour)** una/dos/tres veces (al día) • **3 fois 2** 3 por 2 • **il est à la fois peintre et musicien** es a la vez pintor y músico • **ne parlez pas tous à la fois !** ¡no habléis todos a la vez! • **des fois** (*fam*) a veces • **une fois que** una vez que • **une fois pour toutes** de una vez por todas
folie [fɔli] *nf* locura *f* • **faire une folie** hacer una locura
folklore [fɔlklɔʀ] *nm* folclore *m*
folklorique [fɔlklɔʀik] *adj* folclórico(ca)
folle ➤ **fou**
foncé, e [fɔ̃se] *adj* oscuro(ra)
foncer [fɔ̃se] *vi* **1.** oscurecerse **2.** (*fam*) *(aller vite)* volar
fonction [fɔ̃ksjɔ̃] *nf* función *f* • **la fonction publique** la función pública • **voiture de fonction** *(pour fonctionnaire)* coche *m* oficial ; *(d'entreprise)* coche de servicio • **logement de fonction** *vivienda proporcionada por la administración o por las grandes empresas a sus empleados* • **en fonction de** en función de
fonctionnaire [fɔ̃ksjɔnɛʀ] *nmf* funcionario *m*, -ria *f*
fonctionnel, elle [fɔ̃ksjɔnɛl] *adj* funcional
fonctionnement [fɔ̃ksjɔnmɑ̃] *nm* funcionamiento *m*
fonctionner [fɔ̃ksjɔne] *vi* funcionar • **faire fonctionner qqch** hacer funcionar algo
fond [fɔ̃] *nm* fondo *m* • **au fond** ou **dans le fond** *(en réalité)* en el fondo • **au fond de** en el fondo de • **à fond** a fondo ; *(rouler)* a todo gas • **fond d'artichaut** corazón *m* de alcachofa • **fond d'écran** *INFORM* fondo de pantalla • **fond de teint** maquillaje *m* • **fonds marins** fondos marinos
fondamental, e, aux [fɔ̃damɑ̃tal, o] *adj* fundamental
fondant, e [fɔ̃dɑ̃, ɑ̃t] *adj* que se derrite ♦ **fondant** *nm* • **fondant au chocolat** fondant *m* de chocolate
fondation [fɔ̃dasjɔ̃] *nf* fundación *f* ♦ **fondations** *nfpl* cimientos *mpl*
fonder [fɔ̃de] *vt* fundar ♦ **se fonder sur** *vp + prep* basarse en

fondre [fɔ̃dʀ] *vi* derretir • **fondre en larmes** romper a llorar
fonds [fɔ̃] *nmpl* fondos *mpl* • **fonds de commerce** negocio *m* • **fonds de pension** fondo de pensiones
fondue [fɔ̃dy] *nf* • **fondue bourguignonne/savoyarde** fondue *f* de carne/de queso • **fondue parmesan** (*Québec*) *variedad de quesos fundidos, sobre todo parmesano, que se sirve empanado y frito en la sartén*
font [fɔ̃] ➤ **faire**
fontaine [fɔ̃tɛn] *nf* fuente *f*
fonte [fɔ̃t] *nf* **1.** *(métal)* hierro *m* colado **2.** *(des neiges)* deshielo *m*
foot(ball) [fut(bol)] *nm* fútbol *m* • **jouer au football** jugar al fútbol
footballeur, euse [futbolœʀ, øz] *nm, f* futbolista *mf*
footing [futiŋ] *nm* footing *m* • **faire un footing** hacer footing
forain, e [fɔʀɛ̃, ɛn] *adj* ➤ **fête** ♦ **forain** *nm* feriante *m*
force [fɔʀs] *nf* fuerza *f* • **de force** por o a la fuerza • **à force de faire qqch** a fuerza de hacer algo
forcément [fɔʀsemɑ̃] *adv* forzosamente • **pas forcément** no necesariamente
forcer [fɔʀse] *vt & vi* forzar • **forcer qqn à faire qqch** forzar a alguien a hacer algo ♦ **se forcer** *vp* • **se forcer (à faire qqch)** forzarse (a hacer algo)
forêt [fɔʀɛ] *nf* bosque *m*
forêt-noire [fɔʀɛnwaʀ] (*pl* **forêts-noires**) *nf* selva *f* negra
forfait [fɔʀfɛ] *nm (de ski)* forfait *m* • **forfait Internet illimité** tarifa *f* plana (para) Internet • **déclarer forfait** abandonar
forfaitaire [fɔʀfɛtɛʀ] *adj* • **tarif forfaitaire** tarifa fija
forgé [fɔʀʒe] *adj m* ➤ **fer**
forger [fɔʀʒe] *vt* forjar
formalités [fɔʀmalite] *nfpl* formalidades *fpl* • **remplir les formalités** cumplir con los requisitos
format [fɔʀma] *nm* formato *m*
formater [fɔʀmate] *vt* formatear
formation [fɔʀmasjɔ̃] *nf* formación *f* • **formation en alternance** formación alternada
forme [fɔʀm] *nf* forma *f* • **en forme de** en forma de • **être en (pleine) forme** estar en (plena) forma
former [fɔʀme] *vt* formar ♦ **se former** *vp* formarse
formidable [fɔʀmidabl] *adj* formidable
formulaire [fɔʀmylɛʀ] *nm* formulario *m* • **remplir un formulaire** rellenar un formulario
formule [fɔʀmyl] *nf* **1.** fórmula *f* **2.** *(de restaurant)* menú *m*
fort, e [fɔʀ, fɔʀt] *adj & adv* fuerte • **fort en maths** bueno en matemáticas
forteresse [fɔʀtəʀɛs] *nf* fortaleza *f*
fortifications [fɔʀtifikasjɔ̃] *nfpl* fortificaciones *fpl*
fortifier [fɔʀtifje] *vt* **1.** fortificar **2.** *(suj : médicament)* fortalecer
fortune [fɔʀtyn] *nf* fortuna *f* • **faire fortune** hacer fortuna
forum [fɔʀɔm] *nm* • **forum (de discussion)** *INFORM* foro *m*
fosse [fos] *nf* fosa *f*
fossé [fose] *nm* cuneta *f*
fossette [fosɛt] *nf* hoyuelo *m*
fossile [fosil] *nm* fósil *m*

fou, folle [fu, fɔl] *adj* **1.** loco(ca) **2.** (*fig*) increíble ◇ *nm, f* loco *m*, -ca *f* ● **j'ai eu le ou un fou rire** me dio la risa tonta ◆ **fou** *nm (aux échecs)* alfil *m*
foudre [fudʀ] *nf* rayo *m*
foudroyant, e [fudʀwajɑ̃, ɑ̃t] *adj* fulminante
foudroyer [fudʀwaje] *vt* fulminar
fouet [fwɛ] *nm* **1.** látigo *m* **2.** *CULIN* batidor *m* ● **de plein fouet** de frente
fouetter [fwete] *vt* **1.** azotar **2.** *CULIN* batir
fougère [fuʒɛʀ] *nf* helecho *m*
fouiller [fuje] *vt* registrar
fouillis [fuji] *nm* revoltijo *m*
foulard [fulaʀ] *nm* pañuelo *m*, fular *m*
foule [ful] *nf* multitud *f*
fouler [fule] ◆ **se fouler** *vp* ● **se fouler la cheville** torcerse el tobillo
foulure [fulyʀ] *nf* torcedura *f*
four [fuʀ] *nm* horno *m*
fourche [fuʀʃ] *nf* **1.** *(instrument)* horquilla *f* **2.** (*Belg*) tiempo *m* libre
fourchette [fuʀʃɛt] *nf* **1.** tenedor *m* **2.** *(de prix)* gama *f*
fourchu, e [fuʀʃy] *adj (cheveux)* con las puntas abiertas
fourgon [fuʀgɔ̃] *nm* furgón *m*
fourgonnette [fuʀgɔnɛt] *nf* furgoneta *f*
fourmi [fuʀmi] *nf* hormiga *f* ● **j'ai des fourmis dans les jambes** tengo hormigueo en las piernas
fourmilière [fuʀmiljɛʀ] *nf* hormiguero *m*
fourneau, x [fuʀno] *nm* fogón *m*
fournir [fuʀniʀ] *vt* **1.** suministrar **2.** *(effort)* realizar ● **fournir du travail à qqn** proporcionar trabajo a alguien
fournisseur, euse [fuʀnisœʀ, øz] *nm, f* **1.** proveedor *m*, -ra *f* **2.** *INFORM* ● **fournisseur d'accès** proveedor de acceso
fournitures [fuʀnityʀ] *nfpl* material *m*
fourré, e [fuʀe] *adj* **1.** *(vêtement)* forrado(da) **2.** *CULIN* relleno(na)
fourrer [fuʀe] *vt* **1.** rellenar **2.** (*fam*) meter ◆ **se fourrer** *vp* (*fam*) meterse
fourre-tout [fuʀtu] *nm inv.* bolso *m*
fourrière [fuʀjɛʀ] *nf* **1.** *(pour voitures)* depósito *m* **2.** *(pour chiens)* perrera *f* ● **ma voiture a été mise à la fourrière** la grúa se me ha llevado el coche
fourrure [fuʀyʀ] *nf* **1.** piel *f* **2.** *(vêtement)* prenda *f* de piel
foyer [fwaje] *nm* **1.** hogar *m* **2.** *(pour travailleurs, étudiants)* residencia *f* ● **femme/mère au foyer** ama *f* de casa
fracasser [fʀakase] ◆ **se fracasser** *vp* estrellarse
fraction [fʀaksjɔ̃] *nf* fracción *f*
fracture [fʀaktyʀ] *nf* fractura *f* ● **fracture sociale** fractura social
fracturer [fʀaktyʀe] *vt* forzar ◆ **se fracturer** *vp* ● **se fracturer la jambe** fracturarse la pierna
fragile [fʀaʒil] *adj* frágil
fragment [fʀagmɑ̃] *nm* fragmento *m*
fraîche ➤ **frais**
fraîcheur [fʀɛʃœʀ] *nf* **1.** *(du matin, de l'ombre)* frescor *m* **2.** *(d'un aliment)* frescura *f*
frais, fraîche [fʀɛ, fʀɛʃ] *adj* fresco(ca) ◇ *nmpl* gastos *mpl* ◇ *nm* ● **mettre qqch au frais** poner algo al fresco ● **prendre le frais** tomar el fresco ◇ *adv* ● **il fait frais** hace fresco ▼ **servir frais** servir frío
fraise [fʀɛz] *nf* fresa *f*

fraisier [fʀezje] *nm* **1.** *(plante)* fresera *f* **2.** *(gâteau) bizcocho empapado en kirsch relleno de nata y trocitos de fresa*
framboise [fʀɑ̃bwaz] *nf* frambuesa *f*
framboisier [fʀɑ̃bwazje] *nm* **1.** *(plante)* frambueso *m* **2.** *(gâteau) bizcocho empapado en kirsch relleno de nata y trocitos de frambuesa*
franc, franche [fʀɑ̃, fʀɑ̃ʃ] *adj* franco(ca) ◆ **franc** *nm* franco *m* • **franc suisse** franco suizo
français, e [fʀɑ̃sɛ, ɛz] *adj* francés(esa) ◆ **français** *nm (langue)* francés *m* ◆ **Français, e** *nm, f* francés *m*, -esa *f*
France [fʀɑ̃s] *nf* • **la France** Francia *f* • **France 2** *cadena pública de televisión francesa* ≃ TVE 1 • **France 3** *cadena pública de televisión francesa* ≃ La 2 • **France Télécom** *compañía histórica francesa de telecomunicaciones* ≃ Telefónica
franche ➤ **franc**
franchement [fʀɑ̃ʃmɑ̃] *adv* **1.** *(honnêtement)* francamente **2.** *(tout à fait)* • **c'est franchement insuffisant** es completamente insuficiente
franchir [fʀɑ̃ʃiʀ] *vt* **1.** *(porte, frontière)* atravesar **2.** *(obstacle)* salvar
franchise [fʀɑ̃ʃiz] *nf* **1.** *(honnêteté)* franqueza *f* **2.** *(d'assurance)* franquicia *f*
francilien, enne [fʀɑ̃siljɛ̃, ɛn] *adj* de la región Île-de-France ◆ **Francilien, enne** *nm, f persona que vive en la región Île-de-France*
francophone [fʀɑ̃kɔfɔn] *adj* francófono(na)
frange [fʀɑ̃ʒ] *nf* flequillo *m* • **à franges** con flecos
frangipane [fʀɑ̃ʒipan] *nf* **1.** *(crème)* crema *f* de almendras **2.** *(gâteau)* pastel *m* con crema de almendras
frappant, e [fʀapɑ̃, ɑ̃t] *adj (ressemblance)* sorprendente
frappé, e [fʀape] *adj (frais)* helado(da) • **café frappé** granizado *m* de café
frapper [fʀape] *vt* **1.** *(battre)* pegar **2.** *(coup)* golpear **3.** *(impressionner)* impresionar **4.** *(suj : maladie, catastrophe)* afectar ◇ *vi* • **frapper (à la porte)** llamar (a la puerta) • **frapper dans ses mains** dar palmadas
fraude [fʀod] *nf* fraude *m* • **passer qqch en fraude** pasar algo fraudulentamente • **fraude électorale/fiscale** fraude electoral/fiscal
frayer [fʀɛje] ◆ **se frayer** *vp* • **se frayer un chemin** abrirse camino
frayeur [fʀɛjœʀ] *nf* susto *m*
fredonner [fʀədɔne] *vt* tararear
freezer [fʀizœʀ] *nm* congelador *m*
frein [fʀɛ̃] *nm* freno *m* • **frein à main** freno de mano
freiner [fʀene] *vt* & *vi* frenar
frémir [fʀemiʀ] *vi* estremecerse
fréquence [fʀekɑ̃s] *nf* frecuencia *f*
fréquent, e [fʀekɑ̃, ɑ̃t] *adj* frecuente
fréquenter [fʀekɑ̃te] *vt* frecuentar
frère [fʀɛʀ] *nm* hermano *m*
fresque [fʀɛsk] *nf* fresco *m*
friand [fʀijɑ̃] *nm empanada hecha con masa de hojaldre*
friandise [fʀijɑ̃diz] *nf* golosina *f*
fric [fʀik] *nm (fam)* pasta *f*
fricassée [fʀikase] *nf* fricasé *m*
frictionner [fʀiksjɔne] *vt* friccionar
Frigidaire® [fʀiʒidɛʀ] *nm* nevera *f*

frigo [fʀigo] *nm* (*fam*) nevera *f*
frileux, euse [fʀilø, øz] *adj* friolero(ra)
frimer [fʀime] *vi* (*fam*) fardar
fripé, e [fʀipe] *adj* arrugado(da)
frire [fʀiʀ] *vt* & *vi* freír • **faire frire** freír
frisé, e [fʀize] *adj* rizado(da)
frisée [fʀize] *nf* escarola *f*
friser [fʀize] *vi* rizar
frisson [fʀisɔ̃] *nm* escalofrío *m* • **avoir des frissons** sentir escalofríos
frissonner [fʀisɔne] *vi* estremecerse
frit, e [fʀi, fʀit] *pp* ➤ **frire** ◇ *adj* frito(ta)
frites [fʀit] *nfpl* • **(pommes) frites** patatas *fpl* fritas
friteuse [fʀitøz] *nf* freidora *f*
friture [fʀityʀ] *nf* **1.** *(poissons)* fritura *f* **2.** (*fam*) *(parasites)* ruidos *mpl* parásitos
froid, e [fʀwa, fʀwad] *adj* frío(a) ◆ **froid** *nm* frío *m* ◇ *adv* • **avoir froid** tener frío • **il fait froid** hace frío • **prendre froid** coger frío
froidement [fʀwadmɑ̃] *adv* fríamente
froisser [fʀwase] *vt* arrugar ◆ **se froisser** *vp* arrugarse
frôler [fʀole] *vt* rozar
fromage [fʀɔmaʒ] *nm* queso *m* • **fromage blanc** queso blanco • **fromage de tête** queso de cerdo

Le fromage

Se cuentan más de 400 variedades de queso en Francia, clasificadas generalmente según la textura de su pasta y de la corteza. Se distinguen las pastas blandas como el *camembert*, el *brie* y el *pont-l'évêque*; las pastas prensadas, que incluyen el *tomme*, el *emmenthal* y el *comté*; los quesos azules como el *roquefort* o el *bleu de Bresse*; los quesos especiales a los que se añaden nueces, hierbas y otras especias; los quesos de oveja o cabra y, por último, los quesos frescos. El queso se suele tomar al final de las comidas, antes del postre: generalmente se presenta una tabla de quesos que se suele acompañar con ensalada, pan y, a menudo, vino tinto.

fronce [fʀɔ̃s] *nf* frunce *m*
froncer [fʀɔ̃se] *vt* fruncir • **froncer les sourcils** fruncir el ceño
fronde [fʀɔ̃d] *nf* honda *f*
front [fʀɔ̃] *nm* **1.** *ANAT* frente *f* **2.** *(à la guerre)* frente *m* • **de front** *(de face)* de frente ; *(côte à côte)* juntos(tas) ; *(en même temps)* al mismo tiempo
frontière [fʀɔ̃tjɛʀ] *nf* frontera *f*
frottement [fʀɔtmɑ̃] *nm* roce *m*
frotter [fʀɔte] *vt* frotar ◇ *vi* rozar
fruit [fʀɥi] *nm* **1.** *(qui se mange)* fruta *f* **2.** *(d'un arbre, profit)* fruto *m* • **fruit de la passion** fruta de la pasión • **fruits confits** frutas confitadas • **fruits de mer** marisco *m* • **fruits secs** frutos secos
fruitier [fʀɥitje] *adj m* ➤ **arbre**
FTP [ɛftepe] (*abr de File Transfer Protocol*) *nm* • **site FTP** servidor *m* FTP
fugue [fyg] *nf* • **faire une fugue** fugarse
fuir [fɥiʀ] *vi* **1.** huir **2.** *(robinet)* perder agua **3.** *(eau, gaz)* escaparse

fuite [fɥit] *nf* **1.** huida *f*, fuga *f* **2.** *(d'eau, de gaz)* escape *m* • **être en fuite** estar huido(da) • **prendre la fuite** darse a la fuga
fumé, e [fyme] *adj* ahumado(da)
fumée [fyme] *nf* humo *m*
fumer [fyme] *vt* fumar ◇ *vi* **1.** fumar **2.** *(liquide)* humear
fumeur, euse [fymœʀ, øz] *nm, f* fumador *m*, -ra *f* • **les non-fumeurs** los no fumadores
fumier [fymje] *nm* estiércol *m*
funambule [fynɑ̃byl] *nmf* funámbulo *m*, -la *f*
funèbre [fynɛbʀ] *adj* ➤ **pompe**
funérailles [fyneʀaj] *nfpl* (*sout*) funeral *m*
funiculaire [fynikylɛʀ] *nm* funicular *m*
fureur [fyʀœʀ] *nf* furor *m* • **faire fureur** hacer furor
furieux, euse [fyʀjø, øz] *adj* furioso(sa)
furoncle [fyʀɔ̃kl] *nm* forúnculo *m*
fuseau, x [fyzo] *nm* *(pantalon)* pantalón *m* tubo • **fuseau horaire** huso *m* horario
fusée [fyze] *nf* cohete *m*
fusible [fyzibl] *nm* fusible *m* • **les fusibles ont sauté** han saltado los fusibles
fusil [fyzi] *nm* fusil *m*
fusillade [fyzijad] *nf* tiroteo *m*
fusiller [fyzije] *vt* fusilar • **fusiller qqn du regard** fulminar a alguien con la mirada
fusionnel, elle [fyzjɔnɛl] *adj* • **un rapport/amour fusionnel** una relación/un amor fusional
futé, e [fyte] *adj* listo(ta)
futile [fytil] *adj* fútil
futur, e [fytyʀ] *adj* futuro(ra) ◆ **futur** *nm* futuro *m*

gG

gâcher [gaʃe] *vt* *(gaspiller)* malgastar
gâchette [gaʃɛt] *nf* gatillo *m*
gâchis [gaʃi] *nm* *(gaspillage)* despilfarro *m*
gadget [gadʒɛt] *nm* chisme *m*
gaffe [gaf] *nf* • **faire une gaffe** meter la pata • **faire gaffe (à)** (*fam*) tener cuidado (con)
gag [gag] *nm* broma *f*
gage [gaʒ] *nm* *(dans un jeu)* prenda *f*
gagnant, e [gaɲɑ̃, ɑ̃t] *adj & nm, f* ganador(ra)
gagner [gaɲe] *vt & vi* ganar • **(bien) gagner sa vie** ganarse (bien) la vida
gai, e [gɛ] *adj* alegre
gaiement [gemɑ̃] *adv* alegremente
gaieté [gete] *nf* alegría *f*
gain [gɛ̃] *nm* **1.** ganancia *f* **2.** *(de temps)* ahorro *m* ◆ **gains** *nmpl* *(salaire, au jeu)* ganancias *fpl*
gaine [gɛn] *nf* **1.** *(étui)* funda *f* **2.** *(sous-vêtement)* faja *f*
gala [gala] *nm* gala *f*
galant [galɑ̃] *adj m* galante
galerie [galʀi] *nf* **1.** *(passage couvert)* galería *f* **2.** *(à bagages)* baca *f* • **galerie (d'art)** galería (de arte) • **galerie marchande** galerías
galet [galɛ] *nm* canto *m* rodado
galette [galɛt] *nf* **1.** *(gâteau)* torta *f* **2.** *(crêpe)* crepe *f* salada • **galette bretonne**

galleta *f* de Bretaña • **galette des Rois** ≃ roscón *m* de Reyes

La galette des Rois

La *galette des Rois* es una torta hojaldrada rellena de crema de almendras que se come el 6 de enero, día de la Epifanía. En su interior se esconde una figurita sorpresa, *la fève*. La tradición señala que se debe cortar la torta en porciones iguales que un joven comensal adjudica a ciegas: quien encuentre *la fève* será coronado rey o reina con una corona de cartón y tendrá que elegir a su consorte.

Galice [galis] *nf* • **la Galice** Galicia *f*

gallois, e [galwa, az] *adj* galés(esa) ♦ **Gallois, e** *nm, f* galés *m*, -esa *f*

galon [galɔ̃] *nm* **1.** *(ruban)* pasamano *m* **2.** *MIL* galón *m*

galop [galo] *nm* • **aller/partir au galop** ir/salir al galope

galoper [galɔpe] *vi* galopar

gambader [gɑ̃bade] *vi* brincar

gambas [gɑ̃bas] *nfpl* langostinos *mpl*

gamelle [gamɛl] *nf* fiambrera *f*

gamin, e [gamɛ̃, in] *nm, f* **1.** *(fam)* *(enfant)* crío *m*, -a *f* **2.** *(fils, fille)* niño *m*, -ña *f*

gamme [gam] *nf* gama *f* • **j'achète toujours du bas/haut de gamme** siempre compro artículos de gama baja/alta • **un meuble bas/haut de gamme** un mueble de gama baja/alta

ganglion [gɑ̃glijɔ̃] *nm* ganglio *m*

gangster [gɑ̃gstɛʀ] *nm* gángster *m*

gant [gɑ̃] *nm* guante *m* • **gant de toilette** manopla *f*

garage [gaʀaʒ] *nm* **1.** *(d'une maison)* garaje *m* **2.** *(de réparation)* taller *m*

garagiste [gaʀaʒist] *nmf* mecánico *m*, -ca *f*

garantie [gaʀɑ̃ti] *nf* garantía *f* • **(bon de) garantie** garantía • **(appareil) sous garantie** (aparato) en garantía

garantir [gaʀɑ̃tiʀ] *vt* garantizar • **garantir qqch à qqn** garantizar algo a alguien • **garantir à qqn que** garantizar a alguien que

garçon [gaʀsɔ̃] *nm* chico *m* • **garçon (de café)** camarero *m*

¹garde [gaʀd] *nm* guarda *m* • **garde du corps** guardaespaldas *mf inv*

²garde [gaʀd] *nf* **1.** guardia *f* **2.** *DR* custodia *f* • **avoir la garde d'un enfant** *DR* tener la custodia de un niño • **garde alternée (des enfants)** *DR* custodia alternada ou alternativa (de los hijos) • **monter la garde** montar la guardia • **mettre qqn en garde (contre)** poner a alguien en guardia (contra) • **prendre garde (à)** tener cuidado (con) • **médecin de garde** médico *m* de guardia • **pharmacie de garde** farmacia *f* de guardia • **garde à vue** *DR* detención *f* preventiva

garde-barrière [gaʀd(ə)baʀjɛʀ] (*pl* **gardes-barrière(s)**) *nmf* guardabarrera *mf*

garde-boue [gaʀdəbu] *nm inv* guardabarros *m inv*

garde-chasse [gaʀdəʃas] (*pl* **gardes-chasse(s)**) *nm* guarda *m* de caza

garde-fou, s [gaʀdəfu] *nm* pretil *m*

garder [gaʀde] *vt* **1.** *(conserver)* guardar **2.** *(sur soi)* quedarse con **3.** *(surveiller)* vigilar ▼ **à garder au frais après ouverture** consérvese en lugar fresco después de la apertura ◆ **se garder** *vp* conservarse

garderie [gaʀdəʀi] *nf* guardería *f*

garde-robe, **s** [gaʀdəʀɔb] *nf* guardarropa *m*

gardien, **enne** [gaʀdjɛ̃, ɛn] *nm, f* **1.** *(de musée, de prison)* guardián *m*, -ana *f* **2.** *(d'immeuble)* portero *m*, -ra *f* ● **gardien de but** portero *m* ● **gardien de nuit** vigilante *m* nocturno

gare [gaʀ] *nf* estación *f* ◇ *interj* ● **gare à toi !** ¡pobre de ti! ● **entrer en gare** entrar en la estación ● **gare maritime/routière** estación marítima/de autobuses

garer [gaʀe] *vt* aparcar ◆ **se garer** *vp* aparcar

gargouille [gaʀguj] *nf* gárgola *f*

gargouiller [gaʀguje] *vi* **1.** *(tuyau)* gorgotear **2.** *(estomac)* hacer borborigmos

garnement [gaʀnəmɑ̃] *nm* pillo *m*

garni, **e** [gaʀni] *adj (plat)* con guarnición

Garnier [gaʀnje] *n* ● **le Palais Garnier** ou **l'Opéra Garnier** *antigua ópera de París en la que en la actualidad se representan espectáculos de danza*

garnir [gaʀniʀ] *vt* ● **garnir qqch de** guarnecer algo con

garniture [gaʀnityʀ] *nf* **1.** *(légumes)* guarnición *f* **2.** *(décoration)* adorno *m*

gars [ga] *nm (fam)* tío *m*

Gascogne [gaskɔɲ] *n* ➤ **Golfe**

gas-oil [gazɔjl] *nm* = **gazole**

gaspillage [gaspijaʒ] *nm* despilfarro *m*

gaspiller [gaspije] *vt* despilfarrar

gastronomique [gastʀɔnɔmik] *adj* gastronómico(ca)

gâté, **e** [gate] *adj* **1.** *(enfant)* mimado(da) **2.** *(fruit)* podrido(da) **3.** *(dent)* picado(da)

gâteau, **x** [gato] *nm* pastel *m* ● **gâteau marbré** *pastel de bizcocho con capas de chocolate* ● **gâteau sec** galleta *f*

gâter [gate] *vt* mimar ◆ **se gâter** *vp* **1.** *(fruit)* pudrirse **2.** *(dent)* picarse **3.** *(temps, situation)* ponerse feo(a)

gâteux, **euse** [gatø, øz] *adj* chocho(cha)

gauche [goʃ] *adj* **1.** izquierdo(da) **2.** *(maladroit)* torpe ◇ *nf* ● **la gauche** la izquierda ● **à gauche (de)** a la izquierda (de) ● **de gauche** *(du côté gauche)* de la izquierda ; *POL (personne)* de izquierdas

gaucher, **ère** [goʃe, ɛʀ] *adj & nm, f* zurdo(da)

gaufre [gofʀ] *nf* gofre *m*

gaufrette [gofʀɛt] *nf* barquillo *m*

gaver [gave] *vt* **1.** cebar **2.** ● **gaver qqn de qqch** hartar a alguien de algo ◆ **se gaver de** *vp + prep* hartarse de

gay [gɛ] *adj inv & nmf* gay

gaz [gaz] *nm inv* gas *m*

gaze [gaz] *nf* gasa *f*

gazeux, **euse** [gazø, øz] *adj (boisson)* con gas

gazinière [gazinjɛʀ] *nf* cocina *f* de gas

gazole [gazɔl] *nm* gasoil *m*

gazon [gazɔ̃] *nm* césped *m*

GB (*abr écrite de Grande-Bretagne*) GB *(Gran Bretaña)*

géant, e [ʒeɑ̃, ɑ̃t] *adj* gigante ◇ *nm, f* gigante *m*, -ta *f*
gel [ʒɛl] *nm* **1.** hielo *m* **2.** *(cosmétique)* gel *m* **3.** *(pour cheveux)* gomina *f*
gélatine [ʒelatin] *nf* gelatina *f*
gelée [ʒəle] *nf* **1.** *(glace)* helada *f* **2.** *(de fruits)* jalea *f* ● **en gelée** con gelatina
geler [ʒəle] *vt* helar ◇ *vi* **1.** helar **2.** *(avoir froid)* helarse ● **il gèle** está helando
gélule [ʒelyl] *nf* cápsula *f*
Gémeaux [ʒemo] *nmpl* Géminis *m inv*
gémir [ʒemiʀ] *vi* gemir
gênant, e [ʒenɑ̃, ɑ̃t] *adj* molesto(ta) ● **c'est gênant** me da apuro ● **ce meuble est gênant** este mueble es un estorbo
gencive [ʒɑ̃siv] *nf* encía *f*
gendarme [ʒɑ̃daʀm] *nm* gendarme *m* ≃ guardia *m* civil
gendarmerie [ʒɑ̃daʀməʀi] *nf* **1.** *(gendarmes)* ≃ guardia *f* civil **2.** *(bureau)* gendarmería *f* ≃ cuartel *m* de la guardia civil

La gendarmerie

La gendarmería nacional tiene como misión mantener el orden y garantizar la seguridad pública y el cumplimiento de las leyes en las zonas rurales (la policía nacional se encarga de las zonas urbanas). Tiene un estatuto militar y depende del Ministerio de Defensa (mientras que la policía nacional depende del Ministerio del Interior). Dispone asimismo de formaciones especializadas como la *Garde Républicaine*, que protege a las altas autoridades del Estado, y el *GIGN*, grupo de intervención para afrontar las situaciones críticas.

gendre [ʒɑ̃dʀ] *nm* yerno *m*
gêne [ʒɛn] *nf* molestia *f*
généalogique [ʒenealɔʒik] *adj* ➤ **arbre**
gêner [ʒene] *vt* **1.** molestar **2.** *(encombrer)* estorbar ● **ça vous gêne si...?** ¿le molesta si...? ◆ **se gêner** *vp* ● **il ne se gêne pas (pour faire/dire qqch)** no se corta (para hacer/decir algo)
général, e, aux [ʒeneʀal, o] *adj* general ◆ **général** *nm* general *m* ● **en général** en general
généralement [ʒeneʀalmɑ̃] *adv* generalmente
généraliste [ʒeneʀalist] *nm* ● **(médecin) généraliste** ≃ médico *m*, -ca *f* de cabecera
génération [ʒeneʀasjɔ̃] *nf* generación *f*
généreux, euse [ʒeneʀø, øz] *adj* generoso(sa)
générique [ʒeneʀik] *nm* títulos *mpl* de crédito ◇ *adj (terme)* genérico(ca) ● **médicament générique** *MÉD* medicamento *m* genérico
générosité [ʒeneʀozite] *nf* generosidad *f*
genêt [ʒənɛ] *nm* retama *f*
génétique [ʒenetik] *adj* genético(ca)
Genève [ʒənɛv] *n* Ginebra
génial, e, aux [ʒenjal, o] *adj* genial
génie [ʒeni] *nm* genio *m*
génoise [ʒenwaz] *nf* ≃ bizcocho *m*
génome [ʒenom] *nm* genoma *m*
génotype [ʒenɔtip] *nm* genotipo *m*

genou, x [ʒənu] *nm* rodilla *f* • **se mettre à genoux** ponerse de rodillas • **être à genoux** estar arrodillado(da)
genre [ʒɑ̃ʀ] *nm* género *m* • **un genre de** una especie de • **en tous genres** de todo tipo
gens [ʒɑ̃] *nmpl* gente *f* • **peu de/beaucoup de gens** poca/mucha gente
gentil, ille [ʒɑ̃ti, ij] *adj* bueno(na), amable
gentillesse [ʒɑ̃tijɛs] *nf* amabilidad *f*
gentiment [ʒɑ̃timɑ̃] *adv* **1.** amablemente **2.** *(sagement)* • **jouez gentiment !** ¡jugad sin armar alboroto! **3.** *(Helv)* tranquilamente
géographie [ʒeɔgʀafi] *nf* geografía *f*
géométrie [ʒeɔmetʀi] *nf* geometría *f*
géranium [ʒeʀanjɔm] *nm* geranio *m*
gérant, e [ʒeʀɑ̃, ɑ̃t] *nm, f* gerente *mf*
gerbe [ʒɛʀb] *nf* **1.** haz *m* **2.** *(de fleurs)* ramo *m*
gercé, e [ʒɛʀse] *adj* • **avoir les lèvres gercées** tener los labios cortados
gérer [ʒeʀe] *vt* administrar
germain, e [ʒɛʀmɛ̃, ɛn] *adj* ➤ **cousin**
germe [ʒɛʀm] *nm* germen *m*
germer [ʒɛʀme] *vi* germinar
Gérone [ʒeʀɔn] *n* Gerona
gésier [ʒezje] *nm* molleja *f*
geste [ʒɛst] *nm* gesto *m*
gesticuler [ʒɛstikyle] *vi* gesticular
gestion [ʒɛstjɔ̃] *nf* **1.** *(d'une entreprise)* administración *f* **2.** *(d'un projet)* gestión *f*
gibelotte [ʒiblɔt] *nf guiso de conejo con vino blanco, panceta, cebolletas y champiñones*
gibier [ʒibje] *nm* caza *f*
giboulée [ʒibule] *nf* chubasco *m*
Gibraltar [ʒibʀaltaʀ] *n* Gibraltar • **le rocher de Gibraltar** el peñón de Gibraltar
gicler [ʒikle] *vi* salpicar
gifle [ʒifl] *nf* bofetada *f*
gifler [ʒifle] *vt* dar una bofetada
gigantesque [ʒigɑ̃tɛsk] *adj* gigantesco(ca)
gigaoctet [ʒigaɔktɛ] *m INFORM* gigabyte *m*
gigot [ʒigo] *nm* pierna *f (de cordero)*
gigoter [ʒigɔte] *vi* agitarse • **arrête de gigoter !** ¡estate quieto!
gilet [ʒilɛ] *nm* **1.** *(cardigan)* rebeca *f* **2.** *(sans manches)* chaleco *m* • **gilet de sauvetage** chaleco salvavidas
gin [dʒin] *nm* ginebra *f*
gingembre [ʒɛ̃ʒɑ̃bʀ] *nm* jengibre *m*
girafe [ʒiʀaf] *nf* jirafa *f*
giratoire [ʒiʀatwaʀ] *adj* ➤ **sens**
girofle [ʒiʀɔfl] *nm* ➤ **clou**
girouette [ʒiʀwɛt] *nf* veleta *f*
gisement [ʒizmɑ̃] *nm* yacimiento *m*
gitan, e [ʒitɑ̃, an] *nm, f* gitano *m*, -na *f*
gîte [ʒit] *nm (de bœuf)* codillo *m (de vaca)* • **gîte d'étape** ≃ posada *f* • **gîte (rural)** ≃ casa *f* rural

Gîte rural

Es una vivienda privada independiente, con una o varias habitaciones, ubicada en una zona rural y acondicionada para recibir huéspedes. Según el tipo de comodidades, se pueden encontrar diferentes precios y categorías. Algunas proponen a los huéspedes cenar todos juntos alrededor de una mesa, y en este caso se llaman *tables d'hôtes*. La marca *Gîtes de France* es una garantía de calidad establecida según baremos de confort precisos; la clasificación va de una a cinco espigas, *épis*.

givre [ʒivʀ] *nm* escarcha *f*

givré, e [ʒivʀe] *adj* escarchado(da) • **orange givrée** naranja helada

glace [glas] *nf* **1.** *(eau gelée)* hielo *m* **2.** *(crème glacée)* helado *m* **3.** *(miroir)* espejo *m* **4.** *(vitre)* cristal *m* • **glace à la vanille/à la fraise** helado de vainilla/de fresa

glacé, e [glase] *adj* helado(da) • **crème glacée** helado *m*

glacer [glase] *vt* helar

glacial, e, aux [glasjal, o] *adj* glacial

glacier [glasje] *nm* **1.** *(de montagne)* glaciar *m* **2.** *(marchand)* vendedor *m* de helados

glacière [glasjɛʀ] *nf* nevera *f*

glaçon [glasɔ̃] *nm* cubito *m* de hielo

gland [glɑ̃] *nm* bellota *f*

glande [glɑ̃d] *nf* glándula *f*

glissade [glisad] *nf* resbalón *m*

glissant, e [glisɑ̃, ɑ̃t] *adj* resbaladizo(za)

glisser [glise] *vt* deslizar ◇ *vi* **1.** *(être glissant)* resbalar **2.** *(patineur, skieur)* deslizarse • **faire glisser** *INFORM* arrastrar ♦ **se glisser** *vp* deslizarse

global, e, aux [glɔbal, o] *adj* global

globalement [glɔbalmɑ̃] *adv* globalmente

globalisation [glɔbalizasjɔ̃] *nf* globalización *f*

globe [glɔb] *nm* globo *m* • **le globe (terrestre)** el globo (terráqueo)

gloire [glwaʀ] *nf* gloria *f*

glorieux, euse [glɔʀjø, øz] *adj* glorioso(sa)

glossaire [glɔsɛʀ] *nm* glosario *m*

gloussement [glusmɑ̃] *nm* **1.** *(de poule)* cacareo *m* **2.** *(rire)* risitas *fpl*

glouton, onne [glutɔ̃, ɔn] *adj* glotón(ona)

gluant, e [glyɑ̃, ɑ̃t] *adj* pegajoso(sa)

GO (*abr écrite de grandes ondes*) OL *(ondas largas)*

gobelet [gɔblɛ] *nm* **1.** *(pour boire)* vaso *m* **2.** *(à dés)* cubilete *m*

gober [gɔbe] *vt* **1.** *(aliment)* tragar **2.** (*fam*) *(croire)* tragarse

goéland [gɔelɑ̃] *nm* gaviota *f*

goinfre [gwɛ̃fʀ] *nmf* zampón *m*, -ona *f*

golf [gɔlf] *nm* golf *m* • **golf miniature** minigolf *m* • **club de golf** *(bâton)* palo *m* de golf

golfe [gɔlf] *nm* golfo *m* • **le golfe de Gascogne** el golfo de Vizcaya

gomme [gɔm] *nf* goma *f*

gommer [gɔme] *vt* borrar

gond [gɔ̃] *nm* gozne *m*

gonflé, e [gɔ̃fle] *adj* hinchado(da) • **être gonflé** (*fam*) tener mucho morro

gonfler [gɔ̃fle] *vt* inflar, hinchar ◇ *vi* **1.** hincharse **2.** *(pâte)* crecer

gorge [gɔʀʒ] *nf* garganta *f*

gorgée [gɔʀʒe] *nf* trago *m*

gorille [gɔʀij] *nm* gorila *m*

gosette [gɔset] *nf* (*Belg*) *pastelillo de hojaldre relleno de compota de manzana o albaricoque*

gosse [gɔs] *nmf* (*fam*) chaval *m*, -la *f*

gothique [gɔtik] *adj* gótico(ca)

gouache [gwaʃ] *nf* guache *m*

goudron [gudRɔ̃] *nm* alquitrán *m*
goudronner [gudRɔne] *vt* alquitranar
gouffre [gufR] *nm* abismo *m*
goulot [gulo] *nm* cuello *m (de una botella)* • **boire au goulot** beber a morro
gourde [guRd] *nf* cantimplora *f*
gourmand, e [guRmɑ̃, ɑ̃d] *adj* goloso(sa)
gourmandise [guRmɑ̃diz] *nf* gula *f*
gourmet [guRmɛ] *nm* gourmet *m*
gourmette [guRmɛt] *nf* esclava *f (pulsera)*
gousse [gus] *nf* • **gousse d'ail** diente *m* de ajo • **gousse de vanille** vaina *f* de vainilla
goût [gu] *nm* **1.** *(saveur)* sabor *m* **2.** *(sens du beau)* gusto *m* • **avoir bon/mauvais goût** *(aliment)* tener buen/mal sabor ; *(personne)* tener buen/mal gusto
goûter [gute] *nm* merienda *f* ◇ *vt* probar ◇ *vi* merendar • **goûter à qqch** probar algo
goutte [gut] *nf* gota *f* • **goutte à goutte** gota a gota ◆ **gouttes** *nfpl (médicament)* gotas *fpl*
gouttelette [gutlɛt] *nf* gotita *f*
gouttière [gutjɛR] *nf* gotera *f*
gouvernail [guvɛRnaj] *nm* timón *m*
gouvernement [guvɛRnəmɑ̃] *nm* gobierno *m* • **être au gouvernement** formar parte del gobierno
gouverner [guvɛRne] *vt* gobernar
GPS [ʒepeɛs] (*abr de Global Positioning System*) *nm* GPS *m*
GR [ʒeɛR] (*abr de (sentier de) grande randonnée*) *nm* ruta *f* principal
grâce [gRas] *nf* gracia *f* ◆ **grâce à** *prép* gracias a
gracieux, euse [gRasjø, øz] *adj* **1.** *(démarche, geste)* garboso(sa) **2.** *(enfant)* lleno(na) de gracia
grade [gRad] *nm* grado *m*
gradins [gRadɛ̃] *nmpl* gradas *fpl*
gradué, e [gRadɥe] *adj* **1.** graduado(da) **2.** (*Belg*) diplomado técnico (diplomada técnica)
graduel, elle [gRadɥɛl] *adj* gradual
graffiti(s) [gRafiti] *nmpl* pintada *f*, graffiti *m inv*
grain [gRɛ̃] *nm* grano *m* • **grain de beauté** lunar *m*
graine [gRɛn] *nf* semilla *f*
graisse [gRɛs] *nf* grasa *f*
graisser [gRɛse] *vt* engrasar
graisseux, euse [gRɛsø, øz] *adj* grasiento(ta)
grammaire [gRamɛR] *nf* gramática *f*
grammatical, e, aux [gRamatikal, o] *adj* gramatical
gramme [gRam] *nm* gramo *m*
grand, e [gRɑ̃, gRɑ̃d] *adj* **1.** *(personne)* alto(ta) **2.** *(objet)* grande *(grand devant masculin singulier)* **3.** *(en durée)* largo(ga) **4.** *(important)* grande • **grand frère** hermano *m* mayor • **grand magasin** grandes almacenes *mpl* • **grande surface** hipermercado *m* • **les grandes vacances** las vacaciones de verano ◆ **grand** *adv* • **voir grand** tener grandes proyectos • **grand ouvert** abierto de par en par • **il est grand temps de** ya va siendo hora de
grand-chose [gRɑ̃ʃoz] *pron* • **il ne m'a pas dit grand-chose** no me ha dicho gran cosa, me ha dicho poca cosa • **ça ne vaut pas grand-chose** no vale gran cosa, vale poca cosa

Grande-Bretagne [gʀɑ̃dbʀətaɲ] *nf* ● **la Grande-Bretagne** Gran Bretaña *f*
grandeur [gʀɑ̃dœʀ] *nf* **1.** *(taille)* tamaño *m* **2.** *(importance)* grandeza *f* ● **grandeur nature** (de) tamaño real
grandir [gʀɑ̃diʀ] *vi* **1.** *(en taille)* crecer **2.** *(en importance)* engrandecerse
grand-mère [gʀɑ̃mɛʀ] (*pl* **grands-mères**) *nf* abuela *f*
grand-père [gʀɑ̃pɛʀ] (*pl* **grands-pères**) *nm* abuelo *m*
grand-rue, s [gʀɑ̃ʀy] *nf* calle *f* principal
grands-parents [gʀɑ̃paʀɑ̃] *nmpl* abuelos *mpl*
grange [gʀɑ̃ʒ] *nf* granero *m*
granit [gʀanit] *nm* granito *m*
granulé [gʀanyle] *nm* granulado *m*
graphique [gʀafik] *nm* gráfico *m*
grappe [gʀap] *nf* racimo *m* ● **une grappe de raisin** un racimo de uvas
gras, grasse [gʀa; gʀas] *adj* **1.** graso(sa) **2.** *(gros)* gordo(da) ● **faire la grasse matinée** levantarse tarde ◆ **gras** *nm* **1.** grasa *f* **2.** *(caractères d'imprimerie)* negrita *f* ● **écrire en gras** escribir en negrita
gras-double, s [gʀadubl] *nm* callos *mpl* *(de vaca)*
grasse ➤ **gras**
gratin [gʀatɛ̃] *nm* gratén *m* ● **gratin dauphinois** patatas *fpl* al gratén
gratinée [gʀatine] *nf sopa de cebolla gratinada con queso*
gratiner [gʀatine] *vi* ● **faire gratiner qqch** gratinar algo
gratis [gʀatis] *adv* gratis
gratitude [gʀatityd] *nf* gratitud *f*
gratte-ciel [gʀatsjɛl] *nm inv* rascacielos *m inv*
gratter [gʀate] *vt* **1.** rascar **2.** *(suj : vêtement)* picar ◆ **se gratter** *vp* rascarse
gratuit, e [gʀatɥi, it] *adj* gratuito(ta)
gravats [gʀava] *nmpl* escombros *mpl*
grave [gʀav] *adj* grave
gravement [gʀavmɑ̃] *adv* gravemente
graver [gʀave] *vt* grabar
graveur [gʀavœʀ] *nm INFORM* grabador *m*
gravier [gʀavje] *nm* grava *f*
gravillon [gʀavijɔ̃] *nm* gravilla *f*
gravir [gʀaviʀ] *vt* subir
gravité [gʀavite] *nf* gravedad *f* ● **sans gravité** sin gravedad
gravure [gʀavyʀ] *nf* grabado *m*
gré [gʀe] *nm* ● **de mon plein gré** por voluntad propia ● **de gré ou de force** por las buenas o por las malas ● **bon gré mal gré** mal que le pese
grec, grecque [gʀɛk] *adj* griego(ga) ◆ **grec** *nm (langue)* griego *m* ◆ **Grec, Grecque** *nm, f* griego *m*, -ga *f*
Grèce [gʀɛs] *nf* ● **la Grèce** Grecia *f*
greffe [gʀɛf] *nf* trasplante *m*
greffer [gʀefe] *vt* trasplantar
grêle [gʀɛl] *nf* granizo *m*
grêler [gʀele] *v impers* ● **il grêle** está granizando
grêlon [gʀɛlɔ̃] *nm* granizo *m*
grelot [gʀəlo] *nm* cascabel *m*
grelotter [gʀəlɔte] *vi* tiritar
grenade [gʀənad] *nf* granada *f*
Grenade [gʀənad] *n* Granada
grenadine [gʀənadin] *nf* granadina *f*
grenat [gʀəna] *adj inv* granate
grenier [gʀənje] *nm* desván *m*
grenouille [gʀənuj] *nf* rana *f* ● **cuisses de grenouilles** ancas *fpl* de rana

grésiller [gʀezije] *vi* **1.** *(huile)* chisporrotear **2.** *(radio)* zumbar
grève [gʀɛv] *nf* huelga *f* • **être/se mettre en grève** estar/declararse en huelga • **grève de la faim** huelga de hambre
gréviste [gʀevist] *nmf* huelguista *mf*
gribouillage [gʀibujaʒ] *nm* garabato *m*
gribouiller [gʀibuje] *vt* garabatear
grièvement [gʀijɛvmɑ̃] *adv* gravemente • **grièvement blessé** herido de gravedad
griffe [gʀif] *nf* **1.** *(d'un chat)* uña *f* **2.** *(d'un tigre, d'un aigle)* garra *f* **3.** *(Belg)* *(éraflure)* arañazo *m*
griffer [gʀife] *vt* arañar
griffonner [gʀifɔne] *vt* garabatear
grignoter [gʀiɲɔte] *vt* *(manger)* picar
gril [gʀil] *nm* parrilla *f* • **au gril** a la parrilla
grillade [gʀijad] *nf* carne *f* a la parrilla
grillage [gʀijaʒ] *nm* enrejado *m*
grille [gʀij] *nf* **1.** *(d'un jardin)* reja *f* **2.** *(d'un four)* parrilla *f* **3.** *(de mots croisés)* casillas *fpl* **4.** *(de loto)* boleto *m* **5.** *(tableau)* cuadro *m*
grillé, e [gʀije] *adj* **1.** *(viande)* asado(da) **2.** *(ampoule)* fundido(da) • **du pain grillé** pan *m* tostado
grille-pain [gʀijpɛ̃] *nm inv* tostador *m*, tostadora *f*
griller [gʀije] *vt* **1.** *(pain)* tostar **2.** *(viande, poisson)* hacer a la plancha **3.** *(fam)* *(feu rouge)* saltarse
grillon [gʀijɔ̃] *nm* grillo *m*
grimace [gʀimas] *nf* mueca *f* • **faire des grimaces** hacer muecas
grimpant, e [gʀɛ̃pɑ̃, ɑ̃t] *adj* *(plante)* trepador(ra)
grimper [gʀɛ̃pe] *vt* subir ◇ *vi* **1.** *(chemin)* empinarse **2.** *(alpiniste)* trepar **3.** *(prix)* dispararse • **grimper aux arbres** subirse a los árboles
grincement [gʀɛ̃smɑ̃] *nm* chirrido *m*
grincer [gʀɛ̃se] *vi* chirriar • **il grince des dents** le rechinan los dientes
grincheux, euse [gʀɛ̃ʃø, øz] *adj* refunfuñón(ona)
griotte [gʀijɔt] *nf* guinda *f*
grippe [gʀip] *nf* gripe *f* • **avoir la grippe** tener gripe
grippé, e [gʀipe] *adj* • **être grippé** estar con gripe
gris, e [gʀi, gʀiz] *adj* gris • **cheveux gris** canas *fpl* ♦ **gris** *nm* gris *m*
grivois, e [gʀivwa, az] *adj* verde *(picante)*
grognement [gʀɔɲmɑ̃] *nm* gruñido *m*
grogner [gʀɔɲe] *vi* gruñir
grognon, onne [gʀɔɲɔ̃, ɔn] *adj* gruñón(ona)
grondement [gʀɔ̃dmɑ̃] *nm* rugido *m*
gronder [gʀɔ̃de] *vt* reñir ◇ *vi* *(tonnerre)* rugir • **je me suis fait gronder (par ma mère)** me riñó (mi madre)
groom [gʀum] *nm* botones *m inv*
gros, grosse [gʀo, gʀos] *adj* **1.** *(personne, animal)* gordo(da) **2.** *(objet)* grande **3.** *(épais)* grueso(sa) **4.** *(important)* importante • **gros lot** premio *m* gordo • **gros mot** palabrota *f* • **gros titre** titular *m* ♦ **gros** *adv* **1.** *(écrire)* grande **2.** *(gagner)* mucho ◇ *nm* • **en gros** *(environ)* grosso modo ; *COMM* al por mayor • **le (plus) gros du travail** el grueso del trabajo
groseille [gʀozɛj] *nf* grosella *f* • **groseille à maquereau** uva *f* espina

grosse ➤ gros
grossesse [gʀosɛs] *nf* embarazo *m*
grosseur [gʀosœʀ] *nf* **1.** *(épaisseur)* grosor *m* **2.** *MÉD* bulto *m*
grossier, ère [gʀosje, ɛʀ] *adj* **1.** *(impoli)* grosero(ra) **2.** *(approximatif)* aproximado(da) **3.** *(erreur)* burdo(da)
grossièreté [gʀosjɛʀte] *nf* grosería *f*
grossir [gʀosiʀ] *vi* engordar ◇ *vt* aumentar
grosso modo [gʀosomodo] *adv* grosso modo
grotesque [gʀɔtɛsk] *adj* grotesco(ca)
grotte [gʀɔt] *nf* cueva *f*
grouiller [gʀuje] ◆ **grouiller de** *v + prep* hervir de
groupe [gʀup] *nm* grupo *m* • **groupe armé** banda *f* armada • **en groupe** en grupo • **groupe sanguin** grupo sanguíneo
grouper [gʀupe] *vt* agrupar ◆ **se grouper** *vp* agruparse
gruau [gʀyo] *nm* (*Québec*) *copos de avena que se toman para desayunar*
grue [gʀy] *nf* grúa *f*
grumeau, x [gʀymo] *nm* grumo *m*
grunge [gʀʌnʒ] *adj* grunge
gruyère [gʀyjɛʀ] *nm* gruyer *m*
GSM [ʒeɛsɛm] (*abr de Global System for Mobile Communications*) *nm* GSM *m*
guacamole [gwakamol(e)] *nm* guacamole *m*
Guadeloupe [gwadlup] *nf* • **la Guadeloupe** (la isla de) Guadalupe *f*
guadeloupéen, enne [gwadlupeɛ̃, ɛn] *adj* guadalupeño(ña) ◆ **Guadeloupéen, enne** *nm, f* guadalupeño *m*, -ña *f*
Guatemala *nm* • **le Guatemala** Guatemala *f*
guatémaltèque [gwatemaltɛk] *adj* guatemalteco(ca) ◆ **Guatémaltèque** *nmf* guatemalteco *m*, -ca *f*
guédille [gedij] *nf* (*Québec*) *bollo de pan alargado y blando relleno de una ensalada a base de huevo o de pollo*
guêpe [gɛp] *nf* avispa *f*
guère [gɛʀ] *adv* • **elle ne mange guère** apenas come
guérir [geʀiʀ] *vt* curar ◇ *vi* (*personne, blessure*) curarse
guérison [geʀizɔ̃] *nf* curación *f*
guerre [gɛʀ] *nf* guerra *f* • **déclarer la guerre** declarar la guerra • **être en guerre** estar en guerra • **guerre mondiale** guerra mundial • **guerre atomique** OU **nucléaire** guerra atómica OU nuclear • **guerre bactériologique/biologique/chimique** guerra bacteriológica/biológica/química • **guerre de religion** guerra de religión
guerrier, ère [gɛʀje, ɛʀ] *nm, f* guerrero *m*, -ra *f*
guet [gɛ] *nm* • **faire le guet** montar la guardia
guetter [gete] *vt* acechar
gueule [gœl] *nf* **1.** morro *m* **2.** (*vulg*) (*visage*) careto *m* • **avoir la gueule de bois** (*fam*) tener resaca • **faire la gueule** (*fam*) poner morros
gueuler [gœle] *vi* (*vulg*) berrear
gueuze [gøz] *nf* (*Belg*) *cerveza de alta graduación que se obtiene tras una segunda fermentación*
gui [gi] *nm* muérdago *m*
guichet [giʃɛ] *nm* taquilla *f* • **guichet automatique (de banque)** cajero *m* automático

guichetier, ère [giʃtje, ɛʀ] *nm, f* taquillero *m*, -ra *f*

guide [gid] *nmf* guía *mf* ◇ *nm* guía *f* • **guide touristique** guía turística

guider [gide] *vt* guiar

guidon [gidɔ̃] *nm* manillar *m*

guignol [giɲɔl] *nm* títeres *mpl*

guillemets [gijəmɛ] *nmpl* comillas *fpl* • **entre guillemets** entre comillas

guimauve [gimov] *nf* ≃ nube *f*

guirlande [giʀlɑ̃d] *nf* **1.** *(de fleurs)* guirnalda *f* **2.** *(de Noël)* espumillón *m*

guise [giz] *nf* • **en guise de récompense** a modo de recompensa

guitare [gitaʀ] *nf* guitarra *f* • **guitare électrique** guitarra eléctrica

guitariste [gitaʀist] *nmf* guitarrista *mf*

Guyane [gɥijan] *nf* • **la Guyane (française)** Guayana *f*

gymnase [ʒimnaz] *nm* gimnasio *m*

gymnastique [ʒimnastik] *nf* gimnasia *f*

gynécologue [ʒinekɔlɔg] *nmf* ginecólogo *m*, -ga *f*

hH

habile [abil] *adj* hábil

habileté [abilte] *nf* habilidad *f*

habillé, e [abije] *adj* **1.** *(personne)* vestido(da) **2.** *(tenue)* de vestir

habillement [abijmɑ̃] *nm (couture)* confección *f*

habiller [abije] *vt* vestir ◆ **s'habiller** *vp* vestirse • **s'habiller bien/mal** vestirse bien/mal

habitant, e [abitɑ̃, ɑ̃t] *nm, f* **1.** habitante *mf* **2.** *(Québec) (paysan)* campesino *m*, -na *f* • **loger chez l'habitant** alojarse en casa de un particular

habitation [abitasjɔ̃] *nf* vivienda *f*

habiter [abite] *vt* vivir en ◇ *vi* vivir

habits [abi] *nmpl* ropa *f*

habitude [abityd] *nf* costumbre *f* • **avoir l'habitude de faire qqch** tener (la) costumbre de hacer algo • **avoir l'habitude de qqch** estar acostumbrado(da) a algo • **d'habitude** de costumbre • **comme d'habitude** como de costumbre • **une mauvaise habitude** una mala costumbre

habituel, elle [abitɥɛl] *adj* habitual

habituellement [abitɥɛlmɑ̃] *adv* habitualmente

habituer [abitɥe] *vt* • **habituer qqn à (faire) qqch** acostumbrar a alguien a (hacer) algo • **être habitué à (faire) qqch** estar acostumbrado a (hacer) algo ◆ **s'habituer à** *vp + prep* • **s'habituer à (faire) qqch** acostumbrarse a (hacer) algo

hache ['aʃ] *nf* hacha *f*

haché, é ['aʃe] *adj* • **viande hachée** carne *f* picada

hacher ['aʃe] *vt* picar

hachis ['aʃi] *nm* picadillo *m* • **hachis Parmentier** *pastel gratinado de carne picada y puré*

hachoir ['aʃwaʀ] *nm (lame)* tajadera *f*

hachures ['aʃyʀ] *nfpl* plumeado *m*

hacker ['akœʀ] *nm* hacker *mf*

haddock ['adɔk] *nm especie de bacalao ahumado*
haie ['ɛ] *nf* seto *m*
haine ['ɛn] *nf* odio *m*
haïr ['aiʀ] *vt* odiar
Haïti [aiti] *n* Haití *m*
hâle ['al] *nm* bronceado *m*
haleine [alɛn] *nf* aliento *m* • **avoir bonne/mauvaise haleine** tener buen/mal aliento
haleter ['alte] *vi* jadear
hall ['ol] *nm* vestíbulo *m*
halle ['al] *nf* mercado *m*
hallucination [alysinasjɔ̃] *nf* alucinación *f*
halogène [alɔʒɛn] *nm* • **(lampe) halogène** halógeno *m*
halte ['alt] *nf* parada *f* • **faire halte** hacer una parada
haltère [altɛʀ] *nm* pesa *f*
hamac ['amak] *nm* hamaca *f*
hamburger ['ɑ̃buʀgœʀ] *nm* hamburguesa *f*
hameçon [amsɔ̃] *nm* anzuelo *m*
hamster ['amstɛʀ] *nm* hámster *m*
hanche ['ɑ̃ʃ] *nf* cadera *f*
handball ['ɑ̃dbal] *nm* balonmano *m*
handicap ['ɑ̃dikap] *nm* **1.** *(infirmité)* discapacidad *f* **2.** *(désavantage)* desventaja *f*
handicapé, e ['ɑ̃dikape] *adj* **1.** *(infirme)* discapacidado(da) **2.** *(désavantagé)* desaventajado(da) ◇ *nm, f* persona *f* con discapacidad
hangar ['ɑ̃gaʀ] *nm* cobertizo *m*
hanté, e ['ɑ̃te] *adj* encantado(da)
happer ['ape] *vt* **1.** *(saisir)* atrapar **2.** *(suj : voiture, train)* arrollar
harcèlement ['aʀsɛlmɑ̃] *nm* acoso *m* • **harcèlement moral/sexuel** acoso moral/sexual
harceler ['aʀsəle] *vt* acosar
hardi, e ['aʀdi] *adj* atrevido(da)
hardware ['aʀdwɛʀ] *nm INFORM* hardware *m*
hareng ['aʀɑ̃] *nm* arenque *m* • **hareng saur** arenque en salazón
hargneux, euse ['aʀɲø, øz] *adj* huraño(ña)
haricot ['aʀiko] *nm* judía *f* • **haricot blanc** alubia *f* • **haricot vert** judía verde
harmonica [aʀmɔnika] *nm* armónica *f*
harmonie [aʀmɔni] *nf* armonía *f*
harmonieux, euse [aʀmɔnjø, øz] *adj* armonioso(sa)
harmoniser [aʀmɔnize] *vt* armonizar
harnais ['aʀnɛ] *nm* **1.** *(d'alpiniste)* cinturón *m* de escalada **2.** *(de cheval)* arneses *mpl*
harpe ['aʀp] *nf* arpa *f*
hasard ['azaʀ] *nm* azar *m*, casualidad *f* • **au hasard** al azar • **à tout hasard** por si acaso • **par hasard** por casualidad
hasardeux, euse ['azaʀdø, øz] *adj* arriesgado(da)
hâte ['at] *nf* prisa *f* • **à la hâte** ou **en hâte** de prisa • **sans hâte** sin prisa • **avoir hâte de faire qqch** estar deseando hacer algo
hâter ['ate] ◆ **se hâter** *vp* apresurarse
hausse ['os] *nf* alza *f* • **être en hausse** estar en alza
hausser ['ose] *vt* alzar • **hausser les épaules** encogerse de hombros
haut, e ['o, 'ot] *adj* alto(ta) ◆ **haut** *adv* alto ◇ *nm* parte *f* alta • **l'avion vole haut** el avión vuela alto • **tout haut** en voz

alta • **haut la main** triunfalmente • **de haut en bas** de arriba abajo • **en haut** arriba • **en haut de** en lo alto de • **la pièce fait 3 m de haut** la habitación mide 3m de altura • **avoir des hauts et des bas** tener altibajos

hautain, e [ʻotɛ̃, ɛn] *adj* altivo(va)

haute-fidélité [ʻotfidelite] (*pl* **hautes-fidélités**) *nf* alta fidelidad *f*

hauteur [ʻotœʀ] *nf* altura *f* • **être à la hauteur** dar la talla

haut-le-cœur [ʻolkœʀ] *nm inv* arcada *f* (*náusea*)

haut-parleur, s [ʻopaʀlœʀ] *nm* altavoz *m*

hebdomadaire [ɛbdɔmadɛʀ] *adj* semanal ◇ *nm* semanario *m*

hébergement [ebɛʀʒəmɑ̃] *nm* alojamiento *m*

héberger [ebɛʀʒe] *vt* hospedar

hectare [ɛktaʀ] *nm* hectárea *f*

hein [ʻɛ̃] *interj* (*fam*) • **tu ne lui diras pas, hein ?** no se lo dirás, ¿vale? • **hein ?** (*pour faire répéter*) ¿qué? ; (*de surprise*) ¡cómo!

hélas [ʻelas] *interj* ¡desgraciadamente!

hélice [elis] *nf* hélice *f*

hélicoptère [elikɔptɛʀ] *nm* helicóptero *m*

hématome [ematom] *nm* hematoma *m*

hémorragie [emɔʀaʒi] *nf* hemorragia *f*

hennissement [ʻenismɑ̃] *nm* relincho *m*

hépatite [epatit] *nf* hepatitis *f inv* • **hépatite A/B/C** hepatitis A/B/C

herbe [ɛʀb] *nf* hierba *f* • **fines herbes** finas hierbas • **mauvaises herbes** mala hierba

héréditaire [eʀeditɛʀ] *adj* hereditario(ria)

hérisser [ʻeʀise] ◆ **se hérisser** *vp* erizarse

hérisson [ʻeʀisɔ̃] *nm* erizo *m*

héritage [eʀitaʒ] *nm* herencia *f*

hériter [eʀite] *vt* heredar ◆ **hériter de** *v + prep* • **hériter d'une maison** heredar una casa

héritier, ère [eʀitje, ɛʀ] *nm, f* heredero *m*, -ra *f*

hermétique [ɛʀmetik] *adj* hermético(ca)

hernie [ʻɛʀni] *nf* hernia *f*

héroïne [eʀɔin] *nf* (*drogue*) heroína *f*

héroïsme [eʀɔism] *nm* heroísmo *m*

héros, héroïne [ʻeʀo, eʀɔin] *nm, f* héroe *m*, heroína *f*

herve [ɛʀv] *nm* (*Belg*) *queso blando de vaca de la región de Lieja*

hésitation [ezitasjɔ̃] *nf* vacilación *f* • **sans hésitation** sin vacilar

hésiter [ezite] *vi* vacilar • **hésiter à faire qqch** dudar si hacer algo

hêtre [ʻɛtʀ] *nm* haya *f*

heure [œʀ] *nf* hora *f* • **quelle heure est-il ? - il est quatre heures** ¿qué hora es? - son las cuatro • **il est trois heures vingt** son las tres y veinte • **à quelle heure part le train ? - à deux heures** ¿a qué hora sale el tren? - a las dos • **c'est l'heure de...** es hora de... • **être à l'heure** ser puntual • **de bonne heure** de madrugada • **heures de bureau/d'ouverture** horario *m* de oficina/de apertura • **heures de pointe** horas punta • **(avec) une heure de retard** (con) una hora de retraso • **l'heure d'été/d'hiver** la hora de verano/de invierno

heureusement [œʀøzmɑ̃] *adv* afortunadamente
heureux, euse [œʀø, øz] *adj* feliz
heurter ['œʀte] *vt* **1.** *(frapper)* chocar con **2.** *(vexer)* ofender
hexagone [ɛgzagɔn] *nm* hexágono *m* ● **l'Hexagone** *nombre que se da a Francia por tener la forma de un hexágono*
hibou, x ['ibu] *nm* búho *m*
hier [ijɛʀ] *adv* ayer ● **hier après-midi** ayer por la tarde
hiérarchie ['jeʀaʀʃi] *nf* jerarquía *f*
hiéroglyphes ['jeʀɔglif] *nmpl* jeroglíficos *mpl*
hi-fi [ifi] *nf inv* equipo *m* de alta fidelidad
hilarant, e [ilaʀɑ̃, ɑ̃t] *adj* hilarante
hindou, e [ɛ̃du] *adj & nm, f* hindú
hippodrome [ipɔdʀom] *nm* hipódromo *m*
hippopotame [ipɔpɔtam] *nm* hipopótamo *m*
hirondelle [iʀɔ̃dɛl] *nf* golondrina *f*
hisser ['ise] *vt (voile, drapeau)* izar
histoire [istwaʀ] *nf* **1.** historia *f* **2.** *(mensonge)* mentira *f* ● **faire des histoires** armar un follón ● **histoire drôle** chiste *m*
historique [istɔʀik] *adj* histórico(ca)
hit-parade, s ['itpaʀad] *nm* lista *f* de éxitos
HIV ['aʃive] (*abr de human immuno deficiency virus*) *nm* VIH *m (virus de inmunodeficiencia humana)*
hiver [ivɛʀ] *nm* invierno *m* ● **en hiver** en invierno
HLM [aʃɛlɛm] (*abr de Habitation à loyer modéré*) *nm inv* OU *nf inv* ≃ VPO *f (vivienda de protección oficial)* ● **habiter en HLM** ≃ vivir en una VPO
hobby ['ɔbi] (*pl* **hobbys** OU **hobbies**) *nm* hobby *m*
hochepot ['ɔʃpo] *nm (Belg) especialidad flamenca consistente en un guiso a base de cola de cerdo, costillar de buey, cordero y verduras*
hocher ['ɔʃe] *vt* ● **hocher la tête** mover la cabeza
hochet ['ɔʃɛ] *nm* sonajero *m*
hockey ['ɔkɛ] *nm* hockey *m* ● **hockey sur glace** hockey sobre hielo
hold-up ['ɔldœp] *nm inv* atraco *m*
hollandais, e ['ɔlɑ̃dɛ, ɛz] *adj* holandés(esa) ◆ **hollandais** *nm (langue)* holandés *m* ◆ **Hollandais, e** *nm, f* holandés *m*, -esa *f*
hollande ['ɔlɑ̃d] *nm* queso *m* holandés
Hollande ['ɔlɑ̃d] *nf* ● **la Hollande** Holanda *f*
homard ['ɔmaʀ] *nm* bogavante *m* ● **homard à l'américaine** *bogavante con salsa de tomate con especias y vino blanco* ● **homard Thermidor** *bogavante a la plancha, servido en su caparazón con salsa de mostaza y al gratén*
homéopathie [ɔmeɔpati] *nf* homeopatía *f*
hommage [ɔmaʒ] *nm* ● **en hommage à** en homenaje a ● **rendre hommage à** rendir homenaje a
homme [ɔm] *nm* hombre *m* ● **homme d'affaires** hombre de negocios ● **homme d'État** estadista *m* ● **homme politique** político *m*
homogène [ɔmɔʒɛn] *adj* homogéneo(nea)
homophobe [ɔmɔfɔb] *adj* homófobo(ba)

homosexuel, elle [ɔmɔsɛksɥɛl] *adj & nm, f* homosexual

Honduras ['ɔ̃dyʀas] *nm* • **le Honduras** Honduras *f*

hondurien, enne ['ɔ̃dyʀjɛ̃, ɛn] *adj* hondureño(ña) ◆ **Hondurien, enne** *nm, f* hondureño *m*, -ña *f*

Hongrie ['ɔ̃gʀi] *nf* • **la Hongrie** Hungría *f*

hongrois, e ['ɔ̃gʀwa, az] *adj* húngaro(ra) ◆ **hongrois** *nm (langue)* húngaro *m* ◆ **Hongrois, e** *nm, f* húngaro *m*, -ra *f*

honnête [ɔnɛt] *adj* **1.** honrado(da) **2.** *(salaire, résultats)* satisfactorio(ria)

honnêteté [ɔnɛtte] *nf* honradez *f*

honneur [ɔnœʀ] *nm* honor *m* • **en l'honneur de** en honor a • **faire honneur à** *(famille)* honrar a ; *(repas)* hacer los honores a

honorable [ɔnɔʀabl] *adj* honorable

honoraires [ɔnɔʀɛʀ] *nmpl* honorarios *mpl*

honte ['ɔ̃t] *nf* vergüenza *f* • **avoir honte (de)** avergonzarse (de) • **faire honte à qqn** *(embarrasser)* avergonzar a alguien

honteux, euse [ɔ̃tø, øz] *adj* **1.** *(personne, air)* avergonzado(da) **2.** *(scandaleux)* vergonzoso(sa)

hooligan, houligan ['uligan] *nm* ultra *m*

hôpital, aux [ɔpital, o] *nm* hospital *m* • **hôpital psychiatrique** hospital psiquiátrico • **à l'hôpital** en el hospital

hoquet ['ɔkɛ] *nm* • **avoir le hoquet** tener hipo

horaire [ɔʀɛʀ] *nm* horario *m* ▼ **horaires d'ouverture** horario de apertura

horizon [ɔʀizɔ̃] *nm* horizonte *m* • **à l'horizon** en el horizonte

horizontal, e, aux [ɔʀizɔ̃tal, o] *adj* horizontal

horloge [ɔʀlɔʒ] *nf* reloj *m* • **l'horloge parlante** el servicio de información horaria

horloger, ère [ɔʀlɔʒe, ɛʀ] *nm, f* relojero *m*, -ra *f*

horlogerie [ɔʀlɔʒʀi] *nf* relojería *f*

hormone [ɔʀmɔn] *nf* hormona *f*

hormonothérapie [ɔʀmɔnɔteʀapi] *nf* *MÉD* hormonoterapia *f*

horoscope [ɔʀɔskɔp] *nm* horóscopo *m*

horreur [ɔʀœʀ] *nf* horror *m* • **quelle horreur !** ¡qué horror! • **j'ai horreur des champignons** odio las setas • **elle a horreur d'être en retard** le horroriza llegar tarde

horrible [ɔʀibl] *adj* horrible

horriblement [ɔʀibləmɑ̃] *adv* horriblemente

horrifié, e [ɔʀifje] *adj* horrorizado(da)

hors ['ɔʀ] *prép* • **hors de** fuera de • **hors saison** fuera de temporada ▼ **hors service** fuera de servicio • **hors sujet** fuera del tema • **hors taxes** IVA no incluido, sin IVA • **hors de prix** carísimo(ma) • **hors de question** ni hablar • **hors d'usage** inservible

hors-bord ['ɔʀbɔʀ] *nm inv* fueraborda *m f*

hors-d'œuvre ['ɔʀdœvʀ] *nm inv* entremeses *mf*

hors-série [ɔʀseʀi] *nm inv* número *m* especial

hortensia [ɔʀtɑ̃sja] *nm* hortensia *f*

horticulture [ɔʀtikyltyʀ] *nf* horticultura *f*

hospitaliser [ɔspitalize] *vt* hospitalizar

hospitalité [ɔspitalite] *nf* hospitalidad *f*
hostie [ɔsti] *nf* hostia *f*
hostile [ɔstil] *adj* hostil
hostilité [ɔstilite] *nf* hostilidad *f*
hot dog, s [ˈɔtdɔg] *nm* perrito *m* caliente
hôte, hôtesse [ot, otɛs] *nm, f* anfitrión *m*, -ona *f* ♦ **hôte** *nm (invité)* huésped *m*, -da *f*
hôtel [otɛl] *nm* **1.** hotel *m* **2.** *(château)* palacete *m* • **hôtel de ville** ayuntamiento *m* • **hôtel particulier** palacete *m* • **descendre à l'hôtel Royal** alojarse en el hotel Royal
hôtellerie [otɛlʀi] *nf* **1.** *(hôtel)* hospedería *f* **2.** *(activité)* hostelería *f* • **travailler dans l'hôtellerie** trabajar en la hostelería
hôtesse [otɛs] *nf (d'accueil)* azafata *f* • **hôtesse de l'air** azafata, aeromoza *f* *(Amér)* ➤ **hôte**
hot line, s [ˈɔtlaɪn] *nf* hot line *f*
hotte [ˈɔt] *nf (panier)* cuévano *m* • **hotte (aspirante)** campana *f* (extractora)
houle [ˈul] *nf* marejadilla *f*
houligan [ˈuligan] *nm* = **hooligan**
hourra [ˈuʀa] *interj* ¡hurra!
house [aws], **house music** [awsmjuzik] *nf* música *f* house
housse [ˈus] *nf* funda *f* • **housse de couette** funda de edredón
houx [ˈu] *nm* acebo *m*
hovercraft [ɔvœʀkʀaft] *nm* aerodeslizador *m*
HT *abr écrite de* **hors taxes**
HTML [ˈaʃteɛmɛl] (*abr de HyperText Markup Language*) *nm* HTML *m*
HTTP, http [ˈaʃtetepe] (*abr de HyperText Transfer Protocol*) *nm* HTTP *m*
hublot [ˈyblo] *nm* **1.** *(de bateau)* ojo *m* de buey **2.** *(d'avion)* ventanilla *f*
huer [ˈɥe] *vt* abuchear
huile [ɥil] *nf* aceite *m* • **huile d'arachide/d'olive** aceite de cacahuete/de oliva • **huile solaire** aceite bronceador
huiler [ɥile] *vt* engrasar
huileux, euse [ɥilø, øz] *adj* aceitoso(sa)
huissier [ɥisje] *nm* • **huissier (de justice)** ≃ agente *m* judicial
huit [ˈɥit] *adj num & pron num* ocho ◇ *nm* ocho *m* • **il a huit ans** tiene ocho años • **il est huit heures** son las ocho • **le huit janvier** el ocho de enero • **page huit** página ocho • **ils étaient huit** eran ocho • **le huit de pique** el ocho de picas • **(au) huit rue Lepic** (en la) calle Lepic número ocho
huitaine [ˈɥitɛn] *nf* • **une huitaine (de jours)** unos ocho días
huitième [ˈɥitjɛm] *adj num & pron num* octavo(va) ◇ *nm* **1.** *(fraction)* octava parte *f* **2.** *(étage)* octavo *m* (piso) **3.** *(arrondissement)* distrito *m* ocho ou octavo
huître [ɥitʀ] *nf* ostra *f*
humain, e [ymɛ̃, ɛn] *adj* humano(na) ♦ **humain** *nm* humano *m*
humanitaire [ymanitɛʀ] *adj* humanitario(ria) ◇ *nm* • **l' humanitaire** las organizaciones humanitarias • **travailler dans l'humanitaire** trabajar en el sector humanitario • **couloir humanitaire** pasillo *m* ou corredor *m* humanitario
humanité [ymanite] *nf* humanidad *f*
humble [œ̃bl] *adj* humilde
humecter [ymɛkte] *vt* humedecer
humeur [ymœʀ] *nf* humor *m* • **être de bonne/mauvaise humeur** estar de buen/mal humor

humide [ymid] *adj* húmedo(da)
humidité [ymidite] *nf* humedad *f*
humiliant, e [ymiljɑ̃, ɑ̃t] *adj* humillante
humilier [ymilje] *vt* humillar
humoristique [ymɔʀistik] *adj* humorístico(ca)
humour [ymuʀ] *nm* humor *m* • **avoir de l'humour** ser gracioso(sa)
hurlement [ˈyʀləmɑ̃] *nm* aullido *m*
hurler [ˈyʀle] *vi* **1.** *(loup, personne)* aullar **2.** *(vent)* ulular
hutte [ˈyt] *nf* choza *f*
hydratant, e [idʀatɑ̃, ɑ̃t] *adj* hidratante
hydrophile [idʀɔfil] *adj* ➤ **coton**
hygiène [iʒjɛn] *nf* higiene *f*
hygiénique [iʒjenik] *adj* higiénico(ca), ➤ **serviette**
hymne [imn] *nm* himno *m* • **hymne national** himno nacional
hyper [ˈipɛʀ] *préf* hiper
hypermarché [ipɛʀmaʀʃe] *nm* hipermercado *m*
hypertension [ipɛʀtɑ̃sjɔ̃] *nf* hipertensión *f* • **faire de l'hypertension** tener la tensión alta
hypertexte [ipɛʀtɛkst] *adj* • **lien hypertexte** hipervínculo *m* ◇ *nm* hipertexto *m*
hypnotiser [ipnɔtize] *vt* hipnotizar
hypocrisie [ipɔkʀizi] *nf* hipocresía *f*
hypocrite [ipɔkʀit] *adj* & *nmf* hipócrita
hypothèse [ipɔtɛz] *nf* hipótesis *f inv* • **dans l'hypothèse où il viendrait** en el supuesto de que viniera
hystérique [isteʀik] *adj* histérico(ca)

i I

Ibérique [ibeʀik] *adj* • **la péninsule Ibérique** la península Ibérica
iceberg [ajsbɛʀg] *nm* iceberg *m*
ici [isi] *adv* aquí • **d'ici là** para entonces • **d'ici peu** dentro de poco • **par ici** por aquí • **les gens d'ici** la gente de aquí
icône [ikon] *nf* icono *m*
idéal, e [ideal] (*pl* **idéals** ou **idéaux** [ideo]) *adj* ideal ◆ **idéal** *nm* ideal *m* • **l'idéal, ce serait...** lo ideal, sería...
idéaliste [idealist] *adj* & *nmf* idealista
idée [ide] *nf* idea *f* • **avoir une idée de** tener idea de • **(avoir) une bonne/mauvaise idée** tener una buena/mala idea
identifiant [idɑ̃tifjɑ̃] *nm INFORM* identificador *m*
identifier [idɑ̃tifje] *vt* identificar ◆ **s'identifier à** *vp* + *prep* identificarse con
identique [idɑ̃tik] *adj* • **identique (à)** idéntico(ca) (a)
identité [idɑ̃tite] *nf* identidad *f* ➤ **pièce, papiers**
idiot, e [idjo, ɔt] *adj* & *nm, f* idiota
idiotie [idjɔsi] *nf* idiotez *f*
idole [idɔl] *nf* ídolo *m*
igloo [iglu] *nm* iglú *m*
ignoble [iɲɔbl] *adj* ignominioso(sa)
ignorant, e [iɲɔʀɑ̃, ɑ̃t] *adj* & *nm, f* ignorante
ignorer [iɲɔʀe] *vt* ignorar

il [il] *pron (sujet masculin)* ● **il est grand** es alto ; *(sujet de v impers)* ● **il pleut** está lloviendo ◆ **ils** *pron* ellos ● **il sont arrivés** han llegado
île [il] *nf* isla *f* ● **île flottante** *natillas con claras a punto de nieve bañadas en caramelo* ● **l'île Maurice** la isla Mauricio ● **les îles anglo-normandes** las islas Normandas
Île-de-France [ildəfʀɑ̃s] *n región de París*
illégal, e, aux [ilegal, o] *adj* ilegal
illettré, e [iletʀe] *adj & nm, f* analfabeto(ta)
illimité, e [ilimite] *adj* ilimitado(da)
illisible [ilizibl] *adj* ilegible
illuminer [ilymine] *vt* iluminar ◆ **s'illuminer** *vp* iluminarse
illusion [ilyzjɔ̃] *nf* ilusión *f* ● **se faire des illusions** hacerse ilusiones
illusionniste [ilyzjɔnist] *nmf* ilusionista *mf*
illustration [ilystʀasjɔ̃] *nf* ilustración *f*
illustré, e [ilystʀe] *adj* ilustrado(da) ◆ **illustré** *nm* revista *f* ilustrada
illustrer [ilystʀe] *vt* ilustrar
îlot [ilo] *nm* islote *m*
ils ➤ **il**
image [imaʒ] *nf* imagen *f* ● **à l'image de** a imagen y semejanza de
imagerie [imaʒʀi] *nf* ● **imagerie médicale** diagnóstico *m* por la imagen
imaginaire [imaʒinɛʀ] *adj* imaginario(ria)
imagination [imaʒinasjɔ̃] *nf* imaginación *f* ● **avoir de l'imagination** tener imaginación
imaginer [imaʒine] *vt* imaginar ◆ **s'imaginer** *vp* imaginarse ● **s'imaginer que** imaginarse que
imbattable [ɛ̃batabl] *adj* invencible
imbécile [ɛ̃besil] *nmf* imbécil *mf*
imbiber [ɛ̃bibe] *vt* ● **imbiber qqch de** empapar algo en
imbuvable [ɛ̃byvabl] *adj* ● **ce café est imbuvable** este café no hay quien se lo beba
imitateur, trice [imitatœʀ, tʀis] *nm, f* imitador *m*, -ra *f*
imitation [imitasjɔ̃] *nf* imitación *f* ● **imitation cuir** piel *m* sintética ou de imitación
imiter [imite] *vt* imitar
immangeable [ɛ̃mɑ̃ʒabl] *adj* incomible
immatriculation [imatʀikylasjɔ̃] *nf* matrícula *f* ● **numéro d'immatriculation** número *m* de matrícula
immédiat, e [imedja, at] *adj* inmediato(ta)
immédiatement [imedjatmɑ̃] *adv* inmediatamente
immense [imɑ̃s] *adj* inmenso(sa)
immergé, e [imɛʀʒe] *adj* inmerso(sa)
immeuble [imœbl] *nm* edificio *m*
immigration [imigʀasjɔ̃] *nf* inmigración *f* ● **immigration clandestine** inmigración clandestina
immigré, e [imigʀe] *adj & nm, f* inmigrado(da)
immobile [imɔbil] *adj* inmóvil
immobilier, ère [imɔbilje, ɛʀ] *adj* inmobiliario(ria) ◆ **immobilier** *nm* ● **l'immobilier** el sector inmobiliario
immobiliser [imɔbilize] *vt* inmovilizar
immonde [imɔ̃d] *adj* inmundo(da)

immoral, e, aux [imɔʀal, o] *adj* inmoral
immortel, elle [imɔʀtɛl] *adj* inmortal
immuniser [imynize] *vt* inmunizar
impact [ɛ̃pakt] *nm* impacto *m*
impair, e [ɛ̃pɛʀ] *adj* impar
impardonnable [ɛ̃paʀdɔnabl] *adj* imperdonable
imparfait, e [ɛ̃paʀfɛ, ɛt] *adj* imperfecto(ta) ♦ **imparfait** *nm* imperfecto *m* • **l'imparfait du subjonctif** el imperfecto de subjuntivo
impartial, e, aux [ɛ̃paʀsjal, o] *adj* imparcial
impasse [ɛ̃pas] *nf* callejón *m* sin salida • **faire une impasse** *no estudiarse un tema para un examen*
impassible [ɛ̃pasibl] *adj* impasible
impatience [ɛ̃pasjɑ̃s] *nf* impaciencia *f*
impatient, e [ɛ̃pasjɑ̃, ɑ̃t] *adj* impaciente • **être impatient de faire qqch** estar impaciente por hacer algo
impatienter [ɛ̃pasjɑ̃te] ♦ **s'impatienter** *vp* impacientarse
impeccable [ɛ̃pekabl] *adj* impecable
imper [ɛ̃pɛʀ] (*abr de imperméable*) *nm* impermeable *m*
impératif, ive [ɛ̃peʀatif, iv] *adj* imprescindible ♦ **impératif** *nm* imperativo *m*
impératrice [ɛ̃peʀatʀis] *nf* emperatriz *f*
imperceptible [ɛ̃pɛʀsɛptibl] *adj* imperceptible
imperfection [ɛ̃pɛʀfɛksjɔ̃] *nf* imperfección *f*
impérial, e, aux [ɛ̃peʀjal, o] *adj* imperial
impériale [ɛ̃peʀjal] *nf* ➤ **autobus**
imperméable [ɛ̃pɛʀmeabl] *adj* impermeable ◇ *nm* impermeable *m*
impersonnel, elle [ɛ̃pɛʀsɔnɛl] *adj* impersonal
impitoyable [ɛ̃pitwajabl] *adj* despiadado(da)
implanter [ɛ̃plɑ̃te] *vt* **1.** *(mode)* implantar **2.** *(entreprise)* establecer ♦ **s'implanter** *vp (entreprise, peuple)* establecerse
impliquer [ɛ̃plike] *vt* implicar • **impliquer qqn dans** implicar a alguien en ♦ **s'impliquer dans** *vp + prep* implicarse en
impoli, e [ɛ̃pɔli] *adj* maleducado(da)
import [ɛ̃pɔʀ] *nm (Belg)* importe *m*
importance [ɛ̃pɔʀtɑ̃s] *nf* importancia *f* • **avoir de l'importance** tener importancia • **cela n'a aucune** ou **pas d'importance** no tiene ninguna importancia
important, e [ɛ̃pɔʀtɑ̃, ɑ̃t] *adj* importante
importation [ɛ̃pɔʀtasjɔ̃] *nf* importación *f*
importer [ɛ̃pɔʀte] *vt* importar ◇ *vi (être important)* contar • **peu importe** da igual • **n'importe comment** *(mal)* de cualquier manera • **n'importe quel** cualquier • **n'importe qui** cualquiera • **n'importe quoi !** ¡qué disparate!
import-export [ɛ̃pɔʀekspɔʀ] (*pl* **imports-exports**) *nm* importación y exportación *f*
importuner [ɛ̃pɔʀtyne] *vt* importunar
imposable [ɛ̃pozabl] *adj* imponible
imposant, e [ɛ̃pozɑ̃, ɑ̃t] *adj* imponente
imposer [ɛ̃poze] *vt* gravar ♦ **s'imposer** *vp* imponerse

impossible [ɛ̃pɔsibl] *adj* imposible • **il est impossible de/que** es imposible/que
impôt [ɛ̃po] *nm* impuesto *m* • **payer ses impôts** pagar los impuestos • **impôt sur le revenu** impuesto sobre la renta • **impôts locaux** contribución *f* urbana
impraticable [ɛ̃pRatikabl] *adj* impracticable
imprégner [ɛ̃pReɲe] *vt* impregnar • **imprégner qqch de** impregnar algo de ◆ **s'imprégner de** *vp + prep* impregnarse de
impression [ɛ̃pResjɔ̃] *nf* impresión *f* • **avoir l'impression que** tener la impresión de que • **j'ai l'impression d'avoir dit une bêtise** tengo la impresión de que he dicho una tontería
impressionnant, e [ɛ̃pResjɔnɑ̃, ɑ̃t] *adj* impresionante
impressionner [ɛ̃pResjɔne] *vt* impresionar
imprévisible [ɛ̃pRevizibl] *adj* imprevisible
imprévu, e [ɛ̃pRevy] *adj* imprevisto(ta) ◆ **imprévu** *nm* • **l'imprévu** lo imprevisto • **nous avons eu un imprévu** nos ocurrió algo imprevisto
imprimante [ɛ̃pRimɑ̃t] *nf* impresora *f* • **imprimante laser/à jet d'encre** impresora láser/de chorro de tinta
imprimé, e [ɛ̃pRime] *adj (tissu)* estampado(da)
imprimer [ɛ̃pRime] *vt* imprimir
imprimerie [ɛ̃pRimRi] *nf* imprenta *f*
imprononçable [ɛ̃pRɔnɔ̃sabl] *adj* impronunciable
improviser [ɛ̃pRɔvize] *vt & vi* improvisar
improviste [ɛ̃pRɔvist] ◆ **à l'improviste** *adv* de improviso
imprudence [ɛ̃pRydɑ̃s] *nf* imprudencia *f*
imprudent, e [ɛ̃pRydɑ̃, ɑ̃t] *adj* imprudente
impuissant, e [ɛ̃pɥisɑ̃, ɑ̃t] *adj (sans recours)* impotente
impulsif, ive [ɛ̃pylsif, iv] *adj* impulsivo(va)
impureté [ɛ̃pyRte] *nf* impureza *f*
inabordable [inabɔRdabl] *adj (prix)* inasequible
inacceptable [inaksɛptabl] *adj* inaceptable
inaccessible [inaksesibl] *adj* inaccesible
inachevé, e [inaʃve] *adj* inacabado(da)
inactif, ive [inaktif, iv] *adj* inactivo(va)
inadapté, e [inadapte] *adj* **1.** *(personne)* inadaptado(da) **2.** *(objet)* inadecuado(da)
inadmissible [inadmisibl] *adj* inadmisible
inanimé, e [inanime] *adj* inanimado(da)
inaperçu, e [inapɛRsy] *adj* inadvertido(da) • **passer inaperçu** pasar desapercibido
inapte [inapt] *adj* • **inapte à (faire) qqch** no apto(ta) para (hacer) algo • **inapte au service militaire** no apto para el servicio militar
inattendu, e [inatɑ̃dy] *adj* inesperado(da)
inattention [inatɑ̃sjɔ̃] *nf* falta *f* de atención • **faute d'inattention** descuido *m*
inaudible [inodibl] *adj* inaudible
inauguration [inogyRasjɔ̃] *nf* inauguración *f*
inaugurer [inogyRe] *vt* inaugurar

incalculable [ɛ̃kalkylabl] *adj* incalculable
incandescent, e [ɛ̃kɑ̃desɑ̃, ɑ̃t] *adj* incandescente
incapable [ɛ̃kapabl] *nmf* inútil *mf* ◇ *adj* • **être incapable de faire qqch** ser incapaz de hacer algo
incapacité [ɛ̃kapasite] *nf* incapacidad *f* • **être dans l'incapacité de faire qqch** resultar imposible a alguien hacer algo
incarner [ɛ̃kaʀne] *vt* encarnar
incassable [ɛ̃kasabl] *adj* irrompible
incendie [ɛ̃sɑ̃di] *nm* incendio *m*
incendier [ɛ̃sɑ̃dje] *vt* incendiar
incertain, e [ɛ̃sɛʀtɛ̃, ɛn] *adj* incierto(ta)
incertitude [ɛ̃sɛʀtityd] *nf* incertidumbre *f* • **être dans l'incertitude** estar en la incertidumbre
incessamment [ɛ̃sesamɑ̃] *adv* en breve
incessant, e [ɛ̃sesɑ̃, ɑ̃t] *adj* incesante
incident [ɛ̃sidɑ̃] *nm* incidente *m* • **sans incident** sin incidentes
incisive [ɛ̃siziv] *nf* incisivo *m*
inciter [ɛ̃site] *vt* • **inciter qqn à faire qqch** incitar a alguien a hacer algo
incivilité [ɛ̃sivilite] *nf (acte)* incivilidad *f*
incliné, e [ɛ̃kline] *adj* inclinado(da)
incliner [ɛ̃kline] *vt* inclinar ◆ **s'incliner** *vp* inclinarse • **s'incliner devant** inclinarse ante
inclure [ɛ̃klyʀ] *vt* incluir
inclus, e [ɛ̃kly, yz] *pp* ➤ **inclure** ◇ *adj* incluso(sa) • **jusqu'au 15 inclus** hasta el 15 inclusive • **le pourboire n'est pas inclus dans le prix** la propina no está incluida en el precio
incohérent, e [ɛ̃kɔeʀɑ̃, ɑ̃t] *adj* incoherente
incollable [ɛ̃kɔlabl] *adj* **1.** *(riz)* que no se pega **2.** *(fam) (personne)* • **il est incollable en géo** en materia de geografía, no hay quien lo gane
incolore [ɛ̃kɔlɔʀ] *adj* incoloro(ra)
incommoder [ɛ̃kɔmɔde] *vt* molestar
incomparable [ɛ̃kɔ̃paʀabl] *adj* incomparable
incompatible [ɛ̃kɔ̃patibl] *adj* incompatible
incompétent, e [ɛ̃kɔ̃petɑ̃, ɑ̃t] *adj* incompetente
incomplet, ète [ɛ̃kɔ̃plɛ, ɛt] *adj* incompleto(ta)
incompréhensible [ɛ̃kɔ̃pʀeɑ̃sibl] *adj* incomprensible
inconditionnel, elle [ɛ̃kɔ̃disjɔnɛl] *nm, f* • **un inconditionnel de** un incondicional de
incongru, e [ɛ̃kɔ̃gʀy] *adj* incongruente
inconnu, e [ɛ̃kɔny] *adj & nm, f* desconocido(da) ◆ **inconnu** *nm* • **l'inconnu** lo desconocido ◆ **inconnue** *nf MATH* incógnita *f*
inconsciemment [ɛ̃kɔ̃sjamɑ̃] *adv* inconscientemente
inconscient, e [ɛ̃kɔ̃sjɑ̃, ɑ̃t] *adj* inconsciente ◆ **inconscient** *nm* • **l'inconscient** el inconsciente
inconsolable [ɛ̃kɔ̃sɔlabl] *adj* inconsolable
incontestable [ɛ̃kɔ̃tɛstabl] *adj* incontestable
inconvénient [ɛ̃kɔ̃venjɑ̃] *nm* inconveniente *m*
incorporer [ɛ̃kɔʀpɔʀe] *vt* incorporar • **incorporer le lait à la farine** incorporar la leche a la harina

incorrect, e [ɛ̃kɔʀɛkt] *adj* incorrecto(ta)
incorrigible [ɛ̃kɔʀiʒibl] *adj* incorregible
incrédule [ɛ̃kʀedyl] *adj* incrédulo(la)
incroyable [ɛ̃kʀwajabl] *adj* increíble
incruster [ɛ̃kʀyste] ◆ **s'incruster** *vp* **1.** *(tache, saleté)* incrustarse **2.** *(fam) (chez quelqu'un)* instalarse
inculpé, e [ɛ̃kylpe] *nm, f* acusado *m*, -da *f*
inculper [ɛ̃kylpe] *vt* inculpar ● **il a été inculpé de vol** lo inculparon de robo
inculte [ɛ̃kylt] *adj* inculto(ta)
incurable [ɛ̃kyʀabl] *adj (maladie)* incurable
Inde [ɛ̃d] *nf* ● **l'Inde** India *f*
indécent, e [ɛ̃desɑ̃, ɑ̃t] *adj* indecente
indécis, e [ɛ̃desi, iz] *adj* indeciso(sa)
indéfini, e [ɛ̃defini] *adj* indefinido(da)
indéfiniment [ɛ̃definimɑ̃] *adv* indefinidamente
indélébile [ɛ̃delebil] *adj* indeleble
indemne [ɛ̃dɛmn] *adj* ileso(sa) ● **sortir indemne d'un accident** salir indemne de un accidente
indemniser [ɛ̃dɛmnize] *vt* indemnizar
indemnité [ɛ̃dɛmnite] *nf* indemnización *f* ● **indemnité de chômage** prestación *f* por desempleo ● **indemnité de licenciement** indemnización por despido
indépendamment [ɛ̃depɑ̃damɑ̃] ◆ **indépendamment de** *prép (à part)* independientemente de
indépendance [ɛ̃depɑ̃dɑ̃s] *nf* independencia *f*
indépendant, e [ɛ̃depɑ̃dɑ̃, ɑ̃t] *adj* **1.** independiente **2.** *(travailleur)* autónomo(ma) ● **être indépendant de** *(sans relation avec)* no depender de
indescriptible [ɛ̃dɛskʀiptibl] *adj* indescriptible
index [ɛ̃dɛks] *nm* índice *m*
indicateur [ɛ̃dikatœʀ] *adj m* ➤ **poteau**
indicatif, ive [ɛ̃dikatif, iv] *adj* ● **à titre indicatif** a título indicativo ◆ **indicatif** *nm* **1.** *(téléphonique)* prefijo *m* **2.** *(d'une émission)* sintonía *f* **3.** GRAMM indicativo *m*
indication [ɛ̃dikasjɔ̃] *nf* indicación *f* ▼ **indications** *(sur un médicament)* indicaciones
indice [ɛ̃dis] *nm* **1.** *(preuve)* indicio *m* **2.** *(taux)* índice *m*
indien, enne [ɛ̃djɛ̃, ɛn] *adj* **1.** *(d'Inde)* indio(dia), hindú **2.** *(d'Amérique)* indio(dia) ◆ **Indien, enne** *nm, f* **1.** *(d'Inde)* indio *m*, -dia *f*, hindú *mf* **2.** *(d'Amérique)* indio *m*, -dia *f*
indifféremment [ɛ̃difeʀamɑ̃] *adv* indiferentemente
indifférence [ɛ̃difeʀɑ̃s] *nf* indiferencia *f*
indifférent, e [ɛ̃difeʀɑ̃, ɑ̃t] *adj* indiferente ● **ça m'est indifférent** me da igual
indigène [ɛ̃diʒɛn] *nmf* indígena *mf*
indigeste [ɛ̃diʒɛst] *adj* indigesto(ta)
indigestion [ɛ̃diʒɛstjɔ̃] *nf* indigestión *f*
indignation [ɛ̃diɲasjɔ̃] *nf* indignación *f*
indigner [ɛ̃diɲe] ◆ **s'indigner** *vp* ● **s'indigner de qqch** indignarse por algo
indiquer [ɛ̃dike] *vt* indicar ● **indiquer qqn/qqch à qqn** indicar alguien/algo a alguien ● **pouvez-vous m'indiquer la route pour la gare ?** ¿me puede indicar cómo ir a la estación?
indirect, e [ɛ̃diʀɛkt] *adj* indirecto(ta)
indirectement [ɛ̃diʀɛktəmɑ̃] *adv* indirectamente

indiscipliné, e [ɛ̃disipline] *adj* indisciplinado(da)
indiscret, ète [ɛ̃diskʀɛ, ɛt] *adj* indiscreto(ta)
indiscrétion [ɛ̃diskʀesjɔ̃] *nf* indiscreción *f*
indispensable [ɛ̃dispɑ̃sabl] *adj* imprescindible
individu [ɛ̃dividy] *nm* individuo *m*
individualiste [ɛ̃dividɥalist] *adj & nmf* individualista
individuel, elle [ɛ̃dividɥɛl] *adj* individual
indolore [ɛ̃dɔlɔʀ] *adj* indoloro(ra)
indulgent, e [ɛ̃dylʒɑ̃, ɑ̃t] *adj* indulgente
industrialisé, e [ɛ̃dystʀijalize] *adj* industrializado(da) • **pays industrialisé** país *m* industrializado
industrie [ɛ̃dystʀi] *nf* industria *f*
industriel, elle [ɛ̃dystʀijɛl] *adj* industrial ◆ **industriel** *nm* industrial *m*
inédit, e [inedi, it] *adj* inédito(ta)
inefficace [inefikas] *adj* ineficaz
inégal, e, aux [inegal, o] *adj* desigual
inégalité [inegalite] *nf* desigualdad *f* • **inégalités sociales** desigualdades sociales
inépuisable [inepɥizabl] *adj* inagotable
inerte [inɛʀt] *adj* inerte
inestimable [inɛstimabl] *adj* inestimable
inévitable [inevitabl] *adj* inevitable
inexact, e [inegza(kt), akt] *adj* inexacto(ta)
inexcusable [inɛkskyzabl] *adj* inexcusable
inexistant, e [inɛgzistɑ̃, ɑ̃t] *adj* inexistente
inexplicable [inɛksplikabl] *adj* inexplicable
inexpliqué, e [inɛksplike] *adj* inexplicado(da)
in extremis [inɛkstʀemis] *adv* in extremis
infaillible [ɛ̃fajibl] *adj* infalible
infarctus [ɛ̃faʀktys] *nm* infarto *m* • **avoir un infarctus** sufrir un infarto
infatigable [ɛ̃fatigabl] *adj* incansable
infect, e [ɛ̃fɛkt] *adj* **1.** *(odeur)* apestoso(sa) **2.** *(goût, attitude, personne)* asqueroso(sa)
infecter [ɛ̃fɛkte] ◆ **s'infecter** *vp* infectarse
infection [ɛ̃fɛksjɔ̃] *nf* **1.** infección *f* **2.** *(odeur)* peste *f*
inférieur, e [ɛ̃feʀjœʀ] *adj* inferior • **inférieur à** inferior a
infériorité [ɛ̃feʀjɔʀite] *nf* inferioridad *f* • **sentiment/complexe d'infériorité** sentimiento/complejo *m* de inferioridad • **en infériorité numérique** numéricamente inferior
infernal, e, aux [ɛ̃fɛʀnal, o] *adj* infernal
infesté, e [ɛ̃fɛste] *adj* • **infesté de** infestado de
infidèle [ɛ̃fidɛl] *adj* infiel
infiltrer [ɛ̃filtʀe] ◆ **s'infiltrer** *vp* infiltrarse
infime [ɛ̃fim] *adj* ínfimo(ma)
infini, e [ɛ̃fini] *adj* infinito(ta) ◆ **infini** *nm* infinito *m* • **à l'infini** hasta el infinito
infiniment [ɛ̃finimɑ̃] *adv* infinitamente • **je vous remercie infiniment** le estoy sumamente agradecido
infinitif [ɛ̃finitif] *nm* infinitivo *m*
infirme [ɛ̃fiʀm] *adj & nmf* inválido(da)

infirmerie [ɛ̃fiʀməʀi] *nf* enfermería *f*
infirmier, ère [ɛ̃fiʀmje, ɛʀ] *nm, f* enfermero *m*, -ra *f*
inflammable [ɛ̃flamabl] *adj* inflamable
inflammation [ɛ̃flamasjɔ̃] *nf* inflamación *f*
inflation [ɛ̃flasjɔ̃] *nf* inflación *f*
inflexible [ɛ̃flɛksibl] *adj* inflexible
infliger [ɛ̃fliʒe] *vt* • **infliger une correction à qqn** infligir un castigo a alguien
influence [ɛ̃flyɑ̃s] *nf* influencia *f* • **avoir de l'influence sur qqn** tener influencia sobre alguien
influencer [ɛ̃flyɑ̃se] *vt* influenciar
influent, e [ɛ̃flyɑ̃, ɑ̃t] *adj* influyente
informaticien, enne [ɛ̃fɔʀmatisjɛ̃, ɛn] *nm, f* informático *m*, -ca *f*
information [ɛ̃fɔʀmasjɔ̃] *nf* información *f* • **d'information** *(réunion, site)* informativo(va) ◆ **informations** *nfpl* noticias *fpl*
informatique [ɛ̃fɔʀmatik] *adj* informático(ca) ◇ *nf* informática *f* • **faire de l'informatique** hacer informática
informatisé, e [ɛ̃fɔʀmatize] *adj* informatizado(da)
informe [ɛ̃fɔʀm] *adj* informe
informer [ɛ̃fɔʀme] *vt* • **informer qqn de/que** informar a alguien de/de que ◆ **s'informer (de)** *vp + prep* informarse (de)
infos [ɛ̃fo] *nfpl (fam)* noticias *fpl* • **regarder/écouter les infos** mirar/escuchar las noticias
infraction [ɛ̃fʀaksjɔ̃] *nf* infracción *f* • **être en infraction** cometer una infracción
infranchissable [ɛ̃fʀɑ̃ʃisabl] *adj* infranqueable
infrarouge [ɛ̃fʀaʀuʒ] *nm* infrarrojo *m*
infusion [ɛ̃fyzjɔ̃] *nf* infusión *f*
ingénieur [ɛ̃ʒenjœʀ] *nm* ingeniero *m*, -ra *f*
ingénieux, euse [ɛ̃ʒenjø, øz] *adj* ingenioso(sa)
ingrat, e [ɛ̃gʀa, at] *adj* **1.** *(personne)* ingrato(ta) **2.** *(visage, physique)* poco agraciado(da)
ingratitude [ɛ̃gʀatityd] *nf* ingratitud *f*
ingrédient [ɛ̃gʀedjɑ̃] *nm* ingrediente *m*
inhabituel, elle [inabitɥɛl] *adj* inusal
inhumain, e [inymɛ̃, ɛn] *adj* inhumano(na)
inimaginable [inimaʒinabl] *adj* inimaginable
ininflammable [inɛ̃flamabl] *adj* ininflamable
ininterrompu, e [inɛ̃tɛʀɔ̃py] *adj* ininterrumpido(da)
initial, e, aux [inisjal, o] *adj* inicial
initiale [inisjal] *nf* inicial *f*
initialisation [inisjalizasjɔ̃] *nm* inicialización *f*
initialiser [inisjalize] *vt INFORM* inicializar
initiation [inisjasjɔ̃] *nf* iniciación *f* • **un cours d'initiation à** un curso de iniciación a
initiative [inisjativ] *nf* iniciativa *f* • **prendre l'initiative de faire qqch** tomar la iniciativa de hacer algo
injecter [ɛ̃ʒɛkte] *vt* inyectar
injection [ɛ̃ʒɛksjɔ̃] *nf* inyección *f*
injure [ɛ̃ʒyʀ] *nf* insulto *m*
injurier [ɛ̃ʒyʀje] *vt* insultar
injuste [ɛ̃ʒyst] *adj* injusto(ta)
injustice [ɛ̃ʒystis] *nf* injusticia *f*

injustifié, e [ɛ̃ʒystifje] *adj* injustificado(da)
inné, e [ine] *adj* innato(ta)
innocence [inɔsɑ̃s] *nf* inocencia *f* • **en toute innocence** con toda inocencia
innocent, e [inɔsɑ̃, ɑ̃t] *adj & nm, f* inocente
innombrable [inɔ̃bʀabl] *adj* innumerable
innovant, e [inɔvɑ̃, ɑ̃t] *adj* innovador(ra)
innover [inɔve] *vi* innovar
inoccupé, e [inɔkype] *adj (vide)* desocupado(da)
inodore [inɔdɔʀ] *adj* inodoro(ra)
inoffensif, ive [inɔfɑ̃sif, iv] *adj* inofensivo(va)
inondation [inɔ̃dasjɔ̃] *nf* inundación *f*
inonder [inɔ̃de] *vt* inundar
inoubliable [inublijabl] *adj* inolvidable
Inox® [inɔks] *nm* acero *m* inoxidable
inoxydable [inɔksidabl] *adj* inoxidable
inquiet, ète [ɛ̃kjɛ, ɛt] *adj* inquieto(ta) • **être inquiet (pour qqch/qqn)** estar preocupado (por alguien/algo)
inquiétant, e [ɛ̃kjetɑ̃, ɑ̃t] *adj* inquietante
inquiéter [ɛ̃kjete] *vt* preocupar ◆ **s'inquiéter** *vp* preocuparse
inquiétude [ɛ̃kjetyd] *nf* inquietud *f*
inscription [ɛ̃skʀipsjɔ̃] *nf* **1.** inscripción *f* **2.** *(à l'université)* matrícula *f*
inscrire [ɛ̃skʀiʀ] *vt* inscribir ◆ **s'inscrire** *vp* inscribirse • **s'inscrire à** *(club)* inscribirse en ; *(université)* matricularse en
inscrit, e [ɛ̃skʀi, it] *pp* ➤ **inscrire**
insecte [ɛ̃sɛkt] *nm* insecto *m*
insecticide [ɛ̃sɛktisid] *nm* insecticida *m*
insensé, e [ɛ̃sɑ̃se] *adj* disparatado(da)
insensible [ɛ̃sɑ̃sibl] *adj* insensible • **être insensible à** ser insensible a
inséparable [ɛ̃sepaʀabl] *adj* inseparable
insérer [ɛ̃seʀe] *vt* insertar
insertion [ɛ̃sɛʀsjɔ̃] *nf* inserción *f*
insigne [ɛ̃siɲ] *nm (d'un policier, d'un club)* insignia *f*
insignifiant, e [ɛ̃siɲifjɑ̃, ɑ̃t] *adj* insignificante
insinuer [ɛ̃sinɥe] *vt* insinuar
insistance [ɛ̃sistɑ̃s] *nf* insistencia *f* • **avec insistance** con insistencia
insister [ɛ̃siste] *vi* insistir • **insister sur** insistir en • **inutile d'insister** es inútil insistir
insolation [ɛ̃sɔlasjɔ̃] *nf* insolación *f*
insolence [ɛ̃sɔlɑ̃s] *nf* insolencia *f*
insolent, e [ɛ̃sɔlɑ̃, ɑ̃t] *adj* insolente
insolite [ɛ̃sɔlit] *adj* insólito(ta)
insoluble [ɛ̃sɔlybl] *adj (problème)* insoluble
insomnie [ɛ̃sɔmni] *nf* insomnio *m* • **avoir des insomnies** tener insomnio
insonorisé, e [ɛ̃sɔnɔʀize] *adj* insonorizado(da)
insouciant, e [ɛ̃susjɑ̃, ɑ̃t] *adj* despreocupado(da)
inspecter [ɛ̃spɛkte] *vt* inspeccionar
inspecteur, trice [ɛ̃spɛktœʀ, tʀis] *nm, f* inspector *m*, -ra *f* • **inspecteur de police** inspector de policía
inspiration [ɛ̃spiʀasjɔ̃] *nf* inspiración *f*
inspirer [ɛ̃spiʀe] *vt & vi* inspirar • **ça ne m'inspire pas** no me dice nada ◆ **s'inspirer de** *vp + prep* inspirarse de
instable [ɛ̃stabl] *adj* inestable
installation [ɛ̃stalasjɔ̃] *nf* instalación *f*

installer [ɛ̃stale] *vt* instalar ◆ **s'installer** *vp* **1.** *(dans un appartement)* instalarse **2.** *(dans un fauteuil)* acomodarse **3.** *(commerçant, médecin)* establecerse

instant [ɛ̃stɑ̃] *nm* instante *m* ● **dans un instant** ahora mismo ● **il sort à l'instant** acaba de salir ● **pour l'instant** de momento

instantané, e [ɛ̃stɑ̃tane] *adj* instantáneo(a)

instinct [ɛ̃stɛ̃] *nm* instinto *m* ● **instinct de survie** instinto de supervivencia

instinctif, ive [ɛ̃stɛ̃ktif, iv] *adj* instintivo(va)

institut [ɛ̃stity] *nm* instituto *m* ● **institut de beauté** instituto de belleza

instituteur, trice [ɛ̃stitytœʀ, tʀis] *nm, f* ≃ profesor *m*, -ra *f* de primaria

institution [ɛ̃stitysjɔ̃] *nf* institución *f*

instructif, ive [ɛ̃stʀyktif, iv] *adj* instructivo(va)

instruction [ɛ̃stʀyksjɔ̃] *nf* instrucción *f* ◆ **instructions** *nfpl* instrucciones *fpl*

instruire [ɛ̃stʀɥiʀ] ◆ **s'instruire** *vp* instruirse

instruit, e [ɛ̃stʀɥi, it] *pp* ➤ **instruire** ◇ *adj* instruido(da)

instrument [ɛ̃stʀymɑ̃] *nm* instrumento *m* ● **instrument (de musique)** instrumento (musical)

instrumentaliser [ɛ̃stʀymɑ̃talize] *vt* instrumentalizar

insuffisant, e [ɛ̃syfizɑ̃, ɑ̃t] *adj* insuficiente

insuline [ɛ̃sylin] *nf* insulina *f*

insulte [ɛ̃sylt] *nf* insulto *m*

insulter [ɛ̃sylte] *vt* insultar

insupportable [ɛ̃sypɔʀtabl] *adj* insoportable

insurmontable [ɛ̃syʀmɔ̃tabl] *adj (difficulté)* insalvable

intact, e [ɛ̃takt] *adj* intacto(ta)

intégral, e, aux [ɛ̃tegʀal, o] *adj* integral

intégration [ɛ̃tegʀasjɔ̃] *nf (sociale)* integración *f*

intégrer [ɛ̃tegʀe] *vt* integrar ◆ **s'intégrer** *vp* ● **(bien) s'intégrer** integrarse (bien)

intellectuel, elle [ɛ̃telɛktɥɛl] *adj & nm, f* intelectual

intelligence [ɛ̃teliʒɑ̃s] *nf* inteligencia *f* ● **intelligence artificielle** inteligencia artificial

intelligent, e [ɛ̃teliʒɑ̃, ɑ̃t] *adj* inteligente

intempéries [ɛ̃tɑ̃peʀi] *nfpl* inclemencias *fpl* climáticas

intense [ɛ̃tɑ̃s] *adj* intenso(sa)

intensif, ive [ɛ̃tɑ̃sif, iv] *adj* intensivo(va)

intensité [ɛ̃tɑ̃site] *nf* intensidad *f*

intention [ɛ̃tɑ̃sjɔ̃] *nf* intención *f* ● **avoir l'intention de faire qqch** tener la intención de hacer algo ● **intention de vote** intención de voto

intentionné, e [ɛ̃tɑ̃sjɔne] *adj* ● **bien intentionné** bienintencionado ● **mal intentionné** malintencionado

interactif [ɛ̃tɛʀaktif] *adj* interactivo(va)

intercalaire [ɛ̃tɛʀkalɛʀ] *nm* folio *m* separador

intercaler [ɛ̃tɛʀkale] *vt* intercalar

intercepter [ɛ̃tɛʀsɛpte] *vt* interceptar

interchangeable [ɛ̃tɛʀʃɑ̃ʒabl] *adj* intercambiable

interclasse [ɛ̃tɛʀklas] *nm* descanso *m* *(entre dos clases)*

interdiction [ɛ̃tɛʀdiksjɔ̃] *nf* prohibición *f* ▾ **interdiction de fumer** prohibido fumar

interdire [ɛ̃tɛʀdiʀ] *vt* prohibir • **ma mère m'a interdit de sortir** mi madre me ha prohibido salir

interdit, e [ɛ̃tɛʀdi, it] *pp* ➤ **interdire** ◇ *adj* prohibido(da) • **il est interdit de...** está prohibido... ♦ **interdit** *nm* • **être interdit bancaire** *estar privado de talonario, tarjeta de crédito etc por haberse excedido en los números rojos; con todo, se dispone de una tarjeta que únicamente permite el acceso a la cuenta*

intéressant, e [ɛ̃teʀesɑ̃, ɑ̃t] *adj* interesante

intéresser [ɛ̃teʀese] *vt* **1.** interesar **2.** *(concerner)* afectar ♦ **s'intéresser à** *vp + prep* interesarse por

intérêt [ɛ̃teʀɛ] *nm* interés *m* • **tu as intérêt à réserver à l'avance** más vale que reserves con antelación • **dans l'intérêt de** en beneficio de ♦ **intérêts** *nmpl FIN* intereses *mpl*

interface [ɛ̃tɛʀfas] *nf INFORM* interfaz *m o f*

intérieur, e [ɛ̃teʀjœʀ] *adj* interior ♦ **intérieur** *nm* interior *m* • **à l'intérieur (de)** en el interior (de) ; *(de maison)* dentro (de)

intérim [ɛ̃teʀim] *nm (travail)* trabajo *m* temporal • **faire de l'intérim** hacer trabajos temporales

interligne [ɛ̃tɛʀliɲ] *nm* interlínea *f*

interlocuteur, trice [ɛ̃tɛʀlɔkytœʀ, tʀis] *nm, f* interlocutor *m*, -ra *f*

intermédiaire [ɛ̃tɛʀmedjɛʀ] *adj* intermedio(dia) ◇ *nmf* intermediario *m*, -ria *f* ◇ *nm* • **par l'intermédiaire de** por mediación de

interminable [ɛ̃tɛʀminabl] *adj* interminable

intermittent, e [ɛ̃tɛʀmitɑ̃, ɑ̃t] *nm, f* • **les intermittents du spectacle** los trabajadores temporales del espectáculo

internat [ɛ̃tɛʀna] *nm* internado *m*

international, e, aux [ɛ̃tɛʀnasjɔnal, o] *adj* internacional

internaute [ɛ̃tɛʀnot] *nmf* internauta *mf*

interne [ɛ̃tɛʀn] *adj & nmf* interno(na) • **interne des hôpitaux** médico *m* interno

interner [ɛ̃tɛʀne] *vt (malade)* internar

Internet [ɛ̃tɛʀnɛt] *nm* Internet *f* • **avoir Internet (à la maison/au bureau)** tener Internet (en casa/en el despacho) • **surfer sur Internet** navegar por Internet

interpeller [ɛ̃tɛʀpəle] *vt* **1.** *(appeler)* interpelar **2.** *(suj : police)* detener

Interphone® [ɛ̃tɛʀfɔn] *nm* portero *m* automático

interposer [ɛ̃tɛʀpoze] ♦ **s'interposer** *vp* interponerse

interprète [ɛ̃tɛʀpʀɛt] *nmf* intérprete *mf*

interpréter [ɛ̃tɛʀpʀete] *vt* interpretar

interrogation [ɛ̃teʀɔgasjɔ̃] *nf (question)* interrogación *f* • **interrogation (écrite)** control *m* (escrito)

interrogatoire [ɛ̃teʀɔgatwaʀ] *nm* interrogatorio *m*

interroger [ɛ̃teʀɔʒe] *vt* **1.** *(un témoin)* interrogar **2.** *(un élève)* hacer preguntas a

• **interroger qqn sur qqch** preguntar algo a alguien
interrompre [ɛ̃tɛʀɔ̃pʀ] *vt* interrumpir
interrupteur [ɛ̃teʀyptœʀ] *nm* interruptor *m*
interruption [ɛ̃teʀypsjɔ̃] *nf* interrupción *f* • **sans interruption** sin interrupción
intersection [ɛ̃tɛʀsɛksjɔ̃] *nf* intersección *f*
intervalle [ɛ̃tɛʀval] *nm* intervalo *m* • **à deux jours d'intervalle** con un intervalo de dos días
intervenir [ɛ̃tɛʀvəniʀ] *vi* **1.** intervenir **2.** *(avoir lieu)* suceder
intervention [ɛ̃tɛʀvɑ̃sjɔ̃] *nf* intervención *f*
intervenu, e [ɛ̃tɛʀvəny] *pp* ➤ **intervenir**
interview [ɛ̃tɛʀvju] *nf* entrevista *f*
interviewer [ɛ̃tɛʀvjuve] *vt* entrevistar
intestin [ɛ̃tɛstɛ̃] *nm* intestino *m*
intestinal, e, aux [ɛ̃tɛstinal, o] *adj* intestinal
intime [ɛ̃tim] *adj* íntimo(ma)
intimider [ɛ̃timide] *vt* intimidar
intimité [ɛ̃timite] *nf* intimidad *f*
intituler [ɛ̃tityle] ◆ **s'intituler** *vp* titularse
intolérable [ɛ̃tɔleʀabl] *adj* intolerable
intoxication [ɛ̃tɔksikasjɔ̃] *nf* • **intoxication alimentaire** intoxicación *f* alimenticia
intraduisible [ɛ̃tʀadɥizibl] *adj* intraducible
Intranet [ɛ̃tʀanɛt] *nm INFORM* intranet *f*
intransigeant, e [ɛ̃tʀɑ̃ziʒɑ̃, ɑ̃t] *adj* intransigente
intrépide [ɛ̃tʀepid] *adj* intrépido(da)
intrigue [ɛ̃tʀig] *nf* intriga *f*
intriguer [ɛ̃tʀige] *vt* intrigar • **tout ça m'intrigue** todo esto me intriga
introduction [ɛ̃tʀɔdyksjɔ̃] *nf* introducción *f*
introduire [ɛ̃tʀɔdɥiʀ] *vt* introducir ◆ **s'introduire** *vp* introducirse
introduit, e [ɛ̃tʀɔdɥi, it] *pp* ➤ **introduire**
introuvable [ɛ̃tʀuvabl] *adj (objet perdu)* imposible de encontrar
intrus, e [ɛ̃tʀy, yz] *nm, f* intruso *m*, -sa *f*
intuition [ɛ̃tɥisjɔ̃] *nf* intuición *f* • **avoir de l'intuition** tener intuición
inusable [inyzabl] *adj* resistente, duradero(ra)
inutile [inytil] *adj* inútil
inutilisable [inytilizabl] *adj* inservible
invalide [ɛ̃valid] *nmf* inválido *m*, -da *f*
invariable [ɛ̃vaʀjabl] *adj* invariable
invasion [ɛ̃vazjɔ̃] *nf* invasión *f*
inventaire [ɛ̃vɑ̃tɛʀ] *nm* inventario *m* • **faire l'inventaire de qqch** hacer el inventario de algo ▼ **fermé pour cause d'inventaire** cerrado por inventario
inventer [ɛ̃vɑ̃te] *vt* inventar
inventeur, trice [ɛ̃vɑ̃tœʀ, tʀis] *nm, f* inventor *m*, -ra *f*
invention [ɛ̃vɑ̃sjɔ̃] *nf* invento *m*
inverse [ɛ̃vɛʀs] *nm* contrario *m* • **à l'inverse (de)** al contrario (de) • **en sens inverse** en sentido contrario
investir [ɛ̃vɛstiʀ] *vt* invertir ◆ **s'investir dans** *vp + prep* • **s'investir dans son travail** consagrarse enteramente a su trabajo
investissement [ɛ̃vɛstismɑ̃] *nm* inversión *f*

invisible [ɛ̃vizibl] *adj* invisible
invitation [ɛ̃vitasjɔ̃] *nf* invitación *f*
invité, e [ɛ̃vite] *nm, f* invitado *m*, -da *f*
inviter [ɛ̃vite] *vt* invitar
involontaire [ɛ̃vɔlɔ̃tɛʀ] *adj* involuntario(ria)
invraisemblable [ɛ̃vʀɛsɑ̃blabl] *adj* inverosímil
iode [jɔd] *nm* ➤ **teinture**
ira etc ➤ **aller**
Irak, Iraq [iʀak] *nm* • **l'Irak** Iraq *m*, Irak *m*
irakien, enne, iraquien, enne [iʀakjɛ̃, ɛn] *adj* iraquí ♦ **Irakien, enne, Iraquien, enne** *nm, f* iraquí *mf*
Iran [iʀɑ̃] *nm* • **l'Iran** Irán *m*
iranien, enne [iʀanjɛ̃, ɛn] *adj* iraní ♦ **Iranien, enne** *nm, f* iraní *mf*
irlandais, e [iʀlɑ̃dɛ, ɛz] *adj* irlandés(esa) ♦ **Irlandais, e** *nm, f* irlandés *m*, -esa *f*
Irlande [iʀlɑ̃d] *nf* • **l'Irlande du Nord** Irlanda *f* del Norte • **la République d'Irlande** la República de Irlanda
IRM [iɛʀɛm] (*abr de imagerie par résonance magnétique*) *nm* MÉD IRM *f* (*imágenes por resonancia magnética*)
ironie [iʀɔni] *nf* ironía *f*
ironique [iʀɔnik] *adj* irónico(ca)
irrationnel, elle [iʀasjɔnɛl] *adj* irracional
irrécupérable [iʀekypeʀabl] *adj* irrecuperable
irréel, elle [iʀeɛl] *adj* irreal
irrégulier, ère [iʀegylje, ɛʀ] *adj* irregular
irremplaçable [iʀɑ̃plasabl] *adj* irreemplazable
irréparable [iʀepaʀabl] *adj* irreparable
irrésistible [iʀezistibl] *adj* irresistible
irrespirable [iʀɛspiʀabl] *adj* irrespirable
irrigation [iʀigasjɔ̃] *nf* riego *m*
irritable [iʀitabl] *adj* irritable
irritation [iʀitasjɔ̃] *nf* irritación *f*
irriter [iʀite] *vt* irritar
islam [islam] *nm* • **l'islam** el islam
islandais, e [islɑ̃dɛ, ɛz] *adj* islandés(esa) ♦ **islandais** *nm (langue)* islandés *m* ♦ **Islandais, e** *nm, f* islandés *m*, -esa *f*
Islande [islɑ̃d] *nf* • **l'Islande** Islandia *f*
isolant, e [izɔlɑ̃, ɑ̃t] *adj* aislante ♦ **isolant** *nm* aislante *m*
isolation [izɔlasjɔ̃] *nf* aislamiento *m*
isolé, e [izɔle] *adj* aislado(da)
isoler [izɔle] *vt* aislar ♦ **s'isoler** *vp* aislarse
Israël [isʀaɛl] *n* Israel *m*
issu, e [isy] *adj* • **être issu de** *(famille)* proceder de ; *(processus, théorie)* resultar de
issue [isy] *nf (sortie)* salida *f* ▾ **issue de secours** salida de emergencia ▾ **voie sans issue** calle sin salida
Italie [itali] *nf* • **l'Italie** Italia *f*
italien, enne [italjɛ̃, ɛn] *adj* italiano(na) ♦ **italien** *nm (langue)* italiano *m* ♦ **Italien, enne** *nm, f* italiano *m*, -na *f*
italique [italik] *nm* cursiva *f* • **écrire en italique** escribir en cursiva
itinéraire [itineʀɛʀ] *nm* itinerario *m* • **itinéraire bis** itinerario alternativo
ivoire [ivwaʀ] *nm* marfil *m*
ivre [ivʀ] *adj* ebrio(bria)
ivrogne [ivʀɔɲ] *nmf* borracho *m*, -cha *f*

jJ

j' ➤ je
jacinthe [ʒasɛ̃t] *nf* jacinto *m*
Jacuzzi® [ʒakuzi] *nm* jacuzzi® *m*
jaillir [ʒajiʀ] *vi* brotar
jalousie [ʒaluzi] *nf* **1.** *(sentiment)* envidia *f* **2.** *(en amour)* celos *mpl*
jaloux, ouse [ʒalu, uz] *adj* **1.** *(en amour)* celoso(sa) **2.** *(envieux)* envidioso(sa) • **être jaloux de** tener envidia de
jamaïquain, e, jamaïcain, e [ʒamaikɛ̃, ɛn] *adj* jamaicano(na) ◆ **Jamaïquain, e, Jamaïcain, e** *nm, f* jamaicano *m*, -na *f*
Jamaïque [ʒamaik] *nf* • **la Jamaïque** Jamaica *f*
jamais [ʒamɛ] *adv* nunca • **je ne vais jamais au théâtre** no voy nunca al teatro • **je ne reviendrai plus jamais** no volveré nunca más • **c'est le plus long voyage que j'aie jamais fait** es el viaje más largo que nunca he hecho • **plus que jamais** más que nunca • **si jamais...** si por casualidad...
jambe [ʒɑ̃b] *nf* pierna *f*
jambon [ʒɑ̃bɔ̃] *nm* jamón *m* • **jambon blanc** ≃ jamón de York • **jambon cru** ≃ jamón serrano
jambonneau, x [ʒɑ̃bɔno] *nm* codillo *m* de cerdo
jante [ʒɑ̃t] *nf* llanta *f*
janvier [ʒɑ̃vje] *nm* enero *m* • **en janvier** ou **au mois de janvier** en (el mes de) enero • **début janvier** a principios de enero • **fin janvier** a finales de enero • **le deux janvier** el dos de enero
Japon [ʒapɔ̃] *nm* • **le Japon** Japón *m*
japonais, e [ʒapɔnɛ, ɛz] *adj* japonés(esa) ◆ **japonais** *nm (langue)* japonés *m* ◆ **Japonais, e** *nm, f* japonés *m*, -esa *f*
jardin [ʒaʀdɛ̃] *nm* jardín *m* • **jardin d'enfants/public** jardín de infancia/público
jardinage [ʒaʀdinaʒ] *nm* jardinería *f*
jardinier, ère [ʒaʀdinje, ɛʀ] *nm, f* jardinero *m*, -ra *f*
jardinière [ʒaʀdinjɛʀ] *nf* jardinera *f* • **jardinière de légumes** ≃ menestra *f* de verduras
jarret [ʒaʀɛ] *nm* jarrete *m* • **jarret de veau** jarrete de ternera
jauge [ʒoʒ] *nf* indicador *m* • **jauge d'essence** indicador del nivel de gasolina
jaune [ʒon] *adj* amarillo(lla) ◇ *nm* amarillo *m* • **jaune d'œuf** yema *f* de huevo
jaunir [ʒoniʀ] *vi* amarillear
jaunisse [ʒonis] *nf* ictericia *f*
Javel [ʒavɛl] *nf* • **(eau de) Javel** lejía *f*
jazz [dʒaz] *nm* jazz *m*
je [ʒə] *pron* yo
jean [dʒin] *nm* vaqueros *mpl*
Jeep® [dʒip] *nf* jeep® *m*
jerrican [ʒeʀikan] *nm* bidón *m*
Jésus-Christ [ʒezykʀi] *nm* Jesucristo • **avant/après Jésus-Christ** antes de/después de Cristo
[1]**jet** [ʒɛ] *nm* **1.** *(de liquide)* chorro *m* **2.** *(fait de lancer)* lanzamiento *m* • **jet d'eau** surtidor *m*
[2]**jet** [dʒɛt] *nm (avion)* jet *m*
jetable [ʒətabl] *adj* desechable
jetée [ʒəte] *nf* espigón *m*

jeter [ʒəte] *vt* tirar ◆ **se jeter** *vp* ● **se jeter dans** *(suj : rivière)* desembocar en ● **se jeter sur** abalanzarse sobre
jeton [ʒətɔ̃] *nm* ficha *f*
jet-set, s [dʒɛtsɛt] *nf* jet *f* (set)
jeu, x [ʒø] *nm* juego *m* ● **le jeu** el juego ● **jeu de cartes** juego de cartas ; *(paquet)* baraja *f* ● **jeu de société** juego de sociedad ● **jeu d'échecs** ajedrez *m* ● **jeu de mots** juego de palabras ● **jeu vidéo** videojuego *m* ● **les Jeux olympiques** los Juegos Olímpicos
jeudi [ʒødi] *nm* jueves *m* ● **nous sommes jeudi** estamos a ou hoy es jueves ● **jeudi 13 septembre** jueves 13 de septiembre ● **nous sommes partis jeudi** nos fuimos el jueves ● **jeudi dernier** el jueves pasado ● **jeudi prochain** el jueves próximo ou que viene ● **jeudi matin** el jueves por la mañana ● **le jeudi** los jueves ● **à jeudi !** ¡hasta el jueves!
jeun [ʒœ̃] ◆ **à jeun** *adj* en ayunas
jeune [ʒœn] *adj & nmf* joven ● **jeune fille** muchacha *f* ● **jeune homme** muchacho *m* ● **les jeunes** los jóvenes
jeûner [ʒøne] *vi* ayunar
jeunesse [ʒœnɛs] *nf* juventud *f*
job [dʒɔb] *nm* (*fam*) curro *m*
jockey [ʒɔkɛ] *nm* jockey *m*
jogging [dʒɔgiŋ] *nm* **1.** *(vêtement)* chándal *m* **2.** *(course)* footing *m* ● **faire du jogging** hacer footing
joie [ʒwa] *nf* alegría *f*
joindre [jwɛ̃dʀ] *vt* **1.** *(relier)* conectar **2.** *(contacter)* localizar ● **joindre qqch à** adjuntar algo a ● **joindre un document/un fichier** adjuntar un documento/un archivo ● **je n'arrive pas à le joindre** no consigo localizarlo ◆ **se joindre à** *vp + prep* unirse a
joint, e [ʒwɛ̃, ɛ̃t] *pp* ➤ **joindre** ; ➤ **pièce** ◆ **joint** *nm* **1.** junta *f* **2.** *(fam) (à fumer)* porro *m* ● **joint de culasse** junta de culata
joker [ʒɔkɛʀ] *nm* comodín *m*
joli, e [ʒɔli] *adj* bonito(ta)
jongleur, euse [ʒɔ̃glœʀ, øz] *nm, f* malabarista *mf*
jonquille [ʒɔ̃kij] *nf* junquillo *m*
joual [ʒwal] *nm* (*Québec*) *dialecto francocanadiense que se habla en la región de Quebec*
joue [ʒu] *nf* mejilla *f*
jouer [ʒwe] *vi* **1.** jugar **2.** *(musicien)* tocar **3.** *(acteur)* actuar ◇ *vt* **1.** jugar **2.** *(somme)* apostar **3.** *(suj : acteur, musicien)* interpretar ● **jouer à** jugar a ● **jouer de la guitare** tocar la guitarra ● **jouer un rôle dans qqch** (*fig*) desempeñar un papel en algo
jouet [ʒwɛ] *nm* juguete *m*
joueur, euse [ʒwœʀ, øz] *nm, f* **1.** *(au casino)* jugador *m*, -ra *f* **2.** SPORT deportista *mf* ● **être mauvais joueur** ser mal perdedor ● **joueur de cartes** jugador de cartas ● **joueur de flûte** flautista *m* ● **joueur de foot** futbolista *m*
jour [ʒuʀ] *nm* **1.** día *m* **2.** *(clarté)* claridad *f* ● **il fait jour** es de día ● **jour de l'An** día de año nuevo ● **jour férié/ouvrable** día festivo/laborable ● **quinze jours** quince días ● **de jour** de día ● **du jour au lendemain** de la noche a la mañana ● **de nos jours** hoy en día ● **être à jour** estar al día ● **mettre qqch à jour** poner algo al día
journal, aux [ʒuʀnal, o] *nm* periódico *m* ● **journal (intime)** diario *m* ● **journal télévisé** telediario *m*

journaliste [ʒuʀnalist] *nmf* periodista *mf*
journée [ʒuʀne] *nf* día *m* ● **dans la journée** durante el día ● **toute la journée** todo el día
joyeux, **euse** [ʒwajø, øz] *adj* feliz ● **joyeux anniversaire !** ¡feliz cumpleaños! ● **joyeux Noël !** ¡feliz Navidad!
joystick [dʒojstik] *nm* joystick *m*, palanca *f* de juegos
judo [ʒydo] *nm* judo *m* ● **faire du judo** practicar judo
juge [ʒyʒ] *nm* **1.** *(magistrat)* juez *m*, -za *f* **2.** *SPORT* árbitro *m* ● **juge d'enfants** juez de menores
juger [ʒyʒe] *vt* juzgar
juif, **juive** [ʒɥif, ʒɥiv] *adj* judío(a) ◆ **Juif**, **Juive** *nm, f* judío *m*, -a *f*
juillet [ʒɥijɛ] *nm* julio *m* ● **le 14 Juillet** *el 14 de julio, fiesta nacional francesa* ● **en juillet** ou **au mois de juillet** en (el mes de) julio ● **début juillet** a principios de julio ● **fin juillet** a finales de julio ● **le deux juillet** el dos de julio

Le 14 juillet

El 14 de julio se celebra la fiesta nacional francesa, que conmemora la Toma de la Bastilla por el pueblo durante la Revolución de 1789. En París, los festejos comienzan el 13 de julio con bailes al aire libre y continúan el 14 con un impresionante desfile militar en los Campos Elíseos, presidido por el jefe de estado, y culminan con un gran espectáculo de fuegos artificiales en la Torre Eiffel.

juin [ʒɥɛ̃] *nm* junio *m* ● **en juin** ou **au mois de juin** en (el mes de) junio ● **début juin** a principios de junio ● **fin juin** a finales de junio ● **le deux juin** el dos de junio
juke-box [dʒukbɔks] *nm inv* juke-box *m*
julienne [ʒyljɛn] *nf* juliana *f*
jumeau, **elle**, **x** [ʒymo, ɛl, o] *adj (maisons)* adosado(da) ◇ *nm, f* gemelo *m*, -la *f* ● **frère jumeau** hermano gemelo
jumelé, **e** [ʒymle] *adj* hermanado(da) ▼ **ville jumelée avec...** ciudad hermanada con...
jumelle [ʒymɛl] *adj* ➤ **jumeau** ◆ **jumelles** *nfpl* gemelos *mpl*
jument [ʒymɑ̃] *nf* yegua *f*
jungle [ʒœ̃gl] *nf* selva *f*
jupe [ʒyp] *nf* falda *f* ● **jupe droite/plissée** falda recta/plisada
jupon [ʒypɔ̃] *nm* enaguas *fpl*
jurer [ʒyʀe] *vt* & *vi* jurar ● **jurer (à qqn) que** jurar (a alguien) que ● **jurer de faire qqch** jurar hacer algo
jury [ʒyʀi] *nm* **1.** jurado *m* **2.** *(d'examen)* tribunal *m*
jus [ʒy] *nm* **1.** *(de fruit)* zumo *m*, jugo *m* *(Amér)* **2.** *(de viande)* salsa *f* ● **jus d'orange** zumo de naranja
jusque [ʒysk(ə)] ◆ **jusqu'à** *prép* ● **allez jusqu'à l'église** vaya hasta la iglesia ● **jusqu'à ce que je parte** hasta que me vaya ● **jusqu'à présent** hasta ahora ◆ **jusqu'ici** *adv* **1.** *(dans l'espace)* hasta aquí **2.** *(dans le temps)* hasta ahora ◆ **jusque-là** *adv* **1.** *(dans l'espace)* hasta ahí **2.** *(dans le temps)* hasta entonces
justaucorps [ʒystokɔʀ] *nm* body *m*

juste [ʒyst] *adj* **1.** justo(ta) **2.** *(addition, raisonnement)* correcto(ta) **3.** *(note, voix)* afinado(da) ◇ *adv* **1.** *(seulement)* sólo **2.** *(exactement)* justo • **que voulez-vous, au juste ?** ¿qué quiere exactamente? • **chanter juste** cantar bien • **il a juste dit qu'il ne viendrait pas** tan sólo ha dicho que no vendría • **c'est juste à côté** está justo al lado • **ça tombe juste** *(calcul)* cuadra • **il est 8 h juste** son las 8 en punto
justement [ʒystəmɑ̃] *adv* precisamente
justesse [ʒystɛs] ♦ **de justesse** *adv* por poco
justice [ʒystis] *nf* justicia *f*
justifier [ʒystifje] *vt* justificar ♦ **se justifier** *vp* justificarse
jute [ʒyt] *nm* • **(toile de) jute** yute *m*
juteux, euse [ʒytø, øz] *adj* jugoso(sa)

kK

K7 [kasét] *nf* (*abr de cassette*) casete *f*
kaki [kaki] *adj inv* caqui *inv*
kangourou [kɑ̃guʀu] *nm* canguro *m*
karaté [kaʀate] *nm* kárate *m*
kart [kaʀt] *nm* kart *m*
karting [kaʀtiŋ] *nm* karting *m*
kayak [kajak] *nm* **1.** *(bateau)* kayak *m* **2.** *SPORT* piragüismo *m*
képi [kepi] *nm* quepis *m inv*
kermesse [kɛʀmɛs] *nf* kermés *f*
kérosène [keʀɔzɛn] *nm* queroseno *m*
ketchup [kɛtʃœp] *nm* ketchup *m*
keuf [kœf] *nm* (*fam*) poli *m*
keum [kœm] *nm* (*fam*) tío *m*
kg (*abr écrite de kilogramme*) kg *(kilogramo)*
kidnapper [kidnape] *vt* secuestrar
kilo(gramme) [kilɔ(gram)] *nm* kilo(gramo) *m*
kilométrage [kilɔmetʀaʒ] *nm* kilometraje *m* • **kilométrage illimité** kilometraje ilimitado
kilomètre [kilɔmɛtʀ] *nm* kilómetro *m* • **100 kilomètres à l'heure** 100 kilómetros por hora
kilt [kilt] *nm* falda *f* escocesa
kiné [kine] (*fam*) *nmf* (*abr de kinésithérapeute*) quinesi(o)terapeuta *mf* ◇ *nf* (*abr de kinésithérapie*) • **faire des séances de kiné** hacer sesiones de quinesi(o)terapia
kinésithérapeute [kineziteʀapøt] *nmf* quinesi(o)terapeuta *mf*
kiosque [kjɔsk] *nm* quiosco *m* • **kiosque à journaux** quiosco de periódicos
kir [kiʀ] *nm aperitivo compuesto de vino blanco con licor de fruta por lo general de grosella negra* • **kir royal** *kir con champán en vez de vino blanco*
kirsch [kiʀʃ] *nm* kirsch *m*
kit [kit] *nm* kit *m* • **en kit** por piezas • **kit mains libres** kit (de) manos libres • **kit piéton** kit peatón
kiwi [kiwi] *nm* kiwi *m*
Klaxon® [klaksɔn] *nm* claxon® *m*
klaxonner [klaksɔne] *vi* tocar el claxon®
Kleenex® [klinɛks] *nm* kleenex® *m inv*
km (*abr écrite de kilomètre*) km *(kilómetro)*

km/h (*abr écrite de kilomètre par heure*) km/h (*kilómetro por hora*)
Ko [kao] (*abr de kilo-octet*) *m inv* Kb *m* (*kilobyte*)
K-O [kao] (*abr de knock-out*) *adj inv* K.O
Kosovo [kɔsɔvo] *nm* • **le Kosovo** Kosovo *m*
kouglof [kuglɔf] *nm bizcocho de la región de Alsacia con uvas pasas y almendras*
K-way® [kawɛ] *nm inv* chubasquero *m*
kyste [kist] *nm* quiste *m*

*l*L

l (*abr écrite de litre*) l (*litro*)
l' ➤ **le**
la ➤ **le**
là [la] *adv* **1.** (*lieu*) allí, ahí **2.** (*temps*) entonces • **par là** (*de ce côté*) por allí ; (*dans les environs*) por ahí • **cette fille-là** aquella chica • **ce jour-là** aquel día
là-bas [laba] *adv* allí
laboratoire [labɔʀatwaʀ] *nm* laboratorio *m*
labourer [labuʀe] *vt* labrar
labyrinthe [labiʀɛ̃t] *nm* laberinto *m*
lac [lak] *nm* lago *m*
lacer [lase] *vt* atar
lacet [lasɛ] *nm* **1.** (*de chaussure*) cordón *m* **2.** (*virage*) curva *f*
lâche [laʃ] *adj* **1.** (*peureux*) cobarde **2.** (*nœud, corde*) flojo(ja) ◇ *nmf* cobarde *mf*
lâcher [laʃe] *vt* soltar ◇ *vi* **1.** (*corde*) ceder **2.** (*freins*) fallar • **lâche-moi !** (*fam*) ¡déjame en paz!
lâcheté [laʃte] *nf* cobardía *f*
là-dedans [laddɑ̃] *adv* ahí dentro • **je ne sais pas ce que je viens faire là-dedans** no sé qué pinto yo en todo esto
là-dessous [ladsu] *adv* ahí debajo • **il y a quelque chose de louche là-dessous** hay algo turbio detrás de esto
là-dessus [ladsy] *adv* **1.** (*lieu*) ahí encima **2.** (*fig*) (*à ce sujet*) al respecto
là-haut [lao] *adv* ahí arriba
laid, e [lɛ, lɛd] *adj* feo(a)
laideur [lɛdœʀ] *nf* fealdad *f*
lainage [lɛnaʒ] *nm* prenda *f* de lana
laine [lɛn] *nf* lana *f* • **en laine** de lana
laïque, laïc [laik] *adj* laico(ca)
laisse [lɛs] *nf* correa *f* • **tenir un chien en laisse** llevar a un perro atado
laisser [lese] *vt* dejar ◇ *v aux* • **laisser qqn faire qqch** dejar a alguien hacer algo • **laisser tomber** (*objet*) dejar caer ; (*fig*) (*projet, personne*) dejar, abandonar • **laisse-moi t'aider** déjame ayudarte ◆ **se laisser** *vp* • **se laisser aller** abandonarse • **se laisser faire** (*par lâcheté*) achicarse
lait [lɛ] *nm* leche *f* • **lait entier/demi-écrémé** leche entera/semidesnatada • **lait démaquillant/de toilette** leche desmaquilladora/limpiadora • **lait solaire** leche bronceadora
laitage [lɛtaʒ] *nm* producto *m* lácteo
laitier [lɛtje] *adj m* ➤ **produit**
laiton [lɛtɔ̃] *nm* latón *m*
laitue [lety] *nf* lechuga *f*

lambeau, x [lɑ̃bo] *nm* jirón *m* • **en lambeaux** hecho(cha) jirones
lambic [lɑ̃bik] *nm* (*Belg*) *cerveza elaborada con malta y trigo que fermenta de forma espontánea*
lambris [lɑ̃bʀi] *nm* friso *m*
lame [lam] *nf* **1.** (*plaque de métal*) lámina *f* **2.** (*de couteau, d'épée*) hoja *f* **3.** (*vague*) ola *f* • **lame de rasoir** cuchilla *f* de afeitar
lamelle [lamɛl] *nf* **1.** loncha *f* **2.** (*de légume*) lámina *f*
lamentable [lamɑ̃tabl] *adj* lamentable
lamenter [lamɑ̃te] ♦ **se lamenter** *vp* lamentarse
lampadaire [lɑ̃padɛʀ] *nm* **1.** lámpara *f* **2.** (*dans la rue*) farola *f*
lampe [lɑ̃p] *nf* lámpara *f* • **lampe de chevet** lámpara de mesa • **lampe de poche** linterna *f*
lance [lɑ̃s] *nf* lanza *f* • **lance d'incendie** manguera *f*
lancée [lɑ̃se] *nf* • **continuer sur sa lancée** continuar con su impulso
lancement [lɑ̃smɑ̃] *nm* lanzamiento *m*
lance-pierres [lɑ̃spjɛʀ] *nm inv* tirachinas *m inv*
lancer [lɑ̃se] *vt* lanzar ♦ **se lancer** *vp* lanzarse • **se lancer dans qqch** lanzarse en algo
landau [lɑ̃do] *nm* cochecito *m* (*de bebé*)
lande [lɑ̃d] *nf* landa *f*
langage [lɑ̃gaʒ] *nm* lenguaje *m*
langer [lɑ̃ʒe] *vt* poner pañales a
langouste [lɑ̃gust] *nf* langosta *f*
langoustine [lɑ̃gustin] *nf* cigala *f*
langue [lɑ̃g] *nf* lengua *f* • **langue étrangère** lengua extranjera • **langue maternelle/vivante** lengua materna/viva • **langue officielle** lengua oficial
langue-de-chat [lɑ̃gdəʃa] (*pl* **langues-de-chat**) *nf* lengua *f* de gato
languette [lɑ̃gɛt] *nf* lengüeta *f*
lanière [lanjɛʀ] *nf* correa *f*
lanterne [lɑ̃tɛʀn] *nf* farol *m*
lapin [lapɛ̃] *nm* conejo *m* • **poser un lapin à qqn** (*fam*) dar plantón a alguien
laque [lak] *nf* laca *f*
laqué [lake] *adj m* ➤ **canard**
laquelle ➤ **lequel**
lard [laʀ] *nm* tocino *m*
lardon [laʀdɔ̃] *nm* taco *m* de tocino
large [laʀʒ] *adj* **1.** ancho(cha) **2.** (*généreux*) espléndido(da) **3.** (*esprit*) abierto(ta) ◇ *nm* (*en mer*) • **au large de** a la altura de • **prendre le large** largarse ◇ *adv* • **prévoir large** prever de sobra • **ça fait 2 mètres de large** mide dos metros de anchura
largement [laʀʒəmɑ̃] *adv* de sobra • **il y en a largement assez** hay de sobra
largeur [laʀʒœʀ] *nf* anchura *f*
larme [laʀm] *nf* lágrima *f* • **être en larmes** estar llorando
lasagnes [lazaɲ] *nfpl* lasaña *f*
laser [lazɛʀ] *nm* láser *m*
lasser [lase] *vt* hastiar ♦ **se lasser de** *vp + prep* hastiarse de
latéral, e, aux [lateʀal, o] *adj* lateral
latin [latɛ̃] *nm* latín *m*
latino-américain, e [latinoameʀikɛ̃, ɛn] (*mpl* **latino-américains**, *fpl* **latino-américaines**) *adj* latinoamericano(na) ♦ **Latino-Américain, e** *nm, f* latinoamericano *m*, -na *f*
latitude [latityd] *nf* latitud *f*

latte [lat] *nf* **1.** listón *m* **2.** *(de sommier)* lámina *f*
lauréat, e [lɔrea, at] *nm, f* galardonado *m*, -da *f*
laurier [lɔrje] *nm* laurel *m*
lavable [lavabl] *adj* lavable • **lavable en machine** lavable a máquina
lavabo [lavabo] *nm* lavabo *m*
lavage [lavaʒ] *nm* lavado *m*
lavande [lavɑ̃d] *nf* lavanda *f*
lave-linge [lavlɛ̃ʒ] *nm inv* lavadora *f*
laver [lave] *vt* **1.** lavar **2.** *(tache)* limpiar ◆ **se laver** *vp* lavarse • **se laver les mains/les dents** lavarse las manos/los dientes
laverie [lavri] *nf* • **laverie (automatique)** lavandería *f* (automática)
lavette [lavɛt] *nf* bayeta *f*
lave-vaisselle [lavvesɛl] *nm inv* lavavajillas *m inv*
lavoir [lavwar] *nm* lavadero *m*
laxatif [laksatif] *nm* laxante *m*
layette [lɛjɛt] *nf* canastilla *f*
LCD [ɛlsede] (*abr de Liquid Crystal Display*) *nm* LCD *m*
le, la, les [lə, la, le] *art*
1. el (la) • **le lac** el lago • **la fenêtre** la ventana • **l'homme** el hombre • **les enfants** los niños • **les filles** las niñas • **nous sommes le 2 août** estamos a dos de agosto • **le samedi** los sábados • **le matin** (por) las mañanas • **se laver les mains** lavarse las manos • **elle a les yeux bleus** tiene los ojos azules
2. *(chaque)* • **les pommes sont à deux euros le kilo** las manzanas están a dos euros el kilo • **c'est 40 euros la nuit** son 40 euros por noche
◇ *pron*
1. *(représente une personne, une chose, un animal)* lo (la) • **regarde-le/regarde-la** míralo/mírala • **laissez-les-nous** déjenoslos
2. *(reprend un mot, une phrase)* lo • **je l'avais entendu dire** eso ya lo había oído antes • **je peux le croire** lo creo
lécher [leʃe] *vt* lamer
lèche-vitrines [lɛʃvitrin] *nm inv* • **faire du lèche-vitrines** ir de escaparates
leçon [ləsɔ̃] *nf* lección *f*
lecteur, trice [lɛktœr, tris] *nm, f* lector *m*, -ra *f* ◆ **lecteur** *nm INFORM* lector *m* • **lecteur de cassettes** lector de casetes • **lecteur laser** ou **(de)** CD lector láser o de CD • **lecteur (de) DVD** lector de DVD • **lecteur de disquettes** disquetera *f* • **lecteur MP3/WMA** lector de MP3/WMA
lecture [lɛktyr] *nf* lectura *f*
légal, e, aux [legal, o] *adj* legal
légende [leʒɑ̃d] *nf* leyenda *f*
léger, ère [leʒe, ɛr] *adj* **1.** ligero(ra) **2.** *(café, infusion)* flojo(ja) • **à la légère** a la ligera
légèrement [leʒɛrmɑ̃] *adv* ligeramente • **être habillé légèrement** llevar poca ropa
légèreté [leʒɛrte] *nf* ligereza *f*
légionnellose [leʒjɔnɛloz] *nf MÉD* legionela *f*
législation [leʒislasjɔ̃] *nf* legislación *f*
légitime [leʒitim] *adj* legítimo(ma) • **légitime défense** legítima defensa
léguer [lege] *vt* legar
légume [legym] *nm* verdura *f* • **légumes verts** hortalizas *fpl* • **légumes secs** legumbres *fpl*

lendemain [lɑ̃dmɛ̃] *nm* • **le lendemain (de)** al día siguiente (de) • **le lendemain matin** a la mañana siguiente
lent, e [lɑ̃, lɑ̃t] *adj* lento(ta)
lentement [lɑ̃tmɑ̃] *adv* lentamente
lenteur [lɑ̃tœʀ] *nf* lentitud *f*
lentille [lɑ̃tij] *nf* **1.** *(légume)* lenteja *f* **2.** *(verre de contact)* lentilla *f* • **porter des lentilles** llevar lentillas
léopard [leɔpaʀ] *nm* leopardo *m*
lequel, laquelle [ləkɛl, lakɛl] (*mpl* **lesquels** [lekɛl], *fpl* **lesquelles** [lekɛl]) *pron* **1.** *(sujet)* el cual (la cual) **2.** *(complément)* el que (la que) **3.** *(interrogatif)* cuál • **j'ai deux amis avec lesquels je m'entends très bien** tengo dos amigos con los que me llevo muy bien • **lequel veux-tu ?** ¿cuál quieres? • **l'homme auquel j'ai parlé** el hombre con el que he hablado • **l'homme duquel on m'a parlé** el hombre del que me hablaron • **les personnes auxquelles je pense** las personas en las que pienso
les ➤ **le**
léser [leze] *vt* perjudicar
lésion [lezjɔ̃] *nf* lesión *f*
lesquelles ➤ **lequel**
lesquels ➤ **lequel**
lessive [lɛsiv] *nf* **1.** *(poudre, liquide)* detergente *m* **2.** *(linge)* colada *f* • **faire la lessive** hacer la colada
lessiver [lɛsive] *vt* limpiar • **être lessivé** (*fam*) estar hecho polvo
lettre [lɛtʀ] *nf* **1.** letra *f* **2.** *(courrier)* carta *f* • **écrivez en toutes lettres** escriba la palabra completa • **lettre de motivation/de recommandation** carta de motivación/de recomendación • **un homme de lettres** un literato • **j'ai fait lettres à la fac** estudié letras en la facu

Commencer une lettre

Une lettre commence généralement par *Querido/Querida*, c'est-à-dire Cher/Chère, si l'on écrit à un ami ou à un membre de sa famille. Dans la correspondance professionnelle ou officielle, on commencera par *Muy Sr. Mío/Muy Sra. Mía*, c'est-à-dire Monsieur/Madame, ou encore par *Muy Sres. Míos* si l'on ne connaît pas le sexe de la personne à laquelle on s'adresse. Attention, toutes ces formules devront être suivies de deux points – et non d'une virgule comme en français – et d'un retour à la ligne. Le corps de la lettre doit (ou devrait) être composé d'une introduction, d'un développement et d'une conclusion.

Clore une lettre

À la fin d'une lettre, il est d'usage d'utiliser une formule du type *Afectuosos saludos, Un abrazo, Un fuerte abrazo*, ou encore *Recibe un abrazo afectuoso*, lorsque l'on écrit à un ami ou à un proche. Mais si l'on désire se montrer plus affectueux, on pourra dire : *Con todo mi cariño, Vuestro sobrino que no os olvida, Un beso muy cariñoso, Besos, Besotes*, etc. Dans le cas de la correspondance administrative ou officielle, on utilisera une formule du type : *Reciba un cordial saludo, Le saluda atentamente, Cordialmente, Atentamente*, ou encore *Muy atentamente*.Toutes ces formules seront suivies d'une virgule. Après ces mentions, l'expéditeur devra apposer sa signature.

leucémie [løsemi] *nf* leucemia *f*
leur [lœR] *adj* su ◇ *pron* les • **ils ont vendu leur maison** han vendido su casa • **je vais leur montrer le chemin** les voy a indicar el camino • **tu devrais le leur renvoyer** deberías devolvérselo ◆ **le leur, la leur** (*pl* **les leurs**) *pron* el suyo (la suya) • **je préfère la leur** prefiero la suya • **cet argent est le leur** este dinero es suyo
levant [ləvɑ̃] *adj m* ➤ **soleil**
levé, e [ləve] *adj* levantado(da)
levée [ləve] *nf (du courrier)* recogida *f*
lever [ləve] *vt* levantar ◇ *nm* • **au lever** al levantarse • **le lever du jour** el amanecer • **le lever du soleil** la salida del sol ◆ **se lever** *vp* **1.** *(personne)* levantarse **2.** *(soleil)* salir **3.** *(jour)* amanecer
levier [ləvje] *nm* palanca *f* • **levier de vitesse** palanca de cambios
lèvre [lɛvR] *nf* labio *m*
levure [ləvyR] *nf* levadura *f*
lexique [lɛksik] *nm* léxico *m*
lézard [lezaR] *nm* lagarto *m*
lézarder [lezaRde] ◆ **se lézarder** *vp* agrietarse
liaison [ljɛzɔ̃] *nf* **1.** enlace *m* **2.** *(amoureuse)* relación *f* • **être en liaison avec** estar en relación con
liane [ljan] *nf* liana *f*
liasse [ljas] *nf (de billets)* fajo *m*
Liban [libɑ̃] *nm* • **le Liban** Líbano *m*
libanais, e [libanɛ, ɛz] *adj* libanés(esa) ◆ **Libanais, e** *nm, f* libanés *m*, -esa *f*
libéral, e, aux [libeRal, o] *adj* liberal
libération [libeRasjɔ̃] *nf* liberación *f* ◆ **Libération** *nf* • **la Libération** la Liberación *(de Francia)*
libérer [libeRe] *vt* liberar ◆ **se libérer** *vp* librarse • **je vais essayer de me libérer pour venir** voy a intentar escaparme para venir
liberté [libɛRte] *nf* libertad *f* • **en liberté** en libertad
libraire [librɛR] *nmf* librero *m*, -ra *f*
librairie [librɛRi] *nf* librería *f*
libre [libR] *adj* libre • **libre de faire qqch** libre de hacer algo
librement [libRəmɑ̃] *adv* libremente
libre-service [libRəsɛRvis] (*pl* **libres-services**) *nm* autoservicio *m*
Libye [libi] *nf* • **la Libye** Libia *f*
libyen, enne [libjɛ̃, ɛn] *adj* libio(bia) ◆ **Libyen, enne** *nm, f* libio *m*, -bia *f*
licence [lisɑ̃s] *nf* **1.** *(permis)* permiso *m* **2.** *(diplôme) diploma universitario que se obtiene después de los tres primeros años de carrera* ≃ diplomatura *f* **3.** *(sportive)* ficha *f*
licenciement [lisɑ̃simɑ̃] *nm* despido *m*
licencier [lisɑ̃sje] *vt* despedir • **elle s'est fait licencier** la han despedido
liège [ljɛʒ] *nm* corcho *m*
liégeois [ljeʒwa] *adj m* ➤ **café, chocolat**
lien [ljɛ̃] *nm* **1.** *(ruban)* lazo *m* **2.** *(relation)* vínculo *m* **3.** *INFORM* • **lien hypertexte** hipervínculo *m* • **il n'y a aucun lien entre**

ces deux choses no hay ninguna relación entre estas dos cosas
lier [lje] *vt* **1.** *(attacher)* atar **2.** *(par contrat)* ligar **3.** *(idées)* enlazar • **lier conversation avec qqn** entablar conversación con alguien ◆ **se lier** *vp* • **se lier (d'amitié) avec qqn** trabar amistad con alguien
lierre [ljɛʀ] *nm* hiedra *f*
lieu, x [ljø] *nm* lugar *m* • **avoir lieu** tener lugar • **au lieu de** en lugar de
lièvre [ljɛvʀ] *nm* liebre *f*
ligne [liɲ] *nf* línea *f* • **aller à la ligne** poner punto y aparte • **être en ligne** estar conectado • **garder la ligne** guardar la línea • **se mettre en ligne** alinearse ▾ **grandes lignes** largo recorrido • **dans les grandes lignes** *(grosso modo)* a grandes rasgos • **ligne blanche** *(sur la route)* línea continua • **ligne directe** línea directa • **(en) ligne droite** (en) línea recta
ligoter [ligɔte] *vt* atar
lilas [lila] *nm* lila *f*
limace [limas] *nf* babosa *f*
limande [limɑ̃d] *nf* gallo *m (pez)*
lime [lim] *nf* lima *f* • **lime à ongles** lima de uñas
limer [lime] *vt* limar
limitation [limitasjɔ̃] *nf* limitación *f* • **limitation de vitesse** límite *m* de velocidad
limite [limit] *nf* límite *m* ◇ *adj* límite • **à la limite** en el peor de los casos • **sans limite** sin límite(s)
limiter [limite] *vt* limitar ◆ **se limiter à** *vp + prep* limitarse a
limonade [limɔnad] *nf* gaseosa *f*
limpide [lɛ̃pid] *adj* **1.** *(eau)* límpido(da) **2.** *(raisonnement)* claro(ra)
lin [lɛ̃] *nm* lino *m*
linge [lɛ̃ʒ] *nm* ropa *f* • **linge de maison** ropa blanca • **laver son linge** lavar la ropa
lingerie [lɛ̃ʒʀi] *nf (sous-vêtements)* lencería *f*
lingette [lɛ̃ʒɛt] *nf* toallita *f* • **lingette démaquillante** toallita desmaquilladora • **lingette antibactérienne** toallita antimicrobiana
lingot [lɛ̃go] *nm* • **lingot (d'or)** lingote *m* (de oro)
lino(léum) [lino(leɔm)] *nm* linóleo *m*
lion [ljɔ̃] *nm* león *m* ◆ **Lion** *nm* Leo *m*
liqueur [likœʀ] *nf* licor *m*
liquidation [likidasjɔ̃] *nf* ▾ **liquidation totale** liquidación *f* total
liquide [likid] *adj* líquido(da) ◇ *nm* líquido *m* • **(argent) liquide** dinero *m* en efectivo • **payer en liquide** pagar en efectivo • **liquide de frein** líquido de frenos • **liquide vaisselle** lavavajillas *m inv*
liquider [likide] *vt (vendre)* liquidar
lire [liʀ] *vt & vi* leer
Lisbonne [lisbɔn] *n* Lisboa
lisible [lizibl] *adj* legible
lisière [lizjɛʀ] *nf (d'une forêt)* linde *m*
lisse [lis] *adj* liso(sa)
liste [list] *nf* lista *f* • **liste d'attente** lista de espera • **liste déroulante** lista desplegable • **liste de mariage** lista de boda • **(être sur) liste rouge** (estar en) la lista de números secretos
lit [li] *nm* **1.** cama *f* **2.** *(d'une rivière)* lecho *m* • **aller au lit** ir a la cama • **lit de camp** catre *m* • **lit double** ou **grand lit** cama de matrimonio • **lit simple** ou **lit à une place** ou **petit lit** cama individual • **lits ju-**

meaux camas gemelas • **lits superposés** literas *fpl*
litchi [litʃi] *nm* litchi *m*
literie [litʀi] *nf todo lo relativo a la cama (somier, colchón, ropa etc)*
litière [litjɛʀ] *nf (pour chat)* lecho *m* para gatos
litige [litiʒ] *nm* litigio *m*
litre [litʀ] *nm* litro *m*
littéraire [liteʀɛʀ] *adj* literario(ria)
littérature [liteʀatyʀ] *nf* literatura *f*
littoral, aux [litɔʀal, o] *nm* litoral *m*
livide [livid] *adj* lívido(da)
living(-room), s [liviŋ(rum)] *nm* cuarto *m* de estar
livraison [livʀɛzɔ̃] *nf* entrega *f* • **livraison à domicile** reparto *m* a domicilio ▾ **livraison des bagages** recogida de equipajes
[1]**livre** [livʀ] *nm* libro *m* • **livre de français** libro de francés • **livre de poche** libro de bolsillo • **livre électronique** libro electrónico
[2]**livre** [livʀ] *nf (demi-kilo)* medio kilo *m* • **livre (sterling)** libra *f* (esterlina)
livrer [livʀe] *vt* entregar • **vous livrez à domicile ?** ¿reparten a domicilio?
livret [livʀɛ] *nm* libreta *f* • **livret (de caisse) d'épargne** libreta (de caja) de ahorros • **livret de famille** libro *m* de familia • **livret scolaire** libro de escolaridad
livreur, euse [livʀœʀ, øz] *nm, f* repartidor *m*, -ra *f*
local, e, aux [lɔkal, o] *adj* local ◆ **local** *nm* local *m* • **dans les locaux** en los locales
locataire [lɔkatɛʀ] *nmf* inquilino *m*, -na *f*
location [lɔkasjɔ̃] *nf* **1.** alquiler *m* **2.** *(d'un billet)* venta *f* **3.** *(logement)* casa *f* de alquiler ▾ **location de voitures** alquiler de coches
locomotive [lɔkɔmɔtiv] *nf* locomotora *f*
loge [lɔʒ] *nf* **1.** *(de concierge)* portería *f* **2.** *(d'acteur)* camerino *m*
logement [lɔʒmɑ̃] *nm* **1.** vivienda *f* **2.** *(hébergement)* alojamiento *m* • **le logement** *(secteur)* la vivienda
loger [lɔʒe] *vt* alojar ◇ *vi* vivir
logger [lɔge] ◆ **se logger** *vp INFORM* entrar, abrir una sesión
logiciel [lɔʒisjɛl] *nm* programa *m*, software *m* • **logiciel de navigation** explorador *m*
login [lɔgin] *nm INFORM* nombre *m* de usuario
logique [lɔʒik] *adj* lógico(ca) ◇ *nf* lógica *f*
logiquement [lɔʒikmɑ̃] *adv* lógicamente
logo [logo] *nm* logotipo *m*
loi [lwa] *nf* ley *f* • **interdit par la loi** legalmente prohibido • **la loi de l'offre et de la demande** la ley de la oferta y la demanda
loin [lwɛ̃] *adv* lejos • **au loin** a lo lejos • **de loin** de lejos ; *(fig) (nettement)* con diferencia • **loin de** *(dans l'espace)* lejos de • **loin de là** *(fig)* ni mucho menos
lointain, e [lwɛ̃tɛ̃, ɛn] *adj* lejano(na)
Loire [lwaʀ] *nf* • **la Loire** *(fleuve)* el Loira • **les châteaux de la Loire** los castillos del Loira
loisirs [lwaziʀ] *nmpl* **1.** *(temps libre)* tiempo *m* libre **2.** *(activités)* ocio *m*
Londres [lɔ̃dʀ] *n* Londres

long, longue [lɔ̃, lɔ̃g] *adj* largo(ga) • **la pièce fait 10 mètres de long** la habitación tiene diez metros de largo • **le long de** a lo largo de • **de long en large** a lo largo y a lo ancho • **à la longue** a la larga
longeole [lɔ̃ʒɔl] *nf salchicha ahumada típica de la región de Ginebra en Suiza*
longer [lɔ̃ʒe] *vt* bordear • **longez la rivière sur 500 mètres** bordeen el río a lo largo de 500 metros
longitude [lɔ̃ʒityd] *nf* longitud *f*
longtemps [lɔ̃tɑ̃] *adv* mucho tiempo • **depuis longtemps** desde hace mucho (tiempo) • **il y a longtemps que...** hace mucho (tiempo) que... • **j'ai longtemps cru que...** durante mucho tiempo creí que... • **il ne faut pas longtemps pour...** no hace falta mucho (tiempo) para...
longue ➤ **long**
longuement [lɔ̃gmɑ̃] *adv* mucho tiempo
longueur [lɔ̃gœʀ] *nf* **1.** *(d'une route)* longitud *f* **2.** *(d'une table)* largo *m* **3.** *(d'un voyage, d'un discours)* duración *f* • **à longueur de** a lo largo de • **longueur d'onde** longitud de onda
longue-vue [lɔ̃gvy] (*pl* **longues-vues**) *nf* catalejo *m*
loquet [lɔkɛ] *nm* picaporte *m*
lorraine [lɔʀɛn] *adj f* ➤ **quiche**
lors [lɔʀ] ♦ **lors de** *prép* durante
lorsque [lɔʀskə] *conj* cuando
losange [lɔzɑ̃ʒ] *nm* rombo *m*
lot [lo] *nm* **1.** *(de loterie)* premio *m* **2.** *COMM (en offre spéciale)* lote *m* • **(gagner) le gros lot** (ganar) el gordo
loterie [lɔtʀi] *nf* lotería *f*
lotion [lɔsjɔ̃] *nf* loción *f* • **lotion après-rasage** loción para después del afeitado
lotissement [lɔtismɑ̃] *nm* urbanización *f*
loto [lɔto] *nm (national)* ≃ lotería *f* primitiva • **le loto sportif** ≃ las quinielas
lotte [lɔt] *nf* rape *m* • **lotte à l'américaine** rape a la americana
louche [luʃ] *adj* sospechoso(sa) ◇ *nf* cucharón *m*
loucher [luʃe] *vi* bizquear
louer [lwe] *vt* alquilar ▼ **à louer** se alquila
loup [lu] *nm (animal)* lobo *m*
loupe [lup] *nf* lupa *f*
louper [lupe] *vt (fam)* **1.** *(examen)* catear **2.** *(train)* perder
lourd, e [luʀ, luʀd] *adj* **1.** pesado(da) **2.** *(dépense)* importante **3.** *(erreur)* grave ♦ **lourd** *adv* • **peser lourd** pesar mucho
lourdement [luʀdəmɑ̃] *adv* pesadamente • **il se trompe lourdement** está muy equivocado
lourdeur [luʀdœʀ] *nf* • **avoir des lourdeurs d'estomac** tener pesadez de estómago
Louvre [luvʀ] *nm* • **le Louvre** el Louvre

Le Louvre

Este museo nacional alberga una de las colecciones de arte más ricas del mundo. Está dividido en varios departamentos (antigüedades orientales, antigüedades griegas, etruscas y romanas, pintura, escultura, etc.). Parte del Palacio del Louvre se abrió por primera vez al público como museo en 1793, durante la Revolución. En

1999 terminó la rehabilitación integral de los alrededores de lo que hoy se denomina el *Grand Louvre*. Desde entonces se accede al museo por una gran pirámide de cristal. En él se puede contemplar la famosísima *Gioconda*.

loyal, e, aux [lwajal, o] *adj* leal
loyauté [lwajote] *nf* lealtad *f*
loyer [lwaje] *nm* alquiler *m* • **payer son loyer** pagar el alquiler
lu, e [ly] *pp* ➤ **lire**
lubrifiant [lybʀifjɑ̃] *nm* lubricante *m*
lucarne [lykaʀn] *nf* tragaluz *m*
lucide [lysid] *adj* lúcido(da)
lueur [lɥœʀ] *nf* **1.** *(lumière)* luz *f* **2.** *(dans le regard)* chispa *f* • **une lueur d'espoir** un atisbo de esperanza
luge [lyʒ] *nf* trineo *m* • **faire de la luge** hacer trineo
lugubre [lygybʀ] *adj* lúgubre
[1]**lui** [lɥi] *pron*
1. él • **j'en ai moins que lui** tengo menos que él • **et lui, qu'est-ce qu'il en pense ?** y él, ¿qué piensa de eso? • **c'est lui qui nous a renseignés** fue él quien nos informó • **c'est lui-même qui l'a dit** él mismo lo ha dicho • **il se contredit lui-même** se contradice a sí mismo
2. *(complément d'objet indirect)* le • **dites-le-lui tout de suite** dígaselo inmediatamente • **je lui ai serré la main** le estreché la mano
[2]**lui** [lɥi] *pp* ➤ **luire**
luire [lɥiʀ] *vi* lucir
luisant, e [lɥizɑ̃, ɑ̃t] *adj* reluciente ➤ **ver**
lumière [lymjɛʀ] *nf* luz *f*
luminaire [lyminɛʀ] *nm* lámpara *f*
lumineux, euse [lyminø, øz] *adj* luminoso(sa)
lunatique [lynatik] *adj* lunático(ca)
lunch [lœnʃ] (*pl* **lunchs** OU **lunches**) *nm* lunch *m*
lundi [lœ̃di] *nm* lunes *m* • **nous sommes lundi** estamos a OU hoy es lunes • **lundi 13 septembre** lunes 13 de septiembre • **nous sommes partis lundi** nos fuimos el lunes • **lundi dernier** el lunes pasado • **lundi prochain** el lunes próximo OU que viene • **lundi matin** el lunes por la mañana • **le lundi** los lunes • **à lundi !** ¡hasta el lunes!
lune [lyn] *nf* luna *f* • **lune de miel** luna de miel • **pleine lune** luna llena
lunette [lynɛt] *nf* anteojo *m* • **lunette arrière** luneta *f* trasera ♦ **lunettes** *nfpl* gafas *fpl* • **lunettes de soleil** gafas de sol • **lunettes de vue** gafas graduadas
lustre [lystʀ] *nm (lampe)* araña *f*
lutte [lyt] *nf* lucha *f*
lutter [lyte] *vi* luchar • **lutter contre** luchar contra
luxation [lyksasjɔ̃] *nf* luxación *f*
luxe [lyks] *nm* lujo *m* • **de (grand) luxe** de (gran) lujo
Luxembourg [lyksɑ̃buʀ] *nm* • **le Luxembourg** Luxemburgo *m*
Luxembourgeois, e [lyksɑ̃buʀʒwa, az] *nm, f* luxemburgués *m*, -esa *f*
luxueux, euse [lyksɥø, øz] *adj* lujoso(sa)
lycée [lise] *nm* instituto *m* • **lycée professionnel** instituto de formación profesional

Le lycée

Establecimiento escolar de segundo ciclo de enseñanza secundaria destinado a alumnos de entre 15 y 18 años. El *lycée* incluye los cursos de *seconde*, *première* y *terminale*. Según hayan escogido la rama general, técnica o profesional, los alumnos prepararán su *bac* en un lycée de enseñanza general y técnica o en un *lycée* profesional (ver también *baccalauréat*).

lycéen, enne [liseɛ̃, ɛn] *nm, f* alumno *m*, -na *f (de instituto)*

Lycra® [likʀa] *nm* lycra *f*

Lyon [ljɔ̃] *n* Lyon

mM

m (*abr écrite de mètre*) m *(metro)*

M. (*abr écrite de Monsieur*) Sr. *(señor)*

m' ➤ **me**

ma ➤ **mon**

macadam [makadam] *nm* macadán *m*

macaron [makaʀɔ̃] *nm (gâteau)* macarrón *m*

macaronis [makaʀɔni] *nmpl* macarrones *mpl*

macédoine [masedwan] *nf* • **macédoine (de légumes)** macedonia *f* • **macédoine de fruits** macedonia *f*

Macédoine [masedwan] *nf* • **la Macédoine** Macedonia *f*

macédonien, enne [masedɔnjɛ̃, ɛn] *adj* macedonio(nia) ◆ **macédonien** *nm (langue)* macedonio *m* ◆ **Macédonien, enne** *nm, f* macedonio *m*, -nia *f*

macérer [maseʀe] *vi* macerar

mâcher [maʃe] *vt* masticar

machin [maʃɛ̃] *nm* (*fam*) chisme *m*

machinal, e, aux [maʃinal, o] *adj* maquinal

machine [maʃin] *nf* máquina *f* • **machine à coudre** máquina de coser • **machine à laver** lavadora *f* • **machine à sous** tragaperras *f inv*

mâchoire [maʃwaʀ] *nf* mandíbula *f*

maçon [masɔ̃] *nm* albañil *m*

macro [makʀo] *nf INFORM* macro *f*

madame [madam] (*pl* **mesdames** [medam]) *nf* • **madame X** la señora X • **bonjour madame/mesdames !** ¡buenos días señora/señoras! ▾ **Madame,** *(dans une lettre)* Señora: • **Madame !** *(pour appeler le professeur)* ¡Señorita!

madeleine [madlɛn] *nf* magdalena *f*

mademoiselle [madmwazɛl] (*pl* **mesdemoiselles** [medmwazɛl]) *nf* • **mademoiselle X** la señorita X • **bonjour mademoiselle/mesdemoiselles !** ¡buenos días señorita/señoritas! ▾ **Mademoiselle,** *(dans une lettre)* Señorita: • **Mademoiselle !** *(pour appeler le professeur)* ¡Señorita!

madère [madɛʀ] *nm* ➤ **sauce**

Madrid [madʀid] *n* Madrid

madrilène [madʀilɛn] *adj* madrileño(ña) ◆ **Madrilène** *nmf* madrileño *m*, -ña *f*

maf(f)ia [mafja] *nf* mafia *f* • **la Maf(f)ia** la Mafia
magasin [magazɛ̃] *nm* tienda *f* • **en magasin** *(réserve)* en almacén • **vendu en magasin** vendido en tiendas • **les grands magasins** los grandes almacenes
magasiner [magazine] *(Québec) vi* ir de tiendas ou de compras ◇ *vt* negociar, regatear
magazine [magazin] *nm* revista *f*
Maghreb [magʀɛb] *nm* • **le Maghreb** el Magreb
Maghrébin, e [magʀebɛ̃, in] *nm, f* magrebí *mf*
magicien, enne [maʒisjɛ̃, ɛn] *nm, f* mago *m*, -ga *f*
magie [maʒi] *nf* magia *f* • **magie noire** magia negra
magique [maʒik] *adj* mágico(ca)
magistrat [maʒistʀa] *nm* magistrado *m*
magnésium [maɲezjɔm] *nm* magnesio *m*
magnétique [maɲetik] *adj* magnético(ca)
magnétoscope [maɲetɔskɔp] *nm* vídeo *m*
magnifique [maɲifik] *adj* magnífico(ca)
magret [magʀɛ] *nm* • **magret (de canard)** magret *m* de pato
mai [mɛ] *nm* mayo *m* • **le premier mai** el uno de mayo • **en mai** ou **au mois de mai** en (el mes de) mayo • **début mai** a principios de mayo • **fin mai** a finales de mayo • **le deux mai** el dos de mayo
maigre [mɛgʀ] *adj* **1.** *(personne)* flaco(ca) **2.** *(viande)* magro(gra) **3.** *(yaourt)* bajo(ja) en grasas
maigrir [megʀiʀ] *vi* adelgazar
mail [mɛl] *nm INFORM* correo *m* electrónico • **avoir un mail** tener una dirección de correo electrónico • **donner son mail à qqn** dar la dirección de correo electrónico a alguien
mailing [mɛliŋ] *nf INFORM* • **liste de mailing** lista *f* de correo
maille [maj] *nf* **1.** *(d'un tricot)* punto *m* **2.** *(d'un filet)* malla *f*
maillon [majɔ̃] *nm* eslabón *m*
maillot [majo] *nm* **1.** *(de foot)* camiseta *f* **2.** *(de danse)* maillot *m* • **maillot de bain** bañador *m* • **maillot une pièce** bañador de una pieza • **maillot deux pièces** bikini *m* • **maillot jaune** *(du Tour de France)* maillot amarillo
main [mɛ̃] *nf* mano *f* • **fait (à la) main** hecho a mano • **prendre qqch en main** coger las riendas de algo • **se donner la main** darse la mano • **serrer la main à qqn** estrechar la mano a alguien
main-d'œuvre [mɛ̃dœvʀ] *(pl* **mains-d'œuvre**) *nf* mano *f* de obra
maintenant [mɛ̃tnɑ̃] *adv* ahora
maintenir [mɛ̃tniʀ] *vt* mantener
maintenu, e [mɛ̃tny] *pp* ➤ **maintenir**
maire [mɛʀ] *nm* alcalde *m*, -desa *f*
mairie [meʀi] *nf (bâtiment)* ayuntamiento *m*
mais [mɛ] *conj* pero • **mais non !** ¡claro que no!
maïs [mais] *nm* maíz *m*
maison [mɛzɔ̃] *nf* casa *f* ◇ *adj inv* casero(ra) • **à la maison** en casa • **maison de campagne** casa de campo • **Maison des Jeunes et de la Culture** *centro cultural para jóvenes*

maître, maîtresse [mɛtʀ, mɛtʀɛs] *nm, f* dueño *m*, -ña *f* • **maître (d'école)** maestro *m*, -tra *f* • **maître d'hôtel** jefe *m* de comedor • **maître nageur** profesor *m* de natación

maîtresse [mɛtʀɛs] *nf (amante)* amante *f* ➤ **maître**

maîtrise [metʀiz] *nf (diplôme) diploma obtenido al final del segundo ciclo universitario*

maîtriser [metʀize] *vt* **1.** controlar **2.** *(sujet)* dominar

majestueux, euse [maʒɛstɥø, øz] *adj* majestuoso(sa)

majeur, e [maʒœʀ] *adj* **1.** *(adulte)* mayor de edad **2.** *(principal)* principal • **la majeure partie (de)** la mayor parte (de) ◆ **majeur** *nm* (dedo) corazón *m*

majoration [maʒɔʀasjɔ̃] *nf* recargo *m*

majorette [maʒɔʀɛt] *nf* majorette *f*

majorité [maʒɔʀite] *nf* **1.** *(âge)* mayoría *f* de edad **2.** *(plus grand nombre)* mayoría *f* • **en majorité** en su mayoría • **la majorité de** la mayoría de

Majorque [maʒɔʀk] *n* Mallorca *f*

majuscule [maʒyskyl] *nf* mayúscula *f* • **écrire en majuscules** escribir en mayúsculas

mal [mal] (*pl* **maux** [mo]) *nm* mal *m* ◇ *adv* mal • **j'ai très mal** me duele mucho • **avoir mal au cœur** tener mareo • **avoir mal aux dents** tener dolor de muelas • **avoir mal au dos** tener dolor de espalda • **avoir mal à la tête** tener dolor de cabeza • **avoir mal au ventre** tener dolor de estómago • **ça fait mal** eso duele • **faire mal à** hacer daño a • **se faire mal** hacerse daño • **se donner du mal pour faire qqch** esforzarse por hacer algo • **mal de mer** mareo *m* • **maux de tête** dolores *mpl* de cabeza • **pas mal** (*fam*) no está mal • **pas mal de** (*fam*) bastante ◆ **mal à l'aise** *loc adj* • **être/se sentir mal à l'aise** estar/sentirse incómodo, no estar/no sentirse a gusto

malade [malad] *adj* **1.** enfermo(ma) **2.** *(sur un bateau)* mareado(da) ◇ *nmf* enfermo *m*, -ma *f* • **être malade** estar enfermo(ma) • **malade mental** enfermo mental

maladie [maladi] *nf* enfermedad *f* • **maladie contagieuse** enfermedad contagiosa • **maladie héréditaire** enfermedad hereditaria • **maladie sexuellement transmissible** enfermedad de transmisión sexual • **maladie d'Alzheimer** enfermedad de Alzheimer • **maladie de Creutzfeldt-Jakob** enfermedad de Creutzfeldt-Jakob • **maladie de Parkinson** enfermedad de Parkinson • **maladie de la vache folle** enfermedad de las vacas locas

maladresse [maladʀɛs] *nf* torpeza *f*

maladroit, e [maladʀwa, at] *adj* torpe

malais, e [malɛ, ɛz] *adj* malayo(ya) ◆ **malais** *nm (langue)* malayo *m* ◆ **Malais, e** *nm, f* malayo *m*, -ya *f*

malaise [malɛz] *nm* malestar *m* • **avoir un malaise** marearse

Malaisie [malɛzi] *nf* • **la Malaisie** Malasia *f*

malaxer [malakse] *vt* amasar

malbouffe [malbuf] *nf* comida *f* basura

malchance [malʃɑ̃s] *nf* mala suerte *f*

mâle [mal] *adj* macho ◇ *nm* macho *m*

malentendu [malɑ̃tɑ̃dy] *nm* malentendido *m*
malfaiteur [malfɛtœʀ] *nm* malhechor *m*, -ra *f*
malfamé, e [malfame] *adj* de mala fama
malformation [malfɔʀmasjɔ̃] *nf* malformación *f*
malgré [malgʀe] *prép* a pesar de • **malgré tout** a pesar de todo
malheur [malœʀ] *nm* desgracia *f*
malheureusement [malœʀøzmɑ̃] *adv* desgraciadamente
malheureux, euse [malœʀø, øz] *adj* desgraciado(da)
malhonnête [malɔnɛt] *adj* deshonesto(ta)
Mali [mali] *nm* • **le Mali** Malí *m*
malicieux, euse [malisjø, øz] *adj* malicioso(sa)
malin, igne [malɛ̃, iɲ] *adj (habile, intelligent)* listo(ta)
malle [mal] *nf* baúl *m*
mallette [malɛt] *nf* maletín *m*
malmener [malməne] *vt* maltratar
malnutrition [malnytʀisjɔ̃] *nf* desnutrición *f*
Malouines [malwin] *nfpl* • **les (îles) Malouines** las (islas) Malvinas
malpoli, e [malpɔli] *adj* maleducado(da)
malsain, e [malsɛ̃, ɛn] *adj* malsano(na)
maltraiter [maltʀete] *vt* maltratar
malveillant, e [malvɛjɑ̃, ɑ̃t] *adj* malévolo(la)
maman [mamɑ̃] *nf* mamá *f*
mamie [mami] *nf* abuelita *f*
mammifère [mamifɛʀ] *nm* mamífero *m*
manager [manadʒɛʀ] *nm* mánager *m*
manche [mɑ̃ʃ] *nf* manga *f* ◇ *nm* **1.** *(d'outil)* mango *m* **2.** *(de guitare)* mástil *m* • **à manches courtes/longues** de manga corta/larga
Manche [mɑ̃ʃ] *nf* • **la Manche** la Mancha
manchette [mɑ̃ʃɛt] *nf (manche)* puño *m* • **boutons de manchette** gemelos *mpl*
mandarine [mɑ̃daʀin] *nf* mandarina *f*
mandat [mɑ̃da] *nm (postal)* giro *m*
manège [manɛʒ] *nm* **1.** *(attraction)* tiovivo *m* **2.** *(d'équitation)* picadero *m*
manette [manɛt] *nf* palanca *f* • **manette de jeux** palanca de juego
manga [mɑ̃ga] *nm* manga *f*
mangeoire [mɑ̃ʒwaʀ] *nf* comedero *m*
manger [mɑ̃ʒe] *vt & vi* comer • **donner à manger à qqn** dar de comer a alguien • **manger au restaurant** comer en el restaurante • **manger un morceau** comer un bocado
mangue [mɑ̃g] *nf* mango *m*
maniable [manjabl] *adj* manejable
maniaque [manjak] *adj (méticuleux à l'excès)* maniático(ca) ◇ *nmf* maníaco(ca) • **maniaque sexuel** maníaco sexual
manie [mani] *nf* manía *f*
manier [manje] *vt* manejar
manière [manjɛʀ] *nf* manera *f* • **de manière à** a fin de • **de toute manière** de todas maneras ◆ **manières** *nfpl (attitude)* modales *mpl* • **faire des manières** andar con remilgos
maniéré, e [manjeʀe] *adj* amanerado(da)
manif [manif] (*abr de manifestation*) *nf* (*fam*) mani *f*
manifestant, e [manifɛstɑ̃, ɑ̃t] *nm, f* manifestante *mf*

manifestation [manifɛstasjɔ̃] *nf* manifestación *f*
manifester [manifɛste] *vt* manifestar ◇ *vi* manifestarse ◆ **se manifester** *vp* manifestarse
manigancer [manigɑ̃se] *vt* tramar
manipulation [manipylasjɔ̃] *nf* manipulación *f*
manipuler [manipyle] *vt* manipular
manivelle [manivɛl] *nf* manivela *f*
mannequin [mankɛ̃] *nm* **1.** modelo *mf* **2.** *(de vitrine)* maniquí *m*
manœuvre [manœvʀ] *nf* maniobra *f*
manœuvrer [manœvʀe] *vt* manejar ◇ *vi* maniobrar
manoir [manwaʀ] *nm* mansión *f*
manquant, e [mɑ̃kɑ̃, ɑ̃t] *adj* ● **la pièce manquante** la pieza que falta ● **les objets manquants** los objetos que faltan
manque [mɑ̃k] *nm* ● **le manque de** la falta de ● **un manque de sérieux** falta de seriedad ● **être en manque** *(toxicomane)* tener el mono
manquer [mɑ̃ke] *vt* **1.** *(train, occasion)* perder **2.** *(cible)* fallar ◇ *vi* **1.** *(échouer)* fallar **2.** *(être absent)* faltar ● **elle nous manque** la echamos de menos ● **il me manque dix euros** me faltan diez euros ● **manquer de qqch** *(n'avoir pas assez de)* carecer de algo ● **il a manqué (de) se faire écraser** por poco lo atropellan
mansardé, e [mɑ̃saʀde] *adj* abuhardillado(da)
manteau, x [mɑ̃to] *nm (vêtement)* abrigo *m*
manucure [manykyʀ] *nmf* manicuro *m*, -ra *f*
manuel [manɥɛl] *nm* manual *m*
manuscrit [manyskʀi] *nm* manuscrito *m*
mappemonde [mapmɔ̃d] *nf* **1.** *(carte)* mapamundi *m* **2.** *(globe)* globo *m* terráqueo
maquereau, x [makʀo] *nm* caballa *f*
maquette [makɛt] *nf* maqueta *f*
maquillage [makijaʒ] *nm* maquillaje *m*
maquiller [makije] ◆ **se maquiller** *vp* maquillarse
marais [maʀɛ] *nm* pantano *m*

Le Marais

Este barrio del distrito cuarto de París, se sitúa entre la plaza de la Bastilla y el Ayuntamiento. Constituye el centro histórico de la capital, conocido por el gran número de palacetes denominados *hôtels particuliers*. Los más prestigiosos se hallan alrededor de la Place des Vosges. Es el lugar donde reside gran parte de la comunidad judía y gay.

marathon [maʀatɔ̃] *nm* maratón *m ou f*
marbre [maʀbʀ] *nm* mármol *m*
marbré, e [maʀbʀe] *adj* jaspeado(da) ➤ **gâteau**
marchand, e [maʀʃɑ̃, ɑ̃d] *nm, f* vendedor *m*, -ra *f* ● **marchand ambulant** vendedor ambulante ● **chez le marchand de fruits et légumes** ou **de primeurs** en la frutería ● **marchand de journaux** vendedor de periódicos
marchander [maʀʃɑ̃de] *vi* regatear
marchandise [maʀʃɑ̃diz] *nf* mercancía *f*

marche [maʀʃ] *nf* **1.** marcha *f* **2.** *(d'escalier)* escalón *m* **3.** *(fonctionnement)* funcionamiento *m* • **bouton marche** botón *m* de encendido • **faire de la marche** hacer caminatas • **marche silencieuse** marcha silenciosa • **à une heure de marche** a una hora andando • **en marche** en marcha • **marche arrière** marcha atrás

marché [maʀʃe] *nm* **1.** mercado *m* **2.** *(contrat)* trato *m* • **faire son marché** hacer la compra • **bon marché** barato(ta) • **par-dessus le marché** para colmo • **marché couvert** mercado cubierto • **marché aux puces** rastro *m* • **conclure un marché** cerrar un trato • **marchés financiers** mercados financieros

marchepied [maʀʃəpje] *nm* estribo *m*

marcher [maʀʃe] *vi* **1.** *(à pied)* andar **2.** *(fonctionner)* funcionar • **faire marcher qqch** hacer funcionar algo • **faire marcher qqn** *(fam)* tomar el pelo a alguien

mardi [maʀdi] *nm* martes *m* • **mardi gras** martes de carnaval • **nous sommes mardi** estamos a ou hoy es martes • **mardi 13 septembre** martes 13 de septiembre • **nous sommes partis mardi** nos fuimos el martes • **mardi dernier** el martes pasado • **mardi prochain** el martes próximo ou que viene • **mardi matin** el martes por la mañana • **le mardi** los martes • **à mardi !** ¡hasta el martes!

mare [maʀ] *nf* charca *f*

marécage [maʀekaʒ] *nm* ciénaga *f*

marée [maʀe] *nf* marea *f* • **(à) marée basse/haute** (con) marea baja/alta

margarine [maʀgaʀin] *nf* margarina *f*

marge [maʀʒ] *nf* margen *m* • **il n'est que 8 heures, nous avons de la marge** sólo son las ocho, tenemos tiempo

marginal, e, aux [maʀʒinal, o] *nm, f* marginado *m*, -da *f*

marguerite [maʀgəʀit] *nf* margarita *f*

mari [maʀi] *nm* marido *m*

mariage [maʀjaʒ] *nm* **1.** *(noce)* boda *f* **2.** *(institution)* matrimonio *m*

marianne [maʀjan] *n personificación de la República Francesa*

marié, e [maʀje] *adj* casado(da) ◇ *nm, f* novio *m*, -via *f* • **jeunes mariés** recién casados

marier [maʀje] ◆ **se marier** *vp* casarse

marin, e [maʀɛ̃, in] *adj* marino(na) ◆ **marin** *nm* marino *m*, marinero *m*

marine [maʀin] *adj inv* • **bleu marine** azul marino ◇ *nm* marino *m* ◇ *nf* marina *f*

mariner [maʀine] *vi* marinar

marinière [maʀinjɛʀ] *nf* ➤ **moule**[2]

marionnette [maʀjɔnɛt] *nf* marioneta *f*

maritime [maʀitim] *adj* marítimo(ma)

marketing [maʀketiŋ] *nm* marketing *m*

marmelade [maʀməlad] *nf* mermelada *f*

marmite [maʀmit] *nf* olla *f*

marmonner [maʀmɔne] *vt* refunfuñar

Maroc [maʀɔk] *nm* • **le Maroc** Marruecos *m*

marocain, e [maʀɔkɛ̃, ɛn] *adj* marroquí ◆ **Marocain, e** *nm, f* marroquí *mf*

maroquinerie [maʀɔkinʀi] *nf* marroquinería *f*

marque [maʀk] *nf* **1.** marca *f* **2.** *(nombre de points)* resultado *m* • **un vêtement de marque** ropa *f* de marca

marqué, e [maʀke] *adj* marcado(da)

marquer [maʀke] *vt* **1.** marcar **2.** *(écrire)* apuntar ◇ *vi (stylo)* marcar

marqueur [maʀkœʀ] *nm* rotulador *m* de punta gruesa

marquis, e [maʀki, iz] *nm, f* marqués *m*, -esa *f*

marraine [maʀɛn] *nf* madrina *f*

marrant, e [maʀɑ̃, ɑ̃t] *adj* (*fam*) gracioso(sa)

marre [maʀ] *adv* • **en avoir marre (de)** (*fam*) estar harto(ta) (de)

marrer [maʀe] ◆ **se marrer** *vp* **1.** (*fam*) *(s'amuser)* pasarlo pipa **2.** *(rigoler)* desternillarse

marron [maʀɔ̃] *adj inv* marrón ◇ *nm* **1.** *(fruit)* castaña *f* **2.** *(couleur)* marrón *m* • **marron glacé** marrón glacé

marronnier [maʀɔnje] *nm* castaño *m*

mars [maʀs] *nm* marzo *m* • **en mars** OU **au mois de mars** en (el mes de) marzo • **début mars** a principios de marzo • **fin mars** a finales de marzo • **le deux mars** el dos de marzo

Marseille [maʀsɛj] *n* Marsella

marteau, x [maʀto] *nm* martillo *m* • **marteau piqueur** martillo neumático

martiniquais, e [maʀtinikɛ, ɛz] *adj* martiniqués(esa) ◆ **Martiniquais, e** *nm, f* martiniqués *m*, -esa *f*

Martinique [maʀtinik] *nf* • **la Martinique** Martinica *f*

martyr, e [maʀtiʀ] *adj* maltratado(da) ◇ *nm, f* mártir *mf*

martyre [maʀtiʀ] *nm* martirio *m* • **souffrir le martyre** sufrir atrozmente

martyriser [maʀtiʀize] *vt* martirizar

mascara [maskaʀa] *nm* rímel *m*

mascotte [maskɔt] *nf* mascota *f*

masculin, e [maskylɛ̃, in] *adj* masculino(na) ◆ **masculin** *nm* masculino *m*

masque [mask] *nm* máscara *f*

masquer [maske] *vt (cacher à la vue)* tapar

massacre [masakʀ] *nm* masacre *f*

massacrer [masakʀe] *vt* **1.** masacrar **2.** (*fig*) destrozar

massage [masaʒ] *nm* masaje *m*

masse [mas] *nf* **1.** masa *f* **2.** *(outil)* mazo *m* • **une masse** OU **des masses de** un montón OU montones de • **une arrivée en masse** una llegada masiva • **de masse** *(tourisme, consommation)* masivo(va)

masser [mase] *vt* dar un masaje a

masseur, euse [masœʀ, øz] *nm, f* masajista *mf*

massif, ive [masif, iv] *adj* macizo(za) ◆ **massif** *nm* macizo *m* • **le Massif central** *el macizo central francés*

massivement [masivmɑ̃] *adv* masivamente

massue [masy] *nf* maza *f*

mastic [mastik] *nm* masilla *f*

mastiquer [mastike] *vt* masticar

mat, e [mat] *adj* mate ◇ *adj m inv (aux échecs)* mate

mât [ma] *nm* mástil *m*

match [matʃ] (*pl* **matchs** OU **matches**) *nm* partido *m* • **faire match nul** empatar a cero • **match aller/retour** partido de ida/de vuelta

matelas [matla] *nm* colchón *m* • **matelas pneumatique** colchoneta *f* hinchable

matelassé, e [matlase] *adj* acolchado(da) • **enveloppe matelassée** sobre *m* acolchado

mater [mate] *vt* **1.** *(révolte)* reprimir **2.** *(personne)* dominar

matérialiser [materjalize] ◆ **se matérialiser** *vp* materializarse

matériaux [materjo] *nmpl* materiales *mpl*

matériel, elle [materjɛl] *adj* material ◆ **matériel** *nm* **1.** equipo *m* **2.** *INFORM* hardware *m* ● **matériel de camping** material *m* de acampada

maternel, elle [matɛrnɛl] *adj* materno(na) ◆ **maternelle** *nf* ● **(école) maternelle** ≃ parvulario *m*

maternité [matɛrnite] *nf* maternidad *f* ● **être en congé (de) maternité** estar de baja por maternidad

mathématiques [matematik] *nfpl* matemáticas *fpl*

maths [mat] (*abr de mathématiques*) *nfpl* (*fam*) mates *fpl*

matière [matjɛr] *nf* **1.** materia *f* **2.** *SCOL* asignatura *f* ● **matière première** materia prima ● **matières grasses** materias grasas

Matignon [matiɲɔ̃] *n* ● **(l'hôtel) Matignon** *residencia del primer ministro francés* ≃ (el palacio de) la Moncloa

Matignon

El *hôtel Matignon*, edificio de un solo piso con fachada decorada en estilo Regencia situado en la parisina rue de Varenne, acoge el despacho del primer ministro desde 1959, unos meses después de la proclamación de la V República. A menudo los franceses utilizan el término *Matignon* para hacer referencia al primer ministro y a su cabinete.

matin [matɛ̃] *nm* mañana *f* ● **le matin** por la mañana

matinal, e, aux [matinal, o] *adj* **1.** *(réveil)* matinal **2.** *(personne)* madrugador(ra)

matinée [matine] *nf* **1.** mañana *f* **2.** *(spectacle)* matiné *f* ● **dans la matinée** por la mañana

matraque [matrak] *nf* porra *f*

maudire [modir] *vt* maldecir

maudit, e [modi, it] *pp* ➤ **maudire** ◇ *adj* maldito(ta)

Maurice [mɔris] *n* ➤ **île**

maussade [mosad] *adj* **1.** *(humeur)* alicaído(da) **2.** *(temps)* desapacible

mauvais, e [movɛ, ɛz] *adj* **1.** malo(la) **2.** *(faux)* erróneo(a) ● **il fait mauvais** hace mal tiempo ● **mauvais en** malo en

mauve [mov] *adj* malva

maux [mo] ➤ **mal**

max. [maks] (*abr de maximum*) máx. *(máximo)*

maximum [maksimɔm] *nm* máximo *m* ● **au maximum** como máximo

mayonnaise [majɔnɛz] *nf* mayonesa *f*, mahonesa *f*

mazout [mazut] *nm* fuel-oil *m*

me [mə] *pron* me ● **je me lève** me levanto

mécanicien, enne [mekanisjɛ̃, ɛn] *nm, f* mecánico *m*, -ca *f*

mécanique [mekanik] *adj* mecánico(ca) ◇ *nf* mecánica *f*

mécanisme [mekanism] *nm* mecanismo *m*

méchamment [meʃamɑ̃] *adv* con mala intención
méchanceté [meʃɑ̃ste] *nf* maldad *f*
méchant, e [meʃɑ̃, ɑ̃t] *adj* 1. *(personne)* malo(la) 2. *(action)* malvado(da)
mèche [mɛʃ] *nf* 1. mechón *m* 2. *(d'explosif)* mecha *f*
méchoui [meʃwi] *nm cordero asado típico del Norte de África*
méconnaissable [mekɔnɛsabl] *adj* irreconocible
mécontent, e [mekɔ̃tɑ̃, ɑ̃t] *adj* descontento(ta)
médaille [medaj] *nf* medalla *f*
médaillon [medajɔ̃] *nm* medallón *m*
médecin [mɛdsɛ̃] *nm* médico *m* • **médecin traitant** médico de cabecera • **aller chez le médecin** ir al médico
médecine [mɛdsin] *nf* medicina *f*
Medef [medɛf] (*abr de Mouvement des entreprises de France*) *nm asociación empresarial francesa* ≃ CEOE *f (confederación española de organizaciones empresariales)*
médias [medja] *nmpl* medios *mpl* de comunicación
médiatique [medjatik] *adj (personnalité)* muy presente en los medios de comunicación
médical, e, aux [medikal, o] *adj* médico(ca)
médicament [medikamɑ̃] *nm* medicina *f*, medicamento *m*
médiéval, e, aux [medjeval, o] *adj* medieval
médiocre [medjɔkʀ] *adj* mediocre
médisant, e [medizɑ̃, ɑ̃t] *adj* murmurador(ra)
méditation [meditasjɔ̃] *nf* meditación *f*
méditer [medite] *vt & vi* meditar
Méditerranée [mediteʀane] *nf* • **la (mer) Méditerranée** el (mar) Mediterráneo
méditerranéen, enne [meditɛʀaneɛ̃, ɛn] *adj* mediterráneo(a)
méduse [medyz] *nf* medusa *f*
meeting [mitiŋ] *nm* 1. *POL* mitin *m* 2. *SPORT* encuentro *m* • **meeting d'athlétisme** encuentro de atletismo
méfiance [mefjɑ̃s] *nf* desconfianza *f*
méfiant, e [mefjɑ̃, ɑ̃t] *adj* desconfiado(da)
méfier [mefje] ◆ **se méfier** *vp* desconfiar • **se méfier de** desconfiar de
megaoctet [megaɔktɛ] *nm INFORM* megabyte *m*
mégot [mego] *nm* colilla *f*
meilleur, e [mɛjœʀ] *adj* mejor ◇ *nm, f* mejor *mf*
mél [mel] *nm INFORM* correo *m* electrónico
mélancolie [melɑ̃kɔli] *nf* melancolía *f*
mélange [melɑ̃ʒ] *nm* mezcla *f*
mélanger [melɑ̃ʒe] *vt* mezclar
Melba [mɛlba] *adj inv* ➤ **pêche**
mêlée [mele] *nf (au rugby)* melé *f*
mêler [mele] *vt (mélanger)* mezclar • **mêler qqn à qqch** meter a alguien en algo ◆ **se mêler** *vp* • **se mêler à qqch** *(se mélanger à)* mezclarse con algo • **se mêler de qqch** meterse en algo • **de quoi tu te mêles ?** ¿quién te ha dado vela en este entierro?
mélodie [melɔdi] *nf* melodía *f*
melon [məlɔ̃] *nm* melón *m*
membre [mɑ̃bʀ] *nm* miembro *m*

même [mɛm] *adj*
1. *(identique)* mismo(ma) • **nous avons les mêmes places qu'à l'aller** tenemos los mismos asientos que a la ida
2. *(sert à renforcer)* • **c'est cela même** eso mismo • **cette fille, c'est la gentillesse même** esta chica es la simpatía personificada
◇ *pron* • **le/la même (que)** el mismo/la misma (que)
◇ *adv*
1. *(sert à renforcer)* • **même les sandwichs sont chers ici** aquí incluso los bocadillos son caros • **il n'y a même pas de cinéma** ni siquiera hay un cine • **même si** incluso si
2. *(exactement)* mismo • **c'est aujourd'hui même** es hoy mismo • **ici même** aquí mismo
3. *(dans des expressions)* • **être à même de faire qqch** ser capaz de hacer algo • **bon appétit ! - vous de même** ¡qué aproveche! - igualmente • **faire de même** hacer lo mismo
mémé [meme] *nf (fam)* abuelita *f*
mémoire [memwaʀ] *nf* memoria *f* • **de mémoire** *(réciter, jouer)* de memoria • **mémoire cache** memoria caché • **mémoire morte** memoria de sólo lectura • **mémoire tampon** memoria intermedia • **mémoire vive** memoria viva
menace [mənas] *nf* amenaza *f*
menacer [mənase] *vt* amenazar ◇ *vi* • **menacer de faire qqch** amenazar con hacer algo
ménage [menaʒ] *nm* **1.** *(rangement)* limpieza *f* **2.** *(famille)* hogar *m* **3.** *(couple)* pareja *f* • **faire le ménage** hacer la limpieza
[1]**ménager** [menaʒe] *vt* **1.** *(bien traiter)* tratar con concideración **2.** *(utiliser avec modération)* emplear bien
[2]**ménager, ère** [menaʒe, ɛʀ] *adj* doméstico(ca)
ménagère [menaʒɛʀ] *nf* **1.** *(couverts)* cubertería *f* **2.** *(personne)* ama *f* de casa
ménagerie [menaʒʀi] *nf* zoológico *m*
mendiant, e [mɑ̃djɑ̃, ɑ̃t] *nm, f* mendigo *m*, -ga *f* ◆ **mendiant** *nm (gâteau) galleta con frutos secos (almendras, avellanas, higos y pasas)*
mendier [mɑ̃dje] *vi* mendigar
mener [məne] *vt* **1.** llevar **2.** *(diriger)* dirigir ◇ *vi* ir ganando • **qui mène ?** ¿quién va ganando?
menottes [mənɔt] *nfpl* esposas *fpl*
mensonge [mɑ̃sɔ̃ʒ] *nm* mentira *f*
menstruations [mɑ̃stʀyasjɔ̃] *nfpl* menstruaciones *fpl*
mensualité [mɑ̃sɥalite] *nf* mensualidad *f*
mensuel, elle [mɑ̃sɥɛl] *adj* mensual ◆ **mensuel** *nm* revista *f* mensual
mensurations [mɑ̃syʀasjɔ̃] *nfpl* medidas *fpl*
mental, e, aux [mɑ̃tal, o] *adj* mental
mentalité [mɑ̃talite] *nf* mentalidad *f*
menteur, euse [mɑ̃tœʀ, øz] *nm, f* mentiroso *m*, -sa *f*
menthe [mɑ̃t] *nf* **1.** *(feuilles, plante)* hierbabuena *f* **2.** *(essence)* menta *f* • **menthe à l'eau** *refresco compuesto de jarabe de menta con agua*
mention [mɑ̃sjɔ̃] *nf (à un examen)* nota *f* • **mention passable/assez bien/bien/très**

bien ≃ suficiente/bien/notable/sobresaliente ▼ **rayer les mentions inutiles** tachen las informaciones innecesarias
mentionner [mɑ̃sjɔne] *vt* mencionar
mentir [mɑ̃tiʀ] *vi* mentir
menton [mɑ̃tɔ̃] *nm* barbilla *f*
menu, e [məny] *adj* menudo(da) ♦ **menu** *nm* menú *m* ● **menu Démarrer** *INFORM* menú de Inicio ● **menu déroulant** *INFORM* menú desplegable ● **menu gastronomique** menú gastronómico ● **menu touristique** menú turístico ● **je prends le menu à 15 euros** tomaré el menú a 15 euros
menuisier [mənɥizje] *nm* carpintero *m*
mépris [mepʀi] *nm* desprecio *m*
méprisant, e [mepʀizɑ̃, ɑ̃t] *adj* despectivo(va)
mépriser [mepʀize] *vt* despreciar
mer [mɛʀ] *nf* mar *m ou f* ● **au bord de la mer** a orillas del mar ; *(en vacances)* en la playa ou costa ● **en mer** en alta mar ● **la mer du Nord** el mar del Norte
mercerie [mɛʀsəʀi] *nf (boutique)* mercería *f*
merci [mɛʀsi] *interj* ¡gracias! ● **merci beaucoup !** ¡muchas gracias! ● **merci de...** gracias por...
mercredi [mɛʀkʀədi] *nm* miércoles *m inv* ● **nous sommes mercredi** estamos a ou hoy es miércoles ● **mercredi 13 septembre** miércoles 13 de septiembre ● **nous sommes partis mercredi** nos fuimos el miércoles ● **mercredi dernier** el miércoles pasado ● **mercredi prochain** el miércoles próximo ou que viene ● **mercredi matin** el miércoles por la mañana ● **le mercredi** los miércoles ● **à mercredi !** ¡hasta el miércoles!
merde [mɛʀd] *interj (vulg)* ¡mierda! ◇ *nf (vulg)* mierda *f*
mère [mɛʀ] *nf* madre *f* ● **mère biologique** madre biológica
merguez [mɛʀgɛz] *nf salchicha picante de vaca u oveja que acompaña al cuscús*
méridional, e, aux [meʀidjɔnal, o] *adj* meridional
meringue [məʀɛ̃g] *nf* merengue *m*
mérite [meʀit] *nm* mérito *m* ● **avoir du mérite** tener mérito
mériter [meʀite] *vt* merecer
merlan [mɛʀlɑ̃] *nm* pescadilla *f*
merle [mɛʀl] *nm* mirlo *m*
merlu [mɛʀly] *nm* merluza *f*
merveille [mɛʀvɛj] *nf* maravilla *f*
merveilleux, euse [mɛʀvɛjø, øz] *adj* maravilloso(sa)
mes ➤ **mon**
mésaventure [mezavɑ̃tyʀ] *nf* desventura *f*
mesdames ➤ **madame**
mesdemoiselles ➤ **mademoiselle**
mesquin, e [mɛskɛ̃, in] *adj* mezquino(na)
message [mesaʒ] *nm* mensaje *m* ● **laisser un message** dejar un mensaje ou un recado
messager, ère [mesaʒe, ɛʀ] *nm, f* mensajero *m*, -ra *f*
messagerie [mesaʒʀi] *nf* ● **messagerie électronique** mensajería *f* electrónica
messe [mɛs] *nf* misa *f*
messieurs ➤ **monsieur**
mesure [məzyʀ] *nf* **1.** medida *f* **2.** *(rythme)* compás *m* ● **mesures de sécurité**

medidas de seguridad • **sur mesure** a (la) medida • **dans la mesure du possible** en la medida de lo posible • **(ne pas) être en mesure de faire qqch** (no) estar en condiciones de OU para hacer algo

mesuré, e [məzyʀe] *adj* mesurado(da)

mesurer [məzyʀe] *vt* medir • **il mesure 2 mètres** mide 2 metros

met etc ➤ **mettre**

métal, aux [metal, o] *nm* metal *m*

métallique [metalik] *adj* metálico(ca)

météo [meteo] *nf* • **la météo** OU **le bulletin météo** el tiempo • **météo marine** meteorología *f* marítima

météorologique [meteɔʀɔlɔʒik] *adj* meteorológico(ca)

méthode [metɔd] *nf* método *m*

méthodique [metɔdik] *adj* metódico(ca)

méticuleux, euse [metikylø, øz] *adj* meticuloso(sa)

métier [metje] *nm* oficio *m*

métis, isse [metis] *nm, f* mestizo *m*, -za *f*

mètre [mɛtʀ] *nm* metro *m*

métro [metʀo] *nm* metro *m* • **métro aérien** metro aéreo

Le métro

La red ferroviaria subterránea parisina fue creada en 1900. Sus primeras y más características bocas de metro, en hierro forjado, fueron diseñadas por Hector Guimard en estilo *Art Nouveau*. Actualmente cuenta con catorce líneas; la de más reciente construcción, la *Météor*, es una de las más modernas del mundo: sus trenes no llevan conductor y operan de manera automática controlados por ordenador. El metro es la manera más rápida de desplazarse dentro de la capital. Funciona de forma ininterrumpida de cinco y media a una de la madrugada.

métropole [metʀɔpɔl] *nf* metrópolis *f*

metteur, euse [mɛtœʀ, øz] *nm, f* • **metteur(euse) en scène** director *m*, -ra *f*

mettre [mɛtʀ] *vt*

1. *(placer, poser)* poner • **mettre qqch debout** poner algo de pie • **mets-le sur la table** ponlo encima de la mesa
2. *(vêtement)* ponerse • **mettre qqch à qqn** poner algo a alguien
3. *(temps)* tardar • **nous avons mis deux heures par l'autoroute** hemos tardado dos horas por la autopista
4. *(argent)* gastarse • **combien voulez-vous mettre ?** ¿cuánto desea gastarse?
5. *(appareil, dispositif)* • **mettre la télé/la radio** poner la tele/la radio • **mettre le chauffage** poner la calefacción • **mettre le contact** dar al contacto
6. *(dans un état différent)* poner • **mettre qqn en colère** poner furioso(sa) a alguien • **mettre qqch en marche/en route** poner algo en marcha
7. *(dans des expressions)* • **mettre la table** poner la mesa

◆ **se mettre** *vp*

1. *(se placer)* ponerse • **se mettre debout** ponerse de pie • **se mettre au lit** meterse en la cama

2. *(dans un état différent)* • **se mettre en colère** ponerse furioso(sa) • **se mettre d'accord** ponerse de acuerdo
3. *(vêtement, maquillage)* ponerse • **elle s'est mis du rouge à lèvres** se pintó los labios
4. *(commencer)* • **se mettre à faire qqch** ponerse a hacer algo • **se mettre au travail** ponerse a trabajar • **s'y mettre** ponerse a ello

meuble [mœbl] *nm* mueble *m*

meublé [mœble] *nm* piso *m* amueblado

meubler [mœble] *vt* amueblar

meuf [mœf] *nf (fam)* tía *f*

meugler [møgle] *vi* mugir

meule [møl] *nf (de foin)* hacina *f*

meunière [mønjɛʀ] *nf* ➤ **sole**

meurt [mœʀ] ➤ **mourir**

meurtre [mœʀtʀ] *nm* asesinato *m*

meurtrier, ère [mœʀtʀije, ɛʀ] *nm, f* asesino *m*, -na *f* ◆ **meutrière** *nf (d'un château)* aspillera *f*

meurtrir [mœʀtʀiʀ] *vt* magullar

meurtrissure [mœʀtʀisyʀ] *nf* **1.** magulladura *f* **2.** *(sur un fruit)* golpe *m*

meute [møt] *nf (de chiens)* jauría *f*

mexicain, e [mɛksikɛ̃, ɛn] *adj* mexicano(na), mejicano(na) ◆ **Mexicain, e** *nm, f* mexicano *m*, -na *f*, mejicano *m*, -na *f (au Mexique, s'écrit toujours avec* x*)*

Mexique [mɛksik] *nm* • **le Mexique** México *m*, Méjico *m (au Mexique, s'écrit toujours avec* x*)*

mezzanine [mɛdzanin] *nf* entreplanta *f*

mi- [mi] *préf* medio, media • **à la mi-mars** a mediados de marzo • **à mi-chemin** a medio camino

miauler [mjole] *vi* maullar

miche [miʃ] *nf (de pain)* hogaza *f*

micro [mikʀo] *nm* **1.** micro *m* **2.** *(micro-ordinateur)* microordenador *m*

microbe [mikʀɔb] *nm* microbio *m*

micro-ondes [mikʀoɔ̃d] *nm inv* • **(four à) micro-ondes** (horno) microondas *m inv*

micro-ordinateur, s [mikʀoɔʀdinatœʀ] *nm* microordenador *m*

microprocesseur [mikʀɔpʀɔsesœʀ] *nm* microprocesador *m*

microscope [mikʀɔskɔp] *nm* microscopio *m*

microscopique [mikʀɔskɔpik] *adj* microscópico(ca)

midi [midi] *nm* mediodía *m* • **à midi** *(à 12 h)* a las doce ; *(à l'heure du déjeuner)* a mediodía • **le Midi** el Mediodía *(el Sur de Francia)*

mie [mi] *nf* miga *f*

miel [mjɛl] *nm* miel *f*

mien [mjɛ̃] ◆ **le mien, la mienne** [ləmjɛ̃, lamjɛn] *(mpl* **les miens** [lemjɛ̃], *fpl* **les miennes** [lemjɛn]) *pron* el mío (la mía)

miette [mjɛt] *nf* miga *f* • **en miettes** hecho(cha) migas

mieux [mjø] *adv* mejor ◇ *adj* **1.** mejor **2.** *(plus beau)* más guapo(pa) • **c'est ce qu'il fait le mieux** es lo que hace mejor • **le mieux habillé des deux/de tous** el que mejor viste de los dos/de todos • **aller mieux** *(malade)* estar mejor ; *(situation)* mejorar • **ça vaut mieux** más vale • **de mieux en mieux** cada vez mejor • **c'est le mieux des deux/de tous** *(le plus beau)* es el más guapo de los dos/de todos

• **c'est le mieux** *(la meilleure chose à faire)* es lo mejor
mignon, onne [miɲɔ̃, ɔn] *adj* **1.** *(joli)* mono(na) **2.** *(gentil)* majo(ja)
migraine [migʀɛn] *nf* jaqueca *f*
mijoter [miʒɔte] *vi* cocer a fuego lento
milieu, x [miljø] *nm* **1.** centro *m* **2.** *(environnement)* medio *m* • **au milieu (de)** en medio (de)
militaire [militɛʀ] *adj* militar ◇ *nm* militar *m*
militant, e [militɑ̃, ɑ̃t] *nm, f* militante *mf*
milk-shake, s [milkʃɛk] *nm* batido *m*
mille [mil] *num* mil ◇ *nm inv* mil *m* • **mille euros** mil euros • **deux mille euros** dos mil euros • **en mille morceaux** hecho(cha) trizas
mille-feuille, s [milfœj] *nm* milhojas *m inv*
mille-pattes [milpat] *nm inv* ciempiés *m inv*
milliard [miljaʀ] *nm* • **un milliard de** mil millones de
milliardaire [miljaʀdɛʀ] *nmf* multimillonario *m*, -ria *f*
millier [milje] *nm* millar *m* • **des milliers de** miles de
millilitre [mililitʀ] *nm* mililitro *m*
millimètre [milimɛtʀ] *nm* milímetro *m*
million [miljɔ̃] *nm* millón *m*
millionnaire [miljɔnɛʀ] *nmf* millonario *m*, -ria *f*
mime [mim] *nm* mimo *m*
mimer [mime] *vt* **1.** *(action)* hacer mímica **2.** *(personne)* imitar
mimosa [mimɔza] *nm* mimosa *f*
min (*abr écrite de minute*) min *(minuto)*
min. (*abr écrite de minimum*) mín. *(mínimo)*
minable [minabl] *adj* (*fam*) ruin
mince [mɛ̃s] *adj* delgado(da) ◇ *interj* ¡córcholis!
mine [min] *nf* **1.** mina *f* **2.** *(visage)* cara *f* • **avoir bonne/mauvaise mine** tener buena/mala cara • **il a fait mine de partir** fingió marcharse
miner [mine] *vt* minar
minerai [minʀɛ] *nm* mineral *m*
minéral, e, aux [mineʀal, o] *adj* mineral ◆ **minéral** *nm* mineral *m*
minéralogique [mineʀalɔʒik] *adj* ➤ **plaque**
mineur, e [minœʀ] *adj* menor ◇ *nm, f* *(enfant)* menor *mf* ◆ **mineur** *nm* *(ouvrier)* minero *m*
miniature [minjatyʀ] *adj* en miniatura ◇ *nf* miniatura *f* • **en miniature** en miniatura
minibar [minibaʀ] *nm* **1.** *(de train)* bar *m* **2.** *(d'hôtel)* minibar *m*
minidisque [minidisk] *nm* minidisco *m*
minijupe [miniʒyp] *nf* minifalda *f*
minimessage [minimɛsaʒ] *nm* minimensaje *m*
minimiser [minimize] *vt* minimizar
minimum [minimɔm] *adj* mínimo(ma) ◇ *nm* mínimo *m* • **au minimum** como mínimo
ministère [ministɛʀ] *nm* ministerio *m*
ministre [ministʀ] *nm* ministro *m*
minorité [minɔʀite] *nf* minoría *f*
Minorque [minɔʀk] *n* Menorca *f*
minuit [minɥi] *nm* medianoche *f*

minuscule [minyskyl] *adj* minúsculo(la) ◇ *nf* minúscula *f* • **écrire en minuscule(s)** escribir en minúsculas
minute [minyt] *nf* minuto *m* • **j'arrive dans une minute** llego dentro de un minuto • **d'une minute à l'autre** de un momento a otro
minuterie [minytʀi] *nf* temporizador *m*
minuteur [minytœʀ] *nm* minutero *m*
minutieux, euse [minysjø, øz] *adj* minucioso(sa)
mirabelle [miʀabɛl] *nf* ciruela *f* mirabel
miracle [miʀakl] *nm* milagro *m*
mirage [miʀaʒ] *nm* espejismo *m*
miroir [miʀwaʀ] *nm* espejo *m*
mis, e [mi, miz] *pp* ➤ **mettre**
mise [miz] *nf (enjeu)* apuesta *f* • **mise à jour** actualización *f* • **mise à mort** tercio *m* de muerte • **mise en marche** puesta *f* en funcionamiento • **mise en page** maquetación *f* • **mise en scène** dirección *f* • **mise sous tension** encendido *m*
miser [mize] ♦ **miser sur** *v + prep* **1.** *(au jeu)* apostar por **2.** *(compter sur)* contar con
misérable [mizeʀabl] *adj* miserable
misère [mizɛʀ] *nf* miseria *f*
missile [misil] *nm* misil *m*
mission [misjɔ̃] *nf* misión *f*
mistral [mistʀal] *nm* mistral *m*
mitaine [mitɛn] *nf* mitón *m*
mite [mit] *nf* polilla *f*
mi-temps [mitɑ̃] *nf inv* **1.** *(pause)* descanso *m* **2.** *(période)* parte *f* • **travailler à mi-temps** trabajar media jornada
mitigé, e [mitiʒe] *adj* moderado(da)
mitoyen, enne [mitwajɛ̃, ɛn] *adj* medianero(ra)
mitrailler [mitʀaje] *vt* **1.** ametrallar **2.** *(fam) (photographier)* acribillar a fotos
mitraillette [mitʀajɛt] *nf* metralleta *f*
mitrailleuse [mitʀajøz] *nf* ametralladora *f*
mixer [mikse] *vt* triturar
mixe(u)r [miksœʀ] *nm* batidora *f*
mixte [mikst] *adj* mixto(ta) • **mariage mixte** matrimonio *m* mixto
ml (*abr écrite de millilitre*) ml *(milímetro)*
Mlle (*abr écrite de mademoiselle*) Srta. *(señorita)*
mm (*abr écrite de millimètre*) mm *(milímetro)*
Mme (*abr écrite de madame*) Sra. *(señora)*
Mo [ɛmo] (*abr de megaoctet*) *INFORM* MB *(megabyte)*
mobile [mɔbil] *adj* **1.** móvil **2.** *(regard)* vivaz ◇ *nm* móvil *m*
mobilier [mɔbilje] *nm* mobiliario *m*
mobiliser [mɔbilize] *vt* movilizar
Mobylette® [mɔbilɛt] *nf* mobylette® *f*
mocassin [mɔkasɛ̃] *nm* mocasín *m*
moche [mɔʃ] *adj (fam)* **1.** *(laid)* feo(a) **2.** *(choquant)* chungo(ga)
[1]**mode** [mɔd] *nf* moda *f* • **à la mode** de moda
[2]**mode** [mɔd] *nm* modo *m* • **mode d'emploi** modo de empleo
modèle [mɔdɛl] *nm* modelo *m* • **modèle réduit** modelo reducido
modeler [mɔdle] *vt (terre, pâte)* modelar
modélisme [mɔdelism] *nm* modelismo *m*
modem [mɔdɛm] *nm INFORM* módem *m*

modération [mɔdeʀasjɔ̃] *nf* moderación *f* ▼ **à consommer avec modération** consumir con moderación *(referido a bebidas alcohólicas)*
modéré, e [mɔdeʀe] *adj* moderado(da)
moderne [mɔdɛʀn] *adj* moderno(na)
moderniser [mɔdɛʀnize] *vt* modernizar
modeste [mɔdɛst] *adj* **1.** *(humble)* modesto(ta) **2.** *(pauvre)* humilde
modestie [mɔdɛsti] *nf* modestia *f* • **sans fausse modestie** sin falsa modestia
modification [mɔdifikasjɔ̃] *nf* modificación *f*
modifier [mɔdifje] *vt* modificar
modulation [mɔdylasjɔ̃] *nf* • **modulation de fréquence** frecuencia *f* modulada
moelle [mwal] *nf* médula *f* • **moelle épinière** médula espinal
moelleux, euse [mwalø, øz] *adj* **1.** *(lit)* mullido(da) **2.** *(gâteau)* esponjoso(sa)
mœurs [mœʀ(s)] *nfpl* costumbres *fpl*
mohair [mɔɛʀ] *nm* mohair *m*
moi [mwa] *pron*
1. *(objet direct ou indirect)* me • **regarde-moi** mírame • **donne-le-moi** dámelo
2. *(après une préposition)* mí • **c'est pour moi** es para mí • **il est à moi** es mío
3. *(après une comparaison, pour insister)* yo • **il est comme moi** es como yo • **moi, je crois que...** yo creo que... • **je vais le faire moi-même** voy a hacerlo yo mismo • **je le fais pour moi-même** lo hago para mí
moindre [mwɛ̃dʀ] *adj* menor • **le moindre...** el menor... • **à un degré moindre** en menor grado • **il s'énerve au moindre incident** se irrita por el más mínimo incidente
moine [mwan] *nm* monje *m*
moineau, x [mwano] *nm* gorrión *m*
moins [mwɛ̃] *adv*
1. *(pour comparer)* menos • **moins ancien (que)** menos antiguo (que) • **moins vite (que)** menos deprisa (que)
2. *(superlatif)* menos • **c'est la nourriture qui coûte le moins** la comida es lo que menos cuesta • **la ville la moins intéressante que nous ayons visitée** la ciudad menos interesante que hemos visitado • **le moins possible** lo menos posible
3. *(en quantité)* menos • **ils ont accepté de gagner moins** han aceptado ganar menos • **moins de viande/de travail** menos carne/trabajo • **moins de la moitié** menos de la mitad • **en moins de dix minutes** en menos de diez minutos
4. *(dans des expressions)* menos • **à moins d'un imprévu** a menos que surja un imprevisto • **à moins de rouler** ou **que nous roulions toute la nuit,...** a menos que conduzcamos toda la noche... • **au moins** por lo menos • **ça coûte deux euros de** ou **en moins** cuesta dos euros menos • **j'ai deux ans de moins qu'elle** tengo dos años menos que ella • **de moins en moins** cada vez menos • **moins tu y penseras, mieux ça ira** cuanto menos pienses en ello, mejor irá todo
◇ *prép*
1. *(pour indiquer l'heure, soustraire)* • **nous partirons à 3 heures moins le quart** saldremos a las tres menos cuarto • **dix moins trois égale sept** diez menos tres son siete
2. *(pour indiquer la température)* • **il fait moins 2° C** hace dos grados bajo cero
mois [mwa] *nm* mes *m* • **au mois de...** en el mes de...

moisi, e [mwazi] *adj* mohoso(sa) ◆ **moisi** *nm* moho *m* ● **sentir le moisi** oler a moho

moisir [mwaziʀ] *vi* enmohecer

moisissure [mwazisyʀ] *nf* moho *m*

moisson [mwasɔ̃] *nf* siega *f*

moissonner [mwasɔne] *vt* segar *(las mieses)*

moissonneuse [mwasɔnøz] *nf* cosechadora *f*

moite [mwat] *adj* húmedo(da) ● **avoir les mains moites** tener las manos sudorosas

moitié [mwatje] *nf* mitad *f* ● **la moitié de** la mitad de ● **à moitié** a medias, por la mitad ● **la bouteille est à moitié vide** la botella está medio vacía ● **à moitié prix** a mitad de precio ● **à moitié plein** medio lleno

moka [mɔka] *nm (gâteau)* pastel *m* de moca

molaire [mɔlɛʀ] *nf* muela *f*

molle [mɔl] ➤ **mou**

mollet [mɔlɛ] *nm* pantorrilla *f*

molletonné, e [mɔltɔne] *adj* acolchado(da)

mollusque [mɔlysk] *nm* molusco *m*

môme [mom] *nmf (fam)* crío *m*, -a *f*

moment [mɔmɑ̃] *nm* momento *m* ● **c'est le moment de...** es el momento de... ● **au moment où** cuando ● **du moment que** con tal de que ● **en ce moment** en estos momentos ● **par moments** a veces ● **pour le moment** de momento

momentané, e [mɔmɑ̃tane] *adj* momentáneo(a)

momie [mɔmi] *nf* momia *f*

mon, ma [mɔ̃, ma] (*pl* **mes** [me]) *adj* mi ● **ma maison** mi casa ● **mes chats** mis gatos

Monaco [mɔnako] *n* Mónaco *m*

monarchie [mɔnaʀʃi] *nf* monarquía *f*

monastère [mɔnastɛʀ] *nm* monasterio *m*

monde [mɔ̃d] *nm* mundo *m* ● **il y a du monde** ou **beaucoup de monde** hay mucha gente ● **tout le monde** todo el mundo, todos

mondial, e, aux [mɔ̃djal, o] *adj* mundial

mondialisation [mɔ̃djalizasjɔ̃] *nf* globalización *f*

mondialiste [mɔ̃djalist] *adj* globalizador(ra) ◇ *nmf* globalista *mf*

moniteur, trice [mɔnitœʀ, tʀis] *nm, f* monitor *m*, -ra *f* ◆ **moniteur** *nm (écran)* monitor *m*

monnaie [mɔnɛ] *nf* **1.** moneda *f* **2.** *(pièces)* suelto *m* ● **la monnaie de 20 euros** el cambio de 20 euros ● **faire de la monnaie** cambiar dinero ● **rendre la monnaie** dar la vuelta ● **monnaie unique** moneda única

monologue [mɔnɔlɔg] *nm* monólogo *m*

monopoliser [mɔnɔpɔlize] *vt* monopolizar

monospace [mɔnɔspas] *nm* monovolumen *m*

monotone [mɔnɔtɔn] *adj* monótono(na)

monotonie [mɔnɔtɔni] *nf* monotonía *f*

monsieur [məsjø] (*pl* **messieurs** [mesjø]) *nm* señor *m* ● **monsieur X** el señor X ● **bonjour monsieur/messieurs !** ¡buenos días! ● **Cher Monsieur,** *(dans une*

lettre) Muy señor mío: • **Monsieur !** *(pour appeler le professeur)* ¡profesor!
monstre [mɔ̃stʀ] *nm* monstruo *m* ◇ *adj (fam)* bárbaro(ra)
monstrueux, euse [mɔ̃stʀyø, øz] *adj* monstruoso(sa)
mont [mɔ̃] *nm* monte *m* • **le Mont-Blanc** el Mont Blanc • **le Mont-Saint-Michel** el Monte San Miguel
montage [mɔ̃taʒ] *nm* montaje *m*
montagne [mɔ̃taɲ] *nf* montaña *f* • **à la montagne** en la montaña • **montagnes russes** montaña rusa
montagneux, euse [mɔ̃taɲø, øz] *adj* montañoso(sa)
montant, e [mɔ̃tɑ̃, ɑ̃t] *adj (marée)* creciente ◆ **montant** *nm* **1.** *(somme)* importe *m* **2.** *(d'une fenêtre, d'une échelle)* montante *m*
montée [mɔ̃te] *nf* subida *f*
monter [mɔ̃te] *vi* subir ◇ *vt* **1.** *(escalier, côte, son)* subir **2.** *(meuble, tente, complot)* armar **3.** *(société, pièce de théâtre)* montar • **ça monte !** *(route)* ¡vaya cuesta! • **monter à bord (d'un avion)** subir a bordo (de un avión) • **monter à cheval** montar a caballo • **monter en voiture** subir al coche • **monter les blancs en neige** *CULIN* montar las claras a punto de nieve • **monter à ou sur une échelle** subirse a una escalera ◆ **se monter à** *vp + prep (s'élever à)* ascender a
montre [mɔ̃tʀ] *nf* reloj *m*
montrer [mɔ̃tʀe] *vt* **1.** *(désigner)* enseñar **2.** *(exposer, prouver)* mostrar • **montrer qqch à qqn** enseñar algo a alguien • **montrer qqn/qqch du doigt** señalar a alguien/algo con el dedo ◆ **se montrer** *vp* aparecer • **se montrer courageux** mostrarse valiente
monture [mɔ̃tyʀ] *nf* montura *f*
monument [mɔnymɑ̃] *nm* monumento *m* • **monument aux morts** monumento a los caídos
moquer [mɔke] ◆ **se moquer de** *vp + prep* **1.** *(plaisanter)* burlarse de **2.** *(ignorer)* • **je me moque de son nouveau roman** paso de su nueva novela • **je m'en moque** me da igual
moques [mɔk] *nfpl (Belg) rodajas de una masa elaborada con clavo cocinadas al horno*
moquette [mɔkɛt] *nf* moqueta *f*
moqueur, euse [mɔkœʀ, øz] *adj* burlón(ona)
moral, e, aux [mɔʀal, o] *adj* moral ◆ **moral** *nm* moral *f* • **avoir le moral** tener la moral alta • **ne pas avoir le moral** no tener ánimos ◆ **morale** [mɔʀal] *nf* **1.** *(valeurs)* moral *f* **2.** *(d'une histoire)* moraleja *f* • **faire la morale à qqn** echar un sermón a alguien
moralement [mɔʀalmɑ̃] *adv* moralmente
morceau, x [mɔʀso] *nm* **1.** *(partie)* trozo *m* **2.** *(de musique)* fragmento *m* • **morceau de sucre** terrón *m* de azúcar
mordiller [mɔʀdije] *vt* mordisquear
mordre [mɔʀdʀ] *vt* morder
morille [mɔʀij] *nf* colmenilla *f*
mors [mɔʀ] *nm* bocado *m*
morse [mɔʀs] *nm* **1.** *(animal)* morsa *f* **2.** *(code)* morse *m*
morsure [mɔʀsyʀ] *nf* mordedura *f*
mort, e [mɔʀ, mɔʀt] *pp* ➤ **mourir** ◇ *adj* **1.** muerto(ta) **2.** *(hors d'usage)* acaba-

do(da) ◇ *nm, f* muerto *m*, -ta *f* • **être mort de peur** estar muerto de miedo ◆ **mort** *nf* muerte *f* • **être en danger de mort** correr peligro de muerte
mortel, elle [mɔʀtɛl] *adj* mortal
morue [mɔʀy] *nf* bacalao *m*
mosaïque [mɔzaik] *nf* mosaico *m*
Moscou [mɔsku] *n* Moscú
mosquée [mɔske] *nf* mezquita *f*
mot [mo] *nm* **1.** palabra *f* **2.** *(message)* nota *f* • **je peux vous dire un mot ?** ¿le puedo decir algo? • **écrire un mot à qqn** escribir unas líneas a alguien • **laisser un mot** dejar un mensaje ou un recado • **mot à mot** *(traduire)* literalmente • **mot de passe** contraseña *f* ; *INFORM* código *m* de acceso • **mots croisés** crucigramas *mpl*
motard [mɔtaʀ] *nm* motorista *m*
mot-clé [mokle] (*pl* **mots-clé**) *nm* palabra *f* clave
motel [mɔtɛl] *nm* motel *m*
moteur [mɔtœʀ] *nm* motor *m* • **moteur de recherche** *INFORM* buscador *m*
motif [mɔtif] *nm* motivo *m*
motivation [mɔtivasjɔ̃] *nf* motivación *f* ➤ **lettre**
motivé, e [mɔtive] *adj* con motivación
moto [mɔto] *nf* moto *f*
motocross [mɔtɔkʀɔs] *nm inv* motocross *m*
motocycliste [mɔtɔsiklist] *nmf* motociclista *mf*
motte [mɔt] *nf* **1.** terrón *m* **2.** *(de beurre)* pella *f*
mou, molle [mu, mɔl] *adj* **1.** *(sans consistance)* blando(da) **2.** *(sans énergie)* flojo(ja)
mouche [muʃ] *nf* mosca *f*
moucher [muʃe] ◆ **se moucher** *vp* sonarse
moucheron [muʃʀɔ̃] *nm* mosquita *f*
mouchoir [muʃwaʀ] *nm* pañuelo *m* • **mouchoir en papier** pañuelo de papel
moudre [mudʀ] *vt* moler
moue [mu] *nf* mohín *m* • **faire la moue** hacer pucheros
mouette [mwɛt] *nf* gaviota *f*
moufle [mufl] *nf* manopla *f*
mouillé, e [muje] *adj* mojado(da)
mouiller [muje] *vt* mojar ◆ **se mouiller** *vp* mojarse
mouillette [mujɛt] *nf* *trocito de pan alargado con el que se moja la yema de los huevos pasados por agua*
moulant, e [mulɑ̃, ɑ̃t] *adj* ceñido(da)
[1] **moule** [mul] *nm* molde *m* • **moule à gâteau** molde
[2] **moule** [mul] *nf* mejillón *m* • **moules marinière** mejillones a la marinera
mouler [mule] *vt* **1.** *(statue)* moldear **2.** *(suj : vêtement)* ceñir
moulin [mulɛ̃] *nm* molino *m* • **moulin à café/à poivre** molinillo *m* de café/de pimienta • **moulin à vent** molino de viento
moulinet [mulinɛ] *nm* *(de canne à pêche)* carrete *m*
Moulinette® [mulinɛt] *nf* pasapurés *m inv*
moulu, e [muly] *adj* molido(da)
moulure [mulyʀ] *nf* moldura *f*
mourant, e [muʀɑ̃, ɑ̃t] *adj* moribundo(da)
mourir [muʀiʀ] *vi* morir • **mourir de faim** morirse de hambre • **mourir d'envie de** morirse de ganas de

moussaka [musaka] *nf plato griego compuesto de rodajas de berenjena con picadillo de carne, cebolla y tomate*
moussant, e [musɑ̃, ɑ̃t] *adj* • **bain moussant** baño *m* de espuma • **gel moussant** gel *m* de baño
mousse [mus] *nf* **1.** *(bulles)* espuma *f* **2.** *(plante)* musgo *m* **3.** *CULIN* mousse *f* • **mousse à raser** espuma de afeitar • **mousse au chocolat** mousse de chocolate
mousseline [muslin] *nf* muselina *f* ◇ *adj inv* • **purée** ou **pommes mousseline** *puré de patatas muy ligero* • **sauce mousseline** *salsa a base de yemas, mantequilla y nata montada para acompañar pescado o verdura*
mousser [muse] *vi* hacer espuma
mousseux, euse [musø, øz] *adj* **1.** espumoso(sa) **2.** *(chocolat)* cremoso(sa) ◆ **mousseux** *nm* • **du (vin) mousseux** (vino) espumoso *m*
moustache [mustaʃ] *nf* bigote *m*
moustachu, e [mustaʃy] *adj* bigotudo(da)
moustiquaire [mustikɛʀ] *nf* mosquitera *f*
moustique [mustik] *nm* mosquito *m*
moutarde [mutaʀd] *nf* mostaza *f*
mouton [mutɔ̃] *nm* **1.** *(animal)* oveja *f* **2.** *CULIN* cordero *m*
mouvants [muvɑ̃] *adj m pl* ➤ **sable**
mouvement [muvmɑ̃] *nm* movimiento *m*
mouvementé, e [muvmɑ̃te] *adj* movido(da)
moyen, enne [mwajɛ̃, ɛn] *adj* **1.** *(intermédiaire, passable)* mediano(na) **2.** *(température, salaire, prix)* medio(dia) ◆ **moyen** *nm* medio *m* • **au moyen de** por medio de • **il n'y a pas moyen de** no hay manera de • **moyen de transport** medio de transporte ◆ **moyens** *nmpl* **1.** *(ressources)* medios *mpl* **2.** *(capacités)* facultades *fpl* • **avoir les moyens de faire qqch** *(financièrement)* tener medios suficientes para hacer algo • **perdre ses moyens** bloquearse
moyenne [mwajɛn] *nf* media *f* • **en moyenne** por término medio
MP3 [ɛmpetʀwa] (*abr de MPEG-1 Audio Layer 3*) *nm* MP3 *m*
muer [mɥe] *vi* mudar
muet, muette [mɥɛ, ɛt] *adj* mudo(da)
muguet [mygɛ] *nm* muguete *m*

Le muguet

El 1 de mayo, día de la Fiesta del Trabajo, tienen lugar grandes manifestaciones sindicales y desfiles en los que también participan los políticos. En Francia, para desear buena suerte, es tradición regalar un ramillete de muguete, planta con pequeñas flores blancas que se compra en los innumerables puestos que aparecen en las calles ese día.

mule [myl] *nf* **1.** *(animal)* mula *f* **2.** *(chaussure)* chinela *f*
mulet [mylɛ] *nm* mulo *m*
multicolore [myltikɔlɔʀ] *adj* multicolor
multiple [myltipl] *adj* múltiple ◇ *nm* múltiplo *m*
multiplication [myltiplikasjɔ̃] *nf* multiplicación *f*

multiplier [myltiplije] *vt* multiplicar • **2 multiplié par 9** 2 multiplicado por 9 • **se multiplier** *vp* multiplicarse
multipropriété [myltipʀɔpʀijete] *nf vivienda en copropiedad de la que puede disfrutar cada copropietario durante cierto tiempo*
multitude [myltityd] *nf* • **une multitude de** una multitud de
municipal, e, aux [mynisipal, o] *adj* municipal
municipalité [mynisipalite] *nf* municipio *m*
munir [mynir] *vt* • **munir qqn/qqch de** proveer a alguien/algo de • **se munir de** *vp + prep* proveerse de
munitions [mynisjɔ̃] *nfpl* municiones *fpl*
mur [myʀ] *nm* **1.** *(intérieur)* pared *f*, muro *m* **2.** *(extérieur)* tapia *f* • **mur du son** barrera *f* del sonido
mûr, e [myʀ] *adj (fruit)* maduro(ra)
muraille [myʀaj] *nf* muralla *f*
mural, e, aux [myʀal, o] *adj* mural
Murcie [myʀsi] *nf* Murcia
mûre [myʀ] *nf* mora *f* ➤ **mûr**
murer [myʀe] *vt* tapiar
mûrir [myʀiʀ] *vi (fruit)* madurar
murmure [myʀmyʀ] *nm* murmullo *m*
murmurer [myʀmyʀe] *vi* murmurar
muscade [myskad] *nf* • **(noix de) muscade** nuez *f* moscada
muscat [myska] *nm* moscatel *f*
muscle [myskl] *nm* músculo *m*
musclé, e [myskle] *adj* musculoso(sa)
musculaire [myskylɛʀ] *adj* muscular
musculation [myskylasjɔ̃] *nf* • **faire de la musculation** hacer (esercicios de) musculación
museau, x [myzo] *nm* **1.** hocico *m* **2.** CULIN *embutido hecho con partes del hocico de cerdo o de buey*
musée [myze] *nm* museo *m*
muselière [myzəljɛʀ] *nf* bozal *m*
musical, e, aux [myzikal, o] *adj* musical
music-hall, s [myzikol] *nm* music-hall *m*
musicien, enne [myzisjɛ̃, ɛn] *nm, f* músico *m*, -ca *f*
musique [myzik] *nf* música *f* • **musique de chambre** música de cámara • **musique classique** música clásica • **musique de film** banda *f* sonora
musulman, e [myzylmɑ̃, an] *adj & nm, f* musulmán(ana)
mutation [mytasjɔ̃] *nf* **1.** *(génétique)* mutación *f* **2.** *(d'un employé)* traslado *m*
mutiler [mytile] *vt* mutilar
mutuel, elle [mytɥɛl] *adj* mutuo(tua)
mutuelle [mytɥɛl] *nf* mutualité *f*, mutua *f*
mutuellement [mytɥɛlmɑ̃] *adv* mutuamente
myope [mjɔp] *adj* miope
myosotis [mjozɔtis] *nm* miosota *f*
myrtille [miʀtij] *nf* arándano *m*
mystère [mistɛʀ] *nm* misterio *m* • **Mystère**® *helado de nata y merengue bañado en chocolate y recubierto con almendras picadas*
mystérieusement [misteʀjøzmɑ̃] *adv* misteriosamente
mystérieux, euse [misteʀjø, øz] *adj* misterioso(sa)
mythe [mit] *nm* mito *m*
mythologie [mitɔlɔʒi] *nf* mitología *f*

nN

N (*abr écrite de nord*) N (*norte*)
n' ➤ **ne**
nacre [nakʀ] *nf* nácar *m*
nage [naʒ] *nf* natación *f* • **à la nage** a nado • **en nage** empapado(da) de sudor
nageoire [naʒwaʀ] *nf* aleta *f*
nager [naʒe] *vt & vi* nadar
nageur, euse [naʒœʀ, øz] *nm, f* nadador *m*, -ra *f*
naïf, naïve [naif, naiv] *adj* ingenuo(nua)
nain, e [nɛ̃, nɛn] *adj & nm, f* enano(na) • **nain de jardin** enano de jardín
naissance [nɛsɑ̃s] *nf* nacimiento *m*
naître [nɛtʀ] *vi* nacer • **je suis né le... à...** nací el... en...
naïve ➤ **naïf**
naïveté [naivte] *nf* ingenuidad *f*
nappe [nap] *nf* **1.** mantel *m* **2.** (*de pétrole, de brouillard*) capa *f*
nappé, e [nape] *adj* • **nappé de** cubierto de
napperon [napʀɔ̃] *nm* tapete *m*
narine [naʀin] *nf* ventana *f* nasal
narrateur, trice [naʀatœʀ, tʀis] *nm, f* narrador *m*, -ra *f*
naseaux [nazo] *nmpl* nariz *f*
natal, e [natal] *adj* natal
natalité [natalite] *nf* natalidad *f*
natation [natasjɔ̃] *nf* natación *f* • **faire de la natation** practicar natación • **natation synchronisée** natación sincronizada
natif, ive [natif, iv] *adj* • **natif de** natural de
nation [nasjɔ̃] *nf* nación *f*
national, e, aux [nasjɔnal, o] *adj* nacional
nationale [nasjɔnal] *nf* • **(route) nationale** (carretera) nacional *f*
nationaliser [nasjɔnalize] *vt* nacionalizar
nationalité [nasjɔnalite] *nf* nacionalidad *f*
native ➤ **natif**
natte [nat] *nf* **1.** (*tresse*) trenza *f* **2.** (*tapis*) estera *f*
naturaliser [natyʀalize] *vt* naturalizar
nature [natyʀ] *nf* naturaleza *f* ◇ *adj inv* al natural • **nature morte** bodegón *m*
naturel, elle [natyʀɛl] *adj* natural ◆ **naturel** *nm* **1.** natural *m* **2.** (*simplicité*) naturalidad *f*
naturellement [natyʀɛlmɑ̃] *adv* naturalmente
naturiste [natyʀist] *nmf* naturista *mf*
naufrage [nofʀaʒ] *nm* naufragio *m* • **faire naufrage** naufragar
nausée [noze] *nf* náusea *f* • **avoir la nausée** tener náuseas
nautique [notik] *adj* náutico(ca)
naval, e [naval] *adj* naval • **chantier naval** astillero *m*
navarin [navaʀɛ̃] *nm* *carne de cordero estofada con patatas y verdura*
Navarre [navaʀ] *nf* • **la Navarre** Navarra *f*
navet [navɛ] *nm* **1.** nabo *m* **2.** (*fam*) birria *f*
navette [navɛt] *nf* autobús *m* (de enlace) • **navette spatiale** lanzadera *f* espacial • **faire la navette (entre)** ir y venir (entre)

navigateur, trice [navigatœʀ, tʀis] *nm, f* navegante *mf* ◆ **navigateur** *nm INFORM* navegador *m*
navigation [navigasjɔ̃] *nf* navegación *f* ● **navigation de plaisance** náutica *f* de recreo
naviguer [navige] *vi INFORM* navegar, surfear
navire [naviʀ] *nm* nave *f*
navré, e [navʀe] *adj* ● **je suis navré** lo siento mucho
NB (*abr écrite de nota bene*) NB
ne [nə] *adv* no ➤ **jamais, pas, personne, plus, que, rien**
né, e [ne] *pp* ➤ **naître**
néanmoins [neɑ̃mwɛ̃] *adv* no obstante
néant [neɑ̃] *nm* nada *f* ● **réduire qqch à néant** aniquilar algo ▼ **néant** *en un impreso, indica que no hay nada que señalar*
nécessaire [nesesɛʀ] *adj* necesario(ria) ◇ *nm* necesario *m* ● **il est nécessaire de** es necesario que
nécessité [nesesite] *nf* necesidad *f*
nécessiter [nesesite] *vt* necesitar
nécessiteux, euse [nesesitø, øz] *nm; f* necesitado *m*, -da *f*
nectarine [nɛktaʀin] *nf* nectarina *f*
néerlandais, e [neɛʀlɑ̃dɛ, ɛz] *adj* neerlandés(esa) ◆ **néerlandais** *nm (langue)* neerlandés *m* ◆ **Néerlandais, e** *nm, f* neerlandés *m*, -esa *f*
nef [nɛf] *nf* nave *f*
néfaste [nefast] *adj* nefasto(ta)
négatif, ive [negatif, iv] *adj* negativo(va) ◆ **négatif** *nm* negativo *m*
négation [negasjɔ̃] *nf* negación *f*
négligeable [negliʒabl] *adj* desdeñable
négligent, e [negliʒɑ̃, ɑ̃t] *adj* descuidado(da)
négliger [negliʒe] *vt* descuidar
négociant, e [negɔsjɑ̃, ɑ̃t] *nm, f* ● **négociant(e) en vins** negociante *mf* de vinos
négociations [negɔsjasjɔ̃] *nfpl* negociaciones *fpl*
négocier [negɔsje] *vt* **1.** negociar **2.** *(virage)* tomar bien ◇ *vi* negociar
neige [nɛʒ] *nf* nieve *f*
neiger [neʒe] *v impers* ● **il neige** nieva
neigeux, euse [nɛʒø, øz] *adj (enneigé)* nevado(da)
nénuphar [nenyfaʀ] *nm* nenúfar *m*
néon [neɔ̃] *nm (tube)* fluorescente *m*
néo-zélandais, e [neɔzelɑ̃dɛ, ɛz] (*mpl* **néo-zélandais**, *fpl* **néo-zélandaises**) *adj* neocelandés(esa) ◆ **Néo-Zélandais, e** *nm, f* neocelandés *m*, -esa *f*
nerf [nɛʀ] *nm* nervio *m* ● **du nerf !** ¡ánimo! ● **être à bout de nerfs** estar al borde del ataque de nervios
nerveusement [nɛʀvøzmɑ̃] *adv* nerviosamente
nerveux, euse [nɛʀvø, øz] *adj* nervioso(sa)
nervosité [nɛʀvozite] *nf* nerviosismo *m*
n'est-ce pas [nɛspa] *adv* ¿verdad?
net, nette [nɛt] *adj* **1.** *(précis, marqué)* nítido(da) **2.** *(propre)* limpio(pia) **3.** *(prix, salaire)* neto(ta) ◆ **net** *adv (se casser, s'arrêter)* de golpe
Net [nɛt] *nm* ● **le Net** la Red
netéconomie [nɛtekɔnomi] *nf* economía *f* en red
nettement [nɛtmɑ̃] *adv* **1.** *(clairement)* nítidamente **2.** *(beaucoup)* mucho **3.** *(très)* muy ● **il va nettement mieux** va

mucho mejor • **elle est nettement plus forte que lui** ella es mucho más fuerte que él

netteté [nεtte] *nf* nitidez *f*

nettoyage [netwajaʒ] *nm (ménage)* limpieza *f* ▾ **nettoyage à sec** limpieza en seco

nettoyer [netwaje] *vt* limpiar • **faire nettoyer un vêtement** llevar a limpiar una prenda

neuf, neuve [nœf, nœv] *adj* nuevo(va) • **remettre qqch à neuf** renovar algo • **quoi de neuf ?** ¿qué hay de nuevo? ◆ **neuf** *adj num & pron num* nueve ◇ *nm* nueve *m* • **il a neuf ans** tiene nueve años • **il est neuf heures** son las nueve • **le neuf janvier** el nueve de enero • **page neuf** página nueve • **ils étaient neuf** eran nueve • **le neuf de pique** el nueve de picas • **(au) neuf rue Lepic** (en la) calle Lepic número nueve

neutre [nøtʀ] *adj* neutro(tra)

neuvième [nœvjεm] *num* noveno(na) ◇ *adj num & pron num* noveno(na) ◇ *nm* **1.** *(fraction)* novena parte *f* **2.** *(étage)* noveno *m* (piso) **3.** *(arrondissement)* distrito *m* nueve ou noveno

neveu, x [nəvø] *nm* sobrino *m*

newsgroup [njuzgʀup] *nm* grupo *m* de noticias

nez [ne] *nm* **1.** nariz *f* **2.** *(d'un avion)* morro *m* • **se trouver nez à nez avec qqn** encontrarse cara a cara con alguien

ni [ni] *conj* • **je n'aime ni la guitare ni le piano** no me gusta ni la guitarra ni el piano • **ni l'un ni l'autre ne sont français** ni el uno ni el otro son franceses • **elle n'est ni mince ni grosse** no es ni delgada ni gorda

niais, e [njε, njεz] *adj* bobo(ba)

Nicaragua [nikaʀagwa] *nm* • **le Nicaragua** Nicaragua *f*

nicaraguayen, enne [nikaʀagwεjε̃, εn] *adj* nicaragüense ◆ **Nicaraguayen, enne** *nm, f* nicaragüense *mf*

Nice [nis] *n* Niza

niche [niʃ] *nf* **1.** *(de chien)* caseta *f* **2.** *(dans un mur)* hornacina *f*

niçoise [niswaz] *adj f* ➤ **salade**

nicotine [nikɔtin] *nf* nicotina *f*

nid [ni] *nm* **1.** *(d'oiseaux)* nido *m* **2.** *(de guêpes)* avispero *m* **3.** *(de souris)* ratonera *f*

nid-de-poule [nidpul] (*pl* **nids-de-poule**) *nm* bache *m*

nièce [njεs] *nf* sobrina *f*

nier [nje] *vt* negar • **nier avoir fait qqch** negar haber hecho algo • **nier que** negar que

Nil [nil] *nm* • **le Nil** el Nilo

n'importe [nε̃pɔʀt] ➤ **importer**

niveau, x [nivo] *nm* nivel *m* • **au niveau de** al nivel de • **niveau d'huile** nivel de aceite • **niveau de vie** nivel de vida

n° (*abr écrite de numéro*) n° *(número)*

noble [nɔbl] *adj & nmf* noble

noblesse [nɔblεs] *nf* nobleza *f*

noce [nɔs] *nf* boda *f* • **noces d'or** bodas de oro

nocif, ive [nɔsif, iv] *adj* nocivo(va)

nocturne [nɔktyʀn] *adj* nocturno(na) ◇ *nf (d'un magasin)* apertura *f* nocturna

Noël [nɔεl] *nm ou nf* Navidad *f* • **la Noël** *(jour)* el día de Navidad ; *(période)* la Navidad

Noël

La festividad de la Navidad empieza en Nochebuena con el *réveillon* que se celebra tradicionalmente comiendo pavo con castañas (además de productos selectos como *foie gras*, ostras, etc.) y tomando de postre una *bûche*, pastel parecido a un brazo de gitano con crema. Antiguamente los niños colocaban sus zapatos delante de la chimenea donde encontraban, el día 25 por la mañana, los regalos que Papá Noel les había dejado. Hoy es cada día más frecuente que los regalos se entreguen en torno al árbol de Navidad la noche del 24.

nœud [nø] *nm* **1.** nudo *m* **2.** *(ruban)* lazo *m* • **nœud papillon** pajarita *f*

noir, e [nwaʀ] *adj* **1.** negro(gra) **2.** *(sombre)* oscuro(ra) ◆ **noir** *nm* **1.** negro *m* **2.** *(obscurité)* oscuridad *f* • **il fait noir dans cette pièce** esta habitación está oscura • **dans le noir** en la oscuridad ◆ **Noir, e** *nm, f* negro *m*, -gra *f*

noircir [nwaʀsiʀ] *vt & vi* ennegrecer

noisetier [nwaztje] *nm* avellano *m*

noisette [nwazɛt] *nf* avellana *f* ◇ *adj inv (yeux)* pardos • **une noisette de beurre** un poquito de mantequilla

noix [nwa] *nf* nuez *f* • **une noix de beurre** un poco de mantequilla • **noix de cajou** anacardo *m* • **noix de coco** coco *m*

nom [nɔ̃] *nm* nombre *m* • **nom commun** nombre común • **nom de famille** apellido *m* • **nom de jeune fille** apellido de soltera • **nom propre** nombre propio

nomade [nɔmad] *nmf* nómada *mf*

nombre [nɔ̃bʀ] *nm* número *m* • **un grand nombre de** un gran número de

nombreux, euse [nɔ̃bʀø, øz] *adj* numeroso(sa) • **peu nombreux** poco numeroso

nombril [nɔ̃bʀil] *nm* ombligo *m*

nommer [nɔme] *vt* nombrar ◆ **se nommer** *vp* llamarse

non [nɔ̃] *adv* no • **non ?** *(exprime la surprise)* ¿no? • **non plus** tampoco • **non seulement..., mais...** no sólo..., sino...

nonante [nɔnɑ̃t] *num (Belg & Helv)* noventa

nonchalant, e [nɔ̃ʃalɑ̃, ɑ̃t] *adj* indolente

non-fumeur, euse [nɔ̃fymœʀ, øz] *nm, f* no fumador *m*, -ra *f*

nord [nɔʀ] *adj inv & nm* norte • **au nord (de)** al norte (de) • **le Nord** *(région)* el Norte

nord-américain, e [nɔʀameʀikɛ̃, ɛn] *(mpl* **nord-américains**, *fpl* **nord-américaines**) *adj* norteamericano(na) ◆ **Nord-Américain, e** *nm, f* norteamericano *m*, -na *f*

nord-est [nɔʀɛst] *adj inv* nordeste ◇ *nm* nordeste *m* • **au nord-est (de)** al nordeste (de)

nordique [nɔʀdik] *adj* **1.** nórdico(ca) **2.** *(Québec) (du Nord canadien) del norte de Canadá*

nord-ouest [nɔʀwɛst] *adj inv* noroeste ◇ *nm* noroeste *m* • **au nord-ouest (de)** al noroeste (de)

normal, e, aux [nɔʀmal, o] *adj* normal • **ce n'est pas normal** no es normal

◆ **normale** *nf* ● **la normale** *(la moyenne)* lo normal
normalement [nɔʀmalmɑ̃] *adv* normalmente
normand, e [nɔʀmɑ̃, ɑ̃d] *adj* normando(da)
Normandie [nɔʀmɑ̃di] *nf* ● **la Normandie** Normandía *f*
norme [nɔʀm] *nf* norma *f*
Norvège [nɔʀvɛʒ] *nf* ● **la Norvège** Noruega *f*
norvégien, enne [nɔʀveʒjɛ̃, ɛn] *adj* noruego(ga) ◆ **norvégien** *nm (langue)* noruego *m* ◆ **Norvégien, enne** *nm, f* noruego *m*, -ga *f*
nos ➤ **notre**
nosocomial, e [nɔzɔkɔmjal] *(mpl* **-aux** [o]) *adj* ● **infection/maladie nosocomiale** infección/enfermedad nosocomial
nostalgie [nɔstalʒi] *nf* nostalgia *f* ● **avoir la nostalgie de** tener nostalgia de
notable [nɔtabl] *adj & nm (sensible)* notable
notaire [nɔtɛʀ] *nm* notario *m*, -ria *f*
notamment [nɔtamɑ̃] *adv* particularmente
note [nɔt] *nf* nota *f* ● **prendre des notes** tomar apuntes ● **note de frais** nota de gastos
noter [nɔte] *vt* **1.** *(écrire)* anotar **2.** *(élève, devoir)* calificar **3.** *(remarquer)* señalar
notice [nɔtis] *nf (mode d'emploi)* instrucciones *fpl* (de uso)
notion [nɔsjɔ̃] *nf* noción *f* ● **avoir des notions de** tener nociones de
notoriété [nɔtɔʀjete] *nf* notoriedad *f*
notre [nɔtʀ] *(pl* **nos** [no]) *adj* nuestro(tra) ● **notre maison** nuestra casa
nôtre [notʀ] ◆ **le nôtre, la nôtre** [lənotʀ, lanotʀ] *(pl* **les nôtres** [lenotr]) *pron* el nuestro (la nuestra)
nouer [nwe] *vt* **1.** *(cravate)* anudar **2.** *(lacet, cheveux)* atar
nougat [nuga] *nm* ≃ turrón *m*
nougatine [nugatin] *nf hoja de caramelo rubio y de almendras trituradas*
nouilles [nuj] *nfpl* pasta *f*
nourrice [nuʀis] *nf (garde d'enfants)* niñera *f*
nourrir [nuʀiʀ] *vt* **1.** alimentar **2.** *(entretenir)* mantener ◆ **se nourrir (de)** *vp + prep* alimentarse (de)
nourrissant, e [nuʀisɑ̃, ɑ̃t] *adj* nutritivo(va)
nourrisson [nuʀisɔ̃] *nm* niño *m* de pecho
nourriture [nuʀityʀ] *nf* comida *f*
nous [nu] *pron* **1.** *(sujet)* nosotros(tras) **2.** *(complément)* nos ● **nous sommes sœurs** somos hermanas ● **ils nous regardent** nos miran ● **nous nous sommes parlés** nos hablamos ● **nous-mêmes** nosotros mismos
nouveau, elle [nuvo, ɛl] *(mpl* **nouveaux** [nuvo]) *(***nouvel** [nuvɛl] *devant voyelle ou h muet) adj & nm, f* nuevo(va) ● **rien de nouveau** nada nuevo ● **à** ou **de nouveau** de nuevo ● **le nouvel An** el año nuevo ◆ **nouvelle** *nf* **1.** *(information)* noticia *f* **2.** *(roman)* relato *m* ● **les nouvelles** las noticias ● **avoir des nouvelles de qqn** tener noticias de alguien
nouveau-né, e [nuvone] *(mpl* **nouveau-nés**, *fpl* **nouveau-nées**) *nm, f* recién nacido *m*, -da *f*
nouveauté [nuvote] *nf* novedad *f*

nouvel ➤ **nouveau**
nouvelle ➤ **nouveau**
Nouvelle-Calédonie [nuvɛlkaledɔni] *nf* • **la Nouvelle-Calédonie** Nueva Caledonia *f*
Nouvelle-Zélande [nuvɛlzelɑ̃d] *nf* • **la Nouvelle-Zélande** Nueva Zelanda *f*
novembre [nɔvɑ̃bʀ] *nm* noviembre • **en novembre** ou **au mois de novembre** en (el mes de) noviembre • **début novembre** a principios de noviembre • **fin novembre** a finales de noviembre • **le deux novembre** el dos de noviembre
noyade [nwajad] *nf* ahogamiento *m*
noyau, x [nwajo] *nm* **1.** *(de fruit)* hueso *m* **2.** *(petit groupe)* núcleo *m*
noyé, e [nwaje] *nm, f* ahogado *m*, -da *f*
[1]**noyer** [nwaje] *nm* nogal *m*
[2]**noyer** [nwaje] *vt* ahogar ◆ **se noyer** *vp* ahogarse
NPI [ɛnpei] (*abr de nouveaux pays industrialisés*) *nmpl* NPI *mpl (nuevos países industrializados* ou *industriales)*
nu, e [ny] *adj* **1.** *(personne)* desnudo(da) **2.** *(pièce)* vacío(a) **3.** *(arbre)* sin hojas • **pieds nus** descalzo(za) • **tout nu** en cueros • **à l'œil nu** a simple vista • **nu-tête** con la cabeza descubierta
nuage [nɥaʒ] *nm* nube *f*
nuageux, euse [nɥaʒø, øz] *adj* nublado(da)
nuance [nɥɑ̃s] *nf* matiz *m*
nucléaire [nykleɛʀ] *adj* nuclear
nudiste [nydist] *nmf* nudista *mf*
nui [nɥi] *pp* ➤ **nuire**
nuire [nɥiʀ] ◆ **nuire à** *v + prep* perjudicar a
nuisible [nɥizibl] *adj* perjudicial • **nuisible à** perjudicial para
nuit [nɥi] *nf* noche *f* • **il travaille la nuit** trabaja por la noche ou de noche • **bonne nuit !** ¡buenas noches! • **il fait nuit** es de noche • **de nuit** *(travail, poste)* nocturno(na) ; *(travailler, voyager)* de noche • **une nuit blanche** una noche en blanco
nul, nulle [nyl] *adj* **1.** pésimo(ma) **2.** *(fam) (idiot)* negado(da) • **être nul en qqch** ser negado para algo • **nulle part** en ninguna parte
numérique [nymeʀik] *adj* digital
numériser [nymeʀise] *vt* digitalizar
numéro [nymeʀo] *nm* número *m* • **numéro de compte** número de cuenta • **numéro de fax** número de fax • **numéro d'immatriculation** número de matrícula • **numéro de poste** extensión *f* • **numéro de portable/de téléphone** número de móvil/de teléfono ▾ **numéro vert** ≃ llamada *f* gratuita • **faire un faux numéro** equivocarse de número
numéroter [nymeʀɔte] *vt* numerar • **place numérotée** asiento *m* numerado
nu-pieds [nypje] *nm inv* sandalia *f*
nuque [nyk] *nf* nuca *f*
nylon [nilɔ̃] *nm* nailon *m*

*o*O

O (*abr écrite de ouest*) O *(oeste)*
oasis [ɔazis] *nf inv* oasis *m*
obéir [ɔbeiʀ] *vi* obedecer • **obéir à** obedecer a
obéissant, e [ɔbeisɑ̃, ɑ̃t] *adj* obediente

obèse [ɔbɛz] *adj* obeso(sa)
objectif, ive [ɔbʒɛktif, iv] *adj* objetivo(va) ◆ **objectif** *nm* objetivo *m*
objection [ɔbʒɛksjɔ̃] *nf* objeción *f*
objet [ɔbʒɛ] *nm* objeto *m* ● **(bureau des) objets trouvés** (oficina de) objetos perdidos ● **objets de valeur** objetos de valor ● **sans objet** *(demande)* sin objeto
obligation [ɔbligasjɔ̃] *nf* obligación *f* ● **être dans l'obligation de** estar en la obligación de a ● **obligations militaires/familiales/professionnelles** obligaciones militares/familiares/profesionales
obligatoire [ɔbligatwaʀ] *adj* obligatorio(ria)
obligé, e [ɔbliʒe] *adj* *(fam)* *(inévitable)* inevitable ● **être obligé de faire qqch** estar obligado a hacer algo
obliger [ɔbliʒe] *vt* ● **obliger qqn à faire qqch** obligar a alguien a hacer algo
oblique [ɔblik] *adj* oblicuo(cua)
oblitérer [ɔbliteʀe] *vt* **1.** *(billet)* picar **2.** *(timbre)* matar
obscène [ɔpsɛn] *adj* obsceno(na)
obscur, e [ɔpskyʀ] *adj* oscuro(ra)
obscurcir [ɔpskyʀsiʀ] ◆ **s'obscurcir** *vp* oscurecerse
obscurité [ɔpskyʀite] *nf* oscuridad *f*
obséder [ɔpsede] *vt* obsesionar
obsèques [ɔpsɛk] *nfpl* funerales *mpl* ● **assister aux obsèques de qqn** asistir a los funerales de alguien
observateur, trice [ɔpsɛʀvatœʀ, tʀis] *adj & nm, f* observador(ra)
observation [ɔpsɛʀvasjɔ̃] *nf* observación *f*
observatoire [ɔpsɛʀvatwaʀ] *nm* observatorio *m*
observer [ɔpsɛʀve] *vt* observar
obsession [ɔpsesjɔ̃] *nf* obsesión *f*
obstacle [ɔpstakl] *nm* obstáculo *m*
obstiné, e [ɔpstine] *adj* obstinado(da)
obstiner [ɔpstine] ◆ **s'obstiner** *vp* obstinarse ● **s'obstiner à faire qqch** obstinarse en hacer algo
obstruer [ɔpstʀye] *vt* obstruir
obtenir [ɔptəniʀ] *vt* obtener
obtenu, e [ɔptəny] *pp* ➤ **obtenir**
obturateur [ɔptyʀatœʀ] *nm* obturador *m*
obus [ɔby] *nm inv* obús *m*
OC (*abr écrite de ondes courtes*) OC *(ondas cortas)*
occasion [ɔkazjɔ̃] *nf* ocasión *f* ● **avoir l'occasion de** tener la ocasión de ● **à l'occasion de** con ocasión de ● **d'occasion** de segunda mano
occasionnel, elle [ɔkazjɔnɛl] *adj* ocasional
Occident [ɔksidɑ̃] *nm* ● **l'Occident** Occidente *m*
occidental, e, aux [ɔksidɑ̃tal, o] *adj* occidental
occupation [ɔkypasjɔ̃] *nf* ocupación *f*
occupé, e [ɔkype] *adj* ocupado(da) ● **ça sonne occupé** está comunicando
occuper [ɔkype] *vt* ocupar ● **ça l'occupe** eso lo entretiene ◆ **s'occuper** *vp* entretenerse ● **s'occuper de** ocuparse de ● **je m'en occupe** yo me encargo
occurrence [ɔkyʀɑ̃s] ◆ **en l'occurrence** *adv* en este caso
océan [ɔseɑ̃] *nm* océano *m*
Océanie [ɔseani] *nf* ● **l'Océanie** Oceanía *f*
ocre [ɔkʀ] *adj inv* ocre

octane [ɔktan] *nm* • **indice d'octane** índice de octanos

octante [ɔktɑ̃t] *num (Belg & Helv)* ochenta

octet [ɔktɛ] *nm INFORM* byte *m*, octeto *m*

octobre [ɔktɔbʀ] *nm* octubre • **en octobre** ou **au mois d'octobre** en (el mes de) octubre • **début octobre** a principios de octubre • **fin octobre** a finales de octubre • **le deux octobre** el dos de octubre

oculiste [ɔkylist] *nmf* oculista *mf*

odeur [ɔdœʀ] *nf* olor *m* • **bonne/mauvaise odeur** buen/mal olor

odieux, euse [ɔdjø, øz] *adj* odioso(sa)

odorat [ɔdɔʀa] *nm* olfato *m*

œil [œj] (*pl* **yeux** [jø]) *nm* ojo *m* • **à l'œil** (*fam*) por la cara • **avoir qqn à l'œil** (*fam*) no quitar ojo a alguien • **mon œil !** (*fam*) ¡y una porra!

œillet [œjɛ] *nm* **1.** *(fleur)* clavel *m* **2.** *(de chaussure)* ojete *m*

œsophage [ezɔfaʒ] *nm* esófago *m*

œuf [œf] (*pl* **œufs** [ø]) *nm* huevo *m* • **œuf à la coque** huevo pasado por agua • **œuf dur** huevo duro • **œuf de Pâques** huevo de Pascua • **œuf poché** huevo escalfado • **œuf sur le plat** huevo frito • **œufs brouillés** huevos revueltos • **œufs à la neige** *natillas y merengue con caramelo*

œuvre [œvʀ] *nf* obra *f* • **mettre qqch en œuvre** poner algo en práctica • **œuvre d'art** obra de arte

offenser [ɔfɑ̃se] *vt* ofender

offert, e [ɔfɛʀ, ɛʀt] *pp* ➤ **offrir**

office [ɔfis] *nm* **1.** *(organisme)* oficina *f* **2.** *(messe)* oficio *m* • **faire office de** hacer las veces de • **d'office** de oficio • **office du tourisme** oficina de turismo

officiel, elle [ɔfisjɛl] *adj* oficial

officiellement [ɔfisjɛlmɑ̃] *adv* oficialmente

officier [ɔfisje] *nm* oficial *m*

offre [ɔfʀ] *nf* oferta *f* ▾ **offre spéciale** oferta especial • **offres d'emploi** ofertas de empleo

offrir [ɔfʀiʀ] *vt* • **offrir qqch à qqn** *(mettre à sa disposition)* ofrecer algo a alguien ; *(en cadeau)* regalar algo a alguien • **offrir (à qqn) de faire qqch** ofrecerse (a alguien) a hacer algo ♦ **s'offrir** *vp* regalarse

OGM [ɔʒeɛm] (*abr de organisme génétiquement modifié*) *nm* OGM *m (organismo genéticamente modificado)*

oie [wa] *nf* oca *f*

oignon [ɔɲɔ̃] *nm* **1.** *(légume)* cebolla *f* **2.** *(de fleur)* bulbo *m* • **petits oignons** cebolletas *fpl*

oiseau, x [wazo] *nm* pájaro *m*

OK [ɔkɛ] *interj* ¡vale!

ola [ɔla] *nf* • **faire la ola** hacer la ola

olive [ɔliv] *nf* aceituna *f* • **olive noire/verte** aceituna negra/verde

olivier [ɔlivje] *nm* olivo *m*

olympique [ɔlɛ̃pik] *adj* olímpico(ca)

omble-chevalier [ɔ̃bləʃəvalje] *nm* *pescado de carne muy fina del lago Lemán*

ombragé, e [ɔ̃bʀaʒe] *adj* umbrío(a)

ombre [ɔ̃bʀ] *nf* sombra *f* • **à l'ombre (de)** a la sombra (de) • **ombre chinoise** sombra chinesca • **ombre à paupières** sombra de ojos

ombrelle [ɔ̃bʀɛl] *nf* sombrilla *f*

OMC [ɔɛmse] (*abr de Organisation mondiale du commerce*) *nf* OMC *f* (*Organización Mundial del Comercio*)
omelette [ɔmlɛt] *nf* tortilla *f* • **omelette norvégienne** *tarta helada cubierta de una capa de merengue caliente*
omission [ɔmisjɔ̃] *nf* omisión *f*
omnibus [ɔmnibys] *adj* • **(train) omnibus** *tren con parada en todas las estaciones*
omoplate [ɔmɔplat] *nf* omoplato *m*
on [ɔ̃] *pron* • **on m'appelle** alguien me está llamando • **on m'a dit que...** me han dicho que... • **on dit que...** dicen que... • **comment écrit-on " zorro " ?** ¿cómo se escribe "zorro"? • **on ne sait jamais** nunca se sabe • **on s'en va** nos vamos • **on frappe** están llamando a la puerta
oncle [ɔ̃kl] *nm* tío *m*
onctueux, euse [ɔ̃ktɥø, øz] *adj* untuoso(sa)
onde [ɔ̃d] *nf* onda *f* • **grandes ondes** onda larga • **ondes courtes/moyennes** onda corta/media
ondulé, e [ɔ̃dyle] *adj* ondulado(da)
ongle [ɔ̃gl] *nm* uña *f*
ont [ɔ̃] ➤ **avoir**
ONU [ɔny] *nf* (*abr de Organisation des Nations unies*) ONU *f* (*Organización de las Naciones Unidas*)
onze [ɔ̃z] *adj num & pron num* once ◇ *nm* once *m* • **il a onze ans** tiene once años • **il est onze heures** son las once • **le onze janvier** el once de enero • **page onze** página once • **ils étaient onze** eran once • **(au) onze rue Lepic** (en la) calle Lepic número once
onzième [ɔ̃zjɛm] *adj num & pron num* undécimo(ma) ◇ *nm* **1.** (*fraction*) undécima parte *f* **2.** (*étage*) undécimo *m* (piso) **3.** (*arrondissement*) distrito *m* once ou undécimo
opaque [ɔpak] *adj* opaco(ca)
opéra [ɔpeʀa] *nm* ópera *f*
opérateur, trice [ɔpeʀatœʀ, tʀis] *nm, f* (*au téléphone*) operador *m*, -ra *f* • **opérateur téléphonique** (*fournisseur*) operador telefónico
opération [ɔpeʀasjɔ̃] *nf* operación *f*
opérer [ɔpeʀe] *vt* operar ◇ *vi* obrar • **se faire opérer (de)** operarse (de)
opérette [ɔpeʀɛt] *nf* opereta *f*
ophtalmologiste [ɔftalmɔlɔʒist] *nmf* oftalmólogo *m*, -ga *f*
opinion [ɔpinjɔ̃] *nf* opinión *f* • **l'opinion (publique)** la opinión (pública)
opportun, e [ɔpɔʀtœ̃, yn] *adj* oportuno(na)
opportuniste [ɔpɔʀtynist] *adj* oportunista
opposé, e [ɔpoze] *adj* **1.** (*inverse*) opuesto(ta) **2.** (*d'en face*) de enfrente • **opposé à** (*inverse*) opuesto a ; (*hostile à*) contrario a ◆ **opposé** *nm* • **l'opposé** lo contrario • **à l'opposé de** (*du côté opposé à*) en el lado opuesto de ; (*contrairement à*) al contrario de
opposer [ɔpoze] *vt* **1.** (*argument, résistance*) oponer **2.** (*personnes, équipes*) enfrentar ◆ **s'opposer** *vp* (*s'affronter*) oponerse • **s'opposer à** oponerse a
opposition [ɔpozisjɔ̃] *nf* oposición *f* • **faire opposition** (*à un chèque, sur une carte bancaire*) bloquear la cuenta

• **les membres de l'opposition** *POL* los miembros de la oposición
oppresser [ɔpʀese] *vt* oprimir
oppression [ɔpʀesjɔ̃] *nf* opresión *f*
opprimer [ɔpʀime] *vt* oprimir
opticien, enne [ɔptisjɛ̃, ɛn] *nm, f* óptico *m*, -ca *f*
optimisme [ɔptimism] *nm* optimismo *m*
optimiste [ɔptimist] *adj & nmf* optimista
option [ɔpsjɔ̃] *nf* opción *f* • **en option** *(accessoire)* opcional • **être en option** ser opcional
optionnel, elle [ɔpsjɔnɛl] *adj (matière)* optativo(va)
optique [ɔptik] *adj* óptico(ca) ◇ *nf* óptica *f*
[1]**or** [ɔʀ] *conj* ahora bien
[2]**or** [ɔʀ] *nm* oro *m* • **en or** de oro
orage [ɔʀaʒ] *nm* tormenta *f*
orageux, euse [ɔʀaʒø, øz] *adj* tormentoso(sa)
oral, e, aux [ɔʀal, o] *adj* oral ▼ **voie orale** vía oral ♦ **oral** *nm* oral *m* • **par oral** oralmente • **il a été reçu à l'oral** ha aprobado el examen oral
orange [ɔʀɑ̃ʒ] *adj inv* naranja ◇ *nm* naranja *m* ◇ *nf* naranja *f* • **orange pressée** zumo *m* de naranja natural
orangeade [ɔʀɑ̃ʒad] *nf* naranjada *f*
oranger [ɔʀɑ̃ʒe] *nm* naranjo *m* ➤ **fleur**
orbite [ɔʀbit] *nf* órbita *f*
orchestre [ɔʀkɛstʀ] *nm* **1.** orquesta *f* **2.** *(au théâtre)* patio *m* de butacas
orchidée [ɔʀkide] *nf* orquídea *f*
ordinaire [ɔʀdinɛʀ] *adj* **1.** *(normal)* ordinario(ria) **2.** *(banal)* corriente ◇ *nm (essence)* normal *f* • **sortir de l'ordinaire** salirse de lo corriente • **d'ordinaire** normalmente
ordinateur [ɔʀdinatœʀ] *nm* ordenador *m*, computadora *f* *(Amér)* • **ordinateur de poche** palmtop *m*, ordenador de bolsillo • **ordinateur portable** ordenador portátil
ordonnance [ɔʀdɔnɑ̃s] *nf (médicale)* receta *f* ▼ **sur ordonnance** con receta médica
ordonné, e [ɔʀdɔne] *adj* ordenado(da)
ordonner [ɔʀdɔne] *vt* ordenar • **ordonner à qqn de faire qqch** ordenar a alguien que haga algo
ordre [ɔʀdʀ] *nm* **1.** *(commandement, organisation)* orden *f* **2.** *(enchaînement)* orden *m* • **donner l'ordre de** dar la orden de • **à l'ordre de** a la orden de • **jusqu'à nouvel ordre** hasta nueva orden • **en ordre** en orden • **mettre de l'ordre dans** poner orden en • **dans l'ordre** en orden • **ordre alphabétique** orden alfabético
ordures [ɔʀdyʀ] *nfpl* basura *f*
oreille [ɔʀɛj] *nf* oreja *f*
oreiller [ɔʀɛje] *nm* almohada *f*
oreillons [ɔʀɛjɔ̃] *nmpl* paperas *fpl*
organe [ɔʀgan] *nm* órgano *m*
organisateur, trice [ɔʀganizatœʀ, tʀis] *nm, f* organizador *m*, -ra *f*
organisation [ɔʀganizasjɔ̃] *nf* organización *f*
organisé, e [ɔʀganize] *adj* organizado(da)
organiser [ɔʀganize] *vt* organizar ♦ **s'organiser** *vp* organizarse
organisme [ɔʀganism] *nm* organismo *m*
orge [ɔʀʒ] *nf* ➤ **sucre**

orgue [ɔʀg] *nm* órgano *m* • **orgue de Barbarie** organillo *m*
orgueil [ɔʀgœj] *nm* orgullo *m*
orgueilleux, euse [ɔʀgœjø, øz] *adj* orgulloso(sa)
Orient [ɔʀjɑ̃] *nm* • **l'Orient** Oriente *m*
oriental, e, aux [ɔʀjɑ̃tal, o] *adj* oriental
orientation [ɔʀjɑ̃tasjɔ̃] *nf* orientación *f*
orienter [ɔʀjɑ̃te] *vt* orientar ◆ **s'orienter** *vp* orientarse • **s'orienter vers** orientarse hacia
orifice [ɔʀifis] *nm* orificio *m*
originaire [ɔʀiʒinɛʀ] *adj* • **originaire de** natural de
original, e, aux [ɔʀiʒinal, o] *adj* original ◇ *nm, f* original *mf* ◆ **original** *nm* original *m*
originalité [ɔʀiʒinalite] *nf* originalidad *f*
origine [ɔʀiʒin] *nf* origen *m* • **être à l'origine de** ser la causa de • **à l'origine** al principio • **d'origine** de origen
ORL [ɔɛʀɛl] *nmf* (*abr de oto-rhino-laryngologiste*) otorrino *mf*
ornement [ɔʀnəmɑ̃] *nm* ornamento *m*
orner [ɔʀne] *vt* adornar • **orner qqch de** adornar algo con ou de
ornière [ɔʀnjɛʀ] *nf* rodada *f*
orphelin, e [ɔʀfəlɛ̃, in] *nm, f* huérfano *m*, -na *f*
orphelinat [ɔʀfəlina] *nm* orfanato *m*
Orsay [ɔʀsɛ] *n* • **le musée d'Orsay** *museo parisino dedicado al arte del siglo diecinueve*
orteil [ɔʀtɛj] *nm* dedo *m* del pie • **gros orteil** dedo gordo del pie
orthographe [ɔʀtɔgʀaf] *nf* ortografía *f*
orthophoniste [ɔʀtɔfɔnist] *nmf* ortofonista *mf*
ortie [ɔʀti] *nf* ortiga *f*
os ([ɔs], *pl* [o]) *nm* hueso *m*
osciller [ɔsile] *vi* oscilar
osé, e [oze] *adj* atrevido(da)
oseille [ozɛj] *nf* acedera *f*
oser [oze] *vt* atreverse • **oser faire qqch** atreverse a hacer algo
osier [ozje] *nm* mimbre *m*
osselets [ɔslɛ] *nmpl (jeu)* taba *f*
otage [ɔtaʒ] *nm* rehén *m* • **prendre en otage** tomar como rehén
otarie [ɔtaʀi] *nf* león *m* marino
ôter [ote] *vt* quitar • **ôter qqch à qqn** quitar algo a alguien • **3 ôté de 10 égale 7** 10 menos 3 igual a 7
otite [ɔtit] *nf* otitis *f*
oto-rhino(-laryngologiste), s [ɔtɔʀinɔ(laʀɛ̃gɔlɔʒist)] *nmf* otorrino(laringólogo) *m*, otorrino(laringóloga) *f*
ou [u] *conj* o *(u delante de o)* • **c'est l'un ou l'autre** uno u otro • **ou bien** o bien • **ou... ou** o... o
où [u] *adv (pour interroger – sans mouvement)* dónde • **où habitez-vous ?** ¿dónde vive usted? • **d'où êtes-vous ?** ¿de dónde es usted? • **par où faut-il passer ?** ¿por dónde hay que pasar? ; *(– avec mouvement)* adónde • **où allez-vous ?** ¿adónde va usted?
◇ *pron*
1. *(spatial – sans mouvement)* donde • **le village où j'habite** el pueblo donde vivo • **le pays d'où je viens** el país de donde vengo • **la ville par où nous venons de passer** la ciudad por la que acabamos de pasar ; *(– avec mouvement)* adonde • **les endroits où nous sommes allés** los sitios adonde hemos ido

2. *(temporel)* (en) que • **le jour où** el día (en) que • **juste au moment où** justo en el momento en que
ouate [wat] *nf* guata *f*
oubli [ubli] *nm* olvido *m*
oublier [ublije] *vt* olvidar • **oublier de faire qqch** olvidar hacer algo
oubliettes [ublijɛt] *nfpl* mazmorra *f*
ouest [wɛst] *adj inv* oeste ◇ *nm* oeste *m* • **à l'ouest (de)** al oeste (de) • **l'Ouest** el Oeste
ouf [uf] *interj* ¡uf!
oui [wi] *adv* sí
ouïe [wi] *nf* oído *m* ◆ **ouïes** *nfpl (de poisson)* agallas *fpl*
ouragan [uʀagɑ̃] *nm* huracán *m*
ourlet [uʀlɛ] *nm* dobladillo *m*
ours [uʀs] *nm* oso *m* • **ours en peluche** oso de peluche
oursin [uʀsɛ̃] *nm* erizo *m* de mar
outil [uti] *nm* herramienta *f* • **boîte** ou **caisse à outils** caja *f* de herramientas ◆ **outils** *nmpl INFORM* herramientas *fpl*
outillage [utijaʒ] *nm* herramientas *fpl*
outre [utʀ] *prép* además de • **en outre** además • **outre mesure** desmesuradamente
outré, e [utʀe] *adj* indignado(da)
outre-mer [utʀəmɛʀ] *adv* en ultramar
ouvert, e [uvɛʀ, ɛʀt] *pp* ➤ **ouvrir** ◇ *adj* abierto(ta) ▼ **ouvert le lundi** abierto los lunes
ouvertement [uvɛʀtəmɑ̃] *adv* abiertamente
ouverture [uvɛʀtyʀ] *nf* **1.** apertura *f* **2.** *(porte, fenêtre)* vano *m*
ouvrable [uvʀabl] *adj* ➤ **jour**
ouvrage [uvʀaʒ] *nm* obra *f*
ouvre-boîtes [uvʀəbwat] *nm inv* abrelatas *m inv*
ouvre-bouteilles [uvʀəbutɛj] *nm inv* abrebotellas *m inv*
ouvreur, euse [uvʀœʀ, øz] *nm, f (au cinéma, au théâtre)* acomodador *m*, -ra *f*
ouvrier, ère [uvʀije, ɛʀ] *adj & nm, f* obrero(ra)
ouvrir [uvʀiʀ] *vt & vi* abrir ◆ **s'ouvrir** *vp* abrirse
ovale [ɔval] *adj* oval
oxyder [ɔkside] ◆ **s'oxyder** *vp* oxidarse
oxygène [ɔksiʒɛn] *nm* oxígeno *m*
oxygénée [ɔksiʒene] *adj f* ➤ **eau**
ozone [ozɔn] *nm* ozono *m* • **couche d'ozone** capa *f* de ozono

pP

pacifique [pasifik] *adj* pacífico(ca) • **l'océan Pacifique** ou **le Pacifique** el (océano) Pacífico
pack [pak] *nm (de bouteilles)* pack *m*
PACS [paks] *(abr de Pacte civil de solidarité) nm pacto que pretende la igualdad de las parejas de hecho con las parejas casadas*
pacsé, e [pakse] *(fam) nm, f persona que ha suscrito un PACS*
pacser [pakse] ◆ **se pacser** *vp suscribir un PACS*
pacte [pakt] *nm* pacto *m*
paella [paela] *nf* paella *f*
pagayer [pageje] *vi* remar con zagual

page [paʒ] *nf* página *f* • **page d'accueil** *INFORM* página de inicio • **page web** *INFORM* página web • **page de garde** guarda *f* • **les pages jaunes** las páginas amarillas
paie [pɛ] = **paye**
paiement [pemɑ̃] *nm* pago *m*
paillasson [pajasɔ̃] *nm* felpudo *m*
paille [paj] *nf* paja *f*
paillette [pajɛt] *nf (de costume)* lentejuela *f*
pain [pɛ̃] *nm* pan *m* • **pain au chocolat** napolitana *f* de chocolate • **pain complet** pan integral • **pain doré** (*Québec*) torrija *f* • **pain d'épice(s)** ≃ alajú *m* • **pain de mie** pan de molde • **pain perdu** ≃ torrija *f* • **pain aux raisins** caracola *f* con pasas

Le pain

Desde un punto de vista cultural, el pan es indisociable de la gastronomía francesa. El de consumo más corriente se elabora a base de harina de trigo pero existe más de una treintena de tipos: los panes artesanos, los panes especiales que contienen cereales o germen de trigo, los panes fantasía a los que se añaden nueces, castañas, aceitunas, etc. Se presentan bajo una gran variedad de formas: *baguette* (barra tradicional), *ficelle* (barra larga y fina), *bâtard* (pan de 400 gramos), *miche* (hogaza) y *épi* (en forma de espiga), entre otras.

pair, e [pɛʀ] *adj* par ♦ **pair** *nm* igual *m* • **jeune fille au pair** chica *f* au pair
paire [pɛʀ] *nf* par *m*
paisible [pezibl] *adj* apacible
paître [pɛtʀ] *vi* pacer
paix [pɛ] *nf* paz *f* • **avoir la paix** estar tranquilo(la)
Pakistan [pakistɑ̃] *nm* • **le Pakistan** Pakistán *m*
pakistanais, e [pakistanɛ, ɛz] *adj* paquistaní ♦ **Pakistanais, e** *nm, f* paquistaní *mf*
palace [palas] *nm* hotel *m* de lujo
palais [palɛ] *nm* **1.** *(résidence)* palacio *m* **2.** *ANAT* paladar *m* • **Palais de Justice** Palacio de Justicia
pâle [pal] *adj* pálido(da)
Palestine [palɛstin] *nf* • **la Palestine** Palestina *f*
palestinien, enne [palɛstinjɛ̃, ɛn] *adj* palestino(na) ♦ **Palestinien, enne** *nm, f* palestino *m*, -na *f*
palette [palɛt] *nf* **1.** *(de peintre)* paleta *f* **2.** *(viande)* paletilla *f*
palier [palje] *nm (d'escalier)* rellano *m*
pâlir [paliʀ] *vi* palidecer
palissade [palisad] *nf* empalizada *f*
palmarès [palmaʀɛs] *nm* palmarés *m*
palme [palm] *nf (de plongée)* aleta *f*
palmé, e [palme] *adj* palmeado(da)
palmier [palmje] *nm* palmera *f*
palourde [paluʀd] *nf* almeja *f*
palper [palpe] *vt* palpar
palpitant, e [palpitɑ̃, ɑ̃t] *adj* palpitante
palpiter [palpite] *vi* palpitar
Pampelune [pɑ̃plyn] *n* Pamplona
pamplemousse [pɑ̃pləmus] *nm* pomelo *m*
pan [pɑ̃] *nm* **1.** *(de mur)* lienzo *m* de pared **2.** *(de chemise)* faldón *m*

panaché [panaʃe] *nm* • **(demi) panaché** (caña de) clara *f*
panaris [panaʀi] *nm* panadizo *m*
pan-bagnat [pɑ̃baɲa] (*pl* **pans-bagnats**) *nm bocadillo con lechuga, tomates, anchoas, huevo duro, atún y aceite de oliva*
pancarte [pɑ̃kaʀt] *nf* letrero *m*
pané, e [pane] *adj* empanado(da)
panier [panje] *nm* **1.** cesta *f* **2.** (*de basket, point*) canasta *f* • **panier à provisions** cesta de la compra
panier-repas [panjeʀəpa] (*pl* **paniers-repas**) *nm* cesta *f* de picnic
panini [panini] (*pl* **paninis**) *nm* panini *m*
panique [panik] *nf* pánico *m*
paniquer [panike] *vt* aterrorizar ◇ *vi* entrarle a uno el pánico
panne [pan] *nf* avería *f* • **être en panne** estar averiado(da) • **tomber en panne** tener una avería ▾ **en panne** averiado • **panne d'électricité** ou **de courant** apagón *m* • **avoir une panne d'essence** quedarse sin gasolina
panneau, x [pano] *nm* **1.** (*d'indication*) panel *m* (indicador) **2.** (*de bois, de verre*) tablero *m* • **panneau d'affichage** tablón *m* de anuncios • **panneau de signalisation** señal *f* de tráfico
panoplie [panɔpli] *nf* (*déguisement*) disfraz *m* (*de niño*)
panorama [panɔʀama] *nm* panorama *m*
pansement [pɑ̃smɑ̃] *nm* venda *f* • **pansement adhésif** tirita® *f*
pantacourt [pɑ̃takuʀ] *nm* pantalón *m* pirata
pantalon [pɑ̃talɔ̃] *nm* pantalón *m*
panthère [pɑ̃tɛʀ] *nf* pantera *f*
pantin [pɑ̃tɛ̃] *nm* marioneta *f*
pantoufle [pɑ̃tufl] *nf* zapatilla *f*
PAO [peao] (*abr de publication assistée par ordinateur*) *nf* autoedición *f*
paon [pɑ̃] *nm* pavo *m* real
papa [papa] *nm* papá *m*
pape [pap] *nm* papa *m*
papet [papɛ] *nm* • **papet vaudois** *guiso preparado a base de puerros y patatas acompañado de salchichas con coles e hígado de cerdo, típico del cantón de Vaud en Suiza*
papeterie [papɛtʀi] *nf* (*magasin*) papelería *f*
papi [papi] *nm* abuelito *m*
papier [papje] *nm* papel *m* • **papier aluminium** papel de aluminio ou de plata • **papier cadeau** papel de regalo • **papier d'emballage** papel de embalar • **papier hygiénique** ou **toilette** papel higiénico • **papier à lettre** papel de cartas • **papier peint** papel pintado • **papier de verre** papel de lija • **papiers (d'identité)** papeles, documentación *f* • **papier à en-tête** papel con membrete
papillon [papijɔ̃] *nm* mariposa *f* • **(brasse) papillon** mariposa *f*
papillote [papijɔt] *nf* • **en papillote** a la papillote
papoter [papɔte] *vi* (*fam*) estar de cháchara
paquebot [pakbo] *nm* paquebote *m*
pâquerette [pakʀɛt] *nf* margarita *f*
Pâques [pak] *nm* Semana *f* Santa
paquet [pakɛ] *nm* **1.** paquete *m* **2.** (*de cartes*) baraja *f* • **paquet-cadeau** paquete para regalo

par [paʀ] *prép*
1. *(à travers)* por • **passer par** pasar por • **regarder par la fenêtre** mirar por la ventana
2. *(indique le moyen)* • **envoyer qqch par la poste** enviar algo por correo • **par correspondance** por correspondencia
3. *(introduit l'agent)* por • **le logiciel est protégé par un code** el programa está protegido por un código
4. *(introduit la cause)* por • **faire qqch par intérêt/amitié** hacer algo por interés/amistad
5. *(distributif)* • **deux comprimés par jour** dos comprimidos al día • **20 euros par personne** 20 euros por persona • **deux par deux** de dos en dos
6. *(dans des expressions)* • **par moments** a veces • **par-ci par-là** por aquí por allá
parabolique [paʀabɔlik] *adj* ➤ antenne
paracétamol [paʀasetamɔl] *nm* paracetamol *m*
parachute [paʀaʃyt] *nm* paracaídas *m inv*
parade [paʀad] *nf (défilé)* desfile *m*
paradis [paʀadi] *nm* paraíso *m* • **paradis fiscal** paraíso fiscal
paradoxal, e, aux [paʀadɔksal, o] *adj* paradójico(ca)
paradoxe [paʀadɔks] *nm* paradoja *f*
parages [paʀaʒ] *nmpl* • **dans les parages** en los alrededores
paragraphe [paʀagʀaf] *nm* párrafo *m*
Paraguay [paʀagwɛ] *nm* • **le Paraguay** Paraguay *m*
paraguayen, enne [paʀagwejɛ̃, ɛn] *adj* paraguayo(ya) ♦ **Paraguayen, enne** *nm, f* paraguayo *m*, -ya *f*
paraître [paʀɛtʀ] *vi* **1.** *(sembler)* parecer **2.** *(apparaître, être publié)* aparecer • **il paraît que** parece que
parallèle [paʀalɛl] *adj* paralelo(la) ◇ *nm* paralelo *m* • **parallèle à** paralelo a
paralyser [paʀalize] *vt* paralizar
paralysie [paʀalizi] *nf* parálisis *f inv*
parapente [paʀapɑ̃t] *nm* parapente *m* • **faire du parapente** hacer parapente
parapet [paʀapɛ] *nm* parapeto *m*
parapluie [paʀaplɥi] *nm* paraguas *m inv*
parasite [paʀazit] *nm* parásito *m* ♦ **parasites** *nmpl (perturbation)* parásitos *mpl*
parasol [paʀasɔl] *nm* sombrilla *f*
paratonnerre [paʀatɔnɛʀ] *nm* pararrayos *m inv*
paravent [paʀavɑ̃] *nm* biombo *m*
parc [paʀk] *nm* parque *m* • **parc d'attractions** parque de atracciones • **parc de stationnement** aparcamiento *m* • **parc zoologique** parque zoológico • **le Parc des Princes** *estadio deportivo de París que recibe a los equipos de fútbol franceses y también a los de rugby*
parce que [paʀsk(ə)] *conj* porque
parchemin [paʀʃəmɛ̃] *nm* pergamino *m*
parcmètre [paʀkmɛtʀ] *nm* parquímetro *m*
parcourir [paʀkuʀiʀ] *vt* **1.** recorrer **2.** *(livre, article)* hojear
parcours [paʀkuʀ] *nm* recorrido *m*
parcouru, e [paʀkuʀy] *pp* ➤ parcourir
par-derrière [paʀdɛʀjɛʀ] *adv* por detrás ◇ *prép* tras
par-dessous [paʀdəsu] *adv* por debajo ◇ *prép* bajo
pardessus [paʀdəsy] *nm* sobretodo *m*

par-dessus [paʀdəsy] *adv* por encima ◇ *prép* sobre
par-devant [paʀdəvɑ̃] *adv* por delante ◇ *prép* ante
pardon [paʀdɔ̃] *nm* ● **demander pardon à qqn** pedir perdón a alguien ● **pardon !** *(pour s'excuser)* ¡perdón! ; *(pour appeler)* perdone
pardonner [paʀdɔne] *vt* perdonar ● **pardonner (qqch) à qqn** perdonar (algo) a alguien
pare-brise [paʀbʀiz] *nm inv* parabrisas *m inv*
pare-chocs [paʀʃɔk] *nm inv* parachoques *m inv*
pare-feu [paʀfø] *nm inv* cortafuego *m*
pareil, eille [paʀɛj] *adj* igual ◇ *adv (fam)* igual ● **une somme pareille** semejante suma ● **l'un ou l'autre, pour moi c'est pareil** uno u otro, me da igual
parent, e [paʀɑ̃, ɑ̃t] *nm, f* familiar *m* ● **les parents** los padres
parenthèse [paʀɑ̃tɛz] *nf* paréntesis *m inv* ● **entre parenthèses** entre paréntesis
parer [paʀe] *vt (éviter)* evitar
paresse [paʀɛs] *nf* pereza *f*
paresseux, euse [paʀɛsø, øz] *adj & nm, f* perezoso(sa)
parfait, e [paʀfɛ, ɛt] *adj* perfecto(ta) ◆ **parfait** *nm postre hecho a base de nata, generalmente con sabor a café*
parfaitement [paʀfɛtmɑ̃] *adv* **1.** *(très bien)* perfectamente **2.** *(en réponse)* desde luego
parfois [paʀfwa] *adv* a veces
parfum [paʀfœ̃] *nm* **1.** *(odeur)* olor *m* **2.** *(de toilette)* perfume *m* **3.** *(de glace)* sabor *m*
parfumé, e [paʀfyme] *adj* perfumado(da)
parfumer [paʀfyme] *vt* perfumar ● **parfumé au citron** con sabor a limón ◆ **se parfumer** *vp* perfumarse
parfumerie [paʀfymʀi] *nf* perfumería *f*
pari [paʀi] *nm* apuesta *f* ● **faire un pari** hacer una apuesta
parier [paʀje] *vt* apostar ● **je (te) parie que...** (te) apuesto que... ● **parier sur** apostar por
Paris [paʀi] *n* París
paris-brest [paʀibʀɛst] *nm inv pastel relleno de crema caramelizada y recubierto de almendras ralladas*
parisien, enne [paʀizjɛ̃, ɛn] *adj* parisiense ◆ **Parisien, enne** *nm, f* parisiense *mf*
parka [paʀka] *nm* ou *nf* parka *f*
parking [paʀkiŋ] *nm* parking *m*
parlante [paʀlɑ̃t] *adj f* ➤ **horloge**
parlement [paʀləmɑ̃] *nm* parlamento *m* ● **le Parlement européen** el Parlamento Europeo
parler [paʀle] *vt & vi* hablar ● **parler à qqn/de qqch** hablar a alguien/de algo
parmesan [paʀməzɑ̃] *nm* parmesano *m*
parmi [paʀmi] *prép* entre
parodie [paʀɔdi] *nf* parodia *f*
paroi [paʀwa] *nf* pared *f*
paroisse [paʀwas] *nf* parroquia *f*
parole [paʀɔl] *nf* palabra *f* ● **adresser la parole à qqn** dirigir la palabra a alguien ● **couper la parole à qqn** quitarle la palabra a alguien ● **prendre la parole** tomar la palabra ◆ **paroles** *nfpl (d'une chanson)* letra *f*
parquet [paʀkɛ] *nm (plancher)* parquet *m*

parrain [paʀɛ̃] *nm* padrino *m*
parrainer [paʀene] *vt* patrocinar
parsemer [paʀsəme] *vt* ● **parsemer une allée de fleurs** recubrir un camino de flores
part [paʀ] *nf* **1.** *(de gâteau)* pedazo *m* **2.** *(d'un héritage)* parte *f* ● **prendre part à** participar en ● **à part** *(sauf)* aparte ● **de la part de** de parte de ● **d'une part..., d'autre part...** por una parte..., por otra... ● **autre part** en otro sitio ● **nulle part** en ningún sitio ● **quelque part** en algún sitio
partage [paʀtaʒ] *nm* reparto *m*
partager [paʀtaʒe] *vt* dividir ◆ **se partager** *vp* ● **se partager qqch** repartirse algo
partenaire [paʀtənɛʀ] *nmf* **1.** pareja *f* **2.** *(en affaires)* socio *m*, -cia *f*
parterre [paʀtɛʀ] *nm* **1.** *(de fleurs)* parterre *m* **2.** *(au théâtre)* patio *m* de butacas
parti [paʀti] *nm* partido *m* ● **prendre parti pour** tomar partido por ● **tirer parti de** sacar partido de ● **parti pris** perjuicio *m*
partial, e, aux [paʀsjal, o] *adj* parcial
participant, e [paʀtisipɑ̃, ɑ̃t] *nm, f* participante *mf*
participation [paʀtisipasjɔ̃] *nf* participación *f*
participer [paʀtisipe] ◆ **participer à** *v + prep* participar en
particularité [paʀtikylaʀite] *nf* particularidad *f*
particulier, ère [paʀtikylje, ɛʀ] *adj* particular ◆ **particulier** *nm* particular *m* ● **en particulier** *(surtout)* en particular ▼ **offre réservée aux particuliers** oferta reservada a particulares
particulièrement [paʀtikyljɛʀmɑ̃] *adv* particularmente
partie [paʀti] *nf* **1.** parte *f* **2.** *(au jeu)* partida *f* ● **en partie** en parte ● **faire partie de** formar parte de
partiel, elle [paʀsjɛl] *adj* parcial ◆ **partiel** *nm* *(examen)* parcial *m*
partiellement [paʀsjɛlmɑ̃] *adv* parcialmente
partir [paʀtiʀ] *vi* **1.** irse **2.** *(moteur)* arrancar **3.** *(coup de feu)* saltar ● **être bien/mal parti** empezar bien/mal ● **partir de** *(chemin)* empezar en ● **à partir de** a partir de
partisan, e [paʀtizɑ̃, an] *adj* ● **être partisan de (faire) qqch** ser partidario de (hacer) algo ◇ *nm, f* **1.** *(adepte)* partidario *m*, -ria *f* **2.** *POL* partidista *mf* ◆ **partisan** *nm* *(combattant)* guerrillero *m*, -ra *f*
partition [paʀtisjɔ̃] *nf MUS* partitura *f*
partout [paʀtu] *adv* en todas partes
paru, e [paʀy] *pp* ➤ **paraître**
parution [paʀysjɔ̃] *nf* publicación *f*
parvenir [paʀvəniʀ] ◆ **parvenir à** *v + prep* llegar a ● **parvenir à faire qqch** conseguir hacer algo ● **faire parvenir qqch à qqn** hacer llegar algo a alguien
parvenu, e [paʀvəny] *pp* ➤ **parvenir**
parvis [paʀvi] *nm* plaza *f* *(delante de una iglesia)*
[1]**pas** [pa] *adv*
1. *(avec "ne")* no ● **je n'aime pas les épinards** no me gustan las espinacas ● **elle ne dort pas encore** no duerme todavía ● **je n'ai pas terminé** no he terminado ● **il n'y a pas de train pour Madrid aujourd'hui** hoy no hay tren para Madrid
2. *(sans "ne")* ● **tu viens ou pas ?** ¿vienes o no? ● **elle a aimé l'exposition, moi pas** ou **pas moi** a ella le ha gustado la exposición, a mí, no ● **c'est un endroit pas**

très agréable es un sitio no muy agradable • **pas du tout** en absoluto

²pas [pa] *nm* paso *m* • **à deux pas de** a dos pasos de • **pas à pas** paso a paso • **sur le pas de la porte** en el umbral de la puerta

passable [pasabl] *adj* **1.** aceptable **2.** *SCOL* suficiente

passage [pasaʒ] *nm* **1.** paso *m* **2.** *(de livre, de film)* pasaje *m* • **être de passage** estar de paso • **passage clouté** ou **(pour) piétons** paso de cebra ou de peatones • **passage à niveau** paso a nivel • **passage protégé** cruce *m* con prioridad • **passage souterrain** paso subterráneo

passager, ère [pasaʒe, ɛʀ] *adj & nm, f* pasajero(ra) • **passager clandestin** polizón *m*

passant, e [pasɑ̃, ɑ̃t] *nm, f* transeúnte *m* ◆ **passant** *nm* **1.** *(d'une ceinture)* hebilla *f* **2.** *(d'un vêtement)* trabilla *f*

passe [pas] *nf SPORT* pase *m*

passé, e [pase] *adj* pasado(da) • **l'an passé** el año pasado ◆ **passé** *nm* pasado *m* • **passé composé** pretérito perfecto

passe-partout [paspaʀtu] *nm inv* llave *f* maestra

passe-passe [paspas] *nm inv* • **tour de passe-passe** juego *m* de manos

passeport [paspɔʀ] *nm* pasaporte *m*

passer [pase] *vi*

1. pasar • **laisser passer qqn** dejar pasar a alguien • **passer par** pasar por • **passer voir qqn** pasar a ver a alguien • **je passe en 3ᵉ année** paso a tercero • **passer en seconde** *(vitesse)* meter la segunda

2. *(à la télé, à la radio, au cinéma)* poner • **qu'est-ce qui passe au cinéma ?** ¿qué ponen en el cine? • **le film passe ce soir sur la deuxième chaîne** esta noche ponen la película en el segundo canal • **ma sœur est passée à la télé** mi hermana ha salido en la tele

3. *(disparaître)* • **ta douleur est-elle passée ?** ¿se te ha pasado el dolor?

4. *(dans des expressions)* • **passons !** *(pour changer de sujet)* ¡dejémoslo! • **en passant** de paso

◇ *vt*

1. *(temps, vacances)* pasar • **nous avons passé l'après-midi à chercher un hôtel** hemos pasado la tarde buscando un hotel • **cette année, nous passerons nos vacances en Espagne** este año pasaremos las vacaciones en España

2. *(mettre, faire passer)* pasar • **passer le bras par la portière** asomar el brazo por la puerta • **passer l'aspirateur** pasar la aspiradora • **passer un coup d'éponge** pasar la esponja

3. *(frontière, douane)* pasar

4. *(examen)* hacer • **passer un test** hacer un test • **passer son permis de conduire** examinarse del carné de conducir • **passer une visite médicale** pasar una revisión médica

5. *(film, disque)* poner • **ils passent un western au cinéma** ponen una película del Oeste en el cine

6. *(vitesse)* meter

7. *(filtrer)* colar • **passer la soupe** colar la sopa

8. *(sauter)* pasar • **passer son tour** pasar el turno • **je passe** *(au jeu)* paso

9. *(donner, transmettre)* • **passer qqch à qqn** *(objet)* pasar algo a alguien ; *(mala-*

die) pegar algo a alguien ● **je vous le passe** *(au téléphone)* se lo paso
◆ **passer pour** *v + prep* pasar por ● **se faire passer pour** hacerse pasar por
◆ **se passer** *vp*
1. *(arriver)* pasar ● **qu'est-ce qui se passe ?** ¿qué pasa?
2. *(se dérouler)* ● **se passer bien/mal** ir bien/mal
3. *(crème, eau)* ponerse ● **se passer de l'huile solaire sur les jambes** ponerse aceite solar en las piernas
◆ **se passer de** *vp + prep* prescindir de
passerelle [pasʀɛl] *nf* **1.** pasarela *f* **2.** *(sur un bateau)* puente *m* de mando
passe-temps [pastɑ̃] *nm inv* pasatiempo *m*
passible [pasibl] *adj* ● **passible de** merecedor(ra) de
passif, ive [pasif, iv] *adj* pasivo(va)
◆ **passif** *nm* **1.** *GRAMM* pasiva *f* **2.** *FIN* pasivo *m*
passion [pasjɔ̃] *nf* pasión *f*
passionnant, e [pasjɔnɑ̃, ɑ̃t] *adj* apasionante
passionné, e [pasjɔne] *adj & nm, f* apasionado(da) ● **passionné de musique** apasionado de OU por la música
passionner [pasjɔne] *vt* apasionar ◆ **se passionner pour** *vp + prep* apasionarse por
passoire [paswaʀ] *nf* colador *m*
password [paswɔʀd] *nm INFORM* contraseña *f*
pastel [pastɛl] *adj inv* pastel
pastèque [pastɛk] *nf* sandía *f*
pasteur [pastœʀ] *nm* pastor *m*
pasteurisé, e [pastœʀize] *adj* pasteurizado(da)
pastille [pastij] *nf* pastilla *f*
pastis [pastis] *nm* anís *m*
Patagonie [patagɔni] *nf* ● **la Patagonie** Patagonia *f*
patate [patat] *nf* patata *f*, papa *f* *(Amér)* ● **patates pilées** *(Québec)* puré *m* de patatas
patauger [patoʒe] *vi* chapotear
patch [patʃ] *nm MÉD* parche *m*
pâte [pɑt] *nf* masa *f* ● **pâte d'amandes** mazapán *m* ● **pâte brisée** masa *f* quebrada ● **pâte feuilletée** hojaldre *m* ● **pâte de fruits** dulce *m* de frutas ● **pâte à modeler** plastilina *f* ◆ **pâtes** *nfpl* pasta *f*
pâté [pate] *nm* **1.** *(charcuterie)* paté *m* **2.** *(tache)* borrón *m* ● **pâté chinois** *(Québec) especie de gratén de carne picada, patatas y queso cubierto con una capa de maíz* ● **pâté de maisons** manzana *f*, cuadra *f* *(Amér)* ● **pâté de sable** flan *m* de arena
pâtée [pate] *nf (pour chien)* comida *f (para perros)*
paternel, elle [patɛʀnɛl] *adj* paterno(na)
pâteux, euse [patø, øz] *adj* pastoso(sa)
patiemment [pasjamɑ̃] *adv* pacientemente
patience [pasjɑ̃s] *nf* **1.** paciencia *f* **2.** *(jeu de cartes)* solitario *m*
patient, e [pasjɑ̃, ɑ̃t] *adj & nm, f* paciente
patienter [pasjɑ̃te] *vi* esperar
patin [patɛ̃] *nm* ● **patins à glace** patines *mpl* de cuchilla ● **patins à roulettes** patines de ruedas

patinage [patinaʒ] *nm* patinaje *m* • **patinage artistique** patinaje artístico
patiner [patine] *vi* patinar
patineur, euse [patinœʀ, øz] *nm, f* patinador *m*, -ra *f*
patinoire [patinwaʀ] *nf* pista *f* de patinaje
pâtisserie [patisʀi] *nf* **1.** *(gâteau)* pastel *m* **2.** *(magasin)* pastelería *f*
pâtissier, ère [patisje, ɛʀ] *nm, f* pastelero *m*, -ra *f*
patois [patwa] *nm* habla *f* regional
patrie [patʀi] *nf* patria *f*
patrimoine [patʀimwan] *nm* patrimonio *m*
patriote [patʀijɔt] *nmf* patriota *mf*
patriotique [patʀijɔtik] *adj* patriótico(ca)
patron, onne [patʀɔ̃, ɔn] *nm, f* patrón *m*, -ona *f* ♦ **patron** *nm (modèle de vêtement)* patrón *m*
patrouille [patʀuj] *nf* patrulla *f*
patte [pat] *nf* **1.** *(d'animal)* pata *f* **2.** *(languette)* lengüeta *f* **3.** *(favori)* patilla *f*
pâturage [patyʀaʒ] *nm* pasto *m*
paume [pom] *nf* palma *f*
paumer [pome] *vt* (*fam*) perder ♦ **se paumer** *vp* (*fam*) perderse
paupière [popjɛʀ] *nf* párpado *m*
paupiette [popjɛt] *nf* *rollito de carne relleno de carne picada*
pause [poz] *nf* pausa *f* • **faire une pause** descansar un rato
pause-café [pozkafe] (*pl* **pauses-café**) *nf* pausa *f* para el café
pauvre [povʀ] *adj* & *nmf* pobre
pauvreté [povʀəte] *nf* pobreza *f*
pavé, e [pave] *adj* pavimentado(da) ♦ **pavé** *nm* adoquín *m* • **pavé numérique** *INFORM* teclado *m* numérico
pavillon [pavijɔ̃] *nm (maison individuelle)* chalé *m*
payant, e [pɛjɑ̃, ɑ̃t] *adj* de pago
paye [pɛj] *nf* paga *f*
payer [peje] *vt* pagar • **bien/mal payé** bien/mal pagado • **payer qqch à qqn** (*fam*) *(offrir)* invitar a alguien a algo
pays [pei] *nm* país *m* • **les gens du pays** *(de la région)* la gente del lugar • **de pays** *(jambon, fromage)* de la región
paysage [peizaʒ] *nm* paisaje *m*
paysan, anne [peizɑ̃, an] *nm, f* campesino *m*, -na *f*
Pays-Bas [pɛiba] *nmpl* • **les Pays-Bas** los Países Bajos
PC [pese] *nm* **1.** (*abr de Parti communiste*) *partido comunista francés* **2.** (*abr de personal computer*) PC *m*
PCV [peseve] (*abr de à percevoir*) *nm* • **appeler en PCV** llamar a cobro revertido
PDA [pedea] (*abr de Personal Digital Assistant*) *nm* PDA *m*, asistente *m* personal
PDF [pedeɛf] (*abr de Portable Document Format*) *nm* PDF *m*
P-DG [pedeʒe] *nm* (*abr de président-directeur général*) director *m* general
péage [peaʒ] *nm* peaje *m*
peau, x [po] *nf* piel *f* • **peau de chamois** gamuza *f*
pêche [pɛʃ] *nf* **1.** *(fruit)* melocotón *m* **2.** *(activité)* pesca *f* • **aller à la pêche** (**à la ligne**) ir de pesca (con caña) • **pêche en mer** pesca en alta mar • **pêche Melba** (copa) Melba *f*

péché [peʃe] *nm* pecado *m*
[1]**pêcher** [peʃe] *vt* pescar
[2]**pêcher** [peʃe] *nm* melocotonero *m*
pêcheur, euse [pɛʃœʀ, øz] *nm, f* pescador *m*, -ra *f*
pédagogie [pedagɔʒi] *nf* pedagogía *f*
pédale [pedal] *nf* pedal *m*
pédaler [pedale] *vi* pedalear
pédalier [pedalje] *nm* peladero *m*
Pédalo® [pedalo] *nm* patín *m (de pedales)*
pédant, e [pedɑ̃, ɑ̃t] *adj* pedante
pédestre [pedɛstʀ] *adj* ➤ **randonnée**
pédiatre [pedjatʀ] *nmf* pediatra *mf*
pédicure [pedikyʀ] *nmf* pedicuro *m*, -ra *f*
pedigree [pedigʀe] *nm* pedigrí *m*
pédophile [pedofil] *adj & nmf* pedófilo(la)
pédopsychiatre [pedɔpsikjatʀ] *nmf* pedopsiquiatra *mf*
peigne [pɛɲ] *nm* **1.** peine *m* **2.** *(barrette)* peineta *f*
peigner [peɲe] *vt* peinar ◆ **se peigner** *vp* peinarse
peignoir [pɛɲwaʀ] *nm* bata *f* ● **peignoir de bain** albornoz *m*
peindre [pɛ̃dʀ] *vt* pintar ● **peindre qqch en blanc** pintar algo de blanco
peine [pɛn] *nf* pena *f* ● **avoir de la peine** estar triste ● **avoir de la peine à faire qqch** costarle a uno trabajo hacer algo ● **faire de la peine à qqn** causar pena a alguien ● **ce n'est pas la peine (de)** no vale la pena ● **valoir la peine** merecer OU valer la pena ● **à peine** apenas ● **sous peine de** so pena de ● **peine de mort** pena de muerte
peiner [pene] *vi* costar trabajo
peint, e [pɛ̃, pɛ̃t] *pp* ➤ **peindre**
peintre [pɛ̃tʀ] *nm* pintor *m*, -ra *f*
peinture [pɛ̃tyʀ] *nf* pintura *f*
pelage [pəlaʒ] *nm* pelaje *m*
pêle-mêle [pɛlmɛl] *adv* en desorden
peler [pəle] *vt* pelar ◇ *vi* pelarse
pèlerinage [pɛlʀinaʒ] *nm* peregrinaje *m*
pelle [pɛl] *nf* pala *f*
pellicule [pelikyl] *nf* película *f* ◆ **pellicules** *nfpl* caspa *f*
pelote [pəlɔt] *nf* ovillo *m*
peloton [pəlɔtɔ̃] *nm (de cyclistes)* pelotón *m*
pelotonner [pəlɔtɔne] ◆ **se pelotonner** *vp* apelotonarse
pelouse [pəluz] *nf* césped *m* ▼ **pelouse interdite** prohibido pisar el césped
peluche [pəlyʃ] *nf (jouet)* peluche *m* ● **animal en peluche** animal de peluche
pelure [pəlyʀ] *nf* monda *f*
pénaliser [penalize] *vt* perjudicar
penalty [penalti] (*pl* **penaltis** OU **penalties**) *nm* penalti *m*
penchant [pɑ̃ʃɑ̃] *nm* ● **avoir un penchant pour** tener inclinación por
pencher [pɑ̃ʃe] *vt* inclinar ◇ *vi* inclinarse ● **pencher pour** inclinarse por ◆ **se pencher** *vp* inclinarse
pendant [pɑ̃dɑ̃] *prép* durante ● **pendant les vacances** durante las vacaciones ● **pendant trois jours** durante tres días ● **pendant que** mientras
pendentif [pɑ̃dɑ̃tif] *nm* colgante *m*
penderie [pɑ̃dʀi] *nf* ropero *m*
pendre [pɑ̃dʀ] *vt* **1.** *(suspendre)* colgar **2.** *(condamné)* ahorcar ◇ *vi* colgar ◆ **se pendre** *vp (se tuer)* ahorcarse
pendule [pɑ̃dyl] *nf* reloj *m* de péndulo

pénétrer [penetʀe] *vi* • **pénétrer dans** penetrar en
pénible [penibl] *adj* **1.** penoso(sa) **2.** (*fam*) (*agaçant*) pesado(da)
péniche [peniʃ] *nf* chalana *f*
pénicilline [penisilin] *nf* penicilina *f*
péninsule [penẽsyl] *nf* península *f*
pénis [penis] *nm* pene *m*
pense-bête, s [pɑ̃sbɛt] *nm* señal *f* (*recordatorio*)
pensée [pɑ̃se] *nf* pensamiento *m*
penser [pɑ̃se] *vt* & *vi* pensar • **qu'est-ce que tu en penses ?** ¿qué te parece? • **penser faire qqch** pensar hacer algo • **penser à** pensar en • **penser à faire qqch** acordarse de hacer algo
pensif, ive [pɑ̃sif, iv] *adj* pensativo(va)
pension [pɑ̃sjɔ̃] *nf* pensión *f* • **être en pension** estar en un internado • **pension complète** pensión completa • **pension de famille** casa *f* de huéspedes
pensionnaire [pɑ̃sjɔnɛʀ] *nmf* pensionista *mf*
pensionnat [pɑ̃sjɔna] *nm* internado *m*
pente [pɑ̃t] *nf* **1.** (*inclinaison*) pendiente *f* **2.** (*côte*) cuesta *f* • **en pente** empinado(da)
Pentecôte [pɑ̃tkot] *nf* Pentecostés *m*
pénurie [penyʀi] *nf* escasez *f*
pépé [pepe] *nm* abuelito *m*
pépin [pepɛ̃] *nm* **1.** pepita *f* **2.** (*fam*) (*ennui*) marrón *m*
perçant, e [pɛʀsɑ̃, ɑ̃t] *adj* penetrante
percepteur, trice [pɛʀsɛptœʀ, tʀis] *nm, f* recaudador *m*, -ra *f*
perceptible [pɛʀsɛptibl] *adj* perceptible
percer [pɛʀse] *vt* **1.** (*perforer*) taladrar **2.** (*trou, ouverture*) abrir **3.** (*mystère*) descubrir ◇ *vi* **1.** (*dent*) salir **2.** (*réussir*) despuntar
perceuse [pɛʀsøz] *nf* taladradora *f*
percevoir [pɛʀsəvwaʀ] *vt* percibir
perche [pɛʀʃ] *nf* (*tige*) pértiga *f*
percher [pɛʀʃe] ♦ **se percher** *vp* **1.** (*personne*) encaramarse **2.** (*oiseau*) posarse
perchoir [pɛʀʃwaʀ] *nm* palo *m* (*para pájaros*)
perçu, e [pɛʀsy] *pp* ➤ **percevoir**
percussions [pɛʀkysjɔ̃] *nfpl* instrumentos *mpl* de percusión
percuter [pɛʀkyte] *vt* chocar contra
perdant, e [pɛʀdɑ̃, ɑ̃t] *nm, f* perdedor *m*, -ra *f*
perdre [pɛʀdʀ] *vt* & *vi* perder • **perdre qqn de vue** perder a alguien de vista ♦ **se perdre** *vp* perderse
perdreau, x [pɛʀdʀo] *nm* perdigón *m* (*pájaro*)
perdrix [pɛʀdʀi] *nf* perdiz *f*
perdu, e [pɛʀdy] *adj* perdido(da)
père [pɛʀ] *nm* padre *m* • **le père Noël** Papá Noel
perfection [pɛʀfɛksjɔ̃] *nf* perfección *f*
perfectionné, e [pɛʀfɛksjɔne] *adj* perfeccionado(da)
perfectionnement [pɛʀfɛksjɔnmɑ̃] *nm* perfeccionamiento *m*
perfectionner [pɛʀfɛksjɔne] *vt* perfeccionar ♦ **se perfectionner** *vp* perfeccionarse
perforer [pɛʀfɔʀe] *vt* perforar
performance [pɛʀfɔʀmɑ̃s] *nf* (*d'un sportif*) resultado *m* ♦ **performances** *nfpl* (*d'un ordinateur, d'une voiture*) prestaciones *fpl*

perfusion [pɛʀfyzjɔ̃] *nf* perfusión *f* • **être sous perfusion** tener puesto el gotero
péril [peʀil] *nm* peligro *m* • **en péril** en peligro
périlleux, euse [peʀijø, øz] *adj* peligroso(sa)
périmé, e [peʀime] *adj* caducado(da)
périmètre [peʀimɛtʀ] *nm* perímetro *m*
période [peʀjɔd] *nf* periodo *m*, período *m* • **en période de vacances** en periodo de vacaciones
périodique [peʀjɔdik] *adj* periódico(ca) ◇ *nm* publicación *f* periódica
péripéties [peʀipesi] *nfpl* peripecias *fpl*
périph [peʀif] (*abr de périphérique*) (*fam*) *nm* • **le périph** la ronda de circunvalación
périphérique [peʀifeʀik] *adj* periférico(ca) ◇ *nm* INFORM periférico *m* • **le (boulevard) périphérique** la ronda de circunvalación • **périphériques de sortie** dispositivos *mpl* de salida
périr [peʀiʀ] *vi* perecer
périssable [peʀisabl] *adj* perecedero(ra)
perle [pɛʀl] *nf* perla *f*
permanence [pɛʀmanɑ̃s] *nf* **1.** (*bureau*) servicio *m* de guardia **2.** SCOL sala *f* de estudio • **en permanence** permanentemente
permanent, e [pɛʀmanɑ̃, ɑ̃t] *adj* permanente
permanente [pɛʀmanɑ̃t] *nf* permanente *f*
perméable [pɛʀmeabl] *adj* permeable
permettre [pɛʀmɛtʀ] *vt* permitir • **permettre à qqn de faire qqch** permitir a alguien hacer algo ◆ **se permettre** *vp* • **se permettre de faire qqch** permitirse hacer algo • **je ne peux pas me permettre cette dépense** no me puedo permitir este gasto
permis, e [pɛʀmi, iz] *pp* ➤ **permettre**
◆ **permis** *nm* permiso *m* • **il est permis de...** está permitido... • **permis de conduire** carné *m* de conducir • **permis de construire** licencia *f* de obras • **permis de pêche** permiso de pesca • **permis à points** carné por puntos • **permis de séjour** permiso de residencia
permission [pɛʀmisjɔ̃] *nf* permiso *m* • **demander la permission de faire qqch** pedir permiso para hacer algo
Pérou [peʀu] *nm* • **le Pérou** Perú *m*
perpendiculaire [pɛʀpɑ̃dikylɛʀ] *adj* perpendicular
perpétuel, elle [pɛʀpetɥɛl] *adj* perpetuo(tua)
perplexe [pɛʀplɛks] *adj* perplejo(ja)
perron [peʀɔ̃] *nm* escalinata *f*
perroquet [peʀɔkɛ] *nm* loro *m*
perruche [peʀyʃ] *nf* cotorra *f*
perruque [peʀyk] *nf* peluca *f*
persécuter [pɛʀsekyte] *vt* perseguir
persécution [pɛʀsekysjɔ̃] *nf* persecución *f*
persévérant, e [pɛʀseveʀɑ̃, ɑ̃t] *adj* perseverante
persévérer [pɛʀseveʀe] *vi* perseverar
persienne [pɛʀsjɛn] *nf* persiana *f*
persil [pɛʀsi] *nm* perejil *m*
persillé, e [pɛʀsije] *adj* (*avec du persil*) con perejil
persistant, e [pɛʀsistɑ̃, ɑ̃t] *adj* persistente

persister [pɛʀsiste] *vi* persistir • **persister à faire qqch** persistir en hacer algo
perso [pɛʀso] (*abr de personnel*) (*fam*) *adj* personal
personnage [pɛʀsɔnaʒ] *nm* personaje *m*
personnaliser [pɛʀsɔnalize] *vt* personalizar
personnalité [pɛʀsɔnalite] *nf* personalidad *f*
personne [pɛʀsɔn] *nf* persona *f* ◇ *pron* nadie • **personne âgée** persona mayor • **personne n'est venu** nadie vino, no vino nadie • **il n'y a personne** no hay nadie • **en personne** en persona • **par personne interposée** por terceras personas
personnel, elle [pɛʀsɔnɛl] *adj* personal ♦ **personnel** *nm* personal *m*, plantilla *f*
personnellement [pɛʀsɔnɛlmɑ̃] *adv* personalmente
personnifier [pɛʀsɔnifje] *vt* personificar
perspective [pɛʀspɛktiv] *nf* perspectiva *f*
persuader [pɛʀsɥade] *vt* persuadir • **il faut le persuader de partir** hay que convencerlo de que se vaya
persuasif, ive [pɛʀsɥazif, iv] *adj* persuasivo(va)
perte [pɛʀt] *nf* pérdida *f* • **perte de temps** pérdida de tiempo
perturbation [pɛʀtyʀbasjɔ̃] *nf* perturbación *f* • **des perturbations dans les transports** perturbaciones en los transportes
perturber [pɛʀtyʀbe] *vt* perturbar
péruvien, enne [peʀyvjɛ̃, ɛn] *adj* peruano(na) ♦ **Péruvien, enne** *nm, f* peruano *m*, -na *f*
pesant, e [pəzɑ̃, ɑ̃t] *adj* pesado(da)
pesanteur [pəzɑ̃tœʀ] *nf* (*gravité*) gravedad *f*
pèse-personne [pɛzpɛʀsɔn] *nm inv* báscula *f* de baño
peser [pəze] *vt & vi* pesar • **peser lourd** pesar mucho
pessimisme [pesimism] *nm* pesimismo *m*
pessimiste [pesimist] *adj & nmf* pesimista
peste [pɛst] *nf* peste *f*
pétale [petal] *nm* pétalo *m*
pétanque [petɑ̃k] *nf* petanca *f*
pétard [petaʀ] *nm* petardo *m*
péter [pete] *vi* **1.** tirarse pedos **2.** (*fam*) (*se casser*) escacharrarse • **il a pété les plombs** ou **un boulon** (*fam*) se le han cruzado los cables
pétillant, e [petijɑ̃, ɑ̃t] *adj* **1.** (*vin, eau*) con burbujas **2.** (*yeux*) chispeante
pétiller [petije] *vi* **1.** (*champagne*) burbujear **2.** (*yeux*) chispear
petit, e [p(ə)ti, it] *adj* **1.** pequeño(ña) **2.** (*en durée*) corto(ta) ◇ *nm, f* pequeño *m*, -ña *f* • **petit à petit** poco a poco • **petit ami** novio *m* • **petite amie** novia *f* • **petit déjeuner** desayuno *m* • **petit pain** panecillo *m* • **petit pois** guisante *m* • **petit pot** potito *m* • **petites annonces** anuncios *mpl* por palabras ♦ **petit** *nm* (*d'un animal*) cría *f*
petite-fille [p(ə)titfij] (*pl* **petites-filles**) *nf* nieta *f*
petit-fils [p(ə)tifis] (*pl* **petits-fils**) *nm* nieto *m*
petit-four [p(ə)tifuʀ] (*pl* **petits-fours**) *nm* **1.** (*salé*) canapé *m* **2.** (*sucré*) pastelito *m*

pétition [petisjɔ̃] *nf* petición *f*
petits-enfants [p(ə)tizɑ̃fɑ̃] *nmpl* nietos *mpl*
petit-suisse [p(ə)tisɥis] (*pl* **petits-suisses**) *nm* petit suisse *m*
pétrole [petʀɔl] *nm* petróleo *m*
pétrolier [petʀɔlje] *nm* petrolero *m*
peu [pø] *adv*
1. *(avec un verbe, un adverbe, un adjectif)* poco • **j'ai peu voyagé** he viajado poco • **ils sont peu nombreux** son poco numerosos • **peu après** poco después • **peu amicalement** poco amistosamente
2. *(avec un nom)* • **peu de gens** poca gente • **peu de temps** poco tiempo • **peu de livres** pocos libros
3. *(dans le temps)* poco • **sous** ou **d'ici peu** dentro de poco • **il y a peu** hace poco
4. *(dans des expressions)* • **à peu près** aproximadamente • **peu à peu** poco a poco
◇ *nm* • **un peu** un poco • **un (tout) petit peu** un poquito • **un peu de** un poco de
peuple [pœpl] *nm* pueblo *m*
peupler [pœple] *vt* poblar
peuplier [pøplije] *nm* álamo *m*
peur [pœʀ] *nf* miedo *m* • **avoir peur** tener miedo • **avoir peur de (faire) qqch** tener miedo de (hacer) algo • **faire peur (à)** asustar (a)
peureux, euse [pœʀø, øz] *adj* & *nm, f* miedoso(sa)
peut [pø] ➤ **pouvoir**
peut-être [pøtɛtʀ] *adv* quizás • **peut-être qu'elle ne viendra pas** quizás no venga • **peut-être bien** quizás
peux [pø] ➤ **pouvoir**
phalange [falɑ̃ʒ] *nf* falange *f*
pharaon [faʀaɔ̃] *nm* faraón *m*
phare [faʀ] *nm* faro *m*
pharmacie [faʀmasi] *nf* **1.** farmacia *f* **2.** *(armoire)* botiquín *m*
pharmacien, enne [faʀmasjɛ̃, ɛn] *nm, f* farmacéutico *m*, -ca *f*
phase [faz] *nf* fase *f* • **phase terminale** *MÉD* fase terminal
phénoménal, e, aux [fenɔmenal, o] *adj* fenomenal
phénomène [fenɔmɛn] *nm* fenómeno *m*
philatélie [filateli] *nf* filatelia *f*
philippin, e [filipɛ̃, in] *adj* filipino(na) ◆ **Philippin, e** *nm, f* filipino *m*, -na *f*
Philippines [filipin] *nfpl* • **les Philippines** Filipinas *fpl*
philosophe [filɔzɔf] *adj* • **être très philosophe** tomárse las cosas con filosofía ◇ *nmf* filósofo *m*, -fa *f*
philosophie [filɔzɔfi] *nf* filosofía *f*
phonétique [fɔnetik] *adj* fonético(ca)
phoque [fɔk] *nm* foca *f*
photo [fɔto] *nf* **1.** *(image)* foto *f* **2.** *(art)* fotografía *f* • **prendre qqn en photo** sacar una foto a alguien • **prendre qqch en photo** sacar una foto de algo • **prendre une photo (de)** sacar una foto (de) • **y'a pas photo** (*fam*) no hay color
photocopie [fɔtɔkɔpi] *nf* fotocopia *f* • **faire une photocopie de qqch** hacer una fotocopia de algo
photocopier [fɔtɔkɔpje] *vt* fotocopiar
photocopieuse [fɔtɔkɔpjøz] *nf* fotocopiadora *f*
photographe [fɔtɔgʀaf] *nmf* fotógrafo *m*, -fa *f*
photographie [fɔtɔgʀafi] *nf* fotografía *f*
photographier [fɔtɔgʀafje] *vt* fotografiar

Photomaton® [fɔtɔmatɔ̃] *nm* fotomatón® *m*
phrase [fʀaz] *nf* frase *f*
physionomie [fizjɔnɔmi] *nf* fisonomía *f*
physique [fizik] *adj* físico(ca) ◇ *nf* física *f* ◇ *nm* físico *m*
pianiste [pjanist] *nmf* pianista *mf*
piano [pjano] *nm* piano *m* • **jouer du piano** tocar el piano
pic [pik] *nm* **1.** *(montagne)* pico *m* **2.** • **pic d'audience** pico de audiencia • **pic de pollution** pico de polución • **à pic** *(couler)* a pique ; *(descendre)* en picado ; *(fig)* *(tomber, arriver)* a punto
pichet [piʃɛ] *nm* jarra *f*
pickpocket [pikpɔkɛt] *nm* carterista *mf*
picorer [pikɔʀe] *vt* picotear
picotement [pikɔtmɑ̃] *nm* picor *m*
picoter [pikɔte] *vt* picar
pie [pi] *nf* urraca *f*
pièce [pjɛs] *nf* **1.** *(argent)* moneda *f* **2.** *(salle)* habitación *f* **3.** *(sur un vêtement)* remiendo *m* **4.** *(morceau)* pieza *f* • **quatre euros pièce** cuatro euros cada uno • **(maillot de bain) une pièce** bañador *m* • **pièce d'identité** documento *m* de identidad • **pièce de monnaie** moneda • **pièce montée** torta *f* de boda • **pièce de rechange** pieza de repuesto • **pièce (de théâtre)** obra *f* (de teatro) • **(en) pièce jointe** (como) archivo adjunto ou anexo *m*
pied [pje] *nm* pie *m* • **à pied** a pie, andando • **au pied de** al pie de • **avoir pied** hacer pie
piège [pjɛʒ] *nm* trampa *f* • **être pris au piège** caer en la trampa
piéger [pjeʒe] *vt* **1.** *(animal)* cazar *(con trampas)* **2.** *(personne)* tender una trampa **3.** *(voiture, valise)* poner una bomba en • **voiture piégée** coche *m* bomba
piercing [piʀsiŋ] *nm* piercing *m*
pierre [pjɛʀ] *nf* piedra *f* • **pierre précieuse** piedra preciosa
piétiner [pjetine] *vt* pisotear ◇ *vi (foule)* no avanzar
piéton, onne [pjetɔ̃, ɔn] *nm, f* peatón *m*, -ona *f* ◇ *adj* peatonal
piétonnier, ère [pjetɔnje, ɛʀ] *adj* peatonal
pieu, x [pjø] *nm* estaca *f*
pieuvre [pjœvʀ] *nf* pulpo *m*
pigeon [piʒɔ̃] *nm* paloma *f*
pilaf [pilaf] *nm* ➤ **riz**
pile [pil] *nf* pila *f* ◇ *adv (à l'heure)* en punto • **jouer qqch à pile ou face** jugarse algo a cara o cruz • **pile ou face ?** ¿cara o cruz? • **s'arrêter pile** pararse en seco • **à 3 h pile** a las 3 en punto
piler [pile] *vt* picar ◇ *vi* frenar en seco
pilier [pilje] *nm* pilar *m*
pili-pili [pilipili] *nm inv* (*Afrique*) pili-pili *m*
piller [pije] *vt* saquear
pilote [pilɔt] *nm* **1.** piloto *mf* **2.** *INFORM* piloto *m*
piloter [pilɔte] *vt* **1.** *(avion, voiture)* pilotar **2.** *(diriger)* guiar
pilotis [pilɔti] *nm* pilote *m*
pilule [pilyl] *nf* **1.** *(cachet)* pastilla *f* **2.** *(contraception)* píldora *f* • **prendre la pilule** tomar la píldora
piment [pimɑ̃] *nm* • **piment rouge** guindilla *f*
pimenté, e [pimɑ̃te] *adj* picante
pin [pɛ̃] *nm* pino *m*

PIN [pin] (*abr de Personal Identification Number*) *nm* PIN *m*
pince [pɛ̃s] *nf* pinza *f* • **pince à cheveux** horquilla *f* • **pince à épiler** pinzas de depilar • **pince à linge** pinza de la ropa
pinceau, x [pɛ̃so] *nm* pincel *m*
pincée [pɛ̃se] *nf* pizca *f*
pincer [pɛ̃se] *vt* **1.** *(serrer)* pellizcar **2.** (*fam*) *(coincer)* pillar
pingouin [pɛ̃gwɛ̃] *nm* pingüino *m*
ping-pong, s [piŋpɔ̃g] *nm* ping-pong® *m*
pintade [pɛ̃tad] *nf* pintada *f*
pinte [pɛ̃t] *nf* **1.** *(de bière)* pinta *f* **2.** (*Helv*) *(café)* bar *m*
pioche [pjɔʃ] *nf* pico *m*
piocher [pjɔʃe] *vi (aux cartes, aux dominos)* robar
pion [pjɔ̃] *nm* peón *m*
pionnier, ère [pjɔnje, ɛʀ] *nm, f* pionero *m*, -ra *f*
pipe [pip] *nf* pipa *f*
pipeau [pipo] *nm MUS* caramillo *m* • **c'est du pipeau** (*fam*) no se lo cree ni él
pipi [pipi] *nm* • **faire pipi** hacer pis
piquant, e [pikɑ̃, ɑ̃t] *adj* picante ♦ **piquant** *nm* pincho *m*
pique [pik] *nm* picas *fpl*
pique-nique, s [piknik] *nm* picnic *m*
pique-niquer [piknike] *vi* ir de picnic
piquer [pike] *vt* **1.** *(suj : aiguille, pointe)* pinchar **2.** *(suj : guêpe, moustique, ortie)* picar **3.** *(suj : fumée)* irritar **4.** (*fam*) *(voler)* birlar ◇ *vi* picar
piquet [pikɛ] *nm* estaca *f*
piqûre [pikyʀ] *nf* **1.** *(d'insecte)* picadura *f* **2.** *MÉD* pinchazo *m* • **piqûre de rappel** inyección *f* de refuerzo
piratage [piʀataʒ] *nm* **1.** piratería *f* **2.** *(de logiciel, de vidéo)* pirateo *m*
pirate [piʀat] *adj* pirata ◇ *nm* pirata *m* • **pirate de l'air** pirata del aire
pirater [piʀate] *vt* piratear
pire [piʀ] *adj* peor ◇ *nm* • **le pire** lo peor • **de pire en pire** cada vez peor
pirouette [piʀwɛt] *nf* pirueta *f*
pis [pi] *nm* ubre *f*
piscine [pisin] *nf* piscina *f*
pissenlit [pisɑ̃li] *nm* diente *m* de león
pisser [pise] *vi* (*vulg*) mear
pistache [pistaʃ] *nf* pistacho *m*
piste [pist] *nf* **1.** pista *f* **2.** *(chemin)* senda *f* • **piste (d'atterrissage)** pista (de aterrizaje) • **piste cyclable** carril-bici *m* • **piste de danse** pista de baile • **piste verte/bleue/rouge/noire** pista verde/azul/roja/negra
pistolet [pistɔlɛ] *nm* pistola *f*
piston [pistɔ̃] *nm (de moteur)* pistón *m*
pitié [pitje] *nf* piedad *f*, lástima *f* • **avoir pitié de qqn** sentir lástima por alguien • **faire pitié à qqn** dar lástima a alguien
pitoyable [pitwajabl] *adj* **1.** *(triste)* lastimoso(sa) **2.** *(méprisable)* lamentable
pitre [pitʀ] *nm* payaso *m* • **faire le pitre** hacer el payaso
pittoresque [pitɔʀɛsk] *adj* pintoresco(ca)
pivotant, e [pivɔtɑ̃, ɑ̃t] *adj* **1.** *(porte)* giratorio(ria) **2.** *(tête)* pivotante
pivoter [pivɔte] *vi* girar
pixel [piksɛl] *m INFORM* píxel *m*

pixellisation [pikselizasjɔ̃] *nf INFORM* pixelización *f*
pizza [pidza] *nf* pizza *f*
pizzeria [pidzeʀja] *nf* pizzería *f*
placard [plakaʀ] *nm* armario *m* empotrado
placarder [plakaʀde] *vt (avis, affiche)* fijar *(carteles)*
place [plas] *nf* **1.** *(endroit, espace)* sitio *m* **2.** *(de théâtre)* localidad *f* **3.** *(siège)* asiento *m* **4.** *(d'une ville)* plaza *f* **5.** *(dans un classement)* lugar *m* **6.** *(emploi)* colocación *f* • **changer qqch de place** cambiar algo de sitio • **à la place de** en lugar de • **sur place** *(manger, dormir)* allí (mismo) • **place assise/debout** plaza sentada/de pie
placement [plasmɑ̃] *nm* inversión *f*
placer [plase] *vt* **1.** colocar **2.** *(argent)* invertir ♦ **se placer** *vp* **1.** *(se mettre)* colocarse **2.** *(se classer)* situarse
plafond [plafɔ̃] *nm* **1.** *(d'une salle)* techo *m* **2.** *(limite)* tope *m*
plafonnier [plafɔnje] *nm* plafón *m*
plage [plaʒ] *nf* **1.** playa *f* **2.** *(de CD)* surco *m* • **plage arrière** bandeja *f*
plaie [plɛ] *nf* llaga *f*
plaindre [plɛ̃dʀ] *vt* compadecer ♦ **se plaindre** *vp* quejarse • **se plaindre de** quejarse de
plaine [plɛn] *nf* llanura *f*
plaint, e [plɛ̃, plɛ̃t] *pp* ➤ **plaindre**
plainte [plɛ̃t] *nf* **1.** *(gémissement)* quejido *m* **2.** *(en justice)* denuncia *f* • **porter plainte (contre qqn)** denunciar (a alguien)
plaintif, ive [plɛ̃tif, iv] *adj* quejumbroso(sa)
plaire [plɛʀ] *vi* gustar • **plaire à qqn** gustarle a alguien • **ça ne me plaît pas** esto no me gusta • **il me plaît** me gusta • **s'il vous/te plaît** por favor ♦ **se plaire** *vp (quelque part)* sentirse a gusto
plaisance [plɛzɑ̃s] *nf* ➤ **navigation, port**
plaisanter [plɛzɑ̃te] *vi* bromear
plaisanterie [plɛzɑ̃tʀi] *nf* broma *f*
plaisir [pleziʀ] *nm* placer *m* • **faire plaisir à qqn** agradar ou complacer a alguien • **avec plaisir !** ¡con mucho gusto!
plan [plɑ̃] *nm* **1.** *(projet, structure)* plan *m* **2.** *(carte)* mapa *f* **3.** *(niveau)* plano *m* • **plan de ville** mapa de la ciudad • **gros plan** primer plano • **au premier/second plan** en primer/segundo plano • **plan d'eau** estanque *m* • **plan social** plan *m* social • **plan vigipirate** *dispositivo de seguridad antiterrorista que el primer ministro activa a petición del ministro del Interior*
planche [plɑ̃ʃ] *nf* tabla *f* • **faire la planche** hacer el muerto • **planche à roulettes** monopatín *m* • **planche à voile** tabla de windsurf
plancher [plɑ̃ʃe] *nm* suelo *m*
planer [plane] *vi* **1.** planear **2.** *(fig) (être dans la lune)* estar en las nubes
planète [planɛt] *nf* planeta *m*
planeur [planœʀ] *nm* planeador *m*
planifier [planifje] *vt* planificar
planning [planiŋ] *nm* programa *m*
plantation [plɑ̃tasjɔ̃] *nf* plantación *f*
plante [plɑ̃t] *nf* planta *f* • **plante des pieds** planta de los pies • **plante grasse** planta carnosa *(cactus)* • **plante verte** planta de interior
planter [plɑ̃te] *vt* **1.** *(graines)* plantar **2.** *(enfoncer)* clavar ◇ *vi (fam) INFORM* • **mon ordinateur a encore planté** el ordenador se me ha vuelto a colgar

plaque [plak] *nf* **1.** placa *f* **2.** *(de chocolat)* tableta *f* **3.** *(tache)* mancha *f* • **plaque de cuisson** placa eléctrica • **plaque d'immatriculation** ou **minéralogique** matrícula *f*
plaqué, e [plake] *adj* • **plaqué or/argent** chapado en oro/en plata
plaquer [plake] *vt* **1.** aplastar **2.** *(au rugby)* placar • **plaquer ses cheveux** alisar el pelo
plaquette [plakɛt] *nf (de beurre, de chocolat)* pastilla *f* • **plaquette de frein** pastilla de freno
plasma [plasma] *nm* • **écran (à) plasma** pantalla *f* de plasma
plastifié, e [plastifje] *adj* plastificado(da)
plastique [plastik] *nm* plástico *m* • **sac en plastique** bolsa de plástico
plat, e [pla, plat] *adj* **1.** plano(na) **2.** *(terrain)* llano(na) **3.** *(eau)* sin gas ♦ **plat** *nm* **1.** *(assiette)* fuente *f* **2.** *(de menu)* plato *m* • **à plat** *(pneu)* desinflado(da) ; *(batterie)* agotado(da) ; *(fam) (fatigué)* reventado(da) • **à plat ventre** boca abajo • **plat cuisiné** plato precocinado • **plat du jour** plato del día • **plat de résistance** plato fuerte
platane [platan] *nm* plátano *m (árbol)*
plateau, x [plato] *nm* **1.** *(de cuisine)* bandeja *f* **2.** *(plaine)* meseta *f* **3.** *(de télévision, de cinéma)* plató *m* • **plateau de fromages** tabla *f* de quesos
plate-bande [platbɑ̃d] *(pl* **plates-bandes***)* *nf* arriate *m*
plate-forme [platfɔʀm] *(pl* **plates-formes***)* *nf* plataforma *f*
platine [platin] *nf* • **platine cassette** platina *f (de casete)* • **platine laser** reproductor *m* de discos compactos ◇ *nm* platino *m*
plâtre [platʀ] *nm* **1.** *(matière)* yeso *m* **2.** *MÉD* escayola *f*
plâtrer [platʀe] *vt MÉD* escayolar
plausible [plozibl] *adj* plausible
plébiscite [plebisit] *nm* **1.** plebiscito *m* **2.** *(Helv) (référendum)* referéndum *m*
plein, e [plɛ̃, plɛn] *adj* **1.** *(rempli)* lleno(na) **2.** *(complet)* completo(ta) • **plein de** *(rempli de)* lleno de ; *(fam) (beaucoup de)* un montón de • **en plein air** al aire libre • **en pleine forme** en plena forma • **en pleine nuit** en medio de la noche • **en plein devant moi** justo delante de mí • **en plein milieu** justo en medio • **pleins phares** (luces) largas *fpl* • **pleine lune** luna *f* llena • **pleins pouvoirs** plenos poderes *mpl* ♦ **plein** *nm* • **faire le plein (d'essence)** llenar el depósito (de gasolina)
pleurer [plœʀe] *vi* llorar
pleurnicher [plœʀniʃe] *vi* lloriquear
pleut [plø] ➤ **pleuvoir**
pleuvoir [pløvwaʀ] *vi* llover ◇ *v impers* • **il pleut (à verse)** llueve (a cántaros)
Plexiglas® [plɛksiglas] *nm* plexiglás® *m inv*
pli [pli] *nm* **1.** pliegue *m* **2.** *(d'un pantalon)* raya *f* **3.** *(aux cartes)* baza *f* • **(faux) pli** arruga *f*
pliant, e [plijɑ̃, ɑ̃t] *adj* plegable
plier [plije] *vt* **1.** doblar **2.** *(lit, tente)* plegar ◇ *vi* doblegarse
plinthe [plɛ̃t] *nf* zócalo *m*
plissé, e [plise] *adj (jupe)* plisado(da)

plisser [plise] *vt* **1.** *(papier)* hacer pliegues en **2.** *(tissu)* plisar **3.** *(yeux)* entrecerrar

plomb [plɔ̃] *nm* **1.** *(matière, fusible)* plomo *m* **2.** *(de pêche)* plomada *f* **3.** *(de chasse)* perdigón *m* • **les plombs ont sauté** han saltado los plomos

plombage [plɔ̃baʒ] *nm* empaste *m*

plomberie [plɔ̃bʀi] *nf* fontanería *f*

plombier [plɔ̃bje] *nm* fontanero *m*

plongeant, e [plɔ̃ʒɑ̃, ɑ̃t] *adj* **1.** *(vue)* de pájaro **2.** *(décolleté)* muy abierto(ta)

plongée [plɔ̃ʒe] *nf* buceo *m* • **plongée sous-marine** submarinismo *m*

plongeoir [plɔ̃ʒwaʀ] *nm* trampolín *m (de piscina)*

plongeon [plɔ̃ʒɔ̃] *nm* zambullida *f*

plonger [plɔ̃ʒe] *vi* zambullirse ◇ *vt* hundir • **être plongé dans ses pensées/son travail** estar sumido en sus pensamientos/el trabajo ♦ **se plonger dans** *vp + prep* enfrascarse en

plongeur, euse [plɔ̃ʒœʀ, øz] *nm, f SPORT* buceador *m*, -ra *f*

plu [ply] *pp* ➤ **plaire, pleuvoir**

plug-in [plœgin] *nm* plug-in *m*, dispositivo *m* opcional

pluie [plɥi] *nf* lluvia *f*

plumage [plymaʒ] *nm* plumaje *m*

plume [plym] *nf* pluma *f*

plupart [plypaʀ] *nf* • **la plupart (de)** la mayoría (de) • **la plupart du temps** la mayor parte del tiempo

pluriel [plyʀjɛl] *nm* plural *m*

plus [ply(s)] *adv*

1. *(davantage)* más • **je ne veux pas dépenser plus** no quiero gastar más • **plus d'argent/de vacances** más dinero/vacaciones • **plus de la moitié** más de la mitad • **il reste plus de 100 km jusqu'à Nantes** quedan más de 100 km hasta Nantes • **je n'en veux plus, merci** no quiero más, gracias

2. *(comparatif)* más • **plus intéressant (que)** más interesante (que) • **plus simplement (que)** de forma más sencilla (que)

3. *(superlatif)* • **le/la plus** el/la más • **c'est ce qui me plaît le plus ici** es lo que más me gusta aquí • **l'hôtel le plus confortable où nous ayons logé** el hotel más cómodo donde nos hemos alojado • **le plus souvent** la mayoría de las veces • **le plus... possible** lo más... posible

4. *(dans des expressions)* • **de plus** *(en supplément)* más ; *(d'autre part)* además • **il a deux ans de plus que moi** tiene dos años más que yo • **de plus en plus (de)** cada vez más • **en plus** *(en supplément)* de más ; *(d'autre part)* además • **en plus de** además de • **plus ou moins** más o menos • **plus tu y penseras, pire ce sera** cuanto más pienses en ello, peor será

◇ *prép* más

plusieurs [plyzjœʀ] *adj & pron* varios(rias)

plus-que-parfait [plyskəpaʀfɛ] *nm* (pretérito) pluscuamperfecto *m*

plutôt [plyto] *adv* **1.** *(de préférence)* más bien **2.** *(assez)* bastante • **plutôt que (de) faire qqch** en vez de hacer algo

pluvieux, euse [plyvjø, øz] *adj* lluvioso(sa)

PMU [peɛmy] (*abr de Pari mutuel urbain*) *nm quiniela hípica en Francia*

Le PMU

Creado en 1930, el *Pari Mutuel Urbain* es una organización que reúne 63 sociedades encargadas de organizar, promover y comercializar las apuestas hípicas. Se calcula que hay en Francia alrededor de 8 millones de apostantes, de los cuales un millón son verdaderos *turfistes* (nombre dado a los apostantes que van a los hipódromos) y existen más de 8.000 *points PMU*, lo que refleja la pasión de los franceses por las carreras de caballos.

pneu [pnø] *nm* neumático *m*
pneumatique [pnømatik] *adj* ➤ **canot, matelas**
pneumonie [pnømɔni] *nf* neumonía *f*
PO (*abr de petites ondes*) OC *(ondas cortas)*
poche [pɔʃ] *nf* bolsillo *m* • **de poche** de bolsillo
pocher [pɔʃe] *vt* **1.** *(œil)* poner un ojo morado **2.** *CULIN* escalfar
pochette [pɔʃɛt] *nf* **1.** *(de rangement)* sobre *m* **2.** *(sac à main)* cartera *f* **3.** *(mouchoir)* pañuelo *m (de traje)* • **pochette d'allumettes** caja *f* de cerillas
podium [pɔdjɔm] *nm* podio *m*
poème [pɔɛm] *nm* poema *m*
poésie [pɔezi] *nf* poesía *f*
poète [pɔɛt] *nm* poeta *m*
poétique [pɔetik] *adj* poético(ca)
poids [pwa] *nm* **1.** peso *m* **2.** *(de balance)* pesa *f* • **perdre/prendre du poids** adelgazar/engordar • **poids lourd** *(camion)* vehículo *m* pesado
poignard [pwaɲaʀ] *nm* puñal *m*
poignarder [pwaɲaʀde] *vt* apuñalar
poignée [pwaɲe] *nf* **1.** *(de porte)* picaporte *m* **2.** *(de valise)* asa *f* **3.** *(de sable, de bonbons)* puñado *m* • **une poignée de** un puñado de • **poignée de main** apretón *m* de manos
poignet [pwaɲɛ] *nm* **1.** *ANAT* muñeca *f* **2.** *(de vêtement)* puño *m*
poil [pwal] *nm* **1.** pelo *m* **2.** *(sur les jambes)* vello *m* **3.** *(de pinceau, de brosse à dents)* cerda *f* • **à poil** *(fam)* en pelotas
poilu, e [pwaly] *adj* peludo(da)
poing [pwɛ̃] *nm* puño *m* • **un coup de poing** un puñetazo
point [pwɛ̃] *nm* punto *m* • **à point** *(steak)* en su punto • **notre nouveau modèle est au point** nuestro modelo está a punto • **au point** ou **à tel point que** hasta tal punto que • **être sur le point de faire qqch** estar a punto de hacer algo • **point de côté** punzada *f* en el costado • **point de départ** punto de partida • **point d'exclamation** signo *m* de exclamación • **point faible** punto débil ou flaco • **point final** punto final • **point d'interrogation** signo de interrogación • **(au) point mort** (en) punto muerto • **point de repère** punto de referencia • **points cardinaux** puntos cardinales • **points de suspension** puntos suspensivos • **points (de suture)** puntos (de sutura)
point de vue [pwɛ̃dvy] (*pl* **points de vue**) *nm* **1.** *(endroit)* vista *f* **2.** *(opinion)* punto *m* de vista

pointe [pwɛ̃t] *nf* punta *f* ● **sur la pointe des pieds** de puntillas ● **à la pointe (de)** *(technique, recherche)* a la vanguardia (de) ● **de pointe** puntero(ra), punta ● **en pointe** *(tailler)* en punta ◆ **pointes** *nfpl (chaussons)* puntas *fpl*
pointer [pwɛ̃te] *vt* apuntar ◇ *vi* fichar
pointeur [pwɛ̃tœʀ] *nm INFORM* ● **pointeur de la souris** puntero *m* (del ratón)
pointillé [pwɛ̃tije] *nm* línea *f* de puntos ● **en pointillé** *(ligne)* de puntos
pointu, e [pwɛ̃ty] *adj* puntiagudo(da)
pointure [pwɛ̃tyʀ] *nf* número *m* ● **quelle pointure faites-vous ?** ¿qué número calza?
point-virgule [pwɛ̃viʀgyl] (*pl* **points-virgules**) *nm* punto y coma *m*
poire [pwaʀ] *nf* pera *f* ● **poire Belle-Hélène** *pera en almíbar bañada en chocolate caliente y servida con helado de nata*
poireau, x [pwaʀo] *nm* puerro *m*
poirier [pwaʀje] *nm* peral *m*
pois [pwa] *nm (rond)* lunar *m* ● **à pois** de lunares ● **pois chiche** garbanzo *m*
poison [pwazɔ̃] *nm* veneno *m*
poisseux, euse [pwasø, øz] *adj* pegajoso(sa)
poisson [pwasɔ̃] *nm* **1.** *(animal)* pez *m* **2.** *(mets)* pescado *m* ● **poisson d'avril** ≃ inocentada *f* ● **poisson rouge** pez de colores ● **poissons du lac** *(Helv) pescado del lago Lemán, sobre todo percas* ◆ **Poissons** *nmpl* Piscis *m inv*
poissonnerie [pwasɔnʀi] *nf* pescadería *f*
poissonnier, ère [pwasɔnje, ɛʀ] *nm, f* pescadero *m*, -ra *f*
poitrine [pwatʀin] *nf* **1.** pecho *m* **2.** *(de porc)* panceta *f*
poivre [pwavʀ] *nm* pimienta *f*
poivré, e [pwavʀe] *adj* picante *(con pimienta)*
poivrier [pwavʀije] *nm (sur la table)* pimentero *m*
poivrière [pwavʀijɛʀ] *nf* = **poivrier**
poivron [pwavʀɔ̃] *nm* pimiento *m*
poker [pɔkɛʀ] *nm* póquer *m*
polaire [pɔlɛʀ] *adj* polar ◇ *nf (textile, vêtement)* polar *m*
Polaroid® [pɔlaʀɔid] *nm* **1.** *(appareil)* polaroid® *f* **2.** *(photo)* fotografía *f* polaroid®
pôle [pol] *nm* polo *m* ● **pôle Nord/Sud** polo Norte/Sur
poli, e [pɔli] *adj* **1.** *(bien élevé)* educado(da) **2.** *(verre, bois)* pulido(da)
police [pɔlis] *nf* **1.** policía *f* **2.** *(de caractères)* tipo *m* de letra ● **police d'assurance** póliza *f* de seguros ● **police secours** *policía que se encarga de dar los primeros auxilios*
policier, ère [pɔlisje, ɛʀ] *adj* **1.** *(régime, mesure)* policial **2.** *(roman, film)* policíaco(ca) ◇ *nm, f (agent)* policía *mf* ◆ **policier** *nm* **1.** *(livre)* novela *f* policíaca **2.** *(film)* película *f* policíaca
poliment [pɔlimɑ̃] *adv* amablemente
politesse [pɔlitɛs] *nf* cortesía *f* ● **par politesse** por cumplir
politicien, enne [pɔlitisjɛ̃, ɛn] *nm, f* político *m*, -ca *f*
politique [pɔlitik] *adj* político *m*, -ca *f* ◇ *nf* política *f* ● **un homme/une femme politique** un político/una política
pollen [pɔlɛn] *nm* polen *m*
pollué, e [pɔlye] *adj* contaminado(da)
pollution [pɔlysjɔ̃] *nf* contaminación *f*
polo [pɔlo] *nm (vêtement)* polo *m*

polochon [pɔlɔʃɔ̃] *nm* travesaño *m (almohada)*
Pologne [pɔlɔɲ] *nf* ● **la Pologne** Polonia *f*
polonais, e [pɔlɔnɛ, ɛz] *adj* polaco(ca) ♦ **polonais** *nm (langue)* polaco *m* ♦ **Polonais, e** *nm, f* polaco *m*, -ca *f*
polyester [pɔliɛstɛʀ] *nm* poliéster *m*
Polynésie [pɔlinezi] *nf* ● **la Polynésie** Polinesia *f* ● **la Polynésie française** la Polinesia Francesa
polystyrène [pɔlistiʀɛn] *nm* poliestireno *m*
polyvalent, e [pɔlivalɑ̃, ɑ̃t] *adj* polivalente
POM [pɔm] (*abr de Pays d'outre-mer*) *nm cada uno de los dos territorios franceses considerados "países de ultramar", a saber la Polinesia Francesa y Nueva Caledonia*
pommade [pɔmad] *nf* pomada *f*
pomme [pɔm] *nf* **1.** manzana *f* **2.** *(de douche, d'arrosoir)* alcachofa *f* ● **il est tombé dans les pommes** (*fam*) le dio un patatús ● **pomme de pin** piña *f (de pino)* ● **pommes dauphine** ≃ croquetas *fpl* de patata ● **pommes noisettes** bolitas *fpl* de patata
pomme de terre [pɔmdətɛʀ] (*pl* **pommes de terre**) *nf* patata *f*, papa *f* (*Amér*)
pommette [pɔmɛt] *nf* pómulo *m*
pommier [pɔmje] *nm* manzano *m*
pompe [pɔ̃p] *nf* bomba *f* ● **pompe à essence** surtidor *m* de gasolina ● **pompe à vélo** bomba de aire ● **pompes funèbres** pompas *fpl* fúnebres
pomper [pɔ̃pe] *vt* bombear
pompier [pɔ̃pje] *nm* bombero *m*
pompiste [pɔ̃pist] *nmf* empleado *m*, -da *f* de gasolinera
pompon [pɔ̃pɔ̃] *nm* pompón *m*
poncer [pɔ̃se] *vt* lijar
ponctualité [pɔ̃ktɥalite] *nf* puntualidad *f*
ponctuation [pɔ̃ktɥasjɔ̃] *nf* puntuación *f*
ponctuel, elle [pɔ̃ktɥɛl] *adj* puntual
pondre [pɔ̃dʀ] *vt* poner
poney [pɔnɛ] *nm* poney *m*
pont [pɔ̃] *nm* puente *m* ● **faire le pont** hacer puente
pont-levis [pɔ̃ləvi] (*pl* **ponts-levis**) *nm* puente *m* levadizo
ponton [pɔ̃tɔ̃] *nm* pontón *m*
pop [pɔp] *adj inv* & *nf* pop
pop-corn [pɔpkɔʀn] *nm inv* palomitas *fpl*
populaire [pɔpylɛʀ] *adj* popular
population [pɔpylasjɔ̃] *nf* población *f*
pop-up [pɔpœp] *nm INFORM* ventana *f* emergente
porc [pɔʀ] *nm* cerdo *m*
porcelaine [pɔʀsəlɛn] *nf* porcelana *f*
porche [pɔʀʃ] *nm* porche *m*
pore [pɔʀ] *nm* poro *m*
poreux, euse [pɔʀø, øz] *adj* poroso(sa)
pornographique [pɔʀnɔgʀafik] *adj* pornográfico(ca)
port [pɔʀ] *nm* **1.** puerto *m* **2.** *INFORM* ● **port Ethernet** puerto Ethernet ● **port parallèle** puerto paralelo ● **port série** puerto serie ● **port USB** puerto USB ▾ **port payé** 'porte pagado' ● **port de pêche** puerto pesquero ● **port de plaisance** puerto deportivo

portable [pɔʀtabl] *adj* portátil ◇ *nm* **1.** *INFORM* portátil *m* **2.** *(téléphone)* móvil *m*

portail [pɔʀtaj] *nm* **1.** portada *f* **2.** *(internet)* portal *m*

portant, e [pɔʀtɑ̃, ɑ̃t] *adj* • **être bien/mal portant** encontrarse bien/mal de salud • **à bout portant** a quemarropa

portatif, ive [pɔʀtatif, iv] *adj* portátil

porte [pɔʀt] *nf* puerta *f* • **mettre qqn à la porte** poner a alguien de patitas en la calle • **porte d'embarquement** puerta de embarque • **porte d'entrée** puerta de entrada

porte-avions [pɔʀtavjɔ̃] *nm inv* portaaviones *m inv*

porte-bagages [pɔʀtbagaʒ] *nm inv* portaequipaje *m*

porte-bébé, s [pɔʀtbebe] *nm* mochila *f* portabebé

porte-bonheur [pɔʀtbɔnœʀ] *nm inv* talismán *m*

porte-clefs [pɔʀtəkle] = **porte-clés**

porte-clés [pɔʀtəkle] *nm inv* llavero *m*

portée [pɔʀte] *nf* **1.** *(d'un son, d'une arme)* alcance *m* **2.** *(d'une femelle)* camada *f* **3.** *MUS* pentagrama *m* • **à la portée de qqn** *(intellectuelle)* al alcance de alguien • **à portée de (la) main** al alcance de la mano

porte-fenêtre [pɔʀtfənɛtʀ] (*pl* **portes-fenêtres**) *nf* puerta *f* vidriera

portefeuille [pɔʀtəfœj] *nm* cartera *f*

porte-jarretelles [pɔʀtʒaʀtɛl] *nm inv* liguero *m*

portemanteau, x [pɔʀtmɑ̃to] *nm* perchero *m*

porte-monnaie [pɔʀtmɔnɛ] *nm inv* monedero *m*

porte-parole [pɔʀtpaʀɔl] *nm inv* portavoz *mf*

porter [pɔʀte] *vt* llevar • **porter bonheur/malheur** traer (buena) suerte/mala suerte • **porter sur** *(suj : discussion)* tratar de ◆ **se porter** *vp* • **se porter bien/mal** encontrarse bien/mal

porte-savon, s [pɔʀtsavɔ̃] *nm* jabonera *f*

porte-serviette, s [pɔʀtsɛʀvjɛt] *nm* toallero *m*

porteur, euse [pɔʀtœʀ, øz] *nm, f* **1.** *(de bagages)* mozo *m* de equipajes **2.** *(d'une maladie)* portador *m*, -ra *f*

portier [pɔʀtje] *nm* portero *m*

portière [pɔʀtjɛʀ] *nf* puerta *f*

portillon [pɔʀtijɔ̃] *nm* puerta *f* • **portillon automatique** puerta automática

portion [pɔʀsjɔ̃] *nf* porción *f*

porto [pɔʀto] *nm* (vino de) oporto *m*

portoricain, e [pɔʀtɔʀikɛ̃, ɛn] *adj* puertorriqueño(ña) ◆ **Portoricain, e** *nm, f* puertorriqueño *m*, -ña *f*

Porto Rico [pɔʀtoʀiko], **Puerto Rico** [pwɛʀtoʀiko] *nm* • **(le) Porto Rico** Puerto Rico *m*

portrait [pɔʀtʀɛ] *nm* retrato *m*

portuaire [pɔʀtɥɛʀ] *adj* portuario(ria)

portugais, e [pɔʀtygɛ, ɛz] *adj* portugués(esa) ◆ **portugais** *nm (langue)* portugués *m* ◆ **Portugais, e** *nm, f* portugués *m*, -esa *f*

Portugal [pɔʀtygal] *nm* • **le Portugal** Portugal *m*

pose [poz] *nf* **1.** *(d'une moquette, d'une vitre)* instalación *f* **2.** *(attitude)* pose *f*

• **prendre la pose** posar • **pellicule 24 poses** película de 24 exposiciones
posé, **e** [poze] *adj* pausado(da)
poser [poze] *vt* **1.** *(objet)* poner **2.** *(installer)* instalar **3.** *(question)* hacer **4.** *(problème)* plantear ◇ *vi* posar ◆ **se poser** *vp* posarse
positif, **ive** [pozitif, iv] *adj* positivo(va)
position [pozisjɔ̃] *nf* **1.** posición *f* **2.** *(opinion, attitude)* postura *f*
posologie [pozɔlɔʒi] *nf* posología *f*
posséder [pɔsede] *vt* poseer
possessif, **ive** [pɔsesif, iv] *adj* posesivo(va)
possibilité [pɔsibilite] *nf* posibilidad *f* • **avoir la possibilité de faire qqch** tener la posibilidad de hacer algo ◆ **possibilités** *nfpl* **1.** *(financières)* posibilidades *fpl* **2.** *(intellectuelles)* facultades *fpl*
possible [pɔsibl] *adj* posible • **prends le plus d'argent possible** coge todo el dinero que puedas • **dès que possible** ou **le plus tôt possible** cuanto antes • **si possible** dentro de lo posible • **faire son possible (pour faire qqch)** hacer todo lo posible (para hacer algo)
postal, **e**, **aux** [pɔstal, o] *adj* postal
[1]**poste** [pɔst] *nm* **1.** *(emploi)* puesto *m* **2.** *(de ligne téléphonique)* extensión *f* • **demander/passer le poste (numéro) 42** pedir/pasar la extensión (número) 42 • **poste (de police)** comisaría *f* • **poste de radio** radio *f* • **poste de télévision** televisor *m*
[2]**poste** [pɔst] *nf* correos *mpl* • **bureau de poste** oficina *f* de correos • **poste restante** lista *f* de correos
[1]**poster** [pɔste] *vt* echar al correo
[2]**poster** [pɔstɛʀ] *nm* póster *m*
postérieur, **e** [pɔsteʀjœʀ] *adj* posterior ◆ **postérieur** *nm* trasero *m*
postier, **ère** [pɔstje, ɛʀ] *nm, f* empleado *m*, -da *f* de correos
postillons [pɔstijɔ̃] *nmpl* perdigones *mpl* *(de saliva)*
Post-it® [pɔstit] *nm inv* post-it® *m*
post-scriptum [pɔstskʀiptɔm] *nm inv* postdata *f*
posture [pɔstyʀ] *nf* postura *f*
pot [po] *nm* **1.** *(récipient)* tarro *m*, bote *m* **2.** *(boisson)* • **prendre un pot** tomar una copa • **organiser un pot de départ** organizar una copa de despedida • **pot d'échappement** tubo *m* de escape • **pot de fleurs** maceta *f*
potable [pɔtabl] *adj* ➤ **eau**
potage [pɔtaʒ] *nm* potaje *m*
potager, **ère** [pɔtaʒe, ɛʀ] *adj* • **plante potagère** hortaliza *f* • **(jardin) potager** huerto *m*
pot-au-feu [pɔtofø] *nm inv* ≃ cocido *m*
pot-de-vin [podvɛ̃] (*pl* **pots-de-vin**) *nm* soborno *m*
poteau, **x** [pɔto] *nm* poste *m* • **poteau indicateur** poste indicador
potée [pɔte] *nf guiso compuesto de carne, verduras y col*
potentiel, **elle** [pɔtɑ̃sjɛl] *adj* potencial ◆ **potentiel** *nm* potencial *m*
poterie [pɔtʀi] *nf* **1.** *(art)* alfarería *f* **2.** *(objet)* cerámica *f*
potiron [pɔtiʀɔ̃] *nm* calabaza *f*
pot-pourri [popuʀi] (*pl* **pots-pourris**) *nm* popurrí *m*
pou, **x** [pu] *nm* piojo *m*

poubelle [pubɛl] *nf* cubo *m* de la basura • **mettre qqch à la poubelle** tirar algo a la basura
pouce [pus] *nm* pulgar *m*
pouding [pudiŋ] *nm* púdin *m* • **pouding de cochon** (*Québec*) *pastel preparado con carne e hígado de cerdo picados, cebolla y huevos*
poudre [pudʀ] *nf* **1.** (*substance*) polvo *m* **2.** (*maquillage*) polvos *mpl* **3.** (*explosif*) pólvora *f* • **en poudre** en polvo
poudreux, euse [pudʀø, øz] *adj* • **neige poudreuse** nieve en polvo
pouf [puf] *nm* puf *m*
pouffer [pufe] *vi* • **pouffer (de rire)** (*une fois*) reventar de risa ; (*continuellement*) tener la risa tonta
poulailler [pulaje] *nm* gallinero *m*
poulain [pulɛ̃] *nm* potro *m*
poule [pul] *nf* gallina *f* • **poule au pot** guiso *m* de gallina
poulet [pulɛ] *nm* pollo *m* • **poulet basquaise** *pollo con guarnición a base de tomates, pimientos y ajos*
poulie [puli] *nf* polea *f*
pouls [pu] *nm* pulso *m* • **prendre le pouls de qqn** tomar el pulso a alguien
poumon [pumɔ̃] *nm* pulmón *m*
poupée [pupe] *nf* muñeca *f*
pour [puʀ] *prép*
1. (*destiné à*) para • **c'est pour vous** es para usted • **pour rien** (*inutilement*) para nada
2. (*afin de*) • **pour faire qqch** para hacer algo • **pour que** para que
3. (*en vue de*) • **faire qqch pour de l'argent** hacer algo por dinero
4. (*en raison de*) por • **pour avoir fait qqch** por haber hecho algo
5. (*à destination de*) para • **le vol pour Barcelone** el vuelo para Barcelona • **partir pour** salir para
6. (*exprime la durée*) • **pour longtemps** por mucho tiempo • **pour toujours** para siempre • **on en a encore pour une heure** todavía tenemos para una hora
7. (*à la place de*) • **signe pour moi** firma por mí
8. (*en faveur de*) • **être pour (qqch)** estar a favor (de algo) • **je suis pour !** ¡estoy a favor!
9. (*envers*) • **avoir de la sympathie pour qqn** sentir simpatía por alguien
10. (*avec une somme*) • **je voudrais pour quatre euros de bonbons** quería cuatro euros de caramelos • **nous en avons eu pour 120 euros** nos ha salido por 120 euros
11. (*pour donner son avis*) • **pour moi** para mí
pourboire [puʀbwaʀ] *nm* propina *f*

Le pourboire

En Francia, se suele dar propina al personal de cafés, bares y restaurantes, pero no es obligatorio ya que el servicio está incluido. También es costumbre dejar algo de propina a taxistas, guías, mozos de equipajes, botones, repartidores a domicilio, en la peluquería y en los institutos de belleza. Se justifica simplemente como una manera de agradecer un servicio prestado del que se ha apreciado la calidad.

pourcentage [puʀsɑ̃taʒ] *nm* porcentaje *m*

pourquoi [puʀkwa] *adv* por qué • **c'est pourquoi...** por eso... • **pourquoi pas ?** ¿por qué no?

pourra etc ➤ **pouvoir**

pourrir [puʀiʀ] *vi* pudrirse

pourriture [puʀityʀ] *nf* podredumbre *f*

poursuite [puʀsɥit] *nf* persecución *f* • **se lancer à la poursuite de qqn** lanzarse en persecución de alguien ◆ **poursuites** *nfpl DR* diligencias *fpl*

poursuivi, e [puʀsɥivi] *pp* ➤ **poursuivre**

poursuivre [puʀsɥivʀ] *vt* **1.** *(voleur)* perseguir **2.** *DR* llevar ante los tribunales **3.** *(continuer)* proseguir ◆ **se poursuivre** *vp* proseguir

pourtant [puʀtɑ̃] *adv* sin embargo

pourvu [puʀvy] ◆ **pourvu que** *conj* **1.** *(condition)* con tal de que **2.** *(souhait)* ojalá

pousse-pousse [puspus] *nm inv (Helv) (poussette)* cochecito *m* de niño

pousser [puse] *vt* **1.** *(déplacer)* echar a un lado **2.** *(appuyer sur, bousculer)* empujar **3.** *(cri)* dar ◇ *vi* crecer • **pousser qqn à faire qqch** empujar a alguien a hacer algo • **faire pousser** hacer crecer ▼ **poussez** empuje

poussette [pusɛt] *nf* cochecito *m* de niño

poussière [pusjɛʀ] *nf* polvo *m*

poussiéreux, euse [pusjeʀø, øz] *adj* polvoriento(ta)

poussin [pusɛ̃] *nm* polluelo *m*

poutine [putin] *nf (Québec) patatas fritas cubiertas de pequeños trozos de queso y de una salsa parecida a la "brown sauce" estadounidense*

poutre [putʀ] *nf* **1.** *(de toit)* viga *f* **2.** *(de gymnastique)* potro *m*

pouvoir [puvwaʀ] *nm* poder *m* • **le pouvoir** el poder • **les pouvoirs publics** los poderes públicos

◇ *vt*

1. *(être capable de)* poder • **pouvoir faire qqch** poder hacer algo • **je fais ce que je peux** hago lo que puedo • **tu aurais pu faire ça avant !** ¡podrías haberlo hecho antes! • **je n'en peux plus** no puedo más • **je n'y peux rien** no puedo hacer nada • **pourriez-vous m'aider, s'il vous plaît ?** ¿podría ayudarme, por favor?

2. *(être autorisé à)* poder • **vous ne pouvez pas stationner ici** no puede aparcar aquí

3. *(exprime l'hypothèse)* poder • **attention, tu pourrais te blesser** cuidado, te puedes hacerte daño

◆ **se pouvoir** *vp* • **il se peut que...** puede que... • **ça se pourrait (bien)** podría ser

prairie [pʀeʀi] *nf* pradera *f*

praline [pʀalin] *nf* **1.** almendra *f* garrapiñada **2.** *(Belg) (chocolat)* bombón *m*

praliné, e [pʀaline] *adj* garapiñado(da)

pratiquant, e [pʀatikɑ̃, ɑ̃t] *adj* practicante

pratique [pʀatik] *adj* práctico(ca) ◇ *nf* práctica *f* • **mettre qqch en pratique** poner algo en práctica

pratiquement [pʀatikmɑ̃] *adv* prácticamente

pratiquer [pʀatike] *vt* practicar

pré [pʀe] *nm* prado *m*

préau, x [pʀeo] *nm* patio *m (de escuela)*

précaire [pʀekɛʀ] *adj* precario(ria)

précariser [pʀekaʀize] *vt* precarizar

précaution [prekosjɔ̃] *nf* precaución *f* • **prendre des précautions** tomar precauciones • **avec précaution** con precaución • **par précaution** por precaución

précédent, e [presedɑ̃, ɑ̃t] *adj* precedente

précéder [presede] *vt* preceder

précieux, euse [presjø, øz] *adj* **1.** *(bijou)* precioso(sa) **2.** *(aide, conseils)* valioso(sa) **3.** *(ami)* preciado(da)

précipice [presipis] *nm* precipicio *m*

précipitation [presipitasjɔ̃] *nf* precipitación *f* ♦ **précipitations** *nfpl* precipitaciones *fpl*

précipiter [presipite] *vt* precipitar ♦ **se précipiter** *vp* precipitarse • **se précipiter dans/vers/sur** precipitarse en/hacia/sobre

précis, e [presi, iz] *adj* preciso(sa) • **à cinq heures précises** a las cinco en punto

préciser [presize] *vt* precisar ♦ **se préciser** *vp* concretarse

précision [presizjɔ̃] *nf* precisión *f*

précoce [prekɔs] *adj* precoz

prédécesseur [predesesœr] *nm* predecesor *m*

prédiction [prediksjɔ̃] *nf* predicción *f*

prédire [predir] *vt* predecir

prédit, e [predi, it] *pp* ➤ **prédire**

préfabriqué, e [prefabrike] *adj* prefabricado(da)

préface [prefas] *nf* prefacio *m*

préfecture [prefɛktyr] *nf* ≃ gobierno *m* civil

préféré, e [prefere] *adj & nm, f* preferido(da)

préférence [preferɑ̃s] *nf* preferencia *f* • **de préférence** preferentemente

préférer [prefere] *vt* preferir • **préférer (faire) qqch** preferir (hacer) algo • **je préférerais qu'elle s'en aille** preferiría que se fuera

préfet [prefɛ] *nm* ≃ gobernador *m*, -ra *f* civil

préhistoire [preistwar] *nf* prehistoria *f*

préhistorique [preistɔrik] *adj* prehistórico(ca)

préjugé [preʒyʒe] *nm* prejuicio *m*

prélèvement [prelɛvmɑ̃] *nm* **1.** *(d'argent)* retención *f* **2.** *MÉD* extracción *f*

prélever [preləve] *vt* **1.** *(somme, part)* retener **2.** *(sang)* sacar

prématuré, e [prematyre] *adj & nm, f* prematuro(ra)

prémédité, e [premedite] *adj* premeditado(da)

premier, ère [prəmje, ɛr] *adj & nm, f* primero(ra) *(primer devant nom masculin)* • **en premier** en primer lugar • **Premier ministre** Primer ministro *m* ♦ **premier** *nm* **1.** *(étage)* primero *m* ou primer piso *m* **2.** *(arrondissement)* distrito *m* uno ou primero

première [prəmjɛr] *nf* **1.** *SCOL* ≃ primero *m* de Bachillerato **2.** *(vitesse)* primera *f* • **voyager en première (classe)** viajar en primera (clase)

premièrement [prəmjɛrmɑ̃] *adv* primero

prenais etc ➤ **prendre**

prendre [prɑ̃dr] *vt*
1. *(emprunter, utiliser)* coger, agarrar *(Amér)* • **quelle route dois-je prendre ?** ¿qué carretera tengo que coger? • **prendre l'avion/le train** coger el avión/el tren

2. *(aller chercher)* recoger • **passer prendre qqn** pasar a recoger a alguien
3. *(enlever)* • **je lui ai pris sa place** le he quitado su asiento • **il m'a pris le micro des mains** me quitó el micro de las manos
4. *(aliments, boisson)* tomar • **qu'est-ce que vous prendrez ?** ¿qué va a tomar? • **prendre un verre** tomar una copa • **prendre ses repas** comer
5. *(attraper, surprendre)* pillar • **il s'est fait prendre** lo pillaron
6. *(air, ton)* • **ne prends pas ton air de martyre** no te hagas el mártir • **ne prends pas ce ton pour me parler** no me hables en ese tono
7. *(considérer)* • **prendre qqn pour un imbécile** tomar a alguien por un imbécil
8. *(notes, mesures)* tomar
9. *(photo)* hacer
10. *(poids)* engordar • **j'ai pris trois kilos** he engordado tres kilos
11. *(dans des expressions)* • **qu'est-ce qui te prend ?** ¿qué te pasa?
◇ *vi*
1. *(sauce)* espesarse
2. *(ciment)* fraguar
3. *(feu)* prender
4. *(se diriger)* • **prenez à droite** tuerza a la derecha
◆ **se prendre** *vp*
1. *(se considérer)* • **se prendre pour** tomarse por
2. *(dans des expressions)* • **s'en prendre à qqn** *(critiquer)* tomarla con alguien • **s'y prendre bien/mal** hacer algo bien/mal

prenne etc ➤ **prendre**

prénom [pʀenɔ̃] *nm* nombre *m* (de pila)

préoccupé, e [pʀeɔkype] *adj* preocupado(da)

préoccuper [pʀeɔkype] *vt* preocupar ◆ **se préoccuper de** *vp + prep* preocuparse de

préparatifs [pʀepaʀatif] *nmpl* preparativos *mpl*

préparation [pʀepaʀasjɔ̃] *nf* preparación *f*

préparer [pʀepaʀe] *vt* preparar ◆ **se préparer** *vp* 1. prepararse 2. *(se laver, s'habiller)* arreglarse • **se préparer à faire qqch** prepararse para hacer algo

préposition [pʀepozisjɔ̃] *nf* preposición *f*

près [pʀɛ] *adv* • **de près** de cerca • **tout près** muy cerca • **près de la mairie** cerca del ayuntamiento • **il a près de 30 ans** tiene casi 30 años

prescrire [pʀɛskʀiʀ] *vt* recetar

prescrit, e [pʀɛskʀi, it] *pp* ➤ **prescrire**

présence [pʀezɑ̃s] *nf* presencia *f* • **en présence de** en presencia de

présent, e [pʀezɑ̃, ɑ̃t] *adj* presente ◆ **présent** *nm* presente *m* • **à présent (que)** ahora (que)

présentateur, trice [pʀezɑ̃tatœʀ, tʀis] *nm, f* presentador *m*, -ra *f*

présentation [pʀezɑ̃tasjɔ̃] *nf* presentación *f* ◆ **présentations** *nfpl* • **faire les présentations** hacer las presentaciones • **faire une présentation de qqch** hacer una presentación de algo ou presentar algo

présenter [pʀezɑ̃te] *vt* presentar • **je te présente Jacques** te presento a Jacques ◆ **se présenter** *vp* presentarse • **se présenter bien/mal** presentarse bien/mal

préservatif [pʀezɛʀvatif] *nm* preservativo *m*
préserver [pʀezɛʀve] *vt* preservar • **préserver qqn/qqch de** preservar a alguien/algo de
président, e [pʀezidɑ̃, ɑ̃t] *nm, f* presidente *m*, -ta *f* • **Président de la République** presidente de la República
présider [pʀezide] *vt* presidir
presque [pʀɛsk] *adv* casi • **presque pas de** apenas • **il n'y a presque pas de neige** apenas hay nieve • **il ne reste presque plus de pain** apenas queda pan
presqu'île [pʀɛskil] *nf* península *f*
pressant, e [pʀɛsɑ̃, ɑ̃t] *adj* apremiante
presse [pʀɛs] *nf (journaux)* prensa *f* • **presse à sensation** prensa amarilla
pressé, e [pʀese] *adj* **1.** *(personne, voyageur)* con prisa **2.** *(urgent)* urgente **3.** *(citron, orange)* exprimido(da) • **être pressé de faire qqch** tener prisa por hacer algo
presse-citron [pʀɛssitʀɔ̃] *nm inv* exprimidor *m*
pressentiment [pʀesɑ̃timɑ̃] *nm* presentimiento *m*
presser [pʀese] *vt* **1.** *(fruit)* exprimir **2.** *(bouton)* apretar ◇ *vi* • **le temps presse** el tiempo apremia • **rien ne presse** nada urge ♦ **se presser** *vp* darse prisa
pressing [pʀesiŋ] *nm* tintorería *f*
pression [pʀɛsjɔ̃] *nf* **1.** presión *f* **2.** *(bouton)* automático *m* • **(bière) pression** cerveza de barril
prestidigitateur, trice [pʀɛstidiʒitatœʀ, tʀis] *nm, f* prestidigitador *m*, -ra *f*
prestige [pʀɛstiʒ] *nm* prestigio *m*
prêt, e [pʀɛ, pʀɛt] *adj* listo(ta) • **être prêt à faire qqch** estar dispuesto a hacer algo ♦ **prêt** *nm* préstamo *m* • **prêt bancaire/immobilier** préstamo bancario/inmobiliario
prêt-à-porter [pʀɛtapɔʀte] (*pl* **prêts-à-porter**) *nm* prêt-à-porter *m*
prétendre [pʀetɑ̃dʀ] *vt* • **prétendre que** asegurar que • **il prétend tout connaître** pretende saberlo todo
prétentieux, euse [pʀetɑ̃sjø, øz] *adj* pretencioso(sa)
prétention [pʀetɑ̃sjɔ̃] *nf* pretensión *f* • **sans prétention** sencillo(lla)
prêter [pʀete] *vt* prestar • **prêter un livre à qqn** prestar un libro a alguien • **prêter attention à** prestar atención a
prétexte [pʀetɛkst] *nm* pretexto *m* • **sous prétexte que** con el pretexto de que
prétimbré, e [pʀetɛ̃bʀe] *adj* • **enveloppe prétimbrée** sobre *m* prepagado
prêtre [pʀɛtʀ] *nm* sacerdote *m*
preuve [pʀœv] *nf* prueba *f* • **faire preuve de** dar pruebas de • **faire ses preuves** dar prueba de su eficacia
prévenir [pʀevniʀ] *vt* avisar • **prévenir qqn de qqch** avisar a alguien de algo
préventif, ive [pʀevɑ̃tif, iv] *adj* preventivo(va)
prévention [pʀevɑ̃sjɔ̃] *nf* prevención *f* • **la prévention routière** ≃ (la Dirección General de) Tráfico *m*
prévenu, e [pʀevny] *pp* ➤ **prévenir** ◇ *nm, f DR* acusado *m*, -da *f*
prévisible [pʀevizibl] *adj* previsible
prévision [pʀevizjɔ̃] *nf* previsión *f* • **en prévision de** en previsión de • **prévisions météo(rologiques)** previsiones meteorológicas

prévoir [pʀevwaʀ] *vt* prever ● **comme prévu** (tal) como estaba previsto
prévoyant, e [pʀevwajɑ̃, ɑ̃t] *adj* previsor(ra)
prévu, e [pʀevy] *pp* ➤ **prévoir**
prier [pʀije] *vi* rezar ◇ *vt* rezar ● **prier qqn de faire qqch** rogar a alguien que haga algo ● **suivez-moi, je vous prie** sígame, por favor ● **merci - je vous en prie !** gracias - de nada! ● **je peux fumer ? - je t'en prie !** ¿puedo fumar? - por supuesto!
prière [pʀijɛʀ] *nf RELIG* oración *f* ▾ **prière de ne pas fumer** se ruega no fumar
primaire [pʀimɛʀ] *adj* primario(ria)
prime [pʀim] *nf* prima *f* ● **en prime** *(avec un achat)* de regalo
primeurs [pʀimœʀ] *nfpl* frutas y verduras *fpl*
primevère [pʀimvɛʀ] *nf* prímula *f*
primitif, ive [pʀimitif, iv] *adj* primitivo(va)
prince [pʀɛ̃s] *nm* príncipe *m*
princesse [pʀɛ̃sɛs] *nf* princesa *f*
principal, e, aux [pʀɛ̃sipal, o] *adj* principal ◆ **principal** *nm (d'un collège)* director *m*, -ra *f* ● **le principal** *(l'essentiel)* lo principal
principalement [pʀɛ̃sipalmɑ̃] *adv* principalmente
principe [pʀɛ̃sip] *nm* principio *m* ● **en principe** en principio
printemps [pʀɛ̃tɑ̃] *nm* primavera *f* ● **au printemps** en primavera
priori [pʀiɔʀi] ➤ **a priori**
prioritaire [pʀijɔʀitɛʀ] *adj* prioritario(ria)
priorité [pʀijɔʀite] *nf* prioridad *f* ▾ **priorité à droite** prioridad a la derecha ● **laisser la priorité** dar preferencia
pris, e [pʀi, iz] *pp* ➤ **prendre**
prise [pʀiz] *nf* **1.** *(à la pêche)* presa *f* **2.** *(point d'appui)* agarradero *m* ● **prise de courant** enchufe *m* ● **prise multiple** ladrón *m* ● **prise de sang** toma *f* de sangre
prison [pʀizɔ̃] *nf* cárcel *f* ● **en prison** en la cárcel
prisonnier, ère [pʀizɔnje, ɛʀ] *nm, f* prisionero *m*, -ra *f*
privé, e [pʀive] *adj* privado(da) ● **en privé** en privado
priver [pʀive] *vt* ● **priver qqn de qqch** privar a alguien de algo ◆ **se priver** *vp* ● **se priver (de qqch)** privarse (de algo)
privilège [pʀivilɛʒ] *nm* privilegio *m*
privilégié, e [pʀivileʒje] *adj* privilegiado(da)
prix [pʀi] *nm* **1.** *(d'un produit)* precio *m* **2.** *(récompense)* premio *m* ● **à tout prix** a toda costa
probable [pʀɔbabl] *adj* probable
probablement [pʀɔbabləmɑ̃] *adv* probablemente
problème [pʀɔblɛm] *nm* problema *m*
procédé [pʀɔsede] *nm* procedimiento *m*
procès [pʀɔsɛ] *nm* proceso *m* ● **faire un procès à qqn** poner pleito a alguien
procession [pʀɔsesjɔ̃] *nf* procesión *f*
processus [pʀɔsesys] *nm* proceso *m*
procès-verbal, aux [pʀɔsɛvɛʀbal, o] *nm* *(contravention)* multa *f*
prochain, e [pʀɔʃɛ̃, ɛn] *adj* próximo(ma) ● **le mois prochain** el mes que viene ● **la semaine prochaine** la semana que viene

proche [pʀɔʃ] *adj* **1.** *(dans le temps)* próximo(ma) **2.** *(dans l'espace)* cercano(na) • **être proche de** *(lieu, but)* estar cerca de ; *(personne, ami)* estar muy unido(da) a • **le Proche-Orient** el Oriente Próximo

procréation [pʀɔkʀeasjɔ̃] *nf* • **procréation médicalement assistée** procreación *f* médicamente asistida

procuration [pʀɔkyʀasjɔ̃] *nf* poder *m* • **donner procuration à qqn** dar poderes a alguien

procurer [pʀɔkyʀe] ◆ **se procurer** *vp* procurarse

procureur, e [pʀɔkyʀœʀ] *nm, f* • **procureur de la République** ≃ fiscal • **procureur général** ≃ fiscal *mf* del Tribunal Supremo

prodigieux, euse [pʀɔdiʒjø, øz] *adj* prodigioso(sa)

producteur, trice [pʀɔdyktœʀ, tʀis] *nm, f* productor *m*, -ra *f*

production [pʀɔdyksjɔ̃] *nf* producción *f*

produire [pʀɔdɥiʀ] *vt* producir ◆ **se produire** *vp* producirse

produit, e [pʀɔdɥi, it] *pp* ➤ **produire** ◆ **produit** *nm* producto *m* • **produits de beauté** productos de belleza • **produits laitiers** productos lácteos

prof [pʀɔf] *nmf (fam)* profe *mf*

professeur [pʀɔfɛsœʀ] *nm* profesor *m*, -ra *f* • **professeur d'anglais/de piano** profesor de inglés/de piano

profession [pʀɔfɛsjɔ̃] *nf* profesión *f* • **profession libérale** profesión liberal

professionnel, elle [pʀɔfɛsjɔnɛl] *adj & nm, f* profesional

profil [pʀɔfil] *nm* perfil *m* • **de profil** de perfil • **profil utilisateur** *INFORM* perfil de usuario

profit [pʀɔfi] *nm* **1.** *(avantage)* provecho *m* **2.** *(d'une entreprise)* beneficio *m*

profiter [pʀɔfite] ◆ **profiter de** *v + prep* aprovechar

profiterole [pʀɔfitʀɔl] *nf* • **profiteroles au chocolat** profiteroles *mpl* con chocolate

profond, e [pʀɔfɔ̃, ɔ̃d] *adj* profundo(da)

profondeur [pʀɔfɔ̃dœʀ] *nf* profundidad *f* • **à 10 mètres de profondeur** a diez metros de profundidad

programmateur, trice [pʀɔgʀamatœʀ, tʀis] *nm* programador *m*

programme [pʀɔgʀam] *nm* programa *m*

programmer [pʀɔgʀame] *vt* programar

programmeur, euse [pʀɔgʀamœʀ, øz] *nm, f* programador *m*, -ra *f*

progrès [pʀɔgʀɛ] *nm* progreso *m* ▼ **en progrès** *(appréciation)* progresa adecuadamente • **faire des progrès** hacer progresos

progresser [pʀɔgʀese] *vi* avanzar

progressif, ive [pʀɔgʀesif, iv] *adj* progresivo(va)

progressivement [pʀɔgʀesivmɑ̃] *adv* progresivamente

proie [pʀwa] *nf* presa *f*

projecteur [pʀɔʒɛktœʀ] *nm* proyector *m*

projection [pʀɔʒɛksjɔ̃] *nf* proyección *f*

projectionniste [pʀɔʒɛksjɔnist] *nmf* proyeccionista *mf*

projet [pʀɔʒɛ] *nm* proyecto *m* • **projet de loi** proyecto de ley

projeter [pʀɔʒte] *vt* proyectar • **projeter de faire qqch** planear hacer algo

prolongation [pʀɔlɔ̃gasjɔ̃] *nf* prolongación *f* ♦ **prolongations** *nfpl SPORT* prórroga *f*
prolongement [pʀɔlɔ̃ʒmɑ̃] *nm* prolongación *f* • **dans le prolongement de** en la prolongación de
prolonger [pʀɔlɔ̃ʒe] *vt* prolongar ♦ **se prolonger** *vp* prolongarse
promenade [pʀɔmnad] *nf* paseo *m* • **faire une promenade** dar un paseo
promener [pʀɔmne] *vt* pasear ♦ **se promener** *vp* pasearse
promesse [pʀɔmɛs] *nf* promesa *f* • **tenir ses promesses** cumplir sus promesas
promettre [pʀɔmɛtʀ] *vt* • **promettre qqch à qqn** prometer algo a alguien • **promettre à qqn de faire qqch** prometer a alguien hacer algo • **c'est promis** prometido
promis, e [pʀɔmi, iz] *pp* ➤ **promettre**
promotion [pʀɔmɔsjɔ̃] *nf* **1.** *(dans un emploi)* ascenso *m* **2.** *COMM* promoción *f* ▼ **en promotion** en oferta
pronom [pʀɔnɔ̃] *nm* pronombre *m*
prononcer [pʀɔnɔ̃se] *vt* pronunciar ♦ **se prononcer** *vp (mot)* pronunciarse • **se prononcer sur qqch** pronunciarse acerca de algo • **se prononcer en faveur de** pronunciarse en favor de
prononciation [pʀɔnɔ̃sjasjɔ̃] *nf* pronunciación *f*
pronostic [pʀɔnɔstik] *nm* pronóstico *m*
propagande [pʀɔpagɑ̃d] *nf* propaganda *f*
propager [pʀɔpaʒe] *vt* propagar ♦ **se propager** *vp* propagarse
prophétie [pʀɔfesi] *nf* profecía *f*
propice [pʀɔpis] *adj* propicio(cia)
proportion [pʀɔpɔʀsjɔ̃] *nf* proporción *f*
proportionnel, elle [pʀɔpɔʀsjɔnɛl] *adj* • **proportionnel à** proporcional a
propos [pʀɔpo] *nmpl* palabras *fpl* ◇ *nm* • **à propos,...** por cierto,... • **à propos de** con respecto a
proposer [pʀɔpoze] *vt* proponer • **proposer à qqn de faire qqch** proponer a alguien hacer algo
proposition [pʀɔpozisjɔ̃] *nf* proposición *f*
propre [pʀɔpʀ] *adj* **1.** *(linge, pièce)* limpio(pia) **2.** *(sens)* propio(pia) • **avec ma propre voiture** con mi propio coche
proprement [pʀɔpʀəmɑ̃] *adv (manger, travailler)* decentemente
propreté [pʀɔpʀəte] *nf* limpieza *f*
propriétaire [pʀɔpʀijetɛʀ] *nmf* propietario *m*, -ria *f*
propriété [pʀɔpʀijete] *nf* propiedad *f* ▼ **propriété privée** propiedad privada ♦ **propriétés** *nfpl INFORM* propiedades *fpl*
prose [pʀoz] *nf* prosa *f*
prospectus [pʀɔspɛktys] *nm* prospecto *m*
prospère [pʀɔspɛʀ] *adj* próspero(ra)
prostitué, e [pʀɔstitɥe] *nm*; *f* prostituto *m*, -ta *f*
protection [pʀɔtɛksjɔ̃] *nf* protección *f*
protège-cahier, s [pʀɔtɛʒkaje] *nm* forro *m*
protège-poignets [pʀɔtɛʒpwanjɛ] *nm inv* muñequera *f*
protéger [pʀɔteʒe] *vt* proteger • **protéger qqn de** ou **contre qqch** proteger a alguien de ou contra algo ♦ **se protéger (de)** *vp + prep* protegerse (de)

protestant, e [pʀɔtɛstɑ̃, ɑ̃t] *adj & nm, f* protestante
protester [pʀɔtɛste] *vi* protestar
prothèse [pʀɔtɛz] *nf* prótesis *f*
protocole [pʀɔtɔcɔl] *nm* protocolo *m*
prototype [pʀɔtɔtip] *nm* prototipo *m*
prouesse [pʀuɛs] *nf* proeza *f*
prouver [pʀuve] *vt* probar • **prouver le contraire** probar lo contrario
provenance [pʀɔvnɑ̃s] *nf* procedencia *f* • **en provenance de** procedente de
provençal, e, aux [pʀɔvɑ̃sal, o] *adj* provenzal
Provence [pʀɔvɑ̃s] *nf* • **la Provence** Provenza *f*
provenir [pʀɔvniʀ] ◆ **provenir de** *v + prep* proceder de
proverbe [pʀɔvɛʀb] *nm* proverbio *m*
provider [pʀovajdœʀ] *nm INFORM* proveedor *m* de acceso a Internet
province [pʀɔvɛ̃s] *nf* región *f* • **en province** en provincias
provincial, e, aux [pʀɔvɛ̃sjal, o] *adj* de provincias
proviseur [pʀɔvizœʀ] *nm* director *m*, -ra *f* (de instituto)
provisions [pʀɔvizjɔ̃] *nfpl* provisiones *fpl*
provisoire [pʀɔvizwaʀ] *adj* provisional
provocant, e [pʀɔvɔkɑ̃, ɑ̃t] *adj* provocador(ra)
provoquer [pʀɔvɔke] *vt* provocar
proximité [pʀɔksimite] *nf* • **à proximité (de)** cerca (de) ◆ **de proximité** *loc adj* • **commerce de proximité** comercio *m* a mano • **police de proximité** policía *f* comunitaria
proxy [pʀɔksi] *nm INFORM* proxy *m*
prudemment [pʀydamɑ̃] *adv* prudentemente
prudence [pʀydɑ̃s] *nf* prudencia *f* • **avec prudence** con prudencia
prudent, e [pʀydɑ̃, ɑ̃t] *adj* prudente
prune [pʀyn] *nf* ciruela *f*
pruneau, x [pʀyno] *nm* ciruela *f* pasa
PS [peɛs] *nm* **1.** (*abr de post-scriptum*) PD (*posdata*) **2.** (*abr de parti socialiste*) *partido socialista francés*
psychanalyse [psikanaliz] *nf* psicoanálisis *f inv*
psychanalyste [psikanalist] *nmf* psicoanalista *mf*
psychiatre [psikjatʀ] *nmf* psiquiatra *mf*
psychologie [psikɔlɔʒi] *nf* psicología *f*
psychologique [psikɔlɔʒik] *adj* psicológico(ca)
psychologue [psikɔlɔg] *nmf* psicólogo *m*, -ga *f*
pu [py] *pp* ➤ **pouvoir**
[1] **pub** [pœb] *nm* pub *m*
[2] **pub** [pyb] *nf* (*fam*) anuncio *m*
public, ique [pyblik] *adj* público(ca) ◆ **public** *nm* público *m* • **en public** en público
publication [pyblikasjɔ̃] *nf* publicación *f*
publicitaire [pyblisitɛʀ] *adj* publicitario(ria)
publicité [pyblisite] *nf* publicidad *f*
publier [pyblije] *vt* publicar
puce [pys] *nf* **1.** pulga *f* **2.** *INFORM* chip *m*
pudding [pudiŋ] = **pouding**
pudique [pydik] *adj* púdico(ca)
puer [pɥe] *vi* apestar ◇ *vt* apestar a

puéricultrice [pɥeʀikyltʀis] *nf* puericultora *f*
puéril, e [pɥeʀil] *adj* pueril
puis [pɥi] *adv* después
puisque [pɥiskə] *conj* ya que
puissance [pɥisɑ̃s] *nf* **1.** potencia *f* **2.** *(pouvoir)* poder *m*
puissant, e [pɥisɑ̃, ɑ̃t] *adj* **1.** *(influent)* poderoso(sa) **2.** *(fort)* potente
puisse etc ➤ **pouvoir**
puits [pɥi] *nm* pozo *m* • **puits de pétrole** pozo de petróleo
pull(-over), s [pyl(ɔvɛr)] *nm* jersey *m*
pulpe [pylp] *nf* pulpa *f*
pulsation [pylsasjɔ̃] *nf* pulsación *f*
pulvérisateur [pylveʀizatœʀ] *nm* pulverizador *m*
pulvériser [pylveʀize] *vt* pulverizar
punaise [pynɛz] *nf* **1.** *(insecte)* chinche *f* **2.** *(clou)* chincheta *f*
[1]**punch** [pɔ̃ʃ] *nm (boisson)* ponche *m*
[2]**punch** [pœnʃ] *nm (fam) (énergie)* dinamismo *m*
punir [pyniʀ] *vt* castigar
punition [pynisjɔ̃] *nf* castigo *m*
pupille [pypij] *nf (de l'œil)* pupila *f*
pupitre [pypitʀ] *nm* **1.** *(bureau)* pupitre *m* **2.** *(à musique)* atril *m*
pur, e [pyʀ] *adj* puro(ra)
purée [pyʀe] *nf* puré *m* • **purée (de pommes de terre)** puré (de patatas)
pureté [pyʀte] *nf* pureza *f*
purger [pyʀʒe] *vt* purgar
purification [pyʀifikasjɔ̃] *nf* • **purification ethnique** limpieza *f* étnica
purifier [pyʀifje] *vt* purificar
pur-sang [pyʀsɑ̃] *nm inv* pura sangre *m*
pus [py] *nm* pus *m*
puzzle [pœzl] *nm* rompecabezas *m*
PV [peve] *nm* (*abr de procès-verbal*) multa *f*
PVC [pevese] (*abr de polyvinyl chloride*) *nm* PVC *m (cloruro de polivinilo)*
pyjama [piʒama] *nm* pijama *m*
pylône [pilon] *nm* pilón *m*
pyramide [piʀamid] *nf* pirámide *f*
Pyrénées [piʀene] *nfpl* • **les Pyrénées** los Pirineos
Pyrex® [piʀɛks] *nm* pírex® *m*

qQ

QI [kyi] *nm* (*abr de quotient intellectuel*) CI *m (coeficiente intelectual)*
qu' ➤ **que**
quad [kwad] *nm (moto)* quad *m*
quadra [kadʀa] (*abr de quadragénaire*) (*fam*) *nmf* cuarentón *m*, -ona *f*
quadrillé, e [kadʀije] *adj* cuadriculado(da)
quadruple [k(w)adʀypl] *nm* • **le quadruple (de)** el cuádruple (de)
quai [kɛ] *nm* **1.** *(de port)* muelle *m* **2.** *(de gare, du métro)* andén *m*
qualification [kalifikasjɔ̃] *nf* calificación *f*
qualifié, e [kalifje] *adj* cualificado(da)
qualifier [kalifje] *vt* • **qualifier qqch/qqn de** calificar algo/a alguien de ♦ **se qualifier** *vp* calificarse

qualité [kalite] *nf* calidad *f* ● **de (bonne) qualité** de (buena) calidad

quand [kɑ̃] *conj*

1. cuando

2. *(dans des expressions)* ● **quand même** *(malgré tout)* a pesar de todo ● **quand même !** *(enfin)* ¡por fin! ● **quand même, tu es un peu gonflé !** *(fam) (exprime l'indignation)* ¡tienes un poco de cara!, ¿no?

◇ *adv* cuándo ● **je me demande quand il va arriver** me pregunto cuándo va a llegar

quant [kɑ̃] ◆ **quant à** *prép* en cuanto a

quantité [kɑ̃tite] *nf* cantidad *f* ● **une quantité** ou **des quantités de** cantidad de

quarantaine [kaʀɑ̃tɛn] *nf (isolement)* cuarentena *f* ● **être en quarantaine** estar en cuarentena ● **une quarantaine (de)** unos cuarenta ● **avoir la quarantaine** tener la cuarentena

quarante [kaʀɑ̃t] *adj num & pron num* cuarenta ◇ *nm* cuarenta *m* ● **il a quarante ans** tiene cuarenta años ● **page quarante** página cuarenta ● **ils étaient quarante** eran cuarenta ● **(au) quarante rue Lepic** (en la) calle Lepic número cuarenta

quarantième [kaʀɑ̃tjɛm] *adj num & pron num* cuadragésimo(ma) ◇ *nm (fraction)* cuadragésima parte *f*

quart [kaʀ] *nm* cuarto *m* ● **cinq heures et quart** las cinco y cuarto ● **cinq heures moins le quart** las cinco menos cuarto ● **un quart d'heure** un cuarto de hora

quartier [kaʀtje] *nm* **1.** *(d'une ville)* barrio *m* **2.** *(d'orange)* gajo *m* ● **le Quartier latin** *barrio de París al lado del Sena que se asocia a los estudiantes y artistas*

Le Quartier latin

El *Quartier latin* es un barrio de París situado en la orilla izquierda del Sena. Centro estudiantil desde la creación de la Sorbona en la Edad Media, debe su nombre a que los estudiantes de esta universidad de teología, provenientes de toda Europa, solían hablar latín entre ellos. Además de las facultades de letras y derecho de la Sorbona, de *lycées* prestigiosos y bibliotecas, pueden encontrarse en él numerosas librerías, cafeterías, cines de arte y ensayo, y es una zona con mucha animación nocturna.

quart-monde [kaʀmɔ̃d] *(pl* **quarts-mondes***) nm* cuarto mundo *m*

quartz [kwaʀts] *nm* cuarzo *m* ● **montre à quartz** reloj *m* de cuarzo

quasiment [kazimɑ̃] *adv* casi, prácticamente

quatorze [katɔʀz] *adj num & pron num* catorce ◇ *nm* catorce *m* ● **il a quatorze ans** tiene catorce años ● **il est quatorze heures** son las dos de la tarde ● **le quatorze janvier** el catorce de enero ● **page quatorze** página catorce ● **ils étaient quatorze** eran catorce ● **(au) quatorze rue Lepic** (en la) calle Lepic número catorce

quatorzième [katɔʀzjɛm] *adj num & pron num* decimocuarto(ta) ◇ *nm* **1.** *(fraction)* decimocuarta parte *f* **2.** *(étage)* decimocuarto *m* (piso) **3.** *(arrondissement)* distrito *m* catorce o decimocuarto

quatre [katʀ] *adj num & pron num* cuatro ◇ *nm* cuatro *m* ● **monter les escaliers quatre à quatre** subir las escaleras de cuatro en cuatro ● **à quatre pattes** a cuatro patas ● **il a quatre ans** tiene cuatro años ● **il est quatre heures** son las cuatro ● **le quatre janvier** el cuatro de enero ● **page quatre** página cuatro ● **ils étaient quatre** eran cuatro ● **le quatre de pique** el cuatro de picas ● **(au) quatre rue Lepic** (en la) calle Lepic número cuatro

quatre-quarts [katkaʀ] *nm inv bizcocho compuesto de cuatro ingredientes a partes iguales*

quatre-quatre [kat(re)katʀ] *nm inv* (coche) todoterreno *m*

quatre-vingt [katʀəvɛ̃] = **quatre-vingts**

quatre-vingt-dix [katʀəvɛ̃dis] *adj num & pron num* noventa ◇ *nm* noventa *m* ● **il a quatre-vingt-dix ans** tiene noventa años ● **page quatre-vingt-dix** página noventa ● **ils étaient quatre-vingt-dix** eran noventa ● **(au) quatre-vingt-dix rue Lepic** (en la) calle Lepic número noventa

quatre-vingt-dixième [katʀəvɛ̃dizjɛm] *adj num & pron num* nonagésimo(ma) ◇ *nm (fraction)* nonagésima parte *f*

quatre-vingtième [katʀəvɛ̃tjɛm] *adj num & pron num* octogésimo(ma) ◇ *nm (fraction)* octogésima parte *f*

quatre-vingts [katʀəvɛ̃] *adj num & pron num* ochenta ◇ *nm* ochenta *m* ● **il a quatre-vingts ans** tiene ochenta años ● **quatre-vingt trois ans** ochenta y tres años ● **page quatre-vingts** página ochenta ● **ils étaient quatre-vingts** eran ochenta ● **(au) quatre-vingts rue Lepic** (en la) calle Lepic número ochenta

quatrième [katʀijɛm] *adj num & pron num* cuarto(ta) ◇ *nf* **1.** *SCOL* ≃ segundo *m* de ESO *(educación secundaria obligatoria)* **2.** *(vitesse)* cuarta *f* ◇ *nm* **1.** *(fraction)* cuarta parte *f* **2.** *(étage)* cuarto *m* (piso) **3.** *(arrondissement)* distrito *m* cuatro o cuarto

que [kə] *conj*

1. *(introduit une subordonnée)* que ● **voulez-vous que je ferme la fenêtre ?** ¿quiere que cierre la ventana? ● **je sais que tu es là** sé que estás ahí

2. *(exprime une restriction)* ● **je n'ai qu'une sœur** no tengo más que una hermana

3. *(dans une comparaison)* ➤ **aussi, autant, même, moins, plus**

4. *(exprime l'hypothèse)* ● **que nous partions aujourd'hui ou demain...** que nos vayamos hoy o mañana...

5. *(remplace une autre conjonction)* ● **comme il pleut et que je n'ai pas de parapluie...** como llueve y no tengo paraguas...

◇ *pron rel*

1. *(désigne une personne)* (al) que, (a la) que ● **la personne que vous voyez là-bas** la persona que ve allí

2. *(désigne une chose)* que ● **le train que nous prenons part dans 10 minutes** el tren que cogemos sale dentro de 10 minutos ● **les livres qu'il m'a prêtés** los libros que me ha prestado

◇ *pron interr* qué ● **qu'a-t-il dit** ou **qu'est-ce qu'il a dit ?** ¿qué ha dicho? ● **qu'est-ce**

qui ne va pas ? ¿qué ocurre? • **je ne sais plus que faire** ya no sé qué hacer
◇ *adv (dans une exclamation)* • **que c'est beau** ou **qu'est-ce que c'est beau !** ¡qué bonito!

Québec [kebɛk] *nm* • **le Québec** Quebec *m*

québécois, e [kebekwa, az] *adj* quebequés(esa) ♦ **Québécois, e** *nm, f* quebequés *m*, -esa *f*

quel, quelle [kɛl] *adj*
1. *(interrogatif)* qué • **quels amis comptez-vous aller voir ?** ¿(a) qué amigos vais a ver? • **quelle heure est-il ?** ¿qué hora es? • **quel vin préfères-tu ?** ¿qué vino prefieres? • **quelle vendeuse s'est occupée de vous ?** ¿qué dependienta le ha atendido?
2. *(exclamatif)* qué • **quel beau temps !** ¡qué buen tiempo!
3. *(avec « que »)* • **tous les Français quels qu'ils soient** todos los franceses, sean quienes sean • **quel que soit le menu, il est toujours content** sea cual sea el menú, siempre está contento
◇ *pron interr* ¿cuál? • **quel est le plus intéressant des deux musées ?** ¿cuál de los dos museos es el más interesante?

quelconque [kɛlkɔ̃k] *adj* cualquiera

quelque [kɛlk(ə)] *adj (un peu de)* alguno(na) • **dans quelque temps** dentro de algún tiempo ; *(avec «que»)* sea cual sea • **quelque route que je prenne** sea cual sea la carretera que coja
♦ **quelques** *adj*
1. *(plusieurs)* algunos(nas) • **j'ai quelques lettres à écrire** tengo que escribir algunas cartas
2. *(dans des expressions)* • **20 euros et quelques** 20 euros y pico • **il est midi et quelques** son las doce y pico

quelque chose [kɛlkəʃoz] *pron* algo • **il y a quelque chose de bizarre** hay algo raro

quelquefois [kɛlkəfwa] *adv* a veces

quelque part [kɛlkəpaʀ] *adv* 1. *(sans mouvement)* en alguna parte 2. *(avec mouvement)* a alguna parte

quelques-uns, quelques-unes [kɛlkəzœ̃, kɛlkəzyn] *pron* algunos(nas)

quelqu'un [kɛlkœ̃] *pron* alguien

qu'en-dira-t-on [kɑ̃diʀatɔ̃] *nm inv* • **le qu'en-dira-t-on** el qué dirán

quenelle [kənɛl] *nf rulo de pescado o carne picados con huevos y nata*

qu'est-ce que [kɛskə] ➤ que

qu'est-ce qui [kɛski] ➤ que

question [kɛstjɔ̃] *nf* 1. *(interrogation)* pregunta *f* 2. *(sujet)* cuestión *f* • **l'affaire en question** el asunto en cuestión • **il est question de qqch** se trata de algo • **il est question de faire qqch** es cuestión de hacer algo • **(il n'en est) pas question !** ¡ni hablar! • **remettre qqch en question** poner algo en duda

questionnaire [kɛstjɔnɛʀ] *nm* cuestionario *m*

questionner [kɛstjɔne] *vt* interrogar

quête [kɛt] *nf (d'argent)* colecta *f* • **faire la quête** hacer una colecta • **être en quête de qqch** buscar algo

quêter [kete] *vi* colectar

quetsche [kwɛtʃ] *nf* ciruela *f* damascena

queue [kø] *nf* cola *f* • **faire la queue** hacer cola • **à la queue leu leu** en fila india

• **faire une queue de poisson à qqn** cerrar a alguien

queue-de-cheval [kødʃəval] (*pl* **queues-de-cheval**) *nf* cola *f* de caballo

qui [ki] *pron rel*

1. (*sujet*) que • **les passagers qui doivent changer d'avion** los pasajeros que tengan que hacer transbordo • **la route qui mène à Bordeaux** la carretera que conduce a Burdeos

2. (*complément d'objet*) quien • **tu vois qui je veux dire** ves a quien me refiero • **invite qui tu veux** invita a quien quieras • **la personne à qui j'ai parlé** la persona con quien he hablado

3. (*quiconque*) • **qui que ce soit** quienquiera que sea

4. (*dans des expressions*) • **qui plus est** encima

◇ *pron interr*

1. (*sujet*) quién • **qui êtes-vous ?** ¿quién es usted? • **je voudrais savoir qui viendra** me gustaría saber quién vendrá

2. (*complément d'objet*) quién • **qui demandez-vous** ou **qui est-ce que vous demandez ?** ¿por quién pregunta? • **dites-moi qui vous demandez** dígame por quién pregunta • **à qui dois-je m'adresser ?** ¿a quién debo preguntar?

quiche [kiʃ] *nf* • **quiche (lorraine)** *pastel salado a base de hojaldre, huevos y trocitos de beicon*

quiconque [kikɔ̃k] *pron* cualquiera que

quille [kij] *nf* **1.** (*de jeu*) bolo *m* **2.** (*d'un bateau*) quilla *f*

quincaillerie [kɛ̃kajʀi] *nf* (*boutique*) ferretería *f*

quinqua [kɛ̃ka] (*abr de quinquagénaire*) (*fam*) *nmf* cincuentón *m*, -ona *f*

quinquennat [kɛ̃kena] *nm periodo de cinco años correspondiente al mandato del presidente de la República en Francia*

quinte [kɛ̃t] *nf* • **quinte de toux** ataque *m* de tos

quintuple [kɛ̃typl] *nm* quíntuplo *m* • **le quintuple (de)** el quíntuplo (de)

quinzaine [kɛ̃zɛn] *nf* (*deux semaines*) quincena *f* • **une quinzaine (de)** una quincena (de)

quinze [kɛ̃z] *adj num & pron num* quince ◇ *nm* quince *m* • **il a quinze ans** tiene quince años • **il est quinze heures** son las tres de la tarde • **le quinze janvier** el quince de enero • **dans quinze jours** dentro de quince días • **page quinze** página quince • **ils étaient quinze** eran quince • **(au) quinze rue Lepic** (en la) calle Lepic número quince

quinzième [kɛ̃zjɛm] *adj num & pron num* decimoquinto(ta) ◇ *nm* **1.** (*fraction*) decimoquinta parte *f* **2.** (*étage*) decimoquinto *m* (piso) **3.** (*arrondissement*) distrito *m* quince ou decimoquinto

quiproquo [kipʀɔko] *nm* equívoco *m*

quittance [kitɑ̃s] *nf* recibo *m* • **quittance de loyer** recibo del alquiler

quitte [kit] *adj* • **être quitte (envers qqn)** estar en paz (con alguien) • **quitte à y aller en taxi** aunque tengamos que ir en taxi

quitter [kite] *vt* **1.** (*un lieu*) irse de **2.** (*une personne*) dejar **3.** INFORM salir • **ne quittez pas** (*au téléphone*) no cuelgue ◆ **se quitter** *vp* separarse

quoi [kwa] *pron interr*

1. *(employé seul)* qué • **c'est quoi ?** *(fam)* ¿qué es? • **quoi de neuf ?** ¿qué hay de nuevo? • **quoi ?** *(pour faire répéter)* ¿qué?
2. *(complément d'objet direct)* qué • **je ne sais pas quoi dire** no sé qué decir
3. *(après une préposition)* qué • **à quoi penses-tu ?** ¿en qué piensas? • **à quoi bon ?** ¿para qué?
4. *(fam)* *(exclamatif)* • **allez, quoi !** ¡venga, hombre!
5. *(dans des expressions)* • **tu viens ou quoi ?** *(fam)* ¿vienes o qué? • **quoi qu'il dise** diga lo que diga • **quoi qu'il en soit** sea como sea
◇ *pron rel (après préposition)* • **sans quoi** si no • **ce à quoi je pense** lo que estoy pensando • **avoir de quoi manger/vivre** tener de qué comer/vivir • **avez-vous de quoi écrire ?** ¿tiene con qué escribir? • **merci - il n'y a pas de quoi** gracias - no hay de qué

quoique [kwakə] *conj* aunque

quotidien, enne [kɔtidjɛ̃, ɛn] *adj* diario(ria) ♦ **quotidien** *nm* diario *m*

quotient [kɔsjɑ̃] *nm* cociente *m* • **quotient intellectuel** coeficiente *m* intelectual

rR

rabâcher [ʀabaʃe] *vt* machacar

rabais [ʀabɛ] *nm* descuento *m*

rabaisser [ʀabɛse] *vt* rebajar

rabat [ʀaba] *nm* 1. *(de poche)* carterilla *f* 2. *(d'enveloppe)* solapa *f*

rabat-joie [ʀabajwa] *nm inv* aguafiestas *mf inv*

rabattre [ʀabatʀ] *vt (replier)* plegar ♦ **se rabattre** *vp (automobiliste)* cerrarse • **se rabattre sur** *(choisir)* conformarse con

rabbin [ʀabɛ̃] *nm* rabino *m*

rabot [ʀabo] *nm* cepillo *m (de carpintería)*

raboter [ʀabɔte] *vt* cepillar *(madera)*

rabougri, e [ʀabugʀi] *adj* desmedrado(da)

raccommoder [ʀakɔmɔde] *vt* zurcir

raccompagner [ʀakɔ̃paɲe] *vt* acompañar

raccord [ʀakɔʀ] *nm* 1. *(de tuyau)* empalme *m* 2. *(de papier peint)* unión *f*

raccourci [ʀakuʀsi] *nm* 1. atajo *m* 2. *INFORM* tecla *f* aceleradora • **créer un raccourci (sur le bureau)** crear una tecla aceleradora (en el escritorio) • **raccourcis clavier** métodos *mpl* abreviados de teclado

raccourcir [ʀakuʀsiʀ] *vt* acortar ◇ *vi* acortarse

raccrocher [ʀakʀɔʃe] *vt* 1. *(tableau)* volver a colgar 2. *(remorque)* volver a enganchar ◇ *vi (au téléphone)* colgar

race [ʀas] *nf* raza *f* • **de race** de raza

racheter [ʀaʃte] *vt* comprar más • **racheter qqch à qqn** comprar algo a alguien ♦ **se racheter** *vp* hacer méritos

racial, e, aux [ʀasjal, o] *adj* racial

racine [ʀasin] *nf* raíz *f* • **racine carrée** raíz cuadrada

racisme [ʀasism] *nm* racismo *m*

raciste [ʀasist] *adj & nmf* racista

racket [ʀakɛt] *nm* extorsión *f*

racketter [ʀakete] *vt* extorsionar

raclée [Rakle] *nf* paliza *f*
racler [Rakle] *vt* raspar ◆ **se racler** *vp* ● **se racler la gorge** aclararse la garganta
raclette [Raklɛt] *nf plato típico suizo a base de queso fundido y patatas*
racontars [Rakɔ̃taR] *nmpl* (*fam*) chismes *mpl*
raconter [Rakɔ̃te] *vt* contar ● **raconter qqch à qqn** contar algo a alguien ● **raconter à qqn que** contar a alguien que ● **on raconte que...** cuentan que...
radar [RadaR] *nm* radar *m*
radeau, x [Rado] *nm* balsa *f*
radiateur [RadjatœR] *nm* radiador *m*
radiations [Radjasjɔ̃] *nfpl* radiaciones *fpl*
radical, e, aux [Radikal, o] *adj* radical ◆ **radical** *nm* radical *m*
radieux, euse [Radjø, øz] *adj* radiante
radin, e [Radɛ̃, in] *adj* tacaño(ña)
radio [Radjo] *nf* **1.** radio *f* **2.** *MÉD* radiografía *f* ● **à la radio** en la radio
radioactif, ive [Radjɔaktif, iv] *adj* radioactivo(va)
radiocassette [Radjɔkasɛt] *nf* radiocasete *m*
radiographie [RadjɔgRafi] *nf* radiografía *f*
radiologue [Radjɔlɔg] *nmf* radiólogo *m*, -ga *f*
radio-réveil [RadjɔRevɛj] (*pl* **radios-réveils**) *nm* radio despertador *m*
radis [Radi] *nm* rábano *m*
radoter [Radɔte] *vi* chochear
radoucir [RadusiR] ◆ **se radoucir** *vp* suavizarse
rafale [Rafal] *nf* ráfaga *f*
raffermir [RafɛRmiR] *vt* fortalecer
raffiné, e [Rafine] *adj* refinado(da)
raffinement [Rafinmɑ̃] *nm* refinamiento *m*
raffinerie [RafinRi] *nf* refinería *f*
raffoler [Rafɔle] ◆ **raffoler de** *v* + *prep* volverse loco(ca) por
rafler [Rafle] *vt* (*fam*) (*emporter*) arramblar con
rafraîchir [RafRɛʃiR] *vt* refrescar ◆ **se rafraîchir** *vp* **1.** (*boire*) tomar algo fresco **2.** (*temps*) refrescar
rafraîchissant, e [RafRɛʃisɑ̃, ɑ̃t] *adj* refrescante
rafraîchissement [RafRɛʃismɑ̃] *nm* refresco *m*
rage [Raʒ] *nf* rabia *f* ● **rage de dents** dolor *m* de muelas
ragots [Rago] *nmpl* (*fam*) cotilleos *mpl*
ragoût [Ragu] *nm* ragú *m*
raide [Rɛd] *adj* **1.** (*cheveux*) lacio(cia) **2.** (*personne, démarche*) rígido(da) **3.** (*pente*) empinado(da) ◇ *adv* ● **tomber raide mort** caer fulminado
raidir [RediR] *vt* endurecer ◆ **se raidir** *vp* ponerse tieso(sa)
raie [Rɛ] *nf* raya *f*
rails [Raj] *nmpl* raíles *mpl*
rainure [RenyR] *nf* ranura *f*
raisin [Rɛzɛ̃] *nm* uva *f* ● **raisins secs** uvas pasas
raison [Rɛzɔ̃] *nf* razón *f* ● **à raison de** a razón de ● **avoir raison** tener razón ● **tu as raison de venir** haces bien en venir ● **en raison de** con motivo de
raisonnable [Rɛzɔnabl] *adj* razonable
raisonnement [Rɛzɔnmɑ̃] *nm* razonamiento *m*

raisonner [ʀɛzɔne] *vi* razonar ◇ *vt* hacer entrar en razón
rajeunir [ʀaʒœniʀ] *vi* rejuvenecer ◇ *vt* **1.** *(faire paraître plus jeune)* rejuvenecer **2.** *(attribuer un âge moindre)* echar menos años
rajouter [ʀaʒute] *vt* añadir
ralenti [ʀalɑ̃ti] *nm* **1.** *(d'un moteur)* ralentí *m* **2.** *(au cinéma)* cámara *f* lenta • **au ralenti** *(fonctionner)* al ralentí ; *(passer une scène)* a cámara lenta
ralentir [ʀalɑ̃tiʀ] *vt* ralentizar ◇ *vi* ir más despacio
râler [ʀale] *vi* gruñir
rallonge [ʀalɔ̃ʒ] *nf* **1.** *(de table)* larguero *m* **2.** *(électrique)* alargador *m*
rallonger [ʀalɔ̃ʒe] *vt* alargar ◇ *vi* alargarse
rallumer [ʀalyme] *vt* volver a encender
rallye [ʀali] *nm* rally *m*
RAM [ʀam] (*abr de Random Access Memory*) *nf inv* RAM *f inv*
ramadan [ʀamadɑ̃] *nm* ramadán *m*
ramassage [ʀamasaʒ] *nm* • **ramassage scolaire** transporte *m* escolar
ramasser [ʀamase] *vt* recoger
rambarde [ʀɑ̃baʀd] *nf* barandilla *f (de protección)*
rame [ʀam] *nf* **1.** *(aviron)* remo *m* **2.** *(de métro)* tren *m*
ramener [ʀamne] *vt* **1.** *(raccompagner)* llevar **2.** *(amener de nouveau)* volver a llevar
ramequin [ʀamkɛ̃] *nm* cuenco *m*
ramer [ʀame] *vi* remar
ramollir [ʀamɔliʀ] *vt* ablandar ♦ **se ramollir** *vp* ablandarse
ramoner [ʀamɔne] *vt* deshollinar
rampe [ʀɑ̃p] *nf* **1.** *(d'escalier)* barandilla *f* **2.** *(d'accès)* rampa *f*
ramper [ʀɑ̃pe] *vi* **1.** *(animal)* reptar **2.** *(persona)* arrastrarse
rampon [ʀɑ̃pɔ̃] *nm* (*Helv*) hierba *f* de canónigo
rance [ʀɑ̃s] *adj* rancio(cia)
ranch [ʀɑ̃tʃ] (*pl* **ranchs** OU **ranches**) *nm* rancho *m*
rançon [ʀɑ̃sɔ̃] *nf* rescate *m*
rancune [ʀɑ̃kyn] *nf* rencor *m* • **sans rancune !** ¡sin rencor!
rancunier, ère [ʀɑ̃kynje, ɛʀ] *adj* rencoroso(sa)
randonnée [ʀɑ̃dɔne] *nf* paseo *m* • **randonnée pédestre** marcha *f*
rang [ʀɑ̃] *nm* **1.** *(rangée)* fila *f* **2.** *(place)* posición *f* • **se mettre en rang** ponerse en fila
rangé, e [ʀɑ̃ʒe] *adj* ordenado(da)
rangée [ʀɑ̃ʒe] *nf* fila *f*
rangement [ʀɑ̃ʒmɑ̃] *nm* **1.** *(d'une chambre, de vêtements)* orden *m* **2.** *(placard)* alacena *f*
ranger [ʀɑ̃ʒe] *vt* ordenar ♦ **se ranger** *vp (en voiture)* echarse a un lado
ranimer [ʀanime] *vt* **1.** *(blessé)* reanimar **2.** *(feu)* avivar
rap [ʀap] *nm* rap *m*
rapace [ʀapas] *nm* rapaz *f*
rapatrier [ʀapatʀije] *vt* repatriar
râpe [ʀap] *nf* **1.** rallador *m* **2.** (*Helv*) (*fam*) (*avare*) tacaño *m*, -ña *f*
râper [ʀape] *vt* rallar
rapetisser [ʀaptise] *vi* reducir de tamaño
râpeux, euse [ʀapø, øz] *adj* áspero(ra)
raphia [ʀafja] *nm* rafia *f*

rapide [ʀapid] *adj* rápido(da)
rapidement [ʀapidmɑ̃] *adv* rápidamente
rapidité [ʀapidite] *nf* rapidez *f*
rapiécer [ʀapjese] *vt* remendar
rappel [ʀapɛl] *nm (de paiement)* advertencia *f* ▾ **rappel** *(panneau routier)* recuerde
rappeler [ʀaple] *vt* **1.** *(faire revenir)* llamar **2.** *(au téléphone)* volver a llamar ● **rappeler qqch à qqn** recordar algo a alguien ◆ **se rappeler** *vp* acordarse
rapport [ʀapɔʀ] *nm* **1.** *(compte-rendu)* informe *m* **2.** *(point commun)* conexión *f* **3.** *(relation)* relación *f* ● **par rapport à** con relación a ● **rapports (sexuels) protégés** relaciones (sexuales) protegidas
rapporter [ʀapɔʀte] *vt* **1.** *(rendre)* devolver **2.** *(argent, avantage)* reportar ◇ *vi (être avantageux)* reportar ◆ **se rapporter à** *vp + prep* referirse a
rapporteur, euse [ʀapɔʀtœʀ, øz] *nm, f* chivato *m*, -ta *f* ◆ **rapporteur** *nm MATH* transportador *m*
rapprocher [ʀapʀɔʃe] *vt* acercar ◆ **se rapprocher** *vp* acercarse ● **se rapprocher de** *(dans l'espace)* acercarse de ; *(affectivement)* acercarse a
raquette [ʀakɛt] *nf* raqueta *f*
rare [ʀaʀ] *adj* **1.** *(peu fréquent)* raro(ra) **2.** *(peu nombreux)* escaso(sa)
rarement [ʀaʀmɑ̃] *adv* raramente
ras, e [ʀa, ʀaz] *adj* raso(sa) ◆ **ras** *adv* ● **(à) ras** al raso ● **au ras de** a ras de ● **à ras bord** hasta el borde ● **en avoir ras le bol** estar hasta las narices
raser [ʀaze] *vt* **1.** *(barbe, personne)* afeitar **2.** *(frôler)* rozar ◆ **se raser** *vp* afeitarse
rasoir [ʀazwaʀ] *nm* maquinilla *f* de afeitar ● **rasoir électrique** maquinilla eléctrica
rassasié, e [ʀasazje] *adj* saciado(da)
rassembler [ʀasɑ̃ble] *vt* juntar ◆ **se rassembler** *vp* juntarse
rasseoir [ʀaswaʀ] ◆ **se rasseoir** *vp* volverse a sentar
rassis, e [ʀasi, iz] *pp* ➤ **rasseoir** ◇ *adj (pain)* duro(ra)
rassurant, e [ʀasyʀɑ̃, ɑ̃t] *adj* tranquilizador(ra)
rassurer [ʀasyʀe] *vt* tranquilizar
rat [ʀa] *nm* rata *f*
ratatiné, e [ʀatatine] *adj* arrugado(da)
ratatouille [ʀatatuj] *nf* ≃ pisto *m*
râteau, x [ʀato] *nm* rastrillo *m*
rater [ʀate] *vt* **1.** *(cible)* fallar **2.** *(examen)* suspender **3.** *(train)* perder ◇ *vi* fracasar
ration [ʀasjɔ̃] *nf* ración *f*
rationnel, elle [ʀasjɔnɛl] *adj* racional
ratisser [ʀatise] *vt* pasar el rastrillo
RATP [ɛʀatepe] (*abr de Régie autonome des transports parisiens*) *nf compañía de transportes de París* ≃ EMT *f (Empresa Municipal de Transportes)*
rattacher [ʀataʃe] *vt* ● **rattacher qqch à** *(attacher)* volver a atar algo a ; *(relier)* vincular algo a
ratte [ʀat] *nf (pomme de terre) variedad de patata alargada*
rattrapage [ʀatʀapaʒ] *nm SCOL* recuperación *f*
rattraper [ʀatʀape] *vt* **1.** atrapar **2.** *(retard)* recuperar ◆ **se rattraper** *vp* **1.** *(se retenir)* agarrarse **2.** *(d'une erreur)* corregirse
rature [ʀatyʀ] *nf* tachadura *f*
rauque [ʀok] *adj* ronco(ca)

ravages [ʀavaʒ] *nmpl* • **faire des ravages** hacer estragos
ravaler [ʀavale] *vt (façade)* restaurar
rave [ʀɛv] *nf* fiesta *f* rave
ravi, e [ʀavi] *adj* encantado(da) • **ravi de faire votre connaissance !** ¡encantado de conocerlo!
ravin [ʀavɛ̃] *nm* barranco *m*
ravioli(s) [ʀavjɔli] *nmpl* raviolis *mpl*
raviser [ʀavize] ◆ **se raviser** *vp* cambiar de opinión
ravissant, e [ʀavisɑ̃, ɑ̃t] *adj* encantador(ra)
ravisseur, euse [ʀavisœʀ, øz] *nm, f* secuestrador *m*, -ra *f*
ravitaillement [ʀavitajmɑ̃] *nm* **1.** *(action)* abastecimiento *m* **2.** *(provisions)* provisiones *fpl*
ravitailler [ʀavitaje] *vt* abastecer
rayé, e [ʀɛje] *adj* **1.** *(tissu)* de ou a rayas **2.** *(disque, verre)* rayado(da)
rayer [ʀɛje] *vt* **1.** *(abîmer)* rayar **2.** *(barrer)* tachar
rayon [ʀɛjɔ̃] *nm* **1.** *(de soleil, de lumière)* rayo *m* **2.** *(d'un cercle, d'une roue)* radio *m* • **rayons X** rayos X
rayonnage [ʀɛjɔnaʒ] *nm* estantería *f*
rayonner [ʀɛjɔne] *vi (visage, personne)* irradiar • **rayonner autour de** *(ville)* moverse por los alrededores de
rayure [ʀɛjyʀ] *nf* raya *f* • **à rayures** de rayas
raz(-)de(-)marée [ʀadmaʀe] *nm inv* maremoto *m*
réacteur [ʀeaktœʀ] *nm* reactor *m*
réaction [ʀeaksjɔ̃] *nf* reacción *f*
réagir [ʀeaʒiʀ] *vi* reaccionar
réalisateur, trice [ʀealizatœʀ, tʀis] *nm, f* realizador *m*, -ra *f*
réaliser [ʀealize] *vt* **1.** realizar **2.** *(comprendre)* darse cuenta de ◆ **se réaliser** *vp* realizarse
réaliste [ʀealist] *adj* realista
réalité [ʀealite] *nf* realidad *f* • **en réalité** en realidad • **réalité virtuelle** realidad virtual
réanimation [ʀeanimasjɔ̃] *nf* reanimación *f*
rebelle [ʀebɛl] *nmf* rebelde *mf*
rebeller [ʀəbɛle] ◆ **se rebeller** *vp* rebelarse
rebondir [ʀəbɔ̃diʀ] *vi* rebotar
rebondissement [ʀəbɔ̃dismɑ̃] *nm (d'une affaire)* vuelta *f* a la actualidad
rebord [ʀəbɔʀ] *nm* borde *m*
reboucher [ʀəbuʃe] *vt* tapar
rebrousse-poil [ʀəbʀuspwal] ◆ **à rebrousse-poil** *adv* a contrapelo
rebrousser [ʀəbʀuse] *vt* • **rebrousser chemin** desandar lo andado
rébus [ʀebys] *nm* jeroglífico *m*
récapituler [ʀekapityle] *vt* recapitular
récemment [ʀesamɑ̃] *adv* recientemente
recensement [ʀəsɑ̃smɑ̃] *nm* censo *m*
récent, e [ʀesɑ̃, ɑ̃t] *adj* reciente
récépissé [ʀesepise] *nm* resguardo *m*
récepteur [ʀesɛptœʀ] *nm* receptor *m*
réception [ʀesɛpsjɔ̃] *nf* recepción *f* ▾ **s'adresser à la réception** preguntar en recepción • **laisser qqch à la réception** dejar algo en la recepción • **à réception du colis** a la recepción del paquete
réceptionniste [ʀesɛpsjɔnist] *nmf* recepcionista *mf*

recette [Rəsɛt] *nf* **1.** *(de cuisine)* receta *f* **2.** *(argent gagné)* ingresos *mpl*
recevoir [Rəsəvwar] *vt* **1.** recibir **2.** *(candidat)* aprobar
rechange [Rəʃɑ̃ʒ] ◆ **de rechange** *adj* de recambio
recharge [Rəʃarʒ] *nf* recambio *m*
rechargeable [Rəʃarʒabl] *adj* recargable
recharger [Rəʃarʒe] *vt* recargar
réchaud [reʃo] *nm* hornillo *m* ● **réchaud à gaz** hornillo de gas
réchauffement [reʃofmɑ̃] *nm* ● **réchauffement de la planète** calentamiento *m* del planeta
réchauffer [reʃofe] *vt* calentar ◆ **se réchauffer** *vp* calentarse ● **se réchauffer les mains** calentarse las manos
recherche [Rəʃɛrʃ] *nf (scientifique)* investigación *m* ● **faire des recherches** *(pour un travail scolaire)* documentarse ● **faire de la recherche** dedicarse a la investigación ● **être à la recherche de** estar buscando
rechercher [Rəʃɛrʃe] *vt* buscar
rechute [Rəʃyt] *nf* recaída *f* ● **faire une rechute** tener una recaída
rechuter [Rəʃyte] *vi* recaer
récif [resif] *nm* arrecife *m*
récipient [resipjɑ̃] *nm* recipiente *m*
réciproque [resiprɔk] *adj* recíproco(ca)
récit [resi] *nm* narración *f*
récital [resital] *nm* recital *m*
récitation [resitasjɔ̃] *nf* recitación *f*
réciter [resite] *vt* recitar
réclamation [reklamasjɔ̃] *nf* reclamación *f*
réclamer [reklame] *vt & vi* reclamar
recoiffer [Rəkwafe] ◆ **se recoiffer** *vp* volver a peinarse
recoin [Rəkwɛ̃] *nm* rincón *m*
recoller [Rəkɔle] *vt* volver a pegar
récolte [rekɔlt] *nf* cosecha *f*
récolter [rekɔlte] *vt* cosechar
recommandation [Rəkɔmɑ̃dasjɔ̃] *nf* recomendación *f*
recommandé, e [Rəkɔmɑ̃de] *adj (lettre, paquet)* certificado(da) ◆ **recommandé** *nm* carta *f* certificada ● **envoyer un recommandé** enviar una carta certificada ● **envoyer qqch en recommandé** enviar algo certificado
recommander [Rəkɔmɑ̃de] *vt* recomendar ● **être recommandé par qqn** ser recomendado por alguien ◆ **se recommander** *vp (Helv) (insister)* insistir
recommencer [Rəkɔmɑ̃se] *vt* volver a empezar ◇ *vi (spectacle)* reanudarse ● **recommencer à faire qqch** volver a hacer algo
récompense [rekɔ̃pɑ̃s] *nf* recompensa *f*
récompenser [rekɔ̃pɑ̃se] *vt* recompensar
réconcilier [rekɔ̃silje] *vt* reconciliar ◆ **se réconcilier** *vp* reconciliarse
reconduire [Rəkɔ̃dɥir] *vt* acompañar
reconduit, e [Rəkɔ̃dɥi, it] *pp* ➤ **reconduire**
réconforter [rekɔ̃fɔrte] *vt* reconfortar
reconnaissance [Rəkɔnɛsɑ̃s] *nf* reconocimiento *m*
reconnaissant, e [Rəkɔnɛsɑ̃, ɑ̃t] *adj* agradecido(da) ● **je vous suis très reconnaissant** le estoy muy agradecido
reconnaître [RəkɔnɛtR] *vt* reconocer
reconnu, e [Rəkɔny] *pp* ➤ **reconnaître**

reconstituer [Rəkɔ̃stitɥe] *vt* reconstituir
reconstruire [Rəkɔ̃stRɥiR] *vt* reconstruir
reconstruit, e [Rəkɔ̃stRɥi, it] *pp* ➤ **reconstruire**
recontacter [Rəkɔ̃takte] *vt* • **nous vous recontacterons (ultérieurement)** nos volveremos a poner en contacto con usted (más adelante)
reconvertir [Rəkɔ̃vɛRtiR] ♦ **se reconvertir (dans)** *vp + prep (professionnellement)* reconvertirse (en)
recopier [Rəkɔpje] *vt* **1.** *(brouillon)* pasar a limpio **2.** *(texte)* copiar
record [RəkɔR] *nm* récord *m*
recoucher [Rəkuʃe] ♦ **se recoucher** *vp* volver a acostarse
recoudre [RəkudR] *vt* coser
recourbé, e [RəkuRbe] *adj* encorvado(da)
recours [RəkuR] *nm* • **avoir recours à** recurrir a
recouvert, e [RəkuvɛR, ɛRt] *pp* ➤ **recouvrir**
recouvrir [RəkuvRiR] *vt* recubrir • **recouvrir qqch de** recubrir algo de
récréation [RekReasjɔ̃] *nf* recreo *m*
recroqueviller [RəkRɔkvije] ♦ **se recroqueviller** *vp* **1.** *(personne)* acurrucarse **2.** *(feuille)* encogerse
recrutement [RəkRytmɑ̃] *nm (de personnel)* contratación *f*
recruter [RəkRyte] *vt* contratar
rectangle [Rɛktɑ̃gl] *nm* rectángulo *m*
rectangulaire [Rɛktɑ̃gylɛR] *adj* rectangular
rectifier [Rɛktifje] *vt* rectificar
rectiligne [Rɛktiliɲ] *adj* rectilíneo(a)
recto [Rɛkto] *nm* recto *m*
reçu, e [Rəsy] *pp* ➤ **recevoir** ♦ **reçu** *nm* recibo *m*
recueil [Rəkœj] *nm* selección *f*
recueillir [RəkœjiR] *vt* **1.** *(rassembler)* reunir **2.** *(accueillir)* recoger ♦ **se recueillir** *vp* recogerse
recul [Rəkyl] *nm* retroceso *m* • **prendre du recul** *(pour sauter)* coger carrerilla ; *(pour réfléchir)* distanciarse
reculer [Rəkyle] *vt* **1.** mover hacia atrás **2.** *(date)* aplazar ◇ *vi* retroceder
reculons [Rəkylɔ̃] ♦ **à reculons** *adv* hacia atrás
récupérer [RekypeRe] *vt* recuperar ◇ *vi* recuperarse
récurer [RekyRe] *vt* frotar
recyclage [Rəsiklaʒ] *nm* reciclaje *m*
recycler [Rəsikle] *vt* reciclar
rédacteur, trice [RedaktœR, tRis] *nm, f* • **rédacteur/rédactrice en chef** redactor/redactora jefe
rédaction [Redaksjɔ̃] *nf* redacción *f*
redémarrer [RədemaRe] *vt INFORM* reiniciar
redescendre [Rədesɑ̃dR] *vi* volver a bajar
redevance [Rədəvɑ̃s] *nf* impuesto *m*
rediffusion [Rədifyzjɔ̃] *nf* repetición *f*
rédiger [Rediʒe] *vt* redactar
redimensionner [Rədimɑ̃sjɔne] *vt* cambiar de tamaño
redire [RədiR] *vt* repetir
redonner [Rədɔne] *vt* **1.** *(rendre)* devolver **2.** *(donner à nouveau)* volver a dar • **redonner confiance à qqn** devolver la confianza a alguien
redoubler [Rəduble] *vt SCOL* repetir ◇ *vi* **1.** *SCOL* repetir **2.** *(pluie)* arreciar

redoutable [RədutabI] *adj* temible
redouter [Rədute] *vt* temer
redresser [RədRɛse] *vt* **1.** *(tête, buste)* levantar **2.** *(remettre droit)* enderezar ◇ *vi (en voiture)* enderezar ◆ **se redresser** *vp* enderezarse
réduction [Redyksjɔ̃] *nf* **1.** reducción *f* **2.** *(sur un prix)* descuento *m*
réduire [Redɥir] *vt* **1.** reducir **2.** *INFORM* minimizar ● **réduire en miettes** hacer añicos ● **réduire qqch en poudre** hacer polvo algo
réduit, e [Redɥi, it] *pp* ➤ **réduire** ◇ *adj* reducido(da)
rééducation [Reedykasjɔ̃] *nf* rehabilitación *f*
réel, elle [Reɛl] *adj* real
réellement [Reɛlmɑ̃] *adv* realmente
réexpédier [Reɛkspedje] *vt* reexpedir
refaire [RəfɛR] *vt* rehacer
refait, e [Rəfɛ, ɛt] *pp* ➤ **refaire**
réfectoire [RefɛktwaR] *nm* comedor *m*
référence [RefeRɑ̃s] *nf* referencia *f* ● **faire référence à** hacer referencia a ▼ **références exigées** se exigen referencias
référendum [RefeRɛ̃dɔm] *nm* referéndum *m*
refermer [RəfɛRme] *vt* cerrar ◆ **se refermer** *vp* cerrarse
réfléchi, e [Refleʃi] *adj GRAMM* reflexivo(va)
réfléchir [RefleʃiR] *vt* reflejar ◇ *vi* reflexionar ◆ **se réfléchir** *vp* reflejarse
reflet [Rəflɛ] *nm* reflejo *m*
refléter [Rəflete] *vt* reflejar ◆ **se refléter** *vp* reflejarse
réflexe [Reflɛks] *nm* reflejo *m*
réflexion [Reflɛksjɔ̃] *nf* **1.** reflexión *f* **2.** *(critique)* reproche *m*
réforme [RefɔRm] *nf* reforma *f*
réformer [RefɔRme] *vt* **1.** reformar **2.** *MIL* declarar exento *(del servicio militar)*
refouler [Rəfule] *vt* reprimir
refrain [RəfRɛ̃] *nm* estribillo *m*
réfrigérateur [RefRiʒeRatœR] *nm* frigorífico *m*
refroidir [RəfRwadiR] *vt* **1.** *(aliment)* enfriar **2.** *(décourager)* desanimar ◇ *vi* enfriarse ◆ **se refroidir** *vp (temps)* refrescar
refroidissement [RəfRwadismɑ̃] *nm* enfriamiento *m*
refuge [Rəfyʒ] *nm* **1.** *(en montagne)* refugio *m* **2.** *(pour sans-abri)* asilo *m*
réfugié, e [Refyʒje] *nm, f* refugiado(da)
réfugier [Refyʒje] ◆ **se réfugier** *vp* refugiarse
refus [Rəfy] *nm* negativa *f*
refuser [Rəfyze] *vt* rechazar ● **refuser qqch à qqn** negar algo a alguien ● **refuser de faire qqch** negarse a hacer algo
regagner [Rəgaɲe] *vt (reprendre)* recuperar ● **veuillez regagner vos places** vuelvan a sus asientos
régaler [Regale] ◆ **se régaler** *vp* ● **tu vas te régaler !** ¡te va a encantar!
regard [RəgaR] *nm* mirada *f*
regarder [RəgaRde] *vt* **1.** *(observer)* mirar **2.** *(concerner)* incumbir ● **ça ne te regarde pas** eso no es asunto tuyo
reggae [Rege] *nm* reggae *m*
régime [Reʒim] *nm* **1.** régimen *m* **2.** *(de bananes)* racimo *m* ● **être/se mettre au régime** estar/ponerse a régimen ● **faire un régime** hacer régimen
régiment [Reʒimɑ̃] *nm* regimiento *m*

région [ʀeʒjɔ̃] *nf* región *f*

Les régions

Francia se divide administrativamente en 26 regiones, de las cuales 22 están en la metrópoli. Cada *région*, gobernada por un *conseil régional* elegido por sufragio universal cada 6 años, está dividida a su vez en *départements* y éstos, en *cantons*. En cada región y en cada departamento, un funcionario, el *préfet*, representa al Estado. Creadas en 1960, las regiones se han convertido en *collectivités territoriales* tras las leyes de descentralización del presidente Mitterrand en 1982, cuyo objetivo era reducir las diferencias entre París y las regiones concediendo a estas últimas más competencias administrativas.

régional, e, aux [ʀeʒjɔnal, o] *adj* regional

registre [ʀəʒistʀ] *nm* registro *m*

réglable [ʀeglabl] *adj* regulable • **réglable en hauteur/profondeur** altura/profundidad regulable

réglage [ʀeglaʒ] *nm* ajuste *m*

règle [ʀɛgl] *nf* regla *f* • **règle graduée** regla graduada • **être en règle** estar en regla • **en règle générale** por regla general • **règles du jeu** reglas del juego ♦ **règles** *nfpl (menstruations)* regla *f inv*

règlement [ʀɛgləmɑ̃] *nm* **1.** *(lois)* reglamento *m* **2.** *(paiement)* pago *m*

régler [ʀegle] *vt* **1.** *(appareil, moteur) INFORM* ajustar **2.** *(payer)* pagar **3.** *(problème)* arreglar

réglisse [ʀeglis] *nm* regaliz *m*

règne [ʀɛɲ] *nm* reino *m*

régner [ʀeɲe] *vi* reinar

regret [ʀəgʀɛ] *nm* arrepentimiento *m* • **avoir des regrets de** arrepentirse de

regrettable [ʀəgʀɛtabl] *adj* lamentable • **c'est regrettable que** es una pena que

regretter [ʀəgʀete] *vt* **1.** *(erreur, décision)* arrepentirse de **2.** *(personne)* echar de menos • **regretter de faire qqch** sentir hacer algo • **regretter que** sentir que

regrouper [ʀəgʀupe] *vt* agrupar ♦ **se regrouper** *vp* agruparse

régulier, ère [ʀegylje, ɛʀ] *adj* regular

régulièrement [ʀegyljɛʀmɑ̃] *adv* regularmente

rehausseur [ʀəosœʀ] *nm* elevador *m*

rein [ʀɛ̃] *nm* riñón *m* ♦ **reins** *nmpl (dos)* riñones *mpl*

réincarner [ʀeɛ̃kaʀne] ♦ **se réincarner** *vp* reencarnarsee

reine [ʀɛn] *nf* reina *f*

réinitialiser [ʀeinisjalize] *vt INFORM* reiniciar

réinscriptible [ʀeɛ̃skʀiptibl] *adj INFORM* regrabable

rejeter [ʀəʒte] *vt* **1.** *(renvoyer)* devolver **2.** *(refuser)* rechazar

rejoindre [ʀəʒwɛ̃dʀ] *vt* **1.** *(personne)* alcanzar **2.** *(lieu)* llegar a

rejoint, e [ʀəʒwɛ̃, ɛ̃t] *pp* ➤ **rejoindre**

réjouir [reʒwiʀ] ♦ **se réjouir** *vp* alegrarse ● **se réjouir de (faire) qqch** alegrarse de (hacer) algo

réjouissant, e [reʒwisɑ̃, ɑ̃t] *adj* regocijante

relâcher [ʀəlaʃe] *vt* soltar ● **relâcher son attention** relajar la atención ♦ **se relâcher** *vp (attention, discipline)* relajarse

relais [ʀəlɛ] *nm* **1.** *(auberge)* albergue *m* **2.** *SPORT* relevo *m* ● **prendre le relais (de qqn)** tomar el relevo (de alguien) ● **relais routier** restaurante *m* de carretera

relancer [ʀəlɑ̃se] *vt* **1.** *(balle)* volver a lanzar **2.** *(solliciter)* volver a contactar con **3.** *(économie, projet)* reactivar **4.** *INFORM* reiniciar

relatif, ive [ʀəlatif, iv] *adj* relativo ● **relatif à** relativo a

relation [ʀəlasjɔ̃] *nf* relación *f* ● **être/entrer en relation avec qqn** estar/ponerse en contacto con alguien ● **relations humaines/professionnelles** relaciones humanas/profesionales ● **avoir de bonnes/mauvaises relations avec qqn** llevarse bien/mal con alguien

relativement [ʀəlativmɑ̃] *adv* relativamente

relaxation [ʀəlaksasjɔ̃] *nf* relajación *f*

relaxer [ʀəlakse] ♦ **se relaxer** *vp* relajarse

relayer [ʀəlɛje] *vt* relevar ♦ **se relayer** *vp* ● **se relayer (pour faire qqch)** relevarse (para hacer algo)

relevé, e [ʀəlve] *adj* picante ♦ **relevé** *nm* ● **relevé de compte** extracto *m* de cuenta

relever [ʀəlve] *vt* **1.** *(mettre droit)* levantar **2.** *(remarquer)* notar **3.** *(épicer)* condimentar ♦ **se relever** *vp* levantarse

relief [ʀəljɛf] *nm* relieve *m* ● **en relief** en relieve

relier [ʀəlje] *vt* unir

religieuse [ʀəliʒjøz] *nf pastelillo redondo relleno de crema de café o chocolate*

religieux, euse [ʀəliʒjø, øz] *adj* religioso(sa) ◇ *nm, f* fraile *m*, monja *f*

religion [ʀəliʒjɔ̃] *nf* religión *f*

relire [ʀəliʀ] *vt* releer

reliure [ʀəljyʀ] *nf* encuadernación *f*

relu, e [ʀəly] *pp* ➤ **relire**

remanier [ʀəmanje] *vt* remodelar

remarquable [ʀəmaʀkabl] *adj* notable

remarque [ʀəmaʀk] *nf* observación *f*

remarquer [ʀəmaʀke] *vt* notar ● **remarque,...** fíjate,... ● **se faire remarquer** hacerse notar

rembobiner [ʀɑ̃bɔbine] *vt* rebobinar

rembourré, e [ʀɑ̃buʀe] *adj* relleno(na)

remboursement [ʀɑ̃buʀsəmɑ̃] *nm* reembolso *m*

rembourser [ʀɑ̃buʀse] *vt* reembolsar ● **j'ai préféré me faire rembourser** preferí que me devolvieran el dinero

remède [ʀəmɛd] *nm* remedio *m*

remédier [ʀəmedje] ♦ **remédier à** *v + prep* poner remedio a

remerciements [ʀəmɛʀsimɑ̃] *nmpl* agradecimientos *mpl*

remercier [ʀəmɛʀsje] *vt* agradecer ● **remercier qqn de** ou **pour qqch** agradecer a alguien algo ● **je te remercie d'être venu** te agradezco que hayas venido

remettre [ʀəmɛtʀ] *vt* **1.** *(reposer)* volver a poner **2.** *(vêtement)* volver a ponerse **3.** *(repousser)* aplazar • **remettre un paquet à qqn** entregar un paquete a alguien • **remettre qqch en état** arreglar algo ♦ **se remettre** *vp* reponerse • **se remettre à faire qqch** volver a hacer algo • **se remettre au tennis** volver a practicar tenis • **se remettre d'un accident/d'une émotion** reponerse de un accidente/de una emoción

remis, e [ʀəmi, iz] *pp* ➤ **remettre**

remise [ʀəmiz] *nf* **1.** *(abri)* cobertizo *m* **2.** *(rabais)* descuento *m* • **faire une remise à qqn** hacer un descuento a alguien

remontant [ʀəmɔ̃tɑ̃] *nm* tónico *m*

remontée [ʀəmɔ̃te] *nf* • **remontées mécaniques** remontes *mpl* mecánicos

remonte-pente, s [ʀəmɔ̃tpɑ̃t] *nm* telearrastre *m*

remonter [ʀəmɔ̃te] *vt* **1.** *(mettre plus haut)* subir **2.** *(côte, escalier)* volver a subir **3.** *(moteur, pièces)* volver a armar **4.** *(montre)* dar cuerda a ◇ *vi* volver a subir • **remonter à** *(dater de)* remontarse a

remords [ʀəmɔʀ] *nm* remordimiento *m*

remorque [ʀəmɔʀk] *nf* remolque *m*

remorquer [ʀəmɔʀke] *vt* remolcar

rémoulade [ʀemulad] *nf* ➤ **céleri**

remous [ʀəmu] *nm* remolino *m* • **bain à remous** baño *m* de burbujas

remparts [ʀɑ̃paʀ] *nmpl* murallas *fpl*

remplaçant, e [ʀɑ̃plasɑ̃, ɑ̃t] *nm, f* suplente *mf*

remplacer [ʀɑ̃plase] *vt* **1.** *(changer)* cambiar **2.** *(prendre la place de)* sustituir • **remplacer qqn/qqch par** cambiar a alguien/algo por

remplir [ʀɑ̃pliʀ] *vt* **1.** *(verre, salle)* llenar **2.** *(questionnaire)* rellenar • **remplir qqch de** llenar algo de ♦ **se remplir (de)** *vp + prep* llenarse (de)

remporter [ʀɑ̃pɔʀte] *vt* **1.** *(reprendre)* llevarse **2.** *(gagner)* ganar • **remporter la victoire** conseguir la victoria

remuant, e [ʀəmɥɑ̃, ɑ̃t] *adj* revoltoso(sa)

remue-ménage [ʀəmymenaʒ] *nm inv* trajín *m*

remuer [ʀəmɥe] *vt* **1.** *(bouger)* menear **2.** *(mélanger)* revolver

rémunération [ʀemyneʀasjɔ̃] *nf* remuneración *f*

rémunérer [ʀemyneʀe] *vt* remunerar

renard [ʀənaʀ] *nm* zorro *m*

rencontre [ʀɑ̃kɔ̃tʀ] *nf* encuentro *m* • **aller à la rencontre de qqn** salir al encuentro de alguien

rencontrer [ʀɑ̃kɔ̃tʀe] *vt* **1.** *(par hasard)* encontrarse con **2.** *(faire la connaissance de)* conocer **3.** *(équipe adverse)* enfrentarse a ♦ **se rencontrer** *vp* **1.** *(par hasard)* encontrarse **2.** *(faire connaissance)* conocerse • **on ne s'est pas déjà rencontrés ?** ¿no nos hemos visto ya?

rendez-vous [ʀɑ̃devu] *nm* cita *f* • **rendez-vous chez moi à 14 h** os espero en casa a las 2 • **avoir rendez-vous avec qqn** tener (una) cita con alguien • **donner rendez-vous à qqn** dar cita a alguien • **noter un rendez-vous** apuntar una cita • **prendre rendez-vous** pedir hora

rendormir [ʀɑ̃dɔʀmiʀ] ♦ **se rendormir** *vp* volver a dormirse

rendre [ʀɑ̃dʀ] *vt* **1.** volver **2.** *(redonner)* devolver ● **rendre visite à** visitar a ♦ **se rendre** *vp* rendirse ● **se rendre à** (*sout*) *(aller à)* acudir a ● **se rendre utile** hacer algo útil ● **se rendre malade** ponerse enfermo(ma)

rênes [ʀɛn] *nfpl* riendas *fpl*

renfermé, e [ʀɑ̃fɛʀme] *adj* cerrado(da) ♦ **renfermé** *nm* ● **sentir le renfermé** oler a cerrado

renfermer [ʀɑ̃fɛʀme] *vt (contenir)* encerrar

renfoncement [ʀɑ̃fɔ̃smɑ̃] *nm* hueco *m*

renforcer [ʀɑ̃fɔʀse] *vt* **1.** *(consolider)* reforzar **2.** (*fig*) *(certitude, peur)* afianzar

renforts [ʀɑ̃fɔʀ] *nmpl* refuerzos *mpl*

renfrogné, e [ʀɑ̃fʀɔɲe] *adj* enfurruñado(da)

renier [ʀənje] *vt* renegar de

renifler [ʀənifle] *vi* sorber

renommé, e [ʀənɔme] *adj* famoso(sa)

renommée [ʀənɔme] *nf* fama *f*

renommer [ʀənɔme] *vt INFORM* cambiar el nombre de

renoncer [ʀənɔ̃se] ♦ **renoncer à** *v + prep* renunciar a ● **renoncer à faire qqch** renunciar a hacer algo

renouer [ʀənwe] *vt* reanudar ◇ *vi* ● **renouer avec qqn** reanudar la amistad con alguien

renouvelable [ʀənuvlabl] *adj* renovable ● **énergie renouvelable** energía *f* renovable

renouveler [ʀənuvle] *vt* **1.** *(changer)* reponer **2.** *(recommencer, prolonger)* renovar ♦ **se renouveler** *vp* renovarse

rénovation [ʀenɔvasjɔ̃] *nf* renovación *f*

rénover [ʀenɔve] *vt* renovar

renseignement [ʀɑ̃sɛɲmɑ̃] *nm* información *f* ● **appeler les renseignements** llamar a información

renseigner [ʀɑ̃seɲe] *vt* ● **renseigner qqn (sur)** informar a alguien (sobre) ♦ **se renseigner (sur)** *vp + prep* informarse (sobre)

rentable [ʀɑ̃tabl] *adj* rentable

rente [ʀɑ̃t] *nf* renta *f*

rentrée [ʀɑ̃tʀe] *nf* ● **rentrée (d'argent)** ingreso *m* (de dinero) ● **rentrée (des classes)** vuelta *f* al colegio ● **à la rentrée** *(en septembre)* en septiembre

La rentrée

La *rentrée* se refiere a la primera semana de septiembre, momento en que se reanudan las clases y los alumnos vuelven a la escuela y al instituto (los estudiantes universitarios comienzan en octubre). Pero este término se extiende generalmente a todas las actividades sociales, culturales, políticas y económicas (*rentrée parlementaire* del gobierno, *rentrée littéraire* etc) que retoman su curso tras la larga interrupción estival, *les grandes vacances*.

rentrer [ʀɑ̃tʀe] *vi* **1.** *(entrer)* entrar **2.** *(chez soi)* volver (a casa) **3.** *(être contenu)* caber ◇ *vt* meter • **rentrer dans** *(heurter)* estrellarse contra • **rentrer le ventre** meter la barriga ♦ **se rentrer dedans** *vp (fam) (voitures)* chocar

renverser [ʀɑ̃vɛʀse] *vt* **1.** *(liquide)* derramar **2.** *(piéton)* atropellar **3.** *(gouvernement)* derrocar • **un piéton s'est fait renverser** han atropellado a un peatón ♦ **se renverser** *vp* derramarse

renvoi [ʀɑ̃vwa] *nm* **1.** *(d'un élève)* expulsión *f* **2.** *(d'un salarié)* despido *m* **3.** INFORM remisión *f* • **le chorizo me donne des renvois** el chorizo se me repite

renvoyer [ʀɑ̃vwaje] *vt* **1.** *(balle, lettre)* devolver **2.** *(image, rayon)* reflejar **3.** *(élève)* expulsar **4.** *(salarié)* despedir

réorganiser [ʀeɔʀganize] *vt* reorganizar

répandre [ʀepɑ̃dʀ] *vt* **1.** *(renverser)* derramar **2.** *(nouvelle)* difundir ♦ **se répandre** *vp* **1.** *(liquide)* derramarse **2.** *(nouvelle, maladie)* difundirse

répandu, e [ʀepɑ̃dy] *adj* corriente

réparateur, trice [ʀepaʀatœʀ, tʀis] *nm, f* reparador *m*, -ra *f*

réparation [ʀepaʀasjɔ̃] *nf* reparación *f* • **en réparation** en reparación

réparer [ʀepaʀe] *vt* arreglar • **faire réparer qqch** llevar algo a arreglar

repartir [ʀəpaʀtiʀ] *vi* **1.** *(partir à nouveau)* volver a salir **2.** *(rentrer)* volver, regresarse *(Amér)*

répartir [ʀepaʀtiʀ] *vt* repartir ♦ **se répartir** *vp* • **se répartir le travail** repartirse el trabajo

répartition [ʀepaʀtisjɔ̃] *nf* reparto *m*

repas [ʀəpa] *nm* comida *f*

repassage [ʀəpasaʒ] *nm* planchado *m*

repasser [ʀəpase] *vt* planchar ◇ *vi (aller de nouveau)* volver a pasar • **repasser le standard (téléphonique)** volver a poner con la centralita

repêchage [ʀəpɛʃaʒ] *nm (d'un sportif)* repechaje *m*

repêcher [ʀəpeʃe] *vt* **1.** *(retirer de l'eau)* rescatar **2.** *(un concurrent)* repescar

repeindre [ʀəpɛ̃dʀ] *vt* volver a pintar

repeint, e [ʀəpɛ̃, ɛ̃t] *pp* ➤ **repeindre**

répercussions [ʀepɛʀkysjɔ̃] *nfpl* repercusiones *fpl*

repère [ʀəpɛʀ] *nm* señal *f* • **faire un repère sur qqch** marcar algo • **ne plus avoir ses repères** *(fig)* estar desorientado

repérer [ʀəpeʀe] *vt* localizar ♦ **se repérer** *vp* orientarse

répertoire [ʀepɛʀtwaʀ] *nm* **1.** *(carnet)* agenda *f* **2.** *(d'un acteur, d'un musicien)* repertorio *m* **3.** INFORM directorio *m*

répéter [ʀepete] *vt* **1.** repetir **2.** *(rôle)* ensayar ♦ **se répéter** *vp* repetirse

répétition [ʀepetisjɔ̃] *nf* **1.** *(dans un texte)* repetición *f* **2.** *(au théâtre)* ensayo *m* • **répétition générale** ensayo general

replacer [ʀəplase] *vt* volver a colocar

replier [ʀəplije] *vt* doblar

réplique [ʀeplik] *nf* réplica *f*

répliquer [ʀeplike] *vt & vi* replicar

répondeur [ʀepɔ̃dœʀ] *nm* • **répondeur (téléphonique)** contestador *m* (automático)

répondre [ʀepɔ̃dʀ] *vi* **1.** *(à une question, à une lettre)* contestar **2.** *(freins)* responder ◇ *vt* contestar • **répondre à qqn** contestar a alguien

réponse [ʀepɔ̃s] *nf* respuesta *f*

reportage [ʀəpɔʀtaʒ] *nm* reportaje *m*

[1]**reporter** [ʀəpɔʀtɛʀ] *nm* reportero *m*, -ra *f*

[2]**reporter** [ʀəpɔʀte] *vt* **1.** *(rapporter)* devolver **2.** *(date, réunion)* aplazar

repos [ʀəpo] *nm* descanso *m* ● **prendre du repos** descansar

reposant, e [ʀəpozɑ̃, ɑ̃t] *adj* relajante

repose-poignets *nm inv* reposamuñecas *m inv*

reposer [ʀəpoze] *vt* volver a poner ◆ **se reposer** *vp* descansar

repousser [ʀəpuse] *vt* **1.** *(faire reculer)* empujar **2.** *(retarder)* aplazar ◇ *vi* volver a crecer ● **repousser une réunion** aplazar una reunión ● **mes cheveux repoussent vite** el pelo me vuelve a crecer rápidamente

reprendre [ʀəpʀɑ̃dʀ] *vt* **1.** *(revenir chercher)* volver a coger **2.** *(objet donné)* volver a llevarse **3.** *(activité)* reemprender **4.** *(prisonnier)* capturar **5.** *(se resservir)* repetir **6.** *(corriger)* corregir ● **reprendre sa place** volver a su sitio ● **reprendre son souffle** recobrar el aliento ▼ **ni repris ni échangé** no se devuelve el dinero ni se cambia ◆ **se reprendre** *vp* **1.** *(se ressaisir)* dominarse **2.** *(se corriger)* rectificarse

représailles [ʀəpʀezaj] *nfpl* represalias *fpl*

représentant, e [ʀəpʀezɑ̃tɑ̃, ɑ̃t] *nm, f* representante *mf* ● **représentant (de commerce)** viajante *m*

représentatif, ive [ʀəpʀezɑ̃tatif, iv] *adj* representativo(va)

représentation [ʀəpʀezɑ̃tasjɔ̃] *nf* representación *f*

représenter [ʀəpʀezɑ̃te] *vt* representar

répression [ʀepʀesjɔ̃] *nf* represión *f*

réprimer [ʀepʀime] *vt* reprimir

repris, e [ʀəpʀi, iz] *pp* ➤ **reprendre** ◆ **repris** *nm inv* ● **repris de justice** reincidente *mf*

reprise [ʀəpʀiz] *nf* **1.** *(couture)* zurcido *m* **2.** *(économique)* reactivación *f* **3.** *(rachat)* traspaso *m* ● **à plusieurs reprises** varias veces

repriser [ʀəpʀize] *vt* zurcir

reproche [ʀəpʀɔʃ] *nm* reproche *m*

reprocher [ʀəpʀɔʃe] *vt* ● **reprocher qqch à qqn** reprochar algo a alguien

reproduction [ʀəpʀɔdyksjɔ̃] *nf* reproducción *f*

reproduire [ʀəpʀɔdɥiʀ] *vt* reproducir ◆ **se reproduire** *vp* reproducirse

reproduit, e [ʀəpʀɔdɥi, it] *pp* ➤ **reproduire**

reptile [ʀɛptil] *nm* reptil *m*

république [ʀepyblik] *nf* república *f*

répugnant, e [ʀepyɲɑ̃, ɑ̃t] *adj* repugnante

réputation [ʀepytasjɔ̃] *nf* reputación *f*

réputé, e [ʀepyte] *adj* reputado(da)

requête [ʀəkɛt] *nf* consulta *f*

requin [ʀəkɛ̃] *nm* tiburón *m*

RER [ɛʀəɛʀ] (*abr de* ***Réseau express régional***) *nm red de trenes de cercanías en París*

Le RER

El *Réseau express régional* es una red ferroviaria que atraviesa la región de *Île-de-France*. En sus 5 cinco líneas principales circulan trenes con parada tanto en las estaciones de las afueras de la ciudad y en los aeropuertos como en algunas de las estaciones más importantes del metro parisino. Gracias al *RER*, los habitantes de las afueras pueden acceder de forma rápida a la capital.

rescapé, e [reskape] *nm, f* superviviente *mf*

rescousse [reskus] *nf* • **appeler qqn à la rescousse** pedir socorro a alguien

réseau, x [rezo] *nm* red *f* • **en réseau** *INFORM* en red • **réseau local** red local • **réseau Wi-fi** red Wi-fi

réservation [rezɛrvasjɔ̃] *nf* reserva *f*

réserve [rezɛrv] *nf* reserva *f* • **en réserve** en reserva

réservé, e [rezɛrve] *adj* reservado(da)

réserver [rezɛrve] *vt* reservar • **réserver une surprise à qqn** reservar una sorpresa a alguien ♦ **se réserver** *vp* • **se réserver le droit/la possibilité de faire qqch** reservarse el derecho/la posibilidad a hacer algo

réservoir [rezɛrvwar] *nm* depósito *m*

reset [riset] *nm INFORM* botón *m* para reiniciar

résidence [rezidɑ̃s] *nf* **1.** (*sout*) (*domicile*) residencia *f* **2.** (*immeuble*) edificio *m* residencial • **résidence secondaire** segunda vivienda *f*

résider [rezide] *vi* residir

résigner [reziɲe] ♦ **se résigner** *vp* resignarse • **se résigner à (faire) qqch** resignarse a (hacer) algo

résilier [rezilje] *vt* rescindir

résine [rezin] *nf* resina *f*

résistance [rezistɑ̃s] *nf* resistencia *f*

résistant, e [rezistɑ̃, ɑ̃t] *adj & nm, f* resistente

résister [reziste] ♦ **résister à** *v + prep* **1.** (*supporter*) resistir **2.** (*lutter contre, s'opposer à*) resistirse a

résolu, e [rezɔly] *pp* ➤ **résoudre** ◇ *adj* (*décidé*) determinado(da)

résolution [rezɔlysjɔ̃] *nf* (*décision*) resolución *f* • **haute résolution** alta resolución *f*

résonner [rezɔne] *vi* resonar

résoudre [rezudr] *vt* resolver

respect [rɛspɛ] *nm* respeto *m* • **avoir du respect pour qqn** sentir respeto por alguien

respecter [rɛspɛkte] *vt* respetar

respectif, ive [rɛspɛktif, iv] *adj* respectivo(va)

respiration [rɛspirasjɔ̃] *nf* respiración *f*

respirer [rɛspire] *vi & vt* respirar

responsabilité [rɛspɔ̃sabilite] *nf* responsabilidad *f* • **prendre ses responsabilités** responsabilizarse • **sous la responsabilité de qqn** bajo la responsabilidad de

responsable [rɛspɔ̃sabl] *adj* responsable ◇ *nmf* **1.** (*coupable*) responsable *mf* **2.** (*d'une administration, d'un magasin*) encargado *m*, -da *f* • **être responsable de** (*coupable de*) ser responsable de ; (*chargé de*) ser el encargado (la encargada) de

ressaisir [rəsezir] ♦ **se ressaisir** *vp* dominarse

ressemblant, e [rəsɑ̃blɑ̃, ɑ̃t] *adj* parecido(da)

ressembler [rəsɑ̃ble] ◆ **ressembler à** *v + prep* parecerse a ◆ **se ressembler** *vp* parecerse

ressemeler [rəsəmle] *vt* poner suelas nuevas a

ressentir [rəsɑ̃tir] *vt* sentir

resserrer [rəsere] *vt* apretar ◆ **se resserrer** *vp* estrecharse

resservir [rəservir] *vt & vi* volver a servir ◆ **se resservir** *vp* ● **se resservir (de)** volver a servirse (de)

ressort [rəsɔr] *nm* muelle *m*

ressortir [rəsɔrtir] *vi* **1.** *(sortir à nouveau)* volver a salir **2.** *(se détacher)* resaltar

ressortissant, e [rəsɔrtisɑ̃, ɑ̃t] *nm, f* ciudadano *m*, -na *f*

ressources [rəsurs] *nfpl* recursos *mpl*

ressusciter [resysite] *vi* resucitar

restant, e [rɛstɑ̃, ɑ̃t] *adj* ➤ **poste** ◆ **restant** *nm* resto *m*

restaurant [rɛstɔrɑ̃] *nm* restaurante *m* ● **restaurant universitaire** comedor *m* universitario

restauration [rɛstɔrasjɔ̃] *nf* restauración *f*

restaurer [rɛstɔre] *vt* restaurar

reste [rɛst] *nm* resto *m* ● **un reste de** unos restos de ● **les restes** *(d'un repas)* las sobras

rester [rɛste] *vi* **1.** *(dans un lieu)* quedarse **2.** *(subsister)* quedar **3.** *(continuer à être)* permanecer ● **il n'en reste que deux** no quedan más que dos

restituer [rɛstitɥe] *vt* restituir

resto [rɛsto] *nm* *(fam)* restaurante *m* ● **les Restos du cœur** *centro de distribución de comida para los necesitados*

restreindre [rɛstrɛ̃dr] *vt* restringir

restreint, e [rɛstrɛ̃, ɛ̃t] *pp* ➤ **restreindre** ◇ *adj* limitado(da)

résultat [rezylta] *nm* resultado *m*

résumé [rezyme] *nm* resumen *m* ● **en résumé** en resumen

résumer [rezyme] *vt* resumir

rétablir [retablir] *vt* restablecer ◆ **se rétablir** *vp* restablecerse

retard [rətar] *nm* retraso *m* ● **avoir du retard** retrasarse ● **avoir une heure de retard** tener una hora de retraso ● **être en retard (sur)** llevar retraso (con respecto a)

retarder [rətarde] *vi* ● **ma montre retarde (de 5 minutes)** mi reloj va (5 minutos) atrasado

retenir [rətənir] *vt* **1.** *(empêcher de partir, se souvenir)* retener **2.** *(empêcher de tomber)* agarrar **3.** *(empêcher d'agir)* contener **4.** *(réserver)* reservar ● **retenir son souffle** contener la respiración ● **je retiens 1** *(dans une opération)* me llevo 1 ◆ **se retenir** *vp* ● **se retenir (à qqch)** agarrarse (a algo) ● **se retenir (de faire qqch)** contenerse (para no hacer algo)

retenu, e [rətəny] *pp* ➤ **retenir**

retenue [rətəny] *nf* **1.** SCOL castigo *m* **2.** *(dans une opération)* cantidad *f* que se lleva

réticent, e [retisɑ̃, ɑ̃t] *adj* reticente

retirer [rətire] *vt* **1.** sacar **2.** *(vêtement)* quitarse **3.** *(billet, colis, bagages)* recoger

• **retirer qqch à qqn** quitarle algo a alguien

retomber [Rətɔ̃be] *vi* **1.** *(tomber à nouveau)* volver a caer **2.** *(après un saut, pendre)* caer • **retomber malade** volver a ponerse enfermo(ma)

retour [RətuR] *nm* vuelta *f* • **être de retour** estar de vuelta • **au retour** a la vuelta

retourner [RətuRne] *vt* **1.** *(mettre à l'envers)* dar la vuelta a **2.** *(renvoyer)* devolver ◇ *vi* **1.** *(d'où l'on arrive)* volverse **2.** *(aller à nouveau)* volver ♦ **se retourner** *vp* **1.** *(voiture, bateau)* volcarse **2.** *(tourner la tête)* volverse

retrait [RətRɛ] *nm (d'argent)* reintegro *m*

retraite [RətRɛt] *nf (arrêt du travail)* jubilación *f* • **être à la retraite** estar jubilado(da) • **prendre sa retraite** jubilarse • **retraite complémentaire** pensión *f* complementaria

retraité, e [RətRɛte] *nm, f* jubilado *m*, -da *f*

retransmission [RətRɑ̃smisjɔ̃] *nf* retransmisión *f*

rétrécir [RetResiR] *vi* encoger ♦ **se rétrécir** *vp* estrecharse

rétro [RetRo] *adj inv* retro ◇ *nm (fam) (rétroviseur)* retrovisor *m*

rétrograder [RetRɔgRade] *vi (automobiliste)* reducir

rétroprojecteur [RetRɔpRɔʒɛktœR] *nm* retroproyector *m*

rétrospective [RetRɔspɛktiv] *nf* retrospectiva *f*

retrousser [RətRuse] *vt* remangarse

retrouvailles [RətRuvaj] *nfpl* reencuentro *m*

retrouver [RətRuve] *vt* **1.** *(objet perdu)* encontrar **2.** *(personne perdue de vue)* encontrarse (con) **3.** *(rejoindre)* reunirse con ♦ **se retrouver** *vp* **1.** *(se réunir)* reunirse **2.** *(dans une situation)* encontrarse

rétroviseur [RetRɔvizœR] *nm* retrovisor *m*

réunion [Reynjɔ̃] *nf* reunión *f* • **la Réunion** la Reunión

réunionnais, e [Reynjɔnɛ, ɛz] *adj* reunionense ♦ **Réunionnais, e** *nm, f* reunionense *mf*

réunir [ReyniR] *vt* reunir ♦ **se réunir** *vp* reunirse

réussi, e [Reysi] *adj (photo)* logrado(da) • **la soirée a été très réussie** la fiesta ha sido todo un éxito

réussir [ReysiR] *vt* salirle bien a uno ◇ *vi* **1.** *(tentative)* salir bien **2.** *(socialement, professionnellement)* triunfar (en la vida) • **réussir (à) un examen** aprobar un examen • **réussir à faire qqch** conseguir hacer algo • **réussir à qqn** *(aliment, climat)* sentarle bien a alguien

réussite [Reysit] *nf* **1.** *(succès)* éxito *m* **2.** *(jeu)* solitario *m*

revanche [Rəvɑ̃ʃ] *nf* revancha *f* • **en revanche** en cambio

rêve [Rɛv] *nm* sueño *m*

réveil [Revɛj] *nm* **1.** despertar *m* **2.** *(pendule)* despertador *m* • **à son réveil** al despertar

réveiller [Reveje] *vt* despertar ♦ **se réveiller** *vp* despertarse

réveillon [ʀevɛjɔ̃] *nm* **1.** *(repas du 24 décembre)* cena *f* de Nochebuena **2.** *(repas du 31 décembre)* cena *f* de Nochevieja **3.** *(fête du 31 décembre)* cotillón *m*

réveillonner [ʀevɛjɔne] *vi* **1.** *(faire un repas le 24 décembre)* celebrar la Nochebuena **2.** *(faire un repas le 31 décembre)* celebrar la Nochevieja **3.** *(participer à la fête du 31 décembre)* ir a un cotillón

révélation [ʀevelasjɔ̃] *nf* revelación *f*

révéler [ʀevele] *vt* revelar ♦ **se révéler** *vp (s'avérer)* revelarse

revenant, e [ʀəvnɑ̃, ɑ̃t] *nm, f* aparecido *m*, -da *f* • **tiens, un revenant/une revenante !** ¡mira, un resucitado/una resucitada!

revendication [ʀəvɑ̃dikasjɔ̃] *nf* reivindicación *f*

revendre [ʀəvɑ̃dʀ] *vt* revender

revenir [ʀəvniʀ] *vi* volver • **faire revenir qqch** *CULIN* rehogar algo • **revenir cher** resultar caro • **ça nous est revenu à 300 euros** nos salió por 300 euros • **ça me revient maintenant** ahora me acuerdo • **ça revient au même** viene a ser lo mismo • **je n'en reviens pas** no salgo de mi asombro • **revenir sur sa décision** volverse atrás • **revenir sur ses pas** dar media vuelta

revenu, e [ʀəvny] *pp* ➤ **revenir** ♦ **revenu** *nm* renta *f*

rêver [ʀeve] *vi* **1.** *(en dormant)* soñar **2.** *(être distrait)* estar en las nubes ◇ *vt* • **rêver que** soñar que • **rêver de** soñar con • **rêver de faire qqch** soñar con hacer algo

réverbère [ʀevɛʀbɛʀ] *nm* farola *f*

revers [ʀəvɛʀ] *nm* **1.** *(au tennis, d'une pièce)* revés *m* **2.** *(de la main)* dorso *m* **3.** *(d'une veste, d'un pantalon)* vuelta *f*

réversible [ʀevɛʀsibl] *adj* reversible

revêtement [ʀəvɛtmɑ̃] *nm* revestimiento *m*

rêveur, euse [ʀɛvœʀ, øz] *adj* soñador(ra)

réviser [ʀevize] *vt (leçons)* repasar • **faire réviser sa voiture** llevar el coche a revisión

révision [ʀevizjɔ̃] *nf (d'une voiture)* revisión *f* ♦ **révisions** *nfpl SCOL* repaso *m*

revoir [ʀəvwaʀ] *vt* **1.** *(voir à nouveau)* volver a ver **2.** *(leçons)* repasar ♦ **au revoir** *interj* ¡adiós!

révoltant, e [ʀevɔltɑ̃, ɑ̃t] *adj* indignante

révolte [ʀevɔlt] *nf* revuelta *f*

révolter [ʀevɔlte] *vt* sublevar ♦ **se révolter** *vp* sublevarse

révolution [ʀevɔlysjɔ̃] *nf* revolución *f* • **la Révolution (française)** la Revolución Francesa

révolutionnaire [ʀevɔlysjɔnɛʀ] *adj* & *nmf* revolucionario(ria)

revolver [ʀevɔlvɛʀ] *nm* revólver *m*

revue [ʀəvy] *nf* revista *f* • **revue de presse** revista de prensa • **passer qqch en revue** pasar revista a algo

rez-de-chaussée [ʀedʃose] *nm inv* planta *f* baja

Rhin [ʀɛ̃] *nm* • **le Rhin** el Rin

rhinocéros [ʀinɔseʀɔs] *nm* rinoceronte *m*

Rhône [ʀon] *nm* • **le Rhône** el Ródano

rhubarbe [ʀybaʀb] *nf* ruibarbo *m*

rhum [ʀɔm] *nm* ron *m*

rhumatismes [ʀymatism] *nmpl* reumatismo *m* • **avoir des rhumatismes** tener reúma

rhume [ʀym] *nm* catarro *m*, resfriado *m* • **avoir un rhume** tener un catarro • **rhume des foins** fiebre *f* del heno

ri [ʀi] *pp* ➤ **rire**

ricaner [ʀikane] *vi* pitorrearse

riche [ʀiʃ] *adj* rico(ca) ◇ *nmf* • **les riches** los ricos • **riche en** rico(ca) en

richesse [ʀiʃɛs] *nf* riqueza *f* ♦ **richesses** *nfpl* riquezas *fpl*

ricocher [ʀikɔʃe] *vi* rebotar

ricochet [ʀikɔʃɛ] *nm* • **faire des ricochets** *tirar piedras en el agua de modo que reboten*

ride [ʀid] *nf* arruga *f*

ridé, e [ʀide] *adj* arrugado(da)

rideau, x [ʀido] *nm* **1.** cortina *f* **2.** *(au théâtre)* telón *m*

ridicule [ʀidikyl] *adj* ridículo(la)

rien [ʀjɛ̃] *pron* nada • **je ne fais rien le dimanche** los dominos no hago nada • **ne... rien** no... nada • **ça ne fait rien** no importa • **de rien** de nada • **pour rien** *(gratuitement)* gratis ; *(inutilement)* para nada • **rien d'intéressant** nada interesante • **rien du tout** absolutamente nada • **rien que** sólo (con)

rigide [ʀiʒid] *adj* rígido(da)

rigole [ʀigɔl] *nf* reguero *m*

rigoler [ʀigɔle] *vi* **1.** *(fam)* *(rire)* reírse **2.** *(s'amuser)* pasarlo bomba **3.** *(plaisanter)* bromear

rigolo, ote [ʀigɔlo, ɔt] *adj* **1.** *(fam)* *(amusant)* cachondo(da) **2.** *(bizarre)* curioso(sa)

rigoureux, euse [ʀiguʀø, øz] *adj* riguroso(sa)

rigueur [ʀigœʀ] ♦ **à la rigueur** *adv* como mucho

rillettes [ʀijɛt] *nfpl especie de paté a base de hebras de carne de cerdo u oca*

rime [ʀim] *nf* rima *f*

rinçage [ʀɛ̃saʒ] *nm* aclarado *m*

rincer [ʀɛ̃se] *vt* **1.** *(verre, vaisselle)* enjuagar **2.** *(linge)* aclarar

ring [ʀiŋ] *nm* **1.** ring *m* **2.** *(Belg)* *(route)* carretera *f* de circunvalación

riposter [ʀipɔste] *vi* replicar

rire [ʀiʀ] *nm* risa *f* ◇ *vi* **1.** *(de joie)* reír **2.** *(s'amuser)* pasárselo bien • **rire aux éclats** reír a carcajadas • **tu veux rire ?** ¿bromeas? • **pour rire** de broma

ris [ʀi] *nmpl* • **ris de veau** mollejas *fpl*

risotto [ʀizɔto] *nm* risotto *m*

risque [ʀisk] *nm* riesgo *m* • **prendre des risques** arriesgarse

risqué, e [ʀiske] *adj* arriesgado(da)

risquer [ʀiske] *vt* **1.** *(mettre en danger)* arriesgar **2.** *(être exposé à)* correr el riesgo de **3.** *(proposition, question)* aventurar ♦ **risquer de** *v + prep* *(être en danger de)* correr el riesgo de • **il risque de partir** puede que se vaya

rissolé, e [ʀisɔle] *adj* sofrito(ta)

rivage [ʀivaʒ] *nm* orilla *f*

rival, e, aux [ʀival, o] *adj* & *nm, f* rival

rivalité [ʀivalite] *nf* rivalidad *f*

rive [ʀiv] *nf* ribera *f* • **la Rive droite/gauche** *(à Paris)* *barrios situados respectivamente al norte y al sur del río Sena*
riverain, e [ʀivʀɛ̃, ɛn] *nm, f* *(d'une rue)* vecino *m*, -na *f* ▼ **interdit sauf riverains** *paso reservado únicamente a los vecinos de una calle*
rivière [ʀivjɛʀ] *nf* río *m*
riz [ʀi] *nm* arroz *m* • **riz cantonais** arroz cantonés • **riz au lait** arroz con leche • **riz pilaf** arroz pilaf • **riz sauvage** *(Québec)* *planta de granos oscuros, finos y alargados parecida al arroz; se prepara de la misma manera que este último*
RMI [ɛʀɛmi] *nm* (*abr de revenu minimum d'insertion*) *subsidio para ayudar a la inserción social de las personas sin ingresos*
RN *nf* (*abr écrite de route nationale*) N *f (nacional)*
robe [ʀɔb] *nf* **1.** *(vêtement de femme)* vestido *m* **2.** *(d'un cheval)* pelaje *m* • **robe de chambre** bata *f* • **robe du soir** traje *m* de noche
robinet [ʀɔbinɛ] *nm* grifo *m*
robot [ʀɔbo] *nm* **1.** robot *m* **2.** *(ménager)* robot *m* (de cocina)
robuste [ʀɔbyst] *adj* robusto(ta)
roc [ʀɔk] *nm* roca *f*
rocade [ʀɔkad] *nf* carretera *f* de circunvalación
roche [ʀɔʃ] *nf* roca *f*
rocher [ʀɔʃe] *nm* **1.** roca *f* **2.** *(au chocolat)* bombón *m*
rock [ʀɔk] *nm* rock *m*
rodage [ʀɔdaʒ] *nm* rodaje *m*
rôder [ʀode] *vi* rondar
rœsti [ʀøʃti] *nmpl* (*Helv*) *pastel relleno de patatas ralladas doradas en la sartén*
rognons [ʀɔɲɔ̃] *nmpl* riñones *mpl*
roi [ʀwa] *nm* rey *m* • **les Rois** ou **la fête des Rois** el día de Reyes
Roland-Garros [ʀɔlɑ̃gaʀɔs] *n* • **(le tournoi de) Roland-Garros** (el torneo de) Roland-Garros
rôle [ʀol] *nm* papel *m*
roller [ʀɔllœʀ] *nm* roller *m inv* • **faire du roller** hacer rolling
ROM [ʀɔm] *nf* (*abr de read only memory*) ROM *f*
romain, e [ʀɔmɛ̃, ɛn] *adj* romano(na)
roman, e [ʀɔmɑ̃, an] *adj* románico(ca) ◆ **roman** *nm* novela *f*
romancier, ère [ʀɔmɑ̃sje, ɛʀ] *nm, f* novelista *mf*
romantique [ʀɔmɑ̃tik] *adj* romántico(ca)
romarin [ʀɔmaʀɛ̃] *nm* romero *m*
Rome [ʀɔm] *n* Roma
rompre [ʀɔ̃pʀ] *vi* romper
romsteck [ʀɔmstɛk] *nm* filete *m* de lomo de vaca
ronces [ʀɔ̃s] *nfpl* zarzas *fpl*
rond, e [ʀɔ̃, ʀɔ̃d] *adj* **1.** redondo(da) **2.** *(gros)* rechoncho(cha) ◆ **rond** *nm* círculo *m* • **en rond** en corro
ronde [ʀɔ̃d] *nf* *(de policiers)* ronda *f*
rondelle [ʀɔ̃dɛl] *nf* rodaja *f*
rond-point [ʀɔ̃pwɛ̃] (*pl* **ronds-points**) *nm* **1.** *(en ville)* glorieta *f* **2.** *(sur route)* rotonda *f*
ronfler [ʀɔ̃fle] *vi* roncar

ronger [rõʒe] *vt* **1.** *(os)* roer **2.** *(suj : rouille)* corroer ◆ **se ronger** *vp* ● **se ronger les ongles** morderse las uñas

ronronner [rõrɔne] *vi* ronronear

roquefort [rɔkfɔr] *nm* roquefort *m*

rosace [rozas] *nf* rosetón *m*

rosbif [rɔzbif] *nm* redondo *m* (de vaca)

rose [roz] *adj* rosa ◇ *nm (couleur)* rosa *m* ◇ *nf (fleur)* rosa *f*

rosé, e [roze] *adj* rosado(da) ◆ **rosé** *nm* rosado *m*, clarete *m*

roseau, x [rozo] *nm* caña *f (planta)*

rosée [roze] *nf* rocío *m*

rosier [rozje] *nm* rosal *m*

rossignol [rɔsiɲɔl] *nm* ruiseñor *m*

rot [ro] *nm* eructo *m*

roter [rote] *vi* eructar

rôti [roti] *nm* asado *m*

rôtie [roti] *nf (Québec)* tostada *f*

rotin [rɔtɛ̃] *nm* mimbre *m*

rôtir [rotir] *vt* asar ◇ *vi* asarse

rôtissoire [rotiswar] *nf (électrique)* asador *m*

rotule [rɔtyl] *nf* rótula *f*

roucouler [rukule] *vi* arrullar

roue [ru] *nf* rueda *f* ● **roue de secours** rueda de repuesto ● **grande roue** noria *f*

rougail [rugaj] *nm (Réunion) salsa picante a base de tomate, hortalizas y especias que acompaña diversos platos locales*

rouge [ruʒ] *adj* **1.** rojo(ja) **2.** *(fer)* candente **3.** *(de confusion)* colorado(da) ◇ *nm* **1.** rojo *m* **2.** *(vin)* tinto *m* ● **le feu est passé au rouge** el semáforo se ha puesto en rojo ● **passer au rouge** *(véhicule)* saltarse un semáforo ● **rouge à lèvres** lápiz *m* de labios

rouge-gorge [ruʒgɔrʒ] *(pl* **rouges-gorges***)* *nm* petirrojo *m*

rougeole [ruʒɔl] *nf* sarampión *m*

rougeurs [ruʒœr] *nfpl* manchas *fpl* rojas

rougir [ruʒir] *vi* ruborizarse

rouille [ruj] *nf* **1.** óxido *m* **2.** *(sauce) salsa con ajo y guindilla que se sirve con la sopa de pescado*

rouillé, e [ruje] *adj* **1.** oxidado(da) **2.** *(fig) (physiquement, intellectuellement)* anquilosado(da)

rouiller [ruje] *vi* oxidarse

roulant [rulɑ̃] *adj m* ➤ **fauteuil, tapis**

rouleau, x [rulo] *nm* **1.** *(de papier, de tissu)* rollo *m* **2.** *(pinceau)* rodillo *m* **3.** *(vague)* ola *f* **4.** CULIN ● **rouleau de printemps** rollito *m* de primavera ● **rouleau à pâtisserie** rodillo

roulement [rulmɑ̃] *nm* turnos *mpl* ● **roulement à billes** rodamiento *m* de bolas ● **roulement de tambour** redoble *m* de tambor

rouler [rule] *vt* **1.** enrollar **2.** *(fam) (duper)* timar ◇ *vi* **1.** *(balle, caillou)* rodar **2.** *(véhicule)* circular **3.** *(automobiliste)* conducir ● **rouler les r** pronunciar fuerte las erres ▼ **roulez au pas** circulen despacio ● **rouler vite** correr ◆ **se rouler** *vp (par terre, dans l'herbe)* revolcarse

roulette [rulɛt] *nf* rueda *f* ● **la roulette** *(jeu)* la ruleta

roulotte [rulɔt] *nf* caravana *f*

roumain, e [rumɛ̃, ɛn] *adj* rumano(na) ◆ **roumain** *nm (langue)* rumano *m* ◆ **Roumain, e** *nm, f* rumano *m*, -na *f*

Roumanie [rumani] *nf* ● **la Roumanie** Rumania *f*
rousse ➤ **roux**
rousseur [rusœr] *nf* ➤ **tache**
roussi [rusi] *nm* ● **ça sent le roussi** huele a chamusquina
route [rut] *nf* **1.** carretera *f* **2.** *(itinéraire)* camino *m* ● **mettre qqch en route** poner algo en marcha ● **se mettre en route** *(voyageur)* ponerse en camino ▼ **route barrée** carretera cortada
routeur [rutœr] *nm INFORM* enrutador *m*
routier, ère [rutje, ɛr] *adj* **1.** *(carte)* de carretera **2.** *(transports)* por carretera ◆ **routier** *nm* **1.** *(camionneur)* camionero *m*, -ra *f* **2.** *(restaurant)* restaurante *m* de carretera
routine [rutin] *nf (péj)* rutina *f*
roux, rousse [ru, rus] *adj & nm, f* pelirrojo(ja)
royal, e, aux [rwajal, o] *adj* **1.** *(famille, pouvoir)* real **2.** *(cadeau, pourboire)* regio(gia)
royaume [rwajom] *nm* reino *m*
Royaume-Uni [rwajomyni] *nm* ● **le Royaume-Uni** el Reino Unido
RTT [ɛrtete] (*abr de réduction du temps de travail*) *nf* reducción *f* del tiempo de trabajo ◇ *nm ou nf* ● **prendre un** ou **une RTT** tomar un día de asueto
ruade [ryad] *nf* coz *f*
ruban [rybɑ̃] *nm* cinta *f* ● **ruban adhésif** cinta adhesiva
rubéole [rybeɔl] *nf* rubeola *f*
rubis [rybi] *nm* rubí *m*
rubrique [rybrik] *nf* **1.** *(catégorie)* apartado *m* **2.** *(de journal)* sección *f*
ruche [ryʃ] *nf* colmena *f*
rude [ryd] *adj* **1.** *(climat)* riguroso(sa) **2.** *(travail)* penoso(sa) **3.** *(voix)* bronco(ca)
rudimentaire [rydimɑ̃tɛr] *adj* rudimentario(ria)
rue [ry] *nf* calle *f* ● **rue piétonne** ou **piétonnière** calle peatonal
ruelle [rɥɛl] *nf* callejón *m*
ruer [rɥe] *vi* dar coces ◆ **se ruer** *vp* ● **se ruer dans/sur** abalanzarse sobre
rugby [rygbi] *nm* rugby *m*
rugir [ryʒir] *vi* rugir
rugueux, euse [rygø, øz] *adj* rugoso(sa)
ruine [rɥin] *nf* ruina *f* ● **en ruine** en ruinas ● **tomber en ruine** estarse derruyendo ◆ **ruines** *nfpl* ruinas *fpl*
ruiné, e [rɥine] *adj* arruinado(da)
ruisseau, x [rɥiso] *nm* arroyo *m*
ruisseler [rɥisle] *vi* chorrear ● **ruisseler de** *(sueur, larmes)* chorrear de
rumeur [rymœr] *nf* rumor *m*
ruminer [rymine] *vi* rumiar
rupture [ryptyr] *nf* ruptura *f*
rural, e, aux [ryral, o] *adj* rural
ruse [ryz] *nf* **1.** *(habileté)* astucia *f* **2.** *(procédé)* ardid *m*
rusé, e [ryze] *adj* astuto(ta)
russe [rys] *adj* ruso(sa) ◇ *nm (langue)* ruso *m* ◆ **Russe** *nmf* ruso *m*, -sa *f*
Russie [rysi] *nf* ● **la Russie** Rusia *f*
Rustine® [rystin] *nf* parche *m (de bicicleta)*
rustique [rystik] *adj* rústico(ca)
rythme [ritm] *nm* ritmo *m*

S

S (*abr écrite de sud*) S (*sur*)
sa ➤ **son** (*adj*)
SA [ɛsa] (*abr de société anonyme*) *nf* SA *f* (*sociedad anónima*)
sable [sabl] *nm* arena *f* • **sables mouvants** arenas movedizas
sablé, e [sable] *adj* • **pâte sablée** pasta flora ♦ **sablé** *nm* galleta *f*
sablier [sablije] *nm* reloj *m* de arena
sablonneux, euse [sablɔnø, øz] *adj* arenoso(sa)
sabot [sabo] *nm* **1.** (*de cheval*) casco *m* **2.** (*de vache*) pezuña *f* **3.** (*chaussure*) zueco *m* • **sabot de Denver** cepo *m* (*para los coches*)
sabre [sabʀ] *nm* sable *m*
sac [sak] *nm* **1.** (*en papier, en plastique*) bolsa *f* **2.** (*de pommes de terre*) saco *m* • **sac de couchage** saco de dormir • **sac à dos** mochila *f* • **sac à main** bolso *m*
saccadé, e [sakade] *adj* **1.** (*gestes*) brusco(ca) **2.** (*respiration*) entrecortado(da)
saccager [sakaʒe] *vt* saquear
sachant [saʃɑ̃] *p prés* ➤ **savoir**
sache etc ➤ **savoir**
sachet [saʃɛ] *nm* bolsa *f* • **sachet de thé** bolsita *f* de té
sacoche [sakɔʃ] *nf* (*sac*) cartera *f*
sac-poubelle [sakpubɛl] (*pl* **sacs-poubelle**) *nm* bolsa *f* de basura
sacré, e [sakʀe] *adj* **1.** (*temple, texte*) sagrado(da) **2.** (*musique, art*) sacro(cra) **3.** (*fam*) (*maudit*) dichoso(sa)
sacrifice [sakʀifis] *nm* sacrificio *m*
sacrifier [sakʀifje] *vt* sacrificar ♦ **se sacrifier** *vp* sacrificarse
sadique [sadik] *adj* sádico(ca)
safari [safaʀi] *nm* safari *m*
safran [safʀɑ̃] *nm* azafrán *m*
sage [saʒ] *adj* **1.** (*avisé*) sensato(ta) **2.** (*obéissant*) bueno(na)
sage-femme [saʒfam] (*pl* **sages-femmes**) *nf* comadrona *f*
sagesse [saʒɛs] *nf* sabiduría *f*
Sagittaire [saʒitɛʀ] *nm* Sagitario *m*
saignant, e [sɛɲɑ̃, ɑ̃t] *adj* (*viande*) poco hecho(cha)
saigner [seɲe] *vi* sangrar • **saigner du nez** sangrar por la nariz
saillant, e [sajɑ̃, ɑ̃t] *adj* saliente
sain, e [sɛ̃, sɛn] *adj* sano(na) • **sain et sauf** sano y salvo
saint, e [sɛ̃, sɛ̃t] *adj & nm, f* santo(ta) • **saint François** San Francisco
saint-honoré [sɛ̃tɔnɔʀe] *nm inv tarta bordeada de bocaditos de nata y crema en el interior*
Saint-Jacques-de-Compostelle [sɛ̃ʒakdəkɔ̃pɔstɛl] *n* Santiago de Compostela
Saint-Sébastien [sɛ̃sebastjɛ̃] *n* San Sebastián
Saint-Sylvestre [sɛ̃silvɛstʀ] *nf* • **la Saint-Sylvestre** Nochevieja *f*
sais etc ➤ **savoir**
saisie [sezi] *nf* INFORM introducción *f*

saisir [seziʀ] *vt* 1. *(prendre)* agarrar 2. *(occasion)* aprovechar 3. *(comprendre)* coger 4. *DR (biens)* embargar 5. *INFORM* introducir

saison [sɛzɔ̃] *nf* 1. estación *f* 2. *(période)* temporada *f* • **basse/haute saison** temporada baja/alta

salade [salad] *nf* 1. *(plante)* lechuga *f* 2. *(plat)* ensalada *f* • **champignons en salade** ensalada de champiñones • **salade de fruits** macedonia *f* de frutas • **salade mixte** ensalada mixta • **salade niçoise** *ensaladilla con tomate, atún, anchoas, huevo...*

saladier [saladje] *nm* ensaladera *f*

salaire [salɛʀ] *nm* sueldo *m*

Salamanque [salamɑ̃k] *n* Salamanca

salami [salami] *nm* salami *m*

salarié, e [salaʀje] *nm, f* asalariado *m*, -da *f*

sale [sal] *adj* 1. sucio(cia) 2. *(fam)* *(temps)* asqueroso(sa) 3. *(fam)* *(coup)* malo(la)

salé, e [sale] *adj* salado(da) ◆ **salé** *nm* • **petit salé aux lentilles** *plato compuesto de lentejas con carne de cerdo en salazón*

saler [sale] *vt* salar

saleté [salte] *nf* 1. suciedad *f* 2. *(fam)* *(chose très sale)* porquería *f*

salière [saljɛʀ] *nf* salero *m*

salir [saliʀ] *vt* ensuciar ◆ **se salir** *vp* ensuciarse

salissant, e [salisɑ̃, ɑ̃t] *adj* sucio(cia)

salive [saliv] *nf* saliva *f*

salle [sal] *nf* sala *f* • **salle d'attente** sala de espera • **salle de bains** cuarto *m* de baño • **salle de classe** aula *f* • **salle d'embarquement** sala de embarque • **salle à manger** comedor *m* • **salle d'opération** quirófano *m* • **salle de réunion** sala de reuniones

salon [salɔ̃] *nm* salón *m* • **salon de beauté** salón de belleza • **salon de coiffure** peluquería *f* • **salon de thé** salón de té • **le salon de l'Auto** el Salón del Automóvil

salopette [salɔpɛt] *nf* peto *m*

salsifis [salsifi] *nm* salsifí *m*

saluer [salɥe] *vt* saludar • **saluer de la tête** saludar con la cabeza

salut [saly] *nm* saludo *m* ◇ *interj* 1. *(fam)* *(bonjour)* ¡hola! 2. *(au revoir)* ¡adiós!

salutations [salytasjɔ̃] *nfpl (dans une lettre)* ▼ **meilleures salutations** ou **salutations distinguées** le saluda atentamente

Salvador [salvadɔʀ] *nm* • **le Salvador** El Salvador

salvadorien, enne [salvadɔʀjɛ̃, ɛn] *adj* salvadoreño(ña) ◆ **Salvadorien, enne** *nm, f* salvadoreño *m*, -ña *f*

samara [samaʀa] *nf (Afrique)* ≃ sandalia *f* de dedo

samaritain [samaʀitɛ̃] *nm (Helv)* socorrista *mf*

samedi [samdi] *nm* sábado *m* • **nous sommes samedi** estamos a ou hoy es sábado • **samedi 13 septembre** sábado 13 de septiembre • **nous sommes partis samedi** nos fuimos el sábado • **samedi dernier** el sábado pasado • **samedi prochain** el sábado próximo ou que viene • **samedi matin** el sábado por la mañana • **le**

samedi los sábados • **à samedi !** ¡hasta el sábado!
SAMU [samy] (*abr de Service d'aide médicale d'urgence*) *nm servicio móvil de urgencias médicas*
sanction [sɑ̃ksjɔ̃] *nf* sanción *f*
sanctionner [sɑ̃ksjɔne] *vt* sancionar
sandale [sɑ̃dal] *nf* sandalia *f*
sandwich [sɑ̃dwitʃ] *nm* bocadillo *m* • **sandwich club** sándwich *m*
sandwicherie [sɑ̃dwitʃʀi] *nf* bocadillería *f*
sang [sɑ̃] *nm* sangre *f* • **en sang** ensangrentado(da) • **prise de sang** toma *f* de sangre • **faire une prise de sang** hacer un análisis de sangre
sang-froid [sɑ̃fʀwa] *nm inv* sangre *f* fría
sanglant, e [sɑ̃glɑ̃, ɑ̃t] *adj* sangriento(ta)
sangle [sɑ̃gl] *nf* **1.** *(de valise)* correa *f* **2.** *(de selle)* cincha *f*
sanglier [sɑ̃glije] *nm* jabalí *m*
sanglot [sɑ̃glo] *nm* sollozo *m*
sangloter [sɑ̃glɔte] *vi* sollozar
sangria [sɑ̃gʀija] *nf* sangría *f*
sanguin [sɑ̃gɛ̃] *adj m* ➤ **groupe**
sanguine [sɑ̃gin] *nf (orange)* sanguina *f*
Sanisette® [sanizɛt] *nf aseos públicos automáticos*
sanitaire [sanitɛʀ] *adj* sanitario(ria) ◆ **sanitaires** *nmpl* sanitarios *mpl*
sans [sɑ̃] *prép* sin • **sans faire qqch** sin hacer algo • **sans que personne s'en rende compte** sin que nadie se dé cuenta • **il va falloir faire sans** habrá que apañarselas sin
sans-abri [sɑ̃zabʀi] *nmf inv* techo *mf inv*
sans-gêne [sɑ̃ʒɛn] *adj inv* descarado(da) ◇ *nm inv* caradura *m*
sans-papiers [sɑ̃papje] *nmf inv* sin papeles *mf inv*
sans-plomb [sɑ̃plɔ̃] *nm inv* sin plomo *f inv*
santé [sɑ̃te] *nf* salud *f* • **être en bonne/mauvaise santé** tener buena/mala salud • **(à ta) santé !** ¡(a tu) salud!
saoul, e [su, sul] = **soûl**
saouler [sule] = **soûler**
saphir [safiʀ] *nm (pierre)* zafiro *m*
sapin [sapɛ̃] *nm* **1.** *(arbre)* abeto *m* **2.** *(bois)* pino *m* • **sapin de Noël** árbol *m* de Navidad
Saragosse [saʀagɔs] *n* Zaragoza
sarcophage [saʀkɔfaʒ] *nm* sarcófago *m*
sardine [saʀdin] *nf* sardina *f*
SARL [ɛsaɛʀɛl] *nf* (*abr de société à responsabilité limitée*) SL *f (sociedad limitada)*
sarrasin [saʀazɛ̃] *nm* alforfón *m*
satellite [satelit] *nm* satélite *m* • **satellite artificiel** satélite artificial • **satellite météorologique** satélite meteorológico • **satellite de télécommunications** satélite de comunicaciones
satin [satɛ̃] *nm* raso *m*
satiné, e [satine] *adj* **1.** *(tissu, peinture)* satinado(da) **2.** *(peau)* terso(sa)
satirique [satiʀik] *adj* satírico(ca)
satisfaction [satisfaksjɔ̃] *nf* satisfacción *f*
satisfaire [satisfɛʀ] *vt* satisfacer ◆ **se satisfaire de** *vp + prep* contentarse con

satisfaisant, e [satisfəzɑ̃, ɑ̃t] *adj* satisfactorio(ria)

satisfait, e [satisfɛ, ɛt] *pp* ➤ **satisfaire** ◇ *adj* satisfecho(cha) • **être satisfait de** estar satisfecho con

saturé, e [satyʀe] *adj* saturado(da)

sauce [sos] *nf* salsa *f* • **en sauce** con ou en salsa • **sauce blanche** *salsa a base de caldo de ternera o de ave* • **sauce chasseur** *salsa a base de champiñones, vino blanco y tomate* • **sauce madère** salsa madera • **sauce tartare** salsa tártara • **sauce tomate** tomate *m* frito

saucer [sose] *vt* rebañar

saucisse [sosis] *nf* salchicha *f* • **saucisse sèche** salchichón *m*

saucisson [sosisɔ̃] *nm* salchichón *m*

sauf, sauve [sof, sov] *adj* ➤ **sain** ◆ **sauf** *prép* salvo • **sauf erreur de ma part** a menos que me equivoque • **tout le monde sauf lui** todos excepto él • **je pourrais, sauf que je ne veux pas** yo podría, pero no quiero

sauge [soʒ] *nf* salvia *f*

saule [sol] *nm* sauce *m* • **saule pleureur** sauce llorón

saumon [somɔ̃] *nm* salmón *m* ◇ *adj inv* • **(rose) saumon** salmón • **saumon fumé** salmón ahumado

sauna [sona] *nm* sauna *f*

saupoudrer [sopudʀe] *vt* • **saupoudrer qqch de** espolvorear algo con

saur [sɔʀ] *adj m* ➤ **hareng**

saura etc ➤ **savoir**

saut [so] *nm* salto *m* • **faire un saut chez qqn** ir hasta casa de alguien • **saut à l'élastique** *SPORT* goming *m* • **saut en hauteur** salto de altura • **saut en longueur** salto de longitud • **saut de page** *INFORM* salto de página • **saut à la perche** salto con pértiga • **saut périlleux** salto mortal

saute [sot] *nf* • **saute d'humeur** brusco *m* de humor

sauté, e [sote] *adj* salteado(da) ◆ **sauté** *nm* • **sauté de veau** ternera *f* salteada

saute-mouton [sotmutɔ̃] *nm inv* • **jouer à saute-mouton** jugar al salto de pídola

sauter [sote] *vi* **1.** saltar **2.** *(exploser)* estallar ◇ *vt* **1.** *(obstacle)* saltar **2.** *(passage, classe)* saltarse • **faire sauter qqch** *(faire exploser)* hacer saltar algo ; *CULIN* saltear algo

sauterelle [sotʀɛl] *nf* saltamontes *m inv*

sautiller [sotije] *vi* brincar

sauvage [sovaʒ] *adj & nmf* salvaje

sauvegarde [sovgaʀd] *nf INFORM* copia *f* de seguridad • **sauvegarde automatique** copia automática • **fichier de sauvegarde** archivo *m* de seguridad

sauvegarder [sovgaʀde] *vt* **1.** salvaguardar **2.** *INFORM* guardar

sauver [sove] *vt* **1.** salvar **2.** *INFORM* guardar • **sauver qqn/qqch de qqch** salvar a alguien/algo de algo ◆ **se sauver** *vp* escaparse

sauvetage [sovtaʒ] *nm* salvamento *m*

sauveteur [sovtœʀ] *nm* socorrista *mf*

SAV [ɛsave] *(abr de* service après-vente*)* *nm* SPV *m (servicio posventa)*

savane [savan] *nf* sabana *f*

savant, e [savɑ̃, ɑ̃t] *adj* erudito(ta) ◆ **savant** *nm* científico *m*, -ca *f*

savarin [savaʀɛ̃] *nm bizcocho borracho con crema*

saveur [savœʀ] *nf* sabor *m*

savoir [savwaʀ] *vt* **1.** saber **2.** *(leçon)* saberse ● **savoir faire qqch** saber hacer algo ● **je n'en sais rien** no tengo ni idea

savoir-faire [savwaʀfɛʀ] *nm inv* destreza *f*

savoir-vivre [savwaʀvivʀ] *nm inv* mundo *m*

savon [savɔ̃] *nm* jabón *m* ● **savon de Marseille** jabón de Marsella

savonner [savɔne] *vt* enjabonar

savonnette [savɔnɛt] *nf* pastilla *f* de jabón

savourer [savuʀe] *vt* saborear

savoureux, euse [savuʀø, øz] *adj (aliment)* sabroso(sa)

savoyarde [savwajaʀd] *adj f* ➤ **fondue**

saxophone [saksɔfɔn] *nm* saxofón *m*

sbrinz [ʃbʀints] *nm queso suizo de vaca duro y quebradizo*

scandale [skɑ̃dal] *nm* escándalo *m* ● **faire du** ou **un scandale** armar un escándalo ● **faire scandale** causar escándalo

scandaleux, euse [skɑ̃dalø, øz] *adj* escandaloso(sa)

scandinave [skɑ̃dinav] *adj* escandinavo(va)

Scandinavie [skɑ̃dinavi] *nf* ● **la Scandinavie** Escandinavia *f*

1 **scanner** [skane] *vt* escanear

2 **scanner** [skanɛʀ], **scanneur** [skanœʀ] *nm* escáner *m*

scaphandre [skafɑ̃dʀ] *nm* escafandra *f*

scarole [skaʀɔl] *nf* escarola *f*

sceller [sele] *vt (cimenter)* sellar

scénario [senaʀjo] *nm* guión *m*

scène [sɛn] *nf* escena *f* ● **faire une scène (à qqn)** armar un belén (a alguien) ● **mettre qqch en scène** poner algo en escena

sceptique [sɛptik] *adj* escéptico(ca)

schéma [ʃema] *nm* esquema *m*

schématique [ʃematik] *adj* esquemático(ca)

schublig [ʃublig] *nm (Helv) variedad de salchicha*

sciatique [sjatik] *nf* ciática *f*

scie [si] *nf* sierra *f*

science [sjɑ̃s] *nf* ciencia *f* ● **sciences naturelles** ciencias naturales ● **sciences humaines** ciencias humanas

science-fiction [sjɑ̃sfiksjɔ̃] *(pl* **sciences-fictions***) nf* ciencia *f* ficción

scientifique [sjɑ̃tifik] *adj & nmf* científico(ca)

scier [sje] *vt* serrar

scintiller [sɛ̃tije] *vi* centellear

sciure [sjyʀ] *nf* serrín *m*

scolaire [skɔlɛʀ] *adj* escolar

scoop [skup] *nm* primicia *f*

scooter [skutœʀ] *nm* scooter *m*

score [skɔʀ] *nm* resultado *m*

scorpion [skɔʀpjɔ̃] *nm* escorpión *m* ◆ **Scorpion** *nm* Escorpio *m*

Scotch® [skɔtʃ] *nm* celo® *m*

scotch [skɔtʃ] *nm (whisky)* scotch *m*

scotché, e [skɔtʃe] *(fam & fig) adj* • **être scotché devant la télévision** estar pegado al televisor

scout, e [skut] *nm, f* scout *mf*

scrupule [skʀypyl] *nm* escrúpulo *m*

scrutin [skʀytɛ̃] *nm* escrutinio *m*

sculpter [skylte] *vt* esculpir

sculpteur [skyltœʀ] *nm* escultor *m*

sculpture [skyltyʀ] *nf* escultura *f*

SDF [ɛsdeɛf] *(abr de sans domicile fixe) nmf* sin techo *mf inv*

se [sə] *pron*

1. *(réfléchi : complément d'objet direct)* se • **elle se regarde dans le miroir** se mira en el espejo

2. *(réfléchi : complément d'objet indirect)* se • **se faire mal** hacerse daño • **il se l'est acheté** se lo ha comprado

3. *(réciproque : complément d'objet direct)* se • **se battre** pelearse

4. *(réciproque : complément d'objet indirect)* se • **ils s'écrivent toutes les semaines** se escriben todas las semanas

5. *(avec certains verbes, vide de sens)* se • **se décider** decidirse • **se mettre à faire qqch** ponerse a hacer algo

6. *(passif)* se • **ce produit se vend bien/partout** este producto se vende bien/en todas partes • **il s'est fait surprendre** lo han sorprendido

7. *(à valeur de possessif)* se • **se laver les mains** lavarse las manos • **se couper le doigt** cortarse el dedo

séance [seɑ̃s] *nf* sesión *f*

seau, x [so] *nm* cubo *m* • **seau à champagne** champañera *f*

sec, sèche [sɛk, sɛʃ] *adj* **1.** seco(ca) **2.** *(whisky)* solo(la) • **à sec** seco(ca) • **au sec** en sitio seco • **d'un coup sec** de un golpe seco • **vol sec** sólo vuelo *m*

sécateur [sekatœʀ] *nm* tijeras *fpl* de podar

séchage [seʃaʒ] *nm* secado *m*

sèche ➤ **sec**

sèche-cheveux [sɛʃʃəvø] *nm inv* secador *m* (de pelo)

sèche-linge [sɛʃlɛ̃ʒ] *nm inv* secadora *f* (de ropa)

sèchement [sɛʃmɑ̃] *adv* con sequedad

sécher [seʃe] *vt* **1.** secar **2.** *(fam) (cours)* fumarse ◇ *vi* secarse

sécheresse [sɛʃʀɛs] *nf* sequía *f*

séchoir [seʃwaʀ] *nm* • **séchoir (à cheveux)** secador *m* (de pelo) • **séchoir (à linge)** secadora *f* (de ropa)

second, e [səgɔ̃, ɔ̃d] *adj* segundo(da)

secondaire [səgɔ̃dɛʀ] *adj* secundario(ria)

seconde [səgɔ̃d] *nf* **1.** *(unité de temps)* segundo *m* **2.** *SCOL* ≃ cuarto *m* de ESO *(educación secundaria obligatoria)* **3.** *(vitesse)* segunda *f* • **voyager en seconde (classe)** viajar en segunda (clase)

secouer [səkwe] *vt* **1.** *(agiter)* sacudir **2.** *(bouleverser)* trastornar **3.** *(inciter à agir)* zarandear

secourir [səkuʀiʀ] *vt* socorrer

secouriste [səkuʀist] *nmf* socorrista *mf*

secours [səkuʀ] *nm* socorro *m* • **appeler au secours** pedir socorro • **au secours !** ¡socorro! • **secours d'urgence** auxilio *m* de urgencia • **premiers secours** primeros auxilios

secouru, e [səkuʀy] *pp* ➤ **secourir**

secousse [səkus] *nf* sacudida *f*

secret, ète [səkʀɛ, ɛt] *adj* secreto(ta) ◆ **secret** *nm* secreto *m* • **en secret** en secreto

secrétaire [səkʀetɛʀ] *nmf* secretario *m*, -ria *f* ◇ *nm (meuble)* escritorio *m*

secrétariat [səkʀetaʀja] *nm* secretaría *f*

secte [sɛkt] *nf* secta *f*

secteur [sɛktœʀ] *nm* sector *m* • **fonctionner sur secteur** funcionar con electricidad

section [sɛksjɔ̃] *nf* **1.** sección *f* **2.** *(de ligne d'autobus)* zona *f*

Sécu [seky] *nf (fam)* • **la Sécu** ≃ el Seguro

sécurité [sekyʀite] *nf* seguridad *f* • **en sécurité** seguro(ra) • **la sécurité routière** la seguridad vial • **la Sécurité sociale** la Seguridad Social

séduire [sedɥiʀ] *vt* seducir

séduisant, e [sedɥizɑ̃, ɑ̃t] *adj* **1.** seductor(ra) **2.** *(fig) (proposition)* atractivo(va)

séduit, e [sedɥi, it] *pp* ➤ **séduire**

segment [sɛgmɑ̃] *nm* segmento *m*

ségrégation [segʀegasjɔ̃] *nf* segregación *f*

seigle [sɛgl] *nm* centeno *m*

seigneur [sɛɲœʀ] *nm* señor *m* • **le Seigneur** el Señor

sein [sɛ̃] *nm* pecho *m* • **au sein de** en el seno de • **donner le sein (à un enfant)** dar el pecho (a un niño)

Seine [sɛn] *nf* • **la Seine** el Sena

séisme [seism] *nm* seísmo *m*

seize [sɛz] *adj num & pron num* dieciséis ◇ *nm* dieciséis *m* • **il a seize ans** tiene dieciséis años • **il est seize heures** son las cuatro de la tarde • **le seize janvier** el dieciséis de enero • **page seize** página dieciséis • **ils étaient seize** eran dieciséis • **(au) seize rue Lepic** (en la) calle Lepic número dieciséis

seizième [sɛzjɛm] *adj num & pron num* decimosexto(ta) ◇ *nm* **1.** *(fraction)* decimosexta parte *f* **2.** *(étage)* decimosexto *m* (piso) **3.** *(arrondissement)* distrito *m* dieciséis ou decimosexto

séjour [seʒuʀ] *nm* estancia *f* • **(salle de) séjour** sala *f* de estar

séjourner [seʒuʀne] *vi* residir

sel [sɛl] *nm* sal *f* • **sels de bain** sales de baño

sélection [selɛksjɔ̃] *nf* selección *f*

sélectionner [selɛksjɔne] *vt* seleccionar

self-service, s [sɛlfsɛʀvis] *nm* autoservicio *m*

selle [sɛl] *nf* **1.** *(de cheval)* silla *f* **2.** *(de vélo)* sillín *m*

seller [sele] *vt* ensillar

selon [səlɔ̃] *prép* según • **selon que** según que

semaine [səmɛn] *nf* semana *f* • **en semaine** durante la semana

semblable [sɑ̃blabl] *adj* parecido(da) • **semblable à** parecido(da) a

semblant [sɑ̃blɑ̃] *nm* • **faire semblant (de faire qqch)** fingir (hacer algo)

sembler [sɑ̃ble] *vi* parecer • **il semble que** parece que • **il me semble que** me parece que

semelle [səmɛl] *nf* **1.** suela *f* **2.** *(intérieure)* plantilla *f*

semer [səme] *vt* sembrar

semestre [səmɛstʀ] *nm* semestre *m*

semi-remorque, s [səmiʀəmɔʀk] *nm* semirremolque *m*

semoule [səmul] *nf* sémola *f*

sénat [sena] *nm* senado *m*

sénateur, trice [senatœʀ, tʀis] *nm, f* senador *m*, -ra *f*

senior [senjɔʀ] *adj & nmf* sénior

sens [sɑ̃s] *nm* sentido *m* • **dans le sens (inverse) des aiguilles d'une montre** en el sentido (contrario) de las agujas del reloj • **en sens inverse** en sentido contrario • **sens dessus dessous** patas arriba • **avoir du bon sens** tener sentido común • **sens giratoire** sentido rotatorio • **sens interdit/unique** dirección *f* prohibida/única

sensation [sɑ̃sasjɔ̃] *nf* sensación *f* • **faire sensation** causar sensación

sensationnel, elle [sɑ̃sasjɔnɛl] *adj* sensacional

sensible [sɑ̃sibl] *adj* sensible • **sensible à** sensible a

sensiblement [sɑ̃sibləmɑ̃] *adv* **1.** *(à peu près)* casi **2.** *(de façon perceptible)* sensiblemente

sensuel, elle [sɑ̃sɥɛl] *adj* sensual

sentence [sɑ̃tɑ̃s] *nf* sentencia *f*

sentier [sɑ̃tje] *nm* sendero *m*

sentiment [sɑ̃timɑ̃] *nm* sentimiento *m* ▾ **sentiments dévoués** ou **respectueux** atentos saludos

sentimental, e, aux [sɑ̃timɑ̃tal, o] *adj & nm, f* sentimental

sentir [sɑ̃tiʀ] *vt* **1.** oler **2.** *(percevoir, ressentir)* sentir • **sentir bon/mauvais** oler bien/mal ♦ **se sentir** *vp* • **se sentir mal** sentirse mal • **se sentir bizarre** sentirse raro(ra)

séparation [sepaʀasjɔ̃] *nf* separación *f*

séparément [sepaʀemɑ̃] *adv* por separado

séparer [sepaʀe] *vt* separar • **séparer qqn/qqch de** separar a alguien/algo de ♦ **se séparer** *vp* separarse • **se séparer de** *(conjoint)* separarse de ; *(employé)* despedir

sept [sɛt] *adj num & pron num* siete ◇ *nm* siete *m* • **il a sept ans** tiene siete años • **il est sept heures** son las siete • **le sept janvier** el siete de enero • **page sept** página siete • **ils étaient sept** eran siete • **le sept de pique** el siete de picas • **(au) sept rue Lepic** (en la) calle Lepic número siete

septante [sɛptɑ̃t] *num* (*Belg & Helv*) setenta

septembre [sɛptɑ̃bʀ] *nm* septiembre • **en septembre** ou **au mois de septembre** en (el mes de) septiembre • **début/fin septembre** a principios de/a finales de septiembre • **le deux septembre** el dos de septiembre

septième [sɛtjɛm] *adj num & pron num* séptimo(ma) ◇ *nm* **1.** *(fraction)* séptima parte *f* **2.** *(étage)* séptimo *m* (piso) **3.** *(arrondissement)* distrito *m* siete ou séptimo

séquelles [sekɛl] *nfpl* secuelas *fpl*

séquence [sekɑ̃s] *nf (de film)* secuencia *f*

sera etc ➤ **être**

serbe [sɛʀb] *adj* serbio(bia) ◇ *nm (langue)* serbio *m* ◆ **Serbe** *nmf* serbio *m*, -bia *f*

Serbie [sɛʀbi] *nf* ● **la Serbie** Serbia *f*

séré [seʀe] *nm (Helv)* queso *m* fresco

serein, e [səʀɛ̃, ɛn] *adj* sereno(na)

sérénité [seʀenite] *nf* serenidad *f*

sergent [sɛʀʒɑ̃] *nm* sargento *m*

série [seʀi] *nf* serie *f* ● **série (télévisée)** serie (televisiva)

sérieusement [seʀjøzmɑ̃] *adv* seriamente

sérieux, euse [seʀjø, øz] *adj* serio(ria) ◆ **sérieux** *nm* ● **avec sérieux** *(travailler)* con seriedad ● **garder son sérieux** mantener la seriedad ● **prendre qqch au sérieux** tomarse algo en serio

seringue [səʀɛ̃g] *nf* jeringa *f*

sermon [sɛʀmɔ̃] *nm* sermón *m*

séropositif, ive [seʀɔpozitif, iv] *adj* seropositivo(va)

serpent [sɛʀpɑ̃] *nm* serpiente *f*

serpentin [sɛʀpɑ̃tɛ̃] *nm (de fête)* serpentina *f*

serpillière [sɛʀpijɛʀ] *nf* bayeta *f*

serre [sɛʀ] *nf* invernadero *m* ● **effet de serre** efecto *m* invernadero

serré, e [seʀe] *adj* **1.** *(vêtement)* estrecho(cha) **2.** *(spectateurs, passagers)* apretado(da)

serrer [seʀe] *vt* **1.** apretar **2.** *(dans ses bras)* abrazar **3.** *(rapprocher)* juntar ● **serrer la main à qqn** estrechar la mano a alguien ▼ **serrez à droite** péguese a la derecha ◆ **se serrer** *vp* apretarse ● **se serrer contre qqn** apretujarse contra alguien

serre-tête [sɛʀtɛt] *nm inv* diadema *f*

serrure [seʀyʀ] *nf* cerradura *f*

serrurier [seʀyʀje] *nm* cerrajero *m*

sers etc ➤ **servir**

sérum [seʀɔm] *nm* ● **sérum physiologique** solución *f* salina

serveur, euse [sɛʀvœʀ, øz] *nm, f* camarero *m*, -ra *f* ◆ **serveur** *nm INFORM* servidor *m*

serviable [sɛʀvjabl] *adj* servicial

service [sɛʀvis] *nm* **1.** servicio *m* **2.** *(faveur)* favor *m* ● **faire le service** servir la comida ● **rendre service à qqn** hacer un favor a alguien ● **être de service** estar de servicio ▼ **service compris/non compris** servicio incluido/no incluido ● **service après-vente** servicio posventa ● **service militaire** servicio militar

serviette [sɛʀvjɛt] *nf (cartable)* cartera *f* ● **serviette hygiénique** compresa *f* ● **serviette (de table)** servilleta *f* ● **serviette (de toilette)** toalla *f*

servir [sɛʀviʀ] *vt* servir

◇ *vi*

1. *(être utile)* servir ● **servir à (faire) qqch** servir para (hacer) algo ● **ça ne sert à rien d'insister** no sirve de nada insistir

2. *(avec "de")* ● **servir (à qqn) de qqch** servir (a alguien) de algo

3. *(au tennis)* sacar ● **(c'est) à toi de servir !** ¡te toca sacar a ti!

4. *(aux cartes)* repartir

◆ **se servir** *vp (de la nourriture, une boisson)* servirse

◆ **se servir de** *vp + prep (objet)* utilizar

ses ➤ son *(adj)*

sésame [sezam] *nm (graine)* sésamo *m*

set [sɛt] *nm SPORT* set *m* • **set (de table)** juego *m* de mesa

seuil [sœj] *nm* umbral *m*

seul, e [sœl] *adj* solo(la) ◇ *nm, f* • **le seul/la seule/les seuls/les seules** el único/la única/los únicos/las únicas • **un seul** uno solo • **(tout) seul** solo

seulement [sœlmɑ̃] *adv* **1.** *(uniquement)* sólo **2.** *(mais)* sólo que • **non seulement... mais encore** ou **en plus** no sólo... sino que encima ou además • **si seulement...** si tan sólo...

sève [sɛv] *nf* savia *f*

sévère [sevɛʀ] *adj* severo(ra)

sévérité [seveʀite] *nf* severidad *f*

Séville [sevij] *n* Sevilla

sévir [seviʀ] *vi* **1.** *(punir)* castigar duramente **2.** *(épidémie, crise)* hacer estragos

sexe [sɛks] *nm* sexo *m*

sexiste [sɛksist] *adj* sexista

sexuel, elle [sɛksɥɛl] *adj* sexual

Seychelles [sɛʃɛl] *nfpl* • **les Seychelles** las Seychelles

shampo(o)ing *nm* champú *m* • **un shampooing et une coupe** lavar y cortar

shit [ʃit] *(fam) nm* costo *m*

short [ʃɔʀt] *nm* shorts *mpl*

show [ʃo] *nm* show *m*

si [si] *conj*
1. *(exprime l'hypothèse)* si • **si tu veux, on y va** si quieres, vamos • **ce serait bien si vous pouviez** estaría bien si pudiera • **si j'avais su...** si lo hubiera sabido...
2. *(dans une question)* si • **(et) si on allait à la piscine ?** ¿y si fuésemos a la piscina?
3. *(dans une question indirecte)* si • **dites-moi si vous venez** dígame si viene
4. *(exprime un souhait)* si • **si seulement tu m'en avais parlé avant !** ¡si al menos me lo hubieras dicho antes!
5. *(puisque)* • **si je le fais, c'est que ça ne me dérange pas** si lo hago será que no me molesta
◇ *adv*
1. *(tellement)* tan • **une si jolie ville** una ciudad tan bonita • **si... que** tan... que • **ce n'est pas si facile que ça** no es tan fácil la cosa • **si bien que** de modo que
2. *(oui)* sí

SIDA [sida] *(abr de syndrome immunodéficitaire acquis) nm* SIDA *m (síndrome de inmunodeficiencia adquirida)*

siècle [sjɛkl] *nm* siglo *m* • **au vingtième siècle** en el siglo veinte

siège [sjɛʒ] *nm* **1.** asiento *m* **2.** *(aux élections)* escaño *m* **3.** *(d'une banque, d'une association)* sede *f*

sien [sjɛ̃] ◆ **le sien, la sienne** [ləsjɛ̃, lasjɛn] *(mpl* **les siens** [lesjɛ̃], *fpl* **les siennes** [lesjɛn]*) pron* el suyo (la suya)

sieste [sjɛst] *nf* siesta *f* • **faire la sieste** echarse la siesta

sifflement [siflәmɑ̃] *nm* silbido *m*

siffler [sifle] *vt & vi* silbar

sifflet [siflɛ] *nm* **1.** *(instrument)* silbato *m* **2.** *(sifflement)* silbido *m*

sigle [sigl] *nm* sigla *f*

signal, aux [siɲal, o] *nm* señal *f* • **signal d'alarme** señal de alarma

signalement [siɲalmɑ̃] *nm* descripción *f*

signaler [siɲale] *vt* señalar

signalisation [siɲalizasjɔ̃] *nf* señalización *f*

signature [siɲatyʀ] *nf* firma *f*

signe [siɲ] *nm* **1.** *(geste)* seña *f* **2.** *(indice)* señal *f* **3.** *(dessin)* signo *m* • **faire signe à qqn (de faire qqch)** hacer señas a alguien (de que haga algo) • **c'est bon/mauvais signe** es buena/mala señal • **faire le signe de croix** hacer la señal de la cruz • **signe du zodiaque** signo del zodíaco

signer [siɲe] *vt & vi* firmar ◆ **se signer** *vp* santiguarse

significatif, ive [siɲifikatif, iv] *adj* significativo(va)

signification [siɲifikasjɔ̃] *nf* significado *m*

signifier [siɲifje] *vt* significar

silence [silɑ̃s] *nm* silencio *m* • **en silence** en silencio

silencieux, euse [silɑ̃sjø, øz] *adj* **1.** silencioso(sa) **2.** *(personne)* callado(da)

silhouette [silwɛt] *nf* silueta *f*

sillonner [sijɔne] *vt* surcar

similaire [similɛʀ] *adj* similar

simple [sɛ̃pl] *adj* **1.** sencillo(lla) **2.** *(direct, sans manières)* simple **3.** *(chambre)* individual

simplement [sɛ̃pləmɑ̃] *adv* **1.** *(sans complication)* sencillamente **2.** *(seulement)* simplemente

simplicité [sɛ̃plisite] *nf* simplicidad *f*

simplifier [sɛ̃plifje] *vt* simplificar

simuler [simyle] *vt* simular

simultané, e [simyltane] *adj* simultáneo(a)

simultanément [simyltanemɑ̃] *adv* simultáneamente

sincère [sɛ̃sɛʀ] *adj* sincero(ra)

sincérité [sɛ̃seʀite] *nf* sinceridad *f*

singe [sɛ̃ʒ] *nm* mono *m*

singulier [sɛ̃gylje] *nm* singular *m*

sinistre [sinistʀ] *adj* siniestro(tra) ◇ *nm (catastrophe)* siniestro *m*

sinistré, e [sinistʀe] *adj & nm, f* siniestrado(da)

sinon [sinɔ̃] *conj* **1.** *(autrement)* si no **2.** *(excepté)* sino • **personne, sinon lui** nadie menos él

sinueux, euse [sinɥø, øz] *adj* sinuoso(sa)

sinusite [sinyzit] *nf* sinusitis *f inv*

sirène [siʀɛn] *nf* sirena *f*

sirop [siʀo] *nm* jarabe *m* • **sirop d'érable/de fruits** jarabe de arce/de frutas

siroter [siʀɔte] *vt* beber a sorbos

site [sit] *nm* **1.** *(paysage)* paraje *m* **2.** *(emplacement)* emplazamiento *m* • **site touristique** emplazamiento turístico • **site FTP** servidor *m* FTP • **site web** ou **internet** sitio *m* ou página *f* web • **site personnel/professionnel** página personal/profesional

situation [sitɥasjɔ̃] *nf* situación *f*

situé, e [sitɥe] *adj* situado(da) • **bien/mal situé** bien/mal situado

situer [sitɥe] ◆ **se situer** *vp* situarse

six [sis] *adj num & pron num* seis ◇ *nm* seis *m* • **il a six ans** tiene seis años • **il est six heures** son las seis • **le six janvier** el seis de enero • **page six** página seis • **ils étaient six** eran seis • **le six de pique** el seis de picas • **(au) six rue Lepic** (en la) calle Lepic número seis

sixième [sizjɛm] *adj num & pron num* sexto(ta) ◇ *nf SCOL* ≃ sexto *m* de EP (enseñanza primaria) ◇ *nm* **1.** *(fraction)* sexta parte *f* **2.** *(étage)* sexto *m* (piso) **3.** *(arrondissement)* distrito *m* seis OU sexto

Skaï® [skaj] *nm* escay *m*

skateboard [skɛtbɔʀd] *nm* monopatín *m*

sketch [skɛtʃ] (*pl* **sketchs** OU **sketches**) *nm* sketch *m*

ski [ski] *nm* esquí *m* • **faire du ski** esquiar • **ski alpin/de fond** esquí alpino/de fondo • **ski nautique** esquí acuático

skier [skje] *vi* esquiar

skieur, euse [skjœʀ, øz] *nm, f* esquiador *m*, -ra *f*

slalom [slalɔm] *nm* eslalon *m*

slip [slip] *nm* **1.** *(d'homme)* eslip *m* **2.** *(de femme)* bragas *fpl* • **slip de bain** bañador *m*

slogan [slɔgɑ̃] *nm* eslogan *m*

slovaque [slɔvak] *adj* eslovaco(ca) ◇ *nm (langue)* eslovaco *m* ♦ **Slovaque** *nmf* eslovaco *m*, -ca *f*

Slovaquie [slɔvaki] *nf* • **la Slovaquie** Eslovaquia *f*

slovène [slɔvɛn] *adj* esloveno(na) ◇ *nm (langue)* esloveno *m* ♦ **Slovène** *nmf* esloveno *m*, -na *f*

Slovénie [slɔveni] *nf* • **la Slovénie** Eslovenia *f*

SMIC [smik] (*abr de salaire minimum interprofessionnel de croissance*) *nm* ≃ SMI *m (salario mínimo interprofesional)*

smiley [smaɪlı] *nm* emoticono *m*, cara *f* sonriente

smoking [smɔkiŋ] *nm* esmoquin *m*

SMS ['ɛsɛmɛs] *nm inv* SMS *m* • **envoyer/recevoir un SMS** enviar/recibir un SMS

snack(-bar), s [snak(bar)] *nm* snack-bar *m*

SNCF [ɛsɛnseɛf] (*abr de Société nationale des chemins de fer français*) *nf* compañía francesa de ferrocarril ≃ RENFE *f (Red Nacional de Ferrocarriles Españoles)*

snob [snɔb] *adj & nmf* esnob

soap opera [sopɔpeʀa] (*pl* **soap operas**), **soap** [sop] (*pl* **soaps**) *nm* serial *m*

sobre [sɔbʀ] *adj* **1.** *(qui ne boit pas)* abstemio(mia) **2.** *(simple)* sobrio(bria)

sociable [sɔsjabl] *adj* sociable

social, e, aux [sɔsjal, o] *adj* social

socialisme [sɔsjalism] *nm* socialismo *m*

socialiste [sɔsjalist] *adj & nmf* socialista

société [sɔsjete] *nf* sociedad *f*

socle [sɔkl] *nm* zócalo *m*

socquette [sɔkɛt] *nf* calcetín *m* corto

soda [sɔda] *nm* soda *f*

sœur [sœʀ] *nf* **1.** hermana *f* **2.** *RELIG* monja *f*

sofa [sɔfa] *nm* sofá *m*

software [sɔftwɛʀ] *nm INFORM* software *m*

soi [swa] *pron* sí mismo(ma) • **en soi** en sí • **cela va de soi** ni que decir tiene

soi-disant [swadizɑ̃] *adj inv* supuesto(ta) ◇ *adv* • **il avait soi-disant arrêté de fumer** se supone que había dejado de fumar

soie [swa] *nf* seda *f*

soif [swaf] *nf* sed *f* • **avoir soif** tener sed • **ça (me) donne soif** (me) da sed

soigner [swaɲe] *vt* **1.** *(suj : médecin, infirmière)* atender a **2.** *(maladie)* curar **3.** *(travail, présentation)* esmerarse en **4.** *(s'occuper de)* cuidar

soigneusement [swaɲøzmɑ̃] *adv* cuidadosamente

soigneux, euse [swaɲø, øz] *adj* cuidadoso(sa)

soin [swɛ̃] *nm* esmero *m* • **prendre soin de ses affaires** cuidar sus cosas • **prendre soin de faire qqch** asegurarse de hacer algo ◆ **soins** *nmpl (médicaux, de beauté)* cuidados *mpl* • **premiers soins** primeros auxilios *mpl*

soir [swaʀ] *nm* **1.** *(avant le coucher du soleil)* tarde *f* **2.** *(après le coucher du soleil)* noche *f* • **le soir** por la tarde/por la noche

soirée [swaʀe] *nf* **1.** noche *f* **2.** *(réception)* recepción *f*

sois, soit [swa] ➤ **être**

soit [swa] *conj* • **soit... soit** o... o

soixante [swasɑ̃t] *adj num & pron num* sesenta ◇ *nm* sesenta *m* • **il a soixante ans** tiene sesenta años • **page soixante** página sesenta • **ils étaient soixante** eran sesenta • **(au) soixante rue Lepic** (en la) calle Lepic número sesenta

soixante-dix [swasɑ̃tdis] *adj num & pron num* setenta ◇ *nm* setenta *m* • **il a soixante-dix ans** tiene setenta años • **page soixante-dix** página setenta • **ils étaient soixante-dix** eran setenta • **(au) soixante-dix rue Lepic** (en la) calle Lepic número setenta

soixante-dixième [swasɑ̃tdizjɛm] *adj num & pron num* septuagésimo(ma) ◇ *nm (fraction)* septuagésima parte *f*

soixantième [swasɑ̃tjɛm] *adj num & pron num* sexagésimo(ma) ◇ *nm (fraction)* sexagésima parte *f*

soja [sɔʒa] *nm* soja *f*

sol [sɔl] *nm* suelo *m*

solaire [sɔlɛʀ] *adj* solar

soldat [sɔlda] *nm* soldado *m*

solde [sɔld] *nm* saldo *m* • **en solde** *(article)* rebajado(da) ; *(acheter)* en rebajas ◆ **soldes** *nmpl* rebajas *fpl*

soldé, e [sɔlde] *adj* rebajado(da)

sole [sɔl] *nf* lenguado *m* • **sole meunière** *lenguado preparado en una sartén con mantequilla y limón y servido con su propia salsa*

soleil [sɔlɛj] *nm* sol *m* • **au soleil** al sol • **soleil levant/couchant** sol naciente/poniente

solennel, elle [sɔlanɛl] *adj* solemne

solfège [sɔlfɛʒ] *nm* solfeo *m*

solidaire [sɔlidɛʀ] *adj* • **être solidaire de qqn** ser solidario(ria) con alguien

solidarité [sɔlidaʀite] *nf* solidaridad *f*

solide [sɔlid] *adj* **1.** *(matériau, construction)* sólido(da) **2.** *(personne, santé)* robusto(ta)

solidité [sɔlidite] *nf* solidez *f*

soliste [sɔlist] *nmf* solista *mf*

solitaire [sɔlitɛʀ] *adj & nmf* solitario(ria)

solitude [sɔlityd] *nf* soledad *f*
solliciter [sɔlisite] *vt* solicitar
soluble [sɔlybl] *adj* soluble
solution [sɔlysjɔ̃] *nf* solución *f*
sombre [sɔ̃bʀ] *adj* **1.** oscuro(ra) **2.** *(fig) (mélancolique, triste)* sombrío(a)
sommaire [sɔmɛʀ] *adj* **1.** *(explication, résumé)* somero(ra) **2.** *(repas, logement)* sencillo(lla) ◇ *nm* índice *m*
[1]**somme** [sɔm] *nf* suma *f* ● **faire la somme de** *MATH* efectuar la suma de ● **en somme** ou **somme toute** después en suma
[2]**somme** [sɔm] *nm* ● **faire un somme** echar una cabezada
sommeil [sɔmɛj] *nm* sueño *m* ● **avoir sommeil** tener sueño
sommelier, ère [sɔməlje, ɛʀ] *nm, f* sumiller *mf*
sommes [sɔm] ➤ **être**
sommet [sɔmɛ] *nm* cumbre *f*
sommier [sɔmje] *nm* somier *m*
somnambule [sɔmnɑ̃byl] *adj & nmf* sonámbulo(la)
somnifère [sɔmnifɛʀ] *nm* somnífero *m*
somnoler [sɔmnɔle] *vi* dormitar
somptueux, euse [sɔ̃ptɥø, øz] *adj* fastuoso(sa)
[1]**son, sa** [sɔ̃, sa] (*pl* **ses** [se]) *adj* ● **son, sa** su
[2]**son** [sɔ̃] *nm* **1.** *(bruit)* sonido *m* **2.** *(de blé)* salvado *m* ● **son et lumière** espectáculo *m* de luces y sonido
sondage [sɔ̃daʒ] *nm* sondeo *m*
sonde [sɔ̃d] *nf MÉD* sonda *f*
songer [sɔ̃ʒe] ◆ **songer à** *v + prep (envisager de)* pensar en
songeur, euse [sɔ̃ʒœʀ, øz] *adj* pensativo(va)
sonner [sɔne] *vi* **1.** sonar **2.** *(à la porte)* llamar ◇ *vt* **1.** *(cloche)* tañir **2.** *(suj : horloge)* sonar
sonnerie [sɔnʀi] *nf* timbre *m*
sonnette [sɔnɛt] *nf* timbre *m* ● **sonnette d'alarme** *(dans un train)* señal *f* de alarma
sono [sɔno] *nf (fam)* sonorización *f*
sonore [sɔnɔʀ] *adj* sonoro(ra)
sonorité [sɔnɔʀite] *nf* sonoridad *f*
sont [sɔ̃] ➤ **être**
sophistiqué, e [sɔfistike] *adj* sofisticado(da)
sorbet [sɔʀbɛ] *nm* sorbete *m*
Sorbonne [sɔʀbɔn] *nf* ● **la Sorbonne** La Sorbona
sorcier, ère [sɔʀsje, ɛʀ] *nm, f* brujo *m*, -ja *f*
sordide [sɔʀdid] *adj (crime, affaire)* sórdido(da)
sort [sɔʀ] *nm* suerte *f* ● **tirer au sort** echar a suertes
sorte [sɔʀt] *nf* especie *f* ● **une sorte de** una especie de ● **de (telle) sorte que** *(afin que)* de manera que ● **en quelque sorte** en cierto modo
sortie [sɔʀti] *nf* salida *f* ▼ **sortie de secours** salida de emergencia ▼ **sortie de voitures** vado permanente
sortir [sɔʀtiʀ] *vi* salir ◇ *vt* sacar ● **sortir de** salir de ◆ **s'en sortir** *vp* salir adelante
SOS [ɛsoɛs] (*abr de save our souls*) *nm* SOS *m* ● **SOS Médecins** *servicio de urgen-*

cias médicas • **SOS Racisme** SOS Racismo

sosie [sɔzi] *nm* sosia *m*

sou [su] *nm* • **ne plus avoir un sou** no tener ni blanca ♦ **sous** *nmpl* (*fam*) cuartos *mpl*

souche [suʃ] *nf* **1.** *(d'arbre)* tocón *m* **2.** *(de carnet)* matriz *f*

souci [susi] *nm* preocupación *f* • **se faire du souci (pour)** preocuparse (por)

soucier [susje] ♦ **se soucier de** *vp + prep* preocuparse de

soucieux, euse [susjø, øz] *adj* preocupado(da)

soucoupe [sukup] *nf* platillo *m* • **soucoupe volante** platillo volante

soudain, e [sudɛ̃, ɛn] *adj* súbito(ta) ♦ **soudain** *adv* de repente

souder [sude] *vt* soldar

soudure [sudyʀ] *nf* soldadura *f*

souffert [sufɛʀ] *pp* ➤ **souffrir**

souffle [sufl] *nm* **1.** *(respiration)* soplido *m* **2.** *(d'une explosion)* onda *f* expansiva • **un souffle d'air** ou **de vent** un soplo de aire o de viento • **être à bout de souffle** estar sin aliento

soufflé [sufle] *nm* soufflé *m*

souffler [sufle] *vt* **1.** *(fumée)* soplar **2.** *(bougie)* apagar ◇ *vi* **1.** soplar **2.** *(haleter)* respirar • **souffler qqch à qqn** *(à un examen)* soplar algo a alguien

soufflet [suflɛ] *nm* fuelle *m*

souffrance [sufʀɑ̃s] *nf* sufrimiento *m*

souffrant, e [sufʀɑ̃, ɑ̃t] *adj* (*sout*) indispuesto(ta)

souffrir [sufʀiʀ] *vi* sufrir • **souffrir de** *(maladie)* padecer de ; *(chaleur, froid)* pasar

soufre [sufʀ] *nm* azufre *m*

souhait [swɛ] *nm* deseo *m* • **à tes souhaits !** ¡Jesús!

souhaitable [swɛtabl] *adj* deseable

souhaiter [swete] *vt* • **souhaiter que** desear que • **souhaiter faire qqch** desear hacer algo • **souhaiter bonne chance/un bon anniversaire à qqn** desear buena suerte/un feliz cumpleaños a alguien

soûl, e [su, sul] *adj* borracho(cha)

soulagement [sulaʒmɑ̃] *nm* alivio *m*

soulager [sulaʒe] *vt* aliviar

soûler [sule] ♦ **se soûler** *vp* emborracharse

soulever [sulve] *vt* **1.** levantar **2.** *(problème)* plantear ♦ **se soulever** *vp* levantarse

soulier [sulje] *nm* zapato *m*

souligner [suliɲe] *vt* subrayar

soumettre [sumɛtʀ] *vt* • **soumettre qqn/qqch à** someter a alguien/algo a • **soumettre qqch à qqn** someter algo a alguien ♦ **se soumettre à** *vp + prep* *(loi, obligation)* someterse a

soumis, e [sumi, iz] *pp* ➤ **soumettre** ◇ *adj* sumiso(sa)

soupape [supap] *nf* válvula *f*

soupçon [supsɔ̃] *nm* sospecha *f*

soupçonner [supsɔne] *vt* sospechar

soupçonneux, euse [supsɔnø, øz] *adj* sospechoso(sa)

soupe [sup] *nf* sopa *f* • **soupe à l'oignon** sopa de cebolla • **soupe de légumes** sopa de verduras

souper [supe] *nm* cena *f* ◇ *vi* cenar
soupeser [supəze] *vt* sopesar
soupière [supjɛʀ] *nf* sopera *f*
soupir [supiʀ] *nm* suspiro *m* • **pousser un soupir** dar un suspiro
soupirer [supiʀe] *vi* suspirar
souple [supl] *adj* flexible
souplesse [suplɛs] *nf* flexibilidad *f*
source [suʀs] *nf* fuente *f*
sourcil [suʀsi(l)] *nm* ceja *f*
sourd, e [suʀ, suʀd] *adj & nm, f* sordo(da)
sourd-muet, sourde-muette [suʀmɥɛ, suʀdmɥɛt] (*mpl* **sourds-muets**, *fpl* **sourdes-muettes**) *nm, f* sordomudo *m*, -da *f*
souriant, e [suʀjɑ̃, ɑ̃t] *adj* sonriente
sourire [suʀiʀ] *nm* sonrisa *f* ◇ *vi* sonreír
souris [suʀi] *nf* ratón *m* • **souris sans fil** ratón inalámbrico • **souris optique/à roulette** ratón óptico/con rueda
sournois, e [suʀnwa, az] *adj* solapado(da)
sous [su] *prép* bajo, debajo de • **sous la pluie** bajo la lluvia • **sous la table** debajo de la mesa • **sous enveloppe** en un sobre • **sous peu** en breve
sous-bois [subwa] *nm* monte *m* bajo
sous-développé, e, s [sudevlɔpe] *adj* subdesarrollado(da)
sous-entendre [suzɑ̃tɑ̃dʀ] *vt* sobrentender
sous-entendu, s [suzɑ̃tɑ̃dy] *nm* sobrentendido *m*
sous-estimer [suzɛstime] *vt* subestimar
sous-louer [sulwe] *vt* subarrendar
sous-marin, e, s [sumaʀɛ̃, in] *adj* submarino(na) ◆ **sous-marin** *nm* **1.** submarino *m* **2.** (*Québec*) *bollo de pan blando y alargado relleno de pastrami, lechuga y queso*
sous-préfecture, s [supʀefɛktyʀ] *nf* *subdivisión administrativa del gobierno civil francés*
sous-pull, s [supyl] *nm* niqui *m*
sous-sol, s [susɔl] *nm* (*d'un bâtiment*) sótano *m*
sous-titre, s [sutitʀ] *nm* subtítulo *m*
sous-titré, e, s [sutitʀe] *adj* subtitulado(da)
soustraction [sustʀaksjɔ̃] *nf* resta *f*
soustraire [sustʀɛʀ] *vt* restar
sous-verre [suvɛʀ] *nm inv* posavasos *m inv*
sous-vêtements [suvɛtmɑ̃] *nmpl* ropa *f* interior
soute [sut] *nf* (*d'un bateau*) pañol *m* • **soute à bagages** compartimento *m* de equipajes
soutenir [sutniʀ] *vt* sostener • **soutenir que** sostener que
souterrain, e [sutɛʀɛ̃, ɛn] *adj* subterráneo(a) ◆ **souterrain** *nm* subterráneo *m*
soutien [sutjɛ̃] *nm* apoyo *m* • **soutien scolaire** apoyo escolar
soutien-gorge [sutjɛ̃gɔʀʒ] (*pl* **soutiens-gorge**) *nm* sujetador *m*
[1]**souvenir** [suvniʀ] *nm* recuerdo *m*
[2]**souvenir** [suvniʀ] ◆ **se souvenir de** *vp + prep* acordarse de
souvent [suvɑ̃] *adv* **1.** (*fréquemment*) a menudo **2.** (*généralement*) en general

souvenu [suvny] *pp* ➤ **souvenir**

souverain, e [suvʀɛ̃, ɛn] *nm, f* soberano *m*, -na *f*

soviétique [sɔvjetik] *adj* soviético(ca)

soyeux, euse [swajø, øz] *adj* sedoso(sa)

soyons [swajɔ̃] ➤ **être**

SPA [ɛspea] (*abr de Société protectrice des animaux*) *nf* SPA *f (Sociedad Protectora de Animales)*

spacieux, euse [spasjø, øz] *adj* espacioso(sa)

spaghettis [spageti] *nmpl* espaguetis *mpl*

spam [spam] *nm INFORM* correo *m* basura

sparadrap [spaʀadʀa] *nm* esparadrapo *m*

spatial, e, aux [spasjal, o] *adj* espacial

spatule [spatyl] *nf* espátula *f*

spätzli [ʃpetsli] *nmpl* (*Helv*) *trozos pequeños de masa pasados por agua hirviendo; se suelen servir como acompañamiento a la carne*

spécial, e, aux [spesjal, o] *adj* especial

spécialisé, e [spesjalize] *adj* especializado(da)

spécialiste [spesjalist] *nmf* especialista *mf*

spécialité [spesjalite] *nf* especialidad *f*

spécifique [spesifik] *adj* específico(ca)

spécimen [spesimɛn] *nm* espécimen *m*

spectacle [spɛktakl] *nm* espectáculo *m*

spectaculaire [spɛktakylɛʀ] *adj* espectacular

spectateur, trice [spɛktatœʀ, tʀis] *nm, f* espectador *m*, -ra *f*

speculoos [spekulos] *nmpl* (*Belg*) *pasta con forma de muñeco hecha de azúcar moreno y canela*

speed [spid] *adj* (*fam*) • **il est très speed** anda sobreexcitado

spéléologie [speleɔlɔʒi] *nf* espeleología *f*

sphère [sfɛʀ] *nf* esfera *f*

spirale [spiʀal] *nf* **1.** espiral *f* **2.** (*d'un cahier*) anillas *fpl* • **en spirale** en espiral

spirituel, elle [spiʀitɥɛl] *adj* **1.** (*de l'âme*) espiritual **2.** (*personne, remarque*) ingenioso(sa)

spiritueux [spiʀitɥø] *nm* licor *m* espirituoso

splendide [splɑ̃did] *adj* espléndido(da)

sponsor [spɔ̃sɔʀ] *nm* patrocinador *m*

sponsoriser [spɔ̃sɔʀize] *vt* patrocinar

spontané, e [spɔ̃tane] *adj* espontáneo(a)

spontanéité [spɔ̃taneite] *nf* espontaneidad *f*

sport [spɔʀ] *nm* deporte *m* • **faire du sport** hacer deporte • **sports d'hiver** deportes de invierno

sportif, ive [spɔʀtif, iv] *adj* deportivo(va) ◇ *nm, f* deportista *mf*

spot [spɔt] *nm* foco *m* • **spot publicitaire** anuncio *m*

sprint [spʀint] *nm* esprint *m*

spyware [spajwɛʀ] *nm INFORM* programa *m* espía

square [skwaʀ] *nm* plaza *f* ajardinada

squelette [skəlɛt] *nm* esqueleto *m*

St (*abr écrite de saint*) Sto *(santo)*, S *(san)*

stable [stabl] *adj* estable

stade [stad] *nm* estadio *m* • **stade d'athlétisme** estadio de atletismo • **à ce stade, je ne peux plus rien faire** llegados a este punto, yo no puedo hacer nada más

stage [staʒ] *nm* prácticas *fpl* • **faire/chercher un stage** hacer/buscar unas prácticas • **être en stage** *(de formation, de perfectionnement)* estar haciendo un cursillo ; *(en entreprise)* hacer unas prácticas

stagiaire [staʒjɛʀ] *nmf* **1.** *(en formation intensive)* cursillista *mf* **2.** *(en classe pratique, en entreprise)* estudiante *mf* en prácticas

stagner [stagne] *vi* estancarse

stalactite [stalaktit] *nf* estalactita *f*

stalagmite [stalagmit] *nf* estalagmita *f*

stand [stɑ̃d] *nm* **1.** *(d'exposition)* estand *m* **2.** *(de fête)* caseta *f*

standard [stɑ̃daʀ] *adj inv* estándar ◇ *nm (téléphonique)* centralita *f*

standardiste [stɑ̃daʀdist] *nmf* telefonista *mf*

star [staʀ] *nf* estrella *f*

starter [staʀtɛʀ] *nm* estárter *m*

start up [staʀtɔp] *nf inv (nouvelle entreprise)* empresa *f* puntocom

station [stasjɔ̃] *nf* **1.** estación *f* **2.** *(de radio)* emisora *f* • **station balnéaire** balneario *m* • **station de taxis** parada *f* de taxis

stationnement [stasjɔnmɑ̃] *nm* estacionamiento *m* ▾ **stationnement payant** estacionamiento de pago • **stationnement bilatéral/unilatéral autorisé** *estacionamiento autorizado respectivamente a los dos lados o a un lado de la calzada*

stationner [stasjɔne] *vi* estacionar

station-service [stasjɔ̃sɛʀvis] *(pl* **stations-service***)* *nf* gasolinera *f*

statistiques [statistik] *nfpl* estadísticas *fpl*

statue [staty] *nf* estatua *f*

statuette [statɥɛt] *nf* estatuilla *f*

statut [staty] *nm* estatus *m inv*

Ste *(abr écrite de sainte)* Sta *(santa)*

Sté *(abr écrite de société)* Sdad *(sociedad)*

steak [stɛk] *nm* bistec *m* • **steak frites** filete con patatas (fritas) • **steak haché** bistec de carne picada • **steak tartare** bistec tártaro

stéréo [steʀeo] *adj inv* estéreo ◇ *nf* estereofonía *f*

stérile [steʀil] *adj* estéril

stériliser [steʀilize] *vt* esterilizar

steward [stiwaʀt] *nm* auxiliar *m* de vuelo

stimuler [stimyle] *vt* estimular

stock [stɔk] *nm* existencias *fpl* • **en stock** en depósito

stocker [stɔke] *vt* almacenar

stop [stɔp] *nm* **1.** *(panneau)* stop *m* **2.** *(phare)* luz *f* de freno ◇ *interj* ¡alto! • **faire du stop** hacer dedo

stopper [stɔpe] *vt* parar ◇ *vi* pararse

store [stɔʀ] *nm* persiana *f*

strapontin [stʀapɔ̃tɛ̃] *nm* traspuntín *m*

Strasbourg [stʀasbuʀ] *n* Estrasburgo

stratégie [stʀateʒi] *nf* estrategia *f*

stress [stʀɛs] *nm* estrés *m inv*

stressé, e [stʀese] *adj* • **être stressé** tener estrés

strict, **e** [stʀikt] *adj* estricto(ta)
strictement [stʀiktəmɑ̃] *adv* **1.** estrictamente **2.** *(interdire)* terminantemente
strident, **e** [stʀidɑ̃, ɑ̃t] *adj* estridente
strié, **e** [stʀije] *adj* estriado(da)
strophe [stʀɔf] *nf* estrofa *f*
structure [stʀyktyʀ] *nf* estructura *f*
studieux, **euse** [stydjø, øz] *adj* estudioso(sa)
studio [stydjo] *nm* estudio *m*
stupéfait, **e** [stypefɛ, ɛt] *adj* estupefacto(ta)
stupéfiant, **e** [stypefjɑ̃, ɑ̃t] *adj* asombroso(sa) ◆ **stupéfiant** *nm* estupefaciente *m*
stupide [stypid] *adj* estúpido(da)
stupidité [stypidite] *nf* estupidez *f*
style [stil] *nm* estilo *m* ● **meuble de style** mueble de estilo
stylo [stilo] *nm* boli *m* ● **stylo (à) bille** bolígrafo *m* ● **stylo (à) plume** pluma *f* estilográfica
stylo-feutre [stiloføtʀ] (*pl* **stylos-feutres**) *nm* rotulador *m*
su, **e** [sy] *pp* ➤ **savoir**
subir [sybiʀ] *vt* sufrir
subit, **e** [sybi, it] *adj* súbito(ta)
subjectif, **ive** [sybʒɛktif, iv] *adj* subjetivo(va)
subjonctif [sybʒɔ̃ktif] *nm* subjuntivo *m*
sublime [syblim] *adj* sublime
submerger [sybmɛʀʒe] *vt* **1.** *(suj : eau)* sumergir **2.** *(suj : travail, responsabilités)* abrumar
subsister [sybziste] *vi* subsistir
substance [sypstɑ̃s] *nf* sustancia *f*
substituer [sypstitɥe] *vt* ● **substituer qqch à** sustituir algo por ◆ **se substituer à** *vp + prep* sustituir a
subtil, **e** [syptil] *adj* sutil
subtilité [syptilite] *nf* sutileza *f*
subvention [sybvɑ̃sjɔ̃] *nf* subvención *f*
succéder [syksede] ◆ **succéder à** *v + prep* suceder a ● **il a succédé à ses parents à la tête de l'entreprise** sucedió a sus padres a la cabeza de la empresa ◆ **se succéder** *vp* sucederse
succès [syksɛ] *nm* éxito *m* ● **avoir du succès** tener éxito
successeur [syksesœʀ] *nm* sucesor *m*
successif, **ive** [syksesif, iv] *adj* sucesivo(va)
succession [syksesjɔ̃] *nf* sucesión *f* ● **droits de succession** derechos *mpl* sucesorios
succulent, **e** [sykylɑ̃, ɑ̃t] *adj* suculento(ta)
succursale [sykyʀsal] *nf* sucursal *f*
sucer [syse] *vt* chupar ● **sucer son pouce** chuparse el dedo
sucette [sysɛt] *nf* **1.** *(sucrerie)* pirulí *m* **2.** *(de bébé)* chupete *m*
sucre [sykʀ] *nm* **1.** azúcar *m ou f* **2.** *(morceau)* azucarillo *m* ● **sucre glace** azúcar glas ● **sucre en morceaux** terrones *mpl* de azúcar ● **sucre d'orge** bastón *m* de caramelo ● **sucre en poudre** azúcar en polvo
sucré, **e** [sykʀe] *adj* azucarado(da)
sucrer [sykʀe] *vt* azucarar
sucreries [sykʀəʀi] *nfpl* golosinas *fpl*
sucrette® [sykʀɛt] *nf* pastilla *f* de sacarina

sucrier [sykrije] *nm* azucarero *m*

sud [syd] *adj inv* sur ◇ *nm* sur *m* ◆ **Sud** *nm* Sur *m* ● **au sud (de)** al sur (de)

sud-africain, e, s [sydafrikɛ̃, ɛn] *adj* sudafricano(na) ◆ **Sud-africain, e, s** *nm, f* sudafricano *m*, -na *f*

sud-américain, e [sydamerikɛ̃, ɛn] *adj* sudamericano(na) ◆ **Sud-Américain, e** *nm, f* sudamericano *m*, -na *f*

sud-est [sydɛst] *adj inv* sudeste ◇ *nm* sudeste *m* ● **au sud-est (de)** al sudeste (de)

sud-ouest [sydwɛst] *adj inv* sudoeste ◇ *nm* sudoeste *m* ● **au sud-ouest (de)** al sudoeste (de)

Suède [sɥɛd] *nf* ● **la Suède** Suecia *f*

suer [sɥe] *vi* sudar

sueur [sɥœr] *nf* sudor *m* ● **être en sueur** estar chorreando de sudor ● **avoir des sueurs froides** tener escalofríos

suffire [syfir] *vi* bastar ● **ça suffit !** ¡ya está bien! ● **cette voiture me suffit** este coche me basta ● **il suffit de qqch pour** basta con algo para ● **il suffit de faire qqch** basta con hacer algo

suffisamment [syfizamɑ̃] *adv* bastante ● **suffisamment de** bastante

suffisant, e [syfizɑ̃, ɑ̃t] *adj* suficiente

suffocant, e [syfɔkɑ̃, ɑ̃t] *adj* sofocante

suffoquer [syfɔke] *vi* sofocarse

suggérer [sygʒere] *vt* sugerir ● **suggérer à qqn de faire qqch** sugerir a alguien que haga algo

suggestion [sygʒɛstjɔ̃] *nf* sugerencia *f*

suicide [sɥisid] *nm* suicidio *m*

suicider [sɥiside] ◆ **se suicider** *vp* suicidarse

suie [sɥi] *nf* hollín *m*

suinter [sɥɛ̃te] *vi* rezumar

suis [sɥi] ➤ **être, suivre**

suisse [sɥis] *adj* suizo(za) ◆ **Suisse** *nmf* suizo(za) ◇ *nf* ● **la Suisse** Suiza *f*

suite [sɥit] *nf* **1.** *(série, succession)* serie *f* **2.** *(d'une histoire, d'un film)* continuación *f* ● **suites** repercusiones *fpl* ● **deux jours à la suite** ou **de suite** dos días seguidos ● **à la suite de** *(à cause de)* a raíz de ● **par suite de** a consecuencia de ● **tout de suite** enseguida

suivant, e [sɥivɑ̃, ɑ̃t] *adj & nm, f* siguiente ● **au suivant !** ¡(el) siguiente! ◆ **suivant** *prép* según

suivi, e [sɥivi] *pp* ➤ **suivre**

suivre [sɥivr] *vt* seguir ● **suivi de** seguido de ● **faire suivre le courrier** remitir el correo a la nueva dirección ▼ **à suivre** continuará

sujet, ette [syʒɛ, ɛt] *adj* ● **être sujet à** *(maladie)* ser proclive a ◇ *nm, f (d'un roi)* súbdito *m*, -ta *f* ◆ **sujet** *nm* **1.** *(thème)* tema *m* **2.** *GRAMM* sujeto *m* ● **au sujet de** a propósito de ● **c'est à quel sujet ?** ¿de qué se trata?

super [sypɛr] *adj inv* guay ◇ *nm* súper *m*

superbe [sypɛrb] *adj* espléndido(da)

supérette [syperɛt] *nf* pequeño supermercado *m*

superficie [sypɛrfisi] *nf* superficie *f*

superficiel, elle [sypɛrfisjɛl] *adj* superficial

superflu, e [sypɛrfly] *adj* superfluo(a)

supérieur, e [sypeʀjœʀ] *adj* superior ◇ *nm, f* superior *m*, -ra *f* ● **supérieur à** superior a

supériorité [sypeʀjɔʀite] *nf* superioridad *f* ● **en supériorité numérique** numéricamente superior

supermarché [sypɛʀmaʀʃe] *nm* supermercado *m*

superposer [sypɛʀpoze] *vt* superponer

superstitieux, euse [sypɛʀstisjø, øz] *adj* supersticioso(sa)

superviser [sypɛʀvize] *vt* (*fam*) supervisar

supplément [syplemɑ̃] *nm* suplemento *m* ● **en supplément** en suplemento

supplémentaire [syplemɑ̃tɛʀ] *adj* suplementario(ria)

supplice [syplis] *nm* suplicio *m*

supplier [syplije] *vt* ● **supplier qqn (de faire qqch)** suplicar a alguien (que haga algo)

support [sypɔʀ] *nm* soporte *m*

supportable [sypɔʀtabl] *adj* soportable

[1]**supporter** [sypɔʀte] *vt* **1.** soportar **2.** (*soutenir*) apoyar

[2]**supporter** [sypɔʀtɛʀ] *nm* hincha *mf*

supposer [sypoze] *vt* suponer ● **à supposer que...** suponiendo que...

supposition [sypozisjɔ̃] *nf* suposición *f*

suppositoire [sypozitwaʀ] *nm* supositorio *m*

suppression [sypʀesjɔ̃] *nf* supresión *f*

supprimer [sypʀime] *vt* **1.** suprimir **2.** (*tuer*) eliminar

suprême [sypʀɛm] *adj* supremo(ma) ◇ *nm* ● **suprême de volaille** *pechuga de ave con salsa*

sur [syʀ] *prép*

1. (*dessus*) en, encima de ● **sur la table** en o encima de la mesa

2. (*au-dessus de, au sujet de*) sobre ● **il y aura des nuages demain sur la région** mañana habrá nubes sobre la región ● **un dépliant sur l'Auvergne** un folleto sobre Auvernia

3. (*indique la direction*) hacia ● **tournez sur la droite** gire a la derecha ● **le camion se dirigeait sur nous** el camión venía hacia nosotros

4. (*indique la distance*) en ▼ **travaux sur 10 kilomètres** obras en 10 kilómetros

5. (*dans une mesure*) por ● **un mètre sur deux** un metro por dos

6. (*dans une proportion*) ● **9 personnes sur 10** nueve de cada diez personas ● **un jour sur deux** un día sí y otro no

sûr, e [syʀ] *adj* seguro(ra) ● **être sûr de/que** estar seguro de/de que ● **être sûr de soi** estar seguro de sí mismo

surcharger [syʀʃaʀʒe] *vt* sobrecargar

surchauffé, e [syʀʃofe] *adj* ● **une chambre surchauffée** un cuarto con la calefacción demasiado alta

surdimensionné, e [syʀdimɑ̃sjɔne] *adj* exagerado(da)

surélever [syʀelve] *vt* ● **surélever un bâtiment** añadir una planta a un edificio

sûrement [syʀmɑ̃] *adv* seguramente ● **sûrement pas !** ¡ni hablar!

surestimer [syʀɛstime] *vt* sobreestimar

sûreté [syʀte] *nf* • **mettre qqch en sûreté** poner algo a salvo

surexcité, e [syʀeksite] *adj* sobreexcitado(da)

surf [sœʀf] *nm* surf *m* • **surf des neiges** surf de nieve

surface [syʀfas] *nf* superficie *f*

surfer [sœʀfe] *vi* **1.** *SPORT* hacer surf **2.** *INFORM* navegar

surgelé, e [syʀʒəle] *adj* congelado(da) ◆ **surgelés** *nmpl* congelados *mpl*

surgir [syʀʒiʀ] *vi* surgir

surimi [syʀimi] *nm* surimi *m*

sur-le-champ [syʀləʃɑ̃] *adv* en el acto

surlendemain [syʀlɑ̃dmɛ̃] *nm* • **le surlendemain** dos días después

surligneur [syʀliɲœʀ] *nm INFORM* marcador *m*

surmené, e [syʀməne] *adj* agotado(da)

surmonter [syʀmɔ̃te] *vt* superar

surnaturel, elle [syʀnatyʀɛl] *adj* sobrenatural

surnom [syʀnɔ̃] *nm* apodo *m*

surnommer [syʀnɔme] *vt* apodar

surpasser [syʀpase] *vt* superar ◆ **se surpasser** *vp* superarse

surplomber [syʀplɔ̃be] *vt* dominar

surplus [syʀply] *nm* excedente *m*

surprenant, e [syʀpʀənɑ̃, ɑ̃t] *adj* sorprendente

surprendre [syʀpʀɑ̃dʀ] *vt* sorprender

surpris, e [syʀpʀi, iz] *pp* ➤ **surprendre** ◇ *adj* asombrado(da) • **je suis surpris de le voir/qu'il vienne** me sorprende verlo/que venga

surprise [syʀpʀiz] *nf* sorpresa *f* • **faire une surprise à qqn** dar una sorpresa a alguien • **par surprise** por sorpresa

sursaut [syʀso] *nm* • **se réveiller en sursaut** despertarse de un sobresalto

sursauter [syʀsote] *vi* sobresaltarse

surtaxe [syʀtaks] *nf* recargo *m*

surtout [syʀtu] *adv* sobre todo • **surtout, fais bien attention !** ¡sobre todo, ten mucho cuidado! • **surtout que** sobre todo porque

survécu [syʀveky] *pp* ➤ **survivre**

surveillance [syʀvɛjɑ̃s] *nf* vigilancia *f* • **être sous surveillance** estar vigilado(da)

surveillant, e [syʀvɛjɑ̃, ɑ̃t] *nm, f* **1.** *persona encargada de la disciplina en un establecimiento escolar* **2.** *(de prison)* vigilante *mf*

surveiller [syʀveje] *vt* **1.** *(observer)* vigilar **2.** *(prendre soin de)* cuidar ◆ **se surveiller** *vp (faire attention à soi)* cuidarse

survêtement [syʀvɛtmɑ̃] *nm* chándal *m*

survivant, e [syʀvivɑ̃, ɑ̃t] *nm, f* superviviente *mf*

survivre [syʀvivʀ] *vi* sobrevivir • **survivre à** sobrevivir a

survoler [syʀvɔle] *vt* sobrevolar

sus [sy(s)] ◆ **en sus** *adv* además

susceptible [sysɛptibl] *adj* susceptible • **être susceptible de faire qqch** ser capaz de hacer algo

susciter [sysite] *vt* suscitar

sushi [suʃi] *nm* sushi *m*

suspect, e [syspɛ, ɛkt] *adj & nm, f* sospechoso(sa)

suspecter [syspɛkte] *vt* sospechar
suspendre [syspɑ̃dʀ] *vt* **1.** *(accrocher)* colgar **2.** *(arrêter)* suspender
suspense [syspɛns] *nm* suspense *m*
suspension [syspɑ̃sjɔ̃] *nf* **1.** *(d'une voiture)* suspensión *f* **2.** *(lampe)* lámpara *f* de techo
suture [sytyʀ] *nf* ➤ **point**
SVP [ɛsvepe] (*abr de s'il vous plaît*) por favor
sweat-shirt, s [switʃœʀt] *nm* sudadera *f*
syllabe [silab] *nf* sílaba *f*
symbole [sɛ̃bɔl] *nm* símbolo *m*
symbolique [sɛ̃bɔlik] *adj* simbólico(ca)
symboliser [sɛ̃bɔlize] *vt* simbolizar
symétrie [simetʀi] *nf* simetría *f*
symétrique [simetʀik] *adj* simétrico(ca)
sympa [sɛ̃pa] *adj* (*fam*) **1.** *(personne)* majo(ja) **2.** *(endroit, ambiance)* guay
sympathie [sɛ̃pati] *nf* simpatía *f* • **éprouver** ou **avoir de la sympathie pour qqn** sentir simpatía por alguien
sympathique [sɛ̃patik] *adj* **1.** *(personne)* simpático(ca) **2.** *(endroit, ambiance)* agradable
sympathiser [sɛ̃patize] *vi* simpatizar
symphonie [sɛ̃fɔni] *nf* sinfonía *f*
symptôme [sɛ̃ptom] *nm* síntoma *m*
synagogue [sinagɔg] *nf* sinagoga *f*
synchronisé, e [sɛ̃kʀɔnize] *adj* sincronizado(da)
synchroniser [sɛ̃kʀɔnize] *vt* sincronizar
syncope [sɛ̃kɔp] *nf MÉD* síncope *m*
syndical, e, aux [sɛ̃dikal, o] *adj* sindical
syndicaliste [sɛ̃dikalist] *nmf* sindicalista *mf*
syndicat [sɛ̃dika] *nm* sindicato *m* • **syndicat d'initiative** oficina *f* de turismo
syndiqué, e [sɛ̃dike] *adj* sindicado(da)
syndrome [sɛ̃dʀom] *nm* • **syndrome immunodéficitaire acquis** síndrome *m* de inmunodeficiencia adquirida
synonyme [sinɔnim] *nm* sinónimo *m*
synthèse [sɛ̃tɛz] *nf* síntesis *f inv*
synthétique [sɛ̃tetik] *adj* sintético(ca) ◇ *nm* sintético *m*
synthétiseur [sɛ̃tetizœʀ] *nm* sintetizador *m*
Syrie [siʀi] *nf* • **la Syrie** Siria *f*
syrien, enne [siʀjɛ̃, ɛn] *adj* sirio(ria) ♦ **syrien** *nm (langue)* sirio *m* ♦ **Syrien, enne** *nm, f* sirio *m*, -ria *f*
systématique [sistematik] *adj* sistemático(ca)
système [sistɛm] *nm* sistema *m* • **système d'exploitation** *INFORM* sistema operativo

tT

t' ➤ **te**
ta ➤ **ton** *(adj)*
tabac [taba] *nm* **1.** tabaco *m* **2.** *(magasin)* estanco *m*
tabagie [tabaʒi] *nf* (*Québec*) *(bureau de tabac)* estanco *m*

table [tabl] *nf* **1.** mesa *f* **2.** *(tableau)* tabla *f* • **mettre la table** poner la mesa • **être à table** estar comiendo • **se mettre à table** sentarse a comer • **à table !** ¡a comer! • **table de chevet** ou **de nuit** mesilla *f* (de noche) • **table de cuisson** encimera *f* • **table à langer** cambiador *m* • **table des matières** índice *m* • **table d'opération** mesa de operaciones • **table à repasser** tabla de planchar

tableau, x [tablo] *nm* **1.** cuadro *m* **2.** *(panneau)* tablón *m* **3.** *INFORM* tabla *f* • **tableau de bord** *(de voiture)* salpicadero *m* ; *(d'avion)* cuadro *m* de instrumentos • **tableau (noir)** pizarra *f*

tablette [tablɛt] *nf (étagère)* repisa *f* • **tablette de chocolat** tableta *f* de chocolate

tableur [tablœʀ] *nm* hoja *f* de cálculo

tablier [tablije] *nm* delantal *m*

taboulé [tabule] *nm ensalada de sémola, tomate, cebolla, menta y limón*

tabouret [tabuʀɛ] *nm* taburete *m*

tache [taʃ] *nf* mancha *f* • **se faire une tache de qqch** mancharse con algo • **taches de rousseur** pecas *fpl*

tâche [taʃ] *nf* tarea *f*

tacher [taʃe] *vt* manchar ◆ **se tacher** *vp* mancharse

tâcher [taʃe] ◆ **tâcher de** *v + prep* procurar

tacheté, e [taʃte] *adj* moteado(da)

tact [takt] *nm* tacto *m*

tactile [taktil] *adj* • **pavé tactile** almohadilla *f* táctil

tactique [taktik] *nf* táctica *f*

taffe [taf] *nf (fam) (de cigarette)* calada *f*

tag [tag] *nm* pintada *f*

tagine [taʒin] *nm comida del Norte de África que consiste en carne con verduras estofada en un recipiente de barro*

taie [tɛ] *nf* • **taie d'oreiller** funda *f* de almohada

taille [taj] *nf* **1.** *(hauteur d'une personne)* estatura *f* **2.** *(dimension)* tamaño *m* **3.** *(mensuration)* talla *f* **4.** *(partie du corps)* cintura *f* • **quelle taille faites-vous ?** *(hauteur)* ¿cuánto mide? ; *(de chaussure)* ¿qué número calza? ; *(de vêtement)* ¿qué talla usa?

taille-crayon, s [tajkʀɛjɔ̃] *nm* sacapuntas *m inv*

tailler [taje] *vt* **1.** *(arbre)* talar **2.** *(tissu)* cortar **3.** *(crayon)* sacar punta a

tailleur [tajœʀ] *nm* **1.** *(couturier)* sastre *m* **2.** *(vêtement)* traje *m* de chaqueta • **s'asseoir en tailleur** sentarse con las piernas cruzadas

taire [tɛʀ] ◆ **se taire** *vp* **1.** *(arrêter de parler)* callarse **2.** *(rester silencieux)* callar • **tais-toi !** ¡cállate!

talc [talk] *nm* talco *m*

talent [talɑ̃] *nm* talento *m*

talkie-walkie [tɔkiwɔki] (*pl* **talkies-walkies**) *nm* walkie-talkie *m*

talon [talɔ̃] *nm* **1.** talón *m* **2.** *(d'une chaussure)* tacón *m* • **talons hauts/plats** tacones altos/planos • **talons aiguille** tacones de aguja

talus [taly] *nm* talud *m*

tambour [tɑ̃buʀ] *nm* tambor *m*

tambourin [tɑ̃buʀɛ̃] *nm* pandereta *f*

tamis [tami] *nm* tamiz *m*

tamisé, e [tamize] *adj* tamizado(da)

tamiser [tamize] *vt* tamizar

tampon [tɑ̃pɔ̃] *nm* **1.** *(cachet)* tampón *m* **2.** *(de tissu)* paño *m* • **tampon (hygiénique)** tampón *m*

tamponneuse [tɑ̃pɔnøz] *adj f* ➤ **auto**

tandem [tɑ̃dɛm] *nm* *(vélo)* tándem *m*

tandis [tɑ̃di] ◆ **tandis que** *conj* mientras que

tango [tɑ̃go] *nm* tango *m*

tanguer [tɑ̃ge] *vi* cabecear

tank [tɑ̃k] *nm* tanque *m*

tant [tɑ̃] *adv*

1. *(tellement)* tanto • **il l'aime tant (que)** la quiere tanto (que) • **j'ai tant de travail/de problèmes (que)** tengo tanto trabajo/tantos problemas (que)

2. *(autant)* • **j'en profite tant que je peux** saco tanto partido como puedo

3. *(temporel)* • **tant que nous resterons ici** mientras estemos aquí

4. *(dans des expressions)* • **en tant que** como • **tant bien que mal** mal que bien • **tant mieux** tanto mejor • **tant pis !** ¡qué se le va a hacer! • **tant pis pour lui** peor para él • **prends-moi une baguette tant que tu y es** ya puestos coge una barra de pan para mí

tante [tɑ̃t] *nf* tía *f*

tantôt [tɑ̃to] *adv* • **tantôt... tantôt...** unas veces... otras...

taon [tɑ̃] *nm* tábano *m*

tapage [tapaʒ] *nm* alboroto *m*

tape [tap] *nf* palmada *f*

tapenade [tapənad] *nf* *condimento a base de aceitunas, anchoas, alcaparras trituradas con aceite de oliva y hierbas aromáticas*

taper [tape] *vt* **1.** golpear **2.** *(code)* teclear • **taper des pieds** patalear • **taper sur** *(porte)* dar golpes en ; *(dos)* dar una palmada en ; *(personne)* pegar

tapioca [tapjɔka] *nm* tapioca *f*

tapis [tapi] *nm* alfombra *f* • **tapis de souris** alfombrilla *f* de ratón • **tapis roulant** *(de marchandises)* cinta *f* transportadora ; *(de voyageurs)* cinta *f* mecánica • **tapis de sol** *(de camping)* suelo *m* impermeable

tapisser [tapise] *vt* tapizar

tapisserie [tapisʀi] *nf* **1.** *(à l'aiguille)* tapicería *f* **2.** *(papier peint)* empapelado *m* **3.** *(arts décoratifs)* tapiz *m*

tapoter [tapɔte] *vt* golpetear

taquiner [takine] *vt* pinchar

tarama [taʀama] *nm* *crema a base de huevas de pescado, miga de pan, aceite de oliva y limón*

tard [taʀ] *adv* tarde • **plus tard** más tarde • **à plus tard !** ¡nos vemos luego! • **au plus tard** a más tardar

tarder [taʀde] *vi* • **tarder à faire qqch** tardar en hacer algo • **elle ne va pas tarder (à arriver)** no va a tardar (en llegar)

tarif [taʀif] *nm* tarifa *f* • **tarif plein** tarifa normal • **tarif réduit** tarifa reducida

tarir [taʀiʀ] *vi* secarse

tarot [taʀo] *nm* *juego de naipes que se practica con el tarot*

tartare [taʀtaʀ] *adj* ➤ **sauce, steak**

tarte [taRt] *nf* tarta *f* • **tarte aux fraises** tarta de fresas • **tarte au maton** (*Belg*) *tarta elaborada con leche fermentada y almendras* • **tarte Tatin** *tarta de manzana con caramelo por encima*

tartelette [taRtəlɛt] *nf* tartaleta *f*

tartine [taRtin] *nf* rebanada *f* de pan (*con mantequilla o mermelada*)

tartiner [taRtine] *vt* untar • **fromage/pâte à tartiner** queso *m* /crema *f* de untar

tartre [taRtR] *nm* **1.** (*sur les dents*) sarro *m* **2.** (*calcaire*) cal *f*

tas [ta] *nm* montón *m* • **mettre qqch en tas** amontonar algo • **un** ou **des tas de** un montón ou montones de

tasse [tas] *nf* taza *f* • **boire la tasse** tragar agua (*al nadar*) • **tasse à café/thé** taza de café/de té (*vajilla*)

tasser [tase] *vt* apretujar ♦ **se tasser** *vp* (*dans une voiture*) apretujarse • **ça se tasse** (*fam*) (*ça s'arrange*) esto se va arreglando

tâter [tate] *vt* tentar ♦ **se tâter** *vp* (*hésiter*) pensárselo

tâtonner [tatɔne] *vi* tantear

tâtons [tatɔ̃] ♦ **à tâtons** *adv* a tientas

tatouage [tatwaʒ] *nm* tatuaje *m*

taupe [top] *nf* topo *m*

taureau, x [tɔRo] *nm* toro *m* ♦ **Taureau** *nm* Tauro *m*

taux [to] *nm* **1.** (*proportion*) tasa *f* **2.** (*prix*) tipo *m* • **taux de change** tipo de cambio • **taux d'intérêt** tipo de interés

taverne [tavɛRn] *nf* (*Québec*) (*café*) bar *m*

taxe [taks] *nf* impuesto *m* • **hors taxes** (*prix*) sin IVA ; (*boutique*) libre de impuestos • **toutes taxes comprises** ≃ IVA incluido

taxer [takse] *vt* gravar

taxi [taksi] *nm* taxi *m*

taxi-brousse [taksibRys] (*fpl* **taxis-brousse**) *nm* (*Afrique*) *taxi que puede transportar hasta diez personas*

tchatche [tʃatʃ] *nf* (*fam*) • **avoir la tchatche** tener la lengua floja

tchatcher [tʃatʃe] *vi* (*fam*) estar de cháchara

tchèque [tʃɛk] *adj* checo(ca) ◊ *nm* (*langue*) checo *m* ♦ **République tchèque** *n* • **la République tchèque** la República Checa ♦ **Tchèque** *nmf* checo *m*, -ca *f*

tchétchène [tʃeʃɛn] *adj* checheno(na) ♦ **Tchétchène** *nmf* checheno *m*, -na *f*

Tchétchénie [tʃeʃeni] *nf* • **la Tchétchénie** Chechenia *f*

te [tə] *pron* te

technicien, enne [tɛknisjɛ̃, ɛn] *nm, f* técnico *m*, -ca *f*

technique [tɛknik] *adj* técnico(ca) ◊ *nf* técnica *f*

techno [tɛkno] *adj* tecno ◊ *nf* tecno *m*

technologie [tɛknɔlɔʒi] *nf* tecnología *f*

tee-shirt, s [tiʃœRt] *nm* camiseta *f*

teindre [tɛ̃dR] *vt* teñir • **se faire teindre (les cheveux)** teñirse (el pelo)

teint, e [tɛ̃, tɛ̃t] *pp* ➤ **teindre** ♦ **teint** *nm* tez *f*

teinte [tɛ̃t] *nf* matiz *m*

teinter [tɛ̃te] *vt* teñir

teinture [tɛ̃tyR] *nf* tinte *m* • **teinture d'iode** tintura *f* de yodo

teinturerie [tɛ̃tyRRi] *nf* tintorería *f*

teinturier, ère [tɛ̃tyʀje, ɛʀ] *nm, f* tintorero *m*, -ra *f*

tel, telle [tɛl] *adj* **1.** *(semblable)* semejante **2.** *(si grand)* tal • **tel que** como • **tel quel** tal cual • **tel ou tel** tal o cual

tél. *(abr écrite de téléphone)* tel. *(teléfono)*

télé [tele] *nf (fam)* tele *f* • **à la télé** en la tele

télécabine [telekabin] *nf* telecabina *f*

Télécarte® [telekaʀt] *nf* tarjeta *f* telefónica

téléchargement [teleʃaʀʒəmɑ̃] *nm INFORM* descarga *f*

télécharger [teleʃaʀʒe] *vt INFORM* descargar, bajar

télécommande [telekɔmɑ̃d] *nf* mando *m* a distancia

télécommunications [telekomynikasjɔ̃] *nfpl* telecomunicaciones *fpl*

télécopie [telekɔpi] *nf* (tele)fax *m inv (documento)*

télécopieur [telekɔpjœʀ] *nm* (tele)fax *m inv (aparato)*

téléfilm [telefilm] *nm* telefilme *m*

télégramme [telegʀam] *nm* telegrama *m* • **télégramme téléphoné** telegrama por teléfono

téléguidé, e [telegide] *adj* teledirigido(da)

téléobjectif [teleɔbʒɛktif] *nm* teleobjetivo *m*

téléphérique [telefeʀik] *nm* teleférico *m*

téléphone [telefɔn] *nm* teléfono *m* • **au téléphone** al teléfono • **téléphone à carte** teléfono con tarjeta prepagada • **téléphone fixe** teléfono fijo • **téléphone mobile** ou **portable** teléfono móvil • **téléphone sans fil** teléfono inalámbrico • **téléphone de voiture** teléfono de coche

Le téléphone

Les numéros de téléphone espagnols se composent de 9 chiffres. Les deux ou trois premiers chiffres indiquent la province : 91 pour Madrid, 93 pour Barcelone, 976 pour Saragosse, etc. Tous les numéros de téléphones portables commencent par 6. Pour appeler à l'étranger, il faut composer le 00, suivi du préfixe du pays et du numéro du correspondant. Pour téléphoner en France, on composera le 00 33, puis le numéro du correspondant, mais sans le 0. Voici quelques numéros utiles.

Police nationale : 091.

Police locale : 092.

Pompiers : 80.

Urgences : 112.

Pharmacies de garde : 098.

Urgences médicales : 061.

Commencer une conversation téléphonique

Les espagnols répondent au téléphone en disant : *¡diga!*, *¡dígame!*, *¿dígame?* ou simplement *¿sí?*. Si c'est la personne demandée qui décroche, celle-ci répondra : *Soy yo*. Dans un contexte formel, la personne qui appelle pourra dire :

Buenas tardes, soy Carlos Urrutia. ¿Podría hablar con el Sr. Saez, por favor?, ou encore *Buenos días, quería hablar con el encargado, por favor*, etc. Dans un contexte plus informel, on pourra se présenter de la manière suivante : *Hola, soy Pedro, del almacén. ¿Puedo hablar con García?*, *Victoria, soy Eduardo. ¿Me pasas a tu hermano?*, etc. Enfin, dans un contexte familier, on dira simplement : *Hola, soy Bárbara. ¿No me conoces?*, ou encore *Soy yo, cariño.*

Terminer une conversation téléphonique

Dans un souci de politesse, il est préférable d'attendre que la personne qui a appelé prenne l'initiative de raccrocher. Dans un contexte formel, on terminera la conversation en disant simplement *adiós*. En revanche, dans un contexte amical, on terminera plutôt par une formule du type : *Hasta pronto, ¡Que vaya bien!, ¡Chao!*, ou encore *¡Nos vemos!*.

téléphoner [telefɔne] *vi* llamar (por teléfono) • **téléphoner à qqn** llamar (por teléfono) a alguien ◆ **se téléphoner** *vp* llamarse (por teléfono)

téléphonique [telefɔnik] *adj* ➤ **cabine, carte**

télescope [teleskɔp] *nm* telescopio *m*

télescopique [teleskɔpik] *adj* telescópico(ca)

télésiège [telesjɛʒ] *nm* telesilla *m*

téléski [teleski] *nm* telesquí *m*

téléspectateur, trice [telespɛktatœʀ, tʀis] *nm, f* telespectador *m*, -ra *f*

télétravail, aux [teletʀavaj, o] *nm* teletrabajo *m*

télétravailleur, euse [teletʀavajœʀ, øz] *nm, f* teletrabajador *m*, -ra *f*

télévente [televɑ̃t] *nf* televenta *f*

télévisé, e [televize] *adj* televisivo(va)

téléviseur [televizœʀ] *nm* televisor *m*

télévision [televizjɔ̃] *nf* televisión *f* • **à la télévision** en la televisión • **télévision numérique** televisión digital

télex [telɛks] *nm inv* télex *m inv*

telle ➤ **tel**

tellement [tɛlmɑ̃] *adv* **1.** *(tant)* tanto **2.** *(si)* tan • **tellement de** tanto(ta) • **pas tellement** no mucho, no muy

témoignage [temwaɲaʒ] *nm* testimonio *m*

témoigner [temwaɲe] *vi* testificar

témoin [temwɛ̃] *nm* testigo *m* • **être témoin de** ser testigo de • **être le témoin de mariage de qqn** ser el padrino de boda de alguien

tempe [tɑ̃p] *nf* sien *f*

tempérament [tɑ̃peʀamɑ̃] *nm* temperamento *m*

température [tɑ̃peʀatyʀ] *nf* temperatura *f*

tempête [tɑ̃pɛt] *nf* tempestad *f*

temple [tɑ̃pl] *nm* templo *m*

temporaire [tɑ̃pɔʀɛʀ] *adj* temporal

temporairement [tɑ̃pɔʀɛʀmɑ̃] *adv* temporalmente

temps [tɑ̃] *nm* tiempo *m* • **avoir le temps de faire qqch** tener tiempo de hacer algo • **il est temps de partir** ou **que nous partions** es hora de irnos ou de que nos vayamos • **à temps** a tiempo • **de temps en temps** de vez en cuando • **en même temps** al mismo tiempo • **à temps complet/partiel** a tiempo completo/parcial • **le beau/mauvais temps** el buen/mal tiempo

tenailles [tənaj] *nfpl* tenazas *fpl*

tenant, e [tənɑ̃, ɑ̃t] *nm, f* • **tenant/tenante du titre** poseedor *m*, -ra *f* del título

tendance [tɑ̃dɑ̃s] *nf* tendencia *f* • **avoir tendance à** tener tendencia a

tendeur [tɑ̃dœʀ] *nm* tensor *m*

tendinite [tɑ̃dinit] *nf* tendinitis *f inv*

tendon [tɑ̃dɔ̃] *nm* tendón *m*

tendre [tɑ̃dʀ] *adj* tierno(na) ◇ *vt* **1.** *(corde)* tensar **2.** *(bras)* tender • **tendre qqch à qqn** tender algo a alguien • **tendre la main à qqn** tender la mano a alguien • **tendre l'oreille** aguzar el oído • **tendre un piège à qqn** tender una trampa a alguien ◆ **se tendre** *vp* tensarse

tendresse [tɑ̃dʀɛs] *nf* ternura *f*

tendu, e [tɑ̃dy] *adj* tenso(sa)

tenir [təniʀ] *vt*

1. *(à la main, dans ses bras)* sujetar • **tenir la main de qqn** sujetar la mano de alguien

2. *(garder)* mantener • **tenir un plat au chaud** mantener un plato caliente

3. *(promesse, engagement)* cumplir

4. *(magasin, bar)* llevar

5. *(dans des expressions)* • **tiens !** ¡toma! • **tenez !** ¡tenga! • **tiens !** *(exprime la surprise)* ¡anda!

◇ *vi*

1. *(construction)* • **ça tient avec du ciment** está unido con cemento

2. *(résister)* resistir • **la neige n'a pas tenu** la nieve no ha cuajado • **tenir bon** resistir

3. *(rester)* mantenerse • **tenir debout** *(objet, personne)* tenerse de pie • **ne plus tenir debout** *(personne)* no tenerse en pie • **ne pas tenir en place** no estarse quieto(ta)

4. *(être contenu)* caber • **six personnes tiennent dans cette voiture** en este coche caben seis personas

◆ **tenir à** *v + prep (être attaché à)* apegarse a • **tenir à faire qqch** querer hacer algo

◆ **tenir de** *v + prep (ressembler à)* salir a • **elle tient de sa mère** ha salido a su madre

◆ **se tenir** *vp*

1. *(avoir lieu)* tener lugar • **le festival se tient dans le château** el festival tiene lugar en el castillo

2. *(s'accrocher)* agarrarse • **se tenir à** agarrarse a

3. *(être, rester)* permanecer • **se tenir droit** mantenerse derecho • **se tenir debout/assis** quedarse de pie/sentado • **se tenir tranquille** estarse quieto(ta)

4. *(se comporter)* • **bien/mal se tenir** portarse bien/mal

tennis [tenis] *nm* tenis *m* ◇ *nmpl* zapatillas *fpl* de deporte • **tennis de table** tenis de mesa

tension [tɑ̃sjɔ̃] *nf* tensión *f*

tentacule [tɑ̃takyl] *nm* tentáculo *m*

tentant, e [tɑ̃tɑ̃, ɑ̃t] *adj* tentador(ra)

tentation [tɑ̃tasjɔ̃] *nf* tentación *f*

tentative [tɑ̃tativ] *nf* tentativa *f*

tente [tɑ̃t] *nf* tienda *f* (de campaña)

tenter [tɑ̃te] *vt* **1.** *(essayer)* intentar **2.** *(attirer)* tentar • **tenter de faire qqch** intentar hacer algo

tenu, e [təny] *pp* ➤ **tenir**

tenue [təny] *nf* ropa *f* • **tenue de soirée** traje *m* de noche

ter [tɛʀ] *adv indica que hay tres números iguales en una calle*

TER [teœɛʀ] (*abr de Train Express Régional*) *nm* ≃ tren *m* de cercanías

Tergal® [tɛʀgal] *nm* tergal® *m*

terme [tɛʀm] *nm* término *m* • **à court/long terme** a corto/largo plazo

terminaison [tɛʀminɛzɔ̃] *nf* terminación *f*

terminal, aux [tɛʀminal, o] *nm* **1.** *(d'aéroport)* terminal *f* **2.** *INFORM* terminal *m*

terminale [tɛʀminal] *nf SCOL* ≃ segundo *m* de Bachillerato

terminer [tɛʀmine] *vt* terminar ♦ **se terminer** *vp* terminarse

terminus [tɛʀminys] *nm* término *m*, fin *m* de línea

terne [tɛʀn] *adj* apagado(da)

terrain [tɛʀɛ̃] *nm* **1.** *(emplacement)* solar *m* **2.** *(sol)* terreno *m* • **tout terrain** todoterreno *m* • **terrain de camping** camping *m* • **terrain de foot** campo *m* de fútbol • **terrain de jeux** área *f* de juegos • **terrain vague** descampado *m*

terrasse [tɛʀas] *nf* terraza *f* • **on mange en terrasse ?** *(d'un café, restaurant)* ¿comemos en la terraza?

terre [tɛʀ] *nf* **1.** tierra *f* **2.** *(argile)* barro *m* • **la Terre** la Tierra • **par terre** *(tomber)* al suelo ; *(s'asseoir)* en el suelo

Terre de Feu [tɛʀdəfø] *nf* • **la Terre de Feu** la Tierra del Fuego

terre-plein, s [tɛʀplɛ̃] *nm* terraplén *m* • **terre-plein central** mediana *f*

terrestre [tɛʀɛstʀ] *adj* terrestre

terreur [tɛʀœʀ] *nf* terror *m*

terrible [tɛʀibl] *adj* terrible • **pas terrible** *(fam)* nada del otro mundo

terrier [tɛʀje] *nm* madriguera *f*

terrifier [tɛʀifje] *vt* aterrar

terrine [tɛʀin] *nf* **1.** *(récipient)* terrina *f* **2.** *CULIN paté de carne, pescado o verdura*

territoire [tɛʀitwaʀ] *nm* territorio *m*

terroriser [tɛʀɔʀize] *vt* aterrorizar

terroriste [tɛʀɔʀist] *nmf* terrorista *mf*

tes ➤ **ton** *(adj)*

test [tɛst] *nm* test *m* • **test de dépistage** prueba *f* de detección

testament [tɛstamɑ̃] *nm* testamento *m*

tester [tɛste] *vt* probar

tétanos [tetanos] *nm* tétanos *m inv*

tête [tɛt] *nf* **1.** cabeza *f* **2.** *(visage)* cara *f* • **de tête** *(wagon)* de cabeza • **être en tête** ir en cabeza • **faire la tête** estar de morros • **en tête à tête** a solas • **tête de liste** *POL* cabeza *mf* de lista • **tête de série** *SPORT* cabeza *mf* de serie • **tête de veau** *preparación de las partes comestibles de la cabeza de ternera*

tête-à-queue [tɛtakø] *nm inv* trompo *m*

téter [tete] *vi* mamar

tétine [tetin] *nf* **1.** *(de biberon)* tetina *f* **2.** *(sucette)* chupete *m*

Tétrabrick® [tetʀabʀik] *nm* tetra brick®

têtu, e [tety] *adj* testarudo(da)

teuf [tœf] (*fam*) *nf* fiesta *f*

tex mex [tɛksmɛks] *adj* tex mex ◇ *nm* tex mex *m*

texte [tɛkst] *nm* texto *m*

textile [tɛkstil] *nm* tejido *m*

texto [tɛksto] *adv* (*fam*) literalmente ◆ **Texto**® *nm* ● **envoyer/recevoir un Texto**® enviar/recibir un mensaje de texto

TF1 [teɛfɛ̃] (*abr de Télévision française 1*) *n cadena de televisión francesa privada*

TGV [teʒeve] (*abr de train à grande vitesse*) *nm* ≃ AVE *m (alta velocidad española)*

thaïlandais, e [tajlɑ̃dɛ, ɛz] *adj* tailandés(esa) ◆ **Thaïlandais, e** *nm, f* tailandés *m*, -esa *f*

Thaïlande [tajlɑ̃d] *nf* ● **la Thaïlande** Tailandia *f*

thalassothérapie [talasoteʀapi] *nf* talasoterapia *f*

thé [te] *nm* té *m* ● **thé au citron** té con limón ● **thé au lait** té con leche ● **thé nature** té solo

théâtral, e, aux [teatʀal, o] *adj* teatral

théâtre [teatʀ] *nm* teatro *m*

théière [tejɛʀ] *nf* tetera *f*

thème [tɛm] *nm* **1.** tema *m* **2.** (*traduction*) traducción *f* inversa

théorie [teɔʀi] *nf* teoría *f* ● **en théorie** en teoría

théoriquement [teɔʀikmɑ̃] *adv* teóricamente

thermal, e, aux [tɛʀmal, o] *adj* termal

thermomètre [tɛʀmɔmɛtʀ] *nm* termómetro *m*

Thermos® [tɛʀmos] *nf* ● (**bouteille**) **Thermos** termo® *m*

thermostat [tɛʀmɔsta] *nm* termostato *m*

thèse [tɛz] *nf* tesis *f inv*

thon [tɔ̃] *nm* atún *m*

thym [tɛ̃] *nm* tomillo *m*

tibia [tibja] *nm* tibia *f*

tic [tik] *nm* **1.** (*mouvement*) tic *m* **2.** (*habitude*) manía *f*

ticket [tikɛ] *nm* **1.** tique *m* **2.** (*d'autobus, de métro*) billete *m* ● **ticket de caisse** tique de caja ● **ticket de métro** billete de metro

tiède [tjɛd] *adj* tibio(bia)

tien [tjɛ̃] ◆ **le tien, la tienne** [lətjɛ̃, latjɛn] (*mpl* **les tiens** [letjɛ̃], *fpl* **les tiennes** [letjɛn]) *pron* el tuyo ● **la tienne** la tuya ● **à la tienne !** ¡salud!

tiendra etc ➤ **tenir**

tienne etc ➤ **tenir, tien**

tiens etc ➤ **tenir, tien**

tiercé [tjɛʀse] *nm* ≃ quiniela *f* hípica ● **jouer au tiercé** ≃ hacer apuestas en la quiniela hípica

tiers [tjɛʀ] *nm* tercio *m* ● **être assuré au tiers** estar asegurado contra terceros

tiers-monde, s [tjɛʀmɔ̃d] *nm* tercer mundo *m*

tige [tiʒ] *nf* **1.** (*de plante*) tallo *m* **2.** (*de métal, de bois*) vara *f*

tigre [tigʀ] *nm* tigre *m*

tilleul [tijœl] *nm* **1.** (*arbre*) tilo *m* **2.** (*tisane*) tila *f*

tilsit [tilsit] *nm queso suizo blando de vaca, de color amarillo, sabor fuertemente afrutado y con pequeños agujeros*
timbale [tɛ̃bal] *nf* **1.** *(gobelet)* cubilete *m* **2.** *CULIN* timbal *m*
timbre(-poste) [tɛ̃bʀ(əpɔst)] (*pl* **timbres (-poste)**) *nm* sello *m*
timbrer [tɛ̃bʀe] *vt* sellar
timide [timid] *adj* tímido(da)
timidité [timidite] *nf* timidez *f*
tir [tiʀ] *nm* tiro *m* • **tir à l'arc** tiro con arco • **tir au but** lanzamiento *m* de penalti
tirage [tiʀaʒ] *nm (d'une loterie)* sorteo *m* • **tirage au sort** sorteo
tire-bouchon, s [tiʀbuʃɔ̃] *nm* sacacorchos *m inv*
tirelire [tiʀliʀ] *nf* hucha *f*
tirer [tiʀe] *vt*
1. sacar ; *(élastique)* estirar ; *(rideau)* correr
2. *(remorquer)* tirar de
3. *(trait)* trazar
4. *(avec une arme)* tirar • **tirer un coup de feu** disparar
5. *(sortir)* sacar • **tirer qqch/qqn de** sacar algo/a alguien de • **tirer une conclusion de qqch** sacar una conclusión de algo • **tirer la langue à qqn** sacar la lengua a alguien
6. *(numéro, carte)* sacar
◇ *vi*
1. *(avec une arme à feu)* disparar • **tirer sur** disparar
2. *(vers soi, vers le bas, etc.)* • **tirer sur qqch** tirar de algo
3. *SPORT* tirar
◆ **se tirer** *vp (fam) (s'en aller)* abrirse
◆ **s'en tirer** *vp* salir adelante • **il s'en est tiré** ha salido adelante
tiret [tiʀɛ] *nm* guión *m*
tirette [tiʀɛt] *nf (Belg) (fermeture)* cremallera *f*
tiroir [tiʀwaʀ] *nm* cajón *m*
tisane [tizan] *nf* tisana *f*
tisonnier [tizɔnje] *nm* atizador *m*
tisser [tise] *vt* tejer
tissu [tisy] *nm* tejido *m*
titre [titʀ] *nm* **1.** título *m* **2.** *(de journal)* titular *m* • **titre de transport** billete *m*
toast [tost] *nm (pain)* tostada *f* • **porter un toast à qqn** brindar por alguien
toboggan [tɔbɔgɑ̃] *nm* tobogán *m*
toc [tɔk] *nm* imitación *f* ◇ *interj* • **toc toc !** ¡toc, toc! • **en toc** *(bijou)* de bisutería
TOC [tɔk] (*abr de troubles obsessionnels compulsifs*) *nmpl MÉD* TOC *m (trastorno obsesivo compulsivo)*
toi [twa] *pron* **1.** *(objet direct, après prép)* ti **2.** *(après comparaison, pour insister)* tú • **regarde-toi dans la glace** mírate en el espejo • **lève-toi** levántate • **toi-même** *(sujet)* tú mismo ; *(complément)* ti mismo
toile [twal] *nf* **1.** *(tissu)* tela *f* **2.** *(tableau)* lienzo *m* • **toile d'araignée** telaraña *f*
toilette [twalɛt] *nf (vêtements)* traje *m* • **faire sa toilette** asearse ◆ **toilettes** *nfpl* servicios *mpl*
toit [twa] *nm* tejado *m*
tôle [tol] *nf* chapa *f* • **tôle ondulée** chapa ondulada
Tolède [tɔlɛd] *n* Toledo
tolérant, e [tɔleʀɑ̃, ɑ̃t] *adj* tolerante

tolérer [tɔleʀe] *vt* tolerar

tomate [tɔmat] *nf* tomate *m* • **tomates farcies** tomates rellenos

tombe [tɔ̃b] *nf* tumba *f*

tombée [tɔ̃be] *nf* • **à la tombée de la nuit** al anochecer

tomber [tɔ̃be] *vi* **1.** caer **2.** *(date, fête)* caer en • **ça tombe bien !** ¡qué bien! • **la nuit tombe** está anocheciendo • **laisser tomber** abandonar • **tomber amoureux** enamorarse • **tomber malade** ponerse enfermo(ma) • **tomber en panne** averiarse

tombola [tɔ̃bɔla] *nf* tómbola *f*

tome [tɔm] *nm* tomo *m*

tomme [tɔm] *nf* • **tomme vaudoise** *(Helv) queso blando de vaca, blanco y suave*

[1]**ton, ta** [tɔ̃, ta] (*pl* **tes** [te]) *adj* tu

[2]**ton** [tɔ̃] *nm* tono *m*

tonalité [tɔnalite] *nf (au téléphone)* línea *f (sonido)*

tondeuse [tɔ̃døz] *nf* • **tondeuse (à gazon)** cortacésped *m*

tondre [tɔ̃dʀ] *vt* **1.** *(gazon)* cortar **2.** *(cheveux)* rapar

toner [tɔnɛʀ] *nm* tóner *m*

tongs [tɔ̃g] *nfpl* chancletas *fpl* (de goma)

tonne [tɔn] *nf* tonelada *f*

tonneau, x [tɔno] *nm* tonel *m* • **faire des tonneaux** *(voiture)* dar vueltas de campana

tonnerre [tɔnɛʀ] *nm* trueno *m* • **coup de tonnerre** trueno *m*

tonus [tɔnys] *nm* tono *m*

torche [tɔʀʃ] *nf* antorcha *f* • **torche électrique** linterna *f*

torchon [tɔʀʃɔ̃] *nm* trapo *m*

tordre [tɔʀdʀ] *vt* **1.** retorcer **2.** *(plier)* torcer ◆ **se tordre** *vp* • **se tordre la cheville** torcerse el tobillo • **se tordre de douleur** retorcerse de dolor • **se tordre de rire** partirse de risa

tornade [tɔʀnad] *nf* tornado *m*

torrent [tɔʀɑ̃] *nm* torrente *m* • **il pleut à torrents** llueve a cántaros

torsade [tɔʀsad] *nf* • **pull à torsades** jersey de ochos

torse [tɔʀs] *nm* torso *m* • **torse nu** con el torso desnudo

tort [tɔʀ] *nm* • **avoir tort (de faire qqch)** equivocarse (en hacer algo) • **causer** ou **faire du tort à qqn** perjudicar ou hacer daño a alguien • **donner tort à qqn** quitarle la razón a alguien • **être dans son tort** ou **être en tort** tener la culpa • **à tort** sin razón

torticolis [tɔʀtikɔli] *nm* tortícolis *f inv*

tortiller [tɔʀtije] *vt* retorcer ◆ **se tortiller** *vp* retorcerse

tortue [tɔʀty] *nf* tortuga *f*

torture [tɔʀtyʀ] *nf* tortura *f*

torturer [tɔʀtyʀe] *vt* **1.** *(prisonnier)* torturar **2.** *(moralement)* atormentar

tôt [to] *adv* **1.** *(de bonne heure)* temprano **2.** *(vite)* pronto • **tôt ou tard** tarde o temprano

total, e, aux [tɔtal, o] *adj* total ◆ **total** *nm* total *m*

totalement [tɔtalmɑ̃] *adv* totalmente

totalité [tɔtalite] *nf* ● **la totalité de** la totalidad de ● **en totalité** totalmente
touchant, e [tuʃɑ̃, ɑ̃t] *adj* conmovedor(ra)
touche [tuʃ] *nf* **1.** tecla *f* **2.** *SPORT (ligne)* banda *f* ● **touche d'annulation** tecla de anulación ● **touche de contrôle** tecla de control ● **touche de suppression** tecla de borrado ● **touche entrée** tecla de entrada ● **touche escape** tecla de escape ● **touche majuscule** tecla de mayúsculas
toucher [tuʃe] *vt* **1.** tocar **2.** *(argent, chèque)* cobrar **3.** *(cible)* dar en **4.** *(émouvoir)* conmover ◇ *vi* ● **toucher à** *(objet)* tocar ; *(nourriture)* probar ◆ **se toucher** *vp (être en contact)* tocarse
touffe [tuf] *nf* mata *f*
toujours [tuʒuʀ] *adv* **1.** *(tout le temps)* siempre **2.** *(encore)* todavía, aún ● **il n'est toujours pas rentré** todavía no ha vuelto ● **pour toujours** para siempre
Toulouse [tuluz] *n* Tolosa
toupie [tupi] *nf* trompo *m*
[1]**tour** [tuʀ] *nm* vuelta *f* ● **faire un tour** dar una vuelta ● **faire le tour de qqch** dar la vuelta a algo ● **c'est ton tour (de faire qqch)** te toca (hacer algo) ● **à tour de rôle** por turno ● **le Tour de France** el Tour de Francia ● **tour de magie** truco *m* de manos

Le Tour de France

El *Tour de France*, que se celebró por primera vez en 1903, es una de las vueltas ciclistas con más renombre internacional. Tiene lugar durante tres semanas en el mes de julio y, si bien comienza cada año en una ciudad distinta, siempre acaba en París con su célebre recta final en los Campos Elíseos. El *maillot* amarillo nos permite reconocer al líder de la carrera; el verde, al líder de la clasificación general por puntos; el blanco con motas rojas, al ganador final de la montaña, y el blanco, al mejor corredor joven de la carrera en la clasificación general. La emoción suscitada por esta competición refleja el interés de los franceses por el ciclismo en general.

[2]**tour** [tuʀ] *nf* torre *f* ● **tour de contrôle** torre de control ● **la Tour Eiffel** la Torre Eiffel

La Tour Eiffel

Erigida por el ingeniero francés Gustave Eiffel con ocasión de la Exposición Universal de 1889, la Torre Eiffel es, desde entonces, el símbolo de París y de Francia. Su construcción suscitó una intensa controversia entre sus contemporáneos, que la veían como un monstruo de hierro, e inicialmente estaba previsto que fuera desmontada. Tiene una altura de 324 metros y su peso actual se calcula en más de 10.000 toneladas. Se trata de uno de los monumentos más visitados del mundo y desde la cumbre de esta estructura metálica se domina toda la ciudad y parte de sus alrededores.

tourbillon [tuʀbijɔ̃] *nm* torbellino *m*
tourisme [tuʀism] *nm* turismo *m* • **faire du tourisme** hacer turismo
touriste [tuʀist] *nmf* turista *mf*
touristique [tuʀistik] *adj* turístico(ca)
tourmenter [tuʀmɑ̃te] *vt* atormentar ♦ **se tourmenter** *vp* atormentarse
tournage [tuʀnaʒ] *nm* rodaje *m*
tournant [tuʀnɑ̃] *nm* curva *f*
tournante [tuʀnɑ̃t] *nf* violación *f* colectiva
tournedos [tuʀnədo] *nm solomillo grueso de ternera* • **tournedos Rossini** *filete grueso de ternera con foie gras y salsa de trufas*
tournée [tuʀne] *nf* **1.** ronda *f* **2.** *(d'un chanteur)* gira *f*
tourner [tuʀne] *vt* **1.** girar **2.** *(sauce, salade)* remover **3.** *(page)* pasar **4.** *(tête, regard)* volver **5.** *(film)* rodar ◇ *vi* **1.** girar **2.** *(route)* torcer **3.** *(moteur, machine)* marchar **4.** *(lait)* cuajar **5.** *(acteur)* rodar • **tourner à gauche/droite** girar a la izquierda/derecha • **tourner autour de** girar alrededor de • **j'ai la tête qui tourne** me da vueltas la cabeza • **mal tourner** *(affaire)* tomar mal cariz ♦ **se tourner** *vp* volverse • **se tourner vers** *(dans l'espace)* volverse hacia
tournesol [tuʀnəsɔl] *nm* girasol *m*
tournevis [tuʀnəvis] *nm* destornillador *m*
tourniquet [tuʀnikɛ] *nm (du métro)* molinete *m*
tournoi [tuʀnwa] *nm* torneo *m*
tournure [tuʀnyʀ] *nf (expression)* giro *m*
tourte [tuʀt] *nf especie de empanada redonda*
tourtière [tuʀtjɛʀ] *nf* (*Québec*) *pastel elaborado con carne de vaca picada y cebolla*
tous ➤ **tout**
Toussaint [tusɛ̃] *nf* • **la Toussaint** (el día de Todos) los Santos

La Toussaint

El uno de noviembre, día de Todos los Santos, es una fecha festiva en Francia. Es tradición depositar crisantemos en las tumbas de los familiares y amigos difuntos. La *Toussaint* designa asimismo el primer período de vacaciones escolares del curso, de aproximadamente diez días.

tousser [tuse] *vi* toser
tout, e [tu, tut] (*mpl* **tous** [tus], *fpl* **toutes** [tut]) *adj*
1. *(avec un substantif)* todo(da) • **tout le vin** todo el vino • **toute la journée** todo el día • **tout le monde** todo el mundo, todos • **tout le temps** todo el tiempo, todo el rato • **tout un gâteau** un pastel entero • **toute sa famille** toda su familia
2. *(avec un substantif pluriel)* • **tous les gâteaux** todos los pasteles • **toutes les maisons** todas las casas • **toutes les deux** las dos • **tous les deux ans** cada dos años

3. *(avec un pronom démonstratif)* todo • **tout ça** ou **cela** todo eso
4. *(n'importe quel)* • **à toute heure** a cualquier hora
◇ *pron*
1. *(la totalité)* todo • **je t'ai tout dit** te lo he dicho todo • **en tout** en total • **tout est là** todo está ahí
2. *(dans des expressions)* • **c'est tout** eso es todo • **ce sera tout ?** *(dans un magasin)* ¿algo más? • **il est capable de tout** es capaz de cualquier cosa
3. *(au pluriel : tout le monde)* • **ils voulaient tous la voir** todos querían verla
◇ *adv*
1. *(très, complètement)* muy • **tout jeune** muy joven • **tout près** muy cerca • **ils étaient tout seuls** estaban (completamente) solos • **tout en haut** arriba del todo
2. *(avec un gérondif)* • **il mangeait tout en marchant** comía mientras andaba
3. *(dans des expressions)* • **tout à coup** de repente • **je comprends tout à fait** lo entiendo perfectamente • **tout à fait possible** perfectamente posible • **tout à fait !** ¡por supuesto!, ¡claro! • **tout à l'heure** *(avant)* hace un rato ; *(après)* dentro de un rato • **à tout à l'heure !** ¡hasta luego! • **je le ferai tout de même** *(malgré tout)* lo haré a pesar de todo • **tout de même, tu exagères !** ¡desde luego exageras! • **j'arrive tout de suite** enseguida llego
◇ *nm* • **le tout** *(la totalité)* todo • **le tout est de...** lo importante es... • **pas du tout** en absoluto • **pas du tout sympathique** ou **pas sympathique du tout** nada simpático

toutefois [tutfwa] *adv* sin embargo
tout-terrain [tutɛʀɛ̃] *adj inv* todoterreno
toux [tu] *nf* tos *f*
toxique [tɔksik] *adj* tóxico(ca)
TP [tepe] *nmpl abr de* **travaux pratiques**
trac [tʀak] *nm* • **avoir le trac** estar nervioso(sa)
traçabilité [tʀasabilite] *nf* trazabilidad *f*
tracasser [tʀakase] *vt* preocupar ◆ **se tracasser** *vp* preocuparse
trace [tʀas] *nf* huella *f* • **trace de pas** pisada *f* • **trace de doigt** huella (dactilar)
tracer [tʀase] *vt* trazar
tract [tʀakt] *nm* octavilla *f*
tracteur [tʀaktœʀ] *nm* tractor *m*
tradition [tʀadisjɔ̃] *nf* tradición *f*
traditionnel, elle [tʀadisjɔnɛl] *adj* tradicional
traducteur, trice [tʀadyktœʀ, tʀis] *nm, f* traductor *m*, -ra *f*
traduction [tʀadyksjɔ̃] *nf* traducción *f*
traduire [tʀadɥiʀ] *vt* traducir
trafic [tʀafik] *nm* tráfico *m* • **trafic de drogue** narcotráfico *m*
tragédie [tʀaʒedi] *nf* tragedia *f*
tragique [tʀaʒik] *adj* trágico(ca)
trahir [tʀaiʀ] *vt* **1.** traicionar **2.** *(secret)* desvelar ◆ **se trahir** *vp* traicionarse
train [tʀɛ̃] *nm* tren *m* • **être en train de faire qqch** estar haciendo algo • **train d'atterrissage** tren de aterrizaje • **train de banlieue** tren de cercanías • **train rapide** tren rápido
traîne [tʀɛn] *nf* cola *f* • **être à la traîne** ir rezagado(da)

traîneau, x [tʀeno] *nm* trineo *m*

traînée [tʀene] *nf (trace)* reguéro *m*

traîner [tʀene] *vt* arrastrar ◇ *vi* **1.** *(par terre)* estar por en medio **2.** *(prendre du temps)* • **le procès traîne (en longueur)** el pleito va para largo **3.** *(s'attarder)* entretenerse **4.** *(être en désordre)* estar desperdigado(da) **5.** *(péj) (dans la rue, dans les bars)* vagabundear ◆ **se traîner** *vp* arrastrarse

train-train [tʀɛ̃tʀɛ̃] *nm inv* rutina *f*

traire [tʀeʀ] *vt* ordeñar

trait [tʀe] *nm* **1.** trazo *m* **2.** *(caractéristique)* rasgo *m* • **d'un trait** *(boire)* de un trago • **trait d'union** guión *m* ◆ **traits** *nmpl (du visage)* rasgos *mpl*

traite [tʀet] *nf* • **d'une (seule) traite** de un tirón

traitement [tʀetmɑ̃] *nm MÉD* tratamiento *m* • **traitement de texte** *INFORM* procesamiento *m* de textos

traiter [tʀete] *vt* tratar • **il l'a traité d'idiot** lo trató de idiota ◆ **traiter de** *v + prep (suj : livre, exposé)* tratar de

traiteur [tʀetœʀ] *nm tienda que vende platos preparados individuales o para banquetes*

traître, esse [tʀetʀ, es] *nm, f* traidor *m*, -ra *f*

trajectoire [tʀaʒektwaʀ] *nf* trayectoria *f*

trajet [tʀaʒe] *nm* trayecto *m*

trampoline [tʀɑ̃pɔlin] *nm* cama *f* elástica

tramway [tʀamwe] *nm* tranvía *m*

tranchant, e [tʀɑ̃ʃɑ̃, ɑ̃t] *adj* cortante ◆ **tranchant** *nm* filo *m*

tranche [tʀɑ̃ʃ] *nf* **1.** loncha *f* **2.** *(d'un livre)* canto *m* **3.** *(temporelle)* intervalo *m* • **tranche d'âge** segmento *m* de edad • **tranche horaire** franja *f* horaria

tranchée [tʀɑ̃ʃe] *nf* zanja *f*

trancher [tʀɑ̃ʃe] *vt* cortar ◇ *vi (décider)* decidirse • **trancher une question** zanjar una cuestión

tranquille [tʀɑ̃kil] *adj* tranquilo(la) • **laisser qqch/qqn tranquille** dejar algo/a alguien tranquilo • **rester tranquille** quedarse tranquilo(la) • **soyez tranquille** *(ne vous inquiétez pas)* no se preocupe

tranquillisant [tʀɑ̃kilizɑ̃] *nm* tranquilizante *m*

tranquillité [tʀɑ̃kilite] *nf* tranquilidad *f* • **en toute tranquillité** con toda tranquilidad

transaction [tʀɑ̃zaksjɔ̃] *nf* transacción *f*

transférer [tʀɑ̃sfeʀe] *vt* transferir • **transférer un message** *INFORM* transferir un mensaje

transfert [tʀɑ̃sfeʀ] *nm* • **transfert de fichiers** transferencia *f* de archivos

transformateur [tʀɑ̃sfɔʀmatœʀ] *nm* transformador *m*

transformation [tʀɑ̃sfɔʀmasjɔ̃] *nf* transformación *f*

transformer [tʀɑ̃sfɔʀme] *vt* transformar • **transformer une chambre en bureau** transformar un dormitorio en despacho ◆ **se transformer** *vp* transformarse • **se transformer en qqch** transformarse en algo

transfusion [tʀɑ̃sfyzjɔ̃] *nf* • **transfusion (sanguine)** transfusión *f* (de sangre)

transgénique [trɑ̃ʒenik] *adj* transgénico(ca)

transistor [trɑ̃zistɔr] *nm* transistor *m*

transit [trɑ̃zit] *nm* • **passagers en transit** pasajeros en tránsito • **transit intestinal** tránsito *m* intestinal

transmettre [trɑ̃smɛtr] *vt* • **transmettre qqch à qqn** transmitir algo a alguien • **transmettre un message** transmitir un mensaje ◆ **se transmettre** *vp* transmitirse

transmis, e [trɑ̃smi, iz] *pp* ➤ **transmettre**

transmission [trɑ̃smisjɔ̃] *nf* transmisión *f*

transparent, e [trɑ̃sparɑ̃, ɑ̃t] *adj* transparente

transpercer [trɑ̃spɛrse] *vt* traspasar

transpiration [trɑ̃spirasjɔ̃] *nf* sudor *m*

transpirer [trɑ̃spire] *vi* sudar

transplanter [trɑ̃splɑ̃te] *vt* trasplantar

transport [trɑ̃spɔr] *nm* transporte *m* • **les transports (en commun)** los transportes públicos

transporter [trɑ̃spɔrte] *vt* transportar

transversal, e, aux [trɑ̃svɛrsal, o] *adj* transversal

trapèze [trapɛz] *nm* trapecio *m*

trapéziste [trapezist] *nmf* trapecista *mf*

trappe [trap] *nf* trampa *f*

travail, aux [travaj, o] *nm* trabajo *m* • **travail au noir** trabajo clandestino ◆ **travaux** *nmpl* **1.** *(ménagers, agricoles)* labores *fpl* **2.** *(de construction)* obras *fpl* ▼ **travaux** obras • **travaux pratiques** prácticas *fpl*

travailler [travaje] *vi & vt* trabajar • **travailler à temps partiel** trabajar a tiempo parcial

traveller's check, s [travlœrʃɛk] *nm* cheque *m* de viaje

traveller's cheque, s [travlœrʃɛk] = **traveller's check**

travers [travɛr] *nm* • **à travers** a través • **de travers** de través ; *(marcher)* de lado ; *(fig) (mal)* al revés ; *(regarder)* de soslayo • **avaler de travers** atragantarse • **en travers (de)** atravesado(da) (en) • **travers de porc** costillas *fpl* de cerdo

traversée [traverse] *nf* travesía *f*

traverser [traverse] *vt* atravesar ◇ *vi* cruzar

traversin [traversɛ̃] *nm* travesaño *m* *(almohada)*

travesti [travɛsti] *nm* travestí *m*

trébucher [trebyʃe] *vi* tropezar

trèfle [trɛfl] *nm* trébol *m* • **trèfle à quatre feuilles** trébol de cuatro hojas

treize [trɛz] *adj num & pron num* trece ◇ *nm* trece *m* • **il a treize ans** tiene trece años • **il est treize heures** es la una del mediodía • **le treize janvier** el trece de enero • **page treize** página trece • **ils étaient treize** eran trece • **(au) treize rue Lepic** (en la) calle Lepic número trece

treizième [trɛzjɛm] *adj num & pron num* decimotercero(ra) ◇ *nm* **1.** *(fraction)* decimotercera parte *f* **2.** *(étage)* decimotercero *m* ou decimotercer piso **3.** *(arrondissement)* distrito *m* trece ou decimotercero

tremblement [trɑ̃bləmɑ̃] *nm* • **tremblement de terre** terremoto *m* • **tremblements** temblores *mpl*

trembler [tʀɑ̃ble] *vi* temblar • **trembler de peur/froid** temblar de miedo/de frío

trémousser [tʀemuse] ◆ **se trémousser** *vp* menearse

trempé, e [tʀɑ̃pe] *adj* empapado(da)

tremper [tʀɑ̃pe] *vt* mojar ◇ *vi* • **faire tremper qqch** poner en remojo

tremplin [tʀɑ̃plɛ̃] *nm* trampolín *m*

trente [tʀɑ̃t] *adj num & pron num* treinta ◇ *nm* treinta *m* • **il a trente ans** tiene treinta años • **le trente janvier** el treinta de enero • **page trente** página treinta • **ils étaient trente** eran treinta • **(au) trente rue Lepic** (en la) calle Lepic número treinta

trentième [tʀɑ̃tjɛm] *adj num & pron num* trigésimo(ma) ◇ *nm* **1.** *(fraction)* trigésima parte *f* **2.** *(étage)* trigésimo *m* (piso)

très [tʀɛ] *adv* muy • **très peur/faim** mucho miedo/mucha hambre • **très malade** muy enfermo(ma) • **très bien** muy bien

trésor [tʀezɔʀ] *nm* tesoro *m*

tresse [tʀɛs] *nf* **1.** trenza *f* **2.** *(Helv) (pain) pan con forma de trenza, típico de la ciudad de Berna*

tresser [tʀese] *vt* trenzar

tréteau, x [tʀeto] *nm* caballete *m*

treuil [tʀœj] *nm* torno *m*

tri [tʀi] *nm* • **faire un tri parmi** hacer una selección entre • **le tri sélectif (des ordures ménagères)** la recogida selectiva (de basura)

triangle [tʀijɑ̃gl] *nm* triángulo *m*

triangulaire [tʀijɑ̃gylɛʀ] *adj* triangular

tribord [tʀibɔʀ] *nm* estribor *m* • **à tribord** a estribor

tribu [tʀiby] *nf* tribu *f*

tribunal, aux [tʀibynal, o] *nm* tribunal *m*

tricher [tʀiʃe] *vi* **1.** *(au jeu)* hacer trampas **2.** *(à un examen)* copiar

tricheur, euse [tʀiʃœʀ, øz] *nm, f* tramposo *m*, -sa *f*

tricot [tʀiko] *nm (ouvrage)* punto *m*

tricoter [tʀikɔte] *vt* tejer ◇ *vi* hacer punto • **tricoter un pull** hacer un jersey de punto

tricycle [tʀisikl] *nm* triciclo *m*

trier [tʀije] *vt* **1.** *(sélectionner)* seleccionar **2.** *(classer)* clasificar **3.** *INFORM* ordenar

trimestre [tʀimɛstʀ] *nm* trimestre *m*

trimestriel, elle [tʀimɛstʀijɛl] *adj* trimestral

trinquer [tʀɛ̃ke] *vi* brindar

triomphe [tʀijɔ̃f] *nm* triunfo *m*

triompher [tʀijɔ̃fe] *vi* triunfar ◆ **triompher de** *v + prep* triunfar sobre

tripes [tʀip] *nfpl CULIN* callos *mpl*

triple [tʀipl] *adj* triple ◇ *nm* • **le triple (de)** el triple (de)

tripler [tʀiple] *vt* triplicar ◇ *vi* triplicarse

tripoter [tʀipɔte] *vt* manosear

triste [tʀist] *adj* triste

tristesse [tʀistɛs] *nf* tristeza *f*

troc [tʀɔk] *nm* trueque *m*

trognon [tʀɔɲɔ̃] *nm* corazón *m*

trois [tʀwa] *adj num & pron num* tres ◇ *nm* tres *m* • **il a trois ans** tiene tres años • **il est trois heures** son las tres • **le trois janvier** el tres de enero • **page trois** página tres • **ils étaient trois** eran tres • **le trois de pique** el tres de picas • **(au) trois rue Lepic** (en la) calle Lepic número tres

troisième [tʀwazjɛm] *adj num & pron num* tercero(ra) *(tercer devant nom masculin)* ◇ *nf* **1.** *SCOL* ≃ tercero *m* de ESO *(aducación secundaria obligatoria)* **2.** *(vitesse)* tercera *f* ◇ *nm* **1.** *(fraction)* tercera parte *f* **2.** *(étage)* tercero *m* ou tercer piso *m* **3.** *(arrondissement)* distrito *m* tres ou tercero

trois-quarts [tʀwakaʀ] *nm* tres cuartos *m*

trombe [tʀɔ̃b] *nf* • **des trombes d'eau** trombas *fpl* de agua • **en trombe** *(démarrer)* en tromba

trombone [tʀɔ̃bɔn] *nm* **1.** *(agrafe)* clip *m* **2.** *MUS* trombón *m*

trompe [tʀɔ̃p] *nf* trompa *f*

tromper [tʀɔ̃pe] *vt* engañar ◆ **se tromper** *vp* equivocarse • **se tromper de** equivocarse de

trompette [tʀɔ̃pɛt] *nf* trompeta *f*

trompeur, euse [tʀɔ̃pœʀ, øz] *adj* engañoso(sa)

tronc [tʀɔ̃] *nm* • **tronc (d'arbre)** tronco *m* (de árbol)

tronçonneuse [tʀɔ̃sɔnøz] *nf* sierra *f* eléctrica

trône [tʀon] *nm* trono *m*

trop [tʀo] *adv* demasiado • **j'ai trop chaud/faim** tengo demasiado calor/demasiada hambre • **trop de travail** demasiado trabajo • **trop de valises** demasiadas maletas • **de** ou **en trop** de más • **cette voiture consomme trop** este coche consume demasiado

trophée [tʀofe] *nm* trofeo *m*

tropical, e, aux [tʀɔpikal, o] *adj* tropical

trot [tʀo] *nm* trote *m* • **au trot** al trote

trotter [tʀɔte] *vi* trotar

trotteuse [tʀɔtøz] *nf* segundero *m*

trottinette [tʀɔtinɛt] *nf* patinete *m*

trottoir [tʀɔtwaʀ] *nm* acera *f*

trou [tʀu] *nm* agujero *m* • **avoir un trou de mémoire** fallarle a uno la memoria

trouble [tʀubl] *adj* **1.** *(eau)* turbio(bia) **2.** *(image)* borroso(sa) ◇ *adv* • **voir trouble** ver borroso ◆ **troubles** *nmpl* • **troubles du langage** trastornos *mpl* del lenguaje • **une période de troubles** un periodo de disturbios

trouer [tʀue] *vt* agujerear

trouille [tʀuj] *nf (fam)* • **avoir la trouille** tener canguelo

troupe [tʀup] *nf* **1.** *(militaire)* tropa *f* **2.** *(de théâtre)* compañía *f*

troupeau, x [tʀupo] *nm* rebaño *m*

trousse [tʀus] *nf* estuche *m* • **trousse de secours** botiquín *m* • **trousse de toilette** neceser *m*

trousseau, x [tʀuso] *nm (de clefs)* manojo *m* de llaves

trouver [tʀuve] *vt* encontrar • **je trouve que** creo que • **je ne trouve pas ça beau** no lo encuentro bonito ◆ **se trouver** *vp* encontrarse • **se trouver mal** encontrarse mal

truc [tʀyk] *nm* **1.** *(fam) (objet)* chisme *m* **2.** *(astuce)* truco *m*

trucage [tʀykaʒ] *nm* trucaje *m*

truffe [tʀyf] *nf* trufa *f* • **truffe (au chocolat)** trufa (de chocolate)

truite [tʀɥit] *nf* trucha *f* • **truite aux amandes** trucha con almendras
truquage [tʀykaʒ] = **trucage**
T-shirt [tiʃœʀt] = **tee-shirt**
TSVP (*abr de tournez s'il vous plaît*) véase al dorso
TTC [tetese] *adj* (*abr de toutes taxes comprises*) ≃ IVA incluido
[1]**tu** [ty] *pron* tú
[2]**tu, e** [ty] *pp* ➤ **taire**
tuba [tyba] *nm (de plongeur)* tubo *m (de buceo)*
tube [tyb] *nm* **1.** tubo *m* **2.** (*fam*) (*musique*) éxito *m*
tuberculose [tybɛʀkyloz] *nf* tuberculosis *f inv*
tuer [tɥe] *vt* matar ◆ **se tuer** *vp* matarse
tue-tête [tytɛt] ◆ **à tue-tête** *adv* a voz en grito
tueur, euse [tyœʀ, øz] *nm, f* • **tueur en série** asesino *m* en serie
tuile [tɥil] *nf* teja *f* • **tuile aux amandes** teja con almendras
tulipe [tylip] *nf* tulipán *m*
tumeur [tymœʀ] *nf* tumor *m*
tuner [tynɛʀ] *nm* radio *f*
tunique [tynik] *nf* túnica *f*
Tunisie [tynizi] *nf* • **la Tunisie** Túnez *m*
tunisien, enne [tynizjɛ̃, ɛn] *adj* tunecino(na) ◆ **Tunisien, enne** *nm, f* tunecino *m*, -na *f*
tunnel [tynɛl] *nm* túnel *m* • **le tunnel sous la Manche** el túnel de la Mancha
turbo [tyʀbo] *adj inv* turbo ◇ *nm TECH* turbo *m*
turbot [tyʀbo] *nm* rodaballo *m*
turbulences [tyʀbylɑ̃s] *nfpl* turbulencias *fpl*
turbulent, e [tyʀbylɑ̃, ɑ̃t] *adj* revoltoso(sa)
turc, turque [tyʀk] *adj* turco(ca) ◆ **turc** *nm (langue)* turco *m* ◆ **Turc, Turque** *nm, f* turco *m*, -ca *f*
Turquie [tyʀki] *nf* • **la Turquie** Turquía *f*
turquoise [tyʀkwaz] *adj* turquesa ◇ *nf* turquesa *f*
tutoyer [tytwaje] *vt* tutear ◆ **se tutoyer** *vp* tutearse
tutu [tyty] *nm* tutú *m*
tuyau, x [tɥijo] *nm* tubo *m* • **tuyau d'arrosage** manguera *f* de riego • **tuyau d'échappement** tubo de escape
TV [teve] (*abr de télévision*) tele *f*
TVA [tevea] *nf* (*abr de taxe sur la valeur ajoutée*) ≃ IVA *m (impuesto sobre el valor añadido)*
tweed [twid] *nm* tweed *m*
tympan [tɛ̃pɑ̃] *nm* tímpano *m*
type [tip] *nm* tipo *m*
typique [tipik] *adj* típico(ca)

uU

UDF [ydeɛf] (*abr de Union pour la démocratie française*) *nm* partido político *de centro derecha del espectro político francés*
UE [yœ] (*abr de Union européenne*) *nf* UE *f (Unión Europea)*

ulcère [ylsɛʀ] *nm* úlcera *f*
ULM [yɛlɛm] (*abr de ultra-léger motorisé*) *nm* ultraligero *m*
ultérieur, e [ylteʀjœʀ] *adj* ulterior, posterior
ultra- [yltʀa] *préf* ultra
UMP [yɛmpe] (*abr de Union pour un mouvement populaire*) *nm partido político a la derecha del espectro político francés*
un, une [œ̃, yn] (*pl* **des** [de]) *art* un (una) • **un homme/des hommes** un hombre/hombres • **une femme/des femmes** una mujer/mujeres
◇ *pron* uno (una) • **(l') un de mes amis** uno de mis amigos • **(l') un des plus intéressants** uno de los más interesantes • **l'un l'autre** el uno al otro • **l'un..., l'autre** uno..., el otro • **les uns..., les autres** unos..., otros • **l'un et l'autre** uno y otro • **l'un ou l'autre** uno u otro • **ni l'un ni l'autre** ni uno ni otro
◇ *num* uno • **il a un an** tiene un año • **il est une heure** es la una • **lire les pages un à quatre** leer las páginas de la una a la cuatro • **(au) un rue Lepic** (en la) calle Lepic número uno
unanime [ynanim] *adj* unánime
unanimité [ynanimite] *nf* unanimidad *f* • **à l'unanimité** por unanimidad
Unetelle ➤ **Untel**
uni, e [yni] *adj* **1.** *(tissu, couleur)* liso(sa) **2.** *(famille, couple)* unido(da)
uniforme [ynifɔʀm] *adj* uniforme ◇ *nm* uniforme *m*
unilatéral, e, aux [ynilateʀal, o] *adj* ➤ **stationnement**
union [ynjɔ̃] *nf* unión *f* • **l'Union européenne** la Unión Europea
unique [ynik] *adj* único(ca)
uniquement [ynikmɑ̃] *adv* únicamente
unir [yniʀ] *vt* unir ◆ **s'unir** *vp* unirse
unisson [ynisɔ̃] *nm* • **à l'unisson** al unísono
unitaire [ynitɛʀ] *adj* unitario(ria)
unité [ynite] *nf* unidad *f* • **à l'unité** por unidad • **unité centrale** unidad central
univers [ynivɛʀ] *nm* universo *m*
universel, elle [ynivɛʀsɛl] *adj* universal
universitaire [ynivɛʀsitɛʀ] *adj* universitario(ria)
université [ynivɛʀsite] *nf* universidad *f*
Untel, Unetelle [œ̃tɛl, yntɛl] *nm, f* fulano *m*, -na *f*
urbain, e [yʀbɛ̃, ɛn] *adj* urbano(na)
urbanisme [yʀbanism] *nm* urbanismo *m*
urgence [yʀʒɑ̃s] *nf* urgencia *f* • **d'urgence** urgentemente • **(service des) urgences** (servicio *m* de) urgencias
urgent, e [yʀʒɑ̃, ɑ̃t] *adj* urgente
urgentiste [yʀʒɑ̃tist] *nmf MÉD* médico *m* de urgencias
urine [yʀin] *nf* orina *f*
uriner [yʀine] *vi* orinar
urinoir [yʀinwaʀ] *nm* urinario *m*
URL [yɛʀɛl] (*abr de Uniform Resource Locator*) *nf* URL *m*
urticaire [yʀtikɛʀ] *nf* urticaria *f*
Uruguay [yʀygwɛ] *nm* • **l'Uruguay** Uruguay *m*
uruguayen, enne [yʀygwejɛ̃, ɛn] *adj* uruguayo(ya) ◆ **Uruguayen, enne** *nm, f* uruguayo *m*, -ya *f*

USA [ysa] *nmpl* • **les USA** (los) EE.UU.

usage [yzaʒ] *nm* uso *m* ▾ **usage externe** uso tópico ▾ **usage interne** vía oral, rectal o parenteral

usagé, e [yzaʒe] *adj* usado(da)

usager [yzaʒe] *nm* usuario *m*, -ria *f*

USB [ysbe] (*abr de Universal Serial Bus*) *nm* • **clé USB** llave *f* USB • **port USB** puerto *m* USB

usé, e [yze] *adj* gastado(da)

user [yze] *vt* **1.** *(abîmer)* estropear **2.** *(consommer)* gastar ◆ **s'user** *vp* desgastarse

usine [yzin] *nf* fábrica *f*

ustensile [ystɑ̃sil] *nm* utensilio *m* • **ustensiles de cuisine** utensilios de cocina

utile [ytil] *adj* útil

utilisateur, trice [ytilizatœʀ, tʀis] *nm, f* usuario *m*, -ria *f*

utilisation [ytilizasjɔ̃] *nf* utilización *f*

utiliser [ytilize] *vt* utilizar

utilité [ytilite] *nf* • **être d'une grande utilité** ser de (una) gran utilidad

UV [yve] *nmpl* (*abr de ultraviolets*) UVA *mpl (ultravioleta)*

VV

va [va] ➤ **aller**

vacances [vakɑ̃s] *nfpl* vacaciones *fpl* • **être/partir en vacances** estar/irse de vacaciones • **prendre des vacances** hacer vacaciones • **vacances scolaires** vacaciones escolares

vacancier, ère [vakɑ̃sje, ɛʀ] *nm, f persona que está de vacaciones*

vacarme [vakaʀm] *nm* jaleo *m*

vaccin [vaksɛ̃] *nm* vacuna *f*

vacciner [vaksine] *vt* • **vacciner qqn contre** vacunar a alguien contra • **se faire vacciner** vacunarse

vache [vaʃ] *nf* vaca *f* ◇ *adj (fam)* • **il est vache** es un hueso

vachement [vaʃmɑ̃] *adv* tope • **c'est vachement bien** está tope guay

vacherin [vaʃʀɛ̃] *nm* **1.** *(gâteau) tarta helada con nata y merengue* **2.** *(Helv) queso blando de la región de Friburgo*

vague [vag] *adj* vago(ga) ◇ *nf* ola *f* • **vague de chaleur** ola de calor

vaguement [vagmɑ̃] *adv* vagamente

vaille etc ➤ **valoir**

vain [vɛ̃] ◆ **en vain** *adv* en vano

vaincre [vɛ̃kʀ] *vt* vencer

vaincu, e [vɛ̃ky] *nm, f* perdedor *m*, -ra *f*

vainqueur [vɛ̃kœʀ] *nm* vencedor *m*, -ra *f*

vais [vɛ] ➤ **aller**

vaisseau, x [vɛso] *nm* **1.** *(veine)* vaso *m* **2.** *(navire)* nave *f* • **vaisseau spatial** nave espacial

vaisselle [vɛsɛl] *nf* vajilla *f* • **faire la vaisselle** fregar los platos

valable [valabl] *adj* válido(da)

valait etc ➤ **valoir**

Valence [valɑ̃s] *n* Valencia

valent [val] ➤ **valoir**

valet [valɛ] *nm (aux cartes)* ≃ sota *f*

valeur [valœʀ] *nf* valor *m* • **mettre en valeur** poner de relieve
valider [valide] *vt* validar
validité [validite] *nf* validez *f* ▾ **date limite de validité** fecha límite de validez
valise [valiz] *nf* maleta *f* • **faire ses valises** hacer las maletas
vallée [vale] *nf* valle *m*
vallonné, e [valɔne] *adj* ondulado(da)
valoir [valwaʀ] *vi* valer ◇ *v impers* • **il vaut mieux faire qqch** más vale hacer algo • **il vaut mieux que tu restes** más vale que te quedes • **ça vaut combien ?** ¿cuánto vale? • **ça vaut la peine (de faire qqch)** vale la pena (hacer algo)
valse [vals] *nf* vals *m*
valu [valy] *pp* ➤ **valoir**
vandale [vɑ̃dal] *nm* vándalo *m*, -la *f*
vandalisme [vɑ̃dalism] *nm* vandalismo *m*
vanille [vanij] *nf* vainilla *f*
vaniteux, euse [vanitø, øz] *adj* vanidoso(sa)
vanter [vɑ̃te] ♦ **se vanter** *vp* alardear
vapeur [vapœʀ] *nf* vapor *m* • **à vapeur** *(fer, bateau)* de vapor • **(à la) vapeur** *CULIN* al vapor
vaporisateur [vapɔʀizatœʀ] *nm* vaporizador *m*
varappe [vaʀap] *nf* escalada *f*
variable [vaʀjabl] *adj* variable
varicelle [vaʀisɛl] *nf* varicela *f*
varices [vaʀis] *nfpl* varices *fpl*
varié, e [vaʀje] *adj* variado(da) • **hors-d'œuvre variés** entremeses variados
variété [vaʀjete] *nf* variedad *f* ♦ **variétés** *nfpl (musique)* variedades *fpl*
variole [vaʀjɔl] *nf* viruela *f*
vas [va] ➤ **aller**
vase [vaz] *nf* cieno *m* ◇ *nm* jarrón *m*
vaste [vast] *adj* vasto(ta)
vaudra etc ➤ **valoir**
vaut [vo] ➤ **valoir**
vautour [votuʀ] *nm* buitre *m*
veau, x [vo] *nm* **1.** *(animal)* ternero *m* **2.** *CULIN* ternera *f*
vécu, e [veky] *pp* ➤ **vivre** ◇ *adj* vivido(da)
vedette [vədɛt] *nf* **1.** *(célébrité)* estrella *f* **2.** *(bateau)* lancha *f* (motora)
végétal, e, aux [veʒetal, o] *adj* vegetal ♦ **végétal** *nm* vegetal *m*
végétarien, enne [veʒetaʀjɛ̃, ɛn] *adj & nm, f* vegetariano(na)
végétation [veʒetasjɔ̃] *nf* vegetación *f* ♦ **végétations** *nfpl MÉD* vegetaciones *fpl*
véhicule [veikyl] *nm* vehículo *m*
veille [vɛj] *nf* víspera *f*
veillée [veje] *nf* velada *f*
veiller [veje] *vi* velar • **veiller à faire qqch** cerciorarse de hacer algo • **veille à ce que la porte soit bien fermée** asegúrate de que la puerta esté bien cerrada • **veiller sur qqn** cuidar de alguien
veilleur [vejœʀ] *nm* • **veilleur de nuit** vigilante *m* nocturno
veilleuse [vejøz] *nf* **1.** *(lampe)* lamparilla *f* de noche **2.** *(flamme)* llama *f* piloto
veine [vɛn] *nf* vena *f* • **avoir de la veine** *(fam)* tener potra
Velcro® [vɛlkʀo] *nm* velcro® *m*

vélo [velo] *nm* bici *f* • **faire du vélo** montar en bici • **vélo de course** bici de carreras • **vélo tout terrain** bici todo terreno

vélomoteur [velɔmɔtœʀ] *nm* velomotor *m*

velours [vəluʀ] *nm* terciopelo *m* • **velours côtelé** pana *f*

velouté [vəlute] *nm* • **velouté d'asperge** crema *f* de espárragos

vendanges [vãdãʒ] *nfpl* vendimia *f*

vendeur, euse [vãdœʀ, øz] *nm, f* vendedor *m*, -ra *f*

vendre [vãdʀ] *vt* vender • **vendre qqch à qqn** vender algo a alguien ▼ **à vendre** se vende

vendredi [vãdʀədi] *nm* viernes *m* • **Vendredi saint** Viernes Santo • **nous sommes vendredi** estamos a OU hoy es viernes • **vendredi dernier** el viernes pasado • **vendredi prochain** el viernes próximo OU que viene • **vendredi matin** el viernes por la mañana • **le vendredi** los viernes • **à vendredi !** ¡hasta el viernes!

vénéneux, euse [venenø, øz] *adj* venenoso(sa)

Venezuela [venezɥela] *nm* • **le Venezuela** Venezuela *f*

vénézuélien, enne [venezɥeljɛ̃, ɛn] *adj* venezolano(na) ◆ **Vénézuélien, enne** *nm, f* venezolano *m*, -na *f*

vengeance [vãʒãs] *nf* venganza *f*

venger [vãʒe] ◆ **se venger** *vp* vengarse

venimeux, euse [vənimø, øz] *adj* venenoso(sa)

venin [vənɛ̃] *nm* veneno *m*

venir [vəniʀ] *vi* venir • **venir de** venir de • **il vient de partir** acaba de irse • **faire venir qqn** llamar a alguien

Venise [vəniz] *n* Venecia

vent [vã] *nm* viento *m* • **vent d'ouest** (viento de) poniente *m*

vente [vãt] *nf* venta *f* • **être/mettre qqch en vente** estar/poner algo en venta • **vente par correspondance** venta por correspondencia • **vente par téléphone** venta por teléfono • **vente en ligne** venta en línea • **vente aux enchères** subasta *f*

ventilateur [vãtilatœʀ] *nm* ventilador *m*

ventouse [vãtuz] *nf* ventosa *f*

ventre [vãtʀ] *nm* barriga *f*

venu, e [vəny] *pp* ➤ **venir**

ver [vɛʀ] *nm* gusano *m* • **ver luisant** luciérnaga *f* • **ver de terre** lombriz *f*

véranda [veʀãda] *nf* mirador *m*

verbe [vɛʀb] *nm* verbo *m*

verdict [vɛʀdikt] *nm* veredicto *m*

verdure [vɛʀdyʀ] *nf* verdor *m*

véreux, euse [veʀø, øz] *adj (fruit)* con gusano

verger [vɛʀʒe] *nm* vergel *m*

verglacé, e [vɛʀglase] *adj* cubierto(ta) de hielo

verglas [vɛʀgla] *nm* hielo *m*

vérification [veʀifikasjɔ̃] *nf* comprobación *f*

vérifier [veʀifje] *vt* comprobar

véritable [veʀitabl] *adj* verdadero(ra)

vérité [veʀite] *nf* verdad *f* • **dire la vérité** decir la verdad

verlan [vɛʀlã] *nm jerga que consiste en hablar invirtiendo las sílabas de las palabras*

vermicelle [vɛʀmisɛl] *nm* fideo *m*

verni, e [vɛʀni] *adj* **1.** *(meuble)* barnizado(da) **2.** *(chaussure)* de charol

vernis [vɛʀni] *nm* barniz *m* • **vernis à ongles** esmalte *m* de uñas

verra etc ➤ voir

verre [vɛʀ] *nm* **1.** vaso *m* **2.** *(matière)* cristal *m* • **boire** ou **prendre un verre** tomar una copa • **verre à pied** copa *f* • **verre à vin** copa de vino • **verres progressifs** lentes progresivas

verrière [vɛʀjɛʀ] *nf* vidriera *f*

verrou [vɛʀu] *nm* pestillo *m*

verrouiller [vɛʀuje] *vt* **1.** echar el pestillo **2.** *INFORM* bloquear

verrue [vɛʀy] *nf* verruga *f*

vers [vɛʀ] *nm* verso *m* ◇ *prép* hacia

Versailles [vɛʀsaj] *n* • **le château de Versailles** el palacio de Versailles

Versailles

Bajo el reinado de Luis XIII, Versalles era un pabellón de caza. A partir de 1661, Luis XIV encargó al arquitecto Louis Le Vau convertirlo en un imponente palacio real, que se convirtió en residencia real en 1662. Máximo exponente de la arquitectura clásica francesa, sus jardines decorados con estanques y surtidores fueron remodelados por André Le Nôtre, creador del jardín a la francesa. En su famosa galería de los Espejos, de 75 metros de longitud, se firmó en 1919 el Tratado de Versalles que puso fin oficialmente a la Primera Guerra Mundial.

versant [vɛʀsɑ̃] *nm* ladera *f*

verse [vɛʀs] ◆ **à verse** *adv* • **pleuvoir à verse** llover a cántaros

Verseau [vɛʀso] *nm* Acuario *m inv*

versement [vɛʀsəmɑ̃] *nm* **1.** *(d'argent)* pago *m* **2.** *(à la banque)* ingreso *m*

verser [vɛʀse] *vt* **1.** *(liquide)* echar **2.** *(argent)* pagar **3.** *(à la banque)* ingresar

version [vɛʀsjɔ̃] *nf* **1.** versión *f* **2.** *(traduction)* traducción *f* directa • **(en) version française** (en) versión francesa • **(en) version originale** (en) versión original

verso [vɛʀso] *nm* reverso *m* ▼ **voir au verso** véase al dorso

vert, e [vɛʀ, vɛʀt] *adj* verde ◆ **vert** *nm* verde *m*

vertébrale [vɛʀtebʀal] *adj f* ➤ **colonne**

vertèbre [vɛʀtɛbʀ] *nf* vértebra *f*

vertical, e, aux [vɛʀtikal, o] *adj* vertical

vertige [vɛʀtiʒ] *nm* • **avoir le vertige** tener vértigo

vessie [vesi] *nf* vejiga *f*

veste [vɛst] *nf* chaqueta *f*, saco *m* *(Amér)*

vestiaire [vɛstjɛʀ] *nm* **1.** *(d'un musée, d'un théâtre)* guardarropa *m* **2.** *(d'une piscine)* vestuario *m*

vestibule [vɛstibyl] *nm* vestíbulo *m*

vestiges [vɛstiʒ] *nmpl* vestigios *mpl*

veston [vɛstɔ̃] *nm* americana *f*

vêtements [vɛtmɑ̃] *nmpl* ropa *f*

vétérinaire [veteʀinɛʀ] *nmf* veterinario *m*, -ria *f*

vététiste [vetetist] *nmf persona que participa en competiciones de BTT (bicicleta todo terreno)*
veuf, veuve [vœf, vœv] *adj & nm, f* viudo(da)
veuille etc ➤ **vouloir**
veuve ➤ **veuf**
veux [vø] ➤ **vouloir**
vexant, e [vɛksɑ̃, ɑ̃t] *adj* humillante
vexer [vɛkse] *vt* ofender ◆ **se vexer** *vp* molestarse
VF [veɛf] *nf abr de* **version française**
viaduc [vjadyk] *nm* viaducto *m*
viande [vjɑ̃d] *nf* carne *f* ● **viande séchée des Grisons** *carne de vaca en salazón, curada y prensada*
vibration [vibʀasjɔ̃] *nf* vibración *f*
vibrer [vibʀe] *vi* vibrar
vibreur [vibʀœʀ] *nm* vibrador *m*
vice [vis] *nm* vicio *m*
vice versa [vis(e)vɛʀsa] *adv* viceversa
vicieux, euse [visjø, øz] *adj* vicioso(sa)
victime [viktim] *nf* víctima *f* ● **être victime de** ser víctima de
victoire [viktwaʀ] *nf* victoria *f*
vidange [vidɑ̃ʒ] *nf (d'une auto)* cambio *m* de aceite
vide [vid] *adj* vacío(a) ◇ *nm* vacío *m* ● **sous vide** al vacío ● **vide juridique** vacío jurídico
vidéo [video] *adj inv* de vídeo ◇ *nf* vídeo *m*
vidéoconférence [videokɔ̃feʀɑ̃s] = **visioconférence**
vidéoprojecteur [videɔpʀɔʒɛktœʀ] *nm* videoproyector *m*
vide-ordures [vidɔʀdyʀ] *nm inv* colector *m* de basuras
vide-poches [vidpɔʃ] *nm inv (dans une voiture)* guantera *f*
vider [vide] *vt* **1.** vaciar **2.** *(poulet, poisson)* limpiar ◆ **se vider** *vp* vaciarse
videur [vidœʀ] *nm (de boîte de nuit)* segura *m*
vie [vi] *nf* vida *f* ● **en vie** con vida ● **être en vie** estar vivo(va) ● **vie privée** vida privada
vieil ➤ **vieux**
vieillard [vjɛjaʀ] *nm* anciano *m*
vieille ➤ **vieux**
vieillesse [vjejɛs] *nf* vejez *f*
vieillir [vjejiʀ] *vi* envejecer ◇ *vt* ● **ça le vieillit** *(apparence)* lo envejece
viendra etc ➤ **venir**
viens etc ➤ **venir**
vierge [vjɛʀʒ] *adj* virgen ◆ **Vierge** *nf (signe du zodiaque)* Virgo *m*
Vietnam [vjɛtnam] *nm* ● **le Vietnam** Vietnam *m*
vieux, vieille [vjø, vjɛj] *(mpl* **vieux** [vjø]) *(*vieil [vjɛj] *devant voyelle ou h muet) adj & nm, f* viejo(ja) ● **vieux jeu** chapado a la antigua
vif, vive [vif, viv] *adj* **1.** *(geste)* enérgico(ca) **2.** *(esprit, couleur)* vivo(va) **3.** *(regard)* intenso(sa)
vigile [viʒil] *nm* vigilante *m*
vigne [viɲ] *nf* **1.** *(plante)* vid *f* **2.** *(terrain)* viñedo *m*
vignette [viɲɛt] *nf (de médicament)* etiqueta *f*
vignoble [viɲɔbl] *nm* viñedo *m*

vigoureux, **euse** [viguʀø, øz] *adj* vigoroso(sa)

vigueur [vigœʀ] *nf* • **les prix en vigueur** los precios en vigor • **entrer en vigueur** entrar en vigor

VIH, V.I.H. [veiaʃ] (*abr de Virus d'Immunodéficience Humaine*) *nm* VIH *m (virus de la inmunodeficiencia humana)*

vilain, **e** [vilɛ̃, ɛn] *adj* **1.** *(méchant)* malo(la) **2.** *(laid)* feo(a)

villa [vila] *nf* mansión *f*

village [vilaʒ] *nm* pueblo *m*

ville [vil] *nf* ciudad *f* • **aller en ville** ir a la ciudad

Villette [vilɛt] *nf* • **(le parc de) la Villette** *complejo cultural en el norte de París dedicado a las ciencias y la música*

vin [vɛ̃] *nm* vino *m* • **vin blanc** vino blanco • **vin doux** vino dulce • **vin rosé** vino rosado • **vin rouge** vino tinto • **vin sec** vino seco • **vin de table** vino de mesa

Le vin

Francia es un importante país productor de vino. Las principales regiones vinícolas son la zona de Burdeos, Borgoña y el valle del Loira, donde se producen tanto tintos como blancos. En Alsacia predomina la producción de vino blanco, mientras que en las Côtes du Rhône, en Provenza y en Córcega se produce principalmente rosado. Los vinos se clasifican en cuatro categorías: los *AOC*, vinos con denominación de origen, conocidos por su alta calidad y cuya procedencia está garantizada; los *VDQS*, vinos de calidad que se producen en una región determinada; los *vins de pays*, vinos de mesa en los que se indica la procedencia, y los *vins de table*, vinos en los que no se indica la procedencia y que pueden ser el resultado de mezclas.

vinaigre [vinɛgʀ] *nm* vinagre *m*

vinaigrette [vinɛgʀɛt] *nf* vinagreta *f*

vingt [vɛ̃] *adj num & pron num* veinte ◇ *nm* veinte *m* • **il a vingt ans** tiene veinte años • **le vingt janvier** el veinte de enero • **page vingt** página veinte • **ils étaient vingt** eran veinte • **(au) vingt rue Lepic** (en la) calle Lepic número veinte

vingtaine [vɛ̃tɛn] *nf* • **une vingtaine (de)** una veintena (de)

vingtième [vɛ̃tjɛm] *adj num & pron num* vigésimo(ma) ◇ *nm* **1.** *(fraction)* vigésima parte *f* **2.** *(étage)* vigésimo *m* (piso) **3.** *(arrondissement)* distrito *m* veinte ou vigésimo

viol [vjɔl] *nm* violación *f*

violemment [vjɔlamɑ̃] *adv* violentamente

violence [vjɔlɑ̃s] *nf* violencia *f* • **violence routière** violencia vial

violent, **e** [vjɔlɑ̃, ɑ̃t] *adj* violento(ta)

violer [vjɔle] *vt* violar

violet, **ette** [vjɔlɛ, ɛt] *adj* violeta ♦ **violet** *nm* violeta *m*

violette [vjɔlɛt] *nf* violeta *f*

violon [vjɔlɔ̃] *nm* violín *m*

violoncelle [vjɔlɔ̃sɛl] *nm* violonchelo *m*

violoniste [vjɔlɔnist] *nmf* violinista *mf*

vipère [vipɛʀ] *nf* víbora *f*

virage [viʀaʒ] *nm* **1.** *(sur la route)* curva *f* **2.** *(en voiture, à ski)* giro *m*

virement [viʀmɑ̃] *nm (sur un compte)* transferencia *f*

virer [viʀe] *vt (argent)* transferir

virgule [viʀgyl] *nf* coma *f*

viril, e [viʀil] *adj* viril

virtuel, elle [viʀtɥɛl] *adj* virtual

virtuose [viʀtɥoz] *nmf* virtuoso *m*, -sa *f*

virus [viʀys] *nm* virus *m inv*

vis [vis] *nf* tornillo *m*

visa [viza] *nm* visado *m*, visa *f (Amér)*

visage [vizaʒ] *nm* cara *f*

vis-à-vis [vizavi] ◆ **vis-à-vis de** *prép* con respecto a

viser [vize] *vt* **1.** *(cible)* apuntar **2.** *(concerner)* concernir

viseur [vizœʀ] *nm* **1.** *(de carabine)* mira *f* **2.** *(d'appareil photo)* visor *m*

visibilité [vizibilite] *nf* visibilidad *f*

visible [vizibl] *adj* visible

visière [vizjɛʀ] *nf* visera *f*

visioconférence [vizjokɔ̃feʀɑ̃s], **vidéoconférence** [videokɔ̃feʀɑ̃s] *nf* videoconferencia *f*, visioconferencia *f*

vision [vizjɔ̃] *nf* visión *f*

visionneuse [vizjɔnøz] *nf* proyector *m*

visite [vizit] *nf* visita *f* ● **rendre visite à qqn** hacer una visita a alguien ● **visite guidée** visita comentada ● **visite médicale** reconocimiento *m* médico

visiter [vizite] *vt* visitar

visiteur, euse [vizitœʀ, øz] *nm, f (touriste)* visitante *mf*

visqueux, euse [viskø, øz] *adj* viscoso(sa)

visser [vise] *vt* enroscar

visuel, elle [vizɥɛl] *adj* visual

vital, e, aux [vital, o] *adj* vital

vitalité [vitalite] *nf* vitalidad *f*

vitamine [vitamin] *nf* vitamina *f*

vite [vit] *adv* deprisa

vitesse [vitɛs] *nf* **1.** velocidad *f* **2.** *(d'un véhicule)* ● **boîte cinq vitesses** caja *f* de cambios ● **à toute vitesse** a toda velocidad

vitrail, aux [vitʀaj, o] *nm* vidriera *f*

vitre [vitʀ] *nf* cristal *m*

vitré, e [vitʀe] *adj* acristalado(da)

vitrine [vitʀin] *nf* **1.** escaparate *m* **2.** *(meuble)* vitrina *f* ● **en vitrine** en el escaparate ● **faire les vitrines** ir a ver escaparates

vivacité [vivasite] *nf* vivacidad *f*

vivant, e [vivɑ̃, ɑ̃t] *adj* vivo(va)

vive [viv] *adj* ➤ **vif** ◇ *interj* ● **vive les mariés !** ¡viva los novios!

vivement [vivmɑ̃] *adv* enérgicamente ◇ *interj* ● **vivement demain !** ¡que llegue pronto mañana!

vivre [vivʀ] *vi* & *vt* vivir

VO [veo] *nf abr de* **version originale**

vocabulaire [vɔkabylɛʀ] *nm* vocabulario *m*

vodka [vɔdka] *nf* vodka *m*

vœu, x [vø] *nm* deseo *m* ● **envoyer/adresser ses vœux (à qqn)** felicitar (a alguien) ● **meilleurs vœux** ¡muchas felicidades!

voici [vwasi] *prép* • **voici votre clef** aquí está su llave • **voici ma fille** ésta es mi hija • **le voici** aquí está
voie [vwa] *nf* **1.** vía *f* **2.** *(sur une route)* carril *m* • **en voie de** en vías de ▼ **par voie orale** por vía oral • **voie ferrée** vía férrea ▼ **voie sans issue** callejón *m* sin salida • **être sur la bonne voie** ir por buen camino
voilà [vwala] *prép* • **voilà ce qui s'est passé** eso es lo que pasó • **voilà Pierre** aquí viene Pierre
voile [vwal] *nm* velo *m* ◇ *nf* vela *f*
voilé, e [vwale] *adj (roue)* torcido(da)
voilier [vwalje] *nm* velero *m*
voir [vwaʀ] *vt* ver • **ça n'a rien à voir (avec)** no tiene nada que ver (con) • **voyons !** *(pour reprocher)* ¡qué diablos! • **faire voir qqch à qqn** enseñar algo a alguien ♦ **se voir** *vp* **1.** *(être visible)* notarse **2.** *(se rencontrer)* verse
voisin, e [vwazɛ̃, in] *adj & nm, f* vecino(na)
voiture [vwatyʀ] *nf* **1.** coche *m*, carro *m (Amér)* **2.** *(wagon)* vagón *m* • **voiture de sport** coche deportivo
voix [vwa] *nf* **1.** *(organe)* voz *f* **2.** *(vote)* voto *m* • **à voix basse/haute** en voz baja/alta
vol [vɔl] *nm* **1.** *(en avion)* vuelo *m* **2.** *(délit)* robo *m* **3.** *(groupe d'oiseaux)* bandada *f* • **attraper qqch au vol** coger algo al vuelo • **à vol d'oiseau** en línea recta • **en vol** en vuelo • **vol charter** vuelo chárter • **vol régulier** vuelo regular
volaille [vɔlaj] *nf* **1.** ave *f* **2.** *(collectif)* aves *fpl* (de corral)
volant [vɔlɑ̃] *nm* volante *m* • **à volants** *(jupe)* de volantes
vol-au-vent [vɔlovɑ̃] *nm inv* volován *m*
volcan [vɔlkɑ̃] *nm* volcán *m*
voler [vɔle] *vt* robar ◇ *vi* **1.** volar **2.** *(commettre un vol)* robar
volet [vɔlɛ] *nm* **1.** *(de fenêtre)* persiana *f* **2.** *(d'imprimé)* hoja *f*
voleur, euse [vɔlœʀ, øz] *nm, f* ladrón *m*, -ona *f* • **au voleur !** ¡al ladrón!
volière [vɔljɛʀ] *nf* pajarera *f*
volley(-ball) [vɔlɛ(bol)] *nm* voleibol *m*
volontaire [vɔlɔ̃tɛʀ] *adj & nmf* voluntario(ria)
volontairement [vɔlɔ̃tɛʀmɑ̃] *adv* voluntariamente
volonté [vɔlɔ̃te] *nf* voluntad *f* • **bonne/mauvaise volonté** buena/mala voluntad
volontiers [vɔlɔ̃tje] *adv* con mucho gusto
volt [vɔlt] *nm* voltio *m*
volume [vɔlym] *nm* volumen *m* • **réglage du volume** ajuste *m* del volumen
volumineux, euse [vɔlyminø, øz] *adj* voluminoso(sa)
vomir [vɔmiʀ] *vi & vt* vomitar
vont [vɔ̃] ➤ **aller**
vos ➤ **votre**
vote [vɔt] *nm* voto *m*
voter [vɔte] *vi* votar
votre [vɔtʀ] (*pl* **vos** [vo]) *adj* **1.** *(collectif)* vuestro(tra) **2.** *(de vouvoiement)* su
vôtre [votʀ] ♦ **le vôtre, la vôtre** [ləvotʀ, lavotʀ] (*pl* **les vôtres** [levotʀ]) *pron* **1.** *(collectif)* el vuestro (la vuestra) **2.** *(de

vouvoiement) el suyo (la suya) ● **à la vôtre !** ¡salud!

voudra etc ➤ **vouloir**

vouloir [vulwaʀ] *vt*
1. *(désirer)* querer ● **voulez-vous boire quelque chose ?** ¿quiere beber algo? ● **vouloir que** querer que ● **si tu veux** si quieres ● **sans le vouloir** sin querer ● **je voudrais...** quisiera... ● **que me voulez-vous ?** ¿qué quiere de mí?
2. *(accepter)* ● **je veux bien** de acuerdo
3. *(dans des expressions)* ● **en vouloir à qqn** estar resentido(da) con alguien ● **vouloir dire** querer decir ● **veuillez vous asseoir** tome asiento, por favor
◆ **s'en vouloir** *vp* ● **je m'en veux (de lui avoir dit ça)** me arrepiento (de haberle dicho eso)

voulu, e [vuly] *pp* ➤ **vouloir**

vous [vu] *pron*
1. *(collectif)* vosotros(tras) ● **vous avez fini, les enfants ?** ¿habéis terminado, niños?
2. *(sujet singulier pour vouvoyer)* usted ● **merci, vous êtes très aimable** gracias, es usted muy amable
3. *(sujet pluriel pour vouvoyer)* ustedes ● **vous avez fait bon voyage, messieurs ?** ¿han tenido ustedes buen viaje?
4. *(complément pluriel collectif, réfléchi)* os ● **elle vous a vus dans la rue** ella os vio en la calle ● **dépêchez-vous !** ¡daos prisa!
5. *(complément singulier pour vouvoyer)* lo (la) ● **je ne vous connais pas, monsieur** a usted no lo conozco, señor
6. *(complément pl pour vouvoyer)* los (las) ● **je vous raccompagne, mesdames ?** ¿señoras, las acompaño?
7. *(complément indirect singulier pour vouvoyer)* usted ● **il ne se fie qu'à vous** sólo confía en usted
8. *(réciproque)* ● **vous-mêmes** *(collectif)* vosotros(tras) mismos(mas) ● **vous-même** *(vouvoiement)* usted mismo(ma) ● **vous-mêmes** *(vouvoiement pluriel)* ustedes mismos(mas)

Vous

Los franceses utilizan generalmente el *vous* cuando se dirigen a una persona por primera vez (excepto a los niños) y con frecuencia cuando se trata de una persona mayor o un superior. A un desconocido rara vez se le tutea. Se considera una formula de respeto, pero también se emplea para mantener una cierta distancia entre los interlocutores. En Francia, el *tu* no se utiliza nunca en los eslóganes publicitarios. El paso al tuteo se produce normalmente cuando comenzamos a conocer a la otra persona o la vemos muy a menudo. Sin embargo, es prudente preguntar antes de tutear a alguien.

voûte [vut] *nf* bóveda *f*

voûté, e [vute] *adj* encorvado(da)

vouvoyer [vuvwaje] *vt* tratar de usted
◆ **se vouvoyer** *vp* tratarse de usted

voyage [vwajaʒ] *nm* viaje *m* • **bon voyage !** ¡buen viaje! • **partir en voyage** irse de viaje • **voyage de noces** viaje de novios • **voyage organisé** viaje organizado
voyager [vwajaʒe] *vi* viajar
voyageur, euse [vwajaʒœʀ, øz] *nm, f* viajero *m*, -ra *f*
voyant, e [vwajɑ̃, ɑ̃t] *adj* vistoso(sa) ◇ *nm, f (devin)* vidente *mf* ◆ **voyant** *nm* • **voyant lumineux** indicador *m* luminoso
voyelle [vwajɛl] *nf* vocal *f*
voyons [vwajɔ̃] ➤ **voir**
voyou [vwaju] *nm* golfo *m*
vrac [vʀak] *nm* • **en vrac** *(en désordre)* en desorden ; *(sans emballage)* a granel
vrai, e [vʀɛ] *adj* **1.** *(exact)* cierto(ta) **2.** *(véritable)* auténtico(ca) • **à vrai dire** a decir verdad
vraiment [vʀɛmɑ̃] *adv* realmente
vraisemblable [vʀɛsɑ̃blabl] *adj* verosímil
VTC [vetese] (*abr de vélo tout chemin*) *nf SPORT bicicleta apta para ciudad, campo, montaña etc*
VTT [vetete] (*abr de vélo tout terrain*) *nm* BTT *f (bicicleta todo terreno)*
vu, e [vy] *pp* ➤ **voir** ◇ *prép* dado(da) • **vu son caractère** dado su carácter • **vu nos problèmes** dados nuestros problemas • **vu que** dado que ◇ *adj* • **être bien/mal vu (de qqn)** estar bien/mal visto (por alguien)
vue [vy] *nf* **1.** vista *f* **2.** *(vision, spectacle)* visión *f* • **avec vue sur** con vistas a • **connaître qqn de vue** conocer a alguien de vista • **en vue de faire qqch** con vistas a hacer algo • **à vue d'œil** a simple vista • **avoir une bonne/mauvaise vue** tener buena/mala vista
vulgaire [vylgɛʀ] *adj* vulgar

Ww

wagon [vagɔ̃] *nm* vagón *m*
wagon-lit [vagɔ̃li] (*pl* **wagons-lits**) *nm* coche *m* cama
wagon-restaurant [vagɔ̃ʀɛstɔʀɑ̃] (*pl* **wagons-restaurants**) *nm* vagón *m* restaurante
Walkman® [wɔkman] *nm* walkman® *m*
wallon, onne [walɔ̃, ɔn] *adj* valón(ona) ◆ **Wallon, onne** *nm, f* valón *m*, -ona *f*
waterproof [watɛʀpʀuːf] *adj inv* resistente al agua
waters [watɛʀ] *nmpl* váter *m*
waterzooï [watɛʀzɔj] *nm* (*Belg*) *especialidad flamenca a base de pollo o de pescado y verduras preparada con una salsa con nata*
watt [wat] *nm* vatio *m*
W-C [vese] *nmpl* WC *m*
Web [wɛb] *nm* • **le Web** la Web
webcam [wɛbkam] *nf* webcam *f inv*
webmestre [wɛbmɛstʀ], **webmaster** [wɛbmastœʀ] *nm* administrador(ra) de (sitio) web
week-end, s [wikɛnd] *nm* fin *m* de semana • **bon week-end !** ¡buen fin de semana!

western [wɛstɛʀn] *nm* película *f* del Oeste
whisky [wiski] *nm* whisky *m*
Wi-Fi [wifi] (*abr de Wireless Fidelity*) *nm* Wi-Fi *m*
WWW (*abr de World Wide Web*) *nf* WWW *f*

xX

xérès [gzeʀɛs] *nm* jerez *m*
xml, XML [iksɛmɛl] (*abr de Extensible Markup Language*) *nm* XML *m*
xylophone [ksilɔfɔn] *nm* xilófono *m*

yY

y [i] *adv*
1. (*indique le lieu*) • **nous y resterons une semaine** nos quedaremos (allí) una semana • **j'y vais demain** voy mañana
2. (*dedans*) • **mets-y du sel** pon sal
◇ *pron* • **que veux-tu que j'y fasse ?** ¿qué quieres que le haga? • **pensez-y** piense en ello • **n'y comptez pas** no cuente con ello ➤ **aller, avoir**
yacht [jot] *nm* yate *m*
yaourt [jauʀt] *nm* yogur *m*
yeux [jø] ➤ **œil**
yoga [jɔga] *nm* yoga *m*
yoghourt [jɔguʀt] = **yaourt**
yougoslave [jugɔslav] *adj* yugoslavo(va) • **Yougoslave** *nmf* yugoslavo *m*, -va *f*
Yougoslavie [jugɔslavi] *nf* • **la Yougoslavie** Yugoslavia *f*
Yo-Yo® [jojo] *nm inv* yoyó® *m*

zZ

zapper [zape] *vi* zapear, hacer zapping
zèbre [zɛbʀ] *nm* cebra *f*
zen [zɛn] *adj inv* • **être** ou **rester zen** mantener la calma
zéro [zeʀo] *nm* cero *m*
zeste [zɛst] *nm* (*écorce*) corteza *f*
zigzag [zigzag] *nm* zigzag *m* • **en zigzag** en zigzag, haciendo eses
zigzaguer [zigzage] *vi* zigzaguear
zip, ZIP [zip] *nm INFORM* • **fichier zip** archivo *m* zip
zipper [zipe] *vt INFORM* comprimir
zodiaque [zɔdjak] *nm* ➤ **signe**
zone [zon] *nf* zona *f* • **zone bleue** ≃ zona azul • **zone industrielle** zona industrial • **zone piétonne** ou **piétonnière** zona peatonal • **zone de texte** campo *m* de texto
zoo [zo(o)] *nm* zoo *m*
zoologique [zɔɔlɔʒik] *adj* ➤ **parc**
zut [zyt] *interj* ¡ostras!

GUÍA DE CONVERSACIÓN

las cifras y la hora

GUIDE DE CONVERSATION

les chiffres et l'heure

Índice

Sommaire

saludar a alguien	*saluer quelqu'un*
buenos días (Esp) o buen día (Amér)	bonjour [le matin]
buenas tardes	bonsoir [l'après-midi]
buenas noches	bonsoir [la nuit]
¡hola!	salut !
¿cómo estás/está?	comment vas-tu/allez-vous ?
muy bien, gracias	très bien, merci
¿qué tal?	ça va ?
bien, ¿y tú/usted?	bien, et toi/vous ?

presentarse	*se présenter*
me llamo Pierre	je m'appelle Pierre
soy francés(esa)	je suis français(e)
soy de París	je viens de Paris
hola, soy Marc	salut, moi c'est Marc
deja que me presente, soy Lola	je me présente, je m'appelle Lola
me parece que no nos conocemos	je ne crois pas que nous nous connaissions

presentar a alguien	*présenter quelqu'un*
éste es el señor Durand	voici M. Durand
le presento al señor Durand	je vous présente M. Durand
encantado(a) o mucho gusto	enchanté(e)
encantado(a) de conocerlo(a)	ravi(e) de vous connaître/de faire votre connaissance
espero que haya tenido un buen viaje	j'espère que vous avez fait bon voyage
bienvenido(a)	bienvenu(e)
voy a hacer las presentaciones...	je vais faire les présentations...

despedirse	*prendre congé*
adiós (Esp) chao o chau (Amér)	salut
hasta luego (Esp)	au revoir
hasta ahora	à tout à l'heure
hasta pronto o nos vemos	à bientôt
hasta mañana o nos vemos mañana	à demain
hasta luego	à plus
nos vemos luego	à plus tard
nos vemos un día de estos	à un de ces jours
buenas noches	bonsoir/bonne nuit
(que tenga un) buen viaje	je vous souhaite un bon voyage
encantado(a) de conocerlo(a)	heureux(euse) d'avoir fait votre connaissance
me temo que tengo que irme	je vais devoir vous laisser
recuerdos a ...	mes amitiés à ...

dar las gracias	*remercier*
gracias	merci
muchas gracias	merci beaucoup
igualmente	vous de même
gracias por su ayuda	merci de votre aide
gracias por todo	merci pour tout
no sé cómo agradecerle	je ne sais comment vous remercier
le estoy muy agradecido por ...	je vous suis très reconnaissant de ...

devolver las gracias	*répondre à des remerciements*
no hay de qué o ha sido un placer	il n'y a pas de quoi
de nada	de rien
no hay de qué	je t'en prie/je vous en prie
no es nada	ce n'est rien
qué menos	c'est la moindre des choses

pedir disculpas	*présenter ses excuses*
disculpe o perdone	excusez-moi
perdón o perdona(e)	pardon [pour s'excuser]
con permiso	pardon [pour passer]
lo siento	je suis désolé(e)
lo siento mucho	je suis vraiment désolé(e)
perdón por el retraso o siento llegar tarde	je suis désolé(e) d'être en retard
perdone que lo(a) moleste	je suis désolé(e) de vous déranger
me temo que vamos a tener que anular la cita	j'ai bien peur de devoir annuler le rendez-vous

aceptar disculpas	*accepter des excuses*
no pasa nada o no ha sido nada o no fue nada	ce n'est pas grave
no tiene importancia	ça ne fait rien
vale (Esp) o está bien (Amér)	il n'y a pas de mal
olvídalo o no te preocupes	c'est oublié
no se hable más	n'en parlons plus

felicitar	*exprimer des vœux*
¡(buena) suerte!	bonne chance !
¡que lo pases bien!	amuse-toi bien !
¡buen provecho!	bon appétit !
¡feliz cumpleaños!	bon anniversaire !
¡que pases una buena Semana Santa!	joyeuses pâques !
¡feliz Navidad! o ¡felices fiestas!	joyeux noël !
¡feliz o próspero año nuevo!	bonne année !
¡buen fin de semana!	bon week-end !
¡(que pases unas) buenas vacaciones!	bonnes vacances !
¡muchas felicidades!	meilleurs vœux !
¡que tengas un buen día!	passe une bonne journée !
¡salud!	santé !
¡a su salud!	à votre santé !
¡que vaya bien! o ¡que disfrute(n)!	bonne continuation !
¡enhorabuena!	félicitations !

el tiempo	*le temps*
hace buen tiempo o hace bueno	il fait beau
hoy hace muy buen tiempo o hoy hace muy bueno o hoy hace un día precioso	il fait très beau aujourd'hui
hace sol	il y a du soleil
llueve	il pleut
nieva	il neige
está nublado	le ciel est couvert
se espera lluvia para mañana	on annonce de la pluie pour demain

¡qué tiempo tan horrible!	quel temps épouvantable !
hace (mucho) calor/frío	il fait (très) chaud/froid
¿qué tiempo hace?	quel temps fait-il ?
parece que aclara	il y a une éclaircie
hay humedad	le temps est humide
hace bochorno	le temps est très lourd
¿cree que las temperaturas van a subir?	pensez-vous que les températures vont remonter ?
¡espero que mejore el tiempo!	j'espère que le temps va changer !
expresar opiniones	***exprimer une opinion***
me gusta	ça me plaît
no me gusta	ça ne me plaît pas
sí, por favor	oui, volontiers
no, gracias	non merci
te apetecería ir al parque con nosotros?	ça te dirait de venir au parc avec nous ?
sí, me encantaría o con mucho gusto	oui, avec grand plaisir
no estoy de acuerdo	je ne suis pas d'accord
estoy completamente de acuerdo con usted	je suis totalement de votre avis
no es lo mío	ce n'est pas ma tasse de thé
¿por qué no?	cela me tenterait bien
preferiría otra cosa	je préférerais quelque chose d'autre
me encanta la vela	j'adore la voile
a mi parecer, ... o en mi opinión, ...	à mon avis, ...
por lo que a mí respecta, ...	en ce qui me concerne, ...

al teléfono	*au téléphone*
¿oiga? (Esp) ¡hola! (Amér)	allô ! [personne qui appelle]
¿diga? o ¿dígame? o ¿sí? (Esp) ¡hola! o ¡bueno! (Amér)	allô ! [personne qui répond]
soy Anne Martin	Anne Martin à l'appareil
quisiera hablar con el señor Herrera	je voudrais parler à M. Herrera
llamo de parte de la señora Dubois	j'appelle de la part de Mme Dubois
volveré a llamar dentro de diez minutos	je rappellerai dans dix minutes
prefiero esperar	je préfère patienter
¿puedo dejarle un recado?	puis-je lui laisser un message ?
perdone, debo de haberme equivocado de número	excusez-moi, j'ai dû faire un mauvais numéro
¿quién es?	qui est à l'appareil ?
no cuelgue, ahora le paso	ne quittez pas, je vous le passe
¿puede llamar dentro de una hora?	pouvez-vous rappeler dans une heure ?
ha salido	il/elle est sorti(e)
no volverá hasta mañana	il/elle est absent(e) jusqu'à demain
creo que se equivoca	je pense que vous faites erreur

en la empresa	*relations professionnelles*
buenos días, soy de Biotech	bonjour, je fais partie de Biotech
tengo una cita con el señor Martin a las dos y media	j'ai rendez-vous avec M. Martin à 14 h 30
aquí tiene mi tarjeta de visita	voici ma carte de visite
quisiera ver al director	je voudrais voir le directeur

mi dirección de correo electrónico es paul@easyconnect.com	mon adresse e-mail est paul@easyconnect.com
llamaba para fijar una cita	j'appelle pour prendre rendez-vous
si no tiene ningún compromiso, ¿podríamos comer juntos?	seriez-vous libre pour déjeuner ?
mi secretaria lo(a) llamará para fijar una fecha	ma secrétaire vous rappellera pour fixer une date
alquilar un vehículo	***louer une voiture***
quisiera alquilar un coche (Esp) o carro (Amér) con aire acondicionado para una semana	je voudrais louer une voiture climatisée pour une semaine
¿cuánto cuesta por día?	quel est le tarif pour une journée ?
¿incluye kilometraje ilimitado?	le kilométrage est-il illimité ?
¿cuánto cuesta el seguro a todo riesgo (Esp) o contra todo riesgo (Amér)?	combien coûte l'assurance tous risques ?
¿puedo devolver el coche (Esp) o carro (Amér) en el aeropuerto?	pourrai-je rendre la voiture à l'aéroport ?
aquí tiene mi carné de conducir (Esp) o licencia de manejar (Méx)	voici mon permis de conduire
al volante	***circuler en voiture***
¿cómo se va al centro/a la autopista?	comment rejoint-on le centre-ville/l'autoroute ?
¿hay algún aparcamiento cerca de aquí?	y a-t-il un parking près d'ici ?
¿se puede aparcar aquí?	est-ce que je peux stationner ici ?
estoy buscando una gasolinera	je cherche une station-service

¿dónde está el taller (de reparaciones) más cercano?	où se trouve le garage le plus proche ?
¿voy bien para ir a la estación?	est-ce bien la direction de la gare ?
¿queda lejos en coche (Esp) o carro (Amér)?	est-ce que c'est loin en voiture ?

en la gasolinera — *à la station-service*

lléneme el depósito, por favor	le plein, s'il vous plaît
quiero comprobar el aire de las ruedas (Esp) o las llantas (Méx)	je voudrais vérifier la pression des pneus
surtidor (número) tres	pompe (numéro) 3
¿no venden cadenas para la nieve?	vous ne vendez pas de chaînes à neige ?
quiero un par de limpiaparabrisas	je voudrais une paire d'essuie-glaces

en el taller — *chez le garagiste*

tengo una avería en el coche (Esp) o carro (Amér)	je suis en panne
me he quedado sin gasolina	je suis en panne d'essence
no me funciona el aire acondicionado	l'air conditionné ne marche pas
se me ha caído el tubo (Esp) o caño (Amér) de escape	j'ai perdu le pot d'échappement
mi coche (Esp) o carro (Amér) pierde aceite	ma voiture perd de l'huile
el motor se calienta	le moteur chauffe
el motor hace un ruido raro	le moteur fait un drôle de bruit
¿puede comprobar los frenos?	pourriez-vous vérifier les freins ?
¿puede comprobar el nivel de agua?	pourriez-vous vérifier le niveau d'eau ?

me he quedado sin batería	la batterie est à plat
se me ha pinchado una rueda (Esp) o se me ponchó una llanta (Méx)	j'ai crevé
me tendrían que arreglar la rueda (Esp) o reparar la llanta (Méx)	il faut réparer le pneu
¿cuánto va a costar la reparación?	combien vont coûter les réparations ?
tomar un taxi	***prendre un taxi***
¿me podría pedir un taxi?	pourriez-vous m'appeler un taxi ?
¿dónde hay una parada de taxis?	où est la station de taxis ?
quisiera un taxi para las ocho	je voudrais réserver un taxi pour 8 h
¿cuánto cuesta un taxi de aquí al centro?	combien coûte un taxi d'ici au centre-ville ?
¿cuánto tiempo se tarda (Esp) o se demora (Amér) en ir al aeropuerto?	combien de temps met-on pour aller à l'aéroport ?
¿me puedo sentar delante?	puis-je monter devant ?
a la estación de autobuses (Esp) o buses (Amér)/a la estación de tren/al aeropuerto, por favor	à la gare routière/à la gare/à l'aéroport, s'il vous plaît
pare aquí/en el semáforo/a la vuelta de la esquina, por favor	veuillez vous arrêtez ici/au feu/au coin de la rue
¿puede esperarme?	pourriez-vous m'attendre ?
¿cuánto es? o ¿cuánto le debo?	je vous dois combien ?
quisiera un recibo, por favor	pourrais-je avoir une fiche ?
quédese con la vuelta (Esp) o el vuelto (Amér)	gardez la monnaie

tomar el autocar	*prendre le car*
¿cuándo sale el próximo autocar para Toledo?	quand part le prochain car pour Tolède ?
¿cuánto tiempo tarda (Esp) o demora (Amér) en llegar a Perpiñán?	combien de temps met le car pour Perpignan ?
¿cuánto cuesta un billete (Esp) o un boleto (Amér) de ida y vuelta para Sevilla?	combien coûte un aller-retour pour Séville ?
¿tienen descuentos?	avez-vous des tarifs réduits ?
¿hay aseos en el autocar?	y a-t-il des toilettes dans le car ?
¿es un autocar con aire acondicionado?	le car est-il climatisé ?
disculpe, ¿está ocupado este asiento?	excusez-moi, cette place est–elle occupée ?
¿le importa si bajo la persiana?	cela vous ennuie si je baisse le store ?
parada solicitada	arrêt demandé

tomar el tren	*prendre le train*
¿dónde está el mostrador de venta de billetes (Esp) o la boletería (Amér)?	où se trouvent les guichets ?
¿a qué hora sale el próximo tren para París?	à quelle heure part le prochain train pour Paris ?
¿de qué andén sale?	de quel quai part-il ?
¿cuánto cuesta un billete (Esp) o un boleto (Amér) de ida y vuelta para Granada?	combien coûte un aller-retour pour Grenade ?
¿hay descuentos para jóvenes?	y a-t-il un tarif jeune ?
¿hay consigna?	y a-t-il une consigne ?

un asiento de ventanilla en un compartimiento para no fumadores, por favor	une place côté fenêtre (dans un wagon) non-fumeur(s), s'il vous plaît
quisiera reservar una litera en el tren de las nueve de la noche para París	je voudrais réserver une couchette dans le train de 21 h pour Paris
¿dónde tengo que validar el billete (Esp) o boleto (Amér)?	où puis-je composter mon billet ?
disculpe, ¿está libre este asiento?	excusez-moi, cette place est-elle libre ?
¿dónde está el vagón restaurante?	où est la voiture restaurant ?
en el aeropuerto	***à l'aéroport***
¿dónde está la terminal uno/la puerta dos?	où se trouve le terminal 1/ la porte 2 ?
¿dónde está el mostrador de Air France?	où est le comptoir d'Air France ?
¿dónde está el mostrador de facturación? (Esp) o ¿dónde es el check-in? (Amér)	où dois-je enregistrer mes bagages ?
quisiera un asiento de pasillo/ventanilla	j'aimerais une place côté couloir/hublot
¿a qué hora es el embarque?	à quelle heure est l'embarquement ?
he perdido el vuelo de enlace o la conexión	j'ai raté ma correspondance
¿cuándo es el próximo vuelo para Lyon?	quand part le prochain vol pour Lyon ?
he perdido la tarjeta de embarque	j'ai perdu ma carte d'embarquement

¿dónde se recogen las maletas?	où récupère-t-on les bagages ?
¿dónde está el autobús (Esp) o bus (Amér) de enlace con el centro?	où se trouve la navette pour se rendre au centre-ville ?
preguntar el camino	***demander son chemin***
¿me podría indicar en el mapa dónde estamos?	pourriez-vous m'indiquer où nous sommes sur le plan ?
¿dónde está correos/la estación de autobuses (Esp) o buses (Amér)?	où se trouve la poste/la gare routière ?
disculpe, ¿cómo voy a la Plaza Mayor?	excusez-moi, comment je dois faire pour aller à la Plaza Mayor ?
estoy buscando la estación marítima	je cherche la gare maritime
¿para ir al museo de arte moderno hay que seguir todo recto?	est-ce que je dois continuer tout droit pour le musée d'art moderne ?
¿queda lejos?	est-ce loin ?
¿voy bien por aquí para ir al metro?	est-ce bien la direction du métro ?
¿se puede ir andando?	peut-on y aller à pied ?
¿hay que coger el autobús (Esp) o tomar el bus (Amér)/el metro?	faut-il prendre le bus/le métro ?
¿dónde está la estación de metro más cercana?	où est la station de métro la plus proche ?
¿hay alguna parada de autobús (Esp) o bus (Amér) cerca de aquí?	y a-t-il un arrêt de bus à proximité ?
¿me podría ayudar? creo que me he perdido	pourriez-vous m'aider ? je crois que je me suis perdu(e)

desplazarse por la ciudad	*se déplacer en ville*
¿qué autobús (Esp) o bus (Amér) va al aeropuerto?	quel est le bus qui mène à l'aéroport ?
¿dónde puedo coger el autobús (Esp) o tomar el bus (Amér) para la estación?	où puis-je prendre le bus pour la gare ?
¿me puede avisar cuando me tenga que bajar en esta parada?	pourrez-vous me prévenir quand nous serons arrivés à cet arrêt ?
¿éste es el autobús (Esp) o bus (Amér) que va a la estación?	est-ce que ce bus va à la gare ?
¿dónde se coge (Esp) o toma (Amér) la línea que va a Ópera?	où faut-il prendre la ligne pour aller à Opera ?
¿a qué hora es el último metro/tranvía?	à quelle heure est le dernier métro/tramway ?

en el bar	*au café*
¿está libre esta mesa/silla?	cette table/chaise est-elle libre ?
¡oiga, por favor!	s'il vous plaît !
¿podría traernos la carta de bebidas?	pourriez-vous nous apporter la carte des consommations ?
dos cafés solos (Esp) o negros (Amér), por favor	deux cafés, s'il vous plaît
quiero un café con leche	je voudrais un café au lait
un té solo/con limón/con leche	un thé nature/citron/au lait
¿qué bebidas calientes/frías tiene?	qu'est-ce que vous avez comme boissons chaudes/fraîches ?

¿me puede traer cubitos de hielo?	pourrais-je avoir des glaçons ?
un zumo (Esp) o jugo (Amér) de naranja/un agua mineral	un jus d'orange/une eau minérale
¿me trae otra cerveza, por favor?	puis-je avoir une autre bière ?
¿dónde están los servicios? o ¿dónde es el baño?	où sont les toilettes ?
¿hay una zona para fumadores?	y a-t-il une zone fumeur ?
en el restaurante	***au restaurant***
quisiera reservar una mesa para las nueve	j'aimerais réserver une table pour 21 heures
una mesa para dos, por favor	une table pour deux personnes
¿tendría una mesa en la sala para fumadores?	peut-on avoir une table dans la zone fumeur ?
¿quieren comer/beber algo?	voulez-vous quelque chose à manger/à boire ?
¿tiene un menú infantil/vegetariano?	avez-vous un menu enfant/végétarien ?
quisiéramos un aperitivo	nous aimerions prendre un apéritif
una botella/un vaso de vino blanco/tinto, por favor	une bouteille/un verre de vin blanc/rouge, s'il vous plaît
¿cuál es la especialidad de la casa?	quelle est votre spécialité ?
poco hecho(a)/al punto/muy hecho(a)	saignant(e)/à point/bien cuit(e)
¿qué tiene de postre?	qu'est-ce que vous avez comme desserts ?
la cuenta, por favor	l'addition, s'il vous plaît

en el hotel	*à l'hôtel*
quisiéramos una habitación doble/dos habitaciones individuales	nous voudrions une chambre double/deux chambres simples
quisiera una habitación para dos noches	j'aimerais une chambre pour deux nuits
tengo una reserva a nombre de Berger	j'ai réservé une chambre au nom de Berger
he reservado una habitación con ducha/baño	j'ai réservé une chambre avec douche/avec salle de bains
¿hay un aparcamiento reservado para los clientes del hotel?	y a-t-il un parking réservé aux clients de l'hôtel ?
la llave de la habitación 121, por favor	la clé de la chambre 121, s'il vous plaît
¿podría darme una almohada/manta (Esp) o cobija o frazada (Amér) más, por favor?	pourrais-je avoir un oreiller/une couverture supplémentaire ?
¿hay algún recado para mí?	est-ce qu'il y a des messages pour moi ?
¿a qué hora se sirve el desayuno?	à quelle heure est le petit déjeuner ?
quisiera tomar el desayuno en la habitación	j'aimerais prendre le petit déjeuner dans ma chambre
¿me podría despertar a las siete de la mañana?	pourriez-vous me réveiller à 7 heures ?
quisiera pagar la cuenta	je voudrais régler

de compras	*les achats*
¿cuánto cuesta? o ¿cuánto es?	combien ça coûte ? o c'est combien ?
estoy buscando unas gafas (Esp) o anteojos (Amér) de sol/un traje de baño	je cherche des lunettes de soleil/un maillot de bain

uso la (talla) treinta y ocho	je fais du 38
calzo un cuarenta	je chausse du 40
¿puedo probármelo?	est-ce que je peux l'essayer ?
¿dónde están los probadores?	où se trouvent les cabines d'essayage ?
¿tiene una talla más pequeña/grande?	avez-vous la taille au-dessus/en dessous ?
¿lo tiene en azul?	l'avez-vous en bleu ?
¿tiene sobres/mapas de carretera?	vendez-vous des enveloppes/des cartes routières ?
un carrete (Esp) o una película (Amér), por favor	une pellicule photo, s'il vous plaît
¿a qué hora cierran?	à quelle heure fermez-vous ?
¿dónde está la caja?	où est la caisse ?

en la oficina de turismo — *à l'office de tourisme*

¿a qué hora cierra el museo?	à quelle heure le musée ferme-t-il ?
¿dónde está la piscina más cercana?	où se trouve la piscine la plus proche ?
¿sabe si hay alguna iglesia cerca de aquí?	pourriez-vous m'indiquer une église à proximité ?
¿sabe cuándo se celebra la misa/el próximo culto?	savez-vous quand a lieu la messe/ le prochain office religieux ?
¿hay algún cine cerca de aquí?	y a-t-il un cinéma près d'ici ?
¿a qué distancia está la playa?	à quelle distance se trouve la plage ?
¿tiene un plano de la ciudad?	avez-vous un plan de la ville ?
estoy buscando un hotel que no sea muy caro	je cherche un hôtel pas trop cher

¿me puede recomendar un hotel cerca del centro?	pouvez-vous me recommander un hôtel près du centre ?
¿tiene una guía de los restaurantes de la ciudad?	avez-vous un guide des restaurants de la ville ?
deportes	***le sport***
queremos ver un partido de fútbol, ¿hay alguno esta noche?	nous aimerions voir un match de football, y en a-t-il un ce soir ?
¿dónde está el estadio?	où se trouve le stade ?
¿dónde se pueden alquilar bicicletas?	où peut-on louer des vélos ?
quisiera reservar una pista (Esp) o cancha (Amér) [de tenis] para las siete de la tarde	je voudrais réserver un court (de tennis) pour 19 heures
¿cuánto cuesta una hora de clase?	c'est combien pour une heure de cours ?
¿la piscina está abierta todos los días?	la piscine est-elle ouverte tous les jours ?
¿dónde podemos cambiarnos?	où peut-on se changer ?
¿podemos alquilar el equipo?	peut-on louer du matériel ?
¿alquilan barcas?	est-ce que vous louez des bateaux ?
me gustaría hacer un paseo o una excursión (en bicicleta)	j'aimerais faire une randonnée (à vélo)
en el banco	***à la banque***
quisiera cambiar 100 euros en dólares	je voudrais changer 100 euros en dollars
en billetes pequeños, por favor	en petites coupures, s'il vous plaît
¿cuál es el cambio del franco suizo?	quel est le taux de change pour le franc suisse ?

¿a cuánto asciende la comisión?	quel est le montant de la commission ?
¿cuánto es en euros?	en euros, cela fait combien ?
quiero cambiar unos cheques de viaje	je voudrais encaisser des chèques de voyage
quiero hacer una transferencia bancaria	je voudrais faire un transfert d'argent
¿dónde hay un cajero automático?	où se trouve le distributeur de billets ?
el cajero automático se ha tragado mi tarjeta	le distributeur a avalé ma carte
mi tarjeta de crédito no funciona	ma carte de crédit ne fonctionne pas

en correos	*au bureau de poste*
¿cuánto cuesta enviar una carta/una postal a Bélgica?	combien ça coûte pour envoyer une lettre/une carte postale en Belgique ?
quiero diez sellos para Francia	je voudrais dix timbres pour la France
quiero enviar este paquete por correo certificado (Esp) o registrado (Amér)	je voudrais envoyer ce paquet en recommandé
¿cuánto cuesta en urgente?	quel est le tarif pour un courrier urgent ?
¿cuánto tiempo tarda (Esp) o demora (Amér) en llegar?	combien de temps mettra-t-il pour arriver ?
quería una tarjeta telefónica de 50 unidades	je voudrais une télécarte à 50 unités
¿puedo enviar un fax?	puis-je envoyer un fax ?

quisiera enviar un mensaje por correo electrónico, ¿dónde hay un cibercafé?	je voudrais envoyer un e-mail, pouvez-vous m'indiquer un cybercafé ?
quisiera consultar la guía telefónica o de teléfonos (Esp) o el directorio de teléfonos (Amér)	je voudrais consulter l'annuaire

en la consulta del médico	*chez le médecin*
tengo vómitos	j'ai vomi
tengo diarrea	j'ai la diarrhée
me duele aquí	j'ai mal là
me duele la cabeza	j'ai mal à la tête
me duele la garganta	j'ai mal à la gorge
me duele el estómago	j'ai mal au ventre
no puedo andar	je ne peux plus marcher
mi hijo tiene tos	mon fils tousse
tiene fiebre	il a de la fièvre
soy alérgico(a) a la penicilina	je suis allergique à la pénicilline
los antibióticos no me sientan muy bien	je ne supporte pas bien les antibiotiques
creo que tengo una otitis	je crois que j'ai une otite
tengo la tensión alta	je souffre d'hypertension
soy diabético(a)	je suis diabétique
creo que me he roto la muñeca	je crois que je me suis cassé le poignet
¿durante cuánto tiempo debo seguir el tratamiento?	jusqu'à quand dois-je suivre le traitement ?

en el dentista	*chez le dentiste*
tengo dolor de muelas	j'ai une rage de dents
me duele una muela	c'est une molaire qui me fait mal
se me ha caído un empaste (Esp) o una tapadura (Méx)	j'ai perdu un plombage
seguramente tengo una caries	j'ai certainement une carie
tengo un incisivo roto	une de mes incisives s'est cassée
habría que hacer un puente nuevo	il faudrait refaire le bridge
he perdido el aparato corrector	j'ai perdu mon appareil dentaire
¿me puede poner anestesia local?	pourriez-vous me faire une anesthésie locale ?

en la farmacia	*à la pharmacie*
¿tiene algo para el dolor de cabeza/el dolor de garganta/la diarrea?	je voudrais un médicament contre les maux de tête/le mal de gorge/la diarrhée
¿tiene un analgésico/tiritas® (Esp) o curitas (Amér), por favor?	il me faudrait de l'aspirine/des pansements
quiero una crema solar de alto índice de protección	je voudrais une crème solaire haute protection
¿tiene un repelente contra insectos?	auriez-vous une lotion contre les piqûres d'insectes ?
tengo una receta de mi médico en Francia	j'ai une ordonnance de mon médecin français
¿este medicamento se vende sin receta?	vendez-vous ce médicament sans ordonnance ?
¿me podría recomendar un médico?	pourriez-vous me recommander un médecin ?
¿dónde hay un médico de guardia?	quel est le médecin de garde ?

emergencias	*urgences*
¡llamen a un médico/a los bomberos/a la policía!	appelez un médecin/les pompiers/la police !
¡llamen a una ambulancia!	appelez une ambulance !
¿nos puede llevar a urgencias?	pouvez-vous nous emmener aux urgences ?
¿dónde está el hospital más cercano?	où est l'hôpital le plus proche ?
mi hijo es (del grupo sanguíneo) O positivo	le groupe sanguin de mon fils est O+
tengo que ver urgentemente a un médico/a un dentista	je dois voir un médecin/un dentiste de toute urgence
me han robado	j'ai été victime d'un vol
ha habido un accidente	il y a eu un accident
me han robado el coche (Esp) o carro (Amér)	on m'a volé ma voiture
nos han atacado o agredido	nous avons été agressés

Números cardinales / Nombres cardinaux		
cero	0	zéro
uno	1	un
dos	2	deux
tres	3	trois
cuatro	4	quatre
cinco	5	cinq
seis	6	six
siete	7	sept
ocho	8	huit
nueve	9	neuf
diez	10	dix
once	11	onze
doce	12	douze
trece	13	treize
catorce	14	quatorze
quince	15	quinze
dieciséis	16	seize
diecisiete	17	dix-sept
dieciocho	18	dix-huit
diecinueve	19	dix-neuf
veinte	20	vingt
veintiuno	21	vingt et un
veintidós	22	vingt-deux
veintitrés	23	vingt-trois
veinticuatro	24	vingt-quatre
veinticinco	25	vingt-cinq
veintiséis	26	vingt-six
veintisiete	27	vingt-sept

Números cardinales / Nombres cardinaux		
veintiocho	28	vingt-huit
veintinueve	29	vingt-neuf
treinta	30	trente
treinta y uno	31	trente et un
treinta y dos	32	trente-deux
cuarenta	40	quarante
cuarenta y uno	41	quarante et un
cuarenta y dos	42	quarante-deux
cincuenta	50	cinquante
cincuenta y uno	51	cinquante et un
sesenta	60	soixante
sesenta y uno	61	soixante et un
setenta	70	soixante-dix
setenta y uno	71	soixante et onze
ochenta	80	quatre-vingts
ochenta y uno	81	quatre-vingt-un
noventa	90	quatre-vingt-dix
noventa y uno	91	quatre-vingt-onze
cien	100	cent
ciento uno	101	cent un
ciento diez	110	cent dix
doscientos	200	deux cents
mil	1 000	mille
mil veinte	1 020	mille vingt
mil quinientos seis	1 506	mille cinq cent six
dos mil	2 000	deux mille
un millón	1 000 000	un million
mil millones	1 000 000 000	un milliard

Números ordinales / Nombres ordinaux		
primer(o)	1°/1er	premier
segundo	2°/2e	deuxième
tercer(o)	3°/3e	troisième
cuarto	4°/4e	quatrième
quinto	5°/5e	cinquième
sexto	6°/6e	sixième
séptimo	7°/7e	septième
octavo	8°/8e	huitième
noveno	9°/9e	neuvième
décimo	10°/10e	dixième
undécimo	11°/11e	onzième
duodécimo	12°/12e	douzième
decimotercer(o)	13°/13e	treizième
decimocuarto	14°/14e	quatorzième
decimoquinto	15°/15e	quinzième
decimosexto	16°/16e	seizième
decimoséptimo	17°/17e	dix-septième
decimoctavo	18°/18e	dix-huitième
decimonoveno	19°/19e	dix-neuvième
vigésimo	20°/20e	vingtième
vigésimo primer(o)	21°/21e	vingt et unième
vigésimo segundo	22°/22e	vingt-deuxième
vigésimo tercer(o)	23°/23e	vingt-troisième
vigésimo cuarto	24°/24e	vingt-quatrième
vigésimo quinto	25°/25e	vingt-cinquième

Números ordinales / Nombres ordinaux		
vigésimo sexto	26°/26e	vingt-sixième
vigésimo séptimo	27°/27e	vingt-septième
vigésimo octavo	28°/28e	vingt-huitième
vigésimo noveno	29°/29e	vingt-neuvième
trigésimo	30°/30e	trentième
trigésimo primer(o)	31°/31e	trente et unième
trigésimo segundo	32°/32e	trente-deuxième
cuadragésimo	40°/40e	quarantième
cuadragésimo primer(o)	41°/41e	quarante et unième
cuadragésimo segundo	42°/42e	quarante-deuxième
quincuagésimo	50°/50e	cinquantième
quincuagésimo primer(o)	51°/51e	cinquante et unième
sexagésimo	60°/60e	soixantième
sexagésimo primer(o)	61°/61e	soixante et unième
septuagésimo	70°/70e	soixante-dixième
septuagésimo primer(o)	71°/71e	soixante et onzième
octogésimo	80°/80e	quatre-vingtième
octogésimo primer(o)	81°/81e	quatre-vingt unième
nonagésimo	90°/90e	quatre-vingt dixième
nonagésimo primer(o)	91°/91e	quatre-vingt onzième
centésimo	100°/100e	centième
centésimo primer(o)	101°/101e	cent unième
milésimo	1 000°/1 000e	millième

Fracciones y decimales / Fractions et décimaux		
medio	1/2	un demi
dos tercios	2/3	deux tiers
tres cuartos	3/4	trois quarts
seis quintos	6/5	six cinquièmes
siete doceavos	7/12	sept douzièmes
un décimo *o* una décima parte	1/10	un dixième
un centésimo *o* una centésima parte	1/100	un centième
cero coma uno	0,1	zéro virgule un
dos coma cinco	2,5	deux virgule cinq
seis coma cero tres	6,03	six virgule zéro trois
menos uno	-1	moins un
menos doce	-12	moins douze

Cálculo / Calcul		
ocho más dos igual a diez	8+2=10	huit plus deux égal dix
nueve menos tres igual a seis	9-3=6	neuf moins trois égal six
siete por tres veintiuno	7x3=21	sept fois trois égal vingt et un
veinte entre cuatro igual a cinco	20:4=5	vingt divisé par quatre égal cinq

La hora / L'heure		
las cinco		cinq heures
las siete y cinco		sept heures cinq
las ocho y diez		huit heures dix
las nueve y cuarto		neuf heures et quart o neuf heures quinze
las diez y veinte		dix heures vingt
las once y media		onze heures et demie
las doce (del mediodía)		midi
las doce y media (del mediodía)		midi et demie
la una		une heure
las dos de la tarde		deux o quatorze heures
las cuatro menos cuarto		quatre heures moins le quart o quinze heures quarante-cinq

las cinco y veintitrés de la tarde		cinq o dix-sept heures vingt-trois
las nueve menos veinticinco		huit heures trente-cinq
las doce (de la noche)		minuit
la una (de la madrugada o de la mañana)		une heure (du matin)

La fecha / La date		
dieciséis de octubre de mil novecientos setenta y cinco	16/10/1975	seize octobre mille neuf cent soixante-quinze
mil cuatrocientos noventa y dos	1492	mille quatre cent quatre-vingt-douze
dos mil seis	2006	deux mille six
el siglo dieciocho	s. XVIII/XVIIIe s.	le dix-huitième siècle

mañana	*matin*
tarde	*après-midi* o *soir*
noche	*soir* o *nuit*
¿Qué hora es? o ¿Sabe qué hora es?	*Il est quelle heure ?* o *Est-ce que vous avez l'heure ?*
Es la una. Son las cinco menos diez.	*Il est une heure.* *Il est cinq heures moins dix.*
¿A qué hora?	*À quelle heure ?*
A/Hacia/Sobre las tres.	*À/Vers/Aux environs de trois heures.*
¿Cuándo?	*Quand ?*

Hace media hora.	*Il y a une demi-heure.*
Dentro de tres cuartos de hora.	*Dans trois quarts d'heure.*
hoy	*aujourd'hui*
mañana	*demain*
ayer	*hier*
pasado mañana	*après-demain*
anteayer	*avant-hier*
el día siguiente	*le lendemain*
el día anterior o la víspera	*la veille*
esta mañana	*ce matin*
esta tarde	*cet après-midi* o *ce soir*
esta noche	*ce soir* o *cette nuit*
mañana por la tarde	*demain après-midi*
ayer por la tarde	*hier après-midi* o *soir*
ayer por la noche	*hier soir* o *la nuit dernière*
pasado mañana por la mañana	*après-demain matin*